《上海工会年鉴》（2010年卷）

获得由中国出版工作者协会年鉴工作委员会

主审的第五届全国年鉴编校质量检查

评比一等奖

上海工会年鉴

《上海工会年鉴》编纂委员会

2012

THE YEARBOOK OF SHANGHAI TRADE UNIONS

上海社会科学院出版社

《上海工会年鉴（2012）》编纂委员会

《上海工会年鉴》编辑部

4月30日，中共中央政治局委员、中共上海市委书记俞正声在上海市庆祝五一文艺晚会上与劳模代表亲切握手

（吴良荣摄）

1月11日，中共上海市委副书记、市长韩正在上海市重大工程立功竞赛表彰大会上向荣获金杯公司的先进代表颁奖 （吴良荣摄）

8月4日，上海市人大常委会主任刘云耕在奉贤国家电网（特高压工程）视察并慰问 （殷淑荣摄）

8月29日，上海市政协主席冯国勤赴闸北区风华初级中学考察并慰问青年教职员工　（申卫星摄）

4月29日，中共上海市委副书记殷一璀向获得全国五一劳动奖状的先进代表颁奖　（吴良荣摄）

11月7日，上海市人大常委会副主任、市总工会主席钟燕群会见南京东路步行街“天天演”活动的演员　　（吴良荣摄）

7月22日，上海市副市长沈晓明慰问公惠医院医务人员　　（吴良荣摄）

8月11日，上海市总工会党组副书记、副主席肖堃涛慰问虹桥国际机场一线职工

（吴云舟摄）

9月29日，市总工会副主席汪兰洁在第十三届上海读书节闭幕式上向“职工书屋”建设先进单位和个人颁奖　（吴良荣摄）

6月21日，市总工会副主席杜仁伟在上海市加强安全生产和劳动保护工作暨“安康杯”竞赛推进会上向安全生产先进单位代表颁奖　（吴良荣摄）

4月25日，市总工会副主席茆荣华在推动《上海市职工代表大会条例》贯彻实施新闻发布会暨知识竞赛启动仪式上致辞　　（吴良荣摄）

9月28日，市总工会副主席周志军在凉城社区进行工作调研　　（张海丽摄）

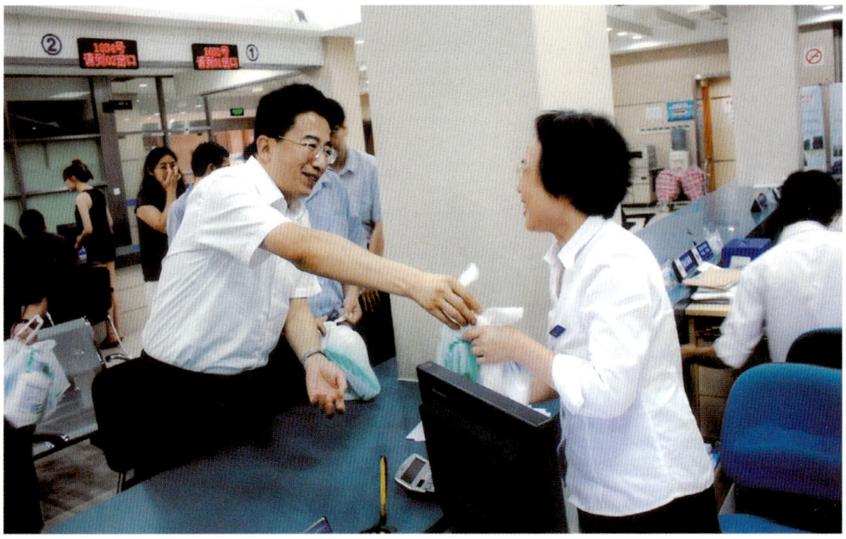

8月4日，市总工会副主席侯继军慰问静安区石门二路街道职工援助服务中心工作人员　　（谭同政摄）

市总工会秘书长张立群慰问参加上海电建临港项目建设的一线职工
（傅　诚摄）

市总工会副巡视员、组织部部长杜乃根在台资达丰（上海）电脑有限公司工会成立大会上祝贺3.12万名职工同时加入工会　　（应启跃摄）

市总工会副巡视员、财务部部长夏惠珍慰问长江轮船公司困难企业
（章　伟摄）

市总工会经审会主任杨永平在经审工作年会上部署2011年度工作
（吴良荣摄）

1月24日，市总工会召开第十二届委员会第八次全体（扩大）会议 （吴良荣摄）

7月20日，市总工会召开第十二届委员会第九次全体（扩大）会议 （吴良荣摄）

6月28日，市总工会举行上海工会纪念中国共产党成立90周年座谈会
（吴良荣摄）

“产业工人心向党”——市经济和信息化工作系统工会举办庆祝建党90周年演唱会
（夏　琰摄）

市机电工会召开上海电气职工庆祝中国共产党成立90周年大型文艺晚会（周　珺摄）

三航二公司工会举行纪念建党90周年知识竞赛（黄书展摄）

上海绿化市容工会召开纪念建党90周年座谈会（张慧萍摄）

上海轻工业工会联合会开展劳模先进与新生代职工共话建党90周年“传承先进手拉手”活动

（徐俊彦摄）

7月22日，市总工会在中共“一大”会址纪念馆举行上海职工祝福短信创作大赛颁奖仪式（吴良荣摄）

6月1日，上海市水务局（上海市海洋局）举行纪念建党90周年主题歌咏大会（朱　炯摄）

市民政局工会举行歌唱祖国歌唱党——纪念建党90周年红歌会
（赵苓蓉摄）

市百联集团工会举行庆祝建党90周年职工歌会 （吴志明摄）

金山区张堰镇非公企业举行庆祝建党90周年文艺汇演 （沈文吉摄）

市卫生系统工会举行庆祝建党90周年颂红色经典诗歌朗诵比赛
（吴嘉民摄）

中远集运工会举办庆祝中国共产党成立90周年摄影作品展
（陆　涛摄）

2月28日，市总工会召开上海职工“当好科学发展主力军、打好创新转型攻坚战”上海电气现场会，钟燕群主席向国家科技进步二等奖获得者李斌颁发证书及奖金

（吴良荣摄）

9月3日，促进区域发展“上海浦东新区”建设全国示范性劳动竞赛动员大会在浦东新区举行

（吴良荣摄）

建工集团上海中心项目联合工会召开上海中心大厦立功竞赛推进会

（缪云明摄）

1月18日，出席市十三届人大四次会议的劳模代表讨论上海市“十二五”发展规划纲要草案（吴良荣摄）

中建八局工会召开局三届八次全委（扩大）会暨重点工程劳动竞赛推进会（宋向群摄）

长宁区总工会召开“当好主力军，建功十二五”劳动竞赛动员大会（周　君摄）

3月31日，青浦区总工会举行青浦职工“服务创新驱动、致力转型发展、建设一城两翼”劳动竞赛启动仪式（马美君摄）

1月30日，2011年上海市劳动模范春节茶话会举行，俞正声等市领导与劳模代表欢聚一堂迎新春　　（吴良荣摄）

4月29日，上海市五一劳动奖状（章）表彰暨创先争优劳动竞赛推进大会在上海展览中心举行　（吴良荣摄）

2011年，49路车队被中华全国总工会授予全国“工人先锋号”荣誉称号（查建华摄）

5月16日，上海市职工科技创新工作会议暨第四届职工科技节开幕式在上海世博园区中国馆举行

（吴良荣摄）

全国劳模包起帆领衔研制的集装箱RFID货运标签系统创出国际标准，这是第一个拥有自主知识产权的中国创新成果上升为国际标准　　（吴良荣摄）

由隧道股份公司职工自主研发制造的国产盾构在国内地铁、越江隧道施工中广泛应用并已走向国际市场

（朱　强摄）

市总工会召开上海职工合理化建议工作研讨会　　（吴良荣摄）

10月24日，上海–新疆两地工会举行工作座谈会并签订多项援助项目

（吴良荣摄）

市交通港口局工会举办“申沃杯”上海公交客车安全节能减排技能大赛

（杨松敏摄）

上海市新闻出版工会与相关部门联合举办发行行业一线职工技能大赛

（陈宏华摄）

黄浦区与市金融工会联手举办银行柜员技能竞赛

（顾忠耀摄）

上海良友集团为职工技能达人颁奖 （李建致摄）

市纺织工会举办女职工专场技能大赛
（徐志康摄）

静安寺街道总工会和海园小区工会联合举办“庆五一”餐饮行业厨师比武大赛 （张金桥摄）

上海航道局组织职工参加中国海员技能比武操艇比赛
（杨建平摄）

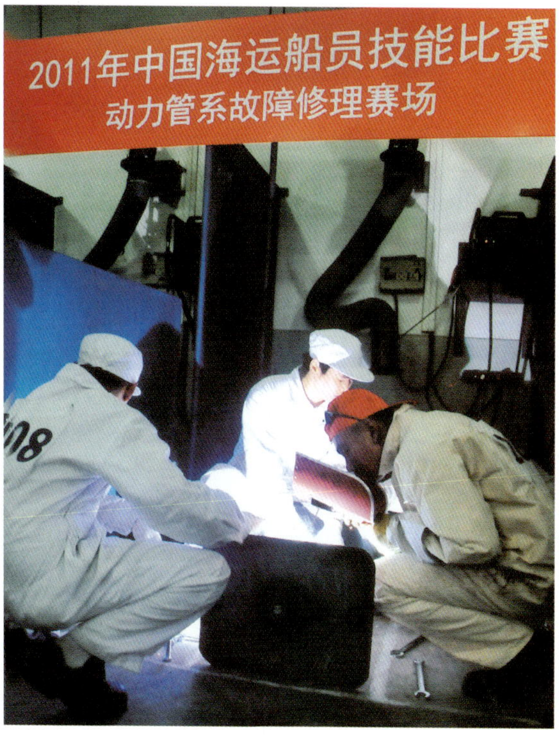

中海集团工会举办海运船员技能比赛
（张晓鸣摄）

市总工会举行区县工会工资集体协商专职指导员聘任仪式　　（吴良荣摄）

由杨浦区总工会撰写的《地区行业集体协商机制建设》获第二届城市治理论坛“上海依法治理优秀案例”奖

（曹理仰摄）

奉贤区举行推进企业集体协商机制暨表彰和谐劳动关系企业大会（张　匀摄）

康桥工业区建立首个市级开发区区域性集体协商工作机制　　（陈军华摄）

崇明县总工会召开工资集体协商工作恳谈会（易建军摄）

青浦区总工会举办上海硕润机械配件有限公司集体协商现场观摩会（马美君摄）

上海电建公司召开平等协商集体合同工作会议（夏震文摄）

可口可乐饮料（上海）有限公司与公司工会签订首份正式集体合同（黄润青摄）

《上海市职工代表大会条例》新闻发布会暨知识竞赛启动仪式

（吴良荣摄）

上海市厂务公开民主管理工作领导小组召开区域性、行业性职代会制度建设专题研讨会

（吴良荣摄）

市总工会联合市外商投资企业协会举办《上海市职工代表大会条例》宣讲报告会

（吴良荣摄）

市总工会召开2011年上海市厂务公开民主管理工作会议，表彰先进单位
（吴良荣摄）

上海市第九次厂务公开民主管理工作调研检查汇报会召开　（吴良荣摄）

市建设交通工会举办学习贯彻《上海市职工代表大会条例》主题报告会
（钱　蓉摄）

市总工会举办《上海市职工代表大会条例》师资培训班

（朱 佳摄）

徐汇区召开劳动关系和谐企业表彰推进大会 （聂 磊摄）

上海水产（集团）总公司工会举办《上海市职工代表大会条例》培训班 （黄永康摄）

宝山区总工会举办学习贯彻《上海市职工代表大会条例》知识竞赛

（胡立伟摄）

号百信息服务公司一届二次职代会投票表决通过《2011年度集体合同》 （权 丽摄）

全国厂务公开民主管理工作先进单位富大胶带公司召开职代会，通过《贯彻上海市职代会条例实施办法》 （吴良荣摄）

市电力公司召开四届四次职代会暨2012年工作会议 （方惠忠摄）

锦江航运公司职工代表民主评议领导干部 （田 冰摄）

市总工会与政府有关部门联合举办民营企业招聘周活动
（沈伟民摄）

杨浦区总工会举行“创新驱动促发展，服务职工保就业”专场招聘会
（张金桥摄）

卢湾区总工会举办送温暖援助日活动现场爱心传递启动仪式　（张金桥摄）

宝山区总工会举办大型招聘会　（胡立伟摄）

12月26日，市总工会召开上海工会开展送温暖活动20周年和职工援助服务中心建设10周年纪念大会　（吴良荣摄）

1月3日，市总工会举行2011年元旦春节送温暖援助服务日活动捐款仪式
（曹理仰摄）

卢湾区总工会用宣传图板形式介绍职工互助保障知识
（张金桥摄）

12月3日，全市各区县工会集中开展上海职工互助保障咨询服务日活动　（傅炳程摄）

3月8日，市总工会接受市慈善基金会援助资金并组织外来务工女性开展健康检查

（吴良荣摄）

上海工会向各区县进城务工人员发放公惠医院助医卡

（吴良荣摄）

3月15日，市总工会举行首届上海市新生代农民工初级工商管理（EBA）培训结业典礼

（应启跃摄）

6月2日，市总工会举办《社会保险法》工会干部培训班

（曹宏亮摄）

受助应届大学毕业生向市纺织工会送感谢锦旗（徐志康摄）

3月4日，市总工会召开纪念三八国际劳动妇女节101周年大会 （吴良荣摄）

3月16日，市总工会女职工委员会召开五届三次全委（扩大）会议 （吴良荣摄）

市总工会女职工委员会为静安区凯迪克大厦的女职工设立“爱心妈咪”小屋（吴良荣摄）

8月5日，市总工会召开上海市工会组建工作推进会
（吴良荣摄）

11月24日，黄浦区、卢湾区两区合并后召开黄浦区工会第一次代表大会　　（吕诚陆摄）

5月30日，普陀区总工会召开贯彻“党工共建”推进“两个普遍”组建工作现场会
（赵　勇摄）

松江区总工会为富士康（松江）科技工业园工会成立举行揭牌仪式　　（夏　晖摄）

12月2日，市总工会举行上海市工会组织工作暨模范职工之家表彰交流大会　（吴良荣摄）

市总工会领导和各级工会干部出席全国工会创先争优暨推进工会组建工作视频会议

（吴良荣摄）

上海工会管理职业学院召开庆祝建校60周年纪念大会

（吴良荣摄）

光明食品集团工会第七次代表大会选举产生新一届工会领导班子　（闪向阳摄）

10月14日，市总工会召开上海市班组建设航天现场推进会

（吴良荣摄）

上海航天局在上海市班组建设航天现场推进会上荣获上海市班组建设突出贡献奖　（吴良荣摄）

中国商飞公司召开班组建设经验交流既主题实践活动动员会

（季玉进摄）

城投总公司工会举办一线班组长2011年度综合素质培训班

（朱文慧摄）

6月14日，在2009–2010年度上海市职业道德建设“双十佳”表彰大会上，市总工会主席钟燕群为上海职工志愿服务总队授旗　　（吴良荣摄）

市百联集团工会举行职工技能风采展示活动　　（吴志明摄）

国药控股工会组织志愿者参加“种植爱心树，播撒关爱情”活动　　（冯　婧摄）

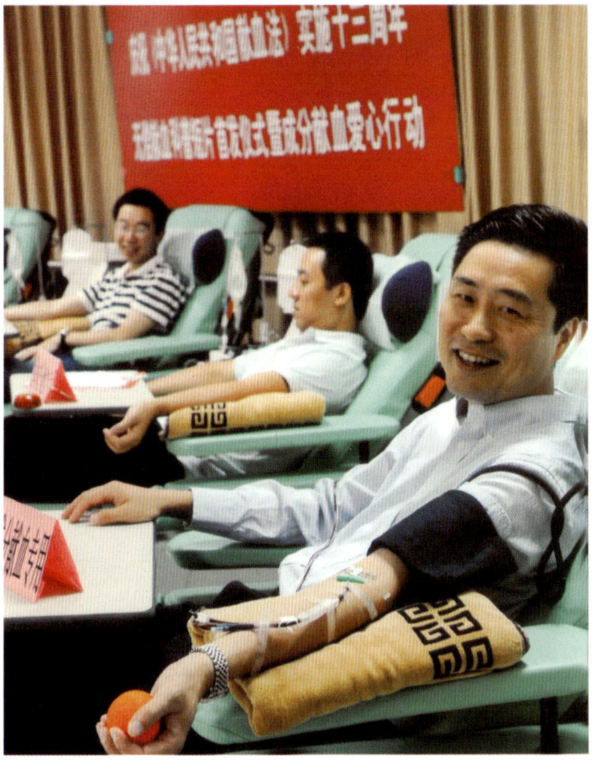

国庆前夕，在无偿献血科普宣教片首发仪式上医务工作者当场参加成分献血　　（查建华摄）

4月22日，市总工会举办2011年“世界阅读日”暨第十三届上海读书节开幕式　　（吴良荣摄）

市总工会召开女职工周末学校成立十五周年总结表彰大会
（应启跃摄）

上海电信工会举办第五届全员读书日“红色经典”书展　　（朱东亚摄）

普陀区总工会举办“农民工学法、知法、守法、用法”讲故事比赛
（张金桥摄）

嘉定区总工会主办嘉定外来务工青年征文巡讲活动　　（张方明摄）

4月16日，上海职工体育健身四季大联赛在闵行区开幕

（吴良荣摄）

绿地集团工会在卢湾体育中心举办“健康、凝聚、跨越”第二届绿地集团运动会（王洋洋摄）

华谊集团工会举办职工运动会

（陈观涛摄）

烟草工会举办京沪两地职工足球友谊赛（张佩华摄）

上海电信举办第三届职工运动会
（朱东亚摄）

上海城建职工桥牌队在第二届全国智力运动会上获“三金一银”好成绩（耿　伟摄）

6月6日，由市总工会、市体育局、上海机场集团联合主办的上海职工龙舟大赛在上海市水上运动场举行
（吴良荣摄）

南京路商业职工马路运动会在南京东路步行街举行（应启跃摄）

4月29日，市人大常委会副主任、市总工会主席钟燕群会见来访的国际劳工组织副总干事

（管一珉摄）

4月16日，市总工会党组副书记、市总工会副主席肖堃涛会见来访的巴西工人总工会代表团，市总工会秘书长张立群参加会见

（管一珉摄）

11月25日，以汪兰洁副主席为团长的上海市总工会代表团拜访阿根廷工人中央工会布宜诺斯艾利斯分会总部 （竺　敏摄）

11月16日，澳大利亚昆士兰州政府代表团拜会市总工会，市总工会副主席杜仁伟会见代表团 （管一珉摄）

11月20日，市总工会副主席茆荣华会见来访的日本静冈县代表团 （管一珉摄）

1月27日，市总工会副主席周志军会见俄罗斯工会代表团（张国峰摄）

12月16日，市总工会副主席侯继军会见釜山广域市自治团体工会代表团（管一珉摄）

南太平洋工会代表团访问上海汽轮机厂（冯克华摄）

9月21日，美国变革谋胜利工会联合会代表团参观洋山深水港 （张国峰摄）

7月13日，尼日利亚奥森州经济交流团参观上海贝尔股份有限公司

（张国峰摄）

澳门工会“五一”代表团来沪访问

（杨　莉摄）

编辑说明

1．《上海工会年鉴》是由上海市总工会编纂出版的一部辑录上年度工会工作成果和经验的资料性工具书。编纂出版工会年鉴旨在总结经验，继承创新，开拓发展，对各级工会拓展思路，探索把握新时期工会工作发展规律、特点和方法具有指导和借鉴作用。本年鉴由上海市总工会主办，各区县局(产业)工会及市总工会直管单位供稿，《上海工会年鉴》编辑部负责编纂出版，至今已连续编撰出版了17册。

2．本年鉴框架体例采用分类编排架构，设置栏目、分目、条目三级结构层次。以栏目为基本单元，栏目内设置若干分目，分目以下设条目(包括照片、图表等)为主要信息载体。2012年年鉴共设26个栏目，89个分目，选辑条目1405篇，图照352幅，总字数为 110万字。

3．年鉴卷首专设宣传彩页，用以概要地记录上海工会上年度重要会议、重要工作和重要活动等信息。正文起首部分设“特载”、“专文”、“专记”等栏目，“特载”选辑党和国家领导和上海市委、全国总工会领导有关工会工作的重要文章(讲话)；“专文”则选辑上海市总工会领导对工会工作所发表的总结性、综合性、指导性的署名文章(讲话)；“专记”则为记录某项重要工作(活动)的署名文章。

4．各记事栏目之首设“综述”，区县局(产业)工会及市总工会直管单位设“概况”，用以综合记述工会重要工作以及各地区(系统)、部门(单位)的总体工作情况，便于考察比较各年度工作连续性及统计资料的完整性。

5．各栏目中录用机关部室、区县局(产业)工会、直管单位提供的文字条目，其编排按机关部室、区县局(产业)工会、直管单位的顺序排列。年鉴卷尾设“索引”以便查询。

6．年鉴编辑部根据上年度工会重点工作的变化情况，对记事栏目及分目在整体框架中的设置作相应调整。

7．本年鉴录用的市总工会机关部室、区县局(产业)工会、直管单位提供的文章、照片、图表等资料，其记录时间为2011年1月1日至2011年12月31日。

8．“统计”栏目中辑录的统计数据均由上海市总工会统计部门提供，其他栏目中刊用的相关数据由撰稿单位作者提供。

9．“附录”栏目选辑市总工会2011年下发文件和《劳动报》、《工会理论研究》发表的重要新闻、理论文献的目录，目的在于增加年鉴两次文献检索信息量。

10．本年鉴的目录索引采用主题词分析索引方法，即按条目主题词首字汉语拼音字母顺序排列。

11．本年鉴的正文内容制作成CD-R电子光盘，附于年鉴封三随年鉴赠送，便于读者检索下载。

特 载

专 文

专 记

大事记

概 况

重要会议·工作·活动·调研

·重要会议·

劳　模

工会组织建设

职工素质工程

协调劳动关系

维护民主权利

保障经济权益

加强自身建设

理论与调研

信息与信访

索 引

特载

Special Documents

上海工会年鉴

2012

在全总十五届五次执委会议上的讲话

(2011年1月18日)

王兆国

同志们:

全国总工会今天召开十五届五次执委会议,认真学习贯彻党的十七届五中全会和中央经济工作会议精神,全面总结2010年工作,研究确定2011年任务,这对于工会组织更好地围绕党和国家工作大局,团结动员亿万职工为实现"十二五"规划目标任务而努力奋斗,具有十分重要的意义。

党中央高度重视工人阶级和工会工作,作出一系列重要指示。去年,胡锦涛总书记在全国劳动模范和先进工作者表彰大会上发表重要讲话,对工会组织和职工群众寄予了殷切期望。前不久,中央书记处专门听取全总党组汇报,习近平等中央领导同志对一年来的工会工作给予充分肯定,对做好当前和今后一个时期的工会工作提出明确要求。各级工会组织和广大工会干部一定要深入学习领会,坚决贯彻落实。

全总十五届四次执委会议以来,各级工会认真学习贯彻党中央重要指示精神,密切联系实际,突出重点、锐意进取,各项工作取得显著成效。一是大力弘扬工人阶级伟大品格和劳模精神,深入开展群众性建功立业活动,全面提高职工素质,工人阶级在社会主义现代化建设中的主力军作用充分发挥;二是扎实推进"两个普遍",工会覆盖面进一步扩大,凝聚力进一步增强;三是不断健全工会维权机制,加大帮扶工作力度,促进了职工队伍和社会稳定;四是积极开展党工共建创先争优,推动了工会工作创新发展。在这里,我代表党中央,向各级工会组织和广大工会干部表示亲切的问候和衷心的感谢!

今年是中国共产党成立90周年,是"十二五"时期开局之年。工会组织一定要按照中央的要求,立足特点、发挥优势,认真履职、主动作为,在大局中更好地发挥作用。下面,我就工会组织认真学习贯彻党的十七届五中全会和中央经济工作会议精神,做好当前及今后一个时期工作,讲几点意见。

一、统一思想、凝聚共识,不断巩固工会组织围绕中心、服务大局的思想基础

党的十七届五中全会提出了"十二五"时期我国经济社会发展的指导思想和目标任务,中央经济工作会议明确了2011年经济工作的总体要求和主要任务。学习贯彻这两次重要会议精神,是当前工会组织的一项重要政治任务。

*要正确理解中央对当前形势的科学判断,把握工会工作面临的机遇和挑战。*中央在深入分析当前国际国内形势的基础上明确指出,"十二五"时期,我国发展仍处于可以大有作为的重要战略机遇期,既面临难得的历史机遇,也面对诸多可以预见和难以预见的风险挑战。在新形势下如何充分动员组织广大职工为经济社会发展贡献力量,如何明显提高职工队伍总体素质,如何有效维护广大职工合法权益,如何确保职工队伍和社会和谐稳定,如何扩大工会组织的覆盖面和影响力等,这些都对工会工作提出了新的更高要求。各级工会组织和广大工会干部一定要把思想认识统一到中央对当前形势的科学判断上来,进一步坚定必胜信心、增强忧患意识,不断研究新情况、解决新问题,推动工会工作在新的历史条件下实现新的发展。

*要准确把握中央对"十二五"时期经济社会发展的全面部署,找准工会组织促进经济长期平稳较快发展和社会和谐稳定的切入点、着力点。*要深刻理解"以科学发展为主题、以加快转变经济发展方式为主线"的重要内涵,全面领会加快经济结构战略性调整、推进科技进步和创新、保障和改善民生、建设资源节约型环境友好型社会、深化改革开放等方面的重大部署,进一步明确工会组织发挥作用的主战场,努力完善工会适应时代需要、切实履行职责的体制机制,进一步把力量凝聚起来,把优势发挥出来,为推动"十二五"时期经济社会又好又快发展贡献力量。

*要深刻领会中央关于加强和改进新形势下群众工作的重要精神,增强做好职工群众工作的责任感和使命感。*工会工作是党的群众工作的重要组成部分,工会组织植根于职工群众之中,最了解他们的疾苦和期盼,最富有做职工群众工作的优势和经验。要认真学习贯彻胡锦涛总书记关于做好新形势下群众工作的重要论述,坚持群众路线、树立群众观点,增强群众意识、站稳群众立场,始终把职工群众是否满意作为评价工会工作的坐标和准绳,不断创新职工群众工作的方式方法,更好地把广大职工群众团结在党和政府周围。

二、提升素质、深化竞赛,团结动员广大职工为实现"十二五"规划目标任务建功立业

工人阶级是推动经济发展和社会进步的主力军,实现"十二五"规划目标任务,离不开包括广大职工在内的全体人民的共同奋斗。工会组织要更好地团结动员广大职工,在推动科学发展、加快转变经济发展方式中充分发挥主力军作用。

*要大力弘扬工人阶级伟大品格和劳模精神。*工人阶级伟大品格和劳模精神,是激励广大职工建功立业的强大精神力量。要以纪念中国共产党成立90周年为契机,广泛宣传工人阶级在我国革命、建设、改革进程中的伟大作用和巨大贡献,广泛宣传劳模的先进事迹和崇高思想,引

导职工以劳动模范和先进人物为榜样，立足本职、争创一流。大力倡导热爱劳动、勤奋劳动的时代风尚，着力营造尊重劳动、保护劳动的良好环境，促进形成"工人伟大、劳动光荣"的浓厚氛围，激发广大职工的积极性和创造性，为实现"十二五"规划目标任务提供强大精神动力。

*要全面提升职工队伍整体素质。*建设一支宏大的高素质职工队伍，是推动科学发展、加快转变经济发展方式的必然要求。要用社会主义核心价值体系引领职工，坚定理想信念，充分发挥工会"大学校"作用，健全有利于职工学习成才的制度机制，激励广大职工树立勤奋学习、终身学习的理念，努力掌握新知识、新技能、新本领。加强对职工的技术技能培训，整合各种资源手段，努力培养更多的知识型、技术型、创新型职工，为推动科学发展提供智力支持和人才保证。

*要广泛开展社会主义劳动竞赛。*群众性劳动竞赛是促进经济发展、推动企业进步、提高职工素质的重要途径。要结合经济社会发展的新趋势新特点，广泛开展"当好主力军、建功'十二五'"劳动竞赛，丰富竞赛内涵和载体，增强竞赛感召力和吸引力。引导广大职工踊跃投身技术革新、发明创造和技能比赛等活动，激发广大职工的创新潜能和创造活力，提升企业自主创新能力。要深入开展各种形式的节能减排活动，为建设生态文明作贡献。

三、认真履责、积极作为，在构建和谐劳动关系中实现共建共享

促进建立和谐劳动关系，切实维护社会和谐稳定，是党中央对工会组织提出的明确要求。工会组织要牢记责任、扎实工作，大力发展和谐劳动关系，进一步加大维权力度，努力推动职工群众共建共享经济社会发展成果。

*要大力促进和谐劳动关系建设。*要进一步加强源头参与，推动劳动法律法规和政策措施的制定，积极配合人大开展执法检查，发挥工会与政府联席会议制度、劳动关系三方协商机制作用，坚持民主管理、厂务公开。健全劳动合同、集体合同、职代会等协调劳动关系制度，加强劳动争议预防、预警和调处机制建设，完善劳动争议调解仲裁制度和法律援助制度，及时掌握劳动关系矛盾的发展动向，做到表达职工利益诉求渠道畅通有序、调解劳动关系矛盾及时有效，协助党政处理好劳动争议和职工群体性事件，防范境内外非政府组织、非法组织打着维权的旗号向职工队伍渗透。坚持"促进企业发展、维护职工权益"的企业工会工作原则，深入开展创建劳动关系和谐企业活动，督促企业履行社会责任，关爱职工、关注职工成长；引导职工做企业发展的主人，热爱企业、关心企业发展。建设和传播以职工为本的先进企业文化职工文化，把企业核心理念和职工自身价值统一起来，使先进的企业文化职工文化成为推动构建和谐劳动关系的强大动力。

*要着力推进"两个普遍"工作。*要依法推动企业普遍建立工会组织。坚持依靠职工群众建工会，创新组建思路，提升建会质量，规范基层组织，加强基层工会联合会建设，把包括中小企业职工、灵活就业职工和农民工在内的广大职工组织到工会中来。坚持依靠职工群众办工会，充分发挥车间班组工会组织、工会积极分子的作用，提高职工群众对工会工作的参与率、认可度。要依法推动企业普遍开展工资集体协商。积极引导各类企业从实际出发开展工资集体协商，重视开展行业性、区域性工资集体协商，推动提高最低工资标准，促进建立企业工资协商共决机制、正常增长机制和支付保障机制。积极协助政府加大工资分配调控力度，把提高普通职工、农民工、劳务派遣工以及困难企业职工的工资收入作为重点，科学确定提高工资的目标，努力扭转收入差距扩大趋势，实现劳动报酬增长与劳动生产率提高同步。

*要大力推进社会建设。*要推动政府实施更加积极的就业政策，促进实现充分就业、提高就业质量；推动扩大社会保险覆盖面，提高社会保险水平，促进非公有制从业人员、灵活就业人员、农民工参加社会保险；加强劳动保护工作，开展职业病群防群治，坚决遏制重特大事故发生。要进一步加强困难职工帮扶中心建设，健全帮扶制度，完善帮扶手段，继续做好"送温暖"、"千万农民工援助行动"、"金秋助学"等工作。要积极参与社会管理创新的实践，注重推动解决农民工融入城镇、住房保障、子女教育等问题。

四、转变作风、提高能力，切实增强做好新形势下职工群众工作的本领

要紧密结合开展创先争优活动，加强工会组织自身建设，切实增强做好新形势下职工群众工作的能力，努力提升职工群众工作水平。

*要深化创先争优，不断密切与职工群众的联系。*工会开展创先争优活动，要始终以做好新形势下职工群众工作、更好地发挥工会组织作用为目标。紧紧围绕服务科学发展、服务职工群众，争创先进基层党组织，争当优秀共产党员，形成工会组织履行职责创先进、工会干部立足本职争优秀的浓厚氛围。要转变工作作风，克服机关化行政化倾向，切实增进与职工群众的深厚感情。要做好职工思想政治工作，针对职工特别是新生代农民工思想观念和利益诉求多样化、法律意识和维权意识日益增强等特点，找准职工思想政治工作和职工个人诉求的契合点，注重人文关怀、心理疏导，增强思想政治工作亲和力、感染力。

*要加强调查研究，切实把握职工群众的愿望诉求。*要深入基层、深入职工，围绕职工群众的关切和工会工作的重点，大力开展调查研究，了解职工群众的期盼，找准影响劳动关系和谐、制约工会工作发展的症结，在发展和谐劳动关系、维护职工合法权益，帮扶困难职工、增进职工福祉，推动实现体面劳动、促进职工全面发展等方面拿出新举措、取得新成效。

*要提高综合素质，更好地服务职工群众。*要优化工会干部的知识结构，拓宽视野，丰富经济、法律、企业经营管理和劳动关系等方面的理论业务知识。加大教育培训力度，加强对基层特别是非公有制企业和乡镇（街道）、村（社区）工会干部的培训。把推进"两个普遍"工作作为培训重点，提高工会干部组织动员、沟通协调、协商谈判和化解矛盾的能力，切实提升服务科学发展、服务职工群众的水平。

同志们，让我们在以胡锦涛同志为总书记的党中央坚强领导下，高举中国特色社会主义伟大旗帜，以邓小平理论和"三个代表"重要思想为指导，深入贯彻落实科学发

展观,坚定不移地走中国特色社会主义工会发展道路,振奋精神、开拓创新,团结动员广大职工为实现"十二五"规划目标任务不懈奋斗,以优异的成绩迎接中国共产党成立90周年!

在庆祝"五一"国际劳动节大会上的讲话

(2011年4月28日)

王兆国

同志们:

今天,我们隆重集会,热烈庆祝全世界工人阶级和劳动群众的光辉节日——"五一"国际劳动节!我受党中央委托,向全国各族工人、农民、知识分子和其他各阶层劳动群众,向中国人民解放军指战员、武警部队官兵和公安干警,向香港特别行政区同胞、澳门特别行政区同胞、台湾同胞和海外侨胞,致以节日的祝贺:向为改革开放和社会主义现代化建设作出突出贡献的劳动模范和先进工作者,向荣获全国五一劳动奖状、五一劳动奖章、"工人先锋号"的先进集体和个人,致以崇高的敬意!向各级工会干部和广大工会积极分子,致以亲切的慰问!向各国工人阶级和劳动群众,致以诚挚的问候!

今年是中国共产党成立90周年。90年来,党始终坚持中国工人阶级先锋队的性质,全心全意地依靠工人阶级,以科学的理论、坚定的信念为工人阶级指明前进方向和奋斗目标,矢志不渝地为实现最广大人民的根本利益不懈奋斗,赢得了工人阶级和全国各族人民的坚决拥护和衷心爱戴。90年来,中国工人阶级在中国共产党的坚强领导下,始终紧紧跟随党的前进步伐,坚定地走在全民族团结奋斗的前列,以彻底的革命精神和蓬勃的创造力量,积极投身革命、建设、改革的时代洪流,为实现民族独立和人民解放、国家富强和人民幸福建立了不可磨灭的卓越功勋,谱写了彪炳日月的辉煌篇章。历史雄辩地证明,党全心全意地依靠工人阶级,工人阶级坚定不移地跟党走,是党和人民事业的力量之源、胜利之本。

今年是"十二五"时期的开局之年。"十二五"时期是全面建设小康社会的关键时期,是深化改革开放、加快转变经济发展方式的攻坚时期。当前和今后一个时期,世情国情继续发生深刻变化:我国经济社会发展呈现新的阶段性特征。综合判断国际国内形势,我国发展仍处于可以大有作为的重要战略机遇期,既面临难得的历史机遇,也面对诸多可以预见和难以预见的风险挑战。"十二五"规划纲要描绘了未来5年我国经济社会发展的宏伟蓝图,是全国各族人民共同的行动纲领。实现"十二五"规划目标任务,为全面建成小康社会打下具有决定性意义的基础,是中国工人阶级的光荣使命和神圣职责。希望全国广大职工把思想和行动统一到中央的重大决策部署上来,继承和发扬光荣传统,增强机遇意识和忧患意识,更加自觉地投身社会主义现代化建设的伟大实践,为推动科学发展、促进社会和谐作出新的更大贡献。

*第一,大力弘扬中国工人阶级伟大品格和劳模精神,让勤奋劳动、诚实劳动、创新劳动在全社会蔚然成风。*劳动是人类文明进步的源泉。尊重劳动、倡导劳动、保护劳动,是社会主义社会的显著标志。勤奋劳动、诚实劳动、创新劳动,是社会主义国家劳动者的鲜明特征。要在全社会广泛宣传劳动最光荣、劳动者最伟大的真理,积极培育劳动光荣、知识崇高、人才宝贵、创造伟大的新风,让通过勤奋劳动、诚实劳动、创新劳动创造幸福生活、实现人生理想成为全社会的共同信念和自觉行动。要用中国工人阶级伟大品格和劳模精神感召职工群众、引领社会风尚,引导广大职工牢固树立中国特色社会主义共同理想,自觉贯彻党的理论和路线方针政策,最大限度焕发劳动热情和创造活力,爱岗敬业、恪尽职守,同心协力、勇攀高峰,始终保持朝气蓬勃、昂扬奋发的精神状态,充分展现学习先进、争当先进、赶超先进的时代风采,满怀豪情地为全面建设小康社会、加快推进社会主义现代化团结奋斗,努力做推动历史前进的时代先锋和行动楷模。

*第二,紧紧围绕科学发展主题和加快转变经济发展方式主线,广泛掀起社会主义劳动竞赛新高潮。*以科学发展为主题,是时代的要求,关系改革开放和现代化建设全局。以加快转变经济发展方式为主线,是实现科学发展的必由之路,符合我国基本国情和发展阶段性新特征。广大职工是坚持科学发展、加快转变经济发展方式的实践者和推动者。各级党委、政府和工会组织要突出主题、把握主线,组织动员广大职工以高度的主人翁责任感和使命感,踊跃投身技术革新、技术协作、发明创造、合理化建议等创先争优建功立业活动,努力在推动经济结构战略性调整、促进科技进步和创新、建设资源节约型和环境友好型社会等方面作出工人阶级应有的贡献。要着力提高劳动竞赛的科技含量,积极引导广大职工为提高企业创新能力献计出力,推动建立以企业为主体、市场为导向、产学研相结合的技术创新体系,充分发挥科技创新的先导作用,促进经济发展更多依靠创新驱动。要注重夯实劳动竞赛的基础,深入开展创建"工人先锋号"、"安康杯"竞赛等活动,全面加强班组管理,确保各项任务优质高效地完成。要切实提高劳动竞赛的科学化水平,加强对劳动竞赛的组织领导,重视研究和探索新形势下开展劳动竞赛的特点和规律,建立健全劳动竞赛的激励保障、考核评价机制,更新思路、拓宽领域,丰富内涵、创新举措,提高职工群众的参与率,使劳动竞赛不断实现新跨越。

*第三，全面提高职工队伍整体素质，为加快建设创新型国家提供强有力的人力资源支持。*造就一支具有坚定理想信念、社会主义道德、现代科学文化知识、严格纪律的宏大的高素质职工队伍，是发展工人阶级先进性的必然要求，是加快建设创新型国家的迫切需要，是实现中华民族伟大复兴的根本大计。要加强和改进职工思想政治工作，坚持用中国特色社会主义理论体系武装职工，开展社会主义核心价值体系学习教育，引导职工树立正确的世界观、人生观、价值观。要大力实施科教兴国战略和人才强国战略，认真落实国家中长期科技、教育、人才规划纲要，广泛开展"创建学习型组织、争做知识型职工"活动，引导广大职工不断提高思想道德素质、科学文化素质和技术技能水平。要建立健全面向全体职工的职业技能培训制度，形成有利于职工学习成才机制，突出培养职工科学精神、创造性思维和创新能力，不断提高职工教育培训水平。要积极组织开展技能比赛、技术比武、师徒帮教、岗位练兵等活动；推广选树"金牌工人"、"首席职工"、"创新能手"、"创新示范岗"的经验，努力造就大批高素质职工、专门人才和拔尖人才。

*第四，积极构建社会主义和谐劳动关系，使广大职工群众共享经济社会发展成果。*社会和谐是中国特色社会主义的本质属性，劳动关系和谐是社会和谐的重要基础。实现好、维护好、发展好包括广大职工在内的全体人民的根本利益，是党和国家一切工作的根本出发点和落脚点，是促进社会公平正义、实现社会和谐稳定的基本要求。要推动实施就业优先战略，健全劳动者自主择业、市场调节就业、政府促进就业相结合的机制，促进平等就业，提高就业质量，努力实现充分就业。要坚持和完善按劳分配为主体、多种分配方式并存的分配制度，促进形成合理有序的收入分配格局，提高居民收入在国民收入分配中的比重，提高劳动报酬在初次分配中的比重，逐步提高最低工资标准，保障职工工资正常增长和支付，努力扭转收入差距扩大趋势。要坚持广覆盖、保基本、多层次、可持续方针，加快推进覆盖城乡居民的社会保障体系建设，推动非公有制经济组织从业人员、灵活就业人员、农民工等参加保险，建立健全企业退休人员基本养老金、城乡居民低保标准正常调整机制，稳步提高社会保障水平。要加强企业安全生产工作，筑牢安全生产群防群治体系，加大防治职业病力度，坚决遏制重特大事故发生。要继续完善劳动法律法规，加强协调劳动关系三方机制建设，健全劳动争议处理机制，加大劳动保障监察执法力度，建立规范有序、公正合理、互利共赢、和谐稳定的社会主义新型劳动关系。要建设和传播以职工为本的先进企业文化、职工文化，推动建立企业和职工利益共享机制，使企业和职工形成利益共同体、事业共同体、命运共同体。

*第五，积极参与加强和创新社会管理，做促进社会和谐稳定的中流砥柱。*做好社会管理工作，促进社会和谐稳定，是全面建设小康社会、坚持和发展中国特色社会主义的基本条件。要健全党委领导、政府负责、社会协同、公众参与的社会管理格局，创新社会管理机制，充分发挥工会组织在加强和创新社会管理中的重要作用，广泛动员和组织职工群众依法有序参与社会管理和公共服务，形成社会管理和服务合力，最大限度激发社会活力，最大限度增加和谐因素，最大限度减少不和谐因素。要加强和完善党和政府主导的维护职工群众权益机制，形成科学有效的利益协调机制、诉求表达机制、矛盾调处机制和权益保障机制，切实维护职工群众合法权益。要引导广大职工正确看待经济社会发展过程中的利益关系变化、利益格局调整，理性合法表达自身利益诉求，自觉维护安定团结的政治局面。

劳动模范是全国亿万人民的杰出代表。推动科学发展、促进社会和谐，必须重视发挥劳模的表率作用，真心诚意服务劳模。要切实加强劳动模范工作，努力为劳模干事创业、发挥作用创造有利条件，注意解决劳模生产生活困难，满腔热情地为劳模提供优质服务，解除劳模后顾之忧，在全社会形成崇尚劳模、学习劳模、争当劳模、关爱劳模的浓厚氛围。

中国工会是中国共产党领导的职工自愿结合的工人阶级群众组织。各级工会组织和广大工会干部要认真贯彻党中央关于工人阶级和工会工作的重要指示精神，脚踏实地、埋头苦干，锐意进取、开拓创新，坚定不移地走中国特色社会主义工会发展道路。要继续依法推动企业普遍建立工会组织、普遍开展工资集体协商，进一步扩大工会工作覆盖面、增强工会组织凝聚力。要深入开展党工共建创先争优活动，进一步形成以党内带动党外、上级带动下级、工会带动职工创先争优的良好氛围。要始终把工会工作的重点放在基层、落在企业，创新工会工作机制和工作方式，提高工会建设科学化水平。

党和国家事业的发展进步，离不开职工群众的创造力量。紧紧依靠和切实关心广大职工群众，是贯彻党的群众路线最重要最根本的体现。各级党委和政府要始终坚持全心全意依靠工人阶级根本方针，始终站在职工群众的立场上，真心为职工群众着想，全力为职工群众造福，切实解决职工群众最关心最直接最现实的利益问题。各级党委要加强和改进对工会工作的领导，及时研究解决工会工作的重大问题和实际困难，支持工会依照法律和章程创造性地开展工作，把更多的资源和手段赋予工会组织，选优配强工会领导班子，更好地发挥工会组织在社会主义现代化建设中的重要作用。

当前，和平、发展、合作仍是时代潮流。但国际金融危机深层次影响仍未根本消除，国际和地区热点问题此起彼伏，影响世界和平与发展的不稳定不确定因素突出，实现世界持久和平、共同繁荣仍有很长的路要走。我们要在和平、发展、合作、工人权益的旗帜下，继续加强同世界各国工人阶级和劳动群众的交流合作，进一步发展同各国工会组织、国际和区域工会组织的关系，加深了解、增进友谊、共同努力，为推动建立公正合理、民主和谐的国际工运新秩序，建设持久和平、共同繁荣的和谐世界作出积极贡献。

同志们，让我们紧密团结在以胡锦涛同志为总书记的党中央周围，高举中国特色社会主义伟大旗帜，以邓小平理论和"三个代表"重要思想为指导，深入贯彻落实科学发展观，突出重点、狠抓落实，攻坚克难、务求实效，着力促进经济长期平稳较快发展和社会和谐稳定，以优异成绩迎接中国共产党成立90周年！

保障政策文件选编

关于对普通高中家庭经济困难学生实施国家资助制度的意见

沪财教〔2011〕80号

为贯彻落实《国家中长期教育改革和发展规划纲要(2010-2020年)》精神,完善国家资助政策体系,切实解决普通高中家庭经济困难学生的就读问题,经上海市人民政府批准,本市对普通高中家庭经济困难学生实施国家资助制度,现将有关事项通知如下:

一、建立普通高中家庭经济困难学生国家资助制度的原则

按照"加大财政投入,经费合理负担、政策导向明确、多元混合资助,以及新老政策有序衔接"的原则,建立以政府为主导,国家助学金为主体,学校减免学费等为补充,社会力量积极参与的普通高中家庭经济困难学生资助体系,从制度上基本解决普通高中家庭经济困难学生的就学问题。

二、建立普通高中家庭经济困难学生国家资助制度的主要内容

(一)建立国家助学金制度。从2011年秋季学期起,建立国家助学金,用于资助在本市公办、民办等各类普通高中学校就读,并具有本市高中学籍的城乡低保家庭学生、烈士子女、孤儿、残疾学生,以及其他家庭经济困难学生,资助面按国家要求为普通高中在校生的10%。资助标准按资助对象分为两档:

一是城乡低保家庭、烈士子女、孤儿、残疾学生。免学费、课本和作业本费,同时发放生活补贴。

公办高中按各类普通高中的相应收费标准免除(一般高中1800元/年,区县重点高中2400元/年、市重点高中3000元/年、高级寄宿制高中4000元/年),民办高中按一般高中的收费标准免除;课本费和作业本费,按每生每年440元标准免除;发放生活补贴每生每年2000元。

二是其他家庭经济困难学生。平均资助标准为每生每年1500元,具体标准由市、区(县)财政和教育部门,结合学生家庭经济困难程度,在1000-3000元范围内确定,可以分2—3档。

国家助学金所需资金,按照现行的财政教育管理体制,由各级政府予以保障落实。

《上海市财政局 上海市教育委员会关于对普通高中学生实施"两免一补"资助政策的通知》(沪财教[2008]51号)同时废止。

(二)建立学费减免制度。普通高中要按学校事业收入3%的比例提取校内奖助学金,用于补充其他家庭经济困难学生减免学费或其他临时困难补助。

(三)鼓励社会捐资助学。要进一步落实鼓励捐资助学的相关优惠政策措施,积极引导和鼓励企业、社会团体及个人等面向普通高中设立奖学金、助学金。

三、加强组织领导,确保政策顺利实施

(一)加强组织领导。各区县财政、教育部门要密切配合,制定本地区的具体操作办法,确保政策顺利实施。教育部门要将普通高中资助工作纳入办学水平评估指标体系。各普通高中要把资助家庭经济困难学生作为一项重要的工作任务,实行校长负责制,指定专门机构,确定专职人员,具体负责此项工作。

(二)强化资金管理。各区县财政、教育部门和普通高中要切实加强资助资金管理,确保资金及时发放、专款专用。各级教育行政部门和有关学校要加强学生的学籍管理,确保学生资助信息真实、可靠。要加强监督检查,对于挤占挪用资金、弄虚作假套取资金等行为,按照《财政违法行为处罚处分条例》(国务院令第427号)有关规定严肃处理。

(三)加大宣传力度。各有关部门和各学校要通过多种形式开展宣传,使党和政府的这项惠民政策家喻户晓、深入人心,使广大学生知晓受助的权利,营造良好的社会氛围。

上海市财政局
上海市教育委员会
二〇一一年八月五日

专文

Monograph

在上海市总工会十二届九次全委（扩大）会议上的工作报告

（2011年7月20日）

钟燕群

本次会议的主要任务是，深入学习贯彻胡锦涛总书记“七一”重要讲话，认真落实九届市委十五次全会和全总的工作要求，总结上半年工作，部署下半年任务，团结动员全市广大职工群众为实现上海“十二五”良好开局作贡献。

下面，我代表市总工会常委会作工作报告。

一、上半年工会主要工作进展情况

今年以来，在市委和全总的领导下，上海工会围绕“十二五”开局之年的目标任务，以纪念中国共产党成立90周年为动力，创先争优，攻坚克难，各项工作取得积极成效。

一是广泛开展主题教育和主题实践活动，调动了广大职工在上海新一轮发展中建功立业的积极性。举办各种形式的“十二五”形势任务宣讲教育活动和庆祝建党90周年系列活动，丰富了“坚定跟党走，建功‘十二五’”主题教育活动的内涵和载体。制定实施《上海职工素质工程“十二五”发展规划》，职工素质工程持续推进。举办第十三届上海读书节。召开上海市五一劳动奖状（章）表彰暨创先争优劳动竞赛推进大会，全面部署岗位建功、科技创新、技能登高、节能减排、劳动保护、团队创先等“六大行动”。举办第四届上海职工科技节，1.4万多家基层单位、120余万名职工参与了579项（次）职工科技节活动。评选表彰2008—2010年度十大工人发明家、十大职工科技创新英才。推进首席技师千人培养计划，命名了第一个上海市首席技师工作室和20个劳模创新工作室，“当好科学发展主力军、打好创新转型攻坚战”主题实践活动取得良好开局。

二是重点推进平等协商集体合同和职代会制度，增强了工会维权工作实效。全面推进以工资协商为主要内容的集体协商机制建设，推动集体协商机制建设纳入各地区、系统“十二五”规划和各级党政工作考核目标，推动家乐福等一批世界500强企业开展集体协商。截至6月底，全市共签订集体合同23206份，覆盖职工425万人；工资专项集体合同14420份，覆盖职工276万人；女职工权益专项集体合同19362份，覆盖女职工近165万人。广泛开展《上海市职工代表大会条例》学习宣传和贯彻实施工作，联合市人大专委会及有关单位制定配套文件，培训师资力量，发动4万家单位、40余万名职工参加网上知识竞赛，着力推进非公企业职代会建制工作。参与本市职工最低工资标准、工资增长指导线、高温津贴标准等的合理调整。

三是主动参与群体性劳资矛盾化解工作，促进了劳动关系和职工队伍和谐稳定。定期排摸和分析研判职工队伍稳定情况，指导和推动街镇、工业园区健全劳动争议调解组织网络，完善条块结合、以块为主的处置机制。主动参与重大群体性纠纷调处工作，协助党政妥善处置盈诚光电中毒女工维权案、百思买关门歇业及集卡司机聚集上访等群体性事件，努力维护社会稳定。

四是扎实开展服务和帮扶工作，加大了为职工办实事做好事力度。在市领导关心和市政府相关部门支持下，研究制定了市劳模“三金”和体检“3+1”制度。广泛开展工会就业援助、困难帮扶等工作，上半年共举办招聘会106场，帮助下岗失业人员和困难职工家庭高校毕业生共1.16万人实现就业，帮助近1万名农民工就业；元旦春节期间慰问困难职工家庭15万户、款物1.74亿元；上半年市总工会四项互助保障计划共给付47.01万人次、3.29亿元。与市安监局联合制定《关于加强安全生产和劳动保护工作的意见》，深入推进“安康杯”竞赛，参赛企业7100家，参赛职工近200万人。

五是不断深化党工共建创先争优活动，提高了工会工作整体水平。深入推进集中建会行动，截至6月底，全市工会组织覆盖单位24.74万家，工会会员806万人，其中农民工会员320万人。全面推进基层工会主席直接选举工作，要求区县局（产业）工会以下各级工会组织期满换届和新组建单位的工会主席通过直接选举产生。加强调研工作，开展规范企业劳务派遣用工调研，向市委、市政府领导专题汇报，并与市劳动关系三方联合制定《关于规范本市劳务派遣用工的指导意见》；围绕工会在加强和创新社会管理中进一步发挥作用广泛开展调研，分析研究工会参与社会管理面临的新情况新问题及工作思路，并就一些难点问题向市委及常委会汇报，积极参与市委关于做好新形势下党的群众工作有关文件起草，促进完善党建带工建的相关政策和制度保障。

二、深入学习胡锦涛总书记“七一”重要讲话精神，进一步增强做好新形势下党的群众工作的使命感和紧迫感

胡锦涛总书记在庆祝中国共产党成立90周年大会上的重要讲话，是一篇马克思主义的纲领性文献。认真学习贯彻胡锦涛总书记“七一”重要讲话精神，是工会当前及今后一个时期的首要政治任务。党中央还对加强和创新社会管理、做好群众工作提出了明确要求，作出了重要部署。胡锦涛总书记在视察武汉市青山区困难职工帮扶中

心时,对做好工会工作特别是困难职工帮扶工作作出重要指示。吴邦国同志在“2011’经济全球化与工会”国际论坛开幕式上发表重要讲话,对做好新时期工会工作提出要求。王兆国同志在全总工作会议和专题调研时,对发挥好工会在经济社会发展中的重要作用作出了多次指示。今年以来,市委就发挥工青妇等群众组织在加强和创新社会管理中的作用专门开展调研,6 月 24 日市委常委会听取了市总党组汇报,对进一步加强工会组织建设、创新工作方法,在维护职工群众权益、做好新形势下党的群众工作方面发挥工会组织的优势和作用提出了明确要求。我们要深入学习贯彻胡锦涛总书记的重要讲话及中央、市委的一系列重要指示,进一步统一思想,振奋精神,推动上海工会工作创新发展。

(一) 深刻领会新形势下工会工作的新要求

一要充分认识党的建设新任务对工会工作的新要求。胡锦涛总书记“七一”重要讲话深入总结了我们党 90 年的光辉历程和宝贵经验,深刻回答了新形势下加强和改进党的建设的新课题,全面阐述了坚持和发展中国特色社会主义的新要求,是在新的历史条件下提高党的建设科学化水平,坚持和发展中国特色社会主义伟大事业的纲领性文件,也是指导党的工运事业和工会工作的强大思想武器。我们要认真学习领会胡锦涛总书记重要讲话精神及其一系列新思想、新观点、新论断,全面把握提高党的建设科学化水平的总体要求,学习贯彻党的思想理论建设、组织建设、作风建设、反腐倡廉建设、制度建设等各方面的主要任务和工作举措,指导和推进上海特大型城市工会建设在组织架构、体制机制、干部队伍上实现新突破。全面把握在党的领导下中国特色社会主义事业的发展要求,紧紧围绕经济、政治、文化、社会建设改革创新的目标任务,在党和政府工作大局中进一步明确工会工作的着力点和结合点,指导和推进党工共建创先争优各项工作取得新进展。我们要把各级工会干部和职工群众的思想认识统一到“七一”讲话精神上来,把党的建设各项要求抓紧落实到工会各项工作中,为推进新时期党的事业发展、巩固党的执政基础和群众基础作出积极贡献。

二要充分认识加强和创新社会管理对工会工作的新要求。今年以来,在省部级主要领导干部专题研讨班、中央政治局集体学习等重要会议上,胡锦涛总书记等中央领导对加强和创新社会管理发表了重要讲话,作出了系统阐述。前不久,周永康同志在上海考察期间,要求上海在建设中国特色社会主义社会管理体系中做先行者和示范区。工会是党联系职工群众的桥梁和纽带,是国家政权的重要社会支柱,是职工权益的代表者和维护者,在加强和创新社会管理的各项工作中,工会组织责无旁贷,工会作用不可替代。我们要研究分析党和政府在推进社会管理理念、体制、机制、制度、方法创新过程中,工会工作面临的新机遇和新任务,不断增强工会开展职工群众工作的有效性和影响力。要积极探索组织职工的有效办法,把提高建会率和入会率同发挥职工主体作用、增强职工会员意识结合起来,同促进基层工会规范运转、发挥作用结合起来,同增强职工对工会的认同感、感受到入会的好处结合起来,不断增强工会的凝聚力、感召力、吸引力。要积极探索维权维稳的有效举措,善于从维权着手推动维稳工作,大胆地为职工说话,把职工需求了解清楚、合理表达、维护到位,在社会管理中真正发挥好群众组织独特的维稳作用。要积极探索服务职工群众的有效载体,适应职工多元化需求,扩展服务内容、提高服务能力,切实加强与政府、社会及企业服务的衔接,在完善“党委领导、政府负责、社会协同、公众参与”的社会管理格局中切实体现工会的特色和优势。

(二) 深入分析新形势下工会工作遇到的新情况

一是职工队伍结构发生重大变化。伴随上海改革开放和转型发展进程,工会工作对象急剧扩展,上海从业人员数量已从“十五”末的 860 多万增长到目前的 1000 多万,工会会员数从“十五”末的 500 万增长到目前的 800 多万。非公经济职工日益成为主体,外商、港澳台和私营民营等非公经济职工已占全市职工数的 77.2%,传统工会工作模式难以适应日益复杂多元的“社会人”管理方式。代际结构发生明显变化,“80 后”职工已占职工总数的 20%,其中大专以上文化程度近 60%;新生代农民工更是占到农民工总数的 40%,其中高中以上文化程度占 71%,工会迫切需要针对知识化、年轻化职工队伍特点开展工作。非户籍职工越来越多,农民工已近 500 万人,且在上海工作的境外人士也越来越多。在多元文化的碰撞和交融中有效组织职工、服务职工,对工会提出了更高要求。

二是职工诉求更趋复杂。职工对改善民生的期待越来越迫切。今年以来,《社会保险法》、新医保等相继实施,职工高度关注上海相关政策的落实和衔接;物价持续走高、公共服务产品价格调整对职工群众特别是困难职工生活影响较大;房价仍在高位运行,廉租房、经济适用房、公共租赁房等保障性住房建设供不应求,部分职工特别是低收入职工难以改善居住条件。职工参与意识越来越强烈。职工的公平意识、民主意识、权利意识、法治意识、监督意识不断增强,对企业管理民主和公开公正的要求越来越高,诉求表达的愿望和要求愈益强烈,特别是在信息化时代,网络问政、网络维权现象的逐步增多需引起重视。职工需求越来越多元。不同职工群体的需求差异明显,他们思想活动的独立性、选择性、多变性、差异性日益凸显,形成社会共识、加强社会协同的难度增大。同时,随着工作生活压力加大,部分职工心态浮躁焦虑,社会心理问题有所增多。工会表达职工诉求、保障职工权益、协调利益差异、加强人文关怀等的任务更加繁重。

三是劳动关系矛盾仍然多发易发。当前,劳动关系总体和谐,但一些新情况新问题应引起重视。一些企业违法用工和损害劳动者权益现象仍然存在,如超时加班加点、欠薪欠保、违反法定程序裁员、在非“三性”岗位使用劳务派遣工且同工不同酬等,易引发群体性争议。职工更加追求体面劳动,在大量劳动关系矛盾中,职工从维护法定权利更多转向要求分享企业发展成果,主张增加工资、奖金、福利以及年休假、公积金等经济利益,这类诉求引发的劳资矛盾较难掌握和排摸,更具隐蔽性、突发性、传导性。各种矛盾的敏感性和关联性增强,劳动关系矛盾中的历史遗留问题和改革发展中的问题、合理诉求和不合理方式、多数人合理诉求和少数人无理要求等相互纠缠,不同职工群体利益存在分歧甚或冲突，党内腐败现象与社会分配不公问题影响叠加，等等，导致群众工作难度增大，对工会预防、调处各类劳资矛盾提出更高要求。

（三）切实把握新形势下工会创新发展面临的新挑战

一是制度机制建设存在薄弱环节。随着上海产业结构优化升级、所有制结构日益多元化，特别是各类“两新”组织快速发展，工会参与社会管理、维护职工权益的工作机制和制度有待进一步健全完善。比如，集体协商和工资协商需扩大覆盖，这是工会履行维权基本职责，参与协调社会利益关系的主要手段。目前，集体协商的建制率亟需提高，工资协商标准还需更加公平合理。职工民主管理制度需提高运行质量，职代会、厂务公开等制度是职工参与民主管理、表达利益诉求的基本制度，目前，在完善企事业单位薪酬分配制度以及国有企业领导干部收入公开方面，职代会的审议表决机制和厂务公开作用发挥不尽理想；在企业转改制和完善现代企业制度过程中，职工董事、监事制度的建制情况不容乐观；在评议领导干部方面，职代会民主评议往往流于形式，评议结果与现行的干部组织考核体制衔接不够。劳动关系协调机制需加强联动，当前，各级劳动关系三方机制、政府和工会联席会议制度的运作还不尽规范，和谐劳动关系创建活动的组织体制还需进一步理顺，工会劳动争议调处工作在大调解工作体系中的地位和作用还未得到充分体现。制度机制建设具有根本性、全局性、稳定性，各级工会应引起高度重视，坚持传承创新，推动工会工作制度化、规范化、程序化。

二是工会组织架构不尽完善。随着市场经济体制的建立完善，社会结构越来越多元化、扁平化，工会的组织网络与之还不相匹配，行业工会、街镇总工会的作用发挥亟需加强。由于非公企业大量涌现，传统的产业工会建制代表性减弱，对同一行业内的非公企业工会缺乏影响力，在制定劳动定额、开展工资协商、调整福利待遇等涉及职工切身利益的工作上难以实现行业覆盖。在一些就业分散甚至以个体从业方式为主的领域，如集卡运输、医院护工、餐饮服务、物业保安等行业，行业性工会建设推进难度较大，工会工作无法有效地向这些职工群体延伸。

三是工作方式方法还不相适应。工作针对性需要加强，一些工会在工作中习惯于以会议落实会议、以文件落实文件、以一次性活动取代长效机制建设，缺乏扎扎实实、有的放矢、因地制宜的工作举措。分类指导需要加强，日常工作中笼统、划一的工作要求、考核标准、活动项目仍比较多，不能很好地适应现代企业制度管理模式、非公企业工作特点、新生代职工的需求和兴趣等，影响了一些工作的实效性和覆盖面。工作创新需要加强，面对工作对象、工作内容、工作要求的深刻变化，各级工会要深入研究分析职工群众所思所想所需，以及工会组织运作、工作推进中的重点难点问题，善于运用现代信息技术手段，善于总结经验、创新突破，使工会工作富有与时俱进的动力与活力。

面对新要求、新情况、新挑战，我们要学习领会和贯彻落实中央、市委的一系列指示精神，紧密结合上海工会工作实际，切实增强工作的紧迫感、责任感和使命感，积极探索加强和改进工会工作的新机制、新途径、新办法，推动新形势下上海工会工作创新发展。

三、突出重点，全面完成年度各项工作任务

下半年，我们要按照市委和全总工作部署，再接再厉，狠抓落实，确保按时完成今年各项工作任务。这里，我重点强调几项工作。

（一）关于服务发展大局

九届市委十五次全会要求切实保障城市运行安全和生产安全，着力抓好九方面重点工作。各级工会要紧紧围绕全市工作大局，广泛深入地开展“当好科学发展主力军、打好创新转型攻坚战”主题实践活动，组织动员各行业职工为“十二五”发展贡献智慧和力量。

一要深化建功立业主题活动。落实全总“当好主力军、建功‘十二五’”劳动竞赛活动总体要求，着重部署开展促进区域发展全国示范性劳动竞赛——“上海浦东新区”建设劳动竞赛、重大科技攻关立功竞赛、保障性住房建设立功竞赛、重点用能单位节能减排专项立功竞赛、非公企业示范性劳动竞赛等重点劳动竞赛。发挥劳模带动引领作用，总结命名200个劳模品牌。深化职工合理化建议、先进操作法等群众性科技创新活动，指导建立职工科技服务工作站，推动创新型企业建设。全面实施团队创先行动，以提升班组管理水平为核心，以提高班组成员整体素质为重点，以创一流工作、一流服务、一流业绩、一流团队为主要内容，充分发挥班组在企业劳动竞赛、科技创新、民主管理和文化建设中的基础阵地作用。

二要抓好职工素质工程。宣传、实施《上海职工素质工程“十二五”发展规划》，各系统、各地区、各单位要联系实际，确定工作重点，促进提高职工队伍整体素质。加强职工教育培训工作，推进职工教育培训示范点建设，组织职工参加新知识新理念新技术培训。持续推进职工技能登高，大力培养知识型、技能型、创新型职工，年内培养、选拔200名首席技师，命名20个上海市首席技师工作室，新增高师带徒1000对。举办上海市初级工商管理(EBA)培训十周年总结表彰大会，推进EBA培训深入开展。加大女职工培训力度，今年首批选树20个上海市女职工周末学校示范学校，积极争创全国工会女职工培训示范学校。加强职工文化建设，组织好上海职工体育健身“四季大联赛”，评选推出一批职工文化优秀项目，丰富职工业余文化生活，促进职工全面发展。

三要加强劳动保护和安全生产工作。围绕城市运行安全和生产安全，以安全生产重点领域、非公企业和农民工为重点，以“安康杯”竞赛活动为载体，一手抓教育引导、群防群治，一手抓依法监督、有效维护，推动建立劳动安全卫生专项集体合同制度、企业安全生产和劳动保护措施落实情况向职代会报告制度、职工代表对企业安全生产和职业卫生情况议案巡查制度、安全生产和劳动保护监督举报制度、依法参与伤亡事故调查处理和职业病危害事件调查处理制度等工会劳动保护“五项制度”，切实维护职工生命安全和职业健康。积极创建“安全生产1000班组”，真正做到安全第一，班组违章为零、隐患为零、事故为零，打牢安全生产工作基础。当前，要抓紧把汛期安全生产和防暑降温工作落实到每个单位、每个班组、每个高

温岗位和每个职工,加强设施设备巡查检修,排查整改安全隐患,合理安排作息时间,改善职工生产生活条件;督促各单位做好高温季节各项津贴及待遇的发放,推广静安区签订企业职工劳动保护专项协议时,把高温费发放纳入集体合同的有效做法,使各项政策措施的落实得到保障。

(二) 关于推进"两个普遍"

当前,在推进"两个普遍"中有几个问题需要引起重视:一是摸清底数问题。前一阶段,按照"五清"要求,即企业所在地点清、组织结构清、隶属关系清、建会情况清、开展集体协商现状清,各区县局(产业)工会对"两个普遍"工作情况进行了认真排摸。从各区县汇总的情况看,与全总核定的企业基数存在着较大差距。以集体协商为例,各区县汇总上来要求剔除的不具备协商条件的建会企业比例达36.9%、覆盖职工比例达25.5%,部分区县要求剔除比例甚至达到50%以上。虽然客观上存在企业经营变化、重复统计等原因,但究竟如何科学地核定基数,也需要我们从自身工作理念和方法等方面进行思考和分析。比如,杨浦、黄浦两个区剔除数为零,他们感到所有建会企业都具备协商条件,值得大家研究借鉴。各区县要对照全总建立的企业数据库,对区域内的企业状况逐一梳理比对,进一步夯实工作基础。二是质与量的关系问题。全总今年的考核要求是企业建会率70%,已建工会企业工资集体协商制度覆盖率60%、集体合同制度覆盖率80%以上。目前,本市工会组织覆盖单位24万多家,其中覆盖企业22.3万家,企业建会率为66.4%。在已建工会企业中工资专项协议签订率、集体合同制度覆盖率与今年要达到的目标还有不小的差距。各级工会既要抓紧工作进度,确保完成各项指标;又要抓好建会和协商工作质量,做到基础扎实,经得起检验。三是突破瓶颈问题。目前"两个普遍"尚未覆盖的企业,非公中小企业占了较大比例,注册型企业、有雇工的个体工商户、劳务派遣工、农民工等如何进行覆盖,需要我们积极创新组织体制和工作方式;拖延、阻挠建会和协商的现象仍然不少,类似"四大会计师事务所"的部分跨国公司、分支机构如何打开工作局面,需要我们合力攻克难关。

为此,我们要进一步提高对"两个普遍"工作的认识,咬住目标不放松,努力在扩大覆盖、提高质量上取得新突破。

一要进一步加大社会化运作力度。市总已成立推进普遍建会工作小组,主要任务是督促检查目标任务的落实,调查研究工作推进中的问题并提出相应的对策建议。各区县、产业工会要健全完善并发挥各级领导小组工作职能,上下呼应,形成整体合力。尤其要健全和依托党工共建工作机制,争取把工会组建工作列入党建考核范畴,写入党建责任书,这方面奉贤区、嘉定区的做法值得推广。同时,积极争取党政支持,把集体协商、工资协商工作纳入经济社会发展规划和考核目标,形成相关部门齐抓共管、协同推进的工作格局。比如,浦东新区近日成立了集体协商机制建设推进工作领导小组,由区委分管书记、分管区长以及区总工会、人保局负责人担任正副组长,区委宣传部、商务委、国资委、财政局、企联、工商联等职能部门和相关社会团体作为成员单位各司其职,为普遍推进集体协商机制建设提供了重要保障。各级工会要善于借力,善于宣传,为推进"两个普遍"赢得更大的支持、更好的氛围。

二要进一步加大普遍建会工作力度。依法普遍建会要点线面联动推进。所谓"点",就是要重点攻克世界500强、"四大会计师事务所"、台资企业等非公企业的建会和集体协商工作。通过点上的突破,对类似企业起到示范带动作用。所谓"线",就是要抓好劳务派遣工入会工作,实现劳务派遣机构和用工单位工会对劳务工的"双覆盖",为形成劳务派遣工的诉求表达机制和权益维护机制提供组织保障。所谓"面",就是要在工业园区等企业集聚的区域,大力推进区域性、行业性工会联合会和联合工会建设,继续深化"双措并举、二次覆盖"工作,扩大工会组织覆盖面。同时,要着重开展三方面探索。一是在建立行业工会上加强探索,今年要在建立集卡运输企业行业工会上取得进展,以后逐步向医院护工、餐饮服务、物业保安等职工就业分散且具有一定规模的行业推开,为工会组织全覆盖创造条件。二是在职业化、社会化工会干部队伍建设上加强探索,下半年要选择部分地区扩大职业化、社会化工会工作者工资分级负担试点。三是在工会经费和组建筹备金税务代收上加强探索,今年下半年做好前期准备工作,选择部分地区适时进行试点。

三要进一步加大集体协商推进力度。认真贯彻《关于全面推进集体协商机制建设的实施意见》,积极主动开展常态化的集体协商要约行动,建立集体协商争议调处制度,不断提高集体协商水平和集体合同质量。加强世界500强在沪企业、市区两级国有企业普遍建立工资集体协商制度工作,年内完成世界500强企业建制率80%以上、国有企业基本覆盖的工作目标。以劳动定额、工时工价为重点,加大行业集体协商力度,年内每个区县需在两个以上具有代表性的行业中建立协商制度。比如,金山区总工会在服装行业试行职工工资增长听证制度,明确了先听证、后协商、再签约的行业工资协商程序,扩大了一线职工代表参与面,促进了服装行业健康有序发展,体现了行业协商的积极效应。各级工会都要积极探索,多想办法,进一步扩大集体协商的覆盖面,提高集体协商的实效性。

(三) 关于构建和谐劳动关系

和谐劳动关系是社会和谐的基础。推动建立和谐劳动关系是工会参与社会管理、促进社会和谐的主要着力点。我们要积极关注和适应经济关系、劳动关系的新变化、新趋势,贯彻落实即将召开的全国构建和谐劳动关系先进单位表彰大会精神,以劳动关系和谐稳定促进社会的和谐稳定。

一要探索形成构建和谐劳动关系制度框架。建立完善组织领导制度,成立市、区县和产业(局)、街镇等各级构建和谐劳动关系的领导机构,把劳动关系和谐状况纳入党政工作目标考核范畴,形成党政主导、工会实施、社会协同的组织格局。建立完善劳动关系协调制度,推动劳动合同、集体合同、工资协商、职代会、厂务公开、劳动法律监督、劳动争议调解等各项制度机制的建立健全。加强制度创新,探索建立劳动关系社会评估制度,结合职工满意度测评标准,制定分类、分级考核办法和评审程序,形成企业和园区劳动关系和谐状况的第三方评估体系,促使构建和谐劳动关系各项工作更加科学、规范、公开。

二要广泛开展劳动关系和谐企业(工业园区)创建活动。以劳动关系和谐企业(园区)创建活动作为发展和谐劳动关系的主要抓手,继续扩大创建活动参与面,探索总结不同类型、不同规模企业和园区的创建模式,形成多层次、广覆盖的创建格局。以“促进企业发展、维护职工权益”为创建活动基本原则,畅通和拓展劳动关系双方沟通交流、协商对话渠道,倡导和构建和谐发展、合作共赢的劳动关系。加强创建活动的过程管理,在创建中促进企业提高管理水平、落实和发展职工各项权益、健全劳动关系协调机制,并要重视各级和谐企业(园区)的复核管理工作,确保创建质量。

三要着力加强劳动争议调解工作。加强与相关部门的协调合作,与人民调解、行政调解、司法调解形成联动,努力在大调解格局中凸显地位、体现作为。加大对重点区域、重点行业、重点人群的劳动关系研判,特别要关注因经济结构调整而搬迁的企业、转改制企事业单位职工的思想动态和利益诉求,预防可能引发的矛盾。积极协助党政调处突发性、群体性劳动争议,引导职工合理诉求、依法维权。健全和创新劳动争议调解机制,比如,奉贤区总工会今年在全区各镇、开发区推行劳动争议调解首问责任制和首席调解员制度,谁接待受理、谁负责到底,形成一方受理、相关部门密切配合参与的联动调解机制。这是一个具有推广借鉴意义的创新举措,有利于劳动争议的及时妥善处置。切实加强基层工会劳动争议调解组织的实体化建设,力争年底前60%建会企业、80%百人以上建会企业建立劳动争议调解组织;大力推进区域性、行业性调解组织建设,实现基层调解组织的规范化运作,不断完善工会协调劳动关系的组织基础。

(四)关于服务职工群众

当前,职工群众对社会保障和公共服务的期望越来越高,物质文化需求日益增长,相对弱势群体权益保障和服务难度增大。工会如何实现与政府、社会及企业的有效衔接,加强服务职工阵地建设,形成工会组织服务职工的工作体系,需要我们进一步研究探索。

一要积极构建服务职工工作体系。探索建立市、区县和产业、街镇、社区(小区、商务楼宇、村、工业园区)工会服务工作网络,建立维权、服务、救助“三位一体”的工作模式。在服务对象上,在为下岗失业、生活困难等职工群体排忧解难的同时,要拓宽服务领域,使工作网络和服务项目面向全体职工、惠及全体职工。在这方面,有些产业、地区工会做了很好的探索。比如,杨浦区定海街道总工会为1万多名工会会员办理会员卡,涵盖了免费看电影、借图书、健身以及餐饮、旅游优惠等,增强了职工的会员意识,扩大了工会工作影响力。在服务阵地上,要充分整合各级工会职工援助服务中心、工人文化宫、培训中心等工会自身资源,主动加强与政府有关部门、群团组织等的合作,联合社区文化中心、社区卫生中心、社区事务受理中心等,实现优势互补、资源共享,逐步形成网络健全、职责清晰、工作联动的服务平台。在服务内容上,除做好就业援助、帮困送温暖等基础性的服务项目,要结合职工多样化需求和职业发展要求,大力开展职工技能培训、群众性文化活动、劳动争议调解、法律咨询和援助、权益维护等服务工作。我们要努力促进工会服务职工、帮扶职工工作的常态化、长效化,不断打造工会服务职工的工作品牌和有形载体,不断扩大工会各项工作和机制建设的覆盖面和受益面,不断增强工会组织在职工中的凝聚力和感召力。

二要积极关注和参与民生新政的制定实施。继续参与本市贯彻《社会保险法》相关民生政策的制定和出台,密切关注新医改方案实施及养老金计发办法调整后对本市低收入职工群体的影响,及时收集和反映广大职工群众的意见。积极关注本市住房保障体系建设,及时反映青年职工、低收入住房困难职工的诉求,推动放宽经济适用房和廉租住房的准入条件。高度关注物价上涨对职工群众日常生活的影响,积极参与公共服务产品价格调整听证;继续完善职工工资收入状况常态调查机制,下半年重点关注一线职工收入状况和公共服务部门职工收入正常增长机制建设情况,为提高一线职工、普通职工收入水平不断作出积极努力。

三要积极做好劳务派遣工和农民工服务工作。对劳务派遣用工问题,市委、市政府及社会各方高度关注,俞正声书记在九届市委十五次全会的讲话中,强调要下决心逐步解决“劳务派遣”急剧增长带来的社会问题。各级工会组织要认真贯彻市劳动关系三方联合下发的《关于规范本市劳务派遣用工的指导意见》,把社会关注度较高的临时性、辅助性、替代性岗位界定问题、同工同酬问题、劳务派遣员工参与民主管理问题作为当前工会推动规范劳务用工的三个工作重点,切实维护劳务工合法权益。加大派遣机构和用工单位的工会组建力度,倡导用工单位积极吸纳劳务派遣工参加本单位工会,对于已经加入派遣机构工会的劳务派遣工,用工单位工会应积极协助派遣机构工会做好会籍管理、工会活动和权益维护工作,探索劳务派遣工参与用工单位职代会的具体办法,积极推动降低劳务用工比例、落实同工同酬,配合人大、政协开展对规范劳务用工的执法检查和专项视察调研。要关注外来常住人口融入上海问题,继续从组织入会、权益维护、教育培训、服务管理、困难帮扶等方面,进一步加大农民工工作力度。今年要着力推进集体合同和工资集体协商机制、职代会制度向农民工群体延伸和覆盖,推动惠及农民工的“综保”制度调整、住房保障、同住子女教育等一系列社会保障政策的落实。

(五)关于加强工会自身建设

俞正声书记在九届市委十五次全会上强调,学习胡锦涛总书记重要讲话,重在联系实际,探索战胜“四个考验”、“四个危险”的新思路、新办法。加强新时期工会建设同样要在党的建设的总体要求和部署下,密切联系自身实际,站在增强群众观点、做好群众工作的高度,结合社会管理创新的新要求,不断提高工会自身建设水平。

一要重视街镇总工会建设。在上海“三级组织、四级网络、条块结合、全面覆盖”的工会组织格局中,街镇总工会不仅起着基础性的作用,而且在区县总工会与小区、村、商务楼宇、工业园区和企业工会之间担负着承上启下的重任,大量工作任务要靠街镇落实。目前,约有70%的企业和职工在社区层面,不少街镇有上千家企业、数万名职工,街镇工会任务繁重，加强街镇总工会建设势在必行。从全市来看，街镇总工会工作基础差别很大，发展很不平衡。要进一步推进街镇总工会规范化建设，从领导班子配备、组织机构、职责任务、工作制度等方面，进一步明确要求，并予以支持和帮助，为街镇总工会更好地发挥作用创造条件。要进一步推进街镇总工会有效运转，加强行业性、区域性工会联合会建设，积极开展维权维稳和劳动关系协调等各项工作，在加强和完善基层社会管理和服务体系中体现更大作为。

二要推进工会干部队伍建设。全市工会干部总数已达20万人之多，但90%以上为兼职，专职工会干部仅占9.28%，非公企业工会干部几乎全部为兼职。针对基层工会干部力量薄弱这一现状，我们要着重加强工会主席队伍建设。今年下半年开始，各区县、乡镇将陆续开展换届工作，上级工会要加大工会干部协管力度，积极会同有关部门，配齐配强工会领导班子；继续推进基层工会主席直接选举工作，使其真正代表和反映职工呼声，成为党政与职工有效沟通的桥梁。要加强职业化、社会化工会工作者队伍建设，通过扩大工资分级负担试点，促进基层社会化工会工作者队伍不断壮大。要加强工资集体协商专职指导员队伍建设，按照每个区县3—5名的标准，建立区县工会工资集体协商专职指导员队伍；要支持工会学院开办企业社工师事务所的实践探索，借鉴闵行区总工会运用专业社工的理念和方法推进“两个普遍”的创新做法，提升工会工作的专业化、社会化水平。要加强工会干部能力建设，重视抓好工会干部教育培训工作，提高各级工会干部思想理论水平和业务能力。

三要加强作风建设。胡锦涛总书记在“七一”讲话中深刻指出，要高度重视并切实做好新形势下群众工作，“只有我们把群众放在心上，群众才会把我们放在心上；只有我们把群众当亲人，群众才会把我们当亲人”。工会是党联系职工群众的桥梁纽带，必须切实增强群众观点，自觉贯彻群众路线，不断增进对普通职工的思想感情，热忱关心困难职工的冷暖疾苦，主动协助党政多做知民情、解民忧、暖民心的工作。以问题和职工需求为导向，深入开展调查研究，切实加强分类指导，增强上级工会代表、服务、指导下级工会的工作力度和实效。推动工作重心向基层倾斜，尊重和保护基层的首创精神，积极鼓励基层围绕热点难点问题加强试点、探索突破，发挥以点带面、典型示范的作用，激发基层工会活力。进一步加强工会基础工作，重视基础资料和数据的处理分析，继续提高工会工作信息化水平，为工作创新奠定扎实的基础。

最后，我还要专门强调一下工会志编纂工作。按照市委、市政府部署，本市已启动了第二轮地方志编纂工作，《上海工会志》是其中的重要部分。市总工会成立了编纂工作委员会，制定了编纂实施方案，并将于近期召开动员大会和修志人员培训班。为此：

一要高度重视修志工作。第二轮修志的时间跨度从1978年至2010年，反映的是党的十一届三中全会召开以来上海的发展历程。这30多年，是上海改革开放和建设社会主义现代化国际大都市实现跨越式发展的关键时期，有大量宝贵的经验和工作成果需要我们整理、总结和概括。从工会系统来看，就是要全面真实地反映在上海改革开放、科学发展和服务全国的创新实践中，工会服务全市中心工作、服务发展大局、服务职工群众的历史轨迹、规律和特点，将之展现给今人、留传于后世。这是工会系统各单位责无旁贷的光荣使命和历史责任，我们必须高度重视，认真对待。希望各区县局产业工会、市总工会各部门和直管单位负责同志增强政治意识、责任意识和使命意识，大力支持和认真做好新一轮志书编纂工作，坚持质量第一、修志为用，真实、客观地反映工会这一历史阶段的发展历程，为上海工会事业发展提供有益借鉴。

二要积极参与修志工作。志书编纂是一项政治性、政策性及学术性很强的工作，也是一项时间长、任务重、要求高的系统工程，涉及内容、资料、文献宏大浩繁，需要全市各级工会共同参与、协同配合、积极作为。各单位负责人要当好修志工作责任人。各参编单位和部门要把修志工作纳入年度工作计划和目标考核，切实加强领导，确保人力物力，按照市总编纂工作实施方案的具体要求，积极主动地梳理本系统、本地区、本单位工会发展历史、成效、经验，主动提供相关的资料、素材、线索，齐心协力，共同打造精品佳志。

各位委员、同志们，在上海深入推进创新驱动、转型发展，切实加强社会建设和管理的关键阶段，上海工会发展面临着新的机遇和挑战。让我们在市委的领导下，开拓创新、求真务实、奋发有为，团结带领全市职工为顺利完成上海“十二五”开局的各项目标任务作出新的贡献！

在上海职工“当好科学发展主力军、打好创新转型攻坚战”上海电气现场会上的讲话

（2011年2月28日）

钟燕群

今天，我们在这里召开上海职工“当好科学发展主力军、打好创新转型攻坚战”上海电气现场会，总结推广电气集团高技能职工队伍建设的先进经验，全面部署“当好科学发展主力军、打好创新转型攻坚战”主题实践活动，

进一步动员全市广大职工为上海走“创新驱动、转型发展”道路和全面实施“十二五”规划作贡献。会上，电气集团党政工领导以及上海电气液压气动有限公司党委分别作了讲话和发言，介绍了在加快推进高端装备制造业发展进程中，大力培养知识型、技能型、创新型人才的做法和经验；李斌同志和金德华同志也作了很好的发言，畅谈了他们岗位创新、服务企业的体会，听了很受启发。电气集团一贯重视一线人才培养，形成了鲜明的工作特色：一是始终坚持全心全意依靠职工办企业，尊重职工群众首创精神，充分激发职工劳动热情和创新智慧，为集团改革发展注入活力。二是在集团党委领导和行政支持下，不断完善各方协同、合力推进的工作格局，为职工成长成才创造了良好条件。三是机电工会围绕和服务集团中心工作，不断深化、持续推进职工素质工程、首席技师制等工作，不断提升李斌品牌的影响力和辐射力，探索形成了一整套高技能人才培养、使用、激励的长效机制，受到党政认可和职工欢迎。四是注重培育典型、以点带面，培养了一大批高技能、创新型的领军人才和优秀团队，为集团的创新转型提供了坚实保障。这些好经验、好做法，希望各单位认真学习、借鉴推广。

刚才，市人力资源和社会保障局周海洋局长作了讲话，对进一步加强高技能人才培养提出了明确要求，大家要抓好贯彻落实。下面，我就工会系统广泛开展“当好科学发展主力军、打好创新转型攻坚战”主题实践活动讲3点意见。

一、认清形势、凝聚共识，团结动员广大职工为上海“十二五”发展建功立业

今年是实施“十二五”规划的开局之年。广大职工群众是实现“十二五”规划目标任务的主力军。各级工会要以开展“当好科学发展主力军、打好创新转型攻坚战”主题实践活动为主要抓手，把广大职工的思想认识进一步统一到市委对“十二五”时期的形势判断和战略部署上来，为“十二五”发展开好局、起好步凝聚智慧和力量。

第一，深刻领会上海加快创新驱动、转型发展的重要战略意义。“十二五”时期是上海经济社会发展的重要战略机遇期，但同时也面临许多严峻挑战。从国际情况看，经济全球化深入发展，产业分工和贸易格局发生重大调整，科技创新孕育新的突破，上海必须在发展思路和模式上全面创新，才能在新一轮国际分工中取得主动。从国内情况看，“十二五”时期既是新一轮经济增长期，也是加快转变经济发展方式的关键阶段，上海只有坚持转型发展、攻坚突破，才能在产业结构调整升级和工业化、城市化进程中继续走在全国前列。从上海自身情况看，“十二五”发展面临不少制约和矛盾，比如资源环境约束趋紧、传统增长模式不可持续，同创新创业活力不足、新的增长动力欠缺之间的矛盾；低端传统产业调整加速，同高端新兴产业培育缓慢之间的矛盾；人口老龄化加快、引入外来人口调整上海人口结构的迫切要求，同上海资源环境承载力和公共服务压力加大之间的矛盾；等等。这些问题与矛盾，只有靠创新转型，才能突破和化解。因此，我们要深刻认识创新驱动、转型发展，是上海在更高起点上推动科学发展的必由之路，是全市广大职工和各级工会服务上海“十二五”发展的重要阵地。

第二，充分认识建设高素质职工队伍对上海创新转型的现实紧迫性。加快经济发展方式转变，归根结底要靠提高劳动者素质。我们要充分认识产业优化升级对职工队伍素质提出的紧迫要求。“十一五”期间，本市高技能人才占技能劳动者比重已达25.01%，中高级技能劳动者总量有了较大幅度增长，但技术性从业人员在知识结构、技能等级、年龄梯次、行业分布等方面仍不尽合理，高端制造业、高新技术产业人才紧缺问题尤为突出，已成为目前制约许多企业转型升级的主要障碍。特别是近期凸显的“用工荒”问题必将倒逼企业加快创新转型的步伐，这对一线职工的岗位技能和素质结构将提出更高的要求。我们要充分认识提升自主创新能力对职工队伍素质提出的紧迫要求。科技进步和创新是上海转型发展的重要支撑，“十二五”时期上海必须紧跟科学技术、产业发展的新趋势，以科技创新为动力赢得发展新优势，推动城市发展率先实现向创新驱动转变。这就要求广大职工不断提高创新能力和技能水平，为建立以企业为主体的技术创新体系、促进科技成果向现实生产力转化作出积极贡献。我们要充分认识加快人才高地建设对职工队伍素质提出的紧迫要求。俞正声书记指出，上海资源缺乏，能够依靠的最大资源就是人才。加快人才高地建设，建立人才竞争比较优势，对上海实现创新驱动、转型发展至关重要。这就要求本市职工队伍不断优化整体素质结构、技术技能水平、人才结构分布等，更好地适应经济发展、企业发展需求。总之，我们各级工会要及时把握各地区、各产业、各单位的发展规划和人力资源需求状况，探索把经济发展目标和职工发展需求有机结合起来的新措施、新载体，大力推动知识型、技能型、创新型职工队伍建设，努力促使上海转型发展真正建立在人力资源优势充分发挥、创新创造活力竞相迸发的坚实基础上。

第三，切实增强全市职工投身“十二五”发展的主人翁责任感。广大职工是坚持科学发展、转变经济发展方式的实践者和推动者。各级工会要广泛开展“十二五”规划宣传教育活动，帮助广大职工深入了解“十二五”时期的形势任务和奋斗目标，全面把握上海以及各单位发展面临的机遇和挑战，进一步统一思想、提高认识；要在宣传教育活动中，把经济社会发展的美好前景与职工群众对幸福生活的美好愿望紧密结合起来，把国家利益、集体利益、个人利益紧密结合起来，进一步振奋精神、凝聚人心；要加大对各行各业劳动模范和各类先进典型的宣传力度，大力弘扬工人阶级伟大品格和劳模精神，进一步增强广大职工的主人翁责任感和自豪感，在上海创新驱动、转型发展中建功立业，为全面实现“十二五”发展目标贡献力量。

二、围绕中心、突出重点，广泛深入开展“当好科学发展主力军、打好创新转型攻坚战”主题实践活动

今天的现场会既是对电气集团培养高技能、创新型人才工作经验进行总结和推广，也是对工会系统全面开展主题实践活动进行动员和部署。在会上印发的文件中已明确了主题实践活动的总体要求、目标任务和保障措施，希望各单位认真学习，结合实际加以贯彻落实。这里，我简单强调几个重点方面的工作。

1. 广泛开展社会主义劳动竞赛，不断提高竞赛的覆盖率、有效性和影响力。要围绕上海创新驱动、转型发展工作大局，全方位、多层次、有重点地组织动员各行业职工，广泛参与创新型、攻关型、技能型、节约型、增值型、服务型劳动竞赛活动，推动重点领域和关键环节的改革创新。要运用好世博会立功竞赛的成功经验，结合创新转型阶段性工作重点，在重大工程建设、重大科技攻关和先进制造业、现代服务业、战略性新兴产业等领域，及时设立、精心组织一批市一级的示范性立功竞赛活动项目，进一步完善"跨行业、跨系统"的竞赛格局，不断增强竞赛活动的辐射力和实效性。要坚持"企业增效、职工增收，共建共享、和谐发展"的理念，积极探索非公企业劳动竞赛的组织方式和项目载体，统筹兼顾企业发展和职工权益，逐步扩大劳动竞赛在非公企业的覆盖面和影响力。特别需要强调的是，去年发生的"11·15"特别重大火灾事故，给人民群众生命财产带来严重伤害和巨大损失，也反映了我们工会劳动保护工作还有不少盲点和监督不力的地方。对此，各级工会要引起高度重视，以"安康杯"竞赛为主要抓手，广泛深入开展安全生产教育培训、安全隐患和职业危害排查整治、安全生产合理化建议、劳动保护技术革新等活动，不断提高职工的安全意识和自我保护能力，确保城市运行安全和生产安全，为"十二五"发展营造和谐稳定的社会环境。

2. 进一步深化职工素质工程，大力培养知识型、技能型、创新型职工。高技能人才是技术工人中的骨干，是企业创新转型的宝贵资源。我们要学习借鉴电气集团对高技能人才的培养模式和工作机制，为产业优化升级、企业长远发展打下牢固基础。要结合深化职工素质工程，进一步完善"培训、练兵、比武、晋级"四位一体的职工职业技能发展机制，着重在一线职工中大力培养高技能专业人才和高素质创新人才。要结合落实市委组织部、市人保局、市总工会、市国资委联合制定的《首席技师培养选拔千人计划》，各地区、各系统、各单位要对首席技师、首席员工工作进行专题研究部署，扎扎实实推进，做到有计划、有组织、有措施、有考核，确保用五年时间，在全市培养选拔1000名首席技师。要结合首席技师的评聘工作，推广李斌工作室的成功经验，建立各单位首席技师工作室，落实工作经费，为首席技师发挥技能优势、开展技术攻关、解决企业技术难题创造条件。职工群众中蕴藏着无穷的聪明才智和创新潜力。我们要深入推进群众性科技创新工作，积极营造鼓励创新、宽容失败的政策环境和舆论导向，使职工的创造热情和活力得到充分释放；广泛开展合理化建议、先进操作法，以及"五小"（小发明、小创造、小革新、小改进、小攻关）活动等具有广泛群众基础、行之有效的群众创新活动，使岗位创新成为职工的良好习惯，使岗位成才成为职工的自觉追求，加快培养一支规模宏大的、适应转型发展要求的高素质职工队伍。

3. 深入推进创先争优活动，充分发挥先进典型示范引领作用。李斌同志是上海第四位走进国家科学技术最高殿堂的技术工人，是知识型、技能型、创新型职工的楷模。市总工会从职工技术创新基金中给予李斌同志20万元奖励，并向全市职工发出向李斌同志学习的号召，就是要鼓励更多的李斌式职工脱颖而出、成长成才，在为企业和社会发展作贡献的同时，不断实现自身的人生价值。我们要贯彻落实全总《关于组织动员广大职工为实现"十二五"规划目标任务创先争优建功立业的决议》，以创建"工人先锋号"活动为载体，以"岗位建功行动、职工创新行动、技能登高行动、节能减排行动、劳动保护行动、团队创先行动"等"六大行动"为主要内容，组织动员广大职工立足岗位、争创一流，在推动经济社会发展中创先争优、建功立业。要充分发挥劳模先进的示范效应，以他们的成长经历、感人事迹、精神品质教育、鼓舞职工拼搏奉献，以他们的知识储备、丰富经验、高超技能凝聚、带领职工攻坚克难，在广大职工中不断掀起学习先进、争当先进、赶超先进的热潮。要切实关心、爱护劳模和先进典型，为劳模先进进一步发挥传帮带教作用、发挥品牌效应创造更好的条件和环境，使"劳动光荣、知识崇高、人才宝贵、创造伟大"真正成为时代主旋律和社会新风尚。

三、结合实际、注重创新，切实提高工会服务发展大局的能力和水平

各级工会要在上海创新驱动、转型发展的工作大局中，结合各自实际找准开展主题实践活动的切入点和着力点，明确工作定位，突出工作重点，确保各项活动富有特色、取得实效。

一方面，要加强工作规划，全面推进主题实践活动。当前及今后一个阶段，全市各级工会要把开展主题实践活动作为工会服务发展大局、服务职工群众的重要载体和抓手，广泛宣传发动，全面推进落实，切实抓出成效。要在党委领导下，根据职工队伍实际状况，制订本单位开展主题实践活动的具体计划和方案，把主题活动同深化职工素质工程、建设高素质职工队伍结合起来，同弘扬劳模精神、塑造劳模品牌、培育先进典型结合起来，同加强基层班组建设、激发基层工会活力结合起来，增强工会各项工作的联动衔接和整体合力。要在工作规划的制定和推进过程中，加强与政府部门、企业行政的沟通协调，建立和完善"党委领导、政府支持、工会运作、职工参与、各方协同、全面推进"的工作格局。

另一方面，要狠抓重点工作，努力打造特色品牌。要以推动职工队伍整体素质明显增强、职工职业技能明显增强、职工创新意识明显增强、职工创造能力明显增强、职工主力军作用明显增强为重点，建立工作机制，确定活动载体，制定量化指标，在培养一线领军人才、培育职工创新成果、形成品牌项目、落实保障措施等方面，取得实实在在的成效。要切实加强分类指导，针对制造业、服务业，传统产业、新兴产业，国有企业、非公企业，企业单位、事业单位等不同状况，细化工作要求和目标，探索各具特色的组织方式和活动载体。要抓点促面，培育、总结、推广基层先进经验和创新做法，宣传表彰活动中涌现出来的先进典型和优秀成果，不断提高主题活动的整体水平，充分发挥工会在经济社会发展大局中的重要作用。

同志们，"十二五"发展为上海工人阶级建功立业提供了广阔舞台，为工会工作创新发展提供了难得机遇。让我们在市委的领导下，深入贯彻落实科学发展观，团结带领全市职工在创新驱动、转型发展的道路上，开拓进取，扎

实工作，为把“十二五”宏伟蓝图转化为美好现实而努力奋斗！

切实履行维权职责和各项社会职能
努力做好新形势下职工群众工作

（2011年9月2日）

肖堃涛

近年来，在市委领导下，上海工会围绕全市发展大局，以成为党联系职工群众的桥梁纽带为使命，以维护职工合法权益、构建和谐劳动关系为重要着力点，努力在党的群众工作总体格局中发挥独特优势和作用。胡锦涛总书记“七一”重要讲话为工会工作进一步指明了前进方向。加强和创新社会管理，对做好新形势下党的职工群众工作提出了更高要求。我们要认真贯彻中央、市委的重要指示精神，进一步增强做好职工群众工作的责任感和使命感，不断推动上海工会工作创新发展。

一、深入分析工会工作面临的新情况新问题，切实把握新形势下职工群众工作新要求

波澜壮阔的改革开放和现代化发展大潮，使社会、经济、思想状况都发生了深刻改变，并仍在不断演化，也对工会的工作对象、工作内容、环境条件、组织建设等产生了重要影响，尤其是以下几方面需要我们高度重视、认真研究。

一是职工队伍数量、结构、来源等发生深刻变化。伴随着经济的快速发展，全市从业人员已从“十五”末的860多万增长到目前的1000多万。随着经济体制改革的深化，非公经济蓬勃发展，非公经济从业人员比例不断提高，目前已占全市职工77.2%。随着城乡一体化和市场化用工机制的推进，上海农民工总数已近500万人，并出现了相当数量的劳务派遣工。职工队伍的代际结构、文化结构也发生很大变化，“80后”职工比例达20%，其中近60%为大专以上文化程度。据此，工会必须根据急剧扩展、深刻变化了的工作对象明确工作重点，丰富工作内容，创新工作方法。

二是职工群众思想活动的独立性、选择性、多变性、差异性日益增强。随着经济社会的快速发展，职工的公平意识、民主意识、权利意识、法治意识、监督意识不断增强，诉求表达的愿望和要求愈益强烈。而由于行业、岗位、收入、文化程度、户籍等的差异，不同职工群体的利益分化日趋明显，利益表达存在分歧。处在信息化时代，网络问政、网络维权现象越来越普遍，如果不能及时有效引导，极易使企业内的问题演变为社会上的问题，经济权益问题演化为政治问题。同时，随着工作生活压力加大，部分职工心态浮躁焦虑，社会心理问题有所增多。这些对工会发挥群众组织优势，加强思想引领、平衡社会心态、促进行为养成、增进社会协同，提出了新的要求和挑战。

三是劳动关系矛盾处于凸显期。随着改革的深化，企业形态、用工形式、分配方式日益多样化，劳动关系趋于复杂。“劳动”面对“资本”的相对弱势地位，改革过程累积矛盾的相互纠缠，法律法规体系的不尽完善等各种因素的综合作用，使得劳动关系矛盾日益凸显，成为加强社会管理、促进社会和谐必须面对的一个重要课题。近年来，全市劳动关系总体和谐，但劳动争议仍处于多发易发时期。如企业分配结构不尽合理，普通一线职工工资增长缓慢；有些企业用工不规范，无序使用劳务派遣工；部分企业损害职工合法权益现象依然存在，群体性劳动争议时有发生。同时，劳动关系矛盾的敏感性和关联性增强，历史遗留问题与改革发展中的问题、合理诉求与不合理方式、多数人合理诉求与少数人无理要求等相互交织。为此，工会必须把维护职工合法权益、构建和谐劳动关系放在工作的重要位置，下大力气解决好维权维稳工作的针对性、有效性问题。

四是企业组织形式及其隶属关系、分布状态等发生深刻变化。近年来，国资国企改革不断深入，非公经济组织、新社会组织快速发展并突破原有管理体制，传统的工会组织架构已远远不能适应组织覆盖和工作覆盖的要求。比如，随着产业（局）体系的深刻调整，传统的产业工会只有把大量的体制外企业整合进来，才能符合和体现其自身特性。近70%的职工和企业分布在街道、乡镇层面，迫切需要街镇一级工会切实承担起地方工会的组织职能。楼宇经济的兴盛，村级经济的活跃，开发区经济的发展等，都对工会健全组织体系和加强组织建设提出了新的要求。

面对工会工作中出现的新情况新问题，在市委领导下，上海工会锐意创新，着力改革，取得了积极进展和成效。但不论是在组织建设、功能拓展，还是在队伍建设、手段方法创新方面，都还存在诸多不适应，真正承担起党赋予的职工群众工作职能、在加强和创新社会管理中发挥更大作用尚需付出更大努力。

二、全面履行职能，切实加强组织、引导、服务职工和维护职工权益工作

作为党领导的工人阶级群众组织，工会做好新形势下职工群众工作，必须围绕党的中心工作，按照最大限度激发社会活力、最大限度增加和谐因素、最大限度减少不和谐因素的总要求，坚持以职工为本、以服务为先、以维权为基，充分发挥自身的特点和优势，努力维护职工权益、激发社会活力、促进社会和谐。

第一，团结引导广大职工，为经济社会发展建功立业。我们要积极适应当前开放、多元、互动的信息传播态势，针

对职工群众多样化的思想特点和心理需求，进一步加强和改进职工宣传思想工作，深入开展形势任务教育，以工人阶级伟大品格和劳模精神感染、引领职工，打牢职工群众团结奋斗的共同思想基础。紧紧围绕上海“十二五”发展大局，广泛推进以“当好科学发展主力军、打好创新转型攻坚战”为主题的群众性劳动竞赛和科技创新工作，组织动员职工立足本职岗位作贡献。积极适应上海创新驱动、转型发展对劳动者素质提出的更高要求，深化实施《上海职工素质工程“十二五”发展规划》，大力培养知识型、技能型、创新型职工。推动先进企业文化和职工文化建设，注重人文关怀和心理疏导，广泛开展群众性精神文明创建活动，共同营造健康和谐、文明进步的工作环境和社会氛围。

第二，依法推进企业普遍建立工会，把广大职工组织到党领导的工会中来。截至今年上半年，本市工会发展会员806万，覆盖单位24万多家，其中覆盖企业22.3万家，企业建会率达66.4%，工会组建率和职工入会率连年大幅增长，但与全面覆盖的目标还有一定差距。非公中小企业拖延、阻挠建会的现象仍然不少，类似“四大会计师事务所”的部分跨国公司、分支机构工会组建难度较大，相当数量的劳务派遣工、外来务工人员和分散就业的职工仍游离在工会组织之外。我们要继续把工会组建纳入“大党建”工作格局，“点线面”联动推进建会工作。点上突破，重点攻克世界500强、台资等非公企业建会；线上推进，抓好劳务派遣机构和用工单位工会对劳务工的“双覆盖”，为建立劳务工诉求表达机制和权益维护机制提供组织保障；面上覆盖，在经济园区、开发区等企业集聚区域，大力推进区域性、行业性工会联合会和联合工会建设，扩大工会组织覆盖面。我们还要积极探索在一些就业分散、流动性大且具有一定规模的行业中加强工会组建，使工会工作能有效延伸到集卡运输、医院护工、家政服务、物业管理等各类职工群体中去。

第三，普遍开展工资集体协商，切实代表和维护职工合法权益。开展集体协商和工资协商是工会履行维权基本职责、参与协调社会利益关系的主要手段。当前，我们要在各级党政支持下，把集体协商、工资协商工作纳入经济社会发展规划和考核目标，以提高工资协商建制率和协商标准为重点，主动开展协商要约行动，建立工资集体协商专职指导员队伍，普遍推进工资集体协商机制建设，年内完成世界500强在沪企业建制率80%以上、国有企业基本覆盖的工作目标，建立起劳动关系双方依法、有序、理性地协调利益分歧的长效机制。贯彻落实全国深化创新厂务公开民主管理工作会议要求，推动实施《上海市职工代表大会条例》，进一步完善以职代会为基本形式的厂务公开民主管理制度，在完善企事业单位薪酬分配制度、职工董事和监事制度、国有企业领导干部收入公开、民主评议领导干部等方面实现新突破，落实好职工群众的知情权、参与权、表达权、监督权。着力做好劳务派遣工和来沪务工人员服务工作，以落实同工同酬、界定“三性”岗位、参与民主管理为工作重点，推动规范劳务用工，维护劳务工权益。关注与来沪务工人员密切相关的《社会保险法》等社会保障政策法规的落实情况，从权益维护、教育培训、安全生产、困难帮扶等方面加大工作力度，帮助来沪务工人员更好地融入城市生活。

第四，进一步加强劳动关系协调工作，积极构建和谐劳动关系。和谐劳动关系是社会和谐的重要基础，也是上海顺利实现“创新驱动、转型发展”的必然要求。我们要认真学习贯彻习近平同志在全国构建和谐劳动关系先进表彰暨经验交流会上的讲话精神，适应经济关系、劳动关系的新变化、新特点，以建立规范有序、公正合理、互利共赢、和谐稳定的劳动关系为目标，推动完善各级劳动关系三方机制、政府与工会的联席会议制度，会同政府相关部门和有关各方，及时研究解决劳动关系领域的重大问题、共性问题；完善工会劳动争议预防、预警、调处等机制，加强同人民调解、行政调解、司法调解的工作联动，积极协助党政调处突发性、群体性劳动争议；推进基层劳动争议调解组织建设，引导职工合理诉求、依法维权，把矛盾解决在基层和萌芽状态。广泛开展劳动关系和谐企业（工业园区）创建活动，以“促进企业发展、维护职工权益”为创建活动基本原则，推动企业与职工协商共事、机制共建、效益共创、利益共享。

三、坚持党工共建，不断提高做好新形势下职工群众工作的能力和水平

在新的历史条件下担负党赋予工会的光荣使命，抓好自身建设是关键。我们要以学习贯彻胡锦涛总书记“七一”重要讲话为动力，以深入开展党工共建创先争优活动为抓手，始终坚持“党建带动工建、工建服务党建”，在党建工作大局中找准定位，把党的建设的总要求融入工会各项工作，以工会工作的有效推进服务于党的建设总目标，不断提高工会建设科学化水平。

第一，切实抓好基层基础工作。我们要继续完善“三级组织、四级网络、条块结合、全面覆盖”的组织架构，大力推进区域性、行业性工会建设，同时要在基层工会进一步建立健全集体合同、工资协商、职代会、劳动关系协调机制等各项工作制度，激发基层工会活力。当前，街镇总工会承担着十分繁重的组建、维权、维稳等任务，我们尤其要重视加强街镇总工会建设。要在各级党政的重视、支持下，着重从领导班子配备、组织机构、职责任务、工作制度等方面，进一步推进街镇总工会规范化建设，并通过街镇总工会带动居村、商务楼宇、工业园区和企事业单位工会的有效运转，充分发挥其在基层社会管理和服务中的重要作用。

第二，大力加强工会干部队伍建设。面对日益庞大的职工队伍和更加复杂的工作形势，我们要着重加强工会主席队伍建设，在区县、乡镇换届之际，会同党委组织部门，认真落实市委文件要求，配齐配强工会领导班子；积极推进基层工会主席直接选举工作，使其真正代表和反映职工呼声，成为党政与职工有效沟通的桥梁。加强职业化、社会化工会工作者队伍建设，扩大工资分级负担试点，壮大基层工会工作力量。加强工会干部教育培训工作，不断提高理论素养、政策水平、业务能力，切实增强参与社会管理、做好群众工作、协调劳动关系的本领。切实加强干部队伍作风建设，始终把职工群众当亲人，大胆主动地为职工说话办事，深入开展调查研究，面对面、心贴心地帮助职

工解决问题,把工会建设成为温暖的“职工之家”。

第三,努力创新工作方式方法。群众工作的生命力在于与时俱进、不断创新。我们要尊重和鼓励基层首创精神,根据不同职工群体、不同企事业单位的特点,因地制宜地开展特色工作和创新工作,增强工会工作的吸引力和实效性。重视地区工会和产业(行业)工会、国有企业和非公企业、企业单位和事业单位、大型集团企业和中小企业之间的工作差异,实行分类要求、分类考核、分类指导,增强工作制度、措施的操作性和针对性。拓宽工作视野,加强工会职能与政府、社会及企业工作的衔接,在党政中心工作和社会管理格局中体现与发挥工会的特色和优势。

在上海“十二五”发展新阶段,工会事业发展面临着新的机遇和挑战。我们将在市委的领导下,进一步解放思想,务实创新,凝聚动员广大职工为上海加快实现“四个率先”、加快建设“四个中心”和现代化国际大都市作出新贡献!

在上海职工职业道德建设“双十佳”颁奖大会上的讲话

(2011年6月14日)

汪兰洁

今天,我们在这里隆重举行上海职工职业道德建设“双十佳”颁奖典礼,首先,请允许我代表上海市总工会对即将受到表彰的职业道德先进单位和先进个人表示热烈的祝贺,对长期以来关心支持职业道德建设的市委宣传部、市文明办、各级党政领导以及社会各界表示衷心的感谢,对积极投身职业道德建设的广大职工和工会干部表示崇高的敬意和亲切的问候!

职业道德建设是提升职工思想道德素质、乃至提高职工队伍综合素质的重要举措,是社会文明素质在特定行业内的特殊实践和具体体现。在过去的两年,恰逢上海世博会筹备和举办之年,广大职工不仅要具备中华文明礼仪之邦悠久而深厚的社会道德素养,更要具备与时代要求相融合、与行业规范相协调、与世博会要求相适应的职业道德素质。

两年来,上海工会强化以“主力军”意识为核心的职业精神构建,引领全市职工群众既做经济建设、科技创新领域的“主力军”,又做先进文化、精神文明建设的“主力军”;强化以“东道主”意识为基本的职业礼仪提升,引领职工群众既做体现社会文明和公共秩序的“东道主”,又做窗口服务行业、各单位展示行业形象、企业文化和岗位规范的“东道主”;强化以“先锋号”意识为关键的职业技能提升,引领职工群众争做立足岗位、刻苦钻研、锐意进取、拼搏奉献的先锋和模范;强化以“诚信”意识为重点的职业道德实践,引领职工以提高职业“诚信度”来监督职业行为、规范职业操守、付诸道德实践。

经过世博会的考验和洗礼,经过两年多的职业道德建设,我们欣喜地看到,上海职工的职业精神、职业技能和职业礼仪、职业形象等有了显著提升,涌现出一大批职业道德先进个人和集体。在本次职业道德建设“双十佳”评选中,全市各级工会积极响应,踊跃推荐,共选送了70家单位和82名个人参加评选。经初审复审、公开发布、领导审核、报纸网站公示等程序,共评选出3个特别荣誉奖,10家标兵单位、50家先进单位,以及10名标兵个人和64名先进个人。

从本次评选中,我们还欣喜地看到,窗口服务业所属机关、企事业单位职业道德建设的意识日益增强,已成为上海职工职业道德建设的主体力量,评选的先进中有近60%来自全市窗口行业和现代服务业;广大一线职工、基层职工已成为践行职业道德的主力军,在当选的10位标兵个人中,有7位来自市容环卫、交通、公安等行业的一线岗位普通职工;此外以迎办世博为契机推进职业道德建设业已成为本次评选的新亮点,90%以上的获奖单位把职业道德建设作为团结动员职工参与世博、建功世博的重要工作载体,把迎办世博会作为践行职业道德、展示建设成果、培育道德楷模的主战场。

各位领导,同志们,当前上海正处于创新驱动、转型发展,推进“十二五”发展起好步、开好局的关键阶段,迫切需要培养和造就一支综合素质高、整体素质强的职工队伍。全面加强职业道德建设,不仅是工会组织推进职工素质工程的重要任务,也是各级工会参与社会建设、推进社会文明进步与和谐发展的重要职责。下面我就工会组织如何进一步加强职业道德建设讲3点意见。

一、以社会主义核心价值体系为引领,为职业道德建设提供新的精神动力

社会主义核心价值体系是职业道德建设的根本指针,引领着职业道德建设的价值取向。爱岗敬业、诚实守信、办事公道、服务群众、奉献社会等职业道德五个方面的要求,是社会主义核心价值体系的基本内涵,也是弘扬劳模精神、世博精神、志愿服务精神的题中应有之义。全面加强职业道德建设,就要坚持以社会主义核心价值体系为引领,与学习宣传“坚定信念、勇于创新、艰苦创业、淡泊名利、团结协作”的劳模精神紧密相结合,用劳模的崇高理想凝聚职工,用劳模的先进事迹感召职工,用劳模的高尚情操陶冶职工,并转化为广大职工谋发展、求进步、思奉献的职业精神和职业追求;要与学习宣传“为国争光、全心为民、团结协作、严谨科学、追求奉献、爱岗敬业”的世博精神相结合,努力构建传承中华传统美德、符合社会主义精神文明要求、适应社会主义市场经济的职业道德规范,使世博精神成为广大职工推动上海经济社会发展的精神力量和道德支撑；还要与学习宣传“志愿、无偿、服务”的志愿精神相结合，发挥职工群众的主体力量，激发职工群众的参与热情，满足不同层次职工关爱他人、服务社会、展示特长的良好愿望，为广大职工投身职业道德建设活动提供新的精神动力和道德实践。

二、以促进职工全面发展为目标，为职业道德建设注入新的工作内涵

《全国职工素质建设工程五年规划（2010—2014年）》和《上海职工素质工程“十二五”发展规划》都对新时期职业道德建设提出具体任务，这就要求我们不断创新职业道德建设载体，注入职业道德建设新的内涵。我们要教育引导职工树立崇高的职业精神，进一步发挥劳模基地、职业道德示范基地和职业道德学校等平台的教育示范功能，适时举办劳动模范、道德模范和道德标兵的事迹报告会、宣讲会、座谈会，努力使抽象的道德要求具体化、形象化、大众化，为树立以爱国奉献、爱岗敬业、开拓创新、廉洁自律为核心的职业精神提供生动案例和鲜活教材。要教育引导职工锻造精湛的职业技能，围绕上海经济社会发展和科技进步要求，深入开展主题鲜明、内容丰富、形式多样的建功立业和劳动竞赛活动、技术技能比武和群众性科技创新活动，加快培育知识型、技能型、创新型的高素质的职工队伍，为上海创新驱动、转型发展贡献力量。要教育引导职工形成良好的职业形象，积极开展“建文明班组、创文明岗位、做文明职工”活动，塑造文明形象，践行诚信公约，遵守道德规范，用工人阶级的文明素养和模范行为影响和带动全社会，为提高城市文明程度和职工队伍文明形象作出新贡献。要教育引导职工遵守严格的职业纪律，深入开展职业纪律专题教育，重点推进窗口服务业和行政执法机构职工的职业纪律教育，把组织纪律、岗位纪律、协作纪律、安全纪律、品行纪律教育作为职工日常教育的重要内容，为规范企业经营、加强社会管理、提高职工素质提供有力保证。

三、以评选表彰职业道德建设“双十佳”为契机，为职业道德建设建立新的工作机制

希望本次评选表彰成为上海工会推进职工职业道德建设新的起点，我们要乘势而上，建立和完善职工职业道德建设工作机制。一是建立宣传教育机制，制订本行业、本系统职业道德基本规范，教育引导职工明职责、明纪律、明要求、明规范，在职业道德准则下从事职业活动；继续开展“诚信在我心、文明伴我行”职业道德宣传教育活动，不断扩大从业人员遵守道德规范的覆盖面和参与率。二是建立考核评估机制，希望职业道德建设标兵单位、先进单位以及窗口服务单位率先实行从业人员职业道德年度考核制度，并将考核结果列入个人诚信档案，与评选先进、技能晋级、提拔使用等相挂钩，要积极发挥社会各界对职业道德的监督评价作用。三是建立表彰激励机制，各单位要加强评选表彰、典型宣传，在增强吸引力和感染力上下功夫，激发职工参与道德实践的积极性、主动性和创造性，激励更多的基层单位参与职业道德建设，使职业道德建设在全社会蔚然成风，成为引领社会文明进步与和谐发展的“风向标”和“助推器”。

各位领导，同志们，我们要认真贯彻落实上海市精神文明建设工作会议精神，按照全国职工素质建设工程五年规划和上海职工素质工程“十二五”发展规划的要求，以职业道德建设“双十佳”评选表彰为契机，团结动员全市广大职工学习先进、争做先进、爱岗敬业、拼搏奉献，为推动上海“创新驱动，转型发展”、建设“四个中心”和实现“四个率先”贡献智慧和力量，以优异的成绩迎接中国共产党成立90周年。

最后，预祝颁奖典礼圆满成功！

谢谢大家！

加强劳动保护工作　维护社会和谐稳定

杜仁伟

2011年是实施“十二五规划”开局之年，也是全国安全生产深化年，市总工会在全市职工中广泛开展了“当好科学发展主力军，打好创新转型攻坚战”主题实践活动，深入推进岗位建功、职工创新、技能登高、节能减排、劳动保护、团队创先等“六大行动”。市总工会与市安全生产监督管理局联合召开了“上海市加强安全生产和劳动保护工作暨‘安康杯’竞赛推进会”，联合制定实施了《关于进一步加强本市安全生产和劳动保护工作的意见》，对全市安全生产和劳动保护工作作出全面部署，提出要围绕城市运行安全和生产安全，着力加强劳动保护行动，牢固树立“以人为本、安全生产、体面劳动、和谐发展”理念，坚持“预防为主、群防群治、群专结合、依法监督”的原则，以安全生产重点领域、非公企业和农民工为重点，以“安康杯”竞赛活动为载体，一手抓教育引导、群防群治，一手抓依法监督、有效维护，积极构建“二级管理、三级网络、四级监督”工会劳动保护工作体系。

一、大力加强班组安全建设，积极推行“安全生产1000班组”模式

班组是企业的细胞，是执行和落实各项规章制度和生产任务最基本单元，也是安全生产最重要的一道防线。能否将安全管理的有效性融入班组建设，是企业安全生产工作的落脚点，更是保证企业安全生产的关键所在。据统计，本市发生的生产安全事故中，90%以上发生在一线作业班组，死亡职工中生产第一线的占到总数90%以上（其

中80%是农民工）。因此，要进一步加强班组安全建设，夯实班组安全基础，防止各类事故发生，对确保城市运行安全和切实保障职工的安全和健康将起到十分重要的作用。要大力推行"安全生产1000班组"模式（即：坚持安全第一，班组做到违章为0、隐患为0、事故为0），努力打造安全合格班组。这里的"违章"是个广义概念，包括违章指挥、违规操作和违反劳动纪律，即我们通常所说的"三违"。要以查"三违"、反"三违"为突破口，在化工、冶金、船舶修造等高危行业的企业中积极创建"安全生产1000班组"，推进安全标化建设，以作业现场和班组为重点，落实岗位达标、专业达标和企业达标的安全达标工作。

要认真做好这项工作，并收到预期效果，首先，要以"建立制度、明确责任、开展评估、实施激励"四个环节，形成闭环管理。各单位要从自身的实际出发，以杜绝违章、隐患、事故为目标，制定相关工作制度和标准，创建"安全生产1000班组"活动中充分发挥职工的安全员、监督员、信息员作用。同时要落实责任，定期对创建工作落实情况进行检查和分析，对在工作成绩突出的班组和员工予以奖励，进一步激发职工的积极性。其次，要以"选好配强、技能培训、信息处置、考核评价"四个步骤，培育员工安全代表队伍。在班组中设立的员工安全代表，要求熟悉生产作业现场，具有一定现场管理经验和较强工作责任心，敢说敢管。要通过上岗前的资格培训，提高参与安全管理的能力，同时建立统一的员工安全代表信息处理流程和建立员工安全代表考核、奖励、淘汰制度，把员工安全代表的工作业绩纳入绩效评价。第三，要以"宣传教育、辩识控制、自主管理、标准作业"四个重点，破解班组安全管理的难点。以可视化促进安全教育的生动有效性，以完善危险源辩识促进危险源控制，以自主管理促进现场改善，以标准化作业促进行为养成。创建"安全生产1000班组"不是一句口号，也不是一项短期的、突击性的活动，而是一项系统的、长期性的管理工作，各单位要周密计划、注重过程管理，不断总结、完善和提高。要把创建"安全生产1000班组"作为安全生产、劳动保护的一项基础性工作，常抓不懈，要以抓基层、打基础、强机制、增活力为重点，将工作重心下移，把资源和力量向基层、向企业、向班组倾斜。

安全生产重在现场，重在一线，是一项群众性的工作，广大职工是安全生产的主体，是安全生产的直接参与者和实践者。因此，本市各级工会要把安全生产重点领域和非公企业作为班组安全建设工作的重点，把工作重心放在基层和班组，积极引导职工牢固树立"以遵章守纪为荣、以违章违纪为耻"的理念，协助政府（行政）认真做好职工，尤其是农民工的安全生产宣传教育培训，切实帮助广大职工牢固树立安全生产意识，熟悉企业安全生产各项规章制度，掌握安全生产操作规程，提高防范和应对突发事故的能力。进一步明确，未经安全生产教育和培训的职工不得上岗作业、特种作业人员须经考核合格取得特种作业操作资格证书后方可上岗作业等规定，通过不懈努力，逐步建立广大职工广泛参与，以自我保护、主动参与、互相监督、共同营造安全生产良好氛围的群防群治体系，积极争做安全自主型职工。

二、建立健全劳动保护五项制度，切实维护职工生命健康权益

本市各单位要进一步建立和完善劳动保护各项制度，积极推动安全生产、劳动保护工作规范化、制度化，从机制上保障职工劳动安全卫生的合法权益。一是建立健全劳动安全卫生专项集体合同制度。要强化企业法定代表人依法履行安全生产法定职责的意识，今年要在交通运输、建筑施工、危险化学品、冶金、机械加工、船舶修造等重点行业（领域）、以及其他存在职业危害因素的单位，工会要主动与行政就劳动安全卫生开展集体协商，签订专项集体合同，工会要组织职工代表对专项集体合同条款贯彻落实情况定期开展检查。二是建立健全职代会听取审议劳动安全卫生工作制度。各级工会要充分发挥职工代表大会（职工大会）和平等协商机制的作用，及时协调处理涉及本单位劳动安全卫生的问题。各单位尤其是生产型企业和安全生产重点监控企业须将年度安全生产措施、职工劳动保护和职业卫生等情况作为职代会行政报告的重要内容，向职代会报告，接受职代会审议。三是建立健全职工代表对劳动安全卫生的议案和巡查制度。各级工会要定期组织职工代表就本单位安全生产和职业危害的隐患或突出问题提出议案，开展献计献策活动，促进事故隐患的治理和整改。四是建立健全安全生产、劳动保护监督举报制度。各单位要通过设立举报箱、公布举报电话和电子信箱等形式，畅通职工反映安全生产、劳动保护问题的渠道，使之成为维护职工安全健康权益、监督各种安全生产违法行为的有效途径。职工举报本单位存在严重威胁职工生命安全和健康的重大事故隐患，要尽快核实，并制定落实整改措施；对整改不力的，工会要及时向上级工会汇报，通过上级工会协调安全生产监管部门共同进行执法检查。对举报属实者应视具体情况予以必要的奖励。五是建立健全事故报告和调查处理制度。凡是在本市发生的生产安全死亡事故，本市各级工会必须按规定报告，一般死亡事故，4小时内报告至市总工会，死亡三人及以上的较大事故，必须第一时间报告市总工会（紧急情况下可越级上报），事故报告对象包括事故单位、事故发生地单位和建筑施工总、分包单位。工会要依法参与伤亡事故调查处理，坚持"四不放过"原则，对事故原因和责任认定提出意见和主张，对事故责任方提出处理意见或建议，督促、协助做好事故善后处理工作，依法维护遇难职工家属和受伤职工的权益，监督、协助企事业单位落实整改措施。

三、广泛开展群防群治，不断提高安全生产和劳动保护工作水平

要注重发挥职工群众的积极性、主动性、创造性，广泛深入开展群众性劳动保护工作，努力构筑横向到边、纵向到底、全面覆盖、全员参与的安全网，有效预防各类事故发生。一是切实加强工会劳动保护队伍建设。各级工会要把维护职工安全健康权益放在维权工作的首位，要认真落实劳动保护责任制，明确工会主席是本地区（系统）、本单位工会劳动保护工作第一责任人，对工会劳动保护工作负总责。当前我们面临的问题是，工会劳动保护队伍力量不足，工会劳动保护人员能力和水平与要求还不适应。因此，我们要进一步建立、健全工会劳动保护监督检查网络，

充分发挥工会劳动保护监督检查员的作用，积极履行劳动保护职责，切实维护职工的合法权益。尤其是使用劳务派遣人员从事作业的单位，应当履行安全生产保障责任，不得通过订立劳务派遣协议等形式将安全生产保障责任转移给劳务派遣单位，工会要支持劳务派遣人员依法向用工单位主张安全生产的权利。近期市总工会转发了全国总工会《工会劳动保护监督检查员管理办法》，进一步明确了相关要求，我们要认真贯彻工会劳动保护监督检查三个《条例》，在本市交通运输、建筑施工、危险化学品、冶金、机械加工、船舶修造等重点行业（领域）的产业工会应配备专职劳动保护干部，各级工会要根据本地区（系统）、本单位的实际情况配齐配强劳动保护专兼职人员，明确岗位责任，加强任职考核，劳动保护干部岗位变动要向上级工会报告，并按岗位任职要求及时补充调整。本市工会劳动保护干部实行持证上岗制度，确保劳动保护干部具有专业任职资格，不断提高劳动保护队伍的专业化水平。二是广泛开展“我与安全”大讨论活动。各单位要结合安全生产的特点和自身实际，针对企业中存在的对安全生产责任的模糊认识和陈旧观念，对安全生产中出现的违纪违章现象，在职工中广泛开展“我与安全”大讨论活动，切实增强“我要安全”的意识，强化我为安全作贡献的责任。三是积极开展安全生产合理化建议征集活动。各单位要结合本市正在开展的“我为城市安全献一计”活动，广泛发动和组织职工开展安全生产合理化建议活动，要针对发生在身边的安全生产问题，提出本岗位整改的意见和建议。对切实可行并具有推广应用价值的，要加以推广实施。四是广泛开展事故隐患和职业危害排查整治活动。要针对企业安全生产和劳动保护中存在的突出问题和薄弱环节，积极发动职工立足岗位，查找治理身边隐患，使隐患排查整治活动落实到每一个班组、每一个工作岗位、每一个易发生事故的环节，发现问题及时报告，不留死角和盲点。对排查出来的隐患和问题，要切实加强整改落实，分类研究，快速处理，定责任、定措施、定期限，整改落实到位，把事故隐患降到最低水平，防范各类事故的发生。在重点行业和企业应建立职业安全卫生工作信息联系点，及时了解、掌握相关情况，可以第一时间研究处置对策。五是引导和鼓励职工积极开展劳动保护技术革新活动。要注重发挥一线职工熟悉岗位安全生产状况的优势，引导和鼓励职工立足岗位，不断完善生产组织管理，创造简便可行的工装器具，提高生产作业中的劳动保护水平。工会要主动会同企业行政建立相应的激励机制，调动好、保护好、发挥好职工参与劳动保护的积极性和创造活力，努力开创安全生产群防群治的良好局面，为推动经济发展，促进社会和谐作出应有的贡献。

四、继续深入开展百万职工“安康杯”竞赛活动

要进一步加大“安康杯”竞赛工作力度，不断扩大竞赛的覆盖面，尤其是重点工程、重点领域和重点单位，要以“安康杯”竞赛活动为载体，推动各项安全预防措施落实到位，努力实现竞赛的全覆盖。要不断创新“安康杯”竞赛的内容和形式，在做好“十个一”和“五个一”，积极推进建立“五项制度”、创建“安全生产1000班组”等“规定动作”的同时，要围绕本单位安全生产和劳动保护中存在的主要矛盾、突出问题和薄弱环节，通过策划、组织专项竞赛或活动，解决本单位安全生产实际问题，凸显“安康杯”竞赛活动成效。各级工会要以贯彻《国家职业病防治规划》为契机，加强与政府有关部门的协调，认真落实全国总工会《关于加强工会参与职业病防治工作的意见》，积极推广应用《工会主动参与职业病防治工作模式》，全方位参与职业病防治工作。我们要把职业病防治工作列为“安康杯”竞赛的重要内容，立足源头参与，加强群众监督，协助政府做好职业病防治工作，督促用人单位履行主体责任，逐步推广完善工会参与职业病防治工作模式，进一步加大职业病防治力度，维护职工的劳动卫生和职业健康权益。要加强调查研究，及时了解掌握安全生产和劳动保护工作中存在的突出问题，不断提高“安康杯”竞赛水平。要及时选树先进典型，总结推广经验，鼓励各参赛单位创新实践，促进企业安全生产管理水平的提升。

加强安全生产，保障职工的生命安全和健康，是企业生存和发展的基本要求，也是工会维护职工合法权益的首要职责。我们要进一步增强新形势下做好安全生产和劳动保护工作的紧迫感、使命感和责任感，坚持以加强城市运行安全和生产安全为主线，以安全生产责任落实、安全生产源头治理、安全生产法制建设和重点行业领域专项整治为重点，严格管理，有效监督，确保各项措施落实到位，严防各类事故发生，切实维护社会和谐稳定，为确保城市运行安全和生产安全作出新的更大的贡献。

在上海工会2011年法律和民主管理工作会议上的讲话

（2011年2月15日）

茆荣华

今天，我们在这里召开上海工会2011年法律和民主管理工作会议，主要目的是研究部署今年工会法律和民主管理工作。首先，向荣获“全国工会系统‘五五’普法先进单位和先进个人”称号的单位和个人表示祝贺，希望大家再接再厉，在“六五”普法工作中创造更多好经验。

刚才，市总法律部吴萌同志、民管部刘卫新同志分别就今年如何推进集体协商和职代会制度建设两项重点工作进行了布置，后面，市人大常委会副主任、市总工会主席

钟燕群同志将做重要讲话,我们要认真学习领会,在今后的工作中切实贯彻落实。下面,我就2010年工会法律和民主管理工作及今年的工作目标任务谈两点意见,供大家参考。

2010年工作回顾

2010年,在全市各级工会的共同努力下,上海工会的法律和民主管理工作取得了较大成绩,实现了新突破、新进展和新经验。

一、注重源头参与,营造依法维权环境取得新突破

一是职代会制度立法实现重大突破。《上海市职工代表大会条例》于去年12月通过,将于今年5月1日实施,这是本市第一部规范职工代表大会制度的地方性法规,具有里程碑意义。《条例》打破了所有制界限,对职代会职权进行了新的界定和调整充实,强调了职代会制度的"议事规则",设专章规定了体现上海制度创新特色的"区域性、行业性职代会",强化了工会劳动法律监督职能,搭建了政府、工会、企业代表组织三方协同推进职代会制度的格局,把多年以来本市职代会制度发展的宝贵经验上升到法律层面,为推动本市企事业单位民主管理的深入发展提供强有力的法律保证。

二是市委、市政府办公厅转发《关于本市全面推进集体协商机制建设的意见》。这是市委、市政府首次就推进集体协商机制建设下发文件,今年初,市劳动关系三方联合召开专题会议部署这项工作,这为工会在各级党委领导下,与政府相关部门共同推进这项制度搭建了更高的平台,创造了更好的工作环境。

三是劳动关系三方协调机制进一步健全。去年,市、区县和部分街、镇劳动关系三方机制在制定劳动关系相关政策、推进工资协商机制、研究解决劳动关系重大问题、研究和调处重大劳动争议等方面发挥了更大作用。最近,市工商联已参与到市协调劳动关系三方会议,三方协商主体进一步扩大充实,进一步健全了紧密化、制度化的沟通机制。

二、注重制度覆盖,推动劳动关系协调机制建设取得新进展

一是集体协商机制建设推进力度进一步加强。将工资集体协议覆盖全市160万职工确定为工作目标,列入各区县就业保障工作考核指标,各区县劳动局和工会共同努力,超额完成任务。与市国资委联合开展收入分配机制调研,共同研究推进产业(局)所属企业建立集体协商机制。市总工会开展了8批集体协商指导员培训,共培训400余人,在区县、产业系统、街镇层面培育了一支熟悉法律、懂得政策、精通业务、善于协商的集体协商指导员队伍。同时,对本市推进行业性集体协商的情况进行调研,进一步指导本市行业性集体协商工作有序推进。在各级工会干部积极努力推动下,集体合同和专项集体合同签订数量实现较大增长,截至去年年底,全市签订集体合同23432份,覆盖企业90883家,覆盖职工4262764人,同比分别增长9.2%,17.6%和4.7%;工资专项集体合同12084份,覆盖企业48253家,覆盖职工2441683人,同比分别增长14.5%,34%和15.2%。

二是工会推动劳动合同制度建设的履职能力进一步提升。全市各级工会在推动劳动合同制度建设过程中,坚持调查研究、分析研判和工作指导并重。《劳动合同法》颁布三周年之际,主办了"劳动合同制度与和谐劳动关系构建"研讨会;制定下发文件,指导各级工会履行《劳动合同法》赋予工会组织的职责和任务,切实推进劳动合同制度建设;组织编写出版了《构筑和谐劳动关系——上海职工权益维护的理论与实践》一书,总结《劳动合同法》实施以来上海职工权益维护的状况,剖析工会参与处理的45个劳动争议案例,受到工会干部的普遍欢迎。

三是职代会制度工作基础进一步夯实。全市职代会制度建制率取得新进展,截至去年9月,全市已建职代会36246家,覆盖企事业单位120438家,非公有制企业职代会建制覆盖面达到已建工会数的54.78%。同时,职代会制度工作基础进一步夯实。在职代会工作制度建设方面,通过召开专题研讨会、经验交流、现场观摩、案例指导等形式,指导基层企事业单位建立和健全职工代表基础管理、提案、巡视检查、质量评估等制度,保证职工代表的有效参与。在区域性、行业性职代会制度建设中,着重强调区域或行业经济社会发展和劳动关系状况必须向职代会报告,探索推进民主议事会、共商会等作为日常民主管理形式,鼓励建立多层次提案制度,畅通区域(行业)、企业与职工之间的沟通渠道。

四是劳动争议调解组织作用进一步发挥。组织数量快速增长,全市企事业单位、区域性行业性劳动争议调解组织比上年度分别增长22.6%和38%;调解实效不断体现,全市各级劳动争议调解组织去年共受理案件1.49万件,调解成功率达43%;调解员队伍素质日益提高,市区两级层面全年培训劳动争议调解员2000余人;调解模式进一步创新,仲裁和诉讼前置委托调解、区域和行业联合调解、上下多级工会联动调解等多样化调解模式进一步在全市范围得到推广。

三、注重维护职工权益,促进社会和谐稳定取得新经验

2010年,上海工会切实维护职工队伍和社会稳定,确保"平安世博",取得了新的经验。

一是促进点面结合,扎实做好群体性劳动争议的预防和化解工作。去年,市总工会直接参与处理并有效化解了神旺大酒店、夏普、东亚食品等三十多家单位的群体性劳动纠纷,在个案调处中发现问题、总结经验、摸索规律,制订下发了《上海市总工会参与做好群体性事件处置专项应急预案》。全市各级工会按照"主动呼应、及时反映、有序表达、积极协商、依法维护"的要求,强化重大劳动争议事件的跟踪指导和化解工作,取得很好的工作成效。

二是聚焦弱势群体,切实维护好农民工合法权益。近年来,工会组织做好维权维稳工作的重点对象是在职工队伍中处于弱势的农民工群体,为此,我们每年围绕农民工"三最"问题开展专题调研,调研成果多次得到市委领导的肯定和批示。去年,聚焦新生代农民工的思想、生产、生活状况和农民工民主权利实现途径问题进行深入调研,促进政府相关部门出台和完善了与农民工密切相关的廉租房、同住子女就读、集中居住区建设等政策,在《职代会条例》中为劳务派遣工参加职工代表大会预留了空间。

三是突出工作整合，以促进劳动关系和谐为中心统筹推进各项工作。各级工会在开展法制宣传教育工作时，注重普治并举，通过普法宣传促进劳动关系协调机制建设；开展劳动法律监督工作注重维权，将农民工工资支付情况专项检查列为每年的常规项目，促进农民工合法权益的实现；开展厂务公开民主管理工作注重解决企业改革发展中的难点热点问题，促进形成企事业单位和职工的利益共享机制；开展“平安世博”建设中注重体现工会优势，促进工会发挥协调劳动关系的积极作用。

2011年工作目标和任务

2011年是“十二五”的开局之年，也是上海深化改革开放，实施创新驱动、转型发展关键之年，工会工作面临新要求新任务，法律和民主管理工作也迎来新机遇新挑战。我们要准确把握当前形势，积极适应上海走创新驱动、转型发展道路的新趋势，创造和谐稳定的劳动关系环境，确保产业结构调整和新一轮改革改制的平稳推进；积极呼应劳动关系新变化和职工新诉求，密切关注劳动关系矛盾易发的区域、行业、企业，关注劳动经济权益易受侵害的低收入群体，关注社保、福利等政策变动和社会突发事件对本市劳动关系状况产生的影响，切实维护好广大职工的合法权益，推动工会法律和民主管理工作再上新台阶。

一、提高思想认识，高度重视做好工会法律和民主管理工作的必要性

从当前和今后一段时期工会组织面临的形势任务看，工会法律和民主管理工作任务将越来越重，我们要在思想观念上与时俱进，充分认识做好这两项工作的必要性。

一是充分认识做好法律、民主管理工作是党和政府及社会各界对工会组织的要求与期望。和谐稳定的劳动关系是经济社会发展的重要前提，构建和谐劳动关系是党对工会工作提出的重要要求，也是政府和社会各界对工会组织的期望。当前，工会肩负了维护职工权益、构建和谐劳动关系的重要任务，比如建立工资集体协商制度，完善职工在企业行使民主管理权利的制度安排，这些社会关注度非常高的热点、难点问题，需要我们作出积极回应。

二是充分认识做好法律、民主管理工作是工会履行维权职责的重要抓手。集体协商制度和职代会制度是《工会法》赋予我们履行维权职责的重要途径和载体，最直接地体现了工会的维权职责，所以，做实做好法律、民主管理工作，是做好工会维权工作的重要基础。

三是充分认识做好法律、民主管理工作是职工群众对工会组织的期盼。对于广大职工群众来说，最切身的感受是自己的劳动经济权益和民主权利实现得怎么样。推进集体协商制度，就是工会行使职工代言人的角色，健全职代会制度就是搭建好职工行使知情权、参与权的平台，这些制度真正取得实效，职工对工会组织的信任感、满意度才会提高。

二、突出两项重点制度建设，大力提升集体协商机制和职代会制度覆盖面

全面推进集体协商机制和职工代表大会制度建设是法律、民主管理工作的核心内容。今年，两大制度建设的目标是建会企业集体合同制度和工资集体协商制度的建制率分别达到80%和60%以上，公有制企事业单位职代会全部建制，非公企业职代会建制率达到70%以上。为完成这些目标，在推进方法上，要把握“全面推进”与“重点突破”相结合，各区县和产业(局)工会要全面部署两项制度的推进，细化目标，制订计划表。要根据实际，确定突破重点：一是突破非公有制企业建制，尤其要花大力气推动世界500强在沪企业实现“两建制”，努力完成集体协商建制率达到80%以上，职代会制度建设取得新突破；二是突破市区两级直管国有企业普遍建立工资集体协商机制，将其要求纳入国资委年度考核内容；三是突破劳动密集型企业集聚的社区、工业园区、商务楼宇等区域、行业层面建制，市总工会将修订完善《区域性、行业性职工代表大会工作规范》，对开展行业性集体协商工作提出具体要求。在宣传培训上，要把握“广泛宣传”与“分层培训”相配合。今年，《上海市职工代表大会条例》的宣传任务很重，要充分利用各类媒体，采取企业经营管理者和职工易于接受的形式，把《条例》和《条例实施细则》的内容宣传到位。培训要分层开展，区分不同的侧重点，师资培训要把理论和实践相结合，代表培训要侧重提升履职能力。年内，集体协商指导员培训工作要有新举措，把培训组织者从市三方向市、区两级三方拓展。市总工会将集中法律人才库的智慧和力量，认真编写《集体协商机制理论与实务》，为业务培训提供学习资料。

需要强调的是，集体协商机制和职代会制度是紧密相联、不可分离的两项制度，是劳动关系协调机制的核心。各级工会的法律和民主管理干部要充分认识两项制度在代表产生、议题确定、协商和履行情况监督等多个环节存在密切关联，应同步予以推进。在大力宣传贯彻《职代会条例》的同时，完善集体协商机制；以开展集体协商“要约行动”为契机，推动企事业单位建立健全职代会制度。各地区、系统工会法律和民主管理部要合力研究推进方法，拟订推进计划，确保实现“两建制”的各项具体目标。

三、构建和谐劳动关系，提升工会维权维稳工作水平

今年，要继续以构建和谐劳动关系为工作主线，积极开展好法律和民主管理各项工作，提升工会维护职工权益和职工队伍和谐稳定的工作水平。

一是加强工作指导，着力推进劳动合同制度建设。积极实施小企业劳动合同制度专项行动计划，实现2011年本市小企业劳动合同签订率达到95%以上；推动地区、产业(集团)工会建立“劳动合同签订工作指导员”队伍，指导基层工会把握重点环节推进劳动合同制度建设；继续深入研究劳动合同制度实施中的突出问题，推动《上海市劳动合同条例》的修改完善。

二是加强调查研究，做好弱势群体维权工作。上半年，市总工会将与市国资委、市经信委联合开展本市企业劳务派遣用工状况调研，排摸现状，剖析利弊，提出分步骤、可操作的实施建议，推动政府有关部门尽快制定规章，推动劳务派遣用工制度规范运作。我们将进一步从机制建设着手，切实保障农民工群体权益，全面推进职工代表大会制度和集体协商制度覆盖农民工群体；积极推进农民工社会保险制度改革，推动住房保障、同住子女教育等一系列社会保障政策向农民工群体延伸和覆盖。

三是积极主动作为，切实发挥工会维稳工作机制作

用。做好维稳工作是工会组织的政治使命，各级工会要认清使命，积极作为。市、区县、产业（集团）工会要进一步完善“企业群体性纠纷化解工作指导小组”，健全报告、研判、调处三项维稳工作制度；完善预警预判机制，关注可能影响劳动关系稳定的重大事件，做好定期排摸和跟踪调研；注重维权与维稳相结合，积极运用集体协商和职代会制度，畅通表达渠道，把无序纷争纳入到有序协商，引导广大职工与企事业单位共谋发展。

四是聚焦社会热点，强化厂务公开。各级工会要聚焦党政工作的重点和职工群众的关注点，发挥好厂务公开机制在保民生、保稳定、促发展中的独特作用。特别是在新一轮国资国企改革和事业单位绩效工资改革过程中，要强化职代会程序，引导职工理性维权，合理主张利益诉求，有效预防和化解群体性矛盾和纠纷，确保改革改制平稳顺利推进；要继续加大指导力度，持续推进国有企事业单位建立健全民主评议领导人员制度和以“六个有”为基本要求的领导干部收入公开制度。

五是制定创建规划，深入开展劳动关系和谐企业创建活动。市劳动关系三方将制定“十二五”期间本市创建活动整体规划和实施方案，把职工的“三最”问题、劳动关系协调机制建设和影响劳动关系和谐稳定的突出问题作为新形势下开展创建活动的重点内容；今年，国有企业、非公企业的创建合格率分别达到90%和60%，区域性、行业性的创建活动要不断完善工作思路和机制；市总工会将牵头开展“职工最满意企业”、“职工最信赖的经营管理者”评选活动，适时举办“非公有制企业构建和谐劳动关系”论坛。

四、加强组织领导，促进工会法律、民主管理工作创新发展

各级工会要把法律、民主管理工作摆在工会工作的重要位置来统筹规划、创新发展、积极推进。

一要加强资源整合，加大联动力度。进一步健全市、区二级劳动关系三方机制，探索推动街道、镇层面搭建劳动关系三方沟通平台，形成长效性、经常性沟通机制，全面推进集体协商机制、职工代表大会制度建设，研究解决重大劳动关系问题，妥善处理群体性劳动争议案件。进一步发挥厂务公开领导小组体制优势，坚持和完善“党委领导、行政负责、纪委牵头、工会落实、有关方面齐抓共管、职工群众广泛参与”的工作格局，整合资源，协调配合。各级工会作为厂务公开领导小组办公室，要切实履行职责，主动作为，创新形式，调动各成员部门参与厂务公开工作的积极性、主动性。进一步整合工会组织内部力量，形成部门间的联动，不仅法律与民主管理两个部门的工作要高度整合，也要与组织、宣传、保障、女工等业务工作紧密结合，合力推进各项重点工作。

二要完善各类组织网络建设，力争在体系化、制度化发展上取得新进步。进一步在指导劳动争议调解组织的实体化、制度化、规范化运作上下功夫，力争到年底，60%以上的建会企业建立劳动争议调解组织，其中，集团公司及100人以上的建会企业80%以上建立劳动争议调解组织。继续加强和法院、劳动争议仲裁等部门的沟通，探索和推广多样化的调解模式。着力健全和完善三级职工法律援助组织网络体系和工作制度，推进街道、乡镇、工业园区职工法律援助服务工作。进一步健全工会劳动法律监督组织网络和相关制度，加大对用人单位执行劳动法律法规情况的监督检查力度，依照《上海市职工代表大会条例》的规定，将企事业单位实行职工代表大会制度的情况纳入劳动法律监督检查的内容。进一步建立各级工会“六五”法制宣传教育领导小组，确定领导小组办公室，明确专人负责，落实专项经费，制定五年规划和年度计划，有效利用各类载体资源，分类指导、因人施教，切实做好“六五”普法开篇布局工作。

三要强化队伍建设，培育一支业务能力强，有事业心的法律、民管干部队伍。各级工会要为法律、民管工作充实新鲜血液，吸纳具有法学、管理学、社会学专业知识的同志加入到队伍中来。要有计划地采取集中授课、实践锻炼等方式，针对法律和民主管理工作的新要求、新任务开展培训，提高集体协商指导员、劳动合同指导员、劳动关系调解员、劳动法律监督员等队伍的业务素质和能力水平；市总工会将运用《劳动报》等媒体平台，总结成功的劳动争议调解案例和经验，通过以案说法形式宣传50个劳动争议调解组织和调解员。要把培养人才队伍和研究工运理论、化解工作难题相结合，在源头参与立法、政策制订和处理重大劳动关系问题时，充分发挥工会法律人才库和各级工会法律顾问团的作用，积极营造构建和谐劳动关系的氛围。

同志们，今年工会法律和民主管理工作任务繁重，我们要在总结成绩、认清形势的基础上，坚持与时俱进、创新发展，积极落实“两个普遍”的工作要求，争取常规工作有新进展、新成效，攻坚性任务取得新亮点、新作为，推动工会法律和民主管理工作再创佳绩。

在《上海工会志（1978—2010）》编纂工作动员大会上的讲话

（2011年7月28日）

周志军

《上海市志·民主党派与群众团体分志·工会卷（1978—2010）》（简称：《上海工会志》）编纂工作今天正式

启动了。作为上海第二轮修志的重要卷目，编纂《上海工会志》是本市工会系统一项规模浩大、意义深远的系统工程。通过编纂，我们将全面真实地记载下1978年党的十一届三中全会以来本市工会工作的发展历程，客观准确地反映出上海工运事业的伟大成就和工作经验，更好地为在特大型国际大都市建设具有中国特色社会主义工会提供丰富的历史借鉴，展现给今人，留传于后世。

受上海市总工会《上海工会志》编纂委员会的委托，下面我就《上海工会志》编纂工作部署如下：

一、统一思想认识，切实把编纂工作摆上工会工作的重要位置

市总工会高度重视《上海工会志》的编撰工作。今年年初，按照市方志办"一纳入，五到位"的要求，成立了由市人大常委会副主任、市总工会党组书记、主席钟燕群同志为主任的编纂委员会，设立了由市总工会原副主席陈国华同志为主任的编纂办公室，基本做到了领导到位、机构到位、经费到位、队伍到位、条件到位。二月份、七月份市总工会主席办公会议两次研究《工会志》编纂工作，通过了《上海工会志》编纂实施方案，篇目和任务分解书。目前召开的市总工会全委会，又特别对《工会志》编纂工作作出了部署。随着编纂工作的正式启动，我们一定要把编纂《上海工会志》当成一项"认识过去、服务现在、开创未来"意义重大的事业来抓，切实把思想统一到编纂工作的各项工作部署上来。

第一，必须明确做好编纂工作是各级工会组织的重要职责。各参编单位要明确职责，树立依法修志的理念，将工会志编纂工作作为各级工会的一项重要工作目标，纳入年终考核内容。编纂委员会承担领导责任，履行统筹规划、组织协调、督促指导、检查落实的职责。编纂办公室要在编纂委员会领导下，精心组织、科学规划、扎实推进，确保编纂工作顺利完成。市总各部室、各参编单位主要负责人作为第一责任人，根据编纂实施方案和时间节点要求，将《工会志》编纂任务纳入年度工作统筹规划，抓好相关篇章的具体修志工作。各区县局（产业）工会要积极参与，提供完整、真实、客观的原始资料，大力支持《上海工会志》的编纂工作。

第二，必须始终坚持编纂工作正确的指导思想和基本原则。正确的指导思想是地方志的灵魂，直接影响到地方志的编纂质量和现实价值。《上海工会志》必须要以马克思列宁主义、毛泽东思想、邓小平理论和"三个代表"重要思想为指导，深入贯彻落实科学发展观，真实、客观、公正、全面地反映三十年上海工会的发展历史和现实。为此，在思想认识上，我们要坚持依法修志的原则，严格遵守国家有关法律法规特别是《地方志工作条例》的规定；在修志态度上，我们要坚持实事求是的原则，客观如实反映，不溢美，不诿过；在工作要求上，我们要坚持质量第一的原则，树立质量意识、精品意识，明确进度服从质量；在行文规范上，我们要坚持"述而不论"的原则，寓观点于记述之中；在人物评价上，我们要坚持"生不立传"的原则，严格掌握收录标准。

第三，必须始终把编纂质量放在首位。地方志是科学文献，质量是生命。我们一定要有对历史负责的态度，千方百计提高《上海工会志》的编纂质量，确保它经得起历史和人民的检验。这就决定了编纂工作要严格按照编修程序，完成志书的编写。在编写过程中，对于任何一段历史事实、一个提法、一个细节、一个数字，都要认真查阅资料、实地核实、反复斟酌，确保上海工会志编纂观点正确、体例严谨、内容全面、记述准确、资料翔实、表达通顺、文风端正、印制规范、特色鲜明。

二、明确工作任务，全面做好《上海工会志》的编纂工作

编纂《上海工会志》是上海工会系统一项重要文化工程。从专业角度而言，编纂工作政治性、政策性、学术性、专业性很强，特别是本市第二轮修志和第一轮修志有一个很大的区别，就是资料卡片的整理，资料长编的编写和志书的最终完成，三者联动，互为支撑，缺一不可。编纂工作结束后，志书公开出版，资料长编存入市地方志办公室地情资料数据库。由于资料长编的编写，直接导致文字量和工作量十分巨大。为了更好地适应新情况，必须重点在以下几个方面加大工作力度：

1. 培训修志人员。从目前上报的资料来看，参与编修《工会志》的人员，不少是从事工会工作时间不长的年轻同志，对工厂、企业，对工人、工会不太熟悉。即使是老工会工作者，大多不了解志书体例和行文规范等，因此对修志人员进行业务培训，让他们掌握志书编纂的基本知识和基本方法十分必要。今天会后，我们将在市总工会的西山疗养院，组织对修志人员的第一次集中业务培训。培训对象主要为各单位修志工作联络员。培训内容以务实为主，请市地方志办公室市志处的领导和专家主讲"志书编纂的原则、要求和篇目的细分"和"资料收集、资料卡片和资料长编的撰写"。这样的集中业务培训，以后将在编纂工程中，分阶段组织，视需要而定。

2. 细化《工会志》篇目。志书篇目及既是全书总体结构的设计蓝图，又是指导编纂资料收集的指南。编写和确定篇目在整个志书编写过程中具有提纲挈领、纲举目张的作用。经过近三个月的努力，我们在全市工会系统广泛征求意见，并多次与市方志办公室沟通，数易其稿，最终经市方志办公室认可，市总工会主席办公会议通过《工会志》篇目，共14篇56章。随着编纂工作正式启动，目前下发的《工会志》篇目仍需进一步细化。细化《工会志》篇目的任务，将由参编的有关市总工会部室承担，具体要求是按照"事以类聚"、"类为一志"的基本要求，制定节下面的各级目，甚至子目、暗目。具体格式，编纂手册提供了格式范例。今天下午的培训，市方志办的专家将专门就篇目的细化具体讲授。在篇目细化过程中，各部室要与市总编纂办公室共同协商目的制定。篇目细化过程中，已确定的篇、章、节，须保持相对稳定。必须调整的，应当事先征求编纂办公室意见。该项工作争取在9月底之前完成，并下发各区县局（产业）工会和市总直管单位。

3. 保证工作进度。《上海工会志》的编纂工作要严格按照时间节点推进。《工会志》编纂实施方案对此已作出明确安排。从今天开始，2011年7—9月完成参编人员培训及制定各章节条目；2011年10月至2012年9月，基本完成资料征集、资料电子卡片制作和资料长编编写；

2012年10月至2013年3月，完成初稿编写；2013年4—9月，完成专篇专章编纂；2013年10月至2014年3月，完成总纂合成，2014年4—10月，完成评议、审稿、市方志办验收，统一安排出版。编纂工作尽可能采取无纸化操作，即资料收集、资料长编编辑、志书编纂、稿件编审等采用计算机网络化操作，按电子模板的规范制作。

三、形成协作合力，切实将编纂工作落到实处

《上海工会志》涉及时间长，内容多，牵涉面广，有严格的体例和规范标准，需要所有涉及单位、修志人员、全市广大工会工作者和各领域的专家、学者集中智慧、积极参与、共同努力。编纂工作的好坏关键取决于各区县局（产业）工会，市总机关各部室、直管单位的领导要给予高度重视和热情关心，在形成合力、协同推进上下功夫。这方面工作主要体现在以下3个方面：

1. *加强参编单位的协同。*《上海工会志》参编单位主要包括市总编纂办公室，市总机关各部室、直管单位，各区县局（产业）工会等。其中，编纂办公室具体协调指导市总各部室、各参编单位，完成编纂工作任务分解，确保工作计划和工作目标落实，并承担利用社会力量，完成部分章节的撰写和全书的拾遗补缺工作，协调组织走访当年从事工会工作的市总老领导、老同志。市总机关各部室、直管单位是所属相关业务工作资料收集和资料长编编写的主体，针对各区县局（产业）工会对口业务资料收集进行指导，同时承担着分篇分章的撰写任务。各区县局（产业）工会要落实人员资金从事编纂工作，一方面要主动上报，另一方面要积极协助市总机关各部室，收集本系统和基层单位在断限时间内（1987年—2010年）本会、本单位在全国、全市、全市工会系统有影响、有特色的重大工作、事件、人物、工运遗址等资料，制成电子卡片，报送市总《工会志》编纂办公室，由编纂办公室转送有关部室，编写资料长编，写入工会志相关章节。市总机关各部室、直管单位，各区县局（产业）工会档案管理部门要为参编单位查阅有关原始档案提供便利。

2. *加强参编人员的协作。*参编人员要坚持实行“专兼职相结合”、“老中青相结合”的原则。在编纂过程中，一要分阶段妥善处理好专家、专职和兼职人员的关系。在前期资料收集和资料长编工作阶段，要充分发挥各参编单位兼职人员的作用；在中间成稿阶段，主要发挥专职编纂人员的作用；在编写提纲、内容分类、主要观点的把握、稿件评审等关键节点上，要充分发挥专家的作用。二要有针对性地发挥好老同志和中、青年同志的作用和长处。老同志有经验，但身体都或多或少有点问题，有的可能不太熟悉电脑，要关心他们的身体，要错开上下班高峰，为他们配好助手；中年同志相当长的一段时间脱离业务主流岗位，对他们的发展可能带来较大的影响，要给予更多关注和关心；刚参加工作的青年同志，要压担子，安排他们参加志书的编纂工作，帮助他们尽快了解工会历史和工会工作。三要充分发挥修志工作联络员的作用，密切与编纂办公室的对口联系，保质保量完成相关篇章资料整理、汇总、编写、报送、修改和补充等工作。

3. *加强参编机制的协调。*建立完善的工作协调机制，科学制订好年度计划和阶段性目标任务，定期召开工作例会和各条线、各相关参编单位联络员例会，及时研究、解决修志工作中遇到的困难和问题，认真抓好编纂实施工作。定期编写《工会志编纂工作通讯》，集中展示和推广编纂过程中成果和经验，加强各参编单位间的交流合作。及时向市总工会主席室和《工会志》编纂委员会汇报工作进度，并向市方志办报告阶段工作，进行工作沟通，积极争取市方志办的业务指导。

最后，希望全市各级工会系统参编单位严格按照《上海市志·民主党派与群众团体分志·工会卷（1978—2010）》编纂实施方案的要求和今天这次会议的精神开展编纂工作，加强领导，抓紧实施，规范有序地开展，始终如一地把《上海工会志》的编纂工作做细、做实、做好、做精。

在市职工帮困基金会五届一次理事会上的讲话

（2011年2月24日）

侯继军

今天，我们在这里召开市职工帮困基金会第五届理事会第一次会议。首先，我代表市总工会向基金会新一届理事会全体理事、监事表示热烈祝贺！向长期以来关心支持工会帮扶工作的各位理事和社会各界表示衷心感谢！

多年来，在市委、市政府及各级工会组织的关心支持下，在全体理事、监事的共同努力下，市职工帮困基金会作为上海工会帮扶工作的重要载体和平台，作为新形势下工会加强依法维护职工权益机制建设的创新和探索，紧紧围绕工会整体帮扶工作的部署和要求，有效开展元旦春节送温暖、“金秋助学”、“三定、三助”帮困和农民工团体医疗等帮扶品牌项目，为推动本市工会帮扶工作可持续发展，健全完善本市社会管理体制和社会救助体系，促进职工队伍和社会和谐稳定起到了积极作用。我相信，在全体理事、监事的共同努力下，新一届理事会一定能够承前启后，继往开来，不断开创新局面。借此机会，我就基金会工作讲几点意见：

一、准确把握“十二五”期间经济社会发展目标，全面加强基金会工作

当前及今后一段时期，是我国和本市实施国民经济和社会发展“十二”规划、深入实践科学发展观、全面落实党

的十七大提出新的发展要求的关键时期，也是建设普惠型社会福利体系、逐步形成完整的社会保障制度、推动民生持续得到改善的重要时期。党的十七届五中全会指出，要"坚持把保障和改善民生作为加快转变经济发展方式的根本出发点和落脚点，加强社会建设、建立健全基本公共服务体系，切实维护社会和谐稳定。"上海"十二五"规划进一步明确要"着力保障和改善民生，完善分类救助政策，发展福利事业和慈善事业。"市人大常委会副主任、市总工会主席钟燕群市总工会十二届八次全委（扩大）会议上要求各级工会要做实做细帮困送温暖工作，加大帮扶力度，协助政府保障好困难群体的基本生活。这为新时期基金会开展各项扶贫济困工作，推动工会帮扶工作可持续发展指明了方向。当前，基金会的主要任务，就是要学习贯彻九届市委十三、十四次全会和市总工会十二届八次全委（扩大）会议精神，以本市实施"十二五"规划为契机，紧紧围绕"扶贫济困、共创和谐"的工作宗旨和上海工会帮扶工作的总体部署，立足完善"一般困难机制帮、突出困难重点帮、突发困难及时帮"的工会帮扶工作格局，切实找准基金会工作的着力点、切入点和结合点，继续重视和加强基金会工作，进一步突出机制建设，拓展帮扶渠道，推动落实"十二五"规划各项民生指标体系，积极协助党政做好顺民意、解民忧、惠民生、纾民困的实事。

二、切实加大宣传力度，扎实推进劝募平台和募款机制建设

品牌是社会责任、社会影响力、自身工作实力等各方面因素的综合体现，募款是基金会生存和发展的首要前提。重视自身形象宣传、大力加强基金募集力度是基金会良性和持续发展壮大的重要前提，也是基金会帮扶事业不断开创新局面的重要保证。当前，基金会要紧紧围绕"扶贫济困、共创和谐"的宗旨，深入挖掘基金会帮扶工作的典型事例，充分发挥工会宣传阵地及传统、网络媒体的宣传、引导、互动、捐助等综合功能，并通过举办主题活动、成果展示和推介会等形式，深入、持续开展形式多样的宣传活动，弘扬爱心善举，不断扩大基金会社会影响力；要不断创新募捐方式，拓展募捐渠道，着力通过在公共场所设立募捐箱等形式，积极引导职工群众广泛参与基金会参与捐赠活动，研究探索在实物捐赠、期权捐赠和概念捐赠等领域开辟筹款新渠道，有效形成职工捐款、工会出资、行政资助、社会募集的募款机制，不断夯实基金会工作基础；要进一步加强捐后服务，不断提高服务质量，努力建立一支有资源、有爱心、有激情、有能力的服务人员队伍。

三、注重创新帮扶模式，不断推动基金会长效帮扶机制建设

"三定"（定人、定额、定期）帮困、元旦春节送温暖、"金秋助学"和农民工团体医疗等工作是基金会工作的品牌项目，也是基金会工作的核心内容。当前及今后一段时期，基金会要继续坚持"三助"（助学、助医、助困）工作模式，采取"三个结合"的工作方式（即加强与政府部门、各级工会组织和社会公益性组织联动相结合，整体推进面上工作与重点推进专项工作相结合，多渠道开展帮扶活动与推动工会帮扶工作可持续发展相结合），努力在改革创新上下功夫，在提高工作水平上下功夫，不断推动基金会各项工作取得实效；

一是不断深化元旦春节送温暖活动。要按照走访慰问和机制建设相联动、救急济难和深层次矛盾化解相协调、物质资助和人性化关怀相交融的工作要求，探索研究"十二五"期间基金会开展元旦春节送温暖活动的新形式、新途径，逐步建立分类帮扶、跟踪帮扶的工作机制，切实做到节日帮扶与常规帮扶的有效衔接，努力实现"主动帮、全覆盖、不遗漏、求实效"的工作目标。

二是探索建立助学帮扶新模式。要在继续开展好"金秋助学"活动的基础上，探索建立基金会助学帮扶工作在政府助学体系中的工作定位，切实做好与政府部门、各级工会职工援助服务中心的衔接，与基层工会组织的协调，与其他社会团体的整合，进一步拓宽帮扶方式，努力实现助学帮扶工作由单纯的资金帮扶向就业援助、心理疏导等领域全方位发展。

三是有效开展各类帮扶救助活动。要继续坚持"三定帮困"制度，深入开展农民工团体医疗帮困、困难企业帮扶、职工创业扶持及支内职工帮扶救助等工作，进一步扩大帮扶覆盖面，注重在帮扶标准上有提高，帮扶形式上有创新。

四是推动形成社会化帮扶工作新格局。要按照本市"创新驱动、转型发展"的总体要求，针对产业结构调整和企业转改制后转入地区的困难职工人数不断增多的特点，条块整合地推进帮扶工作，科学、合理地调整基金会帮扶资金分配结构，使之适当向地区倾斜，并充分依托整合各级工会职工援助服务中心资源，推进产业工会帮扶工作与地区工会联手帮扶；要注重加强与民政、人保、卫生、教育等政府部门及慈善机构、社会团体的协调配合，形成合力，不断拓展基金会开展帮扶活动的空间，努力使基金会成为本市社会管理体制的有机组成部分，成为本市社会救助体系的一支重要力量。

四、着力加强制度建设，切实提高基金会社会公信度

近年来，基金会在健全管理制度、完善监督机制等方面取得了长足进步，但与工会帮扶工作的需要，与推动工会长效帮扶机制建设仍有不少差距。新形势下，基金会要坚持从"十二五"时期的新要求中把握工会帮扶工作发展方向，根据工作实际，着力制度创新，加强监督机制，完善自身建设，继续把完善组织架构和健全工作机制作为首要任务，把立足当前工作和着眼长远发展作为基本思路，把健全工作制度、加强规范管理作为保障措施，在突破管理瓶颈上下功夫，不断提高社会公信度；要有效推进基金会帮扶信息系统和诚信自律体系建设，进一步提升财务综合管理能力，切实加强预算控制和帮扶资金使用的监管，主动接受内部和外部的监督，着力突出以"柔性控制为主体，强调刚性控制"的管理方法，确保预算科学、合理、有效、规范，确保帮扶资金使用反馈、跟踪、检查、审计的管控流程科学有效；要积极稳妥地开拓基金保值增值渠道，用长远的、专业性的手段和形式，深入分析和评估投资项目的可行性，有效分散投资风险，使帮扶资金最大限度地实现保值增值；要探索建立资金远程监管机制，指导、督促帮扶资金委托发放单位规范发放流程、强化财务监管，逐步实现基金会对基层工会帮扶资金运作的"源头预警"。

保障政策文件选编

关于上海市引进人才申办本市常住户口有关问题的通知

沪人社力发〔2011〕53号

根据《上海市引进人才申办本市常住户口试行办法》(沪府发〔2010〕28号,以下简称《试行办法》)的规定,现就进一步做好本市人才引进有关问题通知如下:

一、关于人才引进重点机构和重点领域

《试行办法》第五条(申办条件)第六款所称的"本市金融、贸易、航运等现代服务业重点机构,高新技术产业化重点领域"的范围如下:

(一)金融重点机构

1. 在沪金融要素市场。

2. 总部在沪银行及其在沪分行、国有商业银行在沪分行、全国性股份制商业银行在沪分行、政策性银行在沪分行,以及上述银行在沪持牌运营机构。

3. 总部在沪的证券公司(分类评价A级以上)、基金管理公司和规模较大的信托公司。

4. 总部在沪且规模较大的保险公司、全国性保险公司在沪分公司和保险资产管理公司。

5. 外资法人银行,外资保险子公司。

6. 其他金融重点机构。

(二)贸易重点机构

1. 本市重点发展的电子商务机构。

2. 具有商务部核发的融资租赁牌照的非金融类融资租赁机构。

(三)航运重点机构

1. 航空领域的交通管制、适航审定、客货运机构和运输机场等机构。

2. 航海领域的航运市场、航运保障、规划、监管、设计以及船舶验收、船舶客货运等机构。

(四)高新技术产业化重点领域

本市高新技术产业化重点领域,包括:新能源、民用航空制造、先进重大装备、电子信息制造、新能源汽车、海洋工程装备、新材料、软件和信息服务、生物医药、节能环保和航天等,上述领域符合以下条件之一的机构,予以重点支持。

1. 承担高新技术产业化项目的机构。

2. 中央在沪企业。

3. 经国家备案的合同能源服务公司。

4. 承担国家科技重大专项的单位。

相关行业主管部门根据本市经济社会发展的需要,可以提出重点机构和重点领域的认定范围,经联席会议办公室认定后,纳入重点机构和重点领域范围。

二、关于高技能人才

《试行办法》第五条(申办条件)第八款所称的"高技能人才"的职业、工种范围,详见附件。

三、关于行业专门人才

(一)航运专门人才

符合相应条件且岗位与专业相符的航运专门人才,可以按规定申办本市常住户口。

1. 具有国家饱和潜水员或空气潜水员证书,并从事潜水作业工作的潜水员。

2. 具有航海专业大专及以上学历,取得甲类船舶船长适任证书,并从事远洋船舶驾驶工作的船长。

3. 持有航线运输驾驶员执照,具备相应飞行经历时间或军机试飞工作经验,并从事相应工作的试飞员。

4. 具有大学专科及以上学历,取得飞行执照,并从事相应工作的飞行员。

(二)传统医学人才

经省级卫生行政部门认定,具有省级卫生行政部门授予的"国医大师"称号或"名中医"称号的传统医学人才,可以按规定申办本市常住户口。

(三)体育专门人才

经市体育局认定并推荐的体育专门人才,符合相应条件的,由市人力资源社会保障局按程序办理。

四、关于投资创业人才

《试行办法》第五条(申办条件)第十款所称"创业人才"的引进标准,由区县人力资源社会保障部门会同区县相关主管部门制订,报区县政府批准后执行。

相关标准报市人力资源社会保障部门备案,作为审核依据。

五、关于特殊人才

用人单位引进其他紧缺急需、确有特殊才能的人才,可向行业主管部门或区县人力资源社会保障部门提出申请。行业主管部门或区县人力资源社会保障部门组织同行专家或相关部门对引进人才的业绩、贡献等进行评价后出具评估推荐意见。市人力资源社会保障部门根据行业主管部门或区县人力资源社会保障部门提出的评估意见,定期组织召开联席会议办公室会议集体商议评定。

此通知有效期为1年。

上海市人力资源和社会保障局

二〇一一年九月一日

专记

Special Reports

上海工会年鉴

2012

上海工会积极开展纪念中国共产党成立90周年系列活动

【概况】（1）开展“辉煌90年，祝福献给党”上海职工祝福短信创作大赛。4月，市总工会、新华社上海分社共同举办“辉煌90年，祝福献给党”上海职工祝福短信创作大赛。比赛面向全市广大职工群众，通过发送手机短信、登陆网络活动专区等方式征集原创祝福短信。近70个区县局（产业）工会的主席、分管主席带头参与，市委、市政府、市政协、市高院、上海海关等近千名市级机关领导、干部，包起帆、李斌、唐建平、吴尔愉、马海燕、马卫星等60余名劳动模范参与创作。文广集团工会邀请秦怡、黄豆豆、奚美娟等文化名人及骆新、印海蓉、施琰等新闻主播创作祝福短信，在广电系统内带动职工积极参与；市级机关工会发动公务员群体普遍参与祝福短信创作；普陀区总工会利用“青工E坊”网络平台集中发布比赛信息，组织不同所有制企业职工参赛，并计划将优秀短信汇编成册；部分暂时没有上网条件的基础工会，组织职工创作祝福短信并报送至市总工会。共收到来自各行业职工的优秀参赛作品近6万条，经专家和大众评审，选出90条优秀祝福短信汇编成册，赠送给各级工会和基层职工。（2）召开纪念中国共产党成立90周年座谈会。6月28日，市总工会召开“上海工会纪念中国共产党成立90周年座谈会”，邀请市总工会老领导、市委党史研究室领导、高校专家学者、基层工会干部、企业职工代表等，围绕中国共产党领导和推动上海工会事业发展这一主题进行座谈。会议明确要坚持用中国特色社会主义工会建设理论与实践，推进新时期上海工会工作创新发展。（3）举办上海市民“读红色经典，诵红色诗篇”大赛。根据中宣部、中央文明办、全国总工会等10部委有关通知要求，6月，市总工会、市文明办、市语委、市文广局、市学推办等联合主办“党在我心中”上海市民“读红色经典，诵红色诗篇”大赛。比赛作为第十三届上海读书节活动项目之一，围绕“2011年‘红色征程90年，红色经典90篇’诵读推荐诗文”或自选篇目进行诵读，在全社会传播健康阅读理念，倡导快乐阅读风尚，在全市职工中掀起传承经典文化，唱响红色旋律的高潮。吸引全市320支队伍、2500余人，参与群体涵盖企事业职工、机关干部、武警战士、社区居民、在校师生、农民工、残疾人等。（4）开展“我为党旗增光辉”第五届上海市“五一文化奖”职工文化建设优秀项目评选。第五届“五一文化奖”评选由市总工会、市文广局、市文联共同主办，以纪念建党90周年为主题，以宣传社会主义核心价值体系为主线，以职工群众为参与主体，以各级工会主办或参与开展的文艺演出、文化活动项目为评比对象，共有61个区县局（产业）工会上报了90个项目参评。推出一批特色鲜明、富有创意、职工参与面广、社会影响力大的职工文化优秀项目，展示各行各业职工文化建设的丰硕成果。（5）创作主旋律话剧《4·11上海夜》。由上海市工人文化宫、上海话剧艺术中心联合创作的话剧《4·11上海夜》以“4·12”大屠杀前夜为时代背景，讲述为营救周恩来而展开的一场生死较量，再现年轻共产党人对理想和信仰的坚定追求，被中共上海市委宣传部列为2011年度上海市重大文艺创作项目及市总工会“上海职工纪念建党90周年文化活动月”主要内容之一。6月27日，话剧首演。先后公演28场。（陈 de琦）

12月9日，由市总工会、市文广局、市文联共同主办的第五届上海市“五一文化奖”举行颁奖典礼 （王贤征）

【市总工会开展“辉煌90年，祝福献给党”上海职工祝福短信创作大赛】

4月，市总工会、新华社上海分社共同举办此次大赛。比赛面向全市广大职工群众，通过发送手机短信、登陆网络活动专区等方式征集原创祝福短信。近70个区县局（产业）工会的主席、分管主席带头参与，市委、市政府、市政协、市高院、上海海关等近千名市级机关领导、干部，包起帆、李斌、唐建平、吴尔愉、马海燕、马卫星等60余名劳动模范参与创作。共收到来自各行业职工的优秀参赛作品近6万条，经专家和大众评审，选出90条优秀祝福短信汇编成册，赠送给各级工会和基层职工。7月22日，举行上海职工祝福短信创作大赛颁奖仪式，表彰展示

优秀作品。（陈 旖）

【市总机关系统召开纪念中国共产党成立90周年暨“两优一先”表彰交流大会】 6月30日召开。市人大常委会副主任、市总工会党组书记、主席钟燕群在讲话中回顾了中国共产党成立90年、执政62年以来的光辉历史，要求机关系统全体党员，继承党的优良传统，坚定理想信念，扎根职工群众，牢记肩负的历史使命。会议指出，面对新的形势，党对工会组织寄予很高的期望，市总工会要针对职工队伍不断壮大、工作对象趋向年轻化、职工群体需求差异、表达利益诉求方式多样等新的变化，以改革创新的精神，紧紧围绕党的中心工作，充分发挥好工会组织的职能作用。会议强调，要进一步加强机关系统党的建设，机关系统全体党员，特别是青年党员，要努力学习，勤奋工作，服务基层，永葆活力；要始终保持旺盛的斗志，昂扬的精神，恪尽职守；要增强服务意识，不图光鲜，不急功近利，切实维护好职工最关心、最直接、最现实的利益问题；要不断提高工会组织的吸引力和凝聚力，增强工会组织在职工群众心目中的位置。会议要求，市总机关系统的各级党组织和共产党员，要进一步巩固“创先争优”活动成果，认真学习先进集体和个人的事迹，以纪念建党90周年为契机，进一步增强争当先进的意识，培养一支作风硬、素质高、能力强的工会干部队伍，在市委和全总的领导下，为推动上海工会事业始终走在全国前列，促进上海“创新驱动、转型发展”做出贡献。会议表彰了2007—2011年度市总工会机关系统先进基层党组织、优秀共产党员、优秀党务工作者，3个党支部、3名优秀共产党员和1名优秀党务工作者进行了事迹交流和宣讲。市总机关全体党员干部、直管单位处级以上党员干部和先进代表140多人参加会议。（余文龙）

【徐汇区总工会举办“徐汇职工心向党”庆祝建党90周年红歌演唱会】 6月12日举行。歌会由“风雨历程”、“激情岁月”、“世纪远航”3个篇章组成，区总工会全体机关干部及各社区、镇总工会、系统、集团公司工会选派的歌队参加演出。（丁冠伟）

【长宁区总工会开展纪念建党90周年短信、博文创作大赛】 6月20日在长宁区工人文化宫举行。这次大赛作为长宁区总工会纪念建党90周年的主题宣传活动之一，以“创建学习型城区，争做智慧型职工；回眸90载历程，建功‘十二五’规划”为主题，着力激发广大长宁职工的主人翁意识和使命感，不断增强职工群众的爱国主义情怀，以实际行动为长宁“精品虹桥、国际商都、智慧高地、活力城区”的发展凝心聚力。大赛自4月启动以来，共收到应征作品529件，其中短信345条，博文184篇。既有职工个人参赛作品，也有班组集体创作结晶，体现了长宁职工的智慧和力量。经区总工会初审、专家评审组复审，最终评选出一等奖作品6个，二等奖作品12个，三等奖作品20个，优秀组织奖11个。（印敏峰）

【普陀区总工会举行“五个一”红色系列活动】 该系列活动分别是“观摩红色经典——农民工假日影院活动”、“唱响红色歌曲——我们是党旗上的一把锤红歌会”、“共忆红色历史——劳模走访参观活动”、“诵读红色诗文——普陀教工朗诵比赛”和“再踏红色征程——红旗接力跑”，5万余名职工先后参与。10月29日，区总工会举行普陀职工红旗接力跑暨红色系列活动闭幕式。（赵 勇）

【黄浦区机关工会联合会举办纪念建党90周年摄影展】 6月，黄浦区机关工会联合会举办“在党旗指引下——原黄浦区机关纪念建党90周年摄影展”。各机关基层工会投稿作品200幅，经上海摄影家协会专业评审，《走向胜利》、《盛世欢歌》、《瑞金老红军》、《缅怀先烈执法为民》、《为人民服务》等123幅作品获奖。（费 怡）

【静安区总工会开展纪念中国共产党成立90周年系列活动】 主要内容：（1）5月，举办“方寸天地颂党情”纪念建党90周年静安职工专题邮展，由“红色经典”、“领袖人物”、“历史事件”、“辉煌成就”4个专题邮集板块组成，展期一周。（2）6月，举办“铁锤在党旗中闪光”纪念建党90周年静安职工经典红歌大合唱比赛，区文化局合唱队获一等奖。（3）7月，举办“七彩光影抒情怀”纪念建党90周年静安职工摄影作品回顾展。（4）8月，举办“笔歌墨舞展风采”纪念建党90周年静安职工书法篆刻及现代刻字作品展。（5）9月，举办“读红色经典，走创新之路”纪念建党90周年静安职工PPT才艺展，共收到作品百余件。（刘培晋）

【闵行区总工会开展纪念建党90周年系列活动】 （1）举行闵行区总工会庆祝建党90周年“唱支红歌献给党”

6月22日，静安区总工会举行“铁锤在党旗下闪光”——纪念中国共产党成立90周年静安职工红歌会。（刘培晋）

合唱比赛。(2)举行纪念建党90周年"在灿烂阳光下"闵行职工摄影大赛展览及"坚定跟党走"职工征文比赛,从400余件摄影作品、300余篇征文作品中选出140件展示作品和22篇获奖征文。(3)组织机关全体干部观看电影《建党伟业》。（俞龙祥）

【金山区教育局举办唱红歌大赛】 七一前夕,金山区教职工"唱红色歌曲,展师德风采"唱红歌大赛由区教育局党委主办、区教育工会协办、区青少年活动中心承办,区教育系统78支参赛队、2800余名教职工参赛。

（黄文超）

【金山区水务局工会举办纪念建党90周年职工歌唱会】 7月15日召开。歌会由诗朗诵《党啊!我的母亲》,红色经典歌曲《保卫黄河》、《南泥湾》、《咱们工人有力量》等节目组成,全体水务系统干部职工参加演出。

（汤　震）

【青浦区开展纪念建党90周年专项活动】 (1)朱家角镇总工会在沈巷影剧院开展纪念建党90周年"万名职工观经典"电影周活动,通过发放电影券的方式,分10个场次组织全镇近30家企业的万名职工先后观看《血战陈庄》、《杨德志围城打援》、《盛世大阅兵》等红色经典影片。(2)由区委宣传部、区总工会、华新镇党委共同主办,区工人文化宫、华新镇总工会、新大洲本田摩托公司承办纪念建党90周年红歌会,来自机关、事业和国有、民营、外资不同类型企业的18支职工歌队演唱《走进新时代》、《我和我的祖国》、《春天的故事》、《保卫黄河》等红歌曲目,区教育工会、税务局工会、新大洲本田公司和工业园区工会等4支参赛队获一等奖。（马美君）

【市机电工会举行庆祝中国共产党成立90周年系列活动】 (1)举行庆祝中国共产党成立90周年"我们的力量·先锋篇"晚会,由600名电气职工、上海电气离休老干部、农民工组成的上海电气合唱队和由60名电气职工组成的上海电气舞蹈队与专业演员共同演出,1.1万名职工观摩。(2)举办由28家单位的26支队伍、1820名职工参加的"迎七一、庆五一"大合唱比赛。(3)各基层工会进行250余项庆祝纪念活动,参与职工逾3.5万人。

（冯克华）

【化学工会举行纪念建党90周年歌会】 7月6日举行。集团旗下25家子公司的1200名职工歌手参与演出,1800余名职工参加歌会。（赵　峥）

【上药集团举行纪念中国共产党建党90周年歌咏大会】 6月18日在上海市委党校大礼堂举行。在老干部合唱团引领全场合唱一曲《没有共产党就没有新中国》的歌声中,拉开了上药集团歌咏大会序幕。上药集团党委致辞,40名新老党员,进行党旗下重温入党誓言的宣誓。随后,来自集团各基层单位的16支合唱队,先后登台演唱。节目有《过雪山草地》、《四渡赤水出奇兵》、《走近新时代》、《风雨九十年》等。上药集团部分离退休老干部、各基层单位党政工团负责人、优秀共产党员、劳模以及群众代表1400余人出席大会。（李晨海）

【上海市电力公司工会开展"百文、百照、百歌"系列活动】 该系列活动由3个板块组成:(1)"红色情怀"职工文学作品征文活动,收到基层单位来稿700余篇,选出百篇优秀作品编印《红色情怀——职工文学作品征文选》,其间配合市职工文学创作基地赴四明山浙东抗日根据地"红色采风",并举办"百舸争流竞风采,创先争优迎党庆"龙舟赛诗会。(2)"红色广角"职工摄影作品征集活动,组织摄影骨干进行"红色之旅"采风摄影,汇编《红色广角——庆祝建党90周年职工摄影作品选》。(3)"红色旋律"红歌人人唱活动,选择《红色旋律——纪念中国共产党成立90周年推荐歌曲100首》一书供职工选唱,32家基层单位中有27家举办红歌会,还举办了"光之魂"——纪念中国共产党成立90周年诗与歌演唱会,被评为第五届上海市"五一"文化奖十佳文化项目。（余传毅）

【上海石化公司工会开展纪念建党90周年系列活动】 (1)举办"金贸杯"征文比赛、"塑料杯"演讲比赛和"热电杯"——红色回眸图片、书画摄影展,收到书画、摄影作品800多件。(2)24家两级单位800多名职工参加"永远跟党走"红歌会,1600名职工参与"辉煌90年,祝福献给党"职工祝福短信创作大赛,200名劳模先进观看"党的光辉照我心"——银幕经典红歌会。(3)组队参加上海市第十三届读书节纪念建党90周年诗歌朗诵比赛,获三等奖。(4)参与上海市经信委工会系统纪念建党90周年文艺调演,获舞蹈类金奖。（盛立新）

【上汽举办喜迎建党90周年歌唱大赛】 6月18日,"献给党的歌"——上汽职工喜迎建党90周年歌唱大赛总决赛举行。上汽各企业近900名职工观摩。歌赛共有47家单位的205名选手报名,来自上海大众、上汽变速器、联合电子等企业的16名职工选手进入决赛,最终评出"优秀组织奖"、"十佳歌手奖"、"最具潜质奖"等奖项。（陶牡丹）

【上港集团工会举办庆祝建党90周年系列活动】 (1)5月上旬,组织开展庆祝建党90周年征文比赛活动,收到职工作品98篇,分别评选出一、二、三等奖及优胜奖。(2)5月27日,举行2011年"赞歌献给党,澎湃话海港"演讲比赛,来自23家基层单位的29名职工参赛。(3)6月30日,举行"红歌唱响上海港"上港集团纪念建党90周年千人红歌演唱会,集团机关和各基层单位的1500余名干部职工组成27支合唱团参加歌会。

（张晨琦　林碧娅）

【上海电信员工原创作品入选《全国新创红歌作品集》】 上海电信总部员工邵惠庭创作的歌词《誓言和承诺》入选"感动中国"《献礼建党90周年——全国新创红歌作品集》。"感动中国——庆祝建党90周年暨第六届全国新创词曲选拔活动"由文化部中国少数民族音乐学会主办,作品集将送国家图书馆馆藏。（朱东亚）

【航道局工会开展庆祝建党90周年活动】 (1)中交上航局所属勘察设研公司举办"党旗颂"诗歌朗诵会,工会参与策划、创作与节目编排。(2)教育中心举办歌咏活动,分为合唱和独唱两个板块。(3)装备工业公司工会和团委联合主办"唱响主旋律,永远跟党走"——纪念建党90周年党史知识竞赛,60余名职工参赛。(杨建平)

【上海机场集团举行庆祝中国共产党成立90周年大会】 6月25日举行。会上宣读《关于集团公司创先争优先进基层党组织、优秀共产党员和优秀党务工作者的表彰通报》、《关于命名集团公司第二批基层党建工作示范点的通报》、《关于表彰献计献策活动"金点子奖"的通报》等,并组织职工观看集团公司纪念建党90周年电视专题片《鲜红党旗高高飘扬》。会议回顾近年来集团党建工作建设历程与成就。来自集团机关和各直属单位的6支合唱队参加歌咏大赛,先后演唱《今天是你的生日》、《映山红》、《我的祖国》等经典红歌,经评审,股份公司合唱队、集团机关合唱队获歌咏大赛金奖。(李 峰)

【市政行业举办庆祝建党90周年系列活动】 (1)举办党的知识竞赛。(2)举办庆祝建党90周年文艺汇演,50余家企事业单位、600名职工代表参加。(3)举办"乐行上海"摄影赛,共征集作品375幅,选出84幅优秀作品布展并由全行业职工投票评选。(4)举行"乐行上海"征文和演讲比赛。(钱 蓉)

【市交通港口局工会举行建党90周年文艺汇演】 6月21日举行。局机关、局属事业单位的干部职工及行业部分劳模1000余人观看。文艺演出获第五届上海市"五一"文化奖;小品《心愿》获第五届上海市"五一"文化奖优秀创作奖,并在颁奖典礼上演出。(陈 健)

【城投总公司举办第三届文化艺术节】 6月20日举行。主题为"党旗颂,世博魂,城投赞"。城投系统近1500名干部职工及部分离退休老同志参加。艺术节举办摄影、书画、篆刻作品展,收到职工作品263幅;还举办文艺汇演,720余名职工演职人员编排表演16个节目。上海城投总公司第三届文化艺术节暨庆祝建党90周年系列活动被市总工会授予第五届上海市"五一"文化奖十佳文化项目称号。(朱文慧)

【上海市水务局(上海市海洋局)举行纪念中国共产党成立90周年主题歌咏大会】 6月21日举行。来自局机关和所属13个单位的12支合唱队、近600名职工登台演唱。市水文总站代表队的作品《中国血脉,江河抒怀》,参加国家水利部"建党90周年诗歌朗诵大赛"获作品创作一等奖、朗诵表演三等奖,并在此次歌咏大会上进行汇报演出。(王佐仕)

【百联集团举行庆祝建党90周年职工歌会】 七一前夕,举行由集团工会承办的"永远跟党走"庆祝建党90周年职工歌会,9支歌队的900余名职工参与演出。集团职工合唱团代表集团演唱红歌,劳模先进、老干部、党员、职工代表等2500余人观摩。歌会获第五届上海市"五一"文化奖表演奖。(姜 杰)

【上海市税务系统举办庆祝建党90周年歌唱、诵读比赛】 "让党旗飘扬,让税徽闪光"上海市税务系统庆祝建党90周年歌唱、诵读比赛分为初赛和决赛两个阶段,系统30家基层单位的1100余名干部职工参赛。6月22日举行决赛,16个参赛队以大合唱、诗朗诵、音诗画、情景剧、音乐小品、影子秀等艺术形式表现庆祝建党90周年的主题。经评审,金山区税务局、浦东新区税务局获一等奖。1000余名职工观摩决赛。(臧 韬)

【市教育工会举办庆祝建党90周年上海教师文艺汇演】 6月3日举办。由各高校、民办高校,教委直属单位和各区县选送的20余个大合唱、小组唱、独唱、歌舞等文艺节目参演。文艺汇演历时2个月,各基层工会在组织教职工广泛参与的基础上,按高校东北片、西南片等进行5场分片汇演活动。(沈 瑶)

【市卫生系统举办庆祝建党90周年主题歌会】 6月21日,由上海市卫生局党委、上海市卫生局、上海市食品药品监督管理局党委和上海市医务工会联合在上海大剧院举行,54家医疗卫生单位、近2500名医务职工参与歌会演出。会上,邀请吴孟超、王振义、顾玉东、邱蔚六、俞卓伟、樊嘉、于井子等7位院士、劳模上台接受现场采访,全国劳模俞卓伟代表全市医务职工作出"恪守医德、救死扶伤"的承诺。(吴嘉民 金邓凯)

【新闻出版工会举办庆祝建党90周年"心海放歌"文艺汇演大赛】 8月12日举行。28家单位的30支参赛队、近300名职工参赛。其中少年儿童出版社选送的节目——"红旗礼赞"歌舞表演获第五届上海市"五一"文化奖十佳创作节目奖。汇演期间,新闻

市交通港口局工会举行纪念建党90周年文艺演出 (杨松敏)

上海市税务工会举办庆祝建党90周年歌唱诵读比赛　（臧　韬）

出版工会向行业部分帮困结对学生捐赠资助款。（陈宏华）

【良友集团工会举办“党的光辉照我心”歌咏比赛】 4月27日举办。15个单位的近百名职工选手参赛，龙吴粮库职工黄志明获一等奖。（刘国成）

【市民政工会举行纪念建党90周年红歌会】 6月28日，千余名干部职工代表观看演出。市民政第二精神卫生中心等单位表演情景诗朗诵、歌舞、大合唱等20余个节目，局属社团市癌症俱乐部患者、市民政第一精神卫生中心休养员、市儿童福利院孤残儿童等也参与演出。（胡积伟）

【市监狱局工会积极开展建党90周年系列活动】 （1）与政治部联合举办“党在我心中”党史知识竞赛。（2）配合开展监狱局纪念建党90周年文艺汇演和第八届服刑人员文艺汇演。（3）开展“向党献礼”征文、书法、绘画、摄影比赛活动。（4）举行“弘扬光辉历程、锻铸时代忠诚”庆祝建党90周年书画摄影作品展。（5）恢复“上海市监狱管理局警官合唱团”，在局范围内招录70余名团员，开展集训并参加文艺演出。（江海群）

【市经信系统工会开展庆祝建党90周年文艺调演】 6月26日举办，在上海电视台“艺术人文”频道播出，并获第五届上海市“五一”文化奖十佳文艺汇演奖。11月，在系统建党90周年文艺调演的基础上，系统工会在中国上海国际艺术节职工文化展演周中组织“产业颂歌、和谐礼赞”经信系统专场文化演出。（黄　俭）

【上海城建第二管线举办庆祝建党90周年职工文艺汇演】 6月举行。职工文艺汇演以“唱红歌、弘扬时代主旋律；抒豪情、谱写管二新乐章”为主题，分为“天翻地覆”、“战斗的岁月”、“如歌的年代”、“崭新的时代”、“希望的未来”5个篇章，展示公司职工精神文明建设成果和职工精神风貌。（朱　强）

【上实集团工会举办庆祝中国共产党成立90周年歌唱比赛】 6月20日举办，下属企业的20组参赛选手参赛。上实物业管理有限公司郁春燕、江萍等演唱的《绣红旗》获特等奖。（杨铁军）

【国盛集团召开纪念建党90周年大会】 7月1日召开。会上表彰先进基层党组织、优秀共产党员和优秀党务工作者，“两优一先”代表作交流发言。集团党政班子、监事会成员，各直属单位领导班子和三级公司党组织负责人、“两优一先”代表和集团本部全体党员157人参加会议。会后举行了集团纪念建党90周年文艺汇演。（陈　洪）

保障政策文件选编

关于调整城镇职工基本医保统筹基金最高支付限额的通知

沪府发〔2011〕8号

为进一步提高本市城镇职工基本医疗保障水平，经研究，市政府决定自2011年4月1日起，本市城镇职工基本医疗保险统筹基金的最高支付限额从7万元提高到28万元。统筹基金最高支付限额以上的医疗费用，仍由地方附加医疗保险基金支付80%，其余部分由职工自负。

特此通知。

上海市人民政府

二〇一一年三月十七日

大事记

Chronicle of Events

上海工会年鉴

2012

2011年大事记

1月份

7日　召开全面推进集体协商机制建设工作会议。副市长胡延照、市总工会副主席肖堃涛出席会议并讲话，市总工会副主席茆荣华出席会议。

8日　中华全国总工会书记处书记李世明在市总工会副主席肖堃涛陪同下，走访慰问困难职工家庭。市总工会副主席陈国华、秘书长张立群参加慰问活动。

13日　市总工会在全市范围内举行2011年元旦春节送温暖援助服务日活动。市总工会副主席陈国华赴活动现场视察慰问。

17日　“中国—南太平洋国家工会领导人研讨会”闭幕式在沪举行。来自南太平洋11个国家的全国性工会组织28位领导人参加，市总工会副主席肖堃涛会见与会各国工会领导人。市总工会副主席周志军参加会见。

24日　市总工会召开十二届八次全委（扩大）会议。市委副书记殷一璀出席会议并讲话，大会选举钟燕群为上海市总工会主席。市总工会副主席肖堃涛作《服务科学发展，推动创新转型，团结动员广大职工为上海“十二五”经济社会发展贡献智慧和力量》的工作报告。大会选举侯继军为市总工会副主席。

25日　市总工会、市文广局、市文联、市世博局联合举办“聚焦世博——我拍精彩一瞬间”中智杯上海职工摄影大赛作品展开幕式。市总工会副主席汪兰洁出席。

28日　市总工会机关系统召开2010年度先进表彰会暨2011年迎新春联欢会。市总工会主席钟燕群出席会议并讲话，市总工会副主席肖堃涛、汪兰洁、杜仁伟、茆荣华、周志军、侯继军、秘书长张立群出席会议。

28日　上海市总工会、都江堰市总工会在沪举行对口支援工作座谈会。市总工会副主席侯继军出席会议。

30日　2011年上海市劳动模范春节茶话会在上海展览中心举行。中共中央政治局委员、上海市委书记俞正声，市委副书记、市长韩正等市领导与全市各区县、各行业的全国劳动模范、上海市劳动模范、先进工作者代表和全国五一劳动奖章获得者代表共200多名劳模先进欢聚一堂，互致祝贺，共迎兔年新春佳节。市领导刘云耕、冯国勤、殷一璀、吴志明、董君舒、沈红光、江勤宏、杨雄、杨振武、丁薛祥、徐麟、唐登杰、张学兵、沈晓明、赵雯、应勇、陈旭等出席茶话会。市人大常委会副主任、市总工会主席钟燕群主持茶话会。市总工会副主席肖堃涛、汪兰洁、杜仁伟、茆荣华、周志军、侯继军，秘书长张立群出席茶话会。

2月份

15日　市总工会召开法律和民主管理工作会议。市总工会主席钟燕群出席会议并讲话，市总工会副主席茆荣华、秘书长张立群出席会议。

19日　市总工会、市人力资源社会保障局、市妇联联合举行2011年上海市“春风行动”启动仪式暨嘉定区百家企业招聘洽谈会。市总工会副主席茆荣华出席启动仪式。

21日　市总工会召开机关系统加强党风廉政建设干部大会。市总工会党组书记、主席钟燕群出席会议并讲话，市总工会党组副书记、副主席肖堃涛主持会议。市总工会党组纪检组组长、副主席汪兰洁总结2010年市总机关系统党风廉政工作，提出2011年工作要点。市总工会副主席杜仁伟、茆荣华、周志军、侯继军，秘书长张立群出席会议。

25日　由市总工会、市文广局、市文联、上海世博会事务协调局主办，市机电工会、中智上海工会联合会、市工人文化宫等协办的第四届上海市“五一文化奖”颁奖典礼举行。市总工会副主席汪兰洁、侯继军出席颁奖典礼。

25日　市总工会直属机关团委召开第五次团员代表大会，选举产生新一届团委委员。市总工会秘书长、直属机关党委书记张立群出席会议并讲话。

28日　市总工会召开上海职工“当好科学发展主力军、打好创新转型攻坚战”上海电气现场会。市总工会主席钟燕群出席会议并讲话，市总工会副主席肖堃涛、杜仁伟，秘书长张立群出席会议。

3月份

4日　市总工会召开以“世博精神引领女职工创新发展”为主题的纪念“三八”国际劳动妇女节101周年大会。市人大常委会副主任、市总工会主席钟燕群出席会议并讲话，市妇联主席张丽丽致辞祝贺。市总工会副主席肖堃涛、汪兰洁宣读表彰决定。

8日　市总工会女职工委员会、解放军第四一一医院联合举行和谐共建庆“三八”，外来务工女性健康实事项目进园区——暨外来务工女性医疗帮困金启动仪式。市总工会副主席、女职工委员会主任汪兰洁出席仪式并

市总工会召开法律和民主管理工作会议　（邱晨鹤）

为女农民工健康实事行动标志“蓝绿丝带”剪彩。

15 日 市总工会召开 2011 年上海工会保障工作会议。市总工会副主席肖堃涛出席会议并讲话，市总工会副主席侯继军出席会议。

15 日 市总工会、市慈善基金会、上海电视大学联合举办首届上海新生代农民工初级工商管理（EBA）培训结业典礼。市总工会副主席汪兰洁出席典礼并讲话。

16 日 市总工会女职工委员会召开五届三次全委（扩大）会议。市人大常委会副主任、市总工会主席钟燕群，市妇联主席张丽丽出席会议并讲话，市总工会副主席、女职工委员会主任汪兰洁向大会作工作报告。

17 日 市总工会召开工会经审工作会议。市人大常委会副主任、市总工会主席钟燕群出席会议并讲话，市总工会副主席杜仁伟、秘书长张立群、市总工会经审会主任杨永平出席会议。

18 日 中华全国总工会召开“当好主力军、建功‘十二五’”创先争优劳动竞赛启动电视电话会议，市人大常委会副主任、市总工会主席钟燕群出席上海分会场会议并讲话，市总工会副主席杜仁伟出席分会场会议。

30 日 2011 年厂务公开民主管理工作会议召开。市委副书记、市厂务公开领导小组组长殷一璀到会并讲话。市人大常委会副主任、市总工会主席钟燕群主持会议。副市长、市厂务公开领导小组副组长沈晓明、市总工会副主席茆荣华出席会议。

4 月份

7 日 市总工会举办 2011 年上海工会宣教文体工作会议暨首场形势任务报告会。市总工会副主席汪兰洁出席会议并讲话。

12 日 全国工会经审工作电视电话会议上海分会场会议召开。市总工会主席钟燕群，副主席肖堃涛、杜仁伟、侯继军等出席上海分会场会议。

12 日至 14 日 市总工会组织开展《上海市职工代表大会条例》师资培训。市总工会副主席茆荣华作动员讲话和辅导报告。

16 日 市总工会、市体育局、闵行区人民政府共同举行“我参与、我快乐、我健康”为主题的上海职工体育健身四季大联赛开幕式暨春季“闵行杯”农民工健身大赛。市人大常委会副主任、市总工会主席钟燕群，副市长赵雯，市总工会副主席汪兰洁出席大赛。

16 日 巴西工人总工会副主席洛伦索·费雷拉·普拉多率领巴西工人总工会代表团一行 4 人来沪访问，市总工会副主席肖堃涛欢迎并宴请代表团一行。

20 日 市总工会召开上海地区工会就业援助工作推进会。市总工会副主席侯继军出席会议并讲话。

21 日 全总党组成员、经审会主任李世明率全总经审会审计调研组到上海市总工会调研。市总工会党组副书记、副主席肖堃涛主持召开上海市总工会工作汇报会，副主席杜仁伟出席会议。

22 日 第十三届上海读书节开幕。市委副书记、市振兴中华读书指导委员会主任殷一璀，市委常委、市委宣传部部长杨振武，市人大常委会副主任、市总工会主席钟燕群，市政协副主席钱景林等出席。市总工会副主席汪兰洁出席开幕式。

25 日 市总工会启动《上海市职工代表大会条例》知识竞赛。市人大常委会副主任、市总工会主席钟燕群出席启动仪式并启动竞赛。市总工会副主席茆荣华、秘书长张立群出席启动仪式。

29 日 市总工会召开上海市五一劳动奖状（章）表彰暨创先争优劳动竞赛推进大会。市委副书记殷一璀出席会议并讲话，市人大常委会副主任、市总工会主席钟燕群主持会议，副市长沈晓明出席会议。市总工会副主席肖堃涛、汪兰洁、杜仁伟、周志军、侯继军，秘书长张立群出席会议。

29 日 市人大常委会副主任、市总工会主席钟燕群在沪会见应邀来华出席北京“2011’经济全球化与工会”国际论坛的国际劳工组织副总干事萨拉萨。市总工会副主席周志军参加会见。

30 日 上海市庆祝五一国际劳动节文艺晚会举行。市委书记俞正声，市委副书记、市长韩正等和来自各行各业的全国劳模、全国五一劳动奖状和奖章获得者，市劳动模范、市五一劳动奖状和奖章获得者代表欢聚一堂，观看由职工群众表演的文艺节目，共同庆祝这一劳动者的盛大节日。市领导冯国勤、殷一璀、杨晓渡、丁薛祥、徐麟、朱争平、杨定华、吴汉民、张学兵、周太彤、王新奎、李良园、钱景林、周汉民等出席晚会。市人大常委会副主任、市总工会主席钟燕群致辞。市总工会副主席、秘书长等出席。

5 月份

12 日 表现上海职工倾力援建都江堰历程的“援建情·感恩心——上海职工援建四川·都江堰纪实展”在市工人文化宫举办。市总工会领导

“上海职工援建四川·都江堰纪实展”在市工人文化宫举办（吴良荣）

钟燕群、肖堃涛、汪兰洁、杜仁伟、侯继军、张立群出席。

13日　“红色之旅抒豪情，永达携手劳模行”启动仪式在上海中共一大会址举行。市总工会副主席、市劳模协会会长杜仁伟出席启动仪式。

16日　2011年上海市职工科技创新工作会议暨第四届上海职工科技节开幕式举行。中华全国总工会党组纪检组组长、书记处书记王瑞生，市人大常委会副主任、市总工会主席钟燕群出席会议并讲话。市总工会副主席肖堃涛、汪兰洁、杜仁伟、茆荣华、周志军出席。

18日　市总工会举行上海市非公企业职工科技创新工作座谈会。市总工会副主席杜仁伟出席会议并讲话。

26日　上海市职工优秀技术创新成果发布会暨第四届上海职工科技节闭幕式举行。市总工会副主席杜仁伟、秘书长张立群出席。

30日　应上海市总工会邀请，以总书记布律诺·布维埃为首的法国总工会罗纳——阿尔卑斯大区委员会代表团一行5人来华访问。市总工会主席钟燕群会见法国工会客人，市总工会副主席周志军参加会见。

6月份

14日　市总工会举行2009—2010年度上海市职工职业道德建设“双十佳”颁奖典礼。市总工会主席钟燕群，副主席汪兰洁、周志军，秘书长张立群出席颁奖典礼。

17日　市总工会召开上海市重点用能单位职工节能减排专项立功竞赛推进会。市总工会副主席杜仁伟出席会议并讲话。

17日　市总工会召开第四届上海职工科技节总结表彰会。市总工会副主席杜仁伟、秘书长张立群出席会议。

21日　市总工会、市安全生产监管局联合召开上海市加强安全生产和劳动保护工作暨“安康杯”竞赛推进会。市总工会副主席杜仁伟出席会议并讲话。

23日　市总工会召开推进行业性集体协商工作座谈会。市总工会副主席茆荣华出席会议并讲话。

28日　市总工会召开上海工会纪念中国共产党成立90周年座谈会。市委副书记殷一璀出席会议并讲话，市总工会主席钟燕群出席会议并讲话，市总工会副主席肖堃涛主持会议，市总工会副主席汪兰洁、茆荣华、周志军、侯继军，秘书长张立群出席会议。

7月份

20日　市总工会召开十二届九次全委(扩大)会议。市总工会主席钟燕群出席会议并作工作报告，市总工会副主席肖堃涛主持会议，市总工会副主席汪兰洁、杜仁伟、茆荣华、周志军、侯继军，秘书长张立群出席会议。

21日　市总工会、市外商投资企业协会联合举办《上海市职工代表大会条例》宣讲报告会。市总工会副主席茆荣华出席。

22日　市人大常委会副主任、市总工会主席钟燕群，副市长沈晓明专程到上海市公惠医院慰问医务人员并座谈调研。市总工会副主席侯继军陪同调研。

24日　市总工会、市体育局、宝钢集团公司共同主办“宝钢杯”上海职工游泳比赛。市体育局党委书记、局长李毓毅，市总工会党组副书记、副主席肖堃涛，副主席汪兰洁、茆荣华、侯继军出席比赛现场。李毓毅，肖堃涛共同启动上海职工游泳比赛。

28日　市总工会召开《上海工会志》编纂工作动员大会。市总工会副主席肖堃涛出席会议并讲话，副主席周志军具体部署修志工作，秘书长张立群主持会议。

8月份

4日　市总工会、上海工会管理职业学院联合举办2011年区县局(产业)工会女职工干部培训班。市总工会副主席、女职工委员会主任汪兰洁出席并作报告。

5日　市总工会召开工会组建工作推进会。市总工会副主席肖堃涛出席会议并讲话。

9日　市人力资源和社会保障局、市总工会、市企业联合会/市企业家协会、市工商业联合会联合召开推进企业劳动争议预防调解工作会议。市总工会副主席茆荣华出席会议并讲话。

31日　市总工会举行区县工会工资集体协商专职指导员聘任仪式。68位同志接受市总工会聘任成为区县工会工资集体协商专职指导员。市总工会副主席茆荣华出席聘任仪式并讲话。

9月份

2日　市委召开加强和改进工青妇等人民团体工作，做好新形势下党的群众工作座谈会。市总工会主席钟燕群，副主席肖堃涛、汪兰洁、杜仁伟、茆荣华、周志军、侯继军，秘书长张立群出席。25日，市委出台《关于加强

9月7日，市总工会主席钟燕群到上海援建项目——新疆乌鲁木齐迎宾馆改建工程工地慰问一线职工　(徐　晗)

和改进工会、共青团、妇联等人民团体工作做好新形势下党的群众工作的意见》(沪要发〔2011〕22 号)。

6 日　市总工会主席钟燕群率领上海工会援疆代表团赴疆进行为期 6 天的学习考察,检查落实上海工会对口援疆工作。市总工会副主席杜仁伟、秘书长张立群一同前往。

7 日　市工运研究会召开团体会员秘书长工作会议。市总工会副主席、市工运研究会会长周志军主持会议并讲话。

8 日　市总工会召开传达学习“全国构建和谐劳动关系先进表彰暨经验交流会”、“全国深化创新厂务公开民主管理工作会议”精神会议。市总工会副主席茆荣华出席会议并讲话。

20 日　应中华全国总工会邀请,美国变革谋胜利工会联合会主席、美国联合食品商业工会主席约瑟夫·汉森率领联合会高层代表团一行 11 人来华访问并抵沪。市总工会主席钟燕群会见代表团一行,市总工会副主席周志军出席。

22 日　应上海市总工会邀请,以执行委员长二阶堂健男为团长的日本横滨市劳联工作代表团一行来沪进行工作访问。市总工会主席钟燕群会见代表团,市总工会秘书长张立群出席。

22 日　市总工会举行“上海市万名环卫职工健康行”活动启动仪式。市总工会副主席侯继军出席启动仪式。

29 日　第十三届上海读书节闭幕式暨上海工会“职工书屋”建设表彰大会举行。市总工会副主席汪兰洁出席。

10 月份

13 日　上海市初级工商管理(EBA)培训 10 周年总结表彰大会召开,市人大常委会副主任、市总工会主席钟燕群出席会议并讲话。

14 日　市总工会、市经信工作党委、市国资委、市工商联联合召开上海市班组建设航天现场推进会。市总工会主席钟燕群出席会议并讲话,市总工会副主席汪兰洁、杜仁伟出席会议。

18 日　市总工会召开部分区县局(产业)工会外事工作座谈会。市总工会副主席周志军出席会议并讲话。

24 日　新疆维吾尔自治区工会代表团抵沪考察,并召开上海——新疆两地工会工作座谈会。市人大常委会副主任、市总工会主席钟燕群主持座谈会,市总工会副主席肖堃涛向代表团介绍了近年来上海工会工作情况,副主席杜仁伟介绍了上海明年援疆工作计划安排。上汽集团工会决定在今后的四年中,向喀什地区受援四县工会再各赠送一辆公务用车,双方签订了赠车协议。

27 日,市第九次厂务公开民主管理工作调研检查就区域性、行业性职工代表大会制度举行专题交流研讨会。市总工会主席钟燕群出席会议并讲话。

31 日　全国工会创先争优暨推进工会组建工作视频会议在北京召开。市总工会主席钟燕群出席上海分会场会议并讲话。市总工会副主席茆荣华、侯继军,秘书长张立群出席上海分会场会议。

11 月份

2 日　市总工会召开上海工会维稳工作座谈会。市总工会副主席肖堃涛、茆荣华、秘书长张立群出席会议。

16 日　市总工会召开上海工会企事业资产监督管理工作会议。市总工会副主席肖堃涛出席会议并讲话。

21 日　市总工会召开上海市女职工周末学校成立 15 周年总结表彰大会。市人大常委会副主任、市总工会主席钟燕群出席会议并讲话,市总工会副主席汪兰洁总结了上海市女职工周末学校 15 年来的发展历程和工作情况。

29-30 日　由中华全国总工会和国际五金工会共同举办、由上海市总工会承办的“全球化与工会战略”国际研讨会在沪召开。市总工会副主席周志军出席研讨会并致欢迎辞。

30 日　上海市工人运动研究会召开 2011 年年会暨“构建和谐劳动关系”研讨会。市人大常委会副主任、市总工会主席、市工运研究会名誉会长钟燕群出席会议并讲话,市总工会副主席、市工运研究会会长周志军作工作报告。

12 月份

2 日　上海市职工保障互助会召开第四届会员代表大会,市总工会副主席侯继军出席会议并讲话。

19 日　由市总工会、市文广局、市文联主办的第五届上海市“五一文化奖”颁奖典礼举行。市人大常委会副主任、市总工会主席钟燕群,市政协副主席钱景林,市委宣传部副部长陈东,市总工会党组副书记、副主席肖堃涛,副主席汪兰洁、杜仁伟、茆荣华,秘书长张立群,市文联副主席杨益萍,中

12 月 2 日,市职保会召开第四届会员代表大会,选举产生新一届理事会、监事会成员　(俞海卿)

国上海国际艺术节中心艺术总监刘文国等出席活动并为获奖单位颁奖。

26日　市总工会召开上海工会开展送温暖活动20周年和职工援助服务中心建设10周年纪念大会，市总工会主席钟燕群出席会议并讲话，副主席肖堃涛、侯继军，秘书长张立群出席会议。

28日　市总工会召开组织工作暨模范职工之家表彰交流会。市总工会主席钟燕群出席会议并讲话，市总工会副主席肖堃涛主持会议并通报今年工会组建工作情况，汪兰洁宣读表彰决定，市总工会副主席杜仁伟、侯继军，秘书长张立群出席会议。

29日　市总工会召开2011年委托调研课题总结表彰会，市总工会副主席周志军出席会议并讲话。

保障政策文件选编

关于失业人员参加本市城镇职工基本医疗保险有关事项的通知

沪人社就发〔2011〕44号

根据《社会保险法》和《上海市人民政府关于贯彻实施〈社会保险法〉调整本市现行有关失业保险政策的通知》（沪府发〔2011〕33号）的有关规定，现就本市失业人员（以下简称失业人员）参加城镇职工基本医疗保险有关事项通知如下：

一、失业人员在领取失业保险金期间参加本市城镇职工基本医疗保险。

领取失业补助金的本市农村原农民合同制工人参照执行。

二、失业人员参加本市城镇职工基本医疗保险的缴费基数为上一年度全市职工月平均工资的60%，缴费费率为14%（其中2%视为个人缴费），所需费用由失业保险基金统一支付，失业人员个人不缴费。

失业人员参加城镇职工基本医疗保险期间，医疗保险缴费年限累计计算。

三、失业人员自办理失业保险金申领手续当日起，按照本市城镇职工基本医疗保险相关规定享受相应的医疗保险待遇。

一次性领取失业补助金的本市农村原农民合同制工人，自办理失业保险待遇申领手续当日起参加城镇职工基本医疗保险并享受相应待遇，参保月份数按照领取失业补助金的月份数确定。

失业人员在参加城镇职工基本医疗保险期间发生的医疗费用，若医疗保险网上结算功能尚未开通，由本人先行垫付，次月凭有关资料到区县医疗保险事务中心报销符合基本医疗保险规定的医疗费用。

四、失业人员参加城镇职工基本医疗保险期间，不再享受《上海市失业保险办法》规定的相关医疗补助金待遇。

五、失业保险基金为失业人员参保后，由于用人单位补缴社会保险费等原因导致失业人员重复参保的，重复参保期间失业保险基金缴费部分退还失业保险基金。

六、市失业保险经办机构负责统一为失业人员办理参保手续。失业人员停止领取失业保险待遇的，由市失业保险经办机构统一办理停止缴费手续。

市失业保险经办机构统筹安排失业保险基金的各项支出，将需要为失业人员缴纳的城镇职工基本医疗保险费纳入失业保险基金预算。

七、市社会保险经办机构设立“上海市失业人员缴纳医疗保险费结算专户”，做好失业人员缴纳城镇职工基本医疗保险费的结算工作。

八、医疗保险经办机构要落实好参加城镇职工基本医疗保险失业人员的待遇享受工作。

九、各区县人力资源和社会保障局要高度重视失业人员参加城镇职工基本医疗保险工作，组织好相关的业务学习培训以及宣传工作，确保衔接操作平稳过渡。

十、本通知具体操作细则由市失业保险经办机构、市社会保险经办机构、市人力资源社会保障信息部门、市医疗保险经办机构另行制订。

十一、本通知自2011年7月1日起执行。有效期自实施之日起5年。

上海市人力资源和社会保障局
上海市医疗保险办公室
二〇一一年六月三十日

概况

Basic Facts

上海工会年鉴

2012

【组织概况】 上海市总工会机关设办公室、研究室、组织部、民主管理部、宣教文体部、经济工作部、保障工作部、国际联络部、财务部、女职工部、法律工作部、事业部、经费审查委员会办公室等13个职能部门和机关系统党、纪、工、团组织。市总工会机关核定人员编制141人，截止2011年底，机关在编人员122人。市总工会下属上海工会管理职业学院、劳动报社、海鸥控股(集团)有限公司等23个企事业单位。所辖区、县、局(产业)工会135个，建立工会基层组织54571个，建会单位622623家，工会会员8247038人。 (杨伟良)

上海市总工会领导及各部室负责人名单

中共上海市总工会党组名录

党组书记 钟燕群(女)
党组副书记 肖堃涛
党组成员 汪兰洁(女) 杜仁伟 茆荣华 周志军 侯继军 张立群 杜乃根
党组纪检组组长 汪兰洁(女)

上海市总工会第十一届委员会主席、副主席、常委名录

主　席 钟燕群(女,2011.01)
副主席 肖堃涛 汪兰洁(女) 杜仁伟 茆荣华 周志军 侯继军(2011.01)
常　委 (按姓氏笔画为序)
杜乃根 肖长松 吴红星 吴诗仲 张立群 陈　欣(女) 陈必华 姜　鸣 夏玲英(女)

上海市总工会经费审查委员会主任、副主任名录

主　任 杨永平(副局级)
副主任 黄银萍

上海市总工会秘书长、副巡视员名录

秘书长 张立群
副巡视员 杜乃根 夏惠珍(女)

上海市总工会各部室负责人名录

办公室
主　任 李　鸣
副主任 夏　勇 王厚富
研究室
主　任 桂晓燕(女)
副主任 李学兵
组织部
部　长 杜乃根(兼)
副部长 杨伟良(兼) 庄　勤(女)
宣教文体部
部　长 丁　巍(女)
副部长 邵新宇(女)
经济工作部
部　长 李卫军(2011.04)
副部长 钱传东(2011.11)
保障工作部
部　长 宋　震
副部长 陈美琴(女)
财务部
部　长 夏惠珍(兼,女)
副部长 倪伟琦
民主管理部
部　长 刘卫新
副部长 周永宝
法律工作部
部　长 吴　萌
副部长 黄　琦(女)
女职工部
部　长 宋钟蓓(女)
国际联络部
部　长 沈雄德
副部长 竺　敏
事业部
部　长 宫运利
副部长 朱国庆
经审办
主　任 杨永平(兼)
副主任 黄银萍(女)

上海市总工会直属机关党、纪、工、团负责人名录

直属机关党委
书　记 张立群(兼)
副书记 任新我
直属机关纪委
书　记 杨伟良
直属机关工会
主　任 任新我(兼)
副主任 卢家平
直属机关团委
书　记 庄　勤(兼,女)

【上海市总工会综述】 上海工会在市委和全总的领导下，坚持服务大局、服务职工，凝聚广大职工为经济社会发展作出新的贡献，维护职工合法权益取得新的成效，工会各项工作取得了新的进展。(1)广泛开展主题教育和主题实践活动，调动了广大职工为“十二五”发展建功立业的积极性。制定《关于广泛深入开展“当好科学发展主力军、打好创新转型攻坚战”主题实践活动的意见》，召开上海电气现场会，全面开展群众性立功竞赛活动。制订《关于进一步加强本市班组建设的实施意见》，召开加强班组建设航天现场会，广泛开展班组创先争优劳动竞赛和创建“工人先锋号”活动，推进“六型班组”建设。开展先进典型选树评选活动，10个集体和51名个人获得全国“五一

劳动奖状(章)”,39个集体获得全国“工人先锋号”,50个集体和100名个人获得上海市“五一劳动奖状(章)”,234个集体获得上海市“工人先锋号”。制定《关于进一步加强本市劳模管理服务工作的意见》,建立市劳模“三金”及体检的“3+1”制度。制定实施《上海职工素质工程“十二五”发展规划》,推进职工主题教育活动。深化学习型企事业单位创建工作,举办第十三届上海读书节,举办职工体育健身四季大联赛、“五一文化奖”评选、第五届职工文化展演周、“同在阳光下”农民工假日免费电影专场放映等活动。制订实施首席技师工作推进计划,召开现场推进会,命名首批20个“劳模创新工作室”,启动上海市职业技能大赛。举办第四届职工科技节,举办“‘头脑风暴’——蓝领创新,咱们工人有力量”五一特别节目等活动。全年实施技术攻关、技术革新项目1.7万项,职工提出合理化建议126.9万条,总结推广先进操作法近2600项,获得国家专利近6700项。(2)加快推进“两个普遍”,促进劳动关系和谐稳定。成立市总工会推进普遍建会工作小组,进一步加大工会组建力度,本市工会会员总数达824.7万人,其中企业会员729.9万人;建会单位总数26.6万个,其中企业建会单位23.8万个,外商投资企业建会1.7万家。会同市劳动关系三方制定《关于全面推进集体协商机制建设的实施意见》,认真排摸世界500强在沪企业信息,建立区县工资集体协商指导员队伍,扎实推进以工资协商为重点的集体协商制度建设。年内,全市共签订集体合同2.4万份,覆盖企业11.7万家,覆盖职工479万人;签订工资专项集体合同1.6万份,覆盖企业9.3万家,覆盖职工325万人;女职工权益专项集体合同2.1万份,覆盖女职工近182万人。加大劳动关系协调工作力度,会同市劳动关系三方制定《关于建立本市处置群体性劳动关系矛盾工作机制的指导意见》,定期排摸和分析研判职工队伍稳定情况,主动参与重大群体性纠纷调处工作,努力维护社会稳定。(3)聚焦职工“三最”问题,健全职工维权工作机制。加强职工权益源头维护工作,完善职工收入调查网的成员结构,充实调整主副食品价格采集网和职工家计统计网,积极参与和推进贯彻社保法方案、医疗卫生体制改革办法等法律法规和政策的制定实施,各级工会通过人大议案、政协提案、劳动关系三方协商、听证会等途径,在控制物价、规范劳务派遣用工、完善社会保障等方面积极建言献策,保障和发展了职工的各项权益。深化以职代会为基本形式的厂务公开民主管理工作,广泛开展《上海市职工代表大会条例》学习宣传和贯彻实施工作,启动全市50万名职工代表三年培训计划,年内完成培训15万名职工代表、工会干部的任务,发动4万家单位、40余万名职工参加网上知识竞赛。着力推进非公企业职代会建制工作,年内,全市已建职代会(含覆盖单位)18.3万个,其中非公企业独立建制2.5万家,同比增加2000多家;区域性行业性职代会覆盖非公企业12.2万家,同比增加3.3万家。加大对一线职工权益维护力度,会同市劳动关系三方联合制定《关于规范本市劳务派遣用工的指导意见》,配合人大、政协开展对规范劳务用工的执法检查和专项视察调研,把社会关注度较高的“三性”岗位界定问题、同工同酬问题、劳务工参与民主管理问题作为当前工会推动规范劳务用工的三个工作重点,积极推动控制派遣规模,落实同工同酬,维护劳务工合法权益。与市安监局联合制定《关于加强安全生产和劳动保护工作的意见》,推动建立工会劳动保护“五项制度”,积极开展“安全生产1000班组”创建活动,深入推进“安康杯”竞赛,实施女职工“关爱行动”,推进“女职工特种重病互助保障”、“女性保健知识”公益讲座、妇科筛查、妇科特种重病医疗帮扶“四位一体”的女职工健康实事工程建设。完善帮扶和服务职工工作机制,制订下发了关于深化工会帮困送温暖工作的实施意见,在全市所有区、街镇继续建立和完善了职工援助服务分中心。围绕工会促进就业“1331”工作目标开展工作,帮助5万多人实现就业。深化“三定三助”、“金秋助学”、农民工团体医疗等工作,元旦春节期间慰问困难职工家庭15万户、款物1.7亿元;工会四项互助保障计划全年给付95.2万人次,给付保障金6.3亿元。(4)深化工会组织创先争优活动,提升工会整体工作水平。围绕工会在加强和创新社会管理中进一步发挥作用广泛开展调研,积极参与市委关于做好新形势下党的群众工作有关文件起草。加强本市工会系统调查研究工作的统筹实施,采取重点课题调研、专项课题调研、委托课题调研等方式,组织开展劳务派遣用工、本市企业实施《社会保险法》情况、工资集体协商立法、职工文化建设等调研。加强市工运研究会建设,推动各区县和产业(局)、集团公司以及基层单位建立研究会分会,调整完善基层调研点网络。制定《关于在全市工会组织和广大职工中深入推进创先争优活动的实施意见》,扎实推进为民服务创先争优活动。评比产生了全国模范职工之家26家,全国企业工会工作红旗单位(十面红旗)1家,全国双爱双评先进企业3家,上海模范职工之家350家,上海市模范职工小家299家。积极推进基层工会主席直选工作,目前已有1.67万家基层工会开展了直选,占全市基层工会组织31%。扩大职业化、社会化工会工作者收入分级负担试点工作,制定实施工会干部教育培训“十二五”规划,举办世界500强在沪企业工会主席、街镇工会主席、集体协商指导员、劳动争议调解员、社会体育指导员等专题培训班,拓展理论

2月28日,上海职工“当好科学发展主力军、打好创新转型攻坚战”上海电气现场会召开,市总工会主席钟燕群为首个上海市“首席技师”工作室揭牌

(吴良荣)

培训、业务培训和适应性培训的内容和方式,增强基层工会干部的知识储备与专业能力。（范　瑜）

【上海市总工会女职工委员会综述】 2011年上海工会女职工工作围绕“建功‘十二五’创新绘蓝图”主题,以“两个覆盖”为工作重点,进一步推进女职工组织建设和维权机制建设,积极实施女职工“关爱行动”,各项工作取得新的成效。(1)女职工推动经济社会发展作用进一步发挥。举行以“世博精神引领女职工创新发展”为主题的纪念“三八”国际劳动妇女节101周年大会,表彰32位“全国五一巾帼标兵”和33个“全国五一巾帼标兵岗”,10位个人和10项成果获得了“第四届上海市五一巾帼创新奖”,拉开上海市女职工“建功‘十二五’创新绘蓝图”建功立业主题活动的序幕。举行上海市女职工周末学校成立15周年总结表彰大会,奉贤区、上海石化女职工周末学校被授予“全国工会女职工培训示范学校”称号,20所学校被授予“上海市女职工周末学校示范学校”称号,下发《关于进一步加强女职工周末学校建设的意见》。开展《“十二五”期间上海女职工素质发展与女职工周末学校建设》调研。(2)女职工组织建设和维权机制建设进一步加强。召开区县总工会女职工工作“两个覆盖”推进会。进一步提高女职工权益保护专项集体合同的覆盖率,截至2011年9月底,签订专项集体合同2.12万份,占集体合同88.1%;将女职工干部和专项合同内容纳入集体协商指导员培训范围,编写《女职工权益保护专项集体合同建议内容》,增强专项合同实效性。积极推动女职工社会化维权格局的形成:与市人保局开展“三八”女职工权益专项检查,检查单位3,738家,涉及女职工55,823人;接受国家妇女儿童发展纲要终期评估检查组对上海工会维护女职工权益情况的检查。配合市人大内司委开展女职工权益保护专题监督调研,推动女职工妇科检查的落实;成立市总工会女职工法律志愿者服务队,充分发挥女职工劳动权益(心理)求助热线、维权信箱、网上邮箱等女职工诉求表达渠道的作用,及时反映《社会保险法》修改后收入较高的白领女性生育生活津贴锐减等问题。强化工会女职工组织规范化建设,完善同步组建办法,推动落实“基层工会女职工委员会主任、副主任与工会委员会同时报上级工会审批”要求,有15家区县总工会建立了同时审批制度,占83.33%;督促各级工会女职工组织切实建立组建、换届、人员调整及时向上级工会女职工委员会备案制度。全市女职工组织同步组建率达98.89%。形成分层指导、分类要求的女职工工作评价体系。对区县局产业工会开展工会女职工工作目标管理检查调研工作,考核检查了17家单位。制定街镇总工会女职工工作达标创星的工作要求;召开大型国有企事业、非公企业工会女职工工作研究会,交流贯彻落实“5+X”工作要求的做法。(3)女职工实事服务针对性和有效性进一步增强。开展健康实事工程:构建“女职工特种重病互助保障”、“女性保健知识”公益讲座、妇科筛查、妇科特种重病医疗帮扶“四位一体”的女职工健康实事工程:一是扩大女职工团体互助医疗特种保障覆盖范围,截至10月底,共有57.61万女职工参加特种保障,502名女职工得到理赔,赔付金额达466.4万元。二是将120场免费女性保健知识讲座送到基层企业;三是联合解放军411医院为困难企业女职工、女农民工提供免费“两病”筛查,增设35万资金,深入郊区企业开展上门服务,有1万多名女职工受益;四是加大女职工“关爱行动”力度,48名患妇科特种重病手术治疗的困难女职工和女农民工获得9万元医疗帮困金。关爱单亲困难女职工:加大对单亲困难女职工“双结对”帮扶工作力度,举行“阳光照耀我成长”——上海工会庆“六一”暨女职工“关爱行动”启动仪式,将300名单亲困难女职工纳入市级女职工“关爱行动”帮扶对象,增加每年1000元/人的帮扶金。关爱白领女性:在白领女性集中的凯迪克大厦和阿波罗大厦等成立“爱心妈咪小屋”,并赠送专用冰箱和女职工关爱箱。与市工人文化宫联合搭建白领交友平台,举办“青春有约,情谊两牵”白领青年交友活动,为白领青年有情牵手创造条件。关爱先进女职工:组织200多位先进女职工代表参加进京参观学习活动,特别组织荣获世博先进荣誉的女职工前往。举行职业形象管理沙龙活动,为女劳模、女先进进行职业形象设计,助力先进女职工职业发展。关爱女性创业者:评比树立20个女职工创业示范点,举办“提升自身素质,促进企业发展”专题活动,为女职工创业示范点交流互通信息、提高经营管理水平创造条件。市总女职工委员会获得了“上海市实施妇女、儿童发展‘十一五’规划”先进集体称号。（朱莉颖）

3月18日,全市200多名女劳模、女先进代表启程,参加全总女职工部举办的先进女职工代表进京参观学习活动　（吴良荣）

【上海市总工会经审会综述】 2011年,市总工会经审会深入学习党的十七届五中全会精神,准确把握科学发展的主题和加快转变经济发展方式的主线,以贯彻《中国工会审计条例》为抓手,以提高审计质量和加强指导服务为重点,加大审计意见落实整改力度,在工会创先争优、促进经济社会持续健康发展中不断发挥工会经审组织的重要作用。2月,市总经审会第十三次会议审查通过市总工会本级2010年度经费收支决算和2011年经费收支预算。8月,市总工会经审会第十四次会议审查并通过市总工会本级2011年上半年预算执行情况。12月,市总经审会召开专题会议听取并讨论《关于上海工会2011年经费审查工作情况和2012年经费审查工作安排的报告(讨论稿)》。会议认为:经审工作报告层次清楚,结构合理。报告客观总结2011年各项审查审计监督工作和自身建设情况。会议提出:2012年上海工会经审工作要以邓小平理论和“三个代表”重要思想为指导，深入贯彻落实科学发展观，认真学习领会十七届六中全会、全总十五届六次执委会、九届市委十六次、十七次全会和市总十二届十次全会精神，以贯彻落实《中国工会审计条例》为契机，以加强经审工作规范化建设为抓手，以提高审计质量和加强服务指导为重点，进一步加强经审工作制度体系建设，大力推进经审工作的科学化规范化，大力加强经审组织建设，努力提高审查审计监督质量和水平，推动工会经审工作再上新台阶。会议还听取了市总工会经审办对38个区、县、局（产业）工会2010年经费预算执行（决算）及财务收支审计的情况汇报，审计结果表明：被审计单位高度重视经费的收缴、管理和使用工作，实现经费收入的不断增长，经济实力进一步增强；能认真贯彻执行国家财经纪律、工会会计制度及预算管理办法，坚持贯彻服务工会全局、服务基层、服务职工的原则，经费支出控制比较严格，经费支出结构趋于合理，补助下级支出特别是帮扶、送温暖、维权等方面的支出力度不断加大。大部分被审计单位对审计意见非常重视，认真研究并积极落实整改措施。根据对被审计单位审计汇总的情况看，当前在工会预算管理、财务管理和专项资金管理中还存在一些问题。会议提出，市总工会经审办要进一步加大督促审计意见的整改落实的力度，不断提高基层工会财务管理水平。　（杨永平）

【上海市退管会综述】　2011年市退管会办公室根据市委、市政府和市总工会的总体部署，按照年初确定的目标任务，主要开展了五方面工作，为确保退休人员队伍稳定作出了努力。（1）围绕建党90周年和辛亥革命100周年，组织开展了相关庆典活动。组织“银龄唱响”——庆祝中国共产党建党90周年歌会，共有40多支歌队参加了汇演，在退管系统中以歌唱的形式开展爱党、爱国、爱社会主义的教育活动。举办上海市第三届中老年优秀书画作品展，在上海市老年基金会的支持下，举办“纪念辛亥革命100周年暨上海市第三届中老年书画大赛”活动并在朱屺瞻艺术馆组织“上海市第三届中老年书画展”。参加由全国音协主办的“庆祝建党九十周年‘在灿烂的阳光下’主题歌会演唱比赛，获得金奖，扩大了银发艺术团在社会上的影响。（2）围绕尊老、敬老，开展好敬老月系列活动。举办“庆祝2011年上海市第二十四个敬老日大型宣传咨询和为老服务活动”，为广大老年人提供免费的咨询服务。举办2011年“九九关爱”重阳时装秀，展示老年朋友丰富多彩的精神文化生活。组织“后世博一日游”活动，会同上海市老年基金会、上海交运集团公司于9月1日在“工行号”浦江游船上隆重举行了“申城老人后世博游”启动仪式。启动仪式结束后，老人们不仅随船游览了浦江美景，还走进了中国馆进行参观。会同上海体育基金会在松江上海西部渔村垂钓休闲中心举行上海市第四届退休职工垂钓比赛，共有41个区、县、局（集团）的59支队伍参加比赛。（3）围绕退休人员服务需求，努力为退休人员做好事、办实事。为了做好今年的参保工作，要求各级退管会积极争取各级领导的重视，采取各种措施，组织和动员更多的退休职人员参保，不断提高退休人员的参保率。据上海市职工保障互助会提供的数据显示，截至12月底，全市退休人员参保人数308万，给付人次84万，给付金额4.9亿元。累计给付647.3万人次，累计给付医疗保障金31.49亿元。加大帮困力度，深入开展“两送”活动。加大帮困力度，对确有困难的退休人员力求做到全履盖、不遗漏，把有限的资金真正帮助困难退休人员解决一些实际问题。据统计，全市18个区、县，61个局（集团公司）企事业单位的退管会，“两送”活动共慰问退休职工人数31.6万人，慰问金额2.5亿元。坚持做好尊老社会一条龙服务工作。今年，通过我们的努力，上海市野生动物园、上海东方地质科普馆、上海康林仁和家庭护理用品有限公司等单位，又加入到“尊老社会一条龙服务”行列。截至12月底，向全市70岁以上老人发放优待证11.9万张，累计已向全市高龄老人发放老年优待证295万张。切实做好双月为老服务工作。我们在上海市老年基金会、上海市慈善基金会的支持下，继续坚持在区、县开展双月为老服务工作，让生活在社区中的退休人员就近得到方便的服务。据统计：1—12月开展为老服务活动236场，参加活动的志愿者12670人次，服务老人328745万人次。（4）围绕自身建设需要，加强指导服务。举办了学习《国民经济发展十二五规划纲要》辅导报告会，使广大退管干部进一步了解“十二五规划”的主要内容，增强了工作的责任感。从关心退休人员的晚年生命和生活质量出发，组织有关人员对退管系统开展的退休人员体检情况进行了调研，向有关领导作了反映，为推动政府和有关部门出台相关惠民政策和措施作出了努力。根据退管系统信访工作情况，坚持召开信访工作例会，及时交流和掌握各单位的信访动态，努力将退休人员信访中反映的问题解决在基层，确保了退休人员队伍的稳定和社会的稳定。根据基层单位的培训要求，向参加培训的退管干部进行退管工作的基本情况、退休人员关注的热点问题、退管工作的基本方法和退管干部应具备的基本素质、“十二五”老龄事业发展的目标、任务和要求等内容的辅导，使广大退管干部和为老服务志愿者进一步增强了工作责任感和使命感。　（邬时中）

上海市老年基金会理事长胡炜、市总工会副主席杜仁伟参加“申城老人后世博游”启动仪式

（邬时中）

【上海市职工技术协会综述】　2011年，上海市职工技术协会（以下简称“市职工技协”）在市总工会的领导下，按

5月18日，市总工会和市发改委联合召开上海市非公企业职工科技创新工作座谈会 （吴良荣）

照“在转型中走一条发展新路”的要求，紧紧围绕中心，服务大局，深入贯彻“创新、协作、服务”工作方针，积极组织各级职工技协和广大职工开展群众性科技创新活动和经济技术协作活动，着力发挥职工技协在提高职工技术素质、增强职工创新能力、推动企业技术进步和促进上海转型发展中的积极作用。(1)贯彻《若干政策意见》，推动技协转型发展。深入贯彻市总工会等七委局制定的《关于推动本市职工技协组织开展群众性科技创新活动的若干政策意见》。在全市各级职工技协普遍学习的基础上，举办了由各区县局(产业)工会分管主席和技协办主任参加的贯彻《若干政策意见》培训班，听取市税务局、市社团管理局有关部门领导对税务、民办非企业政策的讲解，市总杜仁伟副主席对贯彻《若干政策意见》意义、要求的分析和阐述，使大家进一步明确职工技协的宗旨、方针、任务以及机制和政策。同时，下发《〈若干政策意见〉的实施意见》、《“职工科技服务工作站”工作细则》和《上海职工技协财务管理规定》等3份配套文件的征求意见稿，提出了贯彻《若干政策意见》的初步操作细则。(2)深化职工创新活动，推动职工创新实践。一是作为运作主体，在2011全国科技活动周期间，组织开展了为期12天的第四届上海职工科技节活动。在市级层面举办“职工科技创新成果展”、“‘头脑风暴’——蓝领创新，咱们工人有力量”大讨论、“非公企业职工科技创新工作座谈会”等8项活动。在市级层面活动的示范、带动和辐射下，不仅区县局(产业)层面开展167项活动，还有14092家基层单位、122万名职工组织、参与了579项(次)的职工科技节活动。二是深入推进合理化建议活动。召开了“职工合理化建议工作研讨会”，表彰合理化建议工作先进单位，交流开展合理化建议活动的经验，组织上汽集团工会等8家单位签订了“结对推广应用合理化建议工作管理软件”协议。由市职工技协运作，开展了由市总工会、市科委、市经信委、市国资委联合组织的市职工合理化建议优秀成果和市职工先进操作法优秀成果征集、命名活动。经区县局(产业)工会推荐，共收到126项合理化建议优秀成果和66项先进操作法优秀成果。三是搭建职工创新活动平台，深入开展第二十四届上海市优秀发明选拔赛活动。收到参赛项目1480个，其中职务发明项目828个，非职务发明项目116个，职工技术创新成果251个，青少年发明项目220个，女职工巾帼创新项目65个。初步评出获奖项目494项。推荐67项发明成果参加了第二十届全国发明展，获奖33项，其中金银奖14项；推荐4个职工发明项目参加了“第六届海峡两岸职工创新成果展”，全部获得金奖。命名了5项“市职工岗位绝技高招”。(3)加强职工科技服务，推动科技成果转化。一是加强科技服务指导、协调和服务。注重同财税部门协调技协开展“四技”活动的财税政策；多次举办技术服务工作培训班，深入基层指导签订技术合同、运用技协政策开展技术开发、技术转让、技术咨询和技术服务活动。据不完全统计，全市职工技协全年技术合同认定数达到3580份，合同金额达3.6亿元，上缴国家税金达4000多万元。二是加强职工科技创新服务平台建设。利用优势，着力发挥职工科技创新专家咨询组、职工技术合同认定站、职工科技创新网、职工科普讲师团等服务平台在服务基层、推动项目协作中的积极作用。创新基金出资188万元扶助职工创新项目，资助市总工会命名的全市第一家首席技师工作室——“李斌技师工作室”，支持职工科技节活动。三是加强区域性对口协作。按照市对口支援和合作交流工作要求，积极开展对新疆、云南等对口支援地区的技术帮扶活动。组织医疗技术小分队赴新疆喀什泽普县开展医疗技术帮扶活动，在7家医院和乡、镇、社区服务中心开展工作交流和医疗质量管理的指导，培训近百名医护人员。按照沪滇两地技协工作安排，组织云南普洱市、个旧市、大理州和文山州等地区的31名医务人员来沪进修；在沪举办了云南省高技能人才培训班，38名具有高级工以上职称的电焊工参加8天的专项培训。(4)着力技协自身建设，推动技协规范管理。一是抓指导服务，推进32家非公企业试点建立职工技协组织。二是抓监督管理，深入调查研究，摸清本市行政性事业单位和政府机关技协开展“四技”服务情况；认真开展2011年度技协工作目标考核；加强财务工作检查，会同市总经审办对19家单位技协组织进行检查审计；及时修改《上海市职工技术协会收据管理办法》，统一规范了技协新版收据的使用。 （王小龙）

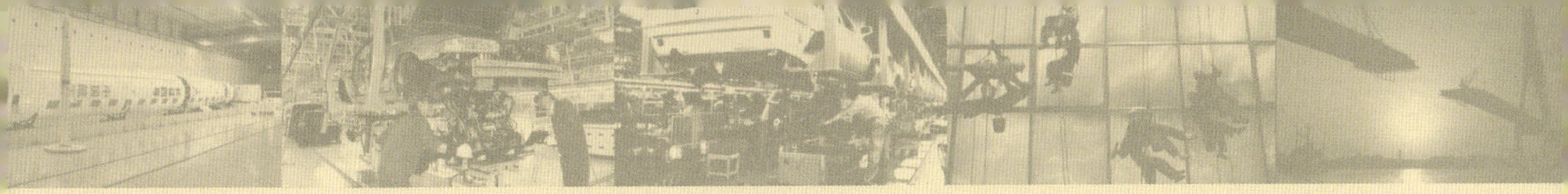

重要会议·工作·活动·调研

Important Meetings·Work·Investigation And Study

上海工会年鉴

2012

重要会议

【市总工会召开十二届八次全委(扩大)会议】 1月24日召开。市委副书记殷一璀出席会议并讲话。全国总工会副主席陈豪出席会议。市总工会副主席肖堃涛向全委会作工作报告。会议主题是团结动员广大职工服务科学发展、推动创新转型,为上海“十二五”经济社会发展贡献智慧和力量。会议总结2010年工会工作,全面部署2011年度上海工会的主要任务。会议认为,在过去的一年中,上海各级工会围绕“五个确保”工作要求,聚焦办博首要任务,认真贯彻落实中央、市委、全总一系列重要指示精神,团结动员全市职工服务世博、奉献世博,切实加强劳动关系协调和维稳工作,全面维护职工群众各项权益,为上海成功举办世博会和经济社会发展作出了积极贡献,各方面工作取得了显著成绩。会议指出,2011年是中国共产党成立90周年,是实施“十二五”规划的开局之年,要全面贯彻落实党的十七届五中全会、九届市委十三次和十四次全会、全总十五届五次执委会精神,深刻认识党对新形势下群众工作的新要求,积极适应上海走创新驱动、转型发展道路的新趋势,深入分析“十二五”时期劳动关系领域的新情况,全面把握上海职工队伍结构的新变化,广泛开展“当好科学发展主力军、打好创新转型攻坚战”主题竞赛活动,团结动员全市职工为上海新一轮发展不懈奋斗;大力推进“两个普遍”,更加积极主动地维护职工合法权益,促进民生持续改善,推动发展共建共赢、合作和谐的劳动关系;深入开展创先争优活动,扎实做好新形势下职工群众工作,把组织职工与服务职工贯穿工会建设全过程,以优异成绩迎接中国共产党成立90周年。会议要求,上海工会要充分发挥职工群众在“创新驱动、转型发展”中的主力军作用,最大限度激发职工群众的主人翁责任感和使命感,切实使广大职工群众成为“十二五”发展的建设者和受益者,成为推动上海经济社会发展的主力军和“领头羊”;要积极主动地当好职工群众权益的代表者和维护者,拓宽畅通全面准确反映职工利益诉求的渠道,推动普遍开展工资集体协商,推动建设和谐劳动关系,推动解决职工民生问题;要坚持不懈地用社会主义核心价值体系教育引领职工群众,搞好建党90周年的纪念和教育活动,大力弘扬劳模精神和世博会精神,着力提高职工思想教育的实效性;要以创先争优为载体切实加强自身建设,切实加强基层组织建设,积极推进基层工会主席直选,着力加强干部队伍建设。会议选举钟燕群为市总工会主席,增选侯继军为市总工会副主席。

(崔校军)

1月24日,市总工会召开十二届八次全委(扩大)会议,选举钟燕群为市总工会主席,增选侯继军为市总工会副主席 (吴良荣)

【市总工会召开十二届九次全委(扩大)会议】 7月20日召开。市人大常委会副主任、市总工会主席钟燕群向全委会作工作报告。会议主题是深入学习贯彻胡锦涛总书记“七一”重要讲话,认真落实九届市委十五次全会和全总的工作要求,团结动员全市广大职工为实现上海“十二五”良好开局作贡献。会议总结了上半年工作。上海各级工会围绕“十二五”开局之年的目标任务,以纪念中国共产党成立90周年为动力,广泛开展主题教育和主题实践活动,调动了广大职工在上海新一轮发展中建功立业的积极性;重点推进平等协商集体合同和职代会制度,增强了工会维权工作实效;主动参与群体性劳资矛盾化解工作,促进了劳动关系和职工队伍和谐稳定;扎实开展服务和帮扶工作,加大了为职工办实事做好事力度。会议指出,要深入学习胡锦涛总书记“七一”重要讲话精神,进一步增强做好新形势下党的群众工作的使命感和紧迫感;深刻领会新形势下工会工作的新要求,深入分析新形势下工会工作遇到的新情况,切实把握新形势下工会创新发展面临的新挑战。会议要求,在当前和今后一个时期,全市各级工会要紧紧围绕全市工作大局,广泛深入地开展“当好科学发展主力军、打好创新转型攻坚战”主题实践活动,组织动员各行业职工为“十二五”发展贡献智慧和力量;要大力推进“两个普遍”,按照企业所在地点清、组织结构清、隶属关系清、建会情况清、开展集体协商现状清的“五清”要求,摸清底数,既要抓紧工作进度确保完成各项指标,又要抓好建会和协商工作质量;要积极构建和谐劳动关系,关注和适应经济关系、劳动关系的新变化、新趋势,以劳动关系和谐稳定促进社会的和谐稳定;要进一步研究探索工会如何实现与政府、社会及企业的有效衔接,加强服务职工阵地建设,形成工会组织服务职工的工作体系;要在党的建设的总体要求和部署下,加强新时期工会建设,密切联系自身实际,站在增强群众观点、做好群众工作的高度,结合社会管理创新的新要求,不断提高工会自身建设水平。会议还就工会志编纂工作提出了要求。

(崔校军)

【上海工会召开纪念中国共产党成立90周年座谈会】 6月28日，由市总工会、市工人运动研究会联合主办。市委副书记殷一璀出席会议并讲话。会议回顾了90年来在中国共产党的领导下，上海工人阶级在革命、建设、改革开放和社会主义现代化建设中的伟大实践，总结了上海工运90年来的经验和启示。会议指出，中国工人阶级的命运与党的命运始终紧密相连，是中国共产党最坚实最可靠的阶级基础，是社会主义中国当之无愧的领导阶级。会议总结上海工会在党的领导下取得的宝贵经验：必须始终坚持自觉接受党的领导，确保工运事业的正确方向；必须始终围绕党在各个阶段的奋斗目标，确立正确的工运主题；必须始终坚持党的群众路线，扎根职工、团结职工、服务职工；必须始终适应形势任务和职工队伍的发展变化，以改革创新精神不断加强工会的组织建设；必须始终按照“政治上靠得住、工作上有本事、作风上过得硬”的要求，建设高素质工会干部队伍。会议要求，当前上海处在建设“四个中心”和社会主义现代化国际大都市的重要时期，要坚定不移地坚持全心全意依靠工人阶级，充分发挥工人阶级主力军作用。各级工会要教育引导广大职工坚定信念跟党走，把党的主张切实变成职工群众的自觉行动，继承上海工人阶级“带头羊”光荣传统，组织动员广大职工积极参与“当好科学发展主力军、打好创新转型攻坚战”主题实践活动。要坚持不懈地提升职工队伍素质，永葆工人阶级的先进性。切实发挥工会“大学校”作用，深入推进职工素质工程，推动学习型企业建设，着力打造一支知识型、创新型、技能型的高素质职工队伍。要切实代表好维护好职工权益，努力构建和谐劳动关系。坚持“组织起来、切实维权”工作方针，以构建和谐劳动关系为目标，完善职工利益诉求表达机制，关注劳务派遣工、农民工等职工群体。要坚持党建带工建，与时俱进地推进基层组织建设，进一步增强工会组织的活力。按照“全覆盖、凝聚力、组织化”的要求，创新工会组建方式和工作方法，争取把更多的职工组织到工会中来。市总工会副主席肖堃涛主持座谈会。市总工会老领导李家齐、奉贤区委副书记陆兴祥、上海久事公司总经理张惠民、杨浦区总工会主席袁建民、江南造船(集团)有限责任公司工会主席朱大弟、宝钢集团宝钢股份公司热轧厂王军作交流发言。市工运研究会团体会员代表共200余人参加座谈。

（崔校军）

【市工运研究会召开2011年年会暨“构建和谐劳动关系”研讨会】 11月30日召开。市总工会主席钟燕群出席会议并讲话。市总工会副主席周志军作工作报告。会议认为，一年来，围绕党政工作大局和工会工作全局，深入开展调查研究，形成一批高质量的研究成果，为党政部门决策和工会履行职能提供了重要参考。会议指出，工运研究会要发扬传统、服务大局，始终坚持正确的研究方向，在当前新的国内国际形势下，紧扣市委和全总的要求，紧扣工会的中心工作，紧扣维护职工合法权益，加强对中国特色社会主义工会发展道路的研究和实践，在以科学理论指导工运事业发展中更好地发挥作用。要坚持以问题为导向，着力研究工会事业发展的重大课题，加强对职工队伍发展状况的研究，加强对构建和谐劳动关系的研究，加强对经济社会发展政策的研究，加强对工会工作有效性的研究。会议要求，各级工会要切实把加强工运研究摆在全局工作的重要位置，加强组织领导，为工运研究创造更好的条件；要加强工运研究会建设，在所有区县总工会都已建立研究分会的基础上进一步在具有代表性和一定规模的产业(局)工会建立工运研究机构；要提升工会干部调研水平，结合全总开展“面对面、心贴心、实打实”服务职工活动，不断增强新时期群众工作能力。会上，普陀、闵行、电信、金融四家工会和工运研究会专家咨询委员等，围绕构建和谐劳动关系作交流研讨。会议表彰了年度优秀调研报告、论文以及优秀团体会员。

（崔校军）

【市总工会召开工会组织工作暨模范职工之家表彰交流会】 12月28日召开。大会表彰了“2011年上海市工会组建工作先进单位、优秀单位”、“2011年上海市劳务派遣企业工会组建工作先进单位”、“2011年上海工会组建数据库维护工作先进单位”、“2011年度上海市模范职工之家”。市总工会主席钟燕群在会上要求全市各级工会，继续发扬攻坚克难精神，在工会组建工作、加强基层工会组织活力、提升工会建设科学化水平上实现新突破。会议指出，全市各级工会要继续发扬攻坚克难精神，牢固确立组建工作是“一把手工程”的观念，进一步加强对组建工作的领导，努力实现工会组建工作新的突破。要进一步找准工作着力点，以非公企业，劳务派遣工、农民工，经济园区(工业园区)、开发区、楼宇、街道、社区、一条街等区域

12月2日，2011年上海市工会组织工作暨模范职工之家表彰交流大会举行

（吴良荣）

为建会重点。要进一步创新方式方法,进一步强化建会责任主体意识,创新组织形式,聚焦重点难点企业建会,努力实现工会组织对各类职工群体的全覆盖。要进一步加强协调发展,在加快普遍建会进程中,把握好企业联合建会与单独建会的关系、企业建会率与职工入会率的关系、建会数量与建会质量的关系。会议强调,要切实增强基层工会活力,在加强工会基层组织建设上实现新突破。要加强工会组织体制的创新完善,按照有利于把职工有效组织起来、有利于维护职工权益、有利于履行工会职能的原则,继续探索完善特大型城市工会组织体系。要加强街镇总工会建设,进一步推进街镇工会组织设置的科学化,进一步做好工会干部配备工作,进一步加大经费保障力度,推动街镇工会在抓好非公企业建会、开展工资集体协商、创建和谐劳动关系、推进困难职工帮扶、服务指导企业工会工作等方面发挥更大作用。要加强建设"职工之家"工作,丰富建家活动内涵,扩大建家活动参与面,完善建家工作长效机制。会议要求,全市各级工会要进一步加强自身建设,在提升工会建设科学化水平上实现新突破。要深入开展"面对面、心贴心、实打实服务职工在基层"活动,进一步健全联系基层、服务职工的工作制度,切实加强各级工会的思想建设、作风建设、组织建设、能力建设。要着力推进工会组织民主化、法治化建设,进一步扩大直选范围、规范直选流程,建立健全工代会代表任期制,积极探索会员代表正确行使民主权利、及时反映职工意见、有效监督工会工作的实现途径和方法。要进一步加强工会干部队伍建设,切实加强工会领导班子建设,切实加强街镇工会干部配备,切实加强社会化职业化工会干部队伍建设,切实加强工会干部教育培训工作。市总工会副主席肖堃涛主持会议并通报今年工会组建工作情况,副主席汪兰洁宣读表彰决定。松江、青浦、杨浦区总工会和上汽、东浩国际工会在会上作交流发言。

（杨　娟）

【市总工会启动"当好科学发展主力军,打好创新转型攻坚战"主题实践活动】 2月28日,市总工会联合市人力资源社会保障局等相关委办召开上海职工"当好科学发展主力军,打好创新转型攻坚战"上海电气现场会。主题实践活动以"创新驱动、转型发展"为主线,团结动员全市职工广泛开展"创先争优、建功立业"活动。会议要求,要着力推动经济发展方式转变和产业结构战略性调整,不断提高职工队伍整体素质和服务上海经济社会发展的能力,坚持"五个不断深化",打造"十、百、千、万"工程。在主题实践活动的倡议下,开展岗位建功、职工创新、技能登高、节能减排、劳动保护、团队创先等"六大行动"。其中,职工创新行动意在动员引导各行各业职工岗位学习、岗位创新、岗位成才、岗位奉献,广泛开展科技创新、管理创新、服务创新、制度创新等活动,为上海转型发展提供智力支持。

（田福宝　武吉波）

【市总工会举行上海市五一劳动奖状(章)表彰暨创先争优劳动竞赛推进大会】 4月29日在展览中心召开。市委副书记殷一璀出席会议并讲话。市人大常委会副主任、市总工会主席钟燕群主持会议,副市长沈晓明出席。大会表彰获得2011年度全国五一劳动奖状、奖章的10个集体和51名个人,39个全国"工人先锋号";表彰2011年度上海市五一劳动奖状、奖章的50个集体和100名个人、234个上海市"工人先锋号",6个"十一五"时期全国社会主义劳动竞赛先进集体,5个"十一五"时期全国社会主义劳动竞赛先进单位,150个"十一五"时期上海市社会主义劳动竞赛先进集体,50个"十一五"时期上海市社会主义劳动竞赛先进组织。会上,全国五一劳动奖状获奖代表上海亚尔光源有限公司工会、全国五一劳动奖章获奖代表白松涛、康建明、熊熊交流发言,劳模代表李斌宣读"当好科学发展主力军、打好创新转型攻坚战"的倡议书。

（李　伟）

【市总工会召开工会组建工作推进会】 8月5日召开。市总工会党组副书记、副主席肖堃涛出席会议并讲话。会议指出,在各级工会的努力下,全市上半年工会组建工作取得阶段性成果。截至6月底,全市工会会员达到806万人,其中企业工会会员712万人,企业职工入会率77%;建会单位总数24.7万家,其中企业建会单位22.3万家,企业建会率66%。与年初相比,会员和建会单位分别净增46万人和3.3万家,工会组建继续保持稳步增长的良好势头。但是,全市工会组建工作离全总下达的目标任务还有一定差距,从总体情况来看,工会组建工作领域还存在一些亟待解决的问题和矛盾,一是各区县发展不平衡,如青浦、奉贤等区总工会在上半年完成全年的组建任务,而有的地区则进展相对较慢。二是一些具有一定规模和社会影响的建会重点、难点企业仍没有取得实质性进展。三是工会组建的盲区和死角仍不同程度的存在,非公经济领域、中小型企业最为突出。四是相当数量的劳务派遣工、农民工和一些分散就业的职工依旧游离于工会组织之外。为确保全年工会组建任务的顺利完成,会议要求各区县局(产业)工会要在近期对包括工会组建工作在内的各项工作进行一次全面系统的总结,认真分析存在的突出问题、薄弱环节和主要矛盾,着力做好以下几个方面的具体工作:一是抓好重点难点企业的建会。对长期未建会的企业进行一次全面排摸,力争在年底前在攻克难点重点企业方面取得实质性进展。二是抓好劳务派遣企业建会和劳务派遣工入会工作,要结合上海实际认真贯彻执行,实现劳务派遣机构和用工单位工会对劳务派遣工的"双覆盖"。三是抓好经济园区(工业区)、开发区等区域内企业的建会,通过大力推进区域性、行业性工会联合会和联合工会建设,切实改变这些区域内非公企业数量众多,但建会率偏低的状况。会议要求全市各级工会立足当前,着眼长远,夯实工会组建工作基础,在三个方面下功夫:一是建设好工会组建数据库;二是进一步加强乡镇街道工会建设;三是加强社会化职业化工会干部队伍建设。

（杨　娟）

【上海工会传达学习"全国构建和谐劳动关系先进表彰暨经验交流会"、"全国深化创新厂务公开民主管理工作会议"精神】 9月8日召开。全市各区县产业(局)工会民管和法律部长共150余人参加会议。会议要求,全市各级工会组织要正确把握当前劳动关系形势，充分认识构建和谐劳动关系、深化厂务公开民主管理工作的重要意义，把思想和行动统一到中央和市委的决策部署上来，确保会议精神落到实处；要注重发挥工会整合社会各方的优势，共同研判劳动关系方面的问题，及时有效地解决影响劳动关系和谐的重大问题，推动上海劳动关系和谐稳定。各级工会要加强协调联动，充分发挥地区工会与地方政府、行业协会联系紧密的优势，横向互动，条块结合，协同推进行业集体协商工作；各区县工会要继续在非公有制小企业和劳动密集型企业集聚的社区、工业园区、商务楼宇等区域，重点就区域最低工资标准、工资调整最低幅度、工资支付办法和工作时间等内容开展协商；要进一步加大在沪世界500强企业的推动力度，与相关地区、产业联手，形成推动合力，逐步完善500强在沪企业的集体协商档案，实现动态管理，重点跟踪指导；充分发挥专职指导员的作用，助推集体协商机制建设。会议强调，要进一步提高职代会的建制率，公有制企事业单位要全面建制，使非公企业建制率达到建会总数的70%，世界500强的外资企业建制率要占一定的比例。要加大区域性、行业性职代会的建制力度，切实有效地推动区域性、行业性职代会制度与非公企业党建、区域性社会管理有机结合，机制联动。会议要求，各级工会要大力吸纳劳务工加入工会，加大将集体合同覆盖劳务工的推进力度，从机制、制度层面保障劳务派遣工的劳动经济权益和民主政治权利。各级工会还要普遍开展劳动关系和谐企业创建工作，要进一步落实完善创建工作规划，使创建工作向工业园区、楼宇、社区小区和村区等延伸，把创建活动取得的成果转化为构建和谐劳动关系的长效机制。（王珍宝）

【市总工会召开“全国工会创先争优暨推进工会组建工作视频会议”上海分会场会议】 10月31日召开，上海市总工会副主席肖堃涛代表上海参加北京主会场会议，并在大会上交流发言。上海市人大常委会副主任、市总工会主席钟燕群出席上海分会场会议。会议要求，全市各级工会要认真

9月8日，上海工会召开学习传达全国构建和谐劳动关系先进表彰暨经验交流会、全国深化创新厂务公开民主管理工作会议精神大会（吴良荣）

学习贯彻这次会议精神，进一步统一思想、抓好工作落实，把工会系统“创先争优”活动继续引向深入；要大力推进工会组建工作，确保“创先争优”活动和工会各项工作取得新进展。

（钱　婷）

【上海市召开2011年厂务公开民主管理工作会议】 3月30日召开。市委副书记、市厂务公开领导小组组长殷一璀出席会议并讲话。会议由市人大常委会副主任、市总工会主席、市厂务公开领导小组副组长钟燕群主持，副市长、市厂务公开领导小组副组长沈晓明宣读表彰决定，市厂务公开领导小组成员，以及各地区、系统党政工负责人，有关基层单位负责人500余人出席会议。会议指出，在新形势下推进厂务公开民主管理，有利于推动上海创新驱动、转型发展，有利于构建和谐劳动关系，有利于推动企事业单位党风廉政建设和增强党的凝聚力。会议要求，要把贯彻落实《职代会条例》作为2011年厂务公开民主管理工作的重要任务。落实好《职代会制度》，国有企事业单位党组织要切实发挥政治核心作用，非公有制企业党组织要切实发挥组织保障作用。各地区、系统（产业）党委以及企事业单位的上级党组织要高度重视，把贯彻落实《职代会条例》作为对企事业单位党政组织和领导干部业绩评价和考核的重要内容。乡镇街道党组织要切实发挥统筹协调作用，运用网络优势大力推动所属区域、行业建立职代会制度，并纳入区域性大党建的系统工程。落实好《职代会制度》，企事业单位主管部门和劳动关系三方要加强协同，积极为企事业单位提供制度建设的政策咨询和业务培训。当务之急还要提高建制率、扩大覆盖面。会议强调，要进一步丰富深化厂务公开民主管理的内涵，指导非公有制企业不断丰富职代会审议内容，切实加强企事业单位职代会民主评议工作，进一步规范国有企业改革的民主程序，推进职代会制度与集体协商制度的有机结合，进一步探索实践劳务派遣工参与厂务公开民主管理的方法和途径。要着力提高厂务公开民主管理工作的领导力和执行力，强化组织领导，提高队伍素质，改进工作作风，创新工作载体，注重调查研究。会议下发了“关于贯彻《上海市职工代表大会条例》深化厂务公开民主管理工作的意见”和“关于转发《中共中央纪委、中共中央组织部、国务院国有资产监督管理委员会、监察部、中华全国总工会、中华全国工商业联合会〈关于进一步做好职工代表大会民主评议国有企业领导人员工作的意见〉》的通知”等文件。徐汇区委、上海石化公司党委、长宁区北新泾社区（街道）党工委、上海三菱电梯有限公司党委、上海富大胶带制品有限公司分别在会上作了交流发言。会议表彰38家推动厂务公开民主管理工

3月30日，2011年上海市厂务公开民主管理工作会议在上海展览中心举行　（吴良荣）

作先进单位和174家市厂务公开民主管理工作先进单位。　（王珍宝）

【市劳动关系三方联合召开上海市推进企业劳动争议预防调解工作会议】 8月9日，由市人力资源和社会保障局、市总工会、市企业联合会/市企业家协会、市工商业联合会联合召开，市总工会副主席茆荣华出席会议并讲话。会议制定下发《关于推进本市企业劳动争议预防调解示范工作的意见》，提出示范企业劳动争议预防调解工作标准以及考核验收具体内容，并对推进面上企业劳动争议预防调解机制建设提出相应要求。会议指出，推进企业劳动争议预防调解工作是工会参与社会管理的重要途径，是工会切实履行职责的重要体现，是推动劳动关系协调机制建设的重要内容。会议强调，各级工会要对照工作要求，把握时间节点，上下联动，整合资源，通力合作，共同推进企业劳动争议预防调解示范工作。会议要求，各级工会主动作为、勇于创新，不断推进面上企业劳动争议预防调解机制建设，着力强化组织、队伍、制度3个环节建设，正确处理好点与面、继承与创新、劳动争议预防调解工作与劳动关系协调机制建设等3个关系，努力做到工作方法、调解模式、制度和机制的三个创新。　（邱晨鹤）

【市总工会女职工委员会召开五届三次全委（扩大）会议】 3月16日召开。市人大常委会副主任、市总工会主席钟燕群，市妇联主席张丽丽出席会议并讲话，市总工会副主席、市女职工委员会主任汪兰洁代表女职工委员会常委会向大会做工作报告。会议回顾总结2010年工会女职工工作，研究部署2011年任务，推动“十二五”时期工会女职工工作开好局、起好步。会议要求：一要准确把握形势，进一步认识做好新时期工会女职工工作的重要性与紧迫性。要紧紧抓住党中央和市委对群众工作高度重视，营造的良好氛围；相关法律法规和政策制度的建立完善，创造的有利条件；世博期间各类主题活动与创新举措积累的经验等有利契机，进一步做好工会女职工工作。要及时掌握女职工队伍的发展态势，了解不同女职工群体的利益诉求，更有力地保障她们的合法权益，促进女职工队伍的全面发展。要积极应对涉及女职工特殊权益的政策法规落实不到位，女职工劳动保护工作有待进一步加强，部分非公企业工会女职工组织尚不健全等女职工权益维护的难点问题。二要突出工作特色，进一步找准新时期工会女职工工作的切入点与着力点。广泛动员全市女职工为实现“十二五”规划建功立业，不断深化女职工素质提升工程，切实当好女职工合法权益和特殊利益的代表者与维护者。三要加强自身建设，进一步增强工会女职工组织的凝聚力与影响力。要扎实推进工会女职工组织全覆盖，切实加强工会女职工干部队伍建设，不断提高女职工干部开展群众工作的能力和水平。不断增强工会女职工工作合力。继续争取各级人大、政协、妇联以及人保部门、劳动监察部门等对工会女职工工作的支持与指导。高度重视宣传工作，进一步扩大各项工作在不同女职工群体中的影响力。切实增强工会内部合力，落实好各级工会女职工组织同步组建工作，选配好女职工委员会主任和女职工干部，协同推进女职工维权和服务工作，为女职工工作的创新发展创造有利条件。会议表彰2010年度工会女职工工作优秀品牌项目和“‘斯美杯’精彩世博，美丽人生”女职工征文比赛优秀组织奖，青浦区、上海石化、环境实业、航天局、机场等5家单位工会女职工委员会在会上作交流发言。　（孙　华）

【市总工会举行纪念三八国际劳动妇女节101周年大会】 3月4日召开。会议以“世博精神引领女职工创新发展”为主题，进一步宣传弘扬世博精神，引领广大女职工在创新驱动、转型发展的道路上再创佳绩，拉开上海市女职工“建功‘十二五’创新绘蓝图”建功立业主题活动的序幕。会议表彰32位“全国五一巾帼标兵”和33个“全国五一巾帼标兵岗”，10位先进个人和10项优秀成果获得“第四届上海市五一巾帼创新奖”。这次受表彰的全国五一巾帼奖，有建功世博的巾帼英雄，有来自生产一线的高级女技师，也有科技创新标兵，其中来自上海建工基础公司设计研究所总工程师袁芬，由于其15年来在工程建设第一线取得的出色成绩、创新成果和在世博工程建设中的卓越表现，在全总的表彰中成为十佳标兵，被授予“全国五一巾帼奖章”和“全国五一劳动奖章”。会议要求，全市广大女职工以先进为榜样，传承发扬世博精神，立足本职、乐于奉献、创先争优，在创新驱动，加快推进经济发展方式转变作出新的贡献。要求全市各级工会女职工组织进一步增强服务意识和维权意识，更加主动地代表和维护女职工的合法权益和特殊利益，不断扩大女职工工作的覆盖面和影响力。（朱莉颖）

【市总工会女职工委员会召开上海市女职工周末学校成立15周年总结表彰大会】 11月21日举行，市人大常委会副主任、市总工会主席钟燕群出席会议并讲话，原市人大常委会主任、上海市女职工周末学校名誉校长陈铁迪，原市人大常委会副主任、上海市总工会主席包信宝，原市人大常委会副主任、中科院院士、上海市女职工周末学校讲师团团长叶叔华，原市总工会副主席、上海市女职工周末学校校长杜玉英等嘉宾出席会议。会上，市总工会副主席、女职工委员会主任、周末学校校长汪兰洁总结了上海市女职工周末学校15年来的发展历程和工作情况。1996年1月6日，上海市女职工周末学校正式创办。成立15年来，女职工周末学校积极倡导女职工"精一门、会二门、学三门"的理念，全市700多所女职工周末学校，紧紧围绕上海改革发展大局，围绕女职工需求，不断调整学习内容、创新办学模式，相继成立了东方女性网络学校、女职工周末学校电大分校和女农民工分校、"上海市女职工周末学校大讲堂"，大力开展职业道德、科学文化、岗位技能、法律法规、文明礼仪、卫生保健、兴趣修养等培训，在面对产业结构调整、应对国际金融危机、适应创新转型等方面发挥了积极作用。奉贤区、上海石化2所"全国工会女职工培训示范学校"、长宁区女职工周末学校等20所"上海市女职工周末学校示范学校"受到表彰。全总女职工委员会发来贺电、上海市妇联、上海市教委等领导到会祝贺并讲话。市总工会与市教委共同启动了上海市女职工周末学校"女职工健康"专项教育培训项目。会议要求，各级工会充分认识办好女职工周末学校的重要意义，充分重视女职工周末学校的建设，努力为广大女职工提升技能、提高素质创造更好的条件。要进一步明确办学目标，要加强社会主义核心价值体系以及上海提出的"公正、包容、责任、诚信"八个字的价值取向的教育、宣传和引导。要进一步丰富办学内容，课程设置要更好地适应女职工的需求和特点，办学内容要更符合女职工的实际。要进一步创新办学方式，将周末学校学习成果与终身教育"学分银行"机制相衔接，提高周末学校培训成果的社会认可度。会议强调，各级工会要加强组织领导，合力推动女职工周末学校建设。通过完善工作机制、加强督促检查和目标考核，保障经费落实，要扩大先进典型示范效应，积极争取各方支持，增强整体合力，把女职工周末学校建设纳入市民终身教育体系，努力把女职工周末学校建设得更好。

（蒋慧勤）

11月27日，市总工会女职工委员会举行上海市女职工周末学校成立15周年总结表彰大会 （应启跃）

【市总工会召开上海工会开展送温暖活动20周年和职工援助服务中心建设10周年纪念大会】 12月26日召开。会议回顾总结了全市各级工会组织开展送温暖活动和推进职工援助服务中心建设的发展历程，研究部署在加强和创新社会管理的新形势下，进一步深化和拓展送温暖等工会帮扶工作及加强各级工会职工援助服务中心建设的目标任务，并正式启动2012年上海工会元旦春节送温暖活动。市人大常委会副主任、市总工会主席钟燕群出席会议并讲话，会议就做好新形势下工会帮扶工作提出要求：一是要进一步提高对做好工会帮扶工作重要性的认识，进一步研究分析工会帮扶工作面临的新要求、新任务，把关注民生的实事更好地覆盖到更多的职工群众；二是要进一步完善工会帮扶工作体系，推进职工援助服务中心实体化建设，坚持物质帮扶与人文关怀相结合，切实加大帮扶力度，积极为困难职工排忧解难；三是要扎实开展"面对面、心贴心、实打实服务职工在基层"活动，不断增强工会帮扶工作实效，努力实现职工队伍状况在一线掌握、工会维权帮扶在一线实施、构建和谐劳动关系在一线推进、工会工作任务在一线落实、创先争优活动在一线开展。会议表彰了2010—2011年度上海工会职工援助服务中心、分中心创优考评优胜单位，杨浦区总工会、普陀区总工会、市纺织工会和市仪表电子工会作交流发言。会上，市总工会下发《关于进一步深化上海工会帮困送温暖工作的实施意见》。《意见》明确9类重点帮扶对象、4项帮扶项目以及各级工会组织的职责分工、建立4项工作机制等。 （曹宏亮）

【市总工会召开全国工会经审工作电视电话上海分会场会议】 4月12日在北京召开，全总副主席、书记处第一书记王玉普作重要讲话。会议要求把工会所有经济活动纳入经审监督范围，进一步强化对重点领域、重点资金的审查审计监督，提高审查审计质量和成效，加强经审制度体系建设，加强经审人才培养和干部队伍建设。市总工会主席钟燕群，副主席肖堃涛、杜仁伟、侯继军等出席了上海分会场会议。肖堃涛就贯彻落实电视电话会议精神作讲话。市总工会指出，认真学习领会全总电视电话会议精神，进一步深化对工会经审工作的认识。特别是近年来工会组织不断发展壮大，工会经济实力明显增强，工会经费和资产规模逐步增长，工会经审工作任务更加繁重和紧迫。各级工会要以高度的责任感和自觉性，更好地适应工会组织建设和工作创新对经审工作提出的新任务新要求，切实把工会经审工作抓实抓好。市总工会要求，认真学习领会全总电视电话会议精神，进一步深化对工会经审工作的认识。特别是近年来工会组织不断发展壮大，工会经济实力明显增强，工会经费和资产规模逐步增长，工会经审工作任务更加繁重和紧迫。各级工会要以高度的责任感和自觉性，更好地适应工会组织建设和工作创新对经审工作提出的新任务新要求，切实把工会经审工作抓实抓好。上海工会经审工作要把握工作重点，不断推进经审工作创新发展。要把握好"围绕中心、服务大局，全面审计、突出重点"的原则，把经审各项重点工作落到实处。要着重对工会预算、专项资金以及资产使用、管理进行审计，加强预算执行情况的审计和追加预算的审查，加强对国家财政和上级工会拨付款项、困难职工帮扶金、劳模困难补助等专项资金的审计监督，加强对工会资产的监管，加强对离任工会领导干部任期经济责任的审计，加强完善工会内部监督约束机制，确保工会事业持续健康发展。要着重对工会经审工作难点问题加强研究和破解，积极探索创新工会经费收缴、管理、使用、监督的新机制新方法，进一步夯实工会经审工作基础。要着重推进工会经审组织的规范化建设，不断完善经审工作制度体系，切实加强工会经审组织的规范化建设。各级工会要高度重视经审工作，切实加强对经审工作的领导，切实增强接受审计监督的自觉意识，切实为开展经审工作创造条件，建立健全相关制度规定，明确凡是涉及决定工会经费、资产以及其他经济活动的重要事项，在领导班子集体讨论之前，要充分听取经审会的意见建议。切实加强经审工作力量，建立健全基层经审组织，配齐配强各级经审干部。上海市总工会经审会主任杨永平在会议上作题为《加大审计监督力度，提升经审工作水平》的交流发言。（周　杰）

【市总工会经审会召开十二届十三次会议】 2月23日召开。市总工会经审会主任杨永平主持会议。会议听取市总财务部关于市总工会2010年度预算执行情况的报告以及相关情况补充说明。审议上海市总工会2010年经费收支决算，对预算执行情况表示肯定。会议认为，2010年，市总工会努力确保工会经费的稳定增长，拨交经费收入完成预算的143.54%。全年支出完成预算的132.84%。会议审核并原则同意2011年经费收支预算（草案）。会议指出，2011年的预算编制要坚持依法聚财、科学理财、民主管财和有效用财的工作思路，紧扣服务工运事业发展、服务基层、服务职工的要求。会议强调，在确保工会经费收入增长的同时，要进一步提高资金使用效益，特别是要继续做好对市总工会重大建设工程项目可行性分析；直管单位要努力做到社会效益、经济效益双丰收。会议审议《上海市总工会经审会关于2010年度工会经审工作规范化建设考核结果的通报（审议稿）》。会议同意《上海市总工会经审会关于2010年度工会经审工作规范化建设考核结果的通报》。2011年是按照新修改的规范化建设标准进行考核的第一年，由于新标准要求更高、更严格，更能有力推动全市工会经审工作的发展；同时，要进一步使规范化考核工作向基层工会延伸，把工会经审工作提高到一个新的水平。（周　静）

11月16日，市总工会召开上海工会企事业资产监督管理工作会议
（吴良荣）

【市总工会经审会召开十二届十四次会议】 8月5日召开。市总工会经审会主任杨永平主持会议。会议听取市总工会财务部关于市总工会2011年上半年预算执行情况的说明。会议认为，2011年上半年市总工会本级收入完成预算的59.18%，支出完成预算的46.3%。上半年预算执行情况良好，会议指出，各级工会财务部门要进一步加强预算管理，促进经费合理使用；资产管理部门要进一步加强投资基建项目的跟踪管理，确保工会资产实现保值增值；审计部门要继续加大下审力度，促进财务制度更加完善，财务管理更加规范。（周　静）

【市总工会召开上海工会企事业资产监督管理工作会议】 11月16日召开。传达学习全国工会企事业资产监督管理工作会议精神，总结5年来上海市工会企事业资产监督管理工作，部署下一步加强工会资产监督、推进工会企事业发展改革的工作任务。市总工会党组副书记、副主席肖堃涛出席会议并讲话。会议要求，各级工会要认真学习领会全国工会企事业资产监督管理工作会议精神，明确目标任务，科学规划工会企事业发展方向；要深化工会资产管理体制改革，完善资产监管体系，完善制度体系，强化产权管理，分类推进企事业单位改革，优化资源配置，推进工会企事业健康持续

发展。会议指出，下一阶段要围绕工会中心工作，以服务职工、服务工运事业、服务社会为宗旨，以实现资产保值增值为目标，以改革创新为动力，以市场需求为导向，以职工文体教育、职工疗休养旅游、职工互助保障三大服务体系为核心，培养工会特色品牌，做优做强职工服务板块，进一步丰富服务内涵，提升服务水平，扩大服务覆盖面，在推动中国特色社会主义工会发展中发挥积极的作用。松江区总工会、上海汽车工业（集团）总公司工会、沪东工人文化宫、上海海鸥控股（集团）有限公司在会上作交流发言。

（陈依岚）

【市总工会召开部分区县局（产业）工会外事工作座谈会】 10月18日在千禧海鸥大酒店召开。来自13个区和27个局（产业）工会的外事工作领导参加。市总工会副主席周志军出席会议。国际联络部部长沈雄德主持会议，并传达了中央领导关于工会工作特别是工会外事工作的重要指示精神和全总副主席、书记处书记陈豪在全国工会外事工作座谈会上的讲话精神。浦东新区总工会、教育工会和港务（集团）工会分别交流成功经验。教育工会以“拓展国际交流、传承和平伟业”为主题，介绍其与日、美、澳等国教师、教职工工会交流的情况，本着世界和平的共同理念，深入教改领域这个共同关注的热点，巧借“节”（节日）、“景”（景点）、“艺”（艺术交流）、“礼”（互赠礼品）传递友情，通过做到思想、人员、经费、设点、资料“五个到位”，教育工会的国际合作与日俱增。上海国际港务（集团）股份有限公司工会以“坚持定期互访、加强沟通交流”为题，介绍其与日本大阪港、港运同盟和韩国釜山港运工会建立的长期友好关系并取得工作成果的经验。来自机电、经信、轻工、宝钢等工会的与会代表纷纷提出一些展望和建议，表达了希望通过市总工会层面，与国外相关产业工会建立交流联系的愿望，同时，欢迎国外产业工会来沪参观访问。会议总结了近年来上海工会外事工作取得的积极成果，对新形势下工会外事工作任务和外事工作创新发展提出进一步要求。会议对提高工会干部外事工作责任感和使命感，积极宣传上海工会工作发展成果，充分展示上海经济社会发展成就，以及借鉴国外工会工作的成功经验，在增强国际交流合作的同时，进一步提高工会干部政治敏锐性和政治鉴别力方面提出了新的要求。 （管一珉）

重要工作

【市总工会开展全面总结工会十四大以来工会理论创新成果的研究】 该项目为全国总工会委托课题，也是市总工会重点调研课题，课题报告由市总工会研究室撰写。报告梳理了中国特色社会主义工会发展道路理论的形成与发展历程，分析中国特色社会主义工会发展道路创新发展面临的形势与任务，并进一步提出丰富这条道路的理论思考。报告认为，中国特色社会主义工会发展道路要创新发展，必须深刻认识党的建设新任务对工会工作提出新要求、“十二五”经济社会发展对工会工作提出新课题、国际工运形势变化对我国工会工作产生新影响以及工会自身创新发展面临的新挑战。报告提出，要进一步丰富中国特色社会主义工会发展道路理论，要深入研究10个方面的内容。（1）关于发展工人阶级先进性，充分发挥工人阶级主力军作用，深入研究工人阶级队伍的团结统一、发展工人阶级先进性的重点任务和保障工人阶级先进性持续发展的问题。（2）关于构建中国特色和谐劳动关系，深入研究推动法律法规建立健全、推动建立科学有效的运作机制和进一步突出工会组织作用的问题。（3）关于以工资集体协商为核心的劳动关系主体协商机制，要把推进工资集体协商作为实现“共同富裕”的重要途径，注重工资集体协商的“立法建制”，推动工资集体协商向“利润协商”发展。（4）关于工会组织体制创新完善，要深入研究推进工会组织有效覆盖、推进产业行业工会组织体制不断健全完善以及推进工会组织网络进一步向基层延伸的问题。（5）关于职工民主参与机制，要深入研究职工参与国家和社会事务管理、职工参与企事业单位民主管理以及职工会员参与工会内部民主管理的机制。（6）关于农民工问题，要深入研究劳务派遣用工的规制，推动完善劳动工时、劳动定额、收入分配保障等机制，切实维护农民工的民主政治权利，进一步强化对农民工尤其是新生代农民工的关心关爱问题。（7）关于服务帮扶职工，要处理好工会服务帮扶工作与政府社会保障和公共服务、与企业员工服务的关系，处理好发展壮大工会自身阵地与充分利用社会力量的关系，处理好面向全体职工与聚焦困难群体的关系，处理好继承发扬传统与运用现代方法的关系。（8）关于职工文化建设，要突出对职工文化的作用与地位的研究，兼顾职工文化事业与文化产业发展，推进职工文化与企业文化融合发展。（9）关于工会干部队伍建设问题的研究，要畅通工会干

普陀区总工会举办职工优秀人才新高地论坛 （赵 勇）

部流动渠道，推进工会干部队伍结构均衡，加强工会人才培养。（10）关于加强中国工会对外交往。（李学兵）

【市总工会制定下发《上海职工素质工程"十二五"发展规划》】 在《规划》起草过程中，市总工会先后多次召开座谈会，听取部分党政领导、工会干部的意见建议，数易其稿，充分论证，形成《上海职工素质工程"十二五"发展规划》文本，并于8月10日正式下发。《规划》全篇近万字，分指导思想、发展目标、主要任务和保障机制4个部分，提出以"促进职工全面发展，实现职工体面劳动"为目标，以弘扬中国工人阶级伟大品格为重点，以科学理论教育职工，以劳模精神引领职工，以先进技术武装职工，以和谐文化陶冶职工，造就一支适应建设"四个中心"和社会主义现代化国际大都市需要的高素质职工队伍，为推动上海经济社会发展提供坚强的智力支持和人才保证，体现了时代性、系统性、针对性的特点，为全市各级工会深入开展职工素质工程提供指导和服务。（程友谨）

【上海工会实施对口援疆10项工作】 市总工会以"人才援疆、科技援疆、民生援疆、文化援疆、设施援疆"为重点，全面启动上海对口援疆10项工作。（1）签署上海工会对口援疆协议。9月6—11日，上海工会援疆代表团赴喀什实地考察援疆项目建设实施情况，慰问上海对口援疆干部职工及援疆的上海医疗技术人员，召开援疆工作座谈会，并签署上海市总工会对口支援新疆"十二五"规划合作协议等。市总工会还先后出资100万，为285人次的援疆干部家属赴疆慰问提供便利。（2）援助购销新疆干果。上海工会与喀什地区签订的价值1000万元的新疆干果购销协议，2011年春节前已圆满完成。（3）援建泽普县"困难职工帮扶中心"。市总工会出资约150万元，支援泽普县困难职工帮扶中心建设。投入使用以来，已成为该县工会服务困难职工的主要平台。（4）援建喀什四县首批"职工书屋"。市总工会首批出资56万元，为对口四县援建7座职工书屋，每座职工书屋按8万元标准配置，有各类图书5000多册，其中维文书籍3000册。短短两个月内，有近3000人次的职工（含维族）进书屋阅读学习。（5）援建喀什地区职工多媒体培训中心。市总工会出资30万元对喀什地区职工多媒体培训中心建设给予支持。中心建成后，举办工资集体协商、工会法律法规和劳动保护等方面的讲座，开展职工安全生产、文化技能、语言文字等方面的培训，共有200多名当地工会干部和500多名职工参加。（6）援赠喀什地区工会及对口四县信息化设备。市总工会分别为喀什地区工会和受援四县工会配置电脑、复印机、传真机等办公设备。向喀什地区工会援赠了一辆价值32万元的别克公务用车。（7）开展"单亲困难女职工关爱行动"和"金秋助学"活动。市总工会按照800元/人的帮扶标准，对当地100名女职工单亲困难家庭给予帮扶。按2000元/人的标准，一次性助学帮扶当地当年考取大学（含大专）的困难职工子女150名。（8）援助泽普县医疗技术培训。根据泽普县要求，选派上海医疗技术人员为泽普县乡镇卫生院的相关学科的医疗技术人员及管理人员50名进行技术培训。（9）援助工会干部培训。投入专项资金，组织49名喀什地区和受援四县工会干部来沪开展为期15天业务培训。由上海工会管理职业学院教师授课，并组织交流研讨、参观考察等活动。（10）援助困难劳模、困难职工和困难工会干部。按照每人500元的标准，对喀什四县的400名困难劳模、困难职工、困难工会干部给予帮扶送温暖。

（李　伟）

市总工会召开《上海工会志（1978—2010）》编纂工作动员大会

（过哲峰）

【《上海市志·民主党派与群众团体分志·工会卷》编纂工作全面启动】 7月28日，上海市总工会召开《上海市志·民主党派与群众团体分志·工会卷（1978—2010）》（以下简称《工会卷》）编纂工作动员大会，全面启动工会新一轮修志工作。市人大常委会副主任、市总工会主席钟燕群任编纂委员会主任。市总工会党组副书记、副主席肖堃涛，市地方志办公室党组副书记、副主任朱敏彦出席大会。市总工会具体部署修志工作，对编纂《工会卷》的总体目标、要求和进度安排，修志各阶段的基本任务、职责分工，以及近期的几项工作提出明确要求，力争在3年左右完成修志任务。各区县局（产业）工会、市总工会各部室、各直管单位的分管领导和修志联络员共200余人参加大会。（陈　晖）

【全市工会开展推动劳务派遣工入会工作集中行动】 7—12月，全市各级工会把发展劳务派遣工入会作为一项重点工作，广泛开展劳务派遣工入会集中行动，积极推动劳务派遣企业和劳务派遣用工单位建会，实现工会组织对劳务派遣工的"双覆盖"。根据全总数据库统计，至12月10日，全市从事劳务派遣业务的单位646家，已建会505家，建会率78%；发展会员106153名，入会率93%。 （杨　娟）

【上海工会推进集卡企业建会】 上半年，发生集卡司机集体停工事件后，市总工会加强调查研究，提出集卡企业建会要"以块为主、落地建会、联合工会覆盖"的工作思路。集卡企业相对集中、集卡司机相对较多的宝山和浦东新区总工会以"集装箱运输企业普遍建会双月行动"等为主要手段，在推进集卡企业建会上取得明显进展。至9月底，宝山区397家集卡运输企业基本实现工会组织全覆盖，浦东新区178家落地的集装箱运输企业中，已建会161家，发展会员9394名。 （杨　娟）

【市总工会制定下发《关于在上海市工会干部和职工中开展法制宣传教育的第六个五年规划（2011－2015）》】 7月制定下发。主要内容包括：（1）明确工作目标。要求新任工会主席在任职一年内100%参加上级工会组织的工会法律知识学习；工会法律干部每年参加两次以上工会法律知识培训；每年有不少于20%的职工参加法制宣传学习，学习时间不少于3个工作日，5年内全市职工参加法制宣传教育培训率达到90%以上。（2）确定主要任务。深入宣传宪法和国家基本法律，引导广大工会干部和职工群众依法行使公民权利、自觉履行法定义务、有序参与社会政治生活；广泛宣传《劳动合同法》、《工会法》、《上海市集体合同条例》和《上海市职工代表大会条例》等法律法规，维护和保障职工合法权益，依法推进"两个普遍"；宣传突发事件应急处置、信访、调解、仲裁等相关法律法规，发挥工会组织在加强和创新社会管理中的重要作用；宣传《婚姻法》、《物权法》、《侵权责任法》等与职工生活密切相关的法律法规，引导职工积极参与维护社会稳定、维持市场经济秩序和社会主义精神文明建设。（3）突出普法工作主要途径。以工会干部和广大职工为重点对象，将党政领导干部、经营管理者、求职人员纳入法制宣传教育范围，实行分类指导，因人施教；以"六个有"即"有计划、有人管、有载体、有特色、有成效、有记录"为工作标准，深入推进工会法制宣传"进园（社）区、进企业、进车间、进班组"；培育法律顾问团、法律人才库、工资集体协商专职指导员作为普法宣传的主要力量，形成多层级、专业化工会法制宣传教育骨干队伍；拓展工会法制宣传教育形式和阵地，充分发挥工会网站、劳动报、12351热线等载体优势；结合五一劳动节等重大时间节点、事件，开展多形式的法制宣传教育特色主题活动。四是完善普法工作机制。要求加强组织领导，制定普法规划，建立领导小组；强化横向联动，加强与司法行政部门、人力资源社会保障部门等单位的横向沟通、资源共享；落实经费保障，确保一定比例的企业职工教育培训经费用于对职工的法制宣传教育；完善评估制度，细化分解任务，落实责任，完善评价体系。五是分解工作步骤和安排。2011年为动员准备阶段，2012年至2015年为组织实施阶段，其中，2013年开展中期检查，2015年为检查验收阶段。 （赵　倩）

【市总工会大力推进全市劳务派遣制度规范化】 上海"两会"期间，市总工会在政协大会上提出《关于规范劳务派遣用工行为的建议》，引起市委、市政府和社会各方的高度关注。2—4月，市总工会对全市企业劳务派遣用工状况进行深入调研，形成向市委、市政府报送的专题调研报告。调研发现，近年来，上海劳务派遣用工规模总体呈上升趋势，主要表现在企业数增加、规模扩大、比例提高；劳务派遣用工形式遍布各类行业和各类所有制企业，其中，国有企业和外资企业使用劳务派遣工相对较多；劳务派遣工纵向覆盖从低端到高端的各层次岗位，特别是在主营业务岗位和生产经营一线岗位长期使用劳务派遣工的现象日益突出。劳务派遣制用工存在同工不同酬、劳务派遣工的民主政治权利难以得到保障、劳务派遣用工市场缺乏规范等一系列问题。5月，市劳动关系三方制定下发《关于规范本市劳务派遣用工的指导意见》，市政府召开规范劳务派遣用工专题会议，明确表示"上海力争用2到3年时间逐步规范劳务派遣用工"。《指导意见》出台后，劳动行政部门逐步建立劳务派遣公司信息备案制度，开通劳务派遣用工信息管理系统，完善劳务派遣公司年度自查报告和劳动监察机构监督检查制度；市总工会积极开展"劳务派遣工集中入会行动"、"集体协商要约行动月"，大力维护劳务派遣工合法权益，并通过《工人日报》、《劳动报》等新闻媒体广泛宣传规范劳务派遣用工的典型经验和可喜进展；市国有企业率先缩减劳务派遣用工规模，按照市国资委制定的《关于进一步规范市国资委系统国有企业劳务派遣用工的指导意见》的要求，逐步缩小规模，降低比例，建立身份转换机制，积极落实民主管理权利和同工同酬，更大程度上保障了劳务派遣工的合法权益。 （赵　倩）

【市总工会开展第五届上海市五一文化奖评选】 12月19日举行颁奖典礼。由市总工会、市文广局、市文联共同主办的第五届上海市五一文化奖评选以纪念建党90周年为主题，以宣传社会主义核心价值体系为主线，以职工群众为参与主体，以各级工会主办或参与开展的文艺演出、文化活动项目为评比对象，共有61个区县局（产业）工会上报90个项目参评，其中红歌会类25个、文艺汇演类27个、文化项目类38个，经单位推荐、专家评选等环节，遴选出一批艺术水准高、主题表现突出、策划创意新颖的优秀文化项目，评选出十佳歌咏大会、十佳文艺汇演、十佳文化项目和十佳创作节目，同时评出优秀创意奖、优秀表演奖、优秀创作奖、最具人气奖、优秀编导奖、优秀宣传奖和提名奖。 （宋　昶）

【市总工会女职工委员会成立女职工法律志愿者服务队】 6月29日，市总工会女职工委员会成立上海市总工会女职工法律志愿者服务队。女职工法律志愿者服务队有志愿者61名，由区县局（产业）中长期从事女职工维权工作的工会女职工干部和热心于维护女职工权益的律师组成，多数具有劳动仲裁员、劳动争议调解员、劳动保障法律监督员、律师执业资格等法律方面的资质。市总工会女职工委员会还邀请法官、信访专家为女职工法律志愿者进行业务培训。服务队是市总工会女职工委员会在健全女职工维权长效机制方面的一项有益探索，对营造维护女职工权益的良好氛围、共建和谐劳动关系具有十分重要的意义。市总工会女职工委员会将充分发挥法律志愿者的特长和优势，开展女职工权益维护疑难典型案例研讨会、法律法规咨询宣传进园区、进楼宇、进企业等维护女职工权益的各项服务活动。

（朱莉颖）

【上海制定出台《上海市职工代表大会条例》配套文件材料】 （1）为推动《条例》的有序实施，市总工会整合各方力量，制定下发配套文件，指导企事业单位的实际操作。1月18日，市总工会制定下发了《关于贯彻落实〈上海市职工代表大会条例〉的通知》（沪工总民〔2011〕11号），对全市各级工会推动《条例》贯彻落实提出明确要求；3月11日，市总工会联合市厂务公开工作领导小组11家成员单位共同制定下发了《关于贯彻〈上海市职工代表大会条例〉深化厂务公开民主管理工作的意见》（沪纪〔2011〕39号），进一步强化了各级党组织推进企事业单位建立健全职代会制度中的组织领导作用；4月12日，市总工会联合市人力资源和社会保障局、市企业联合会/市企业家协会、市工商业联合会共同制定下发了《关于实施〈上海市职工代表大会条例〉若干问题的意见》（沪工总民〔2011〕71号），进一步明确和规范《条例》实施过程中遇到的具体问题。（2）4月份，市总工会与市人大内务司法委员会、市人大常委会法制工作委员会共同编写出版《〈上海市职工代表大会条例〉释义》，引导和帮助社会各界更好地理解《条例》内涵和立法本意，以推动《条例》的贯彻落实。此外，为推动外商投资企业职工代表大会建制工作，5月份，市总工会组织专业人员翻译出版了《〈上海市职工代表大会条例〉（中英对照）》，为外商投资企业建立和实施职工代表大会制度提供帮助和便利。

（朱　佳）

【上海工会积极推进学习、宣传、贯彻《上海市职工代表大会条例》的工作】 全市各级工会通过报刊网络、知识竞赛、现场咨询等多种形式和渠道，从市、区县局（产业）、基层3个层面，针对社会大众、企事业单位、工会、职工等，全方位地开展《上海市职工代表大会条例》的学习、宣传工作。（1）借助工会组织网络、新闻媒体等平台的力量，对《条例》制定实施的现实意义、主要内容、特色亮点等进行宣传，让社会各界了解并关注《条例》。（2）会同市人大、市劳动关系三方成员单位召开“推动《上海市职工代表大会条例》贯彻实施新闻发布会”，将具体推进计划和工作打算通过媒体与社会各界进行充分沟通，营造良好的舆论氛围。（3）开展《上海市职工代表大会条例》知识竞赛，扩大《条例》的社会影响力。在各级工会组织的广泛宣传动员下，知识竞赛得到了广大职工群众的积极响应，全市直属市总工会的区县局（产业）工会全部参赛，共有4万多家企事业单位的40多万职工参赛答题。（4）会同市外资协会、徐汇区总工会、世博集团工会等单位共同举办多场《条例》现场咨询说明会，为包括在沪世界500强在内的大量外资企业的高级管理人员、人事和工会干部就《条例》相关问题面对面进行释疑解惑。为了配合《条例》的贯彻实施，市总工会制定并启动全市50万职工代表3年培训计划，先后组织开展了区县、街道乡镇总工会和局（产业）工会两批共500余人参加的《条例》师资培训。与人大内司委、培工委共同举办由企业组织代表、政府相关部门和工会干部参加的《条例》培训班，通过现场观摩“上海富大胶带制品有限公司二届二次职工代表大会”、授课讲解等方式，进一步统一和提高各方对《条例》贯彻实施的思想认识。积极推动将《条例》内容列入各级各类党校和培训机构的干部培训课程之中，提高各级党政工领导对《条例》贯彻实施的重视程度。此外，市总工会还积极为相关单位组织的《条例》专题培训、学习月、宣传周等各类活动提供师资力量和工作支持。

（朱　佳）

南京西路街道总工会举办劳动者赞歌暨《上海市职工代表大会条例》宣传活动 （张全桥）

【上海工会开展对专项资金的审计】 市总工会经审会在各单位自查的基础上，开展对19个区、县、局（产业）工会和1个市总工会直管单位专项资金审计监督工作。19个区县局（产业）工会分别是：闵行区总工会、普陀区总工会、宝山区总工会、金山区总工会、闸北区总工会、嘉定区总工会、崇明县总工会、青浦区总工会、运输集团工会、经信委工会、城建集团工会、仪电工会、纺织工会、航天工会、港务工会、新闻出版工会、百联集团工会、监狱局工会和光明集团工会，市总工会直管单位为工会管理职业学院。审计的范围为上级工会拨付、政府财政等有关部门补助、社会捐赠和本级工会预算安排的困难职工帮扶、劳模困难补助、送温暖、金秋助学、救灾慰问等专项资金的审计，以防止被挤占、挪用、截留和损失浪费，确保专项资金专款专用；同时从专项资金内部控制制度健全性和执行上的有效性等方面分析产生问题的原因，提出整改建议。审计结果表明：各单位都能做到会计、出纳分设，财务人员具有上岗资格；大部分单位能按帮困基金会操作办法规定范围使用、按规定标准发放，审批手续齐全；大部分单位对帮困档案管理规范，建立了一人一表档案资料。市总工会经审办针对存在现金发放代签收现象等问题提出整改要求。（黄银萍）

【市总工会与加拿大温哥华地区劳工理事会建立友好交流关系】 经美国洛杉矶县劳联介绍，上海市总工会与加拿大温哥华地区劳工理事会于2010年起开始联系。2011年3月6—10日，以市总工会财务部部长夏惠珍为团长的上海市总工会代表团一行6人应温哥华地区劳工理事会的邀请在访问美国后首次顺访加拿大。温哥华地区劳工理事会坚信全世界工人的利益是一致的，而工人和资本家的利益是对立的。该会认为，鉴于跨国公司的全球化进程使不同国家的工人们互相对立，加强国际工人阶级团结的重要性显得尤为重要。如果工人不屈从跨国公司降低工资和其他待遇的要求，后者就以解雇相威胁，还会将产业转移到发展中国家寻求廉价的劳动力资源，以获取巨额利润。故而为各地工人争取体面工资和良好劳动条件是符合全世界所有工人的利益。工会必须支持世界上任何地方的工人为争取正义和美好生活而进行的斗争。为此，各国工会必须相互熟悉，加深对彼此工作和斗争的了解。温哥华地区劳工理事会表示，虽然加拿大的岗位转移到墨西哥、中国等发展中国家，但工会的敌人是通用等大公司。该会愿与上海市总工会保持联系和交往。（张国峰）

重要活动

【市总工会举办形势任务教育百场宣讲报告会】 3—12月，市总工会依托中共上海市委党校、上海社会科学院等社会各界的师资力量，组建由经济、法律、文化等各领域专家学者加盟的宣讲团，面向各区县局（产业）工会开展形势任务百场宣讲报告会。编写《“坚定跟党走，建功‘十二五’”主题教育题库》作为辅导材料，为基层工会开展形势任务宣讲工作提供指导和服务，共编印下发1.3万册。60余家区县局（产业）工会组织举办各类形势任务报告会300余场。（陈　洁）

【市总工会开展上海农民工假日免费电影专场放映活动】 由市总工会、市文广局牵头，于春节、五一、国庆期间，在44个具备放映条件且周边农民工集聚的工人文化宫（俱乐部）、社区职工文化活动中心，开展为农民工免费放映电影活动，先后放映免费电影100余场，形成依托工会资源、借助社会力量为农民工送文化的工作机制，让农民工共享城市文化建设成果，感受来自社会各界的关爱之情。（宋　昶）

【市总工会举办第四届上海职工科技节】 5月15—26日，市总工会会同市发展改革委、市教委、市科委、市人力资源社会保障局、市知识产权局、团市委、市科协，在2011全国科技活动周和上海科技节期间，举办为期12天的第四届上海职工科技节。其间，召开2011年上海市职工科技创新工作会议，总结上海职工科技创新工作，表彰各类先进典型；举办2011年上海职工科技创新成果展，展示“十一五”期间职工群众性科技创新活动中涌现出来的先进人物和优秀成果；举行《“头脑风暴”——蓝领创新，咱们工人有力量》大讨论；举办上海市非公企业职工科技创新工作座谈会，交流非公企业职工科技创新工作经验；召开上海职工合理化建议工作研讨会，推广上汽集团工会合理化建议工作管理软件；举办第四届“李斌技师网上论坛”，与网民交流如何在转型驱动中立足岗位创新和成才、进一步发挥农民工高技能人才的作用；召开上海市职工优秀技术创新成果发布会，开展“上海职工绝技绝活高招征集、选拔、展示”活动。按照职工科技节的总体部署和要求，各区县局（产业）工会和基层单位活动从实际出发，集中组织开展形式多样的职工科技创新活动，普及科技知识，表彰创新人才，营造创新氛围，推动创新实践。据对83家区县局（产业）工会统计，共有14092个基层单位、122万职工参加579项（次）的职工科技节活动。（武吉波）

【上海市十大工人发明家、十大职工科技创新英才评选结果揭晓】 2月21日，市总工会联合市委宣传部、市经济信息化委、市科委、市知识产权局、市人力资源社会保障局、上海发明协会等相关部门，以及《解放日报》、《文汇报》、《劳动报》、《新民晚报》等媒体，启动2008—2010年度上海市十大工人发明家、上海市十大职工科技创新英才评选活动。经单位推荐、专家评审、公开发布、网络公示及组委会

5月24日，第四届上海职工科技节期间举办李斌网上论坛与农民工话“创新”活动（吴良荣）

审定，丁宪鸣、谷文平、岑根生、李凤娟、高玉强、高道春、张翼飞、李鹏伟、储滨、徐珺等10人当选“2008—2010年度上海市十大工人发明家”，杜成刚、夏术阶、刘定权、周健、黄雯、闵锐、刘小宇、朱挺、夏苏湘、郝飞等10人当选“2008—2010年度上海市十大职工科技创新英才”。此外，有5人获“2008—2010年度上海市十大工人发明家提名奖”，有5人获“2008—2010年度上海市十大职工科技创新英才提名奖”，有21人被授予“2008—2010年度上海市工人技术创新能手”称号，有109人被授予“2008—2010年度上海市职工科技创新标兵”称号。（武吉波）

【上海工会组织开展环卫、公交一线职工健康服务工作】 从9月起，市总工会联合市市容环境行业工会、市城市交通行业工会启动实施“上海市万名环卫职工健康行”和公交老龄驾驶员疗休养活动，着力为环卫、公交一线职工提供健康服务。市人大常委会副主任、市总工会主席钟燕群等市总工会领导专程赴疗休养院所看望参加疗休养的环卫、公交一线职工。市工人疗养院、市总工会洞庭西山疗养院和沙家浜休养院为参加疗休养的职工“量身定制”体检项目和休养活动，为所有体检职工建立健康档案，并邀请医学专家为职工讲授健康保健知识。共有3.5万名环卫一线职工参加体检、疗休养，共有3338名在岗55周岁以上男驾驶员、48周岁以上女驾驶员参加疗休养。（刘培顺）

领导重要调研

【钟燕群主席率上海工会代表团赴北京市总工会学习取经】 5月30日—6月1日，市总工会主席钟燕群带领18个区县总工会主席以及市总机关部门负责人赴北京市总工会学习考察。在考察中，钟燕群主席带领上海工会学习考察团连续听取、学习中共北京市委常委、市总工会主席梁伟关于北京市总工会整体工作情况、工资集体协商和三级服务体系建设的经验介绍，听取、学习北京市区县、乡镇街道总工会的经验介绍，并参观考察北京职工服务（帮扶）中心和东城区职工（帮扶）中心。考察团了解到，近几年来，北京市工会创新工作理念、工作体制和工作方式，建设服务型工会，各项工作都走在了全国前列。（1）创新工作理念，建设服务型工会。2009年以来以《中共北京市委关于加强和改进工会工作的意见》为统领，先后制定建设工会三级服务体系、加强工会组建和发展会员工作、推进首都职工素质建设工程、健全劳动关系协调机制、加强工会法律服务工作、深化送温暖工程等6项重点工作实施方案，形成“1+6”的新时期新阶段北京市工会工作思路。（2）创新体制机制，构建维权慰问社会化格局。以三级服务体系为抓手建设服务型工会，在市、区两级建立职工服务中心，在所有街道乡镇建立工会服务站，在社区楼宇以党建服务站、工会服务站、团建服务站、妇女服务站、社会服务站“三站合一、五站合一”的形式开展工会工作。服务站对全市工会会员进行实名制管理，采集会员信息305万人，办理京卡·互助服务卡，免费提供互助保障、法律咨询、临时应急救助、职业培训、家政和婚介服务，以及体检、健身等服务。（3）创新工作方法，把维权维稳工作落到实处。建立与人社局、司法局、信访办、市高级人民法院和市企联的六方联动机制，构筑社会化大调解工作格局。在考察座谈会上，钟燕群指出，北京市总工会在服务首都经济社会发展大局，服务基层和职工群众上狠下功夫，积极建设服务型工会，切实发挥工会参与社会管理和公共服务的重要作用，有效解决组织结构“倒金字塔”导致的工作难以落实的弊病，实现工会工作由系统内自我循环向系统外开放运行转变，由强化维权职能向维权和服务相结合转变，这些经验值得上海各级工会学习。她强调工会是党领导的职工群众组织，竭诚为职工群众服务是工会一切工作的出发点和落脚点，是工会参与加强和创新社会管理、推动构建和谐社会的重要着力点，上海工会和北京工会一样，面临着更加复杂开放的国内国际环境，如何适应经济社会快速变化的新形势，不断推动工会创新发展，是摆在上海工会面前的重大课题。她要求上海各级工会要认真学习、借鉴北京市各级工会创新服务职工的好经验好做法，不断创新上海的工会工作，把上海工会事业推向新的发展阶段。（崔校军）

【钟燕群主席赴部分区（县）总工会调研】 为深入了解各级工会在参与加强和创新社会管理、做好新形势下职工群众工作的情况，市人大常委会副主任、市总工会主席钟燕群相继到杨浦、金山、崇明、虹口、青浦、静安等区（县）总工会进行调研。2月17日，钟燕群主席专题调研杨浦区总工会，考察区总工会职工援助服务中心、上海工蕴人力资源有限公司。在听取区总工会主席的工作汇报后，钟燕群指出，面对新形势新挑战，工会要在创新基层工会运作机制、建设和谐劳动关系等方面更加深入地探索实践，不断创造新经验。钟燕群高度肯定杨浦区各级工会多年来的探索和经验，希望杨浦区总工会在“行业工会建在地区上”基层工会运行机制创新、和谐劳动关系建设等方面工作上继续更加深入地探索、实践。她说，行业工会建在地区上，有利于工会所有工作的扎实落实，有利于及时发现最基层的问题，有利于分类指导基层工作。要通过进一步推进集体协商机制的建设，针对不同所有制企业，特别是当前劳动关系难点问题主要集中的中小型非公企业，研究探索多形式、多渠道的协商方式，构建和谐共赢的劳动关系。在视察杨浦区职工援助服务中心、上海工蕴人力资源有限公司时，钟燕群特别要求区总工会加大对生活困难的老劳模以及低收入群体的帮扶力度，努力解决职工群众最关心、最直接、最现实的利益问题。5月11日，钟燕群主席一行来到金山区总工会调研。在听取金山区总工会的情况汇报后，钟燕群对金山工会的“十个一”工作方法、工会组建听证、“一份合同五项协议”等工作给予充分肯定。她指出，金山地处上海市郊，注册型企业和歇业关闭企业占了一定数量，区总工会在开展“两个普遍”工作中，要花精力把家底摸清，把各类企业梳理分类，消除水份，确定建会和开展工资集体协商的重点工作对象，使“两个普遍”工作的推进扎实有效，并为其他区县提供参考依据。钟燕群强调，要深化创建劳动关系和谐企业活动，把创建作为推动工会工作的重要载体，结合金山实际，拓展创建内容，不断发展和谐劳动关系。6月16日，钟燕群主席与市总工会党组副书记、副主席肖堃涛一行赴崇明县总工会进行工作调研，并考察市总工会崇明工人疗养院建设项目。在听取崇明县总工会的工作汇报后，钟燕群要求县总工会紧紧围绕县委、县政府的中心工作，积极发挥好党联系职工群众的桥梁纽带作用，认真履行维权职能，做好帮困送温暖工作，促进劳动关系和谐，团结带领全县职工为经济社会发展和社会和谐作出新的贡献。在考察位于崇明东滩的市总工会崇明工人疗养院拟建地块时，钟燕群仔细查看了拟建地块的方位布局和周边环境，认真听取陈家镇总体规划建设方案介绍，并就工人疗养院建设的相关情况与县领导进行沟通交流。7月6日，钟燕群主席前往虹口区，听取区总工会工作汇报，参观上海港国际客运中心、上海国际航运服务中心、区城市规划展示馆，对虹口工会工作提出要求。要将工会工作下沉到社区，每个（社区）街道总工会配备1—2名工会专职干部，探索社会化、职业化工会干部建设。要加强工会工作机制建设，特别健全"集体合同及工资专项集体合同"等重点工作的机制建设。要注重组织覆盖与工作覆盖同步推进，建会条件不成熟的先开展工作，通过创新组织建制积极创造建会的条件。要切实维护职工群众合法权益，反映广大职工群众的真正需要，服务好职工群众的利益诉求。8月4日，钟燕群主席赴青浦调研工会工作。钟燕群一行先后来到海德堡印刷设备（上海）有限公司和日立电梯（上海）有限公司，查看企业员工生产现场和产品展示区。在听取香花桥街道总工会工会工作情况汇报和服良服装、旭统精密电子、富臣化工等3家企业主以及企业工会主席的有关工作汇报后，钟燕群对青浦区的工会工作给予了充分肯定。她指出，企业与职工、企业与工会是共生共荣的关系，只有把职工放在心上，才能激发职工的积极性和内在动力，更好地为企业发展服务。她希望各级工会进一步做好工作经验的总结提炼，供大家学习借鉴，全面提升基层工会工作水平。10月20日，钟燕群主席一行到静安区，调研静安工会工作。在先后视察石门二路街道凯迪克大厦"爱心妈咪小屋"、楼顶

2月17日，市人大常委会副主任、市总工会主席钟燕群调研杨浦区总工会工作　　（曹理仰）

运动场，听取楼宇工会工作开展情况汇报，视察"800秀"文化创意产业园区，听取静安工会工作汇报后，钟燕群对静安工会工作给予充分肯定。钟燕群强调，要深刻领会周永康同志在全国加强和创新社会管理工作电视电话会议上的讲话精神，充分认识加强和创新社会管理的紧迫性，将加强楼宇工会组织的管理和服务作用，作为工会参与加强和创新社会管理切入点，就工会在加强和创新社会管理中进一步发挥作用做出探索。要在构建和谐劳动关系制度和机制建设方面进一步加强探索，进一步推广职工工资不增长企业领导人员收入不得增长、职代会提案制度等好的做法和经验，使和谐劳动关系的构建落到实处。要重点抓好工会组织建设和工会干部队伍建设，抓好工会组建，努力使符合独立建会条件的企业建立独立工会组织；加强街道一级行业工会之间的联系，有的放矢、有序地发挥行业工会的作用；继续管理好、使用好专职党群工作者队伍，做好新老交替，确保街道、楼宇、小区的工会干部队伍力量配备。

（崔校军）

【钟燕群主席在上海汽车工业（集团）总公司、上海建工（集团）总公司调研企业工会工作】 3月22日，市人大常委会副主任、市总工会主席钟燕群一行来到建工集团工会进行调研。座谈会上，上海建工集团股份有限公司党委书记蒋志权介绍了集团业务发展情况和当前重点工作，公司工会主席肖长松汇报了工会在企业改革发展中坚持"一条主线"、突出"三个融入"的工作实践和思考。钟燕群主席对集团党政领导对工会工作的重视支持表示感谢；对集团工会在企业发展大局中准确定位、发挥工会组织作用，夯实基础、提高工作整体水平，突出行业特色、推进组织机制、维权方式创新等给予充分肯定。钟燕群强调，要深入研究新形势下工会工作遇到的新情况新挑战，广泛开展党工共建创先争优活动，进一步增强工会组织、引导、宣传、服务职工的工作成效，增强工会组织的凝聚力和向心力；要围绕城市运行安全和安全生产，不断提高职工劳动技能和安全意识，加强施工现场安全和劳动保护监督检查，把各项安全生产制度和措施落到实处；要大力提升职工队伍素质，着重加强一线高技能职工培养，更好地促进职工发展和行业发展。她指出，在"十二五"发展新阶段，工会要积极探索新形势下做好群众工作的新载体新方法，在服务科学发展、维护职工权益中发挥更大作用。8月11日，市人大常委会副主任、市总工会主席钟燕群，市总工会副主席杜仁伟到上海汽车工业（集团）总公司，调研上汽工会工作。在参观泛亚汽车技术中心设计部虚拟现实中心、设计工作室、油泥模大厅和振动噪声试验室，听取上汽工会主席吴诗仲

工作汇报后，钟燕群对上汽工会“先锋号在行动”计划、合理化建议排行榜制度、维护劳务派遣员工合法权益等方面的工作给予肯定。钟燕群指出，汽车制造业是一个综合性非常强、突出反映制造业水平的行业，在这一领域提出“先锋号在行动”，很有针对性，希望“先锋号在行动”在上汽能够持久地开展下去，为整个汽车工业的发展不断作出工会的新贡献。要与时俱进，不断注入新的内容，不断延伸到最基层，使“先锋号在行动”切切实实地成为上汽职工为汽车工业发展、为上海制造业的发展作出贡献的标志性的项目。（崔校军）

【钟燕群主席赴金融系统调研检查厂务公开民主管理情况】 10月26日，市厂务公开工作领导小组副组长、市总工会主席钟燕群带队赴金融系统进行调研检查，听取金融党委、东方证券股份有限公司、安信农保公司、工商银行上海市分行等有关厂务公开民主管理工作情况介绍，并随机在东方证券股份有限公司的职工名册中抽取57名职工代表进行问卷调查。结果职工对单位经营管理重大决策、涉及职工切身利益实行公开、干部廉洁自律、干群关系等厂务公开民主管理各项工作的平均满意度均达到80%以上。调研检查还就职工收入与领导干部收入、与企业经营情况挂钩机制建立，劳务派遣工民主权益实现等问题进行深入调研。钟燕群在调研检查总结中首先肯定了金融系统的厂务公开民主管理工作定位准确，措施有力，成效明显。金融党委在工作推进中注重制度化规范化建设，注重加强分类指导，注重丰富内涵，注重工作实效。她指出，“十二五”期间，上海要实现“创新驱动、转型发展”，改革调整的任务依旧很重，经济结构、社会关系、企业组织形态、职工队伍状况等都将进一步发生深刻变革。要深刻领会新时期厂务公开民主管理工作的新要求，积极推动厂务公开民主管理服务于上海经济社会的改革发展，服务于和谐社会建设，服务于基层民主政治建设，服务于加强党风廉政建设和干部队伍建设，不断增强做好工作的自觉性和主动性。她要求，要全面贯彻落实《上海市职工代表大会条例》，要坚持从实际出发，注重分类指导，有针对性地开展厂务公开民主管理工作，要寻找工作的切入点和着力点，要根据不同工作对象提出不同的要求，在工作方式方法上灵活多样。她说，金融企业现代企业制度相对健全，管理比较严格规范，行业职工文化素质高，自我价值实现愿望强烈。金融企业推进厂务公开民主管理工作，要结合自身特点，体现工作特色。要积极推动厂务公开民主管理与以人为本管理理念的有机统一，努力实现企业和职工的同步发展。要积极推动厂务公开民主管理与健全完善现代企业制度有机统一，积极推动金融企业建立科学民主决策机制、完善信息披露机制，提高科学决策水平。要积极推动厂务公开民主管理与解决职工“三最”问题有机统一，以职工的满意度作为评价工作开展有效性的标准。（崔校军）

6月16日，市人大常委会副主任、市总工会主席钟燕群与市总工会党组副书记、副主席肖堃涛一行赴崇明县总工会进行工作调研，并考察市总工会崇明工人疗养院建设项目（易建军）

【钟燕群主席赴海鸥集团调研】 3月3日，市人大常委会副主任、市总工会主席钟燕群赴海鸥集团调研。在听取了海鸥集团总体工作情况和集团下属单位经营、管理状况后，钟燕群对海鸥集团发展取得的成绩给予充分肯定。她指出，海鸥集团的建立为下属单位搭建了优势互补、联动发展的平台，集团要进一步研究市场需求，提高预判能力，明确服务定位，开拓服务功能和服务项目，实现工会资产保值增值。市总工会党组副书记、副主席肖堃涛陪同调研。（陈依岚）

【钟燕群主席赴市总工会培训中心视察调研】 10月21日，市人大常委会副主任、市总工会主席钟燕群赴市总工会培训中心视察调研。钟燕群实地查看办公大楼、实训教室和水电设备等场地设施，现场慰问中心工作人员。在听取工作汇报后，就做好相关工作提出三点要求：一是要坚持公益性原则，结合事业单位改革，进一步明确发展定位，推动中心工作可持续发展；二是要结合实际，发挥优势，注重整合资源，做实做好职业介绍、就业培训和人力资源管理服务等服务项目；三是要加强内部管理，完善规章制度，努力营造团结、和谐的工作氛围。（曹宏亮）

【钟燕群主席赴市公惠医院视察调研】 4月21日，市人大常委会副主任、市总工会主席钟燕群到市公惠医院调研。钟燕群在视察医院门急诊及住院病区及听取工作汇报后，充分肯定了医院10年来开展医疗帮扶工作所取得的成绩，并要求继续坚持“医疗帮困，施惠于民”的办院宗旨，争取医疗技术和服务质量不断提高，因地制宜，加强软件建设，挖掘内部潜能，做好人才培养和学科建设工作，切实为困难职工群体和劳模提供优质服务。（曹宏亮）

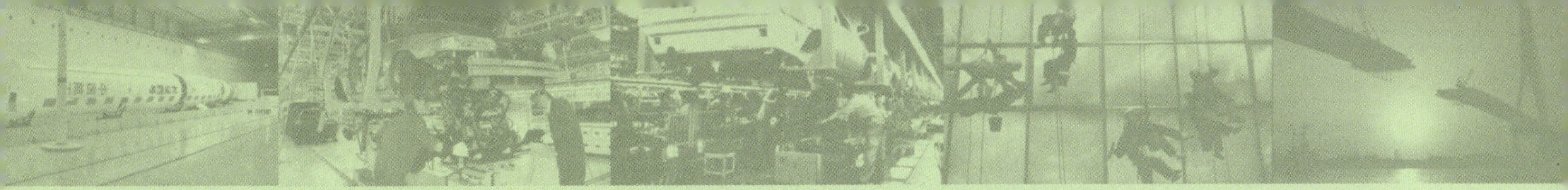

推进经济建设

Promoting Economic Construction

上海工会年鉴

2012

综　述

市总工会经济工作紧紧围绕上海"十二五"规划提出的目标任务，引领全市职工为改革创新、经济发展作贡献。为团结动员全市职工创先争优、建功立业，制定实施《上海市总工会关于广泛深入开展"当好科学发展主力军、打好创新转型攻坚战"主题实践活动的意见》，组织动员全市广大职工大力开展岗位建功、职工创新、技能登高、节能减排、劳动保护、团队创先等"六大行动"，打造"十、百、千、万"工程，全面推进主题实践活动；通过总结表彰156家"十一五"劳动竞赛先进单位、建立32个非公企业劳动竞赛示范点、建立了浦东新区全国示范性劳动竞赛和8个市级竞赛示范赛区，调动广大职工开展社会主义劳动竞赛的积极性；举办第四届上海职工科技节，评选表彰上海市十大工人发明家、十大职工科技创新英才，通过展示职工科技创新成果等系列活动，推动区县局（产业）广泛开展科技节活动；总结推广上海电气首席技师工作经验、实施首席技师工作推进计划、建立命名首批20个市"劳模创新工作室"、与市有关部门联合启动上海市职业技能大赛、"高师带徒"等活动，加快高技能职工队伍建设；开展重点用能单位职工节能减排专项立功竞赛和"我为节能减排献一计"活动，促进节能减排；开展"安康杯"竞赛、"我与安全"大讨论、安全生产合理化建议、隐患排查整治活动，职业危害防治工作专题调研等，增强职工安全意识，消除安全隐患；开展班组建设工作调研、制定实施《关于进一步加强本市班组建设的实施意见》、召开"上海市加强班组建设航天现场会"，命名表彰200个团队创先特色班组，编撰《班组长岗位资格培训教材》，进一步推进"六型班组"建设。制定《2011—2015年上海工会对口援疆工作规划》和《2011年上海工会对口援疆工作方案》，全面启动实施上海工会对口援疆工作。市总工会和各区县局（产业）工会共同筹措资金2440万援疆资金。9月初，由市总工会主要领导带队，上海工会代表团赴疆学习考察并签署了多项援疆协议。2011年实施援建项目十多项，累计援建金额398.42万元。（李卫军）

岗位建功

【市总工会举行全总劳动竞赛启动电视电话会议上海分会场会议】 3月18日，中华全国总工会召开"当好主力军、建功'十二五'"创先争优劳动竞赛启动电视电话会议。市人大常委会副主任、市总工会主席钟燕群，市总工会副主席杜仁伟出席上海分会场会议，市总工会党组副书记、副主席肖堃涛代表上海市总工会在北京主会场作"把握时代特点，发挥竞赛优势，为上海经济社会发展建功立业"的交流发言。收听收看主会场电视电话会议后，市总工会随即召开上海分会场会议，就贯彻全总会议精神和全总副主席王玉普讲话精神，进一步开展好上海"十二五"期间劳动竞赛活动进行部署。会议要求：一要认真学习领会全总领导讲话和会议精神，充分认识开展创先争优劳动竞赛的重要意义；二要立足上海实际，广泛深入推进创先争优劳动竞赛；三要注重以劳动竞赛为重要抓手，扎实推进工会系统创先争优活动。（李　伟）

【市总工会深入开展"上海浦东新区"建设劳动竞赛】 根据中华全国总工会《关于将"上海浦东新区"建设劳动竞赛作为区域发展全国示范性劳动竞赛的通知》精神，市总工会在浦东新区各单位和广大职工中开展以"创新驱动建功'十二五'，转型发展建设新浦东"为主题的上海浦东新区建设劳动竞赛，进一步团结动员全区广大职工深入贯彻落实科学发展观，以转变经济发展方式为主线，在创新驱动、转型发展中充分发挥工人阶级主力军作用。竞赛中，浦东新区坚持以"经济发展、社会进步、企业增效、职工增收、共建共享、和谐发展"为导向，积极构建和谐劳动关系，推动科学发展，促进社会和谐。截至年底，全区共有9000多家企业、近百万职工参与竞赛活动，推动浦东新区实施"十二五"规划目标取得良好开局。（田福宝）

【市总工会联合有关部门开展"建功'十二五'，科技绘宏图"立功竞赛活动】 活动意在团结动员全市科研技术人员服务大局、凝心聚力，岗位建功、创先争优，推动科研技术人员队伍的整体素质进一步提高、创新能力进一步增强、排头兵作用进一步凸显。活动以弘扬科学精神、推进科技创新、加快科研攻关、促进成果转化为重点，全面推动国家、上海市重大科技专项和重大科研项目实施。活动号召科技行业广大科技人员以"比科技攻关，破解重大难题"、"比科技应用，推动产业升级"、"比岗位创新，服务企业发展"、"比科技管理，增强创新活力"、"比团结协作，促进产学研融合"、"比队伍建设，培养创新人才"为目标，在上海创新驱动、转型发展中共

浦东金桥出口加工区开展建设全国示范性劳动竞赛　（张金桥）

同绘就科技发展宏图,为实现"十二五"科技发展规划目标任务创先争优、建功立业。 (武吉波 陶 薇)

【市总工会组织开展上海市保障性安居工程建设和管理立功竞赛活动】 市总工会联合市城乡建设和交通工作委员会、市住房保障和房屋管理局组织开展该项竞赛活动。全市17个区县、有关大型房地产开发企业集团和房管专项条线设立了31个分赛区,近600家单位的5万名职工参赛。竞赛活动确保全市保障性安居工程建设和供应年度目标任务顺利完成。

(田福宝)

【上海市对口支援新疆建设"沪疆杯"立功竞赛动员大会在喀什举行】 6月28日,上海对口支援新疆工作前方指挥部会同市城乡建设和交通工作党委、市总工会等6部门,在新疆喀什地委召开上海市对口支援新疆工程建设"沪疆杯"立功竞赛动员大会。市委常委、常务副市长杨雄出席动员大会并讲话。市总工会副主席杜仁伟为"工人先锋号"创建团队授旗。"沪疆杯"立功竞赛活动的范围为上海市对口支援新疆工作中涉及工程建设的所有工作。主要分3个方面:(1)"交钥匙"和"交支票"工程,包括社会事业项目建设、安居富民、牧民定居、保障房建设、标准厂房建设和农业设施建设等。(2)上海市代建项目和支持建设项目,包括巴莎公路建设和乌鲁木齐迎宾馆改建、新城开发、新农村建设等。(3)上海市对口支援规划编制和建筑设计项目。竞赛内容包括比工程进度、比投资控制、比工程质量、比安全生产、比文明施工、比民族团结、比队伍建设等七个方面。"沪疆杯"立功竞赛活动奖项将由上海市、新疆维吾尔自治区、喀什地区三方有关部门根据参赛单位的实际成效综合评定,分为质量优质奖、规划设计奖、进度优胜奖、安全示范奖和综合优胜奖等五类单项奖和赛区级、地区级、市(自治区)行业级、市(自治区)综合级等4个级别综合奖。 (李 伟)

9月3日,浦东新区总工会举行动员大会,全面启动新区各单位和广大职工投入全国示范性劳动竞赛 (吴良荣)

【浦东新区建设全国示范性劳动竞赛全面启动】 9月3日,动员大会在浦东举行。浦东赛区作为中华全国总工会命名的四大"促进区域发展全国劳动竞赛示范区"之一,以"岗位建功、职工创新、技能登高、节能减排、劳动保护、团队创先"等六大行动为主要内容,包括金融贸易、航运物流、城市建设、城市管理、商旅服务、科技创新等六大分赛区,为促进经济区域发展凝聚力量、激发活力。中华全国总工会党组纪检组组长、书记处书记王瑞生,中共上海市委常委、浦东新区区委书记徐麟在动员大会上共同为"浦东新区全国劳动竞赛示范区"揭牌,市人大常委会副主任、市总工会主席钟燕群,以及各基层工会主席、职工代表300余人出席会议。 (刘京蕾)

【闸北区开展旧区改造立功竞赛】 该活动以"学习条例、宣传群众、强化队伍、规范操作"为主题,紧紧围绕完成搬迁居民3000户、完成旧改基地收尾等7项工作目标,以"比看谁法规政策学得好,提高实际执行有效率;比看谁'四清'调查摸底做得细,提高安置补偿准确率;比看谁操作公开透明做得好,提高居民安置满意率;比看谁队伍作风建设抓得紧,提高目标任务完成率;比看谁维稳机制做得实,提高历史积案化解率"等"五比五提高"为主要内容,保证当年旧改各项目标任务顺利完成。 (倪增强)

【黄浦区总工会创新劳动竞赛实施办法】 上半年,黄浦区总工会首次实施《黄浦区劳动竞赛实施办法》,对劳动竞赛实行分级管理和分类指导。至6月30日,18家直属集团(公司)已上报竞赛方案。区总工会首次直接下拨100万元劳动竞赛经费,使竞赛逐步向非公企业延伸、向金融行业延伸、向基层班组延伸。 (吕诚陆)

【南京东路社区(街道)总工会组织劳动竞赛激发职工创造活力】 该竞赛活动突出3个亮点:(1)劳动竞赛与创先争优活动相结合,显示引领作用。(2)劳动竞赛内涵进一步丰富,涌现出一批"业务优秀、技术优秀、管理优秀"的"三优"职工和"学习型、技能型、创新型、管理型、效益型、和谐型"的团队,为企业培养出一批技术创新标兵、销售登高冠军和窗口服务明星。(3)搭建劳动竞赛平台,催发职工聪明才智,使企业提增效益和创新发展走上快速通道,为企业发展提供智力和人才支撑。 (吕诚陆 倪守正)

【静安区举办商务系统"六比"劳动竞赛暨职工技能展示活动】 11月3日,由区总工会、区商务党工委、区商务委、区商联会联合举办。来自15家单位的11项技能展示项目为大家呈现出静安餐饮业、百货业、创意产业等不同行业职工的绝技绝活:白玉兰真丝专卖店和HERMES,分别带给大家民族品牌和世界顶级品牌在丝巾领域不同的风格和理念;凯司令和锦沧文华大酒店的蛋糕裱花凸显中西文化的不同特色；梅龙镇酒家和圆苑酒家更是把食品雕刻的技能展现得尽善尽美；雷允上药业的传统手工“泛丸”技术，展现了中药行业传承千年的古老制作技艺；汉米敦公司的高级建筑师所做的现代建筑设计作品展示，将现场观众带入充满创新、灵感和无限憧憬的创意空间。（蒋玉琴）

【张堰镇鑫冶铜业公司工会开展劳动竞赛】 为响应张堰镇总工会积极开展非公企业劳动竞赛的号召，上海鑫冶铜业有限公司工会开展为期3个月的电解铜生产“万根无短路”劳动竞赛，组织员工结合降成本、减排放、保质量要求，向高温天、原料差、设备旧等因素挑战，“万根无短路”目标不断刷新。同时，在高温期间还开展了“奋战百天，构筑安全运行屏障——党员安全行车”活动。活动中公司党员充分发挥带思想、带技能、带作风、带业绩的作用，保障了公司铲运工作安全。（李啸凯）

【青浦区举办餐饮行业职工烹饪大赛】 大赛由区总工会联合区人保局、旅游局主办。经过各级工会的宣传发动，大赛共吸引了37家单位参加。比赛分宾馆酒店组和社会饭店组进行，比拼内容包括八拼冷盆、松鼠桂鱼、红烧划水和一个自选创新菜，要求凸显基本功、青浦水乡特色和本帮菜特色。经过激烈角逐，虹珠苑、白玉兰海鲜酒家等6家单位获得大赛一等奖，另有15家单位的自选菜获“特色菜”奖。大赛主办方还把评选出的优秀菜肴，拍摄制作成画册，对外宣传推荐，形成青浦的美食文化，为创建青浦淀山湖国家旅游度假区作出贡献。（马美君）

【青浦区总工会启动实施服务“十二五”发展“54321”工程】 3月31日，举行劳动竞赛启动仪式。在巩固发展“十一五”全区职工经济技术创新成果的基础上，区总工会围绕“十二五”期间创新驱动、转型升级、保持经济平稳较快发展的目标，以保持经济稳步增长、加快技术创新为重点，制定青浦职工服务经济发展“54321”工程。即在“十二五”期间，培训持证职工5万名、评选50个合理化建议金点子奖、建立5家首席技师工作站和5家职工创新工作室；组织劳动竞赛4000场次、参加市级“安康杯”竞赛400家、培养选拔首席技师40名；提出合理化建议3万条（有效实施3000条）、创建“工人先锋号”300家；选树经济技术创新先进集体和创新标兵200家（名）、建立职工科技创新示范基地20家；成立非公企业职工技协100家。（马美君）

【奉贤区总工会开展“当好创新主力军，大居建设立新功”立功竞赛活动】 8月18日，区总工会、区大居推进办在大居建设工地现场举行竞赛启动仪式。这次活动以创建“工人先锋号”为载体，以“五比五赛”为主要内容（比安全生产，赛文明施工；比技能提升，赛工程质量；比节能降耗，赛科学施工；比遵纪守法，赛创新管理；比团队协作，赛和谐工地），评选“安康杯、优胜杯、优质杯、创新杯、和谐杯”等奖项，选树一批建功立业、创先争优的先进个人和集体。区安监局、建交委、科委、综治办、人保局等部门积极响应，制定方案。城申置业、闵联奉南、精达工程等多家单位积极参与，形成良好的竞赛氛围。（叶　兰）

8月18日，奉贤区总工会举行大居建设立功竞赛启动仪式（姜林新）

【崇明县总工会举办“建功‘十二五’、当好主力军”庆“五一”主题活动】 4月28日举行，市总工会副主席茆荣华，县委、县政府、县人大、县政协主要领导，各委局乡镇党委书记、工会主席和企事业职工代表共1000余人出席活动。会议向县历届劳动模范、先进工作者和全县各条战线的劳动群众致以节日的祝贺和亲切的问候，并希望全县广大职工和劳动者为加快推进崇明现代化生态岛建设、构建社会主义和谐社会作出新的更大的贡献。会上，举行了“建功‘十二五’、当好主力军”志愿者签名活动及全国劳模向获得县“工人先锋号”先进集体授旗仪式。（易建军）

【机电工会开展“三维设计大奖赛”和“资源优化高效利用创意创新大奖赛”】 活动共吸引了来自49个单位的721人次参加，并首次设立上海汽轮机有限公司和上海自动化仪表股份有限公司职工创意创新专场。决赛以三维演示发布和专家现场评审为形式，以项目立项是否与企业生产实践相结合，是否具有科学性、操作性和效益性为标准，分别产生金、银、铜奖和单项奖，及2个专场的优秀奖和优胜奖。大奖赛活动的持续有效开展为加强上海电气科技人才队伍建设，实现“三维设计”技术在上海电气产品设计中的普及和应用，实现“创意创新”样品向产品转化产生积极效应。（朱汉民）

【机电工会获全国“十一五”时期社会主义劳动竞赛先进组织单位荣誉】 “十一五”期间，市机电工会紧紧围绕集团经济发展，积极贯彻落实中国机冶建材工会《关于组织开展落实装备制造业调整和振兴规划立功竞赛的通知》精神，坚持以“李斌杯”职工技能大赛为抓手，不断推进职工技能登高；坚持以“合理化建议”活动为载体，不断激发职工创新热情；坚持以“创意创新大奖赛”为平台，不断提升职工创新能力，团结和动员组织广大职工“立足岗位学技能，岗位实践搞创新”，在各基层企业中广泛推进和深入开展了主题明确、内容广泛、形式多样、成效积极的合理化建议、技术攻关、技术创新等“超越型、智慧型、提升型”劳动竞赛活动，为实现上海电气“十一五”发展目标，发挥了工会的积极作用。在3月18日中华全国总工会召开的“当好主力军、建功‘十二五’”创先争优劳动竞赛启动电视电话会议上，市机电工会获得全国“十一五”时期社会主义劳动竞赛先进组织单位荣誉。（朱汉民）

【化学工会开展“三万”、“三重”主题立功竞赛活动】 化学工会围绕集团提出的“创新转型，实现跨越式发展”的目标，按照“集团工会牵头、职能部室负责、基层单位实施、职工群众参与”的原则，先后制定下发“三万”（“万名员工安全环保万里行”、“万名员工岗位创新立新功”、“万名员工技能登高”）、“三重”（重大工程建设杯、重要科研攻关杯、重点企业调整杯）主题立功竞赛方案。并制定配套专项竞赛方案和细则，明确和细化各职能部室的协调、服务、指导机制，强化各竞赛项目的考核办法和奖励措施，建立了较为完善的竞赛分级管理责任体系。同时通过召开现场调研会、专题座谈会、竞赛工作推进会等形式抓落实、创特色、求实效。其中，重大工程建设杯“产品结构调整多联产项目”、“（如皋）新建年产180万条高性能全钢丝子午线轮胎项目”、“（重庆）扩建年产50万条高性能全钢丝子午线轮胎项目”、重要科研攻关杯“集团联合技术攻关劳动竞赛项目”、重点企业调整杯项目等都提前按竞赛协议的要求出色完成了竞赛考核目标。（鲁德翔）

【上海轻工业工会联合会组织开展“创新实践比智慧、转型发展作贡献”主题实践活动】 活动围绕“低碳经济、节能减排、清洁生产、结构调整”等课题，以“2011年‘上海轻工杯’LED新光源灯具时尚创意设计大赛”为载体，组织和吸引了职工与高校学生、社会各界从事创意的设计人、设计爱好者同台竞技，将竞赛平台从企业内部扩展到行业层面，并走向社会，受到社会广泛关注。参赛的113件作品中，有31件作品获奖，有2位选手“获得上海市LED新光源灯具创意设计新锐”称号。同时牵手上海轻工企业与上海大学共建“工业设计产学研基地”，牵手上海市钟表行业协会与上海工程技术大学艺术设计学院成立了“上海市钟表创意设计工作室”，通过产学研合作，助推上海轻工的发展，促进工业设计人才的培养，为职工技能的发展提供展示平台。（徐俊彦）

【纺织工会开展创先争优劳动竞赛】 全年纺织系统各级工会组织开展123项各种类型和主题的劳动竞赛，提出合理化建议928条，实施技术创新、技术革新52项，实现经济效益208万元。德福伦公司工会在高温季节，组织10个班组开展“战高温、夺高产、保质量”劳动竞赛。在3个月竞赛活动中，公司实现产量7064吨，主营业务收入12760万元，利润516.7万元，双双突破历史最好水平；汽车地毯总厂工会开展以“比质量、赛效率，比管理、赛安全，比思想、赛作风，比效益、赛节减，比贡献、赛协作”为内容的“五比五赛”活动；压二车间工会发动职工开展合理化建议、献计献策活动，将评选出的“金点子”建议作为重点项目组织实施，其中通过技术改造，只花30多万元就研发一条节能减排效果显著、产品达到环保要求的生产流水线，在铁岭分公司安装，使原来一机一品生产线改为一机多品生产线；新联纺公司一分公司在外贸创新转型、广泛开拓市场、出口代理增长等方面发展迅速，全年创汇达1.4亿美元。（杜伟钧）

【医药工会组织劳动竞赛发动员工投身企业经济建设】 全年医药工会确立集团层面竞赛项目12项，下属企业自立竞赛项目68项，阶段性竞赛项目3项。经过严格评审，产生2011年度上药集团劳动竞赛一、二、三等奖和组织奖。医药工会坚持“一个原则”，即“重实效、做增量”的原则；注重“四个环节”，即精心组织领导、明确立项项目、加强中途管理、建立激励机制。同时提出劳动竞赛中的6个坚持与结合：（1）坚持劳动竞赛与生产经营发展的中心任务、关键环节、重点难点相结合。（2）坚持劳动竞赛与科技创新，增强企业自主创新能力相结合。（3）坚持劳动竞赛与节能减排，推动资源节约环境改善相结合。（4）坚持劳动竞赛与开展技术练兵，提高职工队伍整体素质相结合。（5）坚持劳动竞赛与创建“工人先锋号”，提高班组建设水平相结合。（6）坚持劳动竞赛与开展“安康杯”竞赛活动，促进企业安全生产和劳动保护工作相结合。贯彻这6项坚持与结合，使劳动竞赛取得了可喜成绩。（李晨海）

【上海电建公司以科技创新推动工程建设】 公司工会在组织职工开展的“聚焦亮点、超越昨天”立功竞赛活动中，以创新创效、技术攻关、“五小”成果征集、技术年会等为载体，将技术创新应用于工程建设实践，不断增强科学技术对工程建设的支撑作用。在上海漕泾电厂异型烟囱施工中，攻克安全便捷模具爬升系统、精确控制模板几何尺寸、烟囱周边点到中心距离精确控制的三大难题，成功建成国内首座异型烟囱，其中研制的平面转动盘技术，获得国家新型实用专利；在辽宁绥中电厂施工作业中，针对寒冷气候给焊接工作带来的不便，施工单位对传统热处理工艺进行改进，采用感应加热配合柔性陶瓷电阻加热方式，使加热曲线更为平滑，内外壁的温差更小，实现了低温天气下对焊接质量的控制，这一创新成果获得上海市职工QC成果一等奖；向家坝—上海特高压直流输电示范工程是世界上电压等级最高、输送距离最长的输电工程，在施工中革新了模板工艺，采用确保墙面看不到对拉螺栓孔的新方法，使该工程获得18项世界第一。（刘叶伟）

【宝钢发展公司通过劳动竞赛完成冲刺指标】 公司工会将降本增效指标的完成情况纳入各单位KPI绩效指标

体系,以"管理团队+重点项目"和"自主管理+创新团队"的运作模式,组成"跨岗位、跨部门、跨专业"的虚拟团队,攻克作业现场难题,开展自主协同攻关劳动竞赛。竞赛中,采取项目化管理,现场改善、市场开拓、降低维修费用等措施加以重点推进。各单位逐级分解可控指标,作业区或班组以降本数据"上墙公示"等形式,通过月初计划、月中控制、月末分析,全过程、全方位推进成本管理进班组、到人头。全年完成降本增效指标共计1.11亿元。（杨艳昌）

【宝钢股份公司工会扎实推进同工序对标劳动竞赛】 公司工会针对公司生产经营中具有挑战性的目标和项目,按照"有组织领导、有目标措施、有评价激励"的工作方式,广泛发动,营造比、学、赶、帮、超的竞赛氛围,有效地调动广大职工的工作热情。特别是在组织推进炼铁、炼钢、热轧、冷轧等同工序对标改善劳动竞赛中,着力竞赛方案设计,竞赛指标细化,加强过程管理,及时召开分析会、推进会。通过共同努力,劳动竞赛有序推进,成效显著。2011年,炼铁、炼钢等5个工序对标实施后,改善劳动竞赛178项指标,达标102项,其中优于2010年指标有115项,有61项指标刷新历史最好实绩。（王俊民）

【国药控股劳动竞赛促进销售业务提升】 为完成2011年销售指标,国药控股积极开展全国商业分销三大区域劳动竞赛,营造你追我赶的工作氛围,全面冲击年度销售目标,为超额完成经营指标打下基础。竞赛中,全体销售人员明确目标、团结协作,充分利用各种资源,在提高销售质量、防范资金风险的基础上,做大、做强销售规模,特别关注新品种的渠道拓展及销量的提升,得到了供应商的充分肯定,在供应商产品渠道扁平化的不利因素下,取得业务工作的突破。（周国良）

【上海铁路局工会广泛搭建职工建功立业平台】 局工会积极融入路局中心工作,以促进转换企业经营机制、确保高铁安全为重点,在路局机关24个部门征集2011年度劳动竞赛项目57项,安排竞赛经费77万元,为职工广泛搭建建功立业平台。其中有关高铁和运输安全方面25项、经营管理方面10项、人力资源管理方面9项、职工思想政治教育和队伍稳定等方面13项。春运期间,开展"和谐春运·平安春运"创先争优立功竞赛活动,确立6大竞赛目标和4个方面创先争优竞赛内容,表彰奖励117个先进集体、664名先进个人;在铁路建设系统开展以争当路局十大立功单位、十大创新团队、十大杰出人物、百名建设功臣等为目标的"追求卓越、打造世界高铁品牌"创先争优立功竞赛;在京沪高铁(上海段)联调联试和开通运营过渡期开展"追求卓越夺一流、创先争优展风采"立功竞赛活动,确保京沪高铁顺利开通和平稳运营。（白　杰）

中海工会开展"中海杯"劳动竞赛 （钟海贡）

【中海工会开展第十四届"中海杯"劳动竞赛】 该竞赛以"企业爱员工、员工爱企业,共建和谐家园"为主题,围绕"调结构、促转型、上水平"的中心任务,把竞赛与"安康杯"竞赛,全国水运系统船舶、班组安全竞赛和中海"百日安全无事故"活动结合起来,与创先争优结合起来。竞赛中大力开展岗位练兵、技能培训、技术交流、技术创新活动,不断丰富活动内涵,既推动了企业发展,又提升了职工素质,成为工会团结动员广大职工为企业"十二五"发展建功立业的有效载体。（张　洁）

【上海邮政开展"洁、齐、美"环境卫生劳动竞赛】 该竞赛于11月在邮政投递工种中启动。竞赛以布局标准、车容车貌、着装标准、生活设施等四大项评比标准为内容,得到各基层单位的积极响应。各基层单位均按照竞赛活动要求,成立劳动竞赛活动领导小组和工作小组,分别负责竞赛活动的组织、指导、协调、检查评比等工作,同时结合实际因地制宜地开展富有特色的竞赛活动,促进"投递员之家"管理的长效机制建设。（乐　瑾）

【上海电信工会"三举措"力推劳动竞赛良性循环】 (1)设立专项资金,注重赛程管理。公司组织开展各类竞赛活动16项,设立竞赛奖励费达1150万元(其中工会350万元)。竞赛中注重赛程管理。协调各相关职能部门组成竞赛工作组,通过启动会、推进会、培训会等形式,及时解决竞赛中的难点问题。并通过《竞赛简报》介绍竞赛举措,宣传先进典型,分享竞赛经验,为竞赛活动营造良好的氛围。(2)围绕中心工作,丰富竞赛内容。开展"天翼飞扬——3G营销开门红"劳动竞赛,实现3G语音活跃用户净增43868户,3G终端销售量达175776台,为完成公司"开门红"做出积极贡献;在非销售单位中开展"天翼飞扬,抢盘体验"劳动竞赛,共发展用户6691户,完成目标占比111.4%;开展"wifi知识翼起学"和"wifi知识翼起测"活动,共有6767名职工成功参与活动,渗透率达61.3%,列集团榜首;

开展“翼支付体验”、“翼起微博赢大奖”、“3G流量提升”体验式竞赛，有效推动了新业务的宣传与推广。(3)树立精神支柱，收获竞赛财富。通过劳动竞赛，倡导形成潜心钻研孜孜以求的学习精神、齐心协力顾全大局的团队精神、心系企业勇攀高峰的拼搏精神。 (朱东亚)

【上海电信工会“五项举措”服务职工创新实践】 (1)鼓励发明创造、肯定创新价值。工会出资为全国劳模徐珺印制《FTTH装维实用教程》、《蓝色天使城市光网入户规范实践教材》，成为公司光网入户统一的安装标准。同时为其建立城市光网FTTH装维技能培训基地。(2)搭建“双奖”平台、凸显岗位贡献。共有204名职工(团队)获得创新奖、192名职工(团队)获得贡献奖。创造经济效益超亿元；累计有67个科研项目获上海市、集团公司科技进步奖前3名。“无线数字医疗”在全国医疗行业推广，直接签约金额8000多万元。(3)开展“创e赢家”、拓展创新渠道。近年来，形成创意方案达2080件，充分彰显了员工的大智慧。如为解决手机信号覆盖问题，组织职工开展了“创e赢家”手机测速体验活动，共测试了1849个基站，获取15.6万条测试数据，有效解决信号覆盖问题。(4)组织技术攻关、推广先进经验。建立职工技术攻关小组，定期开展技术攻关活动，攻克百余起技术故障和顽症；按时出版《电信新技术新业务交流与探讨》，编选63篇如何推广新业务、新设备、新技术、新标准的文章；总结提炼以劳模名字命名的可复制的岗位创新方法，推广诸如《徐珺光网操作法》、《徐倩雯语音操作法》、《吴文巍营业受理法》、《周纪东光纤接续法》、《陈兆波降低C网掉话率》等。(5)选树首席职工、实现典型引领。坚持把“育人”列入工会主要工作，开展“首席职工”和“首席示范岗”评选，在实践中挖掘人才、生产中培育人才、活动中凝聚人才。已培育出29名“首席”排头兵，成为公司生产一线、重点转型业务的标杆，引领广大职工学有榜样，赶有方向。 (朱东亚)

上海电信全国劳模徐珺在施工现场向职工推介《徐珺操作法》

(朱东亚)

【上海电信工会举行“促转型、展风采”女职工系列活动】 活动在“三八”前夕举行，分为“铿锵玫瑰、教子有方、男性视角、家有妙招、职场减压、年轻十岁”六大环节，每个环节都由电信员工来讲述自己的故事和心得。曾荣获全国五一巾帼标兵的公司重大项目办忻烨和公司首席员工刘婷婷讲述了如何处理好工作和家庭的关系；天翼终端公司的沈健春介绍其教子经验；“男性视角”让所有女职工侧耳倾听，有着丰富旅游经验的浦东局尤亦君介绍了自助游的小常识；对外投资部的女博士丁艺芳与大家分享了她在生活中的点滴感想；北区局的宁静则和大家分享如何处理婆媳关系的心得；NOC的王乃芳给大家作了心理测试，并教大家如何缓解压力。 (朱东亚)

【上海电信浦东局工会开展“五比五赛”活动】 (1)比学习，赛创新能力。围绕企业文化建设、宣传教育、学习型创建、建党90周年系列活动等方面，比单位和个人合理化建议和创新成果。(2)比干劲，赛工作业绩。围绕“晨光行动”、各项劳动竞赛、移动3G和城市光网发展等方面，比单位完成年度经营指标和个人绩效考核情况。(3)比作风，赛服务水平。围绕内外服务、横向协作和办公秩序等方面，比单位和个人服务投诉率和工作满意度。(4)比廉洁，赛自律行为。围绕廉洁从业承诺、责任书签订和履行、廉洁文化“四加一”工程建设(延伸进入外包外协队伍)及规章制度落实等方面，比单位和个人廉洁从业情况。(5)比素质，赛敬业奉献。围绕员工队伍敬业爱岗、服从和适应企业深入战略转型大局和在全业务发展中建功立业等方面，比单位和个人受区局及以上表彰和被评为各类先进情况。 (徐丙伟)

【中交三航江苏分公司工会创先争优突出四大重点】 (1)推动创新，促进发展，在发挥工人阶级主力军作用上创先争优。将创先争优与竞赛活动结合起来，与职工素质工程结合起来，与推进文明创建结合起来。(2)完善机制，促进和谐，在履行工会基本职责上创先争优。工会在创先争优活动中以促进劳动关系和谐、维护职工权益和稳定为切入点，不断深化职工代表大会制度，大力推进厂务公开，坚决执行《劳动合同法》，关心关爱职工。(3)发挥作用，培育文化，在增强企业凝聚力上创先争优。充分发挥工会群众组织在企业文化建设中的优势和作用，大力实施企业文化的品牌战略，积极培育与企业发展息息相关的安全文化和职工健康文化，形成具有企业特色的创新文化。(4)夯实基础，健全组织，在加强基层工会组织建设上创先争优。加强教育培训工作，经常组织专兼职工会干部参加上级工会组织的各类培训班，使工会干部的素质和能

力得到提高，服务基层、服务职工的能力得到增强。（黄书展）

【中交三航局有限公司召开重大工程立功竞赛规划发布会】 4月7日召开，各直属单位对2011年的竞赛规划以多媒体的方式进行发布。二公司力争蝉联上海市优秀公司26连冠，再创金杯公司新辉煌；厦门分公司充分发挥竞赛活动在“急、难、险、重”工程中的突击作用；船舶公司以创建星级船舶班组为主线，努力提升服务水平；浦东分公司着力于转型，实行精细化管理；港湾院突出科技进步对企业发展的支撑作用。（黄书展）

【上海公路窗口服务行业“五比五赛”活动开赛】 市公路处结合行业实际，开展“当好科学发展主力军，打好创新转型攻坚战”上海公路窗口服务行业“五比五赛”活动，争取在后世博时期获得市民更多的认可，确保社会满意率达到90%。活动采取“条块结合、以块为主”的工作模式，通过竞评月度“流动红旗”、“服务明星”，开展全员岗位大练兵、大培训；推进行业“结对”活动；开展“青年示范岗”评选及争创各类荣誉等载体，深入到班组和个人，力求赛出实绩、取得实效。（钱　蓉）

【建工集团召开“放心房”立功竞赛中途表彰会】 8月12日召开，为获得2011年上半年度“放心房”竞赛优胜单位授奖，并发出进一步深化“放心房”竞赛的倡议。集团参加“放心房”竞赛的一公司、二公司、四公司、五公司、七公司、园林集团、桥隧公司等单位领导在《倡议书》上签字并做出承诺，要以高度的政治使命感和强烈的社会责任感，为上海保障性住房和经济适用房及其配套工程建设作出新贡献。（杨钟春）

【建工集团第一建筑公司立功竞赛成效显著】 公司工会结合工程建设实际，积极组织职工围绕公司参建的上海中心大厦、第十人民医院、瑞金医院等医疗系统工程开展了一系列重大知名工程立功竞赛活动，有力推动各项工程顺利进展。同时，竞赛中公司工会还与公司各部门通力合作，开展明星项目部竞赛和安全进班组活动。公司富有成效的各类竞赛活动得到市有关部门高度评价，获得上海市“十一五”时期社会主义劳动竞赛先进集体称号，并连续26次荣获上海市重点工程立功竞赛优秀公司称号。（杨钟春）

【城投总公司工会开展立功竞赛活动】 城投工会借鉴世博竞赛经验，从创新竞赛载体、加强过程管理、注重协调服务入手，立足总公司投资建设重大工程多、工程规模大、技术难度高、工期进度紧、社会影响广等5个特点，制定竞赛方案，确定竞赛主题，形成“工程建设管理型竞赛”、“城市运营保障型竞赛”、“窗口服务管理型竞赛”3种类型竞赛。竞赛中，公司各级工会广泛开展岗位培训、拜师学艺、技术比武、技能登高等活动，同时，还开展一线班组先进工作法征集评比活动，择优挑选55个有创新、有特色、并具有推广价值的一线班组先进工作法进行总结推广。（茅瑞喆）

中建八局青浦保障房建设项目实施准军事化管理（王广滨）

【市绿化和市容管理局工会深入开展“五比五赛”活动】 顺应“创新驱动、转型发展”的要求，市绿化和市容管理局工会从实际出发，坚持分级管理、分类指导、分层推进，广泛组织职工开展“比管理，赛创新驱动、转型发展有活力；比素质，赛技能业务、综合素质更过硬；比作风，赛管理高效、人性化服务细致更周到；比安全，赛保障力度大、安全防护措施更有效；比形象，赛公众评价高、社会形象更完美”的“五比五赛”活动，并着力在确保“五个落实”（确保市容环境“整洁、美观、有序”目标的落实；确保“培训、练兵、比武、晋级”四位一体的职工技能登高计划的落实；确保林地抚育和双增双减项目程序规范的落实；确保垃圾分类、垃圾减量量化指标的落实；确保安全生产、劳动保护措施的落实）上下功夫、显实效、见精神，为局40项重点工作任务的顺利完成发挥积极作用。（张慧萍）

【中建八局青浦保障房建设项目准军事化管理正式启动】 12月27日，举行启动仪式。广大参建人员通过准军事化管理，把军队“统一、严格、规范”的管理作风融入项目各项日常管理，广泛开展创先争优劳动竞赛，确保实现保障房建设目标，确保施工安全。青浦区新城一站保障房项目简称青浦保障房项目，是上海市“十二五”重点建设的7个新城的重要组成部分，由经济适用房、动迁安置房两类房型组成，占地498亩，总建筑面积84.3万平方米，总户数10359户。此项目由中建八局开发建设，中建八局四公司、总承包公司分担总包施工任务，10月28日正式开工建设。（王广滨）

【百联集团工会组织劳动竞赛巡店活动】 该活动以“优化购物环境，提升服务品质”为主题。为推动竞赛开展，促进企业发展，集团工会从各企业抽调劳模先进、专业人员和督导店长等64人，成立10个检查组，分别对

106个重点门店进行巡视督查，发现问题当场及时反馈，督促立即整改完善。为巩固竞赛成果，在此基础上，集团工会会同运行管理部又进行第二次交叉检查，抽查门店68家，其中首检门店42家、复查26家，涉及8种业态，发现6条在第一次基础上尚未整改的问题、3条共性问题及30条个性问题，并提出了4条针对性较强的改进提高意见，为集团业绩分析会提供实际支撑。（姜　杰）

【上海水产集团搭建创先争优平台】 集团工会成立以劳动竞赛为主要载体的创先争优活动领导小组，组织开展“增效益、强管理、提质量、推品牌”劳动竞赛主题活动，使劳动竞赛成为创先争优活动的重要组成部分。竞赛活动围绕集团2011年经济工作任务和“十二五”发展目标，团结动员广大水产职工在岗位建功、职工创新、技能登高、节能减排、劳动保护和团队创先等方面发挥积极作用。基层单位积极响应，如：金优公司在秘鲁渔场各渔轮中开展钓鱿鱼竞赛，每月一评，极大地提高了船员的生产积极性；开创公司在实施南极磷虾投产项目中，开展献金点子活动，有效地改进原有生产网具、产品输送滑道机械等设施，保证了南极磷虾捕捞项目取得圆满成功，“上海开创人”的足迹第一次留在南极洲。（黄永康）

【中船重工集团第701所上海分部扎实开展建功立业劳动竞赛活动】 该活动围绕国家重点军工项目组织开展。活动成立由领导班子成员和技术专家组成的竞赛领导小组和检查考核小组，同时成立宣传报道小组和服务保障小组。劳动竞赛对项目的各个阶段开展评比表彰，参加竞赛的各专业科在每一阶段均实现开始有目标、中期有检查、结束有考核，并评选出攻坚先进集体和先进个人。通过开展劳动竞赛，有效地组织科研生产、广泛地动员职工参与，确保国家重点军工项目稳步推进，为圆满完成设计任务提供坚实保障。（陶　薇）

【上海城建(集团)公司工会开展专项竞赛推进项目经理职业化建设】 (1)抓好职工素质工程建设。大力开展争创“优秀项目管理部”和“优秀项目经理”竞赛活动，对特别优秀的项目经理，创造条件、重点培养，将其打造成为在业界和社会上都有一定“品牌”效应、能代表企业形象的优秀“名牌”项目经理。(2)建立完善对项目经理的关爱机制。首先是工作上的关爱。指导、服务、配合好项目经理开展工作，为项目经理提高能力提供帮助；配合行政搞好职业项目经理培训班，明确培养目标、措施，落实带教责任人、考核办法和奖励措施，为企业培养出一批适应企业发展要求的职业项目经理。其次是生活上的关爱。对于项目经理因忙于工作而产生的家庭困难，各级工会组织及时了解、及时帮助，解除项目经理们的后顾之忧，使他们能全身心投入到工作中去。（耿　伟）

【上海隧道工程股份有限公司工会开展立功竞赛促进企业发展】 (1)立功竞赛促安全生产实效。开展专项整治排查活动，对发现的问题及时落实整改，并全面推行安全生产总监制度和安全生产标准化班组讲评，促进了安全施工。(2)立功竞赛促科学技术创新。公司3项科研成果获上海市科技进步奖，并获得国家科技部“十二五”863重大项目研究课题。(3)立功竞赛促项目管理提升。30多个工程项目实现职业项目经理负责制，各工地全面纳入到PowerOn项目管理系统，并新建企业技术管理平台。(4)立功竞赛促市场业务拓展。加快“走出去”的步伐，新成立的南京分公司中标了90亿元的机场线工程BT项目，昆明分公司中标了55亿元的昆明南连接线高速公路BOT项目。(5)立功竞赛促人才培养发展。培育出一批“杰出个人”和“建设功臣”获得上海科技条线荣誉称号。(6)立功竞赛促综合管理上层次。与杨浦区检察院开展党工联建，同时积极开展文明工地创建。建立严格的“内控制度”，把效能监察落到实处。（张国屏）

【上海联通召开劳动竞赛表彰暨动员大会】 3月22日召开，对2010年上海联通劳动竞赛活动中取得突出成绩的先进集体和个人进行表彰，同时部署2011年上海联通劳动竞赛活动整体计划。2010年，工会配合相关生产经营部门在3G业务发展、世博网络保障、网络优化和窗口服务等诸多范围，组织动员广大员工开展以“保增长促发展，我为联通添风采”为主题的系列劳动竞赛，取得了较好成绩。大会表彰2010年度劳动竞赛4个优胜集体、17名优胜个人和5名优胜外包员工。根据分公司2011年工作的总体要求和部署，工会确定了2011年劳动竞赛主题，即“共克时艰谋发展”，紧紧围绕市场营销促发展、网络融合为支撑、降本增效强管理、技术创新占先机、窗口服务提水平等方面开

4月27日，上海轨道交通建设推进暨立功竞赛表彰动员大会在上海友谊会堂召开（秦义强）

展系列劳动竞赛，促进企业更好更快发展。（康　迪）

【绿地集团工会以立功竞赛促企业快速持续健康发展】　集团工会立功竞赛活动紧密结合集团发展战略和绿地文化建设，围绕集团“创新转型”战略方向，有力有序深入开展，推动集团持续快速健康发展。竞赛呈现两大特点：(1)保障房立功竞赛活动深入开展。江桥基地成为上海首个交付使用的大型保障房社区。上海江桥、金山、长兴岛地区3个保障房项目获评上海市“优秀保障房”。(2)广泛应用绿色节能技术，积极服务百姓安居。集团计划有62个项目共计1120万平米按照绿色低碳战略实施，预计年减排二氧化碳13.5万吨，节能环保技术应用得到社会肯定。在2011年度上海市重大工程实事立功竞赛表彰大会上，绿地集团连续第17年获得市重大工程实事立功竞赛优秀公司称号。（王洋洋）

【上海市工人疗养院竞赛活动出成效】　全院干部职工以深入开展创先争优为抓手，努力探索和应对后世博经济发展规律，努力做大、做强工疗“健康体检”、“酒店客房”、“商务租赁”、“康复医疗”四大业务板块。为牢固树立“管理创造效益，管理提升服务”的经营理念，开展以“抓学习、抓考核、抓流程改善”为核心内容的“工疗管理年”活动，将目标任务层层分解为工作重点，层层落实，分工负责，责任到人，有力促进院管理流程的进一步完善。同时围绕“比服务、比技能、比协作、比质量、比业绩”，努力开展“争创文明班组，争当优秀员工”的“双争”竞赛活动，使职工基本素质得到进一步提高。（戴坚秋）

技能登高

【市总工会与市有关部门联合举办上海市职业技能大赛】　市总工会、市人力资源和社会保障局、团市委、市教委、市经信委、市国资委等6家单位联合组织开展以“促进就业、适应产业结构调整和服务社会经济发展”为主题的上海市职业技能竞赛活动。市级一类竞赛设12个竞赛项目，共有7079名选手、300多家企事业单位参赛。其中1100名选手进入决赛，外来务工人员占9%。市级二类竞赛中，45家区县局（产业）的3.5万名选手参加446个项目的比赛。另据统计，为推动职工技能素质提升，2011年全市各级工会共组织职工开展各类技术培训（讲座）2641次，有23.1万名职工参加；组织开展各类技能比赛2.6万次，包括1732个工种（项目），其中668个工种（项目）与职业资格等级鉴定挂钩，共有33.7万人次职工参加，7561名职工通过比赛晋升了技能等级。（田福宝）

【闸北区举办绿化市容系统职工汽车维修高级工技能竞赛】　竞赛于6—10月由闸北区总工会联合闸北区人社局、闸北区绿化市容局举办。经过4个月的培训、练兵及最后举行的应知应会考试，有29名职工获得由市人社局颁发的汽车维修高级工证书，其中有2名职工获得技师称号。闸北区总工会对在竞赛中表现突出的6名职工（农民工5人）颁发“闸北区职工技术能手”荣誉证书，2家单位获得“优秀组织单位”荣誉称号。（倪增强）

【黄浦区全面开展职业技能竞赛】　竞赛旨在通过教育培训、操作练兵、竞赛比武、技能晋级四位一体的职业技能竞赛模式，全面提升全区职工队伍整体素质。竞赛由区人力资源和社会保障局、区总工会、团区委、区教育局、区科委、区国资委等6家单位联合组织开展，共涉及11个专业（等级），其中包括银行柜员（三级）、中式烹调师（三级、四级）、西式烹调师（四级）、餐厅服务员（四级）、贵金属首饰制作工（三级）、中式面点师（三级）、维修电工（三级、四级）、计算机办公应用软件（四级）和网页设计制作员（三级）等，共有20783人参加各类培训，1204人参加了比赛。（张培华）

【静安区积极推动职工技能素质提升】　为提升职工素质，静安区总工会与区人力资源和社会保障局等6部门联合开展职业技能竞赛活动，设置25个职业（工种）、28个职业等级的竞赛项目，数千名职工通过培训和竞赛晋升了技能等级。同时，区总工会还会同区委组织部、区人力资源和社会保障局、区国资委联合制定了区首席技师培养选拔计划，并于7月20日召开“静安区首席技师培养选拔工作会议”，年内共培育3个首席技师工作站。（陈章翠）

【闵行区总工会广泛发动职工参加职业技能竞赛】　闵行区职业技能竞赛活动发动面广，一线参与职工人数多，共举办数控车工（高级）、数控铣工（高级）、汽车维修工（高级）、美发师（高级）、绿化工（中级）、化妆师（中级）、水电工（中级）等7项与国家职业资格鉴定相结合的竞赛项目，参赛总人数近500人。为增强竞赛的吸引力，区总工会发动全区各级工会干部深入企业车间一线进行宣传，对企业主进行积极引导，并与相关政府部门合作，从而使往年因为参赛职工少而无法立项的项目得以立项。除竞赛外，区总工会还发动全区街镇委局各级工会各自举办练兵比武，涉及餐饮、汽车、环卫、建筑等10多个行业，吸引数万名职工的参与。（俞龙祥）

【金山区推进职业技能竞赛】　3月23日开幕。开幕式上，区职业技能竞赛组委会对2010年区技能竞赛中的各类先进给予表彰，授予上海博海餐饮有限公司等12家单位“2010年金山区职业技能竞赛活动优秀组织单位”称号，授予张浩等8位选手“上海市金山区技术能手”称号，授予陆秀林等8位选手“上海市金山区青年岗位能手”称号，同时还为53位符合职业资格晋升条件的选手晋升技能等级。2010年金山区职业技能竞赛活动设立8个项目的比赛，共吸引512名选手参加，最终有340名选手取得国家职业资格证书，合格率达66.4%。2011年金山区继续举办以“重人才、赛技艺、促发展”为主题的职业技能竞赛活动，从4月开始，一直持续到9月，共设立21个竞赛项目。（马琳联）

【金山区级机关工会推动基层工会开展岗位练兵】　年初，金山区级机关工会工作会议把提高机关干部职工综合素质作为专题工作进行布置，各基层工会积极行动，结合各自实际，广泛开展了岗位练兵、技能比武活动。区法院工会举行“午时一刻”法苑讲坛；区检察院工会通过“三个贴近”，开展检察职业道德教育培育活动；区药监局工会举行执法文书质量评比、检验报告书质量评比、保健食品快速检测技术竞赛；区委党校工会组织开展了第二届“银杏杯”岗位技能主题活动，其中教学课件5个、调研项目2个、教务项目4个、行政项目5个、优质服务7个、结对共建项目8个；区残联工会邀请有关专家为机关工作人员开展为期5天的常用手语培训。 （庄冬梅）

【青浦区举办职业技能竞赛】 竞赛由区总工会、区人保局联合举办，旨在为加快技能人才队伍建设，搭建相互交流、切磋技艺的平台。活动涉及5个职业项目，涵盖机电制造、交通运输、纺织服装、生活服务和旅游服务等领域，具体为家政服务员、汽车维修工、加工中心操作工、服装制版师和电焊工。通过竞赛，有191位选手获得中级国家职业资格证书、27位选手获得高级国家职业资格证书，还有3位选手获得技师国家职业资格证书。

（马美君）

【青浦区启动首席技师5年培养选拔工作】 为进一步加快青浦高技能人才队伍建设，充分发挥高技能人才在经济社会发展中的重要作用，区总工会联合区委组织部、人保局、国资委等部门启动“首席技师5年培养选拔工作”。计划用5年时间，推动全区各行业企业在技师和高级技师中培养、选拔40名首席技师。同时，在此期间，全区技师、高级技师人才要达到500人。 （马美君）

【奉贤区基层工会开展形式多样的技术比武】 南桥镇总工会开展“岗位练兵齐争先，建功立业十二五”纺织行业职工技能大比武活动，分14个赛场，有1200多名职工参加；金汇镇纺织行业工会联合会组织行业技能大比武，克服差异，统一工序，搭建企业间交流平台；区民政局工会31名基层为老服务人员参加为老服务技术竞赛，内容包括为老人铺床、洗头、搓身、急救等规范动作；海湾镇星火物业公司工会开展以“企业兴旺，技术创新”为主题的岗位练兵活动。年内，全区开展技术培训、比武活动1420场，参加职工12.6万人次，其中1.3万多名职工通过活动提升了技能水平。

（叶　兰）

【上海电气举行“李斌杯”职工技能大赛】 大赛由电气集团和市机电工会组织开展，共设立15个工种28个技术等级的比赛，参赛职工1066名。自2004年以来，上海电气“李斌杯”职工技能大赛已连续举办8届，设立的工种、等级逐年上升，赛事规模不断扩大。8届大赛共吸引8761人次职工参赛，其中劳务工参赛数为1741名，晋级率达到60%以上，对推动上海电气高技能、高素质人才队伍建设发挥了重要作用。 （朱汉民）

【上海松下等离子显示器公司“双创星级”活动推动企业发展】 公司工会以“双创星级”活动为载体，广泛组织职工参加技术攻关、技能竞赛、生产运动会、巾帼竞赛等活动，有力地推动了企业职工整体素质的提升。同时不断丰富活动内涵，把“双创星级”活动与开展技术攻关活动相结合，与开展合理化建议活动相结合，取得经济效益2700多万元，实现降本增效金额达1.1亿多元，成为推动公司持续发展的强大引擎。 （王　蓓）

【上海广联电子有限公司工会通过“校企联合”助推员工技能提升】 为提升员工技能，公司工会借助仪电职工技能培训中心资源，积极开展校企联合，由校方派出专业教师上门为公司劳务工进行专业技能培训，并经应知应会考核通过后，颁发由区劳动局认可的无线电电子设备装接上岗证。通过培训，38名劳务工中有32名考核合格，获得电子设备装接工上岗证书。 （崔晓娟）

【纺织工会组织开展职工技能竞赛】 全年，纺织工会共组织2项职业技能竞赛和2项全国职业技能大赛上海选拔赛。其中，与服装协会联合举办上海服装行业三级、四级/服装制版师职业技能竞赛，经过培训和职业技能鉴定考核，71位选手获得由市职业技能鉴定中心颁发的相关职业资格证书；组队参加由市人力资源和社会保障局等单位组织的2011上海市三级/高级时装设计师职业技能竞赛，获得团体银奖；与纺织（集团）公司、棉纺织协会联合组织开展2011年全国纺织行业“宏源—魏桥杯”粗纱工职业技能竞赛上海纺织粗纱工选拔赛，7家棉纺企业参加选拔；与内衣协会联合组织2011年全国纺织行业“佰源杯”纬编工职业技能竞赛上海重点企业纬编工选拔赛，选送的三枪集团洪静获得全国纬编工“找错纱”单项第二名。

（杜伟钧）

【上海电力建筑工程公司工会组织职

上海电气举办2011年度“李斌杯”技能大赛 （冯克华）

工开展技术比武活动取得成效】 年初，公司工会制定活动计划，成立领导小组及工作小组，在人员选定、业务培训、技术练兵等方面作了安排，并在重点建设项目江苏如东LNG施工现场，召开职工技术比武活动开幕仪式，相继开展机管员、起重工、电焊工、塔吊操作工、龙门吊操作工、泵车操作工技术比武等系列活动。活动的开展，提高职工的岗位技能，促进公司重点工程建设。公司承建的上海漕泾电厂2×1000兆瓦工程、绥中发电厂二期2×1000兆瓦工程、向家坝—上海±800千伏特高压直流输电示范工程，获得国家优质工程金质奖。 （邝 民）

【上海石化分层分类开展53项职工技能竞赛】 按照公司5年技能竞赛工作的安排，开展常减压蒸馏装置操作工、环氧乙烷/乙二醇装置操作工等6项公司级竞赛项目，有630人参加、67人进入决赛；14家两级单位举行47项工种的技能竞赛，参赛人数达到3874人。在集团公司催化裂化装置、二甲苯装置、水质检验操作工技能竞赛中，1人获银奖。 （盛立新）

【鲁中矿业工会坚持抓培训比武和技能大赛】 鲁中矿业工会把提升职工队伍素质作为维护职工合法权益和服务企业发展大局的抓手，坚持培训与比武并举、晋级和奖励相结合的原则，为职工成才搭建平台。（1）统筹规划职工教育培训工作。工会、企业人力资源部门、职工培训中心三方协作，定期制定年度培训计划，突出抓好重点工种、关键岗位、紧缺人才的培训，对普通工种、一般岗位职工的培训做到统筹兼顾、合理安排。（2）坚持以技术比武促进职工素质提高，每年集中精力重点抓好3—4个工种的职工技术比武，形成以点带面的良好示范作用。（3）制定完善有关激励机制，公司职代会审议通过《鲁中矿业有限公司职工奖惩办法》，对职工一专多能、自学成才等给予晋级、报销学费等奖励措施。2011年，鲁中矿业工会联合行政部门开展各类培训12期，培训职工500余人；举办维修电工、车工、钻探工3个工种160余人参加的技术比武和女职工厨艺（红案）竞技活动，8名职工晋升为技师或高级技师，近百名职工实现技能晋级；10月份，鲁中矿业组队参加中国五矿集团公司第一届职工技能大赛，12名参赛选手取得优异成绩。其中，代表公司参赛的选矿厂职工王恩智、纪广杰、小官庄铁矿的高鹏，分别取得电焊工比赛第一、第二和第五名的佳绩；由小官庄铁矿李加博、李文波、段元闯、张家洼铁矿李存超组成的矿山测量代表队，取得团体第三名的佳绩；小官庄铁矿吴修忠获得了机修钳工第五名的成绩。鲁中矿业取得中国五矿第一届职工技能大赛团体总分第二名并获优秀组织单位奖。 （杨庆荣）

市交运集团工会举行职工技能操作竞赛活动暨安全生产知识技能操作比赛 （袁俐俊）

【中海工会举办船员技能比赛】 6个船公司派出11支队伍112名选手参加。选手们经过为期两周的半军事化集训后，参加航线设计、六分仪测距和视觉信号通信、主动力设备故障排查、动力管系故障修理、海上操艇、航海知识等6个项目的比赛。比赛优胜者代表中国海运组队参加由国家海事局、中国海员建设工会举办的2011年全国海员技能大比武，并获得了六分仪测距和视觉信号通信、主动力设备故障排除2个单项冠军和团体第三名的好成绩。 （张 洁）

【中海工业江苏造船基地荣获扬州市“中海杯”焊接技能大赛团体冠军】 2011年，中海工业江苏造船基地参加了扬州市举办的“中海杯”焊接技能大赛并荣获团体冠军，同时被授予扬州市职工技能竞赛“特别奉献奖”。基地焊工陈万林荣获大赛个人第一名，被授予“扬州市‘五一’劳动奖章”和“扬州市技术能手”荣誉称号，另还有8名焊工获“优秀选手”称号。 （许国梁）

【复兴船务公司工会开展师徒带教活动】 针对公司船舶专业人才紧缺现象，上海港复兴船务公司工会与公司人事组织部、安全监督部、船务部等联合开展师徒带教活动，并在活动推进过程中，根据带教实际，相继建立和实行师傅带教准入制、双向选择制、阶段评估制等一系列带教制度，使公司人才战略得到全面落实。一年来，公司师徒带教活动取得了年带教签约人数60名，带教完成上岗人数27名的好成绩。 （白玉娟）

【运输工会积极组织职工技能操作比赛】 全年，运输工会共组织开展12项技能操作比赛，其中包括：厢式车驾驶员节油，叉车驾驶员技能操作，汽车维修机工，职工焊接，模具凹凸镶块，会计基础知识，信息应用，船舶驾驶，轮机、水手、安全生产知识，资产运行监管技能等项目。在广大职工的积极参与下，共有330名选手参加决赛，其中57名选手获得晋级，39家单位获团体奖。 （王 勤）

【上海邮政开展万名员工业务技术大

练兵】 结合公司员工教育培训总体目标,上海邮政工会会同行政联合开展“万名员工业务技术大练兵”活动。活动中,除公司层面组织支局、生产科及班组全面开展经常性的业务培训和岗位练兵活动外,各基层工会也开展了“以比促练”的代理金融业务、邮政分拣员、转运员等业务和工种的技术操作比赛,有力提升了邮政员工队伍的服务质量和水平。 (蔡俊皓)

【中交上航局组队参加中国海员技能大比武】 6月25—28日,中交上航局组队代表中交集团参加由中国海事局、中国海员建设工会在浙江舟山定海举办的2011年中国海员技能大比武。航道局工会选派1名船长、2名驾驶员、2名水手、1名轮机长、2名轮机员、2名机工共10人参加航海航线设计、六分仪测距及视觉信号通信、主动力设备故障排除、动力管系故障修理、海上操艇、知识竞赛等6个集体项目的比赛。在17个企业队中,航道局的六分仪测距及视觉信号通信排名第五、海上操艇排名第六。 (杨建平)

【上海机场举行第五届职工技能大赛叉车项目决赛】 11月16日举行。来自股份公司飞行区管理部、虹桥公司飞行区管理部、航空服务分公司、浦东机场货运站公司的24名选手经过激烈角逐,虹桥航服员工唐赵明以3个项目3分28秒的总成绩力压群雄,首夺“叉车王”桂冠;浦东货运站的潘宏伟、朱静国均以5秒之差位列第二,虹桥航服的唐益春、钱志明及浦东货运站的樊军华位列第三。 (陆敏峰)

【浦江桥隧隧道公司人才培训基地揭牌】 6月30日,浦江桥隧隧道公司召开“纪念建党90周年——党建工作成果展示暨隧道培训基地揭牌典礼”。隧道培训基地的成立,是公司实施人才强企战略的重要举措,标志着浦江桥隧公司人力资源培训体系迈上了一个新台阶。同时,为使新进人员更扎实的学习业务知识,尽快适应岗位工作,基地揭幕当天公司还安排在岗人员师徒带教签约仪式。参与带教培训工作的师徒双方将从2011年7月1日起至2012年6月30日止,开展为期1年的带教培训工作。(钱 蓉)

【市政养护公司举办电气排故技能操作赛】 6月14日举办,20名参赛选手进行激烈角逐。比赛分为应知和应会两部分,既注重理论知识又考验选手的实际操作能力。实际操作中,评委设置电动机倒、顺控制电路故障排除、双电源自动切换控制电路故障排除等4项设备故障。最终,中兴双诚公司获得团体第一名。 (钱 蓉)

【建工集团第七建筑公司工会开展岗位技术比武】 项目涉及技术管理、经营管理、质量、安全、劳务、材料、财务和动力等7个条线、11个岗位。为确保岗位技术比武的质量,公司工会还会同教培中心开办业务培训班,对有关员工进行教育培训,其中包括派出专业技术人员和教师前往北京、天津等外埠项目,对“走出去”员工和属地化员工进行培训。上海和外埠共有800余名员工参加了培训和考试。

(杨钟春)

【市交通港口局工会组织开展技能竞赛活动】 由市交通港口局工会承办的上海“申沃杯”公交客车安全节能减排技能大赛和“上柴杯”公交客车维修工技能大赛,在各营运公司辅导、培训、初赛、选拔的基础上,于8月中下旬举行了理论考试、实际操作和演讲的决赛,评选出上海交通港航技术能手、上海公交行业节油明星和节油先进。另外,经过综合评选推荐3位同志参加9月上旬在北京举行的全国公交驾驶员节能减排技能大赛,获得公交车自排档组第一名,公交车手排档组第二名、第五名的优秀成绩。

(周建荣)

【申城绿化市容行业举行绿化技能系列比赛】 竞赛以“提高职业技能、服务转型发展”为主题,于11月8日在上海共青森林公园拉开帷幕。这次绿化技能系列比赛,全行业共有包括18个区县和4大直属公园在内的22个企事业单位400名职工参加。比赛设花坛布置、花灌木修剪、植物识别、病虫害识别与防治等项目,54名选手通过比赛获得《绿化中级工》国家职业资格证书。 (张慧萍)

【中建八局举行第二届工程量电算技能大赛】 9月26—27日,中建八局下属13个土建公司遴选的39名工程算量选手汇聚上海中建大厦,经历1天多的技能比武,决胜出电算能手。比赛期间,软件公司专家现场为选手们开设《土建及钢筋电算建模思路》的赛前特训以及《信息化建筑信息化前沿技术》专题讲座。决赛均由大赛组委会统一命题、集中考试,确保比赛结果的公正透明。 (陶 鹏)

【上海水产集团开展职工视频制作比赛活动】 在基层工会的支持下,先后有11个基层单位26位选手报名参赛。经评选,上海水产集团龙门水产品营销中心、上海蒂尔远洋渔业有限公司、上海开创远洋渔业有限公司分获前三名。 (黄永康)

【上海金融工会创新高技能人才培养模式】 市金融工会依托金融各行业同业公会,秉承“求同存异”、“注重实用”、“竞赛推进”的原则和思路,坚持“试点先行、典型推广、交流普及”的推进方法,相继开展“银行柜员”四级、三级,“呼叫服务员(金融银行客服)”四级,“保险理赔员(车损定损)”五级、四级等3个项目、5个等级的金融职业技能鉴定。(1)党政重视,合力推进。市金融党委、市金融服务办、市人社局先后印发《关于本市金融行业服务窗口部分职业培训和鉴定工作的通知》、《关于贯彻落实本市人才工作会议精神和〈人才发展规划纲要〉的实施意见》以及《上海金融领域“十二五”人才发展规划》等,就开展金融职业技能鉴定加快金融高技能人才培养进行部署,提出要求。(2)建立组织,形成氛围。建立市金融职业技能鉴定所负责鉴定考试,建立市金融发展服务中心负责前期鉴定项目研发和培训管理,建立202人组成的研发专家、考务管理、考评员等3支队伍,共同确保鉴定质量。(3)建立机制,推进技能鉴定。以参加“银行柜员”、“金融银行客服”技能鉴定为竞赛主要形式,1574名参赛者中,314名选手获得“银行柜员”三级证书。截至年底,有21家银行、33家保险公司、301家汽修厂的28448人参加上述项目鉴定,12055人获得人保部颁发的国家职业技能资格证书。其中,

表彰上海市发行行业职业技能竞赛优秀选手 （陈宏华）

首次组织全国性公司太保产险40家分公司2603名员工在全国45个城市参加“保险理赔员（车损定损）”五级鉴定，1273人获得证书。 （章轶楠）

【新闻出版工会等单位举办发行行业职业技能竞赛】 该竞赛由新闻出版工会协同新闻出版局上海书刊发行行业协会、上海新闻出版教育培训中心等单位联袂举办。来自上海国有、民营发行企业的166名选手参加这次竞赛，考核成绩合格者可获国家职业资格高级工证书。据统计，在竞赛活动中，累计有1500余人获得高级工证书，160余人获得技师等级证书。

（陈宏华）

【良友集团福新面粉公司开展职工岗位技能操作竞赛】 4月上旬至6月中旬，福新面粉公司工会与行政联手，在阜丰福新车间制粉工、质保部质检员中开展岗位技能操作竞赛。竞赛设“更换磨粉机磨棍”和“面粉理化指标检验”操作技能2个项目。44名选手经过分批次比赛和最后对决，决出了个人一等奖3名、二等奖3名、三等奖3名。 （沈星伟）

【良友集团举办技能达人展示活动】 12月22日在岚皋粮库举办。7位来自集团下属企业不同岗位职工，将自己平时工作中刻苦钻研练就的过硬本领展示给观众。海狮东辰公司费秋萍现场判别油脂品种，邬桥粮油仓库顾火林现场制作餐饮孔雀开屏雕刻，良友新港公司苏明、金国平通过视屏展示港机电气监控系统的维修保养和大型港口机械设备操作，嘉定粮库陆爱民现场识别各类米虫，良友便利公司王媛媛、原裕芳分别现场展示商品陈列和收银技能等。 （李建致）

【上海城建路桥集团工会举办测量员岗位技能培训】 培训于11月4日，由路桥集团工会、工程部联合举办。工程部测量总监孙育敏给37名来自不同工地，从事测量员工作5年以下的青年职工和部分新近员工进行了培训。 （杜 炫）

合理化建议

【市总工会、市安监局联合开展“安全生产金点子”征集活动】 通过层层发动，60个区县局（产业）工会共上报200条合理化建议。经过初评、专家评审和决赛，上海金丰电线电缆厂陈荣兴提出的《自制安全剥线模》等74条安全生产合理化建议分别获得一、二、三等奖和优胜奖。 （邹明亮）

【机电工会等召开“我与安全金点子”合理化建议成果发布会】 7月6日，上海电气各基层企业共推荐45项“金点子”合理化建议，经筛选，12项职工“金点子”合理化建议闯入决赛阶段的多媒体成果发布会。经专家组评审，分别评出一、二、三等奖和优秀建议奖。另外，在此基础上，由机电工会选送的上海电气集团上海电机厂有限公司是建华提出的《改进吊运工装，确保现场本质安全》建议获上海市“安全生产金点子”三等奖，上海锅炉厂有限公司宋华强提出的《内螺纹管成排弯管排泵水工装》合理化建议获上海市“安全生产金点子”优胜奖。

（朱汉民）

【医药工会和上药集团安保部举办安全生产合理化建议征集评比】 5月，医药工会和上药集团安全保卫部根据《关于在全市职工中广泛开展“我与安全”大讨论、安全生产合理化建议征集和隐患排查整治活动的通知》精神，发动各级工会在企业组织开展安全生产合理化建议征集评比，并推荐优秀的合理化建议报送医药工会，参加集团安全生产优秀合理化建议的评比。活动中，共收到8家直属企业有关安全生产合理化建议109条。经主办单位评审，授予新先锋药业有限公司先锋药厂金琪《电热烘箱双重保护》等16条合理化建议为优秀奖。

（李晨海）

【烟草工会积极开展合理化建议活动】 活动中，各级工会采取阶段性征集与日常性征集相结合、“我提出”与“我解决”相结合、及时反馈和适时表彰相结合等方法，确保活动有计划、有步骤地稳步推进。上海卷烟厂专门召开合理化建议推进会，并从强化成果激励着手，首次设立“中华创智奖”、“现场主动奖”等系列奖项；高扬公司不但安排领导与优秀建议者面对面交流，还将该工作纳入岗位绩效评价，全年建议数人均达1条；海烟物流公司不仅注重建议的征集、评审和反馈，还注重建议的跟踪落实；烟机公司建立合理化建议网上征集运行系统，使建议的征集、提交、处理、评审、实施和反馈在网上一目了然。 （吴金妹）

【上海铁路局开展“保安全、保质量、促创效、促发展”合理化建议征集活动】 活动共征集到50个单位、13个机关专业处室的343条合理化建议，其中158条建议获采纳奖，83条建议获鼓励奖。路局工会还与20个优质项目单位（部门）签订按期转化责任

状，并表彰15个合理化建议优秀组织单位。（白　杰）

烟草工会举行合理化建议发布会（张佩华）

【上港集团工会开展“我为集团安全生产献一计”“金点子”征集活动】集团下属各基层工会认真组织、广泛发动，广大职工踊跃参与，积极为加强企业安全生产献计献策。集团工会共收到18家基层工会上报的安全生产金点子61条。经集团评审小组评审，沪东集装箱码头公司职工提出的《轮胎吊高空挂篮制作》等46个金点子和这次活动组织工作较出色的港务工程公司等6家基层工会受到了表彰奖励。（焦小涵）

【移动上海公司合理化建议活动成效显著】活动共收到建议7899条，员工参与率达97.72%，并从中产生了有价值的十大金点子。活动的开展全面提升了上海公司移动增值业务的质量，使来电提醒短信成功率提升5%；手机报下发成功率全国第一；WLAN活跃用户数名列前茅；飞信质量投诉下降50%；手机游戏下载成功率大幅提升；手机电视用户数全国第一。为此，上海公司受到集团公司3次通报表扬，并荣获集团公司数据增值业务突出贡献奖一等奖。（隋　奕）

【中远集运工会组织开展“创新、创先、创效益”“金点子”征集活动】结合公司“效益攻坚、全员行动”主题活动和党员创先争优活动的开展，中远集运工会把“金点子”活动的主题确定为“创新、创先、创效益”，引导全系统职工重点围绕成本控制、节能减排、安全生产、技术改进、市场开拓等方面出谋划策提建议。活动得到各单位、各部门、各船舶的积极响应，形成了良好氛围，取得积极成效。全年，公司工会共收到各单位报送的“金点子”315条，其中不少合理化建议已运用到实际工作中，取得明显效益。公司工会还联合计算机中心开发“金点子网站”，作为“金点子”推广和互动的平台，从而让这些“金点子”在更大范围产生效益。（钱　华）

中建八局公司工会与安全环境部联合开展现场征集“安全金点子”、举报“现场安全隐患”活动（上官苗苗）

【建工集团第一建筑公司“双献五小”活动重“三抓”】（1）抓事先策划。针对工程的特点和难点，进行有的放矢的前期策划，组织职工开展科技攻关活动，做到课题明确、组织明确、目标明确。（2）抓成果评审。推行公司、基层单位和项目部三级评审，在评审的过程中坚持标准、严格把关，并做到及时表彰激励，充分调动广大职工的参与热情。（3）抓成果推广。通过多种形式，大力推广已经评审和获奖的优秀成果，并及时汇编成册，使优秀成果发挥更大效应。（杨钟春）

【城投十佳“建功立业促发展”金点子揭晓】12月30日，城投总公司科技管理部和工会联合召开十佳“建功立业促发展”金点子评审会，经专家评审组评估和城投总公司工会全委会审议通过，城投十佳“建功立业促发展”金点子揭晓。整个评选活动通过初评和后评估的机制，确保最终入围的“金点子”具备贴近生产一线、项目投入少、应用效果显著等特点。活动得到了广大职工的积极响应，近千名职工围绕低碳环保、节能降耗、工艺革新和管理创新等课题提出了意见和建议。（茅瑞喆）

【中建八局西南公司开展现场征集“安全金点子”、举报“现场安全隐患”活动】8月6日，中建八局西南公司工会与安全环境部在公司成都地区4个工程项目上联合开展此项活动。活动采取召开班组长、安全协管员座谈征集、施工现场互动交流征集、现场慰问作业工人等方式。活动共征集"安全管理金点子"3条，现场安全隐患举报8条。开展向一线施工管理和作业工人征集"安全管理金点子和安全隐患举报"活动，既增强作业工人的安全意识，又激发其安全管理的潜能，提高工人"三不伤害"的意识，从而促进项目安全。（上官苗苗）

【国盛集团开展安全生产"金点子"活动】 该活动由集团工会与安全管理办公室联合开展。集团广大职工踊跃参加，共有4618名职工参与这次活动。集团工会与安全管理办公室还于7月下旬对万安公司、耀皮玻璃、江桥市场、塘桥市场4家单位"金点子"活动开展情况进行检查。经评审，最终评选出个人一等奖1名、二等奖2名、三等奖3名、鼓励奖53名和活动组织奖27家。（陈　洪）

职工创新

【市总工会召开职工科技创新工作会议】 5月16日，由市总工会、市发改委、市科委、市教委、市人保局、市知识产权局、团市委、市科协等8家单位联合召开，总结上海职工科技创新工作，交流职工科技创新活动经验，表彰职工创新先进典型和优秀成果，部署深化职工科技创新工作。会议充分肯定了上海各级工会和广大职工深入开展群众性科技创新活动，为经济社会发展作出的重要贡献，并就"十二五"期间进一步深化、推进上海职工群众性科技创新工作，调动好、发挥好全市广大职工的积极性、主动性和创造性，提出了明确要求。会上宣读了《上海市总工会关于表彰2008—2010年度上海市十大工人发明家、上海市十大职工科技创新英才的决定》、《关于表彰第三届上海职工优秀技术创新成果的决定》、《关于表彰第23届上海市优秀发明选拔赛获奖发明成果和优秀组织者的决定》等。宝钢集团有限公司工会、闵行区总工会、同济大学附属第十人民医院护理部和上海格尔汽车附件有限公司中级技工李凤娟分别作交流发言。（王小龙）

【市总工会举办2011上海职工科技创新成果展】 5月14—20日，市总工会举办以"立足岗位创新，推动转型发展"为主题的"2011上海职工科技创新成果展"。31家区县局（产业）工会参展。成果展采取"统一规划，分别布展；集中展示，突出重点；公开评优，集中宣传"的展览方式，设立主题展区、产业展区、联合展区、地区独立展区等四大展览模块，通过实物、图片、多媒体播放和现场演示，集中展示"十一五"期间上海钢铁、汽车、高端装备、航天技术、信息技术、电力、建筑、科教文卫等行业职工在立足岗位、开展群众性科技创新活动中涌现出来的460多名先进典型人物和520多项职工技术创新优秀成果。7天展览，吸引10万名职工和市民参观。（王小龙）

5月26日，全国著名劳动模范包启帆为上海职工科技创新成果展优秀项目颁奖（吴良荣）

【市总工会召开非公企业职工科技创新工作座谈会】 5月18日，由市总工会、市发改委联合在浦东张江（集团）有限公司召开，交流非公企业职工科技创新工作经验，探索在非公企业开展职工科技创新活动的途径和方法，推动职工科技创新工作进一步从公有制企业向非公企业延伸和发展。上海奥威科技开发有限公司和上海餐余垃圾处理技术有限公司、上海熊猫机械（集团）有限公司、上海华明电力设备集团有限公司、上海华申智能卡应用系统有限公司等民营企业工会在会上交流发言。各区县工会分管主席、经济工作部长、技协办主任，部分产业局工会分管主席，非公企业劳动竞赛试点单位工会负责人和有关单位工会负责人100多人参加了座谈会。（王小龙）

【市总工会召开合理化建议工作研讨会】 5月19日，由市总工会、市经信委、市知识产权局联合召开。研讨交流开展群众性合理化建议活动的意义、组织管理、奖励机制以及做法和经验。上汽集团工会、小糸车灯有限公司工会等单位分别在会上发言，上汽集团工会还现场演示合理化建议工作管理软件。建工集团工会、烟草集团工会、上海航天局工会等单位签订了"结对推广应用合理化建议工作管理软件协议书"，共同推进实现职工合理化建议工作网络化、系统化和标准化目标。（王小龙）

【市总工会举办第四届李斌技师网上论坛】 5月24日，市总工会携手市教委、市人保局、团市委在东方网嘉宾直播室举办主题为"立足岗位创新、推动转型发展"的第四届李斌技师网上论坛，邀请电气集团液压泵气动有限公司数控工段工段长李斌、电气集团锅炉厂有限公司电气维修组长金德华、上汽集团赛科利汽车模具技术应用有限公司高级技师岑根生、宝钢股份有限公司热轧厂高级技师王军、中国银联部门理财师专家型职工康建明等首席技师工作室的首席技师、高级技师，以及格尔汽车附件有限公司中级技工李凤娟、外高桥造船有限公司电焊班班长洪刚、电气集团上海重型机械厂高级工李若林等高技能农民工代表，围绕如何在转型驱动中立足岗位创新和成才、进一步发挥农民工高技能人才的作用，与广大网民进行互动、交流。在1个多小时过程中，网民在网上提出158个问题，18万人点击观看。论坛在东方网设立主会场，还在奉贤、嘉定、静安、建工等区县、产业局设立20个分会场。（王小龙）

【市总工会与上海电视台联合举办《蓝领创新——咱们工人有力量》讨论节目】 在第四届上海职工科技节期间，市总工会与上海电视台联合在第一财经频道知名栏目——《头脑风暴》举办《蓝领创新——咱们工人有力量》讨论节目。节目中，有关专家、工会干部和劳模及职工代表，围绕蓝领职工的职业价值、蓝领职工创新动力、蓝领职工地位等进行讨论，引发了社会对职工岗位创新的关注和思考。《中国日报》、《工人日报》等多家新闻和网络媒体进行专题报道。

（王小龙）

【上海市优秀发明选拔赛结果出炉】 由市总工会、市知识产权局、团市委、市科协、上海发明协会等18家单位联合举办的第23届上海市优秀发明选拔赛评选结果，于第四届上海职工科技节期间出炉。经专家评审、公众投票、网上公示及组委会审定，最终评出获奖项目673项。《一种含硫复合铁矿尾矿的选矿方法》等97个项目被评为优秀发明金奖；《齿形组合拉刀的研制》等19个项目被评为职工技术创新成果金奖；《带有空气源热泵和智能蓄热装置的电热锅炉系统》等21个项目被评为发明产品推广实施金奖。这届优秀发明选拔赛共有1471个项目参赛，其中职务发明744项、非职务发明179项、职工技术创新项目255项、“五一”巾帼创新项目73项、青少年项目220项。项目涉及建筑、交通运输、金属材料、机械与动力电气、医药与生物医学、化工、计算机通信仪电等领域。参赛项目中，有1155个项目已申请或获得技术专利，其中发明专利504项、实用专利630项、外观设计专利21项。（武吉波）

【上海市职工优秀技术创新成果评选活动落下帷幕】 由市总工会、市科委、市经济信息化委、市人力资源社会保障局联合开展的第三届上海市职工优秀技术创新成果评选活动，于第四届上海职工科技节期间落下帷幕。活动主要目的是为进一步激发职工的创造热情，推动职工岗位学习、岗位创新、岗位成才、岗位奉献，促进上海经济发展方式转变和增强自主创新能力。通过认真组织、广泛发动，这次评选活动共收到来自60家区县局（产业）工会、229家单位申报的职工技术创新成果283项。经专家评审、领导小组审定，《世博“零排放”公交客车用超级电容器动力系统研制》等28个项目获上海市职工优秀技术创新成果一等奖；《胸部系列小刀口手术器械的研制》等43个项目获二等奖；《一次性使用血小板分离器》等56个项目获三等奖；《空调压缩机G系列装配降低上壳盖损耗》等60个项目获优秀奖。（武吉波）

【上海一线工人再获国家科技进步奖】 1月14日，北京举行国家科学技术奖励大会，由全国劳模、上海电气液压气动有限公司液压泵厂工人李斌提出并承担的“高压轴向柱塞泵/马达国产化关键技术”攻关项目获得国家科技进步二等奖。这是继韩明明、王军、王康健之后，上海第四位获得国家科技进步奖的一线工人。“高压轴向柱塞泵/马达国产化关键技术”攻关项目突破了柱塞环等11个关键技术，形成关键零部件加工工艺研究等3方面创新点。项目的相关技术先后申请19项发明专利及21项实用新型专利。该项关键技术的突破，对改变中国原来只能生产2-5系列低端产品的技术落后局面，带动主机行业和液压行业的科学技术进步起到特别显著的作用。同时，打破跨国公司的技术垄断，对于实现高端液压元件的国产化具有重大意义，可大幅度降低主机配套成本，从而产生良好的经济和社会效益。（武吉波）

【静安区职工科技创新活动取得成果】 区总工会结合基层企业科技开发创新项目，鼓励职工立足岗位开展技术革新、技术发明、技术开发、技术改造和合理化建议等群众性科技创新活动，涌现出一批技术创新优秀成果和先进个人。上海华申智能卡公司应用系统有限公司的《智能温度传感标签》、上海市静安区中心医院的《提高准分子激光技术质量的若干关键技术》、上海众恒信息产业股份有限公司的《“两新”组织综合管理信息系统》、上海静安建筑装饰实业股份有限公司的《世博村B地块无障碍液压升降平台项目》等被市总工会、市科委、市经信委、市人保局评为“第三届上海市职工优秀技术创新成果”二等奖、三等奖和优秀奖，其中上海众恒信息产业股份有限公司的《“两新”组织综合管理信息系统》同时获得“第23届上海市优秀发明选拔赛优秀发明奖”银奖，另有多个项目被评为“第23届上海市优秀发明选拔赛职工技术创新成果奖”铜奖；张荣等4人被评为“2008—2010年度上海市职工科技创新标兵”；《四缸同步升降平台》、《园林废弃物循环利用》、《公司安全门禁系统升级》、《无障碍升降平台》等分别荣获“第四届上海职工科技节职工科技创新成果参展项目”一等奖、二等奖和三等奖；上海开开（集团）有限公司选送的《龙凤旗袍盘扣技术》和《中药泛丸技术》入围科技节期间现场展示的5项绝技绝活，并被命名为“上海职工岗位绝技高招”。

（查治白）

【闵行区组织全区职工开展科技创新活动】 （1）举办“弘扬劳模精神，为岗位创新与转型发展作贡献”大讲坛，引导各行各业职工岗位学习、岗位创新、岗位成才、岗位奉献。（2）举行闵行区职业技能竞赛，激发广大职工参与技术大比武、技术大练兵的热情，进一步提升职工职业技能素质。（3）开展“闵行职工科技创新研修”活动，组织闵行区工人发明家、科技创新英才等骨干，围绕“岗位创新、企业降本增效和节能减排”等内容进行专题大讨论，解决企业发展中的重点、难点问题。（4）以流动电影、专场演出进企业、进工地为平台，在职工中大力宣传

科普知识，提升广大职工的科普知识水平。（应慧娟）

【女农民工李凤娟喜获上海市"十大工人发明家"称号】 在2008—2010年度上海市"十大工人发明家、十大职工科技创新英才"评选中，嘉定区推荐的女农民工李凤娟跻身"十大工人发明家"之列，这是上海市"十大工人发明家"评选历史上第一次出现农民工身影。李凤娟1995年进入上海格尔汽车附件有限公司生产车间担任操作工。16年来，她从只种自家门前三亩地的农民，成长为大都市企业的一位中级工。她先后完成"转向机齿轮冷挤压无切削加工技术"、"汽车转向器阀芯精确定位控制技术"、"汽车转向器输入轴加工控制辅助技术"等6项技术创新项目，其中4项获得专利，参与实现技术成果转化3项，初步实现经济效益350万元。此外，她还参与世博新能源汽车转向机关键零部件项目（EPS）开发，产生明显社会效益。（徐 浩）

【松江区召开职工科技创新工作暨"五小"活动表彰会】 12月5日召开。年初，根据市总工会下发的《关于广泛深入开展"当好科学发展主力军、打好创新转型攻坚战"主题实践活动的意见》要求，松江区总工会联合团区委、区科协和区职工技协开展了松江区职工科技创新活动。活动紧紧围绕创新驱动、转型发展大局，充分发挥广大职工在推动企业科技进步中的生力军和突击队作用，以小革新、小改进、小设计、小建议、小发明等"五小"活动为抓手，注重提高职工技能素质，进一步激发职工的劳动热情和创造活力。表彰会对获奖的63个项目及在职工科技创新活动中获得优秀组织奖和组织奖的单位进行了表彰。会上，松江区泖港镇总工会、上海合晶硅材料有限公司工会、上海恩梯恩精密机电有限公司工会分别作交流发言。（徐维勇）

【青浦区开展职工科技创新示范基地创建工作】 区总工会联合区科委出台《关于创建青浦区职工科技创新示范基地的实施意见》，在企业申报、有关部门联合审核、评估的基础上，2011—2012年每年评选出10家"职工科技创新示范基地"。区总工会经济工作部和区科委知识产权科负责"示范基地"的日常管理、指导和服务，并通过资金补贴的方式，扶持"示范基地"开展职工科普知识产权讲座、技能培训比武、学术交流活动以及建设科技园地、举行创新论坛、开展职工科技创新评比表彰等活动。（马美君）

【奉贤区总工会职工科技创新取得新进展】 区总工会开展"创新求效益，转型谋发展"合理化建议征集和金点子评选活动，评选表彰了30个"金点子"，同时组织职工提合理化建议9387条，其中采纳4550条、实施1563条，产生经济效益1.5亿元；命名10个奉贤区第二批职工科技创新示范基地；组织职工实施技术攻关、技术革新、技术发明项目552项，总结推广先进操作法项目258项。另外，建立奉贤区首席技师培养选拔工作小组办公室，健全组织机构，明确目标任务，年内选拔首席技师11名，其中9名获得市首席技师千人计划经费支助。（叶 兰）

【机电工会选送职工技术创新成果】 在第二十届全国发明展览会上，由上海市机电工会选送的10项职工技术创新成果，经中国发明协会组成专家评审组进行评审，取得3金2银3铜的优异成绩。分别是：由上海电气中央研究院选送的大型机床数控系统关键技术开发及应用研究和基于以太网总线技术的开放式中高档数控系统、上海三菱电梯有限公司选送的LEHY-MRL无机房乘客电梯等3个项目获得金奖；上海电气电站设备有限公司上海汽轮机厂选送的用于汽轮机低压末级叶片的激光处理工艺、上海电气中央研究院选送的基于网络化环境的家居监控机器人系统获得银奖；上海电气电站设备有限公司上海汽轮机厂、上海电气电站设备有限公司上海发电机厂、上海锅炉厂有限公司选送的有关项目获得铜奖。（朱汉民）

【机电工会职工技术创新成绩显著】 在全国机械工业职工技术创新第五次演示会上，由上海电气电站设备有限公司上海发电机厂职工技术创新的"百万级（1000MW级）火力发电机内陆运输"项目夺得创新一等奖，由上海日立电器有限公司职工创新的"仿生叶片在转子式压缩机中的应用"、上海电气电站设备有限公司上海汽轮机厂职工创新的"带子午面喷嘴组围带型孔加工方法"和上海一纺机有限公司职工创新项目"精梳机主运动分析及分离运动改进"分获二等奖，上海电气集团上海电机厂有限公司"风电线圈剪头采用液压新技术"和上海三菱电梯有限公司"应用于节能电梯的DC—DC电源"分获三等奖；李斌获全国机械工业技术能手称号，刘波、朱武标、熊磊军获先进个人；上海锅炉

虹口区总工会开展虹口职工科技月活动（徐 洁）

厂有限公司膜式壁车间小口径一班、上海电气陶瓷厂有限公司熔断器车间装配一组、高斯图文印刷系统（中国）有限公司金工车间三班获全国机械工业创新示范班组；上海电气中央研究院获全国机械工业职工创新优秀组织单位；上海集优机械股份有限公司肖忠义获全国机械工业职工创新优秀组织者。（朱汉民）

【上海电气首席技师工作室发挥积极作用】 经过数年发展，上海电气首席技师工作室已经成为集团集聚人才、创新攻关的品牌，其中，李斌数控技术工作室被命名为上海市“首席技师工作室”(001号)；金德华电工技术工作室两年内已完成10个技术改造项目；赵黎明焊接技术工作室在生产中推广的“超临界锅炉气水分离器斜管的焊接操作要领”，为企业解决了一系列生产难题；李治国大型数控操作技术工作室在加工大型、超大型工件上显示雄厚实力，取得多个重大创新成果。（冯克华）

【上海重型机器厂有限公司工会推广先进工作(操作)法】 公司工会以企业关键部门、工序、班组、岗位为对象，把实际工作中证明行之有效的管理方式、工作流程、攻关经验、操作方法进行采集、整理、归纳和提炼，向公司广大职工先后推广《精炼炉防止“跳碳”的3种办法》、《锥形筒体用三点砧一火扩孔完工先进操作法》、《核电堆内构件电渣锭冶炼先进操作法》等。这些成果来自实践，凝聚了职工的智慧，推动了上重公司核电等重点产品质量和产能的提高。（秦引昌）

【纺织职工创新成果亮相上海科技节】 5月15—21日，纺织工会组团参加2011年上海科技节。全市500多项职工技术创新成果在“科技创造美好生活”主题展览——职工创新区集中展出，其中上海纺织有16家单位23项成果参展。展品主要反映了近年来上海纺织在功能性、环保型纤维、产业用纺织品、品牌纺织品以及打造产业链方面的科技创新，受到主办方和参观者的好评。（王慎微）

【宝钢发展公司工会开展“发展杯”职工创新月活动】 公司工会以创新工作为支点，立足于“群众性”的特点，深化最佳实践者活动，开展自主型职工队伍建设。以“自主创新展风采、建功立业促发展”为主题，成功举办“发展杯”职工创新月活动，18个单位的78个项目参展，以平面展板为基础，配以24个立体模型和21个多媒体动画，更加直观地展示每一项创新成果的技术含量。同时，公司工会组织30名创新沙龙成员37项创新成果参加在山东威海举行的第20届全国发明展，喜获4金4银8铜的历史最好成绩。材料公司《一种COREX熔融还原法非高炉炼铁炉渣的回收处理方法》，荣获2011年德国纽伦堡国际发明展金奖和环保专项奖。（杨艳昌）

【宝钢股份公司工会深化群众性科技创新活动】 公司工会建立和完善群众性科技创新工作机制，制定《公司职工创新工作组织管理办法（试行）》，对公司创新小组、创新工作室、创新沙龙等组织方式进行了规范统一。同时在调研的基础上，进一步完善群众性科技创新评价体系，加大对各单位推进力度和进步率的评价权重，并将非钢铁单元工会组织群众性科技创新活动纳入评价体系。2011年，公司建立职工创新小组635个，比2010年增加64个；建立职工创新工作室63个，比2010年增加10个。全年职工创新小组申请专利460件，认定技术秘密1088项；公司合理化建议、自主管理活动蓬勃开展，实现经济效益26.1亿元，其中自主管理活动共登记课题6256项，完成课题5435项，完成率86.87%。另外，组织参加第20届全国发明展，获得金奖16项、银奖16项、铜奖29项的优秀成绩；参加德国纽伦堡国际发明展，获得2个金奖、1个专项奖的优异成绩。（王俊民）

【宝钢集团参加国际国内发明展】 2011年，在参加上海职工科技创新成果展、第二十届全国发明展、第63届纽伦堡国际发明展及第五届波兰华沙国际发明展等活动中，宝钢的岗位创新成果得到广泛的关注和高度评价。在全国发明展上宝钢参展146个项目，共获金奖27个、银奖26个、铜奖45个；在纽伦堡发明展上，与来自全世界30多个国家和地区的近800个发明项目同场竞技，获得3项金奖，占中国参展团所获金奖项目的50%；在华沙国际发明展上，宝钢8个参展项目获得7金1银的佳绩。（李清泉）

【宝钢集团举行第三次员工创新活动日】 2011年，以“切磋创新技艺、共谋企业发展”为主题的第三次宝钢员工创新活动日在八钢公司举行。孔利明、韩明明、王军等宝钢工人发明家和基层技术人员等来到八钢，开展面对面论道、对口牵手结对签约，以及现场技术咨询交流等活动，为八钢员工创

8月，宝钢集团工会召开首次职工经济技术创新论坛 （李清泉）

新出谋划策。活动中,集团工会和人才开发院工会详细介绍宝钢职工经济技术创新体系和宝钢员工创新活动基地情况。八钢公司制造管理部汇报八钢职工经济技术创新工作的开展状况和成效。宝钢工人发明家、员工创新活动指导志愿者孔利明、荣鸿伟、高玉强、储滨作专题报告。 (李清泉)

【运输工会组织先进(工作)操作法演示推广活动】 为进一步激发职工创造活力,崇尚智慧工作,促进企业科学发展,运输工会在2006年汇编《上海交运(集团)公司首席员工、技术能手先进操作工作法》基础上,组织汇编《上海交运(集团)公司首席员工、技术能手先进操作工作法(二)》。为使先进操作工作法走出书本,到基层、到一线、到岗位,运输工会利用工前会、工后会,先后到交运股份零部件分公司等单位,组织开展10场先进操作法演示推广工作,受到广大职工的欢迎。 (袁俐俊)

【上海电信劳模创新成果亮相市职工科技展】 上海电信在本年度全国科技活动周暨上海科技节"职工科技创新成果展"中,以"科技创新领先、劳模精神领航、市场发展领军、智慧城市领跑"为主题参展。展区由劳模创新人物示范区、创新成果展示区及互动体验区3部分组成。其中,来自岗位一线的劳模创新成果成为这次展示的重点。上海电信7位劳模展示的创新成果,有《徐珺系列操作法》、《徐倩雯语音操作法》、《吴文巍营业操作法》、《周纪东光纤接续操作法》、《张慧英112受理法》、《周学明网络维护操作法》、《陈兆波CDMA网络掉话问题处理操作法》等。城市光网作为上海电信的主打产品同样也在展台内得以推广,基于光网而生的云存储、"家庭版全球眼"、高清视频以及3D互动游戏等业务吸引了参观者。 (朱东亚)

【中交三航局有限公司工会召开第12届"主人杯"双献成果发布会】 11月8日召开。这次成果发布会共收到论文33篇,经各部室审阅初审后在会上发布13篇。相比往届,这次发布会有2个特点:一是成果覆盖范围较广、科技含量较高;二是发布者年纪较轻,以一线基层的青年大学生为主。实践中,这些成果为企业创造经济效益或节约资金数千万元,创新技术、革新工艺解决施工难题20多项,为推进工程建设、助推企业发展起到良好作用。经评审,港湾院舒方法的《无线测试技术在海上风机整体安装测试中的应用研究》等8篇文章分获一、二、三等奖。 (黄书展)

【建工集团工会开展群众性科技创新活动创佳绩】 集团工会以第四届上海职工科技节为契机,围绕集团"完善科技创新体系,进一步增强技术创新推动力"的要求,以"岗位学习、岗位创新、岗位成才、岗位奉献"为主题,继续深化群众性科技创新和"双献五小"合理化建议活动。重点开展了"节能降耗金点子"征集和评比活动,运用多种方法,动员职工围绕重大工程建设,立足岗位节能降耗,为建设创新型企业和节约型企业作贡献。据统计,2011年集团职工提出合理化建议670项,实施187项,产生效益1398.78万元。 (杨钟春)

【建工集团评选十大能工巧匠金奖】 6月上旬,集团召开2011年科技大会,表彰"十一五"期间涌现的科技功臣、科技启明星、先进科技工作者和能工巧匠。其中,以一线技术工人为评选对象的"十大能工巧匠金奖"尤为引人注目。"能工巧匠金奖"评选活动每5年开展一次。申报"能工巧匠金奖"者,均是掌握绝技、绝活、绝招(技术专长有特色,在同行中处于领先地位)的技术工人。"能工巧匠金奖"的评选,进一步倡导了"技术工人也是人才,也是企业宝贵财富"的观念,受到广大一线职工的欢迎。 (杨钟春)

【城投总公司参加2011年上海职工科技创新成果展】 5月,总公司工会参加作为2011年全国科技活动周暨上海科技节系列活动之一的"2011年上海职工科技创新成果展"。城投展区的主题为"创新,让都市生活更美好"。整个展区运用多媒体互动、实物模型展出、展板展示等手法,集中展示"十一五"期间城投总公司在建功世博工程、城市环境工程、城市节能减排工程、城市宜居工程等四大系统工程、10个项目中的科技创新成果,以及近年来城投职工群众性科技创新活动中涌现出来的先进人物和优秀成果。在科技节开幕式上,排水公司沈宁《城市排水节能和安全系列技术》获得全国职工创新成果二等奖,并被授予全国五一劳动奖章;环境实业公司世博分公司夏苏湘荣获"2008—2010年度上海市十大职工科技创新英才"称号。其间,总公司工会分批组织城投职工参观上海职工科技创新成果展,将此作为提升职工科技创新工作水平的一项工作载体,进一步激励职工岗位学习、岗位创新、岗位成才和岗位奉献。在上海科技节总结表彰会上,城投总公司工会被市总工会授予"优秀组织单位"奖。 (茅瑞喆)

【上海医务职工科技创新成果亮相科技成果展】 5月15日,由市医务工会主办、市健康教育所协办的"上海市医务职工科技创新成果展",在上海职工科技成果展精彩亮相。此次展示的医务职工科技创新成果均为全市卫生系统各基层工会推荐。据统计,展览期间约有8000余人次参观,近千人次参加自助体检。医务工会展区被评为最佳展区二等奖,8个项目分获优秀参展项目一、二、三等奖。

(钱菊敏)

【光明食品集团工会深化职工科技创新活动】 从"建功新三年、创新促发展"立功竞赛,到创建"工人先锋号"活动的广泛开展;从"我为节能减排作贡献",到合理化建议活动的深化,光明食品集团工会通过开展职工科技创新成果展示和评比、召开职工合理化建议现场推进会,不断增强广大职工岗位学习、岗位创新、岗位成才、岗位奉献的意识。围绕集团新三年战略规划的宣传和实施,集团工会还与有关部门联手开展了《我为实现规划献一计》群众性"金点子"征集活动;围绕集团"保八争九"战略目标,深入开展"当好科学发展主力军,打好创新转型攻坚战"主题活动。在2011年度集团科技大会上,12项职工优秀技术创新成果得到了表彰和重奖。在2011年上海职工科技节上,集团工会选送的参展项目中有2个获得金奖,3

个获得银奖。 （桑树德）

节能减排

【市总工会深入推进重点用能单位职工节能减排专项立功竞赛】 6月17日，在2011年全国和上海节能宣传周期间，市总工会召开上海市重点用能单位职工节能减排专项立功竞赛推进会，就进一步深化“当好科学发展主力军，打好创新转型攻坚战”主题实践活动，推进节能减排行动作动员和部署。8月3日，市总工会联合市发改委、市经济信息化委、市国资委下发通知，以年耗能5万吨标煤及以上重点用能单位为主体，设立区县、加工制造、石油化工、公用事业和交通运输五大分赛区，全面推进重点用能单位职工节能减排专项立功竞赛活动。专项竞赛活动从各重点用能单位实际出发，以“五比五赛”活动为载体，动员组织广大职工“比节能意识、赛行为文明”，“比技术创新、赛岗位贡献”，“比献计献策、赛实施成效”，“比规范达标、赛创先争优”，“比履职能力、赛监督作用”，推动上海节能减排目标任务的顺利完成。 （武吉波）

【上海电力安装第二工程公司工会积极推进节约型企业建设】 公司工会运用多种载体，开展建设节约型企业建设活动。（1）专题召开动员会，广泛宣传节约型企业建设的意义和目的。（2）开展职工“五小”成果征集和发布活动，以技术创新实现降本增效。（3）开展“节约从点滴做起”的合理化建议征集活动，以评选“金点子”激发职工主观能动性。（4）开展施工方案优化、技经管理、材料采购优化、后勤保障节能等竞赛，以施工和经营管理的薄弱环节为突破口，向追求效益最大化拓展。（5）发挥劳模先进示范作用，以“劳模讲堂”充分展现工程建设高质低耗的绝技绝活。实际工作中，公司承建的每个工程项目，自建水井满足了职工食堂、浴室和生活用水需要；食堂燃料采用新型秸秆油，替代了价高的液化气；生活区上班时间拉闸断电，办公区域走道全部采用声控节能灯，空调设备设定温度和范围；后勤部门对办公桌、空调、电风扇、床架等办公和生活用品，坚持“能用决不换，能修决不丢”的原则。 （龚洁庆）

上电二公司工会开展建设节约型企业活动 （常 青）

【上汽工会组织职工全面开展JJ小组活动】 为进一步推动节能减排，上汽工会组织职工全面开展节能减排（JJ）小组活动。活动围绕企业节能减排目标和任务，针对生产、服务和运营过程中的能耗与污染问题，以节能减排技术成果为依托，以小组、车间、部门等为组织形式，借鉴质量管理小组（QC小组）的经验做法，与产品改进、质量改进、工艺改进、经营体创建相结合，促进企业降低成本、节能增效，提高能源利用效率和改善环境。 （陶牡丹）

【上海电信公司奉贤局工会“三结合”落实节能减排】 （1）把节能减排活动与工会开展的合理化建议活动相结合。6月，组织发动全体员工广泛开展“我为节能减排献一计”合理化建议征集活动，引导员工在节能减排方面提出有价值、可实施、投入少、见效快的“金点子”。（2）把节能减排活动与节能知识竞赛相结合。组织发动全体员工参与网上“节能知识竞赛”答题，员工参与率达到85%以上，丰富了广大员工的节能减排知识。（3）把节能减排活动与自身工作相结合。组织开展节能减排知识班组集中学习活动，将节能意识入脑、入心，使节能行为变为自觉行为，推动节能减排工作真正落实。 （徐 华）

【建工集团工会女职工委员会汇编女职工节能降耗成果集】 围绕集团“调结构、拓市场、强管理”目标，各级女职工委员会以“人人献计献策，个个节能降耗”为目标，继续深化“降本增效献一计”活动。经推荐评比，“挤塑板在上海中心大厦施工道路填充中的应用”、“350米超长地下室混凝土结构抗裂优化”等12项成果获奖并入编成册，展示了女职工的聪明才智。 （杨钟春）

【建工集团第五建筑公司节能减排成效显著】 （1）范围上扩大。从原先单纯的土建工程项目扩大到装饰、安装、机械、绿化等施工工程项目，以及创建节约型办公、生活基地。（2）地域上拓展。把活动从上海项目拓展到了外地项目，如国家重点工程——深圳“1130”工程。（3）内容上丰富。从过去的单项指标考量转向施工方案的整体优化，从过去的单体施工转向多部门联合作业。经过努力，公司节能减排成效，从2005年的0.0493吨标煤/万元产值，到2010年的0.0390吨标煤/万元产值，累计节能20.89%。 （杨钟春）

【锦江集团工会积极推动节能减排工作】 （1）理顺、完善基础网络管理工作。通过对集团下属各单位的节能管理机构的全面普查统计，落实专（兼）职能源管理人员。同时进一步完善能源计量管理和统计制度，每月对各单位能源消耗情况进行汇总统计和综合分析，使能源消耗动态情况及时得到掌控。(2)开展宣传教育，提高节能意识。组织开展节水宣传周和节能宣传周活动，对集团职工进行低碳经济、低碳生活和节能减碳宣传教育，并组织1.29万余名职工参加全国节能宣传周(上海)系列活动中的节能知识竞赛。(3)采用多种形式，广泛推动节能减排。集团各级工会通过聘任职工节能减排义务监督员、组织开展节能减排技术革新和攻关、开展节能减排合理化建议活动等，多种形式推动集团节能减排任务目标的顺利完成。其中，聘任38名职工为节能减排义务监督员，取得职工开展节能减排技术革新、技术攻关项目2项，征集节能减排合理化建议101条，采纳实施25条。 (张祥伟)

【绿地集团立足立功竞赛推动节能减排】 积极开展"比产品创新、比技术创新、比理念创新"活动，大力实施绿色低碳战略，落实节能减排目标。(1)自觉建设节约型企业，落实各项节能节材措施。(2)在开发项目中广泛应用绿色节能技术，树立企业良好形象。(3)将绿色节能技术创新运用于保障房建设，进一步服务百姓安居工程。2011年全年绿地集团共有15个项目通过住建部绿色建筑星级评定。 (王洋洋)

劳动保护

【市总工会、市安监局联合召开上海市加强安全生产和劳动保护工作暨"安康杯"竞赛推进会】 6月21日，市总工会、市安监局联合召开上海市加强安全生产和劳动保护工作暨"安康杯"竞赛推进会。2011年市总工会围绕城市运行安全和生产安全，以安全生产重点领域、非公企业和农民工为重点，以"安康杯"竞赛活动为载体，一手抓教育引导、群防群治，一手抓依法监督、有效维护，积极构建"二级管理、三级网络、四级监督"工会劳动保护工作体系。会上对荣获全国"安康杯"竞赛的先进单位和个人进行表彰，上海老港废弃物处置有限公司、上海交运股份有限公司、上海恰尔斯安装工程有限公司、上海石化化工事业部乙二醇联合装置分别作了交流发言。 (邬明亮)

【2011年全市生产安全事故情况】 2011年，全市地域内企业发生生产安全事故334起、伤亡371人。其中发生死亡事故249起、死亡261人，同比分别下降9.78%、10%。外来务工人员死亡225人，同比下降3.01%。具体情况如下：(1)按经济类型分类：国有企业死亡22人，同比下降26.67%；集体企业死亡7人，同比下降46.15%；外商投资企业死亡16人，同比下降20%；私营企业死亡183人，同比下降8.96%；其他企业死亡33人，同比上升26.92%。(2)按行业分类：制造业死亡104人，同比下降22.39%；建筑业死亡48人，同比下降25%；租赁和商务服务业死亡33人，同比上升10%；居民服务和其他服务业死亡24人，同比上升60%；交通运输、仓储和邮政业死亡22人，同比下降8.33%；其他行业死亡30人，同比下降30.43%。(3)按事故类别分类：高处坠落死亡86人，机械伤害死亡31人，起重伤害死亡27人，坍塌死亡15人，物体打击死亡38人，触电死亡27人，车辆伤害死亡17人，中毒与窒息死亡8人，淹溺死亡1人，其他伤害死亡5人，其他爆炸死亡6人。 (沈兰萍)

市总工会对在"安康杯"竞赛活动中表现突出的先进单位即时授予上海市五一劳动奖状 (吴良荣)

【上海继续大力开展百万职工"安康杯"竞赛活动】 根据中华全国总工会、国家安全生产监督管理总局颁布的《关于2011年开展全国"安康杯"竞赛活动的通知》精神，市总工会、市安监局结合上海实际，继续开展以"抓班组，提高管理水平；重教育，推进安全文化"为主题的百万职工"安康杯"竞赛活动。2011年，上海"安康杯"竞赛围绕上海城市运行安全和生产安全的目标，牢固树立安全发展理念，坚持"安全第一、预防为主、综合治理"的方针，以"安康杯"竞赛为载体，结合"安全生产年"活动，面向基层，突出以企业和职工参与为主体，开展各种形式的安全生产活动，有6000余家单位加入"安康杯"竞赛行列，参加职工198.5万人。竞赛活动呈现出以下特点：(1)围绕竞赛目标，参赛单位数量不断增长；(2)围绕竞赛主题，班组安全管理不断加强；(3)围绕竞赛重点，长效机制建设不断健全；(4)围绕竞赛要点，群防群治工作不断加强；(5)围绕竞赛要求，安全重点领域不断深入。 (邬明亮)

【市总工会、市安监局联合开展农民工安全生产培训】 2011年，市总工会、市安监局联合开展的农民工安全生产教育培训合计完成33.4万名，超额完成市政府30万农民工安全培训实事项目年度计划的111.4%。自2007年起，累计培训农民工232万人次。2011年是上海开展农民工安全生产培训工作的第五年。当年培训工作，加大对农民工和特种作业人员安全生产培训和监督检查力度，加快建设农民工安全生产培训的长效机制，加强宣传报道，积极开展多种形式的宣传教育活动，注意发挥好"安全生产月"、"安康杯竞赛"等品牌活动平台优势，宣传倡导"安全让生活更和谐"、"把安全带回家"的理念。为确保培训工作的落实，市总工会、市安监局有效组织，市级财政主动投入、各区县积极支持、各生产经营单位投入相应资金，补贴农民工培训的相关费用。培训部门坚持"五个统一"，即统一培训大纲、统一教材、统一课时、统一考试、统一颁发由市安监局和市总工会印制的《上海市农民工安全生产培训证书》。（汪佳侃）

【市总工会对"安康杯"竞赛优胜单位即时授予上海市五一劳动奖状】 2011年，市总工会对在"安康杯"竞赛活动中表现突出、获得全国"安康杯"竞赛优胜单位五连冠（含）以上的上海交运股份有限公司、中国人民解放军四八〇五工厂、上海保捷汽车零部件锻压有限公司即时授予上海市五一劳动奖状荣誉称号。（邹明亮）

【上海老港废弃物处置有限公司获全国五一劳动奖状】 该公司是国内规模最大的资源化、无害化、生态型卫生填埋场，是确保上海城市安全运营的重要战略基地。公司针对作业任务繁重、作业环境安全风险较高的实际情况，积极组织发动职工深入开展"安康杯"竞赛活动。公司不断丰富"安康杯"竞赛活动形式与内容，坚持以每年20%的增幅斥资用于竞赛活动。每年投入数百万元定期开展职工体检、疗休养、发放劳动防护用品、改善职工食堂伙食；建设车辆检测线，确保车况运行安全；自筹资金3000余万元，开展环境大整治；安装钢质维护网、闭路摄像机、道路电子测速仪等，实行全过程、封闭式监控管理；更新桥吊、集装箱车辆设备，全面提高安全生产系数，降低员工劳动强度等。在竞赛中，公司不断创新安全健康管理新机制，取得满意效果，一举改变原来事故频发的状况，取得了连续10年没有发生重大人伤物损事故的可喜局面。鉴于公司在"安康杯"竞赛中成绩突出，2011年被全国总工会即时授予全国五一劳动奖状称号。（邹明亮）

【市总工会、市食药监局联合开展集体食堂食品安全专项检查】 6月中旬至8月底，市总工会会同市食品药品监督管理局联合对全市企事业单位职工食堂、建筑工地食堂的食品安全进行专项检查。通过实施全面开展食品安全知识培训、全面宣传、全面实施食品安全告知与承诺、全面组织自查自纠等"四个全面"，杜绝非法添加和滥用食品添加剂等违法行为，落实防控食品中毒关键措施，消除集体食物中毒隐患。专项检查期间，共对8317户集体食堂的1.11万名从业人员开展食品安全培训，发放《企事业单位职工食堂、工地食堂食品安全告知书》8531份、《集体食堂食品安全自查表》8044份，检查企事业单位食堂6095户、工地食堂1169户。（刘培顺）

【市总工会积极参与调整高温津贴标准】 自2007年实施《关于本市企业高温季节津贴标准的通知》以来，由于按"天"计发高温津贴的办法操作不方便，加之近年来上海消费品价格上涨幅度较大，劳动者普遍感到高温津贴标准过低。5月，市总工会会同市人力资源社会保障局、市企联、市工商联4部门就调整高温津贴标准和计发办法进行协商。经过协商，从2011年起，上海的高温津贴改为按"月"计发，每年6—9月4个月为高温季节，当年标准为每月200元，高温津贴性质由工资改为福利。（胡　敏）

【徐汇区开展"安康杯"竞赛活动成效显著】 区总工会将维护广大职工的生命健康权放在首位，将"安康杯"竞赛活动作为工会劳动保护工作的有效载体，积极组织实施群众性安康工程，积极宣传发动，加强教育培训，加大监督检查力度，不断提高广大职工的安全健康意识和素质，提高杜绝违章作业、抵制违章指挥、遵守劳动纪律的主动性和积极性，为保障城区运行安全和生产安全起到了积极的推动作用。全区重大安全生产事故从2009年的8起、死亡11人，下降到2011年的5起、死亡4人。（聂　磊）

【徐汇区总工会深入一线送清凉送关爱】 夏季，区总工会分别到日华环境保洁公司南站女子清道班、神旺大酒店安保部、汇成集团华滨家园项目工地等48家单位进行高温慰问，并检查防暑降温工作和高温津贴发放情况。慰问中，区总工会特别要求各单位从科学和人文的角度，爱护好、关心好职工，落实好高温季节生产的有关规定，按时足额发放高温津贴，尽力为职工们创造良好的夏季工作环境，切实维护职工生命健康和生产安全。区各级工会也纷纷行动，及时送清凉到一线班组、生产车间，同时督促企业积极采取防暑降温措施，改善生产、服务现场环境，配备防暑降温用品。据统计，区各级工会共发放高温慰问品15万元，覆盖职工2844人。（聂　磊）

【闸北区工会开展"三送"活动改善职工生产生活】 区总工会、区市容局工会积极倾听和回应职工在生产生活方面的合理诉求，着力加强帮扶服务，通过开展"三送"活动，改善职工生产生活。(1)送家用电器，改善职工休息居住。对一线职工道班房，农民工宿舍、食堂、浴室等设施设置情况进行摸底调查，投入资金260余万元，为道班房和农民工宿舍添置空调、冰箱、冰柜、彩电、微波炉、淋浴等设备170余台。(2)送健康培训，保障职工安全度夏。邀请结对社区医院医生授课，对5家环卫作业公司1300多名一线职工、农民工进行防暑知识培训，并对职工进行体检，对部分身体不适职工进行岗位调整，避免高温作业。高温来临之前，为职工发放防暑四件套（清凉油、风油精、人丹、鼻舒），并根据一线具体需求，添置决明子等防暑用品。(3)送援助保障，确保职工身心健康。通过集体协商，落实员工参加体检和疗休养；开展第三轮农民工定向医疗服务、赠送互助保障计划，从生活、医疗方面关爱一线职工；为职工讲解法律保障知识、农民工子女入学等政策；给职工送上各类安全知识等书籍，帮助职工提升安全意识，丰富精神生活。（徐梅生）

【虹口区总工会慰问基层一线职工】 高温期间，区总工会分批慰问和走访了工作在一线的环卫工人、医务工作者、公安交警等干部群众，将防暑降温用品送到他们手上。在组织开展防暑降温“送清凉”工作的同时，区总工会还加强现场安全监督检查，督促企业落实相关高温政策，及时发放劳防用品，改善高温作业环境，有效地促进生产安全工作。（徐 洁）

【杨浦区控江地区总工会积极开展“安全生产月”职工代表巡视活动】 (1)走访查处隐患。巡视组走访辖区内建筑、制造加工、制药、服装公司等企业一线岗位，检查现场安全设施，对存在的安全隐患提出整改意见并要求企业及时反馈。(2)指导加强宣传。巡视组成员为现场作业人员讲述安全防护措施，传授避免习惯性违章现象发生的知识，加强职工安全生产警示教育。(3)注重劳防用品配备。巡视组仔细询问企业对高温岗位采取的安全防护措施，听取一线职工对防暑降温物品、安全劳动保护用品发放标准等方面的意见和建议，要求企业切实注重职工的劳防用品配备。控江地区总工会职工代表巡视组于2010年4月成立，成员由地区行业企业工会、人事、劳资、安全、生产等部门和生产一线的职工代表组成，主要对企业生产经营状况、民主管理、安全生产措施、事故隐患排查等情况进行每半年至少一次的巡视检查。（曹理仰）

【杨浦区总工会为重大工程建设者提供免费体检】 12月20日，区总工会在上海国际时尚中心三期（十七棉）建设工地开展为重大工程建设者（来沪建筑工人）免费体检活动。130余名建筑工人在区总工会工作人员的引导下进行体检，体检内容涉及测量血压、血液化验、B超、X光胸透等多个项目。为方便工地项目施工建设，区总工会提前积极联系区中心医院，将流动体检车开进工地，组织医生深入工地现场开展体检。同时与工地协调沟通，开辟临时体检室，把相关医疗体检器械搬入施工板房，并安置取暖设备，提供舒适环境。（曹理仰）

【东鑫电力公司抓牢安全生产将职工生命健康权放在企业首位】 (1)加强组织领导，完善管理体系。公司每年投入近30万元用于职工的安全教育培训和添置必要的劳动防护设施设备，还设立安全教育课堂，定期对员工进行安全操作、急救常识等培训。(2)加强日常监管，确保规范上岗。一律做到持证上岗，施工前检查施工人员的身体状态是否健康，穿戴、工具、防护用品是否性能可靠；施工中落实专人现场巡视监督；完工后清点人数并收回工具，清理好施工现场。(3)加强群防群治，开展安全讲评。定期召开全体职工安全讲评会，查找安全薄弱环节和存在的隐患，发动职工提出合理化建议。截至年底，公司保持5665天安全无事故并连续7年获得全国“安康杯”竞赛优胜企业称号。（曹理仰）

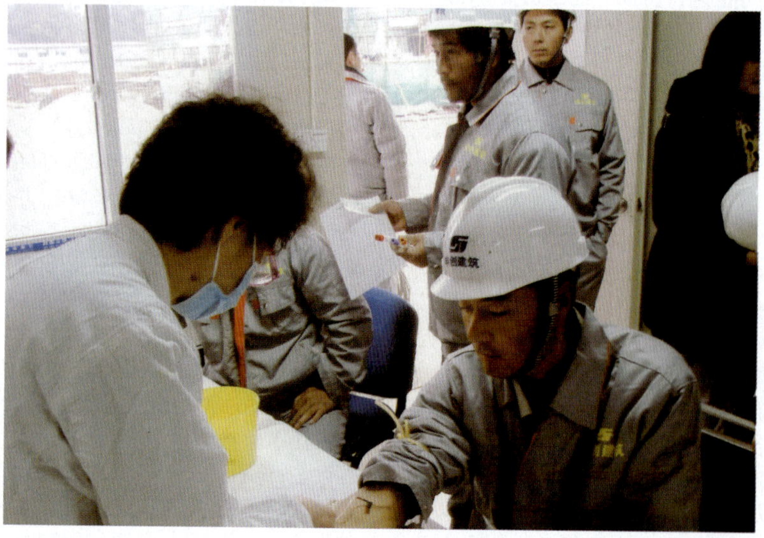

杨浦区总工会为重大工程建设者提供免费体检 （曹理仰）

【南京东路社区总工会切实做好高温期间劳动保护工作】 (1)安全告知。从6月中旬起，通过上门服务、电话沟通和发送电子邮件等方式，把夏季劳动保护、防暑降温和预防安全生产事故等工作要求传达到每个企业工会，把有效措施落到车间和班组。(2)送清凉。根据楼宇公司、生产企业的不同特点，分别进行高温现场慰问和集中分发防护品，把关心送到每个一线职工，切实保障职工的安全和健康。整个高温期间，社区总工会共向300家企事业单位的8000名职工送上防暑劳防清凉用品8000件。(3)会同有关科队进行安全检查。从7月上旬起，社区总工会会同街道劳动科、安监分队，对大型餐饮厨房、楼宇物业设施、企业高温车间等高温场所、重点部位进行督查检查，确保职工健康和企业安全运行。（张康健）

【静安区总工会进一步强化工会劳动保护和安全生产工作】 区总工会切实吸取“11·15”火灾事故教训，特别重视做好工会劳动保护和安全生产工作。年内，为贯彻落实区安全生产和消防安全紧急会议精神，召开安全生产防火工作专题会议，开展防火安全宣传教育和检查整改活动，向各级工会发放了1000册《高层建筑——防火与逃生手册》及《消防安全知识宣传资料》，并发动建筑等重点行业的198家企业参与“安康杯”劳动保护竞赛，参赛职工1.5万余名。同时，区总工会还开展了劳动保护干部培训。来自市总工会、静安区安监局、区消防支队的各路专家为全区130余名工会劳动保护干部作《生产安全事故的防控措施与对策》、《工会劳动保护工作实务培训》、《消防安全知识培训》等讲座，并通过现场演练，指导学员们正确使用灭火器，以及火灾发生时的逃生小窍门。此外，区总工会还推动全区大口一级工会建立工会劳动保护监督检查委员会，对安全生产工作实行群众监督，维护职工合法权益。（刘培晋）

【上海皮革有限公司工会组织消防演练】 11月8日，公司工会联合企业安全部门，与宝山大场消防中队举行消防联合演练活动，公司所属22个基层单位共计200多人参加。大场消防中队出动2辆消防车、12名消防武警战士，在活动中演示了水带出水灭火、救生抢险等项目，并对公司下属制球公司和箱包厂100多名职工参加的应急逃生疏散演练活动进行指导。活动中，公司组织44名队员参加3公斤二氧化碳灭火演练比赛。此次消防联合演练，提高了职工消防安全意识，对促进公司安全生产起到积极的推动作用。 （黄　海）

【金山区亭林镇开展“安全生产月”系列活动】　6月14日，镇总工会联合镇综合党委、安委会、妇联、团委组织开展亭林镇2011年度“安全生产月”系列活动。这次“安全生产月”系列活动形式多样，吸引了来自亭林镇村居、企事业单位的230多人参加。(1)用观看文艺演出的方式来提高职工的安全意识。特别是上海普瑞米尔箱包有限公司、上海双汇大昌食品有限公司员工们的朗诵表演，使广大职工对安全生产的重要性产生共鸣。(2)用逃生演练实践来增强职工的应急技能。演练过程场景逼真、疏散有序，收到了预期效果。(3)用技能竞赛来丰富职工的安全知识。20个企业及村居竞赛队分别参加灭火演练及接水带技能竞赛，进一步丰富广大职工的消防知识。 （马琳联）

【松江区各级工会开展高温慰问送清凉活动】　高温季节，全区各级工会深入一线，慰问高温下作业的职工群众和广大建设者。区总工会深入基层慰问一线职工，共送上高温慰问品26万余元；区退管办对90岁以上退休职工、退管干部、块组长、为老服务志愿者、退休职工合唱队员等400多人进行慰问，送上慰问品和慰问金共8.57万元；新桥镇总工会深入80多家企业，为坚守在高温一线的1万余名职工送上价值12万元防暑降温用品；石湖荡镇总工会深入90多家单位，送上防暑降温用品3000多份；洞泾镇总工会走访慰问高温一线的干部职工，涉及55家单位、9800名职工，送上防暑降温用品9800份，价值12.74万元；永丰街道总工会慰问飞航电线电缆有限公司、上海西川密封件有限公司、上海庆益鞋业有限公司及社区协管队等30多家单位的6050名职工，送上防暑降温用品；松江自来水公司工会深入机修、业务所、营业所、供应科、水表检测站和管网施工现场，慰问职工并送上防暑降温物品，同时为广大用户提供优质供水服务；法院工会为每位干警发放盐汽水、饮料等防暑降温用品，并由院长带队，专程到3个派出人民法庭和1个执行庭，慰问一线工作的60余名干警；上海海欣（集团）股份有限公司工会配合行政，及早做好车间、宿舍防暑降温设备的检查维修工作；长毛绒公司工会投资13万元，更新26台空调、冷风机等设备；海欣玩具公司支出6万元，安装空调，让50多名外来农民工住进清凉民工公寓。 （姚德达）

松江区总工会高温慰问一线职工　（夏　晖）

【青浦区“四个结合”提升“安康杯”活动实效性】　区总工会以提高非公有制企业参赛率为突破口，大力推进“安康杯”竞赛活动。全年发动80%以上的建会企业参加区级“安康杯”竞赛活动，120家企业参加市级竞赛活动。在不断丰富形式、内容的同时，区总工会通过“四个结合”，努力使“安康杯”活动深入人心。(1)与职工安全培训教育相结合。发动参赛单位加强职工《安全生产法》等安全法律法规教育、开展安全生产知识竞赛、组织观看安全电教片等。(2)与劳动竞赛活动相结合。在企业劳动竞赛活动中，把安全操作作为竞赛的一项重要指标，实行安全生产规范操作一票否决制。(3)与劳动保护监督工作相结合。充分利用工会劳动保护监督检查网络，把企业安全生产责任制、安全目标和考核标准分解落实到每个班组和职工，运用竞赛的激励机制，引导职工自觉做到遵章守纪、认真查找身边的事故隐患、抵制违章指挥、制止违章作业。(4)与工会其他工作相结合。将劳动保护工作同集体协商制度有机结合，努力推行安全生产工作向职代会报告制度；把劳动安全保护作为集体合同的重要条款，监督落实；结合劳动关系和谐企业创建，加大安全卫生制度等检查力度，督促企业改善职工生产生活环境。 （马美君）

【青浦区镇两级工会深入企业开展高温“送清凉”活动】　7—8月，区、镇两级工会深入基层一线，开展高温“送清凉”活动。区总工会深入各镇、街道、委、局下属重点企业，看望慰问在高温下作业的一线职工。走访中，区总工会了解企业生产经营情况和落实相关法律法规要求对企业职工的高温津贴发放情况，督促企业“以人为本”，合理安排高温季节职工作业时间，改善职工作业条件和环境，加强食堂卫生管理，确保职工平安度夏。各街镇总工会干部也纷纷带着防暑降温慰问品，深入企业，表达对一线职工的关心和关爱。据统计，“送清凉”期间，区镇两级工会发放防暑用品共计

100万元。 （马美君）

【化学工会落实工会劳动保护】 工会把开展安全文化和落实劳动保护工作作为维权工作的重点。在组织推进“安康杯”竞赛全覆盖的过程中，通过召开劳动保护现场会，配合行政开展“安全关注照片”征集，实施“作业安全观察卡”、“安全巡检卡”检查活动，组织“我与安全”大讨论，安全生产合理化建议征集和安全隐患排查整治等活动，加强企业安全文化建设，把工会劳动保护工作落到实处。全年共征集“安全关注照片”3386张、“作业安全观察卡”21949张、“安全巡检卡”1905张。同时，还组织“2011年全国化工职业健康安全知识电视大奖赛”——华谊集团选拔赛，煤化工、绿色轮胎、新材料、精细化工等板块的6支代表队参加选拔，各基层工会也积极组织职工观摩并接受化工职业安全知识教育。 （鲁德翔）

【上海电建公司工会以“安全金点子”征集活动实现“安全无事故年”目标】 公司工会发挥职工在施工安全中“群防群治”的作用，发动职工开展“安全金点子”征集活动，促进工会劳动保护工作的纵深发展，确保职工的生命安全和企业的健康发展。活动的主要内容是征集施工安全合理化建议，要求“安全金点子”能够针对安全“三违”行为及安全隐患，提出有效的整改措施与建议，并对提升施工现场的安全管理水平提出建议与意见。活动收到各类“安全金点子”147条，评出的“安全员安全日志制度”、“锅炉悬吊脚手架”、“实用型皮带挂钩”、“危险源动态辨识与每日安全提示”等15条优秀“金点子”，在施工生产实践中为公司安全生产起到积极作用，推动实现上海电建“安全无事故年”的目标。推荐上报的“电网立塔‘三个一’安全管控工作法”，获市“安全生产金点子”评选二等奖。

（周　勇）

【上海电力安装第一工程公司工会以“安康杯”竞赛活动推进企业安全文化建设】 针对国内外10多个项目同时施工，且任务繁重、分散的状况，公司工会开展以“深化安全教育、提高安全意识、防范事故能力”为主题的“安康杯”竞赛活动。(1)建立完善安全监督体系，明确项目经理和工委的职责，建立项目劳动保护监督检查工作机制，规范施工现场的安全设施和安全作业行为，落实安全教育和培训制度。(2)开展安全主题活动，公司工会在项目现场召开“安全生产月”活动动员大会，组织“劳动保护群防群治月”启动仪式和“安康杯竞赛签名”活动，并向外包施工队伍覆盖。(3)组织征集“安全生产金点子”，发动职工撰写安全格言、警句和建议。(4)举办“安全责任、重在落实”班组安全论坛和安全“星级班组”创建活动，运用案例分析提高职工安全意识和技能。(5)强化安全隐患专项治理和防暑降温专项检查活动，防止和杜绝安全事故的发生。(6)进行集体合同履约情况的检查和评鉴，并在企业报和OA系统刊登履约和评鉴情况。(7)实施工会劳动保护工作评估活动，增强工会劳动保护工作质量。至年底，公司实现了全国“安康杯”劳动保护竞赛优胜企业“六连冠”的目标。

（傅　诚）

【宝钢发展公司工会强化安全督查】 (1)注重巡视，督促履职。组织职代会民主监督巡视组开展劳动保护巡视，通过听汇报、查现场、座谈会等形式督促各单位管理者安全履职，并形成专题报告，为领导决策提供参谋；督促职能部门完成第二批接害岗位普查定级工作，8家单位新定级接害岗位66个。公司工会还组织9批418名接害岗位职工参加为期4天脱岗疗休养活动。(2)强化督查，落实整改。以查管理、查隐患、查违章、查整改为重点，开展“安全100督查行动”，并通过三级网络，发动员工安全代表对区域安全开展全方位自查。各级工会共开展安全督查行动583次，发现问题数989个，及时整改962个，27个涉及多方协同的问题，纳入整改计划落实。(3)信息监督，关口前移。各级工会利用三级网络信息监督，查找隐患，力求整改，建立起一道安全的“防火墙”。2011年，员工安全代表上报信息12940条，采纳12857条，采纳率为99.3%，员工安全代表人均上报4.99条。同时开展信息采纳“回头看”检查，监督各项问题的整改落实。

（杨艳昌）

【宝钢股份公司工会推进查隐患、提建议、促整改工作】 公司工会以“保障劳动安全，监督管理作为”为重点，围绕公司安全管理工作要求，广泛开展查隐患、提建议、促整改工作。公司4123名职工安全代表，提交各类安全信息和意见建议33632条，人均达到8条，其中32800条得到整改，实施率达到98.3%。各基层单位工会充分利用安全日管控系统以及职工安全信息单，加强监督，提高隐患整改率。

（王俊民）

【宝钢集团工会开展“安全100督查行动”】 为依法履行工会劳动安全保护监督职能，进一步发挥三级网络监督检查作用，实现集团公司安全生产目标，集团工会组织开展以“查管理、查隐患、查违章、查整改”为主要内容的“安全100督查行动”。督查行动以落实安全生产责任制为重点，查管理者的安全履职行为；以现场作业区域“三不伤害”为重点，查现场区域、作业岗位的不安全隐患；以杜绝习惯性违章为重点，查员工严格遵守操作规程和标准化作业；以确保本质安全为重点，查隐患整改的及时性和有效性。督查行动采取基层工会三级网络自查和集团公司工会、专业部门督查，职工代表巡视检查相结合的方式，做到全面发动、层层排查、形成声势，共查出问题、隐患、违章7048条，及时整改6678条，及时整改率94.8%，有效地促进基层安全管理，提高了职工自我保护意识。 （赵关林）

【铁路局工会深入开展安全大检查活动】 为推进铁路安全生产，局工会深入开展安全大检查活动。采用动画、演讲、文艺表演等多种形式，宣传安全大检查活动的目的意义，同时设计制作安全宣传漫画4200幅，下发到各车间、班组等职工活动场所，帮助职工牢固树立“安全第一”的思想。年内，全局各级工会组织召开安全专题反思会3098场，查找和消除各类安全隐患和问题5595个，劝阻纠正“两违”作业5736人次。 （白　杰）

【上港集团工会开展班组安全建设成果展示活动】 在各基层工会的积极参与、广泛征集下，共有18家基层工会上报了29个班组安全建设的成果展示作品。4月上旬，经集团评审小组的评审，上海港复兴船务公司“海港18号”轮的《五定操作法》等16个作品分别获展示活动的一、二、三等奖和鼓励奖。 （焦小涵）

【闵南船厂工会积极推进安全宣传教育】 厂工会围绕“安康杯”竞赛活动主题，不断创新安全宣传教育方法，使安全宣传教育工作更加适应厂情厂际。厂工会通过在食堂、更衣室等职工集中的场所设置横幅、安全标牌等方式，积极营造安全生产的良好氛围。结合“安全生产月”，开展安全生产合理化建议、安全警句征集和安全承诺签名等“十个一”活动，得到广大职工的积极响应，增强职工安全生产意识。另外，为进一步加大安全培训力度，厂工会专门聘请业内安全、消防、职业卫生等方面的专家来厂授课，还聘用1名资深安全管理主管和1名辅助培训员，专门负责安全教育培训工作。在培训方法上，注重分层次、分工种，有针对性地开展安全培训。全年共举办各类安全培训班11次，受训员工2000余人次，教育面达到100%。同时坚持班组、承包工程队每周二安全学习制度，对违章较多、执行制度不力的班组和施工队，采取强制停工的办法，进行安全教育。 （沈 彪）

【上海长江汽车检测维修有限公司工会创新形式开展“安康杯”竞赛】 (1)创新安全签名形式。在组织开展班组专题活动的基础上，每个班组结合岗位实际，查出安全生产薄弱环节，提出重点克服事项，自立规定，签上班组职工姓名，使安全签名有了更具实质的内容。(2)创新安全教育形式。将安全操作规程、守则、警示等制作成“安康杯”漫画展板，到各单位巡展，增强竞赛的趣味性。通过新颖的活动形式，吸引了更多职工自觉参与到“安康杯”竞赛之中，促进提高公司安全生产管理水平。 （邱建发）

【上海长江实业总公司工会组织开展安全生产系列活动】 公司工会以“安全责任、重在落实”为主题，深入开展一系列安全生产专项活动。在宝江农贸市场、935号大楼等消防安全重点单位悬挂宣传横幅，张贴宣传标语和图片，营造安全生产氛围；召开安全生产会议，组织职工观看安全教育警示片，并进行深入剖析，引导职工深刻吸取事故教训；在船长高尔夫实训场、物业管理部等单位开展消防和防台防汛应急实战演练，提高了员工消防灭火实战技能和处理突发事件的应急处理能力；开展安全生产“金点子”活动，其中连云港公司提出的“安全生产链式管理模式”，开创了公司安全管理新模式；组织工会干部和职工代表深入到各基层单位开展安全巡查，对在检查中暴露出来的设施设备维护保养、制度措施贯彻执行等方面存在的不足和隐患，督促整改落实。 （阮 清）

【上海邮政工会做好夏季劳动保护防暑降温工作】 为切实做好夏季劳动保护、防暑降温工作，有效预防和杜绝中暑及生产安全事故的发生，确保上海邮政员工安全度夏，6月，上海邮政工会向各基层工会下发《关于做好上海邮政2011年夏季劳动保护、防暑降温工作的通知》，要求认真落实各项政策和规定，切实保障广大员工的安全与健康，同时还组织职工代表到11个生产一线单位进行劳动保护和防暑降温工作检查。8月中旬，上海邮政工会深入基层，对浦东浦电路投递支局、市南东安路投递支局、市西曹杨新村投递支局、市北鞍山路投递支局以及崇明县南门支局的投递员和窗口营业员进行高温慰问，向在高温作业的一线广大员工表示了诚挚的关怀，并送上慰问品，受到员工们的欢迎。（乐 瑾）

【上海邮政“安康杯”竞赛成绩喜人】 根据市总工会和市安监局有关文件精神，围绕“抓班组，提高管理水平；重教育，推进安全文化”竞赛主题，上海邮政组织开展2011年度“安康杯”劳动保护竞赛活动。活动分上海赛区和上海市邮政公司分赛区两个层面进行，公司下属各单位全部参加上海邮政分赛区的竞赛，其中有32家单位参加上海赛区的竞赛。竞赛取得丰硕成果，市西邮政投递局获全国“安康杯”竞赛优胜单位，闵行区邮政局、青浦区邮政局、集邮总公司、宝山区邮政局、市南邮政局、松江区邮政局、机要通信局获上海赛区优胜单位，报刊发行局获上海赛区优秀组织单位，市西邮政局石门二路邮政支局获全国“安康杯”竞赛优秀班组，市南邮政投递局丽园路投递支局、嘉定区邮政局外冈邮政支局获上海赛区优秀班组，闵行区邮政局局长、党委书记黄建中和青浦区邮政局局长、党委书记康国忠获上海赛区优秀个人。 （蔡俊皓）

【上海移动连续六年公布“员工健康状况报告”】 自2005年起，在为员工提供全方位体检服务的同时，上海

上海邮政工会高温慰问基层一线员工 （陆 彬）

移动公司工会每年初通过工会年报公布上一年全公司员工的健康状况报告，并提出有针对性的专项建议。此项做法得到了上级领导的高度评价，并将在各省市移动工会中全面推广。“中国移动上海公司员工健康状况报告”公布6年来，公司员工对自身的健康愈发重视，体检率逐年上升，2011年度为94.41%，较2010年上升6.73个百分点。（史 旭）

【上海电信崇明局运用“加减乘除”法推进“安康杯”竞赛】 崇明局围绕“安康杯”劳动保护竞赛目标，运用“加减乘除”法培育安康文化，打造全员安全价值观。(1)加强安全生产教育。围绕消防知识、外协施工单位特种工种安全作业等方面，分条线、分层次做好培训和演习，并组织员工安全常识现场答卷；以班组为单位，坚持“班前五分钟”安全提醒教育；组织员工参加“趣味运动会”，举行灭火器材使用、人员救助、逃生演练、安全隐患查找等活动，以练说教。(2)减精神压力，减工作压力。通过开展休闲拓展活动，跟踪员工健康状况，成立垂钓、摄影、乒乓、游泳等兴趣小组，放松员工身心；定期为员工推荐和购买各类安全保护、自我保健等书籍，开展“送温暖、送清凉”慰问，把组织的关爱及时送到一线员工的心坎上。(3)依靠科技手段，使安全效应不断放大。加大资金投入，确保安全生产资金到位；重视技防措施落实，完成对电信仓库视频监控安装，并对部分分局进行电子围栏安装，提高安全系数；配合崇明县公安局对陈家镇地区偷盗通信电缆案件进行侦查，同时在陈家镇重点区域安装电缆防盗报警装置和电缆防盗夹。(4)坚持开展多维度检查，消除安全隐患。坚持抽查与自查、专项检查与日常检查、条线检查与重点检查结合，对通信机房防火、消防应急通道畅通、易燃易爆物堆放等重点项目进行检查。同时持续重点关注外协施工队安全管理和特种设备的安全检测，及时消除安全隐患。（黄 玮）

【上海电信工会“六个结合”推进“安康杯”竞赛】 (1)全员参赛与加强竞赛组织管理相结合。建立健全三级竞赛网络组织，全面组织发动，公司下属基层参赛率达100%，参赛班组数为1451个，参赛人数达16298人。工会与行政联合制定出台《上海电信“安康杯”劳动保护竞赛管理实施办法(试行)》、《上海电信“安康杯”劳动保护竞赛基层综合测评考核细则》及《上海电信基层单位年度“安康杯”劳动保护竞赛综合测评表》，为竞赛的管理和考核向制度化、规范化推进提供基础保障。(2)宣传普及教育与增强全员安全意识相结合。网络学习与面授培训齐头并进，年内共对600名班组长进行“安康”知识培训，员工自身保护意识大大增强。(3)竞赛信息建设与推广竞赛先进经验相结合。创办竞赛简报，对工会网站中劳动保护栏目作进一步的完善和调整。同时，把先进单位的典型经验和特色举措汇编成册，发放各基层单位学习借鉴，有效促进竞赛管理水平。(4)监督检查与切实维护员工生命安全相结合。坚持开展“安康杯”竞赛中途检查和交流工作，组织职工代表巡视检查安全生产和防暑降温制度落实，同时公司领导也深入基层进行督察指导。(5)员工技术创新与提高安全技术防范相结合。工会把“查找安全隐患，提高安全防护手段”纳入合化建议征集主题，及时采纳员工合理化建议，把线务员工作使用的防绝缘A字型楼梯加装安全刹车，使扶梯变得更安全更轻巧，有效提高了线务日常作业的安全防护性。(6)企业安全文化与创建“安康杯”竞赛特色相结合。组建“车友俱乐部”，抓车辆安全；开展“安康”系列保健讲座；出版“安康”手册；推行“100招安康养生法”，做到月月有竞赛主题，季季有资金投入，使“安康”理念成为电信职工的共同追求。

（朱东亚）

副市长屠光绍慰问上海电信一线城市光网建设者　（朱东亚）

【上海电信金山局“五个重点”保安康】 (1)层层签订安全责任书，逐级落实安全责任，提高全体职工安全责任意识。(2)对相关岗位继续实行“一岗双制”考核，加强对承包方和承包企业的源头管理，并积极开展消防安全能力建设，提升消防安全的管理水平。(3)以“防火灾、防高坠、防触电、防中毒”为重点，查处现场作业中存在的“三违”、工程中违法违规的转包和分包、作业现场中的无证上岗，确保企业安全稳定。(4)提高职工的安全意识和安全防范技能，确保消防安全教育面覆盖率100%，确保职工各类特殊工种持证上岗率达到100%，确保外包作业人员安全操作证和特殊工种安全操作证的持证上岗率达到100%。(5)加大资金投入和管理，确保消防设施、局房、特种设备等符合规范要求，提高企业安全度。（朱东亚）

【上海电信信网部工会深入推进“安康杯”竞赛活动】 信网部工会以“心动力助推安康活动，抓管理确保安全履职”为主题，深入推进“安康杯”竞赛活动。组织安委会成员下基层进行安全生产责任教育巡讲活动，内容包括:安全生产法规教育、消防安全演练教育、保密安全教育,做到全员普及安全生产知识,切实增强“我要安全”的意识。同时积极组织安全生产检查,包括车辆技术状况检查、保养,以及对各物理点和机房的安全检查。开展“我爱我家”合理化建议活动,发动员工从本职岗位出发,寻找安全隐患。

(朱东亚)

【中交上航局东方疏浚工程分公司工会为一线船员送药送健康】 为保障船员健康,分公司工会根据施工船舶流动分散、点多面广,船员在船上看病不便的特点,配备医药箱及包括感冒药、消炎药、肠胃药、降压片在内的一些常用药,并根据船舶动态,采取多种途径及时把准备好的药品送往连云港、天津、曹妃甸等施工一线的船上。工会还为一些施工船舶添加血压计、日常健身器材(包括健身自行车、哑铃、踏板车等),让船员在工作之余舒缓压力、锻炼身体。 (杨建平)

【中交上航局多种形式调动职工参与安全生产】 为提高职工安全防范意识,强化安全生产群防群治,上航局工会结合企业实际,与安监部、团委组织开展“我与安全”大讨论、“安全生产金点子”和“鹰眼行动”隐患排查摄影大赛活动。活动共有2700多名职工参加,收到“安全生产金点子”82条、“鹰眼行动”摄影作品36件,其中选送3条“安全生产金点子”参加市“安全生产金点子”评选。 (杨建平)

【中交上海航道装备工业公司开展“质量、安全警示日”活动】 公司工会合同安监部以“安康杯”劳动保护竞赛为载体,把每年5月7日定为“质量、安全警示日”,组织员工开展以“质量、安全警示”为主要内容的竞赛活动。(1)组织一次班组学习。人人谈自己对质量、安全的认识和体会,进一步增强全员质量、安全意识和遵守规章制度的自觉性。(2)开展一次典型事故案例分析。从事故中汲取教训,真正提高全员参与质量管理和安全防范的能力。(3)悬挂或张贴一条“质量、安全警示日”活动宣传标语。营造人人“重视质量、重视安全”的氛围。(4)开展一次质量、安全“建言献策”活动。查找身边质量、安全薄弱环节,提出合理改进建议。(5)开展一次质量、安全隐患排查治理督查工作。重点是产品生产过程中的质量控制,季节性的防雨、防滑,施工过程中防高处坠落和防触电安全措施的落实情况等。 (杨建平)

【中交三航局工会多种措施保障防暑降温工作】 (1)防暑降温计划早制定严落实。5月份,局公司工会及下属分公司工会制定防暑降温工作计划。6月份,采购空调、冰箱、茶叶、毛巾、香皂等慰问品,并赶在高温天气来临之前,将空调、冰箱送到相应的项目部现场安装就位。7月份,公司党政工领导分头带队前往27个重大工程施工现场,看望慰问一线员工,并检查防暑降温工作落实情况。各基层单位党政工领导也相应开展走访慰问。(2)充分体现人文关怀。在检查和慰问中,督促各单位认真贯彻落实市政府以及市总工会关于高温作业的相关要求。在作息时间上,坚持“抓两头、放中间”,遇到35℃以上的高温天气,把作业时间集中在相对凉快的早晨和傍晚,防止人员中暑。在施工现场备足茶水,员工休息室里空调、清凉饮料等一应俱全。(3)突出关注农民工群体。检查过程中,重点检查各项目部对农民工队伍在高温季节的各项管理工作,采取多种措施切实保障农民工的身心健康安全,着重抓好“防中暑、防食物中毒、防流行性疾病”的“三防”工作。各项目部在施工现场均实行弹性作息时间,并加强对农民工食堂和宿舍的管理。 (黄书展)

【中远集运工会多种形式做好劳动保护工作】 (1)会同安全技术管理部组织开展“企业安全生产主题责任知识竞赛”,参与率达40.27%,征集安全生产合理化建议62条。(2)举办2期劳动保护监督检查员培训,发挥三级工会劳动保护网络作用。(3)针对夏季安全生产与劳动保护工作的特点,开展高温走访慰问活动和食堂安全卫生检查,保障职工在夏季劳动生产过程中的安全与健康。(4)与安全技术管理部组成联合检查组,前往部分船舶、基层单位进行安全、劳动保护专项检查,着力解决安全生产中存在的突出问题,确保公司安全生产的平稳态势。(5)建立“劳动安全知识题库”,用信息化管理手段推进船舶安全生产知识学习制度化、规范化和常态化。 (钱 华)

【锦江航运从四个方面推进“安康杯”竞赛活动】 (1)组织学习宣传和培训,普及安全知识,营造活动氛围。(2)以PSC为标准,积极推进自查自纠整改落实工作。(3)以安全警示教育为载体,积极推进人人参与安全管理的良好格局。(4)积极推进和完善安全生产的制度化、常态化管理机制。同时重视“四个结合”,一是与落实季节性安全工作相结合,二是与落实培训计划、提高船员应知应会能力相结合,三是与落实职工职业安全卫生和防高温措施相结合,四是与“立足岗位争一流,节能减排作贡献”为主题的劳动竞赛相结合。 (田 冰)

【上海机场召开“安康杯”竞赛经验交流表彰会】 7月4日,上海机场集团在浦东机场消防急救中心召开“安康杯”竞赛活动经验交流表彰会,市总工会、市安全监督管理局和集团公司领导及集团下属各单位相关领导90余人参加会议。10家获得全国、上海市、民航及集团级“安康杯”竞赛活动优胜企业的单位上台领奖。会上,股份公司消防急救保障部、航油公司,虹桥公司航空服务分公司、安检护卫保障部,实业公司快通物业公司交流各自开展“安康杯”竞赛活动的经验。

(鲁荣胜 陆敏峰)

【上海电务电化公司工会高度重视劳动保护工作】 公司把安全视为职工生命线,视为企业的永恒主题。公司工会切实加强劳动保护监督和检查,按照三级管理、四级网络系统的要求,健全工会劳动保护监督检查网络和体系,使之形成有效载体和长效机制。在工程施工中,公司工会以基础工作为抓手,以现场管理为重点,发挥专兼职安全监督检查员的作用,以“啄木鸟”的精神和“唱红脸”、“钻牛角尖”的态度,大胆开展工作,切实保障职工职业安全卫生合法权益,为促进企业安全管理水平的提高发挥积极作用。

(钱 蓉)

【上海电务电化公司深入开展职工“安康杯”竞赛】 4月起，公司全面开展职工“安康杯”竞赛。竞赛中，公司工会着力深化“三项行动”（安全生产执法行动、治理行动、宣传教育行动）和“三项建设”（安全生产法制体制机制建设、安全生产保障能力建设、安全生产监管监察队伍建设），积极组织实施群众性安康工程，不断提高广大职工的安全健康意识和素质，全面推进现代化企业的安全生产管理和安全运行。同时，公司工会高度重视企业安全生产民主管理工作，公司各级工会认真参与企业内有关涉及职工职业安全卫生等规章制度的制定和修改，强化“安全岗位检查表”的推广，并积极发挥企业职代会作用，切实保障职工职业安全卫生合法权益。（钱 蓉）

【上海和谐型大功率检修基地工程项目部开展安全生产理念用语征集活动】 为进一步推动项目安全文化建设，传播先进的安全生产理念，积极营造“关爱生命、关注安全”的氛围，年初，工程项目部组织开展安全生产理念用语征集活动，征集有关安全生产方面的标语、口号、警句、谚语、格言、座右铭等，包括新创作的原创作品和收集作品。征集活动得到广大职工的积极响应，共征集到安全生产理念用语近百余条，内容包括铁路有线施工、建筑、消防、交通、用电等各个方面，其中，不乏有员工自己原创的精辟用语。（钱 蓉）

【建工集团工会突出重点推进“安康杯”劳动保护竞赛】 （1）坚持安全为先、预防为主，定期、扎实地开展群众性安全生产监督检查工作，及时整改、消除安全隐患和职业危害，把排查活动落实到每一个班组、每一个环节、每一个岗位。（2）坚持突出重点、分类指导，以农民工、劳务派遣工为重点对象，抓实抓细安全生产的管理监督和源头治理。同时通过抓好安全生产培训、技能培训、特殊工种上岗培训，提高职工安全生产和自我保护能力。（3）继续抓好一线生产班组管理，注重班组的“班前管理、班中管理、班后管理”工作，并结合集团安全活动日和“安全生产月”，开展群防群治活动，增强安全管理的预见性。（4）坚决执行安全生产“一票否决”制，努力降低事故发生的频率，做到安全生产管理覆盖每一项在建工程，基本实现重大工程无较大安全事故的工作目标。（杨钟春）

【建工集团工会举办劳动保护干部业务培训班】 6月9日，集团工会举办“上海建工集团工会劳动保护干部业务培训班”，集团下属各单位工会分管主席、劳动保护干部，部分基层工会负责人和项目劳动保护兼职人员共80多人参加培训。培训班分别就“当前形势下工会如何做好劳动保护工作”和“进一步强化施工现场安全生产、劳动保护及相关法律法规”等作了专题辅导。参加培训的人员还进行了劳动保护业务知识的考试，进一步提升业务知识和工作能力。（杨钟春）

上海电务电化公司举行“安康杯”竞赛签名活动 （钱 蓉）

【建工集团华建厂工会坚持“九招”强化劳动保护工作】 （1）不断健全完善安全生产劳动保护组织网络，明确职责，责任到人。（2）坚持班组班前和外出安装调试工作前的安全交底工作，常抓不懈。（3）坚持定期对班组长和安全员进行安全生产劳动保护培训。（4）结合“安全生产月”开展职工安全承诺签名全覆盖活动。（5）组织职工积极参加“安康杯”征文活动和“安全生产合理化建议”征集活动。（6）充分利用黑板报、宣传橱窗、标语横幅、广播录像等宣传手段，广泛宣传普及安全知识。（7）组织职工参加“安康杯”知识竞赛。（8）对企业213名劳务工开展安全生产劳动保护培训，并对测试优良者给予表扬和奖励。（9）坚持开展“119安全警示日”系列活动，切实增强职工安全意识，为创建平安企业打下扎实基础。（杨钟春）

【城投系统开展“我为企业安全生产作贡献”系列活动】 为进一步提高职工参与安全生产工作的积极性和主动性，总公司工会于四季度开展以“以人为本，关注安全，关爱生命”为主题的“我为企业安全生产作贡献”系列活动。活动面向城投系统所有参与重大工程建设和承担城市运行管理任务的单位，主要围绕企业安全生产和劳动保护中存在的主要矛盾、突出问题和薄弱环节，通过开展安全大讨论、征集安全警示句、班组安全工作讲评会、一封安全家书、选树安全生产“1000班组”示范点、职工代表专项巡视等活动，全面推进公司系统现代化安全生产管理、安全文化建设和安全健康培训教育，取得良好效果。（朱文慧）

【市绿化市容局工会和市容环境行业工会举办《中暑预防与急救》讲座】 7月19日，邀请华东医院主任医生丛燕主讲《中暑预防与急救》知识，来自各区县绿化和市容管理部门、作业公司的工会领导、工会劳动保护干部以及基层工会劳动保护安全员、班组长、一线职工代表等150余人聆听讲座。丛燕医生从中暑的定义、中暑的症状、容易发生中暑的人群、高温对人体的危害、预防中暑的对策等方面，列举诸多案例告诫大家对高温中暑如何预防与急救，并以互动形式解答听课者提出的各种问题，对确保职工安全度夏发挥积极指导作用。（唐鸿仙）

【上海水产集团工会扎实推进“安康杯”竞赛】 集团工会通过各种形式积极组织、宣传、发动广大职工投身“安康杯”劳动保护竞赛，并利用竞赛活动平台，使工会工作紧贴推动企业安全文化建设，紧贴加强企业生产安全管理，紧贴提高一线职工群众安全生产意识，为构筑集团安全预防控制体系做出了成绩。同时，为发挥班组在安全管理中的重要作用，集团工会召开了2011年“安康杯”竞赛暨班组安全建设交流会，金优公司深冷船队海上08轮、开创公司开富号轮等5个渔轮、班组的代表，分别围绕班组如何抓好安全建设课题在会上交流发言。（黄永康）

【市医务工会开展安全检查】 4月19日至22日，市医务工会会同市卫生局，抽调专业人员18名，分4个检查组，对32家市级医疗卫生机构，进行生产安全、消防安全、内部治安保卫、职工劳动保护监督和隐患排查治理行动，并对前期安全大检查中查出的问题进行跟踪督查。此次检查共查出各类事故隐患和危险因素50余项，没有发现严重的安全生产隐患。（童秀妹）

【市监狱局工会加大劳动保护监督力度】 （1）积极投入安全生产月活动，深入基层进行安全生产大检查，发现隐患及时要求相关部门整改。（2）开展形式多样的安全生产教育宣传活动，如黑板报评比、演讲征文比赛、知识竞赛、安全讲评、案例分析、专题培训等，提高全员安全意识。（3）高温期间，对基层单位的防暑降温工作进行重点检查。同时分10路前往局属各基层单位进行高温慰问，慰问金达30万元。（4）重点加强对租赁场所和特种设备的管理，并抓好管理人员安全教育和岗位培训等工作，切实保障从业人员的健康和生命安全。（江海群）

【锦江国际集团工会积极推动安全生产工作】 （1）广泛开展“安康杯”竞赛活动，进一步建立健全各基层企业安全生产和劳动保护的各项规章制度。（2）发挥企业民主管理优势，加大工会安全生产培训和劳动保护源头参与的力度，同时积极配合行政开展“安全生产月”活动。（3）发挥各级工会监督作用，保障职工的生命安全和健康。2011年共参加安全生产检查622次，参与处理工伤事故42件。（4）组织职工积极参与“安全生产金点子奖”评选活动，共征集评选“金点子”25条，上海建国宾馆的《动火工具，分拆保管》获上海市安全生产金点子“优胜奖”。（张祥伟）

【上实集团工会开展年度“安康杯”系列活动】 为进一步加大安全宣传教育力度，形成集团上下共同关心安全工作的良好氛围，从3月中旬至4月中旬，集团工会以“安全重于天，防范靠你我”为主题，开展2011年度“安康杯”安全生产和安全防范宣传教育“五个一”系列活动，包括开展一次安全知识竞赛、举办一次安全宣传讲座、赠送一张安全教育光盘、进行一次安全志愿宣誓，以及发出一份安全防范倡议书等。其中，安全生产知识竞赛共有4000余名职工参加，最终评出一等奖8人、二等奖10人、三等奖16人，以及“最佳金点子奖”7人。（杨铁军）

【绿地集团工会依托“安康杯”竞赛抓紧安全生产和教育】 集团工会以开展“安康杯”竞赛活动为契机，根据集团下属各单位的不同情况，开展具有针对性的安全生产、教育和培训工作。集团下属绿地建设集团为建筑施工单位，针对建筑施工企业的特点，绿地建设集团以贯彻市政府《关于进一步规范本市建筑市场，加强建设工程质量安全管理的若干意见》为重点，夯实安全管理基础，健全安全生产网格化管理；集团下属云峰集团以能源为主业，为安全生产重点领域。为此，云峰集团工会与风险管控中心联合开展安全教育培训和安全知识竞赛，进一步提高职工的安全思想意识，改进安全防范措施，丰富了安全活动内容。同时，绿地集团下属各房地产开发、商业地产运营管理、物业管理等单位也进一步强化安全管理职能，积极开展消防安全知识讲座、演练和检查工作，并进一步加大安全隐患排查力度。（王洋洋）

【工会学院承办奉贤区安全生产管理企业法人培训班】 3月23—26日，奉贤区安全生产管理企业法人培训班在工会学院举行。培训班利用学院安全技术管理专业平台，围绕奉贤区企业安全生产管理工作实际，通过学习安全生产法律法规、危险化学品安全、消防安全、特种设备使用安全等课程，全面提高安全生产监管人员的业务素质和工作能力。来自奉贤区各行业近500名企业法人参加培训。（卢 锟）

锦江乐园工会举办职工安全生产培训班 （张祥伟）

保障政策文件选编

关于进一步规范市国资委系统国有企业劳务派遣用工的指导意见

沪国资委综合〔2011〕191号

为贯彻落实科学发展观，推动市国资委系统按照《关于规范本市劳务派遣用工的指导意见》精神，维护劳务派遣员工的合法权益，构建和谐劳动关系，发挥好国有企业引领示范作用，现就规范市国资委系统国有企业（以下简称企业）劳务派遣用工提出以下指导意见。

一、深刻认识规范劳务派遣用工对于企业转型发展的重要意义

劳务派遣员工是企业重要的人力资源，是企业生产力、创造力的重要组成部分。打造一支稳定忠诚、具有高素质和高技能的核心员工队伍，对于企业实现更好更快发展起着至关重要的作用。企业应转变观念，提高认识，摒弃"换人增效"的错误理念，致力于通过创新和转型，不断提升企业核心竞争力，从实现可持续发展的战略高度，积极主动地将劳务派遣用工问题纳入人力资源战略统筹规划，用科学的用工制度，促进企业健康有序可持续发展。

二、结合实际合理确定"三性"岗位

企业要按照《劳动合同法》规定，结合行业实际和企业、岗位特点，通过集体协商方式，合理确定临时性、辅助性、替代性岗位范围，明确要求管理岗位和关键技术岗位应以使用劳动合同制员工为主，逐步减少非"三性"岗位使用劳务派遣比例，依法维护劳动者的合法权益。

三、施行规范统一的薪酬分配体系

企业要建立统一规范的内部薪酬分配制度，将劳务派遣员工与劳动合同制员工（以下合称企业员工）纳入同一薪酬管理与业绩考核体系，破除工资分配中的"二元"结构，按照企业的特点，综合考虑岗位、资历、学历、技能和绩效等因素，建立企业员工正常工资调整机制，并纳入集体协商的范围。

企业要重视改善劳务派遣员工的福利待遇，有条件的要将其纳入集体协商的内容。结合行业和企业特点，积极创造条件，采取有效措施，逐步提高水平。在劳动保护方面，要以人为本，一视同仁，为企业员工提供同等的、充分的保障。

企业要按照国家和本市统一的社会保障政策，按时足额支付劳务费用，督促劳务派遣公司依法缴纳劳务派遣员工的各项社会保险费用，做到应保尽保。

四、建立劳务派遣员工身份转换机制

企业要制定吸纳劳务派遣员工转为劳动合同制员工的制度，明确标准，畅通渠道，将符合企业用人要求的优秀高技能劳务派遣员工，有计划地转为劳动合同制员工，并予以正常的晋职、晋级，充分调动他们的工作积极性，进一步增强他们对用工单位的归属感，提高企业凝聚力。企业集团应将有关制度与计划报主管部门备案。

五、加强党工团组织建设，完善民主管理机制

企业要督促劳务派遣公司建立健全党工团组织，通过多种形式，共同组织开展教育活动，加强对入党、入团积极分子培养与吸收，积极发挥他们的先锋模范和带头作用。

企业要积极吸纳劳务派遣员工参加本单位工会组织，参与民主管理，维护合法权益。对已加入劳务派遣公司工会的劳务派遣员工，企业工会应积极协助劳务派遣公司工会做好会籍管理、工会活动和权益维护工作。

企业要认真贯彻《上海市职工代表大会条例》，在加强劳务派遣公司职工代表大会建设的基础上，积极探索吸纳劳务派遣员工参加本单位职工代表大会的具体办法。企业未吸纳劳务派遣员工为职工代表的，职工代表大会应当有劳务派遣员工列席参加。要积极帮助劳务派遣员工解决"三最"利益问题，教育引导他们依法理性维护自身合法权益。

六、加强教育培训，提高劳务派遣员工的素质

企业要将劳务派遣员工的培训工作纳入企业员工教育培训体系，同步规划，同步实施，同岗同训。要结合岗位要求，有针对性地开展法律规章、企业文化、安全生产、产品质量、操作技能、职业病防范等岗位培训，提高劳务派遣员工的专业技能和综合素质。要通过高师带教、技能竞赛和新技术学习交流，使劳务派遣员工不断更新技术知识，提高技术水平，提升技能等级。要鼓励和支持劳务派遣员工通过各类专业技能培训，取得相关政府部门考核颁发的职业技能证书，帮助他们不断提升技能水平，开拓更广阔的职业发展空间。对有专业技能持证上岗要求的岗位，要确保通过考核取得相关证书后方可上岗，并按规定进行资质复审。

七、建立优胜劣汰机制，提高劳务派遣公司履行义务能力

企业要通过市场竞标，选择资质过硬、信誉良好、实力较强、管理规范的劳务派遣公司，通过签订派遣协议，规范企业与劳务派遣公司的权利与义务。要建立定期考核评审制度，对不认真履行协议、管理不规范的劳务派遣公司，要依法终止派遣协议，及时予以清退。通过建立优胜劣汰机制，逐步减少劳务派遣公司数量，提高劳务派遣公司的规范化、专业化水平。

企业要督促劳务派遣公司加强对劳务派遣员工在生活健康、遵纪守法、安全稳定等方面的教育、管理与服务，提供必要的经济与物质条件，增强责任和风险防范意识，提高履行义务能力。

企业要与劳务派遣公司建立紧密的联系协调机制，经常督促检查劳务派遣公司与劳务派遣员工签订劳动合同、支付劳动报酬、缴纳社会保险费用等情况，对管理中发现、发生的问题要及时沟通，协调解决，督促劳务派遣公司认真履行相关义务。

八、加强对劳务派遣工作管理，提高指导与服务水平

企业要认真执行法律法规政策，接受政府部门监管与检查，接受行业规范与指导，加强自律，不断规范劳务派遣用工管理。要按照有关规定，实行对劳务派遣用工情况的动态监管。

企业集团要经常对系统内劳务派遣用工情况开展检查指导，加强对劳务派遣工作管理，不断提高指导、管理与服务水平。

劳模

Model Worker

上海工会年鉴

2012

综　述

2011年，市总工会大力弘扬工人阶级伟大品格和劳模时代精神，切实做好劳模管理和服务工作。(1)弘扬先进，选树典型。开展2010年度全国和上海市五一劳动奖状(章)、工人先锋号推荐、评选工作，有10个集体和51名个人获得全国五一劳动奖状(章)，39个集体获得全国工人先锋号，50个集体和100名个人获得上海市五一劳动奖状(章)，234个集体获得上海市工人先锋号。召开上海市五一表彰大会表彰全国和上海市五一劳动奖状、奖章和工人先锋号获得者，广泛宣传劳模先进的感人事迹，在全社会营造学习劳模、争当劳模的良好氛围。(2)加大劳模关心帮扶力度。及时、规范、有序发放2010年全国劳模“三金”，并积极与政府相关部门协调，推动市政府出台市劳模“三金”政策。根据市政府通知精神，从2011年起，本市将建立市劳模春节慰问金、低收入补助金、特殊困难帮扶金及市劳模体检制度。(3)加强劳模管理服务机制建设。分条线召开4次劳模工作例会，就加强劳模管理服务工作、完善工作体制听取意见和建议。在此基础上，召开劳模专题工作会议，印发《上海市总工会关于进一步加强本市劳模管理服务工作的意见》，进一步建立健全劳模管理服务体制机制。(4)加强劳模信息基础管理。建立健全劳模数据库信息化管理系统和动态更新机制，提高劳模管理服务工作信息化水平。(5)组织劳模疗休养。先后组织“红色之旅抒豪情，永达携手劳模行”——劳模参加纪念建党90周年活动，全国劳模赴北戴河、黑龙江、庐山、广西、海南疗休养活动以及市劳模赴云南疗休养活动等。据统计，全市各级工会共组织6212名劳模开展纪念建党90周年活动，组织3537名劳模开展疗休养活动。　(李卫军)

学习宣传劳模

【2011年上海市五一劳动奖状(章)评选结果揭晓】　2011年，上海有10个集体和51名个人获得全国五一劳动奖状、奖章，有39个集体获得全国工人先锋号；50个集体和100名个人获得上海市五一劳动奖状、奖章，有234个集体获得上海市工人先锋号。在51名全国五一劳动奖章获得者中，一线职工和专业技术人员有28名，占55%；农民、农民工4名，占7.8%；科教人员11名，占21.6%；企业负责人4名，占7.8%；县处级党政领导干部2名，占3.9%；女职工13名，占25.5%。100名上海市五一劳动奖章获得者中，一线职工和专业技术人员59名，占59%；农民工5名，占5%；科教人员20名，占20%；企业负责人7名，占7%；县处级党政领导干部3名，占3%；女职工16名，占16%。这次当选的全国、上海市五一劳动奖状、奖章及全国、上海市工人先锋号覆盖面广，行业分布合理，重点行业、领域比较突出，时代特点凸显。既有制造业、服务业，也有高新产业、科教文卫、农业等系统的代表；既有机关、国有企事业单位的代表，也有非公有制、股份制企业的代表。其中，非公有制企业及股份制企业的单位、班组、职工在上海市五一劳动奖状、奖章和上海市工人先锋号中的比例均大于30%。在一线职工和专业技术人员中，既有在发明创造和开发研制新产品、新技术、新工艺和开拓国内、国际市场方面做出突出贡献的专家、教授，也有在本职工作岗位上勤奋学习、努力工作、甘于奉献的岗位技术能手。　(李　伟)

市总工会在地铁车站举行“劳模风采”五一巡展揭牌仪式　(吴良荣)

【市总工会开展“劳模风采五一巡展进地铁”活动】　4月29日—5月7日，市总工会、申通地铁集团公司共同开展“劳模风采五一巡展进地铁”活动。以老劳模杨怀远、程德旺、马人俊，知识型工人专家包起帆、李斌、徐小平，科教文卫行业带头人俞卓伟、樊嘉、于漪、周小燕，院士劳模邓子新、王恩多、林鸿宣，窗口行业全国劳模吴尔愉、朱慧慧、马卫星、何颖、郑勇，农民工劳模朱雪芹、李影、洪刚等39名全国劳模、全国五一劳动奖章获得者、市劳模为宣传对象，制作形象宣传画，在人民广场、徐家汇等地铁换乘通道内的50个灯箱广告中进行劳模形象公益宣传展示，扩大劳模精神的影响力和号召力。4月29日，举行“劳模风采五一巡展进地铁”揭幕仪式，全国劳模李斌、徐小平等共同为劳模灯箱广告揭幕。　(陈　旖)

【徐汇劳模开通微博】　徐汇区总工会利用互联网现代科技传播手段在职工群众中的影响力，积极推动劳模微博群的建立。在区总工会官方网站上开辟“劳模风采”宣传专栏，指导基层工会为有条件的劳模开设“劳模微博”，建立徐汇劳模微博群，逐步形成宣传劳模精神的网络氛围。2月24日，全国五一劳动奖章获得者、全国卫生系统先进个人、上海市先进工作者——大华医院飞燕输液护理组护士长宣飞燕以“大华飞燕”的网名开通微博。3月，全国劳模、被广大职工喻为都市交通“调音师”的雷树森也开

通了微博。与其他个人微博不同的是，"劳模微博"将更多的目光投注到"服务"二字上。（丁冠伟）

【普陀区庆祝新中国第一个工人新村——曹杨新村建村60周年】 5月21日举行。市委副书记、市长韩正发来贺信，市委副书记殷一璀出席会议并讲话。曹杨新村是解放以后上海新建的第一个工人新村，也是全国最早建设的工人新村。1952年5月，全市包括114名劳动模范和一大批先进生产者在内的1002户居民搬入了曹杨新村，获得了"劳模村"的美誉。（赵 勇）

【嘉定区劳动模范协会召开第四次会员代表大会】 5月18日召开，区劳模协会第四次会员代表大会代表、区劳模协会第三届理事会理事和各镇、街道，嘉定工业区、菊园新区及有关委、局、公司工会主席参加会议。大会表决通过《嘉定区劳动模范协会第三届理事会工作报告》，选举产生嘉定区劳动模范协会第四届理事会理事。在随后召开的嘉定区劳动模范协会第四届理事会第一次会议上，区总工会党组书记、副主席金伟荣当选为理事会会长，聘请区委副书记曹一丁，市劳模、区委常委、副区长费小妹，区人大常委会副主任、区总工会主席沈贵楚担任区劳模协会第四届理事会名誉会长，聘请区府办主任、区评选办主任赵志坚，市劳模、嘉定工业区党工委书记郁建华，市劳模、嘉定新城发展有限公司总裁李俭担任区劳模协会第四届理事会名誉副会长。（徐 浩）

【嘉定职工开展"学劳模、跟党走、促转型"主题实践活动】 为进一步弘扬劳模精神和工人阶级伟大品格，区总工会在全区职工中开展"学劳模、跟党走、促转型"主题实践活动。全区各行各业的工人先锋号班组以行业、区域内具有代表性的劳模为学习对象，通过走近劳模，了解劳模的工作、学习和生活，感悟劳模精神，从而推动形成学习劳模、争当劳模的良好社会氛围。6月23日，区总工会举行嘉定职工"学劳模、跟党走、促转型"主题实践活动汇报会，通过工人先锋号和劳模结对学习、岗位建功成果发布的形式，向党的90华诞献礼。（徐 浩）

5月18日，嘉定区劳动模范协会第四次会员代表大会召开

（张方明）

【松江区总工会切实做好劳模工作】 (1)大力弘扬劳模精神。汇编《劳模风采(续)》一书，收集近年来获得全国劳动模范、全国五一劳动奖章、市劳动模范、市劳模集体、省部级先进工作者和先进集体的事迹，反映松江区先进模范人物和先进集体的业绩和风采，并通过松江电视台、《松江报》进行宣传，号召全区职工向劳模学习。(2)营造关爱劳模氛围。元旦春节期间，区领导亲自带队慰问特困劳模58人，慰问走访全国劳模14人，发放慰问金13万元。全年基层工会走访慰问生病住院劳模和病故劳模家属20人，发放慰问品360份。为更好地做好劳模工作，还开展劳模生活情况调查。(3)关爱劳模身心健康。组织150名退休劳模参加健康知识讲座，组织142名退休困难劳模参加体检，组织200名劳模参观辰山植物园，感受上海和松江的新变化；为劳模订阅《劳动报》280份、健康杂志350份；落实劳模信访制度，接待来信来访劳模，听取反映问题，及时为他们排忧解难。（林丽华）

【市电力公司工会举办劳模事迹图片展】 2011年，市总工会首次命名20家以劳模名字命名的劳模创新工作室，市电力公司超高压公司全国劳模杨庆华创新工作室榜上有名。市电力公司工会以此为契机，开展一系列宣传活动，引导员工在安全生产、电网建设、营销服务、经营管理等方面广泛开展技术攻关、技术革新和发明创造，用创新增强企业可持续发展实力。其中通过举办《聚焦劳模，感动你我》上海电力劳模事迹图片展，展示杨庆华、陈国恩等上海电力建国以来荣获全国劳模、全国五一劳动奖章、市劳模、中央企业劳模、国家电网劳模等称号的41位在职劳模的事迹。国家电网公司职工代表巡视检查组一行在上海巡视检查期间，参观图片展并给予肯定。（余传毅）

【上海电建公司工会推出八项举措增强劳模辐射效应】 为发挥劳模先进的引领作用，公司工会制定"劳模先进示范基地"3年行动计划，成立了创建活动领导小组和工作小组。公司工会通过基层推荐、专家遴选、组织审批等程序，把分散在基层单位的劳模先进资源整合在一起，先后命名两批"劳模先进示范基地"，并逐步推出"劳模讲堂"、"劳模带教"、"劳模工作室"、"劳模创新示范点"、"劳模先进工作法"、"劳模论坛"、"劳模网上荣誉室"、"劳模关爱机制"等8项管理模式。通过努力，"劳模先进示范基地"已经成为弘扬劳模精神、展示劳模风采、孕育劳模文化的载体，在推进企业实施人才强企战略中发挥积极作

用。“劳模先进示范基地”活动获得国家电网公司精神文明建设创新奖，并在市经信委有关会议上作交流。

（季天培）

【上海电信网运部“张慧英劳模工作室”揭牌成立】 7月成立。工作室由上海市劳模张慧英和若干名优秀业务管理员组成。工作室秉承以“劳模为引领、骨干为中坚、带教为手段、提升为目的”的原则，在总结、提炼“英子操作法”的基础上，通过技术交底授课法、服务细节观摩法、技术操作分析法、业务流程优化法、岗位练兵帮教法等多种手段和途径，发挥典型效应，推广劳模经验，将劳模先进经验转化为群体技能优势，带动112业务受理员整体素质的全面提升。（颜　聘）

【上海电信网运部工会发行《网运部世博通信保障“群英谱”》】 上海电信网运部工会于1月在上海电信博物馆举办企业文化日启动暨《网运部世博通信保障“群英谱”》授书仪式。在2010上海世博会期间，全体网运职工以“全业务、全方位、全天候”的工作构筑智慧世博的信息场，完美演绎“城市，让生活更美好”的主题。网运人员以自己的一言一行实践“投身世博、服务世博、奉献世博、建功世博、感动世博”的庄重承诺，为保障世博通信畅通作出积极贡献。其中涌现出许多感人故事、先进人物。网运部工会用朴实的文字、真实的图片、具说服力的数字记载下网运人拼搏奋斗的184天，汇聚成《网运部世博通信保障“群英谱”》，以传播网运人的拼搏故事，弘扬世博保障的电信精神。

（颜　聘）

【长江口航道管理局开展向工程建设“杰出人物”学习活动】 世界最大的河口整治工程——长江口深水航道治理工程历经40年潜心研究、13年建设，于2011年5月18日通过国家验收，涌现了一批勇挑重担、无私奉献、追求卓越、有突出贡献的先进集体和先进个人。5月19日，交通运输部在上海召开长江口深水航道治理工程建设总结表彰大会，授予11名院士、专家“杰出人物”称号。为发挥先进人物的示范引领作用，8月下旬，局工会决定，在全局职工和参与长江口深水航道治理、维护工程建设的设计、科研、施工、监理及相关管理单位中开展向“杰出人物”学习活动，鼓舞和激励全体建设者为推进长江口航道事业科学发展作出新贡献。（钱　蓉）

【上海建设交通系统举办庆祝建党90周年劳模先进事迹报告会】 5月31日举办。报告会集中展示建设交通系统9位劳模的先进事迹，集中体现敢为人先的进取精神、攻坚克难的拼搏精神、求真务实的科学精神、一丝不苟的实干精神、凝聚人心的团队精神、为民服务的敬业精神。建设交通系统各局、单位，各区（县）建设、交通、水务、房管、市政、绿化、市容等行业单位党政分管领导和宣传、工会、共青团等部门负责人以及劳模先进、职工代表等700余人出席报告会。（钱　蓉）

市教育工会召开劳模校园新星座谈会　（张渭明）

【建工集团工会开展“劳模进校园”活动】 5月20日在建峰学院举行“劳模进校园”暨劳模讲师团成立启动仪式。建峰学院院长为劳模讲师团成员颁发德育导师聘书，集团工会领导到会祝贺。会上，劳模讲师团成员分别向学生代表讲述了自己的成长经历、工作情况和人生感悟，并一一回答了学生们的提问，受到广大学生的热情欢迎和高度评价。（杨钟春）

【百联集团工会举行“激情在百联”先进表彰大会】 11月11日举行，对2009—2010年度公司优秀员工、先进集体、销售状元、服务品牌和管理能手进行表彰，14个集体和52名个人被授予荣誉称号。大会以纪实片的形式介绍先进代表的典型事迹，并现场采访世纪联华安徽巢湖店店长周平、外轮供应公司工会主席王瑞等5位先进代表，1200多位职工参加大会。

（姜　杰）

【市教育工会评选表彰2011年“校园新星”】 为进一步弘扬人民教师优良的师德师风，不断提升上海教师的学识魅力和人格魅力，市教育工会开展教育系统2011年“校园新星”评选工作，为全市众多的中青年教职员工提供一个展示专业才能的平台。活动自5月启动以来，得到各高校、直属单位及区县教育局的积极响应。各单位纷纷通过举行擂台赛、交流评审会等形式，开展“校园新星”评选活动，促进广大教师特别是青年教师的专业成长，提高学校教学、科研、管理、服务水平。经评审，复旦大学楼红卫、上海市位育初级中学瞿军等50人获得上海市教育系统2011年“校园新星”称号。（沈　瑶）

【市卫生系统举行庆祝建党90周年劳模专家大型义诊活动】 7月2日，在淮海公园举行。市总工会副主席杜仁伟，市卫生局局长徐建光，市卫生局党委副书记、市医务工会主席黄红出席活动。来自全市30家二、三级医疗卫生单位的近百名劳模专家为1500余位市民提供咨询诊疗服务。全国劳模、华东医院党委书记、院长俞卓伟代表市卫生系统劳模，在义诊活动上向全市医务工作者发出了“提高医疗服务能力与质量”的倡议。（柯　婷）

培育提高劳模

【市总工会命名首批上海市劳模创新工作室】 5月15日，首批20个上海市劳模创新工作室在2011年全国科技活动周暨上海科技节启动仪式上命名挂牌，市著名劳模孔利明、徐小平所领衔的创新工作室榜上有名。劳模创新工作室是由一名在技术、业务方面有专长，有一定的理论水平、工作经验、创新能力和创新成果的劳动模范作为领军人物，有相关人员构成的创新团队，同时满足“有场地、有任务、有课题、有经费”等基本条件。劳模创新工作室的主要任务是弘扬劳模精神，发挥劳模作用，积极围绕企业生产技术难题，开展技术攻关和技术创新，推动企业增强核心竞争力。并积极发挥劳模“传帮带”作用，通过技术培训、技术交流、高师带徒等活动，推动和带领广大职工成为知识型、技能型、创新型职工。（李　伟）

【市总女职工委员会组织先进女职工进京参观学习】 市总女职工委员会组织来自各行各业的200多位女劳模、女先进代表，于3月18日启程参加全总女职工部举办的先进女职工代表进京参观学习活动，与全国各地的先进女职工进行交流学习。此次活动特别向在上海世博会筹办和运行保障中作出突出贡献的女职工进行倾斜，上海市市容环卫行业工会、城市交通行业工会、申通地铁集团工会等均组织获世博先进的女职工前往。（朱莉颖）

【徐汇区总工会着力打造劳模创新工作室】 区总工会在徐汇区房屋维修应急中心、上海现代电梯工程有限公司分别设立了劳模创新工作室。其中，区房屋维修应急中心的“王海斌创新工作室”建于9月，提出“全员劳模式服务”的理念，对服务流程进行系统梳理，尽力为客户提供标准化、精细化服务。同时还成立先进设备学习小组，结合实践操作，对现有设备进行改良，并研究制定房屋维修业务领域的“判、听、看、探、定”五步工作法，提高应急维修效率；现代电梯工程有限公司的“黄胜发创新工作室”建于8月，其11名成员主要来自黄胜发任组长的电梯维修班组，其中高级技师3名、技师3名、高级工1名。该工作室现已制定创建标准及学习、研发制度，并在年底前完成了“电梯控制系统节能减排”、“电梯管理软件系统的应用”两项课题研究。（沈蓓华）

【李治国大型数控操作技术工作室被命名为“市劳模创新工作室”】 5月16日，该工作室被市总工会命名为“上海市劳模创新工作室”。李治国是全国劳模，以他名字命名的大型数控操作技术工作室成立以来，先后完成了一些重大项目和技术攻关创新项目，其中不少技术攻关项目采用一体式加工方式，从而实现了大锻件工艺技术突破。同时，首钢轧钢机架加工的完成标志着上海电气集团在冶炼浇铸、起吊能力、运输能力和加工能力等多方面的综合能力处于国内领先地位；在核电蒸发器制造加工深孔钻头刃磨中，经过他的创新，加工每块管板可节约近7万元，全年加工可节约近百万元。（冯克华）

【化学工会举办劳模化工操作高级技师培训班】 为提升劳模自身素质，工会专门组织举办劳模化工操作高级技师培训班，共有15位劳模参加培训。通过240课时、历时半年时间的强化培训，所有参加培训的劳模均已通过考核，获得国家高级技师的技能等级资格证书。（鲁德翔）

【纺织集团建立首个劳模创新工作室】 在纺织工会和申达股份的指导与关心下，上海汽车地毯总厂有限公司于11月28日举行“龚杜弟劳模创新工作室”揭牌仪式。纺织工会主席吴光玉、纺织集团公司副总裁沈耀庆出席仪式，并为“龚杜弟劳模创新工作室”揭牌。为支持和发挥劳模创新工作室在企业产品研发、技术攻关、后续人才培育方面的引领作用，纺织工会专门拨发了特别资助款，以帮助工作室正常运转、早出成果。（杜伟钧）

【上海飞机设计研究院工会以“3335”模范工程打造民机劳模群英谱】 研究院工会围绕ARJ21新支线飞机和C919大型客机两大型号研制、张江设计研发中心建设、能力建设四大中心任务，立足一线，创新劳模选树工作，通过“3335”模范工程建设，努力打造职工劳模群英谱，为国家重点型号发展注入精神动力。即劳模选树坚守三个原则：先进性、时代性和代表性；劳模入选严把三关：当选劳模应在关键岗位上、关键任务中发挥关键作用；劳模材料评审实行三比：比品行、比实绩、比奉献；同时当选劳模应切实发挥典范作用、带动团队成长、引领科技创新、攻克技术难关、展示单位形象等五种效应。劳模选树及谱系建设在上海飞机设计研究院营造了崇尚劳模、学习劳模、赶超劳模的工作氛围，有力推动了国家重点民机型号的发展。（周世亮）

【上海卷烟厂工会以“三审量化考评”持续推进劳模先进培育工作】 通过初审、复审和终审，对培育的劳模先进进行评分排序，以“三性三重”（广泛性、群众性和客观性；重实绩、重表现、重培育）为着力点，不断优化先进群体队伍的梯次结构，夯实劳模先进培育的管理基础，持续推进劳模先进培育工作。实践证明，经过“三审量化考评”，保证了筛选环节的公开透明度，便于接受职工群众对培育过程的监督，更有利于促进劳模先进队伍的健康成长。3年来，先后从《劳模先进群体培育名录》中，涌现出4名全国劳模、上海市五一劳动奖章获得者和行业劳模。（丁长胜）

【久事工会发挥劳动模范和首席技师在品牌建设中的重要作用】 久事工会全力推进系统劳模工作室和首席技师工作室的创建工作，先后在系统内选择工作基础较好、行业内具有较大影响力的劳动模范马卫星、胡国林以及荣获“全国交通运输行业技术能手”称号的花茂飞等典型人物，创建以他们名字命名的工作室。工作室建立以来，各项成果已初步显现，为劳动模范、技术能手与广大职工开展服务攻关、技术练兵、经验交流、技艺创新和创先争优搭建坚实平台，为培养更多的爱岗敬业、业务精通、创新钻研的知识型、技术型服务人才起到推动作用。（谢　刚）

【中海工业工会发挥劳模品牌示范引领作用】 5月20日，市总工会命名的首批20个劳模创新工作室之一——“陆金林船舶修造创新工作室”在中海工业立新船厂正式挂牌。中海工业党委领导为工作室揭牌。立新船厂党政工领导在揭牌仪式上表示，要以“陆金林船舶修造创新工作室”挂牌为契机，充分发挥劳模品牌的示范引领作用，加快培养青年人才步伐，为立新船厂和中海工业发展做出新的成绩。陆金林在基层岗位兢兢业业工作40年，先后获上海市劳动模范、中国海员建设工会“金锚奖”、全国五一劳动奖章、中央企业优秀党员、全国劳动模范等称号。他发挥个人在技术、业务方面的特长，工作中勇于创新、积极吸纳相关人员共同建立创新团队，注重培养青年技术人才和管理骨干，为立新船厂提高修船能力和中海工业跨越式发展做出贡献。（徐海蓉）

【赵祥首席技师工作室揭牌启动】 3月28日，浦东新区技师协会命名授牌的第一家首席技师工作室——赵祥首席技师汽车维修工作室，在上海长江汽车检测维修有限公司宣告成立。首席技师工作室的领军人物赵祥，在企业的培养下，经过10年努力，先后考出汽车维修中级工、高级工、技师和高级技师证书，2009年被评为首届上海市农民工先进个人，2011年被授予2010年度长航集团先进生产（工作）者称号、长江轮船公司先进生产（工作）者标兵称号。工作室的成立旨在通过传帮带对汽车检测维修工进行职业道德和岗位技能培训，以此带动新区汽车检测维修行业服务水平的进一步提升。（齐　舰）

【市运输工会建立劳模、技师工作室】 为进一步发挥劳模先进的示范领衔作用，在全集团形成“学习劳模、尊重知识、专研技术、攻坚克难”的良好风尚，促进集团经济又好又快发展，市运输工会相继指导成立交运动力公司“李军模具工作室”、南站长途客运有限公司“阳光岛服务工作室”及上海交运大件物流有限公司劳模、首席技师工作室，并分别向每个工作室拨发首期研发资金1万元。成立以来，各工作室发挥“示范、引领、带动、辐射”作用，积极推进群众性服务创新活动，有力推动了企业发展。（吴　明）

【外高桥海事处建立“全国先进工作者陈维工作室”】 陈维是2010年度被评为全国先进工作者的外高桥海事处执法支队执法人员，被称为“集装箱危险品查验界的‘女福尔摩斯’”、“危险货物百科全书”。为进一步发挥陈维在引领团队创新中的作用，2011年外高桥海事处建立了“全国先进工作者陈维工作室”，从有关部门抽调专门力量，形成危防管理专门团队。工作室以“劳模带徒”作为运转模式，打造危防管理人才培训和岗位实践基地。截至年底，已有3批18名学员跟随陈维完成3个月的脱产培训，为海事处危防管理提供了人才保障。（朱卫平）

浦东新区成立第一家技师工作室　（查建华）

【建工集团基础公司“陆凯忠工作室”获上海市首届“劳模创新工作室”称号】 基础公司工会以全国劳模陆凯忠为带头人，建立“陆凯忠工作室”。至年底，工作室获得专利2项，并开设“工业设备安装调试电工（一级）”的职业技能培训，获得市技师协会的认可，填补了市“工业设备调试”工种培养的空白。在陆凯忠带领下，工作室先后解决了盾构掘进中的各种难题，发明制作了“PLC控制系统”、“盾构远程数据采集分析系统”、“盾构下井人员自动识别系统”等，集中汇编盾构施工的“操作手册”，为企业提高经济效益、保障职工生命安全作出了贡献。2011年，“陆凯忠工作室”获上海市首届“劳模创新工作室”称号。（杨钟春）

【市医务工会组织开展“寻红色足迹”——上海市卫生系统劳模专家义诊活动】 4—9月，市医务工会、市市级医疗卫生单位劳模联谊会组织劳模、医学专家“寻红色足迹”，重走红军路，以此纪念中国共产党成立90周年。共有来自全市15家市级医疗卫生单位的近60位劳模、医学专家，先后赴湖南韶山、江西井冈山、贵州遵义、陕西延安和宁夏同心等地，为老区的近千名百姓送上义诊咨询和健康服务，并与当地近百名医务工作者进行交流互动，赢得了良好的社会反响。（池朝霞）

【市卫生系统积极推进劳模创新工作室创建工作】 5月16日，由市总工会命名的首批20个上海市劳模创新工作室正式挂牌。在此次上海市劳模创新工作室创建、申报过程中，市医务工会共推荐市卫生系统劳模创新工作室9个、劳模工作品牌16个，其中，中山医院樊嘉肝肿瘤创新工作室在上海市首批劳模创新工作室名单中榜上有名。市医务工会借此机会，积极推进系统劳模创新工作室创建，发挥劳模示范引领作用，大力培养、造就杰出医学人才和医务团队。（池朝霞）

【锦江国际工会举行“劳模创新工作室”揭牌仪式】 6月，集团工会为具有锦江国际特色的“郭予文食雕艺术工作室”举行揭牌仪式。近年来，锦江国际工会积极配合公司行政，坚持开展“培训、练兵、比武、晋级”四位一体的职业技能大赛，通过“劳模创新工作室”的创建，充分发挥劳模先进的示范引领和传帮带作用，使锦江国际的职工整体素质、职业能力、创新意识再上新台阶。（张祥伟）

关心服务劳模

【市劳模协会开展“红色之旅抒豪情，永达携手劳模行”主题活动】 5月13日，由市劳模协会组织的“红色之旅抒豪情，永达携手劳模行”主题活动，在上海中共一大会址举行启动仪式。市总工会副主席、市劳模协会会长杜仁伟出席仪式并讲话。永达集团总裁张德安向上海市劳模协会捐赠善款，市劳模协会接受捐赠并向永达集团颁发证书。仪式上，由中共一大会址纪念馆馆长领誓，全体劳模一起重温入党誓言。在纪念建党90周年之际，启动劳模红色之旅活动，旨在通过参观一大会址、嘉兴南湖等红色革命教育基地，让劳模重温党史，抒发革命情怀，增强为上海创新驱动、转型发展作贡献的使命感。（李　伟）

【徐汇区总工会组织劳模参加庆祝建党90周年“五个一”活动】 为庆祝中国共产党成立90周年，区总工会组织区退休、在职劳模参加“五个一”庆祝活动，即“一次参观”：5月19日，组织老劳模参观中国共产党第一次全国代表大会会址纪念馆；“一次红歌会”：6月12日，部分全国劳模、市劳模应邀出席由区总工会主办的“徐汇职工心向党——区工会系统庆祝建党90周年红歌演唱会”活动，并上台歌唱《没有共产党就没有新中国》；“一次体检”：7月1日，区总工会组织百余位退休劳模参加健康体检；“一次医疗咨询服务”：专程请专家医护人员为劳模解读体检报告，提供医疗咨询服务；“一次走访慰问”：高温期间，区总工会走访慰问困难老劳模和老党员，赠送防暑降温用品，关心劳模的健康和生活状况。（沈蓓华）

【长宁天山社区总工会举行“劳模家苑”揭牌仪式】 4月25日在天山街道文化中心举行。长宁区总工会、天山社区总工会共同为社区“劳模家苑”揭牌并向参加揭牌仪式的社区劳模发放劳模联系手册、健康手册以及读书卡。天山社区“劳模家苑”以牵手劳模、服务劳模为宗旨，组织凝聚社区劳模的智慧和力量，发挥社区历届劳模先进作用，使劳模精神成为引领社区职工开拓进取、建功立业的重要动力。“劳模家苑”将以“月月有活动、次次有主题”为抓手，陆续开展劳模读书活动、老少结对传帮带活动、建党90周年“六红”专题活动（读红书、唱红歌、绘红画、讲红史、写红文、作红诗）、国防主题老劳模交流活动、“爱我中华”学习参观活动、劳模冬季养生健康咨询活动、社区争先创优工作劳模点评活动等一系列主题活动。社区总工会为“劳模家苑”成立“天山社区劳模健康之友”团队，将于每次活动后，为劳模开展义诊，切实关心劳模的身体健康。（崔黎君）

【普陀区开展首批“民营企业感恩行动”慰问困难劳模】 普陀区启动上海市民营企业回报社会感恩行动，区总工会、区工商联将帮扶对象由支内回沪困难劳模延伸到所有区属困难劳模，首批共覆盖劳模119人。为做好这项活动，区总工会、区工商联遵循“80岁以上劳模全覆盖、重病劳模全覆盖、特殊困难劳模全覆盖、紧急困难劳模全覆盖”原则，并共同确定“四个一”慰问方式（一笔5000元慰问金、一封慰问信、一张信息登记表、一份慰问品），发动全区工会和商会组织结合2011年元旦春节帮困送温暖活动，及时上门将帮扶款送到困难劳模手中。活动得到复星、致达、奥盛、宏泉、华明等多家民营企业尤其是企业家劳模的响应，取得了良好的社会效应。（赵　勇）

【普陀区总工会开展支内返沪和无主管上级单位劳模体检活动】 3月23日在区中心医院体检站开展此次体检活动，慰问前来参加体检的退休老劳模，并向区中心医院体检站赠送锦旗。普陀区共有支内返沪和无主管上级单位劳模近50人，多数曾赴内地为支援国家建设作过突出贡献。区总工会积极争取区委、区政府对劳模工作的支持，专门出台工作意见将他们纳入劳模管理服务范围，并会同劳模居住地所在街道、镇工会，积极筹措资金，加大关怀力度，切实做好他们的管理服

4月25日，天山社区总工会在天山街道文化中心举办天山社区“劳模家苑”成立揭牌仪式（周　君）

务工作。（赵　勇）

【闸北区总工会开展“牵手劳模、传递温馨”主题活动】　在庆祝中国共产党成立90周年之际，为表达对闸北区退休劳动模范的关爱，区总工会联合上海燃气市北销售有限公司闸北办事处，组织开展“牵手劳模、传递温馨”主题服务活动，为区部分退休市劳动模范家庭提供“三免费、一贴心、一补贴”的全方位燃气安全服务，即：免费提供燃气安全大检查、免费调换老化燃气橡皮管、免费赠送燃气安全报警器；发放“燃气24小时服务贴心卡”；补贴调换超龄燃气器具等。（陆　非）

【静安区总工会组织全国劳模体检】　3月19日，区总工会组织区内全国劳模前往上海市劳模体检基地——上海市工人疗养院进行免费体检，送上党和政府对劳模的关心。静安区共有全国劳模17名，其中在职6名、退休11名，含70岁以上的退休劳模7名。为了做好劳模体检工作，区总工会要求全国劳模所在单位工会从关心爱护劳模出发，认真做好事前通知、及时反馈信息、体检时陪同前往等工作。区总工会领导也专程前往上海市劳模体检基地，慰问前来体检的劳模。（陈章翠）

【松江区总工会真情服务劳模重在“四多”】　（1）政治思想上多关怀。组织广大劳模分别参加市总工会、区总工会举办的学习党的十七大精神、“三个代表”重要思想、科学发展观的培训班、座谈会、讨论会；为劳模举办经济形势报告会，激励劳模为建设新松江再作贡献。（2）物质生活上多关心。实施就业援助服务，通过多方联系、多次协调，为法定工作年龄内的10名就业困难劳模解决就业难题，为6名家住农村的劳模家庭解决子女就业问题；开展企业与特困劳模结对互助活动，组织15名经济效益好的企业家劳模与15名家庭经济特困劳模，结成“一对一”互助对子；为52名年近退休的农村劳模办理小城镇养老保险手续；走访慰问困难劳模，多方集资，逐年扩大困难劳模慰问人数，全年慰问困难劳模达80多人次，送上慰问金10多万元。（3）精神文化上多关爱。大力弘扬劳模精神，通过新闻媒体宣传劳模先进事迹。“五一”劳动节和国庆节期间，在松江电视台播映《劳模风采》、《我们身边的劳模》等专题片，在《松江报》上开辟专栏，刊登劳模先进事迹，组织力量编纂《劳模风采》及其续集；组织劳模观看庆典活动文艺节目，参加区庆祝国庆文艺晚会；为广大劳模赠阅《劳动报》、《老年报》、《健康杂志》和《家庭医学》等报刊。（4）身体心理上多关怀。4月，组织165名退休劳模参加体检和疗休养；发放劳模就诊卡，让劳模优先挂号；组织专家医生对全国劳模进行“一对一”疾病诊疗；请专家医生为150名退休劳模进行健康知识讲座；注重心理疏导，对63名特殊困难劳模加大心理健康投入力度，帮助缓解心理压力。（林丽华）

陆念祖骨伤诊治创新工作室被命名为上海市“劳模创新工作室”

（刘培晋）

【青浦区11个街镇成立劳模协会街镇分会】　区总工会出台《关于成立区劳模协会各镇、街道分会的意见》，要求充分发挥劳模协会在管理服务劳模工作中的独特优势，在街镇一级建立劳模协会分会。各镇、街道分会为区劳模协会所属机构，在党（工）委和区劳模协会领导下开展工作，日常工作由镇、街道总工会协调管理。根据要求，年内全区11个镇、街道相继成立分会组织，并通过座谈会等形式，听取劳模们对分会工作的意见和建议，探讨劳模工作中遇到的新情况、新问题，协助政府不断完善选树劳模、宣传劳模、服务劳模的工作机制。11个分会组织还将加快推进“劳模之家”建设，力争把分会和“劳模之家”建设成为劳模们的“荣誉之家、榜样之家、温馨之家”。（马美君）

【奉贤区总工会切实做好关爱劳模工作】　奉贤区共有全国、市劳模416位，老龄化现象比较严重。为此，区总工会开展各类有针对性的劳模关爱行动。年内，区总工会劳模协会发放各类救助款36.3万元，给70岁以上劳模“送清凉”，对退休劳模进行敬老节慰问，组织百名退休劳模参加“喜看家乡新变化”活动，免费为百名困难退休劳模进行爱心体检。另外，自2008年以来，与区医务工会联合持续开展“奉贤区医疗服务志愿者和劳动模范健康结对活动”，坚持“重预防、抓管理、有便利”三项原则，有23个医疗单位、111名医疗服务志愿者和188名劳模结对成功。（叶　兰）

【崇明县总工会组织退休劳模外出疗休养】　6月13—18日，县总工会组织退休劳模共计180人参加疗休养。疗休养共分5批，分别前往南京、泰州以及北京。县总工会每批安排2名机关人员陪同前往，做好服务保障工作。近年来，县总工会积极探索新形势下做好劳模工作的方式方法，每两年组织一次劳模体检，每两年组织一次劳

模疗休养，并形成制度，营造出尊重劳模、关爱劳模的社会氛围。（易建军）

【上海邮政工会做好劳模信息核对和“三金”发放工作】 9—10月，上海邮政工会对全公司范围内在职和退休的全国、上海市和省部级劳模，以及全国五一劳动奖章获得者和比照享受全国、省市（部委）劳模的基本信息进行全面摸底调查，对73名劳模信息逐条进行核对、更正和确认。12月，根据市总工会有关通知精神，上海邮政工会会同公司离退休中心对劳模特殊困难等情况进行排摸，并结合劳模普查情况，对公司范围内在职和退休的全国劳模和上海市劳模发放慰问金、低收入补助金和特殊困难帮扶金。（蔡俊皓）

【市监狱局工会做好关心服务劳模工作】 （1）切实关心服务劳模，对有困难的劳模进行及时帮困。（2）以保障劳模身体健康为宗旨，每年组织市劳模进行健康体检。（3）贯彻市政府和市总工会有关要求，做好2011年度劳模“三金”发放工作。（4）在2012年元旦春节前，对全局12名在职和退休市劳模进行慰问，每人送上2000元慰问金，表达对劳模的关怀。（江海群）

【锦江国际工会做好劳模服务工作】 贯彻市总工会要求，安排全体劳模到上海市工人疗养院进行健康体检，并在疗养院建立集团劳模健康档案，为劳模提供健康咨询和跟踪随访。另外，关心困难劳模，年内走访慰问困难劳模30多名，并对当年退休的4位劳模给予共计12万元养老补贴。（张祥伟）

上海城建工会组织退休劳模到市工人疗养院参加健康体检（耿 伟）

【上海城建工会从五方面入手做好劳模工作】 （1）制定《上海城建（集团）公司工会劳模关爱机制的实施办法（试行）》，要求各级工会切实关心好劳模的学习、工作和生活，使劳模管理工作规范化制度化。（2）举行上海城建集团《劳模风采录》发行仪式，集中宣传集团各个时期具有代表性的劳模事迹，营造学习劳模、尊重劳模、赶超劳模的良好氛围。（3）为在职劳模提供家政等人性化服务，为劳模解除后顾之忧，使劳模们全身心投入到生产建设中去。（4）逢劳动节、春节等节日，组织做好慰问工作，给予全国劳模、全国五一劳动奖章获得者每年不低于2500元的慰问金；省部级劳模、市劳模每年不低于1500元的慰问金。同时，各级工会组织开展劳模工作“三必访”（劳模本人大病重病必访、直系亲属大病必访、家中有突发困难必访）。（5）加强劳模协会日常管理工作。每年召开2次劳模协会理事会，研究确定当年的劳模协会工作；每年组织一次劳模协会理事会成员学习考察活动；及时掌握劳模的最新动态，做好劳模数据库更新。（耿 伟）

【上海市工人疗养院为全国劳模开设健康体检专场周】 3月11—22日，市总工会组织全市的全国劳模赴上海市工人疗养院参加健康体检。上海市工人疗养院启动劳模接待预案，为劳模开启健康体检专场周，安排为期7—10天的劳模专场，为广大劳模提供健康体检专项服务。（戴坚秋）

保障政策文件选编

关于进一步做好关心劳动模范工作意见通知

沪府发〔2011〕62号

各区、县人民政府，市政府各委、办、局：

市政府同意市总工会、市人力资源社会保障局、市财政局《关于进一步做好关心上海市劳动模范工作的意见》，现转发给你们，请按照执行。

劳动模范是工人阶级和劳动群众的杰出代表，是各条战线的楷模。长期以来，上海市劳动模范在本市经济建设和社会发展中作出了重要贡献，受到了全社会的尊重。各区县政府和各部门要按照市委、市政府的要求，继续关心劳动模范的工作、学习和生活，进一步形成关爱劳模、学习劳模、争当劳模的良好风尚。

上海市人民政府

二〇一一年九月二十八日

保障政策文件选编

关于进一步做好关心上海市劳动模范工作的意见

长期以来，市委、市政府高度重视劳动模范（以下简称“劳模”）工作，关心劳模生活，并陆续制订出台了一系列相关政策。2004年8月，市政府批转了市总工会等五部门《关于提高上海市退休劳动模范待遇的意见》（沪府发〔2004〕27号）。2007年2月，原市劳动保障局、市总工会、市财政局联合发出《关于对本市企业退休的市级以上劳模“专加”养老金的通知》（沪劳保养发〔2007〕8号）。这些，对切实提高上海市劳模待遇，解决劳模实际困难起到了重要作用。

为更好体现党和政府以及全社会对劳模的关爱，参照全国劳模“三金”政策，结合实际，现就进一步做好关心市劳模工作提出如下意见：

一、提高市劳模特殊困难帮扶金标准

市劳模特殊困难帮扶金是用于帮助因疾病、意外灾害和由于其他特殊原因造成生活困难的本市户籍退休市劳模的专项帮扶资金。2004年，市总工会、市财政局、市民政局联合印发《上海市退休劳模特殊困难帮扶资金管理办法（试行）》（沪工总经〔2004〕220号），并从当年起发放此项资金。从2011年起，增加市劳模特殊困难帮扶资金投入，提高帮扶标准，加大帮扶力度，以更好地帮助市劳模解决实际困难。

二、建立市劳模低收入生活困难补助金

从2011年起，建立市劳模低收入生活困难补助金。低收入生活困难补助金发放对象是收入较低的本市退休市劳模。补助标准具体为：

凡本市参加城保或镇保的退休市劳模，其月养老金低于本市城保或镇保上一年度月平均养老金标准110%的，可予补足。市劳模低收入生活困难补助金的发放，由市总工会负责身份认定，市人力资源社会保障局所属社保经办机构负责代发。

三、建立市劳模春节慰问金

从2011年起，建立市劳模春节慰问金。对本市户籍市劳模每人每年发放500元慰问金。

以上市劳模特殊困难帮扶金、市劳模低收入生活困难补助金、市劳模春节慰问金等“三金”，原则上在每年春节前发放。

四、建立市劳模体检制度

通过建立市劳模体检制度，实行市劳模健康管理，更好地保障市劳模的身体健康。各区县、系统、单位须确保对本区县、本系统、本单位的市劳模每1—2年进行一次健康体检。体检由市劳模所在单位工会负责组织，经费也由市劳模所在单位解决；如所在单位解决经费有困难的，由其上级主管单位解决。对因企业破产、倒闭等原因造成无主管单位的市劳模及支内返沪市劳模，其体检由市劳模所在区县总工会负责组织，经费由区县政府解决。

五、加强市劳模“三金”管理

（一）市总工会设立市劳模“三金”资金专户，专款专用；市财政每年将市劳模“三金”纳入当年财政预算，编入市总工会部门预算，并按财政预算管理的规定，将专款划入市总工会专户。

（二）根据各区、县、局（产业）工会的申请，经市总工会审核，将市劳模特殊困难帮扶金和市劳模春节慰问金下拨到各区、县、局（产业）工会，各区、县、局（产业）工会要按规定按时、足额发放。市总工会定期对各区、县、局（产业）工会发放市劳模特殊困难帮扶金和市劳模春节慰问金情况组织抽查。

（三）市劳模低收入生活困难补助金由市人力资源社会保障局所属社保经办机构与市总工会按实结算。

（四）由市总工会负责做好对上年度市劳模“三金”使用情况的审计，并将审计结果报市财政局。同时，接受市审计局审计。

本意见自印发之日起实施，有效期5年。

上海市总工会
上海市人力资源和社会保障局
上海市财政局
二〇一一年八月二十五日

工会组织建设

Union Organizations Building

上海工会年鉴

2012

综　述

2011年，市总工会按照全总“两个普遍”的要求，明确工会组建的重点对象和重点领域，通过例会制度、双月通报、中途督促、分类指导等方法，促进组建目标任务的完成。截至9月底，全市工会会员数8247038人，建会单位数266233个，与去年同期相比，净增会员645424人，净增建会单位52057个。(1)进一步强化组织领导。市总工会成立组建工作领导小组，召开全市工会组建工作推进会，要求把创先争优活动和推进工会重点工作结合起来，大力推进工会组建工作。各区县局(产业)工会通过深化党工共建机制、继续实行工会主席是组建工作第一责任人等做法，普遍加强对组建工作的组织领导。(2)进一步抓重点攻难点。一是“联动推进”劳务派遣企业建会，实现劳务派遣工入会“双覆盖”；二是分类指导，集中推进集卡企业建会；三是整合资源、合力攻克重点企业建会；四是坚持推进“四大”会计师事务所建会。(3)进一步推进建会工作创新发展。在组织形式上，继续推进“条块结合、交叉覆盖”的区域性、行业性工会联合会，通过不断增强其覆盖功能，解决小型分散的小企业单独建会难的问题。在建会过程中，结合创先争优活动，以不断探索和深化“党工共建”的渠道方法作为进一步推进建会工作创新发展的一项重要内容。各基层工会普遍结合“创先争优”工作，从地区、行业特点出发，改变工作观念，创新工作方法，把工会工作融入到区域性大党建格局之中。探索党群工作计划布置、检查督查、考核奖励等各环节的“同步运作”机制，有力地推进工会组建工作。(4)进一步推进工会工作者队伍建设。不断加强全市职业化、社会化工会工作者队伍建设工作、优化工会干部队伍结构，全市职业化社会化工会工作者总人数已近千人。下半年，职业化社会化工会工作者收入分级负担试点范围扩大到浦东、虹口、嘉定3个区。(5)进一步夯实建会基础工作。各级工会通过增加投入、落实专人、强化考核等办法进一步加强工会组建的数据库建设。5月份，市总工会面向全市区县工会和乡镇街道总工会、开发区、经济园区工会举办5期工会组建数据管理软件培训班，培训人员近300人次。(6)加强基层组织建设，夯实工会组织基础。一是开展模范职工之家创建活动，推荐全国模范职工之家26家，全国优秀工会工作者32名，全国企业工会工作红旗单位(十面红旗)1家，全国双爱双评先进企业3家；评选上海模范职工之家350家，上海市模范职工小家299家。二是推进基层工会组织民主化进程，工会主席直选工作稳步推进，至6月底，全市16741家基层工会主席由直选产生，与2010年同期相比增长78%。三是开展调研，进一步加强对基层工会的指导和服务，完成《上海市选聘职业化、社会化工会工作者的调研》、《关于建立乡镇街道总工会情况的调研》、《上海“小三级”工会组织运作情况的调研》等调研课题。

（杨伟良）

2月23日，嘉定工会党工共建创先争优活动推进会暨2011年工会组织工作会议在区综合办公大楼广厦厅举行　（张方明）

工会组建

【上海工会大力推动企业普遍建会】 全市各级工会按照全总“两个普遍”要求和组建工作3年规划，大力推动企业普遍建会，完成全总年初下达的目标任务。至9月底，全市建会单位266223家，工会会员8247038名。其中，企业建会单位238462家，企业工会会员7298796名。与2010年年报相比，净增建会单位52047家，净增工会会员645424名。其中，净增企业建会单位46549家，净增企业工会会员605838名。　（杨　娟）

【上海工会合力攻克难点企业建会】 针对一批经济体量和社会影响都较大的建会老大难非公企业，市总工会会同有关部门和相关地区工会组织锁定目标，坚持合力推进，不仅成功突破达丰电脑、富士康、沃尔沃、联强国际、康奈可等企业的建会，同时还带动一批关联企业建会。其中，松江区总工会、嘉定区总工会获得“2011年上海市工会组建工作特别贡献奖”称号。

（杨　娟）

【上海工会组织形式创新发展】 针对小型分散企业单独建会难的突出问题，各级工会不断创新工会组织形式，继续推进“条块结合、交叉覆盖”的区域性、行业性工会联合会建设，提高工会组织的覆盖面。至12月10日，全市建立区域性、行业性工会联合会2850个，发展工会会员400.9万人。

（杨　娟）

【上海工会开展“小三级”工会组建与运作问题调研】 为进一步了解掌握街镇、村、企业“小三级”工会体制机制建设的状况，发挥工会维护职工合法权益的积极作用，市总工会组织部从7月起开展全市“小三级”工会组建与运作情况的调研。调研采取重点调研和普遍调查相结合的方式，在汇总、统计、分析“小三级”工会各项相关数据的基础上，重点走访1个镇总工会、3个社区总工会和6个村居工会，并形成相关调研报告。

（王 祺）

【上海市总工会女职工委员会区县总工会女职工工作“两个覆盖”推进会】 4月13日、14日召开，交流探讨实现“两个覆盖”的方法以及下一阶段的具体工作举措。区县总工会女职工工作分管主席、女职工干部30余人参加会议。会议肯定了区县总工会已形成的将“两个覆盖”纳入全会重点工作同步推进的良好格局和取得的工作进展，明确下一阶段要通过全面落实全总及《上海市总工会关于加强企业工会女职工工作的意见》，以“5+X”工作要求促进企业工会女职工组织充分发挥作用；加大培训和指导力度，提升企业尤其是非公中小企业工会女职工工作水平；加强督导检查，提高专项集体合同履约质量等措施，推进“两个覆盖”工作，实现2011年工会女职工组织同步组建率达97%，女职工专项集体合同同步签订率达88%的目标。

（朱莉颖）

【普陀区总工会四线并进推进建会工作】 区总工会围绕一个目标、依靠两项资源、针对三类对象，由区、街道镇、行业、小区园区楼宇四线并进，开展党工共建、创先争优活动，推进实现“两个普遍”。“一个目标”：明确全区2011年入会率达到80%，企业工会覆盖率达到75%，2012年入会率达到88%，企业工会覆盖率达到85%，2013年普遍建立工会组织。“两项资源”：一是全总非公企业法人数据库中的3680条企业信息，重点是10人以上的非公企业；二是区委组织部的“两新组织”数据库中10765条企业信息。“三类对象”：明确世界500强等跨国公司、港澳台资企业以及私营企业为重点对象。“四线并进”：即通过四条主线，创新形式，挖掘潜力，全力完成指标。在区总工会层面，一方面召开“广普查、深组建、全覆盖”集中行动专题工作推进会议传达全总、市总工会精神，进行专题培训，统一指导“两个普遍”工作；另一方面与区相关部门联手，共同推进“两个普遍”。在街镇层面，指导掌握数据库企业的建会情况，对未建会企业下发“友情提示”单，帮助指导其依法建立工会组织。在行业层面，主要做好小型非公企业的行业覆盖。在园区、小区、楼宇层面，主要做好小型非公企业的区域覆盖。至9月底，全区建会单位总数9912家，工会会员24.36万名。其中，企业建会单位9599家，企业会员22.06万名。

（赵 勇）

【闸北区总工会开展工会组建数据库维护工作】 区总工会将工会组建数据库维护作为工会组建的基础工作扎实有序推进。根据数据库统计显示，全区预置非公企业法人单位8432家，从业人员136710人。至11月底，已建会企业6577家，建会率为78%，职工入会108834人，入会率为79.6%，超额完成工作目标。（1）全面部署，夯实基础。年初，区总工会把《全国非公企业法人数据库》等3个数据库的使用和管理工作落实到各街镇总工会和市北园区工会，完成数据库内所有企业的调查摸底和建会情况审核工作，为深入开展数据库核录工作提供基础保证。（2）加强培训，强化指导。为克服各社区（街道）、镇、园区普遍存在的工会指导员年龄大、电脑操作水平低等实际困难，加强对各基层单位数据库核录工作的督促指导，在市总工会统一培训基础上，区总工会面向各基层工会干部和操作人员举办两次“非公企业工会组建数据库动态管理软件培训”，并多次上门指导。同时，下发《关于做好非公企业法人数据库核录工作的通知》，督促各街镇总工会、园区工会加强数据库核录工作，明确专人管理，配备必要设备，把握时间节点，确保及时完成。（3）领导重视，多方支持。区总工会对数据库核录工作进行动员部署，并给各街镇总工会配置电脑、打印机等设备。同时，还争取街道党工委（镇党委）在人力、物力、时间等方面给予支持，确保各街镇总工会数据库核录工作的顺利开展。

（王立成）

【虹口区大柏树商圈工会联合会成立暨揭牌仪式】 10月28日在上海置汇谷创意园区内举行，共覆盖企业100多家，发展会员约5000名。市总工会、区总工会、曲阳社区（街道）党工委及虹口区各社区（街道）总工会、科技工会负责人参加了成立大会。大柏树商圈是虹口“一街一区一圈”发展规划中重点打造的“一圈”，涉及曲阳、江湾、广中3个行政社区，其中曲阳社区占地比例达80%。围绕大柏树商圈的功能定位，成立商圈工会联合会是深入推进“党工共建、创先争优”活动，搭建以商圈工会联合会为龙头、五大园区工会为主干、若干商务楼宇为支干的“1+5+X”大柏树地区工会组织架构的重要内容。

（徐 洁）

【杨浦区五角场镇总工会以“四项机制”全力推进工会组建】 （1）目标责任机制。开展“集中建会攻难关，争当优秀工会工作者”活动，根据各行业工会实际情况分解组建工作目标，发放任务书，确保目标明确，措施到位，责任到人。（2）条块结合机制。坚持行业工会运作与网格化排摸相结合，探索“片区巡查，行业运作”条块联动工作模式，重点突破行业归口明显的企业建会，与小区工会联合推进普查企业建会，建会后根据企业类别划入相应行业管理。（3）长效联动机制。与镇综合党委、经济科、招商中心、劳动监察大队等相关职能部门建立长效联动机制，定期召开碰头会，互通信息、资源共享，开展联合执法检查、以查促建，通过借势、借力、借资源不断推进工会组建。（4）考核监督机制。设立工会组建工作专项奖励，实行工会组建进度定期通报制度，坚持每周例会制度，对地区行业工会组建指标落实情况进行督查督办，行业工会主席交流组建经验，共同分析存在问题及原因，指导改进工作方法。

（曹理仰）

【杨浦区总工会组建上海环同济科技园工会联合会】 5月20日揭牌成立，覆盖企业507家，职工入会2722人。根据区总工会提出的要紧紧围绕“环同济知识经济圈”，进一步拓展工会工作面的要求，2010年5月起，四平地区总工会就“环同济知识经济圈”工会组建事宜进行论证和部署，并

杨浦区总工会组建上海环同济科技园工会联合会 （曹理仰）

确立专人负责排摸工作。2011年初，同济科技园区工会组建联席会与推进会相继召开。杨浦区总工会、四平地区总工会、区民科工会、同济大学工会、同济科技园区行政方代表就园区工会隶属关系、组织结构、组建计划、未来规划目标等各环节问题进行实质洽谈并达成共识，为园区工会的成功组建奠定基础。 （曹理仰）

【杨浦区总工会试点推出工会会员服务卡】 探索工会在加强和创新社会管理中服务职工群众的新举措、新方法。8月30日，在区委和市总工会的支持下，区总工会与上海农村商业银行举行工会会员服务卡项目签约仪式。该卡集借记、贷记、职工互助保障、指定商户消费优惠等多项功能于一体，并将在功能开发和商业合作等方面有进一步拓展。 （曹理仰）

【黄浦区总工会推进非公企业工会组建工作】 区各级工会根据2011年工会组建工作指标任务扎实推进建会工作。至9月底，全区建会单位总数1.24万家，会员总数31.34万名。其中，企业建会1.04万家，企业会员26.81万名。与2010年相比，净增建会单位2163家，净增会员3.54万名。其中，净增企业建会2148家，净增企业会员3.5万名。 （吕诚陆）

【黄浦区老西门社区总工会推进“两个普遍”工作】 针对辖区内企业规模小、人数少、变动性大等特点，黄浦区老西门社区（街道）总工会在开展“两个普遍”工作中，采取4项措施：（1）25人以上企业单独建会，同步帮助建立集体协商机制、同步指导签订劳动集体合同、女职工专项集体合同、工资集体协议。（2）建立楼宇工会联合会，进一步扩大联合工会覆盖面。新组建幸遇福邸商务楼宇联合工会。（3）主动联手街道劳动就业科、劳动监察部门、经济科，利用资源优势，对新入驻企业加强跟踪联系，共同推进“两个普遍”工作。（4）将开展集体协商工作与化解劳动争议相结合，在化解劳动争议过程中推进企业建立平等协商机制。至年底，老西门社区共建立企业工会269家，完成建会任务135%；发展企业会员2117名，任务完成106%。签订企业劳动集体合同844份，任务完成113%；签订企业女职工专项集体合同844份，任务完成113%，签订工资集体协议584份，任务完成104%；覆盖7184名职工，任务完成144%。 （姚春明 吕诚陆）

【卢湾区总工会继续推进“两个普遍”】 以私营企业、外资企业和港澳台企业为重点，推进工会组建工作，已建会单位数5253家（其中外资企业建会975家），工会会员数达123068人。进一步推进集体协商机制建设，贯彻落实市委、市政府办公厅转发《关于本市全面推进集体协商机制建设的意见》和市有关会议精神，先后召开区劳动关系三方协调联席会议、区全面推进集体协商机制建设工作等会议，研究部署工作目标、落实责任措施，下发《关于进一步做好我区2011年集体协商要约行动的通知》，探索搭建街道协商平台建设，建立每季度工作情况通报机制和集体协商指导员队伍，针对推进过程中遇到的难点问题，定期分析、及时沟通，指导和帮助基层突破难题，积极稳妥地推进世界500强在沪企业、外资企业工资集体协商工作。经各方努力，区签订工资专项集体合同444份，覆盖企业2189家，覆盖职工55852人；签订集体合同869份，覆盖企业2637家，覆盖职工62516。 （葛家敏）

【卢湾区加强区域性“党工共建”工作】 为深化拓展区域性“党工共建”工作，打浦桥社区（街道）总工会按照“党建带动工建，工建服务党建”的原则，积极探索运用有效的共建资源、共建网络，发挥世博后续效应。（1）借助区域性“党工共建”，落实“两个普遍”工作。以加强社区单位党组织、工会等群团组织建设为重点，提高工作覆盖面。对辖区内1700多家非公企业进行梳理排摸，为推进非公企业建党建会工作打下基础。（2）通过召开区域内单位党组织负责人会议、联络员会议，以及辖区内央企、市属企业党组织负责人会议、联络员会议等方式，介绍整合社区资源，推进学习型组织创建、创先争优等活动的联动开展，不断拓展和深化区域“党工共建”工作。（3）召开社区（街道）总工会职工代表大会，广泛征求辖区单位职工代表对社区发展建设的意见和建议，动员广大职工群众，继续保持世博期间共同参与社区服务保障工作所形成的良好机制，为推进区域经济和社会发展贡献力量。 （葛家敏）

【静安区各级工会多措并举推动企业普遍建会】 区总工会按照“两个普遍”工作要求，召开工会组建工作专题会议和推进会，提出“奋战七十天，打赢组建攻坚战”的口号，开展建会集中行动，多措并举推动企业建立工会组织。各街道总工会，各系统、集团公司也采取切实有效的建会措施。静安寺街道总工会抓住辖区内几幢新建的五星级商务楼宇相继竣工、招商的时机，启动“金五星”3 年行动计划。即以九百城市广场、越洋广场、会德丰大厦以及即将竣工的 1788 商务中心、协和城二期等商务楼宇为重点，争取街道招商服务中心、工商所等相关部门的支持，加强对楼宇内企业的建会宣传和组建力度；江宁路街道总工会坚持抓早、抓实、抓创新的原则，不断完善和改进工作方法，形成了“调查底数、数据统计、建会入会‘三合一’”工作法；南京西路街道总工会以嘉里中心大厦、85 度 C、毕马威会计事务所等为重点对象，以“百日攻坚行动”为载体，成功突破一批长期拖延建会的单位。至年底，全区净增工会会员 24276 名，净增工会组织 102 家，净增覆盖单位 678 家，超额完成年初制订的目标任务。 （张　欣）

【静安区南京西路街道总工会组建嘉里中心大厦工会联合会】 4 月 20 日召开成立大会，入驻该楼宇的 11 家企业工会的 30 余名代表出席会议，听取并审议通过了《嘉里中心工会联合会筹备工作报告》、《嘉里中心工会联合会章程》和《工会联合会选举办法》，选举产生了第一届工会联合会主席、委员人选。嘉里中心大厦工会联合会的成立，标志着南京西路街道商务楼宇的工会组建率达到了 100%。嘉里中心大厦位于南京西路铜仁路，是南京西路商务圈顶级商务楼宇，也是近年来静安区工会组建工作的重点和难点所在。多年来，南京西路街道总工会干部和楼宇专职党群工作者多次上门，多方协调督促建会，但阻力很大。在楼宇专职党群工作者的坚持下，最终争取到楼宇物业管理公司的支持和配合。 （刘承军）

【闵行区大力推进非公企业工会组建工作】 区总工会坚持稳中求进、持续发展，探索新形势下非公企业工会组建方式和会员发展形式，进一步提高工会组建率，增强工会组织的凝聚力。(1)理清建会基数。梳理全总下发的 2 万余家非公企业、世界 500 强跨国公司在沪投资企业、1 万多家实地实体非公企业的基本情况，重点摸清未建会企业数及企业性质，难点企业数及原因，并帮助各系统工会分析组建工作现状、解读存在问题，谋划具体措施。(2)破解建会难题。结合党工共建创先争优、工会组建指导员队伍建设、职工帮困送温暖等项建设，整合资源、联动载体、借势借力，不断探索和创新组建工作新方法和新途径。多次召开“两个普遍”工作推进会，听取各级工会在推进组建中遇到的问题、采取的对策措施，实施“合力奋战 30 天，打赢‘两普一创’攻坚战”。(3)探索建会新模式。建会重点着力向注册型、租赁型、集贸市场、劳务公司、商贸公司、项目工会、楼宇工会等领域拓展，着力向农民工、劳务派遣工等人员拓展，在吴泾镇、莘庄镇、虹桥镇楼宇、七宝镇明谷科技园、江川路社区(街道)沧源科技园，古美路社区(街道)龙茗路十尚坊等成立了联合工会。 （许向东）

【嘉定区大力推进规模型企业集中建会】 7 月 19 日，以沃尔沃汽车集团工会为代表的 12 家规模型企业工会在嘉定工业区集中揭牌，标志着嘉定区世界 500 强企业工会组建工作基本完成。沃尔沃汽车集团是一家新入驻嘉定工业区的世界 500 强企业，在嘉定区总工会和工业区总工会的大力推动下，作为沃尔沃汽车集团中国区总部，中嘉汽车制造(上海)有限公司顺应职工需求，在落户嘉定经营的第一时间成立工会组织，覆盖下属所有 6 家分公司的近 400 名职工，为推动园区工会组建起到了示范引领作用。嘉定区总工会和工业区总工会抓住契机，放大示范效应，有针对性地在企业中开展广泛的宣传引导，端正外商对企业工会组织的认识。对于具备建会条件的企业，上级工会在争取企业投资方支持的同时，充分发挥工会组织的作用，在企业开展丰富多彩、形式多样的文体活动，用正确的政治理论、健康的生活方式占领职工的思想阵地，为企业的生产经营、和谐企业创建发挥积极作用。经过努力，与“沃尔沃”同期组建工会的还有菲亚特动力科技(上海)有限公司、上海奥托立夫汽车安全系统有限公司、曼胡默尔(上海)有限公司、上海益力多乳品有限公司等 7 家世界 500 企业，以及上海我友网络科技有限公司、上海贯裕能源科技有限公司等 5 家规模以上企业，入会职工总数超过 1 万人。 （杨　娟　徐　浩）

【嘉定区汽车维修与检测行业工会联合会成立】 12 月 28 日正式成立。来自汽车维修与检测行业的 65 名代表参加会议。会议选举产生嘉定区汽车维修与检测行业工会联合会第一届委员会和主席、副主席人选。区交通局党政领导和区总工会负责人出席会议并讲话。各街镇总工会负责人、区运管署、区汽车维修行业协会等单位负责人出席会议。 （徐　浩）

3 月 15 日，青浦区总工会举行推进非公经济组织工会组建工作会议 （马美君）

12 月 28 日，召开嘉定区汽车维修与检测行业工会联合会成立大会

（张方明）

【松江区洞泾镇总工会组织砖桥贸易城 3000 家商户加入工会】 镇总工会针对砖桥贸易城外来人口聚集、工商户分散等特点，加大工会组建工作力度，组织 3000 多家工商户加入联合工会。(1)坚持加大工会组建工作力度。全面加快在小门小店中建立工会组织的步伐，消除建会工作中的盲点和空白点。(2)做好职工调查摸底登记工作。深入门店，对 23 家投资公司和 3000 多户工商户的 6000 多名职工，由工商小组长填表入册，落实工会会员名单。(3)推选会员代表和联合工会委员会候选人。按 1% 的比例推选出 60 名代表，推选工会委员会候选人 15 名。(4)成立砖桥贸易城联合工会。召开选举大会，60 名代表出席率为 97%，选举产生由 13 人组成的砖桥贸易城联合工会委员会。贸易城工会加大维权工作力度，协调好各种工作关系，理顺工作，突出维护职能，积极发挥工会组织职能作用。

（瞿国明）

【松江区总工会以四项举措推进企业普遍建立工会】 2011 年，区总工会新增建会单位 7273 家，吸纳会员 8.84 万人，分别完成全年工作指标的 300.6% 和 122.6%。区总工会荣获“上海市工会组建工作特别贡献奖”称号。(1)深入调查摸底，掌握建会实情。全面调查 50 人以上未建会企业情况，重点调查区内未建会世界 500 强企业情况。对 2.7 万家 10 人以上非公企业数据信息进行核对梳理，做到对未建会企业数量、所处区位、未建会原因、推进建会工作情况明了。(2)加强组织领导，形成建会合力。坚持党工共建，与街道、镇、工业区党委沟通，争取党委重视和支持，整合组织资源，共同推进企业建会。(3)注重优质服务，突破建会重点。把外商投资企业作为建会重点企业，把大型台资企业作为建会突破口，会同街道、镇总工会、工业区工会开展重点宣传，通过送法律、送政策、送服务，依法推进工会组建。(4)强化组织建设，坚持规范运作。坚持从有牌子、有公章、有账户、有经费、有台账等“五有”抓起，保障新建企业工会转起来、活起来。以建“家”五项标准，加强职工之家建设，为职工营造家的温馨。

（王远明）

【台资达丰(上海)电脑公司工会成立】 10 月 21 日举行工会成立大会。达丰(上海)电脑有限公司是台湾广达集团的全资子公司，于 2000 年 12 月落户上海松江出口加工区生产经营，公司下属分公司 8 家，员工总数达 6 万人。为推进达丰(上海)电脑有限公司组建工会，上海各级工会上下联动、借助平台、整合资源、锁定目标，多层次、全方位的加强攻坚力度，多年来坚持不懈做了大量工作。2011 年下半年，在市、区、工业区三级工会的指导帮助和社会各方的重视关心下，达丰公司工会筹备组终于顺利完成一系列前期准备工作，首批发展 3.12 万名工会会员，推选出 167 名工会代表。并在达丰(上海)电脑有限公司工会第一次代表大会上选举产生工会委员会委员 21 名，经费审查委员会 3 名；选举产生工会主席 1 人，工会副主席 2 人，经审主任 1 人。同时产生了工会女职工委员会。

（杨　娟　沈君子）

【青浦区突出三个重点推进工会组建和职工入会工作】 (1)推进重点地区建会工作。锁定香花桥社区(街道)和华新镇地区，攻坚克难，重点突破，年内两个地区组建工会 129 家，占全区建会总数的 50% 以上。(2)推动村(居)、区域性、行业性工会联合会建设。全区已建村(居)、经济开发区等各类工会联合会 314 家。其中，村工会联合会 149 个，经济开发区工会联合会 32 个，居民区工会联合会 55 个，行业工会联合会 7 个。楼宇工会、专业市场工会组建取得新突破，成立了上海芊岱大厦楼宇工会联合委员会和上海吉盛伟邦绿地国际家具村市场经营管理有限公司工会。(3)推进劳务用工企业建会和派遣人员的入会工作。全区非公企业中有一定数量劳务用工的单位约 60 余家，职工 38675 人中劳务派遣用工 14951 人。至年底，已建会企业 50 家，建会率 83%；发展会员 28984 人，其中发展劳务派遣工会员 9724 人，劳务派遣工入会率 65%。

（马美君）

【青浦区总工会开展工会组建“百日行动”】 根据“两个普遍”要求和青浦地区工会组建工作实际，3 月 15 日至 6 月底，区总工会开展工会组建“百日行动”。(1)制定方案，明确目标。区总工会制定下发《关于开展工会组建百日行动的通知》，到 6 月底，全区新增非公企业工会组织数 180 家，净增工会建会单位数 1500 家、净增会员数 36000 人，基本完成全年的工会组建任务。(2)突出重点，稳步推进。在大力推进工会组建过程中，各街镇总工会普遍开展调查研究，做到底数清、思路清、目标明。华新、白鹤等镇在加强规模以上企业建会工作的同时，注重及时调整建会重点领域和入会重点对象，着力向村级25人以上小企业、民办学校以及企业集中的开发区等领域全面推进；练塘镇通过走访和调查摸底，将25人以上未建会企业作为建会重点，做到应建必建、不留空白。(3)整合力量，多方联动。各街镇总工会坚持党建带工建的工作机制，注重加强与劳动、经贸、安监、科协等部门的沟通协调，不断完善"党委领导、行政支持、工会运作、各方配合"的工作格局。（马美君）

3月18日，奉贤区委副书记与镇级党委分管书记签订《工会组建目标责任书》（姜林新）

【奉贤区工会组建工作取得新成效】 区总工会贯彻落实"两个普遍"要求，坚持"双措并举，两次覆盖"工作方针，以村、园区工会联合会为抓手，动员注册型企业入会；以行业性、区域性工会联合会为平台，覆盖组建难度大的小企业。9月，区内第一家商贸行业集贸市场工会联合会和第一个楼宇工会先后揭牌成立。全年共新建基层工会247个，覆盖建会单位5856家，新增会员29738名。2011年，区总工会已连续8次被评为上海市工会组建工作先进单位，并获"上海市工会组织劳务派遣工入会集中行动先进单位"、"上海市工会组建数据库信息维护工作先进单位"称号。（叶　兰）

【市医药工会推进劳务派遣工入会工作】 医药工会加大劳务派遣工入会的工作力度，全年新增劳务派遣工会员1092人，累计劳务派遣工会员人数已达1700余人，占集团劳务派遣工总数50%以上。(1)典型引路，及时总结上海罗氏制药有限公司、上海医药物资供销有限公司工会开展劳务派遣工入会工作的成功经验，加以推广。(2)重点突破，针对劳务派遣工用工大户单位，加强指导督促，上海医药分销控股有限公司、上海市药材有限公司、中美上海施贵宝制药有限公司、上海第一生化药业有限公司等单位实现了劳务派遣工入会工作"零"的突破。(3)考核奖励，将开展劳务派遣工入会工作列入党工共建、创先争优"职工之家"评比考核条款，并将工会经费向重点工作倾斜，直接奖励取得成效的单位和具体推进这项工作的人员，使劳务派遣工入会工作向前推进了一大步。（赵一鸣）

【市医药工会积极开展基层工会主席直选】 根据市总工会的工作要求，积极探索和推进基层工会主席直选工作。认真贯彻沪工总组(2010)第89号《上海市总工会关于进一步推进基层工会主席直接选举工作的意见》。市医药工会经研究决定，2010年在个别单位试点，2011年50%以上换届选举单位和新组建单位工会主席产生要开展直接选举，据不完全统计，医药工会2011年基层换届选举单位工会主席直选达到80%以上。（赵一鸣）

【上海邮政工会组建工作取得突破】 2011年，上海邮政工会根据邮政体制改革发展实际，新组建3个基层单位工会，同时大力推动劳务派遣工入会工作。截至年底，上海邮政工会会员25460人，职工入会率90.2%。其中劳务工会员14016人，劳务工入会率91.1%。（乐　瑾）

【上海航道医院工会加强非在编人员入会工作】 根据全总《关于进一步做好维护进城务工人员合法权益工作的意见》精神，上海航道医院工会下发了《上海航道医院关于吸收非在编职工入会工作的意见》，大力推进非在编职工入会工作。至年底，占职工总数73.5%的100名非在编人员全部入会。（刘昌明）

【市交通港口局工会组建水上客运行业工会联合会】 市交通港口局工会经过调研分析，于年底组建上海市水上客运行业工会联合会，覆盖全市轮渡、三岛水上客运和浦江游览等水上客运企业工会。（陈　健）

【锦江国际工会加强工会组建工作】 在锦江国际加速发展现代服务业的大局中，锦江国际工会不断调整工会组建工作重点，创新工作方法，扩大工会组织覆盖面，做到"哪里有职工，哪里建立工会组织"，形成"党委领导、政府支持、工会运作、各方配合"的工作格局。2011年，集团建会单位374家，比上年增加8家，工会会员数71437人，比上年增加5832人。实现工会组建和会员入会的全覆盖，集团工会被评为2011年上海市工会组建优秀单位。（张祥伟）

【上海临港产业区工会编制《工会组建服务指导宣传手册》】 上海临港产业区工会始终将工会组建列为重中之重的工作稳步推进。为使产业区入驻企业能全面了解工会组建工作的相关法律法规，方便各企业熟悉工会组建工作程序，临港产业区工会结合3年来的工作实践，在调研10多家企业、梳理近20部相关法律法规条例的基础上，编写完成了《临港产业区工会组建服务指导宣传手册》。（樊建平）

工作机制创新

【上海工会开展创先争优活动】 市总工会贯彻落实市委和全总关于创先争优活动的部署要求,组织动员全市工会组织和广大职工群众深入开展创先争优活动。在全国工会党工共建创先争优活动视频会议后,市总工会党组第一时间进行专题研究,成立上海工会创先争优活动领导小组,切实加强对全市工会系统创先争优活动的组织领导和督促检查。全市各级工会也普遍建立创先争优活动领导机构和工作机构,并且明确工会主要负责人为第一责任人,切实担负起职责。同时,结合工作实际,市总工会印发了《在全市工会组织和广大职工中深入开展创先争优活动的实施意见》和《在全市工会组织和广大职工中深入推进创先争优活动的实施意见》,要求各级工会组织和广大职工要充分认识深入开展创先争优活动的重要性和必要性,增强责任感和使命感,把党工共建创先争优与工会重点工作有机融合,针对工会工作的薄弱环节,明确推进工作的重点领域,研究制定相应的对策措施,推动工会重点难点工作取得突破,以创先争优活动促进工会工作,以工会工作的创新发展推动创先争优活动深入开展。全市各级工会投身创先争优活动,采取扎实的工作措施,使创先争优活动在大力弘扬劳模精神上见成效,在普遍建立工会组织上见成效,在普遍建立协商机制上见成效,在积极调处劳动争议上见成效,全市工会整体工作水平得到有效提高,工会组织作用得到进一步发挥,基层工会组织活力得到进一步增强。(钱 婷)

【上海进一步推进工会工作者队伍建设】 结合杨浦区总工会作为全国第一批试点单位的成功经验,2011 年全市职业化、社会化工会工作者队伍建设进一步推进,职业化、社会化工会工作者收入分级负担的试点范围扩大到浦东、虹口、嘉定 3 个区。至年底,全市职业化、社会化工会工作者总人数为 1070 人。(杨 娟)

【浦东新区工会工作百个经典案例汇编成书】 新区工会围绕经济社会发展大局,创新工作理念和体制机制,丰富工作载体和活动方式,逐步形成符合实际、特色鲜明的工作模式。为总结经验,提升工作水平,新区总工会精心挑选 100 个案例,分为“关爱职工,回应诉求”、“维护权益、协调关系”、“营造家园,提升素质”、“建功立业、推动发展”和“完善自身,增强效能”等 5 个方面,汇编成《创新与发展——浦东新区工会工作百佳案例》一书。(张真琦)

【长宁虹桥社区打造线上线下“工友之家”】 虹桥社区总工会针对城市一线建设者,推出“虹桥工友社区”线上、线下的“双维”社区,线上,虹桥社区将联手“公众网”打造网络平台,届时只需通过手机即可登录网络平台,即时获取交友、培训、招工、咨询等服务信息,为城市一线建设者提供全方位的援助。线下,将在下半年陆续推出“五个一”的专项服务——放映一场电影,丰富文化生活,让大家舒心;开展一次培训,提升生产技能,让大家放心;举办一场义诊,确保身体健康,让大家安心;提供一次法律咨询,维护合法权益,让大家省心;搭建一个网络平台,及时传递信息,让大家开心;通过这“五心”服务留住广大工友的“心”,让“虹桥工友社区”成为真正的工友之家。(崔莉霞)

杨浦区总工会试点推出工会会员服务卡 (曹理仰)

【杨浦区定海地区总工会创新工作机制推进地区工会工作新发展】 杨浦区定海地区总工会创新工作机制,逐步形成“区域化组建、行业化维权、专业化指导、多元化管理、一体化服务”的工会工作格局。(1)创新工作机制,夯实工会工作基础。创新区域化组建机制,破解组建难;推行地区行业工会建设,破解运作难;党工联动,夯实基础。(2)建立工作载体,在服务职工中提升工会吸引力。建立职工创业服务站,实行“一门式”服务;试行定海工会会员卡(一卡通)服务。(3)抓好队伍建设,为地区工会发展提供坚强保证。提出“五边、四勤、三不要”工作要求,即“边调查摸底、边宣传指导、边组建工会、边工资集体协商、边维权服务;腿勤,多走访;嘴勤,多宣传;手勤,多记录;脑勤,多思考;不要脱离企业、不要脱离职工、不要不作为”。(曹理仰)

【杨浦区总工会创新机制推进职业化工会干部队伍建设】 区总工会加强职业化工会干部队伍建设,推行“行业工会建在地区上”模式,建成一支拥有 72 人的职业化工会干部队伍,其中 56 人通过选举担任地区行业工会主席,推动全区工会工作专业化发展。(1)规范化招录,提高职业化工会干部整体水平。在《新民晚报》等媒体宣传,提高招录知晓度;明确“门槛”,使应聘人员符合工作要求,全区职业化工会干部平均年龄 51.5 岁,中共党员 58 人,占 82.8%,大专以上学历 46 人,占 65.7%,且都具有党群工作经历；比照公务员和事业单位招考，严格程序，保证招录公平公正。(2)制度化建设，确保职业化工会干部认真履职。保障人员经费，落实工作经费，年人均用工成本5.3万；建立管理制度，严格工作考核，严格落实每周至少3天走访企业等工作要求；要求职业化工会干部在走访企业时，党建工建一起抓。(3)长效化推进，强化职业化工会干部队伍战斗力。开展渐进式培训，组织新上岗职业化工会干部赴北京培训；建立干部储备制度，通过正常招录程序，确定一批符合录用标准的储备人才，岗位空缺时可立即填补；形成正常退出机制，明确规定在年度考核中被确定为不合格的职业化工会干部，不再续聘，同时明确干部年龄界限，到达法定退休年龄的职业化工会干部原则上不再聘用，改善年龄结构。（曹理仰）

【黄浦区总工会加强社区工会规范化建设】 (1)制定下发《关于进一步健全社区工会组织网络，加强工会干部配备的实施意见》，全年新招录社区工会干部7名，新组建5个区域、楼宇工会联合会。(2)下拨270万元社区规范化建设工作经费。(3)组织开展社区街道总工会"六好"规范化建设考核暨年度工作考核。（吕诚陆）

【黄浦区总工会推进小区工会联合会建设】 按照以行政区划推进社会服务管理和工会工作网格化、一体化的管理要求，7月上旬，南东社区均乐、龙泉、福海、江阴等4个小区经会员代表选举，分别成立小区工会联合会，共覆盖辖区内76家企业、1500余名职工。联合会主席、副主席分别由小区党总支书记、社区总工会工作人员担任。（姚　犁）

【闵行区总工会开展"企居联动"活动】 区总工会不断开创公共服务新载体，拓展工会服务功能，针对部分企业产品缺乏销售渠道、社区居民缺乏产品信息的情况，开展"企业进社区，百姓得实惠"活动，在支持企业发展同时满足社区居民的生活需求。各街镇组织镇域内多家企业"走入"社区，为居民提供价廉物美的生活用品。并创新活动宣传方式，细化活动类型，拓展活动内涵，丰富活动形式，尝试用微博平台提高活动知晓率，以商品进社区、岗位招聘进社区、社区义卖为单场主题开展活动，同时还将法律知识、心理咨询、家庭教育、妇科咨询、理发推拿、禁毒宣传、外来人口管理宣传等服务项目与企业商品一同送入社区。据统计，全区有近80家企业将"实惠"送入5个居民区，参与居民达1.1万余人次。（应慧娟）

【闵行区颛桥镇总工会推进"两新"组织党工一体化建设】 镇总工会联合镇综合党委，在党工组织健全、业主支持、运作良好的"两新"组织中，重点挑选东富龙、伊思娜、金盛家居、星月环保、欣建置业等5家单位，深入开展党工一体化建设工作。(1)以项目化形式纵深推进创先争优活动。开展党支部和工会创先争优双承诺活动、加强职工党史学习教育、动员党员到社区报到、实行党务企务公开，不断抓氛围营造、抓承诺落实、抓载体创新、抓点评评议。(2)争创学习型企业。在企业中开展"推荐一本好书、阅读一本好书、撰写一篇体会、开展一次交流、整理一份汇编"的"五个一"系列活动，激发职工群众的学习热情，提高工作技能和创新能力。同时鼓励职工捐赠闲置书籍，增加新颛桥人流动书吧藏书量。(3)探索一体化体系建设新途径。在企业中实行党支部和工会干部相互兼职，确保组织形式一体化并统一党支部的工作目标和工会组织的主要任务，实现党建工作与工会工作同部署、同落实；党工携手开展文体、消防安全排查培训、科普展览等小型多样各具特色的活动。通过一体化建设，提高"两新"职工对党工一体化建设的知晓率，实现"两新"组织党工互补互促，增强了工会组织的活力。（应慧娟）

【金山区总工会启动新一轮创先争优活动】 区总工会深入开展创先争优活动，制定了《关于2011年深入开展以"依法推进两个普遍　凝心聚力建功发展"为主题的创先争优活动实施方案》，以"五个下功夫"，即服务金山大局，在团结动员职工推动科学发展上下功夫；普遍推进工会组建全覆盖，在增强企业工会活力上下功夫；普遍推进工资集体协商，在构建和谐劳动关系上下功夫；做职工的贴心人，在做好新形势下群众工作上下功夫；加强自身建设，在全面推进各项工作上水平上下功夫为实践载体，立足工会工作职能，重点抓好动员部署、公开承诺、履行承诺、评议承诺、评选表彰等五个阶段工作，为加快建设"创业金山、宜居金山、和谐金山"奠定坚实基础。（马琳联）

【松江区教育系统开展基层工会主席直选工作】 12月2日在松江区实验小学第三次工会会员大会上直选产生了工会主席，进一步落实工会会员对工会干部选拔任用上的知情权、参与

松江区教育系统开展基层工会主席直选工作　（夏　晖）

权、选择权和监督权。（俞晓春）

【青浦区各级女工组织争创“五型”女职工组织】 区各级工会女工组织着眼于服务大局、服务基层、服务女职工能力的提升，围绕工会重点工作和女职工特点需求，开展“五型”女职工组织创建活动。“五型”女职工组织，包括“学习型女职工组织”着眼于抓实常规学习、突出重点学习、推行特色学习，以提高女工干部理论指导实践的能力；“制度型女职工组织”着眼于抓制度的制定以及对执行情况的检查、考核，形成责任明确、领导有力、运转有序、保障到位的工作机制；“创新型女职工组织”着眼于在树立创新意识、提高创新本领、增强创新实绩上勇于创新，不断增强女职工组织和女职工工作的生机和活力；“凝聚型女职工组织”着眼于搭建与女职工广泛联系、平等沟通、共同参与的平台凝聚、促进女职工发展；“服务型女职工组织”着眼于在改进作风、提高工作效率上下功夫，为女职工提供便捷、周到、优质、高效的服务。全区女职工组织结合各单位业务工作实际，拟定创建目标，落实主要措施。经区总工会女工委的综合评定，共命名2009—2010年度青浦区“学习型女职工组织”38家、“制度型女职工组织”7家、“创新型女职工组织”9家、“凝聚型女职工组织”14家、“服务型女职工组织”14家。（马美君）

【青浦区启动工会系统“走基层、优服务、促发展、创和谐”活动】 为开展“面对面、心贴心、实打实服务职工在基层”活动，落实青浦区委《关于建立组团式联系服务群众工作机制的实施意见》，区总工会制定下发《关于在全区工会系统开展“走基层、优服务、促发展、创和谐”活动的实施意见》，明确了开展“走基层”活动的基本方式、活动内容和工作机制。通过组建固定联系小组，建立健全区镇两级工会联系基层和重点企业制度，采取上门走访、开门接访、集中调研、建立联系点等方式，加强与企业、基层工会和职工的联系，充分听取意见和建议，全面掌握基层情况。建立健全两级工会预警机制、回应诉求和解决问题机制，完善街镇总工会、街镇党（工）委、区总工会三级联动机制，将矛盾和问题发现、解决在基层。通过走访活动，进一步转变工会干部工作作风，切实帮助解决企业和职工的实际困难，提升做好新形势下职工群众工作的能力和水平，真正把党政所需、职工所盼、工会所能的事情办好。（马美君）

【青浦区总工会推进《企业工会工作条例》达标工作】 2011年度，全区计划完成达标企业121家，各镇、街道实际申报数128家。在各企业自查申报的基础上，区镇两级工会先后走访近60家企业。调查中发现，企业内有利于促进工会工作达标、有利于创建和谐劳动关系、有利于维护职工合法权益的各类组织机构更加健全，各项制度更加完善，企业职工的入会率、职代会建制率、工会独立建账比例同以往相比均有明显提高。“三项合同”普遍签订，平等协商特别是工资集体协商正在逐步落实，企业职代会的质量进一步提高。国家规定的最低工资标准、加班时间、加班工资、劳动保护等均得到了较好的贯彻，劳动管理、奖惩规定、加薪幅度、社会保险、大病探望、节假日福利、带薪休假、职工体检等关系到职工切身利益的事项都纳入了集体协商的内容。整个企业工会工作的规范性进一步得到加强，工会组织在企业发展中的作用进一步显现。据统计，128家企业中，集体、外资和民营企业分别为36家、17家和75家，分别占比28.13%、13.28%和58.59%；职工总数12805人，其中工会会员数11875人，入会率为92.73%；有58家企业建立了职代会制度，70家企业实行职工大会制度；各企业“三项合同”齐全，其中有85家企业工会建立了独立账户。（马美君）

【上海电气输配电集团工会“三个结合”开展“双争”活动】 集团工会围绕集团再次创业，以“三个结合”的方法，开展“再次创业优秀员工、再次创业优秀工会组织”争创工作。(1)点面结合。抓典型企业，借鉴合资企业成功做法，推广集团下属施耐德配电公司的合理化建议流程体系；抓重点群体，借助职代会契机，组织代表提案，提高代表履职能力，发动职工参与合理化建议；抓关键对象，发挥劳模、首席技师、高级技师的专业能力，成立专家咨询组，建立答疑和评价平台，为推进“双争”活动提供借鉴。(2)上下结合。集团层面统一布置与各企业特色重点相结合。人民厂开展“职工为企业发展给力，企业为职工发展谋利”的主题实践活动，推进双优争创工作；上陶厂将合理化建议和员工素质、技能提高结合起来，注重工作成效；库柏电力电容器制定了“双优”工作规划，将合理化建议融入劳动竞赛；宝山变压器联合公司行政，每年坚持开展职工提案和合理化建议活动；施耐德工控借助合理化建议流程，制定激励政策，提升职工参与合理化建议的积极性。(3)量质结合。在动员广大职工参与合理化建议活动，不断扩大参与范围和群体的同时，注重提升合理化建议的质量和效果，将活动融入企业的经营生产各环节，为企业发展提供帮助。（丁炜刚）

【上海纺织工会创新职工思想工作的内容和途径】 纺织工会创新职工思想工作的内容和途径，通过组织职工开展“争当纺织建设英豪”、“创建工人先锋号”等主题鲜明的劳动竞赛，把广大职工的积极性凝聚到推动发展上来。围绕“科技与时尚”发展战略开展的群众性经济技术创新活动，为广大职工搭建了展示聪明才智的平台。注重职工队伍整体素质的提高，培育评选出劳动模范、“三八”红旗手等先进集体和个人，并通过宣传、培训、关心等措施，打造推动纺织发展的领跑团队。针对信息传播渠道变化对职工思想带来的影响，引导职工转变观念，宣传企业文化，解读公司“十二五”规划，组织职工巡游集章看发展活动。在2011年全国纺织行业思想政治工作年会上，上海市纺织工会荣获“全国纺织群众工作先进单位”称号。（王慎微）

【市医药工会进一步推进基层工会主席直选工作】 根据《上海市总工会关于进一步推进基层工会主席直接选举工作的意见》精神，医药工会制定推进基层工会主席直接选举的工作计划，要求2011年有50%以上选举单位采用直接选举的方式产生工会主席。具体做法：(1)加强宣传、培训工作力度，宣传推进基层工会主席直接选举工作的重要意义。（2）明确对推进基层工会主席直接选举工作的考核，在工会各类先进评比过程中，加大工会主席直选的考核比重。（3）在总结试点单位经验基础上逐步规范工会主席直选工作的具体做法，规定凡因各种原因不能开展工会主席直选的单位，必须经上级工会批准。2011 年医药工会所属基层工会换届选举单位 80% 以上，都采用工会主席直接选举的方法产生新一任工会主席。

（赵一鸣）

【上海电建公司工会开展“最具活力工会工作”创建活动】 公司工会围绕工会组织自身能力建设，在开展“一会一品”活动的基础上，组织各基层单位工会开展“最具活力工会工作”创建活动。在确定年度重点工作的基础上，基层单位工会策划打造最具活力的工会工作，并培育典型和特色工作，形成不同层次工会组织的工作亮点。创建活动推动了工会工作的科学化、制度化和规范化建设，实现了“创造一流工作业绩，建设一流工会组织”的目标。 （季天培）

【上海交运集团汽修公司开展基层工会主席直选工作】 为进一步加强基层工会组织群众化、民主化建设，推进新业态企业工会主席直选工作，上海运输工会指导汽修公司下属交运起成、交运隆嘉、交运致远三家汽车 4S 店成功开展了工会主席直选工作。汽修公司工会根据运输工会“注重新业态企业工会组织的覆盖，加快新企业工会组建步伐”的工作要求，探索“促转型、调结构”新格局后基层工会组织建设的新思路、新方法，在推进 3 家 4S 店直选工作中落实“三个加强”：（1）加强直选工作组织领导。11 月中旬，公司工会成立直选工作领导小组，明确目标责任和具体分工。制定 3 家 4S 店工会主席直选工作实施方案，按照“宣传准备、实施组建、选举审批”三个阶段的工作任务和时点要求，有计划、有步骤地组织落实。（2）加强直选工作培训指导。公司工会把握“协调、培训、指导”3 个重点内容，主动与 3 家基层企业行政领导协调、沟通，指导建立会员大会筹备工作小组。组织 3 家 4S 店工会筹备小组开展专题培训，做好会员发展、宣传动员、候选人推荐等工作，并现场指导解决筹备工作中的具体问题，确保会员大会顺利召开。（3）加强直选工作程序把握。工会主席、委员候选人通过“组织推荐、会员推荐、个人自荐”途径，经“三上三下”民主推荐产生；工会主席和委员候选人公示期 10 天，与会员职工公开见面并作竞选演讲；会员代表行使民主权利，在会员大会上无记名投票直接选举产生工会主席和工会委员。 （陈敢敏）

上海电建公司工会举行“最具活力工会工作”成果发布会 （傅 诚）

【中远集运工会加强船舶和网点工会组织建设】 （1）指导各船舶工会从伙食管理、奖金分配等船员最关心的问题入手，关注船员的身心健康，加强船舶劳动保护工作，维护船员合法权益。（2）通过开展海上课堂、技能竞赛、文体活动等船员喜闻乐见的活动，加强船舶文化建设，提高船员综合素质。（3）指导基层揽货网点建立健全工会组织，把工会的各项重点工作覆盖到每一个网点，发挥“职工小家”的作用，同时发现、培养、宣传一批在集装箱货运生产各个领域中建功立业的先进典型。（4）指导中国部工会制定《关于加强揽货网点工会工作的指导意见》，进一步明确基层网点工会组织建设的基本原则、组织管理、主要内容、目标要求、考核验收等，确保基层网点工会组织建设重点明确、内容充实、形式多样。 （钱 华）

【上海海事局长江口海事联合工会服务横沙岛经济建设】 上海海事局工会探索创新新形势下工会组织形式，由上海航标处牵头组建长江口海事联合工会，覆盖上海海事局驻横沙岛分别隶属上海航标处、海测大队、崇明海事处、海岸电台和服务中心的 5 家派出机构、49 名会员。联合工会成立后，使企业发展由“小而散”向“区域统筹、集约共享”转变。联合工会建立工会工作联席会议、定期工作通报和责任分工等一系列制度，有效整合、优化配置了各单位资源。（1）整合海事资源，集中海事监管、航标助导航、水文潮汐、电台通信等海事管理和服务手段，使岛上居民享受到全方位的海事服务。（2）整合服务资源，以培训基地为抓手与当地政府进行合作，提供场地、设施、图书阅读等资源。（3）整合人才资源，为当地渔民进行海事事故案例解析，讲解通信保障知识等。（4）整合组织资源，参加当地志愿者服务队，参与帮困助学、慰问孤老等社会公益活动，已资助 2 名困难学生。长江口海事联合工会组建实现横沙岛基地内工会工作全覆盖。

（朱卫平）

职工之家创建

【上海开展 2011 年度市模范职工之家和模范职工小家评选】 7 月，市总工会下发《关于评选 2011 年度上海市模范职工之家、模范职工小家的通知》，各区县局(产业)工会按照评选要求组织推荐。通过预报预审、市总机关各职能部门评审、市总主席办公会议审议、网上公示等程序,共评出上海市模范职工之家候选单位350家,上海市模范职工小家候选单位297家。

(钱 婷)

【上海开展2011年全国模范职工之家和全国优秀工会工作者申报评选活动】 5月,按照全总文件精神,市总工会下发《关于申报全国模范职工之家和全国优秀工会工作者的通知》,各区县局(产业)工会按照申报评选的要求组织推荐。通过成果发布、市总部室评分等程序产生了候选单位和候选人,最终经全总审核、评选,共有26家单位获全国模范职工之家、31名个人获全国优秀工会工作者、1家单位获十面红旗单位荣誉称号。另外,根据全国工商联和全总关于开展第六届全国民营企业"关爱员工、实现双赢"评选表彰活动的通知,市总工会在全国模范职工之申报单位中,依据成果发布成绩,择优推荐了3家民营企业为"全国双爱双评先进企业"。

(钱 婷)

【黄浦区总工会开展职工之家创建】 为树立典型、激励先进,黄浦区总工会引导广大基层工会组织和工会干部围绕黄浦"十二五"规划,在全区开展工会创先争优考核工作,对职工之家创建活动中做出显著成绩的先进集体和个人进行表彰。共有200家职工之家创建工作先进集体,141名先进个人,179名积极分子在5月24日召开的黄浦区工会创先争优活动暨庆祝建党90周年座谈会上受到表彰奖励。

(钱嘉颖)

【松江区总工会"六结合"深化建设职工之家】 (1)建家与促进企业发展相结合。团结、教育职工群众,让职工享有劳动、民主权利,发挥聪明才智,共创双赢。如新桥镇总工会会同有关部门利用镇职校阵地,为142名职工(包括农民工)进行职业技能和基本素质培训,为1765名职工实施电工、车、钳、刨等专业培训。(2)建家与维护职工权益相结合。把履行维权的职责贯穿于工会工作的各个方面,融入到企业的管理体制中。如车墩镇总工会加大源头维权力度,开展"共同约定行动",推动企业履行社会责任,依法规范企业裁员、减薪行为。(3)建家与深化职工素质工程相结合。把组织职工开展各种形式的劳动竞赛、技能比武、岗位练兵,作为深化建家活动的切入点。如工业区工会围绕企业生产经营和提高经济效益,大力开展职工岗位技能、技术攻关、科技创新、降本增效、"金点子"等活动,调动职工生产积极性。(4)建家与服务职工群众相结合。为职工提供法律援助服务,提高职工自我维权能力,实施帮扶救助、送温暖、"金秋助学"等活动。如建设和交通委员会工会为农民工提供"充电"场所,加大"职工书屋"创建力度,推动企业文化和职工文化建设。元旦前夕,会同有关部门为农民工清欠工资2653万元。(5)建家与形成工作合力相结合。主动取得领导支持,制定工作规划、具体实施意见和考核评价办法,形成"党政支持、工会主抓、部门配合、职工参与"的建家工作机制。如岳阳街道总工会把建家活动渗透企业经济发展中,开展"一居一品"、"一企一品"、"一店一品"工会特色工作活动,区合格职工之家创建率50%,促进共创共赢。(6)建家与加强工会自身建设相结合。狠抓工会自身建设,为职工之家的建设奠定组织基础,不断增强工会组织创新活力,提高履职能力,在服务企业发展、服务职工群众中发挥职工之家作用。如泖港镇总工会加大服务职工力度,当好职工参与企业民主管理的"代言人"、职工合法权益的"维护人"、职工信赖的"贴心人"。

(姚德达)

市经济和信息化工作系统工会工作会议表彰一批荣获2011年度全国、上海市模范职工之家的先进集体 (夏 琰)

【市水环境监测中心奉贤分中心以"家文化"打造职工之家】 奉贤分中心结合"贤文化"和"水文化"建设,导入"家文化"理念,完善"家文化"内容,搭建"家文化"载体,按照"一年打基础,两年见成效,三年出品牌"的单位文化发展规划,大力开展监测中心特有的"家文化"建设,把职工之家打造成"民主之家、学习之家、文明之家、温暖之家"。此项活动已获"区职工之家"、"区优秀女职工集体"、"区五一巾帼集体"、"上海市巾帼文明岗"和"全国巾帼文明岗"等称号。

(叶 兰)

【市机电工会开展"争创再次创业优秀工会组织"和"争做再次创业优秀员工"活动】 围绕上海电气2011年再次创业的经济发展目标,在全系统开展"争创再次创业优秀工会组织"和"争做再次创业优秀员工"活动。各单位工会组织动员职工围绕企业发展,推进合理化建议活动。(1)高度重视,精心组织。各单位切实加强领导,紧密联系工作实际,把"双争"活动与工会重点工作有机融合,针对薄弱环节,明确工作重点领域,研究制定相应的对策措施，推动重点难点工作取得突破。(2)明确目标，合力推动。坚持“党建带动工建，工建服务党建”，以“双争”为主要内容，以推动企业发展，服务职工群众为基本目标，主动作为，形成合力，发挥工会组织在推进再次创业中的积极作用。(3)结合实际，取得实效。各级工会根据自身实际，在建立工作机制、开展合理化建议、落实“两个普遍”、做好帮困送温暖等工作中取得初步成果，共有30家“再次创业优秀工会组织”、56名“再次创业优秀员工”受到表彰。

（冯克华）

【市化学工会加强基层工会组织建设】 (1)结合基层建设、基础工作、基本功训练的“三基”工作，对32家子公司、直管单位工会组织建设开展全面检查，帮助基层工会对照标准创建职工之家。(2)做好基层工会换届改选和工会干部协管工作，及时调整和充实基层工会领导班子成员，并履行相关民主程序。全年共有上海中远化工有限公司工会等7家工会进行换届选举。并调整双钱、天原等子公司工会两委班子成员。(3)对资产变更重组或注销等企业，及时进行调整、重建或撤销其工会组织。2011年，上海化学工业压力容器检验有限公司工会等新组建工会、上海台硝化工有限公司工会等4家工会组织撤销。

（沈之歌）

【上海铁路局工会推进职工实事工程】 按照“功能一体化、管理军事化、设施现代化”要求和工会创建“和谐之家、安全之家、文化之家、健康之家”理念，上海铁路局工会配合行政加大“三线”（生活线、文化线、卫生线）建设投入，推进职工实事工程。(1)召开全局“三线”建设推进会，围绕建设目标，合力推进京沪高铁、枢纽地区、电化改造区段以及既有线等374处职工生产生活房舍建设整修，协调解决合资公司配套建设资金，改造68辆工务大修宿营车。(2)坚持建管并重，完善配套制度，加强督促检查，强化考评激励。推进示范点创建工作，命名9个路局级示范点，带动全局“三线”建设管理水平有新的提高。路局工会补充性投入1600余万元，重点帮助基层购置空调、热水器等生活设施，改善一线职工的生产生活条件。(3)关心异地职工群体，协调劳卫、客运等部门制定措施，解决异地职工通勤等具体困难。坚持开展冬送温暖夏送清凉活动，筹集资金5500余万元用于慰问一线职工。发挥“三不让”帮扶救助保障作用，关心困难职工群体，全年累计助困5.7万人次4540万元，助医2.6万人3359万元，助学1138人236万元，促进企业的和谐稳定。

（白　杰）

【上海邮政工会开展职工之家创建活动】 9月，在基层工会自评和邮政工会考评的基础上，经工会办公会议讨论审议，评选出宝山区邮政局工会等15个基层工会为2009—2010年度上海邮政先进职工之家，45名个人为2009—2010年度上海邮政系统优秀工会工作者，107名个人为优秀工会积极分子。在2011年上海市工会组织工作暨模范职工之家表彰交流大会上，上海邮政工会获2011年上海市工会组建工作优秀单位；川沙邮政局工会、汽车运输局工会和邮电医院工会获上海市模范职工之家；市西邮政局静安支局工会、崇明县邮政局陈家镇支局工会和邮政速递物流公司石门路揽投部获上海市模范职工小家称号。

（乐　瑾）

【上海电信松江局工会健全四项“建家”制度】 (1)健全人文关怀制度，把工会建成职工关爱之家。定期邀请专家、学者讲课，为员工作经典著作和电信业务技术辅导报告，引导员工博学长进；开展纪念建党90周年系列活动，引导员工坚定信念；健全企业人才评选制度，评选企业十佳精英、十佳人才、十佳优秀员工，汇编《闪光的足迹》，引导员工学习提高；强化工会安全监督职能，增强员工安全生产自我保护意识。(2)健全劳动竞赛制度，把工会建成职工生涯发展之家。以创建“工人先锋号”为抓手，围绕中心，开展“天翼飞扬”、“3G大抢盘”、城市光网FTTH建设系列劳动竞赛和FTTH安装与维护技能操作练兵。以深化小革新、小改进、小设计、小建议、小发明等“五小”活动为抓手，围绕企业技术改造、新产品开发、操作技术改进、经济效益提高开展群众性科技创新活动，激发广大员工工作热情和创造活力。(3)健全帮困救扶制度，把工会建成职工温馨之家。坚持员工有困难必帮制度，做到一般困难机制帮、突出困难重点帮、突发困难及时帮，使帮困送温暖工作规范化、信息化、社会化，形成帮扶工作合力。开展重病、重灾、单亲、助学、生活帮困和送温暖等“五帮一送”活动，与困难员工、单亲家庭帮困结对，送上帮困慰问金；关爱劳务工群体，开展送知识、送技能、送温暖、送健康等“四送”活动，让广大劳务工共享企业发展成果。(4)健全文体活动制度，把工会建成职工健康之家。依据员工爱好、特长，组建员工篮球队、乒乓队、网球队、舞蹈队、瑜伽队、龙舟队、长绳队、小合唱队等10余支业余文体队，活跃在社区、街道，参加上海电信运动会和各类文娱汇演；加强职工之家、职工书屋阵地建设，推动企业投资20多万元，购置跑步器、乒乓球台等健身器材，馆藏图书达9000多册。把工会建设成为组织健全、维权到位、工作活跃、作用明显、职工信赖的模范职工之家。（澎　湃）

【中交上航局深入开展建家活动】 局工会贯彻落实《企业工会工作条例》，以两个普遍为抓手，开展建家、爱家活动取得新成效。(1)以学习、宣传、贯彻《条例》为抓手，选送参加培训的各类专兼职工会干部占工会干部总数的10%，培养一支素质高、能力强、业务精的工会干部队伍。(2)开展国家、市重点工程立功竞赛活动等。获上海优秀工会集体，下属多家单位分获市金杯公司、优秀公司、金杯集体等。(3)以解决广大职工最直接、最现实、最具体的民生问题为前提，维护职工群众的根本利益。解困员工指数年年提高，帮困力度年年增强。(4)开展创建模范之家活动。至年底，全局共有3家单位4次荣获全国模范职工之家，5家单位11次荣获上海市模范职工之家，还涌现出一批全国和上海市模范职工小家。

（刘昌明）

【建工集团工会深入开展创先争优活动推进职工之家建设】 根据《上海市总工会关于在工会组织和广大职工

中深入开展创先争优活动的实施意见》及《关于在全市职工中开展"坚定跟党走,建功'十二五'"主题教育活动的通知》精神,集团工会发出在各级工会组织和广大职工中深入开展创先争优活动的通知,要求各级工会以创建"模范职工之家"、争当"优秀工会工作者"为主要内容,在建功立业活动中创先争优;在培育先进企业文化,促进劳动关系和谐稳定、推进和谐企业建设上创先争优;在密切联系群众,发挥工会桥梁纽带作用上创先争优;在切实服务职工,关心职工做职工群众贴心人上创先争优;在加强工会组织建设,发挥工会组织作用上创先争优。各级工会和工会干部紧密联系企业形势和工作实际,制定活动形式和载体,把创先争优与创建职工之家结合起来,取得显著成效。至年底,集团所属的基础公司工会荣获全国模范职工之家称号;园林集团工会、房产公司工会和海外部工会获上海市模范职工之家称号,市政设计集团城市设计研究院工会、外经集团国际招标公司工会和南方公司广州分公司工会获上海市模范职工小家称号。（杨钟春）

【建工市政设计集团工会开展"创先争优促发展,建设小家构和谐"活动】 集团工会以"创先争优"活动为抓手,以职工之家创建为载体,加强基层工会组织建设。制定《创先争优活动实施意见》、《特色职工小家创建标准和办法》,把"创先争优"活动、创建学习型工会组织与职工之家创建有机结合,选择主题,突出重点,明确目标,开展活动。在开展先进职工小家创建评选的基础上,进一步开展"学习小家、创新小家、和谐小家、民主小家"等特色小家的创建和考评。2011年度,市政设计集团有1家单位获上海市模范职工小家,4家单位获建工集团先进职工小家称号。21家单位获市政设计集团先进小家,10家单位获市政设计集团合格小家,另有7家单位获创新小家、和谐小家、学习小家等特色小家称号。（杨钟春）

【中科院上海生命科学院工会注重自身建设】 生科院工会针对2011年换届后工会干部队伍呈现的新特点、新情况,以"强化制度建设提高管理能力,强化组织建设提高创新能力,强化队伍建设提高服务能力"为自身建设目标,努力提升两级工会工作水平。通过修订《生科院工会关于开展创建"职工之家"工作的实施意见》、《两级工会委员职责及分工规定》等文件,完善院工会委员会例会制度,建立两级工会工作考评交流制度,通过对两级工会工作进行全面评估和考核,逐步建立一批职工信赖的"职工之家"。（陶　薇）

【市医务工会慰问援摩医疗队员】 5月31日—6月13日,市卫生局负责人率上海交通大学医学院、市卫生局纠风办、市医务工会及杨浦区卫生局等单位有关人员赴摩洛哥考察中国派驻摩洛哥医疗队的工作情况,并为医疗队员们送去粽子等慰问品和端午祝福。（柯　婷）

【市监狱局工会以职工之家考评促进工会工作发展】 局工会不断创新建设职工之家形式,规范职工之家考评工作,修订上年度的职工之家考核内容,进一步细化量化10个职工之家单项考核项目及标准,如:工会预警报告、工会网页、工会财务、工会经审工作考核办法等,以量化的分值反映基层工会工作绩效,体现考核的公正和公平。通过定期考核和平时考核相结合,经常性下基层了解情况,听取基层党委和群众意见建议。上半年,局工会以问卷形式测评的基层群众对工会满意度为91.24%。下半年,局工会通过听取基层工会工作汇报、基层党委对工会评价、召开会员座谈会、查看工会各类台账等形式进行"职工之家"考评,共评选表彰了12家优秀职工之家,28家优秀职工小家,促进了各级工会工作全面发展。（江海群）

【锦江国际集团工会丰富职工业余生活】 集团各级工会围绕企业文化建设,秉承"服务职工、服务企业"理念,以营造和谐劳动关系,激发员工热爱企业,倡导员工与企业共成长为目标,在职工之家创建工作中,活动室添置多项设施和补充书刊,开设"网络学习天地",拓宽职工学习娱乐渠道,满足职工基本文化需求。通过举办丰富多彩的联欢、健身等系列文体活动,丰富员工业余生活,打造"工会温馨大家园",让工会成为员工心中的"家"。（张祥伟）

【号百公司荣获"2011年度上海市模范职工之家"称号】 12月28日,在2011年上海市工会组织工作暨模范职工之家表彰交流大会上,号百公司工会被授予"2011年度上海市模范职工之家"称号。(1)服务企业,通过组织劳动竞赛和员工建言献策活动,促进企业经济持续发展。(2)服务员工,以人为本,开展关爱员工工作,为企业健康发展集聚力量、注入动力。(3)从抓好基础管理和组织建设入手,创建和谐之家。(4)承担社会责任,履行惠泽民生职责。（沈　匀）

职工素质工程

Building up Workers' Capacity

上海工会年鉴

2012

综　述

2011 年，宣教文体工作围绕大局，服务中心，以建设社会主义核心价值体系、弘扬中国工人阶级伟大品格为主线，教育引导广大职工"坚定跟党走，建功'十二五'"，为上海加快转变经济发展方式和社会发展提供精神引领、道德支撑和智力支持。(1)以"坚定跟党走，建功'十二五'"为主题，深入开展形势任务教育，巩固职工群众团结奋斗的思想基础。依托社会各界师资力量，推出两批"形势任务教育宣讲团"成员，带头举办示范性报告会，60 余家区县局(产业)工会组织举办各类形势任务报告会 300 余场。编写下发 1.3 万册《主题教育题库》，为基层工会开展形势任务宣讲提供指导和服务。开展"辉煌 90 年，祝福献给党"上海职工祝福短信创作大赛。并在劳动报、市总工会网站开辟专栏刊登优秀祝福短信作品，共收到职工的祝福短信 6 万余条。举办"读红色经典、诵红色诗篇"上海职工经典诵读大赛。(2)以宣传劳模精神为重点，大力弘扬工人阶级伟大品格，提升职工群众思想道德文明素养。制作拍摄劳模风采电视宣传片，完成杨怀远、吴佩芳、马人俊等 12 位劳模宣传片的拍摄工作。评选表彰 2009—2010 年度上海市职工职业道德"双十佳"，开展"劳模风采五一巡展进地铁"活动。以 39 名全国劳模、全国五一劳动奖章获得者、市劳模为宣传对象，在人民广场、徐家汇等地铁换乘通道内的 50 个灯箱广告中进行劳模形象公益宣传展示。(3)以推进职工素质工程为抓手，切实加强教育培训，提升职工群众科学文化素养。深入推进学习型企事业单位创建，发挥 119 家上海市学习型企事业创建示范单位的示范引领作用，推荐 25 个企事业单位学习型班组参加上海市优秀学习型团队评选，由上海市学习型社会建设和终身教育促进委员会进行表彰。推进农民工基本素质教育培训。举办上海市初级工商管理(EBA)培训 10 周年总结表彰大会，表彰 EBA 培训 10 周年十佳单位、先进单位、先进个人和优秀学员，出版发行《希望，从这里启航——EBA 十周年文集》1 万册，拍摄制作《希望，从这里启航——EBA 十周年》电视片并在上海教育电视台播放。举办第十三届上海读书节。以"快乐阅读，美好生活"为主题，设置示范项目 47 项，其中市级示范项目 19 个，区县示范项目 14 个，行业企业示范项目 10 个，社区(街道、镇)示范项目 4 个。直接参与人数约 60 万。继续推进上海工会"职工书屋"建设。先后向示范点配送价值 40 万元的书籍、电视机和 DVD 等，并协调东方宣教中心配送价值 15 万元的各类书籍。试点建设上海"职工手机书屋"，开展"温馨家园·文化乐园"上海"职工书屋"手机阅读系列活动，逾 15 万职工注册。(4)以维护职工文化权益为宗旨，积极推动工会文化事业发展，满足职工群众精神文化需求。开展上海职工体育健身四季大联赛。举办以"我参与，我快乐，我健康"为主题的上海职工体育健身四季大联赛，包括春季"闵行杯"上海农民工健身大赛，夏季"机场杯"上海职工龙舟大赛、"宝钢杯"上海职工游泳大赛，秋季"临港杯"上海职工篮球大赛、"电信杯"上海职工乒乓球大赛，冬季"延锋杯"上海职工 5 人制足球赛等。举办庆祝五一国际劳动节文艺晚会，举行第五届上海职工文化展演周，来自申通、市级机关、号百、经济信息、轻工、大众交通等 6 个行业的职工参加演出。开展"我为党旗增光辉"第五届上海市"五一文化奖"职工文化建设优秀项目评选。向一批特色鲜明、富有创意、职工参与面广、社会影响力大的职工文化优秀项目授予上海市"五一文化奖"荣誉称号。开展"同在阳光下"上海农民工假日免费电影专场放映活动。在 44 个具备放映条件、周边农民工集聚的工人文化宫(俱乐部)、社区职工文化活动中心，先后为农民工放映免费电影 100 余场。(5)以提升工会宣教干部能力为着眼点，不断加强队伍建设，促进工会宣教工作的创新与发展。举办 2 期工会干部心理学知识讲座，提高各级工会干部的心理咨询能力、危机应对能力、解决问题的能力。举办上海工会宣教文体干部培训班，来自各区县局(产业)工会的分管主席、宣教部部长、各区县文化宫(俱乐部)主任 130 余人参加培训。举办上海工会社会体育指导员培训，举办 2 期上海工会社会体育指导员培训班暨第九套广播操培训班，来自近 70 个区县局(产业)工会的 300 余名工会干部参加培训并获三级社会体育指导员资格证书。　　　　(丁　巍)

5 月 19 日，奉贤区总工会召开职工素质教育工作会议　　(姜林新)

创争活动

【市总工会推进学习型企事业单位创建】 贯彻实施《上海市终身教育促进条例》，推进学习型企事业单位创建工作。(1)举办创建工作培训，请同济大学专家授课，提高创建水平，积极发挥市学习型企事业创建示范单位的示范引领作用。(2)开展示范单位调研，与市学习办联合赴机电、电信、嘉定、闸北等企事业单位召开调研座谈会，总结示范单位创建工作经验，推动创建工作规范化。(3)参与上海市优秀学习型团队评选，推荐25个学习型班组参加市级评选，打造一批优秀学习型团队。 (程友谨)

【浦东新区总工会编制《新区职工素质建设工程“十二五”发展规划》】 5月31日，浦东新区职工素质建设工程“十二五”发展规划编制和推进工作联席会联络员会议在区总工会举行。浦东新区总工会结合浦东发展特点、工会工作特色、职工队伍特征，编制职工素质建设工程“十二五”发展规划，提出今后5年职工素质工程的六大目标任务、八项实践活动和五大保障措施，并成立由区委宣传部、文明办、经委、科委、人保局、教育局、卫生局、司法局、科协、总工会等10家单位组成的联席会，以项目化的形式联手推进职工素质工程，全面提升职工队伍综合素质，更好适应浦东“创新驱动、转型发展”的需要。 (刘京蕾)

【金山区区级机关工会坚持搭建“学习型工会”平台】 通过建设“学习型工会”，不断提高工会干部理论政策水平和实际工作能力。要求各基层工会主席发动干部职工共同参加学习活动。1月，组织参与全国卷铁人杯“工会知识竞赛”活动，近500名机关干部职工参加；4月，结合建党90周年活动组织参与“学党史、知区情、爱金山”区第六届读书节知识竞赛活动，近3000名机关干部职工参加；5月，组织参与《上海市职工代表大会条例》网上知识竞赛活动，近100名事业单位的干部职工参与；6月，组织参与《社会保险法》有奖知识竞赛活动，近50名机关干部职工参与；7—8月组织红十字会救护培训知识学习，近200名干部职工接受培训。组织安排新上任的工会主席参加区工会干部上岗培训班；通过区级机关每季度召开的工会片组会议，围绕区总工会、区级机关工会工作要求和工会工作实际，交流和介绍各单位近期工作情况，就工会职能履行情况、组织、作风、制度建设等方面沟通信息；结合各单位工作中碰到的实际问题，并就机关干部所关注的热点、难点、亮点进行研究、探讨。开展调研活动，区级机关工会每季度召开片组会议出思考题，组织学习和交流，要求各基层工会主席带着问题研究工作，提升工作水平和适应岗位能力。 (庄冬梅)

【松江区总工会开展创先争优活动注重“四个一”】 (1)坚持一个主题，即以推动科学发展为主题，在深化建功立业活动中创先争优。启动职工主题实践活动，推进建设知识型、技能型、创新型职工队伍，为推动科学发展提供人力资源支撑；深化群众性科技创新活动，在全区掀起科技创新热潮；深化“五小”活动，促进企业创新驱动、转型发展。(2)抓住一条主线，即以发展和谐劳动关系为主线，在促进企业和谐稳定中创先争优。完善党政主导的工会维权机制，每年召开三方协调联席会议和工会重点工作推进会，坚持党工共建创先争优；健全工会基础性维权制度，健全劳动合同、平等协商集体合同和职代会厂务公开制度，不断扩大覆盖面、提高签订率；深化劳动关系和谐企业创建活动，聚焦企业、职工互利共赢目标，开展劳动关系和谐企业和工业园区创造活动。(3)突出一个主旨，即以服务职工群众为主旨，在履行工会基本职责中创先争优。深化职工素质工程建设，发挥工会“大学校”作用，联合区人保等部门，依托镇、街道成人学校开展职工职业技能培训；健全职工就业帮困服务体系，举行松江区就业援助“春风行动”启动仪式；配合政府开展送政策、送岗位、送技能、送健康，进社区、进企业、进家庭的“四送三进”活动；丰富职工文化生活，举办区第三届职工文艺创作汇演赛。(4)依靠一支主力，即以基层工会主席为主要骨干力量，在提升各级工会能力中创先争优。发挥街镇总工会主席的主力作用，依靠街镇总工会、基层工会主席骨干力量开展创先争优活动；举办基层工会主席实务知识、能力培训班，提高其基本素质和创先争优能力；表彰激励先进工会组织、优秀工会主席。 (许星奎)

【青浦区命名首批“学习型企事业单位”】 根据区总工会《关于开展2010年度青浦区学习型企事业单位评选活动的通知》要求，广泛开展学习型企事业单位创建活动，经区总工会和区推进学习型社会建设指导委员会办公室对申报单位的综合评估，表彰命名星科金朋(上海)有限公司等68家单位为“2010年度青浦区学习型企事业单位”。 (马美君)

【奉贤区建设和交通委员会工会推进“创争”活动见成效】 区建交委发挥工会大学校作用，推进职工素质工程建设，实现“创建学习型组织、争做知识型职工”活动覆盖面达95%以上。(1)健全教育培训机制。完善综合培训备案登记制，依托公路公司弘路课堂、燃气公司职工培训基地、工会职工学校3个平台，以技术改造和产品升

虹口区医务工会开展“争创学习型女职工委员会”擂台赛 (潘　琴)

级等为内容开展职工岗位技能培训。建设完善职工学校、职工书屋等品牌阵地,利用网站展示职工活动和学习的成果。把教育经费预算写入各基层单位企业集体合同中,通过职代会、企事务公开等形式接受职工监督。(2)提升素质教育模式。以争创“工人先锋号”、争创“先锋(示范)岗”、“我为单位献一计”等活动为抓手,多渠道激发职工学习热情。采取校企合作、工学结合等方式,多模式开展职工教育培训。开展“专业技能带头人”导师带徒活动,以一带一,以一带多,多形式提升职工技能素质。 (叶 兰)

【纺织工会开展职工巡访活动创新宣教手段】 7—11月,纺织工会以“身边的科技与时尚”为主题,以纺织博物馆、国际时尚中心(十七棉)、鑫桥创意园、智力产业园等为巡访基地,开展“2011上海纺织职工巡访活动”,共计598批、近1.42万人次参加。一是领导重视,带头参与,带动更多职工关心、参与纺织发展;二是接待有序,组织到位,成立工作小组与讲解员队伍,制定接待日常制度及巡游线路,撰写参观解说词,把巡访活动作为宣传、推介时尚理念的载体和平台;三是参与面广,反响热烈,激发职工工作热情。 (俞进艺)

【上海电建公司工会开展“建设学习型女职工组织,提升新时期女职工素质”活动】 公司工会女职工委员会通过“建设学习型女职工组织,提升新时期女职工素质”系列活动,鼓励女职工积极投身企业改革和发展,展示女职工的团队精神和时代风采。(1)“巾帼论坛”活动,以读书活动为载体,通过阅读一本书,结合自己成长或成才的经历,宣传和发扬女性的“四自”精神。(2)“巾帼风采”活动,以演讲活动为载体,宣传新时期电建女性的形象。(3)“巾帼能手”活动,以学技能为载体,提升女职工岗位技能,鼓励女职工“精一样、会两样、懂多样”,成为多技能人才,并评选电建公司十大“巾帼能手”。(4)“巾帼视野”活动,以摄影比赛为载体,展现电建女职工风采。(5)“巾帼关爱”活动,以关爱职工为载体,关心帮助在外地项目工作的职工,发挥企业“关爱”机制的作用。 (章美芳)

【宝钢工会以“最佳实践者活动”推进自主型职工队伍建设】 工会根据公司党政联合下发的《关于“深化最佳实践者活动,建设自主型职工队伍”的推进意见》要求,在试点推进的基础上,围绕企业中心任务和员工队伍状况,通过开展对标找差劳动竞赛、职工自主管理、建立职工创造创新工作体系、培育安全自主型员工等平台,探索利于各基层公司推进自主型职工队伍建设的方法。如股份公司健全“动力助推机制、能力提升机制和资源保障机制”,明确责任体系,聚焦六项行动专题,形成统筹兼顾、长效闭环管理机制;八一钢铁通过发现、培养、宣传、推广一线职工的最佳实践成果,营造自主型职工队伍建设的氛围;宝钢资源建立两级责任体系和工作推进体系,实现日常工作有计划、有目标、有保障措施;宝钢发展以“管理团队+重点项目”和“自主管理+创新团队”运作模式,争创团队协同的最佳实践。 (赵关林)

【宝钢集团公司评选2010—2011年宝钢“金牛奖”、“银牛奖”】 公司工会以“立足本职、践行诚信、奋发有为”为基本标准,评选表彰为公司发展作出突出贡献的优秀员工,共表彰“金牛奖”获得者20名,“银牛奖”获得者100名,其中一线员工与基层技术业务管理人员逾九成,先进事迹和业绩具有较强代表性,体现了依靠职工办企业的方针。 (李清泉)

【长江汽车检测维修有限公司工会开展创先争优为民服务活动】 公司以“提升服务品质,塑造服务品牌”为主题开展创先争优为民服务活动,讲求规范运作、诚信经营、社会责任,打出自主品牌。(1)提升服务水平,促进生产经营。公司所属长江汽销公司举办多次“用心关爱客户,服务创造价值”爱车养护知识活动专场,为消费者讲解汽车养护专业知识;公司综合检测站研究市场变化,改进服务流程,通过推行预约服务、引导服务、即时服务等提高工作效率;公司安全检测站商检线的员工提高工作效率,创造月检测商品车逾1万辆的业绩。(2)打造服务明星,提升员工素质。成立以市优秀农民工先进个人赵祥命名的“首席技师汽车维修工作室”;公司白莲泾大众站总检验员、高级技师周克江获“上海市优秀农民工先进个人”称号。 (齐 舰)

【交运集团推进首席员工制度】 集团建立推行首席员工制度,开展首席员工评聘工作,先后制定下发《关于在集团系统普遍推行首席员工制度的指导意见》、《首席员工评聘管理暂行办法》、《关于深化首席员工制度的意见》等,逐步规范首席员工评比程序,基本形成各单位首席员工队伍,为推进集团经济平稳较快发展发挥积极作

交运集团召开深化首席员工制度推进会 (袁俐俊)

用。(1)扩大评聘范围,在集团所属企业全面建立首席员工制度,新建制企业首先在企业中一线主体工种及核心岗位中实施首席员工制度,已建制企业要在原有工种岗位实施首席员工制度基础上,逐步在其他工种岗位(包括管理岗位)中推开。(2)规范评聘程序,即职工自荐、群众推荐、组织推荐等民主程序,考试、业绩评比、技能比赛等考核程序,候选人和评选结果在一定范围内公示的公示程序和经评聘领导小组综合考核确定的决策程序,原则上每年评聘一次。(3)完善激励机制,获"首席员工"称号的职工,由单位颁发荣誉证书和聘书,在聘期内可使用"首席员工"称号,享受每月不低于300元的岗位工作津贴。(4)强化日常管理,由人事部门牵头管理,工会负责民主程序,首席员工聘期结束后如不再续聘即自动解聘,首席员工聘期内未能完成首席责任的由单位首席员工评聘领导小组决定是否解聘。(5)加强宣传推介,服务性企业的首席员工要在服务窗口和工作岗位醒目处挂牌明示,鼓励有条件的企业建立首席员工工作室。(6)重视作用发挥,建立首席员工业绩档案,任期内与企业签订岗位目标责任书,定期跟踪考核,其考核结果作为续聘或解聘的依据。 (吴　明)

【运输工会推进创先争优活动】 工会围绕集团"核心主业上市发展、辅业资源调整优化、党建工作巩固创新、和谐企业共建共享"的工作重点,制定年度工会干部学习计划,确定4个课题,分别由主席、副主席带队调研,与基层工会"上下共学",推进创先争优活动。先后撰写《切实加强和优化群众工作》、《党建带工建、工建服务党建、发挥工会作用、广泛开展创先争优活动》、《深入贯彻落实两个普遍、切实加强工会组织建设》、《构建和谐劳动关系,促进企业健康发展》等4篇调研报告。 (顾见华)

【上海电信女工委创建巾帼文明岗】 工会女职工委员会在公司女职工班组中开展"争当优秀女性,争创先进班组——上海市巾帼文明岗创建活动"。(1)要求所有创建班组做到"九个一",即制定一个计划、召开一次动员会、开展一次专题培训、组织一次主题活动、进行一次领导点评和群众评议、撰写一份自查报告、交流一次创建体会、开辟一块宣传阵地、做好一本台账记录。(2)组织开展系列培训,由企业发展部为创建班组进行"公司'十二五'规划"培训,由"上海市巾帼文明示范岗"获得者与各创建班组分享交流创建经验,组织所有创建班组长参加班组长专题培训,提高班组长的领导能力和管理水平。 (朱东亚)

【上海电信打造职工素质工程特色品牌】 (1)"一书",即《上海电信职工全面发展白皮书》。分别从成长空间、职业素养、从业环境、贡献回报、生活品质等五方面为职工规划未来,并把每年的行动计划列入《集体合同》。(2)"双奖",即职工创新奖、职工贡献奖。出台《群众性创新管理办法》,成立"群众创新管理委员会",启动"双奖"信息平台申报系统,实现学习交流、成果共享。已有204名职工(团队)获创新奖、192名职工(团队)获贡献奖。(3)"三校",即中国电信网上大学、工会会员学校、工会女职工周末学校。中国电信网上大学课程总数700余门,基本满足企业发展需求和职工需求;工会会员学校为会员学习各类知识提供服务,5000余人参加培训;工会女职工周末学校每季度开办适应女职工需求的各类培训。(4)"四日",即1月5日"全员一日捐",共有11393名职工参加,捐款总数106.33万元;5月16日"全员读书日",开展"评选职工最喜爱10本好书"、"名人访谈"、"科技领军人物读书心得谈"等活动;6月6日"全员健身日",呈现人员多龄化、场所多处化、项目多样化的特点;12月28日"企业文化日",宣传企业文化和企业精神,增强职工队伍凝聚力。 (朱东亚)

【中交上航局教育中心探索"我来上一课"模式推进"创争"活动】 (1)推行"我来上一课"模式,鼓励年轻教师主讲课程,实现互动、交流、提高。(2)举办"我来上一课"PK总决赛,培训主管和骨干教师等参赛,由教育中心领导进行点评、提出意见,提升教学水平。(3)组织开展"互动一小时"座谈会,围绕《中国震撼》、《教育心理学》、《苦难中国》等书目谈学习心得、读书体会,近20名教职员工参与。 (杨建平)

【中远集运工会多渠道促进职工全面发展】 (1)开展"创建学习型企业,争当知识型职工"活动,推进"读书,让我改变"职工读书活动,向职代会代表、总部员工赠送书籍2000余册;在电子刊物《家园》中增设"一路书香"、"典型案例"等栏目,为一线职工提供交流读书心得、解读相关法律法规的平台;在中国部各口岸网点建立读书屋、读书角,如泛亚公司工会利用《泛亚家园》交流读书心得,单证公司工会开展"悦读·修心"读书活动,引导职工养成良好的学习习惯。(2)搭建职工学技比武的阵地和展示成果的平台,提高一线员工的综合素质和岗位竞争力,如上远工会举办二副、水手、机工、厨工四大类船员职业技能竞赛,中国部工会开展"争当营销先锋,赶超营销目标"专项劳动竞赛,单证公司工会组织"金手指杯"业务知识技能大赛等。 (钱　华)

【市建设交通工会以学习型班组创建活动为抓手推进职工素质工程】 工会以"创建学习型组织、争做知识型职工"活动为抓手,从抓基层、抓班组入手,把提高职工队伍整体素质作为重要目标,分类分层开展读书活动、班组培训、岗位练兵、技术比武等学习培训活动,并建立创建检查考评机制。9月23日,举行推进学习型班组创建活动座谈会,上海市建筑科学研究院(集团)有限公司、上海市公积金管理中心、上海市建筑建材业市场管理总站、中交第三航务工程勘察设计院有限公司、上海浦江隧桥隧道管理有限公司等6个单位和班组交流经验做法。 (钱　蓉)

【建工集团工会多举措推进"创争"活动】 集团工会坚持开展"创建学习型组织、争做知识型职工"活动,引导职工树立不断学习、终身学习理念,增强职工的学习能力、竞争能力和创新能力。(1)为职工搭建成才平台,如组织开展群众性经济技术创新活动和技术练兵、技术攻关、合理化建议等建

在创建学习型企业活动中上海城建路桥集团工会举办“路桥知音”沙龙活动 （朱文阐）

功立业活动，每年开展优秀操作能手、优秀服务明星、优秀青年岗位能手、优秀项目经理评选等。(2)完善“能工巧匠人才库”，倡导“技术工人也是企业人才”的观念，培养和造就高素质职工队伍。(3)评选学习型团队和知识型职工，编印上海建工劳模先进荣誉录、集团技术工人绝技、绝招、绝活集。(4)注重典型引路，对具有典型意义的“创争”活动先进授予“特色荣誉称号”。(5)设立“职工素质工程基金”，奖励在“创争”活动中成绩优异的单位、班组和个人。 （杨钟春）

【上海野生动物园工会以“创争”活动为抓手促进职工全面发展】 (1)开展读书活动，向各部门工会和30个基层班组发放上海图书馆借阅卡，购买《创造卓越班组的七种武器》、《班组管理技能》、《班组建设七项实务》等班组建设学习类书籍，促使职工养成学以致用、用以促学的习惯。(2)组织班组长学习交流会，带领班组长实地参观学习其他单位开展班组建设工作的经验，激发班组长学技术、钻业务的积极性。(3)加强思想政治培训、岗位技能培训和职业道德培训，激励职工岗位成才，促进职工全面发展。

（杨钟春）

【上海城建路桥集团举办“路桥知音”沙龙活动】 上海公路桥梁(集团)有限公司是由上海城建集团下属的原市政一公司、场道公司等5家单位实施强强联合重组，于2011年8月3日正式成立。成立后的路桥集团工会在党委领导下继续有计划地深入开展创建学习型企业活动，并把创建学习型企业重要载体之一的“市政知音”(市总工会十佳品牌项目)，扩展命名为上海城建路桥集团“路桥知音”沙龙，使之焕发了新的活力。12月7日，路桥集团工会举行主题为“展望路桥未来，留住专业人才”的第一期活动。在“拼图游戏”、“工间操学习”、“开心团团转”等环环相扣的各项活动中，领导和职工互动，各重点工程的青年骨干之间互相了解，尤其是路桥集团党委书记、董事长崔建跃，工会主席黄志瑛等党政工主要领导、市总宣教干部，轮流与70余位一线青年骨干就工作、生活、发展等话题开展面对面的交心和答疑，排除困扰青年职工的诸多问题。“路桥知音”沙龙活动使青年骨干进一步了解上海城市建设五年规划，看到集团未来发展的美好前景，增强了职工树立终身学习的理念和积极推进企业集团科学发展、建功“十二五”的信心。 （杜 炫）

班组建设

【市总工会会同市有关部门联合出台《关于进一步加强班组建设的实施意见》】 2011年，在“上海企业班组建设现状”专项调研基础上，市总工会会同市经信工作党委、市国资委和市工商联联合出台《关于进一步加强班组建设的实施意见》，明确提出在“十二五”期间，上海市班组建设工作要以创建“学习型、技能型、创新型、管理型、效益型、和谐型”六型班组为目标，以全面提升职工“思想道德、科学文化、技术技能、民主法治、健康安全、社会文明”六大素质为主要任务，以开展创先争优劳动竞赛和创建“工人先锋号”为载体，以广泛开展“岗位建功、职工创新、技能登高、节能减排、劳动保护、团队创先”六大行动为抓手，进一步推动班组工作制度化、规范化、民主化建设，不断提高班组的执行力、凝聚力、创造力，努力把班组建设成为“一流工作、一流服务、一流业绩、一流团队”和“高效、创新、和谐”的集体。 （田福宝）

【市总工会开展全市班组建设情况调研】 2011年，市总工会对129个区县局(产业)工会，1000个不同类型的基层企业和1万个班组进行专项调研。发放书面问卷11129份，有效回收9416份。分别召开央企、国企、民营、外资等企业座谈会，走访12家不同类型的企业，广泛听取党政领导、企业相关负责人和一线班组长有关班组建设工作的经验、做法，意见和建议。调研显示：(1)全市班组建设具有良好的工作基础。有93.4%的企业开展班组建设工作，其中制造业开展的比例为94.1%，服务业开展的比例为92.8%。有87.1%的企业在开展班组建设中有规划、指导意见和规章制度。班组建设从上到下形成较为完整的组织体系，形成良好的发展态势。(2)班组建设发展不平衡。总体上看，制造业好于服务业，国有企业好于私营企业(中小企业)。(3)工会主动作为优势明显。近70%的企业班组建设归口工会。各级工会从加强工会小组和职工小家建设、文明班组创建入手，积极配合企业加强班组管理工作，广泛开展班组创先争优劳动竞赛和创建“工人先锋号”活动，在推动完成生产任务、提高职工素质、促进安全生产等方面做了大量工作，发挥了应有作用。 （田福宝）

【市总工会召开上海市班组建设航天

现场推进会】 10月下旬，市总工会、市经信委、市国资委、市工商联联合召开"上海市班组建设航天现场推进会"。市人大常委会副主任、市总工会主席钟燕群出席会议并讲话。大会授予上海航天局"上海市班组建设突出贡献奖"，命名上海航天局第800研究所唐建平班组"上海市班组建设示范基地"，命名表彰了200个"2011年上海市团队创先特色班组"。大会对全市进一步加强班组建设工作进行了部署，提出"十二五"期间创建"学习型、技能型、创新型、管理型、效益型、和谐型"六型班组的目标。（田福宝）

【黄浦区巾帼文明岗与上海地铁一运公司巾帼文明号开展结对活动】 1月，区总工会女职工委员会与地铁第一运营有限公司女职工委员会联合召开"弘扬世博精神，深化巾帼建功"——上海地铁第一运营有限公司巾帼文明号与黄浦区五一巾帼示范岗结对共进工作座谈会。在迎世博600天期间，黄浦区8个区巾帼文明岗与上海地铁第一运营有限公司巾帼文明号开展结对活动，互相学习，取长补短，共同进步，取得积极成效。

（吕诚陆）

【奉贤燃气公司工会创建无违章班组】 公司工会结合历年班组建设活动经验，以"创建无违章班组，争做反违章个人，共建无事故企业"为主题，全面推行创建无违章班组活动。活动贯穿全年，分为动员部署、自查自纠、夯实基础管理、检验考评4个阶段。通过实行班组安全例会制度、安全检查制度、安全教育培训制度、轮值安全员制度，健全班组安全管理档案（包括台账）等工作夯实基础管理。同时通过部门监督考评和公司安全考核两种机制有机结合，层层把关，加强活动监督和推进，防止活动流于形式。

（叶　兰）

【上海电气印包集团公司工会加强班组四项建设】 （1）加强能力建设。以劳动竞赛为平台，以班组为基本单位，严格把关产品质量和安全生产，生产效率和工时完成率明显提高。同时通过组建项目攻关小组，针对生产瓶颈和技术难关，开展小改小革、技术项目攻关、合理化建议等活动，促进企业技术改进和工艺优化。（2）加强队伍建设。注重技术工人队伍的培养，深入开展学习李斌活动，通过轮岗培训、高师带徒等多种形式，培养一人多岗的复合型技术工人，不断提高职工综合素质和技能水平。（3）加强文化建设。深入推动职工读书活动，逐步向一线班组延伸，定期开展读书交流，读书活动队伍不断壮大。（4）加强制度建设。通过制定班组建设与管理条例、规定和台账，明确班组建制、管理、培训、班组长职责等内容。逐步引入竞争和激励考核机制，建立明确的奖惩制度，做到有奖有罚、奖罚分明。

（冯克华）

【上海电气印刷包装机械集团六个方面加强班组建设】 （1）积极开展发明创造、技术改造、节能减排、合理化建议等活动，促进新技术、新工艺、新材料、新装备的引进、吸收、消化和推广。（2）积极推进高新技术产业化，努力开发高新产品，提高产品质量，创造优质品牌。（3）加强基础管理，推进管理改进，努力提高管理水平和工作效率，保质保量完成工作任务。（4）开展技术培训，不断提高班组成员技能等级和业务水平。（5）开展安全标准化工作，达到作业程序标准化、生产操作标准化、作业环境和工具摆设标准化、个人防护用品穿戴标准化、安全标志标准化，确保班组安全生产始终处于受控状态。（6）班组成员职业道德良好，职业行为规范，自觉遵守规章制度，无违纪现象。（冯克华）

【上海重型机器厂有限公司班组建设取得实效】 公司先后建立公司企管办指导、管理班组工作机制，部门领导联系班组工作机制等系列班组建设管理机制，并通过组织开展劳动竞赛和合理化建议、班组"岗位持续改善"活动、"班前十分钟"活动、百名班组长培训、优秀班组长联谊会等活动，使公司班组建设取得实效。（冯克华）

【仪电控股举办基层企业班组长培训班】 为加强班组建设，更好地围绕控股公司发展战略，促进制造业、不动产业板块企业的经营管理，仪电工会于9月16日举办基层企业班组长培训班，来自仪电系统32家企业的140名班组长参加培训。培训期间，有关专家和企业高管围绕仪电控股新品牌、企业安全生产工作，以及班组长管理职责和工会重点工作如何融入企业班组建设等内容进行宣讲和授课。

（生　青）

【上海轻工业工会联合会探索推动新生代职工成长发展的有效途径】 联合会以大力弘扬劳模精神和工人阶级伟大品格，践行社会主义核心价值体系为主要内容，在轻工行业开展"传承先进手拉手"活动。活动以担任班组长、工会干部的新生代职工为主体，建立"班组长手拉手交流学堂"，在模范集体、工人先锋号班组与各类班组集体之间搭建互动交流的学习平台；建立"工会干部手拉手工作室"，组织优秀工会工作者与新生代工会干部进行交流；建立"传承先进辅导员"队伍，聘请上海轻工行业的劳动模范、先进班组长、资深的优秀工会干部担任"传承先进辅导员"，担当传承先进的重任，为新生代产业工人队伍成长创造良好环境。（徐俊彦）

【上海市电力公司工会开展"班组文化"最佳实践库征集评选活动】 为进一步贯彻落实国家电网公司《关于加强班组建设的实施意见》和《关于进一步加强先进职工文化建设的意见》的精神，公司工会以班组文化建设为抓手，开展"班组文化最佳实践库"征集评选活动。活动通过征集班组学习文化、班组团队文化、班组安全文化、班组服务文化、班组管理文化、班组和谐文化、班组技术文化、班组活动文化等方面内容的选题，调动广大职工参与班组建设的热情和积极性，有效地凝聚了职工的智慧和力量，有力地推动了公司班组建设的健康发展。（余传毅）

【上海电力建筑工程公司工会开展班组"四达标"活动强化班组建设】 公司工会根据公司向管理型企业发展的需要，针对施工高度分散以及对外来务工人员多且文化程度较低、组织纪律性较差、岗位技能较差的特点，组织开展了班组安全、质量、文明、效能"四达标"建设活动。公司工会年初制订了活动计划，分别与基层单位商讨班组建设的内容及做法，并制定19项考核标准。活动中，公司工会配合行政每季组织一次班组“四达标”工作检查，按考核标准进行评分，并在年中召开班组建设工作推进会，交流做法和经验，通报考核结果。“四达标”建设活动的广泛开展提高了职工参与内部管理工作的积极性，促进了公司班组建设的良好发展。（庐　民）

【上海化学工业区投资实业有限公司深化细化班组建设】（1）召开班组建设专题会议，积极与外方总经理沟通交流，获得合资企业外方管理层的支持。（2）开展“合资企业班组建设初探”调研活动，总结和探索化工区公用工程企业班组建设的方法和经验。（3）成立“化工区公用工程HR公社”，收集整理班组信息，开展班组长管理培训，以及“优秀班组长、优秀班组”评选和班组建设交流活动。（张　俊）

【鲁中工会开展班组达标升级竞赛】工会开展班组建设工作联系点制度，指导班组达标升级。两级单位班子成员定点落实各车间（区队）班组建设工作，制定工作目标，定期抓落实，形成促进班组建设工作的良性竞争环境。发挥车间区队在班组建设工作中的管理作用，基层车间（区队）按照要求，重点抓好班组日常管理，班组安全、生产、成本、质量、设备、工作指标创新、班组组织管理、班组长学习培训等重点工作得到了加强。加强对班组长的业绩考核工作，建立班组长业绩考核台账，按月对班组长进行考核。小官庄铁矿、选矿厂、动力厂、机械厂等单位，结合各自实际，积极开展工作，使班组建设工作日趋规范化。（1）实现班组生产“零欠账”。各单位结合实际，制定具体措施，将任务指标分解到班组，落实到岗位、个人。大多数基层班组认真执行“按图纸、按工艺、按标准生产”的管理要求，抓实各阶段的生产任务管理，通过合理组织生产，严格奖惩考核，实现了班组生产“零欠账”。（2）提高班组长管理水平。公司工会会同人力资源部门先后举办3期以“六型班组创建”为主要内容的共100人参加的优秀班组长培训班。每期培训结束，公司工会通过组织班组长论坛活动，指导学员围绕六型班组创建、学习内容的实践落实。（3）促进班组管理水平的全面提高。不定期地组织优秀班组长开展联谊活动，以主题班会的形式，交流班组管理工作经验，为班组长加强沟通、提高素质、展示才干搭建了平台。（杨庆荣）

【上海航天局工会开展以“查找质量问题和隐患”为主要内容的“啄木鸟行动”】局工会在全局广大班组中组织开展“查隐患，保成功——啄木鸟在行动”主题活动。要求各班组在活动开展过程中做到“四个结合”，即个人自查和互查相结合、与每月的班组质量分析会制度相结合、与进一步深化精细化质量管理班组工程建设相结合、与降本增效、合理化建议活动相结合；活动内容做到“五个要”，即要有问题描述、要有原因分析、要有对策措施、要有整改结果、要有情况反馈。（沈　恺）

市人大常委会副主任、市总工会主席钟燕群观摩上海航天局班组建设成果展　（吴良荣）

【上海飞机客户服务有限公司工会全力推进“十好”班组创建】公司工会以“保中心、保任务、保节点”为着力点，采取一系列举措推进班组建设工作。（1）抓结合，找准班组建设服务中心工作的着力点。以“赶超”和“创新”为主要目标，开展“干线研制我创优，支线交付我争先”活动，把班组建设、创建质量信得过班组和创先争优活动有机结合。（2）抓关键，切实做好班组长培训工作。组织班组长参加远程教育培训，组织工会干部、班组长赴成都航空、青岛海尔集团考察学习，选拔优秀班组长参加赴欧洲考察学习，采取多种形式，加强对班组长的培训锻炼。（3）抓基础，着力构建推动班组建设的长效机制。进一步加强班组基础管理工作，健全完善规章制度，把班组建设融入公司基础管理中，同时注重班组建设实效。（4）抓创新，形成适应客服体系建设发展需要的新机制。注重创新理念，在积极探索适合公司班组建设有效途径的同时，积极导入国际先进管理理念、方法、手段、技术，推行全面质量管理、精益管理，提高管理效率。（5）抓典型，发挥先进班组的示范带头作用。年终开展“十好”班组建设考评工作，召开“十好”班组表彰大会、交流会、研讨会，积极发挥先进班组的示范带头作用。（周　静）

【上海飞机制造有限公司工会扎实推进班组建设上台阶】公司工会以“质量、安全、成本、进度、创新”五项管理为抓手，培育金、银、铜牌班组，着力打造“质量信得过班组”，扎实推进公司班组建设工作上台阶。（1）把班组建设工作落实到行政部门的年度责任书中，督促各部门党政领导高度重视班组建设工作。（2）创新载体，全面开展“质量、安全、成本、进度、创新”五项管理活动,推进班组建设上台阶。(3)把握重点,全力打造“质量信得过班组”,培育了一批以用户为中心,质量意识强、质量诚信好、质量文化践行有力的班组队伍。(4)实施动态管控,实现“十好”班组创建目标。工会多次组织班组建设工作小组成员,对各班组台账、看板、“五项管理”进行检查。(5)将创建上海巾帼文明岗与班组创“十好”有机结合,做到两项活动同时布置,同时检查,同时落实。(6)着力提升班组长素质,推荐80名班组长参加班组长岗位能力资格认证远程教育培训,同时,工会举办了以“强化理论知识、提升班组长素质、促进型号研制”为主题的班组长岗位能力知识竞赛。此外,还选派4名优秀班组长赴国外学习先进的班组管理经验。 (竺海华)

上海飞机制造有限公司工会送电脑到一线班组 (赵逢庆)

【烟草工会开展班组创建活动重实效】 2011年,烟草工会按照市总工会《关于进一步加强班组建设的实施意见》的部署,进一步加强班组创建工作。局工会明确要求:班组建设工作要围绕集团“1+3”品牌发展和建设,以“质量和品质、服务和诚信、责任和效率”为重点,实现最佳实践者创建主体在班组、劳动竞赛延伸至班组、劳模先进群体培育在班组、企业文化落地扎根在班组,努力把班组创建成为“一流工作、一流服务、一流业绩、一流团队”和“高效、创新、和谐”的坚强集体。通过一年的班组创建活动,班组的凝聚力、执行力、创新力大大增强,为实现“中华”品牌“百万千亿”工程新提升发挥了积极的推动作用。 (沈光辉)

【烟草集团公司机关工会“学习型班组”创建活动向纵深推进】 公司机关各班组紧紧围绕集团“发展、改革、规范”的主线,以中华品牌60周年为契机,以部门工作重点为抓手,开展“学习型班组”各项创建活动。活动中,各部门准确把握好企业中心工作和部门重点工作的关系,对标品牌班组,激活班组细胞,不断加以总结提炼。通过内容丰富、形式多样的载体,有效保证班组成员“人人有动力学,人人有地方学,人人有目标学,人人有能力学”,鼓励班组成员“学习在日常、练兵在班组、成才在岗位”,班组建设工作更加务实,特点个性更加鲜明,有效提升了班组创建活动的水平和实效。为进一步推进机关学习型班组“由点到面、由浅入深”全面有序展开,机关工会还结合半年工作检查,深入各基层部门,以座谈访谈、实地考察、现场指导的形式,听取38个申报“学习型班组”的创建汇报,对各班组创建工作进行中途检查和推进。

(冯小娟)

【上港集团工会组织开展班组创建活动初见成效】 根据集团颁发的《关于进一步深化集团班组建设工作的指导意见》精神,集团所属各基层单位广泛开展以创建星级班组为基础,争创集团“工人先锋号”为重点的班组创建活动,先后有22家基层工会申报37个创集团四星级班组的培育班组。3月下旬,集团班组建设工作检查小组,对部分申报集团四星级以上班组的单位进行检查和考评,并提交集团班组建设工作领导小组审核,最终确定20个班组被评为集团五星级班组,17个班组被评为集团四星级班组。5月上旬,集团工会命名了煤炭分公司罗泾码头管理组等20个班组为集团五星级班组并同时授予集团“工人先锋号”,命名浦东公司食堂班组等17个班组为集团四星级班组,并在集团召开的相关工作会议上进行表彰。通过对首批荣获集团四星级、五星级班组和“工人先锋号”班组的命名、表彰,对上港集团班组建设工作起到了较大地促进作用,更多班组加入到争创集团星级班组、“工人先锋号”班组行列之中。 (焦小涵)

【上港集团振东分公司工会从三方面入手推进班组创建活动】 (1)通过实施班组交流、建立班组课堂等活动,借鉴推广成功经验,不断形成班组创建工作特色。(2)树立先进典型,以点带面,全面推进。公司工程技术部设备抢修组荣获2011年全国交通建设系统“工人先锋号”称号后,公司工会及时宣传该班组创建工作的宝贵经验,为公司其他班组开展创建活动树立榜样和典范。(3)将建立柔性沟通平台作为推进班组创建的抓手,要求各班组建立与职工定期沟通的制度和计划,畅通与员工沟通交流的方式和渠道,注重倾听员工呼声,关注员工需求,关心员工成长,及时帮助解决员工的实际问题。通过以上三方面工作,进一步推进班组创建工作。

(董 雪)

【交运集团全面推进班组建设工作】 (1)以思想统一为支点,强化班组建设领导格局。集团建立并完善党组织领导、行政挂帅、工会牵头、部门负责、党政工团齐抓共管的班组建设组织领导格局,把班组建设工作纳入年度目标责任制考核范围,指定职责部门负责组织实施。集团2011年组织的第九次集体协商还将班组长培训列入重要内容。(2)以基本制度为支撑,深化班组建设运作机制。集团按照有利于班组业务开展、有利于班组管理完善、有利于班组凝聚职工的要求,切实加强班组建制,将集团系统班组按照生产、后勤服务、管理分类,实现班组建制全覆盖。还分别建立了班组源头参与民主管理制度、班组岗位练兵技能培训制度等班组管理层面制度和集团领导与班组长定期恳谈制度、优秀班组评选制度等企业推进层面制度。(3)以丰富活动为支持,优化班组建设工作氛围。根据交运企业班组特点,组织开展"建设一流班组,争创工人先锋号"、"创建学习型组织、争做知识型职工"等一系列活动,搭建班组创建活动平台。并通过召开班组建设专题交流会、推进会,及时总结典型,表彰先进。此外还在《上海交运》报上专门开辟"班组建设"栏目,宣传先进典型,推广工作经验。集团各企业也结合实际,从促进企业各项工作实施目标出发,开展各种班组建设活动。 (吴　明)

【交运集团开展班组长培训】 根据集团第九次集体协商会议精神,由运输工会、集团人力资源部、集团党校共同组织,从2011年起利用两年时间,对集团系统生产一线和后勤服务班组约600个班组长进行一次全面轮训。2011年,集团举办4期培训班,共有303名班组长参加培训。培训班设计安排《交运集团"十二五"发展规划解读》、《班组安全建设工作》、《班组建设基础理论》、《十二五普法》等4个讲座,采取授课与讨论结合、学习与交流结合、培训与参观相结合的方法,分别邀请集团相关部门负责人及教育中心资深教师进行辅导。在组织辅导讲座的同时,培训班还组织开展了《班组建设大家谈》征文及交流发布活动,共收到征文近260篇,40篇获得优秀征文奖。通过培训,班组长能力普遍得到提升。 (吴　明)

【中国移动上海公司打造班组品牌建设】 在班组建设与管理中,中国移动上海公司开展具有特色的"一班一品、标杆班组、班组论坛"三大品牌建设。"一班一品",已形成20个精品创新案例、18个优秀创新案例并得到有效推广;"标杆班组",通过层层选拔、现场打擂等方式评出十大"标杆班组";"班组论坛",每季举办,已有近1200多位员工参与。5月份,为闵行分公司东川路动感地带品牌店班组与上海航天局800所唐建平班组结对搭桥,签署公司第二份跨行业班组结对共建协议。 (高诗颖)

【上海电信工会出台《关于加强班组建设实施意见》】 11月,电信工会制定出台《关于加强上海电信班组建设的实施意见》,重点是以"六好"达标为基本要求,以创建"五型"班组为主要特色,进一步深化创建"红旗班组"活动。"六好"是指以"生活好"为前提,以"管理好"为基础,以"学习好"为动力,以"氛围好"为保障,以"形象好"为标准,以"业绩好"为目标。"五型"是以创建"安全型、学习型、创新型、效益型、和谐型"班组为主要内容,各班组结合生产实际和自身特点,按照"五型"的具体内容和标准,有选择性地进行创建和深化。在开展班组建设活动中,上海电信工会对不同专业类型、不同管理层次的班组坚持分类指导、分步实施,循序渐进地开展各项工作,积极探索班组长民主直选工作,使班组建设工作取得实效。 (朱东亚)

上海电信全国劳模徐倩雯培训班组话务员 (朱东亚)

【上海电信浦东局班组学习有新意】 上海电信浦东局政企客户中心三林区域班组只有7名员工,却承担着三林世博区域营销服务工作。在"创建学习型班组、争做知识型职工"活动中,采用"自学+对学+群学"的方式,尝到甜头。"自学"就是强调"个人学"的能力。班组要求每个成员养成每天1—2小时的自学习惯,内容包括新业务、文化和文学知识等,以提升自身素质;"对学"就是营造"相互学"的氛围。班组要求每个成员每天与2人以上沟通,交流自学中遇到的问题,探讨学习和工作中的得失;"群学"就是"班组学"。班组成员坚持每周一次学习例会制度,内容除学新业务,还涵盖英语、职业道德等知识。同时通过"群学",解决班组成员"自学"、"对学"中遇到的问题。 (徐丙伟)

【上海电信松江局工会积极打造"五型"班组】 (1)创建学习型班组。引导职工利用网上大学、人文讲堂、职工书屋、读书活动等平台,重点学好业务、技能知识,全面学习政治理论、法律法规、传统文化和人文科学等知识,不断拓宽知识面,优化知识结构。(2)创建安全型班组。大力推行区域安全负责制,将安全管理重心下移到班组,建立"安全生产,人人有责"认知体系,引导职工积极排查安全隐患、提安全合理化建议,构筑安全生产长效机制。同时明确岗位安全责任,做到关键作业有联防、关键岗位有监控、关键部门有检查、关键时间有人盯、关键地点有防范。(3)创建技能型班组。为职工设计职业生涯发展规划,制定技能达标计划,搭建岗位练兵、技能登高、劳动竞赛平台,实施师徒结对、小教员培训、评先树优等机制,分阶段、有目标、有计划带动培养更多技能人才。(4)创建创新型班组。引导职工立足岗位,积极开展小发明、小革新、小创造等"五小"活动,为企业可持续发展作贡献。(5)创建和谐型班组。以情感投入为切入点,营造"团结、拼搏、互助、和谐、快乐"的班组文化和人际关系氛围,密切干群关系,让职工有归属感。 (澎 湃)

【上海电信研究院政企部多纬度打造学习型班组】 (1)人人参与,营造创新氛围。创新系列活动紧密围绕凸显高端研发价值开展,鼓励人人参与,营造创新氛围,并给与每个创意足够的关注与重视,用集体的力量对评选出来的优秀创意进行不断丰富、完善。(2)形式多样,提供创意空间。为方便将创意进行分享以及讨论,部门提供新浪微群、内部维基平台等多种形式的发布和汇聚平台,并在每层办公室的中间设立创意墙供大家张贴创意。(3)聆听需求,调整创意主题。部门以开放的态度聆听员工对于创新活动的需求以及建议,实时调整并推出员工喜爱的创新主题活动。(4)集中授课,培训创意方法。采用开放的授课方式,举办全部门员工参加的"创新思维及问题解决"创新方法培训,将发散与收敛创新的方法实际应用到培训过程中,并融入课程讲授、小组讨论、案例分析等方式,收到好的效果。 (朱东亚)

【上海高速公路星级服务区评定工作全面启动】 为加强高速公路服务区的管理,切实提高服务区的服务质量和管理水平,根据《上海高速公路星级服务区评定办法》相关要求,市公路处在全路网范围内开展高速公路星级服务区评定工作。根据计划,投入运营一年以上的高速公路服务区均可申报参加评定。评审工作组对服务区的经营管理、规范服务、广场环境、安全管理及各服务场所进行全面评定,并采用适当的问卷调查、社会信访投诉等形式,对服务区的整体环境、服务设施、服务质量等方面向社会公众征询满意度测评。 (钱 蓉)

【建工集团华建厂工会运用五字法加强班组建设】 (1)健全班组建设制度,在"管"字上下功夫。强化班组责任制管理,坚持班组检查、考评制度化、常态化管理;开展班组建设目视图管理,工作打算、警句格言、生产安全及经济指标完成情况等一览表全部上墙;抓好班组台账记录;落实班组班前会。(2)加强班组成本核算,在"控"字上下功夫。扎实抓好班组内部控制,开展成本核算,从原先的"用了算或根本不算"转变到"算了用"。(3)创建学习型班组,在"升"字上下功夫。开展创建"学习型班组、争当智能型职工"活动,制定中长期员工培训计划,促进员工整体素质提高;实施员工技能上等级培训,帮助员工提高实践操作能力和操作水平;设立素质工程基金。(4)开展群众性创新活动,在"新"字上下功夫。通过组织发动员工开展小改小革、合理化建议、创建节约型企业等活动,激发员工的潜力,发挥员工的聪明才智。(5)挖掘班组先进操作法,在"推"字上下功夫。在挖掘总结班组先进操作法的基础上,通过组织举办"班组先进操作法交流会"、"创建学习型班组经验交流"、"班组长现场参观取经"等各种形式的宣传活动,在全公司范围内的生产一线班组中较好的普及推广先进操作法,积极营造"钻研技术、亮出绝技"的良好氛围。 (杨钟春)

【建工集团构件公司工会坚持"四抓"、"四不松"加强班组建设】 "四抓":(1)抓班组升级达标竞赛。抓好公司《班组工作条例》和《班组工作管理条例》贯彻实施,从制度上保证和规范班组建设。(2)抓特色班组典型培育。挖掘提炼特色班组的工作经验,总结宣传特色班组的典型事迹。(3)抓班组长培训。每年定期组织班组长专项培训,提高班组长综合带班能力。(4)抓班组员工技能素质提升。每年有计划重点安排一些技能培训科目,培养一批技术骨干。"四不松":(1)坚持抓组织领导不松。思想上重视,党政工团齐抓共管,各司其责,明确行政厂长主抓、工会主席具体抓。(2)坚持抓班组基础工作不松。完善修订公司班组管理相关条例,进一步规范班组建设。同时针对新变化,对班组建制作出新规定,调整完善班组台账资料内容,进一步夯实班组基础管理。(3)坚持抓学习智能型班组创建不松。在班组建设中注重把核心技术创新列为重要内容,激励班组员工不断学习,培育创新力。在班组升级达标竞赛中,组织开展"学技术、学知识、学业务"活动,做到精一门、专二门、会三门。(4)坚持总结、挖掘班组成果不松。围绕企业质量、成本和效益,抓好班组成果的提炼总结和宣传推广。 (杨钟春)

【建工集团材料公司工会开展"红旗班组"系列创建活动】 为提升班组生产管理水平,加强混凝土生产精细化管理,严格生产过程中的质量控制,公司工会在推进红旗班组的基础上,开展创建红旗试验室、红旗操作室、红旗泵车、红旗经营部等系列创建活动。5月17日,召开红旗班组创建暨红旗试验室、操作室、经营部和泵车工动员推进会。公司工会统一制作争创标牌,发放到各试验室和操作室。各单位在班组中进行动员,并以机运站为主开展红旗泵车竞赛,同时在建众公司开展红旗经营部竞赛,作为红旗班组系列竞赛的拓展。 (杨钟春)

【建工集团上海野生动物园工会创建"5A班组"】 公司工会针对各部门和班组职工渴望提升自身素质和加快班组建设的强烈愿望,在公司党政支持下,发布《关于开展争创"5A班组"活动的实施意见》,成立由公司党政主要领导和部门领导构成的领导小组和工作小组。《实施意见》详细阐述了班组建设对公司发展的重要性,尝试创建公司班组建设体系,明确要求各班组制度上墙,做好"1本台账8份记录"的基础工作,促使班组日常工作规范化、岗位工作特色化。通过公司、部门和广大职工的努力,涌现一批符合5A景区标准的"5A班组"。

(杨钟春)

【大屯能源工会努力推动班组管理水平提升】 为强化安全生产,提升班组工作管理水平,工会大力加强学习推广"白国周班组管理法"和神华宁煤集团班组建设体系，切实加强煤矿区队班组安全管理。年初，召开班组建设推进会，提出班组建设“八项建设”、“六抓两落实”要求，并开发班组信息化管理系统，实现班组管理科学化、信息数据化、反应快速化的目标，开创了全国煤矿系统班组管理的先河。在中煤集团班组建设经验交流会上，大屯能源公司的“4344”班组创建法和“8655”班组管理法进行了经验交流。姚桥煤矿采煤三队闫凡华班组、徐庄煤矿赵呈坤班组被江苏省授予“全省五佳优秀安全班组”。

（王诗合）

【百联集团工会深入开展巾帼文明岗创建活动】 全年集团工会共有23个巾帼集体参加“上海市巾帼文明岗”创建活动。各基层公司做好创建班组检查交流活动，集团工会女工委也在抽查基础上进行创建指导。在国资委系统对口检查交流会上，“新华联大厦大学生智能团”等创建班组得到充分肯定，创建工作取得了良好成绩。

（姜 杰）

【光明食品集团工会召开班组建设现场推进会】 6月17日，在海博出租汽车有限公司七分公司召开。会议以经验介绍和现场观摩等形式，介绍海博股份有限公司工会及下属企业近年来在创建学习型班组、抓好一线驾驶员和农民工队伍建设、发挥职工书屋作用等方面的成功经验。光明食品集团工会注重加强班组建设工作，着眼于抓基层、打基础、强素质，以“工人先锋号”活动为载体，致力开展基层企业班组建设活动，共有6个班组获“全国工人先锋号”，8个班组获“上海市劳模集体”，13个班组获“上海市工人先锋号”称号。

（桑树德）

【市监狱局工会积极推进“建、创、做”活动】 （1）举办交通安全百日竞赛技术比武活动，全局14个单位专职驾驶员通过比赛选出30名优秀选手参加了比武。（2）出资25万元，帮助白茅岭监狱工会等5家单位建立干警职工俱乐部。（3）筹资263万元，为15家基层单位提供书籍，丰富职工书屋的藏书。（4）为民警职工开通职工书屋手机版，提供读书活动新平台。（5）健全完善自学奖励机制，为基层工会投入职工自学奖励金9万元，鼓励职工自学成才。（6）分13批组织355名局系统三等功以上先进个人，开展疗休养活动，并通过宣传阵地宣传其在岗位上的先进事迹。

（江海群）

【上海联通10010客服热线班组与上海航天局唐建平班组举行共建结对签约仪式】 12月1日，在上海航天局800所唐建平班组现场举行签约仪式。分公司13家基层单位的班组代表参加仪式。共建过程中，双方本着“双向互动、优势互补、资源共享、共建双赢”的原则，遵循定期与常态并重、单向与双向并重、数量与质量并重的原则，通过服务共建、定期交流、经常互访等方式，开展系列活动，达到互学共进、互学互帮、共同提高的目的，进一步提升班组建设内涵和价值。

（康 迪）

6月17日，光明食品集团工会召开班组建设现场推进会 （金 叶）

职业道德

【市总工会评选表彰上海职工职业道德建设“双十佳”】 2010年10月，市总工会启动2009—2010年度上海市职工职业道德建设“双十佳”评选。全市各级工会共推荐70家单位、82名个人的先进事迹材料。经初审复审、公开发布、公示审核，上海隧道工程股份有限公司机械制造分公司、上海水晶石信息技术有限公司等获“十佳标兵单位”称号，上海地铁第一运营有限公司站务员熊熊、“编织城市光网的天使”中国电信上海公司西区局静安分局员工徐珺等获“十佳标兵个人”称号，宝钢集团有限公司、上海市总工会世博文明志愿者服务总队、上海宝山巴士公共交通有限公司驾驶员周卫琴获“特别贡献奖”，同时评出50家先进单位、64名先进个人。6月14日，上海职工职业道德“双十佳”颁奖典礼在上海教育电视台举行，市人大常委会副主任、市总工会主席钟燕群出席，部分区县局（产业）工会主席、副主席、宣教部部长，“双十佳”单位和相关行业职工代表200余人参加。

（赵瑞章）

【闵行区总工会探索新形势下职工思想政治工作新途径】 区总工会从全区经济社会发展需要和职工队伍现状出发，加强对职工的人文关怀和心理疏导，引导广大职工快乐工作、健康生活。（1）坚持调研先行，明确服务职工、服务企业新思路。成立“职工心理援助”课题组，从调研入手，准确把握职工队伍现状和需求。在调研分析基础上，以职工心理援助为抓手，通过心理疏导和人文关怀，关注职工心理健康，缓解职工心理压力。（2）坚持结合实际，探索服务职工、服务企业新举措。围绕形势任务，提高职工心理素质；结合基层实际，分类分层提供“菜单”式服务，在千余家企业、近10万名职工中普及心理健康知识。（3）

坚持发挥优势，凸显服务职工、服务企业新成效。把心理健康知识和心理疏导技能培训作为全区工会干部上岗培训必修科目，拓展职工心理诉求渠道，把职工心理援助工作纳入闵行区和谐劳动关系企业创建考核指标体系，不断强化工会组织责任和企业管理责任。 （俞龙祥）

【国药控股举行职工志愿者服务队成立仪式暨志愿者植树活动】 3月12日，举行成立仪式暨建“爱心林”植树活动。百余名职工志愿者宣誓承诺“尽己所能，不计报酬，关爱他人，服务社会，传播先进文化，以无私的支援精神，为建设团结互助、平等友爱、共同前进的美好社会贡献力量”，仪式后开展义务植树活动，共种植250棵香樟树。 （周国良）

【中海集运成立云南永德对口教育帮扶志愿者服务队】 职工志愿者服务队面向云南省永德县明信坝完小、牛火塘小学、尖山小学、永德一中、永德职校等学校开展对口教育帮扶工作。(1)采用工会牵头、团委协助配合、员工自愿报名的方式，组建职工志愿者服务队。并负责对口教育帮扶的联络沟通、组织协调、经费筹集、台账管理等工作。(2)制订“爱心接力”中海集运志愿者协会章程和工作计划，第一批5名青年员工联系援滇干部，开展永德对口教育帮扶志愿者服务队调研。(3)以“助人先助学、扶贫首扶智”为指导思想，动员职工捐款捐物，帮助对口学校改善教学条件，加强基础设施。(4)挑选一批综合素质强、有任教经验的职工赴云南支教。 （刘清卿）

【上海邮政开展精神文明十佳好事评选活动】 3月，2010年度上海邮政系统员工精神文明十佳好事评选活动正式开展，共收到基层工会推荐上报事迹材料75篇，通过《上海邮政》报等刊登候选事迹，组织员工学习，发动员工投票，收到来自38个单位的25124张选票，投票率占员工总数的88%。经评选，闵行邮政习勤路支局陈刚《挺身而出追歹徒，临危不惧显本色》、浦东新区邮政局世博邮政支局于尧《普通业务员，服务不普通》、邮电医院“11·15”火灾医疗队《一场大火震惊全国，邮政医护参与救援》等10件事迹被评为2010年度上海邮政员工十佳精神文明好事。 （陆　彬）

6月14日，市总工会举行上海职工职业道德建设“双十佳”颁奖典礼，市人大常委会副主任、市总工会主席钟燕群向获奖者颁奖 （吴良荣）

【上海电信参加市加强人文关怀和心理疏导成果展】 上海电信作为上海企业唯一代表参加2011年上海市加强人文关怀和心理疏导工作成果展。(1)出台电信业内第一部《职工全面发展白皮书》，首次将职工心理素养列为职工八大素养之一，通过集体合同和行动计划的形式将白皮书理念付诸实施。(2)创造性地将心理学知识应用到思想政治工作领域，组建职工发展心理发展协会，逐步形成“一师、一网、一站、一校”网络工作体系，即培养一批骨干心理咨询师、创建“心灵之友”网站、建立总站加分站的网络服务模式、开设传播心理学的虚拟学校和在《上海电信报》上开设“心灵之友”专栏，普及心理学基础知识，引导职工主动关注心理健康。 （朱东亚）

【上海电信机动通信局工会以“精神礼物”激励员工】 1月14日，局工会开展企业文化日活动，为员工准备3份“精神礼物”：(1)制作一张世博应急通信保障视频纪录短片——《决战世博》，发放到班组。(2)编辑一本员工用自己手中的相机拍摄的世博应急通信保障画册——《精彩瞬间》，发放给每位员工。(3)编撰一本机动通信世博保障纪实——《足迹》，集中宣传世博保障中涌现出的典型事迹和先进人物。 （钱明华）

【上海电信浦东局工会“阳光星期五”调节员工心态】 局工会通过“阳光星期五”缓压活动，加强员工思想疏导和心态管理。(1)开展形势任务教育，员工与领导面对面交流国家大事、企业情况、社会热点问题，发挥员工主人翁精神，把厂务公开民主管理要求落到实处。(2)合理运用“四法”，即“心理暗示法”，以积极暗示缓解心理压力；“目标转移法”，通过听音乐、作图画、猜谜语等，缓解和放松情绪；“思想交流法”，开展一对一或小组交流谈心；“运动释放法”，参与运动或小型比赛。(3)倡导三种意识，即倡导企业主人意识、事业热忱意识和自我负责意识。(4)建立保障机制，分别为制度保障，在行政与工会平等协商协议中落实“阳光星期五”缓压活动；师资保障，每期邀请专家教授讲解缓压方法，进行心态管理训练；组织保障，根据职业特点，安排不同活动项目，为员工搭建相互交流沟通的平台。 （徐丙伟）

【上海电信浦东局工会开展企业文化日活动】 1月10日，上海电信浦东局启动企业文化日。首发《感动的时刻——浦东电信局职工思想录》，收录300余名职工对世博的感想、学习体会和职工活动短信等内容。开展“弘扬电信世博精神，建设美好信息社会”主题演讲，宣传电信世博精神和浦东局职工服务世博、奉献世博的先进事迹。播放电视片《一曲感动世博的颂歌》，回顾浦东局职工服务世博、奉献世博的历程。 （徐丙伟）

【锦江航运公司以征集最佳主题词为抓手加强工作作风建设】 活动历时2个月，共征集主题词94条。经各部门自下而上三轮无记名推选和评选，推选“用心想事、用心谋事，用心干事”为最佳主题词。 （田 冰）

【锦江航运公司推选年度人物】 公司举行第十二届“干事创业，岗位成才”活动，经三阶段推荐，评选出“年度人物”4名、“年度新人”1名，并在活动交流大会上进行演讲交流。

（田 冰）

【新闻出版工会打造上海出版界女编辑协会品牌】 市新闻出版工会、市出版工作者协会女编辑工作委员会成立至今，女会员数已达400余人。为打造文化品牌，先后编撰《枝叶集1——女编辑手记》、《枝叶集2——女编辑手记》，出版界部分知名人士及高校出版社等40余名女编辑出席座谈和新书发布会。 （陈宏华）

【上海隧道股份机械制造分公司强化职工职业道德建设】 （1）强化柔性管理，将职业道德建设与企业文化建设相结合，以创建和谐企业为目标，倡导企业文化和“只进不退”的职业精神。（2）重视刚性管理，将职业道德建设与制度建设相结合，坚持“制度治企”的原则，健全完善《员工手册》、《奖惩条例》等各类制度，使企业经营有据可依，让职工行为有章可循。（3）提升职工素质，将职业道德建设与人才工程相结合，以职工职业生涯导航为载体提升职工队伍整体素质，树立“为民造福，实现自我”的核心价值观。（4）倡导自主创新，将职业道德建设与企业核心竞争力相结合，以成立联合技术攻关组为抓手，深化“自强不息，勇于创新”的职业内涵，提高企业核心竞争力。分公司先后获全国工人先锋号、全国职工书屋、全国学习型先进班组、全国十佳品牌供应商、上海市模范职工小家、上海市立功竞赛金杯集体、上海市优秀创新团队等称号。 （李建芳）

职工培训

【市总工会举办上海市初级工商管理（EBA）培训10周年庆典】 为贯彻实施《上海职工素质工程“十二五”发展规划》，推进职工教育培训工作深入开展，市总工会举办上海市初级工商管理（EBA）培训10周年庆典活动。10年来，EBA培训共举办20期，培训学员8万余名，培训合格率达90%以上，接读大专率近60%，其中近3万名学员获得上海电视大学工商管理大专毕业证书，另有600余名学员进入电大工商管理本科继续学习。10周年庆典由4项活动构成：即开展一次先进评选，出版一本纪念文集，制作一部电视片，召开一个总结表彰大会。经层层推荐，共评选表彰EBA培训10周年十佳单位10个、先进单位26个、先进个人39人、优秀学员23人。编写《希望，从这里启航——EBA十周年文集》1万册，由上海远东出版社出版发行。制作《希望，从这里启航——EBA培训十周年巡礼》电视片，在上海教育电视台播出。10月13日，举行EBA培训10周年总结表彰大会，市人大常委会副主任、市总工会主席钟燕群出席并讲话，解放日报、文汇报、劳动报、工人日报、上海广播电视台、上海工运等媒体对EBA10周年庆典活动进行集中报道。

（程友谨）

10月13日，举行上海市初级工商管理（EBA）培训10周年总结表彰大会 （吴良荣）

【普陀区长寿社区总工会推进农民工培训】 （1）推行学分认证。把学分认证作为获得培训结业证书、职业资格证书的前提条件和持证上岗、就业准入的“通行证”。根据部分行业农民工分散度大、流动性强、工作时间长等特点，采取课上授课和课下自学相结合、长训和短训相结合的方法，分阶段教学，累计学时，为具有一定文化基础的农民工工学交替、分阶段完成培训提供便利。参加培训的农民工累计学时达标或完成各阶段教学要求，即可获得证书。（2）保障培训经费。把培训教育活动经费纳入年度财政预算，同时继续采取“政府拨一点、工会筹一点、单位出一点、个人缴一点”的方法，综合运用财政扶持政策和竞争、激励手段，调动农民工个人、用人单位、教育培训机构的积极性。（3）实行有效激励。依托社区民营企业设立的“农民工读书活动奖励基金”，表彰读书活动先进集体和个人。定期举办农民工技能大赛，对农民工进行技能等级考核认定并颁发证书，提高农民工参与培训的积极性。 （赵 勇）

**【普陀区民防系统举办初级工商管理

（EBA）培训班】 10月24日，区初级工商管理（EBA）培训班民防专场开班，面向区民防系统的市劳模集体、市“工人先锋号”班组的一线职工骨干进行为期3个月的培训。为鼓励更多职工参与培训，区总工会与电视大学将课堂直接建立在区民防办下属市级优秀一线班组的工作场所，实现“学习工作化，工作学习化”的教育目标。由市总工会、区总工会和基层企业共同出资，对每位学员予以相应资助或免除学费，学员经通过考核后可经“绿色通道”继续就读上海电视大学大专课程，实现学历提升。2010—2011年已举办两届，近100名学员通过考核，部分学员接读上海电视大学大专课程。（赵　勇）

【松江区总工会多措并举推进初级工商管理（EBA）培训】 区总工会推进职工初级工商管理（EBA）培训及开放式工商管理大专学历教育，共培训学员2000名，学员考试合格率达90%以上，被评为上海市初级工商管理（EBA）培训工作先进单位。（1）区总领导重视，培训资金到位，每年支出10万元用于专项培训经费，并建立考核制度，与基层工会签订目标责任书，保证落实资金。（2）制订工作计划，狠抓培训落实，每年年初制定培训计划并下达培训指标，做好指导、服务和联系工作，主动与电大、企业沟通，办班到企业、到基层，在学习内容上结合企业实际和职工需求。（3）注重工作结合，丰富培训内涵，与“建文明班组，创文明岗位，做文明职工”活动相结合，与班组长重点培训相结合，与“创建学习型组织，争做知识型职工”活动相结合，与“学礼仪”、“世博知识”和“学双语”培训等活动相结合。（4）各自发挥优势，形成培训合力，与上海市电大松江分校配合，明确工作任务和工作重点，为保证出席率由基层工会主席担任班主任；为提高学习效率，高温季节开设空调教室，为学员提供午餐和班车接送等服务。（毛联群）

【青浦区总工会制订《青浦工会职工素质工程2011—2015年规划》】 根据《青浦区经济和社会发展“十二五”规划》和上海市总工会《上海工会职工素质工程“十二五”规划》的总体要求，结合青浦职工队伍状况，区总工会制订《青浦工会职工素质工程2011—2015年规划》。《规划》由指导思想、总体目标、主要任务、保障机制四部分组成，提出“十二五”期间青浦职工在思想道德、科学文化、技术技能、民主法治、身心健康和社会文明“六项素质”方面的提升目标。明确“十二五”职工素质工程的“六大工作任务”，即正确把握导向，推进职工思想道德建设；倡导岗位学习，推进职工科学文化建设；深化建功立业，推进职工技术技能建设；加强法制教育，推进基层民主法治建设；重视安全卫生，推进职工身心健康建设；弘扬先进文化，推进职工精神文明建设。要求各级工会建立组织领导、典型培育、考核激励、资源共享和经费保障“五项工作机制”，确保“十二五”期间职工素质工程有序推进。（马美君）

【奉贤区总工会构建“四点一线”职工教育培训网络】 7月19日，区职工学院揭牌成立，标志着以区职工学院为引领、以镇、开发区职工学校为枢纽、以企业教学点和班组课堂为基础的院、校、点、堂“四点一线”的职工教育培训网络正式构建完成。2011年，先后召开两次职工素质教育研讨会，成立区职工教育讲师团，形成“5+X”培训课程，现有职工学校28所，教学点540个，一年内培训职工15.6万人次。区职工学院被全总评为“全国职工教育培训优秀示范点”，区女职工周末学校被全总评为“工会女职工培训示范学校”。（叶　兰）

【奉贤区总工会为新生代农民工修筑成才通道】 区政府将新生代农民工EBA培训工作作为2011年区政府一号实事项目，下拨15万元专项经费，由区总工会统一协调部署。2011年，全区共开设11个班，学员797名，其中659名参加上海电视大学3门课程统考，合格率达80%。区总工会被授予“上海市EBA培训10周年十佳先进单位”。（叶　兰）

【奉贤区总工会与工会管理学院战略合作实施六大项目】 区总工会与上海工会管理职业学院签署战略合作协议，就加强工会干部和职工群众的教育培训、建设职业化、社会化的工会人才队伍，充分发挥工会在职工素质工程建设及构建和谐劳动中的重要作用等方面开展合作，形成六大合作项目：（1）共建社会工作专业学生实习实训基地。（2）共建“奉贤区工会培训中心”，并根据要求开发年度培训课程菜单。（3）以上海工会管理职业学院教师为区职工教育培训志愿者讲师团成员，在政策许可条件下，根据企业和职工需求，为职工职业技能考证培训、组织服务。（4）合作开发奉贤区工会指导员岗位职责标准，共同推进工会指导员工作的规范化、科学化。（5）加强工会指导员队伍的教育培训工作，加强工会指导员队伍建设。（6）配合劳模风采馆建设，提供相关资料。（叶　兰）

【上海电信浦东局工会开展“四讲”形势任务教育】 局工会结合集团及公司经营发展重点战略目标，以“凝心聚力促发展”为主题，以“讲形势、讲前景、讲挑战、讲稳定”为重点开展形势任务教育宣讲活动。（1）讲形势，培养员工大局意识。聚焦国家“十二五”规划讲国情，让员工了解国家方针政策、宏观形势；结合“三网融合”讲行情，分析电信产业面临的挑战与机遇。（2）讲前景，鼓舞员工士气。引导员工充分认识企业加快发展所具备的技术优势、资源优势、品牌优势，激发员工拼搏精神。（3）讲挑战，坚定员工发展信心。强调公司2011年“四大目标”、“六大工程”的重要战略任务，结合浦东局“聚焦五大重点、提升四个能力”的工作重点，引导员工迎接挑战、寻求突破。（4）讲稳定，促进员工队伍和谐。围绕“以人为本”核心理念，建设面向员工的关怀文化，深化“阳光星期五”、“体育沙龙”等活动，构建公正合理、互利共赢、和谐稳定的新型劳动关系。（徐丙伟）

【浦东机场农民工学校举行大专班毕业典礼】 8月16日举行。在上海工会管理职业学院《安全技术与管理》专业注册入学的56位机场劳务工学员经3年学习，修完规定课程，考试成绩合格，取得大专毕业文凭，成为机场农民工学校首届定向培养大学生。还为12名优秀学员颁发了荣誉证书，集团工会向此次大专毕业的机场员工提供奖学金。在市总工会、上海电大、上海工会管理职业学院等单位支持下，机场农民工学校作为教学点，相继引入EBA培训及大专学历教育，为劳务工送学上门，为培养造就知识型、技术型、创新型的高素质职工发挥积极作用。（郑培利）

【建工集团工会建立三级农民工业余学校】 工会结合集团施工生产实际，通过直接吸纳、组织挂靠、团体入会和在项目上建立项目联合工会等方式，将集团现有8万余名农民工组织起来，通过项目工会联席会议制度，维护其合法权益。分别在集团层面建立农民工业余学校，在基层单位建立农民工业余学校分校，在全市1000余个工地建立民工夜校，通过组织农民工学技术、学文化，加强思想道德法律教育和安全知识教育，开展先进农民工典型事迹讲评活动等，提升农民工综合素质。2011年培训农民工12万人次。（杨钟春）

【建工集团第七建筑公司工会开办“民工夜校”有特色】 （1）在各工地组建以项目经理任校长的教委会，制定学习计划，定期安排教学活动。（2）以工地会议室、活动室以及食堂等场所为课堂，利用工余时间和夜晚开展授课活动。（3）除项目管理人员和上海七建教育培训中心教师以外，还邀请工地所在辖区的安监站领导、民警、社区干部、公司领导、专业技术骨干等对农民工进行法制安全职业道德教育和技能培训。（4）引入社区资源，加强与街道、居委会、派出所等社区党组织的沟通联系，签订军民共建、警民共建、社区共建协议，明确共建目标，通过发放宣传资料、提供便民咨询和服务、召开座谈会等形式开展活动。（5）充分利用社会文化资源，联合各有关单位团体，开展为农民工“送书籍、送演出、送电影、送医疗服务、送安全知识、送法律咨询”等活动。（6）将全国五一劳动奖章获得者、农民工刘模祥的先进事迹编入公司宣传片，发挥榜样效应。（杨钟春）

【光明食品集团工会获上海市EBA培训“十佳单位”称号】 集团工会继续推进和深化“创建学习型企业，一线班组长学EBA”工程，共有1561名来自生产一线的班组长、技术能手和职工骨干参加培训，年龄最大的59岁，最小的18岁，其中还不乏硕士研究生和本科大学生。据统计，每学期学员的实考合格率均在98%以上，名列全市EBA培训工作前茅。与此同时，集团工会又为农民工开设了3期EBA培训专班，首次在EBA学员中组织大专接读班。在上海市初级工商管理（EBA）培训10周年纪念大会上，集团工会获十佳单位称号；集团党委副书记、工会主席周海鸣在会上作题为《打造光明新三年发展的希望工程》的交流发言；另有4位个人、2家子公司受到了市总工会和上海电大的表彰。光明培训学院还被全国总工会授予“全国职工教育培训优秀示范点”称号。（桑树德）

奉贤区总工会与上海工会管理职业学院合作建立实训基地
（夏　伟）

【上海城建第二管线项目经理学校助推职工成才】 第二管线公司以项目经理学校为平台推进职工素质工程，提高项目经理管理能力。2011年，学校提出教学要与学员的资质考试相结合，增设二级建造师实务科目，邀请专家授课，为学员资质考试提供帮助。经培训，考试合格率较之前提高2倍。（朱　强）

【工会学院与奉贤区总工会签订合作协议】 1月21日，工会学院与奉贤区总工会签订合作协议，共建社会工作专业学生实习实训基地和“奉贤区工会培训中心”。合作内容：（1）加强工会干部和职工群众教育培训，建设职业化社会化的工会人才队伍，发挥工会在职工素质建设工程和构建和谐劳动关系中的重要作用。（2）合作开发工会指导员岗位资格标准，开展工会指导员的教育培训工作，推进工会指导员工作规范化、科学化。（卢　锟）

【市宫与上海工会管理职业学院合作共建签约揭牌】 2月23日，市工人文化宫与上海工会管理职业学院举行合作共建签约仪式，市宫职工文化艺术培训基地和工会学院文化艺术实训基地同时揭牌。工会学院近400名学生出席仪式。（王超颖）

读书活动

【举办第十三届上海读书节】 4月22日，第十三届上海读书节开幕。作为“学习型城市的标志项目，群众性文化的经典品牌”，读书节以“快乐阅读，美好生活”为主题词，分为“阅读红色经典，激扬爱国情怀”、“提升文明修养，促进岗位成才”和“丰富文化生活，构建和谐社会”3个读书活动版块，设置示范项目47项，其中市级示范项目19个，区县示范项目14个，行业企业示范项目10个，社区（街道、镇）示范项目4个。以庆祝建党90周年为契机，聚焦红色阅读；以满足市民基本文化需求为根本，鼓励新媒体阅读；以推进学习型社会建设为己任，倡导快乐阅读，参与对象涵盖行业职工、机关干部、社区居民、在读学生、农民工等各类社会群体，直接参与人数约60万，引导广大职工群众崇尚知识、倡导文明、传承文化、共建和谐。9月29日，举行第十三届上海读书节闭幕式暨上海工会“职工书屋”建设表彰大会，“辉煌90年，祝福献给党”上海职工祝福短信创作大赛、“阅”动申城——2011上海青年“文化集市”读书系列活动、“阅读中华传统文化，传承平凡中的感动”上海新孝行故事征集活动、“红色征程90年，红色诗文90篇”2011年诵读书目推荐活动等20项活动项目获2011年上海市振兴中华读书活动优秀项目称号。

（陈 琦）

举办第十三届上海读书节闭幕式 （张 凡）

【市总工会推进上海工会职工书屋建设】 2011年，市总工会回顾总结2008—2010年上海工会职工书屋建设的主要做法、成功经验，对全国工会和上海工会职工书屋建设先进单位和先进个人、优秀职工书屋示范点、优秀职工书屋进行表彰，嘉定区总工会、宝山区总工会等获全国工会职工书屋建设先进单位称号，浦东新区川沙镇文化活动中心等12家单位获全国工会优秀职工书屋示范点称号，长宁区绿化和市容管理局周麒春等31名工会干部获全国工会职工书屋建设先进个人称号。并先后向示范点配送价值40万元的书籍、电视机和DVD等，协调东方宣教中心向示范点配送价值15万元的各类书籍。4月，市总工会与上海移动试点建设上海“职工手机书屋”，开展“温馨家园·文化乐园”上海职工书屋手机阅读系列活动，倡导绿色阅读、低碳环保、随时随地等阅读新观念，逾15万职工注册阅读。至2011年，已有150个职工书屋示范点按照标准建成并投入正常运转，自建职工书屋达2500余家，对口援建四川都江堰、新疆喀什地区职工书屋29家，初步实现实体职工书屋与手机职工书屋相得益彰、相互补充，上海职工书屋与援建地职工书屋联动共建、共同发展的工作格局。 （陈 琦）

金山区举办职工第六届读书节 （庄冬梅）

【徐汇区总工会女职工委员会开展“我学习·我快乐”素质工程提升活动】 5—8月，区总工会女工委在女职工中举办“我学习·我快乐”女职工素质教育讲堂，在各基层工会女职工委员会推荐志愿者的基础上，组建大讲堂活动志愿团，深入基层开展女职工素质教育活动。 （舒小爱）

【静安置业集团工会举行读书征文活动】 集团工会、集团宣传部共同举办“悦读修养人生，服务添彩企业”读书征文活动，共征集作品76篇，经评审选出19篇获奖征文。1月19日，举办主题读书活动颁奖表彰大会暨《读书征文写作技巧》专题讲座。

（顾新生）

【宝山区总工会召开职工书屋授牌仪式暨交流大会】 3月1日在罗泾镇上海祥明仪表机箱有限公司召开，总结宝山区职工书屋3年建设工作，为全区2010年新建职工书屋代表授牌，3家基层工会介绍所在单位职工书屋建设经验和做法。至年底，全区共建设职工书屋131家。 （胡立伟）

【金山区举办第六届职工读书节】 由区总工会主办、区医务工会承办的“坚定信心跟党走，昂首建功十二五”

白衣天使杯·金山区职工第六届读书节，设置"学党史、知区情、爱金山"知识竞赛和"建功十二五诵讲演"主题展示大赛等活动项目。知识竞赛以《中国共产党简史》、《金山区国民经济和社会发展第十二个五年规划纲要》、《卫生相关法规》等为主要内容，调动广大职工学党史、知区情的积极性，区医务工会获第一名。主题展示大赛通过诗歌朗诵、故事讲演、情景小品、行业歌曲演唱等四种形式，讴歌党和国家取得的辉煌成就，展示职工开拓创新、爱岗敬业、无私奉献的精神风貌，最终金山医院小品《最幸福的事》获一等奖，区中心医院合唱《我心飞扬》获二等奖，诗歌朗诵《开拓》获三等奖，区医务工会获团体奖。 （许雪军）

【青浦工业园区举办"心灵阳光"读书月活动】 6月，园区启动"心灵阳光"读书月活动。活动以职工家园为载体，通过开设流动书屋、开通手机阅读、征集读书体会、评选最佳读者等项目，在居住于职工家园内的近1900名外来务工人员中倡导和培育读书求知、读书明理、读书成才的氛围和理念。启动仪式后，园区工会组织开展集体签名、赠书、派发"悦"读礼包等多项活动。"心灵阳光"读书月活动自2009年起已连续举办3年，成为青浦市民读书节的品牌项目之一。 （马美君）

【青浦区举办职工工会知识竞赛】 根据全总办公厅关于开展工会知识竞赛活动的通知及市总工会有关要求，结合纪念建党90周年、青浦工会成立60周年系列活动，区总工会在全区机关、企事业单位职工中开展工会知识竞赛活动。活动分两个阶段进行，一是宣传发动阶段，自2010年11月起，组织全区职工参加网络、报刊竞赛；二是组织竞赛阶段，自2011年2月起，举行区级层面预决赛，43家机关、企事业单位组队报名参赛。3月31日，举行青浦职工工会知识竞赛决赛，税务局工会代表队获一等奖，供销社工会、医务工会、赵巷镇总工会代表队获二等奖，香花桥街道总工会、教育工会、司法局工会、民政局工会代表队获三等奖。 （马美君）

【青浦区总工会开展"我读书·我快乐"读书征文活动】 "我读书·我快乐"读书征文活动以创建"学习型企事业单位"为载体，组织职工开展读书活动。共收到征文作品近300篇，经评委会评审，《手中有书，心中有获》、《〈致加西亚的信〉读后感》、《岁月如歌书为伴》等20篇优秀作品获奖。 （马美君）

【上海汽轮机厂宏钢公司从两方面入手创建"学习型企业"】 （1）把创建"学习型企业"作为建设企业文化的切入点。通过认同"共同愿景"、确立"价值理念"、提升"员工素质"，宣传质量文化、创新文化、价值文化、绿色铸造文化，培育高素质员工队伍。（2）把创建"学习型企业"建设作为创新型企业的结合点。优化人力资源建设，在青年职工中推广课题制、导师制、项目攻关制，开展群众性QC活动，举办QC成果发布会，其中《降低锻件动能消耗成本》获上海市"电信杯"QC小组擂台赛二等奖；优化核心技术开发，鼓励员工申报国家发明知识产权，用1年时间试制成功GX12系列新铸件，打破欧洲少数国家的技术垄断。 （张耀璋）

【市纺织工会编印发行《上海纺织"十二五"发展规划100问》】 《上海纺织"十二五"发展规划100问》分"指导思想和发展目标"、"国资国企改革初步设想"、"主营业务的发展思路"、"三大子战略的基本内容"、"职工素质工程'十二五'发展规划"等板块，以问答形式对上海纺织"十二五"规划进行解读，并公布于纺织党建网。各级工会通过班组学习、辅导讲座、网络宣传、知识竞赛等途径，组织职工阅读学习。 （俞进艺）

【纺织工会举办知识产权知识竞赛】

在全国科技活动周、上海科技节、上海职工科技节及世界知识产权日期间，纺织工会举办上海纺织职工知识产权普及教育及知识竞赛。竞赛以"立足岗位创新、推动转型发展"为主题，由纺织（集团）公司技术中心、纺织职工技协和纺织工会生产部承办，19家子公司和直属企业共80家单位的3505名职工参与答题。 （杜伟钧）

【纺织工会举办职工商务英语大赛】

由市纺织工会、纺织控股（集团）团委联合主办，来自20余家单位的39名选手报名参赛。经商务知识、即兴演讲等比赛环节，申达进出口公司刘佳、时尚产业发展公司钱股超获一等奖，申达股份、龙头股份、上实国贸、纺织装饰等公司获"最佳团队奖"，党干校、飞马进出口公司获"最佳组织奖"。 （杜伟钧）

【上海航天启动首个"上海航天职工读书日"】 4月22日，在第十三届上海读书节开幕式上，市委宣传部和上海航天局共同为首个"上海航天职工读书日"揭牌。标志着"交会梦想，对接未来"第四届上海航天职工读书节正式开幕，同时也为上海航天职工读书活动长效机制建设，进一步提供有效载体。开幕式上播放了反映上海航天职工读书活动的电视短片《交会梦想，对接未来——上海航天职工读书活动巡礼》。 （沈 恺）

【上海冠东集装箱码头公司工会举办第三届职工读书节】 9月中旬，第三届"和谐综保区、书香溢冠东"职工读书节开幕。读书节为期1周，设置作家讲座、职工读书评书等活动。冠东集装箱码头公司工会坚持把引导职工多读书、读好书作为企业文化建设的重要载体，连续3年举办职工读书节，成为冠东公司"和谐家园"建设的有力抓手。2011年，公司获"上海市振兴中华职工读书先进单位"荣誉称号。 （孙颖捷）

【中国移动上海公司推出职工书屋（手机版）】 市总工会、上海移动联合推出职工书屋（手机版），全市在职职工支付1元后，即可阅读由10本政治、经济、社科、人文、艺术、健康、理财、法律等门类书籍组成的电子书阅读包，以数字阅读、绿色阅读的方式开展读书活动。4月22日，职工书屋（手机版）在第十三届上海读书节开幕式上揭幕。 （史 旭）

【洋山港海事处工会举办"青年职工讲坛"】 为满足新入职青年职工的学习意愿，洋山港海事处工会、团委共同建立"青年职工讲坛"。（1）以讲授海事新规、新技术、海事执法典型案例等为主，由职工中有专长的人员组成讲师团，每年授课12—15次。(2)鼓励职工撰写专业论文和体会文章。(3)扩展职工讲坛内容，邀请有摄影专长的职工传授摄影知识，组织养生与健康、冰雪文化等专题讲座。

（朱卫平）

【建工集团安装公司工会推广项目部书友会】 书友会以"自愿参加、自学为主，自由组合"为原则，以满足外地项目部青年职工学习业务知识的需求为目标，主要内容：(1)由工会提供部分书籍供职工阅读。(2)举办小型书评讲座。(3)利用培训中心开设网络课堂，播放视频教材。 （杨钟春）

【中建八局在玉树高原为职工建起职工书屋】 8月23日，中建八局建泽公司玉树站职工书屋正式成立。在成立仪式上，中建八局党委、工会主席、玉树前线指挥部党委、公司党总支书记等负责同志为玉树站书屋成立剪彩赠书。建泽玉树站书屋是玉树第一家书屋，也是八局继距离"最远的海外书屋"之后建成"海拔最高的职工书屋"，书屋内包含人力资源管理、科普知识、企业管理、课外读物等众多书籍。书屋的成立，进一步丰富了玉树援建职工的业余文化活动，促进职工文化素质的提高。 （李久龙）

【市医务工会举办工会知识竞赛】 市医务工会举办上海市卫生系统工会知识竞赛，来自全市38家市级医疗卫生单位的150余名职工参加比赛。3月4日，举行知识竞赛决赛。决赛设置演讲和才艺展示板块，要求选手以"工会在我身边"为主题，通过朗诵、小品、快板、歌曲、相声等形式，展示工会帮困维权的成就。

（吴嘉民　金邓凯）

【上海市卫生系统创建基层工会职工书屋示范点】 市医务工会成立职工书屋示范点检查小组，从职工书屋组织制度保障、书籍借阅管理、藏书数量种类、读书活动开展情况等方面，对医学会、健教所、卫监所、血液中心、职工医学院、中医医院、一妇婴等7家申报单位进行指导和考核。推荐血液中心、一妇婴、健教所、中医医院为上海市卫生系统基层工会职工书屋示范点，与免检的7家单位及"全国工会优秀职工书屋"示范点岳阳医院共同授牌。 （吴嘉民　金邓凯）

【新华传媒公司工会成立职工读书俱乐部】 职工读书俱乐部以"快乐阅读，与书为友"为主题，由公司下属10个部门的近150名员工组成。通过为员工提供导读、荐书、讲座等服务，推动形成"好读书、读好书、有书读"的良好习惯和阅读氛围。 （唐仲俊）

【上海城建市政集团轨二分公司创办"青年月讲堂"】 "青年月讲堂"由二分公司党政、工会、团支部共同创办，以"自主化"、"多元化"、"实效化"为宗旨，以35岁以下青年职工为主要参与群体，以青年自身成才所需、为企业出谋划策、社会热点话题讨论为主题板块，提倡自导自演，话题设计、活动形式等均由青年职工自主策划。通过"青年月讲堂"，分公司青年人才培养机制不断完善，先后有45名青年职工参与活动，其中5名青年职工通过中级职称评审、6名青年职工职务得到升迁、12名青年深入基层轮岗见习，公司中层干部中的青年职工比例有较大幅度上升。 （王小妮）

群众文化

【市总工会举办2011年上海市庆祝五一国际劳动节文艺晚会】 4月30日，市总工会在上海大剧院举办2011年上海市庆祝五一国际劳动节文艺晚会。中共中央政治局委员，上海市委书记俞正声，市委副书记、市长韩正等市领导与劳模代表、五一劳动奖章获得者、先进工作者一同参加文艺晚会。晚会通过劳模代表登台亮相、经典革命歌曲、劳动歌曲演唱、多媒体诗朗诵、综合报告剧并配以大屏幕VTR演示等多种形式，艺术再现中国共产党90年的光辉历程，颂扬党的丰功伟绩，唱响共产党好、社会主义好、改革开放好、各族人民好、伟大祖国好的时代主旋律；讴歌劳动模范领头羊的时代风采，展现上海工人阶级在党的坚强领导下，在革命、建设、改革不同历史阶段做出的巨大贡献，激励广大职工继续为上海加快推进"四个率先"、加快建设"四个中心"和现代化国际大都市，为实现创新驱动、转型发展的战略目标再建新功，再铸辉煌。

（宋　昶）

【市总工会举办第五届上海职工文化展演周】 11月3—9日，市总工会于第十三届中国上海国际艺术节期间，以"和谐礼赞·劳动欢歌"为主题举办第五届上海职工文化展演周。来自申通地铁、市级机关、号百公司、经济信息、轻工业、大众交通等6大行业职工参加演出。作为上海城市文化的重要组成部分，上海职工文化围绕国际化大都市文化共建共享建设要求，自

举行上海市庆祝"五一"国际劳动节文艺晚会 （赖成钊）

2007年起每年举办上海职工文化展演周，为基层优秀职工文艺团队搭建社会化展示平台，演绎企业精神、职业礼仪和企业文化，让具有行业特色、职工特点、时代气息的职工文艺节目走向社会、走近市民、走进经典。

（宋　昶）

【市总工会举办上海市民"读红色经典，诵红色诗篇"大赛】 根据中宣部、中央文明办、全国总工会等10部委有关通知要求，6月，市总工会、市文明办、市语委、市文广局、市学推办等联合主办"党在我心中"上海市民"读红色经典，诵红色诗篇"大赛。比赛作为第十三届上海读书节活动项目之一，旨在通过推广全民阅读活动，倡导阅读红色经典、唱响红色旋律，共同感受红色经典的魅力，吸引全市320支队伍、2500余人，参与群体涵盖企事业职工、机关干部、武警战士、社区居民、在校师生、农民工、残疾人等。7月15日，在教育电视台进行决赛，浦东新区惠南镇、上海大学校工会、武警上海总队代表队获一等奖，市级机关、市残联等11家单位获优秀组织奖。

（陈　旖）

【徐汇区总工会举办第六届学习节专题研讨会】 11月8日，区总工会、区社区学院、斜土街道以"外来从业人员融入背景下的企业文化建设"为主题举办徐汇区第六届学习节专题研讨会。惠工缝纫机三厂、恰尔斯安装工程公司和日华环境保洁服务有限公司等12家有代表性的国企、民营和外资企业的负责人参加并作交流发言。

（丁冠伟）

【杨浦区控江地区基层企业工会两年百场文化活动丰富职工精神生活】 2011年，地区总工会先后举办迎新春联谊会、元宵节猜灯谜、多场全民健身体育竞赛、纪念建党90周年系列文化活动等。其中上海磊城建筑发展有限公司工会投资90万元，组织上海潮州人发展潮州乐器古乐团，每年进企业举办潮州古乐团演出会；上海罗曼照明有限公司工会组织职工参与义务植树、志愿者活动等；上海华拓医药科技发展股份公司工会组织职工观看国庆文艺演出；上海新凤城迎宾馆工会开展职工日常健身操活动；上海宝冉设备工程有限公司工会、上海天渡精密机械有限公司工会等组织职工参加红色之旅。2010—2011年，地区各基层企业工会开展百余场次职工文化活动，并通过建设规范化文化硬件设施，在控江路社区文化活动中心创建全国工会优秀职工书屋，设置多功能活动厅、健身房、乒乓室、图书阅览室、多功能培训室，为企业工会举办活动提供场地和便利条件。

（曹理仰）

【宝山区总工会举办纪念中国共产党成立90周年文艺汇演】 6月28日，区总工会举办宝山工会纪念中国共产党成立90周年文艺汇演。17家直属工会选派的18支表演队伍、200余名职工演员参加汇演，表演形式包括舞蹈、京歌、合唱等。区总及直属工会干部、各参演队伍等500余人观看。

（胡立伟）

【嘉定区总工会举办外来务工青年征文巡讲活动】 "坚定跟党走，建功十二五"外来务工青年征文巡讲由嘉定区总工会、嘉定区文化广播影视管理局主办，区图书馆和区总工会共建单位外冈镇泉泾村承办。活动共收到征文47篇，评选出10名外来务工青年的作品，并组成巡讲团到基层、企业，面向一线职工开展巡回演讲。

（徐　浩）

【嘉定区总工会举办"我工作、我快乐"职工才艺大赛】 3月17日，区总工会举办嘉定职工才艺大赛，21家直属工会选送的28个节目参赛。比赛由专家评委、群众评委共同打分并当场公布结果，南翔镇总工会选送的舞蹈《抢险》和教育工会选送的女声独唱《我爱你、中国》获金奖，徐行镇总工会选送的《书、剑、琴韵》、江桥镇总工会选送的快板《"职工书屋"好》和区级机关工会选送的小品《零点行动》获银奖，医务、工商、嘉定镇街道、新成路街道和供销社等5家工会选送的节目分获铜奖，华亭镇、交通局、公安局等10家工会分获优秀组织奖。

（徐　浩）

【金山区工人文化宫成立职工戏曲艺术沙龙】 职工戏曲艺术沙龙以弘扬传统戏曲文化，活跃基层职工业余文化生活，打造职工戏曲艺术交流平台为主旨，分南、北两片区开展活动。南片为石化新城地区，以沪剧、曲艺等传统节目为主，吸收成员40余人；北片为朱泾地区，以传统锡剧、越剧为主，由原金山锡剧团老演员带动、培养一批中青年戏曲爱好者，现有成员20余人。五一国际劳动节期间，区工人文化宫举办金山区职工戏曲艺术沙龙成立暨汇报演出。

（邱亚君）

【金山区总工会举办职工书画摄影作品大奖赛】 "公路杯"2011年金山区职工书画、摄影作品大奖赛由区总工会主办，区工人文化宫、区公路管理署

3月17日，举办"我工作、我快乐"嘉定职工才艺大赛　（张方明）

承办，共收到142名职工书画、摄影爱好者创作的参赛作品620件。经评审，24幅作品分获金银铜奖，近百幅优秀作品在区文化馆展出。（邱亚君）

【张堰镇总工会举行庆祝建党90周年文艺汇演活动】 6月16日，张堰镇综合工作党委、镇总工会、镇商会联合举办“我心在党旗下凝聚”张堰镇非公企业庆祝建党90周年文艺汇演。演出形式包括歌舞、沪剧、时装秀等，同时表彰“党员先锋示范岗”，向党员志愿者服务队授旗，并现场举行“党内一日捐”。（沈文吉）

【松江区新桥镇总工会搭建“四个平台”推进企业文化建设】 （1）搭建宣传教育平台，打牢企业文化建设思想基础，注重“三个坚持”，即坚持以企业为主导，引导企业在人力、财力、物力上加大投资；坚持以职工为主体，教育职工立足岗位、创先争优；坚持以点带面、典型引路，注重总结、宣传企业文化建设中的先进典型。（2）搭建参与管理平台，把握企业文化建设关键，着重“三项举措”，即主动参与企业规章制度制定，以制度规范企业经营行为和职工从业行为；积极推进群众性文明创建活动，引导基层工会配合党政组织提升企业文明素质，促进企业文化建设；广泛开展创先争优活动，以创建“工人先锋号”为载体，涌现一批先进集体和个人。（3）搭建自我展示平台，彰显企业文化建设成果水平，注重“三项活动”，即参加区职工文艺创作汇演竞赛，成立职工文艺创作小组、沙龙艺术队；开展职工业余体育活动，成立职工体育代表队，举办广播操比赛；开展“振兴中华”读书活动，加强“职工书屋”阵地建设。（4）搭建资源整合平台，确保企业文化建设落到实处，注重“三方整合”，即整合组织资源，形成企业文化建设合力；整合财力资源，保障企业文化建设实力；整合阵地资源，增强企业文化建设活力。（马连涛）

【青浦区举办五一国际劳动节庆祝晚会】 4月26日，区总工会举行“凝聚在党旗下”青浦职工纪念建党90周年、青浦工会60周年暨五一国际劳动节庆祝晚会。会上表彰命名2010年度青浦区劳动关系和谐企业和2008至2010年度区工会工作示范单位、先进职工之家、先进工会工作者。来自基层企事业单位的职工群众以合唱、独唱、两重唱、小组唱等形式举行“红歌”联唱。（马美君）

【青浦区工人文化宫承办“长三角”城际工人文化宫联席会第七届年会】 “长三角”城际工人文化宫联席会始于2005年，由南京、上海、杭州3家工人文化宫发起并创立，每年召开年会以加强“长三角”地区工人文化宫交流合作，搭建文化交流展示平台。10月13日，区工人文化宫承办“上海之源纳百川，城际合作谋发展”第七届年会，来自江浙沪及安徽、四川、黑龙江等地的30多家工会组织、文化宫参加并观摩青浦区“同一片蓝天”为外来建设者送文艺活动，区总工会作题为《重心下移、服务基层，努力满足职工群众日益增长的文化需求》的交流发言。（马美君）

【奉贤区总工会举办“双庆”系列活动】 区总工会举办“庆建党90周年”、“庆奉贤撤县建区10周年”系列活动，主要项目有：（1）庆祝奉贤工会诞辰60周年暨五一国际劳动节专场文艺演出，600余名各行业职工代表观摩。（2）“新奉贤人”才艺大赛，来自基层工会的38位选手通过舞蹈、小品、戏曲、演奏等形式展示才艺。（3）“东奉杯”职工广播体操比赛，来自41个单位的900余名职工参赛。（4）“读红色经典，诵红色诗篇”职工诵读大赛。（5）“和汇杯”乒乓赛、篮球赛。（叶 兰）

【奉贤区总工会举办“读红色经典，诵红色诗篇”职工诵读大赛】 为迎接中国共产党成立90周年，结合第十三届上海读书节主题活动，区总工会、区文化广播影视管理局联合举办“读红色经典，诵红色诗篇”职工诵读大赛，区教育工会下属奉贤中学代表队获特等奖。活动被市振兴中华读书指导委员会评为“2011年上海读书节活动优秀项目”。（叶 兰）

【华谊举办第十二届集邮展】 8月7日举行开幕式。50余名职工的80余部收藏作品参加展览，“看看新闻网”对展览进行报道。（杨定虎）

【上海老凤祥股份有限公司职工艺术团参加“职工天天演”】 老凤祥职工艺术团在第十三届中国上海国际艺术节“职工天天演”舞台上表演工艺剪纸、反体书法、“龙凤呈祥”首饰秀等，展示职工手艺绝活。（徐俊彦）

【上海市电力公司工会以文体协会为抓手搭建职工文化新平台】 市电力公司选举产生公司文体协会第五届理事会，下设网球、桥牌协会、足球、羽毛球、乒乓球、龙舟、体育舞蹈、钓鱼、读

奉贤区总工会举行（新奉贤人）才艺展示大赛（姜林新）

书、演艺（上电京剧团、上电轻音乐团）、文学创作（上海电力作家协会）、书画、摄影、演讲（上海电力话剧团）等14个分会，引导职工践行“诚信、责任、创新、奉献”的企业核心价值观，为推进上海电力建设企业文化搭建新平台。（余传毅）

【宝钢发展公司工会开展“活力‘嘉年华’，精彩你我他”活动】 公司工会以“月月有亮点、周周有活动、班班有项目、人人有参与”为目标，举办“我们的嘉年华”活动。活动历时7个月，共设10大系列、16项活动，包括一台“颂祖国、唱发展”红歌会、一场职工综合才艺秀、一系列文体竞技活动、一台闭幕式文艺汇演等“四个一”活动项目，吸引2.8万余名职工参加。（杨艳昌）

【宝钢集团工会举办“最佳实践者”书画作品展】 10月12—16日，集团公司工会、市总工会共同举办《宝钢“最佳实践”职工书画展》暨《宝钢风采——最佳实践者事迹绘画集》、《感知宝钢——员工书法篆刻作品》首发式，打造职工文化主题活动品牌。（宋　漪）

【上海石化举行迎新文艺晚会暨职工文艺汇演】 公司下属两级单位参演器乐合奏、沪剧、舞蹈、独唱、歌舞剧等16个节目，塑料部舞台剧《灰姑娘》以及热电部、经销公司印度舞《欢喜冤家》获得最佳表演奖；炼油部器乐二重奏《野蜂飞舞》、腈纶部相声《好像谈恋爱》获得最佳创意奖；涤纶部蒙古舞《草原恋》、公司机关歌舞剧《无可阻挡》获得最佳风采奖。（盛立新）

【国药控股举办“爱心飞扬”卡拉OK大赛】 比赛历时近3个月，来自34个子公司、67名职工选手参加初赛，优胜者通过录制音乐录影带参与复赛选拔，产生10名决赛选手。1月28日，在南宁举行全国决赛。（周国良）

【国药控股举行大型文化之旅系列活动】 “雄关漫道长征路，壮志宏图国药人”大型文化之旅系列活动以红军长征主路线为重点，设计广西线——湘江战役、川西线——雪山草地、江西线——长征出发地、贵州线——遵义会议等4条路线，通过徒步、爬山、过草地、参观革命历史遗迹、听红军故事、瞻仰烈士陵园、拜访老红军、公益捐赠活动等形式开展宣传教育，7批次、240名国药控股职工参加。途中，国药控股分别向广西灌阳县文市镇桂岩小学、四川阿坝州小金县特殊教育学校等5所学校捐赠音、美、体等教学设备，电脑、打印机等办公设备及学生床、太阳能装置等生活设备，共收到25家子公司的捐赠款25万元，个人捐资捐物达1.3万元。活动获第五届上海市“五一文化奖”优秀创意奖。（罗国军）

【上海飞机客户服务有限公司文工团揭牌献演】 6月22日，在上海飞机客户服务有限公司庆祝中国共产党成立90周年暨创先争优活动推进大会上，公司文工团揭牌成立，为现场职工代表作首场汇报演出。（赵　菁）

【上海航天局工会突出“三性”开展群众性文体活动】 （1）突出群众性。1月举办航天新区第二届职工健身长跑比赛，来自新区5家单位的400余名运动员参赛；以局庆50周年为契机，5—8月举办“全民健身——航天有我更精彩”局第五届职工运动会，参赛单位覆盖局系统各单位及代管单位，吸引近3000名职工参加；7月举办局庆50周年文艺演出，1000多名演职人员参与其中；贯穿全年的“快乐航天我做起，人人学做广播操”活动，职工覆盖率则达到100%。（2）突出趣味性。在局第五届职工运动会期间，举办了广播操、拔河、中国象棋等10项比赛；开展“优雅女性、魅力旗袍——四女联谊会”活动；组织农民工参加上海市农民工健身大赛，参赛项目包括保龄球等趣味项目。（3）突出长效性。在全系统内开展“做第八套广播操”活动，并在运动会开幕式上举行广播操比赛，同时将此项活动作为工会工作年终考核的重要指标之一，力求形成长效机制；坚持开展航天新区职工健身活动，举办第二届职工健身长跑比赛；继续组织航天职工合唱团参加市总“五一”国际劳动节文艺演出、上海国际艺术节“天天演”活动。局庆50周年文艺演出荣获上海市“五一文化奖”；802所荣获“2011年全民健身活动先进单位”；八部荣获“全国亿万职工健身活动月先进单位”；上海航天局荣获国家体育总局颁发的“全民健身活动优秀组织奖”。（沈　恺）

【烟草工会开展“爱我中华、强身健体”职工健身系列活动】 烟草工会通过基层工会定期组织、烟草工会团体竞赛、组队参加市级比赛等方法，培育“我参与、我快乐”的职工健身理念，形成“月月有活动、人人勤参与”的文体工作格局。各单位工会结合企业实际，先后组织广播操、乒乓球、篮球、羽毛球、足球、拔河、跳绳、长跑、飞镖等职工健身系列活动。（曲志兵）

【上海铁路局工会加强职工文体建设】 （1）召开职工文化建设工作会议，明确建设具有上海局特色的职工文化工作思路和指导意见，成立职工文化协调委员会办公室。（2）投入近1000万元，重点改善各地区文化体育场馆条件，加强一线站区文化建设，整体规划、建设职工文化阵地。（3）以纪念中国共产党成立90周年为主题，开展地区性红歌大合唱、职工书画摄影展等系列群众性宣传庆祝活动，先后举办庆“七一”、职代会等两场专题文艺演出。（4）弘扬社会主义核心价值观和铁路企业文化，利用铁道报刊、《工会天地》等载体，宣传劳模先进典型事例，展示铁路职工风采。（5）开展职工文艺作品创作大赛，评选表彰“十佳”文学、书画、摄影作品和原创歌曲，制作汇编上海铁路局职工文体活动《成果集》。（6）组织文艺骨干创编铁路题材文艺节目，组建路局职工文艺小分队深入17个基层单位开展“心系一线，情满站区”慰问演出。（7）以全局体育检阅大会为抓手，组织开展体育健身活动。上海铁路局获评市企业单位全民健身活动优秀组织奖，并被国家体育总局评为全国全民健身活动先进单位。（白　杰）

【中海建“海嫂”联络站创“海嫂”文化】 中海建有闸北场中路、浦东塘桥等“海嫂”联络站，通过团结、服务、关爱“海嫂”，稳定职工队伍。9月27日，中国海运召开中海“海嫂”座谈会，为建设“海嫂”文化搭建平台。

（沈海龙　胡如月）

【港务集邮协会建设“集邮者之家”】　上海港务集邮协会组织开展建设“集邮者之家”活动，在各基层单位集邮协会和部门集邮小组开设“集邮者之家”，业余时间供职工学习交流集邮知识。集团集邮协会参与由市工人文化宫、市职工集邮协会举办的纪念中国共产党成立90周年集邮征文活动，选送33名会员作品，其中《邮能辅史，国脉所系》一文获三等奖，集团集邮协会获优秀组织奖。10月18日，港务集团集邮协会、振东分公司工会联合举办“建设集邮者之家工作交流会”，振东分公司、沪东集装箱码头公司和引航站等3家基层单位集邮协会并分别被授予集团“先进集邮者之家”和“优秀集邮者之家”锦旗。

（詹胜民）

【沪东集装箱码头公司工会注重加大企业文化建设投入】　(1)先后设立“员工网上书屋”、乒乓球室、棋桌，新建篮球场。(2)购置羽毛球、篮球、足球、瑜伽毯等体育用品、器材及各类图书、光碟等。(3)为外来劳务工增设活动室，购置电视机、音响等设备。(4)鼓励各员工文体兴趣小组组织活动。(5)借“员工之家”活动室，组织员工开展书评、演讲、智力竞赛等活动。(6)创新编排职工文艺新节目，在公司“团聚青春·给力沪东”青年联欢会和春节团拜会上表演。

（宋　正）

【上海冠东集装箱码头公司工会举办电影放映周】　为丰富小洋山岛驻岛员工的业余文化生活，3月中旬，公司工会与上海移动公司合作举办“冠东公司电影放映周”活动，并将活动常态化。

（孙颖捷）

【上海外轮理货公司工会开通职工摄影协会新浪微博】　公司工会开通“上海外理摄友”新浪微博，利用现代传媒手段搭建协会成员互动平台，并将“2011年上海水博园摄影采风活动”获奖作品发布于微博上。

（周小青）

上海港务集邮协会开展创建“集邮者之家”活动　（詹胜民）

【上海邮政合唱团参加社会公益演出】　主要活动有：1月4日，参演2011年市民新年交响音乐会。4月1日，参加由上海市企业联合会、上海市企业家协会和上海市企业文化促进会联合主办的上海“2010企业文化成果发布会”并演出。4月30日，参加上海市庆祝五一国际劳动节文艺汇演，获最佳风采奖。6月12日，参加第七届“阳光大地”全市党团员优秀歌曲合唱比赛获优胜奖。6月16日，赴京参加中国邮政集团建党90周年红歌会。6月28日，参加上海市邮政管理局纪念中国共产党成立90周年红歌合唱会，获优秀表演奖。6月30日，受邀参加“唱支歌儿给党听”上海市纪念建党90周年大型主题歌会，在中心舞台演唱歌曲。

（陆　彬）

【中国移动上海公司开展“十大关爱举措”评选】　结合“争先进位、创新提效、和谐聚力”文化活动主题，中国移动上海公司开展“十大关爱举措”评选。经各直属单位工会推荐、员工全员评选，揭晓2011年“十大关爱举措”，分别是：给力健康，组织员工定期体检；调整员工车贴标准，覆盖面100%；扶助帮困，关爱员工做实做细；关爱半边天，企业更和谐；新业务优惠套餐，惠泽员工；增购员工住院补充保险，解员工后顾之忧；“快乐园”主题文化沙龙活动，丰富员工心理支持活动形式；小小关爱卡，浓浓显真情；提高派遣女员工福利，细微之处暖人心；上门体检服务，人性化服务解一线员工之忧。

（史　旭）

【上海电信奉贤局工会主推服务文化七项活动】　(1)开展世博精神引导实践活动，通过组织员工学习电信世博精神，为局中心工作提供思想保证。(2)品学“一茶一坐”专业服务，体会把“客人当朋友，伙伴当家人”理念，了解“黄金十五秒”、“沙漏文化”等。(3)发布、巡展精神文明好人好事，营造“比、学、赶、帮、超”的氛围。(4)开展服务管理工作讨论并撰写论文。(5)拍摄制作条线先进示范服务宣传片，供员工学习。(6)征集弗雷德式语录并制作宣传版面。(7)开展正向思考模式培训。

（徐　华）

【上海电信松江局工会编印《员工画语》】　局工会采取开放式组稿方法编辑《员工画语》，以全体员工为征稿对象，每人一页，内容有自我成长经历、所获荣誉、工作理念、生活感悟等，通过漫画形式表现并集结成册。

（澎　湃）

【中交上海航道局有限公司工会成立赴海外员工家属后援团】　局工会女工委针对公司承接海外业务较多，2009年起已有近千名员工赴海外工作的情况，成立赴外员工家属后援团。(1)建立“三级联动制”，即以女工委为一级组织机构，负责组织策划；以基层工会为二级管理层面，建立赴海外员工家属档案；以家属居住地为三级服务层面，划分块面加强联系沟通。(2)每年确立一个主题开展系列活动，如2009年成立赴海外员工家庭采访小组，自编、自拍短片《港湾》，并组建家属演讲团举办专题报告会；2010年举办"理解与支持"赴外员工家属征文活动，中港疏浚公司、东方分公司将征文汇编成册，带给海外员工；2011年举办"前方与后方"征文活动。(3)主动承担家属帮扶稳定工作，联合基层工会，在上海南汇、杨浦、江苏连云港等建立两级公司家属块组长联系制度，关心家属生活，帮助家属解决实际困难。 （钱文勤）

【中远集运工会开展职工文化系列活动】 为庆祝中远成立50周年，工会集中开展职工文化系列活动。先后举办"爱祖国、爱远洋、爱岗位"主题职工歌咏会、"跃动你我，欢乐无限"2011年中远集运职工欢乐健康日活动，展现职工的精神风貌。开展庆祝中远成立50周年职工诗词征集活动，征集职工作品600余件。 （钱 华）

【建工集团第七建筑公司工会开展"文化进工地"系列活动】 七公司工会把农民工群体作为深化工地文化建设的重点对象，在开办"民工夜校"的基础上创建"职工书屋"，先后举办农民工入会发证仪式、农民工运动会、"同在阳光下"为农民工送文化、送法律、送健康和农民工免费电影专场等"文化进工地"系列活动。公司及基层单位党员还定期赴工地开展"党员服务日"活动，为农民工提供理发、医疗咨询等服务。 （杨钟春）

【建工集团安装公司工会举办职工文体艺术节】 艺术节采取集中与分散相结合的方式，即开幕式和闭幕式集中举行，其他项目由基层单位工会分别主办，以双休日或节假日为主开展活动。艺术节主要内容有：职工球类比赛，如足球、篮球、乒乓球、保龄球、桌球等；职工才艺展示，如摄影绘画、书法篆刻、围棋象棋、烹饪技能、卡拉OK等，并邀请部分职工子女共同参与；职工兴趣爱好知识讲座，如健康养生、花鸟盆景、玉器识别、邮品鉴赏、魔术、十字绣等，邀请有专业知识的职工或职工家属授课。 （杨钟春）

【市交通港口局工会举办"党的光辉照神州"摄影大赛】 (1)制定"党的光辉照神州"摄影比赛工作方案，组建摄影组。(2)对600余张参赛照片进行专业评审，分别评出一、二、三等奖及入围奖。(3)将获奖作品制成展板，在系统内巡展，扩大宣传效应。

（陈 健）

【市绿化和市容管理局工会主办"金秋十月·相约辰山"青年交友活动】

11月25日，由上海市城乡建设交通委工会、上海市绿化和市容管理局工会、上海航天局联合主办，上海辰山植物园承办的"金秋十月·相约辰山"青年交友活动举行。活动旨在为青年扩大交友范围搭建交流平台。来自市政、交通、地铁、环卫、绿化、航天等行业的60余名男女青年，通过自我介绍、齐心协力、击鼓传情、互动交流、参观学习等环节进行互动。

（宋丽娜）

【大屯能源公司工会设立"职工心灵驿站"成效显著】 11月19日，公司工会开设"大屯公司职工心灵驿站"，共接待QQ网上咨询40余人，电话咨询20余人，为职工心理健康提供服务。"职工心灵驿站"配有空调、沙发、电脑、音响等设备，并开通留言电话，由大屯中心医院3名国家二级心理咨询师轮流值班，每天19—21时通过回复留言、接听电话、网上QQ聊天、面谈等方式，为有需要的职工提供心理咨询服务。 （王诗合）

【市医务工会组团参加世界游泳锦标赛闭幕式演出】 7月31日，由来自上海市皮肤病医院、上海市健康教育所、复旦大学附属眼耳鼻喉科医院、上海市胸科医院的60名职工组成的市卫生系统职工合唱团，参加在上海东方体育中心室外跳水池(月亮湾)举行的第十四届世界游泳锦标赛闭幕式演出，展现上海医务工作者的风采。

（吴嘉民 金邓凯）

【市卫生系统开展"健康卫士颂党情""红五星"主题系列活动】 主要活动内容：4月6日，举行"颂红色经典"诗歌朗诵比赛，43家医疗卫生单位的460余名职工参赛，其中职工原创作品38篇。5月14—15日，举行"唱红色赞歌"唱红歌大赛，52家医疗卫生单位的近2500名职工参加。举行"忆红色岁月"读书征文、"展红色风采"职工摄影大赛等，征集各类作品近千件。 （吴嘉民 金邓凯）

【光明食品集团工会举办纪念建党90周年"红歌赛"】 6月28日在上海音乐厅举行。来自集团所属单位的18支歌队参加。歌咏大赛采用规定和自选的红色经典曲目，以大合唱的形式加以演绎。歌咏大赛共设立最佳综合、最佳演唱、最佳风采、最佳服饰、最佳人气、最佳优胜等6个单项奖。东方卫视对"红歌赛"作了专题报道。

（桑树德）

【市监狱局工会创办《知心》杂志】

主要做法：(1)兼顾政策性、知识性和娱乐性，全面反映基层工会的工作动态。(2)注重办刊质量，开展"弘扬光辉历程、锻铸时代忠诚"第七届"知心杯"征文等活动。(3)召开《知心》工作座谈会，总结交流杂志受众定位、主题立意、内容风格等。2011年，《知心》杂志共收到散文、诗歌等投稿作品244篇，其中发表197篇；收到照片168幅，均予以发表。 （江海群）

【市监狱局工会恢复组建"上海市监狱管理局警官合唱团"】 市监狱管理局警官合唱团在全局范围内招录团员70余名，采取定期和不定期结合、工作时间和业余时间结合、合唱练习和乐理培训结合的集训方式，保证每周训练1次。合唱团组建后，先后参加上海社会各界人士团拜会演出、监狱局2011年度表彰大会慰问演出等。

（江海群）

【市监狱局工会推进职工文化建设】

主要做法：(1)按照局党委"工会要在增强干警职工队伍凝聚力上有新作为"等工作要求，召开上海市监狱管理局工会文化建设推进会。(2)结合学习贯彻党的十七届六中全会精神，召开上海市监狱管理局文化建设工作交流会，7家单位就监狱和工会文化建设进行交流发言，并为宝山监狱颁发全国总工会"职工之家"铜牌。(3)加大职工文化投入,出资25万元帮助5家单位建立干警职工俱乐部,整合社会资源,向15家基层单位提供价值263万元的书籍。(4)开通"职工书屋"手机版,营造学习氛围。

(江海群)

【市监狱局工会开展各类职工文体活动】 局工会立足基层,组织干警职工开展文体活动。(1)举办第十一届"两棋两牌",即围棋、中国象棋和桥牌、八十分比赛,180余名职工参赛。(2)举办第七届书画摄影展,展出书画、摄影作品200余件。(3)与局团委共同举办2011年"蓝盾杯"足球比赛,160余名职工参赛。(4)发挥群众文体协会的作用,开展书画、音舞、棋牌、球类、钓鱼等文体活动。

(江海群)

【市监狱局工会评选工会工作优秀论文】 局工会提出工作课题范围,围绕新时期工会和监狱工作,开展论文交流评选。收到参评论文137篇,其中40篇论文获奖,同时评出优秀组织奖、组织奖各2家。 (江海群)

【上海城建集团公司工会加强企业文化建设】 (1)加大对劳模先进的宣传和关爱力度。以《劳模风采录》发行为契机,各级工会通过座谈会、演讲会、黑板报、宣传栏等形式学习宣传劳模精神。制定《上海城建(集团)公司工会劳模关爱机制的实施办法(试行)》,通过建立劳模关爱机制,主动为劳模先进解决实际困难。(2)以"诚信"为核心,以深化职业道德建设为载体,提升职工职业素养。以"敬业爱岗,诚实守信"为主要内容加强职业道德建设力度,隧道股份机械制造分公司获2009—2010年度上海市职业道德建设"十佳标兵单位"称号,同时被授予市"五一劳动奖状";第二管线、隧道股份地基注浆公司获职业道德建设先进单位称号。组织职工集体报名参加"职工书屋"(手机版)活动,为职工提供更为便捷的阅读资源。(3)以集团体育健身节为平台,倡导科学健身、健康生活的良好习惯。以"健康生活健康发展"为主题举办上海城建职工体育健身展示活动,2000余名干部职工参加。推广第九套广播体操,举办培训班。成立8家职工体育健身俱乐部,组织各类体育健身活动,集团桥牌俱乐部组队参加第二届全国智力运动会并获三金一银。举办"运动与健康"知识讲座,引导职工形成健康的生活方式和科学的运动方法。组队参加农民工健身大赛、职工龙舟赛等比赛,展现城建职工风采。

(耿 伟)

市监狱局召开2011年度表彰大会 (朱宪成)

【上海联通举办2011年迎春联欢会暨职工艺术节汇报演出】 1月14日举行,近1000名员工现场观摩。演出节目均由各基层工会、文体协会选送,由职工自行编排、表演,包括舞蹈、诗朗诵、情景表演、小品、戏曲、手语表演、小组唱、太极拳、器乐演奏等形式,并设微博送祝福环节,员工可通过微博发送祝福至会场。 (康 迪)

【上海联通举办单身青年职工联谊活动】 6月12日,上海联通公司工会、太平资产公司共同举办"幸福来敲门——2011年上海联通·太平资产青年联谊会",通过"第一次对眼"、"共走勇敢者道路"、"我们一起包饺子"、"我们有什么"、"心灵契合"、"2人3足"等活动方式进行互动和才艺展示,25对青年职工参加。(康 迪)

【上海联通公司工会举办六一儿童节家庭日活动】 5月29日,公司工会在世纪公园举办"六一让我们一起来聆听孩子的心声"上海联通六一家庭日主题活动。根据年龄大小,将员工子女分为4组,每组均设计4个环节的游戏内容。148名员工的子女及其家庭成员共计450余人参与。

(康 迪)

【号百公司举行"天天演""114"专场活动】 11月4日,号百公司举行"号码百事通,为民服务行"、"114"专场文艺演出。演出作为第十三届中国上海国际艺术节"天天演"广场主题文化活动职工专场之一,由独唱、舞蹈、魔术、小品、创意工间操等11个节目组成,均由来自公司一线的职工表演。

(沈 匀)

【市工人文化宫举办沪苏浙三区三市职工摄影展】 11月5—10日,"和风颂——沪苏浙三区三市职工摄影展"在市宫举行,展出由闵行区总工会、义乌市总工会、嘉定区总工会、昆山市总工会、青浦区总工会、太仓市总工会选送的100幅作品,从不同角度展现城市建设发展新风貌、人民安居乐业新气象。 (王超颖)

【市工人文化宫举办上海、大连、阳泉市职工画展】 9月29日,由中共阳泉市委、阳泉市政府、上海市工人文化宫、大连画院共同举办的"脊梁——上海、大连、阳泉职工画展"在市宫开幕,展出200余幅中国画、油画、版画、水彩(粉)画作品,再现矿井、船坞、建

设工地等工作场景。3市职工画展首次举办于1974年10月。（王超颖）

【市工人文化宫协办职工金秋联谊活动】 10月22日，由市总工会女工委主办、市宫协办的“青春有约·情谊两牵”——2011上海职工金秋联谊活动举行。来自信息委、中国烟草、上海机场、中国电信、东浩集团等10余家企事业单位的339名职工参加“形影不离”、“比翼双飞”、“携手共进”、“爱的呵护”等互动活动。（王超颖）

【市工人文化宫“茉莉飘香，情系职工”慰问演出下基层】 9—10月，由市宫牵头，首次联手沪东、沪西、浦东、青浦、闵行等区工人文化宫，以上海职工文艺巡演的形式开展“茉莉飘香，情系职工”基层慰问演出，进企业，走社区，赴军营，先后举行上海职工文艺巡演沪东专场、慰问73181部队文艺演出、慰问尚德太阳能电力有限公司文艺演出、同一片蓝天——慰问外来建设者上海职工文艺巡演等4场演出。（杨　扬）

【第七届“长三角”城际工人文化宫联席会议召开】 第七届“长三角”城际工人文化宫联席会议在青浦区工人文化宫召开，来自江、浙、沪、皖等地30余家工人文化宫的负责人就加强“长三角”地区开展城际交流、传播先进文化等进行探讨。“长三角”城际工人文化宫联席会于2005年由上海、南京、杭州三地工人文化宫牵头发起，通过开展城际工人文化宫特色工作交流研讨、优秀职工文化活动项目推介、文化经营等活动促进城际职工文化事业交流合作。（王超颖）

【市工人文化宫主办“南京路上好八连”先进事迹图片展揭幕】 为纪念中国人民解放军建军84周年，宣传南京路上好八连的先进事迹，向广大职工和市民开展革命传统教育，7月29日，由南京东路街道、上海警备区特警团政治处、上海市工人文化宫共同主办的“永远的好八连——‘南京路上好八连’先进事迹图片展”开幕。展出分为“亲切关怀”、“光荣历程”、“鱼水深情”、“再创辉煌”等四部分，由近200幅图片组成。（王超颖）

【市职工邮协举行第四届班组一框邮展暨协会成立30周年纪念座谈会】 6月28日，“辉煌的历程——上海职工第四届班组一框邮展”暨上海市职工邮协成立30周年纪念座谈会举行。会上回顾了市职工邮协成立30年的创新、发展历程，表彰市职工邮协先进集邮集体、先进集邮工作者和先进集邮个人。展出的160部邮集以庆祝中国共产党90周年为主题，至7月3日闭幕。（王超颖）

【市职工文创中心举行创作座谈会】 10月25日召开，学习党的十七届六中全会精神，结合繁荣上海职工文学创作进行交流，并邀请工人作家贾鸿源、《小说界》主编谢锦分别就“文艺创作的原则与技巧”、“文学作品创作新趋势”举办专题讲座，近40名会员参加。（杨　扬）

7月29日，“南京路上好八连”先进事迹图片展在市工人文化宫开幕（徐大为）

【市职工文创中心举行《行业博物馆》新书首发式】 《行业博物馆》由市职工文艺创作中心编撰，分别介绍昆虫博物馆、中国鱼文化博物馆、上海工艺美术博物馆、上海印刷博物馆等26家行业博物馆。6月17日，新书首发式在上海纺织博物馆举行。（王超颖）

【市工人文化宫举办上海职工援建四川·都江堰纪实展】 5月12—17日，市宫举办“援建情·感恩心——上海职工援建四川·都江堰纪实展”。展出分为“天府之国·美丽四川”、“大灾无情·人间有爱”、“千里驰援·倾情援建”、“凤凰涅槃·情谊永存”等4个篇章，500余幅摄影作品均来自援建一线。开幕式上，成都市总工会、都江堰市总工会向市总工会赠送“震中石”、蜀锦及由都江堰市职工、市民签名的“万人长卷”。（王超颖）

【市工人文化宫、上海话剧艺术中心联合制作并公演话剧《4·11上海夜》】 6月27日，由上海市工人文化宫、上海话剧艺术中心联合制作的红色悬疑剧《4·11上海夜》首演。话剧根据历史真实事件改编，由剧作家宗福先、工人作家贺国甫担任编剧，是两位作家继《于无声处》后再次合作。作为国内首部具有悬疑色彩的红色题材话剧，被列为市重大文艺创作项目及市总工会“上海职工纪念建党90周年文化活动月”主要内容之一，先后公演28场。（王超颖）

【市工人文化宫举办中国金山农民画原创作品·衍生品展】 由金山区文化广播影视管理局、市工人文化宫主办，金山农民画院承办的“纯真的回归——中国金山农民画原创作品·衍生品展”，于7月21日—8月21日在市宫举行。共展出70余名金山农民画家创作的近100幅作品及其衍生产

品，内容涵盖24节气农作图、农民生活、农村风光、农业生产等。（王超颖）

职工体育

【市总工会开展上海工会社会体育指导员暨第九套广播操培训】 为贯彻《全民健身条例》和全国总工会、国家体育总局下发的《关于在全国推广普及第九套广播体操的通知》的有关精神，市总工会宣教部、市体育局群体处于10月、12月先后举办两期“上海工会社会体育指导员培训班暨第九套广播操培训班”，旨在加强全市工会系统职工体育骨干队伍建设，提升工会文体干部的理论素养和业务水平，建设一支具有一定体育专项运动技能和专业知识的职工体育指导员工作队伍。来自全市各区县局（产业）工会、企事业单位的400余名文体干部参加培训。（宋 昶）

【市总工会举办上海职工体育健身四季大联赛】 市总工会、市体育局共同推出“我参与、我快乐、我健康”为主题的上海职工体育健身四季大联赛，春季有“闵行杯”上海农民工健身大赛；夏季有“机场杯”上海职工龙舟比赛、“宝钢杯”上海职工游泳比赛；秋季有“临港产业区杯”上海职工篮球比赛；冬季有“电信天翼杯”上海职工乒乓球比赛、“延锋杯”上海职工五人制足球赛，以工体联合、市区联动、条块联手为办赛模式，打造职工四季健身大舞台，推广“三操”（广播操、工间操和健身操）和“三球”（篮球、足球、乒乓球）体育健身活动，推动上海职工群众参与更多体育锻炼活动，全面提升上海职工的身心素质。（宋 昶）

【徐汇区总工会组队参加区第六届运动会】 9月24日，“漕河泾开发区杯”徐汇区第六届运动会开幕。区总工会承办长跑、棋牌、乒乓球等多项赛事，并组队参加运动员入场仪式。（聂 磊）

【长宁区举办第一届白领运动会羽毛球比赛】 8月8日，在上海国际体操中心举行。这次活动由长宁区体育总会、区总工会主办，区工人文化宫承办，共有近200名白领青年参加比赛。经过激烈角逐，最终来自上海网电投资发展有限公司、上海华燕置业发展有限公司、新思科技（上海）有限公司、水晶石数字科技有限公司等10余家企业的64名选手获得了男子单打、女子单打、男子双打、女子双打、混合双打5个单项的前八名。长宁区体育局、区总工会领导出席活动并为获奖选手颁奖。（白 敌）

【长宁区职工文体协会举行白领海峡联谊会揭牌仪式】 9月9日，长宁区职工文体协会第七届换届选举大会暨白领海峡联谊会揭牌仪式在长宁区工人文化宫举行。白领海峡联谊会是根据社会管理创新需要，满足白领群体的特点，集结社会各界热心公益的力量，为丰富区域内白领职工的业余生活实际需求而创立的松散型社会组织。联谊会作为长宁区职工文体协会的组成部分，2011年上半年已经协助文体协会成功举办长宁青年职工“飞镖比赛”、“天材话剧社”等活动。联谊会将致力于培育符合区域发展特征、面向不同职工层次的品牌项目，不断创新、拓展职工文体活动的形式和内涵，努力把各项文体活动办成广大职工群众喜闻乐见的项目；将致力于联合性质相同、功能接近的职工组织，探索通过项目联动、信息共享、资源整合等方式，形成紧密联系、协同配合的组织网络，在发展中相互支持、联手合作，各尽所能满足职工多层次、多样化的需求；将致力于选树职工组织中的“领袖”人物，在体制外的职工中挖掘领头人，培育文艺、体育骨干力量，通过他们开展日常联络、协调和运作。（白 敌）

【闸北职工代表队获上海职工乒乓球团体赛季军】 区总工会通过区职工乒乓球比赛选拔出由12名职工运动员、教练员组成的代表队，参加上海职工健身四季大联赛“电信天翼杯”上海职工乒乓球比赛，获男女混合团体赛季军。（陆 非）

【黄浦区总工会第三十七届南京路职工马路运动会举行】 12月2日，由黄浦区总工会、区体育局联合主办，在南京路步行街举行。运动会主要项目：千人广播操、木兰拳团队表演等集体展示；体现中华商业第一街餐饮行业特点的滚圆台面、托盘接力；滚铁圈、呼啦圈、扯铃、套圈、“老鹰抓小鸡”等休闲游戏等。6000余名职工和市民参加运动会，其中包括南京东路、外滩、五里桥、淮海等10个社区参赛队，新世界集团、淮海集团、益民集团、第一医药、老凤祥经纬集团等50个代表队参与健身跑。（弘 钧）

【静安区举办第十一届职工运动会】 区总工会参与筹办静安区第十一届

9月9日，长宁区职工文体协会第七届换届选举大会暨白领海峡联谊会揭牌仪式在区工人文化宫举行（周 君）

闸北区总工会举行“迎国庆”职工乒乓球团体赛　（陆　非）

运动会暨第十一届职工运动会，共组织72个职工代表团、近6000名职工，分别参加田径、乒乓球、自行车等17个项目。9月15日，区总工会、区体育局举办静安区第11届运动会暨第十一届职工运动会广播操比赛，共有52支队伍参赛，区人保局、区体育局、区教育局、文新报社等获一等奖。

（陈章翠）

【闵行区总工会举行“扬和谐文化，展企业风采”职工龙舟赛】 31支职工代表队、651名职工参加在淀山湖水上运动中心的闵行职工龙舟赛，最终新虹环卫龙舟队获第一名。

（俞龙祥）

【金山区举行第一届“规土杯”桥牌邀请赛】 1月8—9日，由区规土局主办，区体育总会、区桥牌协会承办的金山区第一届“规土杯”桥牌邀请赛在博海农艺休闲园举行，来自金山区、宝山区、嘉定区、浦东新区以及浙江省、江苏省、石化股份有限公司等地的18支队伍参赛。上海石化队获第一名。

（陆道林）

【金山区举行市民迎新体育大联欢活动】 1月1日，区体育局、区总工会等联合举办2011年金山市民迎新体育大联欢，吸引千余名职工群众参加。主要活动：“一镇一品”体育项目展演，由吕巷镇、亭林镇、张堰镇、廊下镇、石化街道分别进行舞龙、腰鼓、木兰拳、打莲湘、海派秧歌、扯铃等活动；互动体育比赛，包括足球、网球、定点投篮、拔河、踢毽子、转呼啦圈等；广播操集体展示，由40名区级机关干部组成方阵带领现场职工群众共同参与。

（马琳联）

【金山区区级机关工会推进全民健身计划】 主要做法：(1)要求各直属工会制定健身计划并上报体育活动预报表，要求每年至少开展1—2次体育活动，通过举办运动会、系列运动项目或单项趣味体育比赛推进全民健身计划。(2)开展体质测试，排摸机关干部职工体质状况，便于工会有针对性地开展职工体育活动。(3)推广和普及广播操，分别于1月20日、11月29日与体育局联合举办广播体操培训班，60余名机关干部参加并对所在单位职工进行再培训。(4)举行“凝心聚力展风采”区级机关干部广播操汇演展示及跳长绳比赛。(5)组织职工参与2011年金山市民迎新体育大联欢、上海市第八套广播体操比赛等市区级体育活动。

（庄冬梅）

【金山区区级机关工会探索机关文化建设】 机关文化建设主要工作：(1)开展机关文化建设专题调研，采取问卷调查方式，形成《金山区区级机关机关文化建设情况调查报告》，在区工会系统调研论文评比中获一等奖。(2)举办“现代职场礼仪与职业道德”知识讲座，200余名机关干部职工参加。(3)开展职工文化活动，组织参与2011年金山市民迎新体育大联欢；举办“服务发展创佳绩，奉献世博争先锋”讲评会；举办“服务发展创佳绩，党群共建促和谐”党群干部联谊会。主要成果：区税务局排演的影子秀节目《路》获市第五届“五一”文化奖“十佳创新奖”；检察院、法院、房管局代表队参加金山区“唱支山歌给党听”红歌大赛活动均获三等奖；区药监局工会“光荣与自豪——药监人之歌”获区行业歌曲比赛第一名，区府办工会《服务日记》获区情景小品比赛第二名，区级机关工会奖金山区第六届读书节主题展示大赛团体奖。

（庄冬梅）

【金山区山阳镇举办非公企业职工第三届篮球友谊赛】 10月23日，由镇综合工作党委、镇总工会、镇团委、镇妇联、镇商会联合举办的山阳镇非公企业职工第三届篮球友谊赛开幕。由华峰超纤、泰胜风能、南方寝饰等企业选派的10支代表队、近200名职工运动员参赛。11月12日，篮球友谊赛闭幕。

（马琳联）

【石化街道总工会举办第一届职工乒乓球比赛】 10月27日，街道总工会举办“炼安”杯第一届职工乒乓球比赛，来自10家单位的40余名职工参赛。炼安工业设备有限公司工会获团体第一名。

（束晓天）

【金山区城市网格化管理中心举办职工冬季趣味运动会】 1月中旬，管理中心工会、团支部等共同举办趣味运动会，设跳绳、慢骑自行车、夹乒乓球、扑克等比赛项目。

（陶琰洁）

【青浦区举办第二十二届中国象棋比赛】 8月，由区总工会、体育总会和农业银行青浦支行主办，区工人文化宫、棋类协会承办的“农行杯”青浦职工第二十二届中国象棋比赛举行。共有12支代表队参赛，徐泾镇总工会、练塘镇文体中心、盈浦街道总工会分获团体一二三等奖。

（马美君）

【青浦区总工会举办企业职工广播体操、大众健身体育比赛】 12月3日举办，其中大众健身赛包括球类、绳、毽、障碍接力等项目。各街镇的 20 支队伍、360 余名职工参赛，其中白鹤镇奥比科机械（上海）有限公司等 12 家单位获广播操赛前三名；华新镇上海嘉陵车业有限公司等 12 家单位获大众健身体育比赛前三名。（马美君）

【青浦区教育系统举行第二届教工广播体操展示活动】 10 月，区各级各类学校的 59 支代表队、1000 余名教职员工参与，参赛组队数占教育系统基层工会总数的 70.24%。朱家角中学、逸夫小学、华新幼儿园等 30 支代表队获优胜奖。（马美君）

【仪电控股举办职工文化体育节】 11 月 19 日，以“精准引领精彩”为主题的 2011 年上海仪电控股（集团）公司文化体育节举行。文化体育节设 17 个比赛与展示项目，仪电控股及各子公司、直属单位等 14 家单位、近 1200 名职工观摩或参与活动。（生　青）

【华谊集团举行职工运动会】 11 月 19 日举行。运动会共设项目 20 余个，集团下属 24 家单位、集团总部近 1600 名员工参赛。（赵　峥）

【宝钢集团推进“员工健康计划”】 按照宝钢“员工健康计划”推进工作计划，集团公司在沪企业内共有 10 家子公司实施员工健康计划，覆盖职工 60782 人，总消费点数为 20914112 点；至年底，共有 38014 名职工通过刷点数参加健身活动，占总职工数 63%。全市范围内，宝钢及与宝钢签约的健身场馆共 25 家，2011 年新增健身场馆 10 家，因违规取消资格的健身场馆 1 家。11 月 8 日，启动“好生活”健康计划网络服务平台。（宋　漪）

【宝钢集团工会建立沪外小企业“人文关怀”标准化项目】 集团工会在走访调研的基础上，制定《关于宝钢沪外小企业“人文关怀”标准化项目建设的指导意见》，对集团内沪外职工生活居住相对集中，且难以利用当地社会文化体育设施开展《宝钢职工健康计划》的企业，制定学习阅览场所、娱乐休闲场所、健身锻炼场所统一建设标准，规范资金来源，明确管理要求。场所建设完成后，将免费供职工使用，沪外小企业职工也可享受每年 1000 点消费点数的健康计划制度。（陆　庆）

【上海石化公司举办第四届职工运动会】 2011 年，公司举办第四届职工运动会。运动会历时 7 个月，共有 25 支代表队、4500 多人次参加 15 个大项、34 个小项的比赛，是上海石化成立以来规模最大，参与人数最多的运动会。有 6 家两级单位获得运动会团体优胜单位，17 家两级单位获得体育道德风尚奖，10 人获得优秀运动员称号。（盛立新）

【国药控股组队参加上海职工体育健身活动】 4 月 16 日，国药控股选送来自上海物流中心的两支职工代表队参加上海农民工健身大赛，分获“齐心协力”项目亚军和“拔河”项目季军，国药控股获颁“优秀组织奖”。（张宏余）

【国药控股举办第五届职工运动会】 10 月 15 日在天津大学运动场举行。运动会以“与运动相约与健康同行”为主题，设第九套广播体操、4×100 米接力、“虫虫特工”、“动感五环”、拔河等 5 个团体项目及跳高、跳远、铅球、赛跑等 20 项个人单项。来自国药控股集团和旗下 29 个子公司的近 480 名职工参赛。（周国良）

【中国商飞公司总部机关工会推进凝聚力工程建设】 公司总部机关工会自 7 月 5 日成立以来，通过搭建多样化文体活动平台，推进职工凝聚力工程建设。主要做法：（1）摸索建立总部员工生日慰问长效机制，开展生日祝贺与慰问活动。（2）争取向总部所有员工发放健身卡，鼓励员工利用业余时间加强锻炼。（3）邀请专家为年轻父母讲授家庭教育基本理论和实践知识。（4）组队参加中国商飞公司首届职工乒乓球比赛，组织举办总部机关首届职工羽毛球比赛等活动。（5）通过外租场地与内部挖掘场地相结合，外请专业教练指导与业余爱好者自练相结合，为职工业余健身创造条件。（邹建军）

【中国海运工会以职工游泳比赛为载体打造特色健身项目】 中海工会连续 14 年举办“中海杯”职工游泳比赛，打造中海特色职工健身项目。主要工作经验：（1）领导带头参与，组织发动职工参与，尤其要求新船员上船前必须学会游泳。（2）结合航运特点，把游泳作为海上安全航行要素之一。（3）逐渐增加比赛项目，从 9 个单项增加至 19 个，并增加女子组和中老年组，参赛职工数从 50 人增加至 130 余人参与。（4）吸引退休职工参与游泳健身。（5）逐渐丰富游泳活动形式，比赛地点从上海向广州、深圳、大连、海南延伸，从职工比赛向家庭成

上海职工体育健身四季大联赛——夏季“宝钢杯”上海职工游泳大赛（王贤征）

5月27日，上海邮政举行第五届职工运动会开幕式　（陆　彬）

员趣味游泳项目拓展。2011年，中海集团职工在上海职工游泳大赛中获金银牌各1枚；在虹口区运动会中获5枚金牌、6枚银牌、2枚铜牌。

（顾惠根）

【中国海运工会推进海上健康工程建设】 中海工会关爱船员身心健康，打造具有"海味"的海上健康工程。(1)加大投入。集团每艘船舶均设立文体活动室，配备跑步机、双杠、弹簧握力器、乒乓桌、康乐球盘等健身器材，定期向船舶赠送各类卫生保健、医学常识书籍和音像制品，逐年提高工会活动经费标准，丰富船员业余文化生活。2007年至今，各级工会向船舶配送价值668.7万元的健身器材、书籍、音像等。(2)因地制宜。各船舶工会利用工作和调班之余，在海上、码头、甲板、船舱开展小型多样的健身活动，如甲板上的拔河赛、楼梯上的登高比赛、走廊间的踢键子活动、餐桌旁的掰手腕比赛；把健身和提高技能结合起来，如操(救生)艇比赛、游泳比赛、撇缆绳比赛、爬桅杆比赛、防海盗演习等。(3)多管齐下。各级工会在组织职工参与健身活动的同时，加强船舶伙食管理，发行《船员保健食谱》，组织船员体检和疗休养，形成定期上船慰问、为船员过生日制度；关心船员心理健康，先后成立海上图书馆、开辟"船员热线"拓展海上健康工程内涵。

（张　洁）

【中国海运集团总公司获颁上海全民健身优秀组织奖】 2011年，中海工会开展职工体育比赛13大项，参赛职工近730人次，占上海地区职工总数的34.2%，均创历年新高。先后获市、区比赛前8名奖杯、奖章、奖牌33项，集体和个人体育道德风尚奖8个。在上海市体育工作会议上，中海集团总公司获颁"上海全民健身优秀组织奖"。　（顾惠根）

【上海港务集团龙吴分公司工会组织少数民族劳务工参加全国比赛】 龙吴分公司工会根据企业少数民族劳务工较多的现状，通过组织开展业余文体活动，探索具有企业特色的关爱少数民族劳务工工作方式。9月，龙吴分公司选派4名土家族劳务工，与普陀区联合组建上海市"押加队"参加第九届全国少数民族传统体育运动会，获二、三等奖各1个。　（吴　维）

【上海邮政举行第五届员工运动会】 5月27日，上海邮政"全员健身强体、共建和谐邮政"第五届员工运动会开幕，开幕式后，300余名员工参加"上海邮政纪念建党90周年"健身跑，200余名员工分别参加男子、女子青年组和中老年组长跑比赛。运动会历时逾5个月，39个单位的272支参赛队、4746名员工参加了"齐肩并进"、拔河、中长跑、广播操、羽毛球、乒乓球、游泳等7大类、32个项目的比赛，其中1个团体、7名个人的比赛成绩分别打破10个项目的上海邮政纪录。10月9日，举行闭幕式，同时进行拔河比赛决赛和广播操展示。

（陆　彬）

【上海邮政制定全民健身实施计划】 2月，上海邮政党政工团联合下发《上海邮政全民健身实施计划》，以"提高员工体质健康水平、提高员工健身参与程度、提高各单位健身组织能力"三大目标为要求，积极倡导"全员健身强体，共建和谐邮政"，宣传"健康工作、快乐生活"的健身理念，对上海邮政全民健身的方法、内容、对象和组织形式进行了详细规划，并对各单位开展健身活动的项目设置、场地设施、防护措施等提出具体要求。

（陆　彬）

【上海电信工会以新业务为内容设计运动会新项目】 上海电信第三届职工运动会设置"勇攀高峰"项目，各参赛队均由管理者、职工、外协人员和女职工等5人组成，通过完成"抢寻WIFI热点，无线城市争先"、"智答'天翼'知识，3G时代领先"、"勇夺客户资源，市场份额第一"、"玩转3G转盘，智能终端引领"，"光网时代争速，合作协同奋进"、"合作攀登'高峰'，电信勇争第一"等7项定点任务，调动职工对城市光网、移动互联网等电信新业务发展的关注。同时开通"上海电信勇攀高峰微博"，职工关注、转贴、留言踊跃。　（朱东亚）

【上海机场举办职工健身节】 4月30日，上海机场2011年职工健身节暨"虹桥机电杯"足球比赛开幕，集团各单位、各项目承办单位代表及15支足球参赛队运动员、裁判员300余人出席。健身节以"创先争优展风采，健康文明促和谐"为主题，由集团工会和团委联合举办，由球类运动会、水上运动会、智力运动会、军体运动会等4个专项运动会构成，共设18个大项、42个小项，3000余名职工参赛，来自40个单位的300余名职工志愿者协助完成赛事组织工作，为参赛职工提供后勤保障。11月12日，健身节闭幕式暨颁奖仪式在上海机场职工活动中心举行。

（陆敏峰　何力平　张雯倩）

【上海机场集团工会组队参加各类运动会获佳绩】 主要参赛情况及获得奖项:代表民航工会参加全国职工冰雪竞技欢乐运动会,职工选手钱晓青获男子雪地人体保龄球赛冠军,翁亭婷获女子雪地人体保龄球赛季军,代表队获优秀组织奖、体育道德风尚奖;职工帆船队在中国俱乐部杯帆船挑战赛和第一届中国名人帆船邀请赛上分获第四名和第六名;职工篮球队参加上海市职工四季大联赛篮球比赛获冠军,参加上海市"贺龙杯"篮球比赛获亚军;龙舟队在上海市首届"申康杯"企业龙舟大赛获冠军;空手道队在第七届集真空手道中国公开赛中获男子壮年组重量级季军;网球队在第七届世界著名在华企业健身大赛网球比赛中获女双冠军和男双季军;钓鱼队参加上海市"长宁杯"职工钓鱼比赛,获团体冠军和个人重量第四名。 (陆敏峰)

【三航院工会、团委打造职工骑车徒步健身活动品牌】 10月15日,近230名职工参加了由公司工会、团委主办,勘察分公司工会、团支部承办的"骑车徒步健身暨参观辰山植物园"活动。三航院连续举办骑车健身活动16年、徒步健身活动7年,逐渐将两项健身活动打造成公司企业文化活动品牌。 (钱 蓉)

【市建设交通工会举办庆祝建党90周年龙舟赛】 6月18日,市建设交通工会在青浦水上运动中心举办"凝心聚力,创先争优"纪念建党90周年"建设交通杯"龙舟赛,33家单位组队参加。开幕式上,浦江桥隧公司龙舟队队员作为参赛职工代表上台宣读《齐心协力、创先争优,为实现'十二五'计划目标努力奋斗》倡议书。经预赛、决赛,中国航海博物馆代表队、浦江桥隧公司代表队、中铁24局代表队分获冠、亚、季军。 (钱 蓉)

【建工市政设计集团工会开展系列文体活动】 主要内容:先后举办"斯美杯"职工游泳赛、职工台球赛,扑克牌大怪路子赛等文体比赛;组队参加第七届世界著名在华企业健身大赛,小球协会羽毛球队获团体第一名,网球队获女双第二名,电子竞技获个人第五名;大球协会足球队参加上海市"延峰杯"企业职工足球赛进入前八;组队参加环同济四平社区第五届运动会,足球队获五人制足球赛冠军,羽毛球队获团体亚军,乒乓球队获第四名;定期组织员工观看文艺演出和星期天广播音乐会;开展摄影"沙龙"活动;举办《东西方绘画艺术的碰撞和交流》等讲座。 (杨钟春)

【上海海洋石油局举办第二届职工运动会】 5月27日开幕。运动会设田径、篮球、趣味比赛等5个团体项目、14个单项,9支运动队(含离退休队)、500余名职工参赛。最终一海大队、钻井分公司获团体一、二名,一海大队、研究院获道德风尚奖。 (耿卫军)

【上海绿化市容行业举行首届职工运动会】 2011年"绿容杯"上海绿化市容行业首届职工运动会以"我锻炼、我健康、我快乐、我幸福"为主题,于7月2日开幕,9月26日闭幕。来自42个单位的873名职工运动员分别参加拔河、乒乓球、羽毛球、象棋、广播操等5项赛事。 (鲍 斌)

【上海市水务局(上海市海洋局)举行第二届职工健身运动会】 11月24—25日举行。市水务局机关及直属单位等14支队伍、近400名运动员参加乒乓球、羽毛球、拔河、踢毽子、跳绳、第九套广播体操表演、"水文杯"篮球赛等7项赛事。 (王佐仕)

【百联集团工会举行第三届职工运动会】 9月1日开幕。运动会围绕"参与、快乐、健康"的主题,组织128支队伍、1200余名职工,分别参与9个竞赛项目和1个健身展示项目。 (姜 杰)

【上海水产集团开展第三届职工体育比赛】 上海水产集团组织开展第三届"开创杯"体育比赛,设羽毛球男子双打、男子单打、女子单打和乒乓球男子双打、男子单打、女子单打6项赛事,来自14个基层单位的94名职工参赛。 (黄永康)

【上海金融工会举行2011年职工运动会】 9月25日,和谐·健康——2011年上海金融职工运动会闭幕式暨颁奖仪式在上海源深体育中心举行。5500人参加闭幕式暨颁奖仪式。运动会3月全面启动,历时7个月,共举办网球、篮球、广播操等12项赛事,直接参加的运动员达59家单位5500人次。这次运动会特色:(1)覆盖面广。参与的金融单位来自银行、证券、保险、基金、期货等多领域。不仅有中央、外省市在沪金融机构,上海法人金融机构,还有各行业监管局、同业公会。拥有26家外资会员的外资银行工会首次组队参加运动会。(2)参与性高。12个项目分别由12家金融机构冠名承办。闭幕式当天,举行"建

上海金融工会组织青年职工开展定向越野活动 (丁 宁)

设银行杯”趣味接力决赛、“上海国际集团杯”双绳决赛、“太平洋保险杯”广播操决赛。(3)服务活动专业化。运动会得到浦东体育总会支持,在比赛方案设计、场馆租用、裁判选派等方面,总会发挥优势,协助并完成各项比赛的组织工作。闭幕式上,向上海银行工会、申银万国证券公司工会颁发2011年上海金融职工运动会突出贡献奖;向东方证券公司工会、交行市分行工会、太平洋保险工会等14家单位颁发上海金融职工运动会优秀组织奖。同时,向团体总分前八名的单位颁发奖牌证书。浦发银行、农行上海市分行、中行上海市分行等获总分前三名。（丁　宁）

【上海市税务系统举办第九套广播体操比赛】 11月22日,“长税杯”第九套广播体操比赛举行,各基层单位共选派28支代表队、550余名队员参赛。徐汇税务、宝山税务、长宁税务代表队分获前三名。（臧　韬）

【上海市税务系统举办职工乒乓球比赛】 4月28日,由上海市税务工会主办,税务干部学校协办的2011年上海市税务系统职工乒乓球比赛举行。各基层单位共选派28支代表队、220余名职工分别参加5个单项比赛。浦东税务一队、奉贤税务代表队、青浦税务代表队获团体前三名。（臧　韬）

【新闻出版工会开展职工健身活动】 在上海当纳利印刷有限公司、中华商务印刷有限公司选拔43名队员,组成4支代表队参加上海农民工健身大赛,获定点投篮第五名、保龄球第六名,新闻出版工会获优秀组织奖。举办牌类大赛,近80名职工参加。（陈宏华）

【良友集团工会举行职工乒乓比赛】 11月17日举行,集团200余名员工参赛。良友便利公司严国忠获男单冠军,粮科所刘婧获女单冠军。（刘国成）

【市民政局工会举办民政系统第二届运动会】 9—10月,局工会举办以“跨越新的高度”为主题的民政系统第二届运动会。运动会设竞赛和健身项目12项,17个区县民政局和40多家局属单位的1200余名干部职工参赛。（胡积伟）

【市民政局职工乒乓球队获全国民政系统邀请赛亚军】 10月20日,市民政局工会选拔7名职工组成上海民政代表队,参加第三届全国民政系统“福彩杯”乒乓球邀请赛,获团体亚军。在第一、第二届邀请赛中,局工会均组队参赛,分别获得团体亚军和团体季军。（胡积伟）

【号百公司举行第三届全员健身日活动】 号百公司第三届全员健身日活动以“运动·健康·工作·生活”为主题,设置团队拔河、齐心协力、乒乓球、搭桥过河、广播操等项目,员工参与率逾九成。（沈　匀）

【上实集团工会举办第四届职工运动会】 8月20日,集团工会举办“凝心聚力·健康向上”第四届职工运动会。运动会由团体广播操、乒乓球男女单打、趣味团体运动等三大项组成,趣味团体运动包括翻越雪山、动感颠球、合力拼图、四项全能等项目。开幕式上,市劳模集体——上海上实物业管理有限公司员工代表进行太极拳展示。（杨铁军）

【绿地集团工会举办第二届运动会启动全员健身计划】 5月28—29日,绿地集团工会举办以“健康、凝聚、跨越”为主题的第二届运动会,集团全国范围内32个下属单位、700余名职工参加广播操、足球、篮球、羽毛球、乒乓球、迎面接力等比赛。由此启动全民健身计划,先后组织体育运动项目、体育知识问答、养身保健知识等方面辅导,开展广播操等普及型全员健身项目,员工参与率逾50%;建立起长效创建机制,发动各单位每月开展一次大型健身活动,实现90%员工参与率的目标。（段　练）

【工会学院设立社会体育指导员(职工)培训点】 6月16日,市总工会与市体育局签约,在工会学院合作设立社会体育指导员(职工)培训点,将结合体育服务与管理专业人才培养需要,开展工会干部培训,加强工会干部的体育指导与组织能力。（卢　锟）

【市宫承办两期上海工会社会体育指导员暨第九套广播操培训班】 市总工会宣教文体部和上海市体育局群众体育处分别于10月24—26日、11月29日—12月2日在市工人文化宫举办上海工会社会指导员暨第九套广播操培训班。学员分别来自烟草集团、上汽集团、宝钢集团等企业,经培训并考试合格,近400名学员获“上海市社会体育指导员三级”证书。（杨　扬）

协调劳动关系

Coordinating Labour Relations

上海工会年鉴

2012

综　述

2011年是“六五”规划开局之年，上海各级工会切实履行职责，坚持把依法维权与主动维稳相结合，在加强集体协商机制、劳动法律监督、劳动争议调解和法律援助建设等方面扎实开展工会法律工作，取得新进展。(1)研究部署工会法律工作。市总工会围绕有效协调劳动关系，切实维护职工合法权益，分别制定下发《2011年上海工会法律工作要点》、《上海市总工会2011年农民工工作要点》、《2011年上海工会法制宣传教育工作要点》和《关于在上海市工会干部和职工中开展法制宣传教育的第六个五年规划(2011—2015年)》。(2)着力推进集体协商机制建设。市总工会会同市人保局、市企联联合召开“上海市全面推进集体协商机制建设工作会议”，对全面推进集体协商工作进行动员和具体部署，联合制定下发《关于全面推进集体协商机制建设的实施意见》。在全市范围开展集体协商“要约行动月”活动，督促企业与职工开展集体协商。以世界500强在沪企业和非公有制中小企业为重点，推动非公有制企业普遍建制。截至三季度末，全市共签订集体合同24073份，覆盖企业116502家，覆盖职工4794054人；签订工资专项集体合同15981份，覆盖企业92645家，覆盖职工3251261人。(3)着力维护职工队伍和社会稳定。市三方联合制定下发《关于建立本市处置群体性劳动关系矛盾工作机制的指导意见》。按照“主动呼应、及时反映、有序表达、积极协商、依法维护”的工作要求，及时介入、妥善处理因劳资矛盾引发的重大群体性事件。(4)着力加强协调劳动关系的工作合力。推进劳动关系立法和劳动关系协调机制建设，共同就集体协商、职工队伍稳定、劳动争议调处等内容研究制定有关文件，推动建立和谐稳定、互利共赢的劳动关系。(5)加大劳务派遣工权益保障的工作力度。结合全市劳动合同实施现状，通过问卷调查、座谈会等方式，共同对《劳动合同法》实施后企业劳务派遣用工情况开展深入调研，形成《关于规范本市企业劳务派遣用工的情况报告》，并以专报形式向市委进行汇报，得到市委领导的充分肯定。会同市人保局、市企联、市工商联联合制定下发《关于规范本市劳务派遣用工的指导意见》，推动市政府召开上海市规范劳务派遣用工工作会议。(6)切实推进劳动争议调解工作。市劳动关系三方联合召开“上海市推进企业劳动争议预防调解工作会议”，推广示范单位成功经验，下发《关于推进本市企业劳动争议预防调解示范工作的意见》，开辟专栏宣传工会优秀劳动争议调解组织和调解员。(7)加快工会法律人才培育的步伐。联合市人保局、市企联，共同举办集体协商指导员培训班，把培训作为一项常规工作，致力于培养更多的懂政策、熟法律、通业务、善协商的集体协商指导员。市总工会通过公开招聘选拔，聘用首批68名区县工资集体协商专职指导员。协助市人保局，对劳动争议调解员开展年度业务培训，提高调解员的专业素质和业务水平。(8)加强法律援助工作，主动、依法、科学维权。积极参与劳动争议仲裁，依法参与劳动争议诉讼。为合法权益受到侵犯的职工提供及时、快捷的法律援助。 (邱晨鹤)

市总工会合同市人保局、市企联联合召开“上海市全面推进集体协商机制建设工作会议” (曹理仰)

参与立法

【市总工会积极参与立法，推进劳动法制建设】 市总工会把积极主动参与劳动立法，推进劳动法制的建设与完善作为工会法律工作的重点。积极参与《上海市安全生产条例》、《上海市产品质量条例》等法规、规章的制定。市总工会积极推动《上海市工资集体协商条例》立法，对全市推进工资集体协商的情况进行调研，总结典型经验做法，深入分析当前遇到的新问题、新情况，借鉴国外和兄弟省市立法实践，并组织专家、律师、人大代表进行分析论证，形成《关于完善本市工资集体协商立法的思考与建议》，并在市政协十一届五次会议上提出《关于制定〈上海市工资集体协商条例〉的建议》。 (邱晨鹤)

普法教育

【市总工会全面启动“六五”普法开局工作】 市总工会围绕服务上海创新驱动、转型发展和工会推进“两个普遍”工作的要求，切实做好工会“六五”普法规划制定和开篇布局工作。(1)制定下发《上海工会开展法制宣传教育第六个五年规划》，明确量化工作目标，确定主要任务，突出工作途径，完善工作机制，确定工作步骤和安排，并成立市总工会“六五”法制宣传教育领导小组，领导小组下设办公室。(2)大力宣传贯彻《上海市集体合同条例》，翻译出版《条例》中英对照版，建立68人组成的工资集体协商专职指导员队伍宣传相关法律法规。(3)以《上海市职工代表大会条例》颁布实施为契机，配合市人大召开新闻发布会，出版《〈条例〉释义》和《条例（中英对照）》，开展《条例》网上知识竞赛，吸引4万多家基层企事业单位和40多万名职工参赛答题，全年完成500名师资培训和15万职工代表、工会干部培训。（4）开展"上海工会《社会保险法》宣传周"活动，组织市总工会党组中心组（扩大）学习辅导报告会，举办基层工会干部《社会保险法》培训班，与市人力资源社会保障局共同举办网上知识竞赛活动。（5）成立由53名工会女职工干部、热心于维护女职工权益的律师组成的"女职工法律志愿者服务队"，在《劳动报》开设"16840999女职工劳动权益（心理）求助热线实录"专栏。（6）充分发挥《劳动报》的宣传阵地作用，在《劳权周刊》推出"您身边的工会调解员"专栏，全年共宣传36名劳动争议调解员和5个调解组织，让广大职工更加了解工会组织参与劳动争议调解的职能，引导职工走进调解室，依法理性维权。（赵　倩）

【徐汇区总工会深入推进"六五"普法工作和法宣基地建设】 区总工会制定下发区工会系统"六五"普法规划，适时对法宣基地进行调整，修改完成法宣基地运行方案，在市中小企业人才交流服务中心建立第六个法宣基地。依托基地，举办多场法制专题培训。组织开展"弘扬法制精神、维护职工权益"主题法制宣传系列活动，以有奖竞答、法制展板巡回展示、邀请劳动法专家为企业工会干部和职工讲解《职代会条例》及邀请知名律师和法援中心、劳动仲裁、劳动监察等部门维权人员现场提供法律服务等多种形式，宣传相关知识和热点法条。联合区委宣传部、区人保局和区司法局共同开展"社会保险保民生、全民参与促和谐、全面贯彻实施《社会保险法》"主题宣传周活动，组织动员5000多名职工踊跃参加《社会保险法》网络知识竞赛。在《徐汇报》刊登区总工会职工法制宣传教育专版，区总工会法宣工作也被制作成法制宣传片在有线台《与法同行》栏目播出。（朱伟锋）

【普陀区总工会启动职工"六五"法制宣传教育】 （1）切实加强重点对象的普法工作。以工会干部和企事业单位中包括农民工在内的广大职工为重点宣传对象，加大法制宣传。（2）深入推进工会法宣"四进"工作，即"进企业、进车间、进班组、进园（社）区"活动。以劳动关系协调机制为平台，以"劳动关系和谐企（事）业"创建活动为载体，以"六个有"（有计划、有人管、有载体、有特色、有成效、有记录）为工作标准，把法制宣传深入到最基层。（3）切实加强工会法宣队伍建设。加强法制宣传讲师团、法律专家顾问团、工资集体协商专职指导员、劳动争议兼职仲裁员、劳动法律监督员、劳动关系协调员、劳动争议调解员等法宣队伍建设，培育一支专兼职相结合、专业知识过硬、工作经验丰富的工会法制宣传教育队伍。（4）着力加强工会法宣阵地建设。依托区四级职工援助服务中心网络、普陀工会网站、朱雪芹工作室、信访热线、《普工信息》、青工e坊、女职工劳动权益求助热线等平台，进一步拓展法宣渠道。加强职工法宣基地、职工法宣园地、职工法宣角等建设，进一步夯实法宣工作基础。（5）注重开展多元化的工会法宣主题活动。结合五一劳动节、三八妇女节、宪法宣传周、劳动法律法规颁布实施等重大时间节点，以交流会、座谈会、研讨会、论坛、知识竞赛、宣讲、案例教学等形式开展法制宣传教育主题活动，积极动员职工广泛参与具有普陀区特色的工会法制宣传品牌。（6）充分发挥普法工作推动维权机制建设的作用。加强对《劳动合同法》、《上海市集体合同条例》、《上海市职工代表大会条例》、《劳动争议调解仲裁法》等法律法规的宣传培训，进一步推进劳动合同制度、集体协商机制、职代会制度、劳动关系预警调处无缝衔接机制等维权机制建设，引导职工依法、理性表达诉求。（赵　勇）

【普陀区总工会召开"六五"普法暨和谐劳动关系工作推进会】 区总工会11月30日召开会议，总结"五五"普法工作成绩和经验，部署"六五"法制宣传教育工作任务，向荣获"上海市2006—2010年守法经营示范企业"的企业颁发了奖牌，下发《关于在普陀区工会干部和职工中开展法制宣传教育的第六个五年规划（2011—2015年）》、《普陀区工会系统"六五"法制宣传教育工作实施意见》、《普陀区工会"六五"法制宣传教育工作手册》等文件。会议提出，一要充分认识工会组织在普法宣传和劳动关系维稳工作中的重要作用，抓住机遇，乘势而上。二要发挥普法工作在构建和谐劳动关系中的作用，把握重点，体现实效。三要不断探索工会法制宣传教育工作的新形式和新方法，围绕大局，力促稳定。会议要求，一要进一步加强组织领导，将普法教育摆上工会工作重要议事日程。二要进一步突出工作重点，提高法制宣传教育的针对性和有效性。三要进一步创新工作载体，打

徐汇区总工会法制宣传教育基地揭牌　（聂　磊）

造工会“六五”法制宣传教育工作品牌。四要进一步围绕工会工作大局,以普法教育促进劳动关系和谐稳定。截至年底,累计培训职工10万余人次,培训工会干部300余班次、2万余人次,发放法宣资料7万册(份)。

(赵　勇)

【虹口区总工会举办《社会保险法》宣传活动】 5月23日,在嘉兴路街道社区事务受理服务中心举办“了解社会保险权益,增强职工维权意识”——2011年虹口工会《社会保险法》宣传活动。这次活动,虹口区总工会精心组织,紧紧围绕宣传主题,整合各方资源,联手区社保中心、区人保局、嘉兴(社区)街道职工援助服务中心等单位共同开展为民咨询服务活动,取得良好的社会宣传效果。

(徐　洁)

【建工集团工会开展“法律进企业”、“法律进工地”活动】 (1)抓好与企业相关的法律知识的学习宣传,促进企业依法经营、诚信经营。深入开展依法治企活动,创建“劳动关系和谐企业”,健全企业法人治理结构,促进企业完善规章制度和运行机制,提高企业依法经营和管理水平,增强企业的社会责任意识。(2)抓好“12·4”全国法制宣传日等主题活动。广泛开展群众喜闻乐见的宣传教育活动,营造学法、用法的氛围,努力拓展法制宣传教育与群众文化生活相结合的深度和广度,支持和引导群众性法制文化活动,积极探索法制教育与道德教育有机结合的新途经。(3)学习宣传社会保障、医疗卫生、社会救助等法律法规,促进社会公平正义;学习宣传劳动就业、收入分配、特殊群体保护等法律法规,构建和谐劳动关系;学习宣传安全生产、食品卫生、防灾救灾等法律法规,保护职工生命财产安全;学习宣传权益保护、信访投诉、诉讼程序等法律法规,引导广大干部职工依法理性表达利益诉求。

(杨钟春)

劳动关系协调机制

【三方携手共同加强和谐劳动关系建设】 (1)落实市工商联为市劳动关系协调会议的成员单位。市联席会议结合上海实际,更好的发挥三方协商机制在协调劳动关系工作中的作用,经报市政府同意,落实市工商联为市劳动关系协调联席会议中企业方的代表成员单位。(2)积极推动规范劳务派遣用工。1月,市三方成立规范劳务派遣专项工作小组,组织力量对全市劳务派遣用工总体情况进行调研,研究提出规范劳务派遣用工的政策措施,制定下发《关于规范本市劳务派遣用工的指导意见》。5月下旬,市政府召开规范劳务派遣用工工作会议,就规范劳务派遣用工提出具体的措施和要求。(3)协商确定最低工资标准和高温津贴。市三方会商全市最低工资标准,协商调整企业高温津贴。(4)联手推动《职代会条例》的全面贯彻落实。市三方共同制定下发《关于实施〈上海市职工代表大会条例〉的若干意见》,进一步明确和规范《条例》实施过程中遇到的具体问题。(5)建立健全常态化处置群体性劳动关系矛盾的制度。市劳动关系三方,共同下发《关于建立本市处置群体性劳动关系矛盾工作机制的指导意见》,明确三方各司其职,共同开展协调处置,妥善处理群体性劳动关系矛盾,促进劳动关系和谐。(6)认真实施和谐劳动关系创建活动。市劳动关系三方根据国家有关会议精神,起草上海新一轮和谐劳动关系企业与工业园区创建方案,推进劳动关系当事人双方形成和谐稳定、互利共赢的新局面。

(黄　琦)

【徐汇区总工会开展劳动关系和谐企业创建活动】 年内,区总工会积极开展劳动关系和谐企业、楼宇、小区的创建工作。组织2010年度区此项活动的评选申报,经审核,评选出2010年度区劳动关系和谐企业、楼宇、小区102家,2010年度区劳动关系和谐企业、楼宇、小区创建达标单位286家,全区有7890家企业签订参与创建徐汇区劳动关系和谐企业承诺书。同时,为推动外资企业和谐劳动关系,由区政府、区总工会、漕河泾新兴技术开发区合作综合协调办公室与区劳动协会、漕河泾新兴技术开发区企业协会联合建立徐汇和谐企业沙龙,搭建起企业与政府职能部门、企业与企业、企业行政与工会的沟通协调平台。

(李　晨)

【上海欧尚荣获“全国模范劳动关系和谐企业”】 8月16日,全国构建和谐劳动关系先进表彰暨经验交流会在北京举行,上海欧尚超市有限公司获评“全国模范劳动关系和谐企业”。自2000年上海欧尚超市有限公司工会成立后,区总工会和五角场镇总工会采取“跟踪组建”,上海欧尚长阳店、中原店、闵行店、嘉定店、南汇店、金山店先后成立分工会。区总工会和五角场镇总工会积极研究学习世界500强外资企业工会运作方式,定期进行走访,推进建立集体协商制度,规范协商程序,实现“协商全覆盖”。欧

闵行区举行劳动关系协调志愿服务团成立仪式　(李乘风)

尚工会通过内部电子邮件、当面交流等方式加强与外方老板沟通，向他们宣传中国法律法规及相关政策，取得认同和支持；工会建立内部电子信息平台，将工作计划、经费使用等情况通过平台发给企业管理者和各门店，工会各项工作公开透明，在增添互信的同时，解除职工的担忧；通过协商，企业为女职工购买特种重病保障计划，并为全体职工办理住院保障计划，推动企业建立帮困基金，每逢重大节日为困难职工送温暖。3月28日，市人大常委会副主任、市总工会主席钟燕群作出批示："欧尚超市有限公司的做法，可以在劳动报上作一宣传，对其他500强企业也是一种积极的借鉴。"

（曹理仰）

【静安区总工会召开区劳动关系协调联席会】 9月27日下午，区劳动关系协调联席会议召开第十三次会议，会议的主题为"推进集体协商机制建设，促进区域劳动关系和谐"。区人大常委会副主任、区总工会主席周文芳，区人保局副局长梁玉成，区总工会副主席王赪，区企业联合会会长王邦煜以及区劳动关系协调联席会议成员单位代表，各街道劳动关系三方联席会议成员和部分企业负责人出席会议。会议就进一步提高认识、突出重点、合力推进工资集体协商、促进区域劳动关系和谐发展提出3点要求：(1)要立足经济社会发展大局，深刻认识全面推进集体协商机制建设的重要性。(2)要把握工会工作重点，扎实有效地推进集体协商机制建设。适时开展要约行动，扩大区域性、行业性集体协商建制覆盖面。要把推进企业规范劳务派遣用工作为重点工作抓好抓实，推进集体协商和民主管理制度向劳务派遣工延伸，推动企业破除工资分配中的"二元"结构，推动实现"同工同酬"。(3)要加强组织领导，形成工作合力，不断提高集体协商机制建设的质量和水平。坚持"党建带动工建、工建服务党建"，扎实开展"广普查、深组建、全覆盖"集中行动，为实现普遍建立工资集体协商制度夯实基础。

（陆　蕾）

【金山区召开职工维权联席会议领导小组第一次会议】 3月4日，由区总工会牵头，召开金山区职工维权联席会议领导小组第一次会议。区委副书记杜治中，区委常委、区政法委书记王美新，区人大常委会副主任、区总工会主席刘跃俊，副区长李华桂出席会议。会议明确联席会议的主要职能、议事内容、工作要求及成员单位职责分工。会上宣读《关于成立金山区职工维权联席会议的通知》，各成员单位讨论确定2011年职工维权工作的重点，形成了通力合作、各负其责、共同维护职工合法权益的共识。会议提出3点要求：(1)提高认识，充分认识做好维护职工合法权益工作的重要性。要充分认识到依法保障职工群众合法权益，让职工共享改革发展成果，是建设中国特色社会主义的本质要求，对于促进金山经济发展和社会和谐具有十分重要的意义。(2)突出重点，提高职工维权工作的实效性。要把维护职工合法权益与促进改革发展相结合，进一步建立和完善协调劳动关系机制，着重解决劳动关系领域的突出问题。(3)加强组织领导，开创职工维权工作新局面。各成员单位要加强领导，明确责任，加大力度，相互配合，切实做好职工维权工作。

（马琳联）

【松江区总工会运用"一二三四"工作法促进劳动关系和谐发展】 区总工会坚持企业、职工互利共赢理念，在促进劳动关系和谐发展中注重"三个结合"：(1)与促进企业科学发展相结合，为和谐社会建设提供物质基础。(2)与促进职工职业生涯发展相结合，深化职工素质工程建设。(3)与维护职工合法权益相结合，有效维护农民工劳动经济权益，以劳资关系和谐促进企业和谐稳定。突出两大重点，推进"两个普遍"落地生根。(1)着眼于固本强基，依法推进企业普遍建立工会组织。邀请区委、区府十几个职能部门领导参加党工共建联席会议，创新组建形式，提高工会组建率、职工入会率。(2)着眼于工资增长，依法推动企业普遍开展工资集体协商，推动企业建立健全职工工资共商共决机制、与企业利益联动的正常增长机制和支付保障机制。完善"三项机制"，保障和谐关系持续发展。(1)完善区、街镇两级劳动关系三方协调机制。召开两次区劳动关系三方联席会议，深化和谐企业创建活动，推进工资集体协商工作。(2)完善劳动争议预警调处机制。下发《松江区总工会参与做好群体性事件处置专项应急预案的通知》，做好劳动争议应急处置工作。(3)完善职代会厂务公开机制。把发展和谐劳动关系纳入职代会审议主题，作为衡量深化厂务公开标准之一。深化"四项活动"，促进和谐关系开花结果。(1)深化职工思想教育活动。召开庆祝五一劳动节暨先进表彰大会，开展纪念党建90周年系列活动，激发职工爱党爱国爱岗热情。(2)深化和谐企业创建活动。下发开展劳动关系和谐企业和工业园区创建意见，培育、表彰劳动关系和谐示范企业。(3)深化职工文化建设活动。连续3年每年联合举办一次区职工文艺创作汇演活动，充分发挥先进文化凝心聚力、促进和谐的作用。(4)深化职工之家创建活动。从有班子、有队伍、有经费、有场所、有制度、有活动等"六有"抓起，已有1045家企业工会建设成为区合格职工之家，彰显劳动关系和谐企业创建成果。

（许星奎）

【青浦区政府与区总工会召开第二次联席会议】 3月3日，区政府与区总工会召开第二次联席会议。区长张国洪、副区长陶夏芳、陈勇章和区人大常委会副主任、区总工会主席张海珍、总工会全体班子成员出席会议。会上，区总工会通报全年工会组织服务世博、参与经济转型、促进和谐劳动关系构建、维护职工权益、加强工会组织建设等情况，并就进一步推进工会各项工作提出意见和建议。区政府领导指出，在今后的工作中，政府要更加重视工会组织的作用发挥，把更多的资源和手段赋予工会，切实发挥工会组织参与社会管理的作用，建立完善工会组织参与社会管理的有效机制，提高社会管理科学化水平，进一步健全党委领导、政府负责、社会协同、公众参与的社会管理格局。各级政府及其部门要进一步提高对搞好工会工作重要性的认识，支持工会进一步加强自身建设、增强服务社会能力，充分发挥党联系职工群众的桥梁和纽带作用，为创新社会管理作出新的更大的贡献。

（马美君）

【奉贤区总工会多措并举完善劳动关系协调机制】 (1)在各镇、开发区推行工会劳动争议首席调解员和首问责任制制度,做到"有部门接待,有专人负责","谁首先接待受理,谁负责调处或牵头组织协调"。(2)赴宁波学习考察劳动争议联合调处中心、和谐企业联创等特色工作,将学习成果与区人保局、区工商联等部门交流,形成下阶段工作意见。(3)在各镇、开发区举办培训班13次,为1000多名基层劳动争议调解员提高维权理论水平。(4)发挥区镇(开发区)两级职工援助服务中心作用,年内共接待职工来信来访2136人次,受理协调各类劳动争议纠纷689件,涉及职工1645人。 (叶　兰)

【奉贤区总工会将劳动关系和谐企业创建情况纳入非公经济代表人士综合评价体系】 6月,区总工会联合区人社局等部门开展第二轮"劳动关系和谐企业"创建活动,授予137家单位奉贤区"劳动关系和谐企业"称号。通过两轮创建,全区现有245家企业获此称号。区总工会将劳动关系和谐企业创建情况纳入区非公经济代表人士综合评价体系,作为评价的重要指标,丰富创建活动的抓手,提高创建活动的"含金量"和"附加值"。(叶　兰)

【上海三菱电梯有限公司创建劳动关系和谐企业取得四条经验】 (1)提出了"三个为本、三个结合"的创建思路,即创建活动要以企业发展为本,与企业管理有机结合;以实现职工体面劳动为本,与保障职工民主权利和维护职工合法权益有机结合;以打造企业团队精神为本,与提高企业文化建设有机结合,形成了较有特色的上海三菱企业职工文化。(2)以制度建设为核心,推动劳动关系协调机制建设,为创建和谐企业服务。以"三项刚性制度建设"推动企业劳动关系的和谐稳定。一是建立健全平等协商制度,促进企业和职工和谐共赢;二是健全完善职代会制度,突出职工参与企业管理的主渠道作用;三是坚持多形式、多渠道的沟通对话制度,及时有效预防和化解劳动关系的各类问题。(3)以切实有效的举措为保障,着力解决职工各类所需。一是通过"安康杯"竞赛活动,着力解决职工的劳动安全健康需求;二是通过加大培训教育力度,着力解决职工渴望提高素质的需求;三是公司把职工当成企业的财富,将启发、教育职工作为企业的责任,致力于为职工创造培训的条件;四是通过职工生病、工伤住院必访、职工重大情绪波动必访等"七必访"制度,着力解决职工各类生活困难需求。

(周　珺)

【纺织工会与纺织协会召开年度联席工作会议】 为推进上海纺织和谐劳动关系与行业发展,3月4日,上海市纺织工会会同上海纺织协会召开年度联席工作会议。上海纺织协会秘书长刘寅峰、上海市纺织工会副主席肖荣珍等双方有关部门负责人出席。双方通报2010年合作开展的职工技能培训、评选全国纺织行业劳动模范、推动落实《上海市纺织服装行业劳动用工共同约定》、制定纺织行业劳动定额等事项,并就2011年开展职工技能培训、参与全纺技能大赛和推进行业集体协商机制达成了共识。

(林裕良)

【上海电信工会参加市首届劳动论坛并发言】 12月,以"世界500强企业构建和谐劳动关系"为主题的首届劳动论坛在上海环球金融中心举行。论坛就推进企业构建和谐劳动关系,从完善立法、机制建设等多方面展开交流研讨,上海电信工会在论坛上作题为"以人为本,关爱员工,企业与员工共享和谐发展成果"大会交流发言,阐述电信工会多年来将促进职工体面劳动、快乐工作作为构建和谐劳动关系的重要目标,通过开展工资集体协商、建立职工晋升通道、创建快乐工作文化等措施来构建和谐劳动关系企业的经验与体会。 (朱东亚)

【上海市新闻出版工会组建"协调劳动关系工作室"】 为及时有效地协调劳动争议,经市新闻出版工会第五届工会委员会讨论,决定组建上海市新闻出版工会协调劳动关系工作室,以促进新闻出版行业劳动关系的和谐稳定。工作室章程明确规定要坚持"调解、指导、组织、研究、服务"的工作方针。人员主要由新闻出版行业所属集团、基层单位法律、劳动人事、工会等部门具有相关法律资质,并志愿热心为新闻出版事业和职工服务的相关人员组成,同时特邀资深律师加盟工作室。工作室力求从维护新闻出版行业改革、发展、稳定的大局出发,以高度的工作责任心和政治敏锐感,正确处理好维护职工权益与促进企业发展的关系,兼顾好企业与职工的利益,谋求和谐共赢,切实有效预防和协调处理各类劳动关系矛盾。

(陈宏华)

新闻出版工会向协调劳动关系工作室人员颁发聘书 (王草倩)

【工会学院举办劳动关系协调员职业资格培训班】 9月19日—10月28日,工会学院与闵行区总工会联合举办劳动关系协调员职业资格培训班，旨在提高工会干部劳动关系协调能力，培养正规化、职业化、专业化的劳动关系协调员（师）队伍。培训班面向企事业单位工会干部、劳动人事干部以及村、地区、系统工会干部。来自闵行区总工会、古美街道总工会、江川路社区街道总工会、闵行区烟草糖酒公司、上海米其林回力轮胎有限公司、东方网络有限公司等单位的46名工会干部参加此次培训。（卢　锟）

集体协商与集体合同

【市总工会建立区县工会工资集体协商专职指导员队伍】 为了贯彻落实市委市政府办公厅转发市劳动关系三方《关于本市全面推进集体协商机制建设的意见》精神，进一步加大工会干部队伍职业化、社会化和专业化的探索力度，进一步加大指导服务基层工会的工作力度，全面完成全国总工会推进“两个普遍”的目标任务，市总工会通过社会招聘方式，建立起68人组成的区县工会工资集体协商专职指导员队伍，协助地区工会指导所属企业建立集体协商机制，由市总工会出资聘任、组织培训，由各区县总工会使用管理，对推进企业建制、做实集体协商基础工作发挥较大作用。

（邱晨鹤）

【市总工会依法推动企业普遍开展集体协商】 （1）争取党委领导和政府支持。将“推进集体协商，推进企业和行业工资集体协商，依法完善企业职工工资决定机制、正常增长机制、支付保障机制”等内容纳入上海“十二五”规划，推动市政府连续第四年将工资集体协议覆盖劳动者人数纳入区县就业保障工作考核指标。（2）三方合力推动建制。市劳动关系三方联合召开“上海市全面推进集体协商机制建设工作会议”，并对全面推进集体协商工作进行动员和具体部署，联合制定下发《关于全面推进集体协商机制建设的实施意见》，进一步明确集体协商的工作目标、职责、统计和保障措施。（3）组织“要约行动”，形成大力推进集体协商的氛围。全市18个区县工会组织开展集体协商“要约行动月”活动。据统计，全市各级工会共发出集体协商要约3.5万份，覆盖职工110余万人，已有3.1万家企业签订集体合同。（4）建立区县工会工资集体协商专职指导员队伍。（5）推动500强在沪企业建制。按“企业所在地点清、组织结构清、隶属关系清、建会情况清、开展集体协商现状清”的要求，对1070家在沪世界500强企业开展工资集体协商的情况进行全面排摸，并分析其集体协商机制建设存在的问题及原因，提出下一步推进措施。推动家乐福公司签订全国首份集体合同，并同步建立职代会制度。（6）大力推动行业性、区域性集体协商。召开行业性集体协商工作座谈会，推动各区县工会2个以上的行业开展集体协商。会同市绿化市容局工会制定《行业集体协商试行办法》，推动建立环卫行业两级集体协商机制。会商上海市商业行业工会建立大卖场企业工会联席会议制度。指导市出租车行业工会进行第三轮集体协商。

（邱晨鹤）

【浦东康桥工业区建立开发区区域性集体协商机制】 浦东新区总工会大力推进集体协商机制建设，积极探索区域性、行业性集体协商，在康桥工业区成功签订区域集体合同、工资协议、女职工特殊利益保护专项合同等3个文本，首批签约企业共72家，覆盖工业区内逾85%的建会企业，使康桥工业区成为全市首个建立区域性集体协商机制的市级开发区，并通过现场会的形式在全区推广康桥经验。

（谢金亮）

【普陀区长风社区总工会推进集体协商工作】 长风社区总工会以推进商务楼宇开展区域性集体协商为突破口，加强职代会规范运作，强化民主程序，不断扩大集体协商的覆盖面，提高协商质量。有431家企业签订集体合同，超额完成年度工作指标的136%。（1）以联席会议为主要平台，加强横向借势借力。社区总工会通过街道层面的联席会议，建立以街道副主任、工会主席为组长，各相关职能部门和工青妇、商会为成员单位的“劳动关系协调领导小组”，加强成员单位之间的信息互通和力量整合，共同推进集体协商工作。（2）以商务楼宇为重点领域，推进区域性集体协商。根据注册在商务楼宇的企业占社区企业总数55%的实际情况，社区总工会积极推进楼宇联合工会组建，同步推进集体协商。6幢已建会商务楼宇均已开展协商，308家企业签订集体合同和工资协议，覆盖职工2547人。（3）以贯彻《职代会条例》为契机，规范集体协商工作程序。长风社区结合全区贯彻实施《上海市职代会条例》的重要契机，加强《条例》宣传培训，提高《条例》在下属企业经营管理者和职工中的知晓率，推动职代会制度与集体协商机制的相互促进和紧密衔接，通过召开社区职代会，审议通过区域性集体合同，为社区内企业单独开展集体

9月15日，普陀区劳动关系协调委员会举行第九次会议　（赵　勇）

协商提供范本。 （赵　勇）

【普陀区桃浦镇总工会采取四项措施推动工资协商“要约行动”】 （1）从实际出发，突出工作重点。结合镇内“人口多，非公企业多，人员流动性大”的特点，以非公企业为重点，联合社会事业发展、工商管理等有关职能部门及时提供相关信息，对劳动密集型中小企业中尚未签订工资集体协议的、工资集体协商争议较大的、有难点问题的、已签订的集体合同中对于劳动报酬没有明确规定的企业，发出工资集体协商要约。（2）实行专项培训，成立指导小组。镇总工会对村、公司、园区参加集体协商的代表进行培训，进一步提高集体协商代表的协商能力，为企业普遍开展工资集体协商创造有利条件。（3）加强法律法规宣传，创造和谐氛围。在各村、公司、园区积极宣传《劳动法》、《工会法》、《上海市集体合同条例》、《上海市职工代表大会条例》等，通过宣传引导，形成共识，为企业开展工资集体协商营造和谐的氛围。（4）树立典型，发挥示范引领作用。深入开展创建劳动关系和谐企业活动，选树一批“劳动关系和谐诚信企业”为典型的代表，进而推动企业普遍开展工资集体协商。

（赵　勇）

【普陀区总工会启动“23332”工作措施推进集体协商】 “2”是依托“两大平台”源头推动。依托普陀区劳动关系协调委员会、区厂务公开工作领导小组两大平台，争取党政的领导和支持，完善“党政主导、三方协同、工会力推、劳资共赢”的工作格局。“3”是力争“三个到位”。创新工作方法，强化目标责任制，通过集中要约等形式，紧跟工会组建步伐，明确工作底数，力求工会组建后“一证、两会、三合同”三个到位，使组织和工作同步覆盖。“一证”即工会法人资格证；“两会”即职代会、劳动争议调解委员会；“三合同”即集体合同、工资专项集体合同、女职工特殊权益专项集体合同。“3”是形成合力推进“三联制度”。根据区总工会、人保局、企联建立的“三联”制度，进一步形成工作合力。一是联合部署考核。在启动阶段，三方共同制定工作意见，共同召开工作会议，共同部署工作指标，建立目标责任制，贯彻全面推进集体协商机制的意见。二是联合调研会商。在推进阶段，工会配合人保部门定期会商和分析数据，提高集体合同送审备案率，不断完善集体合同、工资专项集体合同数据库。三是联合评选表彰。在总结阶段，三方通过共同命名工资集体协商典型单位、示范基地等形式，引导更多的企业开展协商，以点带面。“3”是抓好“三支队伍”，为开展工资集体协商工作提供组织保障。一是抓好工资协商专家顾问团队伍，发挥智囊团的作用；二是抓好工资协商特派员（督导员）队伍；三是抓好行业协商劳动用工标准研究制定专委会，力求劳动定额科学合理。“2”是明确“两个重点”。一是继续在非公有制小企业和劳动密集型企业集聚的社区、工业园区、商务楼宇、行业等，指导推进区域性、行业性集体协商，协商劳动定额、行业工资增长指导线等；二是进一步推进国企普遍建制，推动企业与职工就工资水平、增长幅度、劳动定额、薪酬结构等开展集体协商，着重提高一线职工、劳务派遣工收入水平，促进企业分配更加公平合理。 （赵　勇）

【闸北区总工会积极开展“要约行动”】 5月，区总工会开展“集体协商要约行动月”，集中对集体合同或专项合同已到期的、还未签订集体合同和专项合同的企业发出要约。（1）分类指导，有序推进。区总工会对区内八街一镇总工会进行分类指导，根据每家实际情况制定工作方案，要求各级工会排摸情况、明确重点，把握原则、主动要约，规范程序、落实责任；要求将集中要约与动态要约相结合，单个要约与区域性、行业性要约相衔接。（2）结合实际，开展要约。各社区结合实际，切实落实，临汾社区总工会召开17个居民区大会，发出要约书，并要求响应要约的企业回复要约承诺书；芷江西社区总工会举办“集体协商要约行动月”行动启动仪式，上海大道餐饮有限公司当场签订集体合同，11个小区实现集体协商建制；彭浦镇总工会结合实际情况，针对集体协商中可能会出现的问题，研究制定活动方案，推进5个村集体协商建制；北站、彭浦新村、临汾社区实现小区集体协商建制全覆盖。（3）突出重点，取得成效。通过要约行动，有效推进小区集体协商建制，全区小区集体协商建制98个，占建制小区工会50%。“要约行动月”内全区各级工会共计发出要约覆盖企业1060家，覆盖职工9182人，承诺协商企业998家，覆盖职工8437人。 （徐梅生）

【杨浦区总工会地区行业集体协商机制建设获“上海依法治理优秀案例”】 11月22日，上海市第二届城市治理论坛暨“上海依法治理优秀案例”颁奖大会在复旦大学举行。区总工会现场详细介绍案例，与知名专家学者和复旦大学学生进行交流互动。复旦大学副校长林尚立对获奖案例进行点评。此次优秀案例评选活动是从2010年度全市参评的185个案例中，初步评选出30个入围案例，2011年7月经解放日报和网上公示后，再由专家从中评出10个优秀案例。区总工会报送的《依托地区行业工会，推进集体协商机制建设》获评优秀案例。

（曹理仰）

【杨浦区委办、区府办转发区劳动关系三方集体协商机制建设文件】 3月9日，杨浦区委办、区府办联合转发《杨浦区人力资源和社会保障局、杨浦区总工会、杨浦区企业联合会（区企业家协会）关于全面推进集体协商机制建设的意见》。意见指出，从2011年到2012年，全区力争用2年时间在各类已建工会的企业基本建立集体协商和集体合同制度，其中2011年集体合同制度覆盖率达到85%以上。要建立集中和常态化相结合的要约机制，确定每年4月为区总工会牵头开展集中要约行动月。要形成党委领导、政府推动、三方协同、多方支持、企业和职工积极参与的集体协商工作格局，以推动发展和谐劳动关系为根本目的，以推动企业普遍建立集体协商机制为工作目标，以推动开展工资集体协商为重要内容，促进企业发展，维护职工权益，为杨浦经济社会持续健康发展创造良好的社会环境。

（曹理仰）

【杨浦区总工会在市全面推进集体协商机制建设工作会议上发言】 1月7

日，上海市全面推进集体协商机制建设工作会议在展览中心召开。区总工会在会上作《发挥行业工会作用，积极推进集体协商》交流发言。区总工会大力探索“行业工会建在地区上”的新模式，共建立55个地区行业工会联合会，覆盖非公企业4554家，会员11万，被全总列为“开展区域性、行业性基层工会联合会聘用专职工作人员工资分级负担”10家试点单位之一。区总工会以行业工会为平台，会同区人保局、区企联等有关部门，通过专职化工会干部推动工资集体协商，为提升职工收入、推动职工收入持续改善、维护社会和谐稳定发挥了工会的特殊作用。2010年，全区12个街道、镇的55个行业工会全部完成集体协商，签订集体合同、工资集体协议、女职工专项保护集体合同各422份，覆盖企业2974家，覆盖职工75008人，同比增长58%。 （曹理仰）

【上海欧尚超市职代会审议通过2011年工资集体协议】 9月16日，上海欧尚超市召开三届五次职工代表会议，审议通过《上海欧尚超市有限公司2011年工资集体协议》，明确为企业工作1年以上的职工购买补充商业保险，并完善职工考核制度，增加半年考核，合格者晋升一个等级、工资上调150—300元。来自欧尚中原店、长阳店、闵行店、嘉定店、南汇店、金山店等分工会的60余名职工代表参加会议。 （曹理仰）

【黄浦区总工会推动提高一线职工收入水平】 （1）积极部署，加强指导。推动工资集体协商列入区政府事实项目；制定、下发《集体协商机制建设实施意见》与《开展企业工资集体协商百日要约行动》；区工会工资集体协商顾问团下基层加强分类指导服务；区三方部门联合走访10个企业集团工会和6个社区街道，分发集体合同、工资协议样本，并向1000家基层工会赠送《集体协商机制》指导读本；推进区环卫行业建立工资集体协商机制。（2）努力探索，深化协商。积极探索劳务派遣工集体协商机制模式，排摸和确认世界500强在沪建会企业“五清”情况及2011年集体协商建制考核基数；推动政府将职工工资收入普遍较快增长机制和集体协商机制纳入区“十二五”经济社会发展规划；提高企业一线职工工资收入高于全市社平工资人数比例列入企业经营者薪酬考核目标；开展依法推动企业普遍开展工资集体协商工作调研。 （吕诚陆）

【南京东路街道首批5家世界500强企业签订集体合同】 7月起，街道总工会采取合力推进、合作促进和合理操作的举措，在社区工会指导员、律师的帮助下，多次会同企业工会商议协商流程，指导确定协商条款。鼓励和支持企业工会干部积极与各公司人力资源部、法务部沟通，详细解释工会的权利和义务。这些工作举措，为集体协商和签订合同打下基础。到9月20日，三菱电机自动化（上海）有限公司、宏碁电脑（上海）有限公司、保德信顾问（上海）有限公司、盛慧投资管理有限公司、日立物流软件有限公司等5家世界500强企业相继建立起集体协商机制，签订集体合同和工资专项协议、女职工专项协议。首批世界500强企业签订集体合同的示范效应逐步显现，更多企业已经开展或承诺即将开展集体协商。 （张祖耀）

【南京东路社区（街道）总工会积极推进集体协商工作目标实现】 （1）强化组织领导。在街道党工委的领导下，在社区总工会、街道劳动管理部门和区企业联合会南东分会的联手下，组成集中推进集体协商机制建设工作领导小组。（2）形成工作合力。以社区总工会为主推，发挥劳动管理和企业联合分会的合力作用，提振信心、克服困难、破解难题，共推集体协商和工资集体协议的签订。（3）注重分类指导。对生产经营正常、经济效益较好的企业，工资集体协商重点放在如何提高工资水平上；对亏损企业，工资集体协商重点是劳动报酬、社会保险等基本劳动权益的保障和企业最低工资标准。（4）把握3个环节。第一，对尚未开展集体协商的企业，发送正式函件提出要约和协商提示，并做好相应的跟踪记载；第二，稳步扎实推进世界500强企业的集体协商，或依照程序依法签订、或给出时间表尽快商议；第三，继续依托街道劳动监察、企联分会，借力加强引导和宣传力度，依法推动集体协商。截至10月20日，社区共有942家企业签订集体合同，覆盖职工19918人；917家企业签订工资专项集体合同，覆盖职工19650人；941家企业签订女职工专项集体合同，覆盖女职工8190人。 （黄宪祖）

【黄浦区总工会联合举办上海市集体协商指导员黄浦区专场培训班】 为进一步加强集体协商指导员能力建设，促进区集体协商机制建设工作，6月30日，区总工会、区人保局、区企业联合会、区工商联联合举办上海市集体协商指导员黄浦区专场培训班。邀请市人社局、市总工会、市企联的领导和专家就集体协商基础知识、工资集体协商与工资专项集体合同、企业开展集体协商要求、《上海市职工代表大会条例》、女职工专项集体协商等内容先后为学员授课。区属各企业集团及子公司工会主席和人事经理、相关产业（局）及下属公司工会主席和人事负责人、部分外资和非公企业工会主席和人事干部等130人参加培训和考试。 （杜　琴）

【小东门社区（街道）总工会开展小区联合工会主席工资集体协商实务操作培训】 4月7—8日，小东门社区（街道）总工会组织各居民区党总支书记和小区联合工会主席参加了工资集体协商实务操作培训。授课老师详细讲解市政府出台的上海市社会保险养老金管理办法；向学员们解读了《上海市职工代表大会条例》的立法宗旨、适用范围、基本内容、法定责任和贯彻要求；解答学员们关于开展工资集体协商的原则、内容程序、协商技巧、文本制作和送审程序等问题；要求学员们在实践中严格规范操作流程，保证协商的主体合法、程序规范、协议有效、履行有力，提高协商的实效性，切实维护职工的合法权益。

（吕诚陆）

【小东门社区（街道）总工会在全区率先完成集体协商目标】 小东门社区（街道）总工会召开街道劳动关系协调联席会议，明确抓落实、强推进，确保“两个普遍”目标完成，促进社区劳动关系和谐稳定。社区行政、总工会、企联分会三方联手，进一步完善街道劳动关系三方协商机制，各职能部门通力合作，资源共享，超前思考，互相配合、互相帮助，合力推进集体协商机制建设。截至第三季度，社区（街道）全面完成集体协商工作目标，集体合同覆盖企业846家，完成率100.4%，工资集体协商覆盖企业846家，完成率134%，涵盖人数7112人，完成率102%。（杜 琴）

【静安区签署首份非公医疗机构行业集体合同及工资协议】 10月25日，静安区非公医疗机构行业（法人）代表与行业工会联合会经平等协商，成功签署《静安区非公医疗机构行业集体合同、工资协议》，该协议共覆盖19家单位、近600名职工。协议主要内容：（1）规定医护工作者的工资收入要在地区最低标准线的基础上上浮6%。（2）规定要依法为职工交纳养老、医疗、失业、工伤、生育保险及住房公积金，缴纳率应达100%。（3）要求每年组织一次职工体检和劳动安全保护监督检查。（4）规定在劳动报酬、劳动保护、休息休假、参加工会组织等方面享受同等待遇。（陆 蕾）

【宝山区总工会举办集体协商专题培训班】 7月12日举办，特邀劳动法专家讲解开展工资集体协商与签订集体合同的原则、种类、内容、重点和技巧。顾村镇总工会、上海祥明仪表机箱有限公司工会就各自在开展集体协商工作中的做法和经验进行交流。各街、镇、园区、航运发展区、行业工会的工会主席、副主席、集体协商指导员、工会干部共200余人参加培训班。（胡立伟）

【闵行区两次集体协商要约行动显成效】 区总工会开展的“要约行动月”活动，发动面广、参与单位多、协商内容实、合同签订率高，总计发出集体协商要约函4300份，65%企业已经签订集体合同，15.5%企业承诺协商。（1）整合协商资源，营造要约行动氛围。区总工会积极争取党政支持，形成相关部门齐抓共管、协同推进的工作格局；多次召开专题会议，组织学习有关文件精神，将任务层层分解，责任到人；区总工会领导亲自带队，每周带领联络员深入走访，摸清底数，分析指导适应各基层实际情况的个性化推进方法；每周通报集体合同签订实行情况，实时掌握工作进展。（2）强化协商分类指导，突出要约行动重点。对生产经营好、经济效益稳步增长的企业，以建立正常的工资增长机制、保障职工福利作为要约行动重点内容，使集体合同体现实效；对生产经营存在一定困难的企业，以签订劳动安全与卫生等专项集体合同为切入点，引导企业逐步建立集体协商机制。上半年的“要约行动月”主要针对区内百人以上、纳税大户、参加和谐企业创建、参加文明单位创建和劳动关系基础较差的企业。下半年的“要约行动月”则是对第一次要约行动月的补漏和再行动，以初次要约后仍没签订集体合同和需要通过区域性、行业性集体合同来覆盖的企业为对象，集体协商全覆盖。（3）促进协商与组创结合，创新要约行动机制。区总工会创新尝试“三位一体”工作机制，即紧抓工会组建、集体合同签订、劳动关系和谐企业创建3项工作，对有条件的企业在组建工会的同时一并开展集体协商、签订集体合同，同时将集体协商纳入劳动关系和谐企业创建标准，3项工作互推互促，集体合同签订工作取得有效进展。（范茂盛 毛胜楠）

【闵行区总工会认真开展集体协商工作】 区总工会积极创新工作方法、不断夯实工作基础，切实加强集体协商制度建设的推进力度。（1）主动开展专项集体协商要约行动，建立集体协商要约机制。区总工会联合区人力资源和社会保障局、区企业联合会/区企业家协会和区工商业联合会等部门联合下发《关于闵行区2011年推进集体协商制度实施彩虹计划的通知》，并制定2011年集体协商要约行动方案，坚持以规模型企业为重点，做到“层层发动，应约必约，全面覆盖”。（2）挖掘典型，推进规模型企业建立工资集体协商机制。培育总结上海南华兰陵电气有限公司等一批推进集体协商工作先进企业的典型经验，充分发挥示范引领作用，不断探索世界500强等规模型企业普遍建立工资集体协商制度的工作方法，扩大集体协商的覆盖面。（3）加大集体协商人才队伍建设，提高集体协商的实效性。培养正规化、职业化、专业化的劳动关系协调员（师）队伍，加强对各镇、社区（街道）、莘庄工业区的工会干部和企业协商代表以及企业人力资源负责人的集体协商工作培训，提高工会干部和协商代表的协商能力，为集体协商工作提供智力支撑。（陶慧卿）

【可口可乐饮料（上海）有限公司首份集体合同正式签订】 12月2日在闵行区总工会见证下正式签订。该集体合同涉及劳动报酬、职工福利、女职工特殊保护等9项内容，特别是在职工工资增长方面明确规定，建立职工工资与企业效益基本同向增长机制，最低工资标准不得低于当地基准，公司工会与行政每年进行一次薪酬调整的沟通协商，形成工资集体协商机制。可口可乐饮料（上海）有限公司集体合同的签订，对创建劳动关系和谐企业起到促进作用，也为推动区域内其他世界500强企业签订集体合同起到示范作用。（黄润青）

【嘉定区首份行业性工资专项集体合同签订】 2011年，区总工会和区绿化市容局工会就建立嘉定区环卫行业工资集体协商机制工作进行多次沟通协调，明确工作思路和方法步骤。通过条块结合，采取“上代下”的方式，拟定《嘉定区环卫行业集体协商办法（征求意见稿）》、《嘉定区环卫行业工资专项集体合同（草案）》文本，开展企业方协商代表和职工方协商代表提名工作，并将相关文件材料发给各单位征询意见，促成了环卫行业集体协商机制的建立。9月27日，嘉定区环卫行业集体协商工作会议暨工资专项集体合同签约仪式在区总工会举行。双方协商代表，区环卫作业单位负责人、工会主席等30余人参加会议。这次环卫行业签约仪式开创了嘉定集体协商工作上的“三个第一”，一是产生了嘉定第一个行业性集体协商办法；二是签订嘉定第一个行业性工资专项集体合同；三是行业企业方和职工方代表第一次以集体协商的形式共商了促进企业和谐发展大计。（徐 浩）

【金山区举行服装行业工资增长听证会】 2月，区总工会提出在服装行业举行工资增长听证的设想，并选取条件比较成熟的金山卫镇进行试点。这是金山区总工会在区域性行业性开展工资增长先听证、后协商、再签约“三位一体”创新思路的一次探索。6 月 24 日，金山卫镇服装行业工资增长听证会暨一届二次职代会如期举行。企业方和职工方各选取 5 名代表参加听证论辩，35 名来自全镇各个服装企业的职工作为旁听代表，市纺织工会、区总工会、区人保局、镇劳动保障所、司法所等相关部门负责人、《工人日报》、《劳动报》记者作为邀请代表参加听证会。双方首席代表分别提出了工资增长方案，并阐述了依据和理由。在此基础上，双方开展了工资集体协商，并形成了《金山卫镇服装行业工资增长专项集体合同》（草案），并经金山卫镇服装行业一届二次职代会审议通过。《集体合同》规定金山卫镇服装行业职工的最低工资标准为 1357 元，与上年相比工资增幅 21.6%；各企业职工月平均工资水平在上年度基础上增幅不低于 16%。

（马琳联）

金山区举行金山卫镇服装行业工资增长听证暨一届二次职代会

（关军华）

【石化街道总工会召开 2011—2013 年区域性集体合同 1+X 续签大会】 1 月 12 日召开。各居民区、街道经济小区等 28 个联合工会代表和企业首席代表签约新一轮石化街道区域性集体合同、工资集体协商专项协议书、劳动安全卫生专项协议书、女职工特殊利益专项协议书。标志着石化街道提前 3 年实现了市总工会提出的基本建立、实行集体协商和集体合同制度的目标，为建立和谐稳定的劳动关系，促进企业健康快速发展，实现企业和员工的双赢，维护改革、发展和稳定的大局发挥了积极的作用。（束晓天）

【青浦区大力推进集体协商工作】 （1）实施“要约行动”，主动开展集体协商工作。年内，集中开展 2 次集体协商“要约行动月”活动，建立企业和上级工会两级要约制度；基层工会要约有困难的，实行“上代下”方式，由上级工会向用人单位发出协商要约。2 次“要约行动月”共发出要约书 4889 份，回收 4357 份，回收率为 89%。（2）坚持分类指导，有序推进集体协商工作。根据企业不同规模、经营特点，分别对行业性、区域性企业和独立建会企业进行分类指导。先后在区印刷行业、华新镇嵩山村以及金泽镇硕润机械配件有限公司举办集体协商现场观摩会，典型引路、以点带面，推动各类企业开展集体协商。（3）加大工作力度，重点推动世界 500 强企业的集体协商建制率。将世界 500 强企业作为区、镇两级工会走访的重点，经反复上门督促，年内 18 家世界 500 强企业均建立协商机制，其中 16 家企业已签订集体合同、工资专项合同、女职工权益专项合同。

（马美君）

【青浦区举办印刷行业集体协商现场观摩会】 7 月 20 日，区总工会举办印刷行业集体协商现场观摩会，双方代表经过充分酝酿、平等协商，就行业内职工劳动报酬、工作时间、休息休假、安全卫生、保险福利等问题统一思想，达成共识。来自区餐饮、建筑、环卫等 6 大行业的工会主席和印刷行业的职工代表 50 余人观摩协商全过程。根据“两个普遍”的工作要求，青浦区总工会已先后在香花桥街道纺织行业、盈浦街道餐饮行业举办了集体协商现场观摩会，充分发挥典型引路作用，全面提升行业集体协商水平。

（马美君）

【青浦区开展集体协商机制建设检查】 12 月 7—14 日，区总工会会同区人保局、工商联对全区 11 个镇、街道的集体协商机制建设工作进行检查考评。检查结果反映，一是各镇、街道对集体协商机制建设工作十分重视，组织机构健全、工作机制完善、推进效果明显；二是各镇、街道集体协商工作的计划总结、会议记录、培训资料等台账齐全，企业集体合同签订工作比较规范并备案归档；三是企业开展集体协商的意识正在逐步增强，集体合同、工资专项协议及女职工特殊利益专项 3 个合同的覆盖职工数有了大幅度提高。同时，在检查过程中也发现部分企业存在集体合同标的较低、实效性不强等问题，有待进一步提高。

（马美君）

【青浦区香花桥社区（街道）总工会顺利举行四大行业第二轮集体协商】 10 月下旬，根据企业方提出的要约，香花桥社区（街道）电子、日用、化工以及机械行业先后进行了第二轮集体协商工作。协商会上，企业方和职工方代表分别就行业集体合同、工资集体协议、女职工特殊权益专项集体合同中有关内容发表了意见和建议。双方本着实事求是的原则，进行充分讨论和协商，达成一致意见。第二轮四个行业的集体协商工作对集体合同的条款作了 9 处修订。重点确定最低工资标准上浮线、有关工种岗位职工工资指导线，明确企业实行每周 40 小时工作制、按时为职工足额缴纳各项社会保险、按规定逐步建立健全职工代表大会制度等。10月底,四大行业又相继召开一届三次职工代表大会,听取关于第二轮集体协商情况的说明,审议并通过《行业集体合同》、《女职工特殊权益专项集体合同》、《工资集体协议》3个合同文本。 (马美君)

【青浦区总工会举办集体协商指导员培训班】 7月28日,区总工会会同人保局、企业家联合会举办为期1天的集体协商指导员培训班。培训邀请市总工会、区人保局领导分别进行题为《全面推进集体协商机制建设》和《集体协商操作实务》的授课,从集体协商的理论和实务2个方面进行详细解读,使学员们对集体协商机制的定义、法律依据、推进集体协商机制建设的重要意义、要求、原则、内容、目标任务以及具体操作程序等有了深入了解和掌握。各街镇总工会、社保中心、商会分管负责人和专(兼)职指导员近百人参加培训。 (马美君)

【奉贤区总工会全力推进集体协商机制建设】 6月,区总工会与区人社局、企联等部门联合召开奉贤区推进企业集体协商机制暨表彰和谐劳动关系企业大会,下发实施意见,部署开展集体协商工作。10月,区委、区政府召开集体协商工作推进会,建立推进领导小组,进一步理顺党委、政府牵头,劳动关系三方共同推进的机制。通过开展集体协商要约行动、建立集体协商专职指导员队伍、更改合同报送流程、完善资料备份存档、加强基层工会指导员队伍管理、大力推动行业性、区域性工资集体协商等举措,全力推进集体协商机制建设。截至年底,全区集体协商机制覆盖企业4840家,覆盖职工202463人;签订工资集体协商专项合同998份,覆盖企业4445家,覆盖职工176380人。 (叶 兰)

【崇明县组织召开工资集体协商工作恳谈会】 3月31日召开。会议回顾总结崇明县2010年工资集体协商工作的开展情况,并对2011年工资集体协商工作进行了部署。2011年将着重抓好区域性、行业性工资集体协商,以及非公有制企业工资集体协商制度建设,确保2011年底实现已建工会组织的企业工资集体协商建制率达到60%。县总工会要求全县各级工会加强领导,切实提高工资集体协商的运行质量和效果,不断开创企业工资集体协商工作的新局面。会上,向化镇党委、港西镇总工会、工业园区工会、冠华不锈钢制品股份有限公司代表等作了交流发言,县人保局为广大工会干部就工资集体协商相关法律法规进行专题辅导。 (易建军)

【上海捷通工贸实业总公司集体协商取得成效】 总公司工会会同相关部门于2011年10月份对公司《集体合同》履行情况进行全面检查,并在此基础上与行政沟通,组织了第二轮《集体合同》的协商工作。第二轮《集体合同》的协商重点围绕:违反企业管理制度的处罚、劳动安全管理防护手段、部分人员工资调整等。根据物价上涨情况、公司员工实际工资水平和公司经济运行等情况,9月份与行政协商,提出适度上调部分员工工资的设想,得到公司行政的大力支持,从10月起,提高了部分员工工资。由于集体协商工作成效明显,公司获得长宁区2011年"和谐劳动关系企业"称号。 (沈 巍)

【化学工会签订新一轮集体合同】 2011年,化学工会与集团行政正式签订《集体合同》(第三期)及《女职工权益保护专项集体合同》,保证职工的劳动报酬、工作时间、休息休假、劳动安全卫生、保险福利和职业技能培训等方面的权益得到落实。还组织各级工会干部和有关职能部门人员对《集体合同》的附件《关于企业建立劳动安全卫生标准执行情况向职代会报告制度的实施意见》进行反复讨论和修改,并以党政工联合发文形式下发基层单位。与党政沟通,促成集团出台"员工中夜班津贴制度",得到职工的肯定。 (殷洁伟)

【纺织工资集体协商建制目标提前实现】 上海纺织集体协商机制建设日趋完善,签订集体合同建制率已达98%,工资集体合同、女职工权益专项集体合同签订率达89%,提前2年完成市总工会相关考核指标。在各区纺织行业工会中,有60%的成员单位建立了区、镇(街道)、企业三级集体协商制度和签订集体合同,覆盖1100多家企业,14万职工。纺织工会通过纺织(集团)有限公司每年一次集体协商,先后解决3万名协保职工整体纳入补充综合保障计划、转制企业职工工龄补偿计算基数等多项涉及职工切身利益等重大问题,全公司员工人均工资从2005年的17427元,到2010年的44576元,6年增加了1.6倍,低收入群体增资幅度更高。 (王慎微)

【医药工会加大开展工资集体协商工作力度】 医药工会把开展工资集体

10月26日,奉贤区总工会与区人社局、企联等部门联合召开集体协商机制建设推进会 (夏 伟)

协商作为2011年的重点工作，工会与集团行政共同下发《关于推进工资集体协商、建立职工工资正常增长机制的意见的通知》，开展专题培训，明确工作目标，跟踪工作进度，加大考核奖励，从而有力推动了工资集体协商工作的开展。截至年底，共有67家基层单位开展工资集体协商，占应开展单位总数的76%。 （赵一鸣）

【国药控股总部召开一届四次职代会签署集体合同】 7月26日，国药控股总部召开一届四次职代会，来自总部各部门66名职工代表参加会议，认真行使民主权利，履行职工代表职责。会上，公司人力资源管理部就《国药控股股份有限公司总部集体合同》内容向职工代表进行介绍并对相关条款作了解释。参会的职工代表按照职代会条例规定对《国药控股股份有限公司总部集体合同》进行充分讨论、认真审议和表决。经职工代表无记名投票，《国药控股股份有限公司总部集体合同》高票通过，国药控股总部第一份《集体合同》诞生。工会代表职工方、总裁代表企业方签署《国药控股总部集体合同》，以合同形式确定了职工和企业应承担的责任和各自的权益。 （周国良）

【建工集团材料公司工会开展《集体合同》履行情况检查】 为了掌握基层单位对2011年度《公司集体合同》的履行情况，公司工会从9月中旬至10月底，分两个阶段，开展2011年度《公司集体合同》履行情况的检查工作。第一阶段为单位自查，各基层单位成立由相关负责人组成的自查小组，对照集体合同条款逐项检查，认真填写、上报《2011年集体合同履行情况调查表》及自查报告。第二阶段为公司抽查阶段，由公司职代会民主管理专门委员会牵头，人力资源部、行政、安全等职能部门和部分职工代表组成检查小组，对长桥、真如、机运3家直属单位和建众、浦新、富康3家投资企业进行了抽查，通过认真汇总形成书面报告，向公司领导汇报，并将在2012年年初职代会上向大会报告集体合同执行情况的检查。 （杨钟春）

【上海出租汽车行业签订第三轮行业集体合同】 12月15日，上海市出租汽车行业一届一次行业职代会顺利举行，标志着上海出租汽车行业正式建立行业性职代会制度。参加职代会的代表由驾驶员、工会工作者和基层管理人员等组成，其中一线驾驶员代表超过半数。代表们讨论并审议通过第三轮《上海市出租汽车行业集体合同》草案，推选协商代表。12月16日，双方代表进行集体协商，正式签订了行业第三轮集体合同，增加企业每两年安排出租车驾驶员体检或者支付驾驶审证体检费用的新要求，进一步维护了广大驾驶员的合法权益。 （陈 健）

【上海海洋石油局全面建立集体协商机制】 年初，局工会下发了《局、分公司平等协商集体合同工作实施办法》、《局、分公司集体协商机制建设的指导意见》，建立党委领导、行政主导、工会配合、各方协同、职工参与的工作格局，确定在2011年底前所属单位全面建立集体协商制度。为此，局及基层各单位先后建立集体协商工作指导工作小组，为推动此项工作的全面开展打下扎实的组织基础。在开展宣传、培训、调研及知识问答等活动的基础上，8月率先在研究院完成签约试点工作，9月召开局、分公司平等协商集体合同工作推进会，就全面深入推进局、分公司集体协商机制建设工作进行再动员、再部署，年底、除机关和教培中心各单位均已顺利签约。 （耿卫军）

【上海市市容环卫行业第一次集体协商会议召开】 4月28日召开。经过双方的共同努力，达成一致共识，通过《上海市市容环卫行业集体协商试行办法》和《环卫行业最低工资标准》、《环卫职工体检制度》、《环卫职工疗休养制度》等3项制度，并形成指导意见，为环卫行业集体协商探索一条新路子。 （鲍 斌）

【上海联家超市有限公司签订首份集体合同】 1月份，联家超市有限公司（家乐福）工会与家乐福行政方启动了集体协商程序。历时2个多月，经历10多次艰苦谈判，终于就促进企业发展与提高职工福利待遇等问题达成共识。3月23日，家乐福召开一届一次职工代表大会，以无记名投票方式全票审议通过家乐福第一份集体合同和工资协议草案，标志着家乐福正式建立职代会制度和集体协商机制。集体合同明确了家乐福全日制员工工资较2010年平均增长8%，其中公司最低月工资标准为上海市政府规定的最低月工资标准的105%，并就体检、休假等福利待遇做出了具体规定。 （姜 杰）

【号百公司召开《2011年集体合同》履行情况报告会】 号百公司工会召开第十六次扩大会议暨《2011年集体合

上海市市容环卫行业召开第一次集体协商会议 （鲍 斌）

同》履行情况报告会。会上，公司工会两委委员、各部门（基层）工会主席及部分职工代表听取了公司综合管理部在履行集体合同中有关劳动安全、卫生方面以及员工援助计划（EAP）实施情况，还听取人力资源部履行员工劳动保险、教育培训和薪酬福利以及实行员工工作时间和休息休假的情况。（沈　匀）

劳动争议调解与仲裁

【市总工会切实推进劳动争议调解工作】 （1）联合召开工作会议。为贯彻落实“预防为主、基层为主、调解为主”的劳动争议调解原则，进一步推进劳动争议预防调解机制建设，市劳动关系三方联合召开“上海市推进企业劳动争议预防调解工作会议”，推广示范单位成功经验，下发《关于推进本市企业劳动争议预防调解示范工作的意见》。（2）建立市三方劳动人事争议联合调解中心。为加强劳动人事争议协调调解工作，使劳动人事争议尽可能通过平和、快捷的办法进行解决，市人保局、市总工会、市企联、市工商联共同设立市三方劳动人事争议联合调解中心，承担市劳动人事争议仲裁委员会所辖劳动人事争议的仲裁立案前先行调解和仲裁立案后委托调解工作。（3）开辟专栏宣传工会优秀劳动争议调解组织和调解员。总结成功调解案例和调解经验，运用《劳动报》等媒体平台，与劳权周刊合作，开辟“您身边的工会调解员”专栏，宣传25名工会优秀劳动争议争议调解员及5个工会优秀劳动争议调解组织，扩大工会劳动争议调解工作的影响力。（邱晨鹤）

【徐汇区总工会不断夯实工会社会化实体维权机制】 为进一步夯实“区、社区、企业”劳动争议调解组织三级联动机制，区总工会就成立劳动争议调解中心等实体化维权机构建设开展了专题调研，广泛听取区司法、法院、人保等相关职能部门的意见。年内，以强化组织建设、增强人员素质、推进制度创新、提高调解效率为目标，成立徐汇区总工会职工权益纠纷人民调解委员会，分别在区人保局的仲裁信访服务窗口和区法院诉调对接中心设立职工维权工作联络点和工会职工维权援助窗口，为来访职工提供接待咨询、争议调解、法律援助等法律服务，积极探索工会调解与仲裁调解、诉讼调解有机结合，构建劳动关系预警、调解、援助一体化格局。组建了区总工会参与接待、调解骨干律师队伍和调解员队伍，建立由部分企业工会主席组成的调解志愿者队伍，组织3支队伍参加了劳动关系协调员等多项专业化培训活动，确保人员到位。联合区劳动监察、妇联等部门开展依法用工监督检查活动，督促用人单位依法用工。加强对职工来访来电反映的新诉求、聚焦的新问题分析研究，协调职工权益保障问题，防止重大劳动争议事件的发生。年内，共接待解答来信来访近200人次，调解劳动争议20余起，协调处理群体性劳动争议5件。（朱伟锋）

【普陀区长寿社区总工会构建劳动争议预警调处机制】 长寿社区总工会充分利用现有基层工会网络，多措并举，积极主动科学维权，构建区域性劳动争议预警调处机制。（1）以突出社区职工维权工作为重点，进一步完善“四轮联动”劳动关系协调机制。以社区党政与工会的联席会议制度、社区职代会制度、劳动关系三方协商机制及社区工会法律监督制度为核心，在以往的“四轮联动”基础上，进一步延伸发展区域性、行业性劳动关系“四轮联动”调处机制，充分调动企业的积极性、主动性。（2）以维护劳动者经济权益为重点，探索“上代下”工资协商推进机制。根据不同区域、不同企业的实际情况分别采用“上代表下”、“上参与下”、“上指导下”的“上代下”协商方式，指导帮助企业工会把握协商条件的特殊性，提高协商内容的针对性，强化协商结果的有效性，促进劳资双方在维护企业整体利益和职工合法权益相一致基础上达成共识，实现“双赢”。（3）成立职工矛盾化解指导小组，实现工会点与点的对接。充分发挥各级工会干部作用，对社区劳动争议，第一时间向上级工会汇报情况；组织精干力量，第一时间赶赴现场指导，做好劳动争议调处工作。四是推动企事业单位民主管理制度建设，畅通职工诉求表达渠道。2011年，组织发动近470家基层企事业单位进行当年度劳动关系和谐企业的创建活动，促进地区劳动关系的和谐和干群关系的融洽。（赵　勇）

【闵行区总工会加强劳动争议调处制度化建设】 闵行区总工会组织以提高企业自身预防化解劳资纠纷能力为立足点，完善劳动争议调处工作网络，健全劳动争议分析研判制度，加强劳动争议调处工作的组织化、制度化建设。（1）完善劳动争议调处工作网络。加强企业劳动争议调解组织建设并探索企业劳动争议调解组织向街镇工会和劳动争议调解委员会办公室“双备案”制度；培育企业劳动争议调解员、工会劳动法律监督员、职工维权律师志愿团、心理咨询师队伍3支专业工作者队伍；建立短信平台、职工信箱、健全区总工会机关人员联系基层工会制度，畅通多元信息渠道。（2）加强劳动争议预警预防。坚持企业劳资纠纷信息周报制度，坚持执行每周定期排摸群体性劳动争议隐患；加强重点企业和职工思想状况调研，了解改制企业劳动关系基本状况；注重劳动争议情况分析研判，提出相应对策和建议，形成纠纷和突出信访矛盾的情况分析报告。（3）提高劳动争议调处工作实效。区总工会和区人保局就调处涉及职工较多、调处难度较大的群体性劳资纠纷形成分工合作的机制；分别与区劳动保障监察大队、区劳动争议仲裁院、区法院联手建立日常劳动争议调处参与机制，派遣工会干部参与劳动用工联合执法监督检查和劳动争议调处的监察质证、劳动争议案件仲裁、劳动争议诉前调解等工作；区总工会积极探索律师行业协会等社会组织参与化解劳动争议的办法，通过购买服务的方式，运用社会力量化解劳动争议。（应慧娟）

【金山卫镇成立全区首个行业调解组织】 6月2日，金山区成立首个行业性调解组织——金山卫镇化工行业劳动争议人民调解委员会。镇总工会代表筹备组作金山卫镇化工行业劳动争议人民调解委员会的筹备报告，会议选举产生了化工行业劳动争议人民调解委员会组成人员，举行了金山卫镇化工行业劳动争议人民调解委员会揭牌仪式。调委会的成立体现了人民调解的时代特征、地区特点和工作特色。调委会将进一步形成合力、发挥职责，做好矛盾化解、法制宣传、法律咨询、法律服务、法律培训等各项工作，为地区社会和谐稳定作出贡献。（马琳联）

【青浦区徐泾镇总工会及时化解企业搬迁引发的劳资纠纷】 7月，上海民主热处理有限公司联合工会委员会下属企业上海林善精密机械制造有限公司因搬迁安置问题与员工发生分歧，员工中消极情绪较重，迟到、早退、消极怠工等现象时有发生，紧张的劳资关系影响了企业的正常生产秩序，如不及时加以疏导，很有可能引发更加严重的群体性事件。徐泾镇总工会得知消息后，第一时间会同劳动、司法等部门主动介入，先后与企业工会、企业职工代表、企业老板进行5次协商，经过4天紧张工作，最终制定出一份令各方满意的动迁安置方案，164名员工签订了调解协议书，涉及补偿金近300万，其中有115名员工愿意随迁，占职工总数的70%，一场突发性的劳资纠纷在镇总工会的积极努力下得到有效化解。（马美君）

【上海重型机器厂有限公司工会加强劳动争议预防调解工作】 年内，为进一步加强企业劳动争议预防调解工作，公司工会会同企业人力资源部出台《上海重型机器厂有限公司劳动争议预防调解工作实施意见》，在三级预防调解网络组成人员、工作职责、调解程序、加强劳动争议预防工作、建立预防调解激励机制等方面作了规定，有效地减少或杜绝劳动争议案件的发生。同时，针对企业劳务派遣用工的实际情况和劳动争议预防调解重点关注对象，公司工会联合人力资源部对企业劳务派遣情况作一次专题调研，调研内容涉及企业劳务派遣总体情况、劳务派遣人员同工同酬、技能培训、福利待遇等内容，根据调研情况，工会及时向企业行政提出工作要求与建议。（秦引昌）

劳动法律法规的实施监督检查

松江区建筑业联合工会积极做好清欠农民工工资工作，使农民工在春节前按时拿到应得劳动报酬，及时平安返乡（夏 晖）

【市总工会重视工会劳动法律监督工作，依法维护职工合法权益】 上海工会劳动法律监督组织网络健全，截至年底，全市15个区县、38个产业（局）工会、180个集团公司、75个街道乡镇、760个联合工会（含村工会、社区工会、工业园区工会）及8601个基层工会建立劳动法律监督组织，拥有工会劳动法律监督员2.17万名。为确保农民工在元旦春节期间按时足额拿到应得的劳动报酬并及时平安返乡，市总工会转发《中华全国总工会关于切实做好2011年元旦春节期间农民工权益维护工作的意见》，要求全市各级工会高度重视，加强排查，了解掌握广大职工（包括农民工）的生产生活状况，妥善处理劳动争议，及时把矛盾和问题化解在基层，解决在萌芽状态。同时，市总工会会同市人保局、市公安局、市建交委、市国资委联合开展农民工工资支付情况专项检查。重点检查招用农民工较多的建筑施工、加工制造、餐饮服务及其他中小型劳动密集型企业，明确将农民工工资支付情况、执行最低工资标准、依法支付加班工资、业主欠薪逃匿等列为重点检查内容。各区县加大欠薪保障金的垫付力度，将欠薪备用金从300万元增加到400万元，如发生业主欠薪逃匿等事件，劳动者可申请欠薪保障金依法垫付。各区县总工会积极配合区县劳动保障监察大队开展专项检查，畅通农民工维权渠道，切实保障农民工的合法权益。基层工会劳动法律监督员参与监督检查约1.25万人次。闸北区总工会会同区劳动保障监察部门，通过监察监督，启动欠薪保障金和帮困救助金等措施，顺利解决了一起拖欠31名员工108万工资的群体性事件。崇明县总工会对25家欠薪企业加强跟踪监控，督促企业积极筹款，及时发清拖欠工资。闵行区总工会坚持劳资纠纷报告制度，加强与区劳动人保局实施劳动监察网与协管网格化管理的“两网”联动，通过重点预防、疏堵结合的方式，有效控制欠薪案件。在专项检查中，全市共检查用人单位5225户，涉及农民工22.08万人。检查中发现322户用人单位有拖欠工资情况，涉及职工人数1.45万人（其中农民工0.98万人）；涉及金额5147.02万元（其中农民工3899.31万元）。通过检查，责令欠薪单位支付工资及赔偿金总额3078.16万元（其中农民工2250.6万元）；涉及补发工资人数1.29万人（其中农民工0.88万人）。专项检查取得明显成效，依法维护包括农民工在内的广大职工的合法权益。（甘党生）

职工法律援助

【全市各级职工法律援助中心积极维护职工群众的合法权益】 2011年，全市职工法律援助中心共为职工提供法律服务41308人次，其中非诉讼调解5599件，代理仲裁、诉讼2702件，

举行市总工会女职工法律志愿者服务队成立仪式　（黄　坚）

处理来信1454件，代写法律文书247件，接待咨询29385人次，较好地维护了职工群众的合法权益。全市职工法律援助中心全年接待或调处的案件中，3人以上群体性争议有316件，涉及职工9356人。10月，市总工会通过实地走访、召开座谈会、电话访谈、发放情况统计表等方式，对18家区（县）职工法律援助中心的基本情况进行了全面排摸，在分析存在问题的基础上提出改进设想。在队伍构成上，18个区（县）职工法律援助中心共有专职援助人员32人，兼职援助人员69人，社会律师97人，公职律师20人；在运作模式上主要分为3种：单独设立职工法律援助中心、在“职工援助服务中心”设法律咨询窗口、由区总法律部承担法律援助中心工作；从运行情况看，18家职工法律援助中心均有固定接待场所并有接待电话，每周安排半天律师坐堂。区（县）总工会对职工法律援助中心建设主要存在四方面问题：（1）职工法律援助中心与职工帮扶中心合并运行，管理条线有待理顺。（2）人员配备不足，法律援助力量比较薄弱。（3）经费投入有限，影响了职工法律援助工作做大做强。（4）制度不尽完善，法律援助服务缺乏规范要求。对此，市总工会提出加强区县职工法律援助中心建设的设想：一是纳入整体规划，归口条线指导；二是健全制度办法，规范服务管理；三是对接调解援助，拓展延伸功能；四是借助社会资源，成立律师志愿团；五是提供经费资助，加强资金管理。

（赵　倩）

【杨浦区新江湾城综合工会开设“倾听”热线畅通诉求渠道】　杨浦区新江湾城地区综合工会职工“倾听”热线开通后，逐步成为地区企业、职工排忧解难的“民生线”。（1）企业认可职工赞许。“倾听”热线除提供劳动法规咨询、参与劳动权益维护、解答职工参加互助保障计划外，还充分利用网络论坛，及时发布夏季台风信息，通知辖内企业注意安全防范，得到企业经营者的认可和职工的赞许，逐渐成为沟通更充分、渠道更广泛、形式更灵活的良性互动平台。（2）服务推动整体工作。综合工会听取企业职工建议，不断扩展“倾听”热线内容，由开通初时以工会组建、劳动政策咨询解答，扩展到联系工会联合会各成员单位、推进工资集体协商等多角度、全方位联系反馈平台。对职工群众的提问，热线不推诿、不敷衍，做到事事有回声、件件有结果，有效促进企业依法组建工会。（3）搭建桥梁树立品牌。派遣工会指导员和专业律师深入企业，现场了解问题并把结果公布在网络上，及时反馈给企业工会和职工。对于自由职业者、劳务派遣工入会等不能现场解决的问题，积极与企业方、职工方沟通协商，搭建起沟通桥梁。综合工会还汇集企业、职工来稿、建议，制作成电子报刊并定期发布，树立工会服务品牌，增强工会组织凝聚力。

（曹理仰）

【金山区法律援助中心职工维权分中心挂牌成立】　为贯彻落实区职工维权联席会议精神，拓展法律援助平台，充分发挥区总工会法律顾问团作用，5月25日上午，区总工会和区司法局在区总工会职工援助服务中心举行区法律援助中心职工维权分中心揭牌仪式。区总工会、区司法局、区总工会法律部、区法律援助中心、区劳动纠纷联合调解中心等有关人员参加揭牌仪式。揭牌仪式后，区总工会、区司法局就职工维权分中心的运作方式、发挥律师参与劳动纠纷调解工作作用、进一步加强为困难职工法律援助力量等方面进行座谈并达成共识，为今后法律援助工作提供了有力的组织保障。

（沈勇军）

维护民主权利

Safeguarding Democratic Rights

上海工会年鉴

2012

综 述

2011年，上海工会民主管理工作认真贯彻落实《上海市职工代表大会条例》（以下简称《条例》），突出职代会建制、厂务公开民主管理作用发挥、构建和谐稳定劳动关系3个重点。(1)把积极推动《条例》贯彻落实作为年度厂务公开民主管理工作的重中之重。及时整合各方力量出台配套文件，制定下发《上海市总工会关于贯彻落实〈条例〉的通知》，对全市各级工会推动《条例》贯彻落实提出明确要求；市厂务公开领导小组11个成员单位制定下发《关于贯彻〈条例〉深化厂务公开民主管理工作的意见》，进一步强化党组织在推进企事业单位建立健全职代会制度中的组织领导作用；市劳动关系三方制定下发《关于实施〈条例〉若干问题的意见》，进一步明确和规范《条例》实施过程中遇到的具体问题，为企事业单位贯彻实施提供指导；在市人大内司委、法工委等支持下，编写出版《〈条例〉释义》和《〈条例〉中英对照》，借助工会组织网络、新闻媒体、培训机构等平台广泛宣传。会同市人大、市劳动关系三方成员单位召开新闻发布会，营造社会舆论氛围。组织开展《条例》网上知识竞赛，全市所有区县局（产业）工会共组织发动4万多家企事业单位、40多万职工参加了竞赛，扩大《条例》在社会上和职工群众中的知晓度。为在沪世界500强外资企业高级管理人员举办多场《条例》说明会。制定并启动全市50万名职工代表《条例》三年培训计划，组织开展了三期共500人参加的《条例》培训师资力量，与人大内司委、培工委共同举办由企业组织代表、政府相关部门和工会干部参加的《条例》培训班，《条例》内容进入市委党校举办的工会领导干部培训班，完成15万职工代表、工会干部的年度培训任务。(2)推进厂务公开民主管理工作的持续巩固深化。3月，召开全市厂务公开民主管理工作会议，总结宣传推广徐汇区、上海石化、三菱电梯、北新泾街道、富大胶带股份公司等单位建立健全职代会制度方面的工作经验。罗氏制药、上海永达等一批知名外企、私企已建立职代会制度。加强区域性、行业性职代会制度建设。始终将区域性、行业性职代会制度建设作为推进非公企业厂务公开民主管理的重要载体。组织市纺织工会、宝山顾村镇、杨浦长白街道、金山金山卫镇等单位进行专题研讨，召开区域性、行业性职代会制度建设专题交流研讨会。根据上海经济社会发展趋势、劳动关系现状，将企事业单位改革改制中的民主程序、职代会民主评议领导干部工作、企事业单位薪酬分配制度规范，以及劳务派遣工民主政治权利问题列为当前工作的热点难点问题，开展系列的调查研究。10月，对金融系统进行厂务公开民主管理工作调研检查，并针对企事业单位建立健全合理的薪酬分配制度体系问题进行广泛深入的研讨。(3)大力推动劳动关系和谐企业创建工作的广泛开展。认真贯彻8月“全国构建和谐劳动关系先进表彰暨经验交流会”会议精神。主动与市人保局、市企联进行沟通协调，及时将会议精神向市委市府汇报。9月，组织召开“上海工会传达学习全国构建和谐劳动关系先进表彰暨经验交流会、全国深化创新厂务公开民主管理工作会议精神大会”，就上海工会系统学习贯彻全国会议精神作出全面部署，对构建和谐劳动关系、深化创新厂务公开民主管理工作进一步提出明确要求。组织开展2010—2011年度“上海市劳动关系和谐职工满意企事业单位”和“上海市职工信赖的经营管理者”申报考核工作。规划部署工会推动劳动关系和谐企业创建工作。积极推动筹备召开“上海市加强和谐劳动关系建设工作会议”。

（刘卫新）

4月27日，举行嘉定区庆祝“五一”国际劳动节暨劳动关系和谐企业表彰大会（张方明）

职代会

【上海召开区域性、行业性职代会制度建设专题交流会】 10月27日，上海第九次厂务公开民主管理工作调研检查就区域性、行业性职工代表大会制度建设进行专题交流研讨。市总工会、市纪委、市委组织部、市纪委驻市委宣传部纪检组、市国资委党委、市社会工作党委、市科技工作党委等领导出席交流研讨会。会议由市总工会副主席茆荣华主持，市总副主席肖堃涛作讲话。市纺织工会、宝山区顾村镇党委、杨浦区长白新村社区（街道）党工委、金山区金山卫镇工会主席分别作会议交流发言。会议就区域性、行业性职代会制度的定位、运作模式进行深入研讨，肯定了区域性、行业性职代会制度在推动区域、行业内劳动关系的和谐，维护广大中小企业职工的合法权益，促进区域经济发展与社会和谐稳定发挥的积极作用。会议要求，全市各级组织、各级工会要明确任务，突出重点，大力推进区域性、行业性职代会的建制工作与制度建设，不断扩大区域性、行业性职代会制度的覆盖面。尤其是在乡镇街道及工业园区、经济园区、商务楼宇等微小型企业集聚的区域，加大区域性、行业性职代会的建制力度。各地区要结合自身实际，制定切实可行的职代会实施细则和各项工作制度，大力加强职工代表的管理制度，全面推行职代会提案工作制度，深入开展职代会巡视检查制度，推进职代会质量评估制度，不断完善区域性、行业性职代会的制度体系。要努力提升区域性、行业性职代会的运作质量，加大区域内各类联合工会或工会联合会的组建力度，认真落实区域性、行业性职代会的职权，继续拓展职工民主参与的渠道和形式。要加强领导，完善机制，将区域性、行业性民主管理纳入区域化党建工作的重要内容，大力推进区域内民主管理制度与其他劳动关系协调机制的有机联动，加强理论探索，不断推动工作创新。（马艳芳）

【上海职代会制度建设取得积极进展】 在《上海市职工代表大会条例》出台的有力推动下，年内全市的职代会制度建设取得积极进展。(1)职代会覆盖面进一步拓展。截至9月，全市已建会国有、集体及其控股的企事业单位职工代表大会建制9916家，同比去年增加659家，建制率达85.39%。已建会非公企业职工代表大会独立建制24611家，同比去年增加2171家，建制率达69.22%。已建区域性、行业性职代会5652个，覆盖非公企业121532家，同比去年覆盖数增加32791家，增幅37%。(2)职代会制度建设进一步规范。企事业单位注重在职代会制度化、规范化建设上下功夫，认真履行职代会职权，丰富会议内涵，强化职工代表责任意识，提高职工代表参与积极性和参与能力，健全完善职代会提案、巡视检查、质量评估等工作制度，以职工满意度作为衡量标准，推动工作持续改进。(3)区域性、行业性职代会效能进一步发挥。宝山区顾村镇、杨浦区长白街道、金山区金山卫镇等将区域性、行业性职代会制度与区域性党建工作、基层民主政治建设、加强和创新社会管理、区域和谐劳动关系建设有机结合起来，为区域内部治理、落户企业监管、职工权益保障等工作搭建有效平台。（周永宝）

【市总工会举行《上海市职工代表大会条例》外企宣讲报告会】 7月21日，市总工会与市外商投资企业协会联合举办《上海市职工代表大会条例》宣讲报告会，宣讲《条例》内容，现场解答与会人员提出的有关工会和职工代表大会的问题，帮助外商投资企业经营管理者准确理解和正确把握条文含义，推动外商投资企业建立健全职工代表大会制度。近200家外商独资、合资企业和企业办事机构前来听讲。会议希望外商投资企业的高层管理者能够正确认识中国工会和职工代表大会制度的积极作用，将建立健全职工代表大会制度纳入企业管理制度，并为职工代表大会制度的建立和规范运作提供必要的支持和保障。会议认为，通过建立健全职工代表大会制度，保证职工的知情权和参与权，增强职工对企业各项决策的认同度，可提高工作的执行力；同时，职工代表大会制度也为广大职工参政议政搭建了制度平台，畅通职工利益诉求表达的渠道，化无序的纷争为有序的表达，引导职工为企业献计献策，共同推动企业发展。市总工会副主席茆荣华出席报告会，市总工会民管部负责人作了《上海市职工代表大会条例》主旨宣讲报告。（朱　佳）

【上海工会举办《上海市职工代表大会条例》知识竞赛】 4月25日，由市总工会主办、市经济和信息化工作系统工会协办，《上海市职工代表大会条例》网上知识竞赛在市总工会六楼礼堂举行。市人大常委会副主任、市总工会主席钟燕群出席仪式，并启动知识竞赛。知识竞赛历时1个月，累计有4万多家企事业单位的402077名职工参赛。参赛职工不仅有来自国有企业、集体企业以及教育、科技、文化、卫生等事业单位的职工，也有大量民营企业、外资企业、港澳台资企业职工。各级工会积极动员职工，把组织职工参赛作为学习宣传《条例》的重要抓手和途径。各企事业单位工会纷纷为职工发放《条例》单行本等培训材料，有计划、有重点、形式多样地开展《条例》培训工作，在学习培训的基础上组织职工网上参赛答题。6月22日，在市总工会举行《上海市职工代表大会条例》知识竞赛总结表彰会暨个人奖抽奖仪式，市总副主席茆荣华出席。知识竞赛组委会对获得“优秀组织单位奖”的浦东新区总工会等10家单位以及获得“组织单位奖”的宝山区总工会等20家单位进行表彰，对奉贤区总工会等32家单位进行表扬，并在答题得分80分以上的参赛者中抽奖产生了一等奖50名、二等奖100名、三等奖500名。（朱　佳）

【上海工会开展《上海市职工代表大会条例》师资培训】 4月12—14日、5月10—12日，市总工会组织开展两批《上海市职工代表大会条例》师资

6月22日，市总工会举行《上海市职工代表大会条例》知识竞赛总结表彰会（朱　佳）

培训。市总工会副主席茆荣华作动员讲话和辅导报告。市总工会民主管理部围绕《条例》内涵和立法本意，分5个专题为学员进行解读，组织学员开展分组讨论并答疑解惑。来自全市各区县局（产业）工会的500余名工会干部参加培训。市总工会希望学员们能“当好四个员”，即当好“学员”，认真学习，全面系统理解条文内容，准确把握立法宗旨；当好“教员”，参训后做好各自单位的《条例》培训工作；当好“运动员”，勇于实践，结合实际认真贯彻《条例》，推进厂务公开民主管理工作；当好“研究员”，对《条例》实施中遇到的新情况、新问题，作深入细致的研究分析，总结提炼出解决问题的方法途径，为市总工会进一步完善相关工作规范提供帮助。（朱　佳）

【上海召开推动《上海市职工代表大会条例》贯彻实施新闻发布会】 4月25日，市总工会牵头市人大、市人保局、市企联、市工商联联合召开推动《上海市职工代表大会条例》贯彻实施新闻发布会，希望全社会共同推进《条例》的贯彻实施，促进更多的企业建立和完善职工代表大会制度。全市主要媒体和中央驻沪媒体记者以及部分区县局（产业）工会分管主席、民主管理部部长参加发布会。市人大介绍了《条例》的立法过程以及重要意义。指出《条例》的制定和实施是经济社会发展的必然要求，是地方立法服务党和国家大局的重要举措；通过程序的设计和创新、程序的规范和公正、程序的严谨和科学，《条例》必将有效地推进全市企事业单位职代会制度的建立和完善。市人保局、市总工会、市企联和市工商联领导分别介绍推动《条例》贯彻实施的具体工作计划。与会领导现场回答记者提问。

（朱　佳）

【徐汇工会推进非公企业行业性、区域性职代会制度建设】 2011年，徐汇工会贯彻落实《上海市职工代表大会条例》，推进非公企业职代会制度建设。经各级工会干部的努力，全区非公企业职代会独立建制922家，建制率达到85.93%；行业性、区域性覆盖12998家，覆盖率为88.72%。全区非公企业建立厂务公开民主管理制度的达到88.53%。相当部分企业在建立职代会制度同时，建立了企业共商会、民主对话会、劳资恳谈会、职工民主管理委员会、双向通报沟通会等其他民主管理形式建设。

（王正望）

【普陀区国资委工会健全职工民主管理体系】 （1）推进《上海市职工代表大会条例》的贯彻落实。加强对职工代表培训与考核。通过建立职工代表动态业绩档案、实施职工代表征求意见和述职制度等工作机制，提高职工代表的责任心和参政议政能力。建立职代会职工代表巡视制度。通过定期组织职工代表对职代会提案落实情况、职代会审议通过涉及职工群众切身利益的重大事项、职工生活福利、劳动保护等工作开展及落实情况进行监督检查，增强职代会的影响和作用。（2）推进厂务公开内涵的突破。抓住企业改革发展稳定的重点和职工关注的热点，国有及转改制企业强化规范履行民主程序，非公企业及时公开涉及职工切身利益的重要事项，提高公开的针对性和实效性。促进企业不断健全生产经营管理制度、职工民主管理制度和反腐倡廉制度，并适时召开企业民主管理经验交流会，培育、选树一些具有引领、示范作用的先进典型。（3）推进职工董、监事制度建设。推动职工董事、职工监事制度向下属企业特别是重要子企业延伸。职工董监事的产生，按照要求把好任职条件、提名方式和规范选举3个关键环节。探索建立职工董监事联系制度、向职代会述职制度、职工董事考核评价办法，推动职工董事工作的健康发展。

（赵　勇）

闸北区总工会举行贯彻《上海市职工代表大会条例》辅导报告会

（王立成）

【普陀工会推进《上海市职工代表大会条例》学习实践活动】 （1）积极组织全区各级工会参加《条例》网上知识竞赛，全区共计12282人参加竞赛。（2）积极选拔基层优秀工会干部参加师资培训，为全面开展职代会条例培训提供师资保障。（3）组织开展基层培训宣传活动。如教育工会在工会干部培训中邀请专家详细解读《条例》精神和内容；医务工会开展基层职工《条例》全覆盖学习；石泉街道总工会与石泉路街道司法所联合开展展版宣传和《条例》咨询活动。（4）加强分层指导。通过在系统、街镇、园区、企业召开职代会观摩会，规范职代会民主程序，从而借助职代会平台推进“两个普遍”等各项重要议题的落实。

（赵　勇）

【闸北区开展《上海市职工代表大会条例》宣传培训活动】 （1）部署区内各级厂务公开工作领导小组制定贯彻《条例》的工作计划，区总工会专门成立由区总常务副主席任组长的《条例》宣传教育培训工作领导小组，推动《条例》宣传教育培训工作稳步有序开展。(2)通过开展《条例》辅导报告会,组织全区9429名职工参与市总工会组织的网上知识竞赛,积极营造良好学习宣传氛围,扩大社会对《条例》的关注度和认知度。(3)分级开展培训,引导各方准确理解和把握《条例》。开展系统、街道(镇)、园区及区管重点企业、区总直管企业工会的师资力量专题培训,部署各系统、社区(街道)、镇、园区及区管重点企业工会开展基层企事业单位师资力量培训,推动各基层企事业单位组织职工代表进行《条例》培训,全区共完成近5000名职工代表的培训任务。此外,区绿化和市容局、闸北烟草公司等单位还对党政领导干部进行《条例》专题培训。 (王立成)

【杨浦区超万名职工参与《上海市职工代表大会条例》网上知识竞赛】 5月,区企事业单位、各级工会以及广大职工积极参与由市总工会主办的《条例》网上知识竞赛,共计有14591名职工参赛,90%以上的参赛职工取得80分以上成绩。区建设、教育、体育,各地区(镇)等工会还通过发放《条例》单行本、办讲座集中辅导、班组讨论研究等形式广泛宣传竞赛活动,提升职工对《条例》的知晓度,加深职工对《条例》的认知理解,推动《条例》的贯彻实施。 (曹理仰)

【黄浦工会抓好《上海市职工代表大会条例》宣传培训】 区总工会通过广泛宣传培训,推进职代会规范化建设。(1)区总工会及时下发《学习贯彻上海市职工代表大会条例的实施意见》,转发中纪委、全总等下发的《关于进一步做好职工代表大会民主评议国有企业领导人员工作的意见》。(2)采取集中培训与上门相结合的方式,举办3次条例辅导培训班,培训200多名《条例》的师资力量;依托区企业联合会举办"中小企业扶植政策通报及有关专题讲座",开设《条例》专题讲座,共向120余名企业经理、人事干部进行宣传辅导。(3)向基层工会赠送《上海市职工代表大会条例及基础知识解答》1000本,向外资企业赠送《条例》中英对照本近200本。(4)组织基层单位人员参加市总工会有关《条例》的网上知识竞赛,全区共有1400多家基层企业1万余人参加。 (徐佳礼)

【静安区总工会完善区域性职代会提案工作制度】 静安区曹家渡街道总工会于2010年首创区域性职代会提案制度,并对提案内容、提案征集、提案处理、提案落实情况检查等作了明确规定。在此基础上,区总工会进一步完善并于2011年在全区范围内推广楼宇职代会提案工作制度。由各级工会负责职代会提案的征集,并在职代会上进行讨论,会后牵头落实提案,并及时反馈相关情况。工会组织通过筹备职代会和征集提案,更好地加强企业和职工的沟通联系,有助于推动和谐劳动关系的构建。在办理提案过程中,帮助解决职工实际困难,充分体现工会组织在推动以改善民生为重点的社会建设中的服务职工作用。通过办理提案,赢得职工认可和支持,为工会组织职工参与社会公共管理,创造有利的工作基础。 (沈诗贤)

【静安区开开集团工会举办《上海市职工代表大会条例》专题培训会】 4月12—13日,开开集团工会举办职工代表专题培训会,介绍《条例》颁布的背景、特点、适用范围,重点讲授职代会职权、职工代表、组织制度、议事规则、工作机构等方面的内容,为广大职工代表更好地履职提供法律知识支撑。成为《条例》正式实施前区内首家举办职工代表培训的企业。 (庄虔赟)

【宝山区总工会开展宣传《上海市职工代表大会条例》系列活动】 5月,区总工会会同区内有关部门联合召开宣传《条例》为主要内容的厂务公开民主管理工作会议,为有关直属工会订购《条例》单行本、《条例》释义等学习文件,同时邀请工运学院教授为基层直属工会干部和基层企事业工会干部举行《条例》专题报告会。部署开展《条例》网上知识竞赛活动,累计有13106名职工参加网上答题。5月30日组织基层19家直属工会开展《条例》知识竞赛预赛。6月9日,举行"保障民主,构建和谐,促进发展——宝山区总工会学习贯彻《上海市职工代表大会条例》知识竞赛决赛"。决赛设置个人必答题、小组必答题、抢答题、风险题以及加赛抢答题等环节。 (胡立伟)

【闵行区开展《上海市职工代表大会条例》培训活动】 (1)根据全区职工代表分布情况,向各镇、社区(街道)、工业区下达职工代表培训的目标任务,作为工会工作年度考核重要内容。(2)举办镇、社区(街道)和工业区《条例》师资力量培训班,制作《条例》培训大纲,统一培训教材和具体操作口径,确保职代会的规范运作和实施。(3)各街镇、委局工会组织开展职代会工作业务培训,解读《条例》相关内容和要求。截至年底,区级层面举办培训班13场,培训人数1130余人。(4)动员广大工会干部和职工参加《条例》网上知识竞赛,参加职工代表和工会干部达1.7万余人,参与人数居全市区县前列,并获市总工会颁发的"优秀组织奖"。 (刘　芳)

【金山区总工会举办《上海市职工代表大会条例》培训班】 6月22日举办,邀请市总工会、市人保局有关专家分别讲授"上海市职工代表大会条例"、"集体合同审查与集体协商争议调处"。市总工会专家从《条例》立法背景及亮点、《条例》赋予职代会的五大法定要素及对企事业单位和工会的影响等方面进行讲解。市人保局专家理论联系实际,辅之于实际案例分析,深入浅出地阐述了集体合同审查程序和要求及集体协商争议处理方法。区总工会各直属工会分管副主席、民管干部和企业工会主席代表约160人参加学习培训活动。 (沈勇军)

【青浦区全面深化职代会制度建设】 (1)大力开展《上海市职工代表大会条例》宣传和培训工作。以贯彻实施《条例》为契机,有计划地加强工会干部和职工代表对《条例》的学习和培训。年内,共举办10期工会干部培训班,培训人员1000余名。4—5月,发动各级工会和职工群众参与《条例》网上知识竞赛,参与人数达到6182人,提升各界对《条例》的关注度,为《条例》实施营造良好氛围。(2)进一步扩大非公企业职代会覆盖面。在全区公有制企事业单位全面建

6月22日，金山区总工会举办《上海市职工代表大会条例》培训班

（沈勇军）

立职代会制度的基础上，进一步加强非公有制企业职代会制度建设的推进力度。全区独立建会非公有制企业职代会建制率达到85%，18家区内世界500强企业职代会工作进入常态化。(3)继续推进区域性、行业性职代会制度建设。继华新镇在全镇20个村、经济开发区全面建制的基础上，徐泾镇、白鹤镇也相继全面推开村级区域性职代会建制工作。全区村级区域性职代会建制率达到60%以上。

（马美君）

【奉贤区总工会推进职代会制度建设】 区工会以贯彻落实《上海市职工代表大会条例》为契机，推进以非公企业为重点的职代会制度建设。截至年底，全区建会企业中，已建立职代会和厂务公开制度的有2089家，建制率为85.1%，其中国有、集体及控股企事业单位建制率为100%；194个村、经济园区建立区域性联合职代会制度，覆盖小企业2232家。6月，区总工会安排基层工会主席代表150多人专题培训班。在市总工会组织的网上《条例》知识竞赛中，全区共有949家企事业单位和5440名职工参加，区总工会被评为“优秀组织单位”。

（叶　兰）

【仪电工会开展《上海市职工代表大会条例》培训】 5月5日，仪电工会举办《条例》培训班，邀请市总工会有关专家就《条例》释义等内容进行授课。全系统各级企业工会干部近百人参加培训。通过培训，使仪电系统各级工会干部进一步理解贯彻实施《条例》的现实意义，全面认识《条例》的各项法定内容，从而提升工会干部的履职能力和工作水平。 （生　青）

【广电电子工会开展排摸工作推进《上海市职工代表大会条例》贯彻落实】 为贯彻落实《上海市职工代表大会条例》，公司工会通过组织开展职工代表巡视检查活动，摸清所属企业职代会建制情况。所属20家企业中，已建立职代会13家；已制定职代会实施办法的8家；将职代会制度纳入企业管理制度的6家；开展提案工作制度的4家，另有3家非公企业以会员代表开展提案工作；6家企业执行职代会巡视检查制度；5家企业执行职代会无记名表决通过涉及职工切身利益问题，个别单位实行签名表决。针对上述情况，公司工会及时与未建职代会的企业沟通，积极督促其依法建立职代会制度，并要求所属企业不断加强职代会制度建设，切实提高职代会的运作质量。 （林华勇）

【仪电控股召开厂务公开民主管理工作专题会】 11月15日，仪电工会召开2011年厂务公开民主管理工作专题会。会上8家子公司和外商投资企业工会主席分别介绍了建立职代会的经验做法，以及尽快建立职代会工作的设想。仪电工会强调，要从聚人心、保稳定、促发展的高度，认真抓好厂务公开民主管理工作。2011年，要重点通过加强落实企业职代会制度建设，广泛宣传践行仪电控股“命运、责任、荣誉、利益”共同体的核心价值观，充分保障广大职工的知情权、参与权、表达权、监督权。据统计，截至2011年仪电系统企业职代会建制率达85%。

（生　青）

【纺织工会全面实施职代会质量评估】 结合贯彻落实《上海市职工代表大会条例》，纺织工会对企业职代会制度进行修改并加强执行情况的检查，全面实施职代会质量五星级评估制度，并将落实评估制度纳入对企业党组织负责人的责任考核内容。经统计，已有95%的企业开展职代会质量评估，75%的企业达到80分(三星)以上，为提升职代会作用夯实了基础。

（林裕良）

【医药工会学习贯彻落实《上海市职工代表大会条例》】 4月25日—5月24日，各企事业单位工会组织1300多名员工参加《上海市职工代表大会条例》网上的竞赛答题活动。5月24日，医药工会组织《条例》培训，医药工会及下属企事业单位工会主席和工会干部近90人参加培训。截至年底，有20多家企业调整充实职工代表人数和修改与《条例》不符的制度条款；对尚未建制的单位，加大工作力度，专门召开会议、深入企业调研，促进职代会制度的建立，年内，上海罗氏制药有限公司建立了职代会。

（方　尉）

【宝钢以“三项核心制度”为基础的职工民主管理获全国企业管理现代化创新成果一等奖】 宝钢总结30多年的职工民主管理实践，以促进生产力发展为目标，探索既要组织职工参与企业管理，维护自身合法权益，又要依法维护企业经营管理权力的管理实践，形成体系系统设计、职权统一配置、运作合规高效的职工民主管理制度体系，即以职工参与管理、参与协商为基本方式，以自主管理制度、职工代表大会制度、职工董事职工监事制度为核心，以组织领导和制度体系为基本保障，职工有序参与企业决策、管理和监督的“二三二”模式。由集团公司董事会审定的《宝钢职工民主管理的基本制度》，在宝钢集团范围内所有子公司及续延分支机构推广实施。为调动职工的积极性、主动性和创造性，实现企业与职工的共同发展发挥了独特作用。集团起草的《国有大型企业以“三项核心制度”为基础的职工民主管理》的创新成果获得第十八届全国企业管理现代化创新成果一等奖。

（徐　卫）

【宝钢集团制定民主评议细则，扩大职工代表参与范围】　根据中纪委等5部门联合下发的有关文件精神，结合《宝钢集团有限公司职工民主管理基本制度（试行）》的具体要求，宝钢集团制定《宝钢集团有限公司职工代表大会民主评议领导人员工作细则》，于7月27日正式下发执行。该文件从评议对象、评议内容、组织领导、参加民主评议对象、民主评议程序、工作要求等六方面对宝钢集团职代会民主评议领导人员工作进行规范，明确参加民主评议的范围由三分之一职代会代表扩大为全体职代会代表，评议方式既可召开职代会，也可举行网络虚拟职代会。通过建立规范有效的评议工作机制，既扩大评议的参与范围，提高评议工作效率，又有效避免由于填写不规范导致的评议数据差错，将对提高宝钢集团民主评议工作质量和水平有较大的推动作用。

（陆　庆）

【上海石化公司召开五届五次职代会】　2月17—18日，公司召开五届五次职代会，261名职工代表参加。会议听取并审议《公司行政工作报告》和《公司2010年福利费使用情况及2011年预算初步安排的报告》；书面审议《公司2009—2012年集体合同2010年度履行情况报告》、《公司五届二次至四次职代会巡视评估情况报告》、《公司2010年职工教育经费使用情况报告》、《公司2010年业务招待费使用情况报告》、《公司2010年职工帮困互助基金使用情况报告》和《公司五届二次职代会提案审理情况报告》；听取公司党政领导班子成员述职、述学、述廉报告，民主评议公司领导班子和公司领导；开展公司选人用人工作满意度测评；会议表彰公司优秀职工代表、优秀巡视评估员、职代会先进专门委员会、提案落实工作先进部门等。

（张　敏）

【国药控股举办职代会条例培训】　为促进公司发展、创建和谐企业中进一步发挥职代会的作用，增强职工代表民主管理意识和参与企业事务管理能力，提高民主管理规范化水平，公司工会举办《上海市职工代表大会条例》培训班，以规范各级工会组织运作职代会和充分发挥职代会在劳动合同签订、履行、变更过程中的指导和监督作用，推动企业构建和谐稳定的劳动关系。

（周国良）

【鲁中矿业有限公司工会坚持“学《条例》、促发展”】　（1）抓住年初公司职代会换届改选有利时机，聘请上海工运学院教授对新当选职工代表进行培训，加深职工代表对《条例》精神的理解和认识。（2）注重抓好工会干部业务培训，邀请市总工会民管部领导来公司讲学，为工会干部详细讲解《职工代表的权利和义务》、《上海市职工代表大会条例》及实务操作，为《条例》的实施奠定基础。（3）加大对《条例》的学习和宣传，举办《上海市职工代表大会条例》宣传月活动，印发1000本《条例》单行本及2000余份矿报专刊供学习；开展《条例》黑板报展评、“学条例”矿报有奖答题，并组织职工参与网上有奖答题活动。

（杨庆荣）

【上海飞机设计研究院工会规范推进职代会制度建设】　上海飞机设计研究院工会发挥民机项目管理优势，以“决策民主化、操作规范化、内容模块化、工作流程化”的四化建设，创新职代会落实方式，逐步推进单位的民主管理工作。在决策民主化方面，工会对职代会决定事项，充分发扬民主，会前广泛征求意见，引导职工参与建议或决策，对职代会中心议题、提案征集、工作报告等内容，组织职工代表深入讨论，营造群策群力的局面。同时，积极推进涉及职工切身利益的薪酬福利制度提交职代会审议和表决。在职代会操作上，工会对照《条例》规范操作，坚持对涉及职代会的所有工作进行预研，在方案设置上，通过任务清理，对所有工作进行格式化，设计出职代会的前期筹划、确立机构、出台方案、筹备动员、确立议题、开会请示、会议宣传、会务协调、代表培训、提案征集、材料准备、预备会议、正式会议、工作汇报、办会总结、提案督办、整理报告、下次会议等18个工作模块，下设若干个工作细节，具体实施分工责任到人。在职代会推进上，工会通过设计好的工作模块，按照工作顺序进行排序，将所有工作转化为工作流程图，让职代会的系列工作形成一个工作链，并根据工作路线图进行节点考核，规范有序地推进职工民主管理工作。

（周世亮）

【上汽工会多管齐下贯彻《上海市职工代表大会条例》】　（1）组织领导干部和广大职工认真学习，提高思想认识，增强做好厂务公开民主管理工作的自觉性和主动性。（2）根据《条例》和有关文件精神，着手制定上汽职代会实施细则，为基层企业提供服务指导。（3）组织企业职工代表师资培训，为企业开展职工代表培训奠定基础。（4）对照《条例》要求，继续探索和实践符合上汽发展特点的多级民主管理的有效途径和方法，不断总结基层企业厂务公开民主管理的成功经验，充分发挥职代会在深化厂务公开民主管理、建设和谐劳动关系企业中的重要作用。（5）认真组织职工参加《条例》网络知识竞赛活动，共有8027名职工参加竞赛。上汽工会被授予“优秀组织单位奖”。

（陶牡丹）

【上港集团工会从三方面入手加强职代会工作】　（1）组织职工代表对职代会的议程安排、报告质量、表决形式、民主程序、会务工作等五方面进行评价。职工代表进行测评，五方面的评价满意率都高于95%。（2）召开集团二届职代会提案审理委员会专题会议，对职工代表提交的29份提案进行审理，确定其中20件提案立案，并要求提案承办部室做到“三定”（定部门、定人员、定时间），使条条有着落、件件有答复，在一个月内以书面形式给提案人答复，同时征求提案人对提案处理情况的意见，提案人对此普遍表示满意。(3)制定下发《上港集团二届职代会专门委员会工作制度》，明确6个民主管理专门委员会的工作职责、工作内容。（焦小涵）

【上港集团工会组织职工参加职代会条例网上知识竞赛活动】 4—5月，集团工会组织广大职工踊跃参与《上海市职工代表大会条例》网上知识竞赛活动，共有集团下属26家基层单位的7292名职工参与竞赛活动。上港集团工会因此获得“优秀组织单位奖”。通过组织职工参加《条例》知识竞赛，对在职工中普及职代会知识，提升职工民主参与意识产生了良好的作用。（焦小涵）

【上海邮政参加《上海市职工代表大会工作条例》网上知识竞赛】 4—5月，邮政工会结合学习新颁布的《上海市职工代表大会工作条例》，组织开展《条例》网上知识竞赛活动。为广泛组织员工参与学习讨论，进一步增强员工民主管理意识和能力，强化基层民主政治建设，上海邮政工会要求各基层工会通过工会部门会议、工会小组会议等形式组织开展了集中学习，并在基层班组组织员工进行网上答题。上海市邮政公司共有1.3万余名员工参与竞赛活动，上海邮政工会因此获得“优秀组织单位奖”。（蔡俊皓）

【上海邮政召开一届二次职代会】 12月23日召开。上海市邮政公司党委书记、总经理陈必昌作上海市邮政公司2011年工作情况的报告。代表们对行政工作报告、一届一次职代会提案处理情况的报告、2010年度为员工办理社会保险金等情况报告、2010年度教育培训经费使用情况报告、2010年度业务招待费使用情况报告等内容进行审议。会议以无记名投票表决的形式审议通过《上海市邮政公司企业年金实施方案》和《上海市邮政公司2012年度员工疗休养实施方案》。共有321名正式代表参加会议。为扩大知情参与面，还邀请64名列席代表参加会议。（蔡俊皓）

【上海电信出台业务外包从业人员列席职代会制度】 电信工会出台《业务外包从业人员列席职代会制度》，并明确从2011年三届一次职代会起试行。《制度》规定，列席人员的基本条件是：与业务外包单位签订劳动合同，且已加入工会组织，并为上海电信直接服务1年以上；在工作岗位表现突出；具有较强的参政议政意识。名额比例为公司职工代表总人数8%～10%，约30—40人。列席代表的产生：由其提出申请，相关基层单位根据公司工会下达名额推荐产生。列席公司职代会的外包单位从业人员单独设组，就职代会相关文件进行专题讨论，提出意见和建议。专设业务外包单位从业人员提案征集，由提案审查委员会参照正式代表提案处理。职代会闭会期间，列席公司职代会的外包单位从业人员代表（每次1—2名）安排列席公司司务会和安排参加职工代表巡视活动。公司工会还将定期开展业务外包单位从业人员参政议政能力培训，配套建立外包单位从业人员参政议政考核、奖励制度，对优秀人员进行奖励，提高其参政议政的积极性。（朱东亚）

2月22日，上海电信召开2011年三届一次职代会，试行外包从业人员列席职代会制度（朱东亚）

【中交上航局贯彻落实《上海市职工代表大会条例》精神】 (1)及时转发市纪委、市总工会等部门联合下发的《关于贯彻〈上海市职工代表大会条例〉深化厂务公开民主管理工作的意见》，要求所属企业认真贯彻落实，突出重点，注重实效。(2)落实市总工会开展的网上知识竞赛活动，共组织500多名职工参加知识竞赛。(3)开展职工代表培训工作。通过发放《条例》单行本和《条例（释义）》等培训材料，对局属达华测绘公司、航道物流公司等单位的职工代表和工会委员进行法规知识培训。（刘昌明）

【中交上航局召开提案工作座谈会】 根据提案“交办、办理、答复”的有关规定，中交上航局对职代会提案做了很好地解答，按照流程做到件件有回复。局十九届五次职代会共收到提案18份，涉及工程质量、企业管理、企业文化等三大类。经提案组审核，符合立案标准的提案15份，在分管领导、职能部门的重视下，15份提案都得到落实。为此，中交上航局专门召开提案座谈会，听取职工代表对提案落实情况的意见，以激励代表更好地参政议政。（刘昌明）

【中交三航局有限公司工会组织职工代表进行中途检查】 8月22日，公司工会组织部分职工代表对局十五届一次职代会决议、提案执行、落实情况进行第一次检查。职工代表分两组听取了相关部室领导对十五届一次职代会提案的落实情况汇报；并听取了公司行政领导所作的关于《行政工作报告》决议执行情况的报告和关于上半年职工医疗保险金、养老保险金等各项社会保险的缴纳情况以及帮困基金的使用情况的报告。在评定中，代表们认为公司各部室充分重视职工代表提案，积极落实，对提案落实工作表示满意；同时，代表们也对企业的发展提出了相关建议。（黄书展）

【中交三航局有限公司员工参加《上海市职工代表大会条例》网上知识竞赛活动】 通过在全局范围内进行广泛宣传动员，号召员工在学习《条例》的基础上，参加网上知识竞赛，共有700多名员工参与知识竞赛活动。通过参加知识竞赛活动，既加深对《条例》的理解，也能够监督企业落实职代会制度，规范运作，对保障职工的知情权、参与权、表达权和监督权将有着积极的作用。（黄书展）

【中远集运公司学习贯彻《上海市职工代表大会条例》】 （1）选派各级工会干部参加市总工会举办的《条例》专题培训；利用《家园》等平台对《条例》进行解读，加深广大工会干部和职工对《条例》的认知理解；并组织职工参加网上知识竞赛。（2）修订完善公司《职工代表大会工作实施细则》，强化职代会的职权建设、监督检查和法律责任，重点把好收入分配、福利待遇等涉及职工切身利益事项的审议通过关和企业改制过程中的民主程序关。（3）召开中远集运八届二次职工代表大会，听取并审议《行政工作报告》，审议通过《中远集运爱心基金会章程》以及职代会职权范围内的有关事项，开展民主评议领导干部工作，推荐公司领导岗位后备人选。（4）职代会闭会期间，先后召开3次职代会联席会议，并组织职工代表巡视检查，集中听取职代会提案征集及处理情况的汇报，并对职工普遍关心的员工薪酬福利等方面问题提出建议。（钱 华）

【绿化市容管理局举办《上海市职工代表大会条例》学习辅导报告会】 4月28日举办。市总工会副主席茆荣华主讲《条例》制定、修改、出台背景等内容。局党政领导和局直属各单位、各区县绿化市容局工会主席、职工代表200多人参加报告会。市绿化市容管理局领导要求局各级党组织把贯彻《上海职代会条例》、推进和深化厂务公开民主管理，列为单位党政领导干部业绩评价和考核的重要内容；各单位将厂务公开民主管理工作与加强基层民主建设相结合；与推进党务公开，加强党的建设和干部队伍建设相结合；与政务公开，发展和谐劳动关系相结合，整体联动，协调推进。（唐鸿仙）

1月14日，中远集运公司召开八届二次职工代表大会，开展民主评议领导干部，一批先进员工获表彰（陆 涛）

【百联集团工会开展职工代表巡视活动】 集团工会从基层单位挑选职工代表组成巡视组，对集团内10家企业开展巡视，以了解《条例》的贯彻执行情况。巡视的具体内容为工资集体协商贯彻情况、企务公开工作开展情况、女职工专项合同签订执行情况及目标管理考核情况、劳务派遣工入会等方面的工作。巡视方法主要是听取两级公司及有关企业工会、人事部门负责人作情况介绍，召开职工座谈会，检查相关资料，为进一步推动企业加强民主管理，切实保障职工的民主权利提供了依据。（姜 杰）

【水产集团加强工会干部业务能力培训】 为贯彻《上海市职工代表大会条例》，全面推进"两个普遍"工作，进一步提高系统内工会干部的业务水平，4月29日，集团工会举办专题培训班，邀请上海市总工会法律部、民管部有关专家进行集体协商、职代会制度方面的主题培训。基层单位分管工会、人事部门的领导，基层单位工会主席、人事部门负责人、部分职工代表近80人参加学习培训活动。通过学习培训，使广大工会干部对《条例》有了更进一步的理解，为集团全面推进集体协商工作，构建和谐劳动关系奠定了基础。（黄永康）

【市教育系统表彰优秀教职工代表和优秀提案】 年内，市教育系统开展第三届优秀教职工代表和教职工代表大会优秀提案评选工作。12月，市教育工会授予复旦大学严发善等63人"上海市教育系统优秀教职工代表"称号。《关于调整学校文科基金使用结构的提案》等10条提案被评为"上海市教育系统教职工代表大会最佳提案"，《在闵行校区建多功能植物园》等55条提案被评为"上海市教育系统教职工代表大会优秀提案"。（张渭明）

【上海专利商标事务所有限公司发挥职代会联席会议作用】 公司在成立职代会的同时建立职代会联席会议制度，并已成为公司的一项基本制度。联席会议由工会委员、职代会联合组组长、专门工作小组组长等人员组成。公司根据改革、发展、稳定工作的需要，在广泛听取职工意见的基础上，不定期召开工作会议审议有关事项，充分发挥联席会议在职代会闭会期间的作用。通过职代会联席会议，使企业民主管理制度更加健全，职工权益得到保障，促进公司进一步发展。（陶 薇）

【市卫生系统开展民主管理工作调研】 7—9月份，市医务工会在全市卫生系统开展职代会制度运行情况调研。调研覆盖全市414家医疗卫生单位，其中包括市级三级卫生事业单位49家，区县二级卫生事业单位172家，区县一级卫生事业单位182家，企业职工医院10家。10—12月，市卫生系统院务公开工作领导小组办公室下发《关于开展院务公开工作调研检查的通知》，通知下发到51家直属基层工会、18家区县医务工会和11家企业职工医院，覆盖全市400多家医疗卫生单位。根据基层反馈的自查数据，2011年上海卫生事业单位院务公开建制率为99.6%，院务公开自评分94.6分，职工代表满意率为98.4%。

（池朝霞）

【良友集团召开三届八次职工代表大会】 8月12日召开。大会向代表们通报集团第三届职代会代表增补及主席团人员调整的事项；代表们审议《上海良友(集团)有限公司工资集体协商协议书》，并以无记名投票的方式全票通过了该协议。最后，集团行政领导向与会代表汇报集团2011年上半年经济工作小结和下半年经济工作安排，并就集团"十二五"发展规划的主要内容作详细解读。集团系统职代会代表，各公司、直属单位党政工主要领导，集团总部各部门主要负责人，各公司财务总监等共100多人出席会议。

（高　磊）

【临港集团召开一届一次职代会】 12月16日召开。会议审议《临港集团第一届职代会筹备工作报告》；审议通过《职工代表大会工作制度》、《集团集体合同》、《女职工专项集体合同》，补选职工监事。临港集团职代会制度的建立，为临港产业区各入驻企业开展民主管理工作树立了表率。

（陈欣堂）

【号百公司召开一届二次职代会】 4月1日召开，94名职工代表出席会议。会议审议公司行政领导作的《聚焦客户，持续创新，夯实基础，全力以赴创造号百新一轮发展良好开局》的行政工作报告、《一届一次职代会提案处理情况报告》等4项报告。会议审议通过《号百信息服务有限公司2011年度集体合同》，并举行表决与签订仪式。

（沈　匀）

【国盛集团召开一届二次职代会】 12月26日召开。会议审议有关领导所作的《国盛集团行政工作报告》、《上海国盛(集团)有限公司2011年度职工监事工作报告》，以及采取无记名投票表决方式审议通过《上海国盛(集团)有限公司女职工特殊权益专项集体合同》。集团职工代表、列席代表、特邀代表共计200余人参加会议。

（陈　洪）

【工会学院举办《上海市职工代表大会条例》解读与实施专题研讨班】 先后举办3期专题研讨班，引导工会干部更加全面准确地理解和把握《条例》的精神实质和主要内容，更好地协调劳动关系、维护职工合法权益。研讨班深入分析《条例》制定的总体思路、颁布实施的现实意义、在立法上的突破和亮点、职代会职权的调整，以及职代会制度安排等内容。全市企事业单位近200位工会干部参加研讨班。同时，学院还为基层单位举办《条例》专题培训讲座，全市共7506名工会干部、职工代表参加培训。

（卢　锟）

厂务公开

【上海在全国深化创新厂务公开民主管理工作会议上交流发言】 8月24—25日，全国深化创新厂务公开民主管理工作会议在山东青岛召开。中央书记处书记、中纪委副书记何勇出席会议并作重要讲话。上海市厂务公开工作领导小组组长、市委副书记殷一璀出席会议并作《深化创新厂务公开民主管理，服务上海经济社会发展大局》的交流发言，市人大常委会副主任、市总工会主席钟燕群和市总工会副主席茆荣华等参加会议。

（马艳芳）

【上海围绕职工"三最"问题巩固深化厂务公开工作】 2011年，全市厂务公开工作建制数进一步提升，工作覆盖面进一步拓展。截至9月底，全市已建会国有、集体及其控股的企事业单位厂务公开建制9267家，同比去年增加576家；已建会非公企业厂务公开建制19162家，同比去年增加2153家。在推动厂务公开工作过程中，各单位注重将工作重心放在职工群众最关心、最直接、最现实的利益问题上。(1)深入推进职代会民主评议领导干部。一些大中型国有、国有控股企业将职代会民主评议结果纳入领导干部考核奖惩任免体系之中，推动党风廉政建设和干部队伍建设。(2)有序推动收入分配制度的公正合理。一些企事业单位在制定薪酬制度、调整工资结构等过程中，重视倾听职工的合理利益诉求，依法规范履行职代会民主程序，健全长效的利益协调机制。(3)规范改革改制过程中的民主程

8月12日，良友集团召开三届八次职工代表大会　（李建致）

序。配合全国分类推进事业单位改革工作的稳步推行，市总工会、市编办、市人保局等有关部门积极沟通研讨，共同研究规范事业单位改制中的民主程序，保障事业单位职工的合理合法权益。（周永宝）

【普陀区医务工会“四个结合”落实民主管理工作】（1）院务公开与深化医药卫生体制改革相结合。坚持将院务公开工作融入医药卫生事业改革发展之中，深化医药卫生体制改革，提高医务人员积极性。在全面做好向社会、患者和内部职工公开的基础上，重点做好“三个及时公开”：及时公开医药卫生体制改革中制定的相关文件和出台的有关措施；及时公开医疗服务重点环节的服务目标和要求，建立患者投诉管理机制，有效处理患者投诉和反映的问题；及时公开涉及职工利益的改革措施和重要事项，充分发扬民主，广泛听取群众意见，调动医务人员参与深化医药卫生体制改革的积极性，保证各项改革措施顺利实施。（2）院务公开与学习贯彻《条例》相结合。开展《条例》学习宣传教育活动，制定并下发普陀区卫生系统院务公开工作手册，开展医改舆情调研，召开院务公开民主管理专题座谈会，听取各基层单位院务公开民主管理工作自查报告，有效推进系统整体院务公开民主管理工作。（3）院务公开与民主管理和民主监督相结合。公开关系职工切身利益和长远发展的重大改革方案，组织领导与职工面对面交流、沟通，实现医院改革发展的平稳过渡。（4）院务公开与职工关心的热点难点问题相结合。坚持以职代会为基本载体，公开涉及职工合法权益、医院发展建设等方面内容。（赵　勇）

【普陀区召开厂务公开民主管理工作会议】　5月19日召开。会议通报2010年普陀区厂务公开民主管理工作情况，部署了2011年重点工作。会议要求，要积极营造氛围，落实措施，推动《上海市职工代表大会条例》的贯彻实施。要结合区域经济成分多元化实际，分层分类推进职代会制度建设；推进职代会制度与集体协商制度的有机结合，完善薪酬分配制度；加强职代会民主评议工作，在促进党风廉政建设中发挥好作用；加强劳动关系和谐企业创建，进一步夯实工作基础。（赵　勇）

【虹口区开展第九次厂务公开民主管理工作调研检查】　9—10月，由区厂务公开工作领导小组领导带队，区厂务公开工作领导小组成员单位分4组分别对产业、集团和街道等26家企业进行实地调研检查。通过调研检查发现，区内基层企事业单位贯彻执行《上海市职工代表大会条例》，规范职代会运作，落实职代会职权有新突破，尤其是许多非公企业依法建立职代会，使职代会和厂务公开制度的覆盖面进一步扩大，并有一些单位建立厂务公开民主管理评估制度。此外，部分单位以创建和谐劳动关系企业与和谐社区为主要目标，不断畅通厂务公开民主管理工作的渠道，有效推进厂务公开民主管理工作，使《集体合同》及《工资集体合同》和《女职工特殊权益保障合同》签订率有大幅度地提高。（徐　洁）

【黄浦区总工会持续推进厂务公开民主管理】（1）指导区管企业集团职代会民主管理工作。通过制订2011年党风廉政建设和反腐败部门职责分工有关厂务公开工作计划，落实《关于在年度述职考核中做好2010年业绩考核方案公开工作的通知》精神，12家区管企业集团（总公司）在职代会上公开领导人员业绩考核方案。（2）下发《关于学习贯彻〈上海市职工代表大会条例〉的实施意见》，抓好《条例》的宣传培训。通过集中举办3次培训班，培训200名师资力量，组织他们到基层单位为工会主席和职工代表进行培训。（3）健全制度，选树先进。继续推进区管企业健全职工监事制度，申报张小泉刀剪总店和童涵春堂药业股份有限公司为“上海市厂务公开民主管理先进单位”。（吕诚陆）

【静安区召开厂务公开工作领导小组会议】　3月29日召开，部署2011年厂务公开工作，要求扎实推进《上海市职工代表大会条例》的贯彻实施，努力加强职代会制度建设，重点做好世界500强在沪投资企业、区纳税100强中的非公企业以及独立建立工会组织的非公企业的职代会建制工作；切实加强国有、集体及其控股企事业单位领导人员的述职述廉和民主评议工作，继续深化领导人员收入公开制度，积极推进企事业单位薪酬分配的公正合理和规范完善；进一步建立健全职工董事、职工监事制度和非公企业厂务公开民主管理工作，深入开展劳动关系和谐企业创建活动。（陆阳红）

【宝山区召开2011年厂务公开民主管理工作会议】　5月3日召开。会议回顾总结2010年厂务公开民主管理

5月3日，宝山区总工会召开推进厂务公开民主管理工作会议

（胡立伟）

工作并布置2011年工作。会议表彰了7家荣获2009—2010年上海市推动厂务公开民主管理工作先进单位和上海市厂务公开民主管理工作先进单位。各街镇、园区、相关委办局厂务公开民主管理领导小组组长、纪委书记、工会主席参加会议。（胡立伟）

【金山区召开厂务公开民主管理工作会议】 8月25日召开。会上，4家单位作经验交流。会议要求努力推进《上海市职工代表大会条例》的贯彻落实，突出重点，强化措施，努力提升厂务公开民主管理工作水平；加强领导，发挥优势，不断把厂务公开民主管理工作引向深入。会上命名表彰了上海信谊延安药业有限公司等10家2010年度金山区"先进职代会"单位。区厂务公开工作领导小组成员，各镇、街道、工业区、委局和区属单位厂务公开工作领导小组党政工负责人及部分企事业单位工会主席代表参加了会议。（马琳联）

【松江区总工会"三个注重"深化厂务公开】 （1）注重坚持公有制企事业单位职代会的建制率和正常运作率。把2011年作为"职代会制度建设年"，加大建立职代会制度力度，扩大覆盖面。在公有制企事业单位全面建立并健全职代会制度，335家国有、集体企业和事业单位，职代会建制率为100%。（2）注重对公有制企事业单位领导干部实施民主评议制度。305家公有制企事业单位对领导干部民主评议，实施率达到90%；有302家单位领导干部收入向职代会报告，占85%；民主评议领导干部廉洁自律情况，综合评价满意率和基本满意率为98.8%。（3）注重落实非公有制企业"2+X"模式的厂务公开民主管理制度。年内，新拓展厂务公开的非公企业有251家。在非公企业中，规模以上企业的职代会建制率达到建会总数的83.5%；区域性、行业性职代会建制数88家，覆盖企业3045家。（沈君子）

【奉贤区厂务公开民主管理工作调研检查坚持三个原则】 奉贤区第九次厂务公开民主管理工作调研检查坚持"2+X"、"六个化"、"三个必须"原则。检查分为两个阶段，9—10月为第一阶段，由单位自查和系统内互查。11月为第二阶段，由区厂务公开工作领导小组抽查。截至年底，全区535家国有、集体及其控股企业和事业单位中，厂务公开和职代会建制率达到100%；已建工会的非公企业实行推行厂务公开民主管理的有1568家，达到已建工会数的80%以上。（叶 兰）

【上海商社·有色·广电资产公司推进厂务公开工作】 公司工会不断探索总结调整型企业的工会工作运行模式，在探索中谋突破，推进企业厂务公开工作。通过组织职工学习《上海市职工代表大会条例》，并有747人次参与市总工会开展的《条例》网上竞赛活动，最大限度地调动职工参与企业民主管理的积极性、主动性。公司下属的正常经营企业100%建立工资集体协商制度，并签订集体合同。（沈 巍）

8月25日，金山区召开厂务公开民主管理工作会议 （沈勇军）

【华谊集团开展厂务公开完善民主管理】 集团厂务公开工作领导小组组织开展第九次厂务公开民主管理工作调研检查活动，重点对焦化、丙烯酸、三爱富等6家企事业单位进行抽查。经统计，集团厂务公开建制率达93.2%，其中国有（控股）企业92.7%，集体企业和事业单位100%；集团职代会制度建制率94.6%，其中国有（控股）企业94.2%，集体企业和事业单位100%；集团基层企业应签订集体合同的单位有70家，实签单位数65家，签订率92.9%；开展工资集体协商的单位有41家。（殷洁伟）

【上海电建公司工会以五项举措深化厂务公开民主管理】 （1）坚持实行项目职工（代表）大会制度，拓展基层民主管理的表现形式，调动职工民主参与积极性，促进了项目工程建设。（2）坚持实行民主恳谈会制度，各层次职工（代表）大会召开前，工会组织召开职工民主恳谈会，搭建企业领导与职工的交流平台，企业领导与职工面对面沟通，并采纳职工的意见，拟定符合企业实际的职工（代表）大会议题，促进基层民主管理的不断完善。（3）坚持实行平等协商制度，重点建立和完善工资协商机制，把职工工资增长作为考核企业领导的标准之一，确保职工权益维护机制的实施，努力构建企业和谐的劳动关系。（4）坚持实行领导干部收入公开制度，公司制定领导干部"三项责任制"考核制度，以"六个有"规范领导干部的收入；坚持实行职工关爱机制，劳务派遣制员工是企业发展的重要力量，在民主参与、福利待遇、技能培训、先进评选等方面维护他们的合法权益，凝聚人心，推动企业稳定发展。（5）企业改制职代会审议通过制度，基层单位在实施改制的过程中，严格按照规定履行民主程序，畅通职工诉求表达渠道，规范操作企业的改制。几项举措在广度、深度上拓展了厂务公开民主管理工作,公司因此获得“全国厂务公开民主管理先进单位”荣誉称号。

（刘叶伟）

【上海航天局工会深化厂务公开民主管理工作】 局工会注重加强职代会制度长效机制建设,继实现两级职代会制度全覆盖、实施职代会提案制之后,2011 年推动提案工作长效机制建立,同时在局和基层单位中全面开展职代会质量评估工作。(1)组织开展培训。向各单位下发《上海市职工代表大会条例》,并组织基层工会主席参加市总工会举办的新版条例培训,组织职工参加新版条例网上知识竞赛,组织职工代表参加新版条例培训。(2)深化提案工作。组织召开局职工代表提案工作专题会议,督促 8 个相关部门落实二届三次职代会 18 个立案提案,组织二届四次职代会提案征集工作,完成提案整理和分类,组织提案工作委员会审议职工代表递交的 47 条提案,确定 7 条立案提案。(3)组织代表巡视。组织局劳动争议调解委员会与安全生产监督委员会成员和局职工代表,开展 2011 年度安全生产工作巡视。(4)于 7 月 16 日召开二届四次职代会,通过职代会质量评估制度草案。(5)跟踪落实提案。(6)推进基层工会开展职代会质量评估工作,并对此项工作开展专项检查。

（沈 恺）

【烟草工会围绕打造“阳光烟草”推进办事公开民主管理工作】 2011 年,烟草工会围绕集团“规范权力运行,公开透明操作,确保监管到位,打造阳光烟草”的主题,重点围绕“工程投资、物资采购、宣传促销”3 项业务,审视办事公开民主管理工作目标、推进计划和工作措施。对照国家局 13 个标准性文件(规定),主动协同相关职能部门,严格按照时间节点,扎实推进办事公开民主管理工作。(1)健全完善办事公开民主管理工作制度。制定完成《办事公开预审管理办法》、《办事公开民主管理评议制度》等 4 个工作制度,并以“一事一训”的方式,组织公司职工代表对“两项工作”内容进行学习培训。(2)调研形成“3 项业务”公开目录。梳理完成“工程投资、物资采购、宣传促销”3 项业务重点环节和关键要素,形成第一批办事公开目录,主要涉及相关制度、流程,招投标项目、结果,年度计划、预算和方案以及完成执行情况等四大类,共 100 余项公开内容。(3)抓好《上海市职工代表大会条例》学习贯彻。组织 29 家工商单位职工代表、工会干部学习新颁发的《条例》。根据集团领导“进一步增强职代会议事功能”要求,一方面改进职代会组织方法,让职工代表畅所欲言,建言献策,有效提升职代会的质量;另一方面探讨职代会提案制和员工合理化建议新举措,引导职工代表和广大员工参政议政,研究制定《集团公司职代会提案工作实施意见》,细化完善《员工合理化建议操作流程》,并结合安全月活动,组织职工代表巡视工商企业生产经营现场,职工代表提交的巡视意见被公司采纳。

（杨 颖）

中海集团船务公开栏中公开船员奖金分配表 （张晓鸣）

【上海铁路局开展厂务公开问卷评价活动】 上海铁路局工会组织开展厂务公开民主管理工作满意度职工问卷调查活动,有 87 家局属单位分车间、部门组织不同层面干部职工填写了 3468 份调查问卷,对 10 个问题客观地提出评价意见。参与问卷调查的有各单位党政领导 413 人、中层管理干部 848 人、机关一般干部 875 人,一线生产职工 1332 人,其中有路局职工代表 136 人、各单位职工代表 1466 人、车间级职工代表 929 人。调查研究显示,职工对厂务公开民主管理工作综合满意率为 85.14%,基本满意率为 14.08%。

（白 杰）

【“中海亚洲”轮创新厂务公开实现新突破】 “中海亚洲”工会结合“创新引领新转变、提升综合竞争力”主题活动,设立 6 个信息栏,形成职工交流大平台。(1)船务公开栏,以加强船员伙食管理为切入点,围绕船员业绩考核,晋升推荐、先进评比、免税物品购买、残污油清退、工会经费使用等。(2)船长公开栏,把船舶安全管理通电、船舶保安信息、国际公约变化、中海安检中的缺陷内容、拨钟安排、抵港事项、航次安全等告示。(3)新闻信息栏,政委收集各种新闻内容、补充医疗额度、船员安全综合奖、企业年金提取、船员伙食新规等。(4)文化建设栏,以照片形式展示大厨创新伙食管理、党支部和工会关心关爱船员、船员在岗风采、在船培训学习、在船娱乐等。(5)交流园地栏,组织优秀干部撰写工作心得体会、船舶救生消防知识、船员上船目的和目标等,营造一个快乐和谐的船员工作和生活的氛围。(6)党群建设栏,公示党员创先争优承诺书、支部主题活动、党员学习内容等。

（方晨曦）

【上海电信宝山局厂务公开呈现 3 个特点】 (1)公开内容详实。公司每季度召开厂务公开沟通会,通报市场经营情况、城市光网建设及覆盖情况、人力资源岗位积分使用方案等,并就当前面临的严峻竞争态势、投资资本压力、员工职业生涯发展及岗位现状等进行客观分析，尤其在关系员工切身利益方面，如职业成长空间、岗位晋升积分管理等内容予以公开。(2)公开形式多样。通过建立多层次、多渠道的公开形式，如特邀职工代表参加局长办公会议和年度干部大会，定期召开工会主席例会、员工知情议政沟通会，公开企业经营发展情况；在局报设立厂务公开专栏，定期公开区局重大事项如人事变动、机构调整、重要决策等，通过内部监管和外部监督相结合方式，有效推进民主管理向纵深发展。(3)公开程序规范。按照轻重缓急原则和"提出、审查、公开、评议、整改"程序，重大或有时限性内容随时公开，确保厂务公开工作规范运作；坚持"谁主管谁负责"原则，明确责任部门，切实推行重大事项事先公开初步方案，领导干部民主意识进一步增强、干群关系进一步协调，营造出人人参与的企业民主管理和谐氛围。

（罗　凯）

【中交上航局推进企务公开工作】 上航局以自查、专题调研、交流座谈、总经理信息发布会等形式，开展第九次企务公开检查与抽查工作。局属东方分公司听取员工意见，制定拖驳管理组、调遣拖轮管理组、航吸1005船组等3家单位的整合实施计划方案，保证改革方案软着陆。物流公司坚持职工代表安全巡查制度，将安全生产与职工民主管理、民主监督工作相结合，坚持依靠职工群众抓好安全生产。上航局为此荣获2009—2010年度"上海市推动厂务公开民主管理工作先进单位"；东方分公司荣获上海市厂务公开民主管理工作先进单位称号。

（刘昌明）

【中远集运推进企务公开民主管理工作】 公司把企务公开作为企业管理的重要制度和企业决策、管理过程的重要环节，以党委名义制定下发《2011年中远集运企务公开民主管理工作意见》，突出述职述廉和民主评议，发挥企务公开民主管理在应对后金融危机影响中的独特优势，发展和谐劳动关系。

（钱　华）

【建工集团基础公司工会组织职工多渠道参与企业民主管理】 (1)收集职工思想动态制度化。公司工会利用三级管理工作网络，季度收集职工思想动态，主要从对涉及职工切身利益、对影响职工队伍稳定的带有倾向性、代表性问题、对生产生活及社会热点等5个方面的思想反映内容进行收集，并填写职工思想动态情况反馈表。(2)与职工互动交流方式多样化。采取了定期座谈、个别访谈、合理化建议、论坛、"党群工作志愿者QQ群"网上交流等方式，使一线职工的思想能及时反馈到公司层面。(3)扩大职代会民主管理小组的参与率。发挥公司5个职代会专门民主管理小组的作用，围绕公司生产经营、经济管理、改革发展、人才建设、职工利益等方面，广泛征求干部群众的意见。(4)与一线项目部设置"直通车"。公司工会给每个项目配备了《项目工会工作手册》，直接指导项目工会工作者对项目实施民主管理。并在项目上设置维权告示牌，公布工会热线电话、工会电子邮箱，设置工会信箱，为项目设置与公司直接联系的通道。

（杨钟春）

【上海高校系统开展校务公开民主管理工作调研检查】 9—10月，市教育工会对公立高校、民办高校以及各直属单位开展校务公开民主管理工作调研检查。调研检查重点是：校务公开民主管理工作的推进、运行情况以及主要经验和做法；贯彻落实市教卫党委《关于进一步深化校务公开，推进基层民主政治建设的意见》、《上海市高等学校教职工代表大会实施意见（试行）》等文件的情况；特别是当前在贯彻《上海市职工代表大会条例》过程中遇到的新情况、新问题以及相关对策建议。市教育工会要求各单位要及时制定自查工作的实施计划，统一安排部署，认真组织实施。通过调研检查，发现先进典型，全面总结经验，加强对热点、难点问题的研究，强化督促和整改。

（张渭明）

【市监狱局工会推进厂务公开工作】 (1)加强领导，健全组织，建立厂务公开长效机制。明确党委是第一责任人、行政是第一执行人、工会是主要的推动者，形成三方合力推进厂务公开工作。(2)组织开展第九次厂务公开工作的调研检查。在企业自查的基础上，局工会通过听取汇报、职工座谈会等形式，对5家局属企业单位进行调研，撰写《关于局属企业和社区厂务公开工作的调研报告》。(3)以职代会为抓手，按照厂务公开"六个化"的民主程序和涉及职工切身利益"六公开"的要求，进一步落实职工群众的知情权、参与权、监督权和审议权。(4)在深化监狱体制改革中，配合5家企业，根据厂务公开民主管理工作的要求，把涉及职工切身利益和企业发展等重大问题，提交职工代表审议和讨论，进一步规范厂务公开的工作，稳定改革中的职工思想。

（江海群）

【锦江集团厂务公开民主管理工作取得成效】 集团工会围绕集团发展目标，发展和谐劳动关系，开展厂务公开民主管理工作，建立和完善企业职代会制度工作。明确要求凡涉及职工切身利益的重要问题和集体合同必须经职代会审议通过，在源头上维护职工合法权益。推进集体合同和工资集体协商机制，职代会制度向农民工群体延伸和覆盖，推动惠及农民工的"综保"制度调整等政策的落实。集团职工劳动合同签约率达100%，工会签订集体合同（含行业性集体合同）41份，覆盖率为98.1%，厂务公开家数为77家，覆盖率为85.6%。上市公司普遍建立了职工董监事制度。

（张祥伟）

【上海联通启动企务公开发布会工作】 企务公开发布会是企务公开的重要载体。4月，上海联通分公司启动企务公开发布会工作。根据上海联通关于企务公开发布会的相关制度要求，企务公开发布会每季度举行1次，发布会的主讲人由公司管理层领导担任。2011年共举行3次企务公开发布会，共有303人次的职工代表、骨干员工参加。每次企务公开发布会由公司领导就季度的重点工作、员工关心的问题进行讲解，接受提问，并责成有关部门解决相关问题。3次企务公开发布会，员工共提出30个问题，内容涉及宁桥路局房员工就餐、员工晋升通道、外包员工管理、岗位缺编、员工岗位职级套改后员工的职业发展途

径、经营考核数据的公开性、职工之家器械管理等方面,许多问题已经得到较好地解决。 (康 迪)

职工董监事制度

【上海推进职工董监事制度建设】 2011年,上海市各基层单位贯彻落实《关于本市国有企业深入推行职工董事、职工监事制度的通知》,将职工董事监事制度作为现代企业制度的重要内容,纳入企业管理流程之中,完善法人治理结构。部分基层单位在深入开展调查研究的基础上,进一步规范职工董监事制度,并将职工董监事制度与职代会制度有机整合,完善职工董监事述职、评议制度。部分单位还推动职工董监事制度向下属企业延伸,建立健全职工董监事制度,并加大职工董监事能力培训力度,探索建立职工董监事联系制度,促使职工董事和职工监事正确履行职责,更好地发挥作用。 (王珍宝)

非公企业民主管理

【上海非公企业民主管理工作取得成效】 2011年,上海各级工会贯彻《上海市职工代表大会条例》,扎实推进非公企业民主管理工作。上海工会通过媒体、网络以及举办报告会、宣讲会、培训班等方式大力宣传《条例》,通过加大推进世界500强企业和规模以上民营企业实现集体合同制度与职代会制度有效联动的工作力度,推动广大非公企业建立健全职代会等企业民主管理制度。上海工会还通过培育和树立富大胶带、欧尚超市、三菱电梯、飞利浦灯具等一批通过"2+X"民主管理促进劳动关系和谐、推动企业健康持续发展的非公企业民主管理的先进典型,发挥示范引领作用,引导非公企业建立健全民主管理制度,维护职工民主权利。在各级工会的努力下,包括家乐福、麦当劳、可口可乐、蒂森克虏伯电梯、永达汽车、宏碁电脑、罗氏制药等在内的不少世界500强企业和知名民营企业都相继建立健全职代会制度,并开展集体协商签订集体合同。此外,上海工会还通过加大对区域性、行业性职代会的推进指导力度,总结市纺织工会、金山卫镇、长白街道、顾村镇等区域性、行业性职代会的经验做法,推动区域、行业内广大中小型非公企业实行民主管理,保障好职工的合法权益。 (王珍宝)

创建职工满意企业

【上海工会大力推动劳动关系和谐企业创建活动广泛开展】 2011年,各级工会牢牢把握发展和谐劳动关系这一主线,推动劳动关系和谐企业创建活动的深入广泛开展。(1)争取党政的支持,依托三方机制,强化资源整合,形成合力推进的工作格局和长效机制。市区两级工会主动与党委、政府劳动社会保障局、企联、工商联、安监局、政法委、信访办等多个部门的沟通协作,共同研究部署推进工作有序开展。(2)围绕劳动关系建立、运行、监督、调处等环节,进一步强化劳动关系协调机制的建立和健全。将推进创建活动与企业建立健全劳动合同、平等协商、集体合同制度和职代会、厂务公开民主管理制度、劳动争议调处等劳动关系协调机制建设结合起来,细化创建活动的刚性标准和要求,进而推动工会维权建制建设的规范化、制度化。(3)着力打造上海推进劳动关系和谐企业创建工作的特色,将职工的满意度与企业劳动关系和谐度统一起来。引导企事业单位及其经营管理者尊重和重视职工的主体地位,树立与职工共建共享理念,积极履行企业社会责任,充分保障职工的经济权益和民主权利。年内,市总工会联合有关单位组织开展2010—2011年度"上海市劳动关系和谐职工满意企事业单位"和"上海市职工信赖的经营管理者"评选活动。 (马艳芳)

【上海17家单位在全国构建和谐劳动关系经验交流会上受表彰】 8月15—16日,全国构建和谐劳动关系先进表彰暨经验交流会在北京召开。中共中央政治局常委、中央书记处书记、国家副主席习近平出席会议并作重要讲话。会议表彰357家"全国模范劳动关系和谐企业",43家"全国模范劳动关系和谐工业园区"。上海有16家企业,1家工业园区获表彰。上海三菱电梯有限公司作书面交流发言。上海富大集团有限公司董事长、总裁袁立代表上海获奖单位上台领奖。 (马艳芳)

【新世界股份有限公司获全国模范劳动关系和谐企业称号】 公司坚持将诚信、责任、社会价值作为追求目标,以维护职工权益为切入点,形成"以人为本、追求卓越、奉献社会"的企业核心价值观和"学习、融合、奉献"的企业理念,构建职工与企业"共建和谐、共谋发展、共享成果"的良好态势。(1)建立和落实职工诉求表达机制,突出维护职工的政治权益,公司把以职代会为基本形式的企务公开民主管理,作为诉求表达机制建设的重要途径来促进和谐劳动关系的建立。(2)建立和落实职工权益保障机制,公司以签订履行劳动合同、集体合同和实施帮困救助工作为抓手,建立科学规范的职工权益保障机制,切实维护职工的经济权益。(3)建立和落实职工利益协调机制,注重维护职工的发展权益,公司以学习型团队为基础,以学习型人才为重点,建立党政工团全面协调的学习机制,使学习型企业创建步入制度化、规范化、常态化轨道,促进员工的全面发展。公司坚持"企业规模与经济效益同步,企业发展与职工成长同步,企业效益与职工收入同步"的"三个同步"的发展战略,促进劳动关系和谐,更有效推进公司又好又快地发展。8月,公司获"全国模范劳动关系和谐企业"光荣称号。 (徐佳礼)

【闵行区梅陇镇创建劳动关系和谐企业】 梅陇镇劳动关系和谐企业创建坚持以机制创新为核心、以职工维权为重点、以企业发展为目标,推动形成"以人为本、利益兼顾、互利双赢、共同发展"的良好局面。(1)加强组织领导,完善组织架构,并结合梅陇建设都市型工业基地、区域性商贸中心的发展特点,对创建工作提出打牢基础、分步推进的要求,为开展创建活动提供坚强后盾。(2)建立劳动争议三级预警机制,健全区域性工会联合会机制,完善工资集体协商和职代会制度,为创建劳动关系和谐企业提供健全的制度保障。(3)加强宣传引导,通过媒介载体传递创建信息,通过创建诚信企业挖掘创建苗子,通过典型引路

6月8日，青浦区召开创建劳动关系和谐企业暨厂务公开民主管理工作会议（马美君）

发挥示范引领作用，为创建劳动关系和谐企业营造良好的舆论氛围。(4)加强服务，在统一培训部署的基础上分类指导，指定专人对下属企业实行上门服务，教育引导激发职工的劳动热情和创造活力，确保劳动关系和谐企业创建取得实实在在的成效。（潘丽红）

【闵行区总工会多措并举推动和谐企业创建】 区总工会开展劳动关系和谐企业创建工作，不断探索、创新和完善工作机制和创建工作模式。(1)构建大创建工作格局。建立领导机构，形成以区创建领导小组为主导，以街镇创建为重点，以村（社区）为基础，以区域性、行业性、专业性社会组织为辅助的三级创建组织网络；加大宣传力度，面向全区各类企业开展劳动关系和谐企业创建宣传动员，形成全区企业广泛参与创建和谐企业的局面。(2)制定科学合理的创建标准。制定《闵行区劳动关系和谐企业创建活动手册》，明确创建基本标准、创建评估方法、创建工作流程、企业申报材料等相关内容，使创建活动与切实维护职工基本权益相结合、与提升企业现代管理水平相结合、与加强企业工会规范化建设相结合，推动工会组织建设和企业管理规范化。(3)坚持滚动式推进战略。坚持“在服务中创建，在建设中形成机制，用机制来建设品牌”的创建原则和“小步走、不停步”滚动式推进战略，将创建企业按照企业规模、行业性质和创建基础分成3批，成熟一批、创建一批，同时将创建和整改有机结合，加强对企业用工管理指导。(4)建立信息化管理平台。整合各相关部门的信息资源，社会公开招投标邀请专业软件公司，建立和谐企业创建工作信息化管理平台，实现统一管理，信息共享，提高效率，服务多方的工作目标并实现创建活动的全过程和动态管理以及信息资源的共建共享。(5)实行客观公正的第三方评估。探索运用社会第三方进行评估的方法，通过招投标方式引入3家评估公司，由第三方根据创建标准对企业进行评估，做到过程和结果公开。同时，建立和谐企业评估观察员制度，全程观察社会第三方评估工作。(6)建立激励约束并重机制。区创建活动纳入财政预算框架，设立5000万元的专项资金，用于劳动关系和谐企业创建活动的开展；劳动关系和谐企业评定与各类先进评比直接挂钩，促使企业全面开展创建活动；区总工会对创建成功的企业实行动态管理、定期考察，做好后期的监督管理工作。（陶慧卿）

【嘉定区领导带队赴外省学习考察劳动关系和谐企业创建工作】 8月17日，由嘉定区人力资源和社会保障局、区总工会、区工商联等嘉定区劳动关系和谐企业创建工作相关单位组成的考察团，赴江苏省扬州市学习考察劳动关系和谐企业创建及工资集体协商工作。并与扬州市有关方面就劳动关系和谐企业创建和工资集体协商工作开展中的重点热点难点问题进行交流研讨。（徐　浩）

【松江区叶榭镇总工会坚持维权与维稳并重推进和谐企业建设】 镇总工会突出“维护职工权益、服务企业发展”主题，不断加大做好维权工作力度，组织引导广大职工与企业共创双赢。(1)坚持畅通渠道，在维护职工合法权益中推进和谐企业建设。大力推进劳动合同制度和以工资集体协商为重点的集体合同制度，着力提高集体合同质量，扩大覆盖面。把发展和谐劳动关系作为维护职工合法权益的有效手段，营造和谐稳定的社会环境。开展争创诚信企业活动，为构建和谐劳动关系企业起到导向作用，促进职工投身改革、支持发展。(2)坚持厂务公开，在强化职工民主管理中推进和谐企业建设。把开展和谐企业创建活动作为加强企业民主管理，维护和保障职工群众的民主政治权利的载体。通过职代会制度、集体合同制度的建立和运行，使非公企业厂务公开民主管理工作取得新突破。(3)坚持帮扶救助，在保障改善民生中推进和谐企业建设。通过完善困难职工档案，整合社会资源，落实职工帮扶救助措施，做好帮扶救助工作，并协助政府有关部门为288名困难职工和农民工解决就业问题。（汤伯芳）

【青浦区香花桥社区（街道）总工会开展首届“工会之友”评选活动】 1月20日—3月22日，青浦区香花桥社区（街道）总工会在450多家企业中开展“工会之友”评选活动。“工会之友”的评选旨在从“构建和谐劳动关系，促进经济和社会发展”出发，鼓励和表彰近年来对工会工作大力支持、为街道经济和社会发展作出贡献、关心和爱护职工的企业经营者，以此形成全街道范围内支持工会工作、维护职工合法权益和社会稳定的良好氛围。街道总工会通过各企业工会和行业工委初步推荐，确定20多位候选人，经过职工网上参与投票推荐以及评选委员会的无记名投票等程序，最终评选产生卓饰纺织品(上海)有限公司总经理 Michael Dean Messer(美国籍)等 10 位"工会之友",另有 11 位企业经营者获"工会之友"入围奖。(马美君)

【宝钢股份公司工会推进实事工程建设】 公司工会以注重改善职工生活、工作条件为重点,以"实事工程项目"为载体,按照"必需、可行、合理"的原则,落实解决职工"三最"问题,得到职工肯定。公司工会通过职工座谈会、思想动态收集、管理者问卷调查、公司"桥"论坛等多渠道了解职工的需求,并加强开展现场调研,对职工反映强烈的热点难点问题进行梳理汇总,针对职工反映强烈的餐饮、如厕、洗衣等问题,开展专项督查,有效协调解决职工关注的生活后勤方面的问题。股份公司总部围绕食堂、厕所、职工浴室、职工饮水、更衣楼改造及改善岗位工作餐质量等 98 个项目,投入费用 1630 万元。各事业部、子公司确立 72 个项目,投入费用 4506 万元。(王俊民)

【宝钢集团工会落实职工"三最"4D 项目】 集团公司将《建立宝钢青年职工住房支助计划》、《建立沪外"小企业"增强凝聚力和归属感的人文关怀标准化项目》、《建立职工互助互济制度》列为公司 4D 项目,由总经理任项目责任领导,工会主席任项目总执行人,成立项目组,开展一系列调查研究。工会提交的《关于建立宝钢青年过渡惠租房的可行性报告》已经公司总经理办公会审议,原则同意可行性报告,并由宝钢股份先行试点启动这项工作。还有《宝钢沪外小企业"人文关怀"标准化项目建设指导意见》、《关于建立宝钢职工互助互济制度的指导意见》已经发文。各子公司根据上年度《宝钢管理者问卷》调查和日常收集的职工反映诉求,年内共提出 128 项各类三最问题,截至 12 月底已解决 123 项。(钟 群)

【上海电信政企部工会建职工"老娘舅"微博】 政企部工会开通"老娘舅"微博,拥有粉丝 300 多人,政企部 100% 的职工加入"老娘舅"大家庭。"老娘舅"的主要工作是为职工解决实际问题,从而使越来越多的职工喜欢将"老娘舅"作为倾诉对象。政企部的一大半职工已经与"老娘舅"微博在网上实现互动。(朱东亚)

【建工集团构件公司工会推动和谐企业建设】 (1)通过完善平等协商机制创和谐。通过建立综合协商、一事一议专题协商、特殊事宜复议协商等多项平等协商制度,逐步形成定期与不定期相结合、调研与沟通相结合、评议与考核相结合、巡视与报告相结合的平等协商的互动机制、责任机制、监督机制。(2)通过提高职代会运行质量促和谐。通过强化职代会各项职权的落实,完善职代会制度建设。坚持每年召开两次职代会,重大事项提交职代会讨论审议表决。并建立职代会质量评估制度和注重集体合同的履约情况向职代会报告。(3)通过深化厂务公开求和谐。将厂务公开向企业经营管理、资金效益、企业发展等方面延伸,向员工分配、考核、激励方向延伸,向岗位公开竞聘、干部评议延伸。(4)通过协调劳动关系保和谐。通过建立职工思想动态分析制度,注重全过程的介入改革改制中涉及职工利益问题的研究与方案制定,注意保持工会与劳动人事部门的密切沟通联系,接待和妥善处理职工的来信来访。(5)通过形成长效机制建和谐。按照《上海市职工代表大会条例》要求,修订公司职代会条例,下发《关于建立召开基层单位职工代表大会(职工大会)》的意见,统一思想认识明确责权范围,建立长效机制。(杨钟春)

【光明食品集团工会举行"我心目中的好领导"评选揭晓暨颁奖大会】 12 月 28 日在金海岸上海演艺大舞台举行,表彰由职工实名投票推选产生的 23 位光明食品集团"我心目中的好领导"。这次光明食品集团工会组织开展的"我心目中的好领导"推荐评选活动,采取层层推荐的方式,广泛发动职工推荐自己身边熟悉的心目中的好领导,共有 20557 人/次职工参与实名投票推荐,并表明推荐理由。经过 3 轮推荐,最终以得票高低确定光明食品集团 23 位"我心目中的好领导"。活动集中展示 5 年来集团各级领导带领员工创新发展、转型发展、和谐发展的成果,汇聚和塑造了集团各级领导甘于奉献、关注民生、关爱员工、高品格做人和高水平做事的光明食品集团职工"我心目中的好领导"的整体形象。(桑树德)

【绿地集团努力构建和谐企业】 集团公司以构建和谐企业为目标,持续提升职工满意度、团队归属感和集体凝聚力。(1)以民主参与促职工满意。通过不断完善工会建制,并将职工代表大会制度、厂务公开制度和职工民主管理制度等长效机制落到实处。利用集团 OA 系统、党建网、《绿地报》等多元化平台,将集团重要决策、队伍建设等信息以最为迅捷和透

光明食品集团工会开展"我心目中的好领导"评选 (闪向阳)

明的方式予以公布,使职工感受平等与和谐的企业氛围。(2)以发展促职工满意。绿地集团始终保持持续健康快速的发展态势,公司的大力发展为职工施展才华、实现人生价值提供了广阔的舞台。此外,集团注重结合职工职业生涯来规划工作,倡导立足岗位工作发掘和储备一批优秀的业务骨干和后备梯队,以职工自身发展促满意和谐。(3)以企业文化促职工满意。通过不断完善企业文化理念体系,提出"六个倡导六个反对"为广大干部职工在新时期进一步提升精神、文化和能力指明方向。(4)以文体活动促职工满意。通过举办"健康、凝聚、跨越"第二届集团运动会、踏板操培训班、团队拓展、各类郊游踏青活动,并结合职工兴趣开展丰富多彩的个人才华展示活动,如征文活动、演讲比赛等。(5)以关爱温暖促职工满意。通过走访谈心、召开座谈会、问卷调查等形式,深入了解职工现实思想动态,及时发现和掌握职工关心的热点和焦点问题。同时,提供各项物质保障,开展困难、患病职工捐助、慰问、职工生日送祝福、夏日送清凉等举措,贴近职工实际需求,解决职工困难。

(王洋洋)

保障政策文件选编

关于外来从业人员参加本市工伤保险若干问题的通知

沪府发〔2011〕28号

为切实保障外来从业人员的工伤保险权益,完善本市工伤保险制度,根据《工伤保险条例》、《关于农民工参加工伤保险有关问题的通知》(以下称《通知》)等规定,现就外来从业人员参加本市工伤保险若干问题通知如下:

一、与本市用人单位建立劳动关系的外来从业人员(以下简称"外来从业人员"),应当参加本市工伤保险。

二、用人单位及其使用的外来从业人员按《上海市工伤保险实施办法》(以下简称《实施办法》)的规定参加工伤保险后,用人单位应当按时为外来从业人员缴纳工伤保险费。其中,非城镇户籍外来从业人员工伤保险费的缴费基数实行5年过渡,具体办法按市政府《关于外来从业人员参加本市城镇职工基本养老保险有关问题的通知》执行。

用人单位缴纳工伤保险费实行基础费率,基础费率统一为缴费基数的0.5%。用人单位发生工伤事故的,按本市工伤保险浮动费率管理的规定,实行浮动费率。

三、用人单位使用的外来从业人员在工作中遭受事故伤害或者患职业病的,其工伤认定、劳动能力鉴定、工伤保险待遇的项目标准和申领支付以及相关法律责任等,按本市工伤保险相关规定执行。

四、因工致残一级至四级的非城镇户籍外来从业人员可以按《实施办法》规定的待遇项目标准和支付方式,享受工伤保险待遇,也可以按《通知》的规定,选择按一次性领取的方式享受。选择一次性领取工伤保险待遇的,由工伤人员在首次申领待遇时向工伤保险经办机构提出,并以协议方式确认,一经确认不再变更。

五、选择按一次性领取的方式享受工伤保险待遇的致残一级至四级工伤人员,与用人单位解除或终止劳动关系后,其工伤复发医疗费以及经劳动能力鉴定机构鉴定可以享受的一次性伤残补助金、伤残津贴、生活护理费和经确认配置辅助器具费等,由工伤保险基金一次性支付,支付标准暂按现行标准执行。

工伤保险待遇一次性领取后,工伤保险关系终止。

本通知自2011年7月1日起施行,有效期为实施之日起5年。本市已有规定如与本通知规定不一致的,以本通知为准。

上海市人民政府

二〇一一年六月十五日

保障经济权益

Guaranteeing Economic Rights and Interests

上海工会年鉴

2012

综　述

2011年,上海工会围绕中心、服务大局,积极探索服务职工群众的有效载体,不断推出服务职工新举措,提高工会保障工作针对性、实效性,积极协助政府推动保障和改善民生。(1)围绕"1331"工作计划,扎实推进工会就业援助工作。要求各级工会全年至少举办100场针对不同求职群体的职介专场,对3万名就业困难职工进行职业技能培训,并获得人力资源社会保障等部门颁发的初级以上证书,帮助3万名下岗失业人员、农民工和困难职工家庭高校毕业生实现就业,为1万名有创业意愿的职工提供创业援助服务。广泛开展工会职介、培训机构状况调研,推动地区、产业工会接入就业服务网平台。深入开展工会"就业援助月"、"技能培训促就业"和"困难职工家庭高校毕业生阳光就业行动"等就业服务品牌活动,组织对口劳务协作,会同政府部门开展"民营企业招聘周"、"春风行动"等就业援助主题活动,参与实施"家政服务工程",推动完善家政服务网络平台建设。(2)加强工会工资工作,推动提高一线职工收入水平。依托三方协调机制平台,推动月最低工资标准调整到1280元,增加160元,增幅为14.3%,推动小时最低工资标准调整到11元。会同政府部门开展环卫一线职工收入状况的调研,并由市政府转发《关于本市建立环卫职工收入正常增长机制提高城市环境卫生保障水平若干意见的通知》,惠及4.18万名环卫行业职工。健全职工收入状况监控体系,完善职工收入调查网的成员结构,充实调整主副食品价格采集网和职工家计统计网,建立主、副食品价格指数,并扩大调查对象范围。参与出租车等公共服务产品价格调整听证。(3)加大源头参与力度,推动完善上海社会保障体系。积极参与《社会保险法》出台后养老保险、医疗保险、失业保险、工伤保险、生育保险等领域相关政策的配套与调整,参与制定、出台《关于贯彻〈中共中央、国务院关于深化医药卫生体制改革的意见〉的实施意见》和《上海市深化医药卫生体制改革近期重点实施方案》,参与外来从业人员、"镇保"从业人员参加上海城镇职工基本社会保险等政策的制定。推动取消协保人员就业补贴年龄限制,推动完善"城保"退休人员增加养老金及企业职工基本养老金计发办法,推动调整"低保"、失业保险待遇、工伤保险待遇标准、非因工死亡职工遗属生活困难补助费、就业补贴等民生政策标准。开展民生保障领域不稳定因素的调查排摸工作和企业贯彻《社会保险法》情况的专题调研,对《社会保险法》等相关民生政策出台、实施后的实际效应及企业、职工的反响进行分析研究。以劳务派遣工、公益性岗位从业人员、中小企业职工和农业户籍职工等五类职工群体为重点对象,开展住房公积金缴交情况的调研。做好互助保障计划的参保、给付工作,截至年底,四项医疗互助保障计划共有有效会员727.72万人次,累计给付769.19万人次,给付保障金44.23亿元。(4)加强职工援助服务体系建设,推动工会帮扶工作常态化、长效化。制定关于加强工会援助服务体系建设、深化工会帮困送温暖工作等实施意见,在现有工会援助服务工作项目、工作方法的基础上进行整合创新。推进职工援助服务中心建设,进一步引导园区、行业、企业建立分中心(工作站)。开展2011年元旦春节送温暖活动和上海工会元旦春节送温暖援助服务日活动,共筹措送温暖款物达1.74亿元,走访困难企业2104家,慰问困难职工、农民工家庭超过15万户。开展"金秋助学"活动,共发放助学款6067.13万元,资助5.33万名困难职工子女和农民工子女。推进职工健康服务工作,启动实施"上海市万名环卫职工健康行"和公交老龄驾驶员疗休养活动,会同政府部门开展集体食堂、工地食堂食品安全专项检查工作。　(曹宏亮)

2月19日,市总工会会同市人保局、市妇联在嘉定区启动"春风行动"招聘会　(曹宏亮)

再就业

【市总工会推进女职工创业示范点建设】　市总工会女职工委员会发挥自身组织优势,每年培育、选树20个女职工创业示范点。截至年底,全市累计选树女职工创业示范点100个,并将其建设成为困难女职工再就业的基地和有创业意向女性的实训基地。同时,进一步加大对创业示范点的服务力度,举办"提升自身素质,促进企业发展"专题活动,为女职工创业示范点交流互通信息、提高经营管理水平创造条件。　(徐梅瑾)

【上海工会参与实施"家政服务工程"】　作为"家政服务工程"的定点培训机构,市总工会培训中心第一时间制定、完善养老护理专业的计划大纲、题库、试卷及考试形式,聘请烹调、洗涤、保洁、护理行业专家及国家级考评员对教学大纲进行论证,并出资添置养老护理专业设施和实训设备,进一步发挥工会组织网络优势，抓好生源的组织工作。全年，共完成2500名家政服务人员的培训工作，80%以上的参训人员实现就业。同时，培育选树千户、富裕、来邦等多家门店多、资质好、示范性强的龙头企业向社会推荐，并享受中央财政专项资金扶持。（曹宏亮）

【上海工会广泛开展“就业援助月”活动】 3月，市总工会组织开展上海工会“就业援助月”活动。活动期间，全市各级工会依托工会就业援助网络，大力推广、健全完善上海工会就业援助网，不断健全、完善求职登记、职业介绍、信息反馈的“一条龙”、“一站式”服务机制，开展针对性和实效性强的就业技能培训，并向有创业意愿的下岗失业人员、农民工及应历届高校毕业生提供创业培训、政策咨询、开业指导、项目开发、创业孵化、场地扶持、小额贷款、跟踪服务等服务。各级工会共举办专场招聘会106场，发放就业宣传资料10.14万份，提供免费就业服务7.29万人，成功帮助1.16万人实现就业；共组织参加职业技能培训1.08万人，其中，享受培训补贴7829人，组织家政服务培训近1200人；共组织创业培训2039人，帮助237人实现成功自主创业，提供小额贷款、创业补贴201.5万元。（曹宏亮）

【上海工会深入开展“技能培训促就业行动”】 上海工会切实以农民工、困难职工家庭高校毕业生和下岗失业人员等群体为重点对象，广泛开展“技能培训促就业行动”。各级工会共筹集就业培训资金445.39万元，实施技能培训6.48万人(其中，获得劳动部门颁发的职业技能证书有3.37万人，获得其他部门颁发证书的有2.7万人)，共成功职介2.61万人实现就业(其中，签订1年以上劳动合同的有2.21万人)。全年完成3.8万名下岗失业人员、困难职工家庭高校毕业生和农民工等劳动者的就业技能培训，成功介绍1.5万名各类求职人员实现就业并签订1年以上劳动合同的目标和任务。（曹宏亮）

【上海工会扎实推进“困难职工家庭高校毕业生阳光就业行动”】 各级工会快速、细致地开展对纳入工会困难职工档案中的困难职工家庭高校毕业生就业情况的调查排摸，准确掌握其具体人数、所学专业、就业需求、技能特长及困难程度等情况，共排摸困难职工家庭高校毕业生3444人，其中，应届毕业生1823人。进一步健全完善“一条龙”、“一站式”服务机制，通过就业指导、职业介绍、技能培训和创业扶持等形式，及时向困难职工家庭高校毕业生提供就业援助服务，共资助困难职工家庭高校毕业生209人次，发放求职补贴19.1万元，提供就业服务1155人次。（曹宏亮）

【市总工会召开地区工会就业援助工作推进会】 4月20日召开。会议总结地区工会开展“全国工会就业援助月”活动的经验做法，交流开展工会职业介绍和就业技能培训工作的计划和措施，并听取对上海工会开展促进就业工作的意见和建议。会上，宝山、闸北、杨浦等区县总工会作交流发言，市总工会培训中心介绍上海工会就业服务网的整体功能。（曹宏亮）

【市总工会召开2011年上海工会保障工作会议】 3月15日召开。会议回顾总结2010年工作，研究部署新形势下工会保障工作的主要目标和任务。会议要求，各级工会要围绕经济社会发展大局和工会全局工作，准确把握“十二五”期间经济社会发展的总体趋势，准确把握当前广大职工群众在民生领域的利益诉求，准确把握工会保障工作创新发展的难点问题；要以技能培训、就业服务和创业扶持为重点，努力推动扩大和稳定就业；要以推动建立和完善企业职工工资正常增长机制和支付保障机制为重点，积极参与收入分配制度改革；要以推动扩大社会保险覆盖面和提高保障水平为重点，大力推进社会保障体系建设；以实现帮扶工作可持续发展为重点，推动健全完善普惠型的社会救助体系，探索建立救助、维权、服务“三位一体”的帮扶模式。会上，黄浦区总工会、徐汇区总工会、上汽集团工会、市新闻出版工会、建工集团工会等5家单位交流发言。（曹宏亮）

【市总工会组织用工企业赴西安参加促进就业大型招聘洽谈会】 2月28日—3月1日，陕西省总工会、西安市总工会举行促进就业大型招聘洽谈会。上海工会组织上海迪亚零售有限公司、上海大众联合车身配件有限公司、上海博泽电机有限公司、迈梭电子(上海)有限公司、上海辛克试验机有限公司、上海锦雕起重机械有限公司、上海皖浦劳务服务有限公司等10多家用工企业参加招聘活动，提供1000多个就业岗位，涉及超市营业员、保安、电焊工维修工和操作工等10多个工种。招聘活动期间，上海用工企业共接待求职咨询3000多人次，达成初步用工意向500多人。（曹宏亮）

【市总工会组织用工企业赴湖北参加“全国工会就业援助月”活动】 3月25—28日，全国总工会在湖北举行“全国工会就业援助月”启动仪式和大型招聘洽谈活动，并安排北京、天津、上海、山东、江苏等8个省(直辖市)工会职业中介机构和用工企业到湖北开展招聘洽谈活动。上海工会组织上海迪亚零售有限公司、上海博泽电机有限公司、迈梭电子(上海)有限公司、上海辛克试验机有限公司、上海锦雕起重机械有限公司、强生(中国)医疗器材有限公司6家企业参加招聘活动，提供就业岗位600多个，涉及超市营业员、保安、电焊工、维修工操作工和项目工程师等10多个工种。在武汉、荆州两地的招聘活动期间，上海用工企业共接待求职咨询2000多人次，达成初步用工意向500多人。同时，市总工会与湖北省总工会签署职工异地维权协议，并根据全总的统一部署和要求，为上海博泽电机有限公司赴武汉投资建厂提供咨询服务，搭建产业升级转移平台。（曹宏亮）

【徐汇区总工会全力打造工会就业服务品牌】 区总工会依托各级职工援助服务中心、分中心的网络资源，继续打造以“百企千岗到社区、联手推进再就业”为品牌的社区职场活动。针对农民工、下岗协保人员等不同就业群体，先后在漕河泾、枫林、凌云、长桥等社区开展4场社区职场援助日活动，为地区内就业困难人员提供近7000个就业岗位，帮助521人实现就业。同时，会同市总工会培训中心、市

徐汇区总工会在枫林社区开展职场援助日活动，并向农民工赠送一批医药箱 （朱伟锋）

妇联女子干部培训中心、徐汇区职业高级中学等专业机构，采取集中培训、送教上门等形式，举办家政、水电工、母婴护理、育婴师及烹饪等技能培训班，共组织630名农民工和失业人员参加培训，并做好“定点—培训—推荐—上岗”一条龙服务。 （朱伟锋）

【长宁区总工会举办大型就业援助招聘会】 5月14日，区总工会举办“千方百计促就业，真情温暖你我他”主题招聘会，区内外90余家用工单位参加，提供就业岗位1700余个。现场650名求职者与用工单位达成就业意向，并当场录用18名。(1)构建促进就业三方联系网络。由区总工会牵头，召开区职工援助服务中心、各街道(镇)劳动保障事务所及部分用工单位共同参与的推进就业工作三方联席会议，合力促成就业的“三方合力促就业”的工作格局。(2)促进困难家庭应届大学生就业。详细了解区内困难职工子女应届毕业生就业情况，并排查圈定尚未落实就业单位的毕业生；而后又与区内数家企业达成协议，降低门槛优先录用困难职工子女应届毕业生。(3)提供专业的信息咨询和法律援助。在招聘会现场设置劳动监察、劳动法规、职工法律援助、医保政策、社保政策、职工互助保障等咨询台，咨询者络绎不绝。结合《社会保险法》即将实施，邀请专家开展“了解社会保险权益，增强职工维权意识”宣传咨询活动，发放《社会保险法》宣传资料。 （高 雨）

【普陀区总工会广泛开展“上海工会就业援助月”活动】 普陀区总工会发挥职工援助服务中心、分中心窗口服务的作用，有效实施“上海工会就业援助月”活动，提供免费就业服务，搭建来沪人员与用人单位的求职招聘平台。(1)深化活动宣传。抓住开展“春风行动”与“上海工会就业援助月”活动的契机，与区人保局、妇联及街道工会进行合作，加强宣传，营造氛围。(2)整合各方力量。在为期2个月活动中，共组织28场不同类型的招聘会，提供就业服务1607人次，帮助成功就业482人。(3)提供“四送”服务。以“搭建劳务对接平台，帮您尽早实现就业”为主题，开展“送岗位、送政策、送培训、送指导”活动。(4)发挥区总培训中心作用。及时设立培训科目、制定培训课程，制定《关于区总帮扶资金用于困难职工、农民工和困难职工家庭大学毕业生技能培训补贴的实施细则》，为有岗位培训需求和岗位技能提升需求的职工和困难职工家庭大学毕业生提供服务。（赵 勇）

【普陀工会开展困难职工家庭助学和“阳光就业行动”】 各级工会通过行政资助、社会捐助、工会投入等方式，积极筹措落实帮扶资金，切实以家庭人均收入略高于全市最低生活保障线低保边缘家庭的职工子女、低保职工家庭中经过政府救助后生活仍然困难的职工家庭子女、因突发性灾害导致生活困难的职工家庭子女、上学的困难农民工家庭子女、工会对口助学帮扶喀什四县困难职工家庭子女等五类群体为重点帮扶对象，深入开展“金秋助学”和“困难职工家庭高校毕业生阳光就业行动”。通过区职工援助服务中心和“天天职场”平台，做好调查摸底工作，明确助学帮扶对象，建立完善助学档案，开展就业指导，推荐提供工作岗位，共帮扶2282人，助学款总计达208.25万元。 （赵 勇）

【虹口区总工会举行“上海工会就业援助月”活动虹口职介专场】 4月22日，区总工会在虹口足球场举行职介专场活动。活动当日，共有56家用人单位进场招聘，提供就业岗位近1000个，涉及化工、制造、服务、金融、IT通信、教育等行业，超过70%的岗位起薪在2000元以上。共有3000多名求职者进场求职，达成用工意向760多人。 （徐 洁）

【黄浦区总工会举办元旦春节就业援助服务日活动】 1月13日，区总工会举行以“心系职工情，温暖进万家”为主题的援助服务日暨就业招聘会活动，切实为下岗失业人员、农民工“送岗位、送保障、送信息、送政策”。活动当日，共有68家用工企业进场招聘，提供就业岗位735个，400多人进场求职，达成初步用工意向109人，其中，有58人被当场录用。同时，现场为求助职工提供社保政策、法律援助、心理援助、互助保障等咨询服务53人次，向66名困难职工发放帮扶金3.26万元。 （吕诚陆）

【宝山区总工会举办就业援助大型专场招聘会】 3月6日，区总工会在顾村镇诗乡文化广场举行“2011年宝山工会‘百企千岗进社区，真情援助你我他’职介专场”，共有256家用工企业，提供岗位6000多个，涉及文员、操作工、设计师、财务管理和市场营销等10多个行业工种，其中，适合农民工就业的技术类、服务类、普工类占了较大比例。活动期间，共有8000多名求职人员进场应聘，达成用工意向1717

人。（胡立伟）

【松江区总工会推进就业援助服务工作】（1）会同区人保局等部门，实施2011年“春风行动”，共组织招聘企业1384家，推出就业岗位3.02万个，应聘人员达2.4万人，达成录用意向8300多人。（2）开展“工会就业援助月”活动，切实以农村富余劳动力、就业困难的城镇下岗失业人员和困难职工家庭的高校毕业生为重点对象，共发放宣传资料3万多份，为1.5万人次职工提供劳动维权、法律援助免费服务，并帮助有自主创业意愿的职工提供小额担保贷款和政策扶持等服务。（3）在“工会就业援助月”期间，共组织3084人参加电工、机械工、家政服务、物业管理、创业培训等各类技能培训，同时，树立人文关怀理念，引导求职职工转变择业观念。（4）开展送政策、送岗位、送技能、送健康，进社区、进企业、进家庭等“四送三进”活动。区总工会向基层工会赠送《社会保险法》宣传读本，向630家规模型企业赠送《职工保障文件汇编》。

（俞龙珍）

【青浦区总工会强化就业服务搭建劳务对接平台】 区总工会搭建企业与职工劳务对接平台，通过发布就业信息、提供职业中介、设摊现场咨询、举办招聘会等形式，进一步拓宽就业渠道，缓解企业用工压力。3月，区总工会会同区人保局等部门联合开展以“实现就业、稳定就业、构建和谐”为主题的大型招聘活动，为职工提供就业岗位2000多个，有2200多人次进场求职，达成录用意向820人次。各街道（乡镇）工会也积极联系企业充分挖掘就业岗位，为求职者寻求就业再就业机会，同时，通过提供就业政策咨询、就业援助指导服务，发放求职指南、维权导航、技能培训等宣传资料，为农民工“送岗位、送政策、送技能”。全年，各街道（乡镇）总工会共举办职介专场12场。（马美君）

【奉贤区总工会开展就业援助服务工作】（1）协同区人社局开展“2011年‘春风行动’主题日活动”，共动员企业推出就业岗位7322个，近2000人达成录用意向。（2）开展大学生就业情况调研，形成专题调研报告，为区委区政府决策提供翔实依据。（3）与上海创凡人才服务有限公司合作，组建奉贤HR俱乐部，进一步加强与企业的沟通和交流，共向高校毕业生提供就业岗位200多个，推荐成功率达30%。（叶　兰）

黄浦区总工会举办“心系职工情，温暖进万家”元旦春节送温暖援助服务日暨就业招聘专场活动（吕诚陆）

【上海海欣集团工会做好分流职工安置工作】 公司工会主动关心下属8家企业的1500多名分流职工，妥善化解各种矛盾。（1）组织职工代表听取分流职工的意见，对涉及职工切身利益问题，及时向行政提出切实可行的建议。（2）及时召开职代会，审议分流人员的经济补偿办法，并采取“请进来、走下去”的方式，现场解答疑难问题。（3）关心帮扶困难职工，特别推动企业妥善安置双职工及伤残、重病丧劳职工。（4）推动企业采取继续留用的办法，通过集团内部的物流、服装等企业安置双下岗职工。（5）借助镇政府就业平台，推荐20多名分流人员重新上岗。（张谢琰）

职工工资

【市总工会推动调整上海市最低工资标准】 市总工会充分依托三方协调机制平台，会同市人社局、市企联推动全市月最低工资标准由1120元调整到1280元，增加160元，增幅为14.3%，非全日制小时最低工资标准调整到11元，并推动全市公共服务类就业项目、社会协管类万人就业项目和社区“四保”公益性岗位从业人员提高收入水平。（胡　敏）

【市总工会推动建立环卫行业一线职工收入增长机制】 市总工会会同市绿化市容局等六部门开展环卫一线职工收入状况的调研，并由市政府转发六部门《关于本市建立环卫职工收入正常增长机制提高城市环境卫生保障水平若干意见的通知》，明确建立环卫作业经费正常增长机制、建立健全行业工资集体协商制度、稳步提高环卫一线职工收入和规范环卫企业收入分配制度等具体举措，共惠及4.18万名环卫行业职工。4月28日，市市容环境行业工会与市市容环境行业协会进行集体协商，经协商，制定环卫行业最低工资标准，建立环卫行业一线职工岗位津贴制度以及环卫一线职工体检与疗休养制度。（胡　敏）

【市纺织工会参与制定全国服装行业劳动定额标准】 参与由全总保障部、中国财贸轻纺烟草工会组织的全国服装行业劳动定额标准工作软件开发工作。上海服装集团、海螺服饰、康博飞达服装、绅贵服饰、亿俊服饰、信峰时装等企业以及金山、普陀、奉贤、青浦香花桥街道等纺织行业工会提供15种款式，共计1309道工序的劳动定额指导标准和服装设计师、制版师等18个通用工种最低工资标准。上海绅贵服饰、亿俊服饰等企业参与《服装行业部分劳动定额指导标准（试行）》管理系统软件的验证与完善。（林裕良）

【邮政工会参与上海职工收入状况调查】 5月上海邮政工会推荐具有邮政业务代表性的宝山区邮政局、松江区邮政局、市南邮政局、汽运局、报刊发行局和市西邮政投递局等6个单位加入“上海工会职工收入调查网”成员单位，并完成每半年一次的《单位从业人员和劳动报酬调查》的数据统计工作，同时，通过实施调查工作，摸清、掌握系统职工的收入状况，提出职工工资增长方案。（乐　瑾）

【光明食品集团工会调研一线职工工资收入情况】 夯实工资集体协商工作基础，进一步加大对一线职工收入情况的关注度，推动和提高将企业一线职工工资收入列为集团工会的主要实事项目，依法确保一线职工工资收入增长率达到集团《集体合同》规定的要求。集团工会利用3个半月的时间，先后对光明乳业股份有限公司、益民食品一厂集团公司等二级子公司、上海梅林食品有限公司、金枫酒业石库门酒厂等三级基层企业的职工收入情况开展实地调研，除听取企业的工作汇报、查看原始工作台账外，还与一线职工进行面对面的座谈，直接倾听他们的所思所求以及对企业民生工作的意见和建议，并通过调查问卷的形式，对一线职工收入情况进行民意调查。（桑树德）

帮扶困难职工

【上海、都江堰两地工会签署建立对口支援长效工作机制框架协议】 1月28日，上海市总工会与都江堰市总工会签署两地工会建立对口支援长效工作机制框架协议。协议明确，在全面完成对口援建项目的基础上，两地工会将在组织建设、帮扶维权、技术协作、技能培训、文化宫运行发展和职工疗休养等六大领域深化合作，开展推进“两个普遍”、职工之家建设、职代会制度建设、和谐劳动关系和职工满意企业、职工书屋建设等方面的工作交流；推进两地工会困难职工帮扶中心平台建设和帮扶项目交流，建立对口劳务协作及维权联动机制；加强两地工会“安康杯”、“节能减排”、“职工技能大赛”等活动的交流，做好两地职工技术成果项目的推荐、对接；依托两地工会培训平台和资源，组织开展职工技能培训；推动两地文化宫在文化信息、文化资源、活动品牌等方面的共建共享，支持都江堰市工人文化宫可持续发展；搭建职工疗休养活动平台，定期组织两地职工互访、疗养。市总工会副主席侯继军与都江堰市委常委、统战部长、总工会主席林锐分别代表两地工会签署框架协议。（曹宏亮）

1月13日，市总工会在普陀区总工会职工援助服务中心举行2011年元旦春节送温暖援助服务日活动（沈伟民）

【市总工会推进各级工会职工援助服务中心建设】 上海工会以推动形成“一般困难机制帮、突出困难重点帮、突发困难及时帮”的工作格局为抓手，以加强帮扶平台网络建设、完善服务功能及拓展帮扶渠道为重点，深入推进职工援助服务中心建设。在各区县全部建立职工援助服务中心的基础上，着力依托政府社区“一门式”服务窗口，进一步推动职工援助服务中心建设向街道（乡镇）延伸，向工业园区（开发区、产业集团）延伸，向全市覆盖。截至年底，全市209个街道（乡镇）全部建立职工援助服务分中心，其中，186个分中心纳入社区事务受理服务中心“一门式”服务平台，37个工业园区、开发区（产业集团）建立了职工援助服务分中心（工作站），全市工会四级帮扶服务网络平台不断健全完善。（卫　敏）

【市总工会进一步完善低收入职工家庭收支调查监测机制】 市总工会不断扩大低收入职工家庭收支调查监测覆盖面，进一步健全工会低收入职工家庭收支调查监测机制。(1)将低收入职工家庭收支调查监测区域从中心城区扩大到各区县，调查对象全市工会困难职工档案中选取，包含低保和低保边缘户等低收入困难职工家庭，并随经济状况变化及时调整。(2)以低收入职工家庭日常消费为依据确定商品品种、代表规格品及统计权数，编制低收入职工家庭消费价格指数，真实反映物价变化对低收入职工家庭的实际影响。(3)每周1次采集全市各区县38个超市、集贸市场的粮油、肉、禽、蛋、水产、鲜菜、豆制品等七大类主副食品29个品种的零售成交价格，每月3次采集全市各区县的食品、衣着、家庭设备用品、医疗保健、交通工具、娱乐教育文化服务、居住、服务项目类等八大类职工生活消费品（服务项目）94个品种的零售成交价格。（杨　驷）

【市总工会命名2010—2011年度上海工会职工援助服务中心、分中心创优考评优胜单位】 为表彰先进，树立典型，不断推进上海工会职工援助服务中心、分中心规范化建设，市总工会命名2010—2011年度上海工会职工援助服务中心、分中心创优考评优胜单位，虹口区总工会、金山区总工会、金山区总工会3家单位获创优考评优胜单位称号；浦东新区总工会南码头社区职工援助服务分中心等38家单位获创优考评优胜单位称号。（卫　敏）

【徐汇工会积极推进送温暖长效机制建设】（1）对工会职工援助服务中心、分中心帮扶对象、帮扶重点、帮扶功能进行定位，通过中心各个工作窗口所涵盖的不同内容，根据困难职工的不同需求，提供生产、生活、精神帮扶“一站式”全方位服务。（2）修订完善《徐汇区工会帮困送温暖长效机制实施办法》，聚合“助学帮”、“就业帮”及节日帮、临帮、助医等帮扶形式，拓宽帮扶渠道，加大对单亲、重病等困难职工的帮扶力度。（3）与社会专业机构及康健社区等单位合作，在职工援助服务中心内尝试建立心理辅导中心。（4）元旦春节期间，共组织300人次职工志愿者赴上海火车南站为2000多名返乡返程农民工排忧解难。（5）积极发挥职工物价监督分站作用，全年检查75家单位，并在世游赛期间，与相关部门联合开展企事业单位食堂卫生专项检查。（6）推进互助保障计划，扩大参保覆盖面，减少给付差错率。全年，徐汇工会共建档困难职工2689人，帮扶慰问困难职工2000余人，帮扶金额总计180多万元；共为15万多人次在职、退休职工办理参（续）保手续，办理给付1万多人次，给付金额近1400多万元。（朱伟锋）

【长宁区总工会开展困难群体关爱行动】（1）继续做实“五助”帮困品牌，探索并形成生活救助、医疗补助、就业援助、子女就学、养老服务在内的“五位一体”帮扶工作模式，做到困难职工建档“有人管”，生活困难结对“有人帮”，医疗救助、子女求学筹资“有钱帮”。元旦春节、五一帮困活动中，累计投入帮困资金162.3万元，援助困难职工3654人次。（2）继续加强工会就业援助。推进“困难家庭大学毕业生阳光就业行动”，以“心系职工情，温暖进万家”为主题，重点为区内应届大学生解决就业问题，两次招聘

1月13日，长宁区总工会在华阳街道文化活动中心举办“心系职工情，温暖进万家”为主题的送温暖援助服务日活动（周　君）

会共提供2000多个就业岗位，吸引2200余名求职者，现场达成就业意向746份。（3）继续开展“双百”助学行动。在全区范围内深入开展“百家企业为百名贫困学生助学活动”，全区共有172家单位捐助困难职工家庭学生828名，受助金额达到109.5万元。（沈　婕）

【普陀区公安工会开展关爱民警行动】（1）“送医疗、送保障”。进一步健全民警就医援助机制，联合区人民医院推行“医疗就诊绿色通道卡”服务。（2）“送关爱、送温暖”。对民警子女进行中、高考前辅导；协调区教育局，解决民警子女入学问题；做好民警亲属患病慰问工作；完善民警定点休养制度，组织开展多层次、多类型的疗休养；加大对烈属、因公牺牲民警家属及因公伤残民警、离退休老干部等的优抚力度，完善领导干部联系帮扶因公伤亡民警家庭的工作机制；开展扶贫帮困和“送温暖活动”，开通“发扬传统、坚定信念、执法为民”活动专栏。（3）“送咨询、送服务”。开通24小时心理热线、设立咨询信箱，开展心理调查，及时完善民警心理档案；举办民警健康咨询活动，开发民警心理健康自助服务系统；制定《普陀公安文化建设发展“十二五”规划》，营造各类群众性警营文化。（赵　勇）

【普陀区真如镇总工会着力提高职工援助服务水平】（1）在拓展帮扶范围上有新进展。扩大帮扶范围，加强对困难职工的排摸，并及时纳入工会帮扶数据库，进一步深化帮扶职工系列举措，加大就业服务、法律援助、子女入学、应急生活帮扶和政策咨询等方面的援助力度。（2）在完善帮扶方式上有新举措。以“岗位进社区，真情援助你我他”为主题举办各类招聘会，推荐困难农民工参加食品安全、营业员、收银员上岗证培训，并组织实施创业培训，提供创业指导，为有创业愿望的农民工自主创业提供服务。（3）在提高帮扶水平上有新突破。围绕“提升地位、扩大影响、放大功能、打造品牌”的宗旨，以镇社区事务受理中心调整为契机，把工会援助服务窗口纳入中心，形成前台接待、后台操作的工作模式，并实现与社保操作系统的联网共享。（赵　勇）

【闸北区总工会启动实施“双百”行动】从5月起，区总工会启动工会干部与百名困难职工结对帮困、工会组织与百名困难大学生结对助学的“双百”行动，切实将在档100名困难职工子女作为帮扶对象，由区各级工会干部在春节、五一、国庆期间分别上门走访，给予每人每年1500元的帮扶金，并在每年开学之际提供每人2000元的助学帮扶金，帮助其完成学业。在提供物质帮扶的同时，各级工会还根据困难职工子女求学求职需求变

化，实施包括提供见习岗位、求职就业指导的“跟踪式”服务，并为困难职工家庭提供医疗帮扶、就业援助和心理疏导等多方面的援助服务。（徐梅生）

【虹口区总工会职工援助服务中心新址揭牌】 9月28日，虹口区总工会职工援助服务中心新址在飞虹路380号揭牌成立。区总工会职工援助服务中心新址建成后，将形成集困难帮扶、就业援助、互助保障、心理咨询、法律援助为一体的工作体系。同时，进一步将虹口区总工会职工志愿者工作室融入其中，为全区广大职工群众提供政策咨询、青少年艺术培训、居家养老等多项服务。（徐 洁）

【杨浦区总工会开展送温暖援助服务日活动】 1月13日，杨浦区总工会举行“‘心系职工情，温暖进万家’——2011年春节送温暖援助服务日活动”。活动期间，组织开展“爱心一日捐”活动，共募集帮扶资金216万元；向非公企业农民工代表发放进城务工人员助医卡；向非公企业困难职工和农民工赠送保额总计2000万的“意外伤害保障计划”；举行大型招聘会，70家企业共提供1821个就业岗位，1500多名求职，达成就业意向258人；开展法律援助、技能培训、网上谈心室心理咨询、医疗服务、职工互助保障等各项咨询服务；在五角场镇总工会东区助医点为60名困难女职工进行免费妇科体检。（曹理仰）

【南京东路社区总工会加大力度帮扶困难职工】 南京东路社区总工会会同相关企业工会对因病致贫、协保离岗困难职工实施帮扶。社区、企业两级工会采取一次性帮扶的措施，共惠及困难职工、农民工31人次，帮扶款总计4.77万元。同时，开展“金秋助学”活动，共帮扶17名困难职工子女，社区、企业两级工会助学款总额达1.78万元。（吕诚陆）

【卢湾区总工会扎实推进帮扶职工工作】 卢湾区各级工会开展“一日捐”等帮扶活动，救助困难职工5577人，救助金额达292万余元。开展职工援助服务活动，为700余名职工和农民工提供保障政策咨询、劳动关系协调等10多项服务。元旦春节组织向农民工送年货、向600多位坚守岗位的农民工赠送电话磁卡和手机充值卡、向困难农民工发放医疗卡、组织区绿化市容局100位一线农民工参加健康体检等关爱慰问活动，总金额达12万元。以开展达标考核工作为抓手，巩固提高市总工会“四项职工互助保障计划”参保率和覆盖面。宣传和动员136059人（次）职工参加各类医疗互助保障计划，理赔给付9112人次，理赔金额达1154.56万余元。关爱女职工身心健康，为1000名困难女职工、外来务工女性提供免费妇科筛查服务。做好退休职工服务工作。走访慰问退休职工51851人次，金额1247.58万余元。坚持“双月为老服务”活动，为社区提供20多项服务项目，1000多名退休职工受益。（葛家敏）

1月5日，青浦区举行“工惠”职工帮困专项基金成立仪式（马美君）

【嘉定工会广泛开展元旦春节送温暖活动】 元旦春节期间，嘉定各级工会积极配合党政，面向困难劳模人物和困难职工广泛开展送温暖活动。组织动员5.31万名职工参加“献爱心一日捐”活动，募集帮扶资金97.2万元。走访慰问困难劳模250多人、困难职工4123人、困难农民工3278人，走访慰问困难企业32家，帮扶款总计347万多元。向困难职工和下岗失业人员提供政策宣传557人次，帮助符合条件的困难职工落实相关惠民政策123人次。为下岗失业人员提供就业岗位210个，就业培训634人次。为困难职工提供生活帮扶1115人次，医疗救助219人，助学帮扶1322人次，法律援助157人次。协助政府部门帮助458名职工追讨欠薪52.4万元，帮助农民工返乡、返城3000多人次。（徐 浩）

【松江区总工会注重“三个结合”开展送温暖工作】 （1）与实施动态管理相结合，落实帮扶救助重点对象。全区各级工会通过问卷、座谈、走访等多种方式，对困难职工进行调查摸底，健全和完善困难职工档案，建立有效的困难职工名单“进出”制度，并做好帮扶工作。元旦春节期间，共帮扶1784名困难职工，帮扶款总计123.93万元。（2）与整合社会资源相结合，拓展帮扶资金筹措渠道。1月4日，区总工会会同机关党工委、松江慈善基金分会开展“蓝天下的至爱——和谐松江慈善一日捐”活动，共募集捐款10.69万元。同时，各街道（乡镇）工会、工业区工会及直属单位工会各自开展群众性的募款活动，全区各级工会建立帮困基金已达29个。（3）与长效帮扶机制建设相结合，形成健全有序的工作体系。坚持做到走访慰问与机制建设相联动、救急济难与化解矛盾相协调、节日帮扶与日常帮扶相结合、物质资助与人性化关怀相衔接。（姚德达）

【青浦区总工会健全完善送温暖工作机制】 （1）建平台，帮扶工作网络化。形成“1+11+N”的全区职工援助帮扶网络（即1个援助服务中心、11

个援助服务分中心、N个援助服务站)。区总工会援助服务中心于6月28日完成扩建改造,场地面积增加到112平方米,在原有办理职工互助保障项目的基础上,新增职业介绍、困难帮扶、心理咨询、为老服务、来信来访等工作,实现"救助、维权、服务"三位一体的援助平台;11个分中心设立在街道(乡镇)社区事务受理服务中心;N个援助服务站设立在街镇下属的各个开发区、村(居)联合工会,全年新建服务站50家。(2)广覆盖,帮扶对象多样化。在援助服务对象、援助服务内容上力求广覆盖,切实为包括劳模、在职职工、退休职工、外来农民工在内的困难职工,在生活、心理、就业、医疗、入学等多方面提供援助服务。(3)建制度,帮扶工作规范化。区总工会制定《青浦区总工会帮扶救助方案》,通过上级工会拨款、"工惠"帮困专项基金、社会捐助等途径实现"资金到位",并通过有针对性地分类帮扶,确保"送温暖、送保障、送健康"等项目运作到位。 (马美君)

【青浦工会做实"三大"帮扶举措】 (1)开展困难职工、农民工援助行动。各级工会排摸调查地区、困难企业以及困难职工信息,集中开展元旦春节送温暖活动,共帮扶361人,发放帮扶款22.83万元;区总工会定帮人数从原来100人增加到203人,并提高帮扶标准,全年共发放帮扶款24.36万元;为困难企业的职工、农民工送意外保险1.5万份,实施健康体检1500人。(2)开展"托起明天的希望"金秋助学行动。全年助学帮扶150人,发放帮扶款21万元;六一节期间,慰问儿童、孤儿13人。(3)"绽放健康生活"女职工关爱行动。全年送"女职工特种重病互助保障"1000份,女职工健康体检500人次,举办"女职工健康讲座"20场,并对已纳入困难职工档案的女职工开展"月月帮"活动。

(马美君)

【奉贤区总工会加大困难职工帮扶力度】 奉贤区总工会共为困难劳模发放帮扶金36.34万元,并组织退休困难劳模免费体检;区职工救急济难互助会慰问患病职工、困难职工子女、困难教师、单亲困难女职工等1651人次,发放帮扶慰问款182.09万元。(叶 兰)

【市机电工会推进帮扶长效机制建设】 (1)在全系统形成集团工会、企业工会、车间和班组等全覆盖帮困送温暖网络和特困职工重点帮、领导干部结对帮、劳模先进牵手帮的帮扶工作模式。(2)集团总公司24名领导干部出资与困难职工子女结对助学,各基层企业560名领导干部出资与企业的困难职工结对帮扶,帮扶金额达56.07万元。同时,集团总公司还建立处级以上领导干部结对走访慰特困劳模及困难职工制度。(3)紧扣"调查、梳理、汇报、协调、落实、反馈和宣传"7个环节,在"结对帮"的基础上,实行"分类帮、及时帮、协力帮、社会帮、重点帮",共帮扶3226人次困难职工,帮扶金总计1573.3万元。(4)拓宽工作领域,通过信访接待、政策咨询、就业帮助、生活救助、医疗救助、子女就学、法律援助等服务,指导和帮助困难职工群体争取政府和社会救助资源的帮扶。 (冯克华)

【上海汽轮机厂工会建立保障职工权益四项工作机制】 (1)扶贫帮困机制。通过工会三级信息网络,在每年春节送温暖活动中落实党委提出的"两个不能漏"(建立困难职工情况档案一个不能漏,干部参加访贫问苦活动一个不能漏)的工作要求,每年发放帮扶金40余万元。(2)职工生活保障机制。为全体职工办理受惠面较大的《平安综合保险》,参加市总工会保障互助会的所有保障计划,并坚持组织健康体检,女职工每年安排妇科病普查。(3)职工教育培训机制。在确保工资总额2.5%用于教育培训经费的基础上,组织岗位练兵、技术比武"李斌杯"技能大赛,积极推进培训计划。(4)劳动保护监督机制。组织"安康杯"竞赛、企业安全工作"四优化"竞赛以及更大范围地开展劳动保护合理化建议和小改小革活动;编写《安全自救手册》发放全体职工;工会群保会组织"绿袖章"安全巡检,查堵安全生产隐患等一系列形式和内容上的创新措施。 (陶 良)

【仪电社保服务中心切实做好职工医疗帮扶工作】 制定实施《上海仪电社保服务中心服务管理对象重大疾病助医帮困救助实施办法》,并在全系统推广实施。《办法》明确首发癌症、尿毒症及患15种重大疾病人员等群体的医疗帮扶办法。同时,按照控股公司和仪电工会的要求,组织业务培训,广泛宣传实施办法,精心组织审核、慰问。全年,全系统实施医疗帮扶1104人次,帮扶资金达184.14万元。

(朱永兴)

【市仪电工会建立帮扶工作长效机制】 制定出台《仪电社保服务中心服务和管理对象重大疾病助医帮困救助实施办法》,并在全系统推广实施,明确对患有重大疾病的退休、协保、暂养人员给予重点帮扶。通过三级帮扶工作网络联动,共有1500多名系统内困难职工获得帮扶,帮扶金额总计152万元。 (高正峰)

【市化学工会多措并举开展帮扶工作】 (1)组织1.95万名职工参加"爱心一日捐"活动,募集帮扶资金79.16万元,全部用于充实各级工会帮困基金。(2)建立困难职工档案2095户,累计帮扶困难职工1.12万人次,帮扶金总额达675万元,共有1048人次的各级领导干部走访慰问困难职工家庭5251户。(3)集团职工救急济难基金定向助学、助医、助困1774人次,行业帮扶9个,帮扶金总额计140多万元。(4)四项医疗互助保障计划参保基本做到全覆盖,"综合保障计划"参保单位逐步扩大,全系统共有1.19万人(含退休职工)获得给付,给付金总计1465余万元。(5)各基层工会组织安排7954名职工开展疗休养活动,疗休养费用总计600万元。 (殷洁伟)

【市纺织工会创新帮扶工作载体,落实帮扶困难举措】 (1)通过在劳动力置换分公司下属的各管理指导中心建立职工援助服务"爱心驿站",为困难职工提供多元化的援助服务。截至年底,"爱心驿站"已挂牌8家,共接待职工政策咨询835人次,帮扶救助2972人次,帮扶款总计69.58万元。为全部协保人员和伤丧残人员办理市职工保障互助会综合医疗保障计划,并为职工办理给付485人次,给付金

1月13日，纺织工会召开2011年上海纺织帮困送温暖暨“一日捐”大会 （徐志康）

102.17万元。为离岗、协保人员提供就业援助服务38人次，职介成功7人。心理疏导496人次。(2)夯实8项帮扶困难举措。一是开展“爱心一日捐”活动，筹集帮扶资金190多万元；二是开展100名特困职工与100名领导干部“双百结对帮扶”活动；三是发放“爱心保单”，为每名在档困难职工赠送一份综合保障计划；四是直接帮助100名困难职工子女完成学业；五是做好困难职工在三大节日期间的帮扶工作；六是对因患大病严重影响生活的困难职工加大帮扶力度；七是开展女职工“两癌”筛查、单亲困难女职工结对帮扶活动；八是开展农民工团体医疗帮扶，赠送意外伤害保障计划，行业内3000名农民工受益。全年，纺织系统共帮扶6237人次，帮扶金总额达215.72万元，其中，助学帮扶1158人次，助学款总计54.48万元。 （汪叶慧）

【市电力公司工会维权保障工作形成长效机制】 (1)制定出台《关于建立多层次帮困送温暖机制的若干意见》和《关于做好多层次帮困送温暖工作的实施办法》等文件，明确帮扶工作的意义、原则和做法。(2)组织职工参加市职工保障互助会的在职职工住院、特种重病、女职工特种重病、退休职工住院案互助保障计划。(3)通过企业、员工和其他捐助等渠道建立企业帮困基金和职工帮困基金。(4)按照构建和谐企业和建立工会长效帮扶工作机制的要求，建立困难职工档案，注重帮扶针对性、有效性和层次性，开展切实有效的帮扶活动。 （余传毅）

【上海电力安装第二工程公司工会建立关爱职工自愿者服务队为职工排忧解难】 针对工程建设项目大多数在外省市的特点，进一步完善和深化关爱联动机制，组织有一定专长的职工建立关爱职工志愿者服务队，及时为职工家庭提供医疗咨询、管道排堵、线路维修等服务。公司工会及各分公司工会为每个志愿者建立档案，并实施动态管理，当职工家属有求助要求时，工会根据志愿者的专长，安排志愿者上门服务。下半年，公司工会重点开展职工心理关爱行动，建立由工会干部组成的心理关爱志愿者队伍，对一些赴外省市工作职工家庭发放《关爱联系卡》，并做到“三个必访”（定期电话询访，节假日必访，应急、突发情况即访），受到广大职工的好评。 （龚洁庆）

【上海石化公司提高帮困基金医疗补助普惠力度】 按照《中国石化帮扶救助金管理办法》的有关规定，结合上海市社保政策及公司帮困互助基金的运作情况，开展加大帮困救助和普惠制医疗补助力度的调研，修订形成《公司职工帮扶互助基金章程》、《公司职工帮扶互助基金管理实施细则》以及《公司特困职工帮困办法》、《公司职工帮扶互助基金借款办法》，实现帮困基金一级化管理的过渡。修订后重点降低会员医保外费用的免赔额，提高补助力度和封顶额度，进一步规范“特困职工”和“困难职工”的定义和界定标准，并与上海市最低生活保障线和物价指数形成动态调整机制。 （吴雪梅）

【上海飞机制造有限公司工会不断完善职工关爱机制】 (1)重新修订《职工互助基金实施办法》，调整帮扶标准，加大帮扶力度。(2)不断健全完善困难职工档案，对公司困难职工档案进行动态管理。(3)建立公司领导与困难职工结对帮扶制度，分别落实9名困难职工与公司领导结成帮扶。(4)办好职工医疗互助会和职工互助补充保险基金会，共为72人次办理医疗互助基金补助，发放补助金总计13万元；为208人次办理职工互助基金补助，共发放补助金16万元。(5)慰问高温、高危岗位职工，慰问款物总计10万元。(6)安排6批共计286人次职工参加疗休养。 （竺海华）

【中海集团工会做好职工帮扶服务工作】 (1)组织2.7万人次办理补充医疗保险。(2)推动离退休人员及内退待岗、工伤劳保等人员在2010年发放标准基础上增加15%，另按集团人均增幅3%、人均增加额度40元的原则，给大龄低收入退休人员和内退待岗、工伤劳保人员增加春节慰问金。(3)为580名困难退休船员发放帮扶金71.5万元，各单位工会帮扶困难职工6779人次，走访慰问困难职工2444人次，结对帮扶550户，发放帮扶慰问款总计539万元。(4)做好助学帮扶工作，共向1506名困难职工家庭子女发放助学金89.2万元，向100名上海地区困难职工家庭子女发放8万元助学金和慰问品，并组织他们参观中国航海博物馆。(5)关心慰问88名北归、起义船员，慰问款物总计10万元。(6)关心关爱船岸一线员工，为运输船员采购书籍8000多本和音像制品500余套，总计27.5万元，为上海地区200多艘运输船舶的船员订阅《劳动报》和8种刊物，总计20多万元。

向一线船岸员工发放高温慰问品价值总计130万元，走访慰问船舶和班组490家，开展工会劳动保护监督检查活动216次，组织职工代表安全巡查活动169次，走访慰问职工2.89万人次，发放防暑降温用品493万元，发放高温津贴费1891.5万元，组织上海地区劳模和6批共240名退休运输船员携家属参加疗休养。（张　洁）

【中海集运工会做好关爱职工工作】（1）组织53艘船舶总计1842名职工参加"一日捐"活动，募集帮扶基金近10万元。（2）向54艘船舶上的职工发高温慰问金10.8万元，慰问7名患重病船员和40人次住院员工，慰问金总计2.3万元。（3）帮扶37名困难职工，帮扶款1.24万元。（4）组织108人次退休职工携家属参加疗休养，组织210名女职工健康体检。（5）开展"金秋助学"活动，助学款总计达67.8万元。（6）为云南永德地区助学捐款49.83万元，资助7所小学2.97万斤大米、996套校服等，并出资改造2所学校食堂。（钟海巩）

【上港集团工会切实加大帮扶工作力度】　按照"应保尽保"要求，继续帮助符合条件的各类困难职工家庭落实最低生活保障，帮助重病职工落实各类医疗减负和医疗救助政策，帮助义务教育阶段的困难职工家庭子女落实教育救助政策。同时，根据集团困难职工总数逐年下降趋势，进一步加大对集团现有"三定"对象的帮扶力度。在春、秋季助学帮扶，节日送温暖等活动中，各级工会共帮扶1.45万名在档困难职工、退休困难职工、退休老劳模、外来劳务工，帮扶款总计589.9万元。同时，为准确把握集团困难职工现状，集团工会组织实施集团困难职工现状摸底调查工作，对摸底调查所掌握情况进行汇总分析，并研究制定上港集团特殊困难职工群体的帮扶办法。（桂　明）

【上港集团工会坚持开展"8·15"职工爱心捐助活动】　年内，上港集团"8·15"爱心基金理事会选举产生新一届理事会成员。集团所属各基层单位工会自7月中旬起，纷纷结合企业实际，研究制定"8·15"献爱心活动的实施方案，并通过企业网站、内部刊物和举办募捐仪式等途径，把献爱心活动和构建"上港和谐家园"结合起来，在集团内部大力倡导"人人为我，我为人人"的道德风尚。集团所属37家单位共有1.8万名职工和1.25万名劳务工参加爱心捐助，共募集善款358.6万元，捐款人数和金额都超过上年。（桂　明）

中海集团工会组织受助学生参观中国航海博物馆　（张　洁）

【上海冠东集装箱码头公司工会多举措开展送温暖活动】　公司工会专门制定《帮困基金章程》，建立《职工帮困档案》。同时，对退休职工公司工会注重做到"四个一"，即谈一次心、开一次欢送会、送一份纪念品、做一次家访慰问。全年，共走访慰问在职职工、退休员工50人次，向70多人发放各类帮扶款6万多元。（孙颖捷）

【市运输工会加强帮扶政策培训】　组织工会保障干部和企业人力资源干部利用2个多月的时间，整理汇编《职工生活保障手册》，并就有关政策进行专题培训，使工会保障干部、退管干部学习了解、掌握和运用保障政策，落实社会各类保障政策和集团保障措施。同时，市运输工会充分发挥工会劳动法律监督小组的优势和作用，重点推动解决集团职工劳动经济权益中的矛盾和问题。（沈荣林）

【市运输工会做好协保、下岗职工的关心帮扶工作】　上海交运（集团）公司和上海市运输工会第十次集体协商会议明确做好集团内部协保、下岗职工的帮扶工作。自10月1日起，在按照上海协保人员有关政策享受就业补贴的基础上，给予协保人员每年三大节日期间的节日慰问金，全年共计600元/人，享受至达到法定退休年龄之月或按月领取养老金之月，并将协保职工纳入企业帮扶工作机制范畴，由企业出资为其参保市职工保障互助会医疗互助保障计划。同时，集团建立下岗人员最低生活保障制度，具体标准按照本市城镇居民最低生活保障标准的110%执行，并随其同步调整。（陈敢敏）

【上海邮政工会做好送温暖工作】　着重开展调查研究，了解困难职工致困原因和生活状况，健全困难职工档案，并加强动态管理，积极开展帮扶服务活动。元旦春节期间，公司和基层单位工会开展"爱心一日捐"和走访慰问活动，共募集帮扶资金140.42万元，走访慰问1830人，慰问金和帮扶款总计达179.335万元。同时，围绕"重点帮、帮重点"的工作要求，立足解决困难员工"生活难、就医难、就学难"等实际问题，对"低保"及"低保"边缘困难职工家庭和家庭发生灾害等原因造成生活困难的443人次困难职工进行及时帮扶，帮扶总金额17.65万元。（乐　瑾）

【上海电信客服中心工会四项举措关

爱外包从业人员】 (1)成立上海电信职工心理发展协会“10000号”服务站,依托公司心理辅导内训师资源,定期对业务外包从业人员开展心理辅导,及时沟通,调整情绪,缓解压力。(2)通过有效的人文关怀,提升业务外包从业人员对企业的认同。每个月过一次集体生日,定期为客服代表配送清嗓明目保健品;新春为他们送上新年祝福;在“10000号”的3个工作区域增设图书馆,定期开展足球、篮球、乒乓球友谊比赛,丰富业余生活。(3)在各种补贴和福利上做到同工同酬。增加补贴,提高固定工资额度,增加“10000号”一线人员的收入。(4)实施“星级考核”,完善职业规划,让业务外包从业人员列席职代会。

(黄清燕)

【上海电信工会启动实施职工“安居工程”】 电信“安居工程”从人才公寓、青年员工宿舍和住房困难员工租赁房三大概念出发,以“关注民生、针对性、时效性、量力而行、注重效果”为原则,制定申请条件、申请流程、退出机制等相关管理办法,尽量为不同类型的员工提供全面的住房保障办法。根据“安居工程”建设计划,到2013年底,将在上海市区和郊区建成人才公寓47套、青年宿舍和住房困难职工租赁房179套。 (朱东亚)

【上海电信松江局工会“四送”关爱业务外包从业人员】 (1)送知识。通过外送培训、课堂培训、师徒结对、专家讲座、播放录像资料等方式,组织营业人员参加“玩转3G”营销技能知识培训,外线机线员参加“蓝色天使”——FTTH安装理论与操作知识培训,提高业务外包从业人员业务技能水平。(2)送关爱。通过座谈会、电子邮箱、班组例会、下基层挂钩联系等形式,与广大业务外包从业人员交流沟通,并组织荣获“十佳营业员”、“十佳机线员”等称号的业务外包人员从业参加疗休养。(3)送温暖。及时慰问身患重病的业务外包从业人员,送上慰问金和慰问品,并组织“献爱心”捐款活动,帮助他们渡过难关。(4)送健康。每年定期组织业务外包从业人员参加健康体检,接受肝功能、血糖血脂、肝胆B超、心电图、胸透等20多个项目的检查,对在体检中查出患病的业务外包从业人员,及时给予关爱帮扶。 (澎 湃)

【上海电信网络运行部工会启动业务外包从业人员关怀计划】 制定实施“112”业务外包从业人员“关怀计划”。(1)身心健康关怀。会同上海电信工会管辖的源迪公司和安迪公司,对有困难的业务外包从业人员实施帮扶;开展每两年一次的健康体检;举办“我工作我快乐”心理健康讲座,提供心理咨询和援助;举办业务外包从业人员联谊活动和文体娱乐活动,丰富业余文化生活。(2)岗位技能关怀。举办“城市光网”全员知识培训,评选技术标兵和能手;举办班组长业务技能、管理技能培训,提升班组长管理能力和综合素养;举办“112”岗位练兵操作比赛,营造“比、学、赶、帮、超”的工作氛围。(3)职业发展关怀。建立业务外包从业人员职业晋升渠道,推选优秀业务外包从业人员转为上海电信工会源迪公司合同制员工。经审核,共有33名符合条件的“112”业务外包从业人员率先转为源迪通信工程公司合同制员工;设立“张慧英劳模工作室”,邀请市劳模客户服务调度中心张慧英及技术骨干与优秀业务外包从业人员拜师结对,培养和打造一批业务技术骨干;建立业务外包从业人员年终评先机制,做好“岗位成才奖”评选工作,激励业务外包从业人员岗位成才。(4)政治民主关怀。关心业务外包从业人员入党、入团、入会,做好党、团、工会组织的代管工作;建立网络运行部与业务外包从业人员定期沟通制度,通过召开沟通会,听取业务外包从业人员的意见和建议,引导业务外包从业人员积极工作,努力完成任务。 (颜 聘)

【中远集运工会建立爱心基金会】 将原帮困基金会和困难职工教育基金会合并,成立公司爱心基金会。新设立的基金会明确爱心帮扶、爱心助学、爱心慰问和爱心援助等项目和职能,提高帮扶标准,并进一步规范审核、报批、发放和监管等制度,确保帮扶资金使用反馈、跟踪、检查、审计的管控流程更加科学有效。“两节”期间,共组织发动1万多名在沪单位职工参加“爱心一日捐”活动,募集捐款总计45.73万元,全部用于充实爱心基金会和各单位的帮困基金;帮扶慰问困难职工2674人次,慰问基层单位76个,慰问船舶192艘次,帮扶金额总计582万元。 (钱 华)

【上海机场集团工会开展送温暖集体行动】 启动实施以“创先争优,心系职工”为主题的送温暖集体行动,由上海机场集团4支志愿者服务队——党员先锋队、工人先锋队、巾帼先锋队、青年先锋队负责组织实施。活动期间,共慰问困难员工85人,送上慰问金及慰问品共计21.3万元,集团公司领导分别带队慰问患病困难员工以及为世博运行保障作出贡献的先进典型。 (陆敏峰)

【上海外国语大学工会创新机制凝聚非在编务工人员】 上海外国语大学有近800名非在编人员,分布在食堂、保绿保洁、宿舍管理等工作岗位。学校工会在组织其加入工会后,进一步重视在政治、精神文化生活上的关爱服务。学校工会落实非在编人员列席校教代会工作制度,明确规定非在编人员可以参加校工会积极分子、校“三八红旗手”等先进的评选。年内,经民主选举的3名非在编人员代表列席校六届四次教职工代表大会。安徽籍非在编人员王霞在餐饮岗位上自强不息,获校“三八红旗手”称号。

(顾伯超)

【光明食品集团工会加大帮扶机制建设力度】 集团各级工会筹集慰问款物总额达829.87万元,慰问困难职工(含困难农民工)10693人次,仅元旦、春节送温暖活动就发放慰问款物达737.83万元;集团组织动员4.21万名职工参加“爱心一日捐”活动,共募集帮扶资金177万元。在“金秋助学”活动中,对集团帮困基金助学金标准进行调整,重点大学、一般大学、高中(中专)助学标准分别由原来每年的2500、2000、1500元调整为每年5000、4000、3000元;另有30名家庭特别困难、品学兼优的职工子女得到资助。 (桑树德)

【良友集团职工踊跃参加“爱心一日

捐”活动】 1月,集团系统广大干部职工响应工会号召,发扬救急济难、互助互济的优良传统,踊跃参加“爱心一日捐”活动。集团系统共有6000多人参加捐款活动,募款总额达21.46万元。 (高 磊)

【市民政局工会组织开展向困难职工献爱心活动】 春节前夕,市民政局工会举行“情牵残疾职工、共建和谐民政”——2011年市民政系统向困难职工献爱心捐款仪式。市民政局机关、市殡葬服务中心等13家局属单位向民政(集团)有限公司困难职工捐款75万元。局工会组织系统内部力量开展向困难职工捐款活动,各单位协调配合,联合构建起“大帮扶”的工作格局。 (胡积伟)

【市监狱局工会推动长效帮扶机制建设】 (1)在四大节日期间,共帮扶670户困难家庭以及患病住院的干警职工,帮扶金总额达88.031万元。(2)助学帮扶206名困难干警职工子女,发放助学款20.99万元。(3)出资20万元,对社区和企业生活困难的退休职工开展“送温暖”和“送清凉”活动。(4)共为2.1万人次干警职工(包括退休职工)续保4项医疗互助保障计划,6507人次获得给付金156.03万元。(5)定向帮扶患病干警职工66人次,帮扶款总计3.24万元。 (江海群)

【锦江国际集团工会做好职工帮扶保障工作】 (1)配合党政开展高温慰问活动,集团工会共慰问基层企业11家,慰问款总计8.3万元;配合行政开展安全生产防暑降温专项检查51次,查实问题7个,督促整改7个;高温季节走访企业29家,开展工会劳动保护监督检查活动112次,职工代表安全巡查活动43次,走访慰问职工4196人次,发放防暑降温用品53.1万元,为职工健康体检14401人次,发放高温津贴1470.6万元。(2)加大帮扶力度,进一步扩大帮扶覆盖面,集团帮扶对象在原有33人的基础上扩大到50人,帮扶标准金额由每人每年5000元提高到8000元。(3)做好送温暖工作,各级领导干部联系生活困难职工家庭820户。 (张祥伟)

市民政局工会在2011年春节前夕为困难职工专项捐款75万元

(赵苓蓉)

【上海联通工会推进困难职工帮扶工作】 (1)依托上海联通职工爱心互助基金,推动工会帮扶工作常态化、长效化。(2)及时建立劳模和困难职工信息档案,“两节”期间,共走访慰问劳模、困难职工125人,慰问金总计16.05万元。(3)各基层工会基本建立了“必访”制度,及时掌握其生产生活状况。(4)关爱女职工,为966名女职工办理了2011年女职工妇疾保险,每季度举办“关爱女职工”健康系列讲座。 (康 迪)

【绿地集团工会开展驻外员工关心慰问工作】 春节前夕,绿地集团工会在绿地万豪酒店举行春节联欢晚会,邀请长期驻外干部代表及其家属出席晚会。绿地集团开发建设项目遍及全国24个省近60座城市,派驻外地的上海干部员工达200多人。作为集团工会的重要工作内容之一,驻外干部员工关心慰问工作已形成常态化机制,从员工生日、子女就学就业、家属就医等各方面进行全方位的关心帮扶,着力解决驻外干部员工后顾之忧。 (王洋洋)

【市公惠医院做好职工帮扶和医疗帮扶工作】 (1)市公惠医院努力做好关心困难职工工作,继续开展“一日捐”活动,在岗职工共捐款6440元,50位在职党员捐款4250元。同时,开展送温暖活动,共帮扶80人次,帮扶金总计2.11万元。(2)医院门诊帮扶901人次,帮扶金额达8.71万元;住院帮扶4人,帮扶总金额1万元。在各级工会的支持配合下,发放集体助医卡490张,配置医药箱1200个,帮扶金总计27万元;坚持每月25日组织医疗骨干赴杨浦区总工会职工援助服务中心坐堂咨询。 (张利平)

元旦、春节送温暖

【上海工会广泛开展元旦春节送温暖活动】 元旦春节期间,全市各级工会以受后金融危机、产业结构调整和经济发展方式转变等因素影响的重点地区、行业和企业的困难职工、农民工等5类职工群体为重点帮扶对象,注重做到“三个面向”(即面向广大职工群众,面向先进模范人物,面向困难职工群体),通过开展走访慰问、“爱心一日捐款”、援助服务日和送温暖职介专场等活动,有效形成“重点帮、帮重点”的工作合力。(1)“两节”期间,各级工会共排摸困难职工20.87万人,建立困难职工档案8.21万户。共筹措送温暖资金1.74亿元,走访困难企业2104家,慰问困难职工、农民工家庭超过15万户,慰问节日期间坚守工作岗位的职工、农民工23.05万人次,其中,市总工会组成10个慰问组,由市总工会领导带队,深入到40个区、县、局(产业)系统,走访慰问市内困难职工和困难劳模,检查、落实送温暖工作。(2)举行上海工会“千名环卫一线职工健康行”活动,共组织1000名为世博运营和城市运行作出突出贡献的环卫一线职工在市公惠医院进行健康体检。(3)举办元旦春节送温暖援助服务日活动,现场共为近2万人次职工提供就业援助、助医助学、生活帮扶、健康体检、心理咨询、便民服务等10多项援助服务。分别在长宁、普陀、闸北、虹口、杨浦、黄浦、松江等7个区举办送温暖职介专场,386家用工单位进场设摊招聘,提供就业岗位5800多个，达成用工意向833人。(4)开展农民工援助帮扶工作，共走访慰问困难农民工1.17万户，发放团体医疗卡328张；提供农民工健康体检、健康咨询服务2.87万人次；协助政府有关部门帮助3.2万名农民工追讨欠薪超过5800万元；帮助农民工平安返乡8.65万人次，帮助农民工购买车(船)票4.74万张。(曹宏亮)

【长宁区总工会围绕"四送"开展春节帮困送温暖】 元旦春节，区各级工会帮困送温暖受益困难职工2741人，金额138.7万元。(1)注重实效，落实帮困方案、对象和资金。下发《长宁区总工会关于开展2011年元旦春节期间帮困送温暖活动的通知》，布置具体实施方案。组织动员机关、企事业单位2.4万名职工积极开展"一日捐"活动，共募集帮扶资金140余万元。(2)突出重点，关心因突发事件导致生活困难的职工。将"11·15"重大火灾事故受灾的4名职工以及因燃气爆炸致深度烧伤的宇阳公司协保人员李某列为重点关心对象，多次上门走访慰问，关心受灾职工的生活情况。(3)活动引领，举办各类惠民实事活动。组织区市容绿化管理局下属5家环卫公司50余名世博一线的外来务工人员参加上海市公惠医院体格检查。元旦期间组织300名农民工观看电影，并送上新年礼包。在华阳街道文化活动中心举办"心系职工情，温暖进万家"为主题的送温暖援助服务日活动，提供300多个就业岗位，吸引500余名求职者，现场达成意向性用工协议96份。(高　雨)

【普陀区总工会举行2011年元旦春节送温暖推进日活动】 1月13日，在沪西工人文化宫举行。区委区政府、市总工会、区总工会等领导穿上志愿者工作服，在区总工会职工援助服务中心一门式服务大厅参加义工活动，向1887名困难职工、农民工现场发放帮扶款物，总金额计82.3万元。同时，在西宫天天职场、沪西职工技术交流站、西宫会展馆分别开展岗位招聘、培训讲座、政策咨询等服务项目。(赵　勇)

【虹口区总工会举行2011年元旦春节送温暖援助服务日活动】 1月13日，区总工会与区人力资源和社会保障局、区科委、曲阳社区(街道)总工会等部门在曲阳社区文化中心联合举办"'心系职工情，温暖进万家'——虹口区总工会2011年元旦春节送温暖援助服务日活动"，现场为职工提供劳动保障政策咨询、职业指导、代理招聘、职业培训咨询报名、自主创业政策咨询、社会保险咨询、职工互助保障、法律咨询、民营企业现场招聘等服务。在区职业介绍所举行的招聘会上，30家用人单位进场招聘，提供500多个就业岗位，1000多名下岗失业人员进场求职。(徐　洁)

崇明县总工会举办2011年春节送温暖职工援助服务日活动
(易建军)

【黄浦区总工会开展元旦春节送温暖活动】 12月31日，区总工会、团区委、区妇联、区机关党工委、区残联、区红十字会、区慈善基金会、区老年基金会、区爱心帮扶服务社联合举行黄浦区2012年元旦、春节帮困送温暖活动启动仪式。区领导和100个部门、单位代表捐款，共募集善款476万元。启动仪式后，区领导分29路分别走访慰问区内困难职工家庭、困难残疾人和困难学生代表。同时，区总工会对6类困难职工群体实施重点帮扶，并开展"送慰问到农民工岗位"、"送大礼包到工地(车间)"等活动，慰问春节期间坚守岗位的职工。(吕诚陆)

【宝山区总工会开展送温暖援助服务日活动】 1月13日，区总工会在牡丹江路文化广场举办以"心系职工情，温暖进万家"为主题的2011年元旦春节送温暖援助服务日活动。活动当日，共有来自宝山区总工会和友谊街道便民服务队的30多名干部、专家现场提供就业指导、劳动争议调解、法律、女职工权益维护、互助保障计划、工商政策、计生政策等咨询服务活动，同时，发放宣传资料3000多册。(胡立伟)

【崇明县总工会举办2011年元旦春节送温暖援助服务日活动】 1月13日，县总工会在长兴镇凤辰小区广场举行"'心系职工情，温暖进万家'——2011年春节送温暖职工援助服务日活动"。在活动现场，县总工会向长兴镇、横沙乡的特困职工代表发放帮扶款、"爱心卡"及防寒用品。同时，县总工会联合县人力资源社会保障局、县司法局等部门联合开展劳动保障政策、法律法规、工会互助保障等宣传咨询活动，并送去一台精彩的文艺节目。(易建军)

【中海"新赤湾"轮船员三赴亚丁湾慰问中国护航海军官兵】 12月30日，在中国人民解放军海军亚丁湾护航3周年之际，中海派遣8500TEU"新赤湾"轮跨洋过海、长途跋涉10余天抵达索马里、亚丁湾，代表中海员工和祖国人民慰问远在数千里之外的亚丁湾海域执行护航任务的中国海军官兵。该轮受中国海运重托，为护航官兵赠送价值20多万元人民币的3个标准冷藏集装箱的蔬菜、水果、饺子、汤圆、南瓜饼、巧克力等节日食品和中海的慰问信。这是该轮第三次执行这项任务。（顾惠根）

【中海集团党政工领导坚持节日期间慰问一线船员职工】 元旦、春节、五一、中秋、国庆期间，中海集团党政工领导班子成员带队分成10个慰问组分赴上海、广州、大连、海南等各地港口、码头看望慰问到港系泊作业的船员职工，送去慰问品和慰问金。在慰问的同时，还向船员介绍集团经营状况等情况。（顾惠根）

【中海集运公司党政工新年慰问做到一船不漏】 元旦、春节，中海集运对所属53艘集装箱船进行新年慰问，对其中32艘返抵国内各港口的船舶进行现场慰问，做到一船不漏。中海集运对集装箱轮船员的元旦、春节慰问工作，做到早计划、早启动、早到位，充分利用网点众多的优势，盘活人力资源，对抵达国内各港口的集装箱轮的船员进行新年慰问，赠送慰问品同时，送上党政领导签名慰问信，该公司还对工伤、住院、家庭生活困难等船员进行全面梳理，分组分批做好家访慰问，送上新年关爱的礼金和衷心祝福，做到一人不漏。（张　轰　顾向明）

【建工集团工会有效开展元旦春节送温暖活动】 （1）制定下发《关于做好2011年元旦春节帮困送温暖工作的通知》，部署实施送温暖活动。（2）动员全集团有1.8万名职工参加“爱心一日捐”活动，募集捐款112.36万元。（3）对所有困难职工家庭进行摸底调查工作，全面开展走访慰问活动。集团各级领导干部分别走访慰问410户困难劳模、困难职工家庭，各级工会组织共走访慰问困难职工1895户，慰问金总计136万元。（4）做好春节期间留沪过年农民工的关心帮扶工作。（杨钟春）

【市经信系统工会扎实开展帮扶服务活动】 （1）及时召开帮困基金理事会会议和互助保障工作会议，增补理事，制定计划，探索工会帮扶工作新模式。（2）开展2011年元旦春节送温暖活动，共帮扶38家直属单位和11家中央大型企业的261名困难职工，帮扶金总计15万元。（3）在高温季节，提前制定慰问方案，及时进行走访慰问，共计慰问单位37家，慰问职工3300多名，慰问资金18.5万元。（黄　俭）

金秋助学

【上海工会深入开展“金秋助学”活动】 上海工会切实以国家助学体系没有覆盖或已覆盖但需进一步救助的困难职工子女和农民工子女、就业困难的困难职工家庭高校毕业生及遭受重大自然灾害的困难职工家庭子女为主要对象，突出帮扶经政府救助后生活仍然困难的“低保”职工家庭子女、家庭人均收入略高于“低保”线，但家庭成员患大病等特殊困难的“低保”边缘职工子女和农民工子女，进一步拓展帮扶覆盖面，不断深化帮扶内涵。活动期间，各级工会共发放助学款6067.13万元，资助5.33万名困难职工子女和农民工子女。同时，作为“金秋助学”活动的重要组成部分，开展“千千助学”活动，市级机关各基层党支部通过捐款等形式筹资112.47万元，结对助学835名困难职工子女。（曹宏亮　顾　佳）

【长宁工会开展“困难家庭子女关爱行动”】 （1）构建“四级网络”，建立“四项制度”，推动“双百助学”品牌活动社会化。整合各类社会资源，通过构建“四级网络”（即企业资助—系统内帮—跨行互助—社会救助）的有效途径，引导区域内社会力量参与到“双百助学”活动中。全区共有188家企事业单位结对资助困难职工家庭学生702名，助学总金额达到90.4万元。在金秋助学行动中，长宁各级工会共资助困难职工子女1644人，发放助学款231.5万元。（2）细化工作方法，建立帮困助学“四个一”工作制度。一是建立“一人一卡”制度，为每一个受助学生建立档案卡，及时更新受助学生的情况。二是建立“一人一账”制度，按受助帮困青少年的名册分列明细收支账册，并定期向捐款单位、个人公开账目。三是建立“一年一答谢”制度，各级工会每年召开1次面向帮困单位和受助个人的答谢会，使捐助人能全面地了解受助青少年的成长情况。四是建立“一人一承诺”制度，捐助单位承诺每年为受助青少年落实助学资金，提供社会实践的机会，并经常关心受助青少年的学习和成长状况。（沈　婕）

【宝山工会深入开展“金秋助学”活动】 区总工会不断健全完善帮扶工作机制，动员各级工会按区总下达的帮扶标准同比例配发助学资金，并通过定向助学、个人结对助学和一次性助学等方式，共资助214名困难职工子女、农民工子女，助学帮扶款总计43.89万元。同时，注重物质帮扶与精神帮扶相结合，采取和家长或学生进行电话沟通、面对面交流和通信等方式，对受助学生进行心理疏导和励志教育，力促困难职工子女健康成长。（胡立伟）

【城投总公司工会推进“金秋助学”活动】 总公司工会与35名困难职工子女结对助学，精心安排受助学生及家长实地参观环境集团公司黄浦中转站。开展“金秋助学”活动5年来，累计帮扶157人次困难职工子女，7名受助学生已顺利完成学业实现就业。（朱文慧）

【上海交大工会深入开展教职工爱心助学活动】 11月14日，上海交通大学召开教职工爱心助学金座谈会，工会代表全校教职工向123位大一新生发放爱心助学金。“上海交通大学教职工爱心助学金”设立于1995年，承载着教职工对学生关爱之情的该项助学金，其宗旨是关心帮助家境贫困的一年级新生度过进校初期的困难阶段，激励他们自强不息、奋发学习、报效祖国。教职工爱心助学金成立以来，共助学帮扶1800多名学生，助学款总计近100万元。（顾伯超）

【市新闻出版工会加强助学帮扶长效机制建设】 （1）抓调查排摸。对系统内困难职工子女就学情况进行摸底调查，严格按照“全国总工会帮扶工作管理软件”的操作要求，抓紧做好困难职工档案录入工作，做到“三清、三定”，即困难职工家庭情况清、收入清、孩子学习情况清；困难职工孩子助学金额定向、家访定期、助学定人。(2)抓工作载体。将助学帮扶重点对象向经济效益较差的印刷企业困难职工子女倾斜，通过开展“迎世博，印刷子弟喜看上海新貌、畅游世博会”、部分优秀受助学生迎春联欢会及为50名受助学生免费订阅报刊杂志等活动，从思想、学习和生活上关爱助学对象。(3)抓资金落实。广泛开展“捐一日工资，献一份爱心”活动，采用集团、基层“两个一点”的形式，保证帮扶基金持续增长，并做好帮扶助学资金的筹集、使用和管理。(4)抓结对助学。推动形成由市总工会、市新闻出版工会和各集团工会上下联动的“三级”定向助学工作网络。3年来，市新闻出版工会助学帮扶困难职工子女792人次，其中，困难农民工子女33人次，总计发放帮扶助学款43万元。（陈宏华）

【良友集团工会开展2011年“金秋助学”活动】 全年共资助困难职工子女72人，发放助学款3.3万元，其中，集团工会资助困难职工子女37人，发放助学款2.15万元；下属各子公司资助困难职工子女35名，发放助学款1.18万元。同时，各级工会还深入困难职工家庭了解情况，做好摸底调查工作，进一步掌握困难职工子女就学、生活和毕业后的就业等情况，并建立健全困难职工求助信息。（胡倍燕）

职工互助保障

【长宁区总工会“三个结合”开展《社会保险法》宣传活动】 区总工会联合区人保局、区社保中心、区医保办在区工人文化宫举办“了解社会保险权益，增强职工维权意识”——《社会保险法》宣传日活动，并邀请8位专家在现场为职工提供法律咨询服务。《社会保险法》宣传活动注重3个结合：(1)《社会保险法》宣传活动与促进就业相结合。在“千方百计促就业，真情温暖你我他”主题招聘会现场，向求职者发放《社会保险法》读本100余册，宣传《社会保险法》颁布实施的重大意义、立法宗旨和基本内容，并现场进行各种社会保险制度的释义与解读，现场咨询达230人次。(2)《社会保险法》宣传活动与职工互助保障计划参保相结合。招聘会现场设立职工互助保障宣传专栏，介绍作为“第二医保”的职工互助保障计划的具体内容及优势所在。(3)《社会保险法》宣传活动与职工援助分中心工作相结合。召开各街道(镇)事务受理中心主任、各街道(镇)职工援助服务分中心主任联席会议，动员各街道(镇)专职工会副主席及工会干部参与宣传活动。各街道(镇)工会结合自身工作实际，开展包括发放宣传资料、电子屏幕滚动、与居民区互动等形式多样的宣传活动。（沈婕）

6月15日，召开2011年长宁区“关爱农民工、服务农民工”工作推进会（周君）

【虹口区总工会开展职工互助保障咨询服务日活动】 12月3日，区总工会在职工援助服务中心开展以“无病我助人，有病人帮我”为主题的职工互助保障咨询服务日活动。活动当日，区总工会保障干部向前来咨询的近百名职工进行宣传和讲解。同时，还以展板的形式展示市职保会的概况、区总工会提供的服务以及各项互助保障计划的简单介绍，并向在场职工发放在职住院、退休住院、特种重病、女工特种和综合保障计划等8种互助保障计划的宣传资料。（徐洁）

【南京东路社区首家合资企业职工参加互助保障计划】 在南京东路社区总工会的推动下，中日合资企业宝地置业有限公司工会向该管理层提出职工参保互助保障计划的方案和测算。历经4个多月的谈判和沟通，公司投入参保费5050元，首次为总公司和分公司所有的50名中国籍职工投保市职保会综合补充医疗、意外(工伤)互助保障B套计划。（吕诚陆 倪守正）

【静安区总工会开展职工互助保障咨询服务日活动】 12月3日，区总工会开展静安职工互助保障咨询服务日活动，现场发放在职住院、退休住院等8种互助保障计划宣传资料，解答职工对各项互助保障计划的疑问，当天累计接待咨询达100多人次。全区共有8164名在职职工获给付金总计971万元，2.34万名退休职工分别获给付金总计4037万元。（陆蕾）

【宝山区总工会做好医疗帮扶工作】 12月，区总工会组织各直属和基层工会根据系统在档困难职工情况，为3033名困难职工申办市公惠医院助医卡，并在春节前将助医卡发放至困难职工手中。（胡立伟）

【松江区总工会举办职工互助保障咨询服务活动】 12月3日，区总工会在岳阳休闲广场举办职工互助保障咨询服务活动。以版面宣传、成果展示、咨询服务等形式向广大职工宣传互助保障工作意义，提升各类保障计划在职工中的知晓度。活动现场，区总工会为200多人次职工提供法律援助、医疗服务、困难帮扶等服务，共发放宣传资料600多份。 （俞龙珍）

【青浦工会扩大互助保障计划参保覆盖面】 区总工会主动指导企业工会把推进职工互助保障工作的相关内容列入平等协商、集体合同的内容，及时下发《推进工作意见》，要求各街道（乡镇）工会加大宣传力度，采取“一企一策”加强分类指导，并将区劳动关系和谐企业、创业工作示范点等作为重点推进单位。从4月起，两级工会进一步加强媒体宣传，广泛张贴宣传材料、发放通知，使更多企业和社区职工及时参保。全年，在职职工参保13.71万人次，给付3214人，给付金额总计843万元。 （马美君）

【奉贤区总工会开展职工互助保障工作】 区总工会推进互助保障工作，区内在职职工参保市职保会医疗互助保障计划3.83万人次，参保金额466.32万元，给付1803人，给付金额270.12万元；退休职工住院补充医疗互助保障计划参保2.12万人，参保金额287.19万元，给付9138人，给付金额603.45万元。同时，区职工救济急难互助会入会11.38万人次，入会金额85.69万元，帮扶1642人，帮扶金额总计182.09万元。 （叶　兰）

【市纺织工会注重“三个提升”开展互助保障工作】 （1）提升参保率。通过举办业务知识培训班、考核评比等形式，对基层单位特别是新组建的单位及时指导参投保工作，不留空白点，参保率达到100%。（2）提升保障力度。鼓励有条件的单位进行险种升级，已有22%的单位从参加综合计划B类升级到综合计划A类。（3）提升服务质量。通过诚心、热心、细心、耐心的工作方法，第一时间做好协调服务工作，为患病职工及时办理给付手续。全年，纺织系统共有5538人次获给付，给付金额总计282.12万元。 （汪叶慧）

【上海邮政重病住院医疗互助保障会切实为职工办实事、解难事】 上海邮政员工重病医疗互助保障会和住院医疗互助保障会继续以互助互济为宗旨，帮助患重病或入院治疗职工排忧解难。全年，员工重病医疗互助保障会向55名患重病员工及在职死亡员工家属给付保障金66万元，员工住院互助保障会向462人次住院员工给付保障金96.71万元。 （乐　瑾）

【市职保会召开四届会员代表大会】 12月2日召开。选举产生新一届理事会77名理事和监事会5名监事。市总工会副主席、市职保会理事长侯继军出席大会，并要求市职保会要以帮助非公企业职工和劳务派遣职工、农民工参加互助保障计划为突破口，争取工会互助保障覆盖更广泛的职工群体。 （佘海卿）

【市职保会切实加大服务处（点）和参保计划考核力度】 （1）制定下发《关于进一步加强和完善区县工会互助保障服务处（点）管理和考核的办法》，对服务处（点）的设置、工作考核、经费发放、人员的备案等进行规范，使服务处（点）作为互助保障工作的服务窗口发挥更大的作用。（2）继续在全市工会系统开展互助保障考核达标工作，并加强了目标考核力度，将“女职工重病保障计划”的考核基础从15%提高至25%，将“综合补充医疗、意外（工伤）互助保障计划”的考核要求明确为本系统15%以上的职工参加。 （佘海卿）

【市职保会声讯电话系统为广大基层工会和职工提供优质服务】 对客户服务工作提出更高要求，着力通过语音自助、人工服务、传真件等多种方式回答有关参续保方面的问题。全年，共接待来电4.54万次，其中，自动语音服务占比超过六成。 （佘海卿）

【市职保会实施非公企业参保补贴举措】 市职保会自2011年起将连续3年拨出经费支持非公企业组织职工参加“在职住院保障计划”，补贴费用从参保费用中直接扣除，补贴的标准为每人每份20元。补贴制度实施以来，已有金山、宝山、普陀、黄浦等区37家非公企业组织4546名职工参保。 （佘海卿）

【市职保会举办各区县互助保障咨询服务日活动】 12月3日，全市18个区县工会在市职保会的统筹安排下，开展以“无病我助人，有病人帮我”为主题的上海职工互助保障咨询服务日活动，向广大职工展示互助保障的发展概况、各区县工会提供的便民服务措施，并向前来咨询的广大职工群众发放在职住院等8类互助保障计划宣传单片资料。 （佘海卿）

【市职保会做好社区参保工作】 延长互助保障服务处（点）受理社区参保时间，于6月1日至6月30日集中受理，比以往增加5天。同时，运用市职保会搭建的专线联网给付平台，实现参保信息实时传输，提高信息准确度。全年，共有22万人次社区参保对象参保，较2010年同比增长15.79%。 （佘海卿）

女职工权益

【上海工会开展女职工“关爱行动”】 市总工会制定下发《关于完善实事项目，进一步做好女职工“关爱行动”的通知》，将每年3月定为女职工“关爱行动”月，要求各级工会、女职工委员会组织实施女职工“关爱行动”。市总工会成立领导小组，负责“关爱行动”的组织实施和有关工作协调，并建立以解放军第四一一医院妇科主任为主的专家指导组。各级工会女职工组织将“关爱行动”与“元旦春节送温暖”、“金秋助学”、“农民工援助行动”等工会帮扶项目相结合，将行动月与日常帮扶、实事服务工作相结合，打造帮扶工作、实事服务工作品牌。（1）实施单亲困难女职工“双结对”帮扶工作。各级工会女职工组织、市五一巾帼奖集体与单位内单亲困难女职工结对，将300名单亲困难女职工纳入市总工会层面女职工“关爱行动”帮扶对象，增加1000元/人的帮扶金，并从物质帮扶、子女学习、精神支持等方面帮助她们解决困难。（2）实施女职工健康实事工程。构建以“女职工特种重病互助保障”、“女性保健知识”公益讲座、妇科筛查、妇科特种重病医疗帮扶“四位一体”的女职工健康实事工程。通过女职工权益保护专项集体合同、各类帮困基金、各种爱心帮扶活动等方式实施女职工健康实事工程，做到让女职工通过特种保障早安心、公益讲座早预防、妇科筛查早发现、医疗帮扶早治疗，构筑一道女性健康安全网。联合陕西万安药业公司开展女性保健知识讲座；联合解放军四一一医院，为困难企业女职工、女农民工开展免费宫颈癌、乳腺癌筛查，并增设35万资金，为郊区企业开展上门服务，每年有1万多名女职工受益。经过调查和摸底，对48名大病困难女职工，分别给予1000—5000元不等的医疗补助，共计补助9万元。（徐梅瑾）

【国家妇女儿童发展纲要终期评估检查组检查上海工会维护女职工权益情况】 7月，国家妇女儿童发展纲要终期评估检查工作组对上海执行《中国妇女发展纲要（2001—2010年）》和《中国儿童发展纲要（2001—2010年）》情况进行终期评估检查。工作组视察上海大计数据处理公司，考察非公企业女职工劳动保护情况，并参观公司设立的女职工爱心小屋、女职工周末学校。市总工会向检查组汇报上海工会维护非公企业女职工权益工作的情况。检查组认为上海非公企业已经形成主动维护女职工特殊权益的良好氛围，工会尤其是工会女职工干部在其中发挥了不可替代的作用。检查组还视察上海三枪（集团）有限公司保障女职工劳动权益的情况。（朱莉颖）

【市总工会女职工委员会实施外来务工女性健康实事项目】 3月8日，市总工会女职工委员会和解放军第四一一医院在宝山区城市工业园区联合举行“和谐共建庆‘三八’外来务工女性健康实事项目进园区——暨外来务工女性医疗帮困金启动仪式”。为了加大关爱力度，市总工会向市慈善基金会专门申报20万元慈善医疗帮困金，首批4万元已到位，用于对查出宫颈癌、乳腺癌的困难外来务工女性医疗帮困，使外来务工女性的女性生理健康从预防、检查、治疗等形成体系。（徐梅瑾）

【上海工会举行“阳光照耀我成长——上海工会庆‘六一’暨女职工关爱行动”启动仪式】 5月29日在上海世博局举行。首批30位单亲困难女职工获得每人1000元的女职工“关爱行动”专项帮扶金。普陀区总工会、市五一巾帼集体代表上海氯碱化工股份有限公司技术中心分析组代表就做好“关爱行动”和结对帮扶工作发言。市总工会副主席、市女职工委员会主任汪兰洁出席会议并讲话，要求各级工会和女职工组织实施“关爱行动”，做好实事服务。工会女职工委员会代表、市五一巾帼奖集体代表向结对单亲困难女职工子女送上学习用品。启动仪式后，市总工会组织单亲困难女职工子女参观中国馆。（孙 华）

5月29日，市总工会女职工委员会向单亲困难女职工子女发放帮扶金（吴良荣）

【市总工会女职工委员会设立“爱心妈咪小屋”】 在白领女性集中的静安区石门二路街道凯迪克大厦和静安寺街道阿波罗大厦设立“爱心妈咪小屋”，供孕期、哺乳期女职工休息。7月14日，举行静安凯迪克大厦“爱心妈咪小屋”揭牌仪式，市总工会女职工委员会和静安区总工会向大厦赠送“爱心妈咪小屋”专用冰箱和女职工关爱箱。市总工会表示，要把“爱心妈咪小屋”这项工作在全市范围内推广，尤其是育龄女职工集中的企业、开发区、楼宇、商场，其工会女职工组织要把建立“爱心妈咪小屋”摆上议事日程，有效解决孕期、哺乳期女职工的后顾之忧。（朱莉颖）

【市总工会举行2011年“职工红丝带健康行动”宣传活动】 11月29日，市总工会联合宝山区总工会、宝山区疾病预防控制中心在宝山大型厂区中国20冶集团有限公司举行“行动起来，向‘零’艾滋迈进——2011年上海职工红丝带健康行动宣传活动”，活动在中国20冶集团有限公司、杨行、罗店、月浦工业园区、城市宝山园区、友谊街道城市园区、建交委等10家企业设立“上海职工红丝带健康行动服务点”，并向服务点赠送文化体育用品，发放预防艾滋病宣传资料和宣传光盘等。通过医疗咨询、文艺演出、预防艾滋病知识猜谜和版面宣传画等形式，把职工红丝带健康行动送进企业，使更多职工了解艾滋病、正视艾滋病，了解艾滋病的传播途径、防护方法，提高职工预防艾滋病知识知晓率。职工代表提出“行动起来，向‘零’艾滋迈进”的倡议，广大职工纷纷签名，承诺为实现“零新发、零死亡、零歧视”的目标努力。（徐梅瑾）

【长宁区总工会举办第二十二届三八姐妹运动会】 3月4日，区总工会在延安中学举行“新联纺杯”长宁区第二十二届三八姐妹运动会广播体操专场活动，来自全区各行业的57支代表队、近700名女职工参加。作为“百万职工健身与健康生活同行”上海职工体育建设活动项目之一，区总工会充分发挥三八姐妹运动会品牌效应，在全区女职工群体中倡导开展第八套广播体操健身活动，并将此项目作为三八姐妹运动会的专场。经过比赛，长宁区教育学院获得第一名，上海动物园、长宁税务分局获第二名，建青实验学校、长宁区规划和土地管理局以及江苏路街道获第三名。 （王亚文）

市总工会举行2011年“上海职工红丝带健康行动”宣传活动
（应启跃）

【普陀区总工会开展女职工“关爱行动”】 区总工会启动新一轮女职工免费体检活动，首批近千名来自各系统、园区、社区等基层企业单位的困难企业女职工和女农民工分批接受宫颈癌、乳腺癌等免费筛查。全区各级工会女职工组织积极探索、发展和完善女职工免费体检工作手段，逐渐形成具有普陀特点的“四化”运作模式。(1)项目常态化。区总工会坚持多年把女职工免费体检工作列为实事项目来推进，作为示范和导向，推动更多企业承担起社会责任。(2)操作分层化。针对女职工分布广，免费体检需求大，体检活动工作量大的实际情况，采用分层动员、分层组织、分层实施、各有重点的工作手段，普及体检和重点体检并进，扩大覆盖面。(3)体检定点化。区总工会和相关部门联手，不断整合社会资源，确立一批开展女职工免费体检的合作医疗机构，并挂牌公布。(4)服务系列化。注重延伸体检前后的服务功能，围绕体检工作，为女职工提供宣传、体检、治疗、援助等服务。 （赵 勇）

【闸北区总工会女职工委员会落实女职工免费妇科体检】 区总工会女职工委员会在彭浦镇社区卫生服务中心设置医疗点，举办以“关爱女职工，服务女职工”为主题的女职工免费妇科体检活动，并实施“送医上门”，为女职工提供健康咨询。全年，共为区内“两新”组织、困难企业以及困难下岗女职工提供免费妇科病、乳腺病筛查226人。 （吴新元）

【杨浦区江浦地区总工会搭建服务女职工4个平台】 (1)搭建行业女职工工作组织平台。将行业工会女职工工作组织模式按照地区“两个区域”（综合工会联合会、小区工会联合会）、“三个行业”（物业房地产业、食品餐饮业、制造加工业）进行分类，通过两次覆盖的办法推进，重点做好基层企事业工会女职工委员会和《专项集体合同》的全覆盖。(2)搭建女职工时代风采展示平台。结合企事业特性，在不同行业女职工群体中开展“读书、学法、做事”活动，同时利用工会文化活动中心和职工书屋平台，丰富女职工生活，展示女职工风采。(3)搭建女职工成才成功服务平台。拓思路、重创新，最大限度激发女职工创新活力建设，强化开展创建学习型企业和知识型职工活动，把女职工技能培训和操作比武活动纳入年度工作规划，提升职工技能达标人数。(4)搭建女职工合法权益维护平台。根据行业特点，把地区餐饮业、服装加工业、楼宇业等企业女职工带有共性的呼声作为第一要务，加强分类指导，实实在在做好女职工普遍关注的劳动合同订立、社会保险费缴纳、“四期”保护、工资报酬等实事。 （曹理仰）

【静安区总工会举行“迎三八妇女节女职工音乐鉴赏会”】 3月3日，静安工会举办“灵动之音，抚悦汝心”——2011年上海市静安区女职工音乐鉴赏会。特别邀请上海音乐学院音乐学博士、副教授、上海理工大学音乐艺术教育中心主任裴雅琴女士作为主讲人，由上海音乐学院4名在读硕士研究生以弦乐四重奏的形式进行现场演奏，选取欢快、浪漫的《弦乐小夜

闸北区总工会女职工委员会免费为女职工进行妇科体检 （吴新元）

曲》、《嬉游曲》、《音乐的瞬间》、《天鹅湖选段》等名家大师的佳作，提升女职工对高雅音乐的欣赏能力。（沈诗贤）

【金山区教育工会举行“女教师们的故事”讲演决赛】 3月7日举行。讲演决赛是区教育工会与教育局妇委会为宣传和弘扬身边的女教师先进典型而开展的活动，共收到原创故事120多篇，有99名教师参与讲演初赛，其中，26名获优秀参赛奖，9名教师晋级决赛。决赛中，枫泾幼儿园教师王辰一获得金奖，交大南洋中学、西林中学、辅读学校的3位教师获得银奖，张堰小学、健康幼儿园、第一实验小学、山阳中学和工业学校的5位教师获得铜奖。（黄文超）

【松江区总工会女职工委员会深入基层普及“防艾”知识】 （1）整合社会资源，加大艾滋病预防力度。主动与区疾控中心联系，加大全区开展“职工红丝带健康行动”的力度，落实工作方案，以农民工比较集中的上海比亚迪公司为先行单位开展活动，普及宣传“防艾”知识。共举办培训班26期，参加培训人员总计2000多人。（2）开展宣传活动，增强职工自我保护意识。深入基层，通过文艺演出、知识竞赛、向职工赠送文体用品等形式，宣传国家防治艾滋病的有关法规、政策、措施，引导广大职工、农民工倡导健康向上的生活方式，增强自我保护意识和能力，营造良好社会氛围，扩大工会参与预防控制艾滋病工作的社会影响面。（俞龙珍）

【奉贤区总工会关爱女职工成效显著】 （1）坚持同步组建，新建工会女职工组织建制率为100%，发展女会员9507人。（2）坚持同步签订，累计签订女职工专项合同1893份，涉及企业4422家，覆盖女职工13.2万人。（3）以三八节为契机，召开区“五一巾帼示范岗”表彰大会，组织形式多样的宣传活动。（4）成立13所女职工周末学校，在女职工100人以上企业挂牌女职工周末学校教学点。年内举办培训班112期，培训女职工5.3万人，区女职工周末学校被全总命名为“工会女职工培训示范学校”。（5）为1562名困难企业女职工提供免费妇科检查，为162名困难女职工子女发放助学款15万元。（叶 兰）

【市总工会、解放军第四一一医院组织医护力量专程赴崇明为女农民工进行妇科检查】 11月，在市总工会女职工委员会的组织协调下，解放军第四一一医院体检中心医生先后两次赶赴崇明，免费为岛内1000多名女职工和外来女务工人员进行妇科体检。11月24日，在县富盛经济开发区的临时体检点，来自开发区内企业和周边乡镇企业的女职工和外来女务工人员在工会干部的指引下，依次进行妇科常规、妇科B超等5项免费检查。对查出妇科重症的困难外来务工女性，还可享受由市慈善基金会提供的手术慈善救助。在检查活动现场，市总工会、解放军第四一一医院和崇明县总工会为参加体检人员发放家庭小药箱。（易建军）

市总工会、解放军第四一一医院赴崇明为女农民工进行妇科检查
（易建军）

【华谊集团举行纪念三八国际劳动妇女节101周年庆祝活动】 3月8日在虹桥宾馆举行。邀请近200名女职工、女先进代表参加，并为获全国“五一巾帼标兵”、上海市“三八红旗手”等先进颁发奖状。（殷洁伟）

【上海轻工发布“十二五”巾帼风采三年行动计划】 上海轻工业工会联合会女职工委员会通过开展“轻工巾帼风采”系列主题活动，更好地服务行业女职工的职业发展，发挥行业女职工先进典型的榜样示范作用，打造“轻工巾帼先进典型”品牌，并发布《巾帼风采三年行动计划》。《计划》明确以轻工女职工周末学校为载体，组织女职工参与行业性的技能比武、技能登高等活动，通过“培育、形成、引领”等活动阶段，到2013年末，争创轻工各行业“百佳巾帼奖”，创建轻工各行业百个“巾帼创新示范岗”，并选树5—10名在上海轻工系统有影响的“巾帼先进典型”。（徐俊彦）

【上海化学工业区工会实施女职工关爱行动】 （1）切实维护女职工合法权益。加强女职工组织建设，新建工会中女职工组织同步组建率达到100%；督促签订女职工专项合同，女职工特殊权益专项合同占集体合同的比例达100%。（2）开展“建功十二五，创新绘蓝图”女职工建功立业主题活动。围绕“立足岗位比贡献，齐心协力谋发展”创先争优，调动广大女职工自觉学文化、学知识、学科技，比能力、比水平、比贡献，形成女职工组织履行职责创先进，女职工立足岗位争优秀的氛围。（3）组织“三八”节纪念活动。举办座谈会、专题讲座、联谊活动、工间操比赛，展示化工区女职工的精神风貌。（4）做好女职工健康服务工作。重点落实女职工妇科体检，确保妇科体检率达到100%，并举办女职工健康讲座，关心女职工身心

健康。(5)开展“双结对”帮扶活动。发挥上海市“三八”红旗集体化工区中法水务公司实验室与单亲困难女职工结对帮扶的示范效应，推动开展帮扶困难女职工行动，不断增强女职工组织的凝聚力和吸引力。(6)举办“激情相约，缘来是你”青年交友联谊活动。加强区内各单位职业青年之间的交流和沟通，为单身男女青年创造更多的交友机会。（张　俊）

【国药控股集团工会举行“让我们更高雅”主题活动】 3月8日举行，国药控股总部以及上海地区子公司150多名女员工代表参加。开设居家艺术插花、美丽彩妆、色彩与服装搭配、普洱茶赏析、围巾系法、健康讲座等六大培训项目，集中展示国药控股女职工在做好岗位工作的同时，注重个人仪容、仪态、气质、修养的塑造，不断提升品位，切实将“健康工作，领先发展”的主题思想影响到每个职工。（成　倩）

【鲁中矿业维护女职工基本权益】 (1)以宣传教育为抓手，帮助广大女工树立“四自”精神。组织女职工座谈会，谈人生理想，引导女职工树立职业道德、家庭美德；加强公司形势任务教育，深入开展女职工目标管理竞赛，组织女职工岗位竞技等活动，不断提升女职工的综合素质。(2)丰富女职工文化生活，展示女职工风采。举办女职工排球比赛、“做新女性、展新风采”女职工民族健身舞比赛以及女职工骨干联欢等活动。(3)加大办实事好事力度。帮助患特种疾病及单亲困难的3名女职工申请救助金5500元，做好生活困难女职工的走访慰问；举办10场女性健康知识讲座、近600人听课；组织1540名女职工妇科体检，做好检查结果反馈，使患病女职工得到及时治疗。（杨庆荣）

【中海集团工会举办女职工干部培训班及互动讲堂活动】 (1)举办中海上海地区女职工干部培训班，40多名女职工干部参加。培训班为学员作题为“企业女职工工作实务”的专题报告，以及“女性管理情绪和应对压力”讲座。(2)为缓解职业女性普遍面临的职场、家庭等多重压力，中海集团工会举办以“抗击污染，身心平衡”为主题的女职工互动讲堂。讲堂邀请专业心理机构老师讲解都市女性生活面临的压力及抗压方式，专业美容顾问讲解都市抗污染护肤和美容知识。来自中海总部机关、中海船务的50多位女职工参加互动讲堂活动。（张　洁）

【上港集团工会女职工委员会开展女职工问题专题调研】 调研内容涉及女职工合法权益和特殊利益的维护、女干部培养、女职工专项集体合同签订、女职工委员会组织建设及新形势下女职工思想动态和在构建和谐企业中女职工组织作用等。集团下属各基层女职工委员会组织发动女工干部和女职工参与调研活动，共收到调研报告和论文10篇。（张　莉）

【市运输工会女职工委员会开展单亲女职工“双结对”活动】 (1)加大排摸力度，建立单亲困难女职工档案，共排摸生活困难女职工120名，单亲困难女职工32名。(2)实施“手拉手”先进集体与单亲困难女职工家庭结对活动，系统内5家市级先进集体与5名单亲女职工结对帮扶，每年开展2次走访慰问活动。(3)推出跨单位结对模式，交运股份、交运日红、教育中心、南站长途、轮渡公司等5家单位女职工委员会与5名困难单亲女职工结对帮扶。(4)举行“萤火虫”爱心拍卖活动，基层单位25名女职工制作的29件手工工艺品总计拍卖1885元，所得款项全部捐助集团系统单亲困难女职工子女。（袁俐俊）

【上海邮政工会做好女职工“评优推优”工作】 上海邮政工会女职工委员会注重培养、选树女职工先进典型，以点带面，不断引导女职工为实现上海邮政科学发展、和谐发展再建新功。在“五一巾帼奖”和“三八红旗手”及“红旗集体”的评选过程中，严格按照民主推荐、公示审核、报同级党组织等程序，评选产生“全国五一巾帼标兵”1名，“上海市三八红旗手”2名和“三八红旗集体”3个，上海市邮政公司“三八红旗手”66名和“三八红旗集体”21个。同时，在各基层女职工委员会中开展“建功‘十二五’、巾帼创新业”主题活动，并结合创建条件，向市建设交通女工委预申报21个女性先进班组或集体，并配合市建设交通妇工委做好一系列相关检查指导工作。（乐　瑾）

【上海移动工会联合举办“婚育新风进万家，移动爱心续真情”主题活动】 5月31日举办，活动现场对“中国移动上海公司婚育新风进万家宣传示范点”进行揭牌，并启动“中国移动通信集团上海有限公司婚育新风进万家信息平台”，中国移动上海公司向下属30个分公司的全体员工发起“倡导婚育新风，救助贫困母亲”的倡议，现场向长寿社区慈善超市捐赠大量衣物、被褥、日用品、玩具、书籍。（隋　奕）

【上海移动工会开通女职工交流平台】 “三八”节期间，中国移动上海公司女职工委员会正式开通“春尚移人・微博逸站”微博，以微博的形式作为女职工交流、互通的平台。微博开通后，不定期发布社会热点话题、生活资讯等信息，并以文字、图片、话题等形式推出“天使爱美丽”、“午休时光”、“懒人厨房”、“移动播报”、“移动辣妈”、“移动人生”女职工摄影展、“移动大家庭”、“我爱我厅”、“好运转转来”、“感恩的心”、“感谢有你”等各类话题，已拥有粉丝3637人，发送微博2135条。同时，还制定《中国移动上海公司工会女职工委员会微博管理办法(试行)》，由各直属单位工会按周期分管微博，轮流进行日常维护，公司女职工委员会委员组建微博委员会，对微博工作进行管理。（史　旭）

【中交三航局工会召开“三八红旗手”表彰大会】 3月18日举行经评选推荐，龚菊英等10人荣获2009—2010年度三航局有限公司“三八红旗手”称号，其中7人来自基层一线。（冯浩强）

【中远集运工会重视做好女职工工作】 中远集运工会将提升女职工素质同开展“创先、创新、创效益”、“合理化建议”、“职工技能竞赛”等群众性活动相结合，动员广大女职工参与“巾帼建功，成才奉献”双文明立功竞赛，立足岗位，展示风采。(1)认真履行女职工特殊权益专项集体合同，修订总部《女职工特殊权益专项集体合同》，指导上远公司签订《女职工特殊利益专项集体合同（试行）》。（2）为女职工购买“上海市女职工团体互助医疗特种保险”，鼓励有条件的单位对40岁以上女职工每年增加1次妇科检查。（3）接受市总工会女职工部对公司女职工工作目标管理的检查调研。（4）建立“上远海夫人QQ群”关爱女职工成长。（钱 华）

【上海城投总公司工会组织开展纪念三八妇女节系列活动】 三八节期间，上海城投总公司工会开展以“弘扬世博精神，展示女工风采”为主题的系列活动。（1）召开2011年度上海城投巾帼示范岗表彰会，表彰获市级及以上荣誉称号的先进集体和先进个人，表彰城投系统23个巾帼示范先进集体和31位巾帼示范先进个人。（2）加大女职工维权保障工作的力度。（3）组织系统内市级以上先进女职工代表赴江西婺源疗休养。（朱文慧）

【上海水产集团工会开展纪念国际三八妇女节座谈会】 在基层推荐基础上，通过评审，授予邓玉芳等6位女职工为集团“三八红旗手”称号，推荐丁佩珍获市“三八红旗手”称号。三八妇女节期间，集团工会召开2009—2010年度“三八红旗手”表彰暨纪念国际三八妇女节101周年座谈会，金优公司丁佩珍等5人在会上作交流发言。（黄永康）

【市监狱局工会夯实举措加强女职工工作】 （1）维护女干警、女职工合法权益。宣传贯彻《妇保法》，对118名困难女职工子女进行定向助学和节日帮扶，帮扶金额达8.5万元；开展女职工疗休养和妇科体检工作，“女职工团体特种保障计划”参保率达100%。（2）提高女职工队伍素质。组织岗位练兵、建功立业等活动，开展女工干部培训班，邀请市人大代表柏万青到市监狱局开展“和谐家庭，和谐生活”的讲座。（3）召开表彰大会。10个集体和28名个人获市监狱局“三八红旗集体”和“三八红旗手”称号。（4）抓好女职工组织自身建设。做到同步组建女工组织100%，坚持女工干部例会制度。（5）组织开展“三八”妇女节活动。（江海群）

【号百工会女职工委员会明确九项措施“追求幸福力”】 （1）开辟女职工职业发展通道。开展“巾帼建功”活动，规划帮助女职工建立职业发展通道，培养一支高技能、高素质的女职工队伍。（2）组织女职工专项业务体验。开展专题体验活动，组织女员工参加劳动、技能竞赛。（3）签订女职工专项集体合同。同步签订女职工权益保护专项集体合同，发挥专项集体合同在落实有关法律法规、争取女职工特殊利益中的作用。（4）制定工会女职工工作手册。以《工会女职工委员会工作手册》为基础，及时记录女职工组织基本情况、女职工信息、会议、开展活动等情况。（5）成立业余文体活动小分队。组织成立文体活动团队，以瑜伽兴趣小组成员为主，参与公司“全员健身日”活动。（6）开展有意义的结对活动。以三八节、六一节等为契机，组织女职工代表开展“做一日义工，献一份爱心”活动，为虹口区儿童福利院的听障儿童做义工。（7）进行女职工心理健康讨论。结合EAP员工援助计划，组织女职工开展婚姻、家庭等方面知识培训和讲座，并举办心理健康大讨论。（8）组织女职工健康专项检查。在原先个性化健康体检的基础上，做好妇科专项检查工作。（9）增购女职工安康专项保险。保费由原来100元/人增加到120元/人，保额由15万元增加到18万元。（沈 匀）

【绿地集团工会开展庆祝三八妇女节系列活动】 （1）成立绿地集团工会女职工委员会。（2）组织集团总部女职工赴张家港踏青、休养。（3）邀请沪上知名的“丝巾皇后”胥佩娜为集团女职工举办一场主题为“丝巾的魅力”的职业女性形象培训活动。（王 慧）

11月7日，静安区总工会举行2011年农民工技能基础培训结业典礼（陆 蕾）

农民工权益

【市总工会联合举办“春风行动”】 3—4月，市总工会会同市人力资源社会保障局、市妇联联合举行“春风行动”，集中为农民工提供就业援助服务。活动期间，各级工会共发放宣传资料11.08万份，主办或协办专场招聘会120场，提供免费就业服务8.35万人，成功介绍农村劳动力就业近1万人；共组织参加技能培训1.45万人，组织参加创业培训2284人；共为2.28万名农民工提供法律援助和维权服务。（曹宏亮）

【静安区总工会有效开展关心帮扶农民工工作】 区总工会制定下发《静安工会2011年农民工工作要点》，明确全面维护农民工合法权益，关心农民工生产生活状况。（1）联合区文明办、团区委、区妇联、区绿化市容局等部门开展“静安区关爱农民工志愿服务活动”,150名来自绿化和市容市政系统的农民工代表以及社区志愿者代表参加活动。(2)落实农民工就业培训工作,区总工会委托职业技能培训中心开展餐厅服务员、中式烹调师、家政服务员等上岗培训和等级培训,累计培训1300多名农民工。(3)以建设领域以及中小型劳动密集型加工制造企业为重点,开展农民工工资支付专项检查,协助政府帮助408名职工农民工追讨欠薪254万元。(4)元旦春节期间开展“平安返乡”活动,共帮助农民工平安返乡351人次,并组织开展春节期间留沪过年农民工春节团拜等活动。 (陈章翠 陆蕾)

【闵行区建交委工会3项举措维护农民工劳动经济权益】 (1)加强建设工程承发包全过程监管。区建交委工会协助行政制定建设工程分包备案制度、建设工程监理报告制度、建筑市场稽查工作办法等规章制度,严格规范建设工程承发包行为,逐步实现建设工程承发包全过程监管。(2)开展劳动用工百日大检查。联合相关部门对在建工地开展劳动用工百日大检查,重点检查用人单位执行最低工资标准情况、用人单位工资支付情况等,对违规违法行为及时依法查处。(3)开展节前建设领域工程款和农民工工资支付情况专项检查。重点检查出现过欠薪上访、工程款及工资缺口较大的项目,由于转包、违法分包、不规范用工导致欠薪的,以及恶意拖欠、不配合管理部门协调处理欠薪问题的单位。全年,区建交委工会共参与协调解决农民工工资拖欠款670多万元。

(应慧娟)

【闵行区总工会开展农民工权益维护工作】 (1)提高农民工入会率,不断扩大工会组织的覆盖面。截至年底,全区共有农民工会员37.85万人。(2)开展农民工就业服务工作。区总工会会同区人保局、工商联、莘庄工业区工会联合举办农民工就业援助活动和农民工援助“春风行动”,做好农民工就业咨询、登记和就业服务活动。(3)实施素质提升行动,开展农民工技能和素质培训。扩大初级工商管理(EBA)培训覆盖面,将107名新生代农民工中的班组长、先进人物列为培训重点,培养农民工中的高技能人才队伍。(4)开展农民工文体活动。承办上海职工体育健身四季大联赛春季“闵行杯”首届上海农民工健身大赛,举办“同享阳光,和谐欢乐”——2011年闵行区首场慰问建筑工地农民工专场文艺演出,开展流动电影进企业、进工地活动,不断满足农民工精神文化需求。 (应慧娟)

【金山区总工会机关干部与企业农民工共庆中秋】 9月9日,金山区总工会机关党支部组织机关全体党员、群众来到结对共建单位上海宜华实业有限公司,与企业农民工欢聚一堂,共庆中秋。活动期间,做游戏、品月饼、猜灯谜、抽大奖等互动节目受到农民工的欢迎。 (曹冠)

【松江区建筑业联合工会3项举措做好农民工工资清欠工作】 (1)实施建筑农民工信息卡制度。深入150个建筑工地,为3万名建筑行业农民工现场制作个人信息资料。(2)落实窗口集中受理投诉制度。针对农民工拖欠工资多头投诉及职能部门重复查处的状况,设置对外办理窗口,统一受理建筑农民工工资拖欠投诉,利用相关职能部门优势,形成工作合力,建立解决问题的快速通道。(3)建立应对突发事件联动处置制度。为应对处置拖欠农民工工资过程中出现的突发事件,与公安等部门建立联动处置制度,控制和预防群体事件发生。同时,对恶意欠薪、蓄意闹事、携款外逃的当事人,及时立案,利用先进的监控手段,防止事态进一步扩大。 (朱志华)

【松江区总工会抓好六方面工作维护农民工合法权益】 (1)抓建会入会。以农民工集中的开发区、工业区、商务楼宇、商场超市、集贸市场为建会重点领域,以在松江区世界500强跨国公司、港澳台资企业为建会重点企业,以吸纳农民工为入会重点对象,深入开展“广普查、深组建、全覆盖”集中建会行动,农民工入会率达80%以上。(2)抓教育培训。组织15万农民工参加“迎世博文明素质教育培训”,1.4万农民工参加初级工商管理(EBA)培训。2年来,共完成4.5万名农民工基本素质教育培训,对3万名农民工进行安全生产培训,组织近3000名农民工参加区八大行业、35个项目的职业技能竞赛。(3)抓权益维护。全年召开2次区劳动关系三方联席会议,商讨进一步维护农民工权益事项;做好农民工来信来访工作,协同政府采取多项举措,帮助清欠农民工工资,清欠成功率达98.3%。(4)抓帮扶保障工作。推动企业为农民工缴纳社会保险费,向2850多名农民工赠送意外伤残保障计划;开展为农民工就业援助行动,结合区“春风行动”,为2万名农民工提供就业信息和就业指导服务;开展为农民工送温暖活动,为200名困难农民工送上慰问金10万元。(5)抓职工文化建设。举办职工文艺创作汇演比赛,每届有400多名农民工上台表演;举办区首届职工体育健身节,有50个代表团、300多个参赛队的3700多人次职工参赛。(6)抓人文关怀。关心农民工居住条件,帮助农民工解决住宿问题。

(许星奎)

【崇明县总工会举办“关爱农民工,就业送春风”政策法律宣传咨询活动】 3月9—10日,崇明县总工会联合县人保局、司法局、卫生局、人口办和县外地劳动力管理所等部门,分别在外来农民工集中的上海船厂和长兴镇举办以“关爱农民工,就业送春风”为主题的政策法律宣传、农民工就业服务咨询活动。活动期间,主办方积极宣传有关外来就业人员医保、就业和居住证政策等,并发放《侵权责任法》、《工伤保险条例》、《常用法律知识问答》等宣传资料,共吸引2000多名农民工前来咨询,发放宣传资料3000多份。 (易建军)

【上海民族乐器一厂工会推动完善企业管理制度关爱农民工】 (1)推动《劳动合同》签订率达到100%,并按照国家和政府有关规定为农民工缴纳社会保险费和落实相关福利待遇。(2)为非上海市户籍职工办理人才引进和人才居住证。(3)组织农民工进行技术中、高级工应知应会的技术等级培训,成绩合格者发放技术津贴。(4)四川汶川特大地震期间,第一时间给每位川籍员工发放1000元慰问

金，并帮助其联系家人。（徐俊彦）

【上海铁路工会开展农民工平安返乡活动】 春运期间，上海铁路工会协调相关省市总工会做好“农民工平安返乡”工作，落实各有关站段相关信息上报工作，共编发5期简报。同时，开展2011年农民工平安返乡返城工作先进集体和先进个人评选活动，进一步加强对基层单位劳务工入会情况的调研，总计下拨劳务工会员活动经费28.58万元。（白 杰）

【中海工业长兴船厂做好农民工服务工作】 （1）制定《给钢结构承包施工队提供宿舍的管理规定》、《承包施工队年终考核评比办法》等多项管理服务措施，吸引规模大的工程队加盟长兴修船业务，帮助他们解决后顾之忧，让外来务工人员安心生产。（2）利用旧集装箱建造28间办公室提供各施工队使用，并和社区联手投资兴建员工宿舍，安排700名农民工和技校劳务工住宿。（3）船厂领导定期与施工队负责人座谈沟通，加强管理考核，建立WIS系统，加强施工人员出勤考核。（4）加强培训教育，组织施工人员参加各类技术技能考证培训。（5）将农民工和劳务工纳入与职工同等评选先进行列，实施工龄补贴制度，开展星级劳务工评比表彰。（张宇龙）

【中海集团工会进一步加强农民工工作】 （1）贯彻《劳动合同法》，制定下发《关于加强和改进集团农民工管理工作的通知》，将农民工纳入中海员工队伍统一管理，建立依法规范的管理体制与机制。（2）采取措施保障农民工工资待遇，做到“同工同酬”，依法为农民工按时足额缴纳社会保险费。（3）加强农民工就业技能培训，不断提高农民工综合素质。（4）加强农民工党团员的管理服务工作，强化劳动保护、安全生产措施。（沈海龙）

【上港集团物流有限公司工会从四方面入手维护农民工合法权益】 （1）督促劳务公司与农民工签订书面劳动合同，并要求在与劳务公司签订劳动合同时，公司工会要了解劳动合同的内容。（2）督促劳务公司按时足额发放工资，并为其缴纳社会保险费。（3）维护农民工在薪酬福利、劳动安全卫生、休息休假、教育培训等方面的合法权益。（4）关心农民工生产生活状况，组织其参加工会组织的民主管理、劳动竞赛、技术创新、文体活动等活动，并在评选先进、选举职代会代表等方面与公司职工享有同等待遇。（张凌云）

【锦江航运工会开展关爱农民工子女活动】 公司工会组织锦亿公司的农民工子女参观世博会中国国家馆。参观后，公司团支部青年职工与农民工子女开展丰富多彩的互动活动。（田 冰）

【上海城投总公司工会中秋、国庆慰问“二外”职工】 中秋、国庆期间，城投总公司工会开展中秋、国庆慰问“二外”（外地来沪的劳务工、外地户籍的在职职工）人员活动。总公司工会将各单位劳务工中的先进代表以及外地户籍职工代表作为慰问的重点对象，通过发送慰问信、向直属单位工会下拨中秋、国庆慰问经费和派发月饼等慰问品的方式传递关怀之情。同时，各直属单位工会重视慰问工作，结合各自实际深入基层、一线开展好慰问关心职工活动。中秋、国庆期间，累计慰问“二外”人员2400多人。（朱文慧）

退休职工权益

【市总工会积极参与调整上海支援外地建设退休（职）回沪定居人员帮困补助政策】 2月，市总工会会同市人力资源和社会保障局、市民政局、市财政局联合下发《关于调整本市支援外地建设退休（职）回沪定居人员帮困补助标准的通知》（沪工总保〔2011〕34号）。《通知》明确，上海支援外地建设退休（职）回沪定居人员每月生活补助标准维持原标准不变，即月养老待遇在2000元（含2000元）以下的，每人每月生活补助100元；月养老待遇在2000元以上的，每人每月生活补助50元。同时，按照向低收入群体倾斜的原则，“分档低补”的托底标准由原每人每月700元提高到每人每月800元，“分档低补”的上线从1300元提高到1500元。截至12月底，享受上海支援外地建设退休（职）回沪定居人员帮困补助约38万人（其中报入常住户籍26.7万人，领取《上海市居住证》11.3万人），全年共发放帮困补助7.4亿元（其中生活补助4.1亿元、节日补助1.9亿元、分档帮困补助1.3亿元）。（杨 驷）

【上海市退休职工大学浦东新区分校迎10周年校庆】 浦东“退大”在全体师生中开展“最美不过夕阳红——我的退大生涯”征文活动，并将得奖征文汇编成册；成功举办以“扬帆奋

上海市退休职工大学浦东新区分校举办10周年校庆汇报演出（陈军华）

进，夕阳之歌”为主题的校庆汇报演出，600余名师生代表欢聚一堂；精心制作展板介绍浦东分校的建校情况，推广“一校一品”特色课程。经过10年努力，浦东“退大”从成立之初的1个教学点、4个班的111名学员，发展至有11个分校、746个班2231名学员的规模；10年中共开设984个班，组织25068人次学员参加各类课目学习。（姚红钢）

【静安工会举行退休职工“庆国庆、迎敬老节”文艺演出活动】 9月15日在中国福利会儿童艺术剧院马兰花剧场举行。在“人生似锦，夕阳正红”的主题背景下，退休职工载歌载舞，欢度节日。全国优秀志愿者、市人大代表、新老娘舅柏万青演唱越剧《红日绿树山花开》，市人大代表、著名滑稽明星王汝刚，著名演员李九松以及孝亲敬老楷模、著名脱口秀明星蔡嘎亮等的精彩表演，将演出活动推向高潮。（施碧云）

【宝山区退管会深入开展为老服务活动】 9月24日，宝山区退管会举办“庆国庆、迎重阳”为老服务活动，现场为退休职工提供生活类的服务，主要涉及中医询问、互助保障咨询、房产咨询、老人维权、垃圾分类宣传、发放垃圾分类袋及织补羊毛衫，理发、家电维修、修鞋、修车等项目，深受广大退休职工的欢迎。活动期间，共有48名志愿者参与活动，服务891人次。（胡立伟）

【松江区退管会深化“七个一”举措关心退休职工精神文化生活】 （1）开展“久久关爱工业游”活动，组织40名退管干部、块组长、优秀志愿者参观上海铁路博物馆和太太乐集团公司生产流水线。（2）举办退休人员钓鱼比赛，共有19个基层退管会组织73人参加。（3）组织18个单位的66名退休人员参加投篮比赛。（4）举办大型双月为老服务活动，参加志愿者77人，服务项目23个，服务4600人次。（5）办理“银发无忧”参保手续，共组织8个单位的1685人参保。（6）开展退休人员参加“申城老人后世博游”活动，共安排40名特困、独居老人参观“中国馆”。（7）开展慰问和生活帮扶工作，共为92名患有大病、慢性病退休职工送上敬老助医帮扶款总计5.52万元；为131名特困退休职工送上慰问品和慰问金总计6.8万元；为544名支内回沪人员发放一次性医疗补助金46.65万元。（陆亚华）

【中海集团工会做好退休职工关心服务工作】 （1）向6000多名退休职工发放共享费总计3400多万元。（2）在元旦春节期间，向退休职工发放节日大礼包7000多份，金额总计近130万元。（3）为8000名退休职工办理医疗互助保障计划，参保费总计109.23万元。（钟海巩）

【市新闻出版工会做好行业退休职工重病互助保障工作】 在“实施消融术、置换股骨头、膝关节”作为理赔范围的基础上，明确对没有享受重病资助发生死亡的退休职工，给予1000元补助。全年，行业重病医疗互助基金共资助358位身患重病的退休职工，金额总计86.1万元。（陈宏华）

【上海联通“退休职工活动之家”正式启用】 6月29日，上海联通工会在长宁办公区5楼举行上海联通“退休职工活动之家”启用仪式。启用后的“退休职工活动之家”成为联通退休职工读报学习、文化娱乐和品茗休闲的交流场所。（康 迪）

【市职保会增加代扣保费银行】 2011年，市职保会在农业、邮政、上海、工商、农商5家银行实行养老金账户中代扣保费的基础上，通过沟通商谈，将中国银行纳入代扣款银行的范围，使可代扣银行扩大到6家。截至年底，共为2491家单位和137.18万人次办理“退休计划”代扣款手续，代扣参保人数占退休职工参保总数的45%。（余海卿）

【市职保会健全企业退休人员参保机制】 市职保会制定下发《关于进一步发挥工会组织作用完善退休人员参保机制的通知》，对信访反映的无单位组织及工会、退管会组织不健全或停产却未注销工商登记的退休人员参保需求，通过区县工会互助保障职能部门、退管会进行组织动员，逐步建立健全各类企业退休人员参保机制。（余海卿）

【市职保会搭建专线联网给付平台】 市职保会搭建社区服务点直接办理“退休住院保障计划”给付的专线联网平台，给付信息点对点传输，给付周期缩短15天。截至年底，160多个社区服务点均已搭建联网平台，累计为179.14万人次退休人员提供联网给付。（余海卿）

职工疗休养

【奉贤区总工会深入推进职工疗休养

奉贤区南桥镇总工会组织百名农民工参观中共“一大”会址

（李 丰）

工作】 奉贤工会以庆祝建党90周年为契机，以井冈山等革命圣地为主要路线，开展"红色之旅"革命传统教育活动，同时，积极挖掘江浙周边的优质疗休养资源，开展"健康之旅"职工体检。全年，共开辟疗休养线路100多条，组织团队220批，参加疗休养职工达9500人次，各项数据均创区总工会历年新高。（叶 兰）

【上海市医药工会组织年度先进生产者和先进集体代表休养】 11月21—25日，市医药工会组织第二批2007—2009年度先进生产（工作）者和先进集体代表及市劳模共54人赴广西南宁休养。为让先进职工们能够吃得放心，游得开心，睡得安心，医药工会对每个细节都作了精心布置与安排。先进休养团一行先后游览南宁青秀山、通灵大峡谷、德天大瀑布、北海银滩等景点。（李晨海）

【上港集团工会切实做好新一轮职工疗休养工作】 年初，根据集团领导要求，集团工会本着公开、公平、公正的原则，采用招投标方式选择实施职工疗休养计划的旅行社，随后就2011—2012年度职工疗休养的实施范围、组织落实、相关规定、费用标准等制订详细计划，并在3月11日召开的条线工作会议上，对2011年职工疗休养工作作出具体安排。4月上旬，海南、贵州等4条疗休养线路正式启动。截至年底，共组织超过1万名职工参加疗休养，并为2978名离岗职工发放旅游卡。（桂 明）

保障政策文件选编

关于进一步改善本市医疗服务、切实缓解群众看病就医突出问题的若干意见

沪卫办〔2011〕15号

为贯彻落实深化医药卫生体制改革有关要求，切实缓解群众看病就医中反映的突出问题，现对进一步改善医疗服务提出以下意见：

一、进一步加强医院门诊力量配置。本市三、二级医院凡副高以上专家每周专家门诊应不少于两个半天，普通门诊应有副高以上专家把关。

二、推进门诊预约诊疗服务。2011年建立覆盖全市三级医院的门诊预约服务平台，为患者提供网络、电话、现场等多种方式的预约服务；2012年争取推广到全市所有医院。逐步提高专家门诊预约率，2012年三级医院专家门诊预约率力争达到50%以上。

三、优化医院就诊流程。在全市三级医院推广以预储值为主要方式的"一站式付费"，在部分二级医院和社区卫生服务中心试点病人"先诊疗、后结算"模式。推广网上查询检验报告，2011年实现患者可通过"医联网"查询本人在三级医院的检验报告；2012年实现患者可通过本市健康网查询本人在全市所有医疗机构的检验报告。

四、进一步方便居民社区就医。全市各社区卫生服务中心原则上均应开设周六上午门诊；周边5公里范围内无二、三级医院的社区卫生服务中心，居民确有需求的，原则上应开设双休日门诊。

五、方便慢性病患者配药。对诊断明确、病情稳定、需要长期服药的慢病患者，医疗机构应开具2至4周处方用量，有关具体规定将另行发文。本市各级卫生行政部门、医保管理部门、办医主体应相应调整对内科、老年科、全科门诊的均次费用和药占比考核要求。

六、加强自费医疗费用管理。医保定点医院应保证提供并优先使用医保范围内的药品、诊疗项目（包括医疗器械、医疗设备，下同）、服务设施；对确需使用医保范围外的药品、诊疗项目、服务设施的，应事先告知并征得患者或家属书面同意。严禁以各种名义要求参保人员自费承担医保范围内的药品、诊疗项目、服务设施。医院使用的药品、诊疗项目、服务设施必须全部由医院提供并进入医院财务账目，严禁医务人员擅自采购使用或要求患者到院外采购。有关具体规定将另行发文。

七、严禁"假出院"行为。各级医疗机构必须严格按照诊疗规范，为参保人员提供合理、有效的诊疗服务，保障群众合理的住院治疗需求。严禁各级医疗机构采用"假出院"等方式分解住院或简单机械地限制病人住院天数。市卫生和医保部门将开展联合执法，将医院"假出院"等违规行为列为重点检查内容。有关具体规定将另行发文。

八、改善医院急诊服务。各级医疗机构应规范急诊接诊流程，保持"绿色通道"畅通，救护车到达后及时接车，妥善安置病人，严禁扣留救护车担架床，确保救护车快速离院。一般疾病原则上首先送往设有急诊的距离最近的医院，各接诊医院必须落实首诊负责制。

九、改进医疗和护理服务。在全市医疗机构开展"三首"（首句使用礼貌用语、首句使用普通话、实行首诊负责制）、"四轻"（走路轻、说话轻、操作轻、动作轻）、"五个一"（多一点目光交流、多倾听一点、多沟通一点、说得通俗一点、多一点安慰性用语）活动。开展"优质护理服务示范工程"，2011年在全市所有三级医院、50%的区中心医院、30%的区二级医院开展优质护理服务试点。

市卫生、医保部门设立联合投诉电话（021-33976100），接受患者举报投诉；各级医疗机构也要设立并公布投诉电话，畅通患者投诉渠道。各级卫生行政部门、各办医主体要将解决群众看病就医的"急、难、愁"问题纳入对医疗机构的考核内容，对落实不力的单位要予以相应处理。

加强自身建设

Strengthening Union Building

综　述

2011年，上海工会组织工作按照党的十七届五中全会和九届市委十二、十三次会议精神，按照市总工会总体工作部署，进一步扩大工会组织覆盖面，进一步提高工会干部队伍综合素质，进一步加强自身建设，为上海"十二五"规划开好局提供组织保障。(1)推进工会系统创先争优活动。制订《上海市总工会关于在全市工会组织和广大职工中深入推进创先争优活动的实施意见》。总结上海工会系统开展创先争优活动的经验和做法，召开上海市工会系统窗口单位为民服务创先争优推进会，深入开展为民服务创先争优活动。(2)按照"两个普遍"要求，大力推进工会组建工作，不断扩大工会组织覆盖面和会员队伍。(3)大力推进工会干部教育培训工作，不断提高工会干部综合素质。起草《"十二五"期间上海工会干部教育培训规划》，制定《2011年上海市工会干部教育培训计划》。与市委党校联合举办部分市总工会委员、区县局(产业)工会主席专题培训班。举办世界500强在沪企业工会主席培训班。选送14名区县局(产业)工会领导参加全国总工会培训。与市合作交流办联合举办新疆喀什地区工会干部培训班。全年共举办各类培训班272期，培训工会干部20364人次。在市委党校的大力支持下，2011年起工会知识进党校课堂，第一讲"新时期工会建设与和谐劳动关系构建"在11月开讲。(4)抓工会干部协管，健全完善工会组织体制。履行工会干部协管职责，坚持工会干部配备的要求和标准，主动与有关党委、干部部门沟通，配齐、配强工会领导班子。全年，指导文新集团工会、市体育局工会、浦东新区总工会等12家单位换届工作和锦江国际、闵行等37家单位工会班子届中调整工作，共涉及调整74人次。同时，根据国企国资的改革调整，及时理顺工会组织关系，划转、新挂靠单位4家。(5)加强市总工会机关系统干部人事管理工作。按照市总工会党组的要求，开展市总工会机关干部情况分析，制定《市总机关干部挂职锻炼和轮岗交流工作实施办法》，完成市总工会女职工部副部长、经济工作部副部长的竞争上岗工作，推进市总工会干部人事制度改革。根据上海事业单位岗位设置工作部署，全面完成市总直管事业单位岗位设置工作，并平稳实施首次岗位聘用。严格按照《上海市事业单位公开招聘人员暂行办法》的有关规定，组织直管事业单位公开招聘工作，实行事业单位机构编制实名制信息管理。根据上海事业单位清理规范工作要求，与市编办协调，制定市总直管事业单位清理规范的初步方案。组织公务员招录工作，组织开展机关公务员公开选调交流工作，组织机关干部和直管单位领导参加干部在线教育学习。先后配备和调整经济部、技协的主要负责人，充实调整西山、度假中心和职工国旅领导班子。参与对市总直管单位的巡视，进一步规范市总机关系统干部人事工作。实施机关干部和直属企事业单位领导干部年度考评工作，完成市总工会领导班子和领导干部绩效考核。(6)做好市总机关系统离退休人员工作。贯彻落实中组部《关于进一步加强离退休干部工作的意见》，落实好老同志政治待遇。组织老同志参加市委老干部局、市级机关老干部工作部组织的系列讲座、报告会及参观活动。开展纪念中国共产党成立90周年系列活动，召开离退休老同志座谈会、开展"学党史、知党恩、跟党走"主题活动、组织离休干部与团员青年结对。

（杨伟良）

4月28日，浦东新区工会第三次代表大会举行　（陈军华）

组织体制

【浦东新区工会召开第三次代表大会】 4月28日在张江集电港会务中心开幕。会议全面回顾和总结新区工会过去5年的工作，并对未来5年的工作提出明确目标和规划。会议选举产生浦东新区总工会第三届委员会委员和经费审查委员会委员。中共上海市委常委、浦东新区区委书记徐麟，上海市人大常委会副主任、市总工会主席钟燕群出席开幕式并讲话。500余名代表与列席代表共同出席大会。

（王建中）

【闸北区各社区(街道)、镇总工会换届直选工作完成】 经区总工会主席办公会议专题研究，通过"三个一"强化服务指导力度。下发一个文件，即《关于做好社区(街道)、镇总工会换届工作的实施意见》，明确基层换届工作的实施步骤和工作要求；召开一次会议，即社区(街道)、镇总工会换届工作专题辅导会，明确基层换届工作中的具体细节和注意事项；制定一套材料，即社区(街道)、镇总工会换届工作指导文本，规范基层换届工作和会务工作的操作程序和文本格式。同时，还要求各社区(街道)、镇总工会在换届工作中着重把握好"三个关键点"，即严肃换届纪律、严格选举程序、直选工会主席，确保换届工作的组织严密、程序规范、依法实施。自5月中旬开始，各社区（街道）、镇总工会按照区总工会换届工作的部署和要求，严格规范工代会代表和领导班子候选人的民主推选程序，做好工代会筹备工作。从11月22日至12月7日，各社区（街道）、镇陆续召开工会代表大会，经直选产生各社区（街道）、镇总工会新一届领导班子，同时选举产生了出席区工会第五次代表大会的正式代表。（王立成）

【召开黄浦区工会第一次代表大会】 11月25日召开。大会选举产生了区总工会第一届委员会和经费审查委员会，选举产生区总工会第一届委员会主席、副主席、常委和区总工会第一届经费审查委员会主任、副主任。市人大常委会副主任、市总工会主席钟燕群，市总工会副主席肖堃涛，区领导徐逸波、施兴忠、张华、孙甘霖、徐少伯、彭维新、程霄玉、胡毅平、邹建东出席大会。钟燕群代表市总工会就做好新形势下的黄浦区工会工作提出4点要求：一是服务大局，团结动员广大职工在推动创新转型上走在前列；二是攻坚克难推进"两个普遍"，努力在工会工作创新发展上走在前列；三是积极参与社会管理创新，努力在发展和谐劳动关系上走在前列；四是切实加强工会自身建设，努力在提高工会建设科学化水平上走在前列。区委书记徐逸波在讲话中充分肯定原黄浦、卢湾两区工会工作，并代表区委就进一步做好工会工作提出3点要求：一要积极服从服务黄浦发展大局，切实做好直接服务职工群众的工作；二要以改革创新精神加强自身建设，努力适应新形势对工会工作提出的新要求；三要切实加强对工会工作的领导，为新形势下更好发挥工会作用提供支撑保障。区委副书记孙甘霖代表区委向当选的新一届工会班子成员表示祝贺，并就认真贯彻落实大会提出的各项任务提出3点要求：一要紧紧围绕中心服务大局，为推动科学发展发挥工会组织重要作用；二要切实做好职工群众工作，为促进社会和谐作出工会组织应有贡献；三要立足实际加强和改进自身建设，努力推动工会工作迈上新台阶。（吕诚陆）

【奉贤区总工会加强工会班子建设】 11月18日区总工会二届十三次全委会上，吴永强、薛冬梅当选为区总工会副主席。在2011年的乡镇换届工作中，12个镇、开发区总工会顺利完成工会主席调整并全部按党政同级副职专职配备，平均年龄由换届前的53.1岁下降到48.5岁。至年底，区内各镇级工会已形成副处级工会主席、正科级工会专职副主席、专职工会干部以及工会工作指导员的工会干部队伍结构，为推进工会各项工作奠定坚实基础。（叶　兰）

【市纺织工会建章立制推进工会工作】 市纺织工会进一步加强各级工会组织自身建设，使工会自身建设逐步走上规范化、制度化轨道，相继制定和修订完善一系列制度、办法。主要包括纺织工会重大事项议事规则、工会目标责任制考核评分制度、工会企事业经营目标责任考核制度、劳模先进评选程序数据库管理办法、子公司、直属单位、地区行业工会主席每季例会制度、纺织工会本部退休人员回用制度及其他用人制度等，为工会工作的高效有序开展提供制度保证。（王慎微）

【市纺织工会召开第九次代表大会】 11月3日召开。大会全面总结市纺织工会八届委员会的工作，并提出今后5年的工作任务。大会同时选举产生上海市纺织工会第九届委员会领导班子。吴光玉当选为工会主席，李援朝、李盈、张世军当选为工会副主席，张世军当选为工会经审主任。中国财贸轻纺烟草工会主席王晓峰、纺织部部长杨冬旭，上海市总工会副主席肖堃涛等领导出席会议。（林裕良）

【中交三航局有限公司工会召开第十一次代表大会】 1月24日召开，选举产生新一届工会委员、常委和正副主席。夏昕当选为工会主席，张辉当选为副主席。大会全面回顾总结三航局工会在围绕企业发展大局，服务企业中心工作，源头参与企业各项管理工作，健全和完善职代会制度和平等协商、集体合同制度，依法维护职工权益，构建和谐的劳动关系，发挥工会"大学校"作用，提升职工队伍整体素质等方面取得的成效，对今后5年的工会工作作出了展望。（黄书展）

【建工集团工会召开第五次代表大会】 10月17日召开，来自集团系统的231名正式代表出席会议。大会听取审议建工集团工会第四届委员会工作报告，审议通过第四届经费审查委员会工作报告和财务工作报告，无记名投票选举产生建工集团工会第五届委员会和经费审查委员会。并分别召开第五届委员会和经费审查委员会第一次全体会议，经无记名投票选举乔瑜、刘琰紫、杨钟春、李申展、何连成、张立新、张国伟、陈丽春、廉永梅等9人为集团工会第五届委员会常委，张立新当选为主席，刘琰紫、何连成当选

建工集团股份有限公司工会召开第五次代表大会　（缪云明）

为副主席；何连成当选为集团工会第五届经费审查委员会主任，张超当选为副主任。（杨钟春）

【上海市新闻出版工会召开第五次代表大会】 4月27日召开，来自上海出版、印刷、发行等单位的119名正式代表和部分行业单位党政领导、先进、劳模代表参加大会。大会选举产生上海市新闻出版工会第五届委员会、经费审查委员会及领导班子。大会回顾总结第四届委员会团结动员广大职工，在繁荣发展先进文化进程中充分发挥主力军和领头羊的作用等方面取得的成绩，同时明确了今后5年上海市新闻出版工会的指导思想和工作目标。(1)坚持以科学理论为指导，明确工会工作正确方向。(2)坚持以素质工程为抓手，团结引领职工建功立业。(3)坚持以平等协商为手段，加强源头维权机制建设。(4)坚持以民主管理为途径，切实维护职工合法权益。(5)坚持以“三大基金”为依托，关心职工群众生产生活。(6)坚持以改革创新为动力，不断提高工会工作水平。（陈宏华）

【光明食品集团工会召开第七次代表大会】 8月2—3日在万豪虹桥大酒店召开。市总工会副主席肖堃涛到会致辞，光明食品集团党政领导出席开幕大会。集团党委副书记、大会主席团常务主席周海鸣在开幕式上作了题为《站在历史新起点，开创工会新局面，带领职工为实现集团“保八争九”战略目标作出新贡献》的工作报告。大会回顾总结过去5年集团工会工作的成绩和取得的基本经验，提出今后5年工会工作的指导思想、总体目标和主要任务。大会第二次全体会议选举产生集团工会第七届委员会和经费审查委员会。在随即召开的集团工会七届一次全委会议和七届一次经审委员会议，分别选举产生集团工会第七届委员会主席、副主席、常委和经审委员会主任。主席周海鸣，副主席韩新胜、姜伟、桑树德。经审主任李林。（桑树德）

【上实集团工会召开第三次会员代表大会】 7月29日召开。大会听取审议上实集团工会第二届委员会工作报告和财务工作报告。大会选举史瑜倩、李其龙、杨铁军、席海星、顾国平、薛义盛、戴为民等7人为第三届工会委员会委员；刘建、姜杰、徐有利等3人为第三届经费审查委员会委员；选举史瑜倩为第三届工会委员会主席，徐有利为经费审查委员会主任。大会同时表决通过《第三届会员代表大会决议》，《决议》充分肯定过去5年来集团工会工作、财务工作和经审委工作，同意报告对过去5年来的工作总结和提出的今后一段时期工会工作的重点，以及对今后5年工会财务和经审工作的建议。市总工会党组副书记、副主席肖堃涛，上实集团党政领导等应邀出席会议。（杨铁军）

干部管理

【市总工会开展2011年事业单位岗位设置工作】 按照“先入轨、后完善”的原则，有计划、分步骤地组织各直管事业单位开展岗位设置工作，并平稳实施首次岗位聘用。经市人力资源和社会保障局核准，系统内20家事业单位的岗位总量为2489个，其中管理岗位684个，专技岗位1357个，工勤岗位448个。上海市总工会屏风山工人疗养院和上海市总工会东钱湖休养院，因单位歇业，暂缓岗位设置工作。（邵丽倩）

【市总工会推进干部人事制度改革】 推出2个领导职位进行竞争上岗。经过公开报名与资格审查、笔试与面试、民主测评与组织考察等程序，钱传东被选拔为市总工会经济工作部副部长，张红被选拔为市总工会女职工部副部长。（邵丽倩）

【嘉定区总工会配齐配强街镇总工会主席】 区总工会在7月份下发《关于做好街镇总工会换届有关工作的通知》。嘉定区街镇领导干部大会明确各街镇领导班子成员调整配备后，区总工会立即按照前期制定的工作方案和区委对换届工作的统一部署要求，开展街镇总工会主席选举工作。为便于基层操作，区总工会按照《工会法》、《中国工会章程》及有关规定，专门制定《街镇总工会第一届委员会第XX次全体会议增补选工作操作指南》，将召开全委会前、会中、会后所需的各类文件材料样张和工作流程汇编成册，下发给各街镇总工会。8月11日，区总工会召开街镇总工会换届工作会议，召集各街镇总工会主席，教育局、卫生局工会主席和区委提名的相关单位工会主席候选人，对街镇总工会落实区委有关人事安排、召开全委会增补委员、选举工会主席工作以及街镇总工会第二次代表大会主要工作内容和时间安排等作出进一步明确。至8月17日，嘉定区马陆镇、徐行镇、华亭镇、嘉定镇街道、新成路街道、真新街道、菊园新区总工会等涉及工会主席调整交流的街镇总工会先后召开全委会，增补委员、常委，选举产生总工会主席。期间，区总工会派干部列席会议，给予指导服务。结合街镇总工会主席人员调整情况，8月31日至9月1日，区总工会举办为期2天的街镇总工会主席培训班，并对新任工会主席作专题培训，帮助新任主席尽快熟悉工作，为全面完成年度工作的目标任务和下一届工会开局工作奠定基础。（徐　浩）

【市公积金管理中心开展工会换届选举工作】 3月26日，市公积金管理中心召开第四届工会会员代表大会暨第一届职工代表大会。大会听取《第三届工会委员会任期工作报告》与《第三届工会经费收支使用情况报告》，审议并通过《第四届工会会员代表（暨职工代表）及第四届工会主席候选人、工会委员候选人、工会经审委员候选人产生情况报告》，以无记名投票的方式选举产生了工会第四届委员会与经费审查委员会。柳亚东当选为工会主席。（钱　蓉）

干部教育培训

【市总工会出台《2011—2015年上海工会干部教育培训规划》】 根据全国总工会《2011—2015年全国工会干部教育培训规划》要求，市总工会结合实际，制订《2011—2015年上海工会干部教育培训规划》。规划明确“十二五”期间干部教育培训工作指导思想是：高举中国特色社会主义伟大旗帜，坚持以邓小平理论和“三个代表”重要思想为指导，深入贯彻落实科学发展观，紧紧围绕上海"十二五"规划目标和全市创新驱动、转型发展的部署要求，以推进学习型工会组织建设为导向，以改革创新为动力，以健全培训体系、提升培训实效为目标，以提高工会干部服务科学发展、服务职工群众的能力为重点，以提高工会干部教育培训质量为主线，不断增强工会干部教育培训的生机活力，努力培养造就一支"政治坚定、业务扎实、作风过硬、廉洁自律"的高素质工会干部队伍。基本原则是：坚持服务大局、以人为本；坚持改革创新、科学发展；坚持全员培训、注重实效；坚持联系实际、学用结合。主要目标是：2011—2015 年，全市专兼职工会干部全部轮训一遍。其中各级工会新任主席、非公有制企业工会主席、乡镇（街道）工会主席以及社会化职业化工会干部是市总工会和各级工会的重点培训对象。（庄　勤）

3 月 26 日，市公积金管理中心举行第四次工会会员代表大会，选举产生新一届工会委员会与经费审查委员会（钱　蓉）

【市总工会举行第九期工会领导干部研讨班】 5 月 23—28 日，市总工会与市委党校联合举办，部分市总工会委员、区县局（产业）工会主席等 40 人参加培训。市总工会副主席茆荣华出席开班仪式并作动员讲话。在为期 5 天的培训中，学员学习中国共产党党史、上海职工代表大会条例、突发事件处理、上海经济发展方式转变与产业结构调整等课程，同时就工会工作的重点、热点问题展开讨论。（庄　勤）

【新疆喀什地区工会干部培训班在沪举行】 10 月 12—26 日举行，市总工会"人才援疆"项目正式启动。来自喀什地区和泽普、叶城、巴楚、莎车四县的 50 名工会干部参加培训。10 月 13 日，市总工会副主席肖堃涛、杜仁伟，副巡视员杜乃根、上海工会管理职业学院院长傅小龙以及喀什地区工会主任艾尔肯·吾布力出席培训班开班仪式。肖堃涛代表市总工会向学员们表示热烈欢迎，希望学员们在上海期间能够学有所得、学有所获，不断加强两地工会的沟通和交流，不断增进彼此的友谊与合作，为两地携手发展共同努力。在为期 15 天的培训中，学员们听取工会管理职业学院教师所作的关于在社会管理中发挥工会组织作用、推进"两个普遍"、职工代表大会制度、集体协商技巧、突发事件应对、劳动保障、工会干部情商等 10 多门课程。（庄　勤　卢　锟）

【云南省工会干部来沪挂职培训】根据上海市总工会与云南省总工会签订的"十二五"期间工会干部挂职培训的协议，8—10 月，市总工会组织安排由云南省总工会选派的 2 批、10 名工会干部在上海挂职培训，挂职时间分别为 45 天。根据挂职人员所在单位性质和工作内容，这次挂职单位分别为浦东、徐汇、虹口、静安、普陀、长宁、闸北、杨浦区总工会等。（杨　娟）

【市总工会举办《社会保险法》工会干部培训班】 6 月 2—3 日举办，邀请市人力资源和社会保障局有关专家讲解《社会保险法》出台后上海市基本养老、基本医疗、工伤保险、失业保险等方面的政策和实务，指导帮助工会保障干部及时了解掌握社会保险法律知识。各区县局（产业）工会分管主席、保障部长和部分基层工会干部 120 多人参加培训班。（曹宏亮）

【市总工会加强工会经审人员岗位培训】 市总工会经审会加大对上海工会经审人员的业务培训力度，根据经审人员的层次和水平，采用多种形式，进行分类培训。组织举办 4 期 383 人参加的新上任基层工会经审委员的岗位培训班，协助市总组织部举办 14 期 1300 人参加的新上任基层工会主席培训班；与市内审协会联合举办 2 期 420 人参加的工会经审人员后续教育培训班，宣传工会经审工作理论，提高经审干部的工作能力和水平。6 月，市总经审办组织各区县局（产业）工会经审会主任、经审办主任和工会经审干部，共有 280 人接受《中国工会审计条例》的专题培训。11 月，为适应工会新会计制度的要求，全面提升工会经审工作信息化水平，市总经审办与深圳市美卓软件技术有限公司新开发《上海市总工会经审审计业务管理软件》，及时组织 42 家区、县、局（产业）工会经审会开展免费使用软件的培训。（卢能飞）

【徐汇区总工会抓工会干部培训成效显著】 区总工会先后组织徐汇区工会干部岗位培训班、徐汇区工会干部学习贯彻"七一"讲话精神推进社会管理创新专题培训班、徐汇区教育系统工会干部培训班，全区约 360 名工会干部参加培训。5 月 1 日《上海市职工代表大会条例》实施以后，在全区发动 2.8 万名职工参加市总工会组织的《职代会条例》网上知识竞赛，获得优秀组织单位奖，同时督促各级工会组织开展职工代表培训，全区约 1 万多名职工代表参加《职代会条例》专项培训，切实提高基层职工代表的

代表意识和履职能力。（王红星）

【长宁区总工会举办直属非公企业工会主席专题培训班】 8月18—19日举办，包括世界500强企业在内的18家直属非公企业工会负责人参加培训。会上，区总工会相关部室负责人围绕《上海市职工代表大会条例》产生背景、实务操作以及集体协商机制等主题为与会人员进行专题培训，以PPT展示、案例分析等方式详细介绍如何在非公企业建立健全职代会制度、开展工资集体协商等内容。此次培训为进一步提高非公企业工会干部的业务素质、更好地协调企业劳动关系打下扎实的基础。（陈琳杰）

【普陀区科技工会加强自身建设】 普陀区科技工会注重工会组织自身建设，提高工会工作能力。通过贯彻执行《工会工作条例》，开展"活力三三五"争创活动，落实工会建设的各项制度。(1)完善工会干部学习制度，把学习党的方针政策和工会工作指导性文件作为工会干部开展工作的第一步，明确政策，掌握方法，提高工会干部的理论政策水平。(2)坚持工会干部例会制度，通过会议沟通思想、交流工作、形成共识，形成整体工作合力，提高了工作成效。(3)落实培训制度，参加市、区层面组织的学习培训，并结合实际情况，组织工会干部的任职培训及专项工作培训。2011年，共组织工会财务培训班2期，培训工会干部60人次。（赵　勇）

【普陀区总工会启动新一轮工会主席培训】 8月23日启动。来自全区各级工会的新任工会主席和非公企业工会主席、区先进职工之家工会主席、小区工会主席代表共130余人参加培训。新一轮工会主席培训旨在进一步提高企业工会干部在服务普陀"一心两轴三片区"建设大局、服务科学发展、服务职工群众中的能力和水平，更好地为区域经济社会发展作贡献。培训班上，上海工运学院王连祥教授以《新形势、新任务、新作为——2011年工会工作的切入点》为题，分别从认清新形势、明确新任务、凸显新作为等方面阐述如何当好基层工会主席这一主题。（赵　勇）

【虹口区总工会举办2011年度工会干部培训班】 6月7—10日，以"党工共建争先创优，服务大局推动发展"为主题的虹口区2011年工会主席培训班在虹口区委党校开班。区委副书记颜建平出席开班仪式并作动员讲话，副区长施小琳出席培训班结业典礼。培训班邀请来自市总工会、区府办、区发改委、华东政法大学的领导、专家，就当前国际形势与中国经济社会发展、虹口十二五规划、社区建设和群众工作、工会面临的形势与任务等热点问题进行辅导授课。来自社区（街道）、产业（局）、（集团）公司工会主席50余人以研讨交流、分组讨论、参观考察等多种形式参与培训，并围绕"两个普遍"工作新举措、民主管理经验做法、基层公推直选、打造职工文化品牌、工会参与社会建设和社区管理新思路等5个主题进行讨论，起到相互启发和共同提高的效果。（徐　洁）

【虹口区总工会举办2011年小区工会主任培训班】 8月23日举办。围绕两个普遍、社会保险法贯彻实施等重点工作，通过讲座、研讨、考察等多种形式，对组织民管、保障等工作分四大类进行研讨。第一类是工会组织建设。第二类是劳动法律法规。第三类是互助保障方面的知识。第四类是女职工权益保护类的知识。培训班注重理论与实践相结合，加深小区工会主任对新形势下小区工会工作重要性的认识，重点提高小区工会主任的业务操作水平。（徐　洁）

【杨浦区开办"杨浦工会大讲堂"】 区总工会举办4期"杨浦工会大讲堂"，邀请市委党校、市人力资源和社会保障局、上海电力学院、区委党校的专家权威为工会干部解读重要资讯，分析时政形势，主题分别为《以科学发展观为指导，建设国家创新型试点城区》、《上海"十二五"时期经济社会发展的形势与任务》、《社会保险法》、《党的十七届六中全会精神》。11月28日，区总工会还举行工会干部读书班，详细解读《中共上海市委关于加强和改进工会、共青团、妇联等人民团体工作做好新形势下党的群众工作的意见》等重要文件精神。（曹理仰）

杨浦区总工会开办"杨浦大讲堂"，组织工会干部学习党的十七届六中全会精神（曹理仰）

【杨浦区2011年工会干部理论培训班在中国劳动关系学院举行】 12月4日开班。全区各行业、地区、直属工会主席，区总机关干部，区工会工作指导员等38人参加培训。来自工会学院的12名教授先后围绕劳动关系、国际工会运动、工会组织建设、工资集体协商等专题授课。（曹理仰）

【中国浦东干部学院来杨浦区总工会开展现场教学培训】 9月7日，中国浦东干部学院组织南方航空集团的

50余位工会干部学员再次到杨浦区总工会开展现场教学培训，主要学习研讨杨浦区总工会关于构建“多层次组织覆盖、多方位权益维护、多元化职工帮扶、多载体服务大局”工作新格局，开展“行业工会建在地区上”，探索网络工建，推行职工网上谈心室、职工电子书屋等多项措施服务区域内职工群众的经验做法。（曹理仰）

【黄浦区总工会举办社区（街道）新上岗职业化社会化工会干部培训班】 7月20日举办，共有31名社区（街道）新上岗工会干部受训。区总工会要求新上岗工会干部增强责任感与使命感；树立大局意识，认清形势；树立维权意识，加强工会工作有效性；在新的岗位上定下心来、踏实工作。培训班开设《如何夯实工会组织建设》、《如何开好职工代表大会》、《工会财务工作》、《学习型班组的创建》、《维权保障》和《工会法律工作》等课程。（钱嘉颖）

【闵行区总工会探索职业化社会化工会工作者队伍建设】 （1）建立工资集体协商专职指导员队伍。录用5名经过全市公开招聘选拔的区县工会工资集体协商专职指导员，指导、帮助和督促基层工会组织开展集体协商，参与重点行业和区域的集体协商工作。（2）与上海工会管理职业学院联合举办首期劳动关系协调员职业资格培训班，培养一批具备劳动争议和劳动法律监督相关知识，从事宣传和监督劳动保障法律实施、管理劳动合同、参与集体协商、促进劳资沟通、预防与处理劳动争议等协调劳动关系的专业工作人员。通过考试考核，有16名学员获得国家人力资源和社会保障部劳动关系协调员职业资格证书。（3）与上海工会管理职业学院联合举办第一期社会化工会工作者专修班，共同培养高学历、年轻的职业化社会化工会工作者，为中小企业工会组建、劳资关系协调、职工权益维护、职工服务培养高素质应用型工会人才。（4）成立闵行区劳动关系协调志愿服务团，20名成员全部接受劳动关系协调员职业资格培训，具备一定的专业资格和业务素质，成为闵行区运用社会化力量参与劳动争议纠纷调处，构建和谐劳动关系的创新举措。（应慧娟）

【嘉定区举办2011年村（园区）工会主席培训班】 2月23—25日举办。培训班以学以致用和实际、实用、实效为原则，邀请市总工会民管部、法律部和安亭镇联西村党总支有关负责人，围绕基层工会工作重点、难点、热点问题，分别以《以职代会制度建设为抓手，促进企业和职工双赢》、《完善协调劳动关系机制建设，发挥工会在协调劳动关系中的作用》和《创工会工作特色，构建村和谐环境》为题作辅导报告。区总工会党组书记、副主席金伟荣出席培训班并讲话。区总工会副主席焦统骞主持并作开班动员。各街镇总工会主席和133名村（园区）工会联合会主席参加培训。（徐　浩）

【青浦区举办工会干部心理健康知识讲座】 9月15日举办。讲座邀请心理学专家郭铁军作题为“幸福生活，从‘心’开始”的报告。各街镇、委、局、直属公司以及部分企业工会干部、区总工会全体工作人员出席。（马美君）

【建工集团工会重视工会干部培训工作】 （1）年初召开工会工作会议，请集团党委领导对工会干部进行形势任务研判和思想作风教育。（2）按照全国总工会、市总工会的有关通知精神和集团党委的部署，开展工会工作创先争优活动培训，召开以创先争优活动促进工会工作的交流会。要求各级工会组织切实加强领导，精心组织，紧密联系当前形势和工作实际，把创先争优与工会重点工作有机融合。（3）组织《职代会条例》学习培训活动，为进一步贯彻落实《条例》奠定良好基础。（杨钟春）

【上海海烟物流公司工会在“三学三看”中提升工会干部责任意识】 公司工会召开以“学习贯彻胡锦涛总书记‘七一’讲话精神，创新实践海烟物流‘十二五’工会工作”为主题的学习交流会，围绕“三学三看”命题展开：即“学‘七一’讲话看工会使命；学‘十二五’规划看工会作为；学工会制度看自身建设”。同时解读胡锦涛总书记的“七一”讲话主要精神，并解析上海市烟草工会修订后的《工会工作制度》、《职代会闭会期间民主管理工作制度》、《劳动竞赛管理制度》等6项重要制度，起到了以会代训的作用。（蔡　杰）

【上汽工会举行新任工会主席培训班】 10月27—28日举办，上汽下属独立法人企业的新任工会主席参加培训。这次培训课程重点突出，注重理论与实践，旨在帮助新任工会主席准确把握“两个维护”以及当前工会工作热点、难点问题，尽快适应岗位要求。培训班上，上汽工会主席吴诗仲结合上汽企业工会工作实际，作《履

上海邮政工会举办工会干部培训班　（陆　彬）

行职责、突出维权，当好新时期基层工会主席》的主题报告，上海市委党校陈勇鸣教授、市总工会相关部门领导和专家分别作《社会保险和社会保险法》、《新形势、新任务、新作为，社会转型期的工会工作》和《集体协商技巧及群体性劳动争议的处理》等专题辅导。培训内容既有对国家宏观政策的分析、解读，又有对新时期工会工作热点难点问题的探讨和研究，使与会人员了解和掌握社会转型期的特点及发展趋势，进一步增强使命感和责任感，全面谋划好下一年工会工作，团结和带领广大职工群众为促进上汽和谐发展发挥好主力军作用。（陶牡丹）

【中海工会举办基层工会主席培训班】 7月25—28日举办，来自直属各单位工会主席、专职工会办公室主任、上海地区两级单位工会主席共50人参加。培训班以“干什么学什么”、“缺什么补什么”为原则，以突出实务操作为重点，以加强企业民主管理为主题，邀请市总工会副主席茆荣华作《职代会条例解读与实施》，并安排《中国特色社会主义工会初探》、《集体协商的技巧与实务》、《厂务公开运作的思考》、《职工民主管理》、《怎样当好企业工会主席》等课程。中海工会对直属各单位工会主席如何围绕集团公司中心工作，推进“创新驱动，做强做优”，深入开展创先争优活动，切实提高工会工作效果，团结动员广大职工为实现集团全年安全生产经营目标进行具体部署。（张　洁）

【上港集团工会注重提升基层工会干部工作能力】 （1）安排近10名新上岗基层工会主席、副主席到市工会管理职业学院进行培训。（2）11月22日、29日，上港集团工会与上海市工会管理职业学院联合举办2期、共75名新上岗基层工会干部、部门工会主席培训班。培训班每期5天，由市工会学院教师讲授“当前工会工作面临的新形势、新任务”、“构建和谐劳动关系与工会”、“加强班组建设工作”、“工会干部的情商”以及“面对突发事件工会如何应对”等课程。（张晨琦）

【市绿化和市容管理局、市市容环境行业工会举办工会信息员培训班】 5月11日举办，特邀《国际市场》杂志社采编总监陆林森主讲《新闻与新闻写作》。市绿化市容管理局工会、市市容环境行业工会主席徐文发出席会议。会议对做好信息工作提出3点要求：（1）要争取重视，摆上位置。（2）要突出重点，注重质量。（3）把握特点，体现时效。（唐鸿仙）

【市教育工会举办工会干部培训班】 3月29日至4月1日举办。高校工会专职正副主席、经审会主任、女工委（妇委会）主任，区县教育工会正副主席、女工委（妇委会）主任，直属单位工会主席以及市教育工会机关干部160余人参加7个单元的学习培训活动。市教委主任薛明扬、市总工会副主席茆荣华、周志军，全国政协委员、全总执委吉永华教授、资深工运研究学者王连祥教授等有关专家学者授课。（张渭明）

上海航标处工会举办工会干部培训班　（马　蒨）

【上实集团工会举办工会干部培训讲座】 12月8日，上实集团工会邀请上海工会管理职业学院教授作“认清新形势，实现新突破——学习贯彻六中全会精神”的辅导报告，集团工会委员、经审委员以及各企业工会干部等50余人参加培训。报告以学习贯彻党的十七届六中全会为主线，分析当前国内外政治、经济等方面的形势任务，阐明党中央提出的实施文化建设的新要求、新趋势、新期待和新任务，并结合实际，指出广大工会干部在新形势下开展工会工作的任务方法和途径。（杨铁军）

【上海工会管理职业学院与闵行区总工会合作培养职业化社会化工会工作者】 7月6日，举行职业化社会化工会工作者专修班开班典礼。36名学员赴闵行区的14个街道（镇）基层工会，进行为期350个课时的工会知识学习和工会岗位实习。闵行区总工会委托各街道工会干部作为带教教师，进行全面的实习指导，通过实习考核的学员将获得工会岗位上岗证。专修班将学校教育资源与校外工会资源有效整合，对在校大学生进行工会工作教育，为培养高素质应用型工会人才奠定了基础。（卢　锟）

【上海工会管理职业学院举行建校60周年庆典】 5月28日，上海工会管理职业学院举行建校60周年庆祝大会。中共中央政治局委员、上海市委书记俞正声，上海市委副书记、市长韩正，市人大常委会主任刘云耕，市政协主席冯国勤，全国总工会发来贺信。市人大常委会副主任、市总工会主席钟燕群，市总工会党组副书记、副主席肖堃涛，副主席汪兰洁等出席庆祝大会。钟燕群充分肯定学院为上海工会干部教育和职工教育作出的贡献，有力推动了上海工会工作的发展。她要求学院把握新时期工会工作新要求，大力加强工会教育培训工作，发挥工会学院特色和优势，推动学院建设和工会教育培训再上新台阶。会上，市总工会首次授予包起帆、杨怀远等10位劳模“优秀劳模导师”荣誉称号并颁发荣誉证书。（卢 锟）

机关系统自身建设

【市总工会直属机关系统党委贯彻落实《中国共产党党和国家机关基层组织工作条例》】 (1)落实党建工作责任制，充分发挥党组织“一班人”的作用。2011年，建立公惠置业党组织，督促和指导5个基层党支部进行换届改选，通过开展党支部书记培训，增强党组织第一责任人的意识。(2)落实党建工作的基本制度。对党组织“三会一课”、开展组织活动等情况进行检查，落实党建工作季度自查制度，逐条分析检查落实的质量，及时对季度党建基础工作进行分析，提出改进意见。(3)按照市级机关党工委的要求，召开机关党委民主生活会，对照机关党委的工作职能、党委委员分工等问题，进行分析检查，增强了机关党委的凝聚力，提高党建工作规范化水平。（余文龙）

【市总工会各级党组织开展“办实事、做好事、解难事”活动】 (1)建党90周年前夕，各级党组织对建国以前的党员全部走访一遍，对困难和生病党员及时进行走访慰问，送去党的关心和温暖。(2)开展志愿者服务和义务献血工作，市总机关共有47人、50人次参加地铁10号线7号出口的志愿服务工作，完成义务献血的任务。(3)继承世博好传统，坚持开展星期四爱国卫生义务劳动。(4)继续做好助学帮困和结对帮扶市郊贫困村工作，加强与结对对象的联系和走访，了解基层民情，使党员在受到教育的同时，切实帮助解决一些问题。（余文龙）

【市总工会直属机关系统党委召开“创先争优”活动部署会】 3月3日召开。会议传达市级机关2011年党的工作会议精神，并结合市总实际，明确市总机关系统深入开展创先争优活动的实施意见。围绕为什么要以转变机关作风“四服务”、落实责任“四评议”为实践载体开展创先争优活动、如何结合市总中心工作把握实践载体、以及针对工作中存在的薄弱环节进行亮诺和践诺等问题进行动员。会议就创先争优活动提出要求。(1)要围绕转变作风的问题，做基层职工群众欢迎的事。(2)要通过创先争优活动，进一步密切党群和干群关系，解决好各类突出矛盾和问题。(3)各级党组织要通过专题组织生活会等形式，结合部(室)、单位的实际情况进行动员部署，形成创先争优活动的良好氛围。(4)要把推进工作的实际效果作为检验创先争优工作的标准。（余文龙）

市总工会直属机关党委领导与浦东新区新建村领导交流帮扶工作（余文龙）

【市总工会机关系统抓好党风廉政建设和反腐败工作】 (1)组织学习党风廉政建设有关精神，按照《关于实行党风廉政建设责任制的规定》，坚持教育、预防、监督并重的方针，进一步加强惩防体系建设。(2)开展违规收送礼金礼券购物卡专项治理、小金库专项治理和公务用车专项治理。(3)加强廉政文化建设，参加市级机关廉政文化建设展览。(4)依据《关于实行党风廉政建设责任制的规定》，把查信工作与巡视工作有机结合，落实2011年市总机关系统自查工作，对工会学院等单位开展党风廉政建设巡视。（余文龙）

【市总工会机关系统围绕“十二五”发展中工会重点工作开展学习型党组织建设】 (1)明确学习型党组织建设的意义，使各级党组织和广大党员认识到只有加强学习，提高各级党组织的战斗力，才能在新的历史起点上开创事业发展的新局面。(2)坚持把社会主义核心价值体系建设作为基础工程和灵魂工程，贯彻到机关系统学习型党组织建设的全过程，内化为党员干部的自觉追求。为配合纪念建党90周年活动，用专题组织生活会的形式组织全体党员学习胡锦涛在纪念建党90周年大会上的讲话。以“知党史、颂党恩、跟党走”为主题，开展学习党史活动，大力宣传中国共产党的光荣历史和丰功伟绩，宣传新中国成立60多年来特别是改革开放30多年来党领导人民推进社会主义建设和党的建设取得的重大成就，坚定广大干部群众走中国特色社会主义道路的信心。(3)发挥机关党建网的作用，组织观看共话“十二五”、“廉政教育”等27部教育专题片。围绕社会主义核心价值体系建设，推荐《雷锋的传人郭明义》、《杨善洲的故事》、《中国震撼》、《红色诗文选编》、《从怎么看到怎么办》等一批书籍。先后组织机关系统干部参加理论辅导、先进事迹等各类报告会8次，参观“我们是共产党人”等大型主题展2次。开展老干部、老党员传帮带活动，引导年轻党员干部在实践中锤炼党性，增强党员意识，提高党性修养，为倡导社会主义核心价值观起到了积极的导向作用。

(4)把破解难题作为创建学习型党组织的基本实践，增进学习实效。市总法律部、保障部、经济部、民管部、女工部、文化宫、退管办、海鸥集团、千禧海鸥等11个基层党支部围绕工作中的重点和难点工作，探索和总结党支部围绕中心服务大局的做法，增强了党组织和党员贯彻落实科学发展观的责任感和紧迫感。 （余文龙）

【市总工会机关系统以“转变作风‘四服务’、落实责任‘四评议’”为实践载体开展创先争优活动】 （1）按照市级机关工委的要求，制定下发《关于“转变作风‘四评议’（基层评议机关、群众评议党员、基层党组织向上级党组织述职并接受上级党组织考评、基层党组织向党员报告工作并接受党员评议）、落实责任‘四服务’（服务大局、服务基层、服务群众、服务党员）”为实践载体，深入开展创先争优活动的实施意见》，召开创先争优活动部署会，明确开展创先争优活动的要求和内容。（2）各级党组织和广大党员结合实际，进行以“岗位承诺”、“责任承诺”等为主要内容的年度创先争优承诺，特别是把转变作风、落实责任作为承诺重点，公开“四服务”、“四评议”的具体内容，用实际行动自觉接受监督，取信职工。（3）广泛开展“亮诺、践诺、评诺”活动，通过专栏和网站等方式亮诺，在具体工作中践行承诺，对承诺兑现情况进行评议，激发各级党组织和广大党员创先争优的热情。 （余文龙）

【市总工会机关系统开展文明创建工作】 按照上海市第十五届（2009—2010）文明单位创建工作要求，市总机关系统各单位以建设社会主义核心价值体系为引领，动员和组织广大干部职工投身文明创建活动，注重文明单位创建管理工作，及时总结和推广文明单位的经验，研究创建工作中遇到的问题，促进文明创建工作的健康发展。工会管理职业学院等5家单位获得市精神文明单位称号，公惠医院等2家单位获得市级机关系统精神文明单位称号。 （余文龙）

【闵行区总工会开展新一轮机关干部走访联系基层工作】 （1）实行任务承包认领制。区总工会机关干部每人“认领”2—3个镇（包括街道、莘庄工业区、委、办、局），每周至少到其辖区内企业工会走访联系1次。采取个别走访、召开座谈会、参加基层工会会议、列席基层工代会、职代会等形式，了解企业状况、基层工会工作动态和职工思想状况，指导基层工会业务工作，帮助解决基层工会工作中的困难，挖掘基层工会特色工作和先进经验。（2）走访联系基层过程贯彻“首接责任制”。即由最先接受基层单位或职工询问的机关干部负责答疑解惑，而无论此事项是否属于部门业务范围。如遇需要由分管主席和有关部室研究处理的情况，“首接”干部将问题带回讨论并尽快办理，负责到底，及时将处理意见反馈给基层工会。（3）坚持交流总结例会制。区总工会定于每周一开展机关干部走访联系基层情况交流汇报会。交流探讨走访过程中所了解的基层工会工作重点难点问题，为下一步区总工会工作提供决策依据。

（应慧娟）

保障政策文件选编

关于本市达到法定退休年龄但缴费年限不足的部分参保人员补缴城镇职工基本医疗保险费有关问题的通知

沪人社医发〔2011〕42号

为保障1992年底前参加工作、缴费年限累计满5年不满15年、已达到法定退休年龄的参保人员医疗保障待遇，根据《上海市城镇职工基本医疗保险办法》和《上海市人民政府关于本市城镇企业职工基本养老金计发办法若干问题处理意见的通知》（沪府发〔2011〕15号）精神，现就有关问题通知如下：

一、按照沪府发〔2011〕15号文件规定补缴基本养老保险费的人员，同时一次性补缴基本医疗保险费。补缴基本医疗保险费的缴费基数，与基本养老保险的补缴费基数一致；缴费比例，按本市现行规定执行。

二、一次性补缴的基本医疗保险费中，按《上海市城镇职工基本医疗保险办法》规定应由职工个人缴纳的部分（即按个人缴费基数2%的比例缴纳的部分），全部计入本人的个人医疗帐户。

三、本通知自2011年1月1日起执行，有效期至2015年12月31日。

上海市人力资源和社会保障局
上海市医疗保险办公室
二〇一一年六月二十九日

理论与调研

Theory and Research

上海工会年鉴

2012

综 述

2011年，全市工会理论研究工作围绕上海发展大局和工会工作的总体目标任务，从3个层面深入开展理论研究和调查研究。(1)围绕工会重点工作，开展重点课题调研。市总工会设立《全面总结工会十四大以来工会理论创新成果，进一步丰富中国特色社会主义工会发展道路理论的研究》、《关于本市企业劳务派遣工用工状况的调研》、《关于在社会管理创新中充分发挥工会作用的研究》、《关于加强职工文化建设，促进职工全面发展的调研》、《关于上海"创新驱动、转型发展"进程中提升产业工人技能的调研》、《关于工资集体协商立法完善的思考与建议》、《关于上海实施〈社会保险法〉，保障职工合法权益重点问题的研究》、《关于〈上海市职工代表大会条例〉贯彻实施中热点、难点问题的调研》和《关于"小三级"工会组建与运作问题的调研》等9项重点调研课题，由市总工会主席室领导担任课题指导，由有关职能部门组织实施。在调研过程中，各课题组通过问卷调查、座谈访谈、典型调查等方式，研究现状、总结经验、剖析问题、寻求对策，促进了相关工作的创新突破。(2)加强上下联动，开展委托课题调研工作。设立《依法推动企业普遍开展工资集体协商》、《职代会制度运作与成效问题》、《和谐劳动关系创建的实践与探索》、《党工共建创先争优工作》、《以"两个普遍"促进工会女职工工作"两个覆盖"》、《职工思想动态信息网络和工作机制建设》等6项委托调研课题，通过课题招标立项，委托区县局(产业)工会开展调研，嘉定、机电、运输等17家单位积极承接委托课题调研任务，根据立项要求开展调研，形成一批有深度、有质量的调研报告和研究成果。(3)发布调研参考课题，引导各级工会围绕新形势新任务，研究探索工会改革创新发展的新思路、新举措。各级工会普遍重视调研工作，把调查研究作为反映职工利益诉求、履行工会维权职责、深化各项工作的有效途径，摆在工会工作重要位置加以推进与落实。2011年上海各级工会形成的调研成果主要体现在以下方面：一是有力地提升工会源头参与的水平。"在社会管理创新中充分发挥工会作用"课题的调研成果经市总工会报送市委，许多内容吸收进市委下发的《关于加强和改进工会、共青团、妇联等人民团体工作，做好新形势下党的群众工作的意见》之中；"劳务派遣工用工状况"的调研课题对上海市企业劳务派遣的现状、存在问题及原因进行深入研究，提出规制企业劳务派遣用工的对策建议，对市劳动关系三方制定实施《关于规范本市劳务派遣用工的指导意见》起到重要的推动作用。二是促进工会组织体制、工作机制的探索创新。闵行、电信、金融工会分别就劳动关系和谐企业创建机制进行调研，纺织、运输工会分别对推进"两个普遍"工作开展研究，医务、建工、上海大学工会分别就推进职代会制度建设进行调研，促进工会体制、机制、工作创新，增强调研工作的实际成效。三是推动调研成果向工作创新成果转化。虹口区总工会根据"劳模服务长效机制探索"调研成果，整合劳模服务工作机制，打造和完善"明星带群星、群星带群体"的工会劳模服务特色品牌；闵行区总工会在"企业工会主席胜任力"研究中，提炼出企业工会主席胜任特征模型，形成闵行区企业工会主席岗位说明书，为提高企业工会干部队伍科学管理水平提供了新路径；绿化和市容管理局工会的《环卫行业一线职工工资收入》调研报告，得到市政府领导的重视，相关建议已纳入市政府文件转发。在年度优秀调研报告、论文的评选中，各级工会上报调查报告、论文204篇。经专家评选，10篇获一等奖、12篇获二等奖、15篇获三等奖、20篇获优秀奖。同时，在全国工会系统优秀调查报告和论文评选中取得优异成绩。

(邹卫民)

市总工会举行2010年度上海工会优秀论文颁奖仪式 (邹卫民)

工运研究会

【上海工会参评论文在全国工会优秀论文评选中获佳绩】 在2010年度全国工会系统理论研究优秀论文和调研报告评选中，全国各省(区、市)工会共报送论文和调研报告计129篇，评出一等奖10篇、二等奖15篇、三等奖20篇、优秀奖35篇。上海工会报送参评的5篇论文全部获奖，在各省、自治区、直辖市总工会中是获奖论文数量最多的单位。其中，上海市总工会课题组《关于上海新生代农民工思想、生产、生活状况的调研报告》获一等奖，市总工会法律工作部《关于进一步推进本市行业性集体协商的思考和建议》、市总工会民主管理部《推进同工同权，落实同工同酬——上海农民工民主权利实现途径问题研究》获二等奖，市总工会组织部《上海市基层工会主席直接选举状况的调研报告》获三等奖，市总工会保障工作部《本市职工住房保障问题的调研报告》获优秀奖。 (邹卫民)

【市工运研究会积极发展团体会员，强化研究会组织建设】 市工运研究会致力于加强研究会组织建设，下发《关于发展上海市工运研究会团体会员单位的通知》，推动各区县和产业（局）、集团公司工会以及基层单位建立工运研究会。嘉定区总工会工运研究会、金山区总工会工运研究会、松江区总工会工运研究会、青浦区总工会工运研究会、奉贤区总工会工运研究会、崇明县总工会工运研究会、市医药工会工运理论研究会、市电力公司工会工运研究会、中国海运（集团）总公司工会工运研究会、市城乡建设和交通工会工运研究会、市金融工会工运研究会、市教育工会理论研究会、上海社科院工会理论研究会、锦江国际（集团）有限公司工会工运研究会、中国商用飞机有限责任公司工会工运研究会、号百公司工会工运研究会、上海大学工会工运研究会相继成立，并被市工运研究会吸收为团体会员。市工运研究会团体会员共计53家，各区县总工会已全部建立工运研究会，为深化工会系统调查研究工作奠定良好的组织基础。（邹卫民）

【市工运研究会召开团体会员秘书长工作会议】 9月7日，市总工会副主席、市工运研究会会长周志军出席会议。市工运研究会各团体会员单位的会长、秘书长共50余人参加会议，机电、建工、纺织、电信、金融、普陀、上海大学等团体会员单位分别就研究会组织建设、制度建设、调研课题实施情况等进行研讨交流。会议总结了前阶段上海工运理论研究工作的开展情况，提出各工运研究会团体会员要关注和研究职工队伍状况、劳动关系状况、经济社会发展状况等新情况新变化给工会工作带来的机遇与挑战，增强问题意识、研究意识；要进一步健全团体会员组织制度，努力形成领导机构健全、基础扎实、利于工作开展的工作网络；要进一步完善研究会工作机制，建立健全课题调研、调研成果转化、学术研讨与交流等长效机制；要进一步落实研究会工作保障，加强教育培训、人才培训和考核激励，充分发挥团体会员单位在推动上海工运理论研究工作中的骨干作用。（邹卫民）

【建工（集团）总公司工运研究会围绕集团发展大局深化调查研究】 （1）围绕工会工作如何融入企业中心工作，开展“技术工人队伍现状和创新人才培养工作”、“加强现场项目部安全生产劳动保护工作”的调研。（2）围绕工会工作如何融入群众工作，开展“当前职工思想动态调查与建议”、“建立健全职工工资集体协商机制”的研究。（3）围绕工会工作如何融入和谐企业建设，开展“进一步完善职工参与管理机制，切实加强三级民主管理制度与运行质量的研究”、“关于开展创建和谐企业与职工满意企业活动的调研”。（4）围绕加强工会自身建设，开展“关于进一步加强思想建设，创建学习型工会组织的研究”和“关于进一步加强作用建设，切实完善密切联系群众调查研究制度的调研”。这些调研结合集团经济发展要求，成果在实践中得到运用，实现研究成果的有效转化。（邹卫民）

【闵行区工会工作研究会围绕大局开展调查研究】 （1）针对区域内中小非公企业迅猛发展的实际，从创新组织体制入手，开展行业工会组建与运作情况的调研，促进区域性行业工会建设。（2）开展劳动关系和谐企业创建标准的调研，借鉴SA8000企业社会责任标准体系，建立起具有闵行特色的劳动关系和谐企业创建标准评估体系。（3）开展企业工会主席胜任能力的研究，提炼出闵行区企业工会主席胜任特征模型，形成企业工会主席工作岗位说明书，为提高工会干部队伍科学管理水平提供了新路径。一年中，闵行区工会工作研究会共形成调研报告和论文39篇，汇编成《闵行区工会优秀论文集》。（邹卫民）

【普陀区基层工会工作研究会加强调查研究推进工会工作创新发展】 （1）坚持四项基本制度，提高信息调研工作水平。一是坚持课题预报制度，年初下发调研课题选题，要求各基层工会依据实际挑选1—2个课题预报，并明确调研的具体安排和时间节点；二是坚持培训研讨制度，定期举办辅导讲座、专题研讨活动，为工会干部搭建学习平台；三是坚持信息宣传制度，通过《普工信息》、《普工内参》等刊载工会工作动态、实践经验，探索运用创新模式指导工作实践；四是坚持年会交流制度，每年召开年会发布调研成果，并邀请专家进行指导点评。（2）抓好3支骨干队伍，夯实信息调研工作基础。包括补充区、大口两级联络员队伍，充实信息调研工作联络员队伍，加强专家顾问智囊团队伍，为研究会调查研究工作提供人力资源保障。（3）加大调研成果转化，推动工会工作创新发展。以《现阶段工会重点、难点、热点工作情况报告以及职工社情民意情况报告》调研为重点，向区委、区人大、区政府、区政协报送，争取党政部门及社会各界对工会工作的支持；编辑完成普陀工会工运文集

上海市工人运动研究会召开团体会员秘书长工作会议（邹卫民）

《心海论语》等刊物，组织开展基层工会“一会一品”特色创新工作，促进调研成果转化为工作创新的源泉和动力。（邹卫民）

【上港集团工运研究工作取得新进展】 4月7日，上港集团工运研究会召开“工会组织如何在推进企业班组建设、创建星级班组活动中发挥积极作用”专题工运论文发布会，发布从基层征集的70余篇工运论文中评选出的12篇论文。经评选，浦东、盛东2家集装箱码头公司工会选送的论文被评为一等奖，另外10篇论文被评为二、三等奖。年底，围绕集团党委提出的构建“上港和谐家园”工作要求，上港集团工运研究会组织开展“工会组织如何在构建‘上港和谐家园’活动中发挥独特作用”专题工运论文征集活动，探索在工会工作实践中遇到的新情况、新问题。（张晨琦）

【上港集团工运研究会重视调查研究、完善制度建设】 （1）围绕集团重点工作，组织开展调研活动。包括围绕推进班组建设，开展“上港集团班组建设工作现状调研”，以调研成果为基础，召开集团加强班组建设工作推进大会，集团党委下发《关于进一步深化班组建设工作的指导意见》；围绕职工队伍稳定工作，开展“上港集团职工思想状况调研”，为协助党政做好维稳工作发挥了积极作用；围绕工会重点工作，召开“工会组织如何在增产增收、降耗节支中发挥积极作用”专题工运论文发布会，对促进集团增收节支发挥工会独特的作用。（2）结合发展实际，不断完善研究会自身建设。包括完善专题工运论文征集、评比、发布制，全年共形成调研报告和论文70余篇；完善研究会会员文档管理、调整工作制，促进研究会日常管理工作更加便捷、健全；完善考核、奖励工作制，在基层工运研究会中组织开展优秀工运工作奖、优秀工运论文评选活动，全年共有18家基层工运研究会和12篇调研报告获得表彰奖励。（邹卫民）

【中交上航局工会工运理论研究成果显著】 2011年工运研究年会上，中交上航局工会主席包中勇当选为上海市工人运动研究会理事会理事。中交上航局不断加强劳务派遣员工建设，从会籍协管、权益维护、教育培训、服务管理、援助帮扶等5个方面，进一步做到依法依规管理。开展劳务派遣工相关调研，《上航局劳务派遣员工思想动态预警机制的探索与思考》一文被《上海工运研究》刊用。（刘昌明）

【中远集运工会加强对基层工会的调研和指导】 建立专人联系制度加强调查研究，及时总结推广各级基层工会创造的工作经验，并由工会主席带队，通过听取工作汇报、与部分职工座谈交流等方式，先后前往15家陆上单位进行工会工作调研，全面了解各陆地基层单位安全稳定和生产经营的基本情况，掌握广大职工关注的热点难点问题。对调查了解的情况，形成陆地基层调研报告，积极向公司领导和有关部门提出意见和建议。

（钱　华）

【中远集运工会开展“请你告诉我”问卷调查，推进职工思想状况常态分析机制建立】 中远集运工会把建立职工思想状况常态分析机制作为密切联系职工群众、有效化解矛盾纠纷、团结凝聚各方力量、促进企业和谐稳定、推动企业科学发展的重要工作，把定期开展职工思想状况调查作为构建职工思想状况常态分析机制的具体措施之一，作为提高思想政治工作针对性、有效性和反映职工诉求、维护职工利益的一个有效平台来推进。公司工会在全系统组织开展“请你告诉我”职工思想状况问卷调查，得到各级工会的大力支持，以总部机关、泛亚公司、上远机关、上远船员、上远陆地、计算机中心、单证公司、中国部各分部为单位，共计收回有效问卷2931份，各两级工会和中国部各分部工会都对统计数据进行汇总分析，并撰写分析报告。在此基础上，公司工会对各单位职工思想状况的主流以及存在的共性和个性问题进行分析，提出相应的对策和建议，形成中远集运职工思想状况调查分析报告。（钱　华）

理论与调研

【“十二五”期间上海女职工素质发展研究】 市总工会女职工部、上海社科院工会女职工委员会撰写。报告通过全面客观分析当前上海女职工素质基本状况、职工素质提升的实践、需求现状及其与“十二五”要求的差距，寻求进一步提高女职工素质的途径，为上海打造知识型、技能型、创新型的女职工队伍提供参考。报告反映，女性已经成为上海职工队伍的重要组成部分，女职工受教育程度总体较好且处“黄金工作年龄段”，但不同群体差距较大；女职工素质提升取得实效，国有企业好于非国有企业；女职工专业技术技能不断提高，而高技术技能、高层管理人员总体仍较少；女职工具有较强的提高自身素质的愿望，且意愿与工作稳定性和收入成正比，技能素质和实用知识培训是主要需求。报告指出，当前女职工自身素质与时代要求之间存在较大差距。这其中有女职工自身的原因，企业、工会、周末学校以及社会环境等方面都存在不足，表现在企业为女职工素质提升创造的条件不足，女职工获得的培训机会、经费较少；周末学校在女职工素质提升中作用发挥还不够，培训内容不能满足职工多元化需要；女职工时间精力有限、工作生活压力大、安于现状的女性特征是束缚，收入不高、对自身培训经费的投入偏少是瓶颈；女职工素质提升的制度保障亟需完善，各种教育培训资源整合不够，女职工周末学校没有真正纳入到终身教育体系中去。报告建议，女职工素质教育是一项社会系统工程，需要从多个环节有效衔接，形成多方参与、职责明确、配合协调的环境。政府、工会、女职工周末学校和企业各司其职，形成女职工素质教育立体网络。政府为职工学习提供政策支持，工会发挥指导协调、宣传组织的重要作用，周末学校为实施素质教育工程提供课程资源和支撑平台，认真开展科学发展观教育，加强对女职工的人文关怀，培育女职工“四自”精神，提高自主创业、岗位创新能力。组织女职工学习新技能，掌握新知识，适应岗位就业的需要，增强创业创新本领和能力。各行业、企业应以创建学习型企业和员工的职业生涯教育为基础和主线，制订符合实际的职工教育培训规划，促进个人与企业的共同发展。

（张海丽）

【关于开展党工共建创先争优，不断推进工会工作创新发展的调研报告】 由机电工会承担的《关于开展党工共建创先争优，不断推进工会工作创新发展的调研报告》是市总工会2011年委托课题之一。报告认为，开展党工共建创先争优活动是新时期工会工作实现创新发展的必然要求，是落实“党建带动工建、工建服务党建”的有效载体，并结合机电工会的探索与实践，分析了在推进党工共建创先争优活动中工会的目标定位和5个方面的主要举措：(1)要结合推进党工共建创先争优增强工会组织活力。(2)要结合推进党工共建创先争优实现工资集体协议全覆盖。(3)要结合推进党工共建创先争优大力培养高技能人才。(4)要结合推进党工共建创先争优建立健全职工帮扶长效机制。(5)要结合推进党工共建创先争优进一步加强职代会制度建设。（邹卫民）

【劳动关系和谐企业创建标准体系的探索】 由闵行区总工会承担的《劳动关系和谐企业创建标准体系的探索》是市总工会2011年委托课题之一。课题结合闵行区推进劳动关系和谐企业创建工作的实践，就劳动关系和谐企业创建标准体系进行探索和研究。报告系统阐述闵行区建立劳动关系和谐企业创建标准体系的顶层设计、主要内容、测评指标和奖励体系。在顶层设计上，要明确发挥政府、工会和企业作用，努力形成企业和职工利益共享机制，建立规范有序、公正合理、互利共赢、和谐稳定的劳动关系。在主要内容上，创建标准体系由四级标准内容组成，涵盖职工尊严、劳动合同与薪酬、社会保障与福利、职工健康安全、民主管理、职工培训与发展、职工沟通与关爱、建立劳动关系协调机制等8项主体内容。在测评指标上，制定《闵行区劳动关系和谐企业评估标准内容》，明确形成准入标准、评级标准两大类测评指标，根据企业创建和谐劳动关系的不同程度分为A级、AA级和AAA级，不同等级需满足不同的标准。在奖励体系上，设立劳动关系和谐企业创建专项资金，制定和谐劳动关系专项资金使用管理制度，对创建工作和创建成功企业给予经费保障和资金扶持。（邹卫民）

【市总工会参与起草《中共上海市委关于加强和改进工会、共青团、妇联等人民团体工作做好新形势下党的群众工作的意见》】 市总工会围绕工会在加强和创新社会管理中进一步发挥作用问题，先后召开区县、产业(局)、街镇、企业等不同层面工会干部以及企业管理人员、农民工、劳务派遣工等各类人员座谈会，开展广泛深入的调查研究，分析工会参与社会管理面临的新情况新问题，剖析工会在加强和创新社会管理中的不适应之处，提出相关的对策建议，形成专题调研报告，向市委作专门汇报和书面报告。9月25日，中共上海市委下发《关于加强和改进工会、共青团、妇联等人民团体工作做好新形势下党的群众工作的意见》，对工会建设提出新的要求。文件指出，工会要加强自身改革和建设，提高做好群众工作的能力。按照“全覆盖、凝聚力、组织化”的要求，加强基层组织建设，扩大组织和工作覆盖；深化改革，创新组织活动方式，增强基层组织活力；加强与相关社会组织的联系，发挥枢纽型社会组织的作用；下移工作重心、贴近基层群众，保持密切联系群众的工作作风。（崔校军）

【市总工会开展“小三级”工会组建与运作的调研】 由市总工会组织部承担调研并撰写报告，是市总工会重点调研课题之一。“小三级”工会是指由乡镇街道总工会、村(居)委工会、基层企业工会构成的工会组织体系，在上海“三级组织、四级网络、条块结合、全面覆盖”的工会组织格局中，是一条极其重要的组织链。全市有乡镇、街道总工会210个，工会干部共1242人；村居工会4082个，工会干部8625人，覆盖企业72609个。调研分析“小三级”工会建设存在的四方面问题：一是会员管理与市场经济体制下的就业形态仍有不相适应。二是工会组织方式与我国中小企业特点存在不相适应。三是基层工会干部队伍无论是“数量”还是“质量”都与庞大的基层工会组织规模不相适应。四是在实际运作中，“小三级”工会运作经费的来源较难得到保证。针对上述问题，报告提出以下5点对策建议：(1)不断加强和改善“小三级”干部队伍建设，构建职业化社会化工会工作者的队伍体系。(2)不断加强和改善工会组织信息化建设，建立全市统一的信息平台，为工会会员“无缝流动”管理创造技术条件。探索运用向专业统计机构购买服务的方式，由专业的数据统计队伍开展工会数据采集、整理、汇总工作。建立市级工会信息中心，为各级工会组织学习交流提供实践素材。(3)不断探索创新村(居)工会建设工作，整合村(居)联合工会、细分村(居)工会联合会，有效缩减管理幅度，提升管理效率，探索村(居)工会干部专职化发展模式。(4)不断加大对“小三级”工会经费支持力度，建议市、区县总工会对经费比较困难、财政状况不理想的街镇总工会进行梳理，建立制度化的经费补助程序。(5)建立科学的考核评价体系，建议引入职工评价项目作为重要考核内容，探索建立科学、全面的考核评价体系。（邹卫民）

【市总工会开展《上海市职工代表大会条例》贯彻实施中热点、难点问题的调研】 由市总工会民管部承担并撰写调研报告，为市总工会重点调研课题之一。报告指出，职代会条例实施以来，职代会建制工作覆盖面得到进一步拓展，社会认知度得到进一步提高，规范化建设得到进一步加强。同时，贯彻实施职代会条例还存在非公企业职代会建制难、部分企业职代会运作质量不高、劳务派遣工参加职代会存在困难、区域性行业性职代会组织运作不规范等问题。报告认为，解决这些问题，要从以下几方面着手：(1)区分外资企业和较有规模的民企、中等规模的民企以及数量庞大的微小型民企3种非公企业类型，循序渐进推进职代会制度。(2)引导企事业单位充分认识职代会职权不影响经营管理决策自主权、其他民主管理形式不能替代职代会制度以及其本身是职代会建制主体的职责。(3)以规范的民主程序推动收入分配制度的公正合理，将职代会民主评议纳入领导干部考核管理体系，畅通利益诉求表达渠道，有效预防和化解劳资纠纷。(4)推动劳务派遣工同工同酬和同工同权的同步解决，探索保障劳务派遣工民主权利的多种途径。(5)以效用优先为原则推动区域性、行业性职代会的建制，加强组织体制和工作机制建设，不断丰富和拓展区域性、行业性职代会的内涵和外延。(6)要明确工会在职代会制度中的定位和作用，履行好作为职代会工作机构的职责，借助职代会更好地发挥维权作用。

（李学兵）

【市总工会开展上海企业劳务派遣工用工状况的调研】 由市总工会与市国资委、市经信委组成调研组，最终由市总工会法律部、研究室撰写报告，为市总工会重点调研课题之一。报告采用问卷调查、座谈会等方式，选择中石化上海石油分公司、上海船舶工业公司、上海电气集团、上海汽车集团以及浦东金桥工业园区、青浦香花桥、闵行梅陇镇和静安欣安大厦为调研对象，涉及企业1805家，劳务派遣用工企业309家，覆盖劳动者420296人，其中劳务派遣工105228人。报告指出，劳务派遣用工规模总体仍呈上升趋势，国有企业、外资企业使用相对较多，主营业务、一线岗位使用长期化，"业务外包"成为劳务派遣的异化形式。报告认为，劳务派遣用工存在同工不同酬、民主政治权利难以保障、实际用工企业持续健康发展受到制约、劳务派遣用工市场不够规范等问题。引发这些问题的主要原因是企业片面追求低成本用工并过度追求灵活用工、劳务派遣的相关法律规定不完善以及国有企业存在人员编制和工资总额受到严格控制等管理体制因素。报告提出，要通过确定限制比例、明确"三性"界定、搭建身份转换通道和限定退回条件控制劳务派遣用工规模；通过明确界定"同工同酬"、统一企业薪酬体系、签订三方协议推动同工同酬和探索集体合同覆盖劳务派遣工努力实现同工同酬。通过加强企业党团组织建设、加大工会组建力度、推进劳务派遣工参与用工单位民主管理工作等手段保障劳务派遣工民主政治权利。通过建立统计备案年审和风险备用金制度、完善行业自律机制和规范业务外包行为等手段加强劳务派遣市场监管。 （李学兵）

【市总工会开展当前中小企业发展经营状况及工会工作情况的调研】 市总工会研究室承担课题并撰写调研报告。报告反映，上海中小企业发展态势总体良好，中小企业发展环境逐步优化，部分区县中小企业经营状况不容乐观。就工会来说，中小企业工会组织覆盖和工作覆盖进一步扩大，构建和谐劳动关系工作进一步推进，劳动竞赛和合理化建议等活动进一步深入。报告建议对全市中小企业分布结构、类型、经营现状等进行分析研究，针对中小企业不同规模、行业、类型，加强统筹规划、政策协调和分类指导。改善中小企业发展环境，更加关注私营民营、与群众生活密切相关的中小企业的发展，更加关注初创期、就业人数多但经营困难企业的生存发展。支持中小企业向新兴产业转型，引导中小企业从依赖"劳动力成本低廉"向依靠"科技含金量高"转变、向"专精特新"方向发展。缓解中小企业融资困难，在财税政策上加大扶持力度，相关专项资金要向中小企业倾斜。发挥工会作用，扩大中小企业劳动竞赛覆盖面，在一线职工中培养高技能专业人才和高素质创新人才，推动行业性、区域性工资集体协商及职代会制度建设，加强中小企业劳动争议预警、调解机制建设，逐步完善政策扶持、创业培训、资金援助、典型培育"四位一体"的工会促进创业带动就业工作机制。

（李学兵）

【市总工会开展关于贯彻实施《社会保险法》保障职工合法权益重点问题的研究】 市总工会法律工作部撰写，为市总工会重点调研课题之一。报告围绕《社会保险法》贯彻实施的有关情况以及企业和职工的反映，先后在浦东、杨浦、青浦、奉贤4个区及机电、航天、邮政、运输、宝钢、港务、汽车等8个产业开展调研。报告指出，《社会保险法》实施给上海社保带来许多有利因素：一是外来从业人员和郊区用人单位从业人员纳入城镇职工社会保险，市社会保险体系实现制度整合。二是养老保险赡养比下降明显，基金支付压力大大缓解，完善养老保险制度契机显现。三是失业人员享受在职职工同等医保待遇，保障更有力，就医更便捷。医疗和工伤保险基金设立先行支付制度，"救人要紧"价值理念得以彰显。从业人员社会保险观念基本树立，缴费意识增强，社会平等感深入人心。报告反映，《社会保险法》实施也存在一些难点：企业用工成本增加，中小企业经营压力较大。养老保险有关政策尚不明确，职工对养老保障依旧忐忑。个别企业采取变通措施逃避法律责任，全市劳动争议数增长明显。镇保转城保缴费年限折半的规定有待商榷，原镇保职工享受退休待遇门槛过高。过渡期内外来从业人员参加城保险种未完全覆盖，相关职工生育和失业风险未得到有效保障。灵活就业人员参加城保个人缴费负担过重，当前"未保"可能导致长远"无保"。社会保险基金监管难度增大，养老保险基金支付不确定性增加。配套政策有待加紧完善，部分职工切身权益尚未完全落实。报告提出，要加紧研究完善养老保险相关政策，调整完善镇保转城保人员社保缴费年限折算办法，过渡期后将生育和失业保险纳入外来从业人员参保范围，推动关注灵活就业人员参加社会保险，进一步加强劳动争议预防预警和调处工作，加紧研究制定社保基金先行支付实施细则，进一步完善配套措施，研究制定扶持中小企业发展的政策。

（李学兵）

【市总工会开展关于完善上海工资集体协商立法的思考与建议的调研】 由市总工会法律部承担调研并撰写报告，为市总工会重点调研课题之一。报告分析了开展工资集体协商的现实动因、工资集体协商立法的理论依据、上海工资集体协商的实施现状以及国内外工资集体协商立法现状。报告指出当前工资集体协商立法存在的问题，提出完善上海工资集体协商立法的建议：在协商内容上，要明确协商范围和参考依据，增加具有倾向性的规范性条款。在协商程序上，要明确协商代表来源和协商结果适用范围，确保协商正常启动和协商地位平等。在争议处理机制上，要以劳动行政部门为主导，劳动关系三方共同参与，设置合理的调处期限，对经调处仍然无法达成一致的情况予以规范，以书面形式对调处结果进行固定并赋予其一定的法律效力。在法律责任上，要界定违法行为，明确处罚措施；在行业性、区域性工资集体协商上，要明确协商代表的产生、协商的开展层级以及通

过的程序。报告提出完善立法两种方案，一是制定上海市工资集体协商条例，二是修订上海市集体合同条例。（李学兵）

【市总工会开展加强职工文化建设、促进职工全面发展的调研】 由市总工会宣教部撰写报告，为市总工会重点调研课题之一。报告指出，近年来上海职工文化建设取得很好成效，但还存在一些问题与不足：(1)对职工文化建设的认识尚不一致，职工文化的社会知晓度、认可度还不高。(2)职工文化建设的发展不平衡，非公经济组织与国有大中型企业差距明显，不同单位在职工文化建设的内容上也存在不平衡现象。(3)职工文化建设的组织机构尚不匹配，人员配备不到位的占52.45%，有专职工会文体干部的为27.86%。(4)职工文化建设的形式和载体尚不适应，30%的单位半年或年内开展1次职工文体活动，2%的单位全年无活动。(5)职工文化建设的保障机制尚不完善，面积在1000平方米以上的大型职工文体活动场所占26.1%，人均活动场所面积0.5—1平方米的单位仅为27.4%。报告提出，推进上海职工文化建设，要争取社会媒体等多方支持，进一步形成共同推进职工文化建设的良好格局；要明确职工文化建设任务、针对不同的文化需求取向组织开展文化活动，进一步提高职工文化建设的服务能力；要加强职工文化人才和职工文化工作者培养，加大文化产品的扶持力度，进一步推进职工文化发展；要加强组织领导、资源共享、经费投入等机制保障，进一步促进职工文化建设健康长效发展。（李学兵）

【市总工会开展上海"创新驱动、转型发展"进程中提升产业工人技能的调研】 市总工会经济部承担课题并撰写报告，为市总工会重点调研课题之一。调研涉及98个区县局(产业)下属的850家企事业单位，涵盖职工756347名，其中技术工人376040名。报告分析当前职工技能人才结构、技能提升经费投入情况、技能提升体制建设以及技术工人流动等情况，提出职工技能发展存在的主要问题，指出职工技能发展工作要提供政策保障，破解发展瓶颈；要加强载体建设，扩大社会影响；要围绕岗位成才，加强职工创新能力建设；要选树示范标杆，推进高技能人才培养；要聚焦农民工群体，提升农民工职业技能。（李学兵）

【市总工会开展在社会管理创新中充分发挥工会作用的研究】 由市总工会研究室承担报告撰写，为市总工会重点调研课题之一。报告通过召开区县、产业(局)、街镇、企业等不同层面工会干部以及企业管理人员、农民工、劳务派遣工等各类人员座谈会，深入基层开展调研，总结近年来工会工作有益经验，分析研究工会参与社会管理面临的新情况新问题，提出在加强和创新社会管理中要进一步发挥工会作用。(1)坚持党政主导、强化协商协作、增强服务功能、完善工作机制，进一步完善党政主导的维护职工权益机制。(2)进一步加强劳动关系协调工作，深入开展劳动关系和谐企业(工业园区)创建活动，加强工会系统劳动关系矛盾预警机制和调处机制建设，加强基层劳动争议调解组织建设，密切关注和研究应对劳动争议新动向。(3)进一步加强职工思想道德建设和提升职工素质，发挥先进典型示范引领作用，创新职工宣传思想工作方法，切实加强职工技能培训。(4)进一步加强工会基层组织建设，坚持不懈地推进工会组建，大力加强产业工会和行业工会建设，切实加强基层组织力量配备。(5)进一步推动工会工作方式方法创新，增强和激发基层工会活力，尝试推行项目化工作方法，加强分类指导、分类服务。（李学兵）

【市总工会召开2011年委托调研课题总结表彰会】 12月29日召开，市总工会副主席周志军出席会议并讲话。会议总结了2011年市总工会委托课题开展情况，并就继续做好调研工作、进一步提高工会理论研究水平提出要求。(1)要有更宽广的视野，以国际的视野，分析把握国际工运发展的经验教训与规律特点，研究推动上海国际化大都市工会发展。(2)要有更明确的立场，以明年工会系统全面开展的"面对面、心贴心、实打实服务职工在基层"活动为契机，在调研中切实反映职工的诉求和心声，增强与广大职工的同情共感，从职工的要求和立场出发，分析问题，找出解决问题的有效方法。(3)要有更系统的方法，坚持中国特色社会主义工会发展道路理论，注重对工会自身创新发展的规律性问题和工会工作热点、难点问题的认识和研究。会上表彰了2011年市总工会委托课题优秀成果获奖单位，市医务工会、市运输工会、上海电信工会、嘉定区总工会、上海工会管理职业学院等5家单位作交流发言，委托课题承接单位的课题负责人和执笔者参加会议。（陈姣姣）

【嘉定区总工会开展突破瓶颈，创新模式，全面推进工资集体协商机制建

市总工会召开2011年委托调研课题总结表彰会 （陈姣姣）

设的研究】 由嘉定区总工会承担的《突破瓶颈,创新模式,全面推进工资集体协商机制建设》是市总工会2011年委托课题之一。课题结合嘉定工会在依法推动企业普遍开展工资集体协商工作的实践和思考,对当前全面推进工资集体协商机制建设进行探讨。报告认为,当前推进工资集体协商机制建设主要存在三方面的困难和问题:一是企业管理者和职工对集体协商的避险作用认识不足,二是“协商难”的制度性缺陷仍然存在,三是协商主体自主性不强,协商标准低,范本化、最低工资标准化等倾向仍然存在。报告提出如下对策建议:(1)建立完善区、镇(街道)两级协调劳动关系三方机制,进一步加快推进工资集体协商机制建设步伐。(2)以发展行业性集体协商机制为重点,进一步加大工资集体协商推进力度,完善长效机制,形成内在动力。(3)坚持工资集体协商工作与工会相关工作同步推进,进一步发挥劳动关系和谐企业创建活动的平台作用,切实保证工资集体协商工作的实效,有效提升企业和职工双方自主协调劳动关系的能力。

(邹卫民)

【徐汇区总工会完善劳动争议调解机制建设,积极构建和谐劳动关系研究】 由徐汇区总工会撰写的《完善劳动争议调解机制建设,积极构建和谐劳动关系》一文,总结分析徐汇区劳动争议调解组织建设的主要做法、成效和面临的发展瓶颈,并就如何进一步完善劳动争议调解组织建设提出对策建议。报告认为,当前劳动争议调解组织建设中主要存在四方面需着力解决的问题:一是现有维权机构制度化建设尚需完善,作用发挥有待提高。二是现有维权手段尚缺乏强有力的法律支撑,工会在其中的角色定位和维权方式上仍存在不适应处。三是对劳动争议调解组织的宣传力度仍显不足,在职工中的知晓度和认可度仍然偏低。四是社区工会调解员队伍尚待充实,企业调解委员会建设工作仍需强化。文章提出如下对策建议:(1)建章立制,加大宣传,保障调解机构的有效运作。建议在先期成立区总工会职工权益纠纷人民调解委员会的基础上,正式设立劳动争议调解中心作为区总综合性维权实体,在人员、经费等软硬件方面给予保障。(2)强化队伍,深化指导,不断提高劳动争议调解实效。建议依托区法律援助中心、区总工会法律顾问团、社区工会劳动争议调解员等各方资源,建立3支劳动争议调处队伍,并不断加强业务指导与培训,强化实际调解能力。(3)加强对接,资源整合,探索工会调解社会化模式。建议积极拓展与区法院、区劳动仲裁部门的合作,构筑“工会调解—司法援助—帮困救助”的锁链式维权体系,形成工作合力。(4)三级联动,源头维护,积极主动预防化解劳动争议。建议强化区、社区、企业工会三级调解组织联动机制,落实“预防为主、基层为主、调解为主”方针,不断争取劳动争议调处工作的主动权,扩大工会调解组织在职工中的吸引力和影响力。

(邹卫民)

【市医务工会开展新医改背景下职代会制度运作与成效问题的调研】 由市医务工会承担的《新医改背景下职代会制度运作与成效问题的调研》是市总工会2011年委托课题之一。课题采取资料查询、问卷调查等方式,对市卫生系统职代会建制、运行情况及存在问题进行汇总分析,并提出思考建议。报告分析卫生系统职代会制度运作存在的几方面难点问题:一是领导干部收入公开、民主评议领导干部等敏感问题有待规范,二是多级职代会制度实施有待完善,三是行业职代会建制有待探索,四是职代会闭会期间抓决议落实力度有待加强,五是职代会代表行使权利的能力有待提升。报告提出5点思考建议:(1)以推进《上海市职工代表大会条例》贯彻落实为契机,进一步规范职代会制度建设,切实开展行业建制的探索与实践,努力在工作难点上取得突破。(2)建立完善职代会监督考核体系,加强工作监督考核,着力提升基层工作合力。(3)通过推行代表竞聘制、代表培训工作制、代表考核制等,强化职代会代表工作制度建设,着力提升代表参政议政能力。(4)深化职代会工作内涵,完善职代会各项职权的落实,更好地推进卫生改革与发展。(5)加强工作调研和交流,全面推进系统职代会水平。

(邹卫民)

【市运输工会女职工委员会开展依法推进“两个普遍”,有效带动“两个覆盖”的研究】 由市运输工会女职工委员会承担的《依法推进“两个普遍”,有效带动“两个覆盖”》是市总工会2011年委托课题之一。课题认为,在实现女职工“两个覆盖”中仍然存在一些现实问题:在女职工组织建设方面,主要表现为因部分企业处于体制机制改革阶段,女职工流动性较大,队伍不稳定,组建工作有待进一步推进、组建意识有待进一步增强、组建程序有待进一步规范。在女职工特殊权益保护专项集体合同签订方面,主要表现为部分企业工会认为只需用集体合同中的部分条款来明确女职工的特殊权益即可,对女职工特殊权益保护专项集体合同重要性和必要性的认识有待进一步增强。未成立女职工委员会的部分企业,女工干部多为兼职,制约了工作的开展。报告提出了相关改进建议:(1)要积极争取同级党政的重视与支持,加强与相关部门的沟通协调,进一步整合资源,形成协同推进“两个覆盖”的工作格局。(2)要适应集团女职工队伍结构变化的新形势新特点,创新工作思路,不断丰富女职工工作方式与内容,探索形成顺畅有效的长效工作运行机制。(3)要加大对女工干部的培训力度,通过定期理论专业培训和定向业务能力指导,提升履职能力。(4)要鼓励引领女职工立足本职岗位建功立业,不断扩大女职工组织的影响力。

(邹卫民)

【上海工会管理职业学院进行职工舆情特点与工会的干预机制研究】 由上海工会管理职业学院课题组承担的《职工舆情特点与工会的干预机制研究》是市总工会2011年委托课题之一。课题采取问卷调查、个别访谈等方式,分析当前职工舆情的特点,工会对职工舆情干预的重要性、现状和困难,并提出完善工会干预机制的对策建议:(1)强调以人为本,重视舆情干预的源头参与,努力在涉及职工切身利益的重大事项和规章制度方面为职工谋福利。(2)明确工会作为职工代言人的角色定位,强化舆情干预的责任意识,不断提升工会地位、提高工会干部队伍整体素质,促使职工权益得到充分维护。(3)加强工会信息化建设，组建网络舆情信息监测队伍，切实丰富职工舆情的了解渠道，更好地反映职工群众的意见和诉求。(4)大力发挥工会组织的引导作用，积极干预、科学疏导职工舆情，维护社会和谐和职工队伍稳定。(5)更加重视对劳务派遣工等特殊群体的关心与关爱，整合各方资源，建立多方合力干预职工舆情的良好机制，有效提升工会对职工舆情的干预能力与干预实效。

(邹卫民)

【市总工会女职工委员会联合开展“十二五”期间上海女职工周末学校建设研究】 市总工会女职工委员会、上海社会科学院联合成立课题组，对当前全市女职工周末学校建设情况进行调查研究，就新时期女职工周末学校建设的方向、目标、重点难点问题，以及进一步发挥女职工周末学校重要作用进行分析研究。报告指出当前女职工周末学校建设存在诸多问题，并提出对策措施：(1)统一思想，充分认识推进女职工周末学校建设的重要意义。(2)争取各级党政的有力支持，协调整合社会资源，打造一流高质量高水准的女职工周末学校。(3)加快促进和完善女职工周末学校建设的相关政策保障。(4)以女职工群体为本，以需求为导向，实施有针对性的教育培训。(5)大力推进非国有企业女职工周末学校建设，扩大周末学校网络覆盖。(6)探索创新办学形式，提高办学成效，全面规范学校建设。(7)加强周末学校的宣传和示范总结，营造激励环境，进一步增强学校影响力。

(朱莉颖)

【青浦区开展中小企业生存发展和职工权益维护状况调研】 区总工会通过对白鹤地区60家中小企业发放调查问卷、召开座谈会听取企业职工和企业经营者的意见建议等形式进行调研，分析当前青浦地区中小企业概况、主要面临的困难和对职工的影响，提出服务中小企业健康发展和职工权益维护的对策建议。报告建议：(1)发挥政府职能作用，健全完善中小企业服务体系。加大对中小企业的扶持培育力度；积极引导中小企业转型发展；发挥各界力量，为企业发展提供综合服务。(2)激发企业自身力量，加快适应经济形势发展。切实增强企业转型升级的紧迫感；加强企业经营管理，增强企业抗风险能力；转变观念，正确处理与员工的关系。(3)加强各级工会建设，切实做到“双服务、双维护”。加强基层工会建设，充分发挥工会组织作用；发挥“双服务”作用，提升职工队伍综合素质；源头维护职工合法权益，大力推行工资集体协商制度；加强劳动争议预防预警和调处机制建设，把矛盾化解在萌芽状态；推动构建和谐劳动关系，维护社会和谐稳定。

(马美君)

【奉贤区总工会关于新生代来奉务工人员状况调查及思考】 由奉贤区总工会撰写。通过对2010年工会统计数据库中有来奉务工人员企业进行初次抽样，综合地域、行业、所有制等因素，随机筛选出100家企业，在每家企业中选择15名1980年后出生的来奉务工人员，以填写调查问卷、当面访问、电话随访等形式开展调研。调研显示，新生代来奉务工人员面临问题主要有收入水平低、生活成本高，工作流动性过大、职业安全隐患较多，职业培训比例偏低、加入工会比例较低，业余生活单调、缺乏人文关怀等。报告针对上述问题提出对策建议：(1)提升服务理念，创新社会管理体制，切实保障来奉务工人员在城市生活的基本权益。(2)组织新生代来奉务工人员加入群团组织，畅通他们的利益诉求渠道。(3)建立健全工资支付、增长、共决机制，推进集体协商机制建设，切实保障职工合法权益。(4)开展法制教育，加大维权力度，发挥工会组织对新生代来奉务工人员的教育引导和维护作用。(5)加大对新生代来奉务工人员的培训力度，不断提高培训的质量，帮助他们实现融入奉贤和体面劳动的目标。(6)加强对新生代来奉务工人员的人文关怀和心理疏导，丰富新生代来奉务工人员的业余生活。

(叶　兰)

【奉贤区南桥镇总工会关于基层工会规范化建设的探索与思考】 由奉贤区南桥镇总工会李浩撰写。文章介绍了2008年以来南桥镇以“六个有”星级工会创建活动为载体，推进非公企业工会规范化建设取得的成效，分析存在的难点并提出对策建议。(1)加强干部队伍建设，为工会规范化建设提供组织保证。配足配好村(经济园区)工会干部，逐步推行企业工会主席的职业化和非企业化建设，建立完善工会干部保障激励机制。(2)整合社会支持力量，营造良好工作环境。加强对企业主的宣传教育，善于借势借力，加大服务力度，注重加强工会舆论宣传。(3)以实现“双赢”为目标，以作为增有位。普遍推进工会组建，普遍推进以职工薪酬为重点的集体协商。(4)加强劳动监察执法力度，体现法律的严肃性。对无正当理由拒绝组建工会、拨缴工会经费、未开展工资集体协商等的企业，应通过有关行政

市总工会基层调研点国有企业组召开季度例会　(邹卫民)

制约手段和法律程序予以突破。

（叶　兰）

【机电工会开展多项课题调查研究】（1）关于开展党工共建创先争优，不断推进工会工作创新发展的调研。报告分析党工共建创先争优对工会工作提出的新要求，总结开展党工共建创先争优的经验，并提出深化开展的思路。报告指出，把党工共建创先争优活动持久深入下去，要力争做到：一是要在政治上坚持原则性。二是要在工作上发挥指导性。三是要在思路上富于前瞻性。四是要在成果上具有创新性。五是要在工作上体现服务性。（2）产业工会推进企业文化建设的研究。文章论述产业工会推进企业文化建设的现实意义，探讨产业工会推进企业文化建设的基本内涵，研究产业工会推进企业文化建设的主要行动和基本途径。一是思想道德建设导航行动。二是技术技能登高和科技创新行动。三是职工文化建设行动。四是民主法律意识提升行动。（3）劳务工派遣用工情况调研。3—11 月联合开展“电气系统劳务派遣用工情况的调研”，重点了解派遣机构资质、劳务派遣工的薪酬福利和民主管理情况，共发放劳务派遣工问卷 800 份，企业卷 16 份，派遣机构问卷 16 份，回收率 100%；同时，对集团所属 8 家使用劳务派遣工比例较高的企业分别召开企业经营者和劳务派遣工座谈会，与企业和部分劳务工进行思想交流。报告建议：通过立法释义，明晰劳务派遣工的“三性”岗位，解决劳务派遣工的后顾之忧；加强激励机制设计，通过考核、评选将劳务工转为正式工；提高劳务工的政治待遇，使其参与企业管理，增强劳务工主人翁意识；开展星级评选，建立健全劳务工晋升机制。

（冯克华　沈剑宏）

【上海锅炉厂有限公司开展企业人民调解委员会作用发挥的调研】　调研报告分析了企业人民调解工作面临的新情况和存在的主要困难，并提出新时期人民调解工作创新的措施。（1）深化认识，摆正企业人民调解工作的位置。确立“大服务”的理念，即为广大职工群众合法权益服务的理念、为社会主义民主法制建设服务的理念；确立“大调解”的理念，形成企业党政领导重视抓，分管领导具体抓，工会为主抓，有关部门配合抓的工作新格局，建立起调解、治安、信访等多项职能联动的工作机制。（2）健全机制，落实调解组织网络格局。包括健全领导维稳责任机制、矛盾预测预防机制、矛盾集中排查机制、突发事件处置机制等。（3）强化指导，加快建立调解工作长效机制。坚持工作重点转移，把工作重点转移到党委关注、职工群众关心的热点、难点问题上来，转移到为改革、发展、稳定的大局服务上来，构筑维护企业稳定的“第一道防线”；坚持工作关口前移，贯彻“调防结合，以防为主”工作方针，做好“超前防范”，始终把预防矛盾纠纷发生、防止矛盾激化作为工作的出发点和立足点；坚持依法调解、法情理结合，要运用政治、法律、经济、行政、思想教育、道德约束等多种手段，依法、及时、有效地化解各类矛盾纠纷，有力提升企业人民调解工作水平，增强企业人民调解工作的权威性和实效性。

（周　珺）

【中交上航局东方分公司工会开展员工问卷调研】　上半年，中交上航局有限公司东方疏浚工程分公司工会组织员工开展问卷调研活动，采取抽样调查，调查对象有普通船员、船舶班组长、船舶党政领导、机关管理人员等 60 人，问卷回收率达 100%。调查问卷涉及公司战略规划、公司愿景、竞争优势、施工效率、设备管理、时间利用率、节能减排、船舶管理、制约因素、立功竞赛、员工发展、岗位胜任、员工权益、五抓活动、合理化建议、服务理念、工作作风、价值取向等。调查反映：（1）员工普遍认为公司的战略规划和公司的发展与员工的自身发展息息相关。（2）员工积极向上的团队精神充分体现，认为公司发展首先要加强员工的事业心和责任心教育。（3）员工企业主人翁意识不断增强，对公司在生产经营、市场开放、工作创新以及开拓精神方面提出需要进一步提高和完善的意见。

（杨建平）

【劳务派遣工参与企业民主管理工作研究】　市总工会民主管理部撰写。文章从维护劳务派遣工的民主权利、促进上海职工队伍稳定和谐的角度出发，系统阐述了劳务派遣工参与企业民主管理的理论基础和目前所面临的主要问题，并从实际出发提出劳务派遣工参与企业民主管理的总体思路和工作路径。文章认为，要从根本上解决广大劳务派遣工的民主权利实现问题，必须完善现行劳动用工制度，规范劳务用工，当前保障劳务派遣工民主权利的总体工作思路应该是在保障同等劳动经济权益、同等民主政治权利的理念下，分类指导、分步推进、稳妥推行，需要党组织加强对落实劳务派遣工民主权利工作的领导、政府加强对劳务派遣用工的监管、企业代表组织引导会员单位积极落实企业社会责任、工会组织努力推动劳务派遣工民主权利维护工作、企业积极主动落实劳务派遣工的民主权利，从而形成全社会共同重视、合力推进劳务派遣工民主参与、维护其合法权益的良好社会环境。

（张海丽）

【关于上海企业班组建设现状的调查报告】　市总工会经济工作部撰写。调研通过问卷调查、座谈会、走访企业等方式，对 129 个区县局（产业）工会、1000 个不同类型的基层企业和 1 万个班组进行深入调查，听取党政领导、工会干部和一线班组长等各方代表的意见和建议，充分反映班组建设现状，对推动不同类型企业班组建设工作的健康发展提出建议。（1）统一思想，凝聚共识，加大宣传力度，营造良好氛围，引导各级领导和广大职工共同关注和参与班组建设。（2）加强领导，整合资源，企业党组织要把班组建设列入重要议事日程；行政部门要把班组建设纳入企业管理重要组成部分；工会要积极协助党政推进班组建设，推动形成党政工齐抓共管的工作格局。（3）根据不同行业、不同规模、不同性质企业的发展需要和特点，探索完善班组建设的指导意见、实施办法、推进手段，及时总结和推广成功经验和做法，解决新问题，推进班组建设工作可持续发展。（4）建立协调推进机制、考核激励机制、经费保障机制、班组建设管理机制，加大班组建设投入力度，明确班组建设工作考核和评价标准，有重点、分步骤地推进班组建设工作。（5）着力推进非公企业和中小企业的班组建设，强化企业基础管理水平，增强企业核心竞争能力，推动非公企业和中小企业平稳健康发展。(6)建立班组长培养、选拔、任用机制，完善对班组长的考核、奖励、晋升等机制，进一步发挥班组长的骨干作用。（张海丽）

【市机电工会开展工运研究取得成果】 (1)市总工会委托课题研究项目取得重要成果。开展关于党工共建创先争优，不断推进工会工作创新发展的研究。通过调研进一步推动工会创先争优的具体措施落到实处。(2)重点课题取得重要成果。一是开展“上海电气劳务工情况的调研”，先后对上海日立电器、上重、上锅、输配电等6家企业进行调研，在此基础上，总公司出台《上海电气(集团)总公司规范劳务派遣用工管理的实施办法(试行)》。二是开展“劳动争议调解调研”，通过调研，集团总公司劳动争议调解委员会暨律师劳动关系研讨会的工作机制日益完善，上海重型机器厂有限公司、上海锅炉厂有限公司被评为全国劳动争议预防调解示范单位。三是开展“工资集体协商推进调研”，以开展专题调研为手段，到基层了解企业开展工资集体协商的动态，把推进的重点放在没有签订工资集体协议的合资企业。四是开展“高技能人才培养发展工作调研”，召开技术工人培养工作研讨会，与会者集思广益出思路、定措施。(3)切实为企业工会、会员服务。年内共组织部分工会主席研讨会、工资集体协商、落实职代会条例、劳动争议调解和法律咨询工资等4次专题培训班，120名工会干部参加各层面组织的新任工会干部上岗培训。建立基层工会组织信息调研联络点，与基层工会保持密切联系；建立工会论文评选工作制度。组织2011年度工会工作论文评选，收到各类论文51篇，评审出18篇获奖论文。（冯克华）

【宝钢股份公司工会开展工会理论研究工作】 公司工会理论研究工作围绕公司中心工作和工会重点工作，着力研究工会工作遇到的热点、难点问题，探索新形势下工会工作的特点和规律。注重理论与实际相结合，加强理论思考，注重工作经验总结，提炼工作特色，提升工会干部队伍素质和工会工作水平。公司工会经过多次研究，从指导性、实践性出发，结合当前工会工作的重点、热点和难点问题，专门制定下发《关于认真开展2011年工会工作理论研究的通知》，提出“加强厂务公开、职代会制度建设、创建和谐劳动关系等职工民主管理方面的实践与思考”；“深化职工素质工程、班组建设、最佳实践者活动、自主型职工队伍建设等方面的研究”；“劳动竞赛、群众性创新活动等方面的调研”；“加强安全生产、劳动保护、安全‘100’班组建设等方面的调研”；“加强调查研究、关注员工需求、协调推进解决职工‘三最’问题等方面的研究”等课题。公司工会下属27个分会员单位都选定课题项目，成立课题组开展研究工作。公司工会成立课题组完成题为《构建和谐劳动关系的实践与思考》的调研报告。2011年，共收集到论文62篇，内容涉及人文关怀、劳动保护、安全管理、班组建设、职工素质工程、自主型员工队伍建设、员工发展等各个方面。其中有30篇选入《2011年工会工作理论研讨会论文选编》。（王俊民）

优秀论文、调研报告简介

【上海工会帮扶工作的发展历程和未来展望的调研报告】 市总工会保障工作部撰写。报告全面总结了20年来上海工会开展送温暖活动和帮扶中心建设情况，在肯定工会帮扶工作取得显著成效的基础上，分析探讨了新形势下工会帮扶工作存在的瓶颈问题和对策建议。报告认为，全市工会以形成“一般困难机制帮、突出困难重点帮、突发困难及时帮”的工会帮扶工作格局为抓手，以困难职工帮扶中心规范化建设为支撑，深入开展就业援助、生活帮扶、助学帮扶、互助互济等帮扶服务活动，努力构建救助、维权、服务三位一体的帮扶模式，着力解决职工群众急难愁忧问题，成效显著。报告指出，在加快推进产业结构调整和经济发展方式转变的新形势下，工会帮扶工作在取得长足发展和进步的同时，也面临着功能定位、帮扶形式及与政府救助体系的衔接等瓶颈问题，需要通过明确目标任务、建立覆盖全市的工会帮扶服务体系，健全组织网络、推进工会帮扶平台建设，搭建信息平台、推进帮扶中心规范化建设，创新帮扶方式、提供多元化多层次的帮扶服务，完善劝募机制、建立稳定的资金保障机制，加强资源整合、逐步形成社会化帮扶工作格局，加强队伍建设、建立帮扶工作评估考核机制等7项措施，大力加强工会帮扶体系建设，积极推动和参与以保障和改善民生为重点的社会建设，制定、出台一系列职工帮扶服务配套文件，力争在现有工会帮扶服务工作项目、工作方法的基础上进行整合创新，推动工会帮扶工作实现常态化、长效化和可持续发展。（张海丽）

【论社会转型期下工会工作的转型发展】 浦东新区总工会撰写。文章紧扣当前经济、社会发展转型的背景，从工会工作面临转型的紧迫要求与重大挑战出发，指出工会转型应当坚持的基本方向，并结合实际工作提出工会转型的具体举措。文章认为，实现工会转型的实现路径为：(1)创新工作机制，进一步强化上级工会带下级工会的工作机制，聚焦“两端”企业，完善“代行”网络，打造“专家”队伍，扩大工会维权纵深面。(2)注重典型培育，梳理企业类型，形成工作梯次，形成重点企业重点抓、一般企业整体抓的工作梯次，为因企制宜、分类指导夯实基础；加强典型培育，总结工作方法，加大引导、培育企业工会或是上级工会摸索出来的好方法、好路子，形成特色工作经验；加大宣传推广，发挥示范作用，在总结的基础上加大推广的力度，分层分类、以点带面推进工作。(3)加强资源整合，促进党政工联动。要将党工共建与创先争优活动、工会转型发展紧密结合，找准工会组建、平等共决、集体协商等关键环节的着力点，充分发挥党建带工建的主导作用和工建服务党建的能动作用，努力争取党政领导的支持，积极构建“党委重视、政府支持、工会主动、社会协同”的社会化工会工作格局。（张海丽）

【关于工会参与企业劳动定额标准制定的探索与研究】 普陀区总工会撰

写。文章提出,企业劳动定额标准制定是否公平、科学、合理,关系职工切身利益的维护,关系企业劳动关系的稳定,关系行业有序竞争的发展。因此,在企业劳动定额标准制定的过程中,工会应主动参与、有效作为。文章建议:(1)各级工会组织和工会领导干部要充分认识做好参与企业劳动定额标准制定的重要性,广泛发掘和培养一批懂得劳动定额标准制定的行家里手,建立起一支专兼职的劳动定额管理队伍。(2)积极开展行业性工资集体协商,制定行业劳动定额标准,通过上代下方式在企业中开展工资集体协商,参与企业劳动定额标准制定。(3)发挥好职代会在审议企业重大决策过程中的作用,运用好职代会审议平台,审慎地对待劳动定额标准的制定、修改。文章强调,制定劳动定额标准作为企业管理的一项基础性工作,不仅连接着生产效率和企业利益,而且关系到劳动者的收入健康等切身利益,只有建立起"政府监控指导、市场机制调节、劳资共商共决、职工民主参与"的科学的劳动定额制度,才能有效遏止通过高劳动定额实施的隐性侵权行为,真正合理确定劳动者报酬,改善劳动用工环境,构建和谐稳定的劳动关系。（张海丽）

【关于加强"小三级"工会组织建设的实践与思考】 四川北社区(街道)总工会撰写。文章围绕近年来四川北社区(街道)—小区(居委)、园区—基层企业工会(简称"小三级"工会)建设的实践,以社区总工会的总体工作为主,对建设"小三级"工会组织工作中的采取措施、建立机制、开展活动、促进转变、取得效果等进行总结提炼。四川北社区(街道)总工会高度重视"小三级"工会组织建设,形成"党委领导、行政支持、工会运作、各方配合、职工参与"的工会工作格局。(1)通过多种方式的创新,推进工会组建工作,进一步增强工会的组建力。(2)通过多个制度的完善,推进民管维权工作,进一步发挥工会的作用力。(3)通过多个活动的开展,推进队伍建设工作,进一步强化工会的组织力。(4)社区总工会积极整合资源,推进职工保障工作,进一步扩大工会的凝聚力。(5)通过树立工作典型、劳模典型,推进先进宣传工作,进一步提升工会的号召力。文章建议,一是在工会运作上,要进一步加强规范化建设;二是在民主管理上,要进一步探索行业性集体协商工作;三是在机制保障上,进一步加强人员配备。（陆新超）

【党工共建创先争优中彰显工会组织的重要作用】 杨浦区总工会撰写。调研通过问卷调查、座谈会、个别访谈等形式,对杨浦区在非公有制企业中开展党工共建创先争优工作的主要做法进行总结,对工作中需要解决的问题进行深入分析,并从4个方面提出深化非公企业党工共建、创先争优的对策建议。(1)区和街道(镇)党组织与工会组织对非公企业的党建工建工作同步规划,同步制定实施方案,确定工作重点及工作目标。在制定年度工作计划或单项工作计划时,及时沟通,做到党的工作与工会工作同步部署、同步检查、同步考核。(2)非公企业党工组织相互配合,加强工作交流,做到工作共同研究、党员活动室与职工之家活动同步思考,实现工作资源优势互补。(3)在党工组织班子配备上,推动"双向进入、交叉兼职",积极推进规模企业配备专职党工负责人,并实行党组织书记和工会主席职务"一肩挑",实现企业党工组织人力资源的整合与优化。(4)完善党工干部培训体系,实现培训同步推进,制定年度培训计划、统筹安排培训时间、共同实施培训项目,进一步提高干部素质。（张海丽）

【积极参与社会管理,努力协调劳动关系,充分发挥工会组织在构建和谐劳动关系中的应有作用】 黄浦区总工会撰写。文章提出,近年来,黄浦区各级工会组织在推进构建和谐劳动关系中做了大量工作,但面对劳动关系领域的新情况新问题,面对机制制度、工作举措、基础建设上的诸多不适应,职能作用发挥成效还有很大的提升和拓展空间。(1)不断提升源头维护能力水平,坚持联系制度,创新调研方法,扩大诉求来源,建言献策,供党政决策部署。(2)依法推进普遍建立工会组织,发挥维护职工权益、协调劳动关系方面的前提和基础作用,提升工会组建率和入会率。(3)着力推进普遍开展集体协商,以世界500强在沪企业和知名外资民营企业为突破口,继续加大区域性、行业性工资集体协商力度。(4)有序推进厂务公开民主管理,进一步规范职代会制度建设,逐步健全"六项工作制度",推动规模以上非公企业、区域性行业性职代会制度的建立和健全。(5)努力做好直接服务职工工作,推进工资增长机制对非公企业职工、农民工、劳务派遣工的覆盖。(6)夯实协调劳动关系基础工作。强化街道总工会作用,加强干部队伍建设。（张海丽）

【加强职工文化建设,培育高素质职工队伍】 嘉定区总工会张莉撰写。文章指出,近年来,嘉定区总工会贯彻落实十七大报告关于文化建设的指示精神,把加强职工文化建设作为一项系统工程抓紧抓实,在整合资源、丰富载体、创新思路等方面作了有益的探索和实践,为培养高素质职工队伍,构建和谐社会作出了积极的贡献。(1)以职工文体协会作为职工文化建设的主阵地,通过不断健全和完善协会领导机构和组织网络,使职工文化建设工作实现全覆盖。(2)将社会主义核心价值观的基本要求融入形式多样、寓教于乐的主题活动,让职工普遍理解接受、自觉遵守奉行,起到引领职工、教育职工、凝聚职工的作用。(3)通过不断培育职工文化实践载体,努力打造具有区域和行业特色的职工文化品牌,来拓展职工文化建设途径,夯实职工文化建设基础。(4)整合各方资源,充分利用政府资源和专业力量,提高活动的质量和水平,扩大社会影响力。创新工作模式,打造关注职工思想状况和心理健康的文娱项目,不断满足广大职工日益增长的精神文化需求。文章提出,进一步做好新形势下的职工文化建设,必须完善领导机制,建立党政工齐抓共管的职工文化建设领导体制,形成党委领导、行政负责、工会推动、各方配合的工作格局,创造出更多具有时代特征和丰富内涵的活动载体与活动形式。必须实现普及与提高的有机结合,在促进职工文化活动更加群众化的同时,不断提高文化活动重点项目的水平和质量,使职工文化的基础更为扎实、活力更为强大、发展更具后劲。必须与推进企业文化建设紧密结合，职工文化建设是企业文化建设的重要组成部分，是推进企业文化内化于心、外化于行、固化于制的根本举措，借助职工文化的载体，在市场经济激烈竞争中保持企业健康可持续发展。 （张海丽）

【体面劳动建设现状调查及对策研究——以金山区供销合作社为例】 金山区供销合作社王颖明撰写。文章对区供销社系统504名职工的体面劳动现状进行调查，文章建议：(1)要加强舆论引导，形成全社会推动实现体面劳动的良好氛围。要从国家层面出台相关政策，切实纠正唯GDP论和“资本偏好”倾向，把体面劳动建设情况纳入相关各类先进评比的指标范畴，迫使资本实现对体面劳动的社会认同。(2)要多管齐下，稳步提高劳动者收入。(3)要完善法律法规，为实现体面劳动提供坚实制度支持。要研究好中国特色的工会、职工维权的“杀手锏”，根本上扭转职工群体在协商过程中的天然的弱势地位。(4)要发挥工会作用，促进职工群众实现体面劳动。工会组织一方面要充分发挥大学校作用，同时还要切实维护职工合法权益。(5)要发挥企业的主体作用，建设体面劳动的企业文化。提高企业主对体面劳动的认识，发展好企业，提高企业经济实力，建立健全促进体面劳动的机制，创建和谐企业，建设倡导体面劳动的企业文化。(6)要建立衡量体系，推动体面劳动不断落实和深化。建立全面、准确、客观的体面劳动衡量指标体系，作为评价就业质量、劳资关系、企业社会责任的核心指标，对企业或行业的体面劳动实现状况进行持续的评估认证，并形成相应的奖惩激励机制。 （陆新超）

【关于进一步加强非公企业民主管理的对策和建议】 松江区总工会撰写。文章指出随着非公有制经济迅速发展，建立非公企业民主管理制度，已成为维护职工合法权益、构建社会主义和谐社会的重要举措。文章提出4条对策建议：(1)加大宣传力度，扩大社会影响，消除企业主和职工的认识误区，普及民主管理知识，强化民主法制观念，努力在全社会形成推进非公企业民主管理的共识，积极营造非公企业民主管理浓厚氛围。(2)坚持齐抓共管，铸就非公企业民主管理工作合力。各级厂务公开领导小组要主动争取党委、政府重视和支持，形成党委统一领导、党政共同负责、有关方面齐抓共管、职工群众广泛参与的工作格局。(3)加强分类指导，不断提高非公企业民主管理实效。对条件成熟的大中型非公企业都应建立健全职代会制度；对小型非公企业可依托乡镇(街道)、村(社区)、工业园区联合职代会或区域(行业)职代会制度实行民主管理。(4)发挥职代会职权作用，健全群众监督机制，严格按照职工代表的条件、选举程序，选好办事公道、职工信赖的职工代表，并加强培训教育，增强其责任感，不断提高职工代表参政议政能力，夯实非公企业民主管理基础。 （张海丽）

【学习贯彻十七届六中全会精神，积极推进新时期职工文化建设】 青浦区总工会撰写。报告在掌握当前推进职工文化建设存在的主要问题的基础上，提出强化职工文化建设意识和推进职工文化建设的方案。报告指出，随着职工队伍结构的深刻变革和职工思想观念的深刻变化，职工文化建设不仅滞后于经济社会的快速发展，更不适应职工精神文化需求的多元化、多层次、多样性发展趋势。报告建议各级工会和工会干部要进一步统一思想认识，把职工文化建设摆上重要议事日程，切实承担起发展先进职工文化、满足职工群众更高的精神文化需求的重任。(1)强化责任意识，发挥工会组织引导功能，坚定社会主义理想信念。以社会主义核心价值体系建设为主线，坚定职工群众中国特色社会主义理想信念；以提升社会文明程度为重要内容，深入开展群众性精神文明创建活动；以职业道德建设为重点，积极推动社会信用体系建设。(2)强化发展意识，发挥工会宣传教育功能，努力提升职工队伍整体素质。(3)强化服务意识，发挥工会权益维护功能，满足广大职工精神文化需求。在具体举措上，报告主张扎实推进职工文化“1234+N”项建设，努力维护和保障职工的精神文化权益，建设一个网络，健全区、镇、企业三级职工文化阵地，扩大职工文化活动覆盖面。培育工会职工文化事业人才和职工文化人才两支队伍，保障职工文化繁荣发展。搭建核心能力培训、精神文化培育、才华能力展示3个平台，丰富职工文化服务载体。完善厂务公开民主管理制度、平等协商集体合同制度、和谐企业创建和职工文化建设激励机制四项制度，保障职工群众享有精神文化权益。打造N项精品项目，充分展现职工文化建设的先进性、时代性和创造性。 （陈姣姣）

【关于进一步做好崇明籍出租车驾驶员就业保障工作的专项调研报告】 崇明县总工会撰写。崇明县总工会联合县人力资源社会保障局就如何做好崇明籍出租车驾驶员就业保障工作进行专项调研，采用走访出租汽车公司、问卷发放、座谈会、个别访谈等形式，对现阶段崇明“的哥”的生活、工作状况进行全面调查。报告反映，当前崇明“的哥”用工方式多为劳务派遣，超时营运普遍，队伍年龄呈逐步老化趋势，新增“的哥”呈逐年递减趋势，面临营运成本上升、生活成本增加、健康成本透支、缺少劳动保护和福利权益、子女入学受限、家属就业困难等问题。报告提出做好崇明“的哥”就业保障工作的相关建议：(1)规范用工制度，引导出租行业将劳务用工转为正式用工。建议市有关部门严格按照《劳动合同法》规定，取消劳务派遣制度，切实落实出租车驾驶员的各项福利和权益保障。(2)强化政策导向，降低营运指标。指导出租车公司适度调低营运指标，改变出租公司过分追求利润的价值取向，切实承担起公共交通方面的社会服务职能。(3)加大关爱力度，将出租车驾驶行业列为可以办理提前退休的特殊工种。建议市有关部门出台出租车驾驶员可以享受提前退休的相关政策，使一部分从事时间较长、年龄较大、身体状况欠佳的出租车驾驶员可以提前退休。(4)落实权益保障，增强出租车驾驶员的归属感。引导出租车企业改善劳动条件和生活福利设施，营造良好工作环境和生活环境；督促出租车行业逐步规范内部工资分配制度，缩小甚至破除企业内工资、福利分配上的“二元”结构，对劳务工和正式员工实行统一的薪酬、福利分配制度，真正落实同工同酬；在

整个出租车行业中确立劳务派遣驾驶员与正式员工同等参与企业民主管理的制度。（陈姣姣）

【建立联席会议制度，推动产业工会工作】 上海轻工业工会联合会撰写。文章指出，在无行政主体可依托的情况下，18个轻工行业协会协商建立联席会议制度，有效地推动了产业工会工作的开展。(1)合作推进工会组建把职工组织起来。已经组建的16个轻工行业工会，会员单位总数已达359家，涵盖584家企业工会，行业职工17万人，初步形成依据轻工产业链而凝聚起来的上海轻工业工会联合会、各行业工会、基层企业工会3个层面的组织体系。(2)合作推进集体协商维护好职工利益。通过联席会议，多层面、多形式的集体协商工作稳步推进，包括上海轻工业工会联合会与上海市轻工业协会的对等集体协商、与上海轻工业各行业协会联席会议形式的集体协商；轻工业工会联合会代表某个轻工业工会与专业行业协会的集体协商；行业工会与行业协会的直接对等协商。(3)合作推进劳动关系和谐企业的创建。成立由部分行业协会会长和行业工会主席组成的“上海轻工行业和谐劳动关系促进委员会”，依托协会力量，形成维权合力，建立维权协调机制，推动劳动关系和谐企业创建。(4)合作推进新生代产业工人队伍建设。通过举办各类技能大赛、设计大赛等，营造“学技术、比技能、提素质”的良好氛围，提高新生代职工的创新能力；推进日用化学行业的主体工种“原料配制工”纳入“国家职业大典”，破解行业职工和企业长期受困的难题。（陆新超）

【关于依法推动企业普遍开展工资集体协商工作的调研】 上海市纺织工会撰写。报告在全面了解纺织控股（集团）公司工资集体协商工作状况的基础上，总结企业工资集体协商的做法和成效，并就进一步完善工资集体协商机制建设提出对策建议。上海纺织控股公司伴随国有企业产业结构转型调整，集体协商制度经过连续十几年的大力推动，现已形成多层次体系协商结构，纺织控股公司下属正常运转、行政和工会双方主体完整的企业中，集体合同签订率达到98%，工资专项集体合同签订率达到89%。报告总结了推进工资集体协商工作的主要做法：一是积极争取和依靠党政领导支持，为推动工资集体协商工作提供强有力的组织保障；二是加强培训和考核指导，不断提高工会干部主动依法科学维权的能力和水平；三是切实开展调查研究，了解掌握职工工资方面的突出问题，提高工资集体协商的有效性；四是建立制度，遵循程序，形成工作集体协商工作长效机制。报告指出，工资集体协商机制的普遍建立，使广大职工的收入分配权得到了制度上的保障，直接促进了职工特别是低收入群体的收入增长，促进全公司劳动关系更加和谐稳定；也使各级工会找到了服务大局服务职工的切入点。报告建议：第一，加大立法力度，推进集体协商工作法制化建设。第二，继续推动地方最低工资标准合理调整。进一步完善工资指导线、人工成本信息指导等制度，切实健全最低工资制度，适时提高最低工资标准，保证最低工资随经济社会发展、居民消费指数提高而提高。第三，调整与工资相关的指导意见和信息的发布时间。建议有关部门将上年度全市职工平均工资水平、当年工资增长指导意见的信息发布的时间节点往前移，为企业开展工资集体协商提供指导和帮助。第四，加强行业劳动定额标准管理，解决企业劳动定额无人监督的问题。建议建立以政府为主导，工会、企协、行业协会参加的劳动定额标准管理体系，制定行业工资指导线，加强对劳动定额的管理，引导企业合理确定职工的工资水平和增长幅度。第五，完善制度建设，确保职工对集体协商的全过程参与。（陈姣姣）

【上海医药卫生体制重点改革（2009—2011）进展情况调研及相关建议】 市总工会保障工作部撰写。调研通过问卷调查、座谈会等形式，结合相关部门提供的数据资料，就上海医改各项目标与工作任务的完成情况作出客观评价，对群众反映突出的问题进行总结归纳，并提出相关对策建议。报告指出，职工群众反映的突出问题集中在：减轻就医费用负担效果尚不明显，大病困难人员医疗保障尚有欠缺，社区卫生服务中心诊疗水平较低，就医、配药便利性尚显不足，市职保、居保和新农合三项基本制度间的转移衔接办法尚未建立，医药卫生领域监管力度有待加强。针对上述问题，报告给出几点建议：(1)进一步完善医疗保障制度。研究扩大门诊大病医疗待遇覆盖范围，对部分药物实行差别化价格，保证大病重病患者享受合理的医疗待遇。(2)简化援助申请，理顺医疗保障体系。改事后申请援助为事中主动援助，加大对患病困难群体的医疗救助。(3)加紧制定三项基本医保制度间的转移衔接办法，合理确定三项基本制度间的转换系数，保障参保人员在不同就业状态转换时医保关系的双向无缝衔接。(4)完善基本药物制度，根据实际使用需求状况，对目录范围进行动态调整及扩大调整，推出便民措施方便职工群众就医配药，设立慢性病简易配药门诊，完善“代配药”政策。(5)加大医药卫生领域监管力度。加大对医疗机构和医务人员医疗活动的抽查、评估与监测，严格控制各类自费项目，加强对药品生产流通环节的监管力度，促进医药市场健康发展。（张海丽）

【工会关于职工需求信息管理及职工诉求具体化趋向的研究与思考】 宝钢特钢事业部工会撰写。文章就特钢工会关注职工需求信息、落实日常信息管理的实践及存在的倾向性问题进行研究，并提出相应工作建议。文章指出，当前职工需求呈现具体化趋向，职工更多地反映诸如人力资源管理、劳动卫生健康、后勤保障等实际问题，对工会干部掌握与运用各种政策、法规、制度提出更高要求，特别对历史遗留问题与现行制度的矛盾更加难以化解。诉求具体化对企业工会表达与维护职能产生一定影响，造成职工对工会的信任度降低，工会协调职工诉求难度加大。此外，工会反映职工职业发展、精神追求等高层次方面的需求则较为薄弱。文章据此建议：(1)坚持履行工会表达职工意愿的职责，通过不断完善的联系职工的渠道（座谈会、访谈、问卷调查等）、企业民主管理的各种方式（民主协商、厂务公开、代表巡视、职工提案等），掌握并表达职工的不同需求，把握职工思想的主流，把握职工需求的变化，准确表达职工真实意愿。(2)工会干部必须加强学习、提高职业素养，提高自身政策水平、业务水平、协调能力、大局观念等以应对不同利益群体、不同行为模式、不同价值诉求引发的新情况、新问题。(3)坚持把解决问题作为目标，提高职工满意度。及时掌握和处理职工诉求，凡涉及政策的问题要向职工宣传，管理缺失的问题要通过问责落实整改，属于优化职工生产生活环境的问题要通过必要的程序纳入企业项目计划。（陈姣姣）

【工会在构建和谐劳动关系上的思考与实践】 宝钢新日铁汽车板有限公司工会撰写。报告认为，和谐劳动关系是社会和谐的基础，发展和谐劳动关系是完善社会主义市场经济体制的内在要求，是协调劳动关系矛盾的迫切需要，遵循公平公正、诚实守信、共同发展、自我和谐的基本原则。报告指出，工会组织在构建和谐劳动关系中需理顺4个关系：(1)与党组织的关系，工会应主动接受党组织的领导，争取党组织的支持，又要充分发挥主动性、创造性。(2)与员工的关系，工会的"根"是广大会员与员工群众，工会干部应经常深入基层和普通员工之中，立场鲜明地维护员工合法权益。(3)与行政的关系，工会在支持行政（经营、管理者）依法进行生产、经营和管理活动的同时，应保持一定的独立地位，防止出现对行政的依附性。(4)与法律的关系，工会应当增强守法观念，并善于"用足"法律。报告调研分析了公司劳动关系中存在的不和谐因素：包括中外员工文化、传统、观念、思维方式的冲突，年龄"代沟"的差异带来思想、行为冲突，学历、技能上的差异和岗位的变化带来的冲突等等。在公司员工满意度调查中，分别有65.3%的员工认为公司"缺乏人性化管理，领导与职工交流少"；有50.5%的员工认为公司"缺乏凝聚力，人际关系复杂"；有43.3%的员工认为"对公司氛围总体感觉还好，工作压力太大"。报告总结宝日汽车板工会以企业文化为导向、以"以人为本"与"严格管理"相融合、以自主型员工队伍培育为基础、以体系规范运作为抓手、以文体活动为载体、以"维护权益、争取利益"为已任，积极推动公司构建和谐劳动关系的做法与经验。（陈姣姣）

【进一步发挥航天班组建设作用的研究】 上海航天局工会撰写。报告在系统总结过去10年班组建设经验的基础上，探寻班组建设规律，并结合当前形势要求提出新思路和举措，进一步发挥班组建设在航天战略转型、持续发展以及上海创新驱动、转型发展中的积极作用。报告提出班组建设的六大任务和作用，分别是任务完成的主体作用，企业管理的基石作用，人才建设的摇篮作用，企业文化的根基作用，科技创新的源泉作用，企业和谐的凝聚作用，并探讨了进一步加强上海航天班组建设的新的途径和方法。(1)抓基础，提高班组的执行力。(2)抓民主，提高班组自治力。进一步加强"建小家"活动，引导班组开展民主管理活动，提高班组自主管理的能力。建立班组民主议事制度、班组公约等行为准则和团队凝聚的各项机制。(3)抓创新，提高班组创造力。积极开展各种形式的技术创新、管理创新、服务创新活动，以创新提高班组和组员的创造力。(4)抓和谐，提高班组凝聚力。加强思想政治工作，营造尊重人、理解人、关心人、帮助人、教育人的和谐企业文化氛围。（陈姣姣）

【关于进一步推进新时期职工文化发展繁荣为东部铁路率先发展凝心聚力的调研思考】 上海铁路局工会撰写。文章围绕如何进一步发展繁荣职工文化，对站段党政工领导、生产一线职工进行调研。调查发现，职工对当前需要解决的问题表达强烈期盼，最关心的内容是收入增长、素质提升、减缓压力、快乐工作、更多感受企业的关心关爱。需要重点解决好3个方面的问题：(1)重点解决好思想认识问题，强化各级组织发展繁荣职工文化和推动企业发展互利双赢的认识。(2)重点解决好优化资源配置的问题，确保繁荣发展职工文化提供良好的资源投入。(3)重点解决好优秀文化人才的培养问题，让更多的优秀文化人才成为繁荣发展职工文化的倡导者和引领者。（陆新超）

【试论工会在帮助困难职工中的独特作用】 上海国际港务（集团）公司工会林碧娅撰写。文章总结上海港务集团工会在协助党政帮助困难职工群体中发挥独特的作用，主要体现在3个方面：(1)建立长效机制，完善帮困体系，在帮困工作制度化、规范化建设中发挥独特作用。集团努力做到"三个统筹"：即统筹帮困工作，统筹帮困资金和统筹帮困力量。在落实送温暖过程中强调"三个到位"，即意识到位、责任到位、措施到位。着力推进落实各种制度，确保帮困送温暖经常化、制度化、规范化。(2)丰富帮困内涵，创新帮困形式，在确保困难职工得到多层次、多元化帮扶中发挥独特作用。上港集团工会按照"应保尽保"要求，给予"政策帮困"，确保每一个符合救助条件的特困职工家庭都能得到救助。开展"集箱至爱"助学帮困计划帮助老港区的特困职工子女成就大学学业。设立外来劳务工专项帮困基金，稳定劳务工队伍。(3)打造企业文化，构建和谐家园，在更好服务企业、服务职工中发挥独特作用。集团实施"坚持一个中心，做好两篇文章"，通过爱心捐赠，爱心接力，爱心传承，丰富集团企业文化的内涵，提升企业品牌、企业精神，构建"上港和谐家园"。（陆新超）

【创先争优促转型党工互动谋发展】 市运输工会撰写。文章阐述工会组织开展创先争优活动的重要意义，明确工会在创先争优活动中的作用、定位与价值，积极探索"党建带工建，工建服务党建"的做法与途径，不断提高工会组织推动科学发展、促进企业和谐的能力。文章指出，工会组织在创先争优活动中要围绕服务党、服务中心工作、服务职工群众，强化政治意识、大局意识和责任意识，当好创先争优活动的参与者和推动者；要克服工会活动与党内活动不沾边、党员主体教育与职工教育不雷同、党员身份与普通职工的要求不等同的误区，将创先争优活动转化为工会切实履行职能、提高工作水平的强大动力，发挥调节阀作用，推动和谐交运建设；发挥主力军作用，紧跟集团科学发展步伐；发挥助推器作用，加快集团战略转型；发挥大学校作用，提升集团核心竞争力。

文章指出,"党建带工建"是新时期加强党的群众工作的一大创举,"工建服务党建"是巩固党的阶级基础、扩大党的群众基础的有效途径。

(陈姣姣)

【加强工会小组民主参与有效途径的探索与研究】 市邮政公司宝山区邮政局工会撰写。文章认为,构建和谐企业必须充分实现员工当家作主的权利,企业开展民主管理决不能仅停留于企业层面,应当进一步细化,深入落实到基层、班组,直至每一位员工。工会小组是工会密切联系群众的关键,推进班组民主管理,加强工会小组民主参与是坚持以人为本、构建和谐社会的必然要求。文章建议:(1)从思想意识上强化。要提高支局与管理者对班组民主管理的重视程度,加大宣传力度,促使支局转变观念,重视并加强班组民主管理工作;同时强化工会小组与员工的民主参与意识,给予工会小组开展民主参与活动的充分空间与重视,使其意识到肩负的班组民主管理和民主参与的重任,积极主动地组织带领员工参与民主管理。(2)从管理制度上规范。完善班组民主管理,建立健全规范的民主管理制度。加强监督检查,加大班组民主管理工作考核力度。健全工会小组组织,明确工会小组民主管理职责。(3)从参与能力上提升。组织开展民主管理专题培训,提高班组长与工会小组长的工作能力。强化学习培训,提升员工队伍整体素质,提高员工参与民主管理的能力。

(陆新超)

【上海电信产品片转型期班组建设的现状与思考】 上海电信工会宋望平撰写。报告总结在从传统电信运营商向现代综合信息服务提供商战略转型过程中,上海电信产品片各单位如何应对转型、实现跨越所进行的一系列实践和探索。报告提出转型期班组建设的思考和建议:(1)班组建设要坚持两个贴近,即贴近全业务发展实际和员工综合素质提升。(2)班组建设要实现3个转变。变"控制人"、"监督人"为"激励人"、"开发人",变"硬管理"为"软引领",变"由上而下的推动"为"由下而上的能动"。(3)班组建设要建立4项机制。一是建立适应企业转型的班组长能力提升机制,制定班组长能力提升计划,通过建立"班组长周末论坛"、"班组长学习会"、"班组长网络论坛"、"班组长联谊会"等,提升班组管理能力。二是建立适应转型发展要求的持续学习机制注重学习型班组创建,制定与转型需要同步、与目标任务同步的班组学习登高计划,成立技术攻坚团队、专业融通团队等,开展攻关抢盘活动、岗位练兵活动、创新创效活动、挖掘先机活动,在助推全业务发展的同时,提升员工的创新力和发展力。三是建立适应员工发展需求的人才培育机制,着重培育全业务经营型人才、"小专家"综合型人才、青年储备型人才、高技能型人才。四是建立适应和谐氛围营造的员工关怀机制,积极营造"团结、拼搏、互助、相融、快乐"的班组文化。

(陈姣姣)

上海电信工会思想政治工作研究会郊区课题组开展研讨活动

(朱东亚)

【中国电信上海公司和谐劳动关系探究】 上海电信工会撰写。报告在总结中国电信上海公司构建和谐劳动关系基本经验的基础上,提出进一步深化构建和谐劳动关系的意见和建议。报告认为,构建和谐劳动关系,法制是根本,民主是关键,维护权益是保障,合同是重点。报告总结上海电信构建和谐劳动关系的3条经验:一是抓住民主意识,紧扣以人为本,强化领导为民意识。二是凸显保障,深化制度体系建设。三是夯实基础,优化员工发展环境。报告提出进一步深化构建和谐劳动关系的思考:(1)从贯彻科学发展观的高度进一步推进和谐劳动关系构建。(2)从实现体面劳动的深度进一步推进和谐劳动关系构建,确保劳动者有充分的就业岗位、收入和社会保障。(3)从拓展沟通渠道的宽度进一步推进和谐劳动关系构建,扩大民主沟通参与面,进一步发挥网络的作用,打造掌握员工思想动态和沟通机制的直通车。(4)从夯实班组民主建设的强度进一步推进和谐劳动关系构建,推进班组长直选、开展"五型六好"班组创建活动,不断强化班组基础建设。第五,从提升员工价值的力度进一步推进和谐劳动关系构建,搭建员工价值实现的大舞台。

(陈姣姣)

【上航局劳务派遣员工思想动态探索与思考】 中交上海航道局有限公司工会刘昌明撰写。上航局工会采取问卷与座谈会结合的方式,对劳务工的思想动态信息进行调查研究。调查显示,上航局不断促进企业的和谐发展,使广大劳务工有为有位;当前劳务工主要关心的热点是"收入分配改革、单位发展前景、职工培训、社会保障制度建设、休假时间"等。劳务工的思想状况呈现明显的特征:精神面貌总体向上,价值取舍更为实在,自我追求目标明确。这有赖于上航局在做好劳务工思想工作方面的有益探索:一是

"预测"工作制度,二是"预报"工作制度,三是"预防"工作制度。报告提出加强劳务工队伍建设的对策:(1)要建立劳务工人文关怀机制,综合运用感情投入法、典型激励法、培训扶植法、因人施教法。(2)要实行信息对称管理,采取对症下药、网上与网下教育相结合的方法,建立劳务工诉求通道机制。(3)要通过建档立库,实现信息掌控;全员摸排,实现范围掌控;超前预测,实现事前掌控;细化工作,实现动态掌控;始终将"严格管理+人文关怀"作为治局理念,对涉及职工切身利益的"信息流"进行动态分析,建立劳务工信息掌控机制。(4)要建立劳务工思想政治工作创新机制。要落实责任制,创新工作机制,牢记服务之本的理念。（陆新超）

【2011年中远集装箱运输有限公司职工思想状况调查分析报告】 中远集装箱运输有限公司工会撰写。调查显示,公司职工的思想道德观念总体上健康向上,绝大多数职工关注时事热点,对国家和社会的发展总体比较认同,但同时感受到较大的压力;关注企业发展,将个人前途与企业命运紧密联系在一起;思想层面积极进取,追求进步,对精神生活的重视和需求逐渐凸显;具有良好的择友观,生活幸福指数有待提升。调查同时发现,职工的思想状况发生了显著的变化,职工的实际收入与期望值有落差;工作压力大,积极性没有得到充分发挥;企业内部缺乏有效的沟通与交流,企业关心职工不够;部分职工学习与成长的意识不强,企业针对普通员工提供的服务和帮助不够;部分员工对公司文化缺乏价值认同;职工健康状况堪忧,关心健康和疏于健身存在矛盾。针对这些状况,文章提出建议:(1)着眼于解决职工的实际问题,增强思想教育的实际效果。(2)着眼于构建职工成长成才机制,实现职工和企业的共同发展。(3)着眼于营造良好的文化氛围,促进职工对企业的价值认同。(4)着眼于畅通职工参与管理的渠道,尊重职工的主人翁意识。(5)着眼于建立职工关爱机制,提升职工的成就感、满足感和幸福感。为此,公司工会将重点开展多方面的工作:建立"民主之家",搭建有效沟通平台;建立"创新之家",激发动力和活力;建立"知识之家",培养学习型人才;建立"和谐之家",保持团队健康快乐;建立"温馨之家",营造企业归属感。（陆新超）

【上海建工集团基层企业职工参与管理机制的现状与建议】 上海建工集团股份有限公司工会撰写。报告总结上海建工集团基层企业职工参与民主管理的做法,查找其中存在的问题,并提出对策建议。报告认为,在集团党政领导的高度重视和各基层企业党政领导的支持下,基层企业职工参与管理机制得到了长足发展。对照《上海市职工代表大会条例》有关要求和集团党委关于加强职工参与机制建设的要求,当前一些企业在职工参与民主管理机制建设上存在一些问题:部分企业的分公司职代会制度不健全,项目部的厂务公开民主管理建设较为薄弱,职工董事、监事作用有待加强,外埠分公司的职工参与机制亟待研究。报告建议:(1)进一步提高对完善职工参与管理机制重要性的认识。要充分认识进一步完善职工参与管理机制是加强基层民主建设、发展社会主义民主政治的必然要求,是建立现代企业制度、完善法人治理结构的必然要求,是维护职工群众合法权益、构建和谐劳动关系的必然要求,是加强国有企业党风建设和反腐倡廉工作的必然要求。(2)坚持三级民主管理制度,进一步完善职工参与机制。包括要坚持分公司职代会建设,推行项目厂务公开,完善职工董监事制度、民主评议制度等。(3)进一步巩固和深化厂务公开民主管理工作。拓宽厂务公开民主管理的广度和深度,完善领导体制和工作机制,加强厂务公开民主管理的规范化、制度化建设。（陈婉婉）

【关于上海公交老龄驾驶员工作状况的调查报告】 上海市城市交通工会、上海市城市交通工会公交企业工会联合会、上海巴士公交(集团)公司工会、上海浦东新区公交公司工会撰写。报告就公交行业老龄驾驶员的工作、年龄、身体、思想现状进行调研并提出政策建议。调研主要采用召开座谈会和填表征询的方式,分企业驾驶员基本情况调查和老龄驾驶员个人抽样调查,调研对象涉及巴士公交(集团)有限公司所属11家公交企业以及浦东新区公共交通有限公司所属4家公交企业。调研反映:在年龄结构上,在岗55岁以上驾驶员比例虽然不高,但已经大大高于全国公交平均数,到"十二五"末,该比例将超过20%;就健康状况而言,老龄驾驶员一般都患有一到两种职业病,尤其是高血压、糖尿病及心脏、脑血管等疾病对安全营运的隐性冲击尤为明显;在岗位适应性方面,参加抽样统计的老龄驾驶员认为不适应或难以适应驾驶岗位的占到总数的68.17%。针对这些问题,报告提出改善老龄驾驶员工作状况的建议:(1)上海市社保部门、市总工会向国家有关部门呼吁将公交驾驶员列为特殊工种,执行特殊工种提前退休相关政策,具体路径可采取社保部门审核特批、办理丧失劳动能力提前退休、政府支持企业内退等。(2)政府财政支持扩展老龄驾驶员转岗途径。(3)将55周岁以上公交老龄驾驶员推行每年1次体检作为行业规定,由政府给予补贴对老驾驶员实行休养。(4)企业继续关心老龄驾驶员健康,例如建立老龄驾驶员健康档案,对重点驾驶员予以健康跟踪,规定公交老龄驾驶员工作时间,创造更多非驾驶员岗位。（陈婉婉）

【上海申通地铁集团关于派遣工管理和激励模式的探索与实践】 上海申通地铁集团撰写。文章认为,劳务派遣用工在上海地铁快速成长阶段给了企业和职工个人一个相互适应、相互选择的"磨合期"。上海地铁一直在努力为派遣工搭建成长平台,在探索中逐步完善企业人力资源管理的模式,通过建立健全内部考核激励机制、内部考核和岗位变换等方式,逐步将派遣工转变成为正式职工。集团工会将"依法建立工会组织"作为与劳务派遣单位签订合同的前提条件,要求劳务派遣单位为派遣职工办理入会手续。用工单位与劳务派遣单位明确双方责任和义务,并对工会经费的划拨、使用作了详尽的说明。这种管理模式确保了派遣工会员在"形式上入会",更在"管理上入会",让每一名职工都能实实在在地感受到工会的存在和温暖。集团制定了《上海地铁星级服务评定管理规定(试行)》,实行职工“星级评定”,激励职工在自我加压中实现个人成长。对劳务派遣工在管理细节上实现“五个一样”:思想上一样教育、生活上一样爱护、管理上一样要求、政治上一样关心、使用上一样对待,用人文关怀建立起企业和职工之间的情感纽带。这些探索和实践从观念、制度和文化上逐层打破隔阂,逐步消除界限,努力探索更适合企业发展、职工发展的道路,实现企业与职工的共同成长。 (陆新超)

【“后绩效时代”教师心态剖析及对策研究】 中国教育工会上海市奉贤区委员会撰写。报告对奉贤区实施绩效工资改革以来义务教育学校教师的心态进行调研分析,并提出对策建议。报告指出,“后绩效时代”教师对绩效工资改革的认同度不断提升,面对愈来愈高的专业岗位要求,广大教工积极应对改革形势的需要,化压力为个人素质和教育绩效提升的动力,绩效工资改革带出教工奋发有为、团结合作、积极进取的精神面貌。调研反映,对推进绩效工资改革“很认同和比较认同”的教工占总数的87.9%,75.85%的人对于教工之间存在的绩效工资差别感到“合理或比较合理”;72.97%的教工表示“应当自我加压,赢得主动”,有47.49%的人认为自己的收入在改革后明显增加,只有8.1%教工认为收入减少。但同时也存在一些值得引起重视的负面心态,如成就缺乏的失落心态、矛盾抵触心态、轻浮急躁心态等。为解决教师“失落、失衡、失重”等心理问题,报告提出“后绩效时代”调整教工消极心态的对策:(1)文化引领,营造积极向上的心理氛围。(2)开拓视野,搭建开放豁达的心灵空间。(3)关注诉求,通过畅通诉求渠道、落实磋商机制、建立谈心慰问制度等,推进民主管理向纵深发展,切实落实教工群众的知情权、参与权和建议权。(4)巧设载体,以“六小标准”、“安全文明校园”、“巾帼文明岗”、“五彩大舞台”等争创活动为载体,打造健康活泼的人际关系。(5)因地制宜,积极倡导教师开展心理健康的自我保健,帮助教师在改革中转变观念,学会自我调适、自我纾解、自我成长。 (陈姣姣)

【上海构建和谐劳动关系的瓶颈诊断与路径创新——基于劳动关系预警的研究视角】 华东理工大学刘金祥、高建东撰写。文章结合上海构建和发展和谐劳动关系的状况,从构建和谐劳动关系的制约瓶颈入手,对上海率先构建和发展和谐劳动关系的路径进行创新思考。文章对构建和谐劳动关系中存在的4个问题进行诊断:(1)工会的独立性和代表性问题。工会的主体地位不健全,成为劳动关系中一大弊病。(2)劳资双方状态失衡。(3)用工形式缺乏规范,劳务派遣工大有泛滥之势。(4)劳动关系协调部门预警机制建设不健全。基于此,文章提出创新构建和谐劳动关系的思路:在法律和政策制定上应当树立共建共享和谐劳动关系的理念;制度保障上应当注重劳资双方利益平衡的理念;路径的实现上应当强化企业的社会责任。文章提出创新和谐劳动关系构建的路径:要培育和发展作为劳权主体的工会,推动工会组建,明确工会在劳动关系中的职能和地位,建立预警的组织保障;完善职工诉求表达机制,建立劳动关系监督评价制度,改变劳动者在企业中的弱势地位,建立预警的制衡保障;由政府和工会联手对劳务派遣进行调查研究,为劳务派遣工制定相应的法律规范,建立评估检查制度,将劳务费用纳入薪酬成本计算,规范劳务派遣用工的无序扩张,建立预警的用工保障;加强基层调解组织的建设,实现行政机关、司法机关和社会团体等多部门的有效衔接,缓解劳资争议的持续上升,建立预警的机制保障。 (陆新超)

【上海理工大学关于加强高校工会劳动争议调处机制建设推进完善基层大调解工作格局的调研】 上海理工大学撰写。文章探讨高校工会在劳动争议调处中的作用,并通过对上海市20所高校的调查,总结高校工会劳动争议调处工作中的经验与不足,在此基础上,提出加强高校工会劳动争议调处机制的若干思考。文章指出,高校劳动争议主要表现在由岗位聘任、年度考核、职称评定以及由岗位业绩津贴分配、住房货币补贴等直接关系教职工经济利益问题所引起的劳动争议,而这些劳动争议突显的原因主要有3个:一是高校改革的深化和各种利益的调整,打破了原有平衡状态,带来价值与利益冲突。二是学校法制化管理程度不高。三是思想政治工作没有真正到位,处理劳动争议能力有待提高。存在问题:一是劳动争议调解组织中专职调解力量不足。二是高校工会受身份制约,难以真正维权。三是高校劳动争议调解组织作用弱化。四是劳动争议大调解的格局尚未建立。文章认为,工会在协调劳动关系、处理劳动争议方面的作用巨大:可以督促、帮助学校依法建立劳动争议调解委员会;培训劳动争议调解工作人员;参与劳动争议调解;开展劳动争议预防工作。推进完善基层大调解工作格局是解决劳动争议的主要途径,(1)要加强高校工会劳动争议组织建设,提高劳动争议调解组织人员的素质和能力。(2)创新劳动争议调处组织形式。(3)坚持依法治校,完善学校各方面的的规章制度,做到有法可依,严格按程序办事,建立和完善以教代会为主渠道的校务公开制度。(4)加强高校内部管理,建立化解劳动争议的稳定机制。(5)整合资源,建立和完善劳动争议基层大调解格局,包括校内劳动争议三级网络,校内外劳动争议调解巡视、汇报制度,校内外劳动争议调解联动机制。 (陆新超)

【上海市级党政机关文化建设调研总报告】 市委研究室与市级机关工会等联合课题组撰写。通过问卷调查、文献资料分析、个案调研、专家咨询、比较研究等多种形式,对党政机关文化建设的基本现状、存在问题、目标任务、建设举措等方面展开调查和研究,提出具有特大型城市特点的机关文化建设建议。文章指出,作为一种特殊的组织文化,机关文化具有对象特殊、形式多样、内容示范的显著特征,并且具有导向、凝聚、约束、激励、教育、辐射的独特功能。调研发现,在思想观念、价值取向、工作作风等方面,市级公务员队伍存在价值取向趋于现实功利、市级机关工作压力大、工作被动应付、作风消极等倾向性问题,造成干部作风和机关文化中消极现象有社会环境影响也有制度因素。报告建议:(1)明确机关文化建设目标与工作原则。具体目标要体现机关的意识、精神、价值观、道德观、风尚、形象、环境等7个方面;工作原则要突出与时俱进、以人为本、全员参与、常抓不懈的重点。(2)突出机关文化建设的工作重点与策略。要培育忠诚文化、服务文化、学习文化、廉政文化、创新文化。(3)创设行之有效的机关文化建设载体。要广泛开展政治教育、主题实践、文化艺术、体育锻炼、志愿服务、思想交流等各种活动。(4)创新有利于机关文化发展的管理制度。要改进劳动分配制度、健全绩效考核制度、完善职务升降活动、形成合理流动制度。(5)建立推进机关文化建设的政策措施。制定出台指导工作的文件,建立专门的组织推进机制,形成有效的政策支撑,健全目标管理机制,发挥机关工青妇等群团组织作用。 (陆新超)

【市级机关基层单位文化建设调研报告】 上海市市级机关工会撰写。根据市级机关工委、市委研究室《上海党政机关文化建设情况调研》课题组的工作任务,市级机关工会就机关基层单位的文化建设,调研市人大等10个单位。调研发现,市级机关基层单位文化建设极具特色:是"两创"活动、行业特点与文化品牌、建章立制、文化设施和受众面相结合。但是,当前机关文化建设所面临的困难和问题依旧存在:一是对机关文化建设的认识不到位。二是对机关文化建设的重视程度不够。三是机关文化缺乏精神内涵作支撑。四是机关文化建设特色不明显,缺乏创新与开拓精神。为加强机关文化建设,推动党政机关向学习型、服务型和创新型机关转变,进一步改进机关党的思想政治工作,文章提出对策和建议:(1)加强理想信念教育,培育机关精神文化建设。要大张旗鼓地加强社会主义核心价值体系的宣传教育。(2)提炼机关文化理念,推动机关文化品牌建设。有针对性地提炼出具有本部门及本单位特色的机关文化理念,使其成为干部职工所认同和共同遵守的文化品牌。(3)健全完善管理制度,推动管理文化建设。要坚持以人为本的管理思想,建立健全机关干部职工各项规章制度,为机关文化建设提供制度保障。(4)建设文明办公环境,推动环境文化建设。要统一规范,创造文明有序的办公环境,营造机关文化建设的良好氛围,为活跃机关文化生活提供物质保障。(5)开展特色群体活动,凸显机关文化活力。(6)健全工作运行机制,保障机关文化建设。有条件的单位建立文化建设工作办公室,或是由相关部门成立相应的机关文化建设机构,形成机关文化建设的新格局。

(陆新超)

【中航工业上海成员单位关于党工共建加强职工队伍建设的调查】 上海市经济和信息化工作系统工会、上海航空器有限公司工会撰写。文章围绕加强职工队伍建设,对中航工业3家在沪成员单位进行调研。文章首先介绍了3家单位在职工队伍建设方面的举措:一是注重制度体系建设。按照中航工业的集团战略,这些单位制定与市场和现代科学管理相适应的薪酬制度、绩效考核制度、职业技能鉴定、干部聘任管理制度、集体合同协商等一系列管理制度。二是公司注重营造文化氛围。在职工中大力宣贯集团宗旨和理念。突出航空工业高科技、高质量的特点,营造具有挑战性、规范性、严密性、学习型的环境和工作氛围,为员工的成长、发展创造更多的条件,努力提升员工的成就感、归属感。文章指出,加强人才队伍建设仍然是以后的主要任务:(1)薪酬福利的提高仍然是广大职工的最大关注点,薪酬福利制度要进一步优化。(2)管理者要注意对职工的尊重和交流。(3)单位组织的培训,其形式还有待向生动、多样化方向提高。(4)加强对青年职工思想动态分析和思想教育举措的研究。文章认为,以行业特色为牵引,坚持党的领导,积极发挥工会支持、配合、监督的作用,是加强职工队伍建设的关键所在。 (陆新超)

【新形势下进一步完善队伍结构提升队伍素质、构建和谐劳动关系思考】 上海城建(集团)公司工会撰写。报告对新形势下上海城建集团职工队伍结构、思想状况等进行调研,提出进一步加强职工队伍建设、推动集团创新驱动转型发展、维护企业长远发展利益和广大职工根本利益的对策建议。上海城建集团现有职工13961人,呈现出职工群众总体数量比较稳定、年龄结构逐步优化、文化技能不断提高、适应集团产业战略转型发展的职工队伍结构基本形成的良好态势,但同时也存在一些问题:一是集团职工总体平均福利收入稳步提高,但职工满意度、认同度不高,期待改革能将企业发展成果更多惠及广大员工。二是集团职工对改革发展的总体目标比较认同,但对各项具体改革措施的认识看法不一。三是集团职工主动适应改革要求的意识增强,但维护自身利益的意识更加强烈、利益诉求更加多元,思想状况较为复杂。四是各项改革措施对集团职工的思想观念造成冲击,但员工适应集团发展方式转变和结构调整的观念、能力、素质亟待提升。报告

上海城建(集团)公司工会开展职工队伍状况调研活动 (朱 强)

据此提出进一步加强职工队伍建设的若干建议:(1)积极宣传集团“资产证券化、管理项目化”的重要意义,引导职工拥护改革,激励广大职工与时俱进、开拓创新。(2)优化职工队伍结构,提升整体素质,进一步打造适应经济发展方式转变和结构调整要求的高素质职工队伍。要拓宽成熟型人才引进、培养、使用渠道,加大青年职工队伍的培养力度,打造一支合格的上海城建职业项目经理队伍。(3)不断完善改革调整方案,规范改革重组的程序,及时跟进后续配套方案,进一步深化集团收入分配制度改革,将企业改革发展成果更多惠及广大职工,解除职工后顾之忧。(4)充分运用党群工作优势,加强企业利益共同体和企业文化建设,营造企业经营者和劳动者互利、互爱、双赢的良好氛围。

(陈姣姣)

【关于拓展工会在深化企业转型中的工作空间的研究】 号百信息服务有限公司刘德顺撰写。文章指出,“十二五”时期是中国电信全面推进全业务经营的关键时期,竞争格局面临新的变化,市场不确定性因素不断增加,企业可持续发展面临严峻挑战,为进一步保持企业的持续、健康、和谐发展,工会作为党联系群众的桥梁和纽带,要发挥组织优势,做好“服务企业、服务员工”的大文章,努力拓展新形势下的工作空间。首先要统一思想,从深化企业战略转型的极端重要性、从加快人力结构调整,发展和谐劳动关系、从完善民主权利保障,形成促进深化转型的和谐氛围、从“坚持全心全意依靠工人阶级办企业”的方针,充分认识各级工会在深化企业战略转型中的作用。结合号百公司的实践,文章提出,要提升能力,从5个方面拓展工会在深化企业战略转型中的工作空间:(1)搭建“引导”平台。坚持在服务员工中教育员工,在依靠员工中宣传员工,在组织员工中动员员工,为深化转型充分发挥工会组织的“传感器”作用。(2)搭建“施展”平台。动员广大员工在推动业务发展中充分发挥主力军作用,为建设和谐企业奠定更加坚实的物质基础,发挥“助推器”作用。(3)搭建“维护”平台。以推动建立协调和谐稳定的劳动关系作为工作的“切入点”,积极构建“工会敢于维权、党委支持维权、行政配合维权”的大平台,发挥“调节器”的作用。(4)搭建“支撑”平台。坚持“能力为重”的理念,努力提高工会干部能力素质,发挥“孵化器”的作用。(5)搭建“关心”平台,实现和维护员工的切身利益,发挥“减压器”的作用。

(陆新超)

保障政策文件选编

关于调整本市最低工资标准的通知

沪人社综发〔2011〕24号

经市政府同意,从2011年4月1日起,本市调整最低工资标准。现就有关问题通知如下:

一、月最低工资标准从1120元调整为1280元。下列项目不作为月最低工资的组成部分,单位应按规定另行支付:

(一)延长法定工作时间的工资。

(二)中班、夜班、高温、低温、井下、有毒有害等特殊工作环境、条件下的津贴。

(三)个人依法缴纳的社会保险费和住房公积金。

(四)伙食补贴(饭贴)、上下班交通费补贴、住房补贴。

二、小时最低工资标准从9元调整为11元。小时最低工资不包括个人和单位依法缴纳的社会保险费,相关社会保险费由单位按规定另行支付。

三、月最低工资标准适用于全日制就业劳动者,小时最低工资标准适用于非全日制就业劳动者。

上海市人力资源和社会保障局

二〇一一年三月二十二日

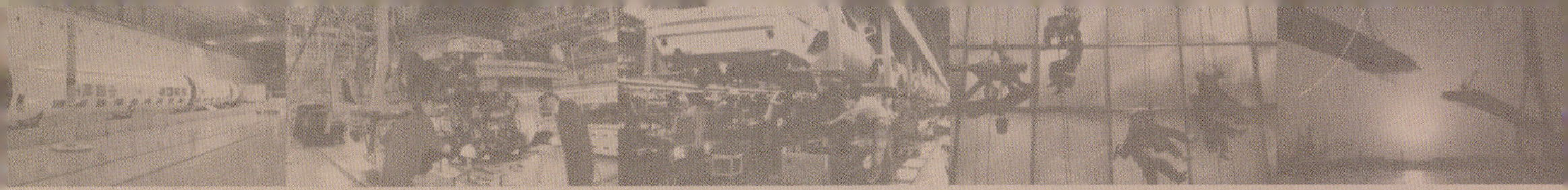

信息与信访

Information and Letters and Calls

上海工会年鉴

2012

信息综述

2011年,信息工作围绕大局,按照市委、全总的部署,根据市总领导对信息工作的要求,发挥信息主渠道的作用,取得一定的成绩。共编发《工会简报》71期,《上海工会通讯》12期,网站信息1700余条,市政协社情民意4篇,维稳专报53篇。上报全总信息62篇,采用22篇,多篇信息得到全总、市委市府主要领导切的批示。(1)加强制度建设,提高信息工作规范化水平。制定《上海市工会信息工作管理办法》,修改《上海市工会信息来稿和采用得分办法》,下发《关于及时报送职工群体性事件等信息的通知》,明确信息工作的内容与要求以及职工群体性事件等重要信息的报送程序,推动信息工作实现制度化、规范化。(2)在信息采编方面,突出重点,抓住节点,提高敏感性,确保信息采编不遗漏。依据年初制定的常委会工作要点,有计划、有目标做好信息的编发。在突出工作重点方面,编发《本市各级工会全面推进企业集体协商机制建设》简报,《市总工会积极推动家乐福建立集体协商机制》的专报,得到市委书记俞正声的批示。在围绕领导关注的工作方面,编发《关于本市基层工会主席直接选举工作的情况汇报》的专报,得到市委书记俞正声批示,编发《上海市总工会认真贯彻俞正声同志讲话精神切实做好规范劳务派遣用工行为各项工作》全总予以采用。在围绕各项工作时间节点方面,编发《市总工会扎实开展2011年元旦春节送温暖活动》。围绕重大活动方面,编写《上海市总工会学习贯彻胡锦涛总书记"七一"重要讲话精神下半年重点抓好五项工作》、《上海市委副书记殷一璀对加强和改进工青妇等人民团体工作做好新形势下党的群众工作提出明确要求》等,均被全总采用。(3)问题信息的采编率越来越高,为领导决策提供服务的作用越来越显现。注重维稳信息及问题性信息的采编,加强对上海维稳工作形势的分析,督促做好企业群体性事件及时报告制度,做好群体性事件信息报送工作。王兆国、王玉普、陈豪(在三部情况室传真第15938期)批示后,办公室及时向全总作了《关于上海集装箱堆场有关情况的汇报》,王兆国批示:"上海市工作做得很深入、具体、扎实。"采编《劳动报》记者撰写的内参《调查发现名企上市公司成职业病重灾区并提出建议》为专报,上报市委市政府主要领导俞正声、韩正分别作出批示,有力推动职业病问题的解决。《深化医改进程中职工群众反映的突出问题及对策分析》作为市政协社情民意上报后,刊登在《建言》第82期上,沈晓明作出了批示,促进医改的深入推进。 (范 瑜)

信 息

【市总工会制定《上海市工会信息工作管理办法》】 3月17日,市总工会制定并下发了《上海市工会信息工作管理办法》。《办法》分为6章15条,包括工会信息的主要作用、工会信息工作的指导思想、信息工作组织体制、信息工作内容与要求等。同时,对需要报送的信息内容、紧急信息的报送、上报信息的要求、信息工作保障及信息工作的考核评比作出明确的规定。 (范 瑜)

【徐汇区总工会加强徐汇职工思想动态信息网络和工作机制建设】 12月30日,区总工会召开2011年度区职工舆情信息工作座谈会,基层工会围绕职工队伍思想现状、职工思想动态信息网络和工作机制建设情况及存在的问题、2012年职工舆情工作思路分别作交流发言。区总工会作为全国总工会50个职工舆情直报点之一,经过多年实践,全区工会系统逐步建立了区总工会—直辖工会—基层工会三级职工思想动态信息网络,建立健全职工思想动态及时收集报送机制、重大突发事件职工思想动态应急处理机制和职工思想动态信息考核激励机制,形成一支具有快速反应能力的职工舆情工作者队伍。截至年底,区职工思想动态信息网络共覆盖基层工会组织2103个,联合工会414个,职工338087人,覆盖企业17376家。 (丁冠伟)

【普陀区总工会推进3项建设强化信息工作】 (1)建立队伍,加大信息工作力度。建立区总工会—系统、街镇工会—园区工会三级信息网络,要求各级工会设立至少1名信息员负责本级工会的信息采编和报送工作;开展信息工作专题培训,不断提高基层信息员专业知识和信息写作水平;建立基层工会信息员档案,要求各级工会及时上报信息员名单及变更情况,推进信息队伍管理工作制度化、规范化。(2)建立制度,加强信息编报管理。制定《普陀区工会信息工作管理办法》,严格信息报送制度,规范信息组织体制,明确信息工作要求;建立信息通报制度,制定全年工作指标,区总工会按月通报信息报送、采用情况、年度指标完成情况;建立督查反馈制度,对领导批示的信息,迅速通报批示内容,对需要反馈办理结果的,专人专办,及时反馈办理情况。(3)建立载体,丰富信息发布渠道。印发《2011年普陀工会信息报送要点》,以区总工会门户网站为重要依托,及时发布工作信息,增强工会工作对外交流;以《普工信息》、《普工内参》为主要载体,及时编辑、发布重大事项、重要工作、突发事件,加大对基层工会信息的登载数量,建立全区工会上下、横纵工作交流平台;着力开辟信息工作新载体,对接各新闻单位,及时报送信息,反映普陀工会工作特色亮点。 (赵 勇)

【上海汽轮机厂工会探索形成职工利益诉求制度】 (1)建立"一点五线"企业职工思想信息处理反馈制度。每月收集汇总来自党办、党委宣传部、厂工会、厂团委和保卫等5个条线的信息,及时正确把握职工思想脉搏,体察职工情绪,并通过科学、规范、系统地信息处理反馈工作流程,发挥"解开扣子,化解矛盾,理顺情绪,鼓舞士气"的作用。(2)定期召开群众座谈会,进一步深化和创新。把听取意见和宣传引导结合起来,把广泛征询信息和带课题调查研究结合起来,扩大参与面,使各个层次的职工群众都有表达个人意愿的机会。(3)定期召开职工恳谈会,举行"大家谈"活动。主题围绕关乎企业发展、职工权益的热点问题,以职工质询、领导释义或者领导主旨发言、职工交流补充等平等互动的方式,拓宽职工群众知晓厂情、参与管理的途径,有效实现"上情下达"和"下情上传"。(4)努力促成部门中层领导定点参加班组学习制度的落实到位。强调这项制度对于倾听职工诉求、了解职工实情、互通上下信息、加强思想交流的重要性和实效性，把班组学习培育成职工理想意愿与企业发展目标汇合的有效载体。(5)开展群众性合理化建议活动。动员广大职工发挥聪明才智，为促进企业和职工两个持续发展建言献策，引导职工把注意力汇聚到为实现共同愿景勤奋工作的正确轨道。（陶　良）

【上海市电力公司工会建立日常员工诉求联系制度，形成员工诉求表达机制系统化常态化】　制定《上海市电力公司建立健全员工诉求表达机制实施办法》，由公司党政工联合发文正式实施。通过搭建平台，畅通渠道，教育和引导员工依法、合理地反映诉求和问题。同时建立《上海市电力公司日常员工诉求联系制度》，形成了双月报告制、处理回复制和信息反馈制，使日常的员工诉求、收集整理、分类处理、办结回复、信息反馈得以相互衔接，形成员工诉求表达机制的系统化、常态化。（余传毅）

【中远集运工会举办中国部网点优秀员工回访总部活动】　举办中国部网点优秀员工回访总部活动。组织网点优秀员工代表参观中远集发堆场和COSCO PRINCE RUPERT轮，召开“创新创先创效益”网点员工与总部员工座谈交流会，就公司营销体制改革的相关情况和具体工作中涉及到的市场营销、航线设置、舱位协调、客户管理等问题进行有效的沟通和交流。事后，公司工会将网点员工提出的意见和建议进行汇总整理，并以书面形式提交公司各相关部门。（钱　华）

【市监狱局工会健全完善两级预测、预警、预报机制】　局工会健全和完善以各级工会信息为载体的预测、预警、预报机制，根据《上海市监狱管理局工会预警报告制度》，要求基层工会每月25日前将单位基本情况等三方面情况（各类工伤、交通、火灾等事故，以及自然灾害造成严重后果的；干警职工中发生意外伤亡、家庭突发性变故等引起特殊困难的；在改革、发展中涉及到干警职工切身利益而引起思想波动的情况）和干警职工关心的热点、难点等问题上报局工会，由局工会编发《热点反映》专刊，及时把群众反映情况向局党委汇报，并为局领导决策提供依据。全年共上报《热点反映》6期，反映干警职工关心的热点问题，如对推进二级管理、干警选调交流工作的反映、干警职工身心健康等问题共59条，得到局领导的重视并妥善解决。（江海群）

【市监狱局工会运用“工会网站”推动工会工作】　(1)围绕局中心任务，积极反映工会工作特色。网站设立工会动态、工会文件、图片新闻、工会俱乐部、政策法规、工会论坛和摄影作品等7大版块和13个链接栏，由工会办公室人员更新维护，每周2次定期更新，有重要信息及时更新。(2)开展工会网站考核评比。局工会制定《工会网站目标管理要求》，年内通过2次评比考核，有14个基层工会在局域网上建立工会网页，形成上下沟通、互相交流、促进工作的新局面。(3)拓展网站内容。以“上海监狱信息网”上线为契机，在工会网站上，增设了《知心》杂志电子版本，将《知心》杂志具体内容全部上网。2011年，共报道工会动态信息516条，基层工会信息328条，图片新闻112条，使工会网站进一步成为会员群众学习交流的平台，推动了工会整体工作。（江海群）

督　查

2011年，市总工会办公室围绕市委、市府和全总的重点工作以及中央、市委领导对工会工作的指示和讲话精神，认真督促检查，全年编报22篇督查报告。(1)市委副书记殷一璀到市总工会调研并作重要指示。在传达学习殷一璀讲话精神的同时，抓好督促检查，推动工会工作进一步围绕中心、服务大局，发挥工会组织的作用。(2)抓好各项重要会议贯彻情况的督促检查。一是学习贯彻市委九届十五次、十六次、十七次全会精神，按照市委工作要求，结合工会实际，认真部署完成各项工作。二是传达学习贯彻中央领导讲话和中国工会十五大精神，进一步把思想统一到中央领导和工会十五大精神上来，通过督查，及时将上海工会贯彻情况上报全总办公厅。(3)督查领导重要指示贯彻落实情况。全总转来有关上海市集装箱堆场可能引发群体性事件信息及领导批示后，立即与有关部门沟通，了解有关情况，及时向全总汇报，王兆国对此作出批示：“上海市工作做得很深入具体、扎实。”(4)推进工会重点工作落实。年初，根据市总工会十二届八次全委（扩大）会议精神，围绕市总工会常委会2011年工作要点，列出全年各项重点工作作为督查工作的重点。一是督促开展以“当好科学发展主力军、打好创新转型攻坚战”为主题的各项劳动竞赛活动的落实，推动工作取得新进展。二是督促开展以建设社会主义核心价值体系为导向，深化职工素质工程的各项工作和措施的落实和实施，推动职工队伍思想道德和科学文化素质取得新的提高。三是督促工会组建全面开展，扎实推进以工资协商为重点的集体协商制度建设和以创建和谐劳动关系为主线的维权机制建设，努力促进社会和谐稳定。四是督促聚焦职工“三最”问题，加强职工权益源头维护工作，完善帮扶和服务职工工作机制，为职工办实事做好事。五是督促开展以工会自身建设为抓手，落实工会在思想作风、工作能力建设等方面的各项工作和措施，不断提升工会建设科学化水平。(5)做好人大书面意见、政协委员提案的督办以及提案办理回访调研和市委市政府的督查考核工作，全年共督办人大书面意见、政协委员提案20件。（朱　军）

新闻工作

【市委宣传部、市总工会联合开展2010年度“五一新闻奖”评选】　4月2日，由市委宣传部、市总工会联合开展的2010年度“上海市五一新闻奖”评选工作正式启动。共收到来自上海主要新闻单位组织推荐的参评作品29件，其中消息9篇，通讯11篇，评论4篇，专题片5个。7月27日，召开“上海市五一新闻奖”评选会。评委会主任、市总工会副主席汪兰洁主持评审会。经过评选委员会评审，共评出特别奖1个，一等奖3个，二等奖9个，三等奖10个。上海广播电视台的《世博不眠夜》获得特别奖；《解放日报》的《中智探索——上海外资企业工会组建调查》、《新民晚报》的《关注职工收入增长系列报道》、上海广播电视台的《洪刚:绽放的梦想》等3篇报道获得一等奖;《劳动报》的《30名环卫工无奈住在立交桥下》等9篇作品获得二等奖;《文汇报》的《穿上志愿者"行头"就舍不得脱》等10篇作品获得三等奖。8月3日,市委宣传部与市总工会联合下发《关于表彰2010年度"上海市五一新闻奖"的决定》,表彰获奖者及其作品。(范小雨)

信息化建设

【全市工会组建数据库进一步夯实】 5月,市总工会面向区县和乡镇街道、开发区、经济园区等各级工会干部近300人次开办5期全总统一开发的非公企业工会组建数据管理软件培训班。各级工会通过增加投入、落实专人、强化考核等办法,进一步加强工会组建的数据库建设。各区县在此基础上,根据实际需要及时建立更为详尽的数据台账作为补充,与数据库软件中的企业信息更好的实现对接互补。(杨 娟)

【上海机场工会首开实名微博】 6月10日,上海机场集团工会开通官方微博,成为上海市工会系统首个开通实名微博认证的工会。微博平台设置了晨航信、悦容装、文化廊、生活达人、静夜思等五大板块,发布集团重大工作信息、工会组织的文化活动预告、重要天气情况预报等内容,广泛与职工互动交流,了解民意、丰富生活。先后通过微博直播工会组织的科技节、健身节、文艺节等活动和成绩,扩大活动的影响力。同时,工会主席可以通过微博随时与职工互动交流,答疑释惑,对于一些较敏感的话题,还可以通过"微博私信"来交流,增强思想政治工作的针对性。(陆敏峰)

信访综述

2011年,市总工会信访办受理和办理职工群众信访总量为8856件(次),与上年7007件(次)同比上升26.39%。其中来信1341件,与去年1131件同比上升18.57%;来访835批1821人次,与去年850批1600人次同比,批次下降1.76%,人次上升13.81%;来电6680个,与去年5026个同比上升32.91%。全年职工群众信访具有以下特点:(1)信访总量上升较快,劳动保障类问题占居信访总量的首位,历史遗留问题其次,互助保障问题位列第三。(2)拨打12351电话咨询者中农民工占来电总量的80%以上。(3)通过电子邮件方式咨询、建议、投诉、求助的信访件增长快,对象大多为公司白领员工。针对工会信访工作出现的新形势、新问题,市总信访办着重抓好以下几方面的工作:一是关注加强社会建设的新要求,做好信访舆情研判和反馈。通过信访了解社情民意,不断捕捉群众新的要求、新的思想动态,将信访工作纳入整个社会发展和经济运行的大背景中思考,从源头上参与矛盾化解,维护职工群众的合法利益。二是先后组织广大信访干部学习新的《社会保险法》,了解掌握新旧社会保险法的主要区别,分析研判可能出现的信访矛盾。如组织广大工会信访干部学习新的《社会保险法》,预判可能出现的新情况,主动应对《社会保险法》的出台;积极向市委、市政府反馈上海支援外地建设退休回沪人员要求享受一次性补助的诉求,并协同市人力资源和社会保障局、市财政局、市民政局等有关职能部门研讨解决方案,提交相关意见建议报市委市府审批。三是拓宽信访渠道,增强信访服务意识。信访渠道从信、访、电,扩展到电子邮箱,形成了"信、访、电、网"四位一体的诉求表达格局。从7月起,市总工会信访办被列入网上信访考核单位,考核首季就取得"按期办结率、公开答复率双百"的佳绩,获得市委、市政府信访办的通报表扬。四是创新机制建设,提升化解矛盾水平。信访工作三级网络基本建立,工会大接访的工作格局基本形成。市总领导班子成员批阅来信、对口联系、带头接访,坚持市总机关干部轮流参加信访接待。市总工会主席室领导批阅职工群众来信达238件(次),占来信总量的17.75%。加强信访矛盾排摸分析预警机制和信访矛盾协调处理机制建设,深入推进"信访终结"机制。五是加强队伍建设,提高业务水平。市总信访办坚持组织全体工作人员每月一次业务学习的工作制度,学习党和政府关于信访稳定工作的一系列重要文件、劳动保障方面的一系列重要政策,分析研究信访案例,借鉴先进经验。坚持信访数据统计和信息情况按月按时上报,坚持抓好区县局(产业)工会信访工作网络建设,坚持每半年通报一次区县局(产业)工会信访工作完成情况,全年进行工会信访工作总结交流考评,表彰先进单位16个,表扬单位5个,先进个人18名。(陈 蓓)

11月2日,市总工会召开上海工会维稳工作座谈会 (陈进修)

信 访

【长宁区总工会构建信访大调解体系

推动信访矛盾化解】（1）国有企业“抓覆盖”。制定下发《关于推进区属企业、集团公司劳动争议调解组织建设的通知》，推进区属企业、集团公司和所属100人以上企业在年内全部机建立劳动争议调解组织，积极发挥工会组织知情人、报告人、调解人的作用，在国有企业转改制过程中发挥工会组织提前介入的作用。年内共在88家区属企业、集团公司中建立完善了劳动争议调解组织。（2）非公企业抓完善。充分发挥人民调解贴近群众、社区网络健全的特点和工会组织在职工维权、企业组织覆盖面方面的优势，通过积极排查、预防控制、分流化解，建立健全区、社区（街道）、居（村）委3个层面的劳动纠纷预防化解调处机制，并将劳动纠纷调解机制纳入区大调解体系中，推进大调解体系的构建，使长宁区非公企业劳动纠纷能够在不出园区、不出社区、不出区的情况下得到有效解决。（王亚文　印敏峰）

【纺织工会关注民生注重源头，有效减少信访量】（1）针对信访中反映职工收入较低、困难职工较多的现状，纺织工会通过与纺织控股行政协商，签订2011年度纺织集体合同、工资专项集体合同，规定盈利企业最低工资在上海市最低工资标准上增加5%，亏损企业要按上海市工资增长指导线下限增长收入，确保职工增加收入，改善生活。年内纺织全系统职工人均工资增长幅度超过18%，超过上海市企业平均工资增长指导线标准，已经接近市职工平均工资。（2）建立了长效机制，形成多层次、立体化帮困格局。纺织系统帮困救助困难职工6237人（次），帮困金额215万元，其中对外来从业人员帮困710人（次），帮困金额14.5万元，同时为3000名外来务工人员赠送一份意外伤害保险。（3）出资为25万多名协保人员办理补充综合保障计划，尽最大努力解除他们的后顾之忧。（王芳山）

【化学工会坚持5项工作维护企业稳定】（1）坚持参与矛盾排查。参与集团党委办、信访办每月召开的二级公司党办主任会议，滚动排查各单位的不稳定因素，掌握情况，不留死角。（2）坚持参与专题研判。参与集团维稳工作领导小组每月召开的维稳工作专题会议，集中研判重点企业、重点部门的突出矛盾，制定应对措施，提出工会的建议和意见。（3）坚持做好信访信息上报。坚持每月向市总信访办报告信访工作情况，坚持对所属调整企业工会进行排查，做好信息收集工作，对可能发生的群体性事件做到早预防、早知道、早处理。还坚持重大节日、重要节点基层工会的重点事件报告制度，及时掌握整个集团基层的维稳工作情况。（4）坚持调研解除隐患。集团工会深入到调整任务重，矛盾多的第一线，现场调研，现场协调，现场解决矛盾。集团工会先后到集团所属20多家企业调研，收集听取职工意见建议向集团党政反映，妥善地解决了离岗、协保职工待遇偏低等问题。（5）坚持以人为本参与化解历史矛盾。集团工会先后参与集团有关人员历史遗留问题的处理，从立足化解矛盾的角度，耐心细致地做信访人的思想工作，本着求大同、存小异的原则，化解3起历史遗留矛盾，赢得集团领导的好评。（王有福）

【金山区总工会探索工会信访新路子】（1）加强组织树立工会信访工作新理念。针对职工群众信访诉求的新特点，对健全基层工会组织、密切联系群众、协调劳动关系、维护职工权益、创新工作机制提出明确要求，将工会组建工作纳入各单位领导班子年度绩效考核，推动工会组建工作，扩大工会组织的覆盖面，为搭建服务职工群众的有效平台，做好工会信访工作提供坚实的组织保障。（2）构筑立体网络建立工会信访工作新机制。先后建立由区总工会牵头的区职工维权联席会议制度，以及区工会职工援助服务中心、镇街（工业区）工会职工服务分中心、企事业（社区、村）工会劳动争议调解组织等三级服务平台。实施信访工作包案责任制、信访工作首问制、信访工作目标考评制和信访预警预报机制，形成立体信访工作网络和齐抓共管的工会信访机制。（3）不断探索创新完善工会信访工作新方法。注重事先抓源头预防，通过切实加强职代会制度建设，将涉及职工权益切身利益的集体合同、工资专项协议、劳动定额、安全卫生、女职工权益保护等方案提交职代会审议通过，为源头预防信访矛盾起到积极作用。此外，还通过推行维权听证制度，有效化解信访矛盾。（李援朝）

【浦东新区总工会“四个立足”切实做好信访工作】（1）立足源头维权，积极推进集体协商机制建设。成立区委分管领导为组长的领导小组，把集体协商机制建设作为工作的“重中之重”，在工作模式、主体建设等方面进行有益的探索，协调市司法局对浦东执业的律师事务所提出在司法指导中倡导企业建立集体协商机制的要求，协调新区社会责任办在企业社会责任评估中强化工资集体协商等评估标准，取得明显成效。（2）立足制度建设，推动厂务公开民主管理工作。以《职代会条例》的贯彻实施为契机，大力加强职代会制度建设，推进厂务公开民主管理工作从国有企事业单位向非公企业延伸，非公企业职代会建制率超过75%。（3）立足预防调处，积极构建和谐稳定的劳动关系。通过加强调研，及时形成《浦东新区事业单位改革有关情况的汇报》、《当前上海浦东新区劳动关系存在的突出问题》等6篇调研专报。利用各种会议反复重申做好大规模群体性劳资矛盾工作的相关规定，强化基层工会主席工作职责，确保群体性劳资矛盾得到及时妥善处理。（4）立足队伍建设，提高调解组织及工会干部维权能力。把基层调解组织建设和干部能力建设放在突出位置，积极把基层调解组织建设从街道、镇向企业延伸，不断扩大企事业单位劳动争议调解组织覆盖面，延伸维权手臂，同步开展人员培训，大力加强工会维权能力和劳动争议调处能力，年内指导各街道、镇、开发区举办各类培训班12期，培训人员800多人，为劳动争议调处提供人才支撑。（胡亚飞）

【上海机场（集团）有限公司工会“三个加强”做好信访工作】（1）加强集体协商机制建设。集团工会坚持集体协商制度，对集体合同、工资协议执行情况及发现问题进行协商，凡是涉及职工切身利益的问题和因劳动关系引发的不稳定现象，及时开展协商研究。集团公司签订了新一轮《集体合同》、《工资集体协议》和《职工安全生产劳动保护专项协议》，并对基层单位集体协商集体合同制度进行指导，确保协商合法有效，切实协调劳动关系。(2)加强法制宣传和法律咨询工作。通过《航空港》报招募工会法律咨询自愿者，组织开展法律咨询者队伍的培训和交流活动。开展工会干部和职工代表《上海市职代会条例》培训和法制宣传周活动，引导职工依法维权和学法守法，通过合法的渠道和方式反映诉求。(3)加强对改制企业履行民主程序的指导和监督。对股权清退和经营机制转换的单位加强了履行民主程序的指导，并形成多份建议提交集团党委。全面推开薪酬制度改革，指导基层单位召开职代会，规范民主程序。（郑培利）

【上海仪表电子工会信访工作强调发挥“三个作用”】 (1)发挥“温度计”的作用。做到了解职工的心声和反映，尽早摸清敏感问题和容易引发矛盾的因素，提前进行研究，制定稳定工作预案，通过信访渠道切实增强工作的预见性，把可能出现的不稳定因素解决在萌芽状态。(2)发挥“调解阀”的作用。一是了解职工的诉求意愿，把职工的合理要求向企业行政反馈，使问题及时得以解决。二是做好宣传教育工作，让职工了解相关政策，把握客观实际，有效化解矛盾。(3)发挥“智囊团”的作用。发挥信访机构直接接触上访职工的作用，直接和全面客观地了解职工的要求和面临的实际，对职工反映的问题提出解决的建议和措施，解决职工实际困难，确保职工队伍稳定。（高正峰）

【松江区总工会信访工作“三个到位”、“两个突出”维护社会稳定】
(1)三个到位：一是时限要求到位。上访职工反映的问题须在一周内反馈处理结果，对一时难以解决的复杂问题，须在一个月内与上访职工取得联系，并告知处理情况。二是制度制定到位。在原有信访工作各项规章制度的基础上，通过增强工作透明度，进一步加强和完善制度建设，提高工作效率。三是监督执行到位。严格信访调查监督力度，落实工作责任制，真正做到信访工作有人抓、问题有人办、矛盾有人处理。(2)两个突出：一是在处理解决群众来信来访的工作中突出一个“情”字。全区各级领导认真落实领导接访制度，坚持主要领导亲自抓，分管领导具体抓的原则，带头接访，带着感情做好接访工作，对矛盾不回避、不推诿。二是在化解调处各类矛盾中突出一个“稳”字。处理职工上访问题时，针对不同情况，拓宽沟通的渠道，妥善解决上访职工的实际困难。（张谢炎）

【上海邮政工会制定《处理解决员工合理诉求试行办法》】 制定下发《员工合理诉求试行办法》，对建立健全员工合理诉求渠道、办理员工合理诉求的工作原则、处理解决员工合理诉求的工作程序、员工合理诉求处理流程和员工诉求规范行为等提出要求。《员工合理诉求试行办法》规定，邮政工会建立员工维权热线、定期召开恳谈会、建立健全员工思想动态信息反馈制度、深化民主管理局务公开。员工诉求有关事项，按照“谁主管，谁负责”工作原则，由各级工会主席和负责人作为第一责任人，负责解决落实解决员工诉求。引导员工合理表达利益诉求，应通过部门工会、基层工会、市公司工会等渠道逐级进行诉求表达，为员工依法规范诉求和信访提供方便。（陈千涛）

【上海电信奉贤局工会推出维稳“三举措”】 (1)利用舆情分析制度、建立职工思想动态报告。每位部门工会主席作为职工思想动态报告第一责任人，定期收集基层需求，在每季度召开的部门工会主席例会上做汇报，经分析整理后，形成职工思想动态分析报告，报局党委专题研究，将职工思想问题解决在初始状态。(2)建立区局领导定期调研制度。针对职工关心的热点、对企业经营管理的意见和建议等，局领导每季度下基层调研，与职工群众面对面交流思想，解惑释疑，化解矛盾。(3)健全职工沟通交流机制。搭建职代会提案、OA网、内部协同网、快乐转型星期三等沟通平台，健全职工意见表达机制，实现领导与一线职工的“零距离”。建立星期三“领导接待日”，及时了解掌握职工思想动态，就3G业务发展、营销活动卖点、政企行业应用等职工关心的热点、难点，进行多次沟通，及时解除困惑，维护职工思想稳定，并问计于一线职工，形成上下一心、科学决策、共谋发展的和谐稳定局面。（徐　华）

【中远集运工会重视做好信访工作】
坚持每月召开信访例会，分析预测不稳定因素。根据公司实际情况，处理各类历史遗留问题，制定对策。做好缩微公司划归供应公司前后职工的稳定工作，把维护职工利益放在首位。做好退休职工关注的年金问题的解释、疏导工作以及各类突发事件的预案准备，有效控制越级访、集体访和缠访闹访事件的发生。对信访工作重点单位，信访办坚持24小时值班制，同时选派有信访经验的职工当接待员，坚持“耐心、热心、诚心”的工作方法，从大局出发，确保第一时间到现场，不推诿、不回避，通力协作，共同研究，在情、理、法的基础上，探索解决办法，把问题解决在萌芽，切实解决大量的历史遗留问题和热点问题。（钱　华）

【市监狱局工会抓住4个环节做好信访工作】 (1)落实责任制，加强对信访工作的领导。健全和完善两级工会信访管理网络，明确工会主席为信访工作第一责任人，对每起来信来访认真调查核实，会同有关部门和基层分类解决，做到“事事有回音，件件有落实”，做好劳动关系、历史遗留等信访件。(2)以建党90周年和文化建设为抓手，营造心齐气顺氛围。举办党史知识竞赛、文艺汇演、开展“向党献礼”论文、征文、书法、绘画、摄影等比赛活动。贯彻两个“文化建设”，举行工会文化建设交流会，推进监狱局文化建设工作。营造心齐气顺的氛围，信访同比有所下降。(3)正确处理改革、发展、稳定的关系，发挥桥梁纽带作用。本着“群众利益无小事”的原则，在信访工作做到“热情、依法、负责、奉献”8个字。坚持预警报告制度，源头参与各项改革政策的制定，在涉及干警职工切身利益的企业产业结构调整、工资调整等问题上，源头参与政策的制定。(4)与行政齐抓共管，在构建和谐社会中发挥作用。配合局信访部门，春节前夕对15名生活较为困难的人员进行上门慰问，做好思想工作，维护监狱局的稳定。（江海群）

财务与经审

Finance and Audit

上海工会年鉴

2012

财务综述

2011年,上海工会财务围绕上海工会工作中心,坚持服务职工、服务基层,服务上海工会工作大局,加强工会经费的收缴、管理和使用。2011工会收入同比增长23.44%,工会经费拨缴收入增长16.95%以上,为工会组织切实履行职能提供了有力的资金支持和物质保障。(1)坚持依法收缴,促进工会经费稳步增长。一是积极沟通,稳步推进财政统一划拨工作。市总工会与市财政局联合下发《关于扩大财政统一划拨工会经费范围的通知》,市、区县财政统一划拨工会经费稳步提高。二是结合企业集团实际,继续推行"源头划拨"。上海电信、上海石化、高桥石化、上海电力等工会通过源头划拨,极大促进工会经费收缴率的稳步提高。三是以劳动情况表为抓手,提高依法拨缴意识。通过劳动情况表来考核经费收缴工作,自2009年交通系统试点以来,极大提高了各单位依法拨缴经费的意识,促进经费收缴率的提高,取得较好效果。四是实行收缴率考核办法,建立健全考核体系。对区县局(产业)工会的考核办法以收缴率为主要指标,综合考虑指标完成率、增收率。使考核体系更加趋于完整、科学。五是以基层工会规范化建设为契机,以点带面,规范经费依法拨缴,提高经费收缴率。六是规范转改制企业经费转移衔接,确保经费安全、完整。除规范转改制企业经费转移之外,很多工作方法已纳入到常态化管理。(2)扎实基础管理,提升财务管理整体水平。一是抓住重点,推进财务会计基础规范化建设工作。市总财务部通过强化层层指导、监督、检查,坚持自查和抽查相结合原则,逐步加大抽查力度,有计划有步骤地不断推进规范化建设工作。2011年随机抽查500家基层单位。二是做实做细票据清理工作,按时保质完成清理任务。先后进行工会经费拨缴款专用收据、行政事业单位统一收据、上海市接受公益性救济性捐赠票据等3类票据的清理。三是做好"小金库"专项治理工作,建立长效机制。市总财务部加强对直管单位"小金库"预防治理工作,制定下发《关于做好2011年"小金库"专项治理工作的通知》。四是加强指导,做好培训,提高财务干部业务能力。在区县局(产业)工会和基层工会两个层面开展培训工作。共举办培训班26期,培训2100人次。(3)优化支出结构,坚持经费使用正确方向。一是围绕中心,保障重点,提高经费使用绩效。将工会经费支出向重点工作、基层和职工倾斜,在基层工会组织建设和困难职工帮扶等方面加大力度。严格执行年初两委会通过的经费支出预算,围绕"组织起来,切实维权"的中心,合理安排资金,确保"两个普遍"、困难职工帮扶、职工法律援助、农民工维权、职工素质工程、民主管理条例立法宣传、女职工关爱行动等市总重点工作的经费使用。二是加强"三公"经费管理,压缩行政经费。加强出国(境)管理工作,严格审批,保证出国团组的质量,严格按经费预算控制。严格公务用车使用管理。通过完善用车制度、定点加油、定点维修保养、费用与公里数联动、严格控制汽油、修理、通行等费用。严格公务接待支出管理。制定相关接待标准,按标准制定详细接待预算,严格预算执行。另外继续推行固定资产政府采购、办公用品统一采购制度等,使行政经费得到有效控制。三是服务大局,做好上海工会对口援疆工作。通过下发《关于做好援疆资金预算编制工作的通知》,指导区县局(产业)工会做好援建资金的预算编制工作;并严格程序,做到专款专用,年内已陆续支付援疆项目款。(4)积极争取财政资金支持,加大困难劳模、困难职工帮扶力度。加强与市财政局的协调沟通,争取市财政补贴较上年增长39.81%。其中,市困难、低收入劳模帮扶金同比增长,同时新增困难职工帮扶金,帮扶力度明显加大。(5)积极筹划,做好税务代收试点准备工作。在市财政局、地方税务局、人民银行上海分行的大力支持下,召开多次联席会议,经多方讨论沟通,完成《上海市工会经费(筹备金)税务代收试点工作暂行办法》(讨论稿)的草拟。 (夏惠珍)

金山区总工会召开新《工会会计制度》实施情况检查总结表彰会 (封梅芳)

财 务

【徐汇区加强工会财务会计管理规范化建设】 区总工会以基层工会为重点,将各社区、镇总工会下属的新建工会列为重中之重,对全区工会财务会计开展规范化建设提出了具体要求。通过举办多形式、多层次的培训,提高工会财务干部的专业素质。采用基层工会自查、区总抽查和经审办审计检查相结合的办法,促进财务会计管理规范化的实施,提高基层工会财务管理水平和基础工作规范化水平。针对抽查和审计中的发现的问题,区总工会及时进行反馈,专题就基层工会会计凭证、账簿、报表规范《标准》及财务管理的岗位设置和职责,健全内部

监督机制等进行指导，帮助基层工会纠正不规范的会计行为，健全管理制度。（顾晓军）

【徐汇工会建立“六项机制”努力推进工会经费收缴工作】 区总工会坚持组建与经费收缴并重、内资与外资并重、机制建设与紧抓落实并重。各社区总工会、民营科技工会等结合组建工作，宣传工会经费对工会工作的重要意义和作用，收到了较好的成效。加强服务工作，经费向基层、职工倾斜，带动工会经费收缴工作。把握机遇，探索工会经费收缴的有效方式和方法。坚持“抓大不放小”，全面提高经费收缴率。树立典型并注重培养，先后建立和完善了“六项机制”，即一线联系机制、目标责任机制、与区财政局和税务局等加强联系机制、信息反馈交流促进机制、目标考核机制、“一票否决”机制。（顾晓军）

【普陀工会召开2011年工会财务工作会议】 4月14日召开。会议总结2010年工会财务工作，下发2011年度工会财务工作考核通知，表彰2010年工会财务工作先进单位，并对2011年工作作了部署。区各委、办、局、街道（镇）、集团工会主席和财务干部70多人参加会议。（赵 勇）

【闸北区三措并举，推进工会财务规范化】 (1)成立专门机构，加强组织领导。通过成立区总工会财务规范化领导小组，全面协调和指导工会财务规范化建设工作。(2)加强业务培训，规范操作有序推进。以《工会财务会计管理规范》为指导，从内部会计管理监督体系、岗位责任制度、财务收支审批制度等3个方面，19项重点内容开展实务培训，具体指导基层工会财务人员较好的适应新形势下财务规范化的要求。(3)加强考核检查，积极整改完善提高。开展工会财务会计管理规划化检查工作，检查采用自查及抽查的方式。年内已开展规范化工作单位287家。其中，区总直属单位30家，基层工会257家。（方 岚）

【青浦区总工会加强财务管理突出“三个抓”】 (1)抓基层工会会计规范化建设。把工会财务规范化管理工作列入对基层工会工作的年度考核中，并结合经审工作对基层工会财务进行检查和辅导。年内，市总对20家基层单位的工会财务规范化检查全部合格。(2)抓基层工会财务基本账户的开设工作。结合青浦地区工会财务工作实际，摸清全区基层工会财务基本账户的开设情况，指导基层工会开设银行基本账户。(3)抓《工会会计制度》的业务指导。对区总直属单位，以片会形式加强对工会财务人员的指导工作；对基层企业，由区、镇两级工会联合组织相关人员进企业开展工会财务人员业务指导。（马美君）

【化工区工会“五项举措”推进财务工作规范化】 (1)组织开展业务培训。分期分批对基层工会财务人员开展专业培训、继续教育培训和工会会计制度培训，全年共90人参加。(2)加强宣传指导力度。召开基层工会主席和财务会计会议，组织经验交流，共享经验教训。深入基层工会开展面对面业务指导，帮助基层工会掌握推进工会财务规范化建设的操作要领。(3)重视工会经费预决算工作。开展工会经费预决算集中审核，审查25家基层工会年度经费预决算报表，并对发现的问题进行销项管理，规范基层工会预决算工作。(4)开展财务工作规范化建设考核评比。印发《上海化学工业区基层工会财务规范化建设考评办法》，并对23家基层工会开展会计基础工作规范化检查考核，促进基层工会会计基础工作再上台阶。(5)加大工会经费收缴力度。强调“经费拨缴六联单”的使用和管理，规范基层工会拨缴流程，超额完成经费收缴任务，确保工会各项工作顺利开展。（张 俊）

【中海工会扎实推进工会财务工作】 (1)制定《关于印发财务管理若干制度的通知》等16个文件，做到有章可循、有规可依、执规有据、违规必纠；发挥各级经审委的监督检查作用，杜绝违章违纪事件的发生；加强工会经费管理和独立核算，工会各类经费支出由主席“一支笔”审批；每年对上海地区直管的三分之一的基层工会财务进行规范化检查和审计，坚持对各单位工会主席离任审计制度。(2)工会经费使用坚持服务基层一线、服务船舶、服务职工，重点投入到“中海杯”劳动竞赛，技术比武，职工文体活动，慰问一线职工，劳模先进，关心起义、北归船员，补助基层工会、帮困送温暖。(3)坚持年度预、决算制度。根据全年工作安排，合理编制工会经费收支使用情况预算，报中海工会经审会审核和上海市总工会财务部同意后实施。（张 洁）

【中交三航局工会举办工会财务、经审专题培训班】 7月6日举办，并邀请市总工会财务部和经审办有关专家授课。公司所属基层单位工会主席、

上海化学工业区工会召开2011年度财务经审工作会议 （赵 杰）

经审主任和财务主管，以及公司工会经审会全体委员30余人参加培训。（黄书展）

【中远集运工会加强工会经费管理和审计工作】 建立健全工会财务管理制度，通过强化预算管理，保证工会重点工作和重大活动的开支。配合市总工会的财务会计基础工作规范大检查，加大对基层工会经费的监督检查力度、加强对审计整改的落实检查，确保所有单位能在3年内轮审一次，完善自我约束机制，促进工会经济活动的规范运作。经审委共对18家单位开展工会经费财务收支审计，提出33条审计意见和建议，促进各单位健全内部控制制度、严格工会资金管理制度。（钱 华）

【建工集团工会坚持"三个服务"强化工会财务科学管理】 （1）坚持服务大局、服务基层、服务职工的经费使用方向，落实统筹兼顾、保证重点、提高绩效的基本原则，不断优化经费支出结构。发扬勤俭节约的优良传统，压缩行政性开支，使有限的经费主要用于引导职工参与集团经济建设、为职工做好事办实事解难事、维护职工合法权益上，把经费支出的重点向职工教育方面、开展职工文体活动方面、慰问职工以及外地重大项目及送温暖方面倾斜。（2）注重完善机制，强化工会财务科学管理。一是及时进行新业务培训，为规范化工作提供坚实的业务基础。二是及时转发文件，为规范化工作提供有力的政策支持。三是及时做好财务竞赛评比，为规范化工作提供良好的学习平台。四是加强财务监管，健全覆盖工会财务资金运行全过程的监督机制，强化事前和事中监督，促进管理与监督进一步融合。（杨钟春）

【水产集团加强工会财务经费经费管理工作】 组织开展2011年工会财务经审工作竞赛活动，17个直属基层工会财务参加，通过竞赛、考评和评选，海洋渔业公司、科技管理学校等8家基层工会获竞赛先进集体并受到表彰。（黄永康）

【市职保会制定参保操作办法】 根据市财政局、市总工会要求，7月1日起，全市各单位在组织参保时，必须通过银行划账，即贷记凭证或网上银行形式缴纳互助金。为此，市职保会制定了贯彻要求的实施意见，对银行划账缴付保费的账号、手续、凭证、监管等事项提出具体办法，并召开工作会议布置落实。针对社区参保对象等参保中存在的现金缴费，制定操作细则，进一步明确参保对象的集中缴费、服务处（点）解款、街道（乡镇）划账等各项工作要求，保证社区参保对象等群体的权益。（余海卿）

经审综述

2011年，市总工会经审工作以贯彻《中国工会审计条例》为抓手，以提高审计质量和加强指导服务为重点，以加大审计落实整改为关键，在服务工会全局工作中不断发挥审计的"免疫系统"功能。（1）加强审查审计的力度，发挥经审监督作用。一年来，经审部门履行职责，切实加大对工会各项经济活动审查审计监督力度，开展各项审计工作：开展对同级工会经费预算执行情况审计，严格预算管理；开展对直管单位经营业绩、财务收支等审计，增强直管单位财务管理的合规性；做好对市总系统固定资产投资项目的竣工决算审计；开展对下级工会预算执行情况暨财务收支审计，加强对基层工会的指导；开展对下级工会专项资金审计，确保资金专款专用。（2）深入基层开展调查研究，加强工作指导和服务。一是起草制度规定，构建制度体系。历时半年完成全总经审会要求对《中国工会审计条例》的起草、修改、审定工作，为《中国工会审计条例》的下发工作做了大量基础工作；同时与全总经审会合作编写《中国工会审计条例百问》，成立编写小组，通过召开座谈会等方式广泛开展调研，形成书籍初稿，为全国基层经审干部提供审计条例的学习辅导教材。二是组织力量对专项资金如何加强审计、审计问题的落实整改情况和特邀审计员队伍如何管理等热点问题开展调查研究，并参与全总经审会起草相关审计文件并印发全国执行。三是实行经审台账，规范基层经审工作。将工作重心下移，强化对基层工会经审工作的指导服务，印发《基层工会经审工作规范化建设考核标准》，逐步加大推广、使用覆盖面，指导1万家基层工会经审会在组织建设、制度建设、审查审计和工作创新等方面以台账登记的形式进行具体量化反映，及时记录基层工会经审会所开展的各项工作情况，为基层工会经审会开展工作提供了统一的依据和标准，提升了基层经审组织的工作水平。四是开展项目评比，提高审计质量。上海市工会优秀审计项目评选从审计方案、审计方法、审计证据、审计程序和审计成果等8个方面入手，由各区县局（产业）工会经审会报送，经过层层评选，遴选出16个审计项目参加现场演讲评审。经现场演示、专家点评和提问、综合打分，对推荐项目进行评比，对进一步规范审计程序、降低审计风险、提高审计质量起到了有效的示范推动作用。（3）认真开展规范化考核，推进经审组织自身建设。一是继续开展《上海市区县局（产业）工会经审工作规范化建设标准》的考核评比，以促进工会经审组织机构的不断健全、审计工作的全面发展、业务水平的不断提高，形成推进经审工作规范化发展的长效机制。二是加强规范化考核，夯实工作基础。通过开展对2010年各区、县、局（产业）工会经审会经审工作规范化考核，健全组织机构、完善工作制度、加大实务审计、推进工作创新，以推进各区县局（产业）工会规范审计行为、提高审计质量、加强指导服务为重点，在工会推进"两个普遍"、开展创先争优活动中不断发挥经审组织的作用。办好四期《上海工会通讯》经审专刊，通过信息交流，宣传经审理论和经审业务，展示各级工会经审工作成果。三是开展经审培训，提升业务水平。组织举办4期383人参加的新上任基层工会经审委员的岗位培训班，协助举办14期1300人参加的新上任基层工会主席培训班；与内审协会联合举办2期420名工会经审人员后续教育培训班，进行工会经审知识的培训和《中国工会审计条例》的贯彻落实，提高了经审干部的工作能力和水平；开发审计软件，提高审计效率，并结合上海经审工作实际予以不断修改和完善，2011年在46个工会使用，提高了审计效率。（杨永平）

经　审

【市总工会召开2011年度全市经审工作会议】 3月17日召开,全面部署工会经审工作。会上,建工集团、闸北区总工会、文广影视集团3家单位作了交流。会议要求,工会经审工作要抓住重点,突破难点,在加强工会经费和资产的审计监督上下功夫,在巩固和提高审查审计成效上下功夫,在推进工会经审工作规范化建设上下功夫,在服务职工群众、服务工会工作全局中更好地发挥作用。会议强调,各级工会要自觉把经审工作纳入工作大局中去考虑和安排,加强对工会经审工作的关心与支持,加强基层工会经审组织和干部队伍的能力和作风建设。要抓住依法普遍建会的有利时机,按照"三同时"原则,夯实基层组织基础,发挥经审组织作用。

(周　杰)

【市总工会召开2011年度上海工会经审工作年会】 3月30日召开。会议总结市总经审办2010年工作,部署2011年工作;通报2010年上海工会经审工作规范化建设标准考核结果并颁奖。会议宣布《市总工会经审会关于聘请2011年度"上海市总工会经审会特邀经审员"的决定》、《关于2010年上海工会经审论文评比获奖的通报》和《上海工会优秀审计项目评选结果的通知》。会上,化学工业区工会、上海机场集团公司工会、中石化上海工程有限公司工会等3家单位的代表作交流发言。各区县局(产业)工会经审主任、经审干部、部分基层工会经审干部代表、市总经审委员、市总"特邀经审员"等人员参加会议。

(周　杰)

【市总工会经审办切实加强理论研讨提高理论水平】 坚持经审工作上的开拓创新,加强对经审工作的理论研究,鼓励经审干部参与经审工作理论研究,共收到论文50多篇,并有多篇论文在相关刊物上刊载。上海市总工会主席钟燕群的《努力推动上海工会经审工作再上新台阶》、上海市总工会常务副主席肖堃涛的《切实将工会经审工作推向一个新阶段》,市总经审会撰写的《上海市总工会2011年经费审查工作安排》,市总经审办、航天局工会经审会联合撰写的《上海航天局工会高度重视经审工作》等文章刊登于全总经审会主编的《工会经审工作》期刊。市总经审会撰写的《强化审计监督、提升内审价值》发表在《上海审计》期刊上,杨浦区总工会范本国撰写的《以"四个着力"发挥经审工作在推进"两个普遍"中的重要作用》,杨浦区医务工会顾青峰撰写的《〈基层工会经审工作规范化建设标准手册〉是个好工具》、徐汇区总工会经审会撰写的《对专项资金进行审计监督的做法》发表于《中国工会财会》杂志。经审干部通过理论研究,进一步拓宽工会经审工作的思路和方法,提升工会经审干部的理论水平和工作能力,在实际工作中有助于提高审计质量、降低审计风险。　(周　杰)

3月17日,市总工会召开2011年上海工会经审工作会议

(吴良荣)

【市经信工会搭建网络交流平台,探索经审工作新方法】 (1)组建起一支系统内部经审工作联络员队伍。截至年底,市经信系统工会有直属单位工会76家,职工约3.8万人,会员数3.5万人。涉及国计民生、支柱型产业、经济体量较大。为此,市经信工会确定了先筹建一支系统内部的经审工作联络员队伍的思路。通过平时的开会、培训等沟通渠道,建立各单位工会经审干部的网络信息,编制系统内部经审干部通讯录,每家单位明确1名联络人员,利用电子邮箱功能,负责落实日常各项经审工作的上情下达。由此组织1支40多人的系统内部经审工作联络员队伍。(2)充分利用网络资源平台,落实开展各项经审工作。经信工会依托经审联络员的电子邮箱,先后组织开展《中国工会审计条例》的学习交流、优秀审计项目申报前的系统内部初步审核、系统内部经审论文的征集和评比等工作。通过这一平台资源,拓宽了经审理论与实践的沟通与反馈渠道,有效地节约人力、物力、财力,提高了工作效率,促进经审工作质量的全面提升。

(潘晓岗)

【市总工会对区县局(产业)工会审计】 派出审计小组,先后对静安区总工会、徐汇区总工会、虹口区总工会、奉贤区总工会、黄浦区总工会、卢湾区总工会、杨浦区总工会、松江区总工会、宝冶建设工会、宝钢工会、中冶宝钢工会、长江计算机工会、机电工会、船舶工会、华东电力工会、华源集团工会、高桥石化工会、漕河泾工会、中波轮船公司工会、电信集团工会、汽车工会、移动通信工会、海洋石油工会、交通运输和港口工会、中远集运工会、光明集团工会、鲁中矿业工会、绿化和市容局工会、上海机场工会、久事公司工会、市级机关工会、商用飞机公司工会、大屯能源工会和号码百事通工会等38个区县局(产业)工会的

2010年预算执行情况暨财务收支情况进行审计，在范围上除审计区、县、局（产业）工会本部核算的所有账户外，还延伸审计调研每个区、县、局（产业）工会下属2个基层工会相同年度的财务管理情况。审计结果表明：上述工会高度重视经费的收缴、管理和使用，大部分单位能较好地执行预算、通过积极组织收入，使经费收入实现稳步增长，增强了工会的经济实力；经费支出结构比较合理，体现了为职工服务、为重点工作服务和为工运事业服务的原则；严格按规定使用专项资金，财务管理制度健全有效。

（黄银萍）

【市总工会开展对市总工会本级2010年度工会经费收支预算执行情况审计】 根据《上海市总工会本市各级工会经审会对同级工会年度经费预算执行情况审查审计监督的暂行办法》的规定，组成审计组，于3月25日起对市总财务部2010年度本级核算的相关账户的财务收支和财务管理情况进行审计。审计结果表明，市总财务部的会计核算遵循了新的《工会会计制度》和《预算管理办法》的相关规范和要求，会计报表反映了审计期间内的财务状况和经营成果，与财务管理相关的内控制度基本健全有效，核算规范、会计基础管理规范、收据管理规范。针对审计中发现的一些需要进一步改进的问题，市总财务部会同相关职能部门积极寻找原因、认真整改，收到了应有的成效。（黄银萍）

【市总工会开展对市总直管单位审计】 对实行经营业绩目标考核的直属单位：工会管理职业学院、市工人文化宫、劳动报社、科技中心、幼儿园、培训中心、公惠医院、保障互助会、退休职工活动中心和海鸥集团等10家单位采取市总经审办和社会审计机构联合审计的方式进行了年度经营业绩考核完成情况的审计；对不纳入目标考核的单位采取市总经审办和市总“特邀经审员”共同实施的形式进行了财务收支审计，通过审计对各单位年度财务经营成果的真实性、全面性、完整性，财务状况的真实性、合法性和有效性进行审计认证；开展对市职工对外交流中心原秘书长、休养度假中心原主任、海鸥控股（集团）公司原董事长、劳动报社原法人代表等领导的离任经济责任审计；2011年对市总系统15个固定资产投资项目进行了竣工决算审计，送审价11691万元，审定价为9169万元，核减额2522万元，核减率21.57%，节约了建设资金。对工会管理职业学院部分基建工程开展了部分工程项目专项审计，对海鸥商务大厦改扩建工程进行了财务竣工决算审计。对一些重点工程项目委派专人进行跟踪联系，及时反映项目建造过程中的动态变化，为固定资产准确入账提供了依据，更为工会资产的管理提供了良好的基础。（黄银萍）

11月16日，召开2011年度上海市工会优秀审计项目评选会

（毛一新）

【市总工会经审会开展工会优秀审计项目评选】 继续开展上海市工会优秀审计项目的评选。汽车工业（集团）工会经审会的《2010年采埃孚公司工会财务收支审计》、中国海运（集团）总公司工会经审会的《中海国际上海分公司工会经费收支和财务情况审计》、嘉定区总工会经审会的《关于上海胶带橡胶有限公司2009年度和2010年度工会主席经济责任审计》和杨浦区总工会经审会的《关于杨浦区总工会2009年1—12月财务收支审计》被评为一等奖；大屯能源有限公司工会经审会的《孔庄煤矿工会2011年1—8月固定资产专项审计》等5个单位的审计项目被评为二等奖；漕河泾工会经审会的《关于上海市漕河泾新兴技术开发区发展总公司工会2009年度财务收支审计》等7个单位的审计项目被评为三等奖。与以往相比，这次优秀审计项目评选呈现新变化：审计程序更加规范、审计结果普遍得到各级领导的重视、审计意见和建议普遍得到被审计单位的落实整改、审计成果更加突出。（黄银萍）

【市总工会经审办开展审计意见整改落实情况调研】 根据市总经审会《上海市总工会经审会关于开展审计意见整改落实情况调研的通知》，经审办对下属区、县、局（产业）工会展开了调研。这次调研对杨浦、徐汇、卢湾等30家区、县、局（产业）工会在2004年至2010年接受市总经审会审计后，审计报告中提出的审计意见整改落实情况进行调查。调查对以前年度审计中发现的问题进行分类，主要分为预算管理，费用列支、经费收缴、固定资产、投资、债权债务、会计基础工作规范化、收据、专项资金、基层单位调研和技协等11大类。根据对各单位调查表格汇总发现，2004—2010年对30家单位共提出审计整改意见179条，已落实整改172条，整改率96.09%，各单位整改情况总体良好，以前年度审计发现的问题基本得到了处理，未整改7条审计意见主要牵涉到不良资产、产权归属问题。

（周　静）

【市纺织工会全面推行台账管理 提高经审整体水平】 市纺织工会经审会开展台账化管理，通过推行台账化管理的2年实践，对进一步加强基层工会经审工作制度建设，提升基层工会经审工作水平、效能，确保工会财务运行健康，具有重要意义和指导作用。纺织工会经审会2011年全面推行台账管理，共有103家基层单位实行台账管理。通过台账化管理把加强工会经审工作作为强化自身提高经审工作整体水平的重点，是基层工会经审工作规范化建设的重要保障，是建立健全审查审计监督制度，有效发挥民主监督作用的重要途径。 （蔡勇亮）

【市总工会经审会关于2010年度工会经审工作规范化建设考核结果的通报】 围绕中心、服务全局，加强制度建设，规范审计程序，强化审查审计监督，取得显著效果。各区县局（产业）工会领导更加重视经审工作，审计工作环境不断优化。根据新修订的《上海市区县局（产业）工会经审工作规范化建设标准》的要求，经过单位自评、小组核定和市总经审办初审，并报经市总经审会十二届十三次会议审议通过，徐汇区总工会经审会等45家单位获特等奖（考核达到A级标准）；上海市浦东新区总工会经审会等45家单位获一等奖（考核达到B级标准）；市医药工会经审会等20家单位获二等奖（考核达到C级标准）；市轻工业工会经审会等7家单位获三等奖（考核达到D级标准）。在查补漏交工会经费的单项考核中，市电力股份有限公司工会经审会等8家单位获一等奖；长宁区总工会经审会等8家单位获二等奖；上海化学工业区工会经审会等38家单位获三等奖。 （周 静）

【市总工会经审会获"全国内部审计工作先进集体"称号】 市总经审会探索构建以风险为导向、以控制为主线、以治理为目标、以增值为目的的内部审计新模式，认真履行内部审计职责，充分发挥内部审计的"免疫系统"功能，在促进全市各级工会依法经营、规范管理、完善内控、防范风险、提高效益、加强廉政建设等方面发挥重要作用。市总工会经审会分别被国家审计署、上海市审计局授予2008年至2010年全国、上海市内部审计先进集体。 （杨永平）

10月10日，在上海市内部审计经验交流暨"双先"表彰会上，市总经审会获国家审计署颁发"2008—2011年全国内部审计先进单位"奖

（周 杰）

【市住房保障局经审会围绕创新发展，改变审计方式】 改变原先的审计方式，一方面继续委托审计事务所进行外部审计，另一方面针对局经审委员对局属单位工作职能、经济活动开展情况熟悉的优势，将经审委员分成几组，参与到工会经费审计过程中，采取内外联动、上下结合的审计方式，由原社会审计机构单独进行审计改为由局经审委员全程参与社会审计，形成审计监督合力的局面，对审计过程起到了一定的监督作用，同时也保证局经审委员对审计过程、结果情况的直观、全面的了解，方便局经审委员对后续审计整改工作的督促落实。审计人员通过审前调查、听取汇报、审查会计资料、盘查资产、取得审计证明材料，并按规定编写审计日记，编制审计工作底稿，在征求被审单位意见后，出具正式审计报告，并在1个月内要求被审计单位将整改结果报局工会经审会。这次审计方式的改变，提高了工会经审人员的业务素质，规范了审计工作，并促使经审组织健康发展。

（徐文慧）

【徐汇区总工会举办《中国工会审计条例》专题培训】 7月27日举办，邀请市总工会经审会有关领导授课。各社区、镇总工会，系统、集团公司工会及下属基层工会的经审主任（经审干部）等相关人员100余人参加培训。通过此次培训，提高了基层工会依法审计的意识，有助于推进工会经审工作规范化建设。 （朱淑雯）

【闸北区总工会依法履行监督职责，全力提升经审工作效能】 （1）加强组织领导，为经审组织依法履职创造良好环境。区总经审会和经审办分别配备了专职干部，聘请8名专业人员为区总特邀经审员。将经审工作列入主席办公会议重要内容，把审计结果作为对直属工会考核奖励的重要依据，为经审会依法履职营造了良好氛围。（2）围绕中心、服务大局，不断拓展工会经审监督范围。一是实施"下审一级、抽查二级"制度。把区总直属的46家工会为一级审计对象，两年一轮进行审计。把人数较多、规模较大的基层工会纳入延伸审计范围，3年一轮进行审计。二是加大对下级工会经费收支的审计监督。把工会经费计拨作为着力点和突破点，解决了非在编职工拨缴工会经费等问题。三是加强对专项资金的审查审计力度。重点对区总救急济难基金和基层工会帮困资金等使用情况进行专项审计，确保专款专用。（3）坚持审帮促相结合，不断提高审计整改效力。一是强化后续审计，跟踪督查促进整改。二是健全沟通机制，各方协力促进整改。定期举行经审会、财务分管主席、财务部等参加的沟通会，联手推进整改。及时与被审计单位上级党政和工会沟通审计和整改落实情况，共同推动整改。三是加大通报力度，强化规范促进整改。注重对审计查明问题的调研、通报，发挥其警示作用。召开经审主任、工会指导员等会议，纠正经审组织不到位、拨交工会经费工资总额计提不规范等问题。（陈　建）

【杨浦区总工会“四个着力”发挥经审在推进“两个普遍”中的重要作用】（1）着力提高思想认识，增强做好工会经审工作的自觉性。（2）着力做好实务审计，扩大直接监督的覆盖面。重点审计预算编制的科学性、合理性和预算执行过程中的约束力、执行力，稽核银行对账单票据以及新旧会计制度接轨过程中发生的往来账款核销、资产清理销账等情况。（3）着力对区政府补助的专项审计，提高资金效益。区财政2011年安排350万元专项经费给区总工会，工会经审有效监督，进行绩效考评，加强核对检查，切实提高资金使用效益。（4）着力推进经审工作规范化建设，提高经审监督能力。在200家基层工会推行经审工作规范化台账式管理。指导55个地区行业工会经审会的组建和运作，确定地区行业工会经审会发挥监督作用的工作机制。（曹理仰）

【市机电工会加强审计回访工作，促进审计整改落实】（1）以提高思想认识来促进整改工作。要求各级工会高度重视审计报告的意见和建议，明确整改的责任和措施，确保整改实效。（2）建立完善的审计回访制度。通过把审计回访当作一项经常性的工作来抓，建立了《审计回访制度》，对回访内容、回访时间、回访方式进行规范，从制度上保证审计意见的落实整改。（3）整合各方面力量搞好审计回访工作。在全面借助社会审计力量参与对下审计工作后，为解决审而不改的问题，将“特约经审员”的主要职能转变为督促检查审计后的整改工作，并以他们为骨干，组织起若干个回访工作小组检查整改效果，保证审计意见落到实处。（姚明晋）

【宝钢工会建立审计沟通纪要制度，提升审计报告质量】按照依法审计、全面审计、严格审计的要求，通过创新工作方式、解决突出问题，建立审计沟通纪要制度，形成持续改进经审工作的长效机制。该制度的主要做法是将审计小组与被审计单位进行审计中发现的问题的沟通情况形成书面纪要，并作为审计报告的附件。审计回访时，以审计沟通纪要作为依据，监督被审计单位问题整改。（徐　卫）

【上海化学工业区工会精心组织经费审查审计工作】（1）组织开展第四轮“下审一级”工作。通过聘请4名“特约经审员”和区工会经审委员组成检查组，分别对12家基层工会开展年度预算执行情况和财务收支情况的审查审计。（2）强调对整改落实情况的回访。区工会经审会对被审计单位开展了整改落实情况的回访，确保专项检查意见和审查审计意见整改落实。（3）开展经审工作规范化建设考核评比。结合基层工会实际，从“经审组织建设”、“制度建设”和“实务审计”等3个方面对基层工会经审工作规范化建设考核评比。（4）审计重心前移，继续强化“本级审”职能。深化“工会经费审查审计工作重心前移”的工作理念，结合经审工作规范化建设考核，强化基层工会经审会监督职能，认真开展“本级审”和日常监督。（张　俊）

【鲁中矿业工会经审会强化审计监督职能】（1）加强工会经审组织建设，配强班子。按照经审会与工会委员会“三同时”原则，选好主任，公司工会经审会坚持“源头”把关，指导基层换届工会做好经审人员的选拔配用，提升工会经审组织的整体水平。（2）加强业务交流和信息沟通。公司工会经审会坚持每季一次例会，定期传达市总工作部署，组织经审人员学习经审有关文件，部署工作，互通信息，加强交流。（3）履责尽职，加强审计监督。下发《关于关于开展工会财务收支审计的通知》，通过集中查账、重点抽查、个别问询等方式，会同财务部门对15个两级工会2010年度财务收支情况进行审计，查处欠拨经费5万余元。（4）配合市总经审会做好对鲁中矿业工会及下属工会的审计监督。（5）加强对基层经审组织工作的指导与考核。公司工会经审会定期下基层了解情况，掌握信息，指导工作，加强与基层各级工会组织的交流与沟通，为工会经审组织开展工作创造良好环境；通过加大考核，按季通报，推动基层经审组织的正常运转。（杨庆荣）

【中海工会经审会获上海市工会优秀审计项目一等奖】近年来，中海工会经审会从健全工会经审组织，树立责任和服务意识；加强工会审计监督，维护工会经济秩序；开展经审工作规范化评比，提高经审工作水平；参加市总经审工作规范化考核，为中海工会争取荣誉；完善工会经审工作制度，提高经审队伍素质等5个方面加强自身建设。在市总工会2011年开展的上海市工会优秀审计项目评比中，中海工会经审会获得一等奖。（张　洁）

【建工集团工会举办经审干部业务培训班】5月26日举办，邀请市总工会经审办有关专家就《中国工会审计条例》作专题培训辅导。集团工会经审委员、特邀经审员，各单位工会分管主席、经审主任和部分基层单位经审干部近80人参加培训活动。培训班上，集团工会经审会还向4位经审干部颁发2011年度特邀经审员聘书。（杨钟春）

【市教育工会开展《中国工会经审条例》培训】11月18日举行，邀请市总工会经审办有关专家作专题学习辅导报告。各高校工会、区县教育工会、直属工会分管主席、经审会主任、工会财务干部等150余人参加培训。会议要求，全市教育系统各级工会和工会经审组织要在实际工作中按照政策法规要求，规范经审工作，切实推进工会经审工作制度化和规范化建设；要优化审计环境，规范审议行为，提高审计质量。（张渭明）

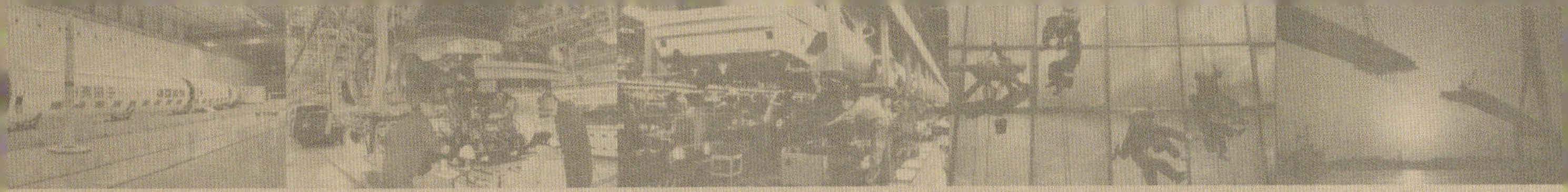

工会经济事业

Cause of Union Economy

上海工会年鉴

2012

综 述

2011年，市总工会资产监督和企事业发展工作围绕工会工作中心，加强调查研究，完善制度建设，严格监督检查，夯实管理基础，有效推进工会资产监管和企事业发展工作。截至12月31日，全市工会企事业单位共有282家，比上年减少5家；资产总额达117.40亿元，比上年增加9.60亿元；净资产55.15亿元，比上年增加5.07亿元；负债总额62.26亿元，负债率53.03%；总收入计73.99亿元；利税总计13.35亿元；从业人员9906人。(1)加强调研统计，夯实工会资产监管工作基础。一是开展区县工会文体场馆资产管理状况的调研。对全市30余家区县总工会下属的文体场馆进行走访，实地调研文体场馆基本概况、土地和房屋权属、经营管理情况等，并根据调研中了解到的资产管理工作中好的经验、做法以及存在的主要问题，形成调研报告。二是编制《上海工会企事业"十二五"发展规划》。为贯彻落实《上海市国民经济和社会发展第十二个五年规划》总体要求和中华全国总工会对于全国工会企事业"十二五"期间的相关发展规划精神，在深入调查研究、广泛听取意见的基础上，编制《上海工会企事业"十二五"发展规划》送审稿。三是加强产权管理，继续推进不动产产证办理工作。会同海鸥集团做好世纪海鸥房产的产权分隔相关工作；并结合区县总工会文体场馆调研，督促和指导少数未办证单位做好办证工作。四是完成全市工会资产统计上报工作。通过召开工会资产统计工作会议，组织工会资产统计人员培训，确保了统计工作的全面性和准确性。(2)加强监督检查，不断规范工会资产监管工作。一是召开上海工会企事业资产监督管理工作会议。总结5年来上海市工会企事业资产监督管理工作，并部署"十二五"期间加强工会资产监管、推进工会企事业发展改革的工作任务。二是严把直管单位固定资产核销关。先后对劳动报社、市工人文化宫等8家单位18批次的需核销固定资产，进行实地核查，提出处理意见，履行审批程序。三是严把工会企业转改制(股权转让)资产处置关。严格审批上海市化学工会、浦东新区总工会等单位分别投资的12家工会企业股权转让事宜。四是加强对各直管单位的安全检查。对劳动报社等单位进行消防安全检查，对存在的安全隐患，督促各有关单位立即整改。(3)加强整合发展，推进工会资产保值增值。一是指导协助市总直管单位做好整合发展和工程建设工作，主要有：退休职工嘉定公寓整修、退休职工大学常德路房产动迁置换、市工人文化宫楼层功能调整、培训中心支点公司新租赁办公场所装修、培训中心大楼整修方案拟制、劳动报社印务中心印刷设备购置、市总工会幼儿园幼儿教育生活大楼大修和设施更新、职工技协办公用房购置、海鸥饭店会议中心及客房装修、屏风山休养院改造等。二是推进崇明工人疗养院置地工作。与海鸥集团联合成立崇明疗养院前期工作筹备组，实地勘察地块情况，并着手准备项目立项阶段的相关报批材料。(4)加强责任考核，增强资产管理责任感。一是会同有关部门完成2010年度直管单位负责人业绩考核工作。二是签订2011年直管单位经营业绩考核责任书。 (陈依岚)

11月11日，嘉定工人文化活动中心在嘉定新城开工建设，市总工会主席钟燕群为工程奠基 (张方明)

工会企事业

【嘉定工人文化活动中心开工建设】 11月11日，在嘉定新城奠基开工。市人大常委会副主任、市总工会主席钟燕群出席开工仪式并致辞。中共嘉定区委书记金建忠，区委副书记、代理区长马春雷，区委副书记曹一丁，副区长庄木弟，区总工会主席沈贵楚等领导出席开工仪式，并一同为活动中心培土奠基。嘉定工人文化活动中心位于嘉定新城中心区地块，东临合作路，北至洪德路，南面是黄龙港。项目规划总用地面积约12.6亩，总建筑面积24151平方米，预计2014年交付使用。原建于20世纪80—90年代的嘉定俱乐部、嘉定影剧场等一些职工文化活动场所，虽处嘉定城区的黄金地段，但因建成时间早、功能单一、地方狭小、设施简陋等问题，已与当前职工群众对文化体育活动需求显得不相适应，供需矛盾日益显现。新建成后的嘉定工人文化活动中心将汇集职工的教育培训、就业援助、文化娱乐，困难帮扶，权益维护以及会展服务等诸多功能于一体，将成为嘉定工会服务全区职工的一个重要阵地和广大职工的重要文化活动场所。 (徐 浩)

【屏风山工人疗养院一、二分院改建工程开工】 12月29日奠基开工。市人大常委会副主任、市总工会主席钟燕群，市总工会党组副书记、副主席肖堃涛，杭州市委副书记王金财，市委秘书长许勤华等领导出席典礼并为工程项目奠基培土。为适应职工群众不断增长的疗休养需求，上海市总工会不断加大投资力度，实施更新改造、完善功能结构、丰富服务内容，切实增强工会疗休养院服务职工、服务社会的能力。改建后的市总工会屏风山工人疗养院为两栋地上三层、地下一层的建筑，总建筑面积约2.4万平方米，将建成住宿宾馆化、环境园林化、设施现代化、服务标准化的疗休养基地。项目预计2013年6月竣工。（张 启）

【市总工会开展区县工会文体场馆资产管理状况调研】 2011年，市总工会对全市区县工会工人文化宫、俱乐部、文体中心、体育场（馆）、影剧院等文体场馆资产管理状况开展调研。区县工会文体场馆作为工会工作的窗口和平台，在服务职工、服务工运事业、服务社会方面曾作出过积极贡献，但随着职工队伍结构的变化，传统的管理和运营模式已难以适应新形势、新需求的发展。在区县工会文体场馆中主要存在以下问题：擅自改变场馆用途，存在资产流失隐患；出租现象普遍，阵地作用弱化；设施设备老化，缺乏发展后劲；与社区文化活动中心共建，产生新的问题；人员结构老化，文化程度较低；开展公益活动，缺乏资金补贴等。为此，报告建议：(1)规范操作，加强资产监管。要加大工会资产管理制度的宣传普及力度，通过培训、检查等手段，提高制度的执行力。(2)加大投入，进一步实施更新改造。市区两级工会要进一步加大对文体场馆硬件的投入，根据实际情况每年在预算中安排一部分资金用于更新改造，同时积极争取各方资源，支持文体场馆的发展。(3)抓住机遇，做好事业单位分类改革工作。在事业单位分类改革中，积极争取将工会文体场馆列入相应公益序列，纳入上海公共文化服务体系中统筹规划。(4)坚持宗旨，妥善处理公益性与经营性的关系。通过开展与职工文体活动相关的经营项目，为公益活动的开展和建筑设备更新改造积累资金，努力实现社会效益与经济效益双丰收。(5)资源共享，妥善处理与社区文化活动中心的关系。共建时要注重自身特色，与社区文化中心在服务对象、服务内容、服务形式上形成互补，错位发展。(6)拓宽视野，多层次吸引人才。要加强人才队伍建设，调整队伍年龄结构，提高整体文化程度，吸引和培育一批具有较强政策理论水平和业务能力的骨干。（陈依岚）

12月29日，上海市总工会屏风山工人疗养院一、二分院改建工程开工 （姚芸婕）

【卢湾区全面完成卢工邮市经营席位租赁安置工作】 区按照"实施方案要到位、协同联动要到位、组织领导要到位"的要求，坚持公开、公平、公正和积极稳妥有序推进的原则，推进卢工邮币卡市场租赁安置工作。加强与区有关部门的沟通联动，及时了解掌握邮商诉求和动态，积极化解矛盾，合理布局，优化配置，制定《卢工邮市经营席位租赁安置实施方案》，根据《卢湾区重大事项社会稳定风险分析和评估意见》，围绕合法性、合理性、可行性和安全性等方面，对实施方案进行风险分析和评估。6月4日，新大楼交易大厅正式启用，邮市安置回搬工作圆满结束。（但汉春）

【工会管理职业学院成立国内第一家企业社工师事务所】 4月28日，杨浦区社会团体管理局举行上海市第10000家社会组织颁证仪式，国内第一家企业社工师事务所——上海星惠社工师事务所在工会管理职业学院成立。杨浦区区委副书记魏伟明、学院党委书记谢幼书为星惠社工师事务所揭牌。市社会团体管理局副局长单杰向星惠社工师事务所总干事刘茂香颁发证书。事务所由上海工会管理职业学院与上海浦东星火开发区联合发展有限公司合作成立，主要为企业和职工开展专业服务（包括提高企业员工身心健康），提升企业团队凝聚力，建立和谐劳动关系等。同时，作为上海工会管理职业学院的实训基地，通过传授一线服务经验，培养具有责任心、爱心和实务技能的企业社会工作者。（卢 锟）

工会技协

【上海技协参加第六届海峡两岸职工创新成果展】 由全国总工会主办、福建省总工会承办的第六届海峡两岸职工创新成果展于6月18—21日在福州海峡国际会展中心举行。共展出1268项成果。上海市职工技协从优秀发明选拔赛获奖项目中挑选了4个项目参展。经过组委会评审，宝钢集团上海梅山有限公司梁明芹发明的"基氏流动度测定仪盐浴熔剂"、上海纳杰电气成套有限公司沈剑鸣发明的"智能化配电站"、上海锦立新能源科技有限公司苏树强发明的"无水箱即热式承压太阳能热水器"、上海三菱电梯有限公司朱武标发明的"应用于电梯的能量回馈装置"等4个参展项目均获第六届海峡两岸职工创新成果展金奖。（王小龙）

【市技协对口支援新疆和云南】 市职工技协按照上海市对口支援和合作交流工作要求，利用上海科技优势和技协组织优势，积极开展对新疆、云南等对口支援地区的技术帮扶活动。根据"上海工会对口援疆五年工作规划"，组织医疗技术小分队赴新疆喀什泽普县开展医疗技术帮扶活动，在7家医院和乡、镇、社区服务中心开展工作交流和医疗质量管理的指导，在2个学科开展学科交流和临床诊疗技术指导，为泽普县卫生系统的60余名医务人员举办医院质量控制管理讲座，培训近百名医护人员。按照沪滇两地技协协作工作安排，组织云南普洱市、个旧市、大理州和文山州等地区的31名医疗医务人员来沪进修，涉及泌尿外科、心血管内科、眼科、神经内科等10多个学科。用请进来培训的方法，与云南省技协联合在沪举办云南省第五期高技能人才培训班，来自云南烟草、冶金、水电、建工、汽车、化工、锅炉制造、电力等20多个行业的38名具有高级工以上职称的焊工参加为期8天的专项培训。

（王小龙）

【市技协命名上海市职工岗位绝技高招】 市职工技协在第四届上海职工科技节期间开展上海职工绝技高招征集、选拔和展示活动。经各区县局（产业）工会推荐和专家评审，最终评出5个职工岗位绝技高招项目。5月26日，在第四节上海职工科技节闭幕式上，市职工技协作出决定：命名龙凤中式服装有限公司工艺师徐永良的"龙凤旗袍手工制作技艺"、雷允上药业西区有限公司职工黄亦绿的"中药传统手工泛丸"、西郊宾馆糖艺师张超的"糖艺"、上海博物馆工艺师马如高的"文物修复"、上海喜乐多拼布工作室的"工艺拼布"等5个项目为"上海市职工岗位绝技高招"。（王小龙）

【市技协聘任职工创新专家组成员】 5月26日，在第四节上海职工科技节闭幕式上，上海市职工技协正式聘请2011—2015年度"上海市职工科技创新专家咨询组"成员，旨在进一步支撑职工创新实践，为职工岗位创新和技术成果转化提供专业知识、技术和政策指导，发挥职工科技创新智囊团的作用。受聘的20位专家都是热心职工科技创新工作的大学教授、技术专家、著名劳模和工人发明家，他们中有全国著名劳模、市政府参事包起帆，原上海市知识产权局副局长许章林，上海市高新技术成果转化服务中心高级工程师董锦隆，上海市机电设计研究院有限公司副院长、总工程师、教授级高级工程师吴玠元，上海电信信息网络公司、高级工程师傅志仁，上海华谊（集团）公司高级工程师何扣宝，上海石化化工事业部副总工程师章洪良，上海市机械施工有限公司总工程师、教授级高级工程师吴欣之，上海纺织（集团）有限公司技术中心副主任、高级工程师杜卫平，复旦大学附属中山医院副院长、教授樊嘉，上海电气股份有限公司中央研究院高级工程师张青雷，宝山钢铁股份有限公司运输部高级技师孔利明，上海市卫生局科教处教授张勘，上海建工集团股份有限公司教授级高工王美华，上海电力建设有限公司高级技师吴明生，上海铁路局副总工程师谢兴中，上海汽车技术质量经济部高级工程师胡孝渊，上海海事大学物流工程学院博士、教授许晓彦，中国电信上海分公司总师室高级工程师马丹，上海高新技术成果转化服务中心经济师朱文龙等。

（王小龙）

【上海67项职工创新成果参加第二十届全国发明展】 8月19—22日，上海市职工技协、上海市职工科技中心推荐的67项发明成果参加在威海国际展览中心举行的第二十届全国发明展。发明展以"技术创新、改善民生、协调发展"为主题，展示交流了全国各省市自治区、解放军以及港台地区近年来涌现出的技术发明创新成果1500多项。经过展会评委专家的评审，上海市职工技协、上海市职工科技中心组织参展的项目获奖33个，其中宝运科技部"钢成品码头安全提效综合技术"等5个项目获得金奖；复旦大学附属华山医院"一种神经肌肉康复仪"等9个项目获得银奖；上海电气电站设备有限公司上海汽轮机厂"单缸、反动式加冲动式汽轮机"等19个项目获得铜奖；上海市职工科技中心、上海市职工技协展团获得发明展优秀展团奖。（王小龙）

保障政策文件选编

关于调整本市城乡居民最低生活保障标准的通知

沪民救发〔2011〕29号

经市人民政府批准，从2011年4月1日起，本市城镇居民最低生活保障标准，由每人每月450元，调整为每人每月505元；农村居民最低生活保障标准，由每人每年3600元，调整为每人每年4320元。以上所需资金按原渠道列支。

特此通知。

上海市民政局
上海市财政局
二〇一一年四月一日

友好交往

Friendly Intercourse

上海工会年鉴

2012

综　述

2011年，上海工会国际工作围绕上海工会工作大局，以服务大局、服务基层为主要宗旨。本着"围绕中心、服务全局、与时俱进、求真务实"的指导思想，为宣传上海、拉近同世界各国工会的距离，为造就一支了解国际工会运动情况、善于吸收创新、能够与时俱进的上海工会干部队伍服务。通过对外交流，宣传中国，宣传上海，宣传中国工会，宣传上海工会。年内，与法国和德国等工会组织分别举行工会工作研讨会，就外来务工人员的组织发展、权益维护等问题进行研讨。协同全总在沪举办"全球化与工会战略"国际研讨会。为配合《上海市职工代表大会条例》的实施，组织《上海市职工代表大会条例》情况说明会，向在沪外资企业进行《条例》的宣传、释疑。上海工会在继续加强与国（境）外已建立友好交流关系的工会组织交往的同时，积极拓展新的交流渠道，扩大中国工会的国际影响，树立起与中国经济社会发展总体水平相协调的中国工会形象，进一步扩大上海工会的影响。在对外交流中，积极宣传中国改革发展所取得的成果，展示上海改革开放30年以来的城市和经济新貌，帮助外国工会朋友正确了解中国，了解上海，了解中国工会，了解上海工会，努力为中国改革开放和社会主义现代化建设营造良好的国际环境和有利的外部条件。全年，上海工会共接待了来自世界各国和地区的26个工会代表团，477人次。通过交流，上海工会有选择地借鉴世界各国工会的有益经验，借鉴市场经济国家在长期劳资矛盾处理方式的探索中形成的成功经验和有效方法，了解如何化解全球金融危机对实体经济受到的影响，更好在维护职工的合法权益。重要客人有国际劳工组织代表团、国际五金工会代表团、美国变革谋胜利工会代表团、法国罗纳-阿尔卑斯大区工会代表团、巴西工人工会代表团、日本横滨市劳联代表团、日本大阪市劳联代表团及香港、澳门工会大陆访问团、台湾地区工会大陆参访团，等等。上海工会在做好"请进来交流"的同时，还注重"走出去交流"的方式。年内，上海工会共组织出访15批团组、69人次，分别赴巴西、阿根廷、丹麦、西班牙、日本等国进行交流访问。基层产业工会的对外交流得到了进一步的巩固。通过各种形式、各个层面的交流，使上海各级工会拓展了视野，进一步了解发达国家工会工作的有益经验。上海工会积极开展同港澳台地区工会组织的交流，相互间关系日趋密切，交流内容向更深层次发展。　（沈雄德）

2011年上海工会与外国和台港澳工会主要交往简表

团　名	时　间	交　往	人　数
中国-南太平洋国家工会领导人研讨会闭幕式	1.17	来访	28
市总工会访问美国、加拿大代表团	3.2—10	出访	6
巴西工人总工会访华团	4.16—23	来访	4
上海工会赴台湾参访团	4.18—24	出访	8
市总工会访问以色列、澳门代表团	5.17—26	出访	6
法国总工会罗阿大区委员会访华团	5.29—6.4	来访	5
市总工会访问摩洛哥、香港代表团	9.5—14	出访	6
市总工会访问日本、韩国代表团	9.14—23	出访	6
美国变革谋胜利工会联合会访华团	9.20—22	来访	11
市总工会访问巴西、阿根廷代表团	10.19—28	出访	6
中德工会工作研讨会	10.24	来访	6
市总工会访问丹麦、澳门代表团	10.31—11.9	出访	6
全球化与工会战略国际研讨会	11.29—30	来访	10

（张国峰）

上海工会出访

【上海工会参访团访问台湾】 应高雄市总工会邀请，以市总工会茆荣华副主席为团长的上海工会参访团一行8人，于4月18—24日赴台湾交流访问，先后拜会台北市总工会、台东县总工会、高雄市总工会和台湾能源产业工会联合会。台湾劳工联合总工会副理事长古民禾、台东县总工会理事长陈贞贤、高雄市总工会理事长林明章、台湾能源产业工会联合会理事长庄爵安等接待，并给予参访团参访台北故宫博物院VIP礼遇。在台期间，代表团与台湾工会同行，台北、新北市政府，以及台东县议会等干部就两岸工会的组织架构、运作机制，以及各自在促进就业和维护职工权益等方面所做的工作等双方感兴趣的议题进行探讨交流。4月21日，参访团专程拜访高雄市总工会总部，重点就两岸劳动法规及劳务派遣状况等议题与10多位理监事进行专题座谈交流。茆荣华团长代表参访团发表讲话，希望双方能进一步相互学习、相互促进，为更好地维护两岸职工权益、促进社会和谐发展、为中华民族的伟大复兴作出更大的贡献，并代表上海市总工会邀请高雄市总工会在明年适当的时候访问上海。茆荣华团长向台湾工会干部简要介绍上海经济社会发展、"十二五"规划、成功举办2010年上海世博会等有关情况，以及上海工会在维护职工权益、协调劳动关系、推动立法提高民主管理水平等方面所做的工作，重点就如何规范劳务派遣议题进行探讨。高雄市总工会理事长高度评价大陆经济社会发展成就，特别是上海成功举办世博会和推动经济社会发展所取得的成绩。高雄市总工会总干事详细介绍于5月1日实施的台湾地区劳动三法(《工会法》、《劳资争议处理法》、《团体协约法》)的有关内容，并重点分析台湾劳动派遣的有关情况及工会的立场。 （竺 敏）

【上海工会代表团访问丹麦、澳门】 应丹麦3F工会和澳门工会联合总会邀请，以市总工会副主席周志军为团长的上海市总工会代表团一行6人于11月7—16日对丹麦和澳门进行友好访问。在丹麦访问期间，代表团首先拜访3F在菲英岛的欧登赛分会。分会负责人加里·谢里登、梅兹·伦德和约翰斯·拉斯马森向代表团介绍欧登赛地区社会经济以及3F欧登赛分会的概况，邀请代表团参观他们的办公场所并与工作人员见面。在丹麦哥本哈根访问期间，代表团受到3F新当选的副主席约翰尼·斯科本加尔德以及负责国际事务的拉斯和拉森的热情接待。在座谈中，他们分别向代表团介绍了3F概况、3F国际劳工运动合作、丹麦劳动力市场、养老金等有关情况。周志军向丹麦方面介绍中国改革开放、上海经济社会发展、上海工会工作等情况，同时就工资集体协商、职工入会、最低工资标准等问题进行交流。代表团在访问澳门期间，理事长郑仲锡、副会长陈锦鸣、刘润辉等7位澳工联领导和相关人员同代表团进行会谈，并向代表团介绍工作情况。 （刘卫新）

【上海市总工会代表团访美加】 应美国洛杉矶县劳工联合会和加拿大温哥华地区劳工理事会的邀请，以市总工会财务部部长夏惠珍为团长的上海市总工会代表团一行6人于3月2—6日访问美国，3月6—10日访问加拿大。在美国洛杉矶，代表团拜会洛杉矶县劳工联合会，与戴维·坎贝尔副主席等工会领导举行正式会谈，增进了彼此间的了解；走访加州大学洛杉矶分校劳工研究中心，与肯特·王主任等进行晤谈。夏惠珍以市总工会名义邀请其在2012年方便的时候派团访华。在旧金山，代表团分别参观国际服务业雇员工会1021分会和国际电器工人兄弟会的培训中心，与旧金山劳工理事会主席蒂姆·保尔森等进行交流；还访问了奥克兰港口，与工会和行政进行座谈。在由亚太劳工联盟等组织举办的欢迎宴会上，奥克兰市华裔女市长和副市长等出席，加州州长布朗同代表团进行友好交谈。在访问加拿大温哥华时，代表团拜访温哥华地区劳工理事会，同主席乔艾·哈特曼、原主席威廉·桑德斯和加拿大汽车工会原职业健康与安全部主任王惠中举行会晤；宾主双方在友好的气氛中互通情况，交流工会工作经验，并就建立友好联系及交流关系达成一致意见。在美国和加拿大访问过程中，夏惠珍向两国工会同行介绍上海工会的基本情况以及在维护职工权益等方面所做的工作。9天里，代表团受到美加两国工会同事的热情接待，感受到他们的友好感情。 （张国峰）

【上海市总工会代表团访问巴西、阿根廷】 应巴西工人总联盟(UGT)和阿根廷工人中央工会(CTA)的邀请，以上海市总工会副主席汪兰洁为团长的上海市总工会代表团一行6人于10月19—28日对巴西和阿根廷进行为期10天的友好访问。访问巴西期

10月25日，以副主席汪兰洁为团长的上海市总工会代表团在阿根廷首都布宜诺斯艾利斯拜访阿根廷司法人员工会联合会总部 （竺 敏）

间，市总工会代表团受到巴西工人总联盟的热情接待。巴西工人总联盟副主席、巴西银行和保险业工会联合会主席罗伦索·普拉多专程从巴西利亚赶到圣保罗迎接代表团一行。在巴期间，代表团先后访问圣保罗、巴西利亚、里约热内卢等地，拜会了巴西工人总联盟总部、巴西银行和保险业工会联合会（CONTEC）总部，并与巴西工人总联盟主席里卡多·帕塔等主要领导就工会组建、维护职工合法权益、安全生产、环境保护，以及工会如何扩大国际交流与合作等议题进行友好和坦诚的交流。在首都巴西利亚，代表团参观巴西国会大厦，并拜会曾在工会工作过的巴西国会议员爱丁霍·贝兹。他对代表团的来访表示热烈欢迎，并对上海快速发展的成就表示钦佩和赞许，同时也希望与上海相关各方保持经常性的往来，促进国家之间和城市之间的友好交往。在阿期间，代表团先后访问布宜诺斯艾利斯和拉普拉塔市，拜会阿根廷工人中央工会布宜诺斯艾利斯市分会和阿根廷司法人员工会联合会，走访阿根廷国家议会、布宜诺斯艾利斯市议会，以及拉普拉塔市政厅，并与6位国会议员和拉普拉塔市市长巴勃罗·布鲁埃拉等进行友好交谈。在拜会阿根廷工人中央工会布宜诺斯艾利斯市分会和阿根廷司法人员工会联合会时，分会总书记卡洛斯·奇勒和阿根廷司法人员工会联合会总书记维克多·梅迪比尔等工会同行与代表团进行会谈。会上，汪兰洁副主席代表钟燕群主席与阿根廷工人中央工会布宜诺斯艾利斯市分会分会总书记卡洛斯·奇勒和阿根廷司法人员工会联合会总书记维克多·梅迪比尔共同签署友好交流协议，就两会在平等、互助和互利的基础上开展工会工作信息交流和互访等情况达成共识。汪兰洁副主席向巴西和阿根廷工会同行介绍上海经济社会发展情况、上海成功举办2010年世博会的有关情况，以及上海工会在加强职工教育培训，维护职工合法权益、特别是维护女职工权益等方面所做的工作。汪兰洁以市总工会主席钟燕群的名义邀请巴西和阿根廷工会在明年适当的时候派团访华。（竺　敏）

【上海市总工会代表团赴日韩友好访问】 应日本大阪市劳动组合联合会和韩国劳总釜山地域本部的邀请，9月14—23日，以经济工作部部长李卫军为团长的上海市总工会代表团一行6人，对日本和韩国进行为期10天的友好访问。通过访问，代表团了解了日本"3·11"大地震后日本工会的应对措施，韩国工运的最新情况。代表团也介绍上海工会援助四川地震灾区的有关工作情况、上海的劳动安全卫生工作情况以及维护农民工合法权益方面的情况。2011年，日本工会主要通过开展春季生活斗争（春斗）来恢复工人的工资水平；维护非正规就业者的权益，缩短工人的劳动时间等。日本工会在应对东日本大地震中的应对措施有：（1）成立日本工会总联合会（以下简称日本联合）灾区救援对策本部，向政府、政党呼吁：采取切实保障灾区避难者的生活，向国民公开信息，制定紧急就业、劳动对策；确保灾区弱势群体的安全，完善防范体制等措施。（2）向厚生劳动省提出了有关就业、劳动方面的要求，向中小企业厅提出资金周转等金融对策要求，向日本人才派遣协会提出切实维护派遣工合法权益的要求等。（3）向有关省厅提出救援募捐、救援物资输送、派遣救援志愿者等政策要求，同时，日本联合也积极开展救援工作。（4）日本联合提出"受灾者的生命安全和生活支援体制的完善"、"编制救济、补充复兴预算"等追加对策。（5）日本联合向各级政府以及职能部门提出制定基于基本理念的"复兴、重建家园的远景规划"、"对于基本措施中所示的各议案的具体实施方案加紧进行研讨"等实质性的要求。韩国自受到全球金融危机的冲击以来，为克服经济危机，韩国劳总明确提出"克服经济危机，实现社会融合，保护劳动者和老百姓的生活稳定，对话与斗争并存"的政策方向；开展以"积极参加克服经济危机和整合社会，抵制单方面的裁员，确保雇佣稳定"为主要目标的各项活动。（崔春吉）

9月20日，以市总工会经济工作部部长李卫军为团长的上海市总工会代表团拜会韩国劳总釜山地域本部（崔春吉）

【上海市总工会代表团赴以色列和澳门访问考察】 5月17—26日，应以色列海法市总工会和澳门工会联合总会（简称澳门工联）的邀请，以上海市总工会副主席肖堃涛为团长的上海市总工会代表团一行6人，赴以色列和澳门进行为期10天的访问考察活动。代表团通过座谈交流、互通信息、交流工作以及参观考察等活动，加深了解，增进互信，发展友谊，圆满完成访问考察任务。17—23日，代表团在以色列海法、耶路撒冷、贝尔谢巴等地进行访问考察活动。在以期间，代表团分别拜访以色列海法市总工会和贝尔谢巴市总工会，并就双方共同感兴趣的问题进行交流和座谈。实地考察高科技制药企业特华公司、死海镁加工厂、海法大学等，并与所在单位的工会干部、资方行政管理人员以及地方工会积极分子等广泛接触、深入交流,增进了两地工会之间的了解、互信和友谊。在加强工会工作、维护职工权益等方面达成许多共识。参观考察大屠杀纪念馆、以色列首任总理(也是以色列犹太工人总工会首任书记)本-古里安陵墓、耶路撒冷哭墙、海法大学(博物馆、图书馆)等,加深对以色列的民族精神、宗教信仰、历史文化、教育科技和资源环境等的认识与了解。24—25日,代表团抵达澳门,开始访问考察活动。在澳门期间,代表团与澳门工联进行座谈,向澳门工联何雪卿会长、郑仲锡理事长、政策研究暨资讯部谢莲秀副主任等简要通报代表团访以的有关情况以及取得的主要成果,介绍近期上海经济社会发展情况、上海劳动关系发展趋势和职工利益诉求特点、工会重点工作开展情况,并就加强中国大陆与澳门工会之间的交流合作等方面工作进行交流和探讨,双方同意围绕推进最低工资制度立法、维护职工劳动经济权益、提升工会干部素质能力等方面加强合作交流,相互学习借鉴,不断提高两地工会整体工作水平。在澳门期间,代表团参观考察葡萄博物馆、澳门博物馆,增进和加深对澳门城市建设和经济社会发展的了解与认识。 (王厚富)

【上海市总工会代表团应邀访问摩洛哥、香港】 应摩洛哥公用事业工会(以下简称 FNTD)的邀请,以组织部长杜乃根为团长的上海市总工会代表团一行6人于9月5—11日对摩洛哥进行首次访问。访摩期间,代表团拜访位于卡萨布兰卡的摩洛哥劳工联合会总部,与总书记穆哈拉克、副总书记兼全国银行工会联合会主席哈义尔、司库兼 FNTD 主席哈利利、司库兼全国铁路工会联合会副主席卡法斯、书记处成员兼全国职业培训联合会主席阿拉维、书记处成员兼全国银行工会联合会副主席艾莫莉等主要领导进行正式会谈。走访 FNTD 办公大楼,与哈利利主席等进行友好交流;到卡萨布兰卡市政厅拜见副市长;在摩洛哥劳联马拉喀什市分会办公室与米亚尔主席会面;分别参观 FNTD 在卡萨布兰卡和马拉喀什的俱乐部。在7天的访摩过程中,FNTD 高度重视,精心安排,以最高的规格接待市总工会代表团。该会所属的健康保险与社会保障协会主任阿鲁谢和拉巴特市分会总书记拉希德全程陪同。代表团在卡萨布兰卡、拉巴特和马拉喀什三地访问时受到摩洛哥工会界的热情接待,感受到他们对上海的友好感情。代表团利用各种机会向摩洛哥工会同行介绍上海工会在职工培训、就业、医保和签订集体合同、劳务派遣等方面所做的维权工作。通过交流,对摩洛哥工会的情况及其所开展的工作有了一定的了解。9月12—14日,代表团应香港工会联合会的邀请顺访了香港。期间,代表团前往工联会新大楼,与梁富华副会长等进行深入交流。

(张国峰)

【"全球化与工会战略"国际研讨会在沪召开】 由中华全国总工会和国际五金工会共同举办、上海市总工会承办的"全球化与工会战略"国际研讨会于11月29—30日在沪举行。来自国际五金工会、巴西、德国、瑞典、美国和日本等国五金行业工会的10位外方代表与中华全国总工会和江苏、浙江、安徽、上海等省市总工会、企业工会的代表,共同对全球化与工会战略、全球化与劳动世界、工会未来发展的前景等专题进行深入而广泛的交流研讨。国际五金工会总书记尤利凯·莱纳、执行部长罗伯特·约翰斯顿、巴西统一工会下属金属工会联合会总书记席尔瓦·凯雷斯、德国五金工会国际部书记克里斯汀·魏斯、书记迈特·斯文森、美国钢铁工会国际部长本杰明·戴维斯、日本汽电总联国际局长市渡雅彦、全日本金属产业劳动组合协议会事务局次长野木正弘和全总民主管理部、基层组织建设部、法律部、集体合同部代表以及上海机电工会主席朱斌分别发表主旨讲话。上海市总工会副主席周志军出席研讨会并致欢迎辞。会议认为,经济全球化的深入发展,国际金融危机影响的依旧,资本的"无国界"流动,跨国公司的大量增加,劳动力市场的国际化竞争等新的时代背景和世界局势,使世界各国各地区工会工作都遭遇许多共性的问题,面临着严峻的挑战和难得的机遇。世界经济可持续发展最终离不开广大劳动者的参与,也一定会有赖于工会组织的积极推动。与会者表示,作为工会组织,应当大力保护广大劳动者参与推动可持续发展的积极性,引导劳动者积极参与节能减排和环境保护等活动,促进企业、社会和环境的协调发展;应当坚持保障和发展劳动者权益,推动劳动者更多地公平分享经济社会发展成果;应当大力倡导发展和谐劳动关系,积极营造合作、和谐的社会和企业氛围,推动和谐稳定的劳动关系;应当着力激发劳动者不断学习提升素质的积极性,保障和发展劳动者接受教育培训的权利,对劳动者普遍开展技能培训。 (管一珉)

11月29日,由中华全国总工会和国际五金工会共同举办、上海市总工会承办的"全球化与工会战略"国际研讨会在沪举行 (吴良荣)

工会友好团体来访

【巴西工人总工会代表团访华】 应上海市总工会邀请，由巴西工人总联盟副主席、巴西银行和保险业工会联合会主席洛伦索·费雷拉·普拉多率领的巴西工人总联盟代表团一行4人于4月16—23日对中国进行友好访问。4月17日，副主席肖堃涛会见了代表团一行。肖堃涛向巴西工会同仁介绍上海社会、经济等方面的情况和工会工作。普拉多回顾两个友好工会的交往史，并介绍巴西的近况。代表团在沪参观上海贝尔股份有限公司和中国馆，并赴杭州和北京参观交流。

（张国峰）

【法国总工会罗阿大区委员会代表团访华】 应上海市总工会邀请，以总书记布律诺·布维埃为首的法国总工会罗纳-阿尔卑斯大区委员会代表团一行5人于5月29日至6月4日来华访问。30日晚，市人大常委会副主任、市总工会主席钟燕群在海鸥宾馆会见法国工会客人。她对布维埃总书记的再次来访表示诚挚欢迎，感谢罗阿大区对世博园的支持，并向他们介绍上海工会在发展会员、就业培训、提高职工收入等方面所开展的工作。宾主双方还就如何应对全球化的挑战等问题进行探讨。布维埃说，法国工会关心可持续发展的问题，如交通、环保等。谈及法国的罢工原因，他说工会的主要诉求是涨工资，保持社会福利和保障青年就业。市总工会副主席周志军会见时在座。在沪期间，代表团在市总工会培训中心就职业培训课题进行专题座谈，还参观中国馆和上海南湖职业学校。

（张国峰）

【法总罗阿大区委员会代表团赴培训中心交流座谈】 5月31日上午，法总罗阿大区委员会代表团5位成员赴上海市总工会培训中心参观并参加座谈，听取培训中心主任的介绍，双方就转型期职工培训、技能提升与收入提高等问题进行了深入和富有成效的探讨。上海市总工会副主席周志军、经济部部长李卫军、机电工会副主席袁胜洲和上海交运（集团）公司汽车零部件制造公司工会主席缪培生出席座谈会。周志军向代表团介绍上海市职工培训工作的总体情况、政策支持及资金来源等，强调工会与企业行政间的互动关系，工会的督促作用。袁胜洲向法方介绍了具有其集团特色的“3+3+3”模式，提高高技术人才在集团中的比例，提升产品质量。缪培生介绍了该集团在提升职工素质方面采取“技术比武”的形式，调动员工提高和创新技能的积极性，促进工人小改小革，集团每年有几十项专利诞生，切实解决生产过程中的问题。代表团对上海工会的介绍表现出浓厚兴趣。法国在20世纪70年代颁布针对职工培训方面的法律，这项法律经历了40多年，有必要进行整体、深度的革新。因为技术革新的速度越来越快，企业工人转换工作也越来越频繁，同时，近年来，失业问题在法国也引起关注。帮助失业人群就业和职业创新、科研是职业培训的两个重要主题。法国工会的工作就是要确保所有职工都有机会接受培训，政府和企业要同时响应，提供经费保证。法总罗阿大区委员会运输工作负责人认为，近年来法国铁路的整体改革导致近2.5万铁路工人失业，另一方面，由于可持续新能源、清洁能源的使用兴起，核电、风电和太阳能设备的技术工人需求大增，法方希望能与中国在这个新领域内开展培训有更深的交流。

（管一珉）

【美国变革谋胜利工会联合会代表团访华】 应全国总工会邀请，由美国变革谋胜利工会联合会主席、美国联合食品工会主席约瑟夫·汉森率领的变革谋胜利工会联合会高级代表团一行11人在访问北京等地后，于9月20—22日访问上海。9月20日，市人大常委会副主任、市总工会主席钟燕群会见代表团。她对美国客人的来访表示欢迎，并介绍上海工会在组建等方面的主要工作。汉森说，美国经济尚未从2008年的经济危机中恢复。现失业率近10%。从20世纪80年代起，由于去产业化等原因，工会组建遭到许多公司、特别是跨国公司的反对，故入会率持续下降。美国工会需加强同中国工会的交往和交流。

（张国峰）

【中国—南太平洋国家工会领导人研讨会闭幕式在沪举行】 应全国总工会邀请，南太平洋地区澳大利亚、库克群岛、斐济、基里巴斯、新西兰、巴布亚新几内亚、萨摩亚、所罗门群岛、汤加、图瓦卢、瓦努阿图11个国家和地区的全国性工会组织的28名领导人于1月17日在上海举行研讨会总结闭幕式。这次研讨交流活动旨在通过研讨与参观访问相结合的方式与南太平洋国家工会领导人共同探讨工会应对国际金融危机的对策，进一步增进南太平洋国家工会领导人对中国工会的了解和友谊。市总工会副主席肖堃涛、周志军出席闭幕式，并介绍中国工会为促进国家经济发展和社会稳定方面所开展的工作。11个国家和地区的工会各派一位代表在闭幕式上发言。在沪期间，南太平洋国家工会领导人还参观了上海汽轮机厂有限公司和世博会中国馆。

（张国峰）

【卢森堡总工会代表团来崇考察】 3月11日，应中华全国总工会邀请来华访问的卢森堡总工会代表团一行6人来到崇明考察。代表团一行首先来到陈家镇开发公司，参观陈家镇新城建设总体规划。随后，客人们来到东滩花菜种植基地，代表团团长、卢森堡总工会主席让·克洛德·雷丁等向县农委专家详细了解花菜的种植、施肥、销售等情况，并介绍本国蔬菜的种植模式。代表团又来到位于港沿镇的合兴芦笋种植基地，大家对崇明蔬菜采用有机肥、无污染的种植方法表示赞许。参观结束后，宾主双方进行友好的交谈。崇明县总工会向代表团介绍崇明生态岛建设总体规划和经济社会发展情况，以及崇明工会在组织职工加入工会，维护职工权益等方面所做的工作。

（易建军）

国际友好工会

【美国洛杉矶县劳工联合会】 洛杉矶县有1000多万人口，是美国人口最多的县，其中洛杉矶市有400多万人口，是美国第二大城市和最大的港口。洛杉矶县劳工联合会有345个下属工会，代表80多万会员，系美国第二大县级总工会，被认为是美国劳工运动中最有实力的地方总工会。该会政治上有号召力，组建工作较出色，被称为新移民工人运动的中心。2006年该会组织100多万人参加五一节游行，成为美国历史上游行人数最多的一次。洛杉矶县劳联的口号："我们是洛杉矶的中产阶级，家庭有健康保险，子女能上大学，买得起房，付得了税"。洛杉矶县劳联总书记玛丽亚·埃莉娜·杜拉佐曾任洛杉矶宾馆业雇员工会主席，是全美最能干的工会组织员之一，被选为劳联-产联执委、副主席，成为工会最高层少数女性领导之一。洛杉矶县劳联2011年工作重点之一是工会组建。加州的入会率是16%—17%，洛杉矶近20%，公共部门入会率为35%。洛杉矶县劳联参与政治和选举等活动。2011年工会成功地把民主党候选人布朗选为加州州长。上海工会与洛杉矶工会有着许多年的友谊和交往。洛杉矶县劳联注重有实质内容的交流。除了就双方感兴趣的问题如如何维护移民工权益等进行交流、研讨外，两地工会还促成互派教师教语言、互派高中生居家学外语等事宜。2009年"变革谋胜利"联盟与中华全国总工会也缔结友好交流关系。肯特·王希望促成美国汽车工会、食品工会等产业工会同中国相关工会进行交流。（张国峰）

【上港集团工会定期开展与日本大阪港运工会和韩国釜山港运工会的友好交流活动】 上港集团工会与日本大阪港运工会和韩国釜山港运工会建立了定期开展友好交流关系。8月中旬，上港集团工会主席王晓华率第六次访日代表团赴日本大阪港与日本大阪港湾劳动组合协议会进行了友好交流活动。10月中旬，韩国釜山港运工会也在委员长池龙寿的率领下第六次来上海港进行友好交流。在出访日本大阪港和接待韩国釜山港运工会期间，上海港工会与这两个友好港口工会围绕共同感兴趣的议题进行广泛的探讨和交流，进一步增进上海港工会与这两个港口工会和员工之间的了解和友谊。10月，在市总工会召开的相关工作会议上，上港集团工会作了题为《坚持定期互访，加强沟通交流，为增进与日、韩港运工会及员工的友谊作贡献》的专题发言。（张晨琦）

国际工运动态与理论

【丹麦劳动力市场、职工失业、养老金等情况】 丹麦全国人口约552万，是北约和欧盟成员国，是世界上最具竞争力和最富有的国家之一，但没有加入欧元区。丹麦劳动力市场具有"五大特点"：(1)高工资。近年来平均月工资已达3000欧元，而欧盟一些东欧国家则为300—400欧元。(2)高税收。职工收入平均缴税高达50%。(3)全国约有70万公共部门的工作人员需要税收养活。(4)工会会员入会率高。(5)工资收入差距小，最高为1:7。丹麦劳动力市场主要靠集体协议来调节。发生争议可以通过社会组织解决，解决不了的可以通过劳动法庭。企业主必须加入雇主协会，即使外资企业也必须如此。单一企业不需要开展工资谈判，由工会和雇主协会通过集体协议解决。企业也不需要自行处理税收，可以通过公共组织解决。职工失业金——失业基金80%的资金由政府根据每年失业率的高低划拨，其余20%出自工会经费。工会会员失业后，工会负责发放救济金，其水平为原工资的50%—70%，这使会员失业后的生活仍能得到保障。丹麦约有失业人员13万。其中，丹麦综合工联约有2万。丹麦工会正在向政府施压，希望减少失业。工会鼓励再就业。职工失业可以到工会进行失业登记，由工会介绍再就业，并领取2个月的失业金。职工养老金——养老基金由工会和雇主共同管理。其中，工会管理2/3，雇主管理1/3。丹麦养老基金缴纳比例是通过谈判签订集体协议决定的。如开始时丹麦养老基金缴纳比例为职工工资的2.7%，职工缴纳0.9%，雇主缴纳1.8%。现已达12%，职工缴纳4%，雇主缴纳8%。职工退休可以拿到12万克朗的养老金/年。其中，政府7万，工会3万，社会2万。近年来职工养老金有所下降，约为10万左右。丹麦综合工联碰到了一个严峻问题，就是"黄色工会"的扩张。因为法律规定工会集体协议有效性覆盖到所有职工，不论其是否加入工会或属于哪一个工会。"黄色工会"就是利用这一点，以低廉的会费吸引工人入会，却并不开展集体协商，坐享丹麦综合工联等工会协商成果却不需要付出任何劳动和费用。已有10多万工人加入"黄色工会"。丹麦综合工联一方面加强对工人的宣传，揭露"黄色工会"的面目，同时也努力改进自身工作，以增强对工人的吸引力和凝聚力。（刘卫新）

【国际卡车司机工会支持基层工会工作】 国际卡车司机工会（也称国际卡车司机兄弟会，英文简称IBT）创立于1903年，现有会员140万。IBT总部在华盛顿，内设法律、通讯联络、组织、人权、战略研究、培训、安全与健康、信息、会员福利、预算、审计、投资等部门或委员会。该会领导层每5年选举一次；现有26名执委，主席是詹姆斯·霍法。它加入"变革谋胜利"联盟。IBT下辖21个产业工会，包括几乎所有的行业，系美国最多样化的工会。美国每10个工会会员中就有一个来自卡车司机工会。产业工会为基层工会提供信息、谈判指导等帮助，为职工排忧解难，并召开会员代表大会，讨论共同关注的问题。IBT共有近1900个位于美国、加拿大和波多黎各的基层工会组织。因为大多数集体合同是通过基层工会的谈判签订的，而且为会员提供服务的也主要靠基层，所以IBT把基层工会看作该会的心脏和脊梁，致力于促进其强大并培养其能干的领导人。基层工会拥有自己的劳工法律专家，注册会计师，专职业务代表，组织员和文职人员。会员选出自己的领导，依法制定工作目标，独立自主地开展活动。IBT在以下方面支助基层工会：协调全国集体合同谈判，开展政治行动，拓展工会组织；对工会领导、业务代表、工会组长以及会员进行教育和培训；派有经验的组织员、谈判员、研究人员、律师、安全与健康专业人员、审计师和通信专家为基层提供帮助。IBT希望通过这些工作把职工组织起来，让他们知道自己在工作场所的权利，能有尊严地工作及受到公正的对待，从而使他们的生活达到一个更高的水平。通过工会的努力，现会员的工资比没有入会的工人平均高出27%，拉丁美洲裔和非洲裔美国人加入工会后收入有了明显的提高，会员都享有较好的健康、养老等各类保险。（张国峰）

【加拿大工会的历史和现状】 (1)加拿大工会历史。加拿大工人于19世纪20年代就开始组织起来,最早的工会是手工艺行业工会。在20世纪初,劳工运动从狭隘的行会政治发展到社会民主以及马克思主义理论指导下的运动。第一次世界大战结束后,教师、邮政工人等公共部门职工开始组建工会。工会要求被社会所承认,实现8小时工作制,增加工资,改善工作条件。面对雇主和政府的压迫,由加拿大共产党(成立于1921年)领导的"工人团结联盟"从1923年至1935年多次赢得罢工的胜利,迫使政府作出工人可以投票决定他们是否需要一个工会的裁决。经过反复斗争,1944年联邦政府终于承认工会,颁布保护工人组织工会权利的新法令,要求雇主承认工作场所大多数工人选择的工会,规定调解合同争端的程序等,失业保险制度也建立起来了。第二次世界大战期间,劳工短缺使工会力量变得强大,工会经过谈判达成的集体协议涵盖工厂内的所有工人。如果工人被不合理地开除、不按论资排辈的原则使工人下岗(即最后雇佣最先下岗的原则)、不能合理地得到升迁、被管理层骚扰、不能得到合理的报酬,工会作为"公正代表"有法律责任同雇主进行交涉。二战结束后,冷战的宣传使大多数工人害怕苏联,他们认为革命不再必需,社会主义的做法如实现医疗保险等可以通过支持社会民主党得以实现。随着共产党影响的下降,许多工会的领导权交到社会民主党的支持者手中。1956年,加拿大工人大会成立。最大的产业工会是加拿大公共职员工会联合会。工会与雇主签订的集体协议一般为3年,期间工会不能组织任何罢工。60年代,集体协议和有关法律得到改进,双周日成为常规,两周带薪休假成为法律,职工每年享有圣诞节等9个带薪假日(现为10天)。如果每周工作超过44小时,每小时超时工资是正常工资的一倍半。社会计划也得以实施。1965年的养老金计划:联邦政府承办,面向所有加拿大人,雇主和工人共同交付,回报依收入而定。1966年的医疗保险:除了医院外用药、牙医和视力诊治外,所有加拿大人免费就医及在医院接受治疗。1971年的失业保险计划得到改善:病休和产假及福利延长、增加。争取到保护劳工职业健康和安全的新法律,这些法律基于工人的三项基本权利:一是参与劳资职业健康和安全联合委员会,二是对工作场所危险性的知情权,三是拒绝从事不安全工作的权利。加拿大的入会率为32%,几乎所有大公司都有工会,那里工人都是工会会员,而小公司则因老板以开除工人或关门相威胁一般都没有工会。但工会没有放弃,它们秘密组织工人。当工会征集到多数工人的签名时,就向劳工关系委员会提出表决的申请。该委员会主持秘密表决,倘若大多数工人投赞成票,政府就批准这个公司的工会,它代表该公司所有的工人,而老板必须予以承认。工会成立后达成第一个集体协议的过程也是非常艰难的。非会员分享工会争取来的福利,但他们也需承担部分责任,如交纳会费以维持工会的运行等。(2)加拿大工会现状。加拿大是西方国家中工会力量最大、工会和工人利益受到最全面保障的国家。只有在加拿大,参加工会可以被用作报考工作者是否受雇的条件和资格之一。加拿大工人大会有300多万会员,每3年召开有1000多名代表参加的大会,选举新的领导层,加工大总部设在渥太华。大不列颠哥伦比亚省劳工联盟有50万左右会员,来自50个产业工会、800个地方工会;两名领导由1000多名代表参加的大会选举产生,代表大会每两年举行一次,来自所属最大工会的20名执委每月开一次会议,在温哥华总部有10名专职工作人员。温哥华地区劳工理事会是加拿大工人大会的一个地方组织,成立于1889年,是加拿大最早的工会组织之一,系加拿大第二大的市级工会,下辖118个基层工会,约有6.5万名会员。5位执委经选举产生,主席为专职,另有12名委员代表下属工会。该劳工理事会执行加拿大工人大会的政策,参加全国选举,组织政治活动,促进国际工运团结,为温哥华地区的社会正义而奋斗。加拿大大多数工人受省劳动法保护,10%邮政、交通和通讯等全国性行业的工人受联邦法律保护。职工还享有其他补充法律和计划,如工人赔偿、就业保险(包括病假和产假)、失业救济、人权保障等。工会坚决反对种族主义,通过开办英语学习班等吸引有色人和新移民加入工会活动。女工享有与男工一样的雇佣权和升迁权,享有产假权和成为母亲的请假权。尽管女工的状况较之先前改善良多,但仍有些工作的报酬比男工少30%,工会仍在为其同工同酬而努力。 (张国峰)

【美国:围绕工会集体谈判权的争斗】 年初,威斯康星州州长为了减少巨额财政赤字,意欲大幅削减公立学校和地方政府的开支,威胁剥夺公共雇员工会大部分集体谈判权,其提案获得州参众两院表决通过,引发工会抗议和全国争论。3月2日,俄亥俄州参议院通过限制35万名教师、教授、警察、消防员等公共部门雇员集体谈判权的法案,还制定对罢工者罚款和监禁的法案,工会只能就工资、工时及某些事项进行谈判,但不允许触及医疗保健、病假时日、养老福利等内容。印第安纳等州也开始效仿,造成社会的不稳定。对此,基层工会会员、学生忍无可忍,奋起反抗,劳联-产联随之跟进。洛杉矶县劳联特租包机,由玛丽亚总书记亲率160人前往威斯康星州助阵。示威者占领了州政府大楼,周末抗议者达10万人之多。国际工会组织纷纷声援,捐款,甚至派员参与。集体谈判权是工会在20世纪30年代经不懈斗争得来的,而威斯康星等州却企图剥夺这项来之不易的权利。于是工会大声疾呼:是谁造成经济危机?是银行的抵押贷款和华尔街的投机者。谁又在经济衰退中获利?是大公司。2010年第三季度公司利润竟为1.6万亿美元。美国面临预算资金短缺,但去年国家从企业征收的税收却少了25亿美元。在威斯康星州,2/3的公司不交税。国家的企业税收收入的比重自1981年以来下降了一半。显然,经济衰退或政府面临预算危机并非劳动人民之过,何况有的地方在良好的经济形状下仍想大规模削减养老金等社会保障资金。工会反对教育私有化和削减公共部门雇员的薪酬和退休金,认为需多征富人的税,用其资助教育和社会服务事业;需创造更多的能支撑家庭的就业机会,使所有无证工人合法化,人人能有尊严地退休;需尽快通过《雇员自由选择法》;需从伊拉克和阿富汗撤出所有美国军队等。奥巴马总统表示支持工会提出的《雇员自由选择法》草案，认为这能提高工会组建率，增强其谈判能力，使职工获得前所未有的利益，从而缩小贫富差距。鉴于劳联-产联和“变革谋胜利”联盟目标基本一致，奥巴马呼吁两大工会组织能重新合并，壮大力量，共同维护好职工的利益。不过，奥巴马虽然支持工会的一些诉求，但因受制于身边一些右翼顾问，其政策表现得摇摆不定。

（张国峰）

【摩洛哥工会】 (1)摩洛哥劳工联合会（以下简称UMT）和摩洛哥公用事业工会（以下简称FNTD）概况。摩洛哥工会运动始于20世纪30年代。1955年3月20日，UMT宣告成立。在法国殖民统治下，成立工会已属不易，而维护会员权利则更难。因受法国统治者的压制和迫害，UMT无法维护会员的权利。为使国家从殖民主义中解放出来，工人们勇于献身，体现了具有坚定斗争性的特点。这就是说，UMT不是某个政府或政党的产物，而是工人们伟大的斗争性和解放国家的意志的体现。1956年，摩洛哥获得独立。从历史、特性等方面看，UMT是摩洛哥工人阶级的化身，它从敌对政府、政党和雇主的围攻中保存了工会运动的独立性和真实性。更重要的是，它始终保持对价值和原则的忠诚，满怀着期待和希望，并坚持以下三个原则：一是团结一致，共同捍卫工人阶级的权利，反对外来的意在削弱和肢解工会的威胁，保持工会运动的统一性。二是同那些为一己之私而牺牲工人阶级利益的政府、政党或雇主的做法作斗争，保持工会运动的独立性。三是保证政治多元化的权力和属于全体工会会员的政治自由，保持工会运动的民主性。UMT有15名执委（其中两名为女性）、100多名干部和30多万名来自国有和私营部门的会员。1990年，该会重新加入国际自由工会联合会（现改名国际工会联合会）。1963年3月，该会前总书记西迪克（故世）访华时曾受到毛泽东主席的接见，并一起合影。他表示，摩洛哥工会不喜欢单极世界，而中国主张多极化和倡导和平的做法受到他们的赞赏。UMT在国际劳工组织大会中支持中国，而西方工会却在人权等问题上攻击中国工会，实则害怕中国强大。面对严峻的阿拉伯政治环境，UMT希望加强与全总交往，发展产业工会与中国相关工会如上海工会的交往。FNTD成立于1955年，系UMT下辖的24个产业和地方总工会中最有实力的一个工会，共有1.7万多名会员，主要来自自来水、电力、排水3个行业的18家公司。经埃及公用事业工会的牵线，FNTD自2009年起与上海市总工会保持联络。经协商，双方同意开展友好交流。2010年8月2日至9日，由阿布德斯兰副主席率领的FNTD代表团一行5人首次对中国进行访问，并签订了友好交流关系协议书。哈利利主席表示，FNTD对世界文化持开放包容态度，与其他许多工会建立友好关系。摩中两国关系很紧密，希望不断加强两个工会的友好交流。(2)UMT和FNTD主要工作。UMT不仅在解放和独立及全面终结保护国体制的事业中起到领导作用，而且始终为争取摩洛哥工人阶级和广大群众在社会生活中的权利而斗争，以保证他们良好的生活标准、社会福利、教育、健康、住房和社会保险。根据工会档案的记载，这一立场受到一系列的压迫，一些工会领导人甚至被逮捕。有的政府和政党利用公共媒体歪曲工会的形象，破坏工会团结，希冀工会听命于它们的指令，但UMT为建立一个能保证人的尊严的真正的民主社会、为国家主权、领土完整和经济独立而进行着不屈不挠的斗争。同时它还支持阿拉伯、非洲和国际解放运动，并以摩洛哥工人阶级的代表出现在国际舞台上。UMT经过谈判促使政府立法。随着《劳动法》等的颁布，工会便能依法维护职工的权利，从而在保障职工健康、工作条件、体面工资等方面取得较大成绩。工会还按照国际劳工公约来维护妇女的权利，主张男女平等，同工同酬。公司管理层对工会工作往往不太支持，对此工会主张与之对话、谈判，最后仍不成功就组织罢工，以期引起政府的重视。2011年4月，UMT与首相等达成以提高工资为主要内容的全国性集体协议；该协议5月1日正式实施。各产业工会也与相对应的政府部门和雇主协会达成各自的集体协议。FNTD的目标是改善和提高公用事业部门职工的工作环境和生活水准。该会主要通过协商、谈判等一切法律手段来协调劳动关系，为会员签订一流的集体合同，保证其会员在经济、政治、社会等领域的各项权益；该会通过建立雇主和雇员相互尊重的伙伴关系，使全体会员获得就业保障，因而至今从未组织过罢工；该会注意倾听职工呼声，努力维护UMT的团结，通过工会间的合作来保持和提高职工的福利。FNTD认为，职工创造一个繁荣、平等和安全的社会的努力值得承认、尊重和奖励。FNTD注重为会员及其家属和退休人员服务，比如组织旅游、安排体检等。开展俱乐部活动是其服务工作的一个特点。该会在各大城市有9家俱乐部。代表团参观了位于卡萨布兰卡和马拉喀什的两家俱乐部。卡萨布兰卡俱乐部共有70名工作人员，月工资为250—400多美元（摩洛哥最低工资为250美元）。俱乐部不以赢利为目的，无需交税，日常收支基本平衡，18家公用事业公司、企业适当赞助。俱乐部内有游泳池、足球场、篮球场、网球场、健身房、餐厅等等，供会员及其家属度假。卡萨布兰卡的俱乐部有20余间房间、马拉喀什有100多间，每间可住5—9人，每间房每夜只需6美元。会员每年若付80美元费用，即可在所有设施内进行活动、锻炼。除了对会员及其家属开放外，俱乐部也兼顾一些合作单位的职工。总之，俱乐部占地面积大，活动内容多，深受会员和职工的欢迎。(3)其他情况。上海工会代表团到卡萨布兰卡市政厅参观时见到了副市长。他说道：中国是个文明古国，发明了造纸、印刷等。摩中有好几百年的交往史，两国人民历来十分友好。他表示，市政府和工会关系密切，支持两个工会交往，希望通过FNTD与上海工会建立联系。今后凡上海工会代表团访摩，都欢迎到市政厅做客；而卡萨布兰卡市代表团访问上海时也希望能拜访市总工会。摩洛哥经济状况总体尚好，近10余年来GDP年均增长5%。除了农业等外，摩洛哥纺织业也较发达。 （张国峰）

【日本《劳务派遣法》在规范劳务派遣业运营中的作用与存在的问题】 日本的《劳务派遣法》于1986年7月开

始正式实施。该法共有5章62条，其中分：总则、关于确保劳务派遣规范运营的措施、关于调整劳务派遣工就业条件的措施以及附则等。《劳务派遣法》颁布实施以来已经过多次修改，仍然受到社会各界的批评与指责。日本工会就该法颁布实施以来的建议与评价如下：日本从事一般劳务派遣的企业有近3万多家，从事特定劳务派遣的企业有近5000多家，随着《劳务派遣法》的颁布与修订，劳务派遣业的规模还将不断扩大，派遣劳务工的人数已达400万之多。这也从一个侧面表明劳务派遣业已经成为日本劳动力供求系统的一个重要的组成部分。日本工会总联合会认为该法的制定，打破了日本式经营的“三件神器”之一的“终身雇佣制”，为包括派遣劳务工在内的非典型用工提供了发展空间。该法还让劳务派遣工拥有隶属劳务派遣公司后的归属感和受法律保护的安全感，淡化了“学校毕业生劳动力市场”和“普通劳动力市场”的界限，理论上为派遣劳务工转为正式员工提供了可能，并为企业实施雇佣方式多样化提供了法律保障。特别是对于部分专业程度较高的特殊人才则更显魅力：他们由此可以获得比作为企业正式员工更多的工资收入和时间上的自由度。特别是对于一些能够独立规划自己长远发展前景者，通过短期或者临时《劳动合同》的终结，可以挑战新的领域，谋求新的发展。然而，对于该法，也有不少劳动者认为并不理想，有的甚至认为是越改越“恶”。比较集中的问题有：(1)大量使用劳务派遣工，正式员工的就业机会被剥夺企业为了降低成本不惜大量使用劳务派遣工，并在雇佣劳务派遣工时使用“将会考虑作为正式员工使用”等言语进行诱导，劳务派遣工为了达到“转正”的希望努力工作，但事实上没有一家上市公司或者其子公司以及有一定规模的公司有把劳务派遣工转为正式员工的。企业对于雇佣正式员工予以最大限度的抑制，从而损害了劳动者的就业与发展的机会。现有劳务派遣市场能够满足企业对劳动力的需求，劳务派遣工工作越努力，劳务雇佣企业就把原来是正式员工从事的工作安排给劳务派遣工做，企业正式员工有被劳务派遣工替代的危险。(2)工资收入差距拉大。随着1999年《劳务派遣法》再度修改，企业利用劳务派遣公司来压缩人工费的现象日趋严重。包括从2008年直至现在，一些没有经过技能培训、也没有实际工作经验的劳动者均可通过劳务派遣公司被企业雇佣。由于劳务派遣工的存在是作为简单作业备用的人才，工资收入与正式员工差距很大，这也是许多企业利用劳务派遣公司的原因所在。此外，部分企业的劳务派遣工同正式员工所从事的工作几乎相同，但待遇却是截然不同。除此之外，当企业举办大型活动以及开展技能培训时，有些企业往往让正式员工参加，劳务派遣工坚守岗位。(3)派遣劳务工就业不稳定。派遣劳务工的就业方式可分为登记型派遣和雇佣型派遣。登记型派遣：即劳动者不是劳务派遣公司的正式员工，双方只有在该劳动者接受劳务派遣公司的派遣，在劳务雇佣公司从事劳务时才建立劳动合同关系。雇佣型派遣是劳务派遣公司正式员工，具有相对稳定性。因此，登记型派遣劳务工由于没有专业特长，又没签约固定的劳务派遣公司，如果在一定时间内没有接到派遣，在合同终结到接受新的派遣任务期间，他们的生活来源就成问题。尤其是35岁以下派遣劳务工的加入、企业滥用和乱用派遣劳务工，致使包括年轻人在内的大量派遣劳务工失业后因不符合社会保险最低条件而无法得到基本保障，这些正是社会产生不稳定的因素，也是导致日本社会出现新的劳动贫困群体主要原因之一。基于上述，随着日本国内外政治、经济和社会形势发生新的变动，各利益团体还将会代表各自利益对《劳务派遣法》提出修改的要求，以期达到暂时的相对的平衡。最近日本工会总联合会的适时维权起到了积极的促进作用。针对今年日本东部地区发生巨大地震灾害，一些企业面临并陷入不得已状况时，派遣劳务工首当其冲地遭到解雇的问题，日本工会总联合会向政府和日本人才派遣协会和日本生产技能劳务协会提出紧急请求：在“危难之时更要保障劳务派遣工的就业和劳动条件”，并提出企业要确保中途被解雇的劳务派遣工重新就业。（李　庆）

【日本工会为灾民恢复生活与重建家园制定方针】 日本工会总联合会于10月4—5日在日本东京都内召开第十二次定期大会。会议通过并决定实施“2012—2013年度的工会运动方针”，选出下一届日本工会总联合会（以下简称“日本总联合”）的领导班子，古贺会长、冈本会长代理等再次当选。日本内阁总理大臣野田及有关政党代表出席会议并致辞。定期大会主要明确以下几项工作：(1)明确“竭尽全力为灾民恢复生活与重建家园、构建以劳动者为主轴的安心社会”作为“日本总联合”当前主要面临的课题。“日本总联合”在积极呼吁政府与各界拿出落实赈灾、复兴与重建的具体措施的同时，还动员各地工会力量，继续向灾区有组织地派遣志愿者，并将此项工作作为工会运动义不容辞的任务来抓。(2)全力支持维持民主党执政。“日本总联合”提出，即便是当前日本内政与外交等方面的困难堆积如山，但是在此关键时刻，工会运动制定的对策必须同民主党保持高度的一致。(3)要求政府拿出具体治国方针。野田首相临危就任以来，提出要构建一个“以中间阶层为主体”的社会。工会期待政府能够早日具体拿出有关与劳动者的切身利益有关的“创造雇佣机会、提高劳动条件以及强化社会保障安全体系”等的措施。(4)展望建立一个“以劳动者为主轴的放心社会”。为促进社会与经济的转型，“日本总联合”提出当下日本社会应该展望建立一个“以劳动者为主轴的放心社会”。(5)进一步明确推进工会运动社会化。作为劳动者利益的代表——“日本总联合”，不仅要维护工会会员的利益，更要顾及未组织起来的劳动者的合法权益。特别是日本自3月11日承受巨大灾难以来，围绕劳动者就业稳定及生活等问题频频出现。为此，积极着手推广建立“非正规就业劳动者的集体劳动关系”等工作显得尤为重要。“日本总联合”的目标是：到2020年，努力把会员数提高到1000万。（李　庆）

【日本工会维护劳务派遣工权益的探索】 日本工会总联合会（以下简称“日本总联合”）在2010年“春季生活斗争”中，提出在全国范围内展开改善以全体劳动者为对象的(包括劳务派遣工、短工、记时工以及正式职工)劳动条件和待遇的运动。要求各加盟工会组织积极行动起来,就稳定就业和提高劳务派遣工福利等的执行情况,在全国各地劳务派遣业开展大检查和认定工作。与此同时,该会还向日本人才派遣协会、日本生产技能劳务协会呼吁:劳务派遣企业要严格按照《劳务派遣法》规定,劳务派遣企业的运营只有建立在遵守法律法规的基础上,才能确保及改善劳务派遣工、承包合同工的合法待遇,才能建立健全的劳务派遣市场运营机制。为了落实此次"春季生活斗争"提出的方针,实现预期目标,"日本总联合"同日本人才派遣协会、日本生产技能劳务协会等机构先后经过 4 个多月的反复协商,最终就确保并改善劳务派遣工、承包合同工的待遇,建立健全劳务派遣市场运营机制等达成共识,并于 2010 年 5 月签署了《共同宣言》。主要内容:(1)关于劳务派遣市场运营机制的建立。对日本人才派遣协会、日本生产技能劳务协会(以下称"协会")提出"负有保障劳务派遣事业的健康运营与发展的主要责任"。所有加入"协会"的会员企业——劳务派遣企业要坚决遵守《劳务派遣法》、《劳动基准法》、《劳动安全卫生法》等相关法令,在努力确保劳务派遣工就业机会的同时,从保护劳务派遣工的立场出发,同雇佣劳务派遣工企业随时沟通信息并密切配合等任务。对"日本总联合"及所有加盟工会组织提出的任务。要求各加盟工会组织在企业雇佣劳务派遣工时,首先要同企业签署《劳资协议》,督促其遵守与劳务派遣相关的社会﹒劳动保险所适用的法律。包括:《劳务派遣法》、《劳动基准法》、《劳动安全卫生法》以及《劳动灾害补偿保险法》等。企业一旦雇佣劳务派遣工,工会要对劳务派遣工在合同期间的劳动条件予以认定。在此基础上,探讨进一步改善和提高劳务派遣工劳动条件的可能性,为下一轮劳资协议作准备。企业一旦接受劳务派遣工申请后,便负有履行接受雇佣劳务派遣工的义务,工会要督促企业办理规范的雇佣手续。当劳务派遣工在履行《劳动合同》期间迫不得已被要求解除时,工会必须向企业提出给予劳务派遣公司支付损害赔偿金,并协助企业为劳务派遣工找到新的就业岗位。"日本总联合"和"协会"双方共同承诺:为了建立让劳务派遣工、承包合同工能够安心就业的社会环境,杜绝违反法律法规行事的劳务派遣公司的存在,防止其参与劳务派遣业务,"日本总联合"同"协会"将全力对劳务派遣工的合法权益进行保护。有关建立提高劳务派遣工技能培训机制问题,双方将力促其在法律制度上予以明文规定。(2)关于提高劳务派遣工待遇的具体措施。"协会"方面采取的措施:"会员企业"(即:加入人才派遣协会、生产技能劳务协会的企业为"会员企业")在给劳务派遣工核定工资时,必须考虑到确保劳务派遣工劳动﹒社会保险以及福利和教育研修费等的因素,同时还要确保劳务派遣工技能提高后与之相对应的工资水准。"会员企业"不仅要为保障劳务派遣工每年带薪休假、产前产后带薪休假以及抚养孩子、家属护理带薪休假等正当权益的获得。同时还要寻求雇佣劳务派遣工企业对此的充分理解与支持。"会员企业"必须建立严密的安全卫生管理体制,特别要强化保障劳务派遣工的精神卫生以及防范性骚扰等应对措施。劳务派遣工即为被保险方,完全适用于所有的劳动和社会保险。一旦有需求,"会员企业"要迅速、妥当地为劳务派遣工处理相关给付事宜。"日本总联合"的主要任务:对雇佣劳务派遣企业工会提出:要进一步推进"认定"制度,即:认定企业是否根据劳务派遣工的能力来核定其工资水准;劳务派遣工工资水准的设定,是否包含劳务派遣工的社会﹒劳动保险所需费用等。为提高劳务派遣工的待遇,雇佣劳务派遣企业工会应对企业有关健康设施的合理利用与配备,以及建立安全卫生管理体制等提出建设性意见。此外,"日本总联合"还将就企业核定的工资待遇如何同劳务派遣工所从事的工作内涵相对称、雇佣劳务派遣工企业的劳资双方原有的工作规则应该作哪些修正、提高劳务派遣工待遇的运动如何积极有效地展开等展开调研。双方共同的课题。日本人才派遣协会、日本生产技能劳务协会同"日本工会总联合会"将深入探讨并研究提高劳务派遣工福利待遇、整顿劳务派遣工就业环境,以及推进建立提高劳务派遣工技能培训机制等课题。此外,双方还就劳务派遣工出勤交通费需要纳税问题,将联名向政府有关机构提出免除申请。(3)关于双方协商机制的建立。日本人才派遣协会、日本生产技能劳务协会同日本工会总联合会将以签署《共同宣言》为契机,围绕劳务派遣业存在的问题及时进行协商与调查研究,当双方认为需要时,再度签署协议。

(李　庆)

【香港工会联合会】 香港工会联合会有属会 181 家和赞助会 62 家,几乎涵盖香港所有行业,属会会员数约 35.7 万人。工联会下辖工人医疗所、工联优惠中心、工联康龄长者服务社、工人俱乐部、地区服务处、劳工服务中心、职业再训练就业辅导中心等,这些机构为会员和市民提供多元化的福利服务。工联会身体力行地在不同层面、不同行业做了大量的就业辅导、培训和扶助工作。该会办的职业再训练就业辅导中心和劳工服务中心通过与各属会的合作,在各基层工会设业余进修中心,每年开办 2000 多种不同类型的培训课程,以此提升在职雇员的工作技能,协助有需要的工友转业及失业者的再就业。工联会所属的职业培训中心还与广东省劳动和社会保障厅技能鉴定指导中心签定协议,在香港开展国家职业技能资格考核及试前培训。该中心对培训课程的规划尤其注重实效,将培训与就业、行业发展与社会效益联系起来,使学员学以致用,提高在职场的竞争力。现时考核的行业包括:计算机、物流、理财规划、企业培训、中式烹调、西式糕点、美发美容、保健按摩等。工联会从 2004 年起在广东省总工会及广州、深圳、东莞总工会的支持下,分别在三地总工会大楼内开办咨询服务中心,直接站在前线为港人服务,为香港居民在内地的合法活动提供在生活、法律、工作、投资、教育等各方面咨询,给予各种具体指导,及时处理意外事件,提供各种应急援助。工联会的权益委员会专责研究劳工法例,提出修订要求;宣传劳工法例及处理劳工权益事宜;每月定期举行会议,交流各行业就业情况。劳工服务中心设立热线接受劳工法例咨询;提供外展服务,解答劳工法例;跟进劳资争议个案,协助处理劳资纠纷;为小区团体、中学与大专院校提供劳工法例讲座。工联会倡议设立"最低工资"、"失业援助"和"最低生活保障"三层就业和社会保障网。有关最低工资条例终于2010年7月在立法会获得通过,2011年5月1日起正式实行。现最低工资为时薪28港元。法例规定非工作时数的款项,如休息日薪酬、假日薪酬和产假薪酬等不得作为最低工资计算。工联会还成功地为外包工争取到标准的雇佣合同,同时呼吁雇主在效益提高时得给雇员加薪。此外,工人医疗所有10家中医诊所、6家西医诊所、6家牙科诊所、3家X光化验所和1家听力测试中心。工联会发放会员医疗卡,会员看病可打8折,家属打9折。工联康龄长者服务社为退休职工提供不同类型的活动和服务来满足老年人的多元化需要,让他们享有一个健康快乐的晚年。工联会通过开设培训课程、直接创造就业机会、为职工提供多元化的福利服务等方式争取更多的职工加入到工会队伍之中,会员数稳步增加。

(张国峰)

【以色列注重发展经济与促进就业有机结合】 5月,上海市总工会代表团赴以色列访问考察,重点了解以色列劳动关系状况和劳动者权益实现情况。通过访问考察,了解到以色列劳动关系的现状及其特征:(1)以色列的劳动关系总体比较稳定。虽然局部性、小规模罢工时有发生,但以色列劳动关系总体呈稳定局面。原因包括:经济发展迅速,就业比较充分;实行福利国家制度,劳动者的工资、福利待遇和工作条件比较优厚;注重采用协商调解的方式处理劳动争议等。国家法律对罢工行为有着严格的程序性规定,否则视为非法。另外,以色列实行强制兵役制,提供免费义务教育等。(2)集体协商是以色列调整劳动关系的基本手段。在以色列,集体协商主要在全国总工会、全国雇主联合会及其各行业协会之间进行。一般情况下,全国性的集体协商所达成的集体协议属于框架性协议。相比之下,行业工会和雇主协会达成的集体协议在内容和标准上则比较具体。企业工会与经营管理方根据全国或行业的框架协议,通过集体协商确立企业的具体标准。企业达成的具体标准高于全国或行业的框架协议所确定的标准。全国或行业集体协议签订后,须送国家劳动和社会事务部备案。劳动和社会事务部根据实际情况和需要,对某些集体协议签署扩大实施范围的命令。命令发布后,该协议就须在命令扩大的范围内实施,凡该范围内的雇主和工人,不管他们是不是雇主协会成员和工会成员,都须按协议行事。以色列集体合同的覆盖面占工人总数的70%左右。(3)以色列制定的基本劳工标准相对比较完备。建国60多年来,以色列始终没有制定一部完整的成文宪法。以色列政府的运作主要依据国会颁布的14件《基本法》进行,包括《议会法》、《国家土地法》、《总统法》、《政府法》等。尽管如此,以色列在规制劳动者基本权益方面制定的法律法规相对比较完善,对工会维护工人劳动经济权益起到重要作用。如《病休法》规定,工人有权在因病不上班期间得到部分工资,但每年累计不超过18天。病休的第一天没有工资,第二天和第三天应得到正常工资的37.5%,第四天以后为75%。如《带薪年假法》规定,每周工作6天的工人每年应得到12个工作日的年假,每周工作5天的工人每年应得到10个工作日的年假。休假期间,工人工资等于正常工资,支付日期不应晚于该工人在正常上班情况下应得到工资的日期。如《国家保险法》规定,雇主应为工人投保国家保险,必须按照其工资的2%支付保险费。如《最低工资法》规定,最低工资标准分月标准和小时标准,每年4月1日调整。工龄津贴、倒班津贴、奖金、旅行及食品补贴等不得计入最低工资。如《解除合同费法》规定,合同期满时工人应得到解除合同费,每工作一年可得到相当于一个月工资的解除合同费,月工资不应低于最低工资标准。还有《工资保护法》、《工作与休息时间法》等,这些基本法律法规对维护劳动者权益发挥着重要作用。总的说来,以色列注重市场调控与政府干预的有机结合,注重发挥政府、工会和雇主组织之间社会伙伴关系的重要作用,在发展经济、促进就业、完善劳动力市场体制等方面的做法和思路,值得学习和借鉴:一是大力发展经济,促进充分就业。以色列政府自建国以来,一直把发展经济放在优先考虑的位置,并作为解决就业问题的根本出路。近年来以色列GDP年均增长率一直保持在7%左右,人均GDP达到3万美元,劳动者月平均工资月2500美元,失业率保持在6%。二是坚持城乡一体化发展,缓解就业压力。一方面,以色列以四大城市为中心,大力建设和发展卫星城市,较好地安置了大量失业人员。另一方面,加大对农业的投入,发展现代化和规模化农业,包括修建灌溉网、扶持农村发展工业等,使城乡经济相互促进、共同发展,大大缓解了城市就业压力。三是将移民点建设与转移就业相结合,推行具有以工代赈性质的直接就业计划。为安置移民,以色列采取兴建移民点的办法,一方面加强对新移民的同化教育,促使他们早日融入犹太人社会。另一方面号召移民中的就业适龄人员参加生产自救,组织开垦荒地、植树造林,对志愿参加者,国家发给最低工资,既解决了新移民过渡期间的临时生活和就业问题,也促进了经济发展和生态平衡。四是为劳动者提供多形式、高质量的就业服务。包括:政府重视职业技能培训,资助开展针对失业人员、退伍军人、移民和在职人员的职业培训;改革失业保险制度,既确保失业人员失业期间的基本生活,又着眼于促进失业者缩短失业周期,尽快加入劳动力市场;建立先进的全国就业服务信息网系统,免费为劳动力供求双方提供服务等。五是加强对劳动力市场的行政管制。如针对外籍劳工问题和劳务市场建设问题,以色列政府一度实施所谓的"关闭天空"政策,包括要求雇主为外籍劳务交纳一定数额的"人头税"、申请费和手续费;取消外籍工人所得税率的优惠政策;限制建筑行业外籍劳务的使用期限;政府直接向劳务公司下达劳务配额等,既较好地解决外籍劳工问题,也在一定程度上确保劳务市场规范有序发展。

(王厚富)

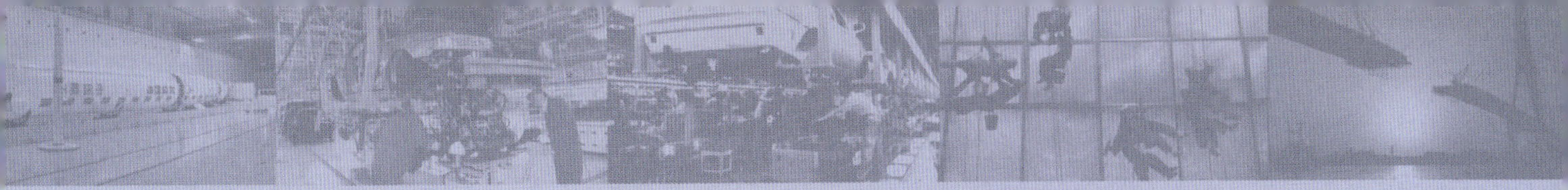

区县工会概况

Brief Introduction of District and County Unions

上海工会年鉴

2012

概　况

浦东新区总工会

主　席
姜　鸣

【概　况】 浦东新区总工会(以下简称区总工会)下辖系统工会、区属企业工会、社区镇总工会、开发区工会联合会、直管企业工会联合会共计77个,全区现有建会单位29918家,会员107.68万人。(1)适应浦东"十二五"发展,全面推进职工素质工程。以浦东设立全国示范性劳动竞赛为契机,以"创新驱动、转型发展"为导向,制定实施职工素质工程"十二五"规划;开展六大赛区劳动竞赛和职工科技创新项目评选活动,共收到基层申报项目和个人申报共计945个,比上年增长35.56%,创造经济效益222亿元;以纪念建党90周年和文明城区创建为抓手,选树表彰新区职工职业道德"双十佳",覆盖10万职工的红色经典"三进"系列活动荣获市"五一文化奖"十佳文化项目;组织开展职工志愿者行动,共培育新区文明班组478个、文明岗位229个;举办上海市退休职工大学浦东校区建校10周年庆典活动,编撰《最美不过夕阳红——我的退大生涯》征文集。(2)聚焦集体协商机制,维护职工合法权益。大力推进集体协商机制建设,工资集体协商覆盖职工49.67万人,占目标任务的191%,集体合同备案企业数达到9,501家,建立集体协商机制的企业12697家,占考核数的92.4%,其中,世界500强企业建立集体协商机制102家,69家已签订集体合同;完善基层预防和调处机制,加强劳动争议调解工作,全年先后指导和直接参与化解群体性劳动争议59起;加强职工帮困关爱工作,组织各级工会筹集资金3364.68万元,走访慰问困难企业3623家,慰问困难职工21.05万人次;全年为10.22万人次职工理赔7950万余元,高温慰问一线职工20.45万人次,帮助1093名农民工追讨欠薪1243万元,为2.5万名农民工提供免费体检,开展"同在蓝天下"农民工送文化活动,组织160余场文艺活动,受益农民工4.7万余人。(3)结合"创先争优"活动,加强工会组织建设。坚持"党工共建"原则,争取行政资源,整合社会力量,一手抓世界500强等外资企业建会工作的突破,一手抓25人以下小型企业建会的组织模式创新,全年新建建会单位7465个,发展新会员7.36万人;在抓好工会组建基础上,以"创先争优"活动为抓手,推进企业工会规范化建设,培训各级工会干部近7600人次。组织召开新区工会第三次代表大会,探索理顺开发区工会体制,分别在综合保税区和金桥出口加工区探索创新两种模式;梳理强化直管企业工会,对梳理后的56家直管企业在经费收缴、集体协商机制建设等方面加强规范化管理,推动直管企业中规模企业发挥示范引领作用;积极落实街镇总工会专职主席职级,有38个街镇的工会干部正在分批逐步落实;着力推进基层工会工作者职业化、社会化试点,面向社会首批招聘录取67人;推动浦东工人文化宫正式立项并招标设计,2012年正式开工。开展"走千听万"活动,走访沪东街道33个居委,听取收集113条各类意见和建议。 (姜　鸣)

徐汇区总工会

主　席
袁建村

【概　况】 徐汇区总工会辖社区、镇总工会,系统、集团公司及直属工会39个,基层工会2103个,其中联合工会414个,基层工会涵盖企业17376个;职工338087人,会员332343人,其中农民工会员数109231人。工作机构设办公室(经审办)、组织民管部、生产宣教部、职工权益保障法律部、财务部、事业管理部,事业单位有徐汇区职工援助服务中心和徐汇区工人文化体育中心。(1)坚持职工维权和社会维稳相结合,积极构建和谐稳定的劳动关系。一是广泛宣传,贯彻落实《职代会条例》。组织2.8万余名职工参加《职代会条例》网上知识竞赛;开展职工代表培训,累计达1.2万人次。二是促进和谐企业创建工作。共有102家单位被评为"徐汇区劳动关系和谐企业(楼宇、小区)",286家单位被评为"徐汇区劳动关系和谐企业创建达标单位"。三是夯实工会社会化实体维权机制。年内,成立区工会职工权益纠纷人民调解委员会,在区人保局的仲裁信访服务窗口、区法院诉调对接中心设立职工维权工作联络点和工会职工维权援助窗口,并组建工会调解律师、调解员和调解志愿者3支队伍。全年共接待解答来信来访近670余人次,调解劳动争议50余起,协调处理群体性劳动争议4件。(2)健全职工素质工程建设长效机制,进一步推进宣传教育工作。加大职工素质工程建设。举办2期职工初级工商管理(EBA)培训班、组织2500余名农民工参加在建工地施工作业人员岗位培训。(3)深化劳模服务双向机制。组织劳模结对,开通劳模微博,建立劳模数据库。组织120余人次劳模、先进外出考察和疗休养,组织110名劳模进行免费体检。年内共走访慰问劳模约200人,慰问金近33万元。(4)推进完善长效帮扶机制。举办4场针对不同就业群体的职场援助日活动,提供工作岗位近7000个,帮助618位职工实现再就业。组织2012名农民工和失业人员参加各类培训。现已建档困难职工2689人,帮扶慰问困难职工2000余人,发放帮困经费180余万元。组织154613(人次)职工参(续)职工互助保障,参保金额1831万余元,给付11076人次,给付金额近1400万元。为98人次职工提供心理援助服务。(5)区总工会换届选举,选举产生徐汇区总工会第五届委员会和经费审查委员会。

(宋抒音)

长宁区总工会

主 席
鲁德喜

【概 况】 区总工会围绕区委“三创”工作要求，坚持以职工为本、以服务为先、以维权为基，开拓创新，锐意进取。(1)服务“三创”工作大局，注重思想引领，深入开展社会主义核心价值观教育。举办“纪念建党90周年短信博文大赛”和长宁革命文物展览。举办首届白领艺术节，深入开展“关爱农民工，服务农民工”行动，大力推进文明礼仪、“六五”普法、安全生产、职业技能、EBA教育等培训工作，完成农民工培训7万余人。开展以“当好科学发展主力军，打好创新转型攻坚战”为主题的立功竞赛，共收到合理化建议285条，实施技术攻关、技术革新23项，获得国家专利8项。(2)落实“两个普遍”工作要求，构建和谐稳定的劳动关系。以规范组建为重点，推进25人以上企业独立建会，覆盖不具备独立建会条件的小型企业；聚焦临空园区和虹桥开发两个重点区域，完成联强国际及康奈可(中国)两家大型企业的建会工作。2011年全区净增组织数102家；净增建会数2781家，其中外资企业395家，净增会员数27229人。进一步加大集体协商推进力度，开展区域内已建会世界500强企业“要约行动”。落户长宁的14家世界500强企业中，已有11家签订集体合同，3家建立集体协商机制；率先在全市签订区绿化、环卫行业集体合同，全年签订集体合同的企业有7739家，覆盖职工158297人；签订工资专项协议的企业有7233家，覆盖职工147915人。以贯彻新的《职代会条例》为契机，进一步推进职代会制度建设。召开区厂务公开工作领导小组(扩大)会议，推进职代会制度落实和厂务公开工作。制定区职代会预(报)告制度，截至年底，全区公有制企事业单位职代会建制实现全覆盖；非公有制企业职代会建制率达到75%。(3)深化“五助”品牌活动，发挥工会组织在助困帮扶中的作用。全年共走访困难职工4021人，慰问金额187万元，积极引导社会资源参与“双百助学”活动，共筹集资金261.8万元，资助困难职工子女1644人；为困难职工和外来务工人员发放医疗补助，累计发放金额为32.7万元。持续开展工会就业援助服务。推出就业岗位3000多个，达成就业意向1210份。推进“困难家庭大学毕业生阳光就业行动”，完善“排摸、走访、引导、推荐”工作，帮助困难职工家庭高校毕业生实现就业225人次，区总工会定帮的85名困难职工家庭高校毕业生已经全部实现就业。持续推进各项民生实事工程。全年参加各项互助保障计划人数为26.3万人，互助保障给付36743人次，给付金额2876.7万元。持续抓好劳动保护安全生产工作。以中小型非公企业、建筑施工企业为重点，以“安康杯”竞赛活动为载体，先后对3000余名职工开展安全生产知识培训，会同区安监局对区建筑施工企业进行安全生产责任制排查，切实保障职工生命安全和职业健康，全年共有1229家单位参加年度“安康杯”竞赛，组织对318家单位的17859名职工进行高温慰问，发放慰问金和慰问品金额达395万元。(4)加强工会组织自身建设，提升服务能力和水平。开展职工之家创建活动，培育表彰区“十佳”先进职工之家、112家先进职工之家。

（周 君）

普陀区总工会

主 席
张新华

【概 况】 普陀区总工会辖9个街镇总工会、17个系统工会、8个行业工会，工会组织3146家，覆盖单位9912家(其中独立工会2835家、联合工会293家，联合工会覆盖单位7059家)，工会会员243560人(其中农民工118216人)。工作机构设办公室(研究室、疗休部)、组织部、民法部(行业部)、宣教部、保障部(互保中心)、财务部、经审办、资产办，有5个直管企事业单位和6个直属社团。(1)推进“两个普遍”工作。重点推进楼宇、园区、小区工会组织覆盖，新建工会5734家，发展会员38488人。完善“党委领导、政府主导、工会主抓、各方配合、职工参与”的工资集体协商工作格局，开展“集体协商要约双月行动”，签订集体合同企业5002家，达到具备协商条件的建会企业数占80%；签订工资专项协议4135家、覆盖职工82891人。(2)围绕经济社会发展大局，打造职工“两大工程”。举办人才新高地论坛，开展“十二五”劳动竞赛633次，职工素质工程培训297次，11121名职工技能得到提升，培育一大批全国、市“五一”劳动奖状(章)和各级“工人先锋号”。举办第七届职工艺术节，组织5万余名职工参与区总工会纪念建党90周年“五个一”活动。发挥职工援助服务中心作用，发放款物111.3万余元，受惠困难职工2731人次；基层工会帮扶困难职工、劳模先进、退休职工76218人次，发放款物1599.6万余元；组织253616人次职工参加市、区两级职工互助保障计划，发放医疗帮困金4476万余元，受益职工65963人次；开办职业技能培训班356个，培训职工16016人次，取得各类证书13293人次；举办就业专场招聘会150场，提供就业岗位14743个，指导就业6496人次，达成就业意向4509人次，帮助就业2689人次。(3)履行工会基本职能，强化维权“两个重心”。全区9个街镇、4个系统、5个行业建立区域性行业性职代会制度；国有企、事业单位厂务公开推行面分别达到99%和96.3%，其中国资系统106家企业全部建立职代会和厂务公开制度，32家企业建立职工董监事制度；非公企业厂务公开建制率逐步提高。召开区劳动关系协调委员会第九次联席会议，开展劳动关系和谐企业、和谐工业园区创建活动，创建率达92.3%；注重劳动争议调解组织建设，区域、行业性劳动争议调解组织达

70个、企业超过1800个;编制"六五"普法规划,组织12282名职工参加网上法律知识竞赛。(4)加强工会自身建设,抓好"两个建设"。选树11家市模范"职工之家"、11家市模范"职工小家",命名100家先进"职工之家"、107家先进"职工小家"。加快工会主席职业化建设,划拨专项经费建设街镇工会工作指导员队伍;制定"十二五"工会干部教育培训规划,举办各类培训班30个,培训干部9012人次。

(赵　勇)

闸北区总工会

主　席
虞国林

【概　况】 闸北区总工会辖社区(街道)总工会8个,镇总工会1个,系统工会15个,区管重点企业工会6个,直属单位工会15个,基层工会组织1981个,涵盖单位7592家,工会会员163830人,其中女会员57698人,农民工会员51772人。(1)开展以"当好科学发展主力军,打好创新转型攻坚战"为主题的实践活动。一是激励职工投身立功竞赛活动,授予上海市北高新技术服务业园区招商中心等15个集体为区"工人先锋号"。聚焦苏河湾地区,开展"五比五提高"旧区改造立功竞赛活动。二是开展建党90周年庆祝活动,在职工群众中深入推进社会主义核心价值观的学习、宣传和普及。(2)弘扬劳模精神,深化职工素质工程。一是推荐全国、市五一劳动奖章各1名,市五一劳动奖状1个,市工人先锋号2个;评选区工人先锋号112个。二是结合区域内行业特点和优势,举办汽修高级工技能竞赛、大宁公司第一届青年职工创新大赛等活动,引导职工立足岗位,创新工作方法。三是开展上海职工职业道德建设"双十佳"评选活动,开展迎"五一"集邮收藏展、"大宁杯"三人篮球邀请赛等系列活动。(3)解决职工"三最"问题,服务职工民生工作。一是实施工会就业援助服务计划,率先开展"百企千岗进社区"活动,举办2场就业援助专场,提供就业岗位1300个。二是启动工会干部与百名困难职工结对帮困、工会组织与百名困难大学生结对助学"双百"行动,慰问救助支内回沪特困对象433人,慰问金13万元。慰问特困劳模、支内回沪劳模47人,慰问金9万余元。区工会系统共慰问救助9361人,资金447.54万元。(4)构建和谐劳动关系,完善工会维权机制。一是制定《2011年各基层单位职代会建制目标》,评选表彰区厂务公开民主管理工作先进单位,进行区第九次厂务公开民主管理工作调研检查。二是开展工资集体协商工作,集中开展"集体协商要约行动月",承诺协商企业1059家。集体合同覆盖企业4441家,工资专项集体合同覆盖职工56527名,占建会企业82%。三是广泛组织开展劳动关系和谐企业与工业园区创建评比活动,表彰企业33家。四是加强劳动关系预警预防机制和调解网络建设,成立区总工会企业群体性劳资纠纷化解指导组,聘请律师事务所为区总法律顾问单位。(5)深化党工共建创先争优,推进工会组织建设。一是结合"争当职工最信赖的工会干部、争创最具活力的工会组织"活动,以推进外资、非公企业建立工会为重点,全面推进组建工作。二是落实《2011年闸北工会干部教育培训计划》,通过区"十二五"规划宣讲会、《职代会条例》辅导和劳动关系协调专题报告会及工会组建、集体协商等实务培训,不断提高工会干部工作水平。

(黄　欢)

虹口区总工会

主　席
麦碧莲

【概　况】 虹口区总工会辖产业(局)街道、镇、集团公司工会38个,基层工会2293个,基层工会涵盖企业7731家,职工183774人、其中女职工69747人,会员178290人、其中女会员67784人。(1)抓好基本工作,夯实工会基础。一是探索多层次的工会组织覆盖,以非公企业集中的创意园区、商圈、楼宇为重点,以园区物业公司、楼宇骨干企业为核心,建立工会联合会、联合工会。二是注重基层工会干部配备和培训,50多名新上岗工会主席和工会干部参加市、区两级工会各类培训。三是开展"百人走进千家、关心万名职工"活动,区总工会领导班子带头走访基层工会20余家。(2)整合多方资源,形成共建共赢工作格局。一是健全区域性工建联谊会制度,会同区相关部门开展"经适房"工作流动红旗立功竞赛,举办"虹口职工科技月"活动,建立职工科技创新交流工作站。二是完善"劳模三室"、劳模先进企业家俱乐部功能。(3)维护职工合法权益,构建和谐劳动关系。一是注重培育典型。树立富大胶带公司为全国厂务公开先进单位。二是与人保局、企联制定下发《全面推进集体协商机制建设的意见》,选树十佳"集体协商机制建设标杆企业"。全区工资专项合同签订企业数达4226家,签订率达79%。三是区、社区(街道)、企业建立三级劳动争议调解组织。(4)拓展帮扶范围,提高帮扶实效。一是健全三级帮扶工作网。区级形成帮困救助、就业援助、法律援助、互助保障、心理咨询为一体的帮扶工作体系;完善社区工会分中心的功能,推广曲阳市民驿站模式,初步形成三级援助服务工作网络。二是多渠道开展就业援助服务。与长远集团联手,举办"虹口工会就业援助月"职介专场活动,提供近千个就业岗位,达成意向760多人;开展"职工创业示范点"选树、推荐活动,上海好帮手公益服务所被评为"上海工会职工十佳创业示范点",8家单位被评为"上海工会职工创业示范点"。区总工会成立法律服务工作室、心理咨询工作室为职工服务。三是开展为农民工"送文化、送法律、送健康"活动,成立农民工基本素质教育培训辅导站,在全市率先成立农民工EBA直属教学点,43名农民工学员参训并通过考试。(5)注重职工文化阵地建设,提高职工综合素质。一是培育集文艺创作与演出为一体的职工文化团队。二是扩展外延,推进社区职工文体中心活动开展。区教育工会读书节、区医务工会艺术节和区烟草工会企业文化节等成为行业文化建设特色品牌。 (徐 洁)

杨浦区总工会

主 席
袁建民

【概 况】 杨浦区总工会辖行业、地区和直属工会组织33个;全区基层工会1938个,涵盖单位8368个,职工190273人,工会会员186390人,其中农民工会员70037人。机构设办公室(经审办)、组织人事部、民管法律部、保障工作部、宣教经济部、财务管理部,下属事业单位有沪东工人文化宫、中原护理院、职工援助服务中心和申原敬老院。(1)开展主题实践活动,引领职工建功立业。组织职工围绕推进区内枢纽型、功能性重大工程建设,开展"六比六赛"活动,推荐命名90名立功竞赛先进集体和个人。为6个赛区30多个建设工地的建设者"送文化、送健康、送保障、送清凉、送温暖",为3000名重大工程建设者购买意外伤残保障计划。制定《杨浦区职工素质工程"十二五"规划》。推进"首席技师"队伍建设,初选并上报首批8名首席技师候选人。做好有50名新生代农民工参加的初级工商管理(EBA)培训。(2)积极推进"两个普遍",夯实工会工作基础。推进科技园区工会组建工作,成功组建环同济科技园工会联合会。加强劳务派遣企业建会,劳务派遣工入会工作。年内,企业建会率达77.5%,比全市平均水平高7.5个百分点;企业职工入会率达84%。贯彻落实区委办、区府办转发《关于全面推进集体协商机制建设的意见》,推进全区集体协商机制建设,共签订集体合同、工资集体协议186份,覆盖企业4706家,覆盖职工11.9万人,集体协商覆盖企业占建会企业93.5%。(3)促进和谐劳动关系建设,维护职工合法权益。上海欧尚公司获全国劳动关系和谐企业荣誉称号。做好法院委托工会调解劳动争议案件工作,接受法院委托208件,成功调解106件。在区劳动(人事)争议仲裁院设立"劳动(人事)争议工会调解窗口",提高工会调解劳动(人事)争议工作实效。开展面向农民工的劳动法律法规宣传和法律咨询服务活动。配合区劳动监察大队,做好日常联合执法和专项监督检查,维护全区劳动者合法权益。(4)围绕职工切身利益,做好服务职工工作。举办9期"创新驱动促发展,服务职工促就业"主题招聘会和34场小型招聘会,做好春风行动、就业援助月等专场招聘,共组织招聘岗位1.8万个,成功推荐2846人就业。整合各方资源,通过委托培训、联合办学等多种形式,共开办42个培训班,培训职工1497人,其中举办5期电焊工操作上岗证培训,206人参训,191名职工取得上岗证,合格率达92%。拓展职工互助医疗保障的覆盖面,全区参保职工34.4万人次,投保金额2442.5万元,理赔给付7万人次,金额5012.8万元。 (曹理仰)

黄浦区总工会

主 席
徐少伯

【概 况】 黄浦区总工会辖19个区管企业集团(公司)、10个产业(局)、10个街道工会、1个社会工会;基层工会3644个,涵盖企事业单位12431个;职工323959人(含农民工65272人),其中女职工128522人;会员313350人(含农民工62114人),其中女会员124049人。工作机构设党务人事部、办公室、财务部、经审办、组织工作部、保障工作部、民管法律部、宣教文体部、经济工作部、社区工作部、女工部11个。下属事业单位有退管中心、工人文化宫、工人俱乐部、工人体育场、工人体育馆。2011年,黄浦、卢湾"撤二建一"。经筹备,11月25日黄浦区工会第一次代表大会选举产生第一届工会委员会和经费审查委员会,完成区总各部室设置、人员配备、工作整合。(1)团结动员职工建功立业。制定《黄浦区劳动竞赛实施办法》,以"当好科学发展主力军、打好创新转型攻坚战"为主题,深入推进旧区改造、窗口服务、"安康杯"立功竞赛,涌现出一批先进集体和个人。举行金融、物业等行业职工技能竞赛,评出高级技师1069人、首席技师20人。组织劳模迎新团拜,慰问全区591名在职与退休劳模,走访特困退休劳模161人,安排144人次退休劳模体检。选树"一企一品",兴建职工书屋,组织第37届南京路职工运动会,完成卢工邮市经营席位租赁安置,稳步实施区体育场馆改建。(2)有效保障职工合法权益。实施工资集体协商百日要约行动,分类指导全区企业尤其是世界500强和非公企业开展工资集体协商,推动环卫行业建立协商机制。全年签订集体合同1534份,覆盖企业7343家;签订工资集体协议1105份,涵盖职工152233人。配合政府将"提高一线职工工资收入高于社平线的人数比例"列入部分企业经营者薪酬考核指标,推动区属国有企业一线职工工资收入保持两位数增长。推进法律服务进企业、进楼宇工作,全年调处劳动争议56起、法律服务1150人次、追讨拖欠农民工薪金126万元。(3)不断完善援助服务体系。开展职业咨询介绍和自主创业培训,举行职工援助服务日和民营企业招聘周,推荐690人实现就业。继续开展元旦春节送温暖、高温慰问、"金秋助学",重点帮扶因病致贫、协保待岗等困难职工,全区投入1148万元帮扶职工9159人。推进职工医疗互助保障进社区、进楼宇,并向外资和非公企业延伸,全年416838名职工参加医疗互助保障计划,给付30298人次、3689万元。组织工会界别政协委员和工会干部中人大代表在"两会"期间提出反映职工诉求的书面意见和提案10份。(4)切实加强工会组织建设。积极推进以世界500强、非公企业为重点的工会组建,探索楼宇、小区、行业工会组建新模式,建立10个小区工会联合会,净增2157个建会单位、34705名工会会员。组织70名小区工会主席上岗培训,选送16名基层工会主席参加市级培训。建成一批全国、市模范职工之家(小家)。 (吕诚陆)

卢湾区总工会

主 席
邹建东

【概 况】 区总工会下属基层工会2072家,会员123068人,其中,女会员44426人。(1)深入开展技术练兵活动。开展"当好科学发展主力军、打好创新转型攻坚战"主题实践活动,推进"创建学习型组织、争做知识型职工"活动,落实首席技师培养选拔计划,推荐和认定9名一线职工为区首席技师,其中7名获市首席技师资格。发挥工会教育培训基地作用,开办专业培训班13期,培训特种作业人员306人,经考核已全部上岗。(2)深化职工素质工程建设。发挥劳模先进和技术能手的引领作用,把学习宣传区劳模先进典型事迹,纳入纪念建党90周年系列活动中。(3)推进厂务公开民主管理工作。会同区有关部门对区管企业集团领导人开展民主评议;组织开展第九次区厂务公开民主管理工作调研检查,2家单位被评为2009—2010年度市厂务公开民主管理工作先进单位,卢湾区被评为市推动厂务公开民主管理工作先进单位。开展《上海市职工代表大会条例》普法宣传工作,向"两新"企业赠送《条例》单行本,组织各级工会举办127场次培训讲座、48场次《条例》研讨交流会。有92家单位及时调整单位职代会制度、120家单位开展职工代表巡视检查活动,全年培训职工代表4669人,有2248名职工通过网上测试。(4)加强职工队伍稳定工作。开展对群体性劳动争议的梳理和排摸,做好预防和化解劳动关系纠纷调解处置工作,处理职工来信来访29件、41人次。对农民工较为集中的130户工地、餐饮企业及其他中小型劳动密集型企业,开展农民工工资支付情况专项检查,追讨拖欠薪金57.24万元。(5)深化创先争优活动。开展创建"模范职工之家"、争当"优秀工会工作者"评选推荐工作,制定"区总工会创先争优服务群众公开承诺",组织开展"一路红歌一路行"——卢湾职工戏曲联欢会等纪念建党90周年系列活动。加强工会经审工作规范化建设,深化工会会计基础考核,举办基层工会干部经审、财务工作业务培训,提升工会经审及财务管理水平。 (葛家敏)

静安区总工会

主 席
周文芳

【概 况】 静安区总工会辖街道总工会5个,系统、集团公司工会21个,基层工会1558个,覆盖企事业单位5763家,职工135420人,其中女职工54225人,会员128856人,其中女会员52710人。工作机构设办公室、组织民管部、宣教文体部(经济工作部合署办公)、生活保障部(法律工作部合署办公)、社区工作部和财务部。事业单位有区工人文化宫、区工人体育场。(1)围绕区"十二五"规划,开展建功立业主题活动。在商务、建交系统开展"六比"、"五比"劳动竞赛;召开技协年会,选送科技创新项目参加"第四届上海职工科技节";与区人保局等6部门联合举办职业技能竞赛,数千名职工参与20个职业(工种)竞赛。征集职工节能减排"金点子"近900条;198家单位、896个班组、1.5万余名职工参加"安康杯"劳动竞赛,5000余名职工参加"安全卫生知识普及教育竞赛"。(2)构建和谐劳动关系,开展工资集体协商。与区人保局、企联制定《全面推进集体协商机制建设的意见》,推动14家世界500强企业建立工资集体协商制度,建制率达82.5%。非公医疗机构等10个行业开展工资集体协商。全区集体合同、工资集体协商分别覆盖企业4466家和4340家,覆盖职工数超过7万。召开第十三次劳动关系三方联席会议。及早介入积极调处群体性、突发性事件。各级工会帮扶职工7831人次,发放帮困金408万元;助学1289人次,金额100.2万元。帮助1100余人实现就业。为近1400名农民工提供技能、素质培训。互助保障计划覆盖在职职工10.8万人次、退休职工5.4万人次。(3)完善职代会制度,落实职工民主权利。开展《上海市职工代表大会条例》学习、宣传和培训,印发中英文对照"区职工代表大会制度宣传手册",5000余名职工参加《条例》网上知识竞赛。全区有105幢楼宇、67个小区、8个工业园区和10个行业召开职代会,覆盖非公企业4553家,职工5.7万人。276家已建会非公企业建立职代会制度,建制率达40.6%。(4)开展先进文化建设,提高职工队伍整体素质。举行庆"五一"劳模茶话会。命名"陆念祖骨伤诊治劳模工作室"。组织全国劳模体检、疗休养。加强社会主义核心价值体系宣传教育,举办静安职工PPT才艺展示,建立全国"职工书屋"示范点、优秀示范点。举办"铁锤在党旗中闪光"静安职工庆祝建党90周年系列活动。组织5800余名职工参与第十一届职工运动会。举办"三八"妇女节音乐鉴赏会。参加"临港产业杯"上海职工篮球赛获第四名。(5)加强和改进工会工作。实行组建工作进展情况月报和例会制度。突破一批重点、难点单位,推动一批世界500强企业建立工会。净增会员2.4万余名,净增工会组织114家,净增工会覆盖单位1005家。85%以上基层工会开展会员评议工会工作和工会主席活动,推进工会主席直接选举工作。举办10期各类业务培训班,培训工会干部820余人次。 (姜颍洁)

宝山区总工会

主 席
杨卫国

【概 况】 宝山区总工会辖直属工会43家，基层工会2136个，涵盖单位13824家，职工376950人，其中女职工145816人，农民工109326人；会员346076人，其中女会员135570人、农民工会员98456。工作机构设办公室、组织民管部、保障工作部、财务技协部，直属事业单位3家。(1)围绕“十二五”规划，动员职工建功立业。组织职工投入区经适房供应管理工作立功竞赛。开展职业技能大赛，149名职工取得国家高、中级职业资格证书，其中5项比赛第一名被授予“宝山区技术能手”。开展“安康杯”竞赛活动，参赛企业487家，覆盖职工4.8万人，开展经济技术创新活动80项，提出合理化建议5463条，创造经济效益637.7万元。开展劳模先进事迹专题报道，慰问劳模254人次，慰问金达39.2万元。(2)坚持依法科学维权，构建和谐劳动关系。加强区、街镇两级三方协调机制建设，评选120家劳动关系和谐企业。全区独立工会企业劳动争议调解组织建制率达到60%。工会仲裁员参与办案531件。与相关部门联手妥善处理职工群体性事件23起，基本形成“预警、调解、协商”联动的劳动关系调处机制。(3)解决职工“三最”问题，实施“十送”实事工程。一送岗位：举办职介专场，256家企业提供6000多个岗位，8000多人参加应聘，达成录用意向1717人；职工援助服务中心向236家企业推荐上岗535人。二送温暖：元旦春节慰问困难职工1875人，发放慰问金303.7万元。三送保障：职工参保17.4万人次，投保总额1747.7万元，给付金额1050.6万元；向2000名职工送“团体意外保障计划”，为1000名困难女职工送“特种重病互助保障计划”；区总工会补贴每人10元推进民营企业参保“在职住院保障计划”。四送健康：为3033名困难职工办理市公惠医院助医卡，为1808名女职工免费妇科体检。五送文化：送电影105场，观看职工5万余人次。六送清凉：投入资金432万元高温慰问21万名职工。七送培训：办班179个，培训7864人次。八送服务：做好“一门式”服务和“为老”服务等工作。九送法律：举办讲座，发放《职工法律知识手册》5000册；聘请律师驻会为职工无偿提供法律援助。十送连心卡：向全区33万余名会员(含1万余名新会员)送工会连心卡。(4)抓推进重调研，全面落实“两个普遍”。年内净增建会企业2950家，净增工会会员22967人。建会率达到86.4%。经调研，推进集卡运输企业以块为主、联合建会。形成“保基本、广覆盖、多层次、可持续”集体协商推进机制。全年开展要约企业4500余家。全区5500家企业开展集体协商，工资集体协商，覆盖职工数11.75万人。开展《上海市职工代表大会条例》的学习、宣传、培训工作，组织1.3万余名职工参加《条例》网上知识竞赛。开展区第九次厂务公开民主管理工作调研检查，加大非公企业“2+X”制度建设。(5)加强工会自身建设，提升工会工作水平。推进“凝心聚力助推转型、以人为本共建和谐”创先争优主题活动，以“一规范、两推动、三服务”为载体，开展建功立业、建会建制、集体协商要约等行动。工会干部培训3874人次。坚持领导班子联系基层制度，开展“深入基层、深入企业、走千听万”活动，形成调研报告20篇。 (胡立伟)

闵行区总工会

主 席
俞莉红

【概 况】 闵行区总工会辖镇、社区(街道)总工会，莘庄工业区及委、局工会共35个，基层工会5986个，覆盖各类单位17603个，职工598066人，工会会员549053人，其中女会员244252人，农民工会员378455人。工作机构设办公室、组织保障部、法律民管部、经济宣教部，下属事业单位3个。(1)推进工会组织建设。年内净增工会会员48985名，净增工会组织277个，净增工会覆盖单位2544家，净增农民工会员31948名，全区外资企业建会1573家。举办工会主席、工会干部和工会组建指导员培训班50余班次。举办工会主席大讲坛10期，参训工会干部近8000名。评出先进职工之家150家，23家获上海市模范职工之家(小家)称号。实行工会主席直接选举的单位2900余家，区属工会有15家实施工代会代表常任制。通过千余家企业工会工作规范化建设调研，编制《2011年闵行区企业工会工作手册》。(2)促进劳动关系和谐稳定。通过组织企业申报、引入第三方评估机构筛选测评、综合认证，命名劳动关系和谐企业440家。集体合同覆盖企业8240家，具备协商条件的建会企业85.35%签订集体合同，其中81.4%以上签订工资专项集体合同，女职工专项集体合同签订率90.1%，工资专项集体合同覆盖职工199768人。全区共有10110家单位建立厂务公开制度，其中企事业单位建立独立职工(代表)大会制度2901个，建立区域性、行业性职工大会制度232个，覆盖企业数8794家；企业职工董事建制数489个，职工董事883名，企业职工监事建制数389个，职工监事554名。帮扶困难职工1.28万人次、困难职工子女352人次，慰问退休职工1745人次，在职、退休职工参加市职工保障会住院医疗互助保障计划27.94万人，参保金额为1619.55万元，组织7297人参加技能培训促就业行动，组织5000余人参加就业援助活动、农民工援助“春风行动”和法制宣传活动，安排65名大学生在各级工会岗位见习，帮助37名见习大学生实现就业。(3)加强职工队伍建设。各级工会组织37.2万名职工参与15项建功立业劳动竞赛，开展经济技术创新活动4711项，提出合理化建议3.39万条；组织职工开展节能减排技术革新、攻关项目2796项，提出节能减排合理化建议1.94万条，采纳3876条，实施3100条。开展各类技术培训（讲座）3466次，参加职工16.56万名，组织开展25个工种（项目）技能竞赛，参加职工3570人，其中7个竞赛工种（项目）与职业资格等级鉴定挂钩。组织251人参加EBA培训，组织基层316家企事业单位1.69万名职工参加心理健康知识培训。组织1579家企业参加"安康杯"竞赛活动。慰问高温一线职工1万余人。基层工会组织文艺活动187场次，4.64万人参加。（4）深化工会自身建设。开展"讲党性、重品行、作表率"主题活动，落实党风廉政建设责任制，每周发送"廉政文化进企业"短信，引导企业主管和工会干部树立廉洁理念。畅通职工思想反映渠道，加强对职工的关怀和心理疏导。（陶慧卿）

嘉定区总工会

主　席
沈贵楚

【概　况】 嘉定区总工会辖街镇、委局、公司等直属工会共60个。基层工会3425个（其中联合工会165个），基层建会单位数为2.18万个，已建会单位职工数54.91万名，会员数51.23万名。直属企事业单位有工人俱乐部、工人影剧场、区退管会办公室、职工招待所、职工劳务开发公司。（1）开展主题教育和实践，调动职工建功立业积极性。一是广泛开展"坚定跟党走，建功'十二五'"主题教育。举办庆祝五一大会、举行"学劳模、跟党走、促转型"主题实践活动汇报会，开展"我工作、我快乐"职工才艺大赛、"我为单位增绿添彩"职工植绿护绿行动和"我的打工成才之路"外来务工青年征文巡讲等活动。二是开展"当好科学发展主力军、打好创新转型攻坚战"主题实践活动。动员职工开展建功立业"五大行动"，全区249个班组、万余名职工参加"工人先锋号"创建活动。三是持续推进职工素质工程建设。开展"职工群众科技创新基地、团队、领军人物"培育工作，组织职工参加区第六届职业技能竞赛、第四届上海职工科技节，组织新生代农民工参加EBA培训，推进"职工书屋"建设，深化"创争"活动。（2）维护职工合法权益，促进劳动关系和谐稳定。一是全面开展创建劳动关系和谐企业。实现和谐园区（村）创建全覆盖，镇级创建广参与的工作目标。命名表彰一批劳动关系和谐企业、模范企业和先进个人。二是大力推进工资集体协商工作。以推进"要约行动月"为抓手，发出"特别提示函"、"续签通知书"各千余份，组织开展集体协商工作专题培训，建立专职指导员队伍，完善目标管理考核等制度。全区首份行业性（环卫行业）工资专项集体合同成功签订。三是劳动关系预警调处机制有效运作。建立基层劳资矛盾调处协调员队伍，严格执行特别报告和"零报告"制度。工会推动"安全生产1000班组"建设，开展安全生产隐患排查整治和合理化建议征集活动。近5.2万职工参加"安康杯"竞赛，培训农民工5万余名。（3）组织职工与服务职工相结合，增强工会凝聚力。一是工会组建进一步加强。召开党工共建、创先争优活动推进会暨工会组织工作会议，继续以"区与街镇，街镇与村（园区）层层签约、分级负责"的方式推进工会组建。深入开展"广普查、深组建、全覆盖"集中建会行动，依法推动企业普遍建立工会组织。在全区村（园区）基本建立工会联合会的基础上，探索行业、市场工会联合会、大型非公企业总部建会。区首家世界500强总部工会—沃尔沃汽车集团中国区工会成功组建。二是基层建设进一步深化。着力推进非公企业和区域性、行业性职代会的建制工作，工会干部参加市总工会师资培训，1.3万余名职工参加《条例》网上知识竞赛，全区推行厂务公开职代会制度2009家。推行"基层工会向职代会报告工作并接受评议"制度。评比表彰星级"先进职工之家"86家。三是服务职工工作进一步强化。大力开展困难职工、农民工的帮扶工作，扩大和深化四项互助保障计划，实施"千名结对帮困、千名就业帮困"、节日帮困、"金秋助学"，建立救助、维权、服务三位一体的帮扶模式。（徐　浩）

金山区总工会

主　席
刘跃俊

【概　况】 金山区总工会辖镇、街道总工会10家，工业区、局、委、区属公司工会24家，基层工会组织1539家，联合工会337家，建会覆盖单位20495家，会员371206人，其中农民工会员188426人。工作机构设办公室、组织工作部、经济宣教部、生活保障部、法律工作部、退管会办公室、事业部和经审办。（1）团结职工服务大局，推动金山转型发展。开展"坚定信心跟党走、昂首建功十二五"金山区职工第六届读书节；2人分获全国、上海市五一劳动奖章；表彰包括外籍人士在内280名先进生产（工作）者和100家先进集体。组织开展各类立功竞赛和科技创新活动；1136人参加21个项目职业技能竞赛，17名被聘为首席技师，14对签约"高师带徒"。（2）重点推进"两个普遍"，扩大建制覆盖面。截至9月底，基层工会组织净增129家，建会覆盖单位净增8965家；工会会员净增80450人，其中农民工会员净增24827人。发挥协调劳动关系三方作用，推进集体协商工作。在金山卫镇探索服装行业工资增长听证、协商和表决"三位一体"的工作模式并取得成效，惠及职工4079名。年底，全区3400家具备协商条件的企业，2939家建立集体合同制度，占86.4%；2569家签订工资集体协议，占75.6%。（3）紧密结合维权维稳，构建和谐劳动关系。与区维稳办等10个部门成立职工维权联席会议领导小组并召开第一次会议，与区司法局建立法律援助中心职工维权分中心。召开区厂务公开民主管理工作会议,表彰"先进职代会"单位10家,5家单位获市厂务公开工作领导小组表彰。企事业单位建立厂务公开制度的有1187家,较上年净增252家;1002家单独建立职代会制度,较上年净增160家。建立164家区域性、行业性职代会,较上年净增10家,覆盖3772家企业,净增1122家。(4)关心职工生产生活,服务职工群众。开展安全生产大检查提出事故隐患9756项并督促完成整改。出资15万元高温慰问一线职工近8000名,基层共筹集380多万元慰问职工97568人。参与并规范"扶贫济困联合募捐"工作。助学帮困166名。赠送农民工意外保险5.275万元。成立区劳模协会轻工分会,5家公司100多名劳模纳入金山劳模协会两级管理网络。深化单亲困难女职工"双结对"工作,落实女职工关爱行动实事项目。全年在职职工参保7.88万人次,参保金额1342.99万元,理赔1589人次,给付金额302.78万元。(5)加强工会自身建设,增强工会组织活力。创建合格、先进和模范"职工之家"活动,评选先进职工之家(小家)87家,21家单位获上海市模范职工之家(小家)。基层各级工会全面推行工会主席直选。（马琳联）

松江区总工会

主　席
吴红星

【概　况】 松江区总工会辖镇、街道总工会15个,工业区工会1个,委、局工会28个,直属公司工会5个,行业工会3个,基层工会2370个,涵盖企业2.75万家,工会会员53.09万人。工作机构设办公室、财务部、组织民管部、法律宣教工作部、保障女工工作部、经济事业工作部、经审办和退管会办公室。直属事业单位有松江工人文化宫。(1)开展建功立业活动。组织职工开展岗位建功、科技创新、技能登高、节能减排和团队创先等活动,组织50家企业、2万多名职工参加"安康杯"竞赛。发挥劳模先进引领作用,联合有关部门组织2950名职工参加17个项目、36个工种劳动竞赛。(2)提高职工队伍素质。组织180名职工参加EBA培训,2000多名学员参训考试合格率在90%以上。深入开展"创争"活动,女职工周末学校培训女职工2万人。健全企业女职工"五个一"工作长效机制,探索"5+X"工作方法。举办7场"女职工先进事迹报告会"。举办第三届职工文艺创作汇演赛,参加上海职工体育健身四季大联赛、上海农民工健身大赛。新建"职工书屋"12家,共有"职工书屋"48家。(3)推进普遍建会工作。新组建工会237家,覆盖企业7273家,吸纳会员8.84万人。世界500强企业建立工会38家,占总数82.6%。工业区的达丰(上海)电脑有限公司成立工会,首批3.12万名员工入会;拥有1.2万多名职工的台资企业富士康(松江)科技工业园组建工会。区总工会获上海市工会组建工作特别贡献奖。(4)把握维权工作重点,构建和谐劳动关系。健全区和镇、街道劳动关系协调联席会议制度,签订集体合同覆盖企业17934家;女职工特殊权益保护专项集体合同覆盖企业17217家;工资专项协议覆盖企业17934家。培训集体协商指导员70多人,建立专职指导员队伍。深化厂务公开民主管理工作,新增厂务公开非公企业251家。举办《上海市职工代表大会条例》讲座,1.4万名职工参加《条例》网上知识竞赛。(5)推动解决民生问题,维护职工队伍稳定。完成农民工、转待岗职工就业各类技能培训1.2万人,为2379名职工提供就业援助。会同有关部门举办"百企千岗进社区"招聘活动11场次,参与企业1384家,推出岗位3.2万个,应聘人员达2.4万人次。建立帮困救助机制,2184名困难职工输入帮扶信息平台网络。7.6万名职工捐款250万元。为941名困难职工提供"帮困救助金"90.4万元。组织3万多名农民工参加安全生产培训,联合有关部门清欠农民工工资3861万元。组织在职16.78万人次参保,理赔2096人次,给付金217.33万元。组织2.73万名退休职工参加住院补充医疗互助保障计划,理赔2734名;给付金282.2万元。(6)注重加强自身建设,提升工会工作水平。与上海工会管理职业学院合作举办2期基层工会干部培训班,231人获合格证书。（孙爱华）

青浦区总工会

主　席
张海珍

【概　况】 青浦区总工会辖镇、街道、委、局、区级公司和行业工会63家,基层工会组织数2598家(包括工会联合会),涵盖建会单位数32569家,工会会员466105人,其中,独立企业工会2284家,会员225471人。工作机构设办公室、基层组织部、法律宣教部、经济工作部和生活保障部,下属事业单位有区工人文化宫和朱家角工人俱乐部。(1)落实"两个普遍"工作。发起工会组建"百日行动",全年新组建基层工会252家,发展建会单位1211家,职工入会36555人。发起"要约行动月",组建指导员队伍,举办不同类型企业集体协商现场观摩会,企业签订集体合同14974家、工资专项合同14821家、女职工权益专项集体合同14810家。(2)服务经济转型发展。以"当好主力军、建功十二五"为主题,深入开展"工人先锋号"创建活动,全区2354家企业开展各类劳动竞赛4800余项,参赛职工近16.5万人。开展数控机床操作工、服装制版师等5个培训晋级比赛项目和餐饮行业烹饪技能大赛为主要内容的竞赛活动,组织13919名职工参加21个项目的技能培训考证。围绕降本增效、节能减排,职工提出合理化建议28563条,采纳8412条,创经济效益约1200万元。启动"首席技师五年培养选拔工作","职工科技创新工作室"、"职工科技创新示范基地"等创评活动。(3)稳步推进和谐劳动关系。区镇两级工会共接受职工来信来访、法律咨询200多起。年内命名区劳动关系和谐企业70家，通过初检申报企业77家。贯彻实施《上海市职工代表大会条例》，举办《条例》学习班10期，各级工会、职工参与《条例》网上知识竞赛，全区独立建会非公企业职代会建制率85%，18家世界500强企业职代会工作进入常态化。(4)加大服务职工工作力度。制定实施《青浦职工素质工程“十二五”规划》，表彰首批68家“学习型企事业单位”，组织农民工EBA培训538人，大中专学历教育326人，安全知识、新知识新理念等职工基本素质培训近4万人次。以“凝聚在党旗下”为主题，组织开展党史知识竞赛、“红歌”汇演、“五一”庆祝晚会、职工广播操和大众健身体育比赛等纪念建党90周年、青浦工会成立60周年系列活动。加强硬件投入和人员配备，扩建区职工援助服务中心，完善“1+11+N”的全区职工援助帮扶网络(即1个区援助服务中心、11个援助服务分中心、N个援助服务站)，区镇两级工会帮扶困难职工2838人次，金额223万余元；为困难企业职工送意外保险15000份，送体检1500人；给1000名女职工送特种重病互助保障并出资为500名女职工体检；全年在职职工参保137139人次，给付3214人，给付金额843万余元。(5)加强工会自身建设。深入开展“创先争优”活动，评选表彰“工会工作示范单位”20家、“先进职工之家”85家、“先进工会工作者”100名。继续组织开展基层工会干部岗位培训、轮训工作，举办新上岗工会主席岗位培训班。（马美君）

奉贤区总工会

主　席
季伯明

【概　况】 奉贤区总工会辖镇(开发区)工会12个，委、办、局工会22个，工贸集团公司工会25个、行业工会5个；基层工会2495个，涵盖企业14652家，工会会员379495人，其中农民工会员193842人。工作机构设办公室、基层部、事业部、法律保障部，下辖事业单位有工人文化宫、退休职工管理委员会办公室。(1)大力推进“两个普遍”工作。以村和园区为平台，吸收注册型企业；以行业工会覆盖商贸服务型小企业。全区新建工会组织247个，覆盖企业5856家，新增工会会员32873人。与人保局、企联、工商联等部门联手推进集体协商工作；组建专职集体协商指导员队伍，成立管理办公室，理顺合同报送顺序，资料进柜，数据上墙。全区集体协商机制覆盖企业4840家，覆盖职工202463人。签订工资集体协商专项合同998份，覆盖企业4445家，涉及职工176380人。至年底，创建职工之家示范工会1800家，建立职代会制度和厂务公开制度2089家，建制率85.1%。(2)深化职工素质工程。建立区职工学院，形成院、校、点、堂“四点一线”职工教育培训网络，成立19人的区职工教育讲师团，形成“5+X”培训内容，发放12万份“职工素质教育学习卡”。现有职工学校28所，教学点540个，年内培训职工15.6万人次。组织691人参加农民工EBA培训，523人通过统考。结合重大工程建设开展“五比五赛”立功竞赛活动，组织1479人参加电焊工等12个项目的职业技能比武；全区开展技术培训、劳动竞赛1420场，参加职工12.6万人次。三是命名区第二批职工科技创新示范基地10个，表彰十佳金点子10个，优秀金点子20个，职工提出合理化建议9387条，采纳4550条，实施技术革新552项，总结推广先进操作法258项。(3)切实加大职工维权保障力度。创建第二轮“劳动关系和谐企业”137家，集中开展集体协商“要约行动”，建立劳动争议调解组织首席调解员队伍。组织动员“安康杯”参赛企业569个，参赛班组2283个，职工超6.6万人。为416名劳模发放各类帮困资金36.338万元，组织退休劳模体检。参保工会互助保障计划59508人次，参保金额753.52万元，给付10941人，给付金额873.58万元。区职工救济急难互助会入会113835人次，入会金额85.69万元，救助1642人，救助金额182.09万元。（叶　兰）

崇明县总工会

主　席
张　荣

【概　况】 崇明县总工会辖乡、镇总工会18个，委、局及县管公司、经济开发区工会23个，直属工会39个，基层工会909个，涵盖企业2741家，工会会员142458名。工作机构设办公室、组织民管部、宣教生产部、法律保障部及职工技协办公室、劳动模范协会、退休职工管理办公室、职工互助医保服务处。直属事业单位有崇明工人文化宫、第二工人俱乐部及县总工会法律咨询服务所。(1)开展主题教育实践活动，组织职工建功“十二五”。举办崇明工会“建功十二五，当好主力军”主题活动，表彰先进集体和个人，举行全国劳模向县“工人先锋号”授旗仪式。全县职工开展合理化建议3000余条，实施510条。授予“学习型企事业”先进单位23家。年内新建“职工书屋”27家，累计达39家。举办职业技能竞赛，参赛职工200余人，131人晋升技能等级。举办劳模迎春座谈会，设立孙英、黄亚忠首批劳模工作室。组织全国劳动模范体检和230名退休劳模疗休养，全年向劳模发放各类资金31万元。(2)推进“两个普遍”工作，增强工会维权实效。召开崇明工资集体协商工作恳谈会，与县人保局深入基层对工会干部和企业经营者培训。在《崇明报》、崇明电视台制作专版和专题片宣传，基层工会对企业逐家上门发出要约。全县签订工资专项合同覆盖企业615家，覆盖职工55350人。学习《上海市职工代表大会条例》，发放宣传资料3000多份，5208名职工参加网上知识竞赛，培训职工3320人次。全县企事业单位职代会建制率实现100%,非公企业建制率达80%。实施厂务公开民主管理企事业单位有742家。命名五星级职工之家22家。全县有533家企业参加"安康杯"劳动保护竞赛活动,投入高温慰问金17万余元,慰问职工6000余人次。(3)深化帮困送温暖工程。建档帮困在职职工1352人、退休职工676人。元旦春节对全县困难职工慰问,发放帮困金101.4万元。发放"爱心卡"250份;重大节日对55名大病定帮对象发放慰问金;金秋助学85人,金额37.65万元。举办"关爱农民工,就业送春风"服务咨询活动,培训2110人次,介绍就业1580人次。为1500名女性农民工免费体检及治疗,举办健康讲座23次。进城务工人员服务站举办技能培训班9期,帮助1011名进城务工人员子女在市区就读。组织1200余名退休职工白内障检查,100多名患者实施复明手术。敬老月慰问特困退休职工,提供便民服务600余人次。(4)加强工会自身建设。召开工会组建工作推进会,与基层工会签订责任书。向近3000家非公企业寄送"组建工会告知书"。年内净增建会单位1456家,净增会员19035名。举办业务培训班5期,培训各级工会干部3000人次。县总工会成立调查组,调查职工就业状况和农村劳动力就业需求、调研崇明"的哥"就业情况并提出意见建议。 (易建军)

区县总工会主席、副主席名录

单位名称	主　席	副　主　席
浦东新区总工会	姜　鸣	胡亚平　成丕贤　陈　英(女)　殷珏娟(女)
徐汇区总工会	袁建村	汤学科　孙小林　徐　艳　诸文彬
长宁区总工会	鲁德喜	顾　健　徐雍安　周　华　赵永康
普陀区总工会	张新华(女)	欧阳萍　周　伟　张德鑫　吴　俊　林　超　沈丽萍
闸北区总工会	虞国林	陆慧华(女)　杜嘉宝　司　静
虹口区总工会	麦碧莲(女)	张宝明　许金森　常和平
杨浦区总工会	袁建民	张建国　郑星霞(女)　马　庆　芳本国
黄浦区总工会	徐少伯	宣铭祥　马忠荣　但汉春　张　珏　李　昉　刘德祥　柏茜雯(女)
静安区总工会	周文芳	瞿乃栋　王玉光　刘培兰　张　伟
宝山区总工会	杨卫国	李友钟　唐励良　曲国莉(女)　闵　勇
闵行区总工会	俞莉红(女)	朱　瑛　陈红铭　何爱群　张斗起
嘉定区总工会	沈贵楚	金伟荣　焦统骞　龚　英(女)　杨炳康　胡素丰
金山区总工会	刘跃俊	张希泽　黄　政　张秀英
松江区总工会	吴红星	陈军康　高兴欢　潘　瑛　顾　彬
青浦区总工会	张海珍(女)	朱俊华　陆桂芳(女)　许　峰　冯永新
奉贤区总工会	季伯明	王森龙　吴永强　薛冬梅　高国弟
崇明县总工会	张　荣	姚美琴(女)

说明:1. 任职名单以2011年12月底为准。
2. 上述人员职务以市总工会批复为准。
3. 11月30日,卢湾区总工会与黄浦区总工会合并,成立黄浦区总工会。

(市总工会组织部)

保障政策文件选编

关于进一步做好本市老工伤人员纳入工伤保险统筹管理工作的通知

沪人社福发〔2011〕26号

为贯彻人力资源社会保障部、国资委、财政部、监察部下发的《关于做好国有企业老工伤人员等纳入工伤保险统筹管理有关工作的通知》(人社部发【2011】10号)文件精神,进一步做好本市老工伤人员纳入工伤保险统筹管理工作,切实保障老工伤人员的合法权益,减轻用人单位负担,维护社会和谐稳定,经市政府同意,现就有关问题通知如下:

一、按照《上海市工伤保险实施办法》(以下称《实施办法》)规定参加工伤保险的用人单位,应当认真贯彻执行国家和本市有关老工伤人员纳入工伤保险统筹管理的政策规定,并切实做好老工伤人员纳入本市工伤保险统筹管理的申报工作。

二、本通知所称的老工伤人员,是指在《实施办法》实施前已经遭受事故伤害或者患职业病,目前仍由用人单位支付工伤保险待遇或已办理工伤保险待遇转由工伤保险基金支付手续的人员。在退休(退职)前已经与用人单位解除或终止劳动关系的人员除外。

三、用人单位应当在2011年3月底前到单位所在地的区县人力资源社会保障局,为符合条件的老工伤人员办理身份确认和纳入工伤保险统筹管理的手续。

企业单位提出申请的,应当提供下列材料:

1. 原劳动保障行政部门出具的工伤认定书;

2. 市、区县劳动能力鉴定机构出具的鉴定结论书;

3. 安全生产监督部门出具的事故处理批复或者相关证明;

4. 职业病诊断机构出具的初次诊断为职业病的证明。

企业提出申请但无法提供上款规定材料之一的,经区县人力资源和社会保障局同意,可以补充提供用人单位2005年4月1日前已经支付工伤保险待遇的证明材料。

机关、事业单位和社会团体提出申请的,应当按原政策规定和管理权限,提供由其主管部门确认并出具的工(公)伤证明。

四、区县人力资源社会保障局应当加强对用人单位申办老工伤人员身份确认和纳入工伤保险统筹管理工作的指导,对符合条件、材料齐全的,应当及时办理审核确认手续,并出具《确认意见书》。

五、已经按规定办理了老工伤身份确认和工伤保险待遇转由工伤保险基金支付手续的老工伤人员,视作已经纳入统筹管理范围,不再重复办理确认手续。

六、老工伤人员的劳动功能障碍程度、生活自理障碍程度等级鉴定以及配置辅助器具、工伤复发和延长停工留薪期的确认按《实施办法》及其相关规定执行。老工伤人员原已在本市市、区县劳动能力鉴定机构作过劳动能力鉴定且伤情未发生变化的,原鉴定结论继续有效。

七、本通知实施前,老工伤人员应当享受的工伤保险待遇按本市原办法规定执行。本通知实施后,老工伤人员发生的工伤保险待遇及相关待遇标准的调整按《实施办法》及其相关规定执行。其中,老工伤人员纳入统筹管理前发生的工伤保险待遇费用,由用人单位支付;老工伤人员纳入统筹管理后发生的应由工伤保险基金承担的工伤保险待遇费用,由工伤保险基金支付。

八、按本通知规定办理身份确认和纳入统筹管理手续的老工伤人员,其工伤保险待遇的申领暂由用人单位按《实施办法》及其相关规定统一办理。向区县工伤保险经办机构提出申请时,应当提交《工伤保险待遇申请表》、《确认意见书》、《鉴定结论书》以及医疗费用支付凭证等相关材料。

九、工伤保险经办机构应当按规定对老工伤人员享受的待遇标准进行核定,并自其办理确认身份和纳入工伤保险管理手续的次月起支付相关待遇。工伤保险基金支付老工伤人员的待遇费用,按《上海市工伤保险浮动费率管理暂行办法》规定并入用人单位当年度浮动费率考核的范围。

十、老工伤人员纳入统筹管理前与用人单位对《实施办法》规定外的有关待遇原有约定的,由用人单位继续按原约定支付。

十一、老工伤人员所在的用人单位发生分立、合并、转让的,由承继单位按本通知规定承担原用人单位的工伤保险责任和浮动费率责任。

十二、因工死亡人员死亡当时属于供养亲属范围、目前仍符合供养条件且由用人单位支付供养亲属抚恤金的人员,其身份确认和纳入统筹管理手续参照本通知的规定执行。供养亲属抚恤金标准按《实施办法》的规定核定。

十三、用人单位或者有关人员弄虚作假,导致不符合条件人员的相关待遇纳入工伤保险基金支付的,由人力资源和社会保障部门撤销确认意见,工伤保险经办机构停止支付工伤保险待遇,并按《实施办法》的规定追究用人单位和有关人员的法律责任。

十四、本通知自下发之日起施行。

本通知实施后,原上海市人力资源和社会保障局《关于本市老工伤人员纳入工伤保险统筹管理有关问题处理意见的通知》(沪劳保福发【2009】30号)同时废止。

上海市人力资源和社会保障局
上海市财政局
上海市国有资产监督管理委员会
上海市监察局
二〇一一年三月二十一日

上海建工七建集团有限公司工会

中国人民解放军总参谋长陈炳德上将视察七建集团项目工程

市政府副秘书长尹弘视察工地

上海建工七建集团有限公司隶属上海建工集团，是国家建设工程施工总承包特级企业，七建集团被上海市人民政府命名为“建设精锐”，已连续两年在上海市建筑施工综合考评中名列第一。

多年来，七建集团工会努力营造“和谐为本，追求卓越”的企业发展环境，坚持“三个融入”，扎实推进各项工会工作。以职工的需求和满意度作为和谐建家的衡量标准，努力做到企业与职工共同发展；大力倡导先进的企业理念，形成共同的价值观，增强企业凝聚力；坚持以重大工程建设为舞台，围绕上海迪斯尼、北京京西宾馆等重大工程建设，开展形式多样的竞赛活动，为企业的坚实发展发挥积极的助推作用。七建集团先后荣获全国创建和谐劳动关系模范企业、全国模范职工之家、全国厂务公开民主管理先进单位、全国模范劳动关系和谐企业等荣誉称号。

七建集团领导亲自到火车站迎接四川来沪务工人员

召开七建集团职代会

开展职工乒乓球比赛

召开2011年度平等协商工作会议

上海市人大常委会主任刘云根在九星村调研

上海市总工会主席陈豪欢送进京受奖的全国劳模

上海市委宣传部副部长、文明办主任马春雷在九星村视察

举行九星职工文化活动中心揭牌仪式

九星村，是一个拥有全国文明村等多项国家级、市级荣誉称号的农村。多年来，新老九星人励精图治创佳绩，开拓进取谋发展，探索形成“以市兴村、以商富民”的独特产业，走风险小、产出大的可持续科学发展之路。同时始终坚持优化经济质量、提升综合实力、提高职工收入、爱心回报社会的宗旨。

九星工会作为九星村党组织联系群众的桥梁和纽带，将“让工会成为职工的娘家、成为社会的稳压器、成为发展的助推器”作为自己的工作定位，通过党工一体化创建，培养职工的忠诚心，激励职工的奉献心，塑造职工的进取心。在金融海啸席卷全球的2008年，九星工会积极响应闵行区总工会的号召，与广大商户抱团取暖，共克时艰；2009年和2010年九星村人人行动为世博、大张旗鼓学世博。九星控股（集团）有限公司为此荣获全国五一劳动奖状，闵行区劳动关系和谐AAA级企业单位，吴恩福董事长被评为“全国劳动模范”。

思路决定出路、态度决定高度，九星人用自己的勤劳和智慧，创造出一个又一个奇迹，用坚韧不拔、勤奋好学、自主创新、求强务实、勇立潮头、敢于争先的九星精神激励自己，加快发展村级集体经济，不断创新改革，实现新的突破。

九星村

举行九星职工书屋揭牌仪式

举办九星村运动会

上海市建筑科学研究院(集团)有限公司工会

市建科院集团工会围绕院经济发展大局，根据院党建发展要求和企业文化建设需求，落实职工权益维护和职工民主管理制度，扩大职工参与面，增强企业向心力和凝聚力。从活力与效率，创新与方式着手，积极开展创建学习型班组活动，提升职工素质工程建设水准。推进劳动关系和谐、创建职工满意企业，带领全院职工以发展为第一要务，自觉参与企业管理，维护劳动关系和谐稳定，努力实现院制定的“十二五”发展规划目标。

荣获上海市长质量奖

获得荣誉奖牌

动员职工积极参加工会各项活动

举办“建科杯”系列比赛

党政领导深入工地现场进行质量安全检查

创建上海市职工满意企业

坚持开展职工“畅言讲台”活动

开展立功竞赛中途检查和交流

上海岩土工程勘察设计研究院有限公司

上海岩土工程勘察设计研究院有限公司由上海岩土工程勘察设计研究院整体改制组建，为多元投资的有限责任公司。公司业务范围涉及岩土工程勘察、设计、监测、治理和咨询（兼有地基抗震、环境水土工程和地质灾害危险性评估），建筑设计，工程测量，工程物探，房屋质量检测，建设监理，代理招投标，地基基础施工及地震安全性评价等。

公司拥有国家勘察大师4名，教授级高级工程师10名，高级工程师60名，以及一大批中级技术人员。建院以来，共完成1.5万多项勘察设计和咨询项目，建有较为完整的岩土工程数据库，有140多项工程获国家和部市级的各类奖项，主编、参编了数十部技术规范、规程，与10多个国家和地区开展技术业务的交流与合作，为上海的城市建设和发展作出重要贡献。

公司获上海市文明单位“六连冠”，上海市重大工程立功竞赛优秀公司“十连冠”，“上海市质量标兵企业”，“上海市平等协商集体合同示范单位”，“全国优秀勘察设计企业”，“全国十佳民营勘察设计企业”等荣誉称号。

上海市市长韩正慰问上海中心大厦工地上的职工

甲方向项目部代表授锦旗

开展测量技术比武活动

举办职工广播操比赛

公司举办2012新春联欢会

安信农业保险股份有限公司

上海市市长韩正视察安信农业保险股份有限公司

2004年9月17日在上海成立安信农业保险股份有限公司，是经中国保险监督管理委员会批准设立的全国第一家专业性股份制农业保险公司。公司以经营政策性农业保险为主，同时经营其他商业性财产保险等业务。公司工会坚持致力于营造和谐健康的企业氛围，不断促进公司民主管理制度建设，努力维护职工合法权益。2011年公司党委被中共上海市委授予“上海市先进基层党组织”称号，并荣获“上海市先进基层党组织标兵提名奖”；公司连续两届被评为上海市文明单位；荣获上海市“金融创新奖”；公司2个基层单位分别于2007年、2010年被授予上海市劳动模范集体称号；公司工会2010年被评为“上海金融工会特色工作奖”。

公司与工会签订集体合同

表彰劳动竞赛先进员工

举行合作协议签约仪式

进行公司首届职工运动会

上海市青浦区地方海事处

上海市青浦区地方海事处是海事行政执法单位，主要负责全区总长264公里的28条航道，以及淀山湖、太浦河等水源保护区的通航安全和防污染等监管工作。

青浦地处上海市西部，接壤江浙两省，上海市“一环十射”骨干航道中有5条贯穿青浦，入沪内河船舶的65%由青浦入境，监管任务十分繁重。海事处全员上下解放思想，锐意进取，真抓实干，不断创造出骄人业绩。2006年在市地方海事系统中首批获得“全国海事系统文明达标单位”光荣称号，2010年荣获党中央、国务院的表彰和交通部、市政府等授予的各类集体荣誉17项、个人荣誉73项，2011年被交通运输部授予搜救先进集体光荣称号，并已连续两年实现“零死亡”和“零污染”的历史佳绩，为区域经济发展和社会和谐作出积极贡献。

交通运输部副部长翁孟勇视察海事处

海事公安现场交流世博安保的做法和经验

开展海事应急演习行动

获得世博先进集体奖状

获得上海市五一劳动奖状

上海电气液压气动有限公司

企业技术创新项目获国家科技进步二等奖

上海电气液压气动有限公司,是由中国最早制造液压气动产品的上海液压气动总公司的优势企业，于2003年改革组建科、工、贸为一体的多元化投资企业。

公司主营液压泵、液压马达和液压成套设备，多年来在国内同行中处于排名第一的龙头地位。公司先后合资成立5家企业，其中上海萨澳液压传动有限公司、上海纳博特斯克液压有限公司的产品水平均达到国际一流水平。

公司营造良好的育人、成才氛围，拥有一支以全国著名劳动模范、新一代产业工人的楷模和杰出代表李斌为领军人物的员工队伍；同时聘请国内液压技术专家作为公司的“首席技术顾问”，领军产品开发、设计。公司获得机械工业管理进步示范企业、机械工业企业管理工作规范化达标企业和上海市高新技术企业。2011年公司李斌技术中心被认定为上海市市级技术研发中心。

2011年2月28日,市人大常委会副主任、市总工会主席钟燕群向李斌颁发国家科技进步二等奖证书

2008年6月，由中华全国总工会组织的“劳模技术服务队李斌(掌旗手)分队”在四川抗震救灾

企业产品加工全面实现数控化管理

打造良好的企业办公环境

企业生产车间外景

企业产品展示厅一隅

宝钢股份冷轧厂

市总工会主席钟燕群慰问“王康健创新工作室”人员

宝钢股份公司冷轧厂是公司主要成材厂之一。面对当今钢铁市场的严峻形势，厂领导班子积极带领广大员工克服困难，应对挑战，为公司效益最大化争作贡献。在党委领导下，工会积极配合行政，在组织开展专项劳动竞赛、深化群众性经济技术创新活动、强化班组建设等方面取得实效。工会坚持发挥自身的工作优势，建立与员工交流沟通信息的渠道，及时了解员工诉求，积极解决员工的“三最”问题。并在提升员工队伍素质、落实工作举措、培养先进典型、激励员工争当“最佳实践者”等方面，开展卓有成效的工作，促进了冷轧各项生产工作任务的顺利完成。

工会表彰“冷轧精神”的最佳实践者

党政工领导与“三优”员工家属座谈

女职工表演腰鼓舞

大众交通（集团）股份有限公司工会

2011年，大众交通（集团）股份有限公司围绕“创新驱动，转型发展”的工作要求，一方面努力探索交通主业的新经营模式，大力开发外地连锁市场；另一方面积极拓展金融和股权投资等新兴产业，保持企业和谐稳健地发展。集团工会落实《上海市职工代表大会条例》，加大企业民主管理，促进企业和谐发展。工会围绕企业经营，组织劳动竞赛，加强专题调研，主动参与企业创新转型相关工作。工会以工人先锋号为标杆，加强班组建设，培养和树立职工先进典型，引导职工转观念、提素质。通过实事工程，为职工提供实实在在的帮助，提高工会在职工中的影响力。工会注重规范自身工作程序，为基层提供更多的信息和指导，服务基层工会。工会工作业绩连续多年在职工满意度测评中位居前列。

市总工会主席钟燕群为大众职工艺术团颁发纪念证书

组织第四届的哥论坛

钟燕群接见大众职工艺术团的演员

组织《上海市安全生产条例》的培训

市社会工作党委领导慰问一线职工

开展全面修订集体合同的工作

上海汉康豆类食品有限公司工会

副市长赵雯为公司总经理周汉康颁奖

公司董事长周汉康

上海汉康豆类食品有限公司是1991年在宝山区罗店镇建立的生产、销售豆类制品的民营企业。公司是“上海食品行业33强企业”、“中国商业名牌企业”、“全国守合同重信用企业”。

2011年，公司工会在公司党组织领导下，组织员工参加建党90周年纪念活动，提高员工爱党爱国的热情，大力开展“当好主力军、建功十二五”创先争优劳动竞赛和节能减排活动，确保全年生产安全和豆制品上市安全，并完成“世游赛”豆制品供货任务。荣获宝山区总工会工人先锋号称号。完成课题研究，蒸制烤麸的蒸汽使用量比改进前节约29.49%。

工会以集体合同为依据，落实员工工资增长机制，劳动合同签订率为100%。员工社会保险参保率为100%。员工入职和在岗培训率100%。组织全体员工进行体检。员工中获高级技师3人、技师1人、工程师1人、豆制品工艺师1人。公司被宝山区人民政府授予“劳动关系和谐企业”、“文明单位”，公司工会多次获镇总工会表彰，公司董事长周汉康获上海市五一劳动奖章称号。

宝山区、罗店镇两级总工会领导来企业调研工会工作

进行“构建战略执行体系”课题调研

与交通大学共同开展公司“构建战略执行体系”课题研究

组织员工进行健康体检

上海市基础工程有限公司工会

市总工会领导参观科技节上项目展示

上海市基础工程有限公司是具有大型桥梁、隧道、深基础等八项专业的一级建筑施工企业。公司以“科技领先、和谐为本、追求卓越”的核心理念、坚持以“无坚不摧、奋发向上”的企业精神和“艰苦创业、四海为家”的企业作风，实施“做专做强”发展战略，为上海乃至全国的重点工程建设作出贡献，荣获“十一五”期间上海市社会主义劳动竞赛先进组织单位、上海市金杯公司等殊荣。

在公司党政领导支持下，公司工会围绕企业中心工作，积极开展职工之家创建活动，以职工的需求和满意度作为和谐建家的衡量标准，坚持“一条主线、三个融入、三个进一步”，扎实推进各项工会工作，努力做到企业与职工共同发展。公司工会多年来积极探索和创新实践基层工会运作机制，得到全总领导的高度肯定，被中华全国总工会授予2011年全国模范职工之家荣誉称号。

公司领导向劳模献花

职代会集体合同签约仪式

公司开展岗位创优交流活动

举行2011年度重点工程立功竞赛动员会

公司组织职工开展摄影文化活动

举办纪念建党90周年红歌汇演

申能(集团)有限公司工会

市总工会副主席杜仁伟调研外高桥第三发电公司科技创新工作

申能（集团）有限公司工会辖基层以上工会6个，基层工会33个，拥有职工11165人，会员11160人，其中女会员2303人。集团工会深入贯彻落实科学发展观，团结动员广大职工紧紧围绕集团“保安全、促发展、求创新、强管理”的中心任务，以“党工共建创先争优”活动为主线，以开展“两个普遍”为重点，以构建和谐稳定的劳动关系为根本，为各项工作顺利推进作出积极贡献。2011年集团系统所属外高桥第三发电公司设备部获全国工人先锋号、申能物业公司世博行政班组获全国巾帼文明岗、天然气管网公司获全国“安康杯”劳动竞赛优胜单位、外高桥第二发电公司获全国模范职工之家等荣誉称号。

集团工会召开第四次会员代表大会

集团领导慰问退休困难劳模

举办申能集团2011年迎春晚会

集团领导接受东方网“奉献清洁能源，促进上海能源转型发展”主题访谈

组织女职工开展主题活动

上海双创产业园创意发展有限公司

市总工会副主席茆荣华来鑫灵园区调研

双创产业园位于浦东陆家嘴金融贸易中心塘桥峨山路，原为上海鑫灵置业有限公司。2009年被市经信委任命为鑫灵创意产业集聚区，占地面积7363平方米，建筑面积11264平方米。现有入驻客户154家，以现代服务业为主，创意类企业占70%。目前已和上海杉达大学、东华大学等4所高校联合建成产学研实践孵化基地。

园区是目前上海市具有特色的大学生双创（创意+创业）基地。2009年“双创基地”的创建与管理获得上海市企业管理现代化创新成果一等奖，服务大学生创业的创意产业园区建设获第十六届国家级二等企业管理现代化创新成果奖，2007—2010年鑫灵园区连续两次被授予“上海市文明单位”称号，2010年“世博会”期间，园区被上海市委外宣办指定为中外新闻媒体采访点，2011年被浦东新区评为示范创意园区。

园区物业招商组被评为市模范集体

北非诸国部分官员来园区参观学习

鑫灵园区组织员工举行运动会

组织全体员工参加千岛湖三日游

上海双创产业园创意发展有限公司

上海电力安装第一工程公司

上海电力安装第一工程公司，创建于1953年。具有“电力工程施工总承包壹级”资质。公司成立以来，承建各类火电安装工程50多个，安装发电机组总容量达到1300多万千瓦。近年来，又拓展了包括非洲、东南亚等国家的多项海外电建市场。

公司弘扬上海电建“拼搏自强、创新超越”的企业精神，获得部市级以上优质工程奖40余项，其中，公司承建的外高桥三期工程荣获国家优质工程金奖、石洞口电厂工程荣获中国建筑工程鲁班奖、宝钢自备电厂工程荣获国家优质工程奖银质奖、石洞口二期电厂工程荣获美国国际电站奖。

公司连续六年获得全国“安康杯”竞赛优胜企业称号；连续十次获得上海市立功竞赛优秀公司称号；2011年被市总工会授予上海市模范职工之家荣誉称号。2012年荣获上海市五一劳动奖状荣誉称号。

市总工会领导慰问公司项目一线高温作业职工

召开立功竞赛动员表彰大会

在建的上海市重点工程
临港燃气电厂项目

召开施工项目职代会

精心安装电厂汽轮机转子

举办《上海市职工代表大会条例》专题培训班

公司领导慰问退休劳模

中国海运(集团)总公司工会

中国海运(集团)总公司工会坚持以人为本，服务科学发展，团结动员广大职工为“十二五”发展作出新贡献。总公司各级工会始终与党中央保持高度一致，牢牢把握稳中求进的总基调，坚定不移走中国特色社会主义工会发展道路，在上级工会和集团党组的领导下，紧紧围绕中海集团“调结构、促转型、上水平”的企业目标，坚持和完善职代会制度，深入推进厂务公开民主管理，大力提升职工队伍素质，积极创新活动载体，努力践行企业文化，团结动员广大职工凝心聚力、创先争优，为实现“百年中海、世界一流”的目标作出新贡献。

中海集团董事、总经理许立荣（左）在码头慰问船员

中海集团董事、纪检组组长、工会主席徐文荣（右）看望慰问全国劳模杨怀远

左上：中海集团工会持续15年开展“中海杯”劳动竞赛。2011年举办中国海运海员技能比赛——主动力设备故障排查赛

右上：船员在甲板上举办“甲板运动会”项目之一的拔河比赛

左下：工会向"海嫂"和她们的孩子赠送新春礼包

上海市漕河泾新兴技术开发区发展总公司

上海市漕河泾新兴技术开发区发展总公司全面负责漕河泾开发区的开发、建设、经营、管理和服务。总公司工会辖有6个基层工会，现有职工1494人，其中女职工668人。先后荣获上海市文明单位、上海品牌园区、上海市著名商标、国家新型工业化产业示范基地等殊荣。

公司获得的荣誉

漕河泾开发区是国务院批准设立的国家级经济技术开发区、高新技术产业开发区和出口加工区，致力于发展高新技术产业和现代化服务业，现规划面积14.28平方公里。目前开发区拥有中外高科技企业1500多家，其中外商投资企业500多家。50多家世界500强跨国公司在区内设立90多家高科技企业，形成以电子信息为支柱产业，以新材料、生物医药、航天航空、汽车研发配套、环保新能源为重点产业，单位面积经济效益居全国开发区前列。2011年11月，漕河泾开发区实现“低碳转型”，通过国家生态工业示范区市级验收，26项指标全部达标。2011年总公司被授予上海市五一劳动奖状荣誉称号。

举办职工文艺汇演

举办职工“龙舟赛”

上图一：漕河泾开发区捐建“希望小学”
上图二：举办以“孩子眼中的漕河泾”为主题的亲子活动

开展植树绿化活动

上海电气风电设备有限公司工会

上海电气风电设备有限公司是上海电气旗下的一家新能源装备制造公司，集大型风力发电机组研发、制造、技术咨询、工程总承包为一体。公司自2006年成立以来，得到市委市政府领导的高度重视。近年来，随着国内风电行业的快速发展，公司业务进入高速发展时期，取得良好的经营业绩，为国家新能源事业的发展贡献了自己的力量。同时，公司更加注重精神文明建设，主动奉献社会。公司工会始终把建设职工满意的“职工之家”作为目标，服务大局，有力地推动公司各项工作的全面发展，形成“政治上支持建家、精神上鼓励建家、思想上关心建家、物质上帮助建家、素质上提升建家”的党政工共同推进的良好局面。公司先后获上海市文明单位、上海市模范职工之家、上海市机电工会模范职工之家等荣誉称号。

公司总经理慰问风场值守人员

公司党委书记慰问风场值守人员

3.6MW风电机组

在风场吊装机组设备

紫竹科学园区外景

临港车间外景

庆祝3.6MW海上风电机组成功下线

举办2011年度元旦联欢晚会

参加闵行区第四届职工足球比赛

徐汇牙防所工会

历年来，徐汇区牙病防治所工会在院党政领导和上级工会的关心、支持和指导下，结合自身特点紧紧围绕医院发展目标，在推进医院民主管理、推进职工依法维权、推进职工素质工程、推进医院文化建设、推进医院经济发展，增强医院凝聚力和战斗力等方面取得可喜的成绩。使工会真正成为党组织放心、行政需要、职工满意的职工之家。多次获得全国模范职工之家、上海市文明单位等称号。

市总工会民管部副部长做贯彻《上海市职工代表大会条例》辅导报告

劳模徐培成与大华宣飞燕结对共进

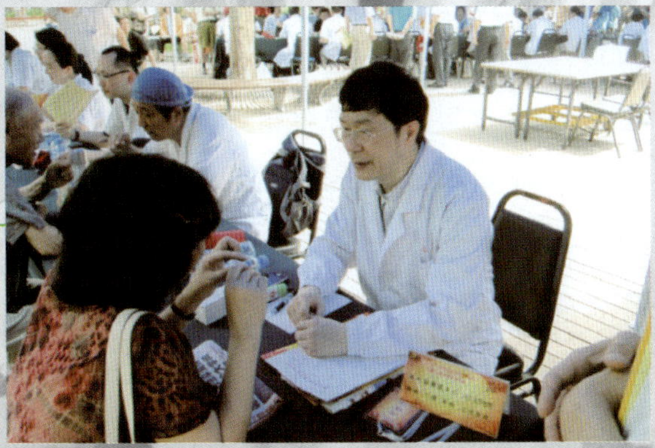

右一：开展劳模义诊服务活动
右二：进行职工技能比武活动
右三：举行纪念建党90周年文艺汇演

召开工会二次会员代表大会

上海市质量监督检验技术研究院是经上海市人民政府依法设置的公益科研类机构，也是国家级上海产品质量监督检验研究院，现有工会会员710名。市质检院工会在院党委和上级工会的领导下，紧紧围绕院中心工作，积极打造“真、信、和、进”的质检文化体系，坚持以人为本，不断开展以产品质量安全为主题的社会公益事业活动，坚持创建学习型组织，不断完善“建、创、做”活动实施方案和劳动竞赛制度，踏踏实实全面提升职工素质，为院的全面发展提供有力支撑；坚持帮困送温暖，不断完善和健全职代会制度，全心全意维护职工合法权益；坚持开展具有质检特色的文体活动，不断丰富职工精神生活，真心诚意为职工服务。市质检院荣获2011年度上海市模范职工之家、上海市工人先锋号、上海市三八红旗集体、全国五一劳动奖状、全国文明单位等称号。

食化所获全国五一劳动奖状

开展优质服务流动红旗评选活动

组织《食品安全法》知识竞赛

开展纪念建国60周年大合唱比赛

上海市质量监督检验技术研究院工会

组织质量安全进社区活动

开展2011年“一日捐”活动

上海市质检院食化所现有工会会员117名，其中专业技术人员占80%，党员39名，硕博士研究生41名，是一支政治素质好、专业水平高、学历层次多的集体。食化所工会先后在特奥会、奥运会、世博会、亚运会食品安全保障，三聚氰胺、苏丹红、瘦肉精、孔雀石绿、肉制品中硝基呋喃残留、塑化剂、染色馒头等40多起突发食品安全事件中有突出贡献。食化所工会在日常的工作中，以“强化创先争优氛围、强化检测技术能力、强化风险预警机制、强化社会责任意识”为四大举措，切实提高工会履职能力，提升岗位技能，确保工会劳动竞赛取得实际成果。先后获得全国五一劳动奖状、全国青年文明号、上海市工人先锋号、上海市三八红旗集体等多项荣誉。

食化所职工在分析塑化剂检测结果

对食品中“苏丹红”含量进行检测

开展职工篮球比赛

举办以“党的光辉照我心”为主题的久事职工摄影展

举行久事基层工会任期目标签约仪式

公司领导亲临49路车队指导劳模工作室工作

全国劳模马卫星向服务新秀传授服务技能

召开久事公司厂务公开工作扩大会议

上海久事公司工会

上海久事公司工会

公司工会举办庆祝建党90周年系列活动回顾展

2011年，上海久事公司全体职工坚持“创新驱动、转型发展”的思路，以实现公司“十二五”规划的良好开局为工作主线，深化公司“一个重点、三个品牌、两个优化、两个效益”发展战略，取得丰硕成果。（即重点确保政府规划项目的投融资任务完成；精心打造公交行业龙头品牌、外滩世纪经典楼宇保护开发利用品牌和赛事文化品牌；优化资产结构，优化管理模式；在体现社会效益的同时，实现经济效益的最大化。）

在久事公司深化改革发展的工作大局中，公司工会围绕后世博各项任务及公司“十二五”发展规划，紧紧依靠公司8万多名员工，大力开展“永久的事业，求精的品牌”主题实践活动，着力在确保城市运行安全、提升久事服务品牌上下功夫，积极创建劳模和首席技师工作室，广泛开展以“共促安康、共享和谐”为主题的“安康杯”竞赛活动，不断深化厂务公开民主管理，切实维护广大职工合法权益，为促进公司科学持续发展、构建和谐劳动关系作出积极贡献。

为久事职工牌类比赛获奖者颁奖

举行丰富多彩的久事女工文体活动

上海金桥出口

2011年，金桥工会联合会坚持“以职工为本，以基层为实，以维权为责、以稳定为重”的工作思路，开拓创新，彰显工会作为，荣获2011年度上海市模范职工之家称号。

按照市总工会关于“两个普遍”的工作要求，依托党群联动工作机制，2011年，新建企业工会数达全年任务的105%;新增工会会员数达全年任务的140%。现有独立工会200家，职工41318人；工会组织覆盖企业547家。外资独资与民营企业的集体合同签订率达80%以上。

金桥工会联合会发挥劳资矛盾处置机制作用，妥善处置群体性劳资纠纷29起，涉及员工2860人，为维护开发区稳定作出了努力，荣获上海市优秀人民调解委员会称号。

以开展全国示范性劳动竞赛金桥科技创新赛区活动为契机，精心组织开展高师带徒、劳动

召开企业建立集体协商机制推进会

召开金桥开发区和谐劳动关系专题研讨会

金桥开发区被命名为“全国示范性劳动竞赛赛区上海浦东新区科技创新赛区”

赫比（上海）通讯科技有限公司送来的答谢锦旗

金桥开发区举行第二届职工技能比武开幕式

加工区工会

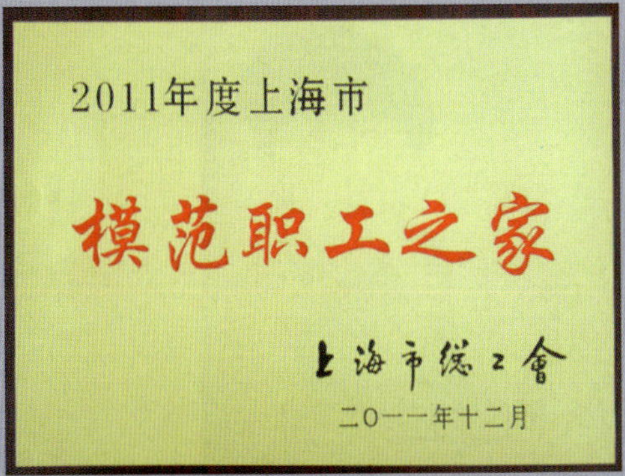

前三：金桥工会联合会荣获的奖牌（上海市模范职工之家与上海市优秀调解委员会）
后一：金桥开发区被浦东新区总工会命名为“高技能人才培养基地”

竞赛、技能比武、岗位建功等系列活动，促进企业经济发展，大力激发广大职工科技创新潜能。职工申报科技创新项目138项，创造经济效益6445.4万元；万余名职工提出的19.37万条合理化建议，共创造经济效益6126.3万。2011年，金桥工会联合会被新区总工会授予科技项目申报优秀组织奖。

组织百余家企业的千余名职工和2000多名外籍人士参加开展第十届金桥碧云国际主题长跑活动。组织开展有企业中外高管参加的第一届“金桥生态文化节”活动，开展“生态展板创意展示、生态诗歌格言征集、生态服务项目表彰”等宣传活动，促使生态理念进一步深入人心。

举办金桥碧云国际社区第十届主题长跑比赛

上海汽车集团股

慰问帮助企业困难员工

表彰优秀劳务工

保增长，职工在高温下坚持工作

坚持推进企业民主管理厂务公开

组织职工积极参与岗位练兵、技术比武活动

份有限公司工会

2011年，上汽集团工会围绕中心，服务大局，在实现企业与职工的“双赢”进程中发挥积极作用。

深化“先锋号在行动”，当好企业发展“助推器”。根据经济目标，积极开展以整车厂为龙头、零部件企业相互联动的劳动竞赛，形成上海大众、上海通用、乘用车公司、通用五菱和商用车公司五大赛区；根据企业发展的重点、难点，广泛开展合理化建议、双百万、节能减排等群众性创新活动，组织带领职工群众为完成“产销400万辆”目标建功立业。加强民主管理，当好职工合法权益的“代表者”，深入学习《上海市职工代表大会条例》，完善职代会提案制度，保障职工知情权、参与权和监督权；组织职工代表对劳务派遣用工情况等进行巡视，努力构建和谐劳动关系；对跨地区工会分类指导，成立上汽烟台企业、南京企业工会工作委员会。

关爱职工健康发展，当好职工群众“贴心人”，充分发挥“先锋号帮扶中心”作用，形成集团工会—基层工会—分工会三级帮扶网络，特设立“劳务工帮扶周”，各级工会全年共慰问补助困难职工10405人次，帮扶金额达661万元；持续改善职工工作环境，大力建设“六室一厅”（保健室、休息室、活动室、更衣室、盥洗室、培训室及餐厅），为职工班车安装保险带和头枕，组织有毒有害岗位、优秀劳务派遣员工等一线职工参加疗休养；举办龙舟赛等多项职工喜闻乐见、积极向上的文体活动，丰富职工精神生活，让职工“尊严生活、体面劳动、快乐工作”。

邀请社区书法家为返乡劳务工书写春联

完善“六室一厅”，改善职工工作生活环境

组织有毒有害岗位职工、优秀劳务工参加疗休养

举行2011年春节团拜会

举办上汽职工龙舟大赛

上海徐汇土地发展有限公司工会

上海徐汇土地发展有限公司成立于2003年4月，是一家以“土地前期基础性开发”、“基础设施投资与建设”、“航空服务产业培育与发展”为主营业务的区属国有独资公司，现有成员企业11家，工会会员150余人。近年来，公司积极发挥专业优势和国有企业的引领作用，坚持“政府主导、市场运作”的原则，积极推进徐汇滨江、龙华等地区的开发建设工作，为区域经济的繁荣和发展作出贡献。工会紧紧围绕公司中心工作，积极开展“当好主力军、建功十二五、和谐建企业”立功竞赛、献计献策等活动，进一步调动广大职工立足岗位、创先争优的积极性。进一步加强企业民主建设，积极发挥职工代表大会作用，建立和试行职工董事、监事制度。进一步加强学习型企业建设，积极组织职工开展政治理论、业务技术学习，推进职工读书活动的有序开展，不断提升职工队伍综合素质。进一步加强企业文化建设，组织开展职工文艺汇演、体育比赛、兴趣小组等活动，丰富职工精神文化生活。进一步加强凝聚力工程建设，完善救急帮困工作机制，全面落实关心、慰问职工的各项工作。2011年公司先后获得徐汇区文明单位、学习型企业、劳动关系和谐企业、职工之家等荣誉称号。

公司工会召开一届三次工代会和一届五次职代会

公司召开先进员工表彰大会

职工代表听取和审议职代会各项工作报告

在春节联欢会上，公司领导班子向全体职工拜年

公司舞蹈队在纪念建党90周年职工文艺汇演上
表演舞蹈节目《女兵》

组织女职工开展三八妇女节纪念活动

在新落成的徐汇滨江公共开放空间举办职工长跑比赛

公司举办第二届职工羽毛球比赛

举办庆祝建党90周年职工文艺汇演活动

组织开展红色之旅活动

2011年公司获得
的荣誉奖牌

2011年，上海市医药工会在集团党委和上级工会领导下，紧扣加快转变发展方式，实施“全国战略年”的主题，随着“A+H”股成功上市，加快“从上海的上药转变为全国的上药；从传统国企的上药转变为市场化、公众化的上药”的步伐，围绕集团经济工作目标，遵循“促进企业发展，维护职工权益”工会工作原则，团结带领广大工会干部和全体员工，深入学习实践科学发展观，不断完善党工共建，创先争优工作机制，扎扎实实地开展群众性经济技术创新活动，全面推进“两个普遍”工作，组织群众性庆祝中国共产党建党90周年大型纪念活动。在调动广大员工的工作积极性，实现集团发展目标，充分发挥工会组织作用等方面取得良好成绩。

集团党政领导与劳模先进合影

上海信谊药厂有限公司制药总厂召开二届七次职代会

上海市药材有限公司开展工资集体协商谈判

上海中西三维药业有限公司职代会的职工代表对工资集体合同进行投票表决

上海市医药工会

上海市医药工会举办庆祝建党90周年红歌大赛

医药工会女职工委员会为女职工开设技能大赛药物分析专场

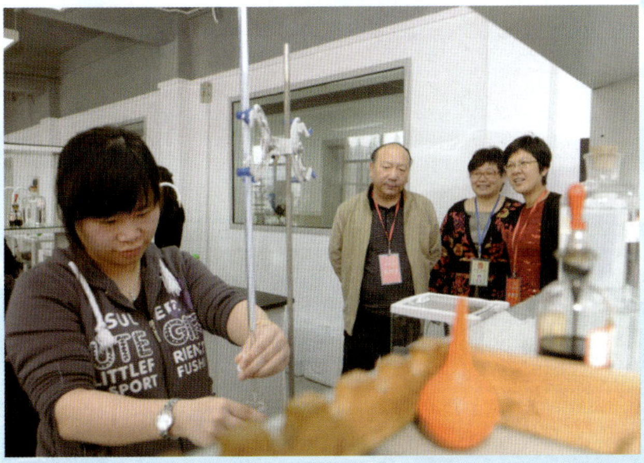

技能比赛的参赛选手在认真操作

职工踊跃参观文化艺术展

基层工会组织职工在工余时间进行篮球比赛

组织农民工参加上海职工体育健身四季联赛拔河比赛

浦东新区教育（体

召开“做学生的知心人”主题活动总结表彰会

2011年，浦东新区教育（体育）工会在新区教育党工委和市教育工会、新区总工会的领导下，坚持以围绕中心、服务大局为宗旨，以服务基层、服务职工为职责，认真组织广大教职工学习贯彻《上海市职工代表大会条例》，进一步规范教代会工作和校务公开制度，依法保障广大教职工的政治民主权利；针对师德建设中的薄弱环节，大力开展“做学生的知心人”主题实践活动，进一步增强广大教

右上：进行校务公开民主管理工作分片检查调研
右下：召开浦东新区教育（体育）工会工作会议

育）工会

师的责任意识和育人能力，切实担当起学生健康成长的引路人责任；大力推进学习型组织建设和社团文化建设，加大教职工医疗补充保障和疗休养工作力度，切实保障教职工的身心健康，促进教职工的全面发展；积极创建先进职工之家，加强工会干部队伍建设，增强基层工会活力，提高基层工作水平。浦东新区教育（体育）工会获2011年度上海市模范职工之家荣誉称号。

下一：举行教师艺术团纪念建党90周年汇报演出
下二：召开优秀女工品牌评选会
下三：举办学校社团文化展示会

左一：举办教师游泳比赛
左二：开展第九套广播操比赛

上海市松江区建设和交通委员会工会

松江区建交委工会下辖21个基层工会，会员1350名，区建设和交通委总工会认真履职，在松江社会经济发展中展现新作为。

围绕中心工作，深入开展创先争优、科技创新立功竞赛活动，把事关民生的难题解决在当下，让百姓放心，让领导放心。竞赛中涌现了一批上海市重大工程建设功臣、优秀建设者和优秀集体、上海市赛区“安康杯”竞赛优胜单位。

围绕文化建设，组织参加区第三届职工文艺创作演出，荣获优秀组织奖；组织参加区第四届职工运动会，荣获桥牌第一，排舞第三；组织不同形式的职工体育健身活动形成独特的建委文化。“每天一小时，每月一本书，每季一交流，每年一本感言汇编”已成为职工读书活动特色。公路管理署职工书屋被授予“全国优秀职工书屋”荣誉称号。建筑管理所被授予上海市学习型企事业达标单位。

围绕利益维护，努力构建和谐劳动关系。开展劳动保护、安全监察、维护农民工权益。实现建筑工程质量稳中有升，建筑工程安全事故连续7年稳步下降。

围绕民生问题，有效建立扶贫帮困机制。深入基层、深入企业、深入职工家庭走访慰问，送上党和政府的关心；开展一日捐活动，为帮困送温暖提供资金保障。

召开安全生产会议

召开工会主席例会

召开建设工程安全会议

举行立功竞赛中期推进会

全国劳模将腾云祥龙玉章作为特等奖发给职工

开展基层工会年度考核

党委书记慰问大病困难职工

建交委主任慰问困难职工

在动拆迁现场加强管理

开展节前送温暖活动

沈谦主任现场指挥动拆迁工作

为农民工争取到被拖欠的工资

上海石油化工股份有限公司工会

总经理王治卿为先进女职工代表授奖

召开五届六次职代会通过补充公积金办法

开展劳动竞赛和职工素质工程建设中途推进会

承办上海市职代会制度建设和操作实务研讨会

举办职业技能竞赛活动

开展安全生产演讲比赛

2011年，在上海市总工会和公司党委的领导下，上海石化工会深入贯彻落实科学发展观，以“重举旗帜，再站排头”为目标，以“保安全、争效益、抓改革、强管理、调结构、促发展”为工作主线，真抓实干服务企业，真心实意服务职工，进一步推进“增收节支、建功立业”竞赛活动深入开展；充分履行工会的维护职能，进一步促进劳动关系和谐发展；切实加强工会自身建设，进一步增强发挥工会组织的创造力、战斗力和凝聚力，提升工会整体工作水平，在公司改革、发展、稳定大局中发挥了工会组织的重要作用。

举行纪念建党90周年红歌演唱会

举办迎新春职工文艺晚会

举行第四届职工运动会

上海电气电

集团获全国五一劳动奖状

上海电气电站集团是中国装备制造业摇篮上海电气旗下的核心产业集团，于2004年3月整合重组而成，主要从事国内外发电设备制造以及电站工程建设与服务。现有职工1.5万余人，拥有一流的人才资源和装备能力，以现代管理和国际化运作快速融入世界经济，是集尖端制造与现代服务于一体的国际化企业。2011年销售收入突破400亿，新接订单连续5年超过700亿。

近年来，集团坚持走低碳经济道路，服务国家战略；坚持以民主管理推动一体化，大力提升市场竞争优势，创新营运和管理模式，赢得全体员工的价值认同。

集团工会在党委和上级工会的领导下，紧紧围绕上海电气“十二五”再次创业的要求，积极探索创新现代企业制度下工会组织的工作方法，强化工会服务企业发展、服务职工发展的功能。工会每年与行政签订《集体合同》和工资集体协商协议。在建立起员工互助帮困基金的同时，制定全新的职工互助帮困基金管理办法。面对复杂多变的市场环境和经济形势，2011年首次以立功竞赛为载体推进群众性合理化建议活动。工会高度重视帮困送温暖、关爱女职工和丰富职工业余生活等工作，以“面对面、心贴心、实打实”的工作作风，把为群众办实事、办好事作为各项工作的出发点和落脚点。2011年荣膺全国五一劳动奖状。

集团领导慰问高温一线职工

举行上海电气电站集团集体合同签约仪式

电站集团创建学习型组织示范团队举行授牌仪式

成立印度分公司

电站员工积极参加闵行区无偿献血活动

站 集 团

上一：举行世博志愿者授旗仪式
上二：上海电气“我们的力量”文艺晚会
上三：开展2010年“东丽杯”健康跑活动
上四：开展女职工陶艺彩绘活动
上五：举行2011“电站杯”羽毛球比赛

由上海电气电站集团制造的国内首台百万千瓦火电机组——浙江玉环电厂1000MW超超临界火电机组

在生产现场精心操作

认真组装发电机组

精心加工机组零部件

海通证券股份有限

海通证券股份有限公司的前身是上海海通证券公司，成立于1988年，是国内最早成立的证券公司之一。1994年改制为有限责任公司并发展成全国性的证券公司。2007年，公司成功挂牌上市并完成增发，公司的治理结构、品牌和资本实力大幅提高。目前，公司总资产达到1014亿元，是国内证券行业中资本规模最大的综合性证券公司之一，并致力于走国际化的金融控股集团的发展道路。多年来，海通证券股份有限公司工会在上级工会和公司党委的领导下，突出工会职能，充分发挥党联系职工群众桥梁纽带作用，以建设特色工会、有为工会、满意工会为根本出发点，不断创新工作方法，实现自我提高。深入开展民主管理、集体协商、创先争优、劳动竞赛、建家活动、文化建设、“送温暖”活动等各项工作，努力把工会建成职工民主之家、和谐之家、学习之家和温暖之家，为推动公司持续健康发展作出积极贡献。

2007年公司实现成功上市

每年召开企务公开报告会

公司办公场地——海通证券大厦

召开职工代表大会审议涉及职工利益的重大事项

公司工会

举办庆祝建国60周年职工歌咏晚会

公司职工在光明村开展与贫困学生结对帮扶活动

女职工参加插花活动

参加职工体育运动会

公司职工积极参与迎世博金融服务活动

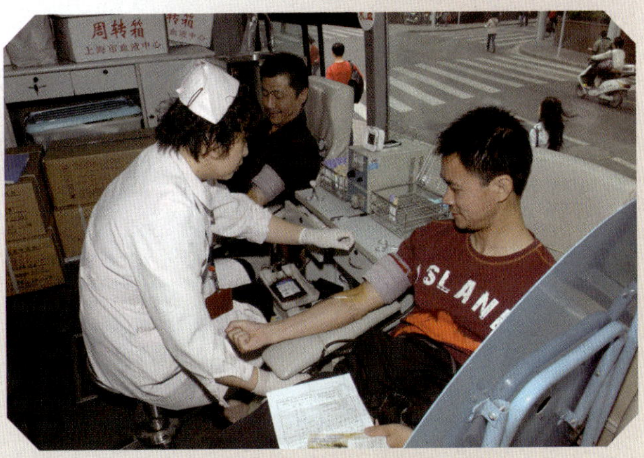

公司员工踊跃参加义务献血活动

东方证券股份有限公司

东方证券于1998年创立，总部位于上海。在上海、北京等20个城市设有62个分支机构，建立了依托上海、立足中心城市、辐射全国的经营网络，初步形成以证券业为主业的金融控股集团框架。

公司秉承“稳健经营、专业服务、以人为本、开拓创新”的经营理念，公司党政领导班子将建设和谐劳动关系作为企业经营管理的重中之重，紧紧围绕上海国际金融中心建设总体要求和公司战略目标，在依法合规的前提下，通过不断加强完善制度建设，深化推进企业民主管理，培育倡导先进金融企业文化，努力从“环境和谐”、“情感和谐”、“文化和谐”三方面来维护和促进企业劳动关系和谐。

2011年，公司荣获“全国模范劳动关系和谐企业”称号。

公司党委领导班子集体研究工作

东方证券营业部开业典礼

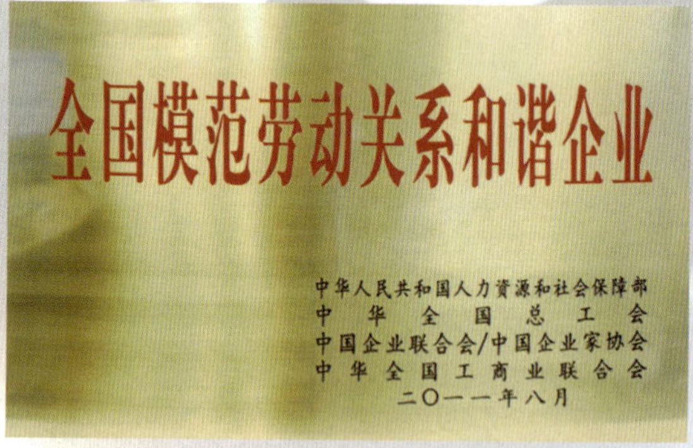

公司荣获全国模范劳动关系和谐企业

召开公司第二届职工代表大会第四次会议

举行公司第四届职工运动会开幕式

杨浦区中心医院工会

邀请工会干部管理学院的专家对新当选的第八届职工代表进行培训

杨浦区中心医院于2010年12月晋升为三级乙等综合性医院。2011年，医院工会为庆祝建党90周年，在职工中积极开展红歌大赛、“祝福献给党”短信征集、“红色风采”摄影大赛、升旗仪式等系列活动。医院工会历来十分重视职工的文化建设，经常组织职工开展读书节、广播操比赛、乒乓球比赛等文体活动。为提升青年医生素质，组织住院医师岗位技能竞赛。随着《上海市职工代表大会条例》的正式施行，院工会组织全院职工参加“条例”的网上竞赛，对新当选的第八届职工代表发放辅导书籍并进行专题培训，对院职代会条例进行修订，推进深化院务公开民主管理工作。2011年7月，杨浦区中心医院被评为全国医院院务公开示范点。

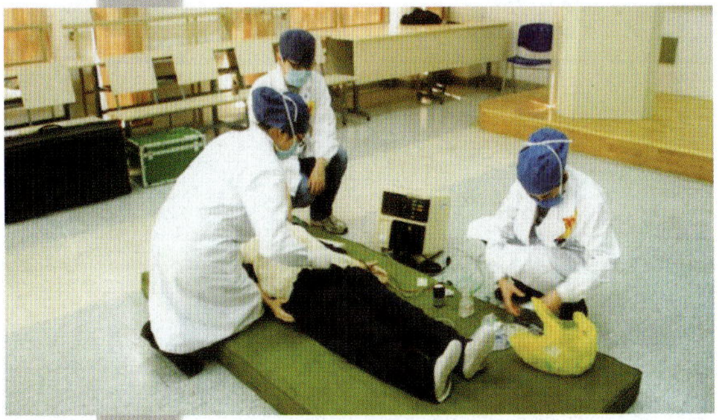

开展住院医师岗位技能竞赛

举行唱红歌比赛

开展第八套广播体操比赛

举办向医务人员赠书仪式

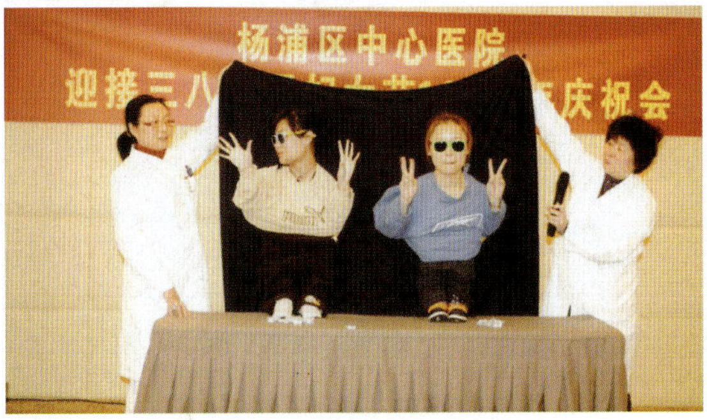

召开三八妇女节庆祝大会

举行乒乓球团体争霸赛

上海国际机场股份有限公司

上海国际机场股份有限公司是由上海机场（集团）有限公司控股的上市公司，成立于1998年2月10日，主要负责运营管理浦东国际机场。2011年，公司紧紧围绕“创新驱动、强化执行、精益运营”的指导思想，巩固世博保障成果，锐意创新进取，坚持持续改进，提升管理效能，克服外部经济复苏乏力和国内经济有所降温的不利影响，各项生产指标和经营效益再创历史新高。公司2011年共保障飞机起降34.42万架次，旅客吞吐量4144.77万人次。浦东机场ACI旅客满意度测评位列全球参加测评的186家机场第9名。公司首次获得全国文明单位殊荣。

公司领导与上海市农民工先进个人乔连朋（左）签订劳动合同

合唱队参加机场集团纪念建党90周年歌咏大赛

消防急救保障部参加市“消安杯”岗位练兵竞赛

举办航空器火险扑救应急救援演练

员工参加市级乒乓球比赛并获佳绩

保障阿联酋航空公司A380飞机首航上海

—华东电力工委—

2011年，华东电力工委（华东电网有限公司工会）全面贯彻落实上级工会各项要求，认真履行工会职责，服务大局，服务职工，为华东电网的安全、稳定、发展发挥了重要作用。一是以创建“工人先锋号”为载体，评选和弘扬先进，营造“比学赶帮”氛围，组织动员广大职工为企业发展建功立业。开展第三轮华东电网500千伏变电运行专业技术技能竞赛。二是深化职工民主管理，不断总结和创新企业民主管理的新途径、新方法，激发广大职工群策群力促进企业发展。三是全面关爱职工身心健康，建立帮扶长效机制，进一步促进企业和谐稳定发展。举办庆祝建党90周年文艺演出、编辑出版书画作品，举办“团结杯”网球赛等活动，丰富职工文化生活。四是加强工会干部的学习力、执行力建设，贴近基层，加强调研，举办培训班，进一步提升了工会工作水平。公司荣获全国五一劳动奖状。

公司党组书记、董事长、总经理林野赴京领全国五一劳动奖状

公司领导慰问一线员工

举办班组长培训班

500千伏变电运行专业技术技能竞赛

第一届国网英大集团在沪单位举行职工运动会

庆祝建党90周年大会暨红歌会

举办职工羽毛球赛

交通银行上海市分行工会

上海市分行荣获总行“交银杯”劳动竞赛特等奖

2011年，交通银行上海市分行工会以“打造员工满意信赖的职工之家”为目标，组织引导广大员工在新一轮改革发展中建功立业。

一是抓劳动竞赛，为业务发展建功立业。通过开展以“凝心聚力争起跑，倍增超越建新功”为主题的全员劳动竞赛，大力培育“倍增计划”的最佳实践者，积极打造“倍增计划”的最佳实践区，激励广大员工为实现分行的“倍增计划”建功立业。

二是抓权益维护，参与企业管理发挥能动作用。分行工会积极推进行务公开制度建设，开展职工代表民主评议领导干部，落实员工的知情权、参与权、表达权和监督权。通过开展合理化建议等征集活动，企业和员工共同发展，取得双赢成效。

三是抓活动组织，促进企业文化建设。通过举办运动会、学习沙龙和各类文体活动，展示交行人的活力风采和企业文化内涵。

2011年，分行工会被中国金融工会授予全国金融系统模范职工之家荣誉称号；浦东分行被中华全国总工会授予全国五一劳动奖状。

分行营业部陆燕丽荣获
“上海市三八红旗手”称号

开展“巾帼文明岗”创建工作

精心培育心理辅导员专业队伍

举办健康·快乐·和谐——分行职工运动会

开展技能比赛——营销案例大家谈活动

上海牛奶(集团)有限公司工会

上海牛奶集团有限公司是光明食品(集团)有限公司下属一家以畜牧为主业，食品连锁和畜牧加工机械为副业，房产租赁、物流、贸易等为支撑业的国有专业子公司。作为上海市农业产业化龙头企业，华东地区最大的奶牛饲养专业公司，拥有22个奶牛场，近4万头奶牛，现有从业人员5000多人，离退休人员近6000人，2011年公司销售32亿元，利润2亿元。

近几年来，公司工会积极维护职工合法权益，坚持开好每年职工代表大会，通过集体协商签订集体合同、女职工特殊利益保护和工资集体协商协议，讨论通过企业重大事项；积极开展职工献计献策、科技创新等立功竞赛活动；规范企业用工制度，共同维护公司和职工双方的合法权益；同时做好职工的各种社会互助保险参保工作，重点做好困难职工帮困救助和子女就学救助的结对帮困工作。公司组织开展各类职工文体活动，不断增强企业的凝聚力。

公司领导上门慰问困难职工

公司领导慰问高温一线职工

开展战高温、夺高产技能比武竞赛

举办首届“春之杯”足球邀请赛

参加庆祝建党90周年红歌会

上海外高桥第二发电有限责任公司工会

上海外高桥第二发电有限责任公司位于外高桥能源基地，在单机容量、技术水准、运行参数等方面都领先于国际水平。

公司工会始终本着“一切为职工着想、尽力让职工满意”的宗旨，紧紧围绕企业中心工作，建立健全职代会制度，深化厂务公开工作，不断推进民主管理，切实履行维权职能，全力关心和服务广大职工，凝聚全员之心，调动全员之力，共同构建起一个为职工着想、让职工满意、促职工发展的和谐企业。

根据企业生产经营实际，公司工会适时开展各项劳动竞赛和群众性建功立业活动，组织开展各类形式多样的文体活动，努力营造以“责任、感恩”为核心的企业文化。公司先后获得上海市文明单位、上海市职工最满意企事业单位、上海市厂务公开民主管理工作先进单位、上海市模范集体、上海市模范职工之家等荣誉称号。2011年10月公司工会被中华全国总工会授予全国模范职工之家荣誉称号。

公司召开第三次工代会、三届一次职代会

职企双方代表开展年度工资集体协商

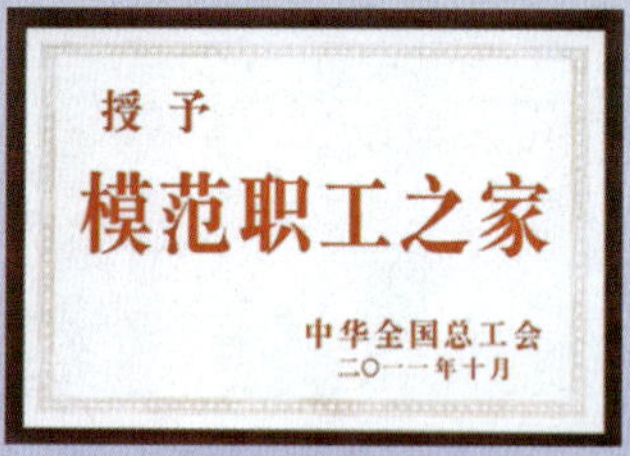

获“全国模范职工之家”奖牌

获第十五届文明单位奖牌

开展优秀员工携家属疗休养活动

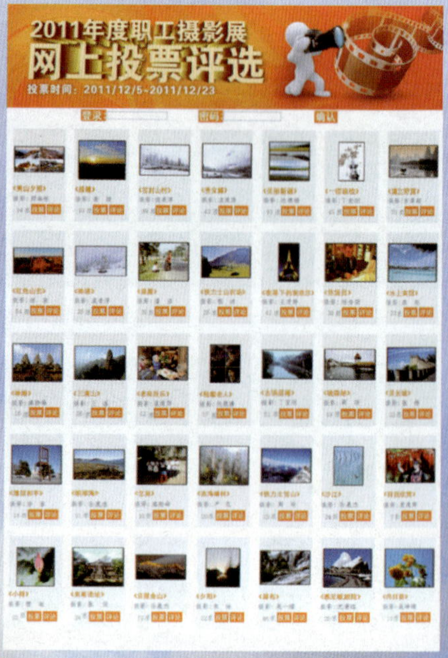

职工摄影展网上投票评选

中国移动上海公司工会

公司领导慰问困难员工家庭

开展工会主席巡回联系日活动

中国移动上海公司工会现有会员9135名，其中正式会员4307名，托管会员4828名，女会员1950名。

2011年，围绕“和谐聚力”的企业目标，积极开展“健康援助、困难救助、情操培养、无限沟通、依法维护和素质提升”等6项关爱行动，并坚持实施“一线工作法”。一是送温暖到一线，各级工会多级联动，通过每月工会主席巡回联系日、不定期探访员工家庭等，将温暖送到一线。二是送激励到一线，组织骨干员工短期疗休养，在大自然中放松心情。三是送活动到一线，以“月月有活动”丰富员工业余文化生活。四是送鼓舞到一线，通过劳动竞赛等，鼓励岗位成才，激发工作热情。五是送健康到一线，通过日常体检、心理咨询、“快乐园”等活动，增强员工抗压能力和自我保护意识，形成独特的工作亮点。

公司领导班子成员与劳模代表、劳动竞赛获奖代表合影

左上：组织骨干员工开展短期疗休养
左下：在奉贤海滩举办儿童节“快乐园”主题文化活动
右下：公司合唱团受邀参加上海艺术节天天演活动

白龙港第一污水输送分公司

公司董事长葛惠华到分公司检查指导工作

白龙港第一污水输送分公司隶属于上海市城市排水有限公司，主要承担上海市浦东地区的防汛排水和污水输送的运营管理任务。分公司以泵站“6S”管理为抓手，以提升员工的自身素质修养和提供更优质的社会服务为核心，完善和提高泵站的标准化、规范化和精细化的综合管理水平。坚持将泵站“6S”管理与安全输送和科学调度相结合，深入理解“6S”的实质和精髓，取得了显著的成效。SA泵站获排水公司“6S示范泵站”、M2泵站获排水公司“6S优胜泵站”称号。分公司党支部坚持支部结对的方法全面带动各项工作，并学习借鉴先进党支部的成功经验和做法，形成优势互补，资源共享。排水公司首席技师吉明工作室、分公司“党员技术交流站”在工作中形成的“6S”管理的“三位”工作法荣获上海市先进操作法优秀成果奖。泵站“6S”管理促进了职工素养的提高，提升了泵站的管理水平。

荣誉证书

白龙港第一污水输送分公司：

在2011年度排水公司“安康杯”竞赛活动评比中

荣获二等奖

荣获公司“安康杯”竞赛活动二等奖

公司总经理颜晓斐对“吉明工作室”进行专题调研

公司向原水厂取经,推进6S建设

共建单位举行迎春座谈会

泵站员工参加战高温、保安全畅通竞赛

局(产业)工会概况

Brief Introduction of Bureau(Industrial) Unions

上海工会年鉴

2012

概　况

上海市机电工会

主　席
朱　斌

【概　况】 (1)围绕集团发展,开展“双争”活动。一是“争创再次创业优秀工会组织和优秀员工”活动,评出30家优秀工会组织、56名优秀员工。二是以“电站设备、基础件、配套”3个板块,组织24家基层投入,机电工会获全国总工会“‘十一五’时期社会主义劳动竞赛先进组织单位”。三是群众性科技创新活动取得成果。在全国发明展览会上,电气职工获3个金奖、2个银奖、3个铜奖;在上海职工科技节上获1个一等奖、2个三等奖。(2)庆祝建党90周年活动。一是举办“我们的力量·先锋篇”上海电气庆祝建党90周年主题晚会。二是举行“迎七一、庆五一”大合唱比赛。三是各单位庆祝纪念活动共250项,参与职工达3.5万人。(3)注重制度建设,协调劳动关系。一是签订《2011年上海电气(集团)总公司工资集体协议书》,首次将刚性工资增长保障条款写入文本;举办有150余名工会干部参加的工资集体协商专题培训班。二是落实《上海市职工代表大会条例》,举办工会主席培训班。三是加强劳动争议调解,参与25家改制企业方案预审,接待来信来访27人次,信件处理办结率100%。(4)培养高技能人才取得成果。一是李斌技术成果被评为国家科技进步二等奖。二是市总工会召开上海电气现场会,总结推广上海电气、机电工会高技能人才队伍建设的经验。三是李斌数控技术工作室被评为上海市“001”号首席技师工作室;李治国大型数控机床操作工作室被评为上海市劳模创新工作室。四是举办2011年“李斌杯”技能大赛,开设劳务工高级工以上技能专场和女职工专场比赛,涌现出一批优秀选手。举行上海电气三维设计大赛,上海电气创意创新大赛有55个项目团队参加。(5)深化帮困送温暖工作。一是坚持“一日捐”活动。有81家单位认捐629.3万元。慰问困难职工3244人次,为2300名大病、特困职工、特困农民工提供资助。拨出463.25万元帮困金对8919人次进行救助。(6)转变作风,自身建设取得进步。一是开展劳务派遣工工作调研,为管理提供依据。二是19家工会开展工会主席直选。三是发挥女职工委员会作用,阳虹获上海市优秀女设计师(十佳)称号。四是执行新的工会财务管理规定。工会经审、财务联合对48家工会开展审计检查,认真落实整改;表彰15家财务先进单位。　　(冯克华)

上海市仪表电子工会

主　席
田　原

【概　况】 上海市仪表电子工会辖8个子公司工会,84个基层工会。职工36410人,其中女职工14361人。工会会员34257人,女会员13474人,农民工会员8093人。工作机构设办公室、经济事业部。(1)围绕仪电控股发展战略,继续深化创新活动和素质工程。一是开展劳动竞赛,45个单位开展188项劳动竞赛,12488人次参加,推广47项先进操作法。二是开展合理化建议活动,全系统共提出合理化建议9316件,已实施8431件,实施率90%。2011年获得国家专利94项,合理化建议活动产生效益7367万元。三是围绕仪电控股实施“三三战略”和“创新驱动、转型发展”的工作方针,继续贯彻“关于深化职工技术创新活动加强技能人才队伍建设的意见”。通过加强技能培训和技能竞赛,开展师徒结对活动,技术工人比例进一步上升,职工技能素质不断提高。(2)加强劳动关系和谐企业建设,深化厂务公开民主管理工作。一是按照《关于在仪电系统开展创建劳动关系和谐企业活动的通知》精神,开展“劳动关系和谐企业”评审工作,9家单位获表彰。二是巩固职代会制度建设成果,在企业调整重组,股权退出,改制歇业过程中坚持履行职代会民主程序。70家企业实行各种形式的厂务公开,10家单位实行领导干部收入情况公开。三是逐步推进集体协商签订工资专项集体合同工作,巩固建制率和履约率,提高合同质量。(3)建立健全多层次帮困保障体系,加大助医帮困力度。4346名困难职工受到帮扶,188名领导干部联系264户困难职工家庭进行走访帮扶。帮困资金使用、管理更加规范。(4)加强企业文化建设,办好以“精准引领精彩”为主题的文化体育节,宣传仪电控股“两个为荣”和“四个共同体”核心价值观的文化理念。宣传劳模先进事迹,弘扬劳模精神,组织劳模体检疗休养。(5)加强工会自身建设。组织班组长培训、《上海市职代会条例》培训,对23家基层企业工会财务规范化进行检查和经审。　　(高正峰)

上海市化学工会

主　席
黄岱列

【概　况】 上海市化学工会辖26个子公司(直属)工会,93个基层工会,现有职工28627人,工会会员26713人,女职工5820人,农民工1983人,农民工会员404人。工作机构设办公室、组织宣传部、权益保障部和经济工作部。(1)围绕“创新驱动、转型发展”要求,开展形势任务教育。把年度工会工作细化成38项目标任务,凝炼成29项具体措施,上下互动,狠抓落实。(2)发挥职工主力军作用,开展群众性建功立业主题活动。通过召开现场调研会、专题座谈会、竞赛工作推进会等形式,引导和推进基层单位为实现2011年主题立功竞赛目标抓落实、创特色、求实效。制定下发“三万”、“三重”主题立功竞赛方案,形成四大板块22个专项竞赛系列为抓手的竞赛框架。(3)推进维权维稳工作,在关爱职工中切实加强企业和谐劳动关系建设。与集团行政正式签订第三期《集体合同》及《女职工权益保护专项集体合同》,在源头保障职工的劳动报酬、工作时间、休息休假、劳动安全卫士、保险福利和职业技能培训等方面的权益得到落实。会同基层工会全程参与煤化工整合、精细化工、装备等行业的企业调整工作,对调整整合企业履行好民主程序,做好业务指导工作。(4)以推进“党工共建,创先争优”活动为抓手,开展新一轮“职工之家”创建活动。通过创先争优活动,促进工会整体工作,通过“职工之家”创建,强化工会组织建设,通过多层面培训,提高工会干部素养,提升工会组织的凝聚力和影响力。(王有福)

上海市轻工业工会

副主席
姚志贤

【概　况】　上海市轻工业工会辖9个基层工会,职工4256人。会员4256人,其中女会员1057人。上海轻工业工会联合会有16个行业工会,会员单位359家。工作机构设办公室、组织部、民管部、法律部、经济工作部、宣教部、生活保障部、财务部和技协三产办公室。(1)引导行业职工为加快转型发展作贡献。一是举办《十二五形势任务解读》专题培训班,组织工会干部学习和了解“十二五”规划目标任务的具体内容。二是组织开展“创新实践比智慧、转型发展作贡献”主题实践活动,以创意设计大赛为载体开展劳动竞赛,举办“2011年‘上海轻工杯’LED新光源灯具时尚创意设计大赛”。三是积极推动企业与高校产学研合作,牵线上海琪海文体用品有限公司与上海大学建立“工业设计产学研基地”;牵线上海市钟表行业协会与上海工程技术大学成立“上海市钟表创意设计工作室”。四是组团参加2011年全国科技活动周暨上海科技节科技创新成果展,以“创意创新让生活更精彩”为主题设立轻工展区。(2)营造氛围提升职工能力素质。一是召开上海轻工行业“服务世博,诚信创优”立功竞赛颁奖大会。29家企业获“上海轻工行业服务世博诚信创优企业”称号;34个集体(班组)获“上海轻工行业服务世博工人先锋号”称号。二是召开“上海轻工‘十二五’展巾帼风采3年行动计划”发布会。三是在轻工行业开展“传承先进手拉手”活动。建立“班组长手拉手交流学堂”;建立“工会干部手拉手工作室”,组织优秀工会工作者与新生代工会干部进行交流;建立“传承先进辅导员”队伍。四是组织行业职工参加上海国际艺术节“职工天天演”活动。(3)加强与行业协会合作,推动工会工作发展。与各轻工行业协会每年举行两次联席会议,并同单个行业协会建立联席会议制度。(4)加强自身建设,提高服务职工的能力。一是举行《上海市职工代表大会条例》学习报告会,开设专题讲座,宣传贯彻《条例》。二是加强调查研究,及时了解职工利益诉求,关注职工队伍的结构变化,并在《轻工工运》杂志上及时刊登基层工会的调研文章。(徐俊彦)

上海市纺织工会

主　席
王水官

【概　况】　上海市纺织工会辖子公司工会12家,直管单位工会20家,基层工会103家,职工17570人,会员17120人,其中女会员6500人,农民工会员4292人。另有地区纺织行业工会联合会8家,覆盖会员近17万人。机构设办公室(含法律部)、组织民管部(含地区工会工作部)、宣教部、生产部、女工生活部、退休职工管理办公室、经费审查管理委员会办公室。直管新东纺大酒店、纺织职工马山疗养院、纺织职工淀山湖疗养院、东纺宝洁产品专营公司、纺织职工疗休养度假服务中心等8家直属企事业。(1)宣传《规划》聚人心,形成共识促发展。一是组织以“身边的科技与时尚”为主题的职工巡访活动。二是编写图文并茂的《上海纺织“十二五”发展规划100问》。三是联手有关职能部门调研、编写制定《纺织职工素质工程“十二五”发展规划》。四是开展“当好主力军、建功十二五”创先争优劳动竞赛。结合单位实际,组织开展123项各种类型的主题劳动竞赛,发动职工提出合理化建议928条,实施技术创新、技术革新40项。在上海职工科技创新成果展上,有11项获得一、二等奖。在上海市第四届职工科技节上,有6个项目获科技创新奖,2名职工获科技创新标兵称号。(2)服务职工办实事,保障权益促和谐。一是以工资、定额为核心,通过工作考核、业务培训、下基层指导等推动企业普遍建立协商机制。年内,公司下属单位签约率保持在90%以上,金山、普陀、奉贤等区行业工会参与调研全总组织的服装生产劳动定额标准。二是通过集体协商将大多数职工的合理诉求和愿望以合同形式予以确定。三是学习宣传贯彻《上海市职工代表大会条例》,深化企业民主管理。组织500多名职工代表进行《条例》专题培训,4500多人参与网络《条例》知识竞赛,召开工会干部和优秀职工代表参加的研讨会,80%的企业根据《条例》要求,修改职工(代表)大会制度。四是以爱心驿站为载体,做实做深帮扶工作。有8家工会主办的“爱心驿站”,开展政策帮困、就业援助、生活救助、助学救助、医疗救助、心理咨询等帮扶援助项目。五是筹集帮困资金195.5万余元,帮扶援助总计达6237人次,帮扶金额达215.72万元。16名困难职工通过领导结对帮困实现脱贫。(3)换届改选定方向,自身建设上

台阶。11月3日，上海市纺织工会第九次代表大会召开，选举产生新一届领导班子，提出今后5年工会工作的目标任务。（王慎微）

上海市医药工会

主 席
陈 欣

【概 况】 上海市医药工会辖基层工会91个，职工27823人，会员25078人。工作机构设办公室、组织民管部、经济宣教部、保障部和财务室。(1)以集团经济工作为中心，开展群众性经济技术创新活动。一是开展以"当好主力军、建功新上药"为主题的劳动竞赛和巾帼建功活动。二是结合企业实际，开展各种形式的合理化建议活动，组织职工参加"我与安全"大讨论，征集安全生产合理化建议。三是加强基层班组建设，夯实企业基础管理，制定集团星级班组评比标准，有50多个班组上报集团三星级班组评比。四是开展技能大赛，不断提升职工的技能素质。359位选手参加6个大项、9个小项比赛项目，254位选手进入复赛，174位选手通过决赛技能等级得到晋升。五是以"安康杯"竞赛为平台，进一步加强安全生产和劳动保护工作。10994名职工参加"安康杯"(上海赛区)的竞赛活动。企业班组全部参加集团层面的"安康杯"竞赛。(2)全面推进"两个普遍"工作。一是全面推进工资集体协商工作。已有67家企业开展工资集体协商工作，占总数76%。二是大力推进劳务工入会工作，2011年发展劳务派遣工入会1092人。三是学习《职代会条例》，深化厂务公开工作。医药工会所属企业职代会建制82家，占企业总数的89%，20家基层单位调整修改了企业职代会的相关程序；外资企业建立职代会制度取得进展，上海罗氏制药有限公司12月召开首届职代会。四是做好"一日捐"和帮困送温暖工作。2011年参加捐款的职工人数为21087人，捐款总额为105.4181万元；新增基层企业领导结对帮困名额30个，全年共发放各类帮困补助款共计124.09万元，帮困人数2133人次。(3)举办庆祝建党90周年大型活动，加强职工文化建设，提升职工队伍的整体素质。一是加强员工学校建设，开展以企业发展愿景及形势任务、企业文化、职代会条例、简明党史、六五普法以及新版GMP(GSP)知识为主要内容的员工培训工作，全集团近50%的员工参加培训学习。二是组织庆祝建党90周年文艺演出活动，共有18支合唱队、1100多名职工参加演出。三是因地制宜开展职工文体活动，推进职工体育"一企一品"活动，在有条件的单位开展广播操、工间操活动，"职工书屋"新增一生化、中西三维、华宇等3家基层单位，组织40多名外来务工人员，参加"闵行杯"农民工健身大赛。(4)以党工共建、创先争优为重点，探索工会工作目标责任考核机制。下发基层工会工作责任目标考核表，强化"职工之家"建设力度，共评出20家医药系统先进"职工之家"、26个先进"职工小家"及工会工作先进个人。(5)加强基层民主政治建设，推进工会主席直选工作。基层工会主席直选率达82%，开展5次工会干部培训，参训人数620人次。选送3位新任主席参加全总培训。组织开展三八红旗手、三八红旗集体的评选工作。签订女职工特殊利益专项合同65家，占应建数的89.04%。加强20家基层财务规范化建设，审计10家工会经费使用情况。（赵一鸣）

上海市电力公司工会

主 席
黄效喜

【概 况】 上海市电力公司工会辖基层工会32个，职工17086人，其中女职工3293人，会员17086人。(1)抓建功立业活动。一是劳动竞赛活动激励职工岗位建功。开展"比安全、比质量、比服务、比技能、比协作、比成果"六比活动，确保"世游赛"供电保障万无一失；工会与职能部门每季度开展"服务明星"评选，提高窗口服务水平；公司工会获"十一五"时期社会主义劳动竞赛先进组织单位称号。二是技术创新激发职工创造潜能。开展技术创新和合理化建议活动，在第四届上海职工科技节活动中，公司获最佳展区一等奖和优秀组织单位称号，1人获"上海市十大职工科技创新英才"，19个项目分获创新成果参展项目一、二、三等奖。三是班组建设工作推动管理提升。下发"班组建设部门职责分解表"、"班组建设实施细则"、"班组建设工作手册"；编印"班组建设典型案例集"；调研班组需求形成调研报告；开展"十佳班组"评选活动。四是劳模选树培养形成长效机制。进一步落实公司劳模评比管理办法，做好先进人物储备工作。全国劳模杨庆华创新工作室被命名为首批上海市劳模创新工作室。(2)抓职代会制度建设。一是参政议政履行职责。组织职工参加《上海市职工代表大会条例》知识竞赛，召开公司四届三次职代会暨2011年工作会议。公司工会履行提案征集职责，提案处置率达100%。二是源头参与维护权益。建立《建立健全员工诉求表达机制实施办法》，制定下发《日常员工诉求联系制度》，形成双月报告制、处理回复制和信息反馈制。三是民主管理贴近实际。发挥闭会期间职代会专委会和团长(扩大)会议制度的作用，审议相关议案。(3)抓以人为本和谐发展。一是完善机制强化帮困送温暖工作。修订"公司帮困基金理事会章程"、"公司帮困基金实施细则"，制定《关于进一步加强多层次帮困送温暖工作的实施细则》；募集帮困专项资金，对基层单位帮困实现全覆盖；组织"一日捐"活动，15979人捐款总额210万余元。二是开展劳动保护检查员持证上岗培训，三级网络建设不断强化。以"安全文化"为主题开展"安康杯"竞赛活动，一线班组、一线员工参赛率均达到100%。三是加强文体活动凝聚职工精神。公司庆祝建党90周年“百文、百照、百歌”系列活动获上海市第五届“五一文化奖”十佳文化活动奖;公司文体协会成立14个分会;“班组文化最佳实践库”获好评。（余传毅）

上海电力建设有限责任公司工会

主　席
李　苏

【概　况】 上海电力建设有限责任公司工会辖10个基层工会,职工4086人,女职工428人,工会会员4086人,女会员428人。(1)发挥工会宣传教育作用。一是开展职代会形势和任务教育,动员职工为“十二五”开局之年起好步。二是纪念建党90周年组织“红歌大家唱”和祝福短信活动。三是实施《上海市职工代表大会条例》,组织职工学习《条例》。(2)深入开展民主管理工作。一是规范职代会制度。签订公司第五轮集体合同;公司系统全部实行职代会评估制度;二是开展厂务公开民主管理工作自查总结和调研检查活动。(3)深化建功立业活动。开展“聚焦亮点、超越昨天”立功竞赛活动,编辑出版案例汇编,宣传先进典型。发挥劳模先进示范作用,推出“劳模创新示范点”、“劳模关爱机制”、“劳模先进工作法”、“劳模论坛”、“劳模网上荣誉室”管理模式,形成“劳模先进示范基地”8项管理模式,获得国家电网公司精神文明建设创新奖;孙鸿玉劳模工作室被命名为首批“劳模工作室”。组织职工技术创新发明活动,2人获上海市职工科技创新标兵称号,2人获上海市职工科技创新优秀奖,公司工会获得上海市职工科技节组织奖。(4)强化“安康杯”劳动保护竞赛活动。开展“群防群治月”活动;征集安全生产、劳动保护寄语和格言警句活动;组织职工参加“全国职工安全健康知识竞赛活动”;持续开展劳动保护监督检查员评估工作,增强监督检查员工作责任性;推进分包队伍班组建设。(5)加强工会自身建设。与基层工会续订《年度工会工作目标责任书》,开展创建“最具活力工会工作”活动,举办成果发布会,组织理论研究成果评审,上报工会优秀论文15篇。组织工会干部和职工代表参加《条例》培训。严格考评基层工会年度工作目标完成情况。召开“三八”国际妇女节表彰大会,开展“巾帼论坛”、“巾帼风采”、“巾帼能手”创建活动。(6)落实职工保障工作。建立职工“关爱联动”机制,建立“一人一档”档案。慰问困难职工390人,金额15.5万元;慰问退休职工1092人,金额40.7万元;高温慰问金额87.9万元。组织职工参加市互助医疗保障计划,建立职工大重病医疗互助基金,救助193名困难职工,金额为96.3万元。

（季天培）

宝钢集团有限公司工会

主　席
朱义明

【概　况】 宝钢集团有限公司工会辖子公司、直属工会15个,基层工会118个,职工84243人,其中农民工421人。会员84135人,其中农民工会员415人。(1)劳动竞赛主题明确,组织职工积极行动。围绕“产品经营、成本改善、环境经营、安全管理”主题,自上而下发动员工开展各类竞赛活动。2011年集团公司降本增效总目标44.5亿元,全年实际完成49.8亿元。(2)深化岗位创新活动,打造企业品牌工程。创新基地和创新工作室作用得到提升,一线员工岗位创新积极性高涨,全年专利申请达2287项,其中发明专利783件(占34.2%)。(3)深化最佳实践者活动,建设自主型职工队伍。公司党政联合下发《关于“深化最佳实践者活动,建设自主型职工队伍”的推进意见》,公司工会围绕企业中心任务和职工队伍状况,通过开展对标找差劳动竞赛、职工自主管理、建立职工创造创新工作体系、培育安全自主型职工等活动,形成具有不同特点的有效做法。(4)贯彻《宝钢职工民主管理基本制度》,建设和谐劳动关系。宣传贯彻《上海市职代会条例》,细化规范宝钢职工民主管理工作制度。组织“职工代表看宝钢”活动,拓展职工的知情权和参与权。(5)落实职工“三最”长效机制,解决职工实际需求。提出需要集团公司推进解决的职工“三最”4D项目计划。各子公司工会制定年度职工“三最”项目推进计划128项,完成123项。(6)加强制度建设,推进工会劳动安全保护三级网络管理。三级网络监督检查26787次,提出整改建议69588条,及时整改完成68199条,整改率98%;安全代表提出安全信息73862条,及时落实完成71601条,处理率96.9%。三级网络监督检查及时整改率达到96.8%。组成督查组对基层单位开展全面专项检查,共查出隐患、违章7048条,及时落实整改6678条,整改率94.8%。(7)举办艺术节,职工活动丰富多采。举办宝钢第九届职工艺术节,直接参加职工达3万余人次。(8)弘扬先进树立典型,开展女职工工作。召开以“劳动光荣、知识崇高、人才宝贵、创造伟大”为主题的迎五一宝钢劳模座谈会。组织开展宝钢“金牛奖”“银牛奖”评选。集团工会命名表彰先进女职工70名、先进女职工集体34个。(9)加强工会组织建设,适应宝钢发展战略。12家基层工会成功换届直选工会主席。召开以“推进和完善职工诉求表达机制建设”为主题的第5次沪外子公司会议。以“宝钢形势与任务”、“企业工会基本职能的实现方法”、“集体协商机制和劳动争议处理政策”、“宝钢职工技术创新活动”为专题,举办工会主席研修班。开展对11家两级工会年度工作检查评价。（钟　群）

上海宝冶集团有限公司工会

【概　况】 上海宝冶集团有限公司

工会辖基层工会15个，工会会员6052人。(1)深化立功竞赛活动。加大对立功集体和个人的奖励力度，重新调整集团公司立功竞赛领导小组成员，制定2011年度竞赛计划。(2)开展合理化建议活动。员工提出合理化建议521条，实施合理化建议348条，实现降本增效1580多万元，工会适时开展职工优秀合理化建议评选活动。(3)以学习贯彻《上海市职工代表大会条例》为契机，加强企业民主管理。工会分层次、全方位地开展学习宣传活动，举办专题讲座，举行两级工会干部学习《上海市职工代表大会条例》测试，组织两级工会干部、职工代表等共740多人参加《上海市职工代表大会条例》网上知识竞赛活动。(4)开展"安康杯"竞赛，营造人人讲安全的氛围。以"员工安康、企业安全"为主题，开展安全演讲比赛，安全生产大讨论活动、安全生产合理化建议征集和隐患排查整治活动，员工提出安全生产合理化建议320多条，查找危险源和安全隐患270多条(5)创建"工人先锋号"培育优秀团队。开展第二批"工人先锋号"创建活动，参与创建的班组已达到200个，占全体班组数的50%(6)开展帮困送温暖活动。开展"一日捐"献爱心活动，为突发困难的劳务工募捐。共慰问特困职工290多人次，发放慰问金25万余元，为4607名在职职工办理住院医疗互助保障的续保工作。(7)加强工会自身建设。开展"一家一品"特色工作创建，选派60名基层工会主席和工会干部到上海工会管理职业学院参加半脱产岗位培训。(毛一新)

上海高桥石油化工公司工会

主　席
罗新富

【概　况】 上海高桥石油化工公司工会辖基层工会16个，工会会员6267人。机构设民管宣教文体部、生产生活保障部和办公室。(1)明确"创先争优"目标，提高工会服务能力。以创"模范职工小家"和争当"劳动模范"、"优秀工会干部"为目标，引导各级工会和广大工会干部主动服务于企业发展和职工群众。统一完善"职工小家"创建标准，以月岗检，夺旗竞赛为载体，全面开展创建活动。纪念建党90周年，组织职工唱革命歌曲并层层选拔比赛，有3个节目获集团公司三等奖；积极开展职工健身活动，获得体育总局"全民健身活动先进单位"称号。(2)贯彻落实《条例》，依法科学维权。逐条对照《上海市职工代表大会条例》，对公司工会有关规章进行修改完善。就如何发挥好代表作用进行交流，培训职工代表250名。召开职代会，对涉及职工切身利益的方案，在出台前做到集中培训讨论、反复征求意见，最后审议通过采用无记名投票方式。职代会闭会期间，发挥职代会各专门委员会和职工代表的作用，开展督查履职维权活动。(3)围绕生产经营工作，深化主题劳动竞赛。下发"优胜班组评比标准"文件，每季开展班组达标升级竞赛活动；举办5期共200人参加的班组长综合能力培训班。结合"查找身边十大薄弱环节"等，发动职工提合理化建议5417条，采纳4268条，采纳率为78.8%，奖励金额85360元。围绕炼油装置停工检修组织劳动竞赛。评出检修明星36人，优秀集体和文明施工队15个，。深入开展"十个一"为主要内容的"安康杯"竞赛活动，向373个班组发放"班组安全知识读本"，组织一线职工参加"安全知识"竞赛。组织职工代表开展劳动保护专项督察。(4)组织岗位练兵比武，提升职工队伍素质。开展28个职业工种的岗位大练兵大比武活动共有2308人参加。积极开展职工素质工程建设。共有208对师带徒取得上岗证，50名职工通过业余自学获得专科以上学历，按协议实施奖励。(5)为职工服务，做好帮困和疗休养工作。"四大"节日和日常帮困共749人，金额71.27万元，助学帮困96人，金额22.38万元。同时做好定补工作。组织职工疗休养74批共2716人，其中职工脱岗疗休养16批608人，每批疗休养情况网上征求职工意见，满意率90%。高温为职工送清凉共28次，金额38.8万元。(6)强化基础管理，加强工会自身建设。指导组建工会3家、换届改选2家，成立女职工委员会16家；修订和完成6项工会规章制度；开展工会工作研究，征集论文26篇，并评出一、二、三等奖。安排基层工会主席岗位培训14人。(沈根明)

中国石化上海石油化工股份有限公司工会

主　席
高金平

【概　况】 上海石化工会现有工会会员20754人，基层直属单位工会委员会26个。工作机构设办公室、组织民管部、宣教文体部、生活女工部、经济工作部等5个部门；工会干部14人，其中高级专业技术职称5人，中级专业技术职称9人。2011年，公司工会以"重举旗帜，再站排头"为目标，以"保安全、争效益、抓改革、强管理、调结构、促发展"为工作主线，融入中心、服务大局、推动发展，推进工会整体工作。(1)全面推行工会组织建设。开展工会干部培训。办好第七期工会干部培训班，帮助工会干部拓展视野、调节心理、改善知识结构，促进工会干部队伍综合素质和工作能力的提高。做好工会换届改选工作，指导基层单位工会开展装置(车间)、处室(科室)工会主席直选工作。加强调研工作。研究确定《加大帮困力度，进一步发挥帮困基金普惠作用》、《公司技能型"领军人物"现状分析与对策》、《公司职工劳防用品现状调查与分析》等5个调研课题，通过调研，及时形成调研报告，供公司领导和有关职能部门决策参考。(2)推进"增收节支、建功立业"竞赛活动。继续保持"有第一就争，见红旗就扛"的精神状态,深入开展技术经济指标和专业管理劳动竞赛,组织群众性技术创新活动。重点围绕 HSE 管理中存在的安全隐患和薄弱环节,发动职工广泛开展好"查漏除味"专题合理化建议活动,组织好"安康杯"竞赛活动,做好防暑降温、劳动保护自查工作,开展"安全大讨论"、查找身边十大安全隐患、安全演讲比赛等专项活动。推进职工素质工程建设。(3)发挥工会组织的"牵头、主导、监督"职能,打造"网上练兵、技能竞赛和合理化建议"三大活动品牌,做好各类先进的培育管理工作,和劳模先进的推荐上报和先进事迹的宣传。公司周末学校获"全国工会女职工培训示范学校"。组织开展以"红色记忆"、"红色经典"、"红色风采"为主要内容的职工文化活动,组织第四届职工运动会。(4)不断深化厂务公开民主管理工作。坚持并完善职工利益诉求表达和利益协调机制,做好职工互动留言的处理、提案处理、职代会质量评估等,有效表达职工的诉求,发挥职代会专门委员会的作用,着重强化提案预审、审理、落实环节,举办提案集体答复会;组织巡视评估员以个人督办和集体调研相结合开展巡视评估工作,形成巡视评估专题报告。(5)不断完善职工生活补充保障机制。修订形成《公司职工帮扶互助基金章程》、《公司职工帮扶互助基金管理实施细则》和《公司特困职工帮困办法》;元旦春节、国庆中秋期间,广泛开展领导干部对口联系困难职工制度;组织职工参加"一日捐"和上海市职工保障互助计划。 (施东亮)

上海化学工业区工会

主 席
陈兆麟

【概 况】 上海化学工业区工会辖基层直属工会 26 个,工会会员 6722 人,其中女会员 2223 人。(1)坚持党工共建"创先争优",动员职工投身生产建设。围绕迎接党的十八大,开展系列学习宣传、"争先创优"活动,引导广大职工认清形势,围绕新一年的目标,开展形势任务教育,把职工的思想和行动、智慧和力量凝聚到企业发展的目标任务上来。(2)坚持服务中心,深化职工素质工程。扎实开展群众性劳动竞赛,深入推进"当好科学发展主力军、打好创新转型攻坚战"主题活动,开展劳动竞赛、技术革新、技术攻关、发明创造、技能比武,把劳动竞赛与"争先创优"结合起来,广泛开展班组"创争"活动,以创建"工人先锋号"为载体,以争创"特色班组"为目标,实施班组素质提升工程,不断增强班组的凝聚力和战斗力。(3)坚持构建和谐,深化民主管理。凝聚广大职工做和谐劳动关系的构建者。完善劳动关系矛盾调处机制,畅通职工群众的利益诉求渠道。继续推进职代会制度规范化运作,认真履行工会各项职责。完善平等协商和集体合同制度,大力推进工资集体协商工作。做好困难职工帮扶工作,积极开展"送温暖"等帮扶活动。重视劳动保护和安全生产工作,定期开展群众性安全生产监督检查工作,广泛开展"安康杯"竞赛,确保职工生命安全和身心健康。(4)坚持服务职工,推进工会自身建设。扎实开展"面对面、心贴心、实打实服务职工在基层"活动,扎实推进"职工之家"创建活动,推动工会组织和工会干部队伍建设,做好女职工工作和财务经审工作。 (张 俊)

国药控股股份有限公司工会

主 席
沈立年

【概 况】 国药控股股份有限公司工会上海地区辖基层工会 13 个,会员 2665 人。(1)加强工会组织建设,积极做好各级工会的换届选举工作。强化工会组建工作,做到工会组织全覆盖。(2)进一步健全职代会制度,开展《上海市职工代表大会条例》系统培训,发挥职代会在构建和谐稳定劳动关系中的作用,审议表决涉及职工切身利益的相关事项,签订集体合同;大力推进企务公开、民主管理工作,坚持公司党政领导与职工代表对话会制度。充分听取职工代表的意见和建议,使职工的知性权、参与权、表达权、监督权得到有效保障。(3)完善维权机制,依法推进和完善劳动合同制度,发挥工会在劳动合同签订、履行、变更过程中的指导和监督作用,有序推进公司集体合同和工资集体协商制度建设,落实利益协调和权益保障机制,推动企业和谐劳动关系的建设。(4)加强公司工会自身建设。开展"汲取、感悟与分享"活动,开启"职工手机书屋"。以读书促进员工自身素质和工作效率提升,以分享促进员工相互交流和团队协同,不断从书中汲取养分,把工会建设成为职工信赖的职工之家。(5)积极开展职工教育、技能培训和劳动竞赛,开展"国大杯"手绘 POP 创意大赛和保健品销售知识竞赛,提升国药品牌形象。(6)关心职工生活,开展结对帮扶和送温暖活动,坚持为职工做好事、办实事、解难事,坚持为物流作业一线的员工做好防暑降温和服务工作。(7)组建"会务活动"、"绿色环保"、"摄影摄像"等职工志愿者服务队并开展活动。员工自愿认购 598 棵爱心树苗,到崇明富军村举行"国药控股爱心林"植树志愿活动。同时,与社会团体志愿者服务队伍合作,为社会上更多需要帮助的人送上温暖。(8)在建党 90 周年之际,开展"雄关漫道长征路,壮志宏图国药人"为主题的文化系列活动,获第五届上海市"五一文化奖"优秀创意奖;倡导"运动你我他,健康国药人"理念,参加首届"上海农民工健身大赛",举办公司第五届职工运动会、第二届"沃凯杯"羽毛球邀请赛,开展工间广播操活动;举行国药控股"爱心飞扬"卡拉 OK 大赛和"让我们更高雅"为主题的"三八"妇女节系列活动;成立职工俱乐部,开展养生瑜伽、国际标准舞和摄影等培训活动。 (周国良)

中铝上海铜业有限公司工会

主　席
王　玮

【概　况】　中铝上海铜业有限公司工会辖基层工会8个，会员2216人，其中女会员395人。(1)在企业改制过程中，加强分类指导，依法推进工会组建工作。对改制企业工会会费进行审核后分置，并制定《关于加强分公司、工区工会经费管理的若干规定》。(2)落实《上海市职工代表大会条例》，重大事项上会审议。公司二届二次职代会通过《中国铝业公司企业年金制度》、《中国铝业公司年金管理委员会章程(草案)》和《企业年金采用法人受托管理模式》及关于高精度铜板带分公司作息时间的建议等。二届职代会联席会议对公司监事会职工代表监事进行重新选举。开展第九次厂务公开调研检查。(3)以“增产、提质、降耗”为主题，开展各具特色的劳动竞赛活动。“千卷铜无废品，提升铜带质量”、“理化检测千次无差错”等特色活动取得良好效果。(4)鼓励广大员工在公司“管理创效、工程项目建设、打赢控亏增盈攻坚战”三大战役中充分发挥工人阶级主力军作用，授予6个班组(工段)2009—2010年度“工人先锋号”荣誉称号，授予9名职工2009—2010年度先进生产者荣誉称号。(5)改善公司生产作业区域条件，加强对职工休息室的管理，选取3间样板职工休息室进行统一修缮推广。(6)举办女职工“建功十二五，创新绘蓝图”系列活动，努力提高女职工的思想道德、科学文化和身体素质。(7)召开困难职工重大疾病互助、互济基金理事会议，调整理事会理事和理事会办公室工作人员，职工重大疾病互助互济基金的最高补助金额从2万元/人次提高到3万元/人次，上涨幅度达50%。2011年度基金会用于帮困补助39人次，共254250元。元旦、春节期间，公司领导带领各级党政工干部，走访困难职工23人，发放慰问金11700元。为公司30名外来女农民工进行了免费妇科体检。(8)参与和组织开展“党旗飘扬，红歌嘹亮”歌咏比赛、“跳绳比赛”、“女职工毽球比赛”等多项文体活动。

(胡　蓉)

鲁中冶金矿业(集团)公司工会

主　席
沙宝珍

【概　况】　2011年，鲁中矿业工会围绕“五年再造一个新鲁矿”的发展目标，以“提产、增效、保安全”为重点，服务大局，狠抓落实。(1)开展“主产品提升”、“三化”竞赛等群众性经济技术活动，促进公司生产经营目标的实现。在“两矿一厂”开展“主产品提升”劳动竞赛，严抓过程管理，严格检查考核，实现全年200万吨的生产目标。深化“安康杯”劳动保护竞赛活动，全公司12个单位、48个车间(区、队)、350余个班组参加。征集“金点子”合理化建议196份。(2)加大班组建设推进力度，夯实公司管理基础。开展以“安全型、效益型、质量型、技能型、学习型、和谐型”为主要内容的班组创建活动，推行厂矿及车间(区队)领导与班组联系点制度，加强班组长队伍建设，举办3期共100人参加的班组长培训班，组织8次优秀班组长联谊活动。(3)开展技术比武、岗位练兵活动。会同人力资源部开展维修电工、车工、钻探工3个工种160余人参加的技术比武和女职工厨艺(红案)竞技活动；组织、选拔优秀选手参加中国五矿首届职工技能比武，获团体总分第二名。(4)推进职代会、厂务公开民主管理工作，保障职工群众的知情、参与、监督权。做好公司第十三届职工代表选举及培训，开展《上海市职工代表大会条例》宣传月活动，组织《条例》黑板报展评、“学条例”有奖答题等活动。召开公司十三届一次、二次职代会及季度、半年度矿情发布会，审议行政工作报告，对机关中层以上管理人员进行两次民主测评；征集职工代表提案，开展厂务公开调研和厂务公开先进单位评比活动。(5)开展服务和帮扶工作，加大为职工群众办实事好事力度。各两级单位工会走访慰问困难职工543人，发放慰问金21万元。公司工会全年两次共救助特困职工190人次，发放救助金15万元，为患特种疾病及单亲困难的3名女职工申请救助金5500元。对69户符合条件的特困职工家庭发放特困证。(6)推动职工文化建设，提高企业凝聚力。公司先后举办职工及科处级不同层面的乒乓球、羽毛球赛、职工女子排球赛、男子篮球赛等活动；围绕庆祝建党90周年，与莱芜市老年书画研究会联合举办美术、书法、摄影展，共展出300余幅精品力作，并出版优秀作品画册；举办“唱响中国”职工大合唱比赛，公司庆祝建党90周年系列文化活动被上海市总工会授予“五一文化奖”。(7)加强自身建设，巩固工会工作基础。在工会两级机关中实行点对点联系工作制度，围绕职工思想动态开展调查研究，加强工作指导和信息沟通；外请老师对110名专兼职工会干部进行脱产培训，组织培训人员参观学习莱钢工会“学习型组织”创建经验，指导部分单位召开换届会议，对两级工会经费使用情况及离任工会主席依法进行审计监督。

(杨庆荣)

上海航天局工会

主　席
吴海中

【概　况】　上海航天局工会下辖42

个基层工会,会员18350人,其中女会员5515人。(1)以精细化质量管理为重要内容,丰富创新型班组建设内涵。召开局千人动员大会,开展“我的岗位我知道”、“班组‘查隐患,保成功——啄木鸟在行动’”等活动。(2)以职工科技节为平台,推进群众性技术创新活动。开展“五个一”、合理化建议、职工科技节等活动,评选出114名型号立功人员和47名创效创优明星。“我为降本增效献一计”活动收到各类建议1700多条,实施144条,产生效益3000多万元。(3)以职代会建设为抓手,深化厂务公开民主管理工作。落实二届三次职代会18个提案,组织二届四次职代会提案征集工作,确定7条提案进入落实程序;召开二届四次职代会,通过职代会质量评估制度草案,推进基层工会开展职代会质量评估工作;加强对基层职代会建设的指导,在局系统部署开展“市第九次厂务公开民主管理工作调研检查”工作。(4)以读书活动为载体,加强职工素质工程建设。开展局第四届职工读书节活动,确立4月22日为“上海航天职工读书日”,开展女职工读书“三个一”活动;全局近3000名职工参加“职工书屋”手机版征集,八部“职工书屋”被评为全国“职工书屋”优秀示范点,“交会梦想,对接未来”上海航天职工读书活动被评为“2011年度上海市振兴中华读书活动优秀示范项目”。组织申报劳模唐建平为“上海市劳模品牌”。(5)以局庆50周年为契机,开展职工文体活动。一是举办第五届职工运动会,近3000名职工参与;二是举办局庆50周年文艺演出;三是开展航天新区第二届职工健身长跑比赛、“人人学做广播操”、市“五一”节文艺演出、经信委系统纪念建党90周年演出、艺术节“天天演”活动等群众性文体活动。(6)以人文关怀为立足点,建设“和谐航天”。开展“统筹职工体检与休养一体化”工作,全年完成10800人次体检任务;举办15次交友活动,成功牵手76对;做好职工帮困工作,逐步启动工资集体协商工作。(7)加强自身建设,提升工会组织履职能力。指导基层工会开展换届改选和法人证书换证,完成劳务派遣工入会情况调查。

(沈　恺)

上海船舶工业公司工会

主　席
吴金韻

【概　况】　上海船舶工业公司工会坚持学习贯彻党的十七届五中、六中全会精神,围绕集团公司“十二五”各项任务,团结广大职工为企业发展多作贡献。(1)广泛开展“当好主力军,建功‘十二五’”主题劳动竞赛活动,引导职工立足岗位,创先争优,建功立业。推进职工经济技术创新活动,促进企业自主创新,推动企业经济发展方式转变。树立船舶劳模品牌,发挥劳模在新一轮发展中的示范引领作用。落实工会安全生产和劳动保护工作,维护职工安全健康,促进职工和企业的安全、和谐发展。(2)发挥工会“大学校”作用,推进职工素质工程,进一步提高广大职工思想道德、劳动技能和科学文化水平。坚持抓好职工宣传思想工作,引导广大职工学习掌握新知识、新技能、新本领,不断提高综合素质。深入开展“创建学习型组织、争做知识型职工”活动,加强班组建设,提高职工队伍战斗力。(3)加强职工文化建设和工会宣传文化工作,打造船舶特色职工文体活动品牌,满足职工精神文化需求。(4)加强民主管理,维护职工合法权益,推进企业民主政治建设和稳定和谐发展。坚持加强职工代表大会建设,不断推进厂务公开,落实平等协商、集体合同工作,进一步深化职工民主管理。积极开展和谐企业创建活动,努力发展和谐劳动关系,推动企业和职工共同发展。(5)坚持党的群众路线,努力改进工作作风,不断提高服务科学发展、服务职工群众的能力和水平。坚持联系基层,深入调查研究,努力为基层、为职工群众服务。积极推进工会内部改革,加强工会组织建设,提高各级工会组织的战斗力。抓好工会干部学习培训,提高工会干部理论和业务水平。完善工会经费管理,为开展好工会各项工作服务。

(曹金梁)

中国商用飞机有限责任公司工会

主　席
刘林宗

【概　况】　中国商用飞机有限责任公司工会辖基层工会11个,职工总数7239人,其中女职工1867人;工会会员7108人,其中女会员1821人。(1)积极开展主题实践活动。紧扣推进飞机两大型号研制工作,开展“干线研制我创优,支线交付我争先”主题实践活动。积极推动“十大攻关队,百名示范岗”实践、岗位练兵技能比武活动。组织职工安全知识竞赛,征集安全生产、节能减排合理化建议和征文,连续6次评为上海市“安康杯”竞赛优胜单位。(2)深入推进班组建设。开展“十好”班组创建和“质量信得过班组”建设活动,组织年度评选表彰“翱翔号(金牌)、腾飞号(银牌)、展翅号(铜牌)”班组30个,组织2批优秀班组长代表赴欧洲考察学习;分批组织班组长参加“岗位管理能力资格认证”远程培训,有160人完成全部课程,151人报名参加第三期培训班。(3)精心组织纪念建党90周年主题活动。举办纪念建党90周年专题座谈会,职工代表共话党的光辉历史;举办“为民机拼搏奉献,为党旗增光添彩”职工书画摄影大赛;参加上海职工祝福短信创作大赛获优秀组织奖。(4)发挥工会组织优势,开展各类文体活动。举办新春团拜会;举行首届公司职工乒乓赛,成立体育协会;“五一”期间,组队前往试验现场慰问演出;开启“职工书屋”(手机版);组织开展工会知识、职代会条例、安全健康知识竞赛。(5)推进企业民主管理,创新服务职工形式内容。指导基层单位工会开好职代会，开展民主管理工作情况自查、职工代表培训和巡视。全年组织5次赴西安试验外场共慰问1500人次。上门慰问老劳模和困难职工10人次。(6)大力选树标杆楷模。通过评先创优，有4个集体分别获全国工人先锋号、全国巾帼文明岗、中央企业红旗班组、中央企业巾帼文明岗称号；获上海市"团队创先特色班组"有3个、上海市"巾帼文明岗"17个，上海市"模范职工小家"2个；3人分别荣获全国五一劳动奖章、全国三八红旗手、中央企业先进职工称号。(7)强化工会组织建设。指导工会组建工作，年内实现公司工会组织全覆盖；加强工会理论学习研究，开展专题调研，对14项研究课题汇编成册进行评审。(季玉进)

上海市烟草工会

主　席
解建伟

【概　况】　上海市烟草工会辖基层工会11个，职工9167人，其中女职工2465人；工会会员9167人。机构设办公室、一科、二科、退管办。(1)深化办事公开民主管理，健全和完善工作制度。制定下发《办事公开预审管理办法》、《办事公开民主管理评议制度》，形成第一批办事目录在企业公告网站发布，指导抓好上海、北京卷烟厂等5家单位的"办事公开民主管理"试点，总结和推广试点单位的做法与经验。抓好职代会提案制和员工合理化建议活动，做到提案反馈100%，员工合理化建议人均1条。(2)以"工人先锋号"为标杆，深化班组建设创新发展。采用"标杆"引路和"塑型"管理方法，优化完善班组考核评价标准，明晰集团和基层两级管理职责，着力提升班组建设创建水平。(3)组织岗位练兵、技术比武，开展劳动竞赛。制定下发《深入开展劳动竞赛实施方案》和《开展女职工建功立业竞赛活动方案》，围绕"品牌建设、岗位建功、技能登高"等内容，开展劳动竞赛。(4)以人为本，探索实践"五助"关爱措施。一是心理上辅助。举办"员工心理健康专员"培训班，培育一批心理健康专员。二是法律上援助。充分发挥职工法律援助员作用，赢得职工"有困难找工会"的信任感。三是生活上资助。坚持规范运作大病救助、住院互助、困难补助、就学资助四项关爱机制，实现规范管理常态化。四是健康上扶助。规划员工业余文体活动计划，形成"月月有活动、人人能参与"的文体活动氛围。五是知识上帮助。充分发挥图书馆网站的作用，开展"爱我中华"员工读书活动。(5)加强工会自身建设，推进工会工作创先争优。以工作创新发展为目标，加强组织建设、职工之家建设、规范管理制度建设和工会干部业务培训等4项工作，围绕企业"发展、改革、规范"工作主线，坚持"双服务"推动"双发展"。(沈光辉)

上海汽车工业(集团)总公司工会

主　席
吴诗仲

【概　况】　上海汽车工业(集团)总公司工会辖基层工会53个。机构设综合管理部、组织民管部、经济工作部、文体宣教部、权益保障部和企业办公室。(1)在服务经济大局中创先争优。根据经济目标，积极开展以整车厂为龙头、零部件企业相互联动的劳动竞赛，形成上海大众、上海通用、乘用车公司、通用五菱和商用车公司五大赛区；根据企业发展的重点、难点，广泛开展合理化建议、双百万、节能减排等群众性创新活动，组织带领职工群众为完成"产销400万辆"目标建功立业。(2)在依法科学维护职工权益中创先争优。深入学习《上海市职工代表大会条例》，完善职代会提案制度，组织职工代表对劳务派遣用工情况等进行巡视，制定《上汽劳务派遣员工加入及会籍管理暂行办法》；对跨地区工会进行分类指导，成立上汽烟台企业、南京企业工会工作委员会。(3)在保障民生持续改善中创先争优。深入开展"做职工贴心人"活动，充分发挥"先锋号帮扶中心"作用，形成集团工会三级帮扶网络。各级工会全年共慰问补助困难职工10405人次，帮扶金额达661.02万元；持续改善职工工作环境，大力建设"六室一厅"(保健室、休息室、活动室、更衣室、盥洗室、培训室及餐厅)，组织有毒有害岗位、优秀劳务派遣员工等一线职工疗休养；举办多项职工喜闻乐见、积极向上的文体活动，让职工"尊严生活、体面劳动、快乐工作"。(范　融)

上海久事公司工会

主　席
顾利慧

【概　况】　上海久事公司工会辖基层工会66个，会员81828人。(1)大力推进主题竞赛活动，营造创先争优良好氛围。广泛开展"永久的事业，求精的品牌"主题竞赛，以争创"一企一品"为有效载体，进一步激发广大职工群众的创造激情和劳动热情。(2)积极搭建"两个平台"，切实履行工会维权维稳职责。一是积极学习宣传《上海市职代会条例》，加大劳务派遣工入会工作力度，拓展劳务派遣工参与企业民主管理的平台和途径。二是结合企业和行业的特点，发挥全国"安康杯"竞赛载体作用，扩大竞赛参与面，形成以"人防、技防、物防"为主要手段的安全预警防范体系。(3)创建劳动模范和首席技师工作室，提高企业服务创新能力。建立马卫星、胡国林2个劳动模范工作室和花茂飞首席技师工作室。(4)完善职工维权保障四项机制，促进企业和谐。一是重心下移推进平等协商机制建设，逐步将职工福利、带薪休假和加班费标准等列入协商内容，促进企业职工共同发展。二是完善互助保障机制建设，维护职工合法权益。各级工会组织实施一年一次职工体检和女职工健康普查工作，完善体检后续跟踪服务；探索开展职工心理疏导工作，帮助职工保持身心健康。三是充分发挥久事帮困基金和各级工会救急济难基金作用，全方位做好困难职工助学帮困工作。全年帮困助学助医总人次47,986人次，总金额2,049.28万元。四是注重职工利益诉求表达机制建设，促进企业和谐稳定。注重职工利益诉求沟通表达机制建设，定期召开基层一线职工座谈会，及时化解矛盾纠纷于萌芽状态，有力促进和谐企业的构建。(5)扎实有序推进工作，全面履行工会职能。一是开展以"唱响主旋律、建功十二五"为主题的公司庆祝建党90周年歌唱比赛，举办"党的光辉照我心"摄影展。女工委组织开展"创建学习型组织，争做知识型女工"主题竞赛、广播操比赛及女性保健知识讲座等活动。二是加强劳模服务工作，认真核实并动态做好劳模信息管理工作，为"劳模三金"顺利发放打下良好基础。三是加强工会组建工作，完善工会工作目标管理，提高服务水平。 （谢 刚）

上海市漕河泾新兴技术开发区发展总公司工会

主 席
陈 克

【概 况】 上海市漕河泾新兴技术开发区发展总公司工会辖6个基层工会，职工1494人，其中女职工668人。(1)开展创先争优活动，选树先进典型。一是在区内的开发建设、经营管理和服务等工作中，积极开展创先争优活动，漕河泾新兴技术开发区发展总公司被授予"上海市五一劳动奖状"称号。(2)开展各项纪念庆祝活动。一是以纪念建党90周年及开发区获批国家级高新区20周年为契机，成功举办"唱响漕河泾"大型歌咏比赛，开发区内近百家企业102支参赛队近800人参赛红歌会。二是开展"书香漕河泾"职工读书征文活动、"学党史、争先锋、促发展"知识竞赛活动。三是举办《苦难辉煌——对国家和民族命运的思索》专题爱国主义和革命传统教育讲座。四是开展《创建国家生态工业示范区》格言征集及合理化建议活动。五是组织参与"祝福献给党上海职工祝福短信创作大赛"。六是参与组织以"漕河泾开发区杯"冠名的徐汇区第六届运动会，先后组织职工参与龙舟赛、拔河、篮球、乒乓、羽毛球等各项比赛。(3)开展《上海市职工代表大会条例》宣传学习培训和"职工问卷调查"工作，通过司务公开、行政对话及职代会等途径，把职工参与企业民主管理的工作落到实处。(4)积极开展帮困送温暖活动。一是拨款10万支援新疆工作。二是完成元旦春节帮困慰问工作，慰问人数460人次，总金额39.1万元。三是组织"一日捐"活动，赴崇明北港村慰问捐款50户困难家庭。四是开展防暑降温慰问工作，发放防暑降温用品价值35万元，发放高温津贴38万元。(5)开展"三八"妇女节、"六一"儿童节、"八一"建军节、重阳节等活动，做好职工体检和疗休养工作。 （汪海燕）

中国能源化学工会华东电力工作委员会

主 任
李永鸣

【概 况】 华东电力工委(华东电网有限公司工会)辖上海地区基层工会4家。(1)评选和弘扬先进，营造"比学赶帮"氛围。公司获全国"五一"劳动奖状。(2)加强服务员工力度，促进员工队伍建设。深入班组一线开展班组建设调研，扎实推进班组建设工作；开展第三轮华东电网500千伏变电运行专业技术技能竞赛；举办两期华东电网优秀班组长培训班。(3)送温暖、送健康，建立帮扶长效机制，促进企业和谐文化建设。召开春节劳模座谈会，做好对老同志、老劳模及困难员工的"两节"慰问工作，及时发放慰问金；举办庆祝建党90周年文艺演出；组织参观上海市国际艺术节相关展览；编辑出版华东电网职工第五期《画影墨缘》，展示职工优秀书画、摄影作品；成功举办华东电网第九届"团结杯"网球赛。(4)加强工会干部队伍自身建设。召开华东电力工委第41次常委会、第30次全委会，总结工作，分析形势和任务，安排和部署新一年工作。 （施炜伟）

申能(集团)有限公司工会

主 席
谈金龙

【概 况】 申能(集团)有限公司工会辖基层以上工会6个，基层工会33个，职工11165人，会员11160人，其中女会员2303人。(1)把握工会工作新形势，提升工会干部水平。加强集团工会领导班子和系统各级工会干部自身学习，提高做好工会工作的自觉性和执行力。(2)推进经济技术创新活动，引领职工岗位建功立业。一是开展"安康杯"劳动竞赛，搭建"安全生产、消防演习、岗位服务"等分项劳动竞赛平台，促进安全生产稳定及经营目标任务完成。二是突出"创新、节能"主题，开展技术创新、合理化建议、岗位比武、节能降耗等竞赛活动。三是颁发《关于加强集团班组建设的实施意见》，促进系统"六型"班组建设。(3)拓展厂务公开民主管理工作,构建新型和谐劳动关系。一是组织开展《上海市职代会条例》学习、培训与宣传。二是推进平等协商集体合同,推动"工资集体协商要约行动"。三是完成"市职工满意企业"的满意度测评分析、"职工最信赖的经营管理者"实地考察。四是把维权工作贯穿于能源结构调整、金融企业转制、人工煤气转型、职工转岗分流的全过程。(4)加大扶危济困力度,增强帮困送温暖工作实效。动态掌握困难职工利益诉求。慰问各类困难职工6408人次,累计金额476.85万元。加强劳模动态服务,做好劳模的"三金"发放工作。(5)发挥工会"协会"阵地优势,丰富职工精神文化需求。开展"记录我身边的共产党员"专题摄影赛、举行"秀丽山川—浙江丽水行"摄影采风活动、集团足球赛、先进个人和先进集体代表考察活动等。举办纪念建党90周年征文、演讲、红歌会等活动。(6)加强女职工特殊权益机制建设。继续拓展女职工专项协议签订覆盖面,做好女职工"关爱行动"及单亲困难女职工"双结对"工作。组织开展上海市巾帼文明岗创建、自查和评审,促进女职工整体素质提升。(6)开展党工共建创先争优,深化工会自身建设。召开集团工会第四次会员代表大会,选举产生第四届工会委员会和经费审查委员会。颁发深入推进创先争优活动实施意见,积极创建模范"职工之家",指导组建工会。

(倪　静)

中国铁路工会上海铁路局委员会

主　席
钱　铭

【概　况】　中国铁路工会上海铁路局委员会辖区分布苏、浙、皖、沪三省一市,其中上海地区有基层工会16个,会员35178人,女会员4800人。机构设综合(财务)部、组织部、生产和文体部、保障和女工工作部;代管中国火车头体育协会上海理事会、局退休职工管理委员会。(1)深入开展群众性安全生产活动。一是运用安全漫画、事故展板、主题宣讲等形式,教育职工牢固树立安全发展理念。通过"安康杯"竞赛,稳定特殊时期运输安全局面。获全国"安康杯"竞赛优胜企业。二是开展主题劳动竞赛,围绕运输生产阶段性重点,开展春运、暑运创先争优立功竞赛;围绕重点工程建设,开展"立功单位、创新团队、杰出人物、建设功臣"立功竞赛;围绕高铁调试和运营过渡期,开展专项立功竞赛。广泛开展全员学技练功活动,举办全局第四届职工职业技能竞赛,参加全国铁道行业第三届职业技能竞赛,获得团体第二名和通信工种第一名。(2)全力营造民主和谐企业氛围。坚持职代会为主的民主管理形式,坚持职代会闭会期间联席会议制度,发挥职代会专委会作用。签订工资集体协商专项协议。运用职工维权热线,畅通诉求渠道。(3)以职工为本抓实事。牵头制定《"十二五"职工生活实施规划》,补充投入1600余万元,帮助基层购置空调、热水器等生活设施。制定措施,解决异地职工通勤等具体困难。筹集资金5500万元慰问一线职工。发挥帮扶救助保障作用,全年累计助困5.7万人次4540万元,助医2.6万人3359万元,助学1138人236万元。(4)职工文化活动丰富多彩。召开职工文化建设工作会议,投入近1000万元,改善各地文化体育场馆条件,加强一线站区文化线建设。纪念建党90周年华诞,开展红歌大合唱、职工书画摄影展等活动,宣传劳模先进事例,展示铁路职工风采。开展职工文艺作品创作大赛,表彰"十佳"文学、书画、摄影作品和原创歌曲并制作《成果集》。组织创编铁路题材文艺节目,组队深入17个基层单位慰问演出。(5)党工共建创先争优活动不断深化。细化创建标准,量化考核指标,引导工会组织"创两模"、工会干部"争两优"、会员群众"做最佳"。完成4家单位工会组建工作。落实"十二五"培训规划,举办6期专兼职工会干部培训班。(白　杰)

中国海运(集团)总公司工会

主　席
徐文荣

【概　况】　中国海运(集团)总公司工会围绕"调结构,促转型,做强做优,推进世界一流航运企业建设"主题,团结动员职工为企业发展做出新贡献。(1)扎实推进民主管理,维护职工合法权益。实施《上海市职工代表大会条例》,组织16家单位、2340名职工参加《条例》网上知识竞赛,中海各单位召开职代会,做到《集体合同》和《女职工专项集体合同》全覆盖。下发《关于进一步加强厂务公开民主管理工作的意见》,职工代表联席会议审议通过《船员管理手册》。组织职工代表开展劳动保护监督检查216次,安全巡查169次。(2)开展"中海杯"劳动竞赛,动员职工建功立业。把"中海杯"与全国"安康杯"竞赛、"百日安全无事故"、创先争优结合起来,办好"职工之家"、"海上职工书屋"、"海上学校",开展各类竞赛905次,98354人次参加,提出合理化建议1748条,开展节能减排,创效益896万元。表彰第十四届"中海杯"竞赛优胜集体51个,先进个人100名。(3)开展船员技能比赛,推进职工队伍建设。6家公司派出11支队、112人参加赛前集训,参加全国海员技术大比武,取得两个单项第一,团体总分第三。(4)关爱员工,促进企业和谐稳定。全年为580名困难退休船员发放帮困金71.5万元。帮困职工6779人次,走访困难职工2444人次,结对550户,发放帮困金539万余元。五一节慰问劳模发放慰问金5万多元;向上海地区88名起义、北归船员寄慰问信和慰问金10多万元。高温慰问一线员工计130万元;各单位慰问船舶和班组490家,慰问职工28907人次;发放防暑降温用品 493 万元,发放高温津贴 1891.5 万元。(5)加强自身建设,提高工会工作水平。召开工会工作会议暨党建带工建、创先争优推进会,50 多名基层工会主席参加中海工会培训班;举办上海地区 40 多名女工干部培训班。（张　洁）

上海国际港务(集团)股份有限公司工会

主　席
王晓华

【概　况】 上海国际港务(集团)股份有限公司工会辖直属基层工会 34 个,工会会员 33699 人,其中女会员 3542 人。机构设办公室、基层工作部和生活保障部。(1)开展职工文化系列活动。围绕纪念建党 90 周年,组织征文、演讲、歌咏等活动,收到征文共 98 篇,评出获奖征文 33 篇;举行"赞歌献给党,澎湃话海港"演讲比赛,有 23 家基层单位的 29 篇演讲参加,举办"红歌唱响上海港"纪念建党 90 周年千人红歌演唱会。(2)开好新一届职工代表大会。在新一届职代会闭幕后,提请职工代表对职代会的议程安排、报告质量等五个方面进行评价;召开二届职代会提案审理委员会专题会议,对代表提交的 29 份提案及时审理。(3)突出"三项竞赛"活动的安全内涵。先后组织开展以"抓班组,提高管理水平;重教育,推进安全文化"为主题的 2011 年度集团"安康杯"竞赛活动和"我为集团安全生产献一计"金点子征集活动。(4)命名表彰集团星级班组。组成班组建设工作检查小组,对申报集团四星级以上班组进行检查和考评,有 20 个班组被评为五星级班组,17 个班组被评为四星级班组。会同教培中心举办 7 期班组长培训班,组织开展班组安全建设与成果展示活动。(5)加大各类帮困送温暖活动力度。全年对包括外来劳务工在内的企业各类困难群体发放帮困金共计 589.9 万元,受助人数为 14512 人;做好第三轮职工疗休养工作。全年组织 10033 名职工参加疗休养,组织第 15 次"8.15"爱心捐献活动。共募集爱心捐款 358.6 万元。四是完善劳务工补充医疗综合保障计划,为 11467 名外来劳务工办理续保手续。(6)召开专题会议、组织业务培训。组织"工会组织如何在推进企业班组建设、创建星级班组活动中发挥积极作用"专题工运论文征集、发布活动。与市工会管理职业学院联办两期新上岗基层工会干部、部门工会主席培训班,75 名工会干部参加培训。配合党委完成加强党对工会工作领导的课题研讨。形成《关于进一步加强党对工会工作领导的意见(试行)》。（张晨琦）

中国海员工会上海长江轮船公司委员会

主　席
高　峰

【概　况】 上海长江轮船公司工会工作以创建劳动关系和谐企业为重点,充分调动广大职工的积极性和创造性,为完成全年奋斗目标做出贡献。(1)围绕公司中心工作,开展劳动竞赛主题活动。一是开展"创新驱动、转型升级、争创一流"主题劳动竞赛,创建"工人先锋号"活动。二是以班组安全建设为重点,深入推进"安康杯"竞赛。向全体职工手机转发安全寄语短信;组织开展职工代表安全巡查活动;开展征集"安全生产金点子"合理化建议活动,表彰"金点子奖"4 条"银点子奖"10 条。三是举办"坚定跟党走,建功十二五"劳模座谈会,营造学习劳模,争当劳模的氛围。(2)履行维护职能,切实加强职工民主管理。全公司 18 个职代会建制单位全部召开职代会或职工大会。10 月 20 日,上海长江轮船公司工会第十次代表大会召开,选举产生新一届工会委员会和工会经审委员会,女职工委员会同步换届改选。(3)坚持"送温暖、办实事",为职工办实事。开展元旦春节帮困送温暖上门慰问工作。秋季对特困户中 35 名职工子女,安排公司领导上门结对并送上助学金。对困难企业下拨 2000—24000 元不等的年度帮困款。全年救急济难基金会共慰问困难职工 352 人次,金额达 18.3 万元。购置 6 万余元高温慰问品慰问 2200 余名一线职工和船员。组织 12 批共 380 名劳模、先进和一线职工疗休养。(4)举办职工文化体育节,促进企业文化建设。5 月至 10 月,举行第四届职工文化体育节,共设篮球、羽毛球等 10 个比赛项目参赛人员近 800 人次。七一前夕举办"庆祝建党 90 周年职工文艺汇演"。(5)抓好工会组织建设,提升工会干部素质。指导 4 家基层工会换届改选。加大劳务工入会工作力度。推动各级工会干部优化知识结构,选派 18 人次专兼职工会干部参加上级工会业务培训。重视女职工委员会开展活动,完善工作资料文档,力求女职工工作达标。（马吉怡）

上海市运输工会

主　席
黄伟建

【概　况】 市运输工会在围绕大局、服务经济、凝聚职工、加强自身建设中创先争优、发挥作用,为推动集团经济平稳较快、平安和谐发展作出积极贡献。(1)围绕推进集团"十二五"发展规划和工作重点实施,积极搭建工作平台,多层次、多角度、多方位引导职工参与深化主题立功竞赛,为集团经济发展建功立业。(2)围绕深化职工素质工程,培育一线优秀人才,全面提升职工整体素质。贯彻落实集团《"十二五"期间职工素质工程计划书》,按照集团科技工作会议精神,围绕三大核心板块对职工队伍技能素质的需求,积极创造条件,采取各种措施,培育一批爱岗敬业、技艺精湛的优秀员工。(3)围绕构建和谐劳动关系,推进"两个普遍"工作,有效维护职工合法利益。积极推进"两个普遍"工作,切实加强职工维权机制建设,积极配合集团核心主业上市发展,主动依法科学地维护好职工的合法权益,努力构建企业和谐稳定的劳动关系。(4)围绕党建带工建、工建服务党建,参与创先争优活动,提高工会整体工作水平。按照集团党委关于加强和优化群众工作的要求,积极参与创先争优活动,加强自身建设,把提高工会服务大局、服务经济、服务职工的能力和水平,贯穿于创先争优活动的始终。 (王 勤)

中国邮电工会上海市邮政委员会

主 席
史金虎

【概 况】 中国邮电工会上海市邮政委员会(简称上海邮政工会)辖基层工会38个,工会会员25460人,工会专兼职干部106人。工作机构设置为办公室、组织宣传部、基层工作部和权益保障部。(1)组织广大员工参与以职代会为基本形式的局务公开民主管理,实现企业与员工共同发展,共同进步。召开一届二次职代会,重点对涉及员工切身利益的年金方案和员工疗休养等,以无记名投票表决方式通过,保障员工各项权益。充分运用局务公开栏,职工大会、民主恳谈会等形式,将企业经营发展和员工收入分配等情况向员工公开。(2)在完善公司、基层两级帮扶工作体系的基础上,着重开展调研,了解困难员工生活状况及致困原因,健全328名困难员工档案,加强动态管理,元旦、春节积极开展定期帮困和帮困送温暖慰问活动,同时发挥员工重病医疗互助保障会和员工住院互助保障会作用,缓解困难员工的急难矛盾。(3)以"安康杯"劳动竞赛为抓手,组织职工代表对基层安全生产、劳动保护、防暑降温和食品卫生安全等进行专项检查,积极采取有效措施,保障员工的身体健康和通信生产正常运作。(4)以构建社会主义核心价值观体系为要求,以提高员工综合素质和文明程度为目的,制定《进一步加强工会组织建设,充分发挥工会"大学校"作用的指导意见》,不断深化"创争"活动、读书活动和"建、创、做"活动。以培育、选树和评选各类先进为活动载体,开展多项先进评选工作。坚持以"万名员工业务技术大练兵"活动为抓手,组织开展代理金融业务、邮政分拣员、转运员的业务技能比赛,大力普及和推广员工中的绝技绝招和先进操作法。(5)认真贯彻落实全总"组织起来,切实维权"工作方针,建立员工合理诉求渠道,制定《处理解决员工合理诉求的试行办法》和《上海邮政员工维权手册》。在积极吸引劳务工入会的同时,积极维护劳务工各种权益。在创建先进职工之家的同时,制定"上海邮政'投递员之家'建设意见"。 (陈千涛)

中国移动通信集团工会上海市委员会

主 席
张新康

【概 况】 中国移动通信集团工会上海市委员会(简称中国移动上海公司工会)辖基层直属工会28个,会员9135名,其中女会员1950名。机构设基层工作部、权益保障部和综合部。(1)送温暖到一线。各级工会多级联动,通过每月工会主席巡回联系日、不定期探访员工家庭等,将温暖送到一线。全年上门慰问困难员工、住院员工、劳模等26人次,各类慰问近2.75万人次;组织基层工会开展工会主席巡回联系日,覆盖面达100%,公司层面的工会主席巡回联系达13家,与124名员工代表提出的102个问题或建议进行面对面的沟通交流,当场解答81个;相关职能部室解答21个,解决问题或建议15个。(2)送激励到一线。组织近200多位骨干员工赴江苏短期疗休养。(3)送活动到一线。以公司文化爱好者分会为抓手,通过员工健身基地、员工活动中心等举办各类活动,做到"月月有活动"。(4)送鼓舞到一线。通过劳动竞赛,激发工作热情。鼓励岗位成才,开展"岗位建功、技能登高"服务、网络、IT岗位技能竞赛,历时6个月,覆盖网络、市场和IT三大条线八大专业。(5)送健康到一线,通过日常体检、心理咨询、"快乐园"等活动,增强员工抗压能力和自我保护意识,形成独特的工作亮点。先后策划"钢铁精神铸造钢铁团队"、"放飞心情,伴我成长"、"乐在农家,把快乐和甜蜜带回家"、"缓解压力,冲刺100"、"荷风嬉鱼,回归自然"五期快乐园主题文化活动,吸引300余名一线员工参与。(史 旭)

中国电信集团工会上海市委员会

主 席
陈鸿生

【概 况】 中国电信上海市工会拥有会员24843人,其中女会员7889人。(1)贯彻落实《上海市职工代表大会条例》。职代会联席会议相继表决通过《员工"安居工程"房屋租赁管理办法(草案)》、《企业年金方案实施细则》、《员工薪酬调整方案》以及提升外线员工高温补贴、夜班费、双休日小区设摊补贴标准等。三届一次职代会提案处理满意率达98%,同比提升

3.13个百分点。(2)修订完善《公司帮困救助工作实施细则》。定补员工由原来的44人增加到59人,定补标准平均提高150元。对255名困难员工节日慰问、助学帮困、定补和临时救助,共支出91.31万元。(3)加强工会规章制度建设。出台《群众性创新管理办法》,成立"群众创新管理委员会"。出台《班组建设的实施意见》,成立领导小组和工作小组,坚持分类指导、分步实施,循序渐进,促进班组建设取得实效。出台《劳动竞赛实施细则》,设立竞赛奖励费和竞赛工作组,有序推动劳动竞赛健康发展。制定实施《退休劳模关怀措施(暂行办法)》,每月发放生活补助金,安排健康体检,身故后发放抚恤金。印发《女职工工作手册》,建立起统一台账。制定《工会"首席示范岗"评选管理办法》,首次尝试在营业、话务、终端服务3个重点外包业务中开展评选工作。(4)不断探索技能型竞赛新形式新方法。以体验活动,赢大奖形式组织"天翼"系列竞赛活动,增强竞赛吸引力,员工在竞赛中学到技能。协助行政建立城市光网FTTH装维技能培训基地,完成3000名业务外包员工的技能培训并取得技能资格证书。(5)勇于创新工会工作。开展电信基层工会主席直选工作;积极落实五项关爱外包人员举措,把温暖辐射到业务外包单位从业人员群体;公司第三次获"全国模范劳动关系和谐企业"称号。 (朱东亚)

中国海员工会交通运输部东海救助局委员会

主　席
金振泰

【概　况】 中国海员工会交通运输部东海救助局委员会辖基层工会12个,会员1102人,其中女会员85人。(1)融入救助中心工作,深入开展群众性劳动竞赛。以"承载使命、守望和谐"劳动竞赛为平台,充分发挥救助职工保证救助中心和服务东海救助发展的主动性、积极性。深入开展"双基"活动,推动"安康杯"竞赛活动深入发展。(2)积极推动东海救助文化建设,提升救助队伍的综合素质。深入开展"职工之家"建设,推动船舶"船员书屋"建设,搭建学习和交流平台。结合季节热点,有计划有步骤地开展岗位练兵、技能比武、体育竞赛、协会活动等。深入实施职工素质工程,积极弘扬救助核心价值观,以东海救助文化熏陶人,以救捞精神引领人,深入推进岗位职业道德教育。(3)切实履行工会职能,为职工群众办实事、做好事、解难事。坚持帮扶工作经常化、制度化,大力开展帮困送温暖工作,主动关心和帮助职工解决实际困难。扎实开展职工医疗互助保障工作,构建三级医疗帮扶体系,减轻职工医疗负担。深入基层一线调研,倾听群众诉求和意见,协助解决职工切身利益问题。关心保障女职工权益,调动女职工建设和谐救助积极性。(4)推进工会组织管理,提升基层工会工作水平。扎实推进基层工会组织建设,健全民主管理机制,增强基层工会组织活力。 (吴　斌)

中国海员工会交通运输部上海打捞局委员会

主　席
陆　伟

【概　况】 中国海员工会交通运输部上海打捞局委员会辖有基层工会9个,会员1568人,其中女会员95人。(1)加强学习,提升理论水平。一是认真抓好基层工会主席每月学习例会、每半年工作通报、年度工作务虚会制度。二是组织召开基层工会主席学习党的十七届六中全会学习会。三是基层各级工会开展面向广大职工的宣传教育活动。(2)不断深化职工民主管理,提高民主管理工作质量。一是召开局二届三次职代会暨工代会。职工代表民主评议领导干部,积极建言献策,共谋发展大计。二是积极开展厂务公开民主管理工作调研检查,提升厂务公开民主管理工作水平。三是开展《上海市职工代表大会条例》学习宣传活动。(3)发挥劳模示范带头作用。一是荣获全国和上海市五一劳动奖章的职工事迹在上海救捞局OA网等媒体上广泛宣传。有4个单位和集体、6名个人荣获救捞系统年度先进。二是广泛开展创建"工人先锋号"活动。3家单位分获全国和上海市工人先锋号。(4)深化职工素质工程,促进职工队伍全面发展。一是在全局范围内开展职工问卷调研和职工座谈,举办班组长培训班,提出进一步加强班组建设的建议。二是以一线船舶、车间、班组为重点,开展"安康杯"劳动保护竞赛活动,确保实现"安全年"目标。三是积极开展职工技术练兵和劳动竞赛活动,组织动员广大职工提出合理化建议174条,采纳131条。(5)关心职工生活,为职工办实事、解难事。元旦春节帮困送温暖慰问特困、重病职工和困难劳模;开展六一儿童节帮困助学和"金秋助学"活动,共为20位特殊困难职工子女发放帮困助学金15700元。组织开展高温慰问活动,发放高温慰问金9.5万元。组织21批次548人参加疗休养。(6)加强工会自身建设,提高服务大局的能力。选送基层工会主席、工会干部参加上级工会培训班。 (满竞璐)

中交上海航道局有限公司工会委员会

主　席
包中勇

【概　况】 中交上海航道局有限公司工会委员会辖基层工会13个,会员

3978人，其中女会员217人。(1)紧紧围绕公司总体要求，开展立功竞赛活动。组织职工开展“抓安全保经营，提高责任意识；抓设备保完好，提高管理意识；抓进度保节点，提高质量意识；抓科技保效率，提高效益意识”的立功竞赛活动。1家单位获上海市立功竞赛金杯公司；3家单位获上海市优秀公司、6家单位获上海市优秀集体；4名个人获市建设功臣；“新海燕”轮获全国工人先锋号。(2)深入开展“创争”活动。以创建学习型船舶为抓手，逐步形成上航局创建模式。上航建设公司举办第三届“读书节”活动；中港疏浚公司创建学习型船舶，开展优秀船刊船报评选；东方分公司汇编《形势与任务》、《竞赛风采》等送至各船舶、班组学习；教育中心组织“我来上一课”PK总决赛，为青年教师搭建互动平台。获“全国模范劳动关系和谐企业”称号；1家公司获省级“劳动关系和谐企业”称号；2家公司分获全国、上海市“模范职工之家”称号。(3)构建和谐稳定劳动关系，加强集体合同的执行力度。一是抓好公司企务公开民主管理工作，召开职代会和总经理信息发布会。二是加大提案落实力度，两级职代会收到职工代表提案98份，做到件件有回复。三是坚持民主评议工作，开展两级单位“述职、述学、述廉”的评议工作。四是组织参加《上海市职工代表大会条例》师资培训班并对职工代表、工会干部培训。(4)开展“安康杯”竞赛，做好职工保障工作。积极组织“我与安全”大讨论、开展“安全生产金点子”活动和“鹰眼行动”隐患排查摄影大赛。2728名职工参加，收到“金点子”合理化建议82条，“鹰眼行动”摄影作品36件。在高温期间慰问员工3940人次，慰问费达63.2万元。在沪11家单位参加上海市职工互助会互助保障计划D类；加强对困难职工的信息管理，将5家单位21名困难职工的信息与全总联网；开展“金秋助学”活动，资助20名困难职工子女每人1000元助学金。全年两级工会走访、慰问困难职工1173人次，慰问劳模先进500余人次。(5)进一步加强工会自身建设。组织工会干部参加各类学习，做好派遣员工的会籍管理工作；成立工会后援团，在船员与家属之间架起沟通、交流的桥梁，开展《前方与后方》家属征文、家属联谊等活动。加强工会建设的课题研讨，局研究分会评为市工运研究优秀团体会员。

（杨建平）

中交第三航务工程局有限公司工会

主　席
夏　昕

【概　况】　中交第三航务工程局有限公司工会辖有基层工会14个，职工8222人，工会会员8222人，其中女会员1063人，农民工会员467人。(1)围绕企业生产经营大局，强化工会在企业经济建设中的作为。一是开展“五杯五赛”，以创品牌项目、品牌员工为特色，进一步扩大立功竞赛活动外延。二是以班组建设为重点，积极开展“防暑降温”、“安全生产月”活动。三是深入推进创建“工人先锋号”活动，激发员工活力，推动企业安全生产、经营稳定发展。(2)围绕厂务公开民主管理工作，强化职工维权工作成效。一是积极贯彻落实职代会决议和代表提案，群策群力共谋企业发展。二是拓宽和畅通职工利益诉求渠道，实现维权维稳“双促进”。三是关注劳务派遣员工利益，在完善维权机制上下功夫。四是加强民主管理工作指导，积极推动厂务公开规范化建设。(3)围绕和谐企业建设，做好帮困送暖工作。一是建立困难职工帮扶工作的长效机制。二是继续组织职工疗休养，做好职工来信来访接待工作，强化企业“凝聚力”工程建设。(4)围绕学习型组织建设，推进职工素质工程。一是组织召开第十二届“主人杯”双献成果发布会，解决施工难题20多项。二是坚持开展职工读书活动。三继续抓好“特色班组”建设，为企业可持续发展提供人才保障。(5)围绕工会自身建设，强化工会组织建设和作风建设。一是召开第十一次工代会，明确工作任务。二是加强指导，完善基层工会组织建设。年内，指导12家基层工会换届改选、增补委员、选举主席等工作，从组织上保证基层工会工作的正常开展。三是争先创优，推进工会职工之家建设。四是进一步规范工会财务工作；继续下大力气加强工会经费审查工作，推进经审工作规范化建设。五是加大工会工作宣传力度。重视做好工会工作的对外交流和信息上报工作。(6)围绕建党90周年，开展丰富多彩的文体活动。

（黄书展）

中国海员工会中远集装箱运输有限公司委员会

主　席
房迪坤

【概　况】　中远集运工会辖直属工会组织6个，挂靠工会组织2个；其中上海地区基层工会组织21个，会员8076人，其中女会员1015人。机构设综合宣教部、组织劳保部。(1)融入企业中心工作，着力实施创新创效工程。组织开展以“创新、创先、创效益”为主题的金点子征集活动，收到“金点子”315份。并以金点子工程建设推动公司创新文化的形成；结合“船舶、班组安全竞赛”活动、“安康杯”劳动竞赛、“安全在我身边，降本增效从我做起”和“安全生产月”活动等要求，深入开展安全主题活动，加强劳动保护“双基”建设，发挥三级工会劳动保护网络作用，确保公司安全生产的平稳态势。(2)保障职工权益，着力实施民主管理工程。召开八届二次职工代表大会，审议通过《中远集运爱心基金会章程》，组织职工代表巡视检查；积极推动《上海市职工代表大会条例》的学习、贯彻与落实，修订完善中远集运《职工代表大会工作实施细则》，强化职代会的职权建设、监督检查和法律责任。(3)结合创先争优活动,着力实施职工素质工程。组织全体职工广泛开展“学习劳模精神,爱岗敬业拼效益,创先争优谋发展”主题活动;搭建职工学技比武的阵地和展示成果的平台,让更多的职工提升自身素质、展示才能、激发活力;深入开展“创建学习型班组,争当知识型职工”活动,持续推进“读书,让我改变”职工读书活动。(4)以人为本,着力实施职工关爱工程。设立爱心基金,继续深入有效地开展帮困送温暖、帮困助学活动,并进一步拓展帮扶渠道。坚持每月召开信访例会,及时掌握职工思想动态,协调解决和反映职工关切的热点问题。(5)务实创新,着力加强工会自身建设。建立专人联系制度,加强调查研究,及时总结推广基层工会创新工作经验;加强船舶和网点工会组织建设,提高基层工会工作活力,充分发挥“职工小家”作用;努力推进学习型工会组织建设,制定落实工会干部教育培训规划,组织新上岗工会主席参加培训。　（钱　华）

中国海员工会中波轮船股份公司委员会

主　席
周万勤

【概　况】　中波轮船股份公司工会辖5个基层工会,船岸职工1132人,工会会员1132人。(1)坚持和完善职代会制度。组织召开十届四次工代会、六届四次职代会,开展职工提案征集,提案采纳落实率为89%。实施民主评议领导干部制度,加强民主监督。(2)以船舶为重点,深入开展“创效、创新、创优”为主题的劳动竞赛,营造“人人关注市场,人人关心经营,人人参与竞争,人人争创效益”的工作氛围。推进“学习型、技能型、创新型、管理型、效益型、和谐型”班组创建活动。(3)加强职工素质工程建设,注重职工再教育和可持续学习,开展航海技术、轮机管理、经营管理等不同层面多岗位的培训,提高职工技术、业务水平和综合素质。全年培训员工915人次,晋升中级工3人,高级工21人,技师2人,获得高级职称2人。(4)保护员工安全与健康,发挥基层工会安全监督职能,积极推进基层单位安全生产标准化管理。深入开展“安康杯”、全国水运系统船舶、班组安全竞赛等活动。完善职工的健身场所和设施。每年组织职工及家属疗休养,并对获先进称号的职工安排疗休养。安排在职职工和上海居住的退休职工健康体检,为居住在外省市退休职工发放年度体检费。(5)切实为职工办实事、做好事、解难事,做好帮困送温暖工作,及时排忧解难。走访慰问职工及退休职工467人次,发放慰问补助金22.5万元。(6)加强企业文化建设,充分发挥书画摄影协会、文艺协会、球类协会、钓鱼协会作用,举办职工文化艺术展、摄影作品交流评选、职工乒乓球比赛、职工趣味体育比赛等活动。　（潘根宝）

中国海员工会上海海事局委员会

主　席
樊卓越

【概　况】　上海海事局工会辖基层工会20个,会员2995人,其中女会员324人。(1)寓教于乐,引导职工坚定理想和信念。组织职工参与“在阳光下成长”专题民主生活会、“永远跟党走”建党90周年大型寻访活动、“党史知识竞赛”等活动。(2)争创模范职工之家,增强工会组织活力。搭建“职工之家”示范交流平台,推进建家活动,有3家工会获上海市总工会“模范职工之家”称号、1家工会获省级总工会“模范职工之家”称号。(3)开展立功竞赛和职工技能比武。通过立功竞赛和职工技能比武活动,创先争优见成效于岗位,展形象于窗口。吴淞海事处工会组织开展“服务航运、科学管理、加强协作、保障出行”为主题的“冬雾强风”立功竞赛活动;洋山港海事处工会开展“保平安”班组竞赛活动;董家渡海事处开展“建功世游会,展示新风采”立功竞赛活动;全局基层工会都开展“创争”活动;所有职工参加各类学习教育培训。涌现出一批优秀船舶、优秀班组和优秀组织者。(4)关爱职工凝聚人心,努力营造海事和谐发展环境。年内各级工会走访慰问职工家庭218户,并对37户特殊困难职工家庭进行帮扶。对退休职工“夏送清凉,冬送温暖”1000多人次,建立全局大病、困难职工家庭的档案。开展“慈善一日捐”和“爱心助学”活动。(5)开展纪念建党90周年系列活动,不断丰富职工精神文化生活。以“我参与、我健康、我快乐”为主题,举办职工迎五一乒乓球友谊赛、迎七一强身健体篮球友谊赛。组织纪念建党90周年文艺演出。(6)开拓创新,丰富工会工作内涵。在驻长兴、横沙岛5个基层单位组建长江口联合党支部的基础上,组建长江口联合工会。　（朱卫平）

上海市锦江航运有限公司工会

主　席
施振兴

【概　况】　上海市锦江航运有限公司职工696人,其中女职工占员工总数23%。(1)加强职业道德建设,提高职工整体素质。在职工中开展“荣誉、命运、利益共同体”的公司理念教育,实施“以人为本、依法管理”企业方针,组织职工积极开展“干事创业、岗位成才”和争创“三个一流”等劳动竞赛活动。2011年,承运总箱量同比增加13.92%;主营业务收入同比增加20%；净资产收益率达到10.1%，再次荣获"上海市著名商标"称号、"国际班轮运输资质优良企业"、三星级诚信创建企业等诸多荣誉称号。实现"十二五"的良好开局。(2)关心职工疾苦，认真开展送温暖工程。全面开展多层次全方位的慰问和帮困活动，并把工作延伸到职工的家庭。(3)加大企业民主化管理的力度，深化厂务公开民主管理工作。继续开展集体合同，工资协商，进一步体现公司职代会的民主参与，涉及公司发展的重大事项和关系职工切身利益的问题，均由公司职代会全体会议审议通过。(4)努力加强工会自身建设。有针对性地采取各种方式对工会干部进行培训和教育，进一步提高工会服务船舶、服务基层、服务职工的自觉性和责任性。(5)努力为职工办好事、办实事。工会每年安排职工疗休养，为船舶建立流动图书馆，为基层工会提供活动经费和健身器材，为每位职工送生日贺卡和蛋糕等。(6)大力弘扬先进，每年开展评选优秀员工活动。 （田　冰）

中国民航工会华东地区管理局委员会

主　席
周正凯

【概　况】 中国民航工会华东地区管理局委员会辖华东六省及厦门、青岛航空安全监督管理局8个基层工会和上海地区9个基层工会，并协管华东地区29个民用机场(集团)公司工会，共有职工36097人，其中女职工12511人，会员31179人，其中女会员10759人。(1)团结动员广大职工为实现"十二五"规划目标任务建功立业。围绕民航"十二五"规划确定的各项任务，积极开展形式多样，富有民航特色的岗位练兵、技能竞赛活动，精心组织管理局机关公文处理知识竞赛活动，共有18支代表队进入决赛；组织参加第四届上海市职工科技节活动，获优秀组织单位；组织参加中国民航工会举办的"持续安全从我做起"主题演讲比赛，获优秀组织奖。(2)完善工会维权维稳工作机制，创建民航和谐劳动关系。深入开展创建劳动关系和谐企业活动，完善平等协商和集体合同制度，认真开展"冬送温暖、夏送清凉"活动，做好暖人心、促和谐、保发展工作。(3)充分发挥工会"大学校"作用，不断提高职工队伍整体素质。一是深入开展"创建学习型组织，争做知识型职工"活动；二是加强社会主义核心价值观主题教育，开展形式多样的职工职业道德建设和爱岗敬业活动；三是积极推动富有民航特色的企业文化建设，以"颂歌献给党"为主题组织庆祝建党90周年红歌大会活动；举办上海民航系统青年职工足球友谊赛；组织参加民航工会在全行业举办的全国民航职工"身边的故事"主题摄影展，参加第二届全国民航职工羽毛球比赛，获男子团体第四名，承办由华东地区民航各单位参加的迎春团拜会。(4)加强工会自身建设，提高工会工作能力和水平。组织召开民航华东地区管理局工会三届十次全委(扩大)会议，指导民航浙江监管局和民航厦门监管局工会换届改选工作。深入开展"创先争优"活动，注重加强工会自身建设，认真组织开展华东民航职工队伍状况和素质提升的调研活动，摸清底数，找准问题，提出对策。组织召开民航华东地区管理局工会三届十次全委(扩大)会议，指导民航浙江监管局和民航厦门监管局工会换届改选工作。 （徐治河）

上海机场(集团)有限公司工会

主　席
蔡　军

【概　况】 (1)推进党工共建、创先争优工作。制定党工共建、创先争优活动目标管理考核标准，推进职工之家建设，倡导会员建家、评家，提高会员对工会工作满意度。探索指导合资企业工会组建工作，年内换届、组建和补选工会主席的单位，工会主席直选率达90%以上。(2)发挥工会桥梁纽带作用，深入推进和谐企业建设。加大源头参与力度，积极参与企业薪酬制度改革方案及同职工权益密切相关的政策规章的制定和调整，注重在职工中了解情况，及时向党政反映民意。探索职代会覆盖劳务工模式，确保改革方案反映大多数劳务工的意见。继续开办浦东机场农民工学校大专班。组织元旦春节送温暖集中行动，集团层面共慰问困难员工42名，慰问金10.5万元。(3)全面开展集体协商工作，健全完善职代会工作机制。制定《职代会工作规范》、《职代会实施办法》，职代会通过并签订新一轮《集体合同》、《工资集体协议》、《安全生产劳动保护专项协议》、《女职工特殊权益保护专项协议》。(4)广泛开展立功竞赛活动，深入推进职工素质工程。组织第五届职工技能大赛，设置59个综合项目，30多个单项竞赛，逾5000名员工参与。组织参加第四届上海市职工科技节活动，2个项目分获三等奖和优秀奖，并获优秀组织奖；举办工会小组劳动保护检查员培训，参训487人全部合格。积极开展防暑降温，到对口基层单位检查慰问，送慰问金4.3万元。(5)创新职工文化建设内容和形式，打造上海机场职工文化建设品牌。举办职工欢乐健身节，设球类运动会、水上运动会、智力运动会、军体运动会等18个大项，近3000名员工参与，在上海影城策划组织企业文化宣传剧《我的机场我的梦》首映仪式，现场成立上海机场职工话剧团。承办"机场杯"上海市职工龙舟大赛，篮球队、乒乓球队、龙舟队、钓鱼队在上海市各类比赛中均夺得冠军；帆船队、足球队、网球队、空手道队、桥牌队比赛取得好成绩。组织机场职工艺术团参加上海市五一文化晚会演出、庆祝建党90周年文艺演出。专门成立职工文化管理中心，负责职工文化建设工作。《"让鲜红党旗高高飘扬"庆祝建党90周年系列活动》获上海市"五一文化奖"十佳文化项目。 （陆敏峰）

上海市城乡建设和交通工会工作委员会

主　任
周　炜

【概　况】 上海市城乡建设和交通工会工作委员会辖基层工会52个,职工29680人,其中女职工7798人,会员29531人,其中女会员7744人。(1)广泛开展"当好科学发展主力军、打好创新转型攻坚战"主题竞赛活动。一是举办庆祝建党90周年劳模先进事迹报告会,全国劳模张庆雄工作室成为上海市总工会命名的首批劳模创新工作室。二是在建筑单位、重点工程中开展"安康杯"竞赛活动。三是围绕市重大工程开展建设交通综合赛区立功竞赛活动。四是配合援疆指挥部,协调市工青妇、文明办、竞赛办,做好上海市对口支援新疆喀什地区立功竞赛活动。(2)持续推进职工素质工程建设。一是宣传中国特色社会主义理论,开展形势教育和爱国主义教育。二是以"创建学习型组织、争做知识型职工"活动为抓手,大力开展"学习型班组"创建活动,召开创建学习型班组座谈会,年内树立10家"学习型班组"示范点,推进"创争"活动。三是重视和加强职工文化建设。每季度开展文体比赛活动,形成"一季一赛"的活动品牌。推进基层偏远单位职工书屋建设,浦江桥隧杨浦大桥分公司职工书屋获"上海工会优秀职工书屋示范点"称号。(3)加大维权力度,大力推进和谐劳动关系建设。一是宣传实施《上海市职工代表大会条例》,组织200余名工会干部参加《条例》培训。二是开展第九次厂务公开工作检查。规范职代会召开的程序,推动事业单位职代会建制。深入推进所属企业深入推进平等协商集体合同制度建设。三是落实全总两个普遍要求,坚持做好基层工会主席直选工作,推进职工之家建设。基层工会获全国模范职工之家1家,上海市模范职工之家1家,模范职工小家2家。(4)深入开展党工共建、创先争优活动,切实增强工会组织凝聚力。一是以纪念建党90周年为契机,开展劳模先进事迹报告会、党史和"十二五"规划知识竞赛、纪念建党90周年"建设交通杯"龙舟赛。二是开展市建设交通系统工会组织及干部队伍调查分析。三是加强工会干部队伍建设,推进创建学习型工会活动。

(钱　蓉)

上海建工集团股份有限公司工会

主　席
张立新

【概　况】 上海建工集团股份有限公司工会辖基层工会65个,其中直属工会24个。职工28785人,其中女职工5074人;会员28595人,女会员5051人。(1)认真学习宣传集团"十二五"规划,积极投入集团党委开展的"夯实基础促和谐,转变方式攀新高"主题教育活动。结合工作实际,进一步转变和创新工会工作方式方法,凝聚引领职工群众,把思想和行动统一到集团党政的决策部署上来。(2)以创建"工人先锋号"为载体,围绕"四个确保三个实现"目标,不断深化"当好科学发展主力军、打好创新转型攻坚战"主题实践活动。在东方体育中心、上海中心大厦、金山铁路、轨道交通、医疗系统工程等重点赛区,积极开展以安全文明、科技创新、科学管理、又好又快、团队和谐为主要内容的"精品杯"立功竞赛。并进一步深化北京、天津等区域立功竞赛活动。(3)开展"坚定跟党走,建功'十二五'"主题教育活动,以纪念建党90周年为契机,深入推进社会主义核心价值观体系的学习、宣传和普及,广泛开展爱国主义和革命传统宣传教育。举办"我们跟党走"职工文艺汇演活动,在广大职工中唱响伟大祖国好、共产党好、改革开放好、社会主义好、各族人民好的主旋律,增强职工群众民族自尊心、自信心和自豪感。(4)认真贯彻实施《上海市职工代表大会条例》,深化厂务公开民主管理工作,扎实推进劳动关系和谐企业建设。召开厂务公开民主管理工作会议,学习传达全国构建和谐劳动关系先进表彰暨经验交流会和全国深化创新厂务公开民主管理工作会议精神,积极开展职工满意企业创建活动。(5)深入推进创先争优活动,切实增强基层工会组织凝聚力。开展工会系统先进集体、先进个人评选活动,评出一批工作务实、作用明显、深受职工群众信赖的工会组织和热爱、关心、支持工会工作的先进个人;充分展示各级工会深入开展创建职工之家活动取得的成绩。圆满完成集团公司第五次工会代表大会换届选举工作。

(杨钟春)

上海市交通运输和港口管理局工会

主　席
刘　岷

【概　况】 上海市交通运输和港口管理局工会有工会会员1670名。机构设组织民管部、法律部、财务部、宣教部、经济部、女工部、生活保障部、政研室、办公室。(1)开展纪念建党90周年宣传教育活动。一是组织公交、出租、轨道、航空、水运和局系统多家单位参与"党在我心中"——上海交通港航行业纪念建党90周年文艺演出活动。二是开展《知识灯塔,引航交通》主题读书活动。这一主题读书活动被列入上海市第十三届"振兴中华读书活动"项目。各级工会组织职工积极参与读书活动,有6家单位建立"职工书屋"。(2)关爱职工,继续开展帮困送温暖活动。一是举办交通港航行业劳模春节团拜会、困难职工春节团拜会、劳务工春节茶话会。慰问行业困难职工和困难劳模，定向大病帮困32人、助学帮困41人，发放帮困金近14万元。二是组织行业百名世博先进、劳模和立功竞赛优秀组织者代表赴外地考察。由行业劳模、世博先进、工会干部组成的交通港航窗口服务行业优质服务督导员队伍，开展“啄木鸟”行动，检查并提高行业服务质量。组织行业劳模举行讲座、交流会，进行思想和业务培训。(3)开展竞赛，提升职工素质。一是开展上海“申沃杯”公交客车安全节能减排技能大赛和“上柴杯”公交客车维修工技能大赛。10名维修工获上海交通港航技术能手称号，10名驾驶员荣获上海公交安全节油明星。将参赛选手的安全驾驶，节油操作经验汇编成册，发放企业组织驾驶员学习。二是出租汽车行业工会开展“巩固世博成果，再塑城市名片”立功竞赛活动，保持出租汽车行业“工人先锋号”质量，进一步提升管理和服务水平。三是以“安康杯”为抓手，与局相关部门联合开展“安全生产月”活动。(4)抓好工会建设基础工作。一是学习贯彻《上海市职工代表大会条例》，组织局属各单位职工代表、工会委员、工会小组长等500余人参与网上知识竞赛活动。二是组织局系统职工技协工作研讨，形成建立“上海交通港航职工科技服务工作站”的实施意见(讨论稿)，加强职工技协工作的管理。三是组织开展“三八”国际妇女节系列活动，开展女职工专项权益保护、业务技能素质培训等工作。（陈　健）

上海申通地铁集团有限公司工会

主　席
黄　建

【概　况】 (1)以“服务发展”为导向，推动企业中心工作。一是凝结集体智慧，创新立功竞赛模式。工会把轨道交通建设、运营中的难点作为立功竞赛活动的重点，有效突破工作瓶颈，团结带领广大职工全力服务世游赛，培育助推“上海市杰出人物”宋博、“上海市十大工人发明家”李娟伟、“上海市优秀创新团队”维保监护工作部等典型人物和团队，引领职工整体素质的提升。二是搭建技术比武平台，助推职工成才。制定班组建设管理标准，推进首席技师培养计划，组织开展“培训、练兵、比武、晋级”四位一体的职工技能登高活动。8月至10月，牵头举办上海地铁第二届职工技术比武，成立申通地铁集团001号首席技师工作室，实现企业与员工的共同成长。(2)以“服务职工”为基础，维护职工合法权益。一是以“安康杯”活动为抓手，组织专项研究，开展一系列安全生产活动。依法开展工资专项协商，完善工会舆情汇集和反应机制，健全各级工会“第一报告人”制度，及时发现、上报和化解群体性突发事件；围绕集团年初确立的“强化管理、确保安全”目标，牵手《上海地铁》报开展“地铁安全大家谈”活动；牵头技术中心开展《职工劳动保护设施设备基本标准》课题研究；组建由劳模组成的“畅畅点评团”，发挥劳模在安全运营中的示范引领和安全管理中的监督作用。二是以“大病医疗互助”为重点，创新帮扶机制，传递企业关怀。工会主动提升在帮困扶贫、民生建设中的作为，落实“五必访”，开展退休职工“银发无忧”工程，悉心组织高温季节、重大节日慰问困难、一线岗位员工，继续推进“金秋助学”、困难单亲女职工帮扶等活动；继续深入推进《上海申通地铁集团有限公司职工大病医疗互助实施办法》，帮扶困难职工102人，发放慰问金54万余元。(3)以“文化引领”为动力，努力营造和谐氛围。一是五一劳动节前夕，举办“劳模风采”巡展；组织职工参加全国职业道德标兵评比，评选年度“风采人物”。二是组织文体赛事，倡导健康生活方式。举办第四届职工运动会，先后组建职工足球队、乒乓球队等7支队伍并积极参加上海市职工体育大联赛和在华企业健身大赛；完善职工合唱团、舞蹈队、新民乐队管理，组建职工摄影爱好者协会等；组织开展地铁职工红歌会主题活动。组织职工在南京路举办文艺专场首场演出，向国际友人和上海市民展示上海地铁职工健康向上风貌和海纳百川的情怀。（李雯琪）

上海市城市建设投资开发总公司工会

主　席
杨申鲁

【概　况】 城投总公司工会辖基层工会151个，工会会员17810人。(1)深入开展党工共建、创先争优活动。一是广泛开展“十二五”形势任务教育，全面组织团队和广大职工投身创先争优活动。二是开展庆祝建党90周年纪念活动，举办以“党旗颂，世博魂，城投赞”为主题的第三届文化艺术节。三是开展以“当好主力军，建功‘十二五’”为主题的“五比五赛”立功竞赛活动；纪念三八国际劳动妇女节表彰巾帼示范岗；“庆五一，学先进，建新功”劳模先进事迹报告会，汇编世博《光荣册》；年内城投赛区涌现出一大批先进集体和个人。四是组织“安康杯”竞赛活动，开展“我为企业安全生产作贡献”大讨论；征集安全警示句、一封安全家书；选树安全生产1000班组示范点。(2)全面推进集体协商制度建设，积极推进厂务公开民主管理工作，促进企业和谐稳定。一是全面推进集体合同、工资集体协商工作。二是积极组织培训，加快集体协商人才队伍建设。三是年初召开职工代表大会，做好实施《上海市职工代表大会条例》的学习、培训、宣传、贯彻等工作。国有企业单位全部建立职代会和厂务公开制度，其中130余家单位基本建立较为完善的职代会机制。四是全面做好困难职工帮困工作。全年开展"一日捐"、"三节三定"、"金秋助学"、"中秋国庆慰问劳务工、外地户籍职工专项活动"等;下拨专项经费参加职工互助保障计划;高温和节日期间分别慰问在职和退休劳模先进、慰问工地一线职工;组织劳模和各类先进代表参加疗休养活动。(3)充分发挥工会"大学校"作用,深入持续推进职工素质工程。一是以"建功十二五,创新促发展"为主题,积极参加"上海职工科技创新成果展"。开展金点子征集活动,对上一届入围金点子进行评估。二是评比表彰70个五星五型班组,命名25个"工人先锋号";开展一线班组先进工作法征集评比活动和《上海城投》报百期进班组活动;举办一线班组长综合素质培训班;广泛开展岗位培训、拜师学艺、技术比武、技能登高等活动;推进"职工书屋"建设,深入开展"学习型组织"创建活动。(4)围绕提升服务效能,促进工会自身建设。一是年初制定实施《2011年度城投系统工会目标管理考核分解表》。坚持每周工作例会、每季度主席例会等工作制度。选送60余位工会干部参加各类培训班。二是指导直属工会换届改选、组建工会,做好相关单位划转城投系统的相关衔接工作;开展工会财务检查工作;广泛开展创建"职工之家"活动。三是建立完善工会通讯网络,编撰《上海城投工会》;分别开展低收入职工和劳务工情况调研,为开展帮困送温暖等工作提供依据。

(芧瑞喆)

上海海洋石油局工会

主　席
刘振东

【概　况】　上海海洋石油局工会辖工会组织8个,职工1796人,其中女职工216人,工会会员1365人,其中女会员216人。(1)努力推进企业民主管理工作。一是召开三届二次职代会,制定和完善《职工代表大会制度实施细则》、《职工代表大会闭会期间职工代表参与民主管理实施办法》及《职工代表大会(工会代表大会)代表、局工会委员会委员实行替补制的管理办法》,职代会增加"选人用人工作"满意度测评。二是平等协商集体合同工作有序推进。年内各单位(除机关和教培中心)均已签约集体合同,局、分公司平等协商机制基本建立。三是加强厂务公开工作。9月份召开年度局情发布会,局领导就职工所关注的热点和难点问题向职工代表公布和解答。(2)进一步发挥职工主人翁精神。一是大力组织开展职工立功竞赛活动,全局上下围绕工作目标,继续推进"工人先锋号"创建活动。二是努力实施群众技术创新活动,开展"我为企业发展献一策"合理化建议等活动。三是深入推进职工素质工程建设。开展"创先争优"活动、深化"建、创、做"活动,在"勘三"建立全总"职工书屋"示范点后,积极推进"职工书屋"建设;在女职工中开展"建功十二五,创新绘蓝图"主题活动。四是组织全局共2000多人次参加全总"安康杯"知识竞赛、以安全环保质量为主题的知识竞赛;建立健全工会系统职工劳动保护监督网络,开展劳动保护专项检查。(3)积极推进职工保障机制建设。普遍开展"手拉手关爱活动",建立与一线职工家属联络制度,寒暑两季,局、分公司领导带队看望慰问一线职工,累计慰问1452人次,发放慰问金565521元;年内组织40余名一线及优秀员工疗休养;各单位工会安排职工每年1次健康体检,定期安排女职工专项体检。做好互助保障及出险理赔工作,投保人数为2527人,金额达30万元。办结理赔人次达155人,金额达18万元。全局共帮扶544人次特困及困难职工,帮扶支出547900元。(4)加强职工精神文化生活建设,开展纪念建党90周年系列活动。举办"唱红歌、跟党走"主题红歌会。举办第二届职工运动会,共有500余名职工参加20余个项目的比赛。充分发挥书画、摄影、音乐舞蹈等文体协会作用,开展小型多样的文化活动,丰富职工业余生活。

(耿卫军)

上海市绿化和市容管理局工会

主　席
徐文发

【概　况】　上海市绿化和市容管理局工会现有基层工会26个,涵盖基层单位26个,职工1631人,工会会员1617人,其中女会员578人。(1)以劳动竞赛活动服务党政中心工作。一是抓竞赛。积极开展"五比五赛"劳动竞赛活动共创城市美好环境。二是重培训。拟定行业职业技能大赛实施方案,会同有关方面,共同组织"万名职工大培训,千名职工大比武,百名职工晋等级,优秀名次评能手"活动。共组织培训职工2.8万人次,参加岗位练兵1.337万人次,参加各级各类技术比武有6463人,608名职工晋升技术等级,18名职工被授予技术能手。三是显作为。在上海市重点工程立功竞赛和行业劳动竞赛活动中,一批先进集体(工人先锋号)和先进个人脱颖而出。(2)以调研表达职工心声。在构建和谐劳动关系、完善环卫职工收入分配制度的推动过程中,形成《上海环卫职工收入状况调研报告》、《上海环卫一线道路保洁工作息场所(道班房)的现状及应对之策》、《上海绿化市容行业单位文化建设研究》等调研报告。(3)以政策服务职工群众。积极落实市政府办公厅《关于本市建立环卫职工收入正常增长机制,切实提高城市环境卫生保障水平的若干意见》,截至12月底,全市有16个区县和两个市级环卫企业贯彻文件精神,当年共追加环卫作业经费投入2.983亿元,其中用于发放岗位津贴9116万元,覆盖职工4.609万人;2011年,户籍环卫一线职工人均收入增加12.1%。农民工和劳务派遣工的收入,在上海市最低工资标准基础上,增加约30%。(4)以宣传典型凝聚职工。先后组织全国劳模谢国平、全国诚实守信道德模范李影先进事迹报告会；召开文化建设经验推进交流会；编辑《蓄积与喷发》一书和行业基层单位《文化建设经验集》；举办“上海绿化市容行业首届职工运动会”、女职工周末学校，开展上海万名环卫职工健康行启动仪式。

（宋丽娜）

上海市水务局（上海市海洋局）工会

主　席
卫洪达

【概　况】　上海市水务局（上海市海洋局）工会辖基层工会16个，工会会员1261人，其中女会员349人。（1）加强思想政治建设。举行“上海市水务局（上海市海洋局）纪念中国共产党成立90周年歌咏大会”；举办局第二届职工健身运动会；组织工会干部和职工代表参加上海建设交通系统庆祝建党90周年先进事迹报告会；组织劳模和先进代表考察及疗休养。（2）积极开展建功立业活动。深入开展“当好科学发展主力军、打好创新转型攻坚战”劳动竞赛和争创“工人先锋号”活动，抓好重点工程实事立功竞赛活动。（3）深化职工素质工程。引领职工岗位学习、岗位创新、岗位成才、岗位奉献，激发职工创新潜能和创造活力。举办第一届海洋环境监测专业技术竞技大奖赛，召开“建功十二五，巾帼创新业”推进会，交流巾帼建功先进经验，选树上海市水文总站吴淞水化室争创市“巾帼文明”示范岗，女工程师刘剑锋被评为上海市“三八红旗手”。（4）认真创建和谐劳动关系。学习贯彻《上海市职工代表大会条例》，积极开展劳动关系和谐企事业创建活动，认真做好“夏送清凉、冬送温暖”和“银发无忧”等保障服务工；组织全局908位职工参加“一日捐”活动，共捐款72685元；落实援疆资金25万元。（5）抓好工会自身建设。组织基层新任工会主席参加培训；对下属3家工会、技协财务进行经济责任审计；深入开展职工之家创建活动。

（王佐仕）

上海大屯能源股份有限公司工会

主　席
姚惠兴

【概　况】　上海大屯能源股份有限公司工会辖基层工会17个，职工23702人。机构设办公室、组织宣教部、生产保护部、民管法工部、生活保障部、女工部、财务部，事业单位有文体中心和图书馆。（1）紧贴发展，大力开展群众性经济技术创新。开展各类劳动竞赛568项，创造效益近亿元；提合理化建议21000条，实施4200条，创效益1200万元；节支降耗1100项，创效益3600万元；六小技术创新686项，为企业增加收入1890万元。（2）群防安全，维护职工生命健康。组织矿区1800余名群监员轮训，安全信息整改率在96%以上；组织职工代表安全视察400多次，查出隐患全部落实整改。深入开展“安康杯”竞赛，获全国“安康杯”竞赛优胜单位。（3）加强职工素质工程，促进职工发展。推行技能比武常态化，各基层开展技术比武工种150多个，参与练兵比武职工1万多人次；选拔组队参加全国煤炭第四届“晋城煤业杯”技能大赛。（4）加强“三基”建设，班组管理成效突出。年初召开班组建设推进会，推广研发班组信息化管理系统，“4344”班组创建法和“8655”班组管理法。（5）加强民主管理、完善厂务公开运行体系。规范三级职代会和职代会闭会期间代表团组长联席会制度，修订完善厂务公开实施办法。开展和谐企业创建活动。抓工会法律“两员”培训，举办法制宣传月活动，开展劳动法律法规监督检查。（6）为职工办实事、解难事。春节期间对264户特困、大病家庭发放慰问金42.85万元；慰问住院伤病职工363人，慰问金7.26万元；秋季助学119人，金额19.65万元；各基层工会助学556人次金额38.7万元。组织全员健康体检，体检人数1.8万多人；组织女职工普查，参检率95%。全年共安排70批2400人次赴北京等地疗休养。（7）丰富职工文化活动，促进企业文化建设。编制舞蹈《生命之路》、《矿山风采》；情景剧《永远跟党走》，参加中煤庆祝建党90周年汇演。庆元旦健身长跑8000多名职工参加；举办第十一届职工田径运动会，900余名选手参加40个比赛项目。（8）加强工会自身建设，增强工会凝聚力。召开公司工代会，选举产生第二届工会委员会；举办4期160名优秀工会小组长培训，女职工周末学校培训12场听课1000余人次，25名专职工会干部参加上级工会培训；对基层工会检查、评比表彰“建家”先进集体、优秀工会工作者。

（王安友）

上海现代建筑设计（集团）有限公司工会

主　席
姚延康

【概　况】　上海现代建筑设计集团工会辖基层工会17个，工会会员4346人，其中女会员1406人。（1）围绕企业工作中心，大力开展岗位建功活动。按照集团党委开展“创新转型求突破，岗位实践作表率”党内主题活动的部署和要求，组织动员广大职工在市重点工程实事立功竞赛中创先争优，涌现出一批全国和省市级先进集体、先进个人。（2）夯实日常工作基础，推进企业民主管理进程。加大《上海市职工代表大会条例》的宣传培训力度,共有469名各级工会干部、职代会代表和职工群众参加网上《条例》知识竞赛;积极推行职工董监事制度,选举产生集团公司新一届监事会职工监事。(3)丰富职工文化活动,实现工会特色工作新发展。组织开展"辉煌90年,祝福献给党"短信创作征集活动,成立54个职工兴趣小组,成功举办以"给力现代"职工演讲、"魅力现代"摄影作品展、"活力现代"文艺汇演为主要内容的集团第六届职工文化艺术节。(4)突出工会基本职责,努力为职工排忧解难。开展2011年"一日捐"活动,共募集善款36万余元;会同集团党政领导高温慰问一线职工、上门看望特困职工,共发放慰问款14万元;办好职工体检、职工疗休养、互助保障等实事项目。(5)加强工会自身建设,不断提升整体工作水平。大力推进职工建家活动,有序开展工会主席直选工作,评选表彰集团工会积极分子133名;召开女职工工作推进会,研究和交流"5+X"女工工作,举办"职业女性形象设计"讲座等。 (谢志群)

中国建筑第八工程局有限公司工会委员会

主　席
于金伟

【概　况】 中国建筑第八工程局有限公司工会委员会辖21个基层工会,职工22410人,工会会员22299人,其中女会员4077人。中建八局工会坚持以"围绕中心、服务大局,维权鼓劲、构建和谐,凝心聚力、促进发展"为指导思想,围绕企业"中建排头、行业领先"的发展目标,积极开展工作。(1)积极开展创先争优劳动竞赛活动。2011年广泛开展以"赶工期　保质量"的劳动竞赛活动,全局共在118个重点工程项目开展劳动竞赛;在青海玉树援建项目开展劳动竞赛,完成2011年玉树援建"三个确保"的目标任务;以及开展保障性安居工程劳动竞赛。(2)坚持职代会制度,加强企业职工民主管理和民主监督工作。贯彻《上海市职工代表大会条例》,共有20家两级单位按照新条例要求,召开职代会或职工大会,有177名公司级领导班子成员在各职代会上述职述廉,审议决定企业重大决策和工资调整方案等重大事项104件。下属13家单位签订工资集体协商合同。18个单位签订女职工专项合同。(3)发挥工会"大学校"的作用,积极开展职工素质工程建设。下发《中建八局职工素质工程建设实施意见》,举办岗位技能比武大赛、职工大讲堂、项目讲坛、实行"周课堂"学习制度、项目职工互训以及职工夜校等。全年共创建职工书屋48个,在青海玉树高原、内蒙古草原建立职工书屋,利比亚2万套项目职工书屋获全国工会职工书屋示范点。(4)坚持"冬送温暖、夏送清凉,一年四季送关怀",关心关爱职工,全年共走访慰问困难职工及劳模家属677人,共送慰问金135万元;夏季高温季节慰问622个在建项目,慰问职工(农民工)47855多人,送出清凉慰问品380余万元;资助困难家庭学生51人,资助金额达9万元。(5)丰富职工业余文体生活。开展首届八局"铁军杯"篮球赛、"我眼中的中建八局"职工摄影赛,组织职工参加上海市农民工健身大赛和上海市"临港杯"职工篮球赛等。 (宋向群)

百联集团有限公司工会

主　席
刘晓敏

【概　况】 百联集团有限公司工会辖基层工会126个,职工52628人,会员48096人。(1)凝聚职工表彰先进。坚持围绕集团中心工作和发展战略,举办大型群众性活动,形成舆论导向。先后举办"永远跟党走"庆祝建党90周年职工歌会、"激情在百联"先进表彰大会、第三届职工运动会等活动。(2)立功竞赛创造业绩。组织系统各家企业开展以"优化购物环境,提升服务品质"劳动竞赛活动,组织力量对106个重点门店进行巡视督查。(3)适应发展提升素质。在世博园区城市最佳实践区举行职工技能大赛,500多名职工参加水产品加工、礼品包扎、叉车操控等现场竞技,珠宝营销、拍品估价、饰品设计等舞台展示,为14个职工技能协会分会揭牌。(4)依法维权构建和谐。组织工会和人事干部参加"职代会、工资协商实务"培训,组织基层职工代表对基层企业开展巡视,了解贯彻执行《上海市职工代表大会条例》的情况。(5)关心职工办好实事。加强对困难职工帮扶工作,把农民工纳入帮困范围,累计金额达到30多万元。依托11个自治自理的职工文体协会,开展纪念建党90周年书画摄影展、征文等活动。 (姜　杰)

上海水产(集团)总公司工会

主　席
尹协仁

【概　况】 上海水产(集团)总公司工会直辖基层工会17家。职工4712人,其中进城务工人员1028人;会员4712人,其中女会员414人。(1)深化建功立业活动。成立以劳动竞赛为主要载体的创先争优活动小组,以实施"十二五"规划为主线,开展"增效益、强管理、提质量、推品牌"劳动竞赛主题活动,表彰10个劳动竞赛先进集体、5个基层单位获竞赛优秀组织奖,推荐一批市级先进集体和个人,凸现工会创先争优典型。(2)以劳模精神推进师徒结对。广泛宣传和弘扬劳模精神,并组织30余位在职、退休劳动模范参加健康检查;组织40余位劳模先进、工会干部参观游览活动；各基层工会开展劳模先进名师带徒共有26对结对，结对数同比新增49%。(3)开展职工安康杯活动。参赛班组达145个，参赛职工2970名。召开"安康杯"竞赛暨班组安全建设交流会；组织系统内500名职工参加全国班组职工安全知识竞赛答题活动、组织17支参赛队、51名选手参加集团"安康杯"安全知识竞赛；开展征集安全生产合理化建议活动，收到职工合理化建议136条，近80%的建议得到采纳，"开展人人轮做岗位安全员活动"建议在渔轮上得到逐步推广。(4)深化完善集体协商机制。召开四届七次职工代表大会，下发"2011年厂务公开民主管理工作要点"，开展厂务公开民主管理工作检查和总结。指导、督促基层建立和完善劳动争议调解组织。7家公司完成"工资集体协商协议"签订，《集体合同》签订率达到85%。(5)实施帮困送温暖。重大节日期间各级工会干部走访慰问困难职工、劳动模范3500余人次，慰问金额118.4万余元；对180余人次进行各类帮困帮扶，发放慰问金70950元；组织2100余名职工参加"一日捐"活动，捐款10.3万元，向退休困难职工开展"冬送温暖"和"夏送清凉"活动，走访慰问3133人次，发放慰问金42.4万元。(6)增强职工凝聚力。精心组织策划上海水产职工第三届"开创杯"体育比赛活动，来自基层14个单位94名职工参赛。通过羽毛球、乒乓球等6个项目比赛，产生16个奖次，有20人次获奖。（黄永康）

上海兰生(集团)有限公司工会

主　席
徐尚仁

【概　况】　上海兰生(集团)有限公司工会辖两级公司工会12个，三级基层工会5个，会员1560人。(1)加强形势任务教育，激发职工群众的使命感。开展纪念建党90周年主题教育和"十二五"规划的宣传教育，结合集团2011年工作目标和企业发展战略的宣传落实，激发广大职工的主人翁责任感和使命感。(2)工会组织进一步健全。认真分析工会组织状况，主动与有关单位领导沟通，充实调整兰生大酒店工会班子，积极指导兰生物产公司完成工会组建。(3)劳动竞赛活动形成良好氛围。围绕集团"抓发展、转方式、创体制、增效益"工作主线，在外贸业务员中开展"保客户、争订单"专项劳动竞赛；在职工、班组中开展比指标、比利润，争做"金牌职工"、争创"工人先锋号"活动，确保企业经济指标的实现。(4)宣传实施《上海市职工代表大会条例》。不断扩大职代会建制率，提高职代会的工作质量，通过职代会的工作平台，突出厂务公开民主管理工作重点。举办《上海市职工代表大会条例》培训班，工会干部和各成员企业工会主席参加。培训课程结束后，对《条例》和集体协商有关内容进行测试，提高对职代会具体工作的实际操作能力。(5)加强困难职工的帮扶工作。及时全面掌握困难职工实际情况，共对3884人次进行慰问，帮困款161.24万元。扩大"四项职工互助保障计划"的参保率和覆盖率。集团工会职工互助保障及财务、审计工作均获市总工会优胜单位称号。（张　帆）

上海市金融工会工作委员会

主　任
盛裕若

【概　况】　上海市金融工会工作委员会现有基层工会79个，职工219227人，会员214625人。市金融工会围绕上海国际金融中心建设目标和金融企业改革发展大局，全面维护职工群众各项权益，促进构建金融企业和谐劳动关系等方面作出积极努力。(1)开展"优质高效、诚信满意"金融服务立功竞赛活动，深化"重服务、争一流、创新金融作贡献"主题实践活动，团结动员广大金融职工立足岗位建功立业，进一步推动提升上海金融窗口服务水平。《银行业窗口服务质量规范》获2011年上海市标准化优秀技术成果三等奖。(2)学习贯彻《上海市职工代表大会条例》，有序推进集体协商签订集体合同工作，促进金融企业构建和谐劳动关系，切实履行工会组织维护职能。(3)深化职工素质工程，扎实推进职业技能鉴定和专业水平认证，建立高技能人才培养机制，开展"和谐·健康——2011年上海金融职工运动会"，推进金融员工"身心健康管理"。(4)加强工会组织自身建设，夯实基础，推进工会日常工作，进一步提高工会工作整体水平。上海农村商业银行金山支行被评为"全国模范职工之家"。(5)坚持"依法聚财，民主管财，有效用财"的财务工作原则，加强工会财务规范化工作，管好每分钱，做好每笔账。（丁　宁）

上海市税务工会

主　席
刘新利

【概　况】　上海市税务工会有会员1万多人。(1)以服务税收中心工作为主线，充分发挥工会组织桥梁纽带作用。4月上旬，召开工会工作会议，审议通过2011年工会工作计划；表决通过第一届女职工委员会组成人员名单；表彰2009—2010年上海市税务系统先进工会集体和优秀工会工作者。(2)以纪念建党90周年为契机，寓教于乐加强职工文化建设。一是围绕庆祝建党90周年，组织广大干部职工开展纪念教育活动。举办"让党旗飘扬，让税徽闪光"——上海市税务系统庆祝建党90周年歌唱、诵读比赛活动。选出获得第一名的金山区税务局海派光影秀《路》参加在北京举行的国家税务总局庆祝建党90周年文艺节目演出活动。二是举办多种形式的文体活动，丰富职工业余生活。主办“2011年迎春联欢会”；组织上海市税务系统“庆祝三八国际劳动妇女节”踏青、联欢活动；四月开展“上海市税务系统2011年乒乓球单项比赛”，系统内300多名干部职工报名参加5个单项的角逐；5月组织“2011年部分机关乒乓球友好邀请赛”；以项目化运作方式组织开展“金税杯”大怪路子比赛、“长税杯”第九套广播体操比赛。10月中旬，组织“爱在乌镇”大龄青年联谊活动，系统40多位男女青年与外单位单身青年共120多人一起参加户外主题活动，18对有缘人牵手成功。（3）组织培训，提高工会干部业务水平，加强工会制度化和规范化建设。组织系统内工会副主席培训，聘请有关专家就《当前工会面临的新形势、新任务》，《职工心理疏导与心理调试》，《群团活动的策划与组织》，《工会干部的情商》等课题进行分析和讲解，接受新知识学习。（臧　韬）

上海市教育工会

主　席
夏玲英

【概　况】　上海市教育工会辖基层工会76个，工会会员65597人。工作机构设办公室、基层工作部、宣教文体部、生活保障部、女工部。（1）坚持工作创新和机制创新。在“整合优势、保持特色、条块结合、以条为主”的工作模式下，坚持从高等院校和普教系统的不同特点出发，在集中做好全局性工作的同时，加强各系统之间的工作交流，形成鼓励创新、资源辐射、发展个性品牌，实现共同推进的机制。（2）突出工作重点。力求对新形势新情况下学校发展的瓶颈问题、教职工关心的难点热点问题有所突破；加强工作机制的转换，提高工作效率，追求维护教育改革大局稳定与广大教职工合法权益的统一，在维护员工、服务员工上体现热情、高效、科学、有力。（3）扎实推进各项工作。明确工作目标，把推进建设教职工满意的校园作为工会工作的主旋律，把加强组织建设和干部队伍建设作为提升工会工作水平的根本动力，把加强工会理论研究作为指导和创新工会工作的思想基础；按照“组织起来，切实维权”的方针，推进以教代会和校务公开为主要载体的民主政治建设，以弘扬师德为核心的教师素质建设，以协调劳动关系为重点、以法律服务、医保、休养等为主要内容的生活保障建设，以全面提高工会干部履职能力和水平为主要目标的组织建设，在实现“双赢”中不断推进工会各项工作。（顾伯超）

上海市科技工会

主　席
陈　龙

【概　况】　上海市科技工会辖基层工会45个，职工20017人，其中女职工6669人。工会会员19603人。（1）探索开展“建功十二五，科技绘宏图”主题实践活动。专题设立杰出贡献、协作攻关、岗位创新、科技伯乐、卓越管理等奖项，激励竞赛活动中的先进集体和先进个人。（2）宣传贯彻《上海市职工代表大会条例》，积极推进所务公开工作。组织系统职工参与《条例》网上知识竞赛，有近30家单位开展《条例》学习讲座。建立领导小组，召开科技系统所务公开民主管理工作会议，对系统内开展的所务公开工作进行目录规范化梳理。（3）以纪念建党90周年为契机，大力开展群众性文体活动。举办有400余人参加的上海市科技系统纪念建党90周年大型红歌演唱会。（4）按照科技系统帮困工作条例，认真实施帮困工作。高温期间开展重大项目、基建工程送清凉活动，科技党委领导带队走访慰问一线职工。（5）大力开展评优推优工作，选送多家单位及个人参与国家、地方及条线上的争先创优工作。同时开展3年一度的“优秀职工代表、优秀提案”评选表彰工作，（6）科技工会设立重点调研课题《关于上海市科技系统科研院所职代会职权落实情况的调查》，同时在科技体制改革与工会组织建设、民主管理与和谐科研院所建设、推进创新驱动转型发展与职工队伍建设、加强工会自身建设等四方面设立28项参考课题，下发通知，引导基层工会对工会工作中的难点问题开展调研。汇编印制《2010—2011年度上海市科技系统工会工作论文集》。（7）修订科技系统财务工作规定，严格工会经费的管理、使用，对21家基层工会开展经费收支审计和财务规范化考核工作。积极开展基层工会换届培训工作，从源头上把好关。召开一年两次的工会干部分块交流会议和工会主席考评交流会议，展示先进单位各自的特色工作。（陶　薇）

上海市医务工会

主　席
黄　红

【概　况】　上海市医务工会辖直属基层工会55个，职工57199人，其中女职工37834人。工会会员57179人，其中女会员37828人。（1）开展创先争优活动，彰显新时期劳模精神。举办以“忠诚、博爱”为主题的上海市卫生系统庆祝建党90周年主题歌会。开展以“健康卫士颂党情”为主题的“红五星”系列活动。重点开展“寻红色足迹”劳模义诊，赴老区为百姓义诊咨询和健康服务。7月，在上海举办庆祝建党90周年百名劳模专家大型义诊活动。开展“唱红色赞歌”红歌赛、“颂红色经典”诗歌赛、“忆红色岁月”读书征文、“展红色风采”职工摄影大赛等活动。制作劳模宣传片——《白衣天使的典范》。评选申报劳模创新工作室与工作品牌。组织13名医学专家参加公惠医院慈善义诊，组建医疗队赴新疆开展技术扶持培训工作。(2)广泛搭建创新平台，促进职工岗位建功。举办卫生系统住院医师岗位技能竞赛。组织开展优质服务、节能减排合理化建议“金点子”征集活动，评选产生十佳“金点子”。制定《上海市医务职工科技创新“星光计划”实施意见》。参与第四届上海职工科技节、上海市职工科技成果展。(3)贯彻《职代会条例》，推进基层民主管理制度建设。多层次举办专题培训，组织讲师团，深入基层开展培训共148次，参与职工2万多人。修订《上海市卫生系统职工代表大会工作规范(征求意见稿)》。开展职代会运行情况专项调研，覆盖全市414家医疗卫生单位。(4)发展工会“大学校”作用，提升医务职工综合素质。组织召开“卫生系统学习型单位建设工作座谈会”。深入推进职工读书活动，推出12个“职工书屋”示范点。发挥书画、摄影、桥牌等协会作用，举办器乐、乒乓球比赛，组队参加十四届世泳赛闭幕式演出，推进一批职工文化和体育基地建设。(5)为职工做好事办实事，加大保障帮扶力度。不断深化“元旦春节送温暖”、“救济济难基金”和“金秋助学”等帮扶品牌项目，共慰问困难职工172人，发放慰问金约32.53万元。关心慰问对外援建人员。推进医务职工人身伤害法律援助机制。(6)聚焦热点源头参与，进一步发挥科学维权作用。聚焦医改方案，及时召开专题座谈会，及时上报职工意见，从源头上参与职工权益维护。开展医务职工、劳务派遣用工专项调研，为科学维权提供依据。召开十四届工会理论研究年会，编辑《工会理论研究》增刊。研究优秀青年女职工激励措施，继续做好“护士法律基础知识”培训。开展青年联谊活动。(7)强化自身建设，增强工会组织创新活力。首次开展年度工会工作考核。举办新任主席培训班，举办4期共400余人次参加的工会干部系列培训班。 (柯　婷)

上海市新闻出版工会

主　席
陆　娜

【概　况】 新闻出版工会辖基层以上工会4家，基层工会66家，职工总数9718名，农民工2347人，女农民工882人；其中工会会员8571名，女会员3379名，农民工会员2035名，女农民工会员704名。(1)召开新闻出版工会第五次代表大会。总结基本经验，部署今后5年的工会工作，选举产生新一届工会委员会和经费审查委员会。(2)开展庆祝建党90周年系列主题活动。举办上海出版界职工庆祝建党90周年“心海放歌”文艺汇演大赛。28家单位、30支参赛队近300名职工参加；开展“辉煌90年，祝福献给党”短信征集活动。200多名职工参与，征集到祝福短信222条。组织女编辑合唱团参加由上海市委宣传部举办的第七届“阳光·大地”优秀歌曲展演比赛获二等奖。(3)加强制度建设。制定《2011年度工会工作目标考核办法》。成立协调劳动关系工作室，制定工作室章程，明确工作职责。(4)提升行业职工技能。举办面向全市发行、印刷行业一线职工职业技能竞赛，经统计，有1500余人获得高级工证书，160余人获得技师等级证书。(5)强化工会维权职能。加大签订集体合同和女职工专项集体合同的力度。累计有37家单位分别签订集体合同、工资协商，37家基层单位签订女职工专项集体合同，覆盖女职工2858名。(6)弘扬模范先进事迹。召开表彰大会，9个“工人先锋号”单位(班组)、6家“先进职工之家”的基层工会、16名“优秀工会工作者”、8名任职15年以上基层工会主席分别予以表彰；2家基层工会班组获上海市“工人先锋号”等。(7)加大帮扶救助力度。开展“献爱心、一日捐”活动。共有77家单位、7000多名职工参与，捐款金额26.7万元。分别向各集团、基层工会包括外资民营企业下拨帮扶款22.4万元，受助443人次，其中帮困助学203人次，金额12.5万元。启动第四期行业退休职工重病医疗互助补充基金参保工作。对358位身患重病的退休职工资助86.1万元。(8)加强工会干部队伍建设。组织12名新上岗工会主席专题培训。举办工会干部学习党的十七届六中全会文件培训班，编印工会干部学习资料。组织22名经审干部参加专题培训，举办由系统65名财务、经审人员参加的专题培训班。 (陈宏华)

解放日报报业集团工会

主　席
马笑虹

【概　况】 (1)严控经费使用管理，着力增强基层工会组织活力。制定《关于集团非独立法人单位工会活动经费额度的管理规定》，明确工会经费的使用范围、管理方式、审批程序等内容，并召开集团工会干部会议予以布置落实。(2)加强民主管理建设，着力构建和谐稳定劳动关系。举行集团三届四次职代会，逐一办复职工代表提案。组织举办集团工会干部培训，并发动职工积极参加《上海市职代会条例》网上知识竞赛活动。着手起草《集团职工代表大会制度实施办法》听取意见和建议。(3)结合集团整体搬迁，着力办好职工服务实事。组织开展职工健康体检工作，申办500张闵行区公共自行车租赁诚信卡，举办搬迁便民服务咨询、健身运动知识讲座、优惠办理翼立运动健身卡、优惠购买城市剧院演出票等活动。(4)开展关爱慰问活动，着力营造温馨和谐良好氛围。组织开展“贺新春”活动，举办两场新春电影招待会，共发放“春节大礼包”2894份计65.3万元。组织开展无偿献血活动，集团共有65名职工参加献血，及时落实探望慰问工作；组织开展高温慰问活动，送上防暑降温慰问品和慰问金。(5)加大助困帮扶力度，着力完善互助保障工作机制。组织开展元旦春节送温暖活动，走访慰问部分困难职工家庭，送去慰问品和慰问金。充分发挥医保办公室的职能作用，经常性地研究职工互助保障工作，有效减缓患病职工面临的生活困难。（庞　力）

文汇新民联合报业集团工会

【概　况】 文汇新民联合报业集团工会辖基层工会12个，工会会员2250人，其中女会员500人。(1)开展以“展风采·颂党旗·促和谐”为主题的纪念建党90周年系列活动。开展以“继承传统、坚定信念”为主题的“红色之旅”，组织70余名工会干部赴嘉兴参观南湖革命纪念馆；先后组织3批121名干部职工赴重庆红岩村缅怀革命烈士，接受革命传统和爱国主义教育。承办“颂歌献给党”集团纪念建党90周年歌会，近300名参赛者参加歌会比赛，举办“党旗飘飘”——文新集团庆祝建党90周年职工书画展，展出63位书画社老同志和在职职工创作107幅作品。(2)深化“创先争优”主题活动。积极开展各类先进评选工作，形成先进培育机制。以“弘扬劳模、典型引路”为主题，举办“迎‘五一’劳模先进座谈会”，营造“学习先进、尊重先进、崇尚先进”的良好氛围。开展职工素质教育，开展各类读书沙龙活动共12场，通过文新网和《文新人》及《文新家园》推荐好书、好诗，撰写读书心得。(3)以职代会为载体，推进集团民主管理建设。做好职工代表提案落实工作，多次召开提案落实协调会，对33份提案作出处理意见。召开部分职工代表会议，通报集团经济工作、重大决策及发展等有关情况。(4)树立服务意识，以人为本办实事。慰问困难职工达158人次，补助金额1101万元。做好“帮困基金”工作，对3位身患重病大病职工补助，补助金额达6.8万元。(5)加强自身制度建设。2月举行工代会换届改选，产生第三届工会委员会。组织工会干部学习十七届六中全会、市委九届十六次全会、《上海市职工代表大会条例》、《上海市总工会2011年度工会工作目标管理考核表》等文件，增强工会工作合力，不断提升工会工作实效性和影响力。（刘玉平）

上海市文化广播影视管理局工会

主　席
王金国

【概　况】 上海文化广播影视管理局工会辖基层工会17个，职工985人，其中女职工435人。工会会员980人，其中女会员434人。(1)做好帮困送温暖工作。组织开展“一日捐”活动，参加职工825人，共捐款78264元。全年为局系统25名患重病、大病的职工送上帮困资金42500元，走访慰问基层和机关患病的干部职工35人次。(2)开展形式多样、寓教于乐的文体活动。春节前夕，举办全系统迎春联欢活动，举办乒乓球和羽毛球比赛。组织2批干部职工赴河南焦作云台山和三清山健康疗养。组织工会会员参加“辉煌90年、祝福献给党”上海市职工祝福短信创作大赛。(3)积极开展工会业务培训。召开基层单位工会主席、妇委主任工作例会，总结工作，部署计划，交流业务，考核工作。增强工会财会人员的业务素质，每年对全局工会财会人员进行培训。局工会邀请工会干部学院教授作“十二五”形势和任务解读报告，组织干部职工参加上海变迁史及老上海的风土人情的专题报告会。(4)举办《党旗在我心中》局系统职工摄影展，共收到摄影作品近200幅，获奖作品分别在上海市群众艺术馆和徐汇艺术中心进行展览。(5)抓好所属各单位职代会工作机制建设，帮助指导下属工会完成换届选举。(6)普及消防知识，增强对文物保护的意识。举办以“关爱生命、珍惜文物”为主题的消防运动会。（杨鸣唤）

上海市体育局工会委员会

主　席
李伟听

【概　况】 上海市体育局工会辖基层工会32家，工会会员2966人，女会员899人。(1)全力服务保障世游赛。组织世游赛知识竞赛、近1600名职工参与世游赛试运转演练、700名职工为“世界游泳百年回顾展开幕式”助威；向参与世游赛工作的130名干部职工送上防暑降温慰问品；组织58名世游赛一线干部职工参加疗休养。(2)开展“创先争优”活动。围绕上海体育发展“十二五”规划和全局中心工作，充分发挥先进典型的示范引领作用，推荐评选劳动模范、五一劳动奖章等活动，出现一批先进集体和先进个人。游泳运动员刘子歌评为“全国劳动模范”，帆船教练员刘小马评为“全国五一劳动奖章”。(3)加强和完善职代会制度。学习贯彻《上海市职工代表大会条例》，及时组织工会干部专题学习讲座，按照《条例》规定，切实提高基层职代会的规范运转。重大决策实行职代会预告制；涉及职工切身利益的方案实行职代会表决制；对领导干部实行评议制；有效推进政务公开。(4)完成各级工会换届选举工作。3月召开第三次工会代表大会，完成换届选举等工作，产生新一届工会委员会和经费审查委员会。指导帮助15家基层工会进行换届选举。(5)加大工会干部队伍自身建设。制定每月1次班子务虚会、双月1次基层工会干部学习会、每季度1次基层工会主席工作例会、每半年1次基层工会干部交流活动制度；邀请有关专家为局系统工会干部开展讲座和培训，举办“基层工会干部知识系列讲座”。(6)形成帮困送温暖长效机制。

39名患大病职工受到各级工会的帮困,46名困难职工子女接受助学帮困。全局帮困送温暖形成制度化。(7)积极开展职工文体活动。以庆祝建党90周年为契机,举办"党在我心中"歌咏大会、参加市总工会"上海职工体育健身4季大联赛龙舟比赛"活动、组织局系统职工第九套广播体操培训等。 (乐俊平)

光明食品(集团)有限公司工会

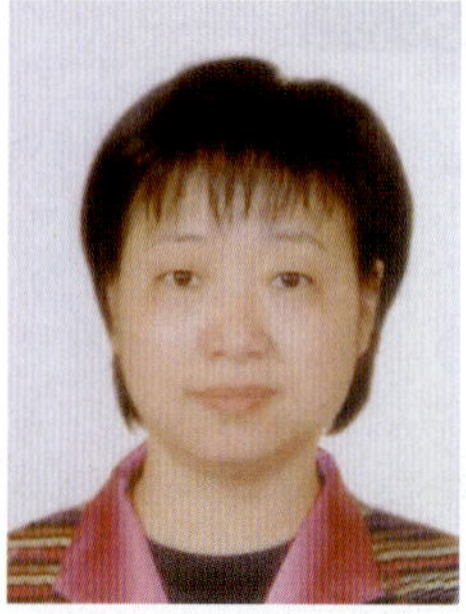

主　席
周海鸣

【概　况】 2011年,光明食品集团工会着重在推动集团经济发展、维护职工合法权益、发展和谐劳动关系上下功夫,全面落实"两个普遍"。(1)把握"十二五"规划主题和集团新三年目标主线,通过开展"建功新三年、创新促发展"立功竞赛,举办职工科技创新成果展示和评比、召开职工合理化建议现场推进会,与有关部门联手开展《我为实现规划献一计》群众性"金点子"征集活动。在集团科技大会上,表彰12项职工优秀技术创新成果。深化职工素质工程建设,组织一线班组长参加工商企业管理(EBA)培训,为农民工开设EBA专班,并首次在EBA学员中组织大专接读班。召开班组建设现场推进会。开展各类形式多样的群众体育活动。(2)坚持以职工为本,主动依法科学维权。召开集团二届二次职代会,修改完善集团集体合同、女职工特殊利益专项集体合同;就一线职工工资增长和班组建设等情况,深入基层企业开展调研和检查;召开职工顾问团专题座谈会;组织职工代表巡视集团重点工程项目,组织开展以落实《上海市职工代表大会条例》为重点的集团第九次厂务公开大检查;自下而上切实抓好劳动关系和谐企业创建3年达标活动。(3)加强困难职工帮扶机制建设,加大对困难职工帮扶力度,为职工办实事、做好事、解难事。元旦、春节期间集团共发放慰问款物737.83万元,慰问困难职工(含困难农民工)10693人次;对30名家庭特别困难、品学兼优的职工子女进行助学帮困,总金额达到11.6万元。(4)进一步强化工会自身建设。召开光明食品集团工会第七次代表大会,回顾总结集团工会第六次代表大会以来的工作,明确今后5年工作的指导思想和主要任务,选举产生新一届集团工会领导机构。组建集团"女职工之家",开通"女职工维权热线"。组织基层工会干部业务培训,分别就《上海市职工代表大会条例》的贯彻实施和心理疏导技巧等专题,邀请讲师作专题讲座。进一步增强工会经费收缴、资产管理和工会财务管理;强化对工会经费预决算和经费收支审计监督。 (桑树德)

上海良友(集团)有限公司工会

主　席
王淑萍

【概　况】 上海良友集团工会辖直属工会18个,基层工会31个,涵盖单位34个,会员6250人,其中女会员1944人。(1)广泛开展主题实践活动。把集团"十二五"规划制成浅显易懂的图片展板,到基层巡回展示;拍摄12名集团明星员工的DVD,引导广大职工向先进学习;组织开展"我为集团'十二五'发展献一计"合理化建议征集活动,评选出7个优秀合理化建议。(2)重点推进职代会制度,增强工会维权工作实效。全面开展《上海市职工代表大会条例》培训工作,修订完善各级职代会制度,组织全面的职代会制度检查。做好工资集体协商,确保2011年在岗职工的增资水平不低于10%,困难企业在岗职工的增资水平不低于6%。(3)扎实开展服务和帮扶工作。集团系统共帮困4216人次,帮困金额186万元;继续开展"一日捐"活动,6276人捐款金额21.46万元;组织开展高温季节送清凉活动,共发放44余万元物品;开展集体食堂食品安全专项检查,确保职工高温季节用餐安全。(4)组织开展良友职工纪念建党90周年系列活动,举办"党的光辉照我心"歌颂比赛、集团纪念建党90周年大会上的文艺演出;下发《党旗在我心中》中国共产党党史简明读本;组织职工观看电影《建党伟业》;配合集团党委召开纪念建党90周年先进代表座谈会;(5)推进"红旗班组"创建活动,促进班组建设整体水平提高。制定《班组工作手册》,形成班组建设标准化管理要求;以班组考评为标准,评选出29家集团"红旗班组"。(6)深化党工共建创先争优活动,提高工会工作整体水平。推广基层工会主席的直接选举,抓好3家公司的换届改选工作,新成立1家公司工会;开展工会主席实务培训,工会干部岗位培训、职代会条例培训等,增强工会干部的政治素质和业务水平。 (刘国成)

上海市民政局工会

主　席
周其军

【概　况】 上海市民政局工会辖有二级工会5个,基层工会45个,职工6528人,工会会员6015人,其中女会员2840人。(1)广泛开展建党90周年纪念活动。举行以"歌唱祖国歌唱党"为主题的红歌会,来自24家基层单位近600名干部职工表演20多个节目。(2)开展"当好主力军,建功民政十二五"创先争优劳动竞赛活动,18个班组被授予"工人先锋号"称号。(3)举行劳模座谈会,制定下发《关于进一步做好劳模带徒工作意见》,营造“明星带群星、群星带队伍”的良好氛围。(4)组织局系统各级党政工和职工代表举办学习贯彻《上海市职工代表大会条例》专题培训班,向各基层单位下发《〈条例〉释义》。(5)部署开展第九次厂(院)务公开民主管理工作调研检查。(6)元旦春节期间,举行第六年“情牵残疾职工、共建和谐民政”活动,向系统内困难企业职工专项捐款80万元。(7)举办以“跨越新的高度”为主题的民政系统第二届运动会,全市17个区县民政局和40多家局属单位1200多名干部职工参加13项比赛项目。(8)举行纪念“三八”国际妇女节101周年暨三八红旗手(集体)表彰大会。(9)指导基层工会加强组织建设,14家基层工会完成组建和换届改选。 (胡积伟)

上海市监狱管理局工会

主 席
郭增乔

【概 况】 上海市监狱管理局工会辖18个基层工会。共有干警、职工7610人,会员7579人,其中女会员1936人。机构设组织宣传部和办公室。(1)积极推进文化建设工作。举行工会文化建设交流会;联合局政治部召开“监狱局文化建设工作交流会”,监狱局工会出资25万元帮助5家单位建立干警职工俱乐部,利用社会资源对15家基层单位提供价值263万元的书籍;为民警职工开通“职工书屋”手机版,开展建党90周年系列活动,举办“党在我心中”党史知识竞赛;开展监狱局文艺汇演和第八届服刑人员文艺汇演;开展“向党献礼”征文、书法、绘画、摄影比赛活动;举行“弘扬光辉历程、锻铸时代忠诚”书画摄影作品展;恢复“上海市监狱管理局警官合唱团”。(2)开展职工之家考评。修改职工之家考核内容,同时提炼出10个能够量化的单项考核项目,覆盖基层工会的整体工作,便于操作。评选出12家优秀职工之家,28家优秀职工小家。(3)抓好工会预警报告制度和工会信访工作。局工会编辑6期《热点反映》专刊向局党委汇报,受到党委关注;受理14起来信来访,及时配合化解矛盾。(4)做好帮困工作。对670户家庭帮困送温暖,慰问金额达88.031万元;帮困助学245人次,金额25.37万元;为全局20962名干警职工续保市总医疗互助保障计划,6507人次获医疗救助金156.03万余元。(5)推进职代会和厂务公开民主管理工作。对5家企业、社区单位开展厂务公开工作调研检查,撰写《关于局属企业和社区厂务公开工作的调研报告》。(6)加大劳动保护监督力度。多次开展安全生产大检查;组成联合督导组对干警职工食堂及服刑人员炊场开展食品安全专项检查。(7)加强工会自身建设。开展工会“四优”和经审工作规范化建设考核评选工作;开展2011年群众论文、第七届“知心杯”征文的评选活动;组织355名局系统三等功以上先进疗休养活动;组织基层工会主席到山西省监狱局,考察学习监狱文化建设;做好工会两级财务和经审工作。

(江海群)

锦江国际(集团)有限公司工会

主 席
顾晓鸣

【概 况】 锦江国际集团工会辖基层工会374个,工会会员71437人,其中女会员30564人,农民工会员11765人。(1)履行工会基本职能,积极开展劳动竞赛。抓好职工素质工程,组织集团广大职工参加新知识、新理念、新技术培训,为广大职工建功立业、创先争优提供广阔的舞台。围绕集团重点工作,组织开展“重服务、练技能、提素质、树品牌”劳动竞赛活动,共有3,172个班组、6.6万名(次)职工参加各类劳动竞赛。加强工会组织和职工队伍建设。2011年,集团工会组织数为374家,比上年增加8家;工会会员数71,437人,比上年增加5,832人,实现工会组织和会员入会全覆盖。(2)围绕立足岗位创新,树立劳模先进品牌。组织技术创新和合理化建议活动。建立集团首席技师制度,组织职工开展技术创新活动2项,提出合理化建议652条,实施技术攻关、技术革新项目2项,总结推广先进操作法3项,产生经济效益26.7万元。成立劳模创新工作室——“郭予文食雕艺术工作室”,充分发挥劳模的聪明才智,发挥其示范引领作用,扩大劳模先进的影响力。(3)关心职工生产生活,加强工会班组建设。开展工会劳动保护监督检查活动112次,走访慰问职工4,196人次,发放防暑降温用品53.1万元,高温津贴发放1,470.6万元,职工劳动合同签约率达100%。以加强班组建设为抓手,积极开展“团队创先特色班组”活动,保持“工人先锋号”荣誉的先进性。加强企业文化建设,组织开展职工喜闻乐见、丰富多彩的活动,创建“模范职工之家”、办好“职工书屋”。 (张祥伟)

上海市东湖(集团)公司工会

主 席
陆浩东

【概 况】 上海市东湖(集团)公司工会辖基层工会组织13个,职工总人数3517人,工会会员3509人,其中女会员1260人。2011年,东湖集团工会贯彻落实集团“中宾为主,以外养内”的指导方针,充分发挥集团广大职工的主力军作用,团结职工完成集团经营任务。(1)开展职工思想教育,坚定跟党走,建功“十二五”。开展“辉煌90年,祝福献给党”庆祝中国共产党90华诞祝福短信创作大赛。(2)以传承世博精神为导向，增强集团基层班组建设。广泛开展基层班组交流，将世博会期间涌现出来的先进事迹、先进经验、先进做法通过班组交流的途径得到传播交流。(3)以评选先进和宣传劳模精神为引领，激励职工群众的劳动热情。(4)积极开展群众性竞赛活动。会同集团安保部开展“安康杯”安全竞赛活动；开展客房服务技能比赛和集团“食之有道”高档宴请烹饪展示竞赛。(5)加大职工权益的调研和建言力度。对2010年度各单位职工共同关心的民生问题进行调查摸底，结合行业特点和集团实际，建议集团调整完善涉及职工利益的有关规定。(6)加强劳动关系协调工作，构建和谐劳动关系。开展年度满意度测评，了解员工的满意程度。加强困难职工帮扶。继续开展元旦、春节期间的送温暖和“金秋助学”等活动。(7)推进完善职工互助团体医疗保障制度。推动覆盖“五项互助保障计划”的落实。(8)关注员工餐厅服务质量，开展夏季防暑降温工作。组织150名特殊女职工群体到海军411医院进行妇科健康检查和诊治，发放上海市关爱女职工双结对基金等。

（胡　明）

上海市市级机关工会工作委员会

主　任
顾明坤

【概　况】　上海市市级机关工会辖基层工会405家，其中独立工会399家，基层工会涵盖单位419个，职工54693人，其中女职工18333人，农民工1195人，女性农民工371人。工会会员52468人，女会员17565人，农民工会员539人，女农民工会员191人。(1)广泛开展纪念建党90周年活动。召开《党旗颂、先锋赞》——上海市市级机关系统纪念建党90周年暨“两优一先”表彰大会，近千名干部职工参加演出，“党旗飘飘”“党旗下的质监人”创作歌曲《国门家门》获市“五一文化奖”；市委办公厅、公安部第三研究所等工会积极组织干部职工到社区为居民表演唱红歌。积极参加上海职工短信创作大赛活动，在市级祝福平台发布短信2000多条，获优秀组织奖。(2)以劳模精神为引领，广泛开展建功“十二五”创先争优劳动竞赛。全系统有83个单位开展劳动竞赛，19159人次参加；提出合理化建议582件，实施224件，产生效益近300万元；实施技术革新项目14项；有6个项目获创造发明奖，7个项目获国家专利，总结推广先进操作法5项。建立由3位全国劳模个人名字命名的“劳模工作室”；做好劳模慰问和疗休养工作。(3)广泛开展有特色的文化体育活动。开展第九套广播体操培训、“我参与、我健康、我快乐”乒乓、桥牌等比赛，组队参加“上海市职工四季体育大联赛”游泳赛和乒乓赛。召开纪念“三八”国际妇女节101周年暨表彰大会，举办机关“童心向党快乐成长”“六一”亲子活动。开展文化活动场所建设。全系统建有职工书屋(图书馆)129个，1家获“全国工会优秀职工书屋”，3家获“上海工会优秀职工书屋”。24家单位工会设立职工俱乐部(活动室)。(4)以贯彻落实《条例》为抓手，做好维权和帮困送温暖工作。组织《上海市职工代表大会条例》学习培训，开展“两个普遍”调研；抓好工会民主管理和劳动保护工作，149个单位召开职代会，151个单位实行厂务公开；签订劳动合同的基层单位195个。1595人获职工互助保障资助，金额130万元。有44家工会建立劳动保护监督检查委员会；建立分公司一级工会劳动保护监督检查委员会56个。已建工会的单位全部执行女职工享有特殊待遇的规定。劳动争议调解委员会共受理案件24件，成功调解23件。(5)做好帮困送温暖和高温慰问工作。元旦、春节期间，各级工会干部参加困送温暖活动，发放帮困金500万元。高温期间送出慰问品、慰问金20余万元。78家工会建立帮困基金；1085位领导联系困难职工家庭1226户。

（王强鹰）

上海市经济和信息化工作系统工会

主　任
汪仲华

【概　况】　上海市经济和信息化工作系统工会现有直属工会78个，基层工会227个，职工41163人，会员37297人。其中，女职工11878人，女会员10965人。上海市经济和信息化工作系统工会积极开展并深化“党工共建，创先争优”主题活动，通过选树典型，大力弘扬劳模和世博精神，并召开庆祝五一劳动节座谈会。深入开展以合理化建议、金点子征集活动，征文比赛和JJ小组课题攻关为主要内容的“我为节能减排献一策”活动，并在《劳动报》、《市经信党建网》等相关媒体上开设专栏连续报道。通过听取汇报、检查台账、职工访谈等形式积极开展集体协商、厂务公开民主管理和职代会条例贯彻对口检查工作，截至年底，系统厂务公开民主管理工作制度达标单位达92%。加强职工文化建设，做好“产业工人心向党”——系统庆祝建党90周年文艺调演活动，组织一台以“产业颂歌、和谐礼赞”为主题的中国上海国际艺术节职工文化展演周——经信系统专场文化演出。加大班组建设力度，不断提升职工队伍素质，与市总工会、市国资委、市工商联等联合制定下发《关于进一步加强班组建设的实施意见》，并于10月14日联合召开上海市班组建设航天现场推进会。开展“笔谈班组建设”征文活动，收到征文160篇，组织相关专家评审，并将优秀征文汇编成《愿景》文集。以“百人帮扶”活动为抓手，扎实开展帮困送温暖活动和高温慰问工作。进一步加强调研工作，与市国资委等联合开展“本市劳务派遣用工状况专项调研”，并在系统内收到调研报告和论文50余篇。做好系统工会女职工工作。2011年,系统工会先后获得全国总工会“十一五”时期社会主义劳动竞赛先进组织单位、第五届上海市“五一文化奖”——十佳文艺汇演奖、全国总工会2010年度财务工作先进单位、2010年上海市工会组建工作优秀单位等奖项。　(黄　俭)

上海市社会系统工会工作委员会

主　任
施南昌

【概　况】　上海市社会系统工会工作委员会辖直属工会14个,职工38752人,其中女职工5668人;工会会员33955人,其中女会员4769人。(1)召开工会工作会议,推进工作落实。两次召开系统工会工作会议,传达学习胡锦涛总书记七一讲话、党的十七届六中全会精神、市委九届十六、十七全会精神,学习《上海市职代会条例》。系统工会就学习贯彻及工会重点工作作部署。(2)加强工会组织建设。2家工会进行换届改选;各单位基层工会组建工作继续推进,永达、大众、明凯集团下属工会组织建设继续加强,新组建基层工会20多家。(3)学习贯彻《上海市职工代表大会条例》,建立健全归口单位职代会制度建设,加强民主管理。系统工会组织归口单位学习贯彻《条例》,开展《条例》网上知识竞赛活动。指导未建职代会的单位筹建职代会,永达等3家民营企业召开第一届职工代表大会。(4)规范劳模管理,提高服务保障。开展系统劳模信息的普查工作,核对劳模信息资料、完善系统劳模信息库,加强劳模信息动态管理,落实劳模疗休养,做好劳模“三金”的发放工作和困难劳模帮扶工作。(5)关爱职工,做好帮扶送温暖工作。开展各种形式的送温暖活动,做好防暑降温、对高温环境作业的职工开展送清凉、送健康活动。元旦、春节期间,走访慰问困难职工。(6)做好各类先进的推荐评选工作,涌现出一批先进集体和先进个人。系统内获全国五一劳动奖章1名,获全国工人先锋号1个;获上海市五一劳动奖章1名,获上海市工人先锋号2个,获上海市模范职工之家1个;获巾帼文明岗4个,获“心系女职工好领导”1名。(7)积极开展文体活动。组织系统女劳模和女先进工作者庆祝“三八”节活动;与红星美凯龙共同组织举办归口单位大龄未婚青年交友联谊活动。大众交通的哥乐队参与南京路大型汇演等活动。(孙守印)

上海城建(集团)公司工会

主　席
陆雅娟

【概　况】　上海城建(集团)公司工会辖直属工会14个,基层工会93个,工会会员35840人,其中农民工会员22873人;女会员3279人,其中女农民工会员260人。(1)开展形势任务教育,团结凝聚广大职工。围绕“凝聚干群力量,迎接十二五发展”主题,引导职工群众把握集团发展的整体思路。以建党90周年为契机,通过班组学习、红歌会、文艺汇演、摄影展等,开展爱国主义和革命传统宣传教育。(2)广泛开展劳动竞赛,推动重大工程建设。以专项竞赛为载体、项目经理职业化建设为抓手,深化职工科技创新,女职工立足巾帼岗建功“十二五”。3项成果获第四届上海职工科技节科技创新一等奖;“刘伟杰道路与交通工程创新工作室”被首批命名为“劳模创新工作室”。(3)关爱服务职工,加大工会帮扶力度。开展职工队伍状况大调研,努力解决“三最”问题,制定完善《关爱困难职工工作长效机制实施办法》,《劳模关爱机制的实施办法(试行)》;全年帮困1044人次,总金额120.7万元;四项医疗互助保障计划会员达3万余人次,当年给付保障金328.56万元;投入助学帮困金23.76万元,资助386名困难职工(含农民工及都江堰困难职工)子女就学;女职工一年两次妇科体检在8家子公司实行;广泛开展“我与安全”大讨论活动和“安全生产金点子奖”合理化建议征集活动、职工代表巡视工地,确保安全生产形势稳定。(4)推动实施《上海市职工代表大会条例》,维护职工合法权益。通过举办《条例》解读及实务操作报告会、“《条例》网上知识竞赛”、职工代表巡视检查等活动;建立每周群体性争议“零报告”制度、重要信息即时报告制度、职工思想动态分析研判机制,探索畅通职工利益诉求表达渠道。(5)深化职业道德建设,重视企业文化发展。发行《劳模风采录》,通过座谈、演讲、黑板报、宣传栏等集中弘扬劳模精神;开通“职工书屋”(手机版);开展以“健康生活,健康发展”为主题职工体育健身展示活动;举办“运动与健康”知识讲座、推广第九套广播体操、组队参加市总工会农民工运动会和“机场杯”龙舟赛;成立8支职工体育健身俱乐部,桥牌俱乐部在第二届全国智运会上取得“三金一银”成绩。(6)树立科学发展理念,规范工会自身建设。开展“解放思想、共谋发展,积极履职、主动作为”工会工作大讨论;基层工会组建达93家,覆盖企业98家;女职工组织88家,同步组建率达94.6%;深化职工之家创建活动;推进工会财务工作规范有序运行。

(耿　伟)

上海地产(集团)有限公司工会

主　席
郑建令

【概　况】　上海地产(集团)有限公司工会辖基层工会54个,职工3555

人，工会会员3374人。其中女会员1385人。(1)积极开展劳动竞赛。下发《关于深入开展"立足本职争一流，创先争优促发展"立功竞赛活动的通知》，以"比项目攻关、确保双优工程，比科技应用、推动环保节能，比管理创新、提升发展能力，比团结协作、促进队伍建设"为竞赛内容，动员广大职工创先争优，为企业建功立业。(2)注重职工素质培育，深入开展"创建学习型组织，争做知识型职工"活动和"职工之家"创建活动，推进基层工会"达标创优"，广泛开展"建文明班组、创文明岗位、做文明职工"活动，提高广大职工的文明素质。(3)围绕企业经营目标，开展厂务公开民主管理，畅通民主渠道，调动广大职工参与企业管理的积极性，推动改革发展。(4)积极推进职工劳动合同、工资集体协商和女职工特殊权益专项合同的签订，维护职工合法权益。(5)开展庆祝建党90周年系列活动，组织广大职工学党史，开展歌咏、演讲、征文、摄影展等一系列活动，举行"颂歌献给党"文艺汇演。(6)努力为职工群众办实事，开展"一日捐"和帮困送温暖活动，元旦、春节慰问困难职工266人(次)，帮扶金额达34.66万元。(7)重视工会组织建设，完成集团工会换届选举，以及集团内9家基层工会换届选举工作。　　(林青云)

上海市申江两岸开发建设投资(集团)有限公司工会

主　席
王海燕

【概　况】　申江集团工会下设6个基层工会，会员185名，其中女会员61名。集团工会设经费审查委员会和女职工委员会，有工会委员8名，经审委委员3名，女职工委员3名。(1)加强工会组织建设。开展基层工会主席直接选举，年内有3家基层工会完成换届选举，3家基层工会完成主席、委员增补，各基层工会都配备经审员，全年发展工会会员29人，3家控股公司的400余名劳务人员相继在派遣单位参加工会组织。(2)推进企业民主管理。集团层面建立厂务公开制度和集体合同制度。召开一届一次职工大会，审议通过《本部职工大会制度》和《本部职工大会联席会议工作制度》，通过《工资薪金管理办法》，审查《关于本部职工专项经费使用情况的报告》。(3)强化职工素质教育。以争创学习型组织、争做知识性、技能型职工活动为抓手，推进职工队伍知识化进程。开展双周政治理论和业务知识学习辅导，组织开展班组理论业务学习。(4)开展职工帮扶工作。建立帮困送温暖制度，形成工会小组长负责的职工困难信息报告制度，在第一时间掌握困难职工信息，及时开展帮困工作。2011年集团工会走访慰问困难、住院职工18人次，使用帮扶专项经费2.78万元。(5)抓好安全生产工作。开展企业安全生产岗位培训，40人通过企业负责人和安全管理人员考试，获得岗位证书；开展现场安全检查；慰问一线高温作业人员180余名，送去防暑降温用品价值达1.8万余元。(6)加强工会干部自身建设。选送工会主席参加市总工会培训，集团工会干部培训率达到100%。严格执行工会财务制度，制定《集团工会财务管理制度》，健全基层工会经审组织，开展公司和基层工会财务经费审计，完成5家基层工会主席任期或离任审计，落实经费审计的整改要求。
(李建鹤)

中国联合网络通信有限公司上海市分公司工会

主　席
赵　乐

【概　况】　中国联合网络通信有限公司上海市分公司(简称上海联通)工会是上海联通各级工会组织的管理机关，是在中国联通集团工会、上海市总工会、上海联通党委领导下的企业工会。2011年，分公司工会深入贯彻市总工会和集团公司工会有关要求，紧紧围绕公司发展要求和企业文化建设的总体思路，围绕企业年度目标和任务，从引导员工支撑企业经营发展、加强民主管理提高维权意识、启动班组建设夯实企业基础、宣传先进事迹营造向上氛围、重视员工感受增强企业凝聚力、加强工会自身建设提高工作质量、落实离退休人员管理和服务工作等七个方面入手开展工作，贴近员工，贴近一线，以具体行动将公司的关爱传递给广大员工，引起广大员工的共鸣，进一步增强了工会组织在企业职工中的凝聚力和影响力。(康　迪)

上海市合作交流系统工会工作委员会

主　任
曹整国

【概　况】　上海市合作交流系统工会工作委员会下辖56家基层工会，会员4668人，其中女会员1106人。工会组成单位主要为中央在沪单位和各省市、自治区政府驻沪办事处。2011年，工会开展学习与培训活动，召开工作经验交流会和工作务虚会，交流工作体会。继续开展创先争优工作，将创先争优活动纳入年度工作目标，授予15家工会为"工会先进集体"，27人为"工会优秀工作者"。举办庆祝建党90周年乒乓球赛和书法、摄影展活动，进一步推进系统的文化建设。继续开展帮困慰问活动，集中走访慰问20家有特殊困难职工家庭。组织学习考察活动，赴安徽大别山天堂寨和宣城、绩溪、旌德学习考察，进一步增强系统干部职工的凝聚力。在6家驻外办事处中建立工会组织。吸纳中

建三局上海公司、福寿园集团公司上海总部为基层工会单位，探索和创新工会组建模式。（葛　平）

上海临港产业区工会工作委员会

主　任
王　跃

【概　况】　上海临港产业区工会工作委员会有24个基层工会，会员3200人。工作机构设办公室、组织建设部、宣教文体部、经济工作部、生活保障部、财务管理部、民主法律部、公关联络部。(1)围绕临港产业区开发建设中心任务，联合上海电气临港基地、上海汽车临港基地签订“同成长、共发展”合作协议共同开展立功竞赛活动。(2)积极开展职工文体活动，承办上海职工体育健身四季大联赛秋季“临港产业区杯”篮球比赛，临港集团被国家体育总局授予“全民健身活动先进单位”。(3)大力推进临港产业区文化建设，开创“临港大讲堂”邀请国内外专家为产业区职工授课；创办工会年刊《汇》，记录产业区职工参与临港开发建设的历程。（陈欣堂）

中国电信集团工会号百信息服务有限公司委员会

主　席
王忠春

【概　况】　中国电信号百公司总部工会下设基层工会3个，部门工会4个，公司总部职工总数491人，其中女职工211人，会员491人。工会机构设办公室、员工文体活动中心。(1)围绕中心，服务号百业务发展。一是组织员工围绕业务体验提出合理化建议，开展多种形式的劳动竞赛。二是发挥优势、借助平台，不失时机宣传公司形象。公司工会利用优势，借助第十三届中国上海国际艺术节“天天演”广场文化活动职工专场的平台，在南京路步行街世纪广场成功举办“号码百事通，为民服务行”专场文艺演出。(2)围绕企业发展，广泛发动职工代表开展建言献策活动。员工对职工代表提案处理的满意率达96%。(3)拓展渠道，推进企业民主管理。召开公司职代会，听取审议公司行政工作报告和提案处理情况，审议当年集体合同，保障职工的劳动报酬、劳动时间权益。为职工代表参与公司各项制度制定搭建沟通交流平台。先后组织对公司企业年金实施细则及派遣转制等办法征集意见，有效发挥职工代表参政、议政的作用。建立健全部门主席、委员工作例会的热点收集通报制度，并积极协调督办整改。推动员工工资增长机制的落实。结合生产经营任务完成和业绩考核，把员工工资增长机制和支付保障机制的具体内容细化到《集体合同》的条款中。(4)温馨关爱，助力员工全面发展。先后组建瑜珈、摄影、乒乓球、足球等兴趣小组。开展主题为“运动·健康·工作·生活”的第三届员工健身日活动，组织员工接受心理健康体检，员工参与率达97.58%；全年共举办5次EAP心理知识讲座，继续做好困难员工的帮扶慰问工作。（沈　匀）

上海上实(集团)有限公司工会

主　席
史瑜倩

【概　况】　上海上实(集团)有限公司(以下简称上海上实)是注册在上海和香港的上海市政府窗口企业，负责经营集团境内资产。上海上实工会现下设两级工会组织6个，三级工会组织17个，职工5115人，工会组建率和职工入会率均达100%。2011年，上海上实工会围绕集团中心工作，着力强化六项重点工作。一是积极推进“彩虹计划”，“两个普遍”得到有效落实和深化。二是充分尊重职工民主权利，顺利完成各级工会组建换届以及集团工会的换届选举。三是积极开展形势与任务教育，团结动员广大员工进一步明确岗位目标和任务，在服务集团发展中建功立业。四是围绕中心工作，深入开展各项主题活动。纪念建党90周年，开展“歌声飞扬颂党情”员工歌唱比赛；围绕安全生产，开展“安全重于天，防范靠你我”安全生产和安全防范宣传教育系列活动；围绕员工素质提升，开展各类读书和培训活动；促进维稳大局，在业务重组中积极发挥工会作用；开展创先争优活动，积极培育、树立、弘扬先进典型。五是关心职工、服务职工，积极营造健康祥和的企业文化氛围。六是不断加强工会自身建设，通过完善规章制度，强化培训，密切员工联系，进一步提升工会工作影响力和凝聚力。

（杨铁军）

上海市农业委员会工会工作委员会

主　任
陶振华

【概　况】　上海市农业委员会系统工会工委辖基层工会30个，职工3885人，工会会员3712人。(1)以评选先进为抓手，开展“创先争优”活动。开展“十二五”形势任务宣传教育和先进评选，发挥先进人物示范、影响、带头作用，引导职工立足本职，为“三农”事业发展创先争优。(2)以劳动竞赛为载体，组织职工为“三农”事业建功立业。在竞赛中，提高职工岗位技能；推进上海市职工合理化建议优秀成果奖活动。(3)加大为职工办实事、做好事力度。30个基层工会对困难职工进行排摸调查，元旦春节期间，共发放帮扶资金共计39.275万元，慰问困难职工607人(户)，慰问坚守岗位职工302人次；高温期间，各单位走访工地30个，慰问职工831人次，慰问金达38.9万元；举行“爱心一日捐”活动，有2385名职工参加“一日捐”活动，筹集资金20.32万元；做好困难职工助医卡的申请发放和单亲家庭帮困金发放。(4)以庆祝建党90周年为契机，开展各类纪念和文体活动。一是唱红歌活动；二是举办第二届“兴农杯”体育比赛。有21个代表队234名运动员参赛。(5)开展纪念三八节活动，提高妇女素质。开展“美好的事业，美丽的人生”职业女性形象讲座；举行女干部联谊活动；请优秀女专家作专题报告，开展“优秀女教工”评选活动等。(6)加强自身建设，提高工会工作整体水平。加强工会主席培训；做好工会财务经审工作；开展对劳模情况和“三八红旗手”的摸底调查工作；抓好党务网工会目录的创建和信息维护工作。（陈　赛）

上海国盛(集团)有限公司工会

主　席
沈松龄

【概　况】 上海国盛(集团)有限公司工会辖直属工会6家，三级工会54家，现有工会会员11751人。(1)加强民主管理，构建和谐企业。集团工会召开集团第一届第一次职工代表大会。通过《职代会工作规范》、《职工监事制度》、《集体协商制度》。一届二次职代会上审议通过《集团女职工专项集体合同》，召开国盛集团规范劳务派遣用工工作推进会，对劳务派遣企业组建工会、劳务派遣工加入工会提出意见，制定措施，切实维护劳务派遣工的合法权益。(2)围绕中心工作，增强服务意识。以“安康杯”为载体，组织征集安全生产“金点子”活动，做到从源头监管、落实责任、及时发现事故隐患、有效防范事故隐患发生。加强劳模先进管理，做好服务工作。开展各直属单位劳模的摸底、统计、核实等各项工作，及时掌握情况，确保年底劳模“三金”的发放落到实处。赴喀什慰问18位援疆职工。(3)突出维权机制，维护合法权益。慰问、走访困难职工19家。参与集团人力资源部本部员工工资调整方案的协商，建立完善工资增长的长效机制和员工晋升机制。(4)开展文体工作，促进文化建设。承办上海国盛(集团)有限公司庆祝建党90周年文艺汇演；举办国盛集团春节晚会；组织50名员工参加上海市纪念建党90周年大型文艺汇演；开展“国盛建设者风采”摄影作品征集与评选活动；选送优秀文化项目参与第五届上海市五一文化奖的评选。(5)做好女工工作，维护女工权益。举办“魅力巾帼，添彩国盛”活动，表彰全国巾帼建功标兵、五一巾帼集体世博团队、市“三八”红旗手和“三八”红旗集体。

（陈　洪）

绿地集团工会

主　席
黄　健

【概　况】 绿地集团工会辖直属工会29个。工会会员5945人，女会员1932人。(1)围绕集团中心任务，动员职工团结一致谋发展。动员集团29个单位、91个集体、2300余名员工参加立功竞赛活动。以《绿地报》、集团党建网、绿地文化小故事《劲草集》为载体，广泛开展宣传交流，放大立功竞赛效应。2011年，集团实现经营业务收入超过1830亿元，利润总额近100亿元。(2)积极投身保障房建设和援建工作。先后启动建设大型居住社区江桥基地、经济适用房南翔基地、长兴岛配套商品房项目、嘉定城北站经适房项目等，总投资逾100亿元，规划总建筑面积超过200万平方米。积极响应国家新一轮西部大开发战略和第二次全国对口援疆工作会议精神，投建喀什首个城市综合开发项目及乌鲁木齐国际会议中心片区综合体项目。(3)关爱凝聚员工，构建和谐企业。举办集团第二届运动会，700余名职工热情参赛；组织开展踏青、踏板操、职工素质培训、金秋助学、夏送清凉、冬送温暖等活动；坚持把工会的关爱及时送到员工身边。(4)加强工会自身建设。形成《绿地集团基层工会管理办法》、《困难职工帮扶办法》等长效管理制度；成立集团工会女职工委员会；开展工会干部培训、年度考评、“优秀党群干部”评选等工作。

（王洋洋）

上海东浩国际服务贸易(集团)有限公司工会

主　席
严裕民

【概　况】 东浩集团工会辖基层工会25个，职工3211人，会员3097人，女会员1553人，农民工会员406人。(1)深入开展群众性劳动竞赛，提升企业竞争力。组织开展以“危中争机保增长，建功立业促发展”为主题的劳动竞赛；开展以“乘‘世’而上创佳绩，两个确保作贡献”为主题的劳动竞赛；以及“立足岗位作奉献，真诚服务当表率”为主题的劳动竞赛。团结引领广大职工在工作岗位上创佳绩，促进集团又好又快发展。(2)稳步发展和谐劳动关系，提升职工群众满意度。集团所属企业“两个普遍”和“三项集体合同”基本达到全覆盖的要求。结合《上海市职工代表大会条例》的颁布,加强以职代会为基本形式的民主管理制度和厂务公开制度等,特别是通过规范企业改革改制过程中职代会民主程序,切实维护和保障职工群众的合法权益。(3)着力搞好企业文化建设,提升职工队伍素质。通过每年评先工作、“创建学习型企业、争做知识型职工”活动、两年一度的职工艺术节、职工运动会以及各级工会组织的文化体育活动,积极打造企业欢迎、职工受益的文化体育品牌。举办2011年集团纪念建党90周年职工文艺汇演。(4)创建模范职工之家,提升工会工作水平。通过走出去向先进单位学习取经,请进来传经送宝等办法,使“建家”工作逐步发展成熟。重视抓好外企建会,帮助指导外企服务公司建立工会59家,发展外企工会会员2万人。集团工会被评为“2011年上海市劳务派遣企业工会组建工作先进单位”。 (诸立新)

局(产业)工会主席(主任)、副主席(副主任)名录

单位名称	主席(主任)	副主席(副主任)
上海市机电工会	朱 斌	谢同伦 袁胜洲 史伟琳 麻秀娟(女)
上海市仪表电子工会	田 原	陶丽娟(女)生 青(女)
上海市化学工会	黄岱列	沈德蒂(女)俞兆钧
上海市轻工业工会(上海轻工业工会联合会)		姚志贤 应蓓卿(女)罗秋燕(女)陈建国
上海市纺织工会	王水官	肖荣珍(女)李援朝 李 盈(女)张世军
上海市医药工会	陈 欣(女)	佘 群 赵一鸣
上海市电力公司工会	黄效喜	王 芸(女) 吴 钧
上海电力建设有限责任公司工会	李 苏(女)	周 勇 陆秀国
宝钢集团有限公司工会	朱义明	韩国钧 张 帆
中冶宝钢技术服务有限公司工会	王 琦(女)	王天临 文 俭
上海宝冶集团有限公司工会	杨 柳	夏 涛
上海高桥石油化工公司工会	罗新富	罗小兰(女)
中国石化上海石油化工股份有限公司工会	高金平	李晓霞(女)朱 华 成 斌
长江计算机(集团)公司工会		刘怡靖
上海航天局工会	吴海中	张爱娣(女)李 昕
上海船舶工业公司工会	吴金韻	方争音(女)
上海市烟草工会	解建伟	刘晓晴(女)蔡文喜
上海汽车工业(集团)总公司工会	吴诗仲	陈寿龙 马龙英(女)
上海市漕河泾新兴技术开发区发展总公司工会	陈 克	王佩萍(女)张 莎
中国能源化学工会华东电力工作委员会	王 航	施炜伟
上海华虹(集团)有限公司工会	陈剑波	陈继旺 龙新洲
中国华源集团有限公司工会	朱少雯(女)	王文英
上海化学工业区工会	陈兆麟	严国基 李庆红(女)丁贵忠
国药控股股份有限公司工会	沈立年(女)	徐恒昌 黄小平
中国铁路工会上海铁路局委员会	钱 铭	曹 阳 陆 超
中国海员建设工会中国海运(集团)总公司委员会		柴淮生 陈宏樑
上海国际港务(集团)股份有限公司工会	王晓华	胡庭亮
中国海员工会上海长江轮船公司委员会	高 峰	邵申祥 俞敏尧

续 表

单位名称	主席(主任)	副主席(副主任)
上海市运输工会	黄伟建	顾见华　王　勤(女)
中国邮电工会上海市邮政委员会	史金虎	龚丽敏(女)颜炳强　姚建聪　罗坚石
中国移动通信集团工会上海市委员会	张新康	杨忆雯(女)林以扬
中国电信集团工会上海市委员会	陈鸿生	赵申祥　董海燕(女)
中国海员工会交通运输部东海救助局委员会	金振泰	岑志良　徐　华　张　铭
中国海员工会交通运输部上海打捞局委员会		张建浩　殷耀南
中交上海航道局有限公司工会	包中勇	李忠庆　苗庆良　李　平
中交第三航务工程局有限公司工会	夏　昕	张　辉(女)彭陆强
中国海员工会中远集装箱运输有限公司	房迪坤	李显恩(女)马家骅
中国海员工会中波轮船股份公司委员会	周万勤	黄德龙
中国民航工会华东地区管理局委员会	周正凯	韩平章　郭全晓
中国东方航空集团公司工会	罗朝庚	胡际东　童海坤　席　晟
上海机场(集团)有限公司工会	蔡　军	傅如钢
中国海员工会上海海事局委员会	樊卓越	骆建华
上海市城乡建设和交通工会工作委员会	周　炜(女)	汪建然　张　静
上海建工(集团)总公司工会	张立新	刘琰紫(女)何连成
上海市交通运输和港口管理局工会	刘　岷	王仁良　陆金菊(女)
上海城市交通行业工会	刘　岷	王仁良　陆金菊(女)袁丽敏(女)凌春霞(女)臧晓敏　周丽霞(女)石　红(女)
上海市住房保障和房屋管理局工会	魏　庆(女)	金宛平(女)朱志龙
上海海洋石油局工会	刘振东	许鹤圣　钱碧云(女)赵春波
上海市绿化和市容管理局工会	徐文发	宋丽娜(女)黄　琼(女)翁铭雄
上海现代建筑设计(集团)有限公司工会	姚延康	薛灵燕　乔琴芳
鲁中冶金矿业(集团)公司工会	沙宝珍	李秀娥(女)彭树刚　杨庆荣
上海市市容环境行业工会	徐文发	刘广登　宗守和　宋丽娜(女)黄　琼(女)陈其巍
上海市水务局工会	卫洪达	高　伟　陆建峰　张海燕(女)
中国建筑第八工程局有限公司工会	于金伟	王为兵　许　红(女)赵有全
上海大屯能源股份有限公司工会	姚惠兴	李成国　王诗合
上海市金融工会工作委员会	盛裕若	卫国强　许耀武
上海市税务工会	刘新利	沈　青　施耀忠
上海市人力资源和社会保障局工会	高延平	陈　忠　邵岭华(女)　周薇君
上海市教育工会	夏玲英(女)	张中韧　贾金平　赵　玲(女)张渭明
上海市科技工会	陈　龙	王　震　汪显坤
上海市医务工会	黄　红(女)	张　浩　丁　强　戴　谷　顾国青
上海市新闻出版工会	陆　娜(女)	王瑛萍

续 表

单 位 名 称	主席(主任)	副主席(副主任)
解放日报报业集团工会	马笑虹(女)	庞　力　张以帆　丁　波　董晋伟　舒建伟
文汇新民联合报业集团工会	何向莲	严惠芬(女)沈在群　陈荣忠　张　群 童　杰　褚培祖
新华通讯社上海分社工会委员会	朱忠良	陆孺牛
上海市文化广播影视管理局工会	王金国	唐恺玲
上海文化广播影视集团工会	翟东升	李培红(女)王济明　宋俊雄
上海社会科学院工会	徐霖恩	王玉梅(女)何卫东　朱玲妹
上海市体育局工会	李伟听	张黎明(女)吴晓莹(女)许巍敏　张　元
上海市经济和信息化系统工会	汪仲华	潘晓岗　王永涛　郑文才
上海市信息行业工会	黄肇达	张静星(女)李　军(女)王永涛
上海市民政局工会	周其军	孙晓红(女)卓　琼
上海市监狱管理局工会	郭增乔	侯瑞勤(女)姚　生
光明食品(集团)有限公司工会	周海鸣(女)	韩新胜　桑树德　姜　伟(女)
锦江国际(集团)有限公司工会	顾晓鸣	贾德麟
上海市东湖(集团)公司工会	陆浩东	陈　杰
上海市衡山(集团)公司工会	卢惠民	陈月华
上海市市级机关工会工作委员会	顾明坤	吴志华(女)斯里德
百联集团有限公司工会	刘晓敏(女)	柏　松　柳立玮　杨阿国
上海市商业行业工会联合会	刘晓敏(女)	尹协仁　柏　松　姚黄平　郭志刚　孙　梵
上海水产(集团)总公司工会	尹协仁	徐明华　吴常产　张　蓉(女)
上海申通地铁集团有限公司工会	黄　建	许雅琴(女)徐宪明
上海久事公司工会	顾利慧	王雯洁(女)卢　岭
上海市城市建设投资开发总公司工会	杨申鲁	徐　文　黄　洁
申能(集团)有限公司工会	谈金龙	周燕飞(女)王鸿祥
上海电器科学研究所(集团)有限公司工会	曾思勤(女)	龙　黛(女)查正纲
上海良友(集团)有限公司工会	王淑萍(女)	马宇新　柯　勇
上海兰生(集团)有限公司工会	徐尚仁	陆建平
东方国际(集团)有限公司工会	王　佳(女)	季胜君
上海市锦江航运有限公司工会	施振兴	章　薇(女)富　平
上海市社会系统工会工作委员会	施南昌	袁建国
上海城建(集团)公司工会	陆雅娟(女)	曹一玲(女)朱晨红(女)
上海市申江两岸开发建设投资(集团)有限公司工会	王海燕(女)	李建鹤　朱　敏
上海地产(集团)有限公司工会	郑建令	孙美娟(女)王幸儿

续 表

单位名称	主席(主任)	副主席(副主任)
上海东浩国际服务贸易(集团)有限公司工会	严裕民	孙江宁
上海市合作交流系统工会工作委员会	曹整国	蒋传华　王　靖　葛　平
中国联合网络通信有限公司上海市分公司工会	赵　乐	谢远明　于东平　刘少培
上海市通信管理局工会	陈皆重	郑　敏(女)范志钢
上海市电力股份有限公司工会	王国良	周乐群
中铝上海铜业有限公司工会	王　玮	陈益林
上海市宾馆业工会联合会	黄国忠	王行泽　徐中尼　高耀敏(女)陈雪羽
中国商用飞机有限责任公司工会	刘林宗	沈　伟(女)缪根红
中国电信集团工会号百信息服务有限公司委员会	王忠春	刘德顺　易梅青
民航华东地区空中交通管理局工会	高向东	黄　钧
上海临港产业区工会工作委员会	王　跃	陈　英　吴惠忠
上海市公安局工会	俞　烈	张　君(女)王建幸　傅海鹏　钱洪乔
上海上实(集团)有限公司工会	史瑜倩(女)	徐有利
上海市农业委员会系统工会工作委员会	陶振华(女)	陈　赛(女)
上海国盛(集团)有限公司工会	沈松龄	胡立强　姚黄平　王凌雨　钟晓慧(女)林秉华
华能上海分公司工会	张为民	薛志闽
绿地集团工会	黄　健(女)	徐跃华
申迪集团		马坚泓
世博发展集团		沈　权　彭丽君

说明：1. 任职名单以2011年12月底为准。
2. 上述人员职务以市总工会批复为准。

(市总工会组织部)

直管单位概况

Brief Introduction of Affiliated Units

上海工会年鉴

2012

概　况

上海工会管理职业学院

【概　况】 上海工会管理职业学院是上海市总工会主办的一所全日制普通高等职业院校。学院现有教职工288人。其中具有高级职称的比例达到22%，硕士研究生以上学历的教师占58%，双师素质教师超过64%。2011年，学院以纪念建党90周年、总结建校60周年为契机，以加强内涵建设、深化人才培养模式改革为主线，顺利通过高职院校人才培养工作评估和安全文明校园评估，结合重点专业建设，开发工会干部教育培训新课程，开设《职工代表大会制度条例解读》、《社会管理创新与工会工作》等一系列契合工会干部实际需求的课程。学院全年举办各类工会干部培训班76期，6296人参加培训。其中：上海市内班52期，4264人；外省市培训班24期，2032人。学院承办首批共计50人、为期15天的新疆喀什地区工会干部培训班。为配合《上海市职工代表大会条例》贯彻实施，先后举办3期专题研讨班，近200位工会干部参加；积极为基层单位举办《条例》专题讲座，共对7506名工会干部、职工代表进行专题培训。学院和闵行区总工会联合举办劳动关系协调员［三级（高级）］职业资格培训班，首期47人参加。学院学报《工会理论研究》紧紧围绕2011年工会工作热点策划主题，全年就"十二五规划与工会工作"、"劳务派遣工权益维护"、"加强与创新社会管理"、"党工共建"、"民生新法——《社会保险法》的贯彻与实施"、"《上海市职工代表大会条例》实施中的疑点和难点"等专题组织文章。继续开展"劳动关系和谐指数"课题研究，承接市总工会、浦东新区总工会以及市医务工会的委托课题。其中上海市总工会委托课题——"职工舆情的特点及工会的干预机制研究"获得优秀成果奖。 （卢　锟）

海鸥饭店（上海国际海员俱乐部）

【概　况】 海鸥饭店坐落在外滩黄浦江与苏州河交汇处。饭店以"优美的海鸥在风浪中争第一"为企业精神，追求更高、更优、更新、更好，饭店连续多年被评为上海市文明单位、A类纳税信用单位和诚信免检企业。年初面对激烈的市场竞争，饭店"以变应变"，积极做好短期市场的预测和研判，及时调整经营策略，精心做好收益管理，确保酒店经营效益。2011年，饭店完成营业收入6357万元。饭店按照国际酒店的运作标准，依托Worldhotels全球营销网络，不断拓展国际市场，提升产品定位；同时以星级复核工作为契机，努力抓好员工培训，通过加强细节管理和提升服务质量，发挥最佳的管理效能，着力塑造人性化、个性化的服务；在不断提升软件质量的同时，饭店对会议中心和部分客房楼层启动了新一轮装修改造工程，力求形成小型、舒适、温馨、高雅、精致的酒店特色和产品。2011年再度被世界金钥匙酒店联盟授予最佳经营奖、管理创新奖、经营品德奖和联盟"5C"品质奖。在抓好经营管理和优质服务的同时，饭店十分注重提升全体员工节能环保的意识。开展以"节约在身边"为主题的立功竞赛活动，倡导全体职工控制运营成本，建设资源节约型酒店。饭店连续10年荣获上海市文明单位称号 （张裕民）

上海市工人文化宫

【概　况】 上海市工人文化宫（以下简称"市宫"）现有在编职工92人，劳务派遣职工15人，其中党员42人。现有的文化项目和门类涉及文艺创作、影视制作、艺术培训、会展演艺、文化交流、职工爱好者联合会等。（1）围绕建党90周年，开展文化活动。以"坚定跟党走，建功十二五"为主题，承办上海市劳模春节茶话会和上海市五一文艺晚会；承办第四届和第五届上海市五一文化奖颁奖典礼；市宫茉莉花艺术团参加市级机关纪念建党90周年暨"两优一先"表彰大会演出，原创歌曲《拥有你的爱》荣获"感动中国"全国歌曲创作大赛三等奖和2011年"上海之春"群文新人新作评选创作奖。推出由《于无声处》班底集体创作的原创话剧《4·11上海夜》，举办"辉煌的历程"——纪念建党90周年上海职工第四届一框邮展和集邮征文等系列活动、华谊（集团）公司职工第12届集邮展等主题活动。（2）加快实现转型发展，强化公益职能。停办延续12年的万商羽博会，陆续收回各项租赁业务，将更多场地用于提供公共文化服务。积极打造公益展会，举办"援建情·感恩心"——上海职工援建四川·都江堰纪实展，推出"永远的好八连"——南京路上好八连先进事迹展，举办"脊梁"——上海·大连·阳泉职工画展，协助承办"上海工会社会体育指导员暨第九套广播操培训班"、"青春有约、情谊两牵"——2011年上海职工金秋联谊活动、"宝钢职工书画展"、"和风颂"——沪苏浙职工摄影展，举办"纯真的回归"——金山农民画原创作品暨衍生品展等公益性展览。（3）主动服务工会职工。由贾鸿源工作室创作剧本《老马家的幸福往事》，荣获第二十八届中国电视剧"飞天奖"三等奖；市宫青年作家王萌萌完成志愿者三部曲，《主人》杂志按照市总工会打造"上海职工文化之窗"的办刊定位，进行全面改版，先后为机场集团工会、金融工会、电力工会等开设企业文化专辑或专栏，在面向基层办好《班组风采》的同时，出版第五套"主人丛书"，《职场达人手册》一书亮相深圳文博会。上工电视制作中心全年拍摄工会电视新闻约100条次；与市级机关工委共同策划、拍摄制作电视专题片《共话"十二五"》；继续拍摄《院士风采》电视人物专题片；完成《劳模》电视专题片第一批12位劳模的拍摄；与杭州一弘影视公司联合创作拍摄的电影《魅妆》。（4）文艺演出深入基层。首次联手区宫，以巡演的形式，进企业，走社区，赴军营开展"茉莉飘香、情系职工"慰问演出；茉莉花民乐团参加第七届长三角地区民族乐团展演；新民乐《暖春清泉》荣获2011年"上海之春"群文新人新作评选"新作奖"；红孩子艺术团参加第十一届国际儿童电影节开幕式演出。市宫"五一培训"积极探索总校和分校联合办学模式，2011年开设培训班500多个，学员近9000人次，摄影培训在市级统考中名列前茅。职工灯谜协会举办迎春、元宵灯谜会；东方书画院坚持每年举行"五一书画义卖"活动和创作写生；职工桥牌协会推出“现代设计杯”职工桥牌团体赛以及4场职工桥牌邀请赛；职工摄影协会组织参加全国第13届“擎天柱”职工摄影大赛分获一、二、三等奖。（杨 扬）

劳动报社

【概 况】 劳动报社是上海市总工会直属事业单位，《劳动报》是市总工会机关报。报社除编辑出版《劳动报》之外，还负责《上海工运》杂志的编辑出版，开设网站“来博网”（http://51ldb.com）。2011年，报社坚持正确的舆论导向，在突出工会特性的同时关注民生热点，以大型系列报道为载体，注重采编质量，提升办报品质，进一步扩大社会影响力。报社有5篇作品获上海新闻奖，2次系列报道分获“走转改”活动优秀项目二、三等奖。4篇作品获上海市五一新闻奖。获市委宣传部专报表扬19次，并多次获得市委、市政府、市总工会领导批示表扬。报社贯彻中宣部等六部委在全国新闻战线开展“杜绝虚假报道，增强社会责任，加强新闻职业道德建设”专项教育活动和“走基层、转作风、改文风”活动的精神，坚守新闻真实性的报道底线，将“走转改”报道作为报社的一项常态化工作来做。在提升报道质量的同时，报社进一步提高管理水平，建立和完善各类规章制度24项，各部门工作效率得到提高。经营业绩显著提升，实现广告收入超过3000万元，同比增长42.8%，实现扭亏为盈。此外，报社获得上海市新闻系统文明单位称号，并获市文保“社会综合治理责任制考核优秀”；参加全国“纪念建党90周年党报党刊事业发展成就展”获“优秀组织奖”。

（姚惠福）

上海市总工会休养度假中心（沙家浜休养院）

【概 况】 上海市总工会休养度假中心、沙家浜休养院是上海市总工会直属事业单位。主要经营管理上海市总工会沙家浜休养院、常熟沙家浜大酒店，组织职工疗休养度假。沙家浜休养院（亦称沙家浜大酒店）是一个集疗休养、度假、教育培训、会务、旅游、娱乐、购物为一体的综合型场所。度假中心和休养院以文明单位复评为契机，继续加强基础管理和制度建设，进一步提升企业形象。2011年，充分利用总工会休养度假中心这个对外窗口，对工会度假酒店进行资源组合。服务重点定位于上海市总工会直属职工疗养院所及休养度假中心直管的经济实体，重点突出沙家浜大酒店。在承接市场旅游定单时，积极做好资源推介。2011年，中心在上海服务窗口为沙家浜休养院输送5500多人次，为西山休养院输送3500人次、为上海工人疗养院输送1000人次的客源。沙家浜大酒店根据苏州市旅游局对照2010版《旅游饭店星级的划分与评定》的评定性复核工作要求，成立星级复评领导小组和工作小组，对新标准的要求和内容作了详尽的解释和宣传，动员员工，把复核工作分解到各部门各责任人，让每一位员工积极参与到迎接复核的工作中来。经过对照新标准逐项检查，各部门制定相应的整改措施和计划，在计划完成前由内审小组进行评审，确保每个不符要求的项目得到整改并通过复评。（杨 洁）

上海市工人疗养院

【概 况】 上海市工人疗养院是上海市总工会直属事业单位，也是上海市最早集医务骨干力量和先进医疗设备为劳模、职工，面向社会提供健康体检、康复医疗和疗休养的单位，具有二级乙等医院资质。由上海市总工会全额投资新建的工疗新大楼建筑面积逾1.9万平方米，其中以一流医疗设备和领先的自动化系统打造的专业健康体检中心约占3500平方米，以及占地4800多平方米的按高星级标准打造的疗休养客房——上海市康柏苑大酒店。酒店内设82间客房，为客人提供舒适、温馨的休息环境。疗养院体检中心作为上海市最早面向社会提供健康体检的单位之一，年接待量约4万人次。体检中心具有独立知识产权的“人体调控功能测评”项目先后获得全国科学技术生产力成果转化评价证书和美国诺贝尔医学研究院杰出成就金奖，2011年引进法国技术“鹰眼”设备，由高年资医学专家坐诊，全力打造“亚健康”检测能力。成为上海市唯一的上海市劳动模范健康体检基地。每年为劳模安排专场体检周。2011年，院与市容环境卫生工会合作，为上海市万名环卫职工安排专场体检。疗养院以深入开展创先争优为抓手，努力探索和应对后世博经济发展规律，努力培育创新精神和提升核心竞争力，做大、做强工疗“健康体检”、“酒店客房”、“康复医疗”、“商务租赁”四大主营业务板块，全年实现收入5000万元，为工会资产保值、增值以及促进工会事业的发展做出贡献。

（戴坚秋）

西山休养院

【概 况】 2011年，西山休养院全体职工齐心协力、扎实工作，围绕市场中心工作，抓管理、强服务、促和谐，全年共接待29612人，实现营业收入1242.80万元，年营业收入和单月营业收入连创建院以来的历史新高，实现了全年各项目标任务。一年来，休养院突出重点，首先注重打好“会务培训、休养度假、农家菜精做”3张牌，一年来，旅行社来院团队，已占到休养院总客源的55%以上。其次，注重建章立制，严格管理，强化培训，规范服务。通过建立、健全和完善各项规章制度，按规定办事，照制度管人；按照星级标准要求，规范岗位服务。从而提高职工队伍的整体素质。再次，休养院在抓好经营与市场的同时，积极抓好三支队伍的建设。一是抓好领导班子队伍建设。二是抓好党员队伍建设。三是抓好职工队伍的建设。通过立功竞赛，积极开展以“爱国、爱企、爱岗”和遵纪守法为基本内容的职业道德教育，提高职工队伍的综合素质。通过竞赛活动，发掘培养了一批骨干。通过运营磨合，西山休养院已找到适合自身发展的市场定位，企业逐步走上良性循环的发展道路。（沈建良）

上海市职工技协服务中心

【概 况】 上海市职工技协服务中心是上海市总工会直属事业单位，也是上海市职工技术协会的日常办事机构，下设办公室、财务科、技协基层科、三产管理科、创新工作科、经济发展科等部门。(1)以“立足岗位创新，推动转型发展”为主题，举办第四届上海职工科技节。在市级层面集中举办“上海市职工科技创新工作会议”、“2011年上海职工科技创新成果展”、“第四届李斌技师网上论坛”、《“头脑风暴”——蓝领创新，咱们工人有力量》大讨论、“上海市非公企业职工科技创新工作座谈会”等8项活动。83家区县局(产业)、14092个基层单位、122万职工集中组织、参加579项(次)的职工创新活动。(2)召开“上海市职工合理化建议工作研讨会”，表彰合理化建议工作先进单位并开展研讨、交流；推广上汽集团合理化建议工作管理软件，组织上汽集团工会等8家单位签订“结对推广应用合理化建议工作管理软件”协议。(3)举行首届上海市职工合理化建议优秀成果和上海市职工先进操作法优秀成果征集、命名活动。(4)举办第二十四届优秀发明选拔赛，经初审，评出获奖项目494项。(5)推荐67项发明成果参加20届全国发明展，获奖33项，其中金银奖14项；推荐4个职工发明项目参加“第六届海峡两岸职工创新成果展”，全部获得金奖。命名5项“上海市职工岗位绝技高招”。(6)注重同财税部门协调技协开展“四技”活动的财税政策；多次举办技术服务工作培训班，深入基层指导签订技术合同、运用技协政策开展技术开发、技术转让、技术咨询和技术服务活动。据统计，年内，全市技协技术合同认定数达到3580份，合同金额达3.6亿元，上缴国家税金达4000多万元。(7)加强区域对口协作。组织医疗技术小分队赴新疆喀什泽普县开展医疗技术帮扶活动，在7家医院和乡、镇、社区服务中心开展工作交流和医疗质量管理的指导，培训近百名医护人员。组织云南普洱市、个旧市、大理州和文山州等地区的31名医务人员来沪进修；举办云南省高技能人才培训班，38名具有高级工以上职称的电焊工参加为期8天的专项培训。(8)积极探索非公企业技协组建工作，推进32家非公企业试点建立职工技协组织。

(王小龙)

上海市总工会培训中心

【概　况】 上海市总工会培训中心是中华全国总工会就业培训示范点、上海职工素质工程教育培训基地、上海市职业培训机构诚信等级A级单位。中心现集上海工会人力资源有限公司、上海市总工会职业介绍所、上海市企事业生活后勤协会、上海支点人力资源有限公司为一体。2011年，中心抓住机遇、勇于创新，在推进上海工会职工技能培训体系建设、工会职介服务网络、承办全市“家政服务工程”培训项目和内部管理机制建设等方面取得新成效。全年累计完成各类培训近5000人次；举办职介专场20场；推进上海工会系统就业信息公共服务网网络平台建设，已有14家区总工会及产业工会入网运行；承办并完成全市“家政服务工程”3年行动计划的培训任务。建立上海市总工会职工援助服务中心。在市总工会培训中心的基础上，加挂上海市总工会职工援助服务中心的牌子，并承继上海市总工会职工法律援助中心机构，按照上海市总工会培训中心、上海市总工会职业介绍所、上海市总工会职工援助服务中心、上海市总工会职工法律援助中心，“四块牌子一套班子”的模式运行。通过建立12351职工援助服务热线、12351职工援助服务网、职工援助服务体系综合管理软件等信息化手段，切实为广大职工提供就业援助、困难帮扶、互助保障、法律援助、劳动争议调解、婚介和疗休养等会员服务。继续加大上海工会职介公共服务网络平台在全市工会公益性职介的覆盖面，发挥工会公共职业网络三级平台的复合效应；举办职介专场，多措并举帮助职工实现就业。紧贴工会工作的特点，巩固和开发适合工会职工的技能培训项目。以家政服务工程培训为核心，探索常态培训机制。全方位拓展人才交流业务，逐步建立校园招聘、择业咨询、创业指导、职业规划等的立体服务模块，集中优势、形成品牌、分层设级，打造低、中、高端分流的多元化人才服务项目架构。有序推进培训中心内部组织架构调整、人员配置、业务整合。

(李　俊)

上海市公惠医院

【概　况】 上海市公惠医院工会下属部门工会4个；职工219人，非在编职工23人，会员242人。(1)在建院10周年时，院工会与团委共同组办公惠医院2011年春节团拜会暨建院10周年庆典活动，完成公惠医院建院10周年纪实短片的撰稿工作。开展公惠医院建院10周年征文活动，共收到征文31篇，汇编成册，部分征文选登于建院10周年征文专刊。(2)坚持每年召开两次职代会，开展院务公开、职代会代表民主评议领导干部和民主评议工会，并将评议结果向职代会反馈。在职代会代表中开展院务公开工作职工满意度测评，测评结果满意率为94%。(3)开展2011—2012年度新一轮文明班组、文明岗位创建活动，分别制定临床科室、门诊科室、窗口部门、职能科室及后勤部门创建文明班组、文明岗位要求。开展“2011年职工读书活动”，举办授书仪式。共有45名职工参加读书沙龙活动。开展第十三届上海读书节活动向职工推出“职工书屋”手机版。参加“辉煌90年，祝福献给党”上海市职工祝福短信创作大赛。同时也在院内开展“公惠医院职工祝福献给党优秀短信评选活动”，共收到祝福短信49条，推选优秀短信18条。组织开展2011年冬季职工健身活动，内科、外科、医技、行政后勤四个部门工会组队参加。

(王蕙菁)

上海市职工保障互助会

【概　况】 2011年，上海市职工保障互助会(以下简称“市职保会”)积极贯彻落实科学发展观，坚持服务大局、服务基层、服务职工，为构建和谐社会发挥积极作用。(1)积极做好各项互助保障计划的发展工作。截至12月，四项医疗互助保障计划有效会员达727.72万人次，其中“在职住院计划”204.53万人、“退休住院计划”308.46万人、“特种重病计划”157.26万人、“女职工特种计划”57.47万人，共给付互助医疗保障金95.2万人次、6.31亿元(累计给付769.19万人次、44.22亿元)；“意外伤害保障计划”有效会员98.98万人，同比增加7.86万人；“从业人员意外伤残保障计划”有效会员80.43万人，同比增加12.25万人。(2)根据调研和可行性分析，将参加上海市城镇职工基本医疗保险的外来从业人员吸纳参加在职职工住院互助保障计划，扩大互助保障计划的受益群体。(3)7月1日起，全市各单位在组织参保时，必须通过银行划账，即贷记凭证或网上银行形式缴纳互助金。为此制定贯彻要求的实施意见及相关操作细则，并召开工作会议布置落实，保证规范操作。(4)全市160多个社区服务点均已搭建联网给付平台，累计为179.14万人次退休人员提供联网给付。(5)通过积极发动宣传、延长参保时间等措施，完成6月"社区参保对象"参保工作，共为22万人次社区参保对象办理参保，同比增长15.79%。(6)开展"出全勤、无投诉"劳动竞赛，通过内部挖潜、党员义务加班等措施，尽可能缩短客户等候时间。高峰期间为近360万人次的职工办理参续保手续，为39万人次的职工办理互助保障金给付手续。(7)继续做好退休职工参保代扣款业务，截至12月底，已为2491家单位、137.18万人次办理"退休计划"代扣保费手续，代扣参保人数占退休职工参保总数的45%。(8)12月2日，市职保会召开第四届会员代表大会，产生新一届理事会、监事会成员。(9)18个区县工会在全市范围内开展以"无病我助人，有病人帮我"为主题的上海职工互助保障咨询服务日活动。(10)11月，市职保会参加首届"上海慈善公益伙伴日"活动。制作宣传展板、发放互助保障计划单片、现场咨询等，营业窗口被评为2010年度市级机关系统青年文明号。（佘海卿）

上海市退休职工活动中心

【概　况】 上海市退休职工活动中心围绕大局，切实加强经营和管理，进一步加大为老服务的工作力度，促进和确保各项工作全面推进。(1)经营上有新发展。通过合理定位，牢固树立为业主服务的理念，抓住老客户，拓展新客户，使整个大厦招商租赁工作处于较为稳定的局面，全额收缴各类租金，全年实现利润总额37.98万元，上交资金占用费60万元，全额上缴11楼租金82万元、净资产增长4.14%。(2)管理上有新举措。加大对退管系统直属单位的监管力度，定期对监管单位进行财务分析，加强业务指导，确保国有资产的保值增值。加强对退休职工大学动迁的管理，最大限度争取到动迁补偿款，为落实退休职工大学新校舍奠定基础。加强对嘉定退休职工公寓的改造项目的监管，确保改造项目的如期完成。同时，通过科学管理、精细管理，调动员工的积极性和主动性，实现全年工作目标。(3)在服务上有新成绩。在经营管理取得显著成果的前提下，加大对为老服务工作的投入，使各项为老服务项目有新起色。银发艺术团围绕建党90周年和辛亥革命100周年参与公益性演出和赛事活动33场。其中，女声小组唱获得市委宣传部举办的"阳光大地"演唱比赛铜奖；合唱获得中国合唱节"在灿烂的阳光下"歌会演唱金奖。银发婚介所为1128对老人进行婚介，成功40对。开展集邮、摄影、桥牌等各类兴趣沙龙活动。（郇时中）

上海海鸥国际酒店投资管理有限公司（千禧海鸥大酒店）

【概　况】 上海海鸥国际酒店投资管理有限公司（千禧海鸥大酒店）是全国工会系统首家委托国际品牌酒店集团Millennium Hotels and Resorts管理的五星级酒店。2011年完成营业收入1.46亿元，超额完成全年经营目标。上半年获"上海国际品牌酒店组织成员中出租率第一"，全年纳税破千万，获长宁区政府"2011年度经济发展贡献奖"。(1)做好固有市场的稳定工作。根据全年不同时期，重点开发年会、公司培训、商务和家庭散客、会议型团队等客源市场。挖掘区位优势，开发酒店周边的虹桥商务区、凌空园区和漕河泾开发区等核心客源市场。(2)凭借优质服务，扩大原有市场销售量。(3)利用不断提升的酒店品牌优势，大力开发婚庆市场。(4)更新服务设施，增加服务功能，满足不断变化的市场需求，增强酒店市场竞争力。在酒店管理上进一步完善管理制度，修订细化岗位职责与服务流程和标准，加强规范管理；建立以人力资源部为主，各部门兼职培训师为辅的培训体系，开展各项基础和专业培训，提高管理水平和服务质量；进一步完善关键业绩指标（KPI）考核制度，增加"中期评估和指导"，使管理指标更为量化和清晰，更好地检测和掌控KPI完成情况；加强设备保养维修，实现增效节支。在职工队伍建设上，党支部深入开展"创先争优"活动，激发职工立足岗位，奉献酒店的热情；以"创建学习型党支部、争当知识型职工"为抓手，积极开展各项学习活动，树立正确的价值观和工作观；认真做好职工个人发展规划，培养形成酒店骨干力量；加强廉政建设，保持党员干部队伍清正廉洁。以建党90周年为契机，组织开展中文演讲比赛、"辉煌90年，祝福献给党"为主题的祝福短信大赛等活动；以酒店开业5周年为抓手，举办"感谢职工、感谢客户"主题活动，组织开展系列文体活动，营造酒店良好文化氛围。2011年，酒店获长宁区"劳动关系和谐企业"称号。（张　启）

上海海鸥控股（集团）有限公司

【概　况】 2011年，集团围绕"加强市场研判，改善经营；把握企事业关系，加强管理；探索功能联动，提升服务"的要求，探索工会企事业集团发展道路，充分发挥集团统筹、指导、服务、考核职能。(1)加强分类指导，突出重点，有针对性服务集团各单位。集团实施精细化管理，致力于有针对性地帮助各单位提升确立符合自身实际的企业市场定位。对处于稳定成熟阶段的企业强化效益产出；对刚完成投资改造、处于成长阶段的企业重点加强指导管理；对于疗休养院所集团根据实际情况制定考核、扶持办法，暂时不收取疗休养院资产占用费，要求各疗休养院坚决贯彻服务职工、服务工会的宗旨，做好接待工作，确保工会资产保值增值；确保经营保本、略有盈余；确保职工队伍稳定。(2)以经营管理为工作重点，促进工会企事业科学发展。一是深化资源整合，搭建销售平台，培养企业核心竞争力。集团积极搭建销售平台，打造"体检+休养"品牌，将资源整合落到实处。9月，海鸥集团筹办"上海市万名环卫职工健康行"活动；9—12月组织接待上海3800多名老龄公交驾驶员在西山休养院疗休养。据统计，集团疗休养院所通过资源整合平台共计接待一线职工1.5万人次。二是帮助企业改革分配制度，优化岗位结构，解决事业、企业不同编制的员工分配平衡问题，提高企业员工工作积极性，强化绩效考核，促进企业有效管理。三是关心职工生活，促进企业和谐发展。集团鼓励指导各单位以人为本，在经济效益逐步提高的基础上，调整工资结构，向一线员工倾斜，合理提高员工工资收入。(3)加强工会资产管理，实现工会资产保值增值。一是规范工程管理，完成海鸥商务大厦、世纪海鸥大楼两个工程竣工决算报告；二是发展壮大工会资产和企事业，增强工会组织物质基础。重点做好屏风山工人疗养院改造工程前期工作，主要完成拆楼、平整场地、108棵名贵树木包活移植；报批增加6800平方米地下建筑面积，取得《规划许可证》和《施工许可证》；确定室内设计方案等工作，并于12月29日开工建设；三是配合做好工人疗养院崇明分院土地购置前期查勘及方案论证工作。 （姚芸婕）

上海市总工会直管单位法人代表名录

单位名称	职务	姓名
上海工会管理职业学院	院　长	傅小龙
上海市工人文化宫	主　任	段芬芳(女)
劳动报社	总　编	张　刚
上海市职工技协服务中心	主　任	赵　伟
上海市职工科技中心	主　任	赵　伟(兼)
上海市总工会幼儿园	园　长	周稼超(女)
上海市总工会培训中心(上海工会劳动就业服务中心)	主　任	高　越(女)
上海市公惠医院	院　长	赵宗慕(女)
上海市职工保障互助中心	主　任	顾学庆
上海市退休职工管理委员会办公室	主　任	王京平
上海海鸥控股(集团)有限公司	董事长、总裁	杨伟健
上海海鸥国际酒店投资管理有限公司	总经理	杨伟健
上海职工国际旅行社有限公司	总经理	施建伟
上海国际海员俱乐部(海鸥饭店)	主　任(总经理)	史　方
上海市工人疗养院(上海市职工康复医院)	院　长	吕泰康
上海市总工会休养度假中心(上海市总工会沙家浜休养院)	主　任	姜　钟
上海市总工会屏风山工人疗养院	院　长	侯伟康
上海市总工会黄山休养院	院　长	胡俊道
上海市总工会洞庭西山休养院	院　长	侯伟康
上海市总工会东钱湖休养院	副院长	李荣泉

说明：1. 法人代表名录以2011年12月底为准。

2. 上述人员职务以市总工会批复为准。

（市总工会组织部）

表彰

Commendation

荣获全国模范劳动关系和谐企业和工业园区的上海名单

一、全国模范劳动关系和谐企业
上海三菱电梯有限公司
上海烟草包装印刷有限公司
中国石化上海石油化工股份有限公司
上海汽车工业(集团)总公司
中国电信股份有限公司上海分公司
上海明东集装箱码头有限公司
上海南站长途客运有限公司
中交三航局第二工程有限公司
上海市机械施工有限公司
东方证券股份有限公司
中国标准缝纫机公司上海惠工缝纫机三厂
上海欧尚超市有限公司
上海新世界股份有限公司
上海富大胶带制品有限公司
飞利浦灯具(上海)有限公司
中交上海航道局有限公司
二、全国模范劳动关系和谐工业园区
上海金环工业园区

2011年全国五一劳动奖状

上海中山建设实业发展总公司
上海电气电站集团
上海亚尔光源有限公司
华东电网有限公司
上海盛东国际集装箱码头有限公司
复旦大学附属中山医院
上海市质量监督检验技术研究院食品化妆品质量检验所
上海市第二市政工程有限公司
上海航天局第805研究所
中共一大会址纪念馆

2011年全国五一劳动奖章

顾澄勇　上海南汇汇绿蛋品有限公司
宣飞燕　上海市徐汇区大华医院
倪惠明　上海市普陀区市政工程管理署
陈　斌　上海闸环灵石环境卫生工程有限公司
盛爱国　杨浦水电安装工程公司(农民工)
陈黎静　上海童涵春堂药业股份有限公司老城隍庙童涵春堂国药店
鲍燕悦　欧莱雅(中国)有限公司
张洁华　上海市宝山区培智学校
石永明　上海摩晶实业集团有限公司
朱秀云　上海立珏塑料制品有限公司
章关富　上海开天建设(集团)有限公司
袁茂全　上海华谊集团氯碱公司技术中心
龚杜弟　上海汽车地毯总厂
徐爱蓉　上海市电力公司青浦供电公司
张林军　上海电力安装第一工程公司
白松涛　上海宝钢股份炼钢厂
顾文兰　上海石油化工股份有限公司腈纶事业部经理办
何江华　沪东中华造船(集团)有限公司
黄铭飞　中海集装箱运输股份有限公司
陆桂英　交运股份上海汽车修理有限公司交运汽车综合检测站
叶其懂　曹杨新村投递支局(农民工)
殷　雄　中国电信股份有限公司上海分公司
刘海青　中交三航局第二工程有限公司
吕观荣　中远集运上海中远国际货运有限公司
陈　青　中国民用航空华东地区空中交通管理局空中交通管理局
宗宵寅　上海国际机场股份有限公司航空服务分公司
董乐义　上海海事局
王连云　上海市第七建筑有限公司
徐卫琴　上海巴士电车有限公司
胡永红　上海植物园
卢永金　上海市水利工程设计研究院
刘贤顺　中建八局有限公司青岛分公司
康建明　中国银联股份有限公司
林鸿宣　中科院上海生命科学院植物生理生态研究所
田　禾　华东理工大学化学与分子工程学院
刘小马　上海市水上运动中心
郭本恒　光明乳业有限公司
庄卫麟　上海锦江商旅汽车服务股份有限公司
苏　勤　上海西郊宾馆
赵芳玉　上海市衡山(集团)公司衡山宾馆
郑　华　上海百联集团股份有限公司
邓剑林　上海巴士新新汽车服务有限公司二分公司926路车队
熊　熊　上海地铁第一运营有限公司
张德安　上海永达控股(集团)有限公司
李　锷　上海电力股份有限公司
田维钦　上海公安局杨浦分局经侦支队
王建林　华能上海石洞口第二电厂,华能上海燃机发电有限责任公司
黄利宾　上海飞机制造有限公司
邱炳波　上海世博会事务协调局
张锦南　上海玻璃钢研究院有限公司
辛丽丽　上海芭蕾舞团

上海市2011年全国工人先锋号

上海浦东工程建设管理有限公司拆迁部
上海地方税务局虹口区分局第一税务所
闵行区浦江社区卫生服务中心妇产科
上海贯裕能源科技有限公司生产技术部
青浦区婚姻登记管理中心婚姻登记窗口
上海奉贤燃气有限公司检修组

崇明县蔬菜科学技术推广站技术科
上海造币有限公司设计制模部精饰组
上海医药分销控股有限公司全国销售部
上海市电力公司市区供电公司电网运行维护中心
中冶宝钢技术服务有限公司机械制造分公司特种车辆厂
上海宝冶工程技术有限公司房屋质量检测站
上海国大药房连锁有限公司庆荣店
上海铁路华铁旅客服务有限公司上海南站保洁部
中国移动通信集团上海有限公司数据业务部世博产品开发保障团队
中交上海航道局有限公司东方疏浚工程分公司新海燕轮
交通运输部东海救助局救助船队
交通运输部上海打捞局工程船队潜水队
东航上海航空有限公司吴尔愉优质服务示范乘务组
上海机场(集团)有限公司浦东机场华美达大酒店礼宾部“心灵之窗”班组
上海市市政工程管理处运行管理科
上海市物业管理事务中心房屋维修监督科
上海浦东发展银行上海分行三林支行
上海市地方税务局第二分局世博园区税务所
东华大学材料学院纺织材料与纺织品设计系
华东医院南门诊
上海市益善殡仪馆炉化部
上海市南汇监狱信息技术科
上海第一八佰伴有限公司总服务台
上海开创远洋渔业有限公司金汇6号
上海市外高桥第三发电有限责任公司设备管理部
上海市粮食储运公司购销分公司军粮供应站
上海鼎隆置业有限公司旧区改造项目组
上海岩土工程勘察设计研究院有限公司量测工程技术事业部
中建三局东方装饰设计工程有限公司设计事务所
上海市农业科学院生态环境保护研究所水环境研究室
上海绿地(集团)有限公司办公室
中国商飞上海飞机设计研究院总体气动设计研究部
上海社会科学院世界经济重点学科组

上海市五一劳动奖状(章)、上海市工人先锋号

一、上海市五一劳动奖状

上海张江(集团)有限公司孵化器管理中心
上海致达科技集团有限公司
上海闸环灵石环境卫生工程有限公司
上海森信建设工程有限公司
上海朱家角清运保洁有限公司
上海凯宝药业股份有限公司
上海第一机床厂有限公司
上海亚振家具有限公司
上海新东纺大酒店有限公司
上海市电力公司超高压输变电公司
上海皮尔博格有色零部件有限公司
上海市漕河泾新兴技术开发区发展总公司
上海寰球石油化学工程有限公司
上海交运沪北物流发展有限公司钢铁物流中心
上海东方书报刊服务有限公司
中国电信上海公司松江局
中交上海航道局有限公司东方疏浚工程分公司
上海中远集装箱运输单证服务有限公司
上海中波汇利船务有限公司
中华人民共和国上海海事局吴泾海事处
上海建工股份有限公司南方分公司
上海现代工程咨询有限公司
上海中建楷昕投资发展有限公司
上海市医疗保险事务管理中心
中国福利会国际和平妇幼保健院
上海中心大厦建设发展有限公司
上海煤气第二管线工程有限公司
上海怡德物业经营管理有限公司
上海电力股份有限公司
沃尔沃遍达(上海)发动机有限公司
中国福利会少年宫
上海三思科技发展有限公司装配测试组
上海市长宁区妇幼保健院“小刘热线”
上海宝翔物业有限公司维修站班组
闵行区公园管理所社会公园管理办公室
上海铁路局上海客运段沪港车队第一包乘组
中国移动通信集团上海有限公司计划发展部研究发展中心
中交三航局第二工程有限公司上海吴淞口国际邮轮码头工程项目部
民航华东空管局终端管制中心进近管制室
上海市公路管理处信息管理科
上海市物业管理事务中心房屋维修监督科
中国科学院上海光学精密机械研究所空间激光通信及检验技术重点实验室
上海市龙华殡仪馆化妆组
上海新华联大厦有限公司管理团队
上海液化天然气有限责任公司运行部操作A班
上海利泰进出口有限公司第四业务部
中国联通上海市分公司网络运行维护部
上海市公安局治安总队基层指导处防范宣传科
新民晚报群众工作部
社科院后勤服务中心餐饮部

二、上海市五一劳动奖章

黄友意	王勤利	樊善忠	王安海	杨宝琴
林立森	程　真	洪　颖	叶　斌	陶伟辰
汪建平	王星明	刘　骏	周汉康	朱广平
金慧萍	沈东权	沈建红	孟祥伟	高学锋
苏　琴	唐国伟	李从杨	邱忠成	王家根
李爱玲	陈　龙	张新军	周金水	徐家倬
包朝亮	高首荣	杨建国	周国明	林雪峰
陈占胜	刘维红	徐　平	俞佳俊	仇　杰

钱文生　杨晓杰　李永元　周洁淋　姚国军
李　军　唐向红　孙富民　顾卫章　张　杰
谭　兵　刘明煜　吴　娜　邓应明　浦永平
陈忠华　万利明　刘建红　吴兴东　沈惠利
张　岩　洪海容　刘　英　周小理　刘颖斌
朱庆阳　葛文伟　赵田芬　徐黎明　徐建飞
林海英　刘光清　李　卓　成冠俊　吴　莹
吴　勇　张　郁　王燕娜　邱海雷　黄飞云
陈伟华　钱小燕　张　勇　张伟记　朱季星
周建军　郭建军　邹克耀　李　波　陆黎敏
张　蕴　赵京洲　王凌云　陆　华　李燮智
姚玉洁　郑大圣　叶建初　高东明　冯耀武

三、上海市工人先锋号

上海同济大学附属东方医院心胸外科
伟创力(上海)金属件有限公司柔性制造部
徐汇滨江地区综合管理办公室女子接待班
上海市徐汇中学音乐教研组
上海置信电气非晶有限公司工程部
北新泾街道办事处新泾五村居委会
长宁区初级职业技术学员随班就读组
上海真如城市副中心开发建设投资有限公司西站综合交通枢纽项目组
上海北盛建设工程发展有限公司铝钛合金结构工程项目部
上海大众佐川急便物流有限公司夜勤班组
上海闸环灵石环境卫生工程有限公司公厕班组
上海大宁建设投资管理有限公司工程管理部
上海光景纵横照明有限公司纵横景观照明创意中心
上海苏宁电器有限公司曲阳路店冰洗柜组
上海卫百辛(集团)有限公司物业管理部
绿化和市容管理局废弃物管理所
上海华盛建设集团贸易有限公司第一经营部
上海广隆置业发展有限公司装饰装潢分公司
上海哈尔滨食品厂淮海店
上海新世界淮海物业发展有限公司物业处
上海八佰秀企业管理有限公司工程维修部
静安区人民法院民事审判第一庭
上海市华山医院宝山分院手术室护理组
上海宝绿园林绿化有限公司景观装饰部
工商宝山分局罗店工商所
江川路街道幼托事业管理站昆阳幼托所
闵行区农业综合执法队渔政水产执法中队
上海市卫生监督所江桥镇分所
上海康德莱企业发展集团股份有限公司输液器车间
金山卫镇劳动保障事务所就业服务班组
上海银龙农业发展有限公司种苗场
上海金山绿化建设养护有限公司养护部
中山街道社会保障服务中心医疗保险窗口
上海东洋炭素有限公司车床系
上海汇益控制系统股份有限公司装配组
青浦区就业促进中心职业介绍所
上海市奉贤区柘林学校行政组
奉贤区法律援助中心“12348”法律咨询专线
上海冠华不锈钢制品股份有限公司包装一车间
上海永冠商业设备有限公司技术研发部
上海电气输配电工程成套有限公司苏丹项目部
上海电气风电设备有限公司技术部控制组
上海百嘉电子有限公司网印(汽车面膜)班组
上海长丰智能卡有限公司市场部
上海华谊丙烯酸有限公司丙烯酸三车间甲班
双钱集团股份有限公司双钱载重轮胎分公司成型工区急修班组
上海明凯照明工程有限公司工程部
上海冠生园蜂制品有限公司检测班组
上海纺织物业经营管理有限公司汇智创意园
上海中华药业有限公司成药车间软膏剂配料组
上海信谊药厂有限公司制药总厂气雾剂车间
奉贤供电公司电网运行维护中心继电保护组
松江供电公司变配电检修组
上海电力建筑公司烟塔分公司
上海电力安装第一工程公司汽机本休班
上海宝钢型钢有限公司闵行厂工厂部
宝钢发展有限公司钢管作业管理部涂层作业部综合组
中冶宝钢技术服务有限公司第五检修分公司条钢检修队
上海三钢运输装卸有限公司宝钢罗泾工程三钢接运办
中冶宝钢技术服务有限公司协力分公司铸钢车间电炉精装乙班
上海宝冶集团有限公司检修分公司邯钢项目部#高炉炉前班组
上海宝冶集团有限公司机械动力分公司水电工程部检修工段
中石化上海高桥分公司炼油一部#1 蒸馏装置第三班
上海石化涤纶事业部 2#氧化联合装置 PTA 丙班
上海石化芳烃事业部四号芳烃联合装置
上海亚太计算机信息系统有限公司石油事业部软件组
上海航天 808 所研究所计量二室无线电班组
上海航天电子技术研究所接收频率源班组
上海航天设备制造总厂四车间钣金组
上海外高桥造船有限公司组立部曲面分段作业区装配班
上海船舶研究设计院海洋工程部
上海船厂船舶有限公司机装车间崇明码头一作业区
上海卷烟厂一车间日班机修组
上海烟草机械有限责任公司制造二部产品电气组
大众汽车变速器(上海)有限公司生产规划部总装工段
上海安富轿车驳运有限公司业务发展部
漕河泾物业管理有限公司华美达酒店兴园坊餐厅
华东电力试验研究院有限公司智能电网部
中国电力工程顾问集团华东电力设计院上海漕泾电厂(2×1000w)工程项目设计组
上海华力微电子有限公司华力 IMEC65 纳米技术开发团队
上海医疗器械(集团)有限公司手术器械厂六车间
中法水务发展有限公司水研究中心

上海客专维修基地机械化清筛五队大机工班
上海通信段上海枢纽车间上海局电报所
上港集团龙吴分公司工程技术部电气修理班
上海罗泾矿石码头有限公司机械操作部一队桥吊组
上海长航船员劳务合作公司长运轮劳务班组
闵南船厂武当山坞班组
上海市轮渡有限公司东昌轮渡东金线浦西服务组
上海交运股份有限公司车身件厂焊接二组
川沙邮政局机场邮政支局候机楼邮政所
上海邮电医院医疗服务团队
上海有限公司传输动力中心线路维护支撑班
上海有限公司闵行分公司东川路动感地带品牌店
上海信息网络部数据营销中心
中国电信上海莘闵电信局行业应用项目组
中国电信上海奉贤电信局政企客户服务中心
上海打捞局港作船队德浦轮
芜湖潜水装备厂容器车间
中港疏浚有限公司新海马轮
中交上海航道勘察设计研究院有限公司上海市内河航道整治课题组
三航工程船舶有限公司三航拖 6001 轮
上海港湾工程设计研究院有限公司工艺自动化设计研究所
上海中远船务工程公司船体车间
上海中远国际货运有限公司镇江货运部
中远集装箱运输有限公司“天福河”轮
上海中波国际物流有限公司运输部
上海外航服务公司地面代理分公司运营部
上海东方远航物流有限公司浦东出港操作部中转科查询室
东方航空进出口有限公司进口部 AOG 室
上海国际机场股份有限公司浦东运行指挥中心 AOC
虹桥国际机场公司航站区管理部
航海图书印刷中心制图中心
上海航标处洋山航标站
上海市公积金管理中心事务受理办公室
上海航运交易所国际集装箱班轮运价备案中心
上海市第四建筑有限公司常州客运中心综合配套项目部
上海市建筑装饰工程有限公司技术中心
上海昊元资产经营管理有限公司宫霄出租车队
上海益流客运有限公司三车队二班组
上海申联出租汽车发展有限公司第二分公司二车队
上海市住宅建设发展中心南汇项目管理部
上海市房屋安全监察所房屋监测科
上海海洋石油规划设计研究院物探所
上海海洋石油局船舶分公司“东方勇士”轮
上海市废弃物管理处特种废弃物管理科
上海市园林科学研究所世博园区病虫害监测组
上海申元工程投资咨询有限公司项目经理二部
上海现代建筑设计集团物业管理有限公司商务会议中心
鲁中矿业有限公司张家洼铁矿三工区采准二班
上海强生制药有限公司生产部
上海米其林回力轮胎有限公司乘用轮胎厂 MDP 项目部
中建八局西南分公司长沙黄花国际机场新航站楼工程项目部
第三建设有限公司南京万达、东坊广场项目部
中建八局广州分公司深圳机场 T3 航站楼项目部
大屯发电厂运行分场
大屯铝业公司炭素部
上海银行电子银行部客户服务中心白金卡班组
国泰君安证券股份有限公司固定收益证券总部
上海市医疗保险监督检查所两个异常审核窗口
上海市闸北区社会保险事业管理中心结算服务科
上海第二工业大学后服公司物业大楼部
上海大学后勤集团饮服中心
瑞金医院内分泌代谢临床中心
同济医院检验科
上海人民美术出版社储运部
解放日报报业集团新闻编辑部校对组
解放日报报业集团印刷厂日班印刷车间
文汇报社科技部
东方早报社经营中心
上海影城有限公司世博国际影城
上海东方广播电视技术有限公司会展部
上海新娱乐传媒有限公司《中国达人秀》班组
中国外运华东有限公司工程物流分公司澳洲矿业项目组
中国石油化工股份有限公司上海分公司加油卡上海客户服务中心
中航商用飞机发动机有限公司工程部
中央储备粮上海直属库设备操作班
上海市第三社会福利院社会服务科
上海市生物医药行业协会秘书处
上海市体育发展基金会对外合作部
上海海博出租车辆修理有限公司世博维修班组
上海都市营销管理有限公司 DC 配发组
上海国旅国际旅行社有限公司出境旅游中心日韩部
上海新天天大众低温物流有限公司重点项目配送班组
上海东湖宾馆员工餐厅
上海东郊宾馆员工餐厅
衡山宾馆预订部
上海国际贵都大饭店培训部
上海锦勤汽车服务有限公司通勤车队
上海市地矿工程勘察院浅层地热能开发利用项目办公室
上海图书馆上海科学技术情报研究所世博情报服务工作组
上海出入境边防检查总站外高桥边检站一队
上海市保安服务总公司保安押运有限公司交行大队
上海外轮供应有限公司供船部班组
上海晶通化轻发展有限公司安全保障部物流园区管理班组
上海百联沪北汽车销售有限公司斯柯达 4S 旗舰店
上海时装商店“舒馨”服务总台
上海青浦百联东方商厦有限公司烟酒柜台
上海申能临港燃机发电有限公司工程部

上海大众燃气有限公司急抢修中心静安急修组
上海申能燃料有限公司计划调运部
上海粮油仓储有限公司嘉定粮食仓库
上海良友金伴便利连锁有限公司靖宇中一店
上海市医药保健品进出口有限公司医疗器械部
上海新世纪酒店发展有限公司兰生大酒店管事部
上海市五金矿产进出口公司上海五矿金属材料制品分公司
上海金山巴士公交公司石梅线
上海强生水上旅游有限公司玫瑰公主号
上海开创远洋渔业有限公司开顺轮
上海轨道交通运营管理中心总调度所新闻控制中心
申通地铁工务公司梅陇站场工区
上海地铁第二运营有限公司二号线南京东路站
上海公路投资建设发展有限公司工程管理中心
上海城投置业管理有限公司物业分公司工程部
上海电器设备检测所检验一部
东方国际集团上海家纺有限公司业务二部
上海经贸国际货运实业有限公司大电气项目组
红星美凯龙家居集团股份有限公司建设事业中心天津河东项目部
永达集团永达大厦餐厅
上海城建(集团)公司工程总承包部
上海城建置业发展有限公司浦江大型居住社区项目部
上海隧道工程股份有限公司迎宾三路隧道新建工程项经部
上海金岸企业发展有限公司金岸公司本部
上海申江资产经营管理有限公司酒店项目业主方采购工作组
上海市对外服务有限公司新天地业务中心
上海东浩新贸易有限公司进出口三部
上海联通公司松江分公司
中建三局装饰有限公司市场商务部
中国诚通东方资产经营管理公司行政事务中心
上海农产品中心批发市场经营管理有限公司客户服务中心
上海上电电力运营有限公司田集项目部化学运行班
上海长兴岛第二发电厂运行部汽机四班
上海飞机客户服务有限公司飞行训练班组
上海飞机制造有限公司凯飞生产部激光跟踪仪测量室
上海飞机制造有限公司航研所复材中心
民航华东空管局技术保障中心动力设备室
民航华东空管局飞行服务中心浦东飞行情报报告室
上海临港保税港经济发展有限公司市场营销部
上海临港普洛斯国际物流发展有限公司工程部
沃尔沃遍达(上海)发动机有限公司生产部
上海市农业技术推广服务中心蔬菜科
上海市动物疫病预防控制中心动物疫控防治工作组
上海石洞口第二电厂燃料部
上海电力检修公司南京金陵电厂维护项目部
华能上海燃机发电有限责任公司运行部
上海宝隆美爵酒店安保班组
上海绿地集团房地产事业一部
上海绿地集团京津房地产事业部
上海昆剧团昆剧《长生殿》剧组
上海中华印刷有限公司“小森”六色7号机
上海图书馆上海科学技术情报研究所办证咨询班组
中国唱片上海公司中国唱片上海公司工会
上海日报社多媒体新闻采访中心
上海京剧院《成败萧何》剧组

2009—2010年度上海市推动厂务公开民主管理工作先进单位

上海市浦东新区教育局
上海市浦东新区洋泾街道
上海市徐汇区
上海市徐汇区卫生局
上海市长宁区
上海市普陀区
上海市普陀区桃浦镇
上海市闸北区教育局
上海市闸北区卫生局
上海市虹口区
上海市虹口区四川北路街道
上海市杨浦区
上海市杨浦区卫生局
上海市黄浦区
上海市卢湾区
上海市静安区石门二路街道
上海市宝山区张庙街道
上海市宝山区大场镇
上海市闵行区卫生局
上海市闵行区七宝镇
上海市嘉定区华亭镇
上海嘉定工业区
上海市金山区枫泾镇
上海市松江区
上海市青浦区华新镇
上海市崇明县
上海华谊(集团)公司
上海电力建设有限责任公司
上海航天技术研究院
上海汽车工业(集团)总公司
上海交运(集团)公司
上海市邮政公司
中国电信股份有限公司上海分公司
中交上海航道局有限公司
上海市绿化和市容管理局
上海市卫生局
上海城建(集团)公司
上海临港经济发展(集团)有限公司

2009—2010 年度上海市厂务公开民主管理工作先进单位

上海界龙实业集团股份有限公司
上海市第七人民医院
徕卡显微系统(上海)有限公司
上海徐房建筑实业公司
上海恰尔斯安装工程有限公司
贺利氏古莎齿科有限公司
上海市中国中学
上海西门子工业自动化有限公司
上海服装集团联合服饰有限公司
上海市延安初级中学
上海市长宁区中心医院
上海人造毛皮厂
上海光华勘测设计院有限公司
上海市快乐(集团)有限公司
中国建材国际工程集团有限公司
上海市普陀区河道管理所
上海致达科技集团有限公司
上海普陀区小丫丫幼儿园
上海闸环三泉环境卫生工程有限公司
上海电气集团恒联企业发展有限公司
上海三角地菜市场经营管理有限公司
上海章氏餐饮经营管理有限公司
上海烟草集团虹口烟草糖酒有限公司
上海海洋地质勘察设计有限公司
新景城国际物流有限公司
上海卫百辛(集团)有限公司
上海市杨浦区控江医院
上海市控江中学
上海健尔斯装饰工程有限公司
上海奥力福实业有限公司
上海张小泉刀剪总店有限公司
上海童涵春堂药业股份有限公司
上海益民商业集团股份有限公司
高丝化妆品销售(中国)有限公司
上海凯司令食品股份有限公司
上海开开(集团)有限公司
上海市静安区第三中心小学
第九城市计算机技术咨询(上海)有限公司
上海丞源排水技术服务有限公司
上海新格有色金属有限公司
上海东晨市容清洁服务有限公司
上海祥明仪表机箱有限公司
上海市宝山区示范果园
上海太阳机械有限公司
保力马科技(上海)有限公司
闵行区实验小学
上海精成电器成套有限公司
上海市嘉定区妇幼保健院
上海市嘉定区方泰中学
复旦大学附属金山医院
上海金山星星塑料有限公司
上海嘉麟杰纺织品股份有限公司
上海烟草集团金山烟草糖酒有限公司
上海新元锅炉设备有限公司
上海净达环境卫生发展有限公司
松江区中山街道社区卫生服务中心
本田摩托车研究开发有限公司
上海余天成医药有限公司
上海申新电气有限公司
上海市青浦区中心医院
上海市青浦区庆华小学
上海沪工电焊机(集团)有限公司
上海市奉贤区中医医院
上海水星家用纺织品股份有限公司
上海烟草集团崇明烟草糖酒有限公司
上海电气电站设备有限公司上海发电机厂
上海广联电子有限公司
上海沪工汽车电器有限公司
飞利浦亚明照明有限公司
上海氯碱化工股份有限公司
上海焦化有限公司
上海汉森投资发展有限公司
上海新先锋药业有限公司第四制药厂
上海信谊万象药业股份有限公司
上海华宇药业有限公司
上海市医疗器械批发部
上海电力设计院有限公司
上海市电力公司超高压输变电公司
上海电力安装第二工程公司
上海宝信软件股份有限公司
宝山钢铁股份有限公司特钢事业部
宝山钢铁股份有限公司炼铁厂
宝钢发展有限公司
中国石化上海石油化工股份有限公司烯烃事业部
中国石化上海石油化工股份有限公司环境保护中心
中国核工业第五建设有限公司
上海航天汽车机电股份有限公司
上海航天局第八〇二研究所
上海外高桥造船有限公司
沪东中华造船(集团)有限公司
上海烟草(集团)公司上海卷烟厂
上海烟草(集团)公司上海烟草储运公司
上海高扬国际烟草有限公司
上海小糸车灯有限公司
联合汽车电子有限公司
上海铁路局上海工务段
上海铁路局运输贸易有限公司
上海国际港务(集团)股份有限公司罗泾分公司
上海南站长途客运有限公司
上海交运汽车精密冲压件有限公司

上海交运沪北物流发展有限公司
上海交运汽车动力系统有限公司
上海市邮政公司市西邮政投递局
上海市邮政公司宝山区邮政局
上海市信产通信服务有限公司
中国电信股份有限公司上海宝山电信局
中交上海航道局有限公司东方疏浚工程分公司
中交三航局第二工程有限公司
中交三航局兴安基建筑工程有限公司
上海机场(集团)有限公司虹桥国际机场公司场区管理部
上海机场快通物业管理有限公司
中铁二十四局集团有限公司
上海浦江桥隧运营管理有限公司
中交第三航务工程勘察设计院有限公司
上海市建筑科学研究院(集团)有限公司
上海市公路管理处
上海市政工程设计研究总院
上海市第一建筑有限公司
上海市机械施工有限公司
上海新型建材矿棉厂
上海市建筑材料供应总公司
上海海洋石油局第一海洋地质调查大队
上海海洋石油局船舶分公司
上海现代工程咨询有限公司
鲁中冶金矿业集团公司小官庄铁矿
上海市水文总站
中建八局第一建设有限公司
中建八局第二建设有限公司
江苏大屯铝业有限公司
东方证券股份有限公司
中国电子科技集团公司第五十研究所
中国科学院上海药物研究所
上海科技馆
华东理工大学
上海大学
上海市第十人民医院
上海市胸科医院
中国福利会国际和平妇幼保健院
上海交通大学医学院附属仁济医院
上海市血液中心
上海市卫生局卫生监督所
上海市精神卫生中心
上海市儿童医院
上海医药工业研究所
中国石化集团上海工程有限公司
上海普天邮通科技股份有限公司
上海航空发动机制造股份有限公司
中国浦发机械工业股份有限公司
上海商业会计学校
上海市民政第三精神卫生中心
上海市宝兴殡仪馆
上海海博股份有限公司
光明食品集团上海长江总公司
上海锦江汽车服务有限公司
上海燃气浦东销售有限公司
上海外高桥第三发电有限责任公司
上海福新面粉有限公司
上海粮油仓储有限公司
上海交运巴士客运(集团)有限公司
上海巴士电车有限公司
上海金优远洋渔业有限公司
上海地铁第一运营有限公司
上海塘桥副食品批发有限公司
上海环境实业有限公司
上海市自来水闵行有限公司
上海市固体废物处置中心
上海市自来水市南有限公司
上海市城市建设设计研究院
上海煤气第二管线工程有限公司
上海外高桥发电有限责任公司
上海电力股份有限公司吴泾热电厂
上海临港普洛斯国际物流发展有限公司
上海实业发展股份有限公司
上海康健进出口有限公司

全总命名第二批工会女职工培训示范学校

上海市奉贤区女职工周末学校
中国石化上海石油化工股份有限公司女职工周末学校

全国五一劳动奖章获得者

袁　芬　上海市基础工程有限公司设计研究所副所长、高级工程师

全国五一巾帼标兵岗获得者

上海世博会事务协调局论坛事务部
上海市浦东新区公路管理署养护一所养护管理科
上海市徐汇区交通协管服务社四中队女子班
上海市公安局普陀分局世博“警花服务队”
上海市工商行政管理局杨浦分局殷行翔殷工商所窗口综合组
上海市公安局黄浦分局治安支队南京路步行街管理中队
上海交通大学附属瑞金医院卢湾分院十病区护理组
上海烟草集团静安烟草糖酒有限公司下属儿童食品商店
上海东晨市容清洁服务有限公司世博项目部人工保洁班
上海金山山阳民兵哨所
上海市松江区来沪人员就业服务中心
上海市青浦区总工会女职工委员会
双钱集团股份有限公司双钱载重轮胎分公司女职工攻关队
上海华氏大药房有限公司世博村店
上海市电力公司客户服务中心热线部

中石化上海石油化工股份有限公司化工事业部动力联合装置化学水组
沪东中华造船(集团)有限公司综合试验所化学试验室
上海海烟物流发展有限公司物流管理部卷烟配送客户服务班组
上海汽车工业活动中心
上海铁路局上海站客运车间高铁工班
中国移动通信集团上海有限公司工会办公室
中国电信上海公司962010世博热线
上海机场(集团)有限公司虹桥国际机场公司航空服务分公司客运科服务"艳阳"组
上海市政工程设计研究总院(集团)有限公司工会女职工委员会
上海东飞环境工程服务有限公司蓝衣天使保洁班组
复旦大学附属华山医院国际医疗中心
上海市龙华殡仪馆白玉兰遗体养护工作室
上海市女子监狱五监区
上海巴士一汽公共交通有限公司信息部
上海永达集团客户关系管理部
上海城建集团上海市城市建设设计研究院道桥二分院世博工程设计组
上海市城市建设档案馆整理编制科
上海市公安局轨道分局宜山路站派出所

全国五一巾帼标兵获得者

袁　芬　上海市基础工程有限公司设计研究所副所长、高级工程师
于惠芳　上海市信息管理学校副校长
朱　虹　上海航天控制技术研究所副总工程师
陈　庆　上海市奉贤区绿化管理署建设计划科负责人
陈　竹　上海世博会事务协调局活动策划部部长
陈晓薇　上海世博会事务协调局人力资源部副部长
何仲怡　上海纺织控股(集团)公司劳动力置换分公司党委副书记
何慧蓉　上海市公安局嘉定分局交警支队民警
芦秀兰　上海市南湖职业学校高级教师、校长
李海红　上海电气电站设备有限公司上海电站辅机厂技术研究所所长助理
陆伟丽　上海铁路局上海客运段列车长
陆唯群　上海市无线电管理局无线电管理/频率业务主管
陆燕丽　交通银行上海浦东分行副行长
闵　霞　上海市国家安全局助理调研员
沈志兰　上海浦东康桥工业区工会主席
吴　宇　中远集装箱运输有限公司战略发展部计划运营部经理
忻　烨　中国电信上海公司高级工程师
张　伟　和平饭店行政副经理、党委副书记
张　洋　上海宝信软件股份有限公司IT工程师、工程部经理
张培芳　国药控股股份有限公司商业分销中心副总经理
郑星霞　上海市杨浦区总工会副主席、女职工委员会主任
宗宵寅　上海国际机场股份有限公司航空服务分公司国际值机员
郝洛西　同济大学建筑与城市规划学院教授
柳　萍　上海市公安局虹口分局曲阳路派出所社区民警
施佩玉　上海市闵行区江川路社区(街道)总工会专职副主席
姚姣姣　上海宝绿园林绿化有限公司绿化行业景观装饰部经理
赵慧娟　上海市城市交通行政执法总队第四支队支队长
倪慧娟　上海市邮政公司市西邮政投递局静安投递支局投递员
徐立君　上海市城乡建设和交通委员会运输协调处处长
黄怡军　中国船舶重工集团公司第七〇四研究所研究员
臧圣洁　上海地铁第四运营有限公司轨道交通8号线站务员
潘　艳　杏花楼食品餐饮股份有限公司餐饮部经理助理

全国工会职工法律援助等维权服务示范单位

普陀区总工会
杨浦区总工会
黄浦区总工会
长宁区总工会
奉贤区总工会
金桥出口加工区工会联合会
徐汇区总工会职工法律援助中心
宝山区顾村镇总工会
闵行区总工会法律咨询援助工作室
嘉定区总工会职工援助服务中心
松江区永丰社区(街道)总工会
青浦区香花桥街道总工会

保障政策文件选编

关于本市郊区用人单位及其从业人员参加城镇职工社会保险若干问题的通知

沪府发〔2011〕29号

根据《社会保险法》规定，经研究，现就本市郊区用人单位及其从业人员参加社会保险若干问题通知如下：

一、适用范围

本市郊区范围内用人单位及其具有本市户籍的从业人员，应当参加本市城镇职工基本养老保险、城镇职工基

本医疗保险、工伤保险、生育保险和失业保险(以下统称"城镇职工社会保险")。

二、缴费办法

(一)用人单位及其从业人员参加城镇职工社会保险的缴费基数和比例,按本市城镇职工社会保险相关规定执行。

(二)参加小城镇社会保险的用人单位及其具有本市户籍的从业人员,且2011年6月仍在缴费的,2011年7月起应当停止在小城镇社会保险参保缴费,转为参加城镇职工社会保险;其在2011年7月至2014年3月期间(以下简称"过渡期"),缴纳城镇职工社会保险的基数和缴纳养老保险费、医疗保险费的比例可以逐步过渡。

1. 缴费基数

单位缴费基数按单位内个人月缴费基数之和确定;个人缴费基数按上年度全市职工月平均工资的60%确定。

2. 缴费比例

2011年7月至2012年3月,单位缴纳养老保险费的比例为17%,个人缴纳养老保险费的比例为5%;单位缴纳医疗保险费的比例为7%,个人缴纳医疗保险费的比例为1%。

2012年4月至2013年3月,单位缴纳养老保险费的比例为19%,个人缴纳养老保险费的比例为8%;单位缴纳医疗保险费的比例为9%,个人缴纳医疗保险费的比例为2%。

2013年4月至2014年3月,单位缴纳养老保险费的比例为22%,个人缴纳养老保险费的比例为8%;单位缴纳医疗保险费的比例为12%,个人缴纳医疗保险费的比例为2%。

在过渡期内,单位和个人缴纳工伤保险费、生育保险费和失业保险费的比例,按本市城镇职工社会保险相关规定执行。

3. 过渡期满后,单位和个人的缴费基数和比例,按本市城镇职工社会保险相关规定执行。

(三)在过渡期内,本条第(二)项所指的用人单位及其从业人员,经协商一致,缴费基数和比例也可以按本市城镇职工社会保险相关规定执行。

三、个人账户

(一)从业人员参加城镇职工社会保险后,建立个人养老保险账户和个人医疗账户,个人账户记入标准按本市城镇职工社会保险相关规定执行。

(二)2011年7月至2012年3月,本通知第二条第(二)项所指的从业人员,且选择养老保险和医疗保险过渡缴费的,个人养老保险账户规模为8%。其中,个人缴纳的5%养老保险费记入个人养老保险账户,单位缴纳的养老保险费按个人缴费基数的3%记入个人养老保险账户;个人缴纳的1%医疗保险费记入个人医疗账户,单位缴纳的医疗保险费不记入个人医疗账户。

2012年4月起,个人缴纳的8%养老保险费记入个人养老保险账户;个人缴纳的2%医疗保险费记入个人医疗账户,单位缴纳的医疗保险费按本市城镇职工社会保险相关规定记入个人医疗账户。

四、社会保险待遇

(一)参加城镇职工社会保险的个人,其享受的社会保险待遇,按本市城镇职工社会保险相关规定执行。

(二)曾参加城镇职工社会保险、小城镇社会保险和农村社会养老保险的个人,社会保险关系和社会保险基金按本市城镇职工社会保险相关规定转移衔接。

(三)参加城镇职工基本养老保险和基本医疗保险的个人,达到法定退休年龄时累计缴费满15年的,可以按月领取养老金和享受基本医疗保险待遇。累计缴费不足15年的,可以继续缴费。具体办法由市人力资源社会保障局另行制定。

(四)曾参加城镇职工社会保险、小城镇社会保险的个人失业的,其领取失业保险金的期限,根据《上海市失业保险办法》和《上海市小城镇社会保险暂行办法》分别分段核定,按规定合并计算。合并计算后,失业人员连续领取失业保险金的期限最长不超过24个月。

五、其他

(一)本市行政区域内具有本市户籍的个体工商户及其帮工、自由职业者、非正规就业劳动组织从业人员不再参加小城镇社会保险。

(二)市人力资源社会保障局根据本通知制定实施细则。

本通知自2011年7月1日起执行,有效期为实施之日起3年。本市已有规定如与本通知不一致的,以本通知为准。

上海市人民政府

二〇一一年六月十五日

统 计

Statistics

上海工会年鉴

2012

各区县局(产业)工会组织数据一览表(一)

单位名称	基层工会	基层工会涵盖单位	职工	女性	农民工	工会会员	女性	农民工
	个	个	人	人	人	人	人	人
总计	**54571**	**266223**	**8789166**	**3323005**	**3361005**	**8247038**	**3150586**	**3130506**
浦东新区总工会	9874	29918	1148867	449053	390446	1076930	419895	363124
徐汇区总工会	2158	17588	353704	134986	112345	345169	132124	110883
长宁区总工会	1928	10209	247772	105127	112467	241539	102603	111367
普陀区总工会	3146	9912	250202	91797	121300	243560	89968	118216
闸北区总工会	1981	7592	166631	58585	52600	163818	57698	51772
虹口区总工会	2293	7731	183999	69747	52684	178290	67784	50633
杨浦区总工会	1938	8368	190273	68335	70117	186390	67916	70037
黄浦区总工会	1572	7178	197522	82870	32957	190282	79623	30371
卢湾区总工会	2072	5253	126437	45652	32315	123068	44426	31743
静安区总工会	1558	5763	135420	54225	20816	128856	52710	17953
宝山区总工会	2136	13824	376950	145816	109326	346076	135570	98456
闵行区总工会	5986	17603	598066	256212	389665	549053	243962	378455
嘉定区总工会	3425	21832	549119	249845	383184	512302	231427	356198
金山区总工会	1539	20495	381767	170443	192183	351206	161452	177738
松江区总工会	2326	27519	563071	273748	272753	528192	260559	256933
青浦区总工会	2598	32569	503529	210153	326003	466105	195312	306068
奉贤区总工会	2495	14652	451787	150803	231753	379495	138610	193842
崇明县总工会	909	2741	148642	41979	74084	142458	41199	71552
上海市机电工会	216	216	98711	22434	15027	83688	19183	11171
上海市仪表电子工会	84	84	36410	14361	9066	34257	13474	8093
上海市化学工会	95	96	28627	5820	1853	26713	5626	404
上海市轻工业工会	9	9	4256	1057	1	4256	1057	1
上海市纺织工会	103	106	17170	6768	3205	15989	6370	2698
上海市医药工会	91	92	27823	12280	1546	25078	10919	531
上海市电力公司工会	34	34	17552	3396	3	17552	3396	3
上海电力股份有限公司工会	18	18	6914	948		6899	948	
上海电力建设有限公司工会	10	10	4086	368	72	4086	368	72
上海宝钢集团有限公司工会	118	118	84243	15862	421	84135	15820	415
中冶宝钢技术服务有限公司工会	12	12	18731	1925	11910	6102	783	
上海宝冶集团有限公司工会	14	14	6094	1070	1230	5783	1052	1012
上海高桥石油化工公司工会	8	8	7328	2122		7328	2122	

续 表

单位名称	基层工会	基层工会涵盖单位	职工	女性	农民工	工会会员	女性	农民工
	个	个	人	人	人	人	人	人
中国石化上海石油化工股份有限公司工会	27	27	21983	5910		21983	5910	
长江计算机(集团)公司工会	20	20	1311	369	90	1260	327	51
中铝上海铜业有限公司工会	8	8	2172	384		2167	384	
上海航天局工会	42	43	18350	5515	1211	17966	5490	923
上海船舶工业公司工会	24	24	77769	9565	40530	67155	8541	31387
中国商用飞机有限责任公司工会	11	11	7239	1867	41	7108	1821	41
上海市烟草工会	11	11	9167	2465	113	9167	2465	113
上海汽车工业(集团)总公司工会	49	49	113594	21847	39964	112462	21695	39116
上海市漕河泾新兴技术开发区发展总公司工会	6	6	1494	666		1494	666	
中国能源化学工会华东电力工作委员会工会	5	5	1693	414	19	1674	414	
上海华虹(集团)有限公司工会	6	6	3141	911		3082	892	
中国华源集团有限公司工会	17	17	3755	926	586	2650	728	77
华能国际电力股份公司上海分公司工会	7	7	2685	550		2685	550	
上海化学工业区工会	25	27	6187	2230	1049	5951	2192	1005
国药控股股份有限公司工会	9	9	2745	1591	78	2665	1571	18
中国铁路工会上海铁路局委员会	16	16	42746	7331	5777	41530	6374	4659
中国海运(集团)总公司工会	24	24	21260	2168	854	20622	2084	820
上海国际港务(集团)股份有限公司工会	51	51	34875	3579	13300	33699	3542	12207
中国海员工会上海长江轮船公司委员会	15	15	3126	640	587	2637	539	315
上海市运输工会	61	61	15397	2146	4264	12712	1769	2384
中国邮电工会上海市邮政委员会	38	38	29118	8716	14832	25460	7797	12739
中国移动通信集团工会上海市委员会	1	1	4321	2168		4321	2168	
中国电信集团工会上海市委员会	51	51	24987	7900		24460	7800	
中国电信集团工会号百信息服务有限公司委员会	4	4	491	211		491	211	
中国海员工会交通部东海救助局委员会	12	12	1102	85		1102	85	
中国海员工会交通部上海打捞局委员会	8	8	1258	95		1258	95	

续 表

单位名称	基层工会	基层工会涵盖单位	职工	女性	农民工	工会会员	女性	农民工
	个	个	人	人	人	人	人	人
中交上海航道局有限公司工会	11	11	5889	319	1113	5883	319	1110
中交第三航务工程局有限公司工会	12	12	3552	455	223	3542	453	221
中国海员工会中远集装箱运输有限公司工会	21	21	8333	1123	67	8076	1015	59
中国海员工会中波轮船股份公司委员会	5	5	1132	95	122	1132	95	122
民航华东地区空中交通管理局工会	1	1	1826	445		1826	445	
中国民航工会华东地区管理局委员会	8	8	3537	1754	33	3447	1717	31
中国东方航空集团公司工会	30	30	34551	11758	2702	31479	11212	2457
上海机场(集团)有限公司工会	31	31	21622	6544	1993	21573	6536	1993
中国海员工会上海海事局委员会	20	20	2995	324		2995	324	
上海市城乡建设和交通工会	52	52	29680	7798	3	29531	7744	3
上海建工(集团)总公司工会	66	446	116114	5597	87703	115924	5574	87680
上海市交通运输和港口管理局工会	12	12	1670	462		1670	462	
上海市住房保障和房屋管理局工会	14	14	1174	423	80	1172	421	80
上海海洋石油局工会	8	8	1368	219		1368	219	
上海市绿化和市容管理局工会	26	26	1631	579	4	1617	578	2
上海现代建筑设计(集团)有限公司工会	18	18	3716	1406		3716	1406	
鲁中冶金矿业(集团)公司工会	16	16	7602	1422	1420	6130	1421	
上海市水务局工会	16	16	1261	349		1261	349	
中国建筑第八工程局工会	24	174	66460	13368	43323	66349	13367	43323
上海大屯能源股份有限公司工会	17	17	23702	3958		23490	3918	
上海市金融工会工作委员会	144	144	255175	135257	5235	228724	121757	2313
上海市税务工会	13	13	1443	694		1443	694	
上海市人力资源和社会保障局工会	44	44	2550	1210		2550	1210	
上海市农业委员会工会工作委员会	42	47	3885	1208	414	3712	1138	323
上海市科技工会	45	121	20017	6669	271	19603	6538	86
上海市教育工会	57	76	66559	29630	782	65597	29108	780
上海市医务工会	55	66	57267	37894	382	57247	37888	378
上海市新闻出版工会	66	66	9718	3901	2347	8571	3379	2035
解放日报报业集团工会	13	13	1850	767	429	1850	767	429
文汇新民联合报业集团工会	9	9	2215	803	26	2154	760	8

续表

单位名称	基层工会	基层工会涵盖单位	职工	女性	农民工	工会会员	女性	农民工
	个	个	人	人	人	人	人	人
新华通讯社上海分社工会委员会	1	1	150	82		150	82	
上海市文化广播影视管理局工会	17	17	985	435	1	980	434	1
上海文化广播影视集团工会	80	80	16262	6311	282	15860	6258	168
上海社会科学院工会	22	22	796	320		796	320	
上海市体育局工会委员会	32	32	4025	1430	43	2966	899	
上海市经济和信息化系统工会	225	226	39176	11878	1833	35310	10965	232
光明食品(集团)有限公司工会	208	338	89508	44178	9409	88888	43827	9052
上海市民政局工会	45	45	6528	3054	226	6015	2840	116
上海市监狱管理局工会	18	18	7610	1949	404	7579	1939	373
锦江国际(集团)有限公司工会	374	374	71437	30564	11765	71437	30564	11765
上海市东湖(集团)公司工会	14	14	3517	1264		3034	1097	
上海市衡山(集团)公司工会	11	11	4439	1230	801	4157	1116	747
上海市市级机关工会工作委员会	402	413	51416	17579	1195	49196	16736	539
百联集团有限公司工会	126	126	52628	24663	5079	48096	22091	3933
上海水产(集团)总公司工会	17	17	4712	414	1028	4712	414	1028
上海申通地铁集团有限公司工会	25	25	24592	6181	344	21244	5103	15
上海久事公司工会	66	75	81856	13151	1338	81828	13151	1310
上海市城市建设投资开发总公司工会	151	155	17919	4863	424	17810	4850	345
申能(集团)有限公司工会	33	33	11165	2303	237	11160	2303	232
上海电器科学研究所(集团)有限公司工会	9	9	1277	371	57	1245	362	46
上海良友(集团)有限公司工会	29	32	6255	1920	69	6160	1854	32
上海兰生(集团)有限公司工会	17	17	1565	625	4	1560	625	4
东方国际(集团)有限公司工会	46	46	4453	1843	210	4335	1756	121
上海市锦江航运有限公司工会	4	4	550	143		550	143	
上海市社会系统工会工作委员会	14	14	38752	5668	2012	33955	4769	1958
上海城建(集团)公司工会	93	98	35840	3279	22873	35840	3279	22873
上海市地产(集团)有限公司工会	54	67	3555	1436	153	3374	1385	130
上海市申江两岸开发建设投资(集团)有限公司工会	6	6	172	55		172	55	
上海东浩国际服务贸易(集团)有限公司工会(原世博集团工会)	25	25	3211	1602	493	3097	1553	406
中国联合网络通信有限公司上海市分公司工会	1	1	1562	627		1562	627	

续 表

单位名称	基层工会	基层工会涵盖单位	职工	女性	农民工	工会会员	女性	农民工
	个	个	人	人	人	人	人	人
上海市合作交流系统工会	56	60	5369	1211	1027	4668	1106	607
上海市通信管理局工会	2	2	203	62		203	62	
上海上实(集团)有限公司工会	18	26	1760	634	1	1760	634	1
上海临港产业区工会工作委员会	10	10	2254	265	1241	2254	265	1241
上海市公安局工会	1	1	10218	2454		10218	2454	
上海国盛(集团)有限公司工会	54	54	13319	3253	1341	12872	3089	940
上海绿地集团工会	29	29	6038	1960	22	5945	1932	19
上海闵行经济技术开发区工会	46	48	21929	9281	3794	20002	8767	3243

各区县局(产业)工会组织数据一览表(二)

单位名称	专职工会工作人员	女性	兼职工会工作人员	女性	女职工组织		本级工会女职工工作人员		建立工会经费审查组织
					建立女职工委员会	仅设立女职工委员	专职	兼职	
	人	人	人	人	个	个	人	人	个
总计	**17356**	**6519**	**194573**	**84540**	**32790**	**19921**	**2337**	**83913**	**48144**
浦东新区总工会	4650	1744	23364	9622	6618	3206	709	11505	9228
徐汇区总工会	2211	756	6678	3547	1336	793	137	3675	1814
长宁区总工会	66	22	5293	2798	1162	747	10	1931	1928
普陀区总工会	470	240	6602	2814	1423	1618	69	3490	2247
闸北区总工会	68	33	6665	3284	599	1343	18	2533	1952
虹口区总工会	408	215	5156	2674	1481	676	97	2442	2265
杨浦区总工会	118	60	6392	3128	1038	837	10	3582	1938
黄浦区总工会	253	102	6042	2561	952	575	38	1993	1572
卢湾区总工会	216	37	4605	2460	1079	932	16	2205	725
静安区总工会	478	210	4970	2910	403	1087	100	2876	1548
宝山区总工会	65	30	17694	6100	1439	651	20	12287	1450
闵行区总工会	539	79	19270	9573	4003	1783	20	7823	5986
嘉定区总工会	105	46	11232	3971	1500	1570	25	3853	2001
金山区总工会	333	103	7084	2807	621	867	40	1922	1539
松江区总工会	427	109	15878	6683	2269	33	66	5114	2257

续　表

单位名称	专职工会工作人员	女性	兼职工会工作人员	女性	女职工组织		本级工会女职工工作人员		建立工会经费审查组织
					建立女职工委员会	仅设立女职工委员	专职	兼职	
	人	人	人	人	个	个	人	人	个
青浦区总工会	14	3	8131	3276	1933	656		2642	2556
奉贤区总工会	1023	370	6168	2635	1772	501	79	2573	2200
崇明县总工会	371	105	2258	1010	595	260	44	970	797
上海市机电工会	246	86	1545	633	138	76	54	566	207
上海市仪表电子工会	92	46	399	179	51	29	16	177	81
上海市化学工会	113	50	487	196	57	27	26	205	91
上海市轻工业工会	24	6	38	13	5	3	6	34	8
上海市纺织工会	72	28	369	166	51	46	25	170	101
上海市医药工会	53	21	515	281	66	23	13	240	77
上海市电力公司工会	127	49	289	93	29	5	30	173	33
上海电力股份有限公司工会	22	9	111	26	16	2	7	63	18
上海电力建设有限公司工会	22	7	135	35	10		5	33	10
上海宝钢集团有限公司工会	339	116	964	380	68	47	39	253	115
中冶宝钢技术服务有限公司工会	8	3	110	22	12		2	55	6
上海宝冶集团有限公司工会	25	10	145	44	12	2	3	65	14
上海高桥石油化工公司工会	31	8	59	24	3	5	1	9	8
中国石化上海石油化工股份有限公司工会	97	44	241	80	27		20	87	27
长江计算机(集团)公司工会	19	8	17	10	1	18		19	17
中铝上海铜业有限公司工会	3	2	34	14	7	1	1	11	7
上海航天局工会	78	41	237	127	25	17	25	109	42
上海船舶工业公司工会	99	32	620	171	18	6	12	170	21
中国商用飞机有限责任公司工会	28	14	62	25	6	5	7	26	8
上海市烟草工会	41	24	93	50	11		5	66	11
上海汽车工业(集团)总公司工会	190	92	1133	443	48	1	29	238	49
上海市漕河泾新兴技术开发区发展总公司工会	5	3	73	39	4	2	3	14	6
中国能源化学工会华东电力工作委员会工会	10	3	36	14	4	1	2	11	5
上海华虹(集团)有限公司工会	1		61	26	5	1		24	6
中国华源集团有限公司工会	6	3	113	49	6	6		28	14

续 表

单位名称	专职工会工作人员	女性	兼职工会工作人员	女性	女职工组织		本级工会女职工工作人员		建立工会经费审查组织
					建立女职工委员会	仅设立女职工委员	专职	兼职	
	人	人	人	人	个	个	人	人	个
华能国际电力股份公司上海分公司工会	8	4	44	14	5	2	3	18	7
上海化学工业区工会	2		165	78	10	15		57	23
国药控股股份有限公司工会	1		35	18		9		10	9
中国铁路工会上海铁路局委员会	40	7	432	118	15		1	73	15
中国海运(集团)总公司工会	39	8	274	86	15	9	4	46	24
上海国际港务(集团)股份有限公司工会	243	60	343	171	37	14	13	126	49
中国海员工会上海长江轮船公司委员会	15		72	24	8	5		21	14
上海市运输工会	104	21	188	63	28	30	12	83	60
中国邮电工会上海市邮政委员会	46	24	508	281	32	5	10	110	37
中国移动通信集团工会上海市委员会	31	24	36	16	1			15	1
中国电信集团工会上海市委员会	70	33	493	283	47	4	15	195	50
中国电信集团工会号百信息服务有限公司委员会	6	2	24	12	1	3		8	2
中国海员工会交通部东海救助局委员会	2	1	52	14		11	1	12	12
中国海员工会交通部上海打捞局委员会	1		25	6	2	4		7	8
中交上海航道局有限公司工会	21	2	4	1	4	6		10	11
中交第三航务工程局有限公司工会	26	8	65	27	9	2	2	16	11
中国海员工会中远集装箱运输有限公司工会	14	2	505	32	11	7	2	29	20
中国海员工会中波轮船股份公司委员会	4	1	34	5	1			4	1
民航华东地区空中交通管理局工会	7	4	46	20		1	1	15	1
中国民航工会华东地区管理局委员会	13	6	98	51	6	2		29	8
中国东方航空集团公司工会	83	48	237	112	23	5	17	99	28
上海机场(集团)有限公司工会	33	9	308	153	25	6	1	103	31
中国海员工会上海海事局委员会	14	4	143	35	20			20	20
上海市城乡建设和交通工会	106	41	893	296	33	18	11	148	51
上海建工(集团)总公司工会	162	44	871	189	38	28	11	173	55
上海市交通运输和港口管理局工会	3	1	75	34	6	6		29	12
上海市住房保障和房屋管理局工会	4	1	89	53	7	5		25	14
上海海洋石油局工会	4	1	45	17	4	4		12	7

续　表

单位名称	专职工会工作人员	女性	兼职工会工作人员	女性	女职工组织		本级工会女职工工作人员		建立工会经费审查组织
					建立女职工委员会	仅设立女职工委员	专职	兼职	
	人	人	人	人	个	个	人	人	个
上海市绿化和市容管理局工会	29	9	68	34	6	20	8	30	25
上海现代建筑设计(集团)有限公司工会	2	2	132	62	18		1	46	18
鲁中冶金矿业(集团)公司工会	25	7	148	46	14	2	7	48	16
上海市水务局工会	9	2	100	39	1	15	1	17	16
中国建筑第八工程局工会	78	25	665	92	22	1	13	113	19
上海大屯能源股份有限公司工会	134	44	289	73	16	1	20	151	17
上海市金融工会工作委员会	205	107	1792	819	58	82	44	302	123
上海市税务工会	14	9	75	34	2	9	4	17	13
上海市人力资源和社会保障局工会	4	1	177	73	22	15	1	73	41
上海市农业委员会工会工作委员会	28	8	182	48	5	35	2	52	38
上海市科技工会	26	14	378	162	30	13	5	136	45
上海市教育工会	166	84	1165	495	45	8	38	433	56
上海市医务工会	111	58	511	261	47	8	37	249	54
上海市新闻出版工会	9	6	316	153	32	34	2	116	62
解放日报报业集团工会	5	2	81	34	1	8		14	4
文汇新民联合报业集团工会	6	3	58	27	5	1	1	13	8
新华通讯社上海分社工会委员会			8	3	1			3	1
上海市文化广播影视管理局工会	5	4	68	35	12	5		26	15
上海文化广播影视集团工会	27	12	466	220	24	50	2	165	56
上海社会科学院工会			56	24		22		22	
上海市体育局工会委员会	4	2	150	65	14	8		46	29
上海市经济和信息化系统工会	83	33	1213	543	69	154	18	393	205
光明食品(集团)有限公司工会	186	67	784	405	113	94	25	360	141
上海市民政局工会	15	4	230	130	25	20		106	45
上海市监狱管理局工会	47	22	378	113	18		12	65	18
锦江国际(集团)有限公司工会	368	304	989	461	337	36	10	1020	374
上海市东湖(集团)公司工会	2	1	66	26	8	4	1	16	14
上海市衡山(集团)公司工会	3		77	26	11			28	8
上海市市级机关工会工作委员会	133	54	2014	883	130	198	23	633	306
百联集团有限公司工会	142	34	612	257	63	57	10	220	126

续 表

单位名称	专职工会工作人员	女性	兼职工会工作人员	女性	女职工组织		本级工会女职工工作人员		建立工会经费审查组织
					建立女职工委员会	仅设立女职工委员	专职	兼职	
	人	人	人	人	个	个	人	人	个
上海水产(集团)总公司工会	21	3	54	14	3	11	1	19	17
上海申通地铁集团有限公司工会	30	17	181	80	15	6	7	57	22
上海久事公司工会	145	35	270	102	33	33	14	105	66
上海市城市建设投资开发总公司工会	213	87	623	279	90	52	43	218	141
申能(集团)有限公司工会	64	18	154	66	15	14	8	61	30
上海电器科学研究所(集团)有限公司工会	5	2	72	32	8	1	1	25	9
上海良友(集团)有限公司工会	29	11	96	42	14	14	1	41	29
上海兰生(集团)有限公司工会	18	2	47	22	7	7	1	18	11
东方国际(集团)有限公司工会	49	17	222	104	21	24	4	72	43
上海市锦江航运有限公司工会	5	2	12	5	4			10	4
上海市社会系统工会工作委员会	18	7	277	122	10	2	4	75	10
上海城建(集团)公司工会	55	18	312	136	39	35	5	126	37
上海市地产(集团)有限公司工会	53	18	158	73	7	44	11	52	34
上海市申江两岸开发建设投资(集团)有限公司工会	6		27	14	1	5		9	6
上海东浩国际服务贸易(集团)有限公司工会(原世博集团工会)	28	7	132	74	10	15		47	25
中国联合网络通信有限公司上海市分公司工会	5	2	79	36	1		1		1
上海市合作交流系统工会	19	5	258	96	13	19	2	46	48
上海市通信管理局工会	1	1	6	2	1	1	1	2	1
上海上实(集团)有限公司工会	1		82	34	1	10		12	17
上海临港产业区工会工作委员会	5	4	30	10	2	8	1	11	10
上海市公安局工会	9	2	43	10	1		2	4	1
上海国盛(集团)有限公司工会	36	17	220	110	24	28	11	95	51
上海绿地集团工会	2	1	165	82	5	24	1	36	29
上海闵行经济技术开发区工会	5		333	150	25	9		104	43

工会组织建设状况(一)

所在行业	基层工会	基层工会涵盖单位	职工			工会会员		
				女性	农民工		女性	农民工
	个	个	人	人	人	人	人	人
总计	**54571**	**266223**	**8789166**	**3323005**	**3361005**	**8247038**	**3150586**	**3130506**
按国民经济行业分组								
(01)农、林、牧、渔业	572	855	60977	20102	18045	58681	19451	17581
(02)采矿业	65	65	35506	6271	2504	32288	6095	1081
(03)制造业	18183	49105	3098413	1254348	1552044	2876148	1180477	1437040
(04)电力、燃气及水的生产和供应业	451	511	78812	17839	9385	77310	17474	8398
(05)建筑业	2018	3480	724563	101452	498068	667265	93191	457941
(06)交通运输、仓储及邮政业	1856	3405	575016	118660	95346	549033	112330	85317
(07)信息传输、计算机服务和软件业	1630	2758	159674	53205	26615	154438	51881	26226
(08)批发和零售业	5166	36727	586667	256399	146363	558587	247193	140986
(09)住宿和餐饮业	3169	6552	292198	149739	109446	278102	143555	104064
(10)金融业	501	1857	282777	146966	9268	254720	132997	6169
(11)房地产业	1384	1959	111044	36147	22107	102501	33936	20589
(12)租赁和商业服务业	3438	40754	485704	181117	180369	459008	174090	173921
(13)科学研究、技术服务和地质勘查业	924	1698	100674	32511	11491	98773	32059	11214
(14)水利、环境和公共设施管理业	841	951	83325	27486	23505	79498	26171	20996
(15)居民服务和其他服务业	6226	72592	986488	377353	405109	930144	355152	381063
(16)教育	2768	3026	249696	159573	8470	244025	156186	8070
(17)卫生、社会保障和社会福利业	1157	1449	199842	127127	19320	192178	123578	18425
(18)文化、体育和娱乐业	988	1382	62255	25691	8127	59846	24831	7708
(19)公共管理和社会组织	3234	37097	615535	231019	215423	574493	219939	203717
按经济类型分组								
(110)国有企业	2260	2578	706026	178102	121671	661247	166352	104063
(120)集体企业	2340	7158	302047	108247	141184	284248	98262	132252
(130)股份合作企业	1321	1452	137843	59822	52907	126343	54400	48807
(140)联营企业	73	126	8609	3566	3451	8248	3462	3331
(151)国有独资公司	599	646	247086	55932	37852	239378	54506	32044
(159)其他有限责任公司	2574	5351	431889	149679	126837	397917	140110	110291
(161)股份有限公司中的国有控股公司	750	903	561065	192728	46592	520966	179159	30769
(169)其他股份有限公司	743	1431	142018	45150	30668	135642	43572	28692

续 表

所在行业	基层工会	基层工会涵盖单位	职工	女性	农民工	工会会员	女性	农民工
	个	个	人	人	人	人	人	人
(170)私营企业	26831	202735	3445034	1252886	1663951	3239855	1201638	1575219
(190)其他内资企业	492	1013	154138	28211	115554	152491	27470	115292
(200)港澳台商投资企业	2752	3446	521309	271495	327444	479498	250889	301372
(300)外商投资企业	5974	11623	1141177	513636	465147	1052963	479358	431859
(401)财政拨款的事业单位	4260	5496	464214	247098	55932	450092	240655	52968
(402)其他事业单位	1404	2713	218463	108382	62761	208035	105952	57042
(500)机关	1471	1804	155518	48002	5496	142506	45786	5180
(600)个体经济组织	727	17748	152730	60069	103558	147609	59015	101325

工会组织建设状况(二)

所在行业	专职工会工作人员	女性	专职工会工作人员年龄构成			专职工会工作人员文化程度构成				
			35岁及以下	36-50岁	51岁及以上	研究生	大学本科	大专	高中(中专、中技)	初中及以下
	人	人	人	人	人	人	人	人	人	人
总计	**17356**	**6519**	**3634**	**8354**	**5368**	**604**	**5775**	**7068**	**3464**	**445**
按国民经济行业分组										
(01)农、林、牧、渔业	230	69	42	110	78	4	72	84	64	6
(02)采矿业	146	46	18	105	23	1	45	89	11	
(03)制造业	5557	1789	1072	2937	1548	140	1577	2251	1399	190
(04)电力、燃气及水的生产和供应业	458	179	55	235	168	18	239	149	48	4
(05)建筑业	946	266	206	463	277	16	301	388	191	50
(06)交通运输、仓储及邮政业	1195	358	148	501	546	39	433	490	209	24
(07)信息传输、计算机服务和软件业	542	232	225	228	89	47	311	148	35	1
(08)批发和零售业	1274	482	295	575	404	35	347	525	323	44
(09)住宿和餐饮业	921	548	423	312	186	12	139	577	177	16
(10)金融业	288	148	56	171	61	43	172	66	7	
(11)房地产业	504	188	86	230	188	29	200	201	70	4
(12)租赁和商业服务业	741	280	185	299	257	9	172	367	180	13

续 表

所在行业	专职工会工作人员	女性	专职工会工作人员年龄构成			专职工会工作人员文化程度构成				
			35岁及以下	36-50岁	51岁及以上	研究生	大学本科	大专	高中（中专、中技）	初中及以下
	人	人	人	人	人	人	人	人	人	人
(13)科学研究、技术服务和地质勘查业	276	111	62	128	86	24	132	90	29	1
(14)水利、环境和公共设施管理业	271	116	42	135	94	8	118	113	24	8
(15)居民服务和其他服务业	1632	611	352	717	563	47	369	714	439	63
(16)教育	606	344	81	364	161	50	398	126	29	3
(17)卫生、社会保障和社会福利业	410	218	64	196	150	14	180	148	60	8
(18)文化、体育和娱乐业	174	67	36	66	72	3	61	86	21	3
(19)公共管理和社会组织	1185	467	186	582	417	65	509	456	148	7
按经济类型分组										
(110)国有企业	2110	745	254	947	909	76	831	889	296	18
(120)集体企业	520	177	72	244	204	4	77	207	194	38
(130)股份合作企业	583	381	320	119	144	5	48	386	121	23
(140)联营企业	65	7	31	23	11		12	24	23	6
(151)国有独资公司	751	272	108	337	306	32	328	293	95	3
(159)其他有限责任公司	1053	358	164	487	402	47	293	469	188	56
(161)股份有限公司中的国有控股公司	1372	513	181	705	486	75	642	511	138	6
(169)其他股份有限公司	241	75	69	98	74	15	77	79	56	14
(170)私营企业	5586	2004	1237	2930	1419	53	1134	2478	1737	184
(190)其他内资企业	201	57	50	90	61	3	84	55	54	5
(200)港澳台商投资企业	502	207	161	223	118	15	191	208	79	9
(300)外商投资企业	1479	593	443	720	316	90	664	535	178	12
(401)财政拨款的事业单位	1306	625	161	727	418	71	726	413	91	5
(402)其他事业单位	386	179	50	196	140	17	172	136	49	12
(500)机关	640	251	113	304	223	62	366	187	23	2
(600)个体经济组织	561	75	220	204	137	39	130	198	142	52

工会组织建设状况（三）

所在行业	兼职工会工作人员	女性	女职工组织		本级工会女职工工作人员	
			建立女职工委员会	仅设立女职工委员	专职	兼职
	人	人	个	个	人	人
总计	**194573**	**84540**	**32790**	**19921**	**2337**	**83913**
按国民经济行业分组						
（01）农、林、牧、渔业	1562	655	317	225	35	653
（02）采矿业	477	131	50	15	18	156
（03）制造业	58742	22908	11754	5701	712	24324
（04）电力、燃气及水的生产和供应业	1827	663	309	126	90	767
（05）建筑业	7441	2612	1087	774	132	2367
（06）交通运输、仓储及邮政业	8408	3343	982	798	120	3439
（07）信息传输、计算机服务和软件业	4231	2124	881	701	97	1986
（08）批发和零售业	23327	8621	2276	2718	103	11946
（09）住宿和餐饮业	7460	3656	2131	984	79	4275
（10）金融业	2719	1258	295	195	55	752
（11）房地产业	4000	1797	715	630	82	1682
（12）租赁和商业服务业	14894	7110	2047	1294	58	7649
（13）科学研究、技术服务和地质勘查业	2774	1178	415	472	61	1185
（14）水利、环境和公共设施管理业	2611	1129	437	369	61	1073
（15）居民服务和其他服务业	19087	8494	3669	2389	212	8684
（16）教育	12461	8078	2108	646	112	5154
（17）卫生、社会保障和社会福利业	4803	2655	752	385	110	1976
（18）文化、体育和娱乐业	2848	1363	465	473	19	1195
（19）公共管理和社会组织	14901	6765	2100	1026	181	4650
按经济类型分组						
（110）国有企业	10600	4425	1271	860	326	3807
（120）集体企业	7252	2889	1473	755	60	2560
（130）股份合作企业	3082	1390	901	361	26	2042
（140）联营企业	211	80	30	31	5	81
（151）国有独资公司	3552	1336	313	273	125	1157
（159）其他有限责任公司	9135	3563	1320	1157	156	3890
（161）股份有限公司中的国有控股公司	6266	2619	490	243	202	1970
（169）其他股份有限公司	2332	1014	511	214	31	861

续　表

所在行业	兼职工会工作人员	女性	女职工组织		本级工会女职工工作人员	
			建立女职工委员会	仅设立女职工委员	专职	兼职
	人	人	个	个	人	人
(170)私营企业	91852	37684	16313	9646	639	43666
(190)其他内资企业	1747	729	270	212	15	661
(200)港澳台商投资企业	8176	3596	1531	1131	86	3184
(300)外商投资企业	19247	8741	3415	2363	178	7742
(401)财政拨款的事业单位	18002	10151	2952	1240	286	7180
(402)其他事业单位	5662	3076	772	576	88	2100
(500)机关	5347	2358	836	558	97	1848
(600)个体经济组织	2110	889	392	301	17	1164

工会保障工作(一)

所在行业	工会所在单位本年度经济性裁员		本单位困难职工人数	困难职工中被帮助的	本年度领导干部联系生活困难职工户活动		工会送温暖工程工作	
	裁员人数	得到经济性补偿			参加活动的领导干部	联系的困难职工家庭	建立了送温暖工程基(资)金	送温暖工程基(资)金结存额
	人	人	人	人	人	户	个	元
总计	**6351**	**2302**	**109500**	**103307**	**29442**	**43077**	**5291**	**624938992**
按国民经济行业分组								
(01)农、林、牧、渔业	8	8	4463	4262	502	849	61	840325
(02)采矿业			4198	4159	150	197	21	2257927
(03)制造业	3120	1638	36762	34680	7680	10902	1229	267623238
(04)电力、燃气及水的生产和供应业			865	807	420	475	131	25950030
(05)建筑业	50	32	5549	5435	1512	3596	194	19041102
(06)交通运输、仓储及邮政业	344	122	14595	13452	1963	3394	319	82824797
(07)信息传输、计算机服务和软件业	40	40	906	888	291	346	89	43474958
(08)批发和零售业	87	71	9511	9107	1602	2508	270	14708263
(09)住宿和餐饮业	405	97	2588	2441	915	1477	211	13158365
(10)金融业	1		3413	3398	412	572	48	9825093

续 表

所在行业	工会所在单位本年度经济性裁员		本单位困难职工人数	困难职工中被帮助的	本年度领导干部联系生活困难职工户活动		工会送温暖工程工作	
	裁员人数	得到经济性补偿			参加活动的领导干部	联系的困难职工家庭	建立了送温暖工程基(资)金	送温暖工程基(资)金结存额
	人	人	人	人	人	户	个	元
(11)房地产业	520	52	2512	2460	850	1125	192	9105659
(12)租赁和商业服务业	20		3942	3801	1340	1748	244	3437686
(13)科学研究、技术服务和地质勘查业	141		734	704	359	567	104	11848939
(14)水利、环境和公共设施管理业	120		1998	1800	888	1159	144	11377432
(15)居民服务和其他服务业	367	147	6046	5251	1758	2529	351	20362101
(16)教育	604	4	2808	2491	4440	5409	995	33263149
(17)卫生、社会保障和社会福利业	66	9	3238	3085	1398	2077	264	42924935
(18)文化、体育和娱乐业	9	7	1003	957	607	789	72	2308836
(19)公共管理和社会组织	449	75	4369	4129	2355	3358	352	10606157
按经济类型分组								
(110)国有企业	1182	974	36790	34931	4595	8200	643	215019178
(120)集体企业	146	114	7632	7227	1687	2827	256	2264516
(130)股份合作企业	133	24	977	869	493	621	58	7244242
(140)联营企业			27	26	10	16	3	91539
(151)国有独资公司	87	63	8665	8462	1832	2985	193	50483028
(159)其他有限责任公司	606	79	9394	9162	2228	2929	371	42699010
(161)股份有限公司中的国有控股公司	169	169	18186	17652	2467	4945	274	135079606
(169)其他股份有限公司	22	22	2297	2204	384	627	66	5854231
(170)私营企业	1031	314	8735	7223	3746	4365	1219	6401981
(190)其他内资企业	5	4	659	513	146	251	54	965247
(200)港澳台商投资企业	631	94	1606	1523	852	919	131	5343007
(300)外商投资企业	1050	445	3809	3472	1558	2120	343	51236342
(401)财政拨款的事业单位	1021		6198	5730	6270	8144	1304	50039402
(402)其他事业单位	246		2229	2120	1291	1656	206	44883666
(500)机关	2		2034	1963	1705	2246	162	7118546
(600)个体经济组织	20		262	230	178	226	8	215451

工会保障工作（二）

所在行业	工会所在单位参加社会保险的人数					
	养老保险	医疗保险		工伤保险	失业保险	生育保险
		在职	退休			
	人	人	人	人	人	人
总计	**6988631**	**7017414**	**2264949**	**6541135**	**6170221**	**5624801**
按国民经济行业分组						
（01）农、林、牧、渔业	52828	52566	64184	44534	39564	35403
（02）采矿业	33981	33734	13530	32453	32780	31884
（03）制造业	2609791	2651120	1087171	2452992	2253020	1995181
（04）电力、燃气及水的生产和供应业	74470	74398	32528	73226	72732	69699
（05）建筑业	434148	435641	75891	425921	365516	357201
（06）交通运输、仓储及邮政业	476252	473222	168284	457448	451261	426945
（07）信息传输、计算机服务和软件业	133369	133358	11664	125918	125218	116204
（08）批发和零售业	422147	422002	164820	409258	394272	373948
（09）住宿和餐饮业	214704	214647	28554	200248	189629	168728
（10）金融业	153856	152132	7523	128716	132757	123956
（11）房地产业	97561	97123	30611	91585	89211	84569
（12）租赁和商业服务业	433091	431883	76307	370158	358659	321039
（13）科学研究、技术服务和地质勘查业	89563	89658	35083	87682	86586	80323
（14）水利、环境和公共设施管理业	75155	74678	28087	71716	68376	62659
（15）居民服务和其他服务业	691529	684214	84008	618844	584516	508134
（16）教育	240592	240853	191839	229157	230498	218530
（17）卫生、社会保障和社会福利业	189935	190914	84072	187081	184883	176362
（18）文化、体育和娱乐业	58274	58254	22910	55365	55117	49064
（19）公共管理和社会组织	507385	507017	57883	478833	455626	424972
按经济类型分组						
（110）国有企业	614911	614554	1044206	602743	574037	553261
（120）集体企业	248054	247541	194147	212247	197260	167338
（130）股份合作企业	91028	88950	25753	82600	69329	64305
（140）联营企业	7027	7027	431	5731	5845	4986
（151）国有独资公司	213055	212311	145942	205926	205406	197973
（159）其他有限责任公司	350562	349666	147149	341059	296012	285537

续 表

所在行业	工会所在单位参加社会保险的人数					
	养老保险	医疗保险		工伤保险	失业保险	生育保险
		在职	退休			
	人	人	人	人	人	人
(161)股份有限公司中的国有控股公司	426606	434521	196835	410625	398379	393904
(169)其他股份有限公司	124174	114059	16619	111625	103331	99103
(170)私营企业	2555275	2543993	59274	2298500	2159855	1884051
(190)其他内资企业	53650	53805	1039	50127	48651	45210
(200)港澳台商投资企业	460088	487568	15199	447248	386101	343230
(300)外商投资企业	966407	983457	39474	914408	883506	791284
(401)财政拨款的事业单位	423293	424508	261608	412685	404935	383374
(402)其他事业单位	178271	177630	79936	173021	172717	161498
(500)机关	147953	148291	37211	144888	142241	134619
(600)个体经济组织	128277	129533	126	127702	122616	115128

工会保障工作(三)

所在行业	工会所在单位离退休人员	工会所在单位已参加住房公积金
	人	个
总计	**2804560**	**31418**
按国民经济行业分组		
(01)农、林、牧、渔业	64617	328
(02)采矿业	13810	45
(03)制造业	1192145	6366
(04)电力、燃气及水的生产和供应业	34795	340
(05)建筑业	77053	1239
(06)交通运输、仓储及邮政业	180896	1301
(07)信息传输、计算机服务和软件业	11872	1139
(08)批发和零售业	167173	3606
(09)住宿和餐饮业	29446	1883
(10)金融业	26827	371
(11)房地产业	31847	1136
(12)租赁和商业服务业	82949	2152
(13)科学研究、技术服务和地质勘查业	394375	682
(14)水利、环境和公共设施管理业	30172	652

续　表

所在行业	工会所在单位离退休人员	工会所在单位已参加住房公积金
	人	个
(15)居民服务和其他服务业	104312	3363
(16)教育	194982	2672
(17)卫生、社会保障和社会福利业	85212	999
(18)文化、体育和娱乐业	23393	817
(19)公共管理和社会组织	58684	2327
按经济类型分组		
(110)国有企业	1496983	2245
(120)集体企业	197268	1183
(130)股份合作企业	25893	856
(140)联营企业	449	41
(151)国有独资公司	167773	598
(159)其他有限责任公司	170093	2553
(161)股份有限公司中的国有控股公司	221471	748
(169)其他股份有限公司	16967	737
(170)私营企业	60278	10023
(190)其他内资企业	1100	285
(200)港澳台商投资企业	16542	1467
(300)外商投资企业	41876	3428
(401)财政拨款的事业单位	267216	4245
(402)其他事业单位	82403	1395
(500)机关	38122	1446
(600)个体经济组织	126	168

工会劳动合同、集体合同工作

所在行业	工会所在单位签订劳动合同			
	基层工会	涵盖单位	签订劳动合同的职工人数	签订劳动合同的农民工
	个	个	人	人
总计	**47974**	**236016**	**7129242**	**2333419**
按国民经济行业分组				
(01)农、林、牧、渔业	483	731	54994	15918
(02)采矿业	62	62	34094	2490
(03)制造业	17259	47421	2752387	1107187
(04)电力、燃气及水的生产和供应业	423	481	77046	5418

续 表

所在行业	工会所在单位签订劳动合同			
	基层工会	涵盖单位	签订劳动合同的职工人数	签订劳动合同的农民工
	个	个	人	人
(05)建筑业	1718	2667	504786	315115
(06)交通运输、仓储及邮政业	1704	3033	465494	48853
(07)信息传输、计算机服务和软件业	1386	2325	130995	17944
(08)批发和零售业	4613	32375	509130	115010
(09)住宿和餐饮业	2881	5417	268409	94783
(10)金融业	420	1738	148328	4092
(11)房地产业	1302	1842	98889	16731
(12)租赁和商业服务业	3095	35495	424979	119793
(13)科学研究、技术服务和地质勘查业	691	1201	78819	7459
(14)水利、环境和公共设施管理业	718	817	75056	20288
(15)居民服务和其他服务业	5129	62562	707413	273922
(16)教育	2485	2706	209251	4582
(17)卫生、社会保障和社会福利业	944	1209	160226	9663
(18)文化、体育和娱乐业	828	1151	48589	6225
(19)公共管理和社会组织	1833	32783	380357	147946
按经济类型分组				
(110)国有企业	2138	2424	604884	45590
(120)集体企业	2182	5323	242763	72095
(130)股份合作企业	1241	1354	122320	40264
(140)联营企业	69	122	8232	2928
(151)国有独资公司	589	636	219319	22128
(159)其他有限责任公司	2342	5039	375961	86833
(161)股份有限公司中的国有控股公司	727	880	422793	16882
(169)其他股份有限公司	711	1225	95861	20672
(170)私营企业	23985	186134	2908159	1339333
(190)其他内资企业	412	515	48217	20335
(200)港澳台商投资企业	2599	3282	430148	210437
(300)外商投资企业	5512	10837	1004136	312332
(401)财政拨款的事业单位	3475	4572	368158	45570
(402)其他事业单位	1202	1953	152214	13117
(500)机关	202	217	12518	103
(600)个体经济组织	588	11503	113559	84800

工会签订集体合同情况(一)

类型	签订集体合同总数			单独企业合同			区域性集体合同			行业性集体合同		
	合同	覆盖企业	覆盖职工	合同	覆盖企业	覆盖职工	合同	覆盖企业	覆盖职工	合同	覆盖企业	覆盖职工
	份	个	人	份	个	人	份	个	人	份	个	人
总计(0)	**24073**	**116502**	**4794054**	**19794**	**19794**	**2722341**	**4072**	**90321**	**1501822**	**207**	**6387**	**569891**
国有企业及国有独资公司(1)		3837	1106492		2462	821507		746	31400		629	253585
集体企业(2)		2820	415000		1684	348853		1083	60515		52	5632
私营企业(3)		94540	1995684		10125	695504		79456	1145080		4959	155100
港澳台、外商投资企业(4)		8531	737675		3123	468258		4912	208686		496	60731
其他(5)		6774	539203		2400	388219		4124	56141		251	94843

工会签订集体合同情况(二)

类型	工资专项集体合同总数			单独企业工资合同			区域性工资合同			行业性工资合同		
	合同	覆盖企业	覆盖职工	合同	覆盖企业	覆盖职工	合同	覆盖企业	覆盖职工	合同	覆盖企业	覆盖职工
	份	个	人	份	个	人	份	个	人	份	个	人
总计(0)	**15981**	**92645**	**3251261**	**13474**	**13474**	**1818350**	**2347**	**73287**	**1086743**	**160**	**5884**	**346168**
国有企业及国有独资公司(1)		2324	557011		1525	433241		446	18602		353	105168
集体企业(2)		1734	148820		1059	109737		634	33749		41	5334
私营企业(3)		74935	1511892		6655	555646		63380	811908		4900	144338
港澳台、外商投资企业(4)		7099	650389		2316	418890		4352	188312		431	43187
其他(5)		6553	383149		1919	300836		4475	34172		159	48141

工会签订集体合同情况(三)

类型	建立集体协商指导员队伍情况											
	集体协商指导员人数	区县局(产业)		街道、乡镇、经济开发区		指导参与签订集体合同	劳动安全专项集体合同			其他专项集体合同		
		指导员队伍个数	集体协商指导员人数	指导员队伍个数	集体协商指导员人数		合同	覆盖企业	覆盖职工	合同	覆盖企业	覆盖职工
	人	个	人	个	人	次数	份	个	人	份	个	人
总计(0)	**1714**	**200**	**504**	**211**	**1210**	**13566**	**577**	**4341**	**240297**	**3212**	**7575**	**194571**
国有企业及国有独资公司(1)								467	123845		594	82049
集体企业(2)								271	16041		419	29580
私营企业(3)								2138	28645		4878	45447
港澳台、外商投资企业(4)								1031	12821		1282	30109
其他(5)								434	58945		402	7386

女职工权益保护专项集体合同(一)

类　型	女职工权益保护专项集体合同总数			单独企业签订合同				区域性合同				行业性合同			
	合同总数	覆盖企业	覆盖女职工	专项合同	集体合同附件	覆盖企业	覆盖女职工	专项合同	集体合同附件	覆盖企业数	覆盖女职工	专项合同	集体合同附件	覆盖企业数	覆盖女职工
	份	个	人	份	份	个	人	份	份	个	人	份	份	个	人
总计(0)	**21215**	**101240**	**1819074**	**16656**	**1891**	**21552**	**1031573**	**1886**	**572**	**73634**	**587749**	**135**	**75**	**6054**	**199752**
国有企业及国有独资公司(1)		2702	236157			1986	177106			167	4743			549	54308
集体企业(2)		2215	80405			1583	70658			579	7238			53	2509
私营企业(3)		80218	997310			12214	466007			63086	457157			4918	74146
港澳台、外商投资企业(4)		7028	308310			3049	213662			3799	78200			180	16448
其他(5)		9077	196892			2720	104140			6003	40411			354	52341

女职工权益保护专项集体合同(二)

类　型	集体合同中有女职工权益保护专门章节总数			单独企业签订合同			区域性合同			行业性合同		
	专章总数	覆盖企业	覆盖女职工	专章数	覆盖企业	覆盖女职工	专章数	覆盖企业数	覆盖女职工	专章数	覆盖企业数	覆盖女职工
	份	个	人	份	个	人	份	个	人	份	个	人
总计(0)	**5221**	**23168**	**596627**	**4240**	**4240**	**392046**	**944**	**18430**	**171164**	**37**	**498**	**33417**
国有企业及国有独资公司(1)		682	144974		491	132306		40	401		151	12267
集体企业(2)		451	24458		367	20813		74	3515		10	130
私营企业(3)		17857	281921		2087	130152		15770	151769			
港澳台、外商投资企业(4)		1104	101418		547	75563		245	10102		312	15753
其他(5)		3074	43856		748	33212		2301	5377		25	5267

工会民主管理工作(一)

所在行业	建立职代会制度情况		本年度召开过职代会(包括职工大会)	职代会职工代表(建立职工大会制单位不填)		工会所在单位实行厂务公开
	建立了职代会制度	建立了职工大会制度			女性	
	个	个	个	人	人	个
总计	**18195**	**21080**	**32571**	**630488**	**235672**	**32224**
按国民经济行业分组						
(01)农、林、牧、渔业	205	232	382	7315	2587	382
(02)采矿业	28	21	42	2073	297	46
(03)制造业	6731	6499	11009	242714	85827	10394
(04)电力、燃气及水的生产和供应业	232	156	332	9729	2265	347

续 表

所在行业	建立职代会制度情况		本年度召开过职代会（包括职工大会）	职代会职工代表（建立职工大会制单位不填）		工会所在单位实行厂务公开
	建立了职代会制度	建立了职工大会制度			女性	
	个	个	个	人	人	个
（05）建筑业	636	809	1241	24513	4374	1229
（06）交通运输、仓储及邮政业	781	682	1220	30733	7269	1305
（07）信息传输、计算机服务和软件业	324	810	907	11437	4155	871
（08）批发和零售业	1225	2268	2741	34722	13435	2835
（09）住宿和餐饮业	1071	1360	1690	20516	8957	1978
（10）金融业	156	182	241	5524	2292	266
（11）房地产业	396	751	983	11231	3573	995
（12）租赁和商业服务业	969	1540	2018	28789	10412	2122
（13）科学研究、技术服务和地质勘查业	222	421	546	8229	2451	436
（14）水利、环境和公共设施管理业	267	414	596	9307	2679	633
（15）居民服务和其他服务业	2067	2189	3548	73868	27840	3351
（16）教育	1536	1111	2566	50649	30828	2567
（17）卫生、社会保障和社会福利业	511	408	834	22678	13126	836
（18）文化、体育和娱乐业	233	508	633	6443	2068	618
（19）公共管理和社会组织	605	719	1042	30018	11237	1013
按经济类型分组						
（110）国有企业	1226	773	1816	48895	13064	1920
（120）集体企业	844	915	1580	28712	9963	1586
（130）股份合作企业	632	430	629	12567	4341	923
（140）联营企业	29	28	42	725	248	42
（151）国有独资公司	307	259	505	15097	3891	529
（159）其他有限责任公司	999	1095	1770	30013	9501	1842
（161）股份有限公司中的国有控股公司	482	204	638	28019	7695	665
（169）其他股份有限公司	290	348	512	8734	2762	426
（170）私营企业	7583	11122	15030	231038	80337	14178
（190）其他内资企业	169	180	273	4625	2075	265
（200）港澳台商投资企业	886	1005	1625	33470	12531	1610
（300）外商投资企业	2049	1966	3311	93465	38229	3374
（401）财政拨款的事业单位	1926	1813	3507	69869	38799	3512
（402）其他事业单位	566	601	1044	19559	9909	1055
（500）机关	36	37	38	572	211	47
（600）个体经济组织	171	304	251	5128	2116	250

工会民主管理工作（二）

所在行业	工会所在单位建立董事会	董事	职工董事	女性	工会主席进入董事会	工会所在单位建立监事会	监事	职工监事	女性	工会主席进入监事会
	个	人	人	人	人	个	人	人	人	个
总计	**5008**	**20769**	**1955**	**687**	**1348**	**3362**	**6881**	**1848**	**726**	**637**
按国民经济行业分组										
（01）农、林、牧、渔业	51	189	23	6	12	32	52	15	6	11
（02）采矿业	5	32	2	1	1	4	11	2	1	1
（03）制造业	2035	7965	598	255	442	1060	2375	652	310	236
（04）电力、燃气及水的生产和供应业	61	303	26	6	13	47	124	33	14	14
（05）建筑业	324	1424	206	39	133	245	564	174	49	45
（06）交通运输、仓储及邮政业	271	1357	76	16	82	193	431	86	16	40
（07）信息传输、计算机服务和软件业	161	811	47	20	32	101	261	62	28	24
（08）批发和零售业	482	1867	160	50	123	358	666	169	63	78
（09）住宿和餐饮业	165	738	58	22	47	120	243	56	26	27
（10）金融业	98	693	29	6	13	74	259	74	24	15
（11）房地产业	370	1526	178	53	104	294	596	169	54	48
（12）租赁和商业服务业	366	1261	186	60	124	431	532	130	56	39
（13）科学研究、技术服务和地质勘查业	68	321	15	5	17	52	118	24	8	13
（14）水利、环境和公共设施管理业	77	246	28	8	25	43	108	25	6	7
（15）居民服务和其他服务业	267	1148	180	46	113	187	330	116	28	29
（16）教育	104	513	112	80	49	47	92	38	31	3
（17）卫生、社会保障和社会福利业	20	79	17	7	9	14	32	8	3	2
（18）文化、体育和娱乐业	48	238	11	7	5	32	76	13	2	4
（19）公共管理和社会组织	35	58	3		4	28	11	2	1	1
按经济类型分组										
（110）国有企业	6	25	4	1						
（120）集体企业	233	825	120	36	92	181	355	88	38	25
（130）股份合作企业	263	1035	171	67	108	186	366	130	47	35
（140）联营企业	9	50	5	1	3	6	13	1	1	1
（151）国有独资公司	254	965	93	31	51	232	486	119	46	57
（159）其他有限责任公司	1062	4458	448	111	288	1018	1741	462	150	177
（161）股份有限公司中的国有控股公司	365	2052	117	26	82	317	893	247	77	106
（169）其他股份有限公司	189	948	90	25	53	145	392	113	35	38
（170）私营企业	1193	4233	628	259	463	750	1456	467	211	119
（190）其他内资企业	57	323	60	31	27	21	42	18	12	5

续　表

所在行业	工会所在单位建立董事会	董事	职工董事	女性	工会主席进入董事会	工会所在单位建立监事会	监事	职工监事	女性	工会主席进入监事会
	个	人	人	人	人	个	人	人	人	个
(200)港澳台商投资企业	366	1687	75	38	62	182	437	72	39	27
(300)外商投资企业	1007	4153	142	61	119	324	700	131	70	47
(401)财政拨款的事业单位										
(402)其他事业单位										
(500)机关	4	15	2							
(600)个体经济组织										

工会劳动保护工作(一)

所在行业	工会建立劳动保护监督检查委员会	工会建立分公司、分厂、车间一级工会劳动保护监督检查委员会	工会小组劳动保护检查员	本年度本级工会劳动保护监督组织受理举报案件	提请劳动安全卫生监督部门处理案件
	个	个	人	件	件
总计	**15229**	**26636**	**78838**	**408**	**86**
按国民经济行业分组					
(01)农、林、牧、渔业	214	336	711	2	
(02)采矿业	40	215	706	3	
(03)制造业	6228	10310	35637	169	69
(04)电力、燃气及水的生产和供应业	241	524	3585		
(05)建筑业	676	1447	4214	18	
(06)交通运输、仓储及邮政业	688	1768	8135	10	1
(07)信息传输、计算机服务和软件业	275	312	1287	5	2
(08)批发和零售业	1035	3877	5840	10	2
(09)住宿和餐饮业	645	526	1631	6	3
(10)金融业	90	87	122	3	
(11)房地产业	444	197	841	5	2
(12)租赁和商业服务业	761	3017	3770	10	
(13)科学研究、技术服务和地质勘查业	180	237	1076	2	
(14)水利、环境和公共设施管理业	297	257	1021	137	
(15)居民服务和其他服务业	1396	1802	3291	11	
(16)教育	928	316	1822	5	3

续 表

所在行业	工会建立劳动保护监督检查委员会	工会建立分公司、分厂、车间一级工会劳动保护监督检查委员会	工会小组劳动保护检查员	本年度本级工会劳动保护监督组织受理举报案件	提请劳动安全卫生监督部门处理案件
	个	个	人	件	件
(17)卫生、社会保障和社会福利业	470	696	2861	5	3
(18)文化、体育和娱乐业	177	80	260	1	
(19)公共管理和社会组织	444	632	2028	6	1
按经济类型分组					
(110)国有企业	1177	3093	15448	29	1
(120)集体企业	842	756	2063	12	
(130)股份合作企业	297	258	699	8	1
(140)联营企业	20	48	89		
(151)国有独资公司	296	1116	7606	5	4
(159)其他有限责任公司	923	4611	8962	37	3
(161)股份有限公司中的国有控股公司	380	1684	12169	145	
(169)其他股份有限公司	170	134	568		
(170)私营企业	6758	8417	15447	43	7
(190)其他内资企业	80	56	189	1	1
(200)港澳台商投资企业	816	955	2550	13	4
(300)外商投资企业	1619	3224	5746	106	60
(401)财政拨款的事业单位	1351	942	4804	9	5
(402)其他事业单位	406	353	1989		
(500)机关	5	3	8		
(600)个体经济组织	89	986	501		

工会劳动保护工作（二）

所在行业	本年度工会参加安全生产检查	本年度工会参加处理工伤事故	本年度工会参加“三同时”审查验收项目	女职工劳动保护		
				执行禁止安排女职工从事矿山井下及第四级体力劳动强度有关规定	执行女职工在孕期、产期、哺乳期享有特殊待遇的有关规定	实行至少两年一次的女职工妇科体检制度
	次	件	项	个	个	个
总计	**169548**	**2605**	**2495**	**52935**	**52977**	**50922**
按国民经济行业分组						
(01)农、林、牧、渔业	1890	29	56	542	545	547
(02)采矿业	422	8	34	64	64	64

续 表

所在行业	本年度工会参加安全生产检查	本年度工会参加处理工伤事故	本年度工会参加"三同时"审查验收项目	女职工劳动保护		
				执行禁止安排女职工从事矿山井下及第四级体力劳动强度有关规定	执行女职工在孕期、产期、哺乳期享有特殊待遇的有关规定	实行至少两年一次的女职工妇科体检制度
	次	件	项	个	个	个
(03)制造业	66007	1462	937	17753	17755	16146
(04)电力、燃气及水的生产和供应业	2940	35	106	448	446	438
(05)建筑业	7311	176	361	1964	1966	1850
(06)交通运输、仓储及邮政业	9329	278	225	1799	1804	1745
(07)信息传输、计算机服务和软件业	2438	8	34	1611	1610	1585
(08)批发和零售业	12349	99	82	5077	5082	4897
(09)住宿和餐饮业	6034	97	52	3136	3137	3044
(10)金融业	302	3	3	477	478	471
(11)房地产业	3956	40	44	1353	1353	1325
(12)租赁和商业服务业	13567	20	49	3375	3382	3246
(13)科学研究、技术服务和地质勘查业	2186	5	26	914	914	902
(14)水利、环境和公共设施管理业	3379	53	89	806	807	809
(15)居民服务和其他服务业	17900	68	158	6107	6113	5892
(16)教育	9548	65	144	2761	2763	2752
(17)卫生、社会保障和社会福利业	4382	95	54	1122	1127	1133
(18)文化、体育和娱乐业	1765	24	14	955	958	957
(19)公共管理和社会组织	3843	40	27	2671	2673	3119
按经济类型分组						
(110)国有企业	20047	362	436	2243	2243	2207
(120)集体企业	8187	56	99	2250	2261	2203
(130)股份合作企业	3790	90	118	1238	1249	1185
(140)联营企业	182		2	71	71	68
(151)国有独资公司	7007	152	162	598	597	597
(159)其他有限责任公司	11281	350	287	2520	2523	2432
(161)股份有限公司中的国有控股公司	9608	158	295	744	745	744
(169)其他股份有限公司	1716	54	15	732	734	715
(170)私营企业	50994	524	556	26266	26268	25119
(190)其他内资企业	740	21	4	482	482	482
(200)港澳台商投资企业	8866	233	29	2738	2736	2340
(300)外商投资企业	18267	378	195	5936	5936	5369
(401)财政拨款的事业单位	14908	156	242	4215	4226	4236
(402)其他事业单位	3208	69	42	1381	1384	1384
(500)机关	62	2		801	802	1446
(600)个体经济组织	10685		13	720	720	395

工会法律工作(一)

所在行业	建立工会劳动法律监督组织	工会劳动法律监督员	本年度工会劳动法律监督组织受理违法、违规案件	本组织自行处理的案件	工会所在单位建立了劳动争议调解委员会	劳动争议调解委员会委员	劳动争议调解委员会中工会成员(职工代表)
	个	人	件	件	个	人	人
总计	**8601**	**17885**	**235**	**135**	**32220**	**98871**	**47223**
按国民经济行业分组							
(01)农、林、牧、渔业	109	245	7	1	290	868	409
(02)采矿业	27	210			40	199	94
(03)制造业	3181	7021	106	76	12528	37734	17604
(04)电力、燃气及水的生产和供应业	95	293	1		277	1218	689
(05)建筑业	390	1140	14	5	1119	3747	1798
(06)交通运输、仓储及邮政业	375	1231	6	2	1045	3552	1869
(07)信息传输、计算机服务和软件业	158	268	2	2	986	2699	1332
(08)批发和零售业	648	927	18	11	2789	7606	3515
(09)住宿和餐饮业	416	688	24	8	1636	4670	2136
(10)金融业	51	79	2		242	708	348
(11)房地产业	272	415	5	2	757	2253	1112
(12)租赁和商业服务业	529	891	11	3	1975	5893	2741
(13)科学研究、技术服务和地质勘查业	102	243			483	1590	817
(14)水利、环境和公共设施管理业	164	303	3	3	416	1353	652
(15)居民服务和其他服务业	855	1635	13	7	3485	10066	4673
(16)教育	593	989	2		1651	6636	3538
(17)卫生、社会保障和社会福利业	220	565	17	12	667	2660	1432
(18)文化、体育和娱乐业	94	144	2	1	403	1250	576
(19)公共管理和社会组织	322	598	2	2	1431	4169	1888
按经济类型分组							
(110)国有企业	702	1965	35	12	1355	5714	3120
(120)集体企业	500	975	9	4	1401	4515	2121
(130)股份合作企业	141	257	2	2	560	1582	724
(140)联营企业	15	26			51	143	74
(151)国有独资公司	160	653	7	2	299	1406	750
(159)其他有限责任公司	571	1161	24	15	1492	4656	2355

续 表

所在行业	建立工会劳动法律监督组织	工会劳动法律监督员	本年度工会劳动法律监督组织受理违法、违规案件	本组织自行处理的案件	工会所在单位建立了劳动争议调解委员会	劳动争议调解委员会委员	劳动争议调解委员会中工会成员（职工代表）
	个	人	件	件	个	人	人
（161）股份有限公司中的国有控股公司	220	1381	8		436	2276	1308
（169）其他股份有限公司	107	205	1		478	1346	641
（170）私营企业	3544	6564	48	31	16416	46041	20761
（190）其他内资企业	49	82			269	837	400
（200）港澳台商投资企业	480	786	24	24	1885	5663	2659
（300）外商投资企业	948	1575	57	31	3876	11309	5341
（401）财政拨款的事业单位	754	1567	20	14	2222	8477	4500
（402）其他事业单位	333	580			783	3002	1544
（500）机关	22	27			262	776	369
（600）个体经济组织	55	81			435	1128	556

工会法律工作（二）

所在行业	本年度劳动争议调解委员会受理劳动争议	受理的劳动争议案件按引发原因分类										本年度劳动争议调解委员会调解成功劳动争议
		变更、解除、终止、续订劳动合同	除名、辞退职工与职工自动离职、辞职	劳动报酬	保险福利	工作时间和休息休假	劳动安全卫生	职业培训	未成年工	女职工特殊保护	其他原因	
	件	件	件	件	件	件	件	件	件	件	件	件
总计	**5253**	**2948**	**1064**	**296**	**183**	**311**	**21**	**51**	**1**	**7**	**371**	**1182**
按国民经济行业分组												
（01）农、林、牧、渔业	55	39	10	3	2	1						6
（02）采矿业	6			2						2	2	4
（03）制造业	2843	1304	802	139	93	218	19	13	1	2	252	236
（04）电力、燃气及水的生产和供应业	5	1	1	1	1	1						1
（05）建筑业	239	133	59	14	4	6	2	2		1	18	12
（06）交通运输、仓储及邮政业	247	187	39	9	1	5					6	188
（07）信息传输、计算机服务和软件业	62	40	10	2	1	6					3	23
（08）批发和零售业	599	518	44	19	12	2					4	528

续 表

所在行业	本年度劳动争议调解委员会受理劳动争议	受理的劳动争议案件按引发原因分类										本年度劳动争议调解委员会调解成功劳动争议
		变更、解除、终止、续订劳动合同	除名、辞退职工与职工自动离职、辞职	劳动报酬	保险福利	工作时间和休息休假	劳动安全卫生	职业培训	未成年工	女职工特殊保护	其他原因	
	件	件	件	件	件	件	件	件	件	件	件	件
(09)住宿和餐饮业	66	26	11	8	7	9					5	32
(10)金融业	11	1	5	2	1			1		1		3
(11)房地产业	14	6	3	2	1	1					1	2
(12)租赁和商业服务业	240	54	16	33	28	55		12			42	18
(13)科学研究、技术服务和地质勘查业	2	1		1								1
(14)水利、环境和公共设施管理业	8	4	2								2	3
(15)居民服务和其他服务业	168	57	20	48	26	4		3		1	9	75
(16)教育	618	543	34	6		2		12			21	31
(17)卫生、社会保障和社会福利业	26	14	3	3		1		4			1	3
(18)文化、体育和娱乐业	18	14	4									3
(19)公共管理和社会组织	26	6	1	4	6			4			5	13
按经济类型分组												
(110)国有企业	494	343	86	23	19	2		3			18	219
(120)集体企业	213	47	19	38	22	32		9			46	38
(130)股份合作企业	63	5	24	6	2	5	3	4			14	5
(140)联营企业												
(151)国有独资公司	28	5	7	8	3						5	18
(159)其他有限责任公司	681	542	65	17	17	4	1			1	34	584
(161)股份有限公司中的国有控股公司	41	14	15	3		5				3	1	17
(169)其他股份有限公司	12	2	3		3	2	1				1	
(170)私营企业	1183	271	275	148	95	193	9	16	1	3	172	182
(190)其他内资企业	10	2			1	1					6	4
(200)港澳台商投资企业	267	153	64	2	7	28	1	2			10	21
(300)外商投资企业	1587	993	468	37	10	35	6	1			37	44
(401)财政拨款的事业单位	655	568	37	11	3	2		12			22	40
(402)其他事业单位	12	2		2	1	2					5	7
(500)机关	4							4				
(600)个体经济组织	3	1	1	1								3

工会经济技术工作(一)

所在行业	开展劳动竞赛的基层工会	劳动竞赛项数	本年度参加劳动竞赛职工	本年度参加劳动竞赛的女职工	工会所在单位的班组数	开展劳动竞赛的班组
	个	项	人次	人次	个	个
总计	**10590**	**28020**	**2206167**	**674057**	**147366**	**92893**
按国民经济行业分组						
(01)农、林、牧、渔业	133	164	13348	2301	937	599
(02)采矿业	35	307	24208	2343	1242	910
(03)制造业	3196	7548	721703	182212	47562	29236
(04)电力、燃气及水的生产和供应业	221	1091	60809	12256	4368	3606
(05)建筑业	463	1180	99711	11198	5503	3226
(06)交通运输、仓储及邮政业	661	2230	459516	81714	17877	15515
(07)信息传输、计算机服务和软件业	181	400	75914	25418	2630	2002
(08)批发和零售业	694	1266	142916	82800	10422	8496
(09)住宿和餐饮业	776	2445	85018	28415	5557	3927
(10)金融业	73	363	64106	24801	1977	1496
(11)房地产业	366	548	22832	5870	2949	1730
(12)租赁和商业服务业	407	512	56245	18353	5542	2110
(13)科学研究、技术服务和地质勘查业	122	683	21898	7022	2807	1457
(14)水利、环境和公共设施管理业	325	1562	45679	18140	2556	1964
(15)居民服务和其他服务业	512	533	43911	8390	7382	2165
(16)教育	1396	4728	97980	68928	12070	7007
(17)卫生、社会保障和社会福利业	544	1575	124986	79295	8244	5454
(18)文化、体育和娱乐业	192	257	12694	3423	1405	657
(19)公共管理和社会组织	293	628	32693	11178	6336	1336
按经济类型分组						
(110)国有企业	1289	4365	480075	113952	26790	20167
(120)集体企业	391	498	24504	7136	2009	788
(130)股份合作企业	475	2001	53420	18422	2852	2058
(140)联营企业	11	13	1418	392	98	29
(151)国有独资公司	376	2296	227669	44506	12259	9935
(159)其他有限责任公司	815	2079	165245	54472	15182	11467
(161)股份有限公司中的国有控股公司	486	3628	383561	94794	21142	17588
(169)其他股份有限公司	134	381	48741	10452	2117	1387

续 表

所在行业	开展劳动竞赛的基层工会	劳动竞赛项数	本年度参加劳动竞赛职工	本年度参加劳动竞赛的女职工	工会所在单位的班组数	开展劳动竞赛的班组
	个	项	人次	人次	个	个
(170)私营企业	2763	2156	195699	49699	20537	4674
(190)其他内资企业	55	91	4592	1356	559	185
(200)港澳台商投资企业	402	773	94312	32858	4039	1984
(300)外商投资企业	949	1772	249439	81848	11102	6035
(401)财政拨款的事业单位	1962	6450	202537	118789	19894	11738
(402)其他事业单位	452	1212	70889	39513	6440	3496
(500)机关		290		4774	1218	360
(600)个体经济组织	30	15	4066	1094	1128	1002

工会经济技术工作(二)

所在行业	本年度职工提出合理化建议	本年度已实施合理化建议	本年度技术革新项目	本年度职工发明创造项目	本年度荣获国家专利项目	本年度推广先进操作法项目	建有职工技协组织	技协会员
	件	件	项	项	项	项	个	人
总计	**1268994**	**1010440**	**10538**	**6058**	**6695**	**2597**	**803**	**70262**
按国民经济行业分组								
(01)农、林、牧、渔业	572	174	14		3	11	10	281
(02)采矿业	16973	2644	645	274	19	57	1	161
(03)制造业	1173737	982173	7930	4227	3741	1536	175	8226
(04)电力、燃气及水的生产和供应业	8841	2813	429	93	132	85	56	10112
(05)建筑业	3091	1238	314	151	290	202	72	4824
(06)交通运输、仓储及邮政业	19513	8063	312	61	73	215	80	19407
(07)信息传输、计算机服务和软件业	6029	536	100	70	136	60	23	3074
(08)批发和零售业	7379	794	12	5	10	8	24	178
(09)住宿和餐饮业	8002	3847	10	9	6	19	10	133
(10)金融业	3803	517	6	13	13	17	8	304
(11)房地产业	2691	636	33	8	1	33	78	2897
(12)租赁和商业服务业	2597	371	9	5	13	23	26	643
(13)科学研究、技术服务和地质勘查业	3222	1876	158	342	714	17	30	6108
(14)水利、环境和公共设施管理业	1376	453	87	14	15	53	84	5460
(15)居民服务和其他服务业	3871	1609	35	28	16	51	31	1056
(16)教育	4525	1590	189	550	1342	134	19	651

续 表

所在行业	本年度职工提出合理化建议	本年度已实施合理化建议	本年度技术革新项目	本年度职工发明创造项目	本年度荣获国家专利项目	本年度推广先进操作法项目	建有职工技协组织	技协会员
	件	件	项	项	项	项	个	人
(17)卫生、社会保障和社会福利业	1762	625	237	208	152	73	52	5971
(18)文化、体育和娱乐业	483	145	16		18	1	9	318
(19)公共管理和社会组织	527	336	2		1	2	15	458
按经济类型分组								
(110)国有企业	124829	71290	2469	830	1079	431	198	21918
(120)集体企业	1881	660	63	20	22	40	14	412
(130)股份合作企业	1044	336	60	10	28	27	8	88
(140)联营企业	95	36	16			1		
(151)国有独资公司	59008	33508	467	290	383	282	62	5401
(159)其他有限责任公司	14702	5047	360	304	300	180	67	3371
(161)股份有限公司中的国有控股公司	198560	130336	3720	2399	1275	379	86	17910
(169)其他股份有限公司	3540	574	200	233	85	44	15	969
(170)私营企业	7886	3735	401	236	302	345	85	1610
(190)其他内资企业	199	144	4	3	75	3		
(200)港澳台商投资企业	22338	15185	345	101	213	86	17	285
(300)外商投资企业	826989	746706	1855	699	1075	504	25	1194
(401)财政拨款的事业单位	6665	2498	455	775	1609	243	168	11149
(402)其他事业单位	1256	383	123	158	249	32	58	5955
(500)机关								
(600)个体经济组织	2	2						

职工文化体育工作

所在行业	工会直属文化宫、俱乐部	工会直属体育场、体育馆	工会直属图书馆（藏书1万册以上）
	个	个	个
总计	**418**	**203**	**209**
按国民经济行业分组			
(01)农、林、牧、渔业	5	2	3
(02)采矿业	3	4	4
(03)制造业	112	69	47
(04)电力、燃气及水的生产和供应业	15	2	5

续 表

所在行业	工会直属文化宫、俱乐部	工会直属体育场、体育馆	工会直属图书馆（藏书1万册以上）
	个	个	个
（05）建筑业	9	1	5
（06）交通运输、仓储及邮政业	22	11	13
（07）信息传输、计算机服务和软件业	9	1	4
（08）批发和零售业	16	4	4
（09）住宿和餐饮业	19	3	3
（10）金融业	3	4	4
（11）房地产业	8	1	1
（12）租赁和商业服务业	10	1	1
（13）科学研究、技术服务和地质勘查业	15	8	3
（14）水利、环境和公共设施管理业	7	2	5
（15）居民服务和其他服务业	17	6	6
（16）教育	84	42	52
（17）卫生、社会保障和社会福利业	15	6	10
（18）文化、体育和娱乐业	18	18	14
（19）公共管理和社会组织	31	18	25
按经济类型分组			
（110）国有企业	58	23	24
（120）集体企业	5	3	5
（130）股份合作企业	4	2	2
（140）联营企业	1	1	
（151）国有独资公司	9	3	10
（159）其他有限责任公司	31	9	13
（161）股份有限公司中的国有控股公司	15	14	16
（169）其他股份有限公司	5	2	1
（170）私营企业	71	26	17
（190）其他内资企业	6	1	
（200）港澳台商投资企业	30	13	5
（300）外商投资企业	37	19	16
（401）财政拨款的事业单位	102	60	67
（402）其他事业单位	21	13	14
（500）机关	21	14	19
（600）个体经济组织	2		

工会经审工作

所在行业	建立工会经费审查组织	工会经费审查委员会开展本级经费年度预、决算审查
	个	个
总计	**48144**	**36688**
按国民经济行业分组		
(01)农、林、牧、渔业	497	435
(02)采矿业	63	44
(03)制造业	16232	13181
(04)电力、燃气及水的生产和供应业	418	345
(05)建筑业	1821	1176
(06)交通运输、仓储及邮政业	1711	1366
(07)信息传输、计算机服务和软件业	1486	1091
(08)批发和零售业	4348	3117
(09)住宿和餐饮业	2818	1891
(10)金融业	433	381
(11)房地产业	1249	1003
(12)租赁和商业服务业	3064	2204
(13)科学研究、技术服务和地质勘查业	821	663
(14)水利、环境和公共设施管理业	800	654
(15)居民服务和其他服务业	5073	3098
(16)教育	2732	2500
(17)卫生、社会保障和社会福利业	1103	942
(18)文化、体育和娱乐业	854	629
(19)公共管理和社会组织	2621	1968
按经济类型分组		
(110)国有企业	2078	1878
(120)集体企业	1981	1487
(130)股份合作企业	1253	927
(140)联营企业	64	53
(151)国有独资公司	548	512
(159)其他有限责任公司	2333	1838
(161)股份有限公司中的国有控股公司	708	661
(169)其他股份有限公司	698	507
(170)私营企业	23294	16481
(190)其他内资企业	455	271

续 表

所在行业	建立工会经费审查组织	工会经费审查委员会开展本级经费年度预、决算审查
	个	个
(200)港澳台商投资企业	2360	1814
(300)外商投资企业	5244	4166
(401)财政拨款的事业单位	4041	3681
(402)其他事业单位	1303	1124
(500)机关	1266	1012
(600)个体经济组织	518	276

保障政策文件选编

关于外来从业人员参加本市城镇职工基本医疗保险若干问题的通知

沪府发〔2011〕27号

为保障在本市就业的外来从业人员的合法权益,经研究,现就外来从业人员参加本市城镇职工基本医疗保险的若干问题通知如下:

一、与本市用人单位建立劳动关系的外来从业人员(以下简称“外来从业人员”),应当参加本市城镇职工基本医疗保险。

二、非城镇户籍外来从业人员参加本市城镇职工基本医疗保险的缴费基数和比例如下:

(一)基本医疗保险缴费基数实行5年过渡,具体办法按市政府《关于外来从业人员参加本市城镇职工基本养老保险有关问题的通知》执行。

(二)基本医疗保险缴费比例为7%。其中,用人单位应当按缴费基数6%的比例,为职工缴纳基本医疗保险费;职工个人按照缴费基数1%的比例,缴纳基本医疗保险费。

三、非城镇户籍外来从业人员从参加本市城镇职工基本医疗保险的次月起,可享有门诊医疗和住院医疗保险待遇。

(一)门诊医疗保险待遇

用人单位办理外来从业人员基本医疗保险登记手续并按规定缴纳基本医疗保险费后,市医保经办机构应当为非城镇户籍外来从业人员建立个人医疗帐户(门诊专用)。

非城镇户籍外来从业人员个人缴纳的基本医疗保险费,全部计入本人的个人医疗帐户(门诊专用)。2011年度至2014年度(过渡期内),个人按月缴纳的基本医疗保险费低于30元的,个人医疗帐户计入标准按每月30元执行。

个人医疗帐户(门诊专用)可用于本市医保定点药店购药和本市医保定点医疗机构门急诊就医,用完为止。

(二)住院和急诊观察室医疗待遇

非城镇户籍外来从业人员住院或急诊观察室留院观察所发生的医疗费用的支付,按《上海市城镇职工基本医疗保险办法》的相关规定执行。

(三)非城镇户籍外来从业人员暂不享受门诊大病和家庭病床医疗待遇。

四、非城镇户籍外来从业人员参加城镇职工基本医疗保险的支付范围、支付标准和转移接续等,按城镇职工基本医疗保险的有关规定执行。

五、非城镇户籍外来从业人员经与用人单位协商一致,可以按《上海市城镇职工基本医疗保险办法》的规定参保缴费(缴费比例14%),享受相应的医保待遇。

六、参加本市基本社会保险后在本市领取养老金的非城镇户籍外来从业人员,其按本市城镇基本医疗保险办法缴费的年限(缴费比例低于14%的缴费年限)可以进行折算,折算后的累计缴费年限达到本市基本医疗保险规定的可以享受退休医疗保障待遇的最低缴费年限,可享受本市城保退休人员医保待遇。缴费年限折算办法由市人力资源社会保障局另行规定。

本通知自2011年7月1日起执行,有效期为实施之日起5年。本市已有规定如与本通知不一致的,以本通知为准。

上海市人民政府
二〇一一年六月十五日

附录

Appendix

上海工会年鉴

2012

上海市安全生产条例

（2005 年 1 月 6 日上海市第十二届人民代表大会常务委员会第十七次会议通过 2011 年 9 月 22 日上海市第十三届人民代表大会常务委员会第二十九次会议修订）

第一章　总　　则

第一条　为了加强本市安全生产监督管理，防止和减少生产安全事故，保障人民群众生命和财产安全，促进经济发展和社会稳定，根据《中华人民共和国安全生产法》和其他有关法律、行政法规，结合本市实际，制定本条例。

第二条　本市行政区域内生产经营单位的安全生产及其相关监督管理活动，适用本条例。有关法律、法规对消防安全、道路交通安全、铁路交通安全、水上交通安全、民用航空安全等另有规定的，适用其规定。

第三条　安全生产管理应当以人为本，坚持安全第一、预防为主、综合治理的方针，实行政府领导、部门监管、单位负责、群众参与、社会监督的原则。

本市建立和健全各级安全生产责任制。

第四条　生产经营单位是安全生产的责任主体。

生产经营单位主要负责人对本单位的安全生产工作全面负责；分管安全生产的负责人协助主要负责人履行安全生产职责；其他负责人应当按照各自分工，负责其职责范围内的安全生产工作。

第五条　从业人员依法享有平等获得安全生产保障的权利，并应当依法履行安全生产方面的义务。

第六条　市和区、县人民政府应当加强对安全生产工作的领导，建立和完善安全生产监控体系、责任制度和考核制度，并将安全生产工作纳入国民经济和社会发展规划以及年度工作计划。

市安全生产委员会负责研究部署、统筹协调本市安全生产工作中的重大事项，并根据有关法律、法规和规章的规定，编制成员单位安全生产工作职责，报经市人民政府批准后执行。

乡、镇人民政府和街道办事处按照本条例规定，做好本辖区内相关的安全生产监督工作。

第七条　市和区、县安全生产监督管理部门（以下简称安全生产监管部门）对本行政区域内的安全生产工作实施综合监督管理，履行下列职责：

（一）会同有关部门编制、实施安全生产专项规划；

（二）指导、协调和监督同级人民政府有关部门和下级人民政府履行安全生产工作职责；

（三）依法对生产经营单位的安全生产工作实施监督检查；

（四）按照法律、法规和规章的规定，对涉及安全生产的有关事项实施审批、处罚；

（五）根据同级人民政府的授权或者委托，组织、协调、指挥安全生产应急救援，组织生产安全事故调查处理；

（六）法律、法规规定的其他职责。

第八条　本市公安、建设、质量技术监督、交通港口等依法对涉及安全生产的事项负有审批、处罚等监督管理职责的部门（以下统称专项监管部门），应当严格按照有关法律、法规和规章的规定，实施安全生产专项监督管理。

其他有关部门在各自职责范围内，做好有关的安全生产工作。

第九条　各级工会依法组织从业人员参加本单位安全生产工作的民主管理，对本单位执行安全生产法律、法规等情况进行民主监督，依法参加事故调查，维护从业人员在安全生产方面的合法权益。

第十条　各级人民政府及其有关部门应当采取多种形式，开展安全生产法律、法规和安全生产知识的宣传教育，增强全社会和从业人员的安全生产意识以及事故预防、自救互救的能力。

报刊、广播、电视、网络等单位有进行安全生产宣传教育的义务，有对违反安全生产法律、法规的行为进行舆论监督的权利。

第十一条　市和区、县人民政府及其有关部门应当鼓励安全生产科学技术研究，支持安全生产技术、装备、工艺的推广应用，扶持技术含量高、社会效益好的安全生产科技项目和相关生产经营单位，提高安全生产技术水平。

第十二条　本市推进安全生产社会化服务体系建设，支持有关中介服务机构依法开展安全生产评价、检测、检验、培训等活动。

从事安全生产评价、检测、检验、培训等活动的中介服务机构，应当具有法律、行政法规规定的资质，并依法对其提供的服务承担责任。

第二章　生产经营单位的安全生产保障

第十三条　生产经营单位应当具备法律、法规和强制性标准规定的安全生产条件。不具备安全生产条件的，不得从事生产经营活动。

生产经营单位应当遵守下列安全生产规定：

（一）生产经营场所和设施、设备符合安全生产的要求；

（二）建立安全生产规章制度和操作规程；

（三）保证安全生产所必需的资金投入；

（四）提供符合国家标准或者行业标准的劳动防护用品；

（五）设置安全生产管理机构或者配备安全生产管理人员；

（六）主要负责人和安全生产管理人员经安全生产

培训、考核合格；

（七）从业人员经安全生产教育和培训合格，特种作业人员经专门的安全作业培训，并取得特种作业操作资格证书；

（八）采取职业危害防治措施。

第十四条　生产经营单位主要负责人应当履行《中华人民共和国安全生产法》和其他法律、法规规定的职责，定期研究安全生产问题，向职工代表大会、股东大会报告安全生产情况，接受安全生产监管部门和有关部门的监督检查，接受工会、从业人员对安全生产工作的民主监督。

第十五条　生产经营单位的安全生产管理机构和安全生产管理人员负有下列职责：

（一）贯彻国家安全生产的法律、法规和标准；

（二）协助制订安全生产规章制度和安全技术操作规程；

（三）开展安全生产检查，发现事故隐患，督促有关业务部门及时整改；

（四）开展安全生产宣传、教育培训，总结和推广安全生产的经验；

（五）参与新建、改建、扩建的建设项目安全设施的审查，管理和发放劳动防护用品；

（六）组织编制本单位的生产安全事故应急预案，并定期开展演练；

（七）协助调查和处理生产安全事故，进行伤亡事故的统计、分析，提出报告；

（八）其他安全生产工作。

生产经营单位的安全生产管理机构负责人应当具有注册安全工程师资格或者相应的安全生产管理能力。

第十六条　有下列情形之一的生产经营单位应当建立安全生产委员会，其他生产经营单位可以建立安全生产委员会：

（一）属于矿山、建筑施工和危险物品生产经营等高度危险性行业（以下简称高危行业）以及危险物品使用、储存、运输单位；

（二）属于金属冶炼、船舶修造、电力、装卸、道路交通运输等较大危险性行业（以下简称较大危险行业）的；

（三）从业人员三百人以上的。

生产经营单位的安全生产委员会由本单位的主要负责人、分管安全生产的负责人、安全生产管理机构及相关机构负责人、安全生产管理人员和工会代表及从业人员代表组成。

安全生产委员会审查本单位年度安全生产工作计划和实施、重大安全生产技术项目、安全生产各项投入等情况，研究和审查本单位有关安全生产的重大事项，督促落实消除事故隐患的措施。安全生产委员会至少每季度召开一次会议，会议应当有书面记录。

生产经营单位使用劳务派遣人员从事作业的，劳务派遣人员应当计入该生产经营单位的从业人员人数。

第十七条　生产经营单位应当建立安全生产的检查、教育培训、奖惩以及设施设备安全管理、职业危害防治、劳动防护用品配备和管理、危险作业安全管理、特种作业管理、事故报告处理等规章制度。

第十八条　生产经营单位应当建立、健全安全生产责任制，明确各岗位的责任人员、责任内容和考核要求。

第十九条　生产经营单位的决策机构、主要负责人或者个人经营的投资人应当保证安全生产所必需的资金投入，安全生产资金纳入年度生产经营计划和财务预算。

安全生产资金用于安全生产的技术项目、设施和设备，宣传、教育培训和奖励，劳动防护用品，安全生产的新技术、新工艺、新材料，重大危险源的监控和管理，应急救援器材、物资的储备，以及其他安全生产方面。安全生产资金不得挪作他用。

高危行业和较大危险行业的生产经营单位应当按照国家和本市有关规定建立安全生产费用管理制度，并于每年三月底前将本单位当年度安全生产费用提取、使用计划和上一年度安全生产费用提取、使用情况，报财政、安全生产监管部门备案。

第二十条　除法律、法规另有规定外，高危行业的生产经营单位，从业人员三百人以下的，至少配备一名专职安全生产管理人员；从业人员三百人以上的，至少配备三名专职安全生产管理人员；从业人员一千人以上的，至少配备八名专职安全生产管理人员；从业人员五千人以上的，至少配备十五名专职安全生产管理人员。

较大危险行业的生产经营单位，从业人员三百人以上的，至少配备两名专职安全生产管理人员；从业人员一千人以上的，至少配备五名专职安全生产管理人员；从业人员五千人以上的，至少配备十名专职安全生产管理人员。

前两款规定以外的其他生产经营单位，从业人员三百人以上的，至少配备一名专职安全生产管理人员；从业人员一千人以上的，至少配备两名专职安全生产管理人员；从业人员五千人以上的，至少配备五名专职安全生产管理人员。

第二十一条　矿山、建筑施工单位和危险物品的生产经营单位的主要负责人和分管安全生产的负责人任职前应当参加安全培训，并经考核合格；其他生产经营单位的主要负责人和分管安全生产的负责人在任职三个月内，应当参加安全培训，并经考核合格。

安全生产管理人员任职前应当参加安全培训，并经考核合格。

第二十二条　生产经营单位应当对下列人员及时进行安全生产教育和培训：

（一）新进从业人员；

（二）离岗六个月以上的或者换岗的从业人员；

（三）采用新工艺、新技术、新材料或者使用新设备后的有关从业人员。

生产经营单位应当对在岗的从业人员进行定期的安全生产教育和培训。从业人员未经安全生产教育和培训合格的，不得上岗作业。

第二十三条　安全生产教育和培训内容主要包括安全生产的法律、法规和规章制度，安全操作基本技能和安全技术基础知识，作业场所和工作岗位存在的危险因素、防范措施以及事故应急措施，劳动防护用品的性能和使用方法以及其他需要掌握的安全生产知识。

安全生产教育和培训情况应当记入从业人员安全生

产记录卡，记录卡应当由考核人员和从业人员本人签名。

安全生产教育和培训的时间按照国家和本市有关规定执行，费用由生产经营单位承担。

生产经营单位可以委托安全生产中介服务机构或者相关的行业组织实施安全生产教育和培训。

第二十四条　从事电工作业、焊接与热切割作业、高处作业、制冷与空调作业、冶金生产安全作业、危险化学品安全作业、烟花爆竹安全作业等特种作业的人员，应当按照国家有关规定经专门的安全作业培训，经考核合格取得特种作业操作资格证书后，方可上岗作业。

生产经营单位不得安排无特种作业操作资格证书的人员从事特种作业。

生产经营单位指派从业人员参加专门的安全作业培训和特种作业操作资格考试的，应当承担该从业人员的培训和考试费用，并可以与该从业人员订立协议约定服务期限。

第二十五条　矿山企业、建筑施工企业和危险化学品、烟花爆竹、民用爆破器材生产企业在生产前，应当依照《安全生产许可证条例》，向有关部门申请领取安全生产许可证。

用于生产、储存危险物品的建设项目的安全设施设计，在报送安全生产监管部门和专项监管部门审查时，应当提供安全条件论证报告和具有相应资质的机构出具的安全评价报告。审查部门对审查结果负责。

用于生产、储存危险物品的建设项目竣工正式投入生产或者使用前，安全生产监管部门和专项监管部门应当对项目中的安全设施进行验收。项目经验收合格后，方可正式投入生产和使用。

第二十六条　生产经营单位应当对新建、改建、扩建生产、储存危险化学品的建设项目进行安全条件论证，并委托具有安全生产评价资质的中介服务机构进行项目安全评价。

生产、储存危险化学品的企业以及使用危险化学品从事生产的企业应当按照国家有关规定，委托具有安全生产评价资质的中介服务机构，对本企业的安全生产条件每三年进行一次安全评价，提出安全评价报告。安全评价报告应当包括对安全生产条件存在的问题进行整改的方案。

生产、储存危险化学品的企业以及使用危险化学品从事生产的企业应当及时将安全评价报告及整改方案的落实情况报安全生产监管部门备案。安全生产监管部门应当对安全评价报告及整改方案的落实情况进行抽查。

第二十七条　生产经营单位应当按照国家有关规定办理重大危险源备案，并采取下列监控措施：

（一）建立运行管理档案，对运行情况进行全程监控；

（二）定期对设施、设备进行检测、检验；

（三）定期进行安全评价；

（四）定期检查重大危险源的安全状态；

（五）制定应急救援预案，定期组织应急救援演练。

生产经营单位可以委托具有相应资质的中介服务机构，对重大危险源进行检测和安全评价，并提出完善监控的措施。

生产经营单位应当至少每半年向安全生产监管部门和专项监管部门报告重大危险源的监控措施实施情况；发生紧急情况时，应当立即报告安全生产监管部门和专项监管部门。

第二十八条　生产经营单位进行爆破、大型设备（构件）吊装、危险装置设备试生产、危险场所动火作业、有毒有害及受限空间作业、重大危险源作业等危险作业的，应当按批准权限由相关负责人现场带班，确定专人进行现场作业的统一指挥，由专职安全生产管理人员进行现场安全检查和监督，并由具有专业资质的人员实施作业。

生产经营单位委托其他有专业资质的单位进行危险作业的，应当在作业前与受托方签订安全生产管理协议。安全生产管理协议应当明确各自的安全生产职责。

生产经营单位或者接受委托的作业单位在危险作业前应当制定危险作业的方案和安全防范措施，并设置作业现场的安全区域。

从事危险作业时，作业人员应当服从现场的统一指挥和调度，并严格遵守作业方案、操作规程和安全防范措施。

第二十九条　生产经营单位为大型公共活动所设的临时性建筑物、构筑物及设施、设备的安全性能，应当经具有相应资质的机构检测、检验合格。

第三十条　生产经营单位不得将厂房、场所出租给不具备安全生产条件或者相应资质的单位或者个人。

生产经营单位出租厂房、场所给其他单位从事生产经营活动的，其出租的厂房、场所应当具备基本的安全生产条件，并书面告知承租人涉及厂房、场所安全的有关情况。租赁双方应当签订安全生产管理协议，明确双方对出租厂房、场所的安全管理责任。

出租方应当查验承租方所从事的生产经营范围，统一协调、管理同一区域多个承租单位的安全生产工作，加强对各承租人涉及厂房、场所安全行为的监督检查。发现承租方有安全生产违法行为的，应当及时劝阻并向所在地的安全生产监管部门和专项监管部门报告。

承租方应当严格遵守安全生产法律、法规，具备相应的安全生产资质和条件，并服从出租方对其安全生产工作的统一协调、管理。发生生产安全事故时，应当立即如实报告所在地的安全生产监管部门和专项监管部门。

第三十一条　生产经营单位应当为从业人员提供符合国家标准或者行业标准的劳动防护用品，并教育、督促从业人员正确佩戴、使用。生产经营单位不得以现金或者其他物品替代劳动防护用品的提供。

生产经营单位购买劳动防护用品时，应当查验产品质量合格证明；购买特种劳动防护用品时，还应当查验产品生产许可证和安全标志，并建立采购档案。

第三十二条　存在职业危害的生产经营单位应当依法建立职业危害防治制度，包括职业危害的防治责任、告知、申报、宣传教育、防护设施维护检修、日常监测、从业人员体检以及职业健康监护档案管理等内容。

存在职业危害的生产经营单位应当按照国家有关规定，委托具有相应资质的中介服务机构定期进行检测和评价。检测和评价报告应当向从业人员公布，并报安全生产监管部门备案。

生产经营单位发生职业危害事故，或者发现职业病病人、疑似职业病病人的，应当及时向安全生产监管部门和有关部门报告。

第三十三条　生产经营单位应当根据本单位的生产经营特点进行经常性的安全生产检查，定期进行专业性的安全生产检查，每月至少进行一次综合性的安全生产检查。

安全生产管理人员应当对检查中发现的事故隐患及时提出处理意见，跟踪事故隐患治理情况并记录在案。

第三十四条　生产经营单位对本单位的生产安全事故隐患治理负全部责任，发现事故隐患的，应当立即采取措施予以消除；对非本单位原因造成的事故隐患，不能及时消除或者难以消除的，应当采取必要的安全措施，并立即向安全生产监管部门和专项监管部门报告。

安全生产监管部门和专项监管部门接到报告后，应当及时进行处理。在隐患排除前，安全生产监管部门和专项监管部门可以在生产经营场所的明显位置设置事故隐患提示标志。

第三十五条　本市鼓励生产经营单位投保安全生产相关责任保险。

矿山、建筑施工、危险物品生产经营、道路交通运输、金属冶炼、船舶修造、装卸等行业的生产经营单位应当依照国家和本市的有关规定实行安全生产风险抵押金制度。发生生产安全事故时，原则上由企业先行支付抢险、救灾及善后处理费用，确实需要动用风险抵押金的，经安全生产监管部门和财政部门批准后，按照规定办理风险抵押金使用手续。生产经营单位投保安全生产相关责任保险的，经报送安全生产监管部门审核同意，可以免于存储安全生产风险抵押金。

第三十六条　生产经营单位按照国家和本市有关规定开展安全生产标准化工作，并接受安全生产监管部门的指导。

第三十七条　禁止生产经营单位及其有关负责人从事下列行为：

（一）指令或者放任从业人员违反操作规程或者安全管理规定从事作业；

（二）超过核定的生产能力、强度进行生产；

（三）隐瞒事故隐患，或者不及时处理已发现的事故隐患；

（四）违反操作规程或者安全管理规定从事作业；

（五）法律、法规规定的其他禁止行为。

第三章　从业人员的权利和义务

第三十八条　生产经营活动中，从业人员享有下列权利：

（一）在集体合同、劳动合同中，载明劳动安全、防止职业危害和工伤保险等事项；

（二）了解其作业场所、工作岗位存在的危险因素及防范、应急措施；

（三）对本单位安全生产工作中存在的问题提出建议、批评、检举和控告；

（四）拒绝违章指挥、强令冒险作业的要求；

（五）发现直接危及人身安全的紧急情况时，停止作业或者在采取可能的应急措施后撤离作业场所；

（六）因生产安全事故受到损害后提出赔偿要求；

（七）接受安全生产教育和培训，掌握本职工作所必需的安全生产技能；

（八）获得生产经营单位提供的符合国家和行业标准的劳动条件和劳动防护用品；

（九）因接触职业危害因素接受符合国家有关规定的职业健康检查；

（十）法律、法规规定的其他权利。

第三十九条　生产经营活动中，从业人员应当履行下列义务：

（一）严格遵守本单位的安全生产规章制度和操作规程；

（二）正确使用劳动防护用品；

（三）接受安全生产教育和培训；

（四）及时报告事故隐患和不安全因素；

（五）法律、法规规定的其他义务。

第四十条　生产经营单位使用劳务派遣人员从事作业的，应当将劳务派遣人员纳入本单位对从业人员安全生产的统一管理，履行安全生产保障责任，不得将安全生产保障责任转移给劳务派遣单位。

劳务派遣人员有依法向用工的生产经营单位主张安全生产的权利。

第四十一条　安全生产监管部门和有关部门应当加强对从业人员发生事故伤害的预防工作。

本市工伤保险基金按照国家和本市的有关规定安排一定比例的费用，用于工伤预防的宣传、培训等。

第四章　安全生产监督管理

第四十二条　本市实行各级人民政府和有关部门安全生产行政责任制度。

市和区、县人民政府及其有关部门的主要负责人对本地区、本行业的安全生产管理工作承担主要责任，其他分管负责人按照职责分工依法承担相应责任。

第四十三条　市和区、县人民政府应当对其所属部门和下级人民政府的安全生产工作进行年度考核，考核结果作为政府年度工作考核的重要依据。

市和区、县国有资产管理部门应当会同同级安全生产监管部门对其负责管理的国有企业的安全生产工作进行年度考核，考核结果纳入国有企业绩效考核。

第四十四条　市和区、县人民政府应当建立安全生产控制指标，对安全生产工作实行目标管理。

区、县人民政府和市有关部门每季度至少召开一次安全生产工作会议，分析本地区、本行业的安全生产形势和情况，研究、部署防范生产安全事故发生的措施和方案，协调并解决安全生产工作中的重大问题。

第四十五条　产业园区管理机构应当确定负责安全生产监督管理的机构和人员，支持、督促、检查本园区内生产经营单位的安全生产工作，并协助有关部门实施安全生产监督管理。发现安全生产违法行为或者事故隐患的，应当责令生产经营单位立即改正或者限期治理，并向有关部门报告。

第四十六条　乡、镇人民政府和街道办事处应当有相应机构和专门人员负责安全生产监督管理工作，对本辖区内高危行业和较大危险行业以外的生产经营单位实施安全生产日常检查，并协助有关部门实施安全生产监督管理。发现安全生产违法行为或者事故隐患的，应当向有关部门报告，并责令生产经营单位立即改正或者限期治理。

第四十七条　安全生产监管部门应当加强执法队伍的建设，依法开展行政执法工作。专项监管部门应当配置与其监督管理工作相适应的执法力量。

安全生产监管部门和专项监管部门应当定期对其执法人员开展安全生产技术知识、法律等方面的培训和考核。

第四十八条　市和区、县人民政府应当组织安全生产监管部门和专项监管部门对生产经营单位建立和落实安全生产责任制、生产安全事故隐患排查治理、安全生产教育和培训等安全生产工作以及容易发生事故的生产、经营场所或者施工的设备、设施和场所进行安全生产检查。

安全生产监管部门和专项监管部门可以实行联合检查，并采用定期检查、随时抽查的方式，对生产经营单位进行安全生产检查。

市安全生产监管部门应当会同有关部门组织编制危险化学品、易燃易爆物品、重大危险源、压力容器等重点事项的监督检查计划，明确实施监督检查的部门、频次等，并建立相应的监督检查记录制度。

第四十九条　安全生产监管部门和专项监管部门可以邀请专业技术人员和专家学者参与安全生产的监督检查、事故调查等工作，听取对专业技术问题的意见。

安全生产监管部门和专项监管部门应当建立、健全有关的专业技术人员和专家学者遴选、考核、奖酬、回避等制度。

第五十条　市安全生产监管部门会同有关部门组织编制安全生产重点监督管理单位目录，载明生产经营单位的名称、主要负责人姓名、监督管理部门以及监督管理的重点要求。

生产经营单位有下列情形之一的，应当列入安全生产重点监督管理单位目录：

（一）存在重大危险源的；

（二）存在重大事故隐患的；

（三）近三年内曾发生较大、重大或者特别重大生产安全事故的；

（四）市安全生产监管部门根据工作需要，认为有必要实行重点监督管理的其他情形。

第五十一条　生产经营单位存在重大生产安全事故隐患的，市和区、县人民政府应当指定有关部门督促生产经营单位制定、落实治理计划。

对于非生产经营单位原因造成，短时期内难以消除的重大生产安全事故隐患，市和区、县人民政府应当组织有关部门制定计划予以治理，并落实治理资金。任何单位和个人不得侵占治理资金或者挪作他用。

第五十二条　本市建立重大危险源信息监管系统，对重大危险源实施市和区、县两级监管。

安全生产监管部门和专项监管部门应当按照国家有关规定实施重大危险源备案。

第五十三条　本市对危险化学品行业实行统一规划、合理布局和严格控制。

本市有关部门组织编制城乡规划，应当根据本市实际情况，规划专门用于危险化学品生产、储存的区域和禁止建设危险化学品生产、储存项目的区域。

在城乡规划禁止建设危险化学品生产、储存项目的区域内，已建的危险化学品生产、储存项目，由安全生产监管部门会同有关部门督促生产经营单位在规定期限内进行调整；需要转产、停产、搬迁、关闭的，由市或者区、县人民政府组织有关部门实施，并根据有关规定给予补贴。

市安全生产监管、经济信息化部门应当会同有关部门，制定本市危险化学品产业结构调整指导目录。

市安全生产监管部门应当会同市经济信息化、发展改革、公安、交通港口、环保等部门，制定本市禁止、限制、管控危险化学品生产、储存、经营、使用、运输等的目录。

第五十四条　任何单位和个人发现生产经营单位存在重大事故隐患或者安全生产违法行为的，有权向安全生产监管部门和专项监管部门举报；对举报有功人员，由安全生产监管部门或者专项监管部门给予奖励。安全生产监管部门和专项监管部门应当为举报者保密。

本市对在改善安全生产条件、防止生产安全事故、参加抢险救护等方面取得显著成绩的单位和个人，给予奖励。

第五十五条　安全生产监管部门和专项监管部门应当通过电视、报纸、网络等媒体，对危害公共安全的安全生产违法行为及处理情况予以公布。

安全生产监管部门应当建立安全生产违法行为登录制度，在上海安全生产网上记载生产经营单位及其主要负责人、安全生产中介服务机构的有关违法行为及处理情况。任何单位和个人都有权进行查询。

第五章　生产安全事故的应急救援和调查处理

第五十六条　生产经营单位应当制定生产安全事故应急救援预案，报安全生产监管部门和专项监管部门备案。

高危行业的生产经营单位应当建立安全生产应急救援组织，配备应急救援器材、设备并进行经常性维护、保养。其他生产经营单位应当明确负责应急救援的人员。

生产经营单位应当每年至少组织一次综合应急救援预案演练或者专项应急救援预案演练。高危行业、较大危险行业的生产经营单位，应当每半年至少组织一次综合应急救援预案演练或者专项应急救援预案演练。

第五十七条　市和区、县人民政府应当建立、健全安全生产应急救援体系，根据本市突发公共事件总体预案，组织制定生产安全事故应急救援预案，确定应急救援队伍，储备应急救援物资、装备，加强安全生产应急救援资源共享和信息互通。

应急救援预案应当包括建立应急指挥体系，明确相关部门的应急救援职责，确定应急救援队伍，确定应急救援技术专家、建立抢险装备等信息数据库，确定交通、医疗、物资、经费、治安等保障措施，进行应急救援预案演练等。

第五十八条　生产经营单位发生生产安全事故后，应当在一小时内向安全生产监管部门和专项监管部门报告；

情况紧急时,应当在三十分钟内向安全生产监管部门和专项监管部门报告。

安全生产监管部门和专项监管部门应当逐级上报事故情况。每级上报均应当在一小时内完成口头上报,在两小时内完成书面上报。

第五十九条　生产安全事故发生后,生产经营单位应当立即启动相应的应急救援预案,迅速采取有效措施,组织抢救,防止事故扩大,减少人员伤亡和财产损失;市或者区、县人民政府以及安全生产监管部门、相关专项监管部门接到事故报告后,应当立即组织事故救援。

第六十条　除法律、行政法规另有规定外,本市发生的生产安全事故按照下列规定进行调查:

(一) 重大和较大生产安全事故,由市人民政府负责调查,市人民政府可以授权或者委托市安全生产监管部门或者其他有关部门组织调查;

(二) 一般生产安全事故,由事故发生地区、县人民政府负责调查,区、县人民政府可以授权或者委托区、县安全生产监管部门或者其他有关部门组织调查。

市人民政府认为必要时,可以调查区、县人民政府负责调查的事故。

第六十一条　安全生产监管部门应当定期统计分析本行政区域内发生生产安全事故的情况,并定期向社会公布。

生产经营单位发生重大生产安全事故或者一年内发生两次以上较大生产安全事故,且对事故发生负有主要责任的,安全生产监管部门应当会同有关部门向社会公告,并向市发展改革、规划国土资源、建设交通、经济信息化以及金融监管等部门通报有关情况。

第六章　法律责任

第六十二条　违反本条例规定的行为,《中华人民共和国安全生产法》及其他有关法律、法规已有处罚规定的,依照其规定处罚;构成犯罪的,依法追究刑事责任。

生产经营单位发生生产安全事故,造成他人人身、财产损害的,依照有关法律,承担赔偿责任。

第六十三条　生产经营单位违反本条例第十九条第三款的规定,未将安全生产费用的有关情况报送备案的,由安全生产监管部门责令限期改正;逾期未改正的,处以五千元以下的罚款。

第六十四条　生产经营单位未按照本条例第二十条规定配备专职安全生产管理人员的,由安全生产监管部门责令限期改正;逾期未改正的,责令停产停业整顿,并可以依法处以罚款,罚款额按未配备安全生产管理人员人数计,每少配备一人罚款五千元。

第六十五条　生产经营单位主要负责人、分管安全生产的负责人、安全生产管理人员未按照本条例第二十一条的规定参加安全培训并经考核合格的,由安全生产监管部门责令限期改正;逾期未改正的,处以五千元以上二万元以下的罚款。

第六十六条　生产经营单位违反本条例第二十二条的规定,未对从业人员进行安全生产教育培训的,由安全生产监管部门责令限期改正;逾期未改正的,责令停产停业整顿,并可以依法处以罚款,罚款额按未培训从业人员人数计,每少培训一人罚款五百元。

第六十七条　生产经营单位违反本条例第二十八条第二款、第三款的规定,从事危险作业未签订安全生产管理协议,或者未设置作业现场安全区域的,由安全生产监管部门责令改正,并可以对生产经营单位和接受委托的作业单位处以五万元以上二十万元以下的罚款。

第六十八条　矿山、建筑施工、危险物品生产经营、道路交通运输、金属冶炼、船舶修造、装卸等行业的生产经营单位违反本条例第三十五条的规定,未足额存储安全生产风险抵押金且未投保安全生产相关责任保险的,由安全生产监管部门责令限期改正;逾期未改正的,处以一万元以上三万元以下的罚款。

第六十九条　生产经营单位及其有关负责人违反本条例第三十七条第一项至第四项的规定,从事禁止行为的,由安全生产监管部门对生产经营单位处以一万元以上三万元以下的罚款,对其有关负责人处以一千元以上一万元以下的罚款。

第七十条　各级人民政府及其有关部门的工作人员有下列情形之一的,依照《中华人民共和国公务员法》、《中华人民共和国行政监察法》等法律、法规,追究行政责任;构成犯罪的,依法追究刑事责任:

(一) 未按照规定履行安全生产监督管理责任的;

(二) 因其失职、渎职行为造成重大生产安全事故隐患的;

(三) 发生生产安全事故,未按照规定组织救援或者玩忽职守致使人员伤亡或者财产损失扩大的;

(四) 对生产安全事故隐瞒不报、谎报或者拖延报告的;

(五) 阻挠、干涉生产安全事故调查处理或者生产安全事故责任追究的。

第七十一条　当事人对安全生产监管部门或者专项监管部门的具体行政行为不服的,可以依照《中华人民共和国行政复议法》或者《中华人民共和国行政诉讼法》的规定,申请行政复议或者提起行政诉讼。

当事人对具体行政行为逾期不申请复议,不提起诉讼,又不履行的,作出具体行政行为的安全生产监管部门或者专项监管部门可以申请人民法院强制执行。

第七章　附　　则

第七十二条　本条例下列用语的含义是:

(一) 生产经营单位,是指从事生产经营活动的企业、个体工商户以及其他能够独立承担民事责任的经营性组织。

(二) 生产经营单位主要负责人,是指生产经营单位的法定代表人和实际负有本单位生产经营最高管理权限的人员。

(三) 产业园区,是指依法设立并由市或者区、县人民政府派出或者指定机构管理的工业园区、高新技术产业开发区、保税区和出口加工区。

(四) 危险物品,是指易燃易爆物品、危险化学品、放射性物品等能够危及人身安全和财产安全的物品。

第七十三条　国家机关、事业单位、人民团体、民办非企业单位在日常运营中的安全作业管理,参照执行本条例。法律、法规另有规定的,从其规定。

第七十四条　本条例自2012年1月1日起施行。

关于贯彻《上海市职工代表大会条例》深化厂务公开民主管理工作的意见

各区县、局(集团公司)党、政、纪委、工会:

上海市第十三届人大常委会第二十三次会议表决通过的《上海市职工代表大会条例》(以下简称《上海市职代会条例》),2011年5月1日起实施。为贯彻落实《上海市职代会条例》,进一步加强本市企事业单位职代会制度建设,进一步深化厂务公开民主管理工作和提高运行质量,提出如下意见。

一、充分认识贯彻《上海市职代会条例》、深化厂务公开民主管理工作的重要意义

1. 深刻认识贯彻《上海市职代会条例》、深化厂务公开民主管理对全面贯彻落实科学发展观的重要意义。厂务公开民主管理的主要载体是职代会制度。职代会制度是企事业单位民主管理的基本形式,是推行和深化厂务公开民主管理的基础和保证。通过职代会让职工参与企事业单位民主管理,是贯彻落实科学发展观,实现以人为本,推动党的全心全意依靠职工办好企事业单位大政方针的重要体现;是党组织统揽全局,协调不同群体利益矛盾,维护职工合法权益和合理诉求,发展和谐劳动关系的有效途径;是促进企事业单位在改革发展中实现与职工共建共享,共同发展的内在需求;是健全完善企事业单位科学民主决策机制,保障职工民主参与,加强企事业单位党风廉政建设和干部队伍建设,密切党群关系和干群关系的有效手段。

2. 深刻认识贯彻《上海市职代会条例》对推动上海经济社会发展的现实意义。在长期的实践中,本市基层企事业单位聚焦职代会制度建设,保障职工规范有序地参与企事业单位厂务公开民主管理,平稳有序地推进了国资国企改革、促进了非公经济快速健康发展,为上海经济社会发展作出了积极的贡献。《上海市职代会条例》制订过程中吸取了不少基层单位的成功经验,兼顾了国有企事业单位长期实践的深厚基础和非公有制企业需要循序推进的实际,使《上海市职代会条例》更具有广泛普适性和分类指导性。《上海市职代会条例》的颁布实施,必将为本市创新驱动、转型发展和"十二五"规划的顺利实施,切实保障职工民主权利,充分调动广大职工积极性和创造性,加快推进"四个率先"、加快建设"四个中心"起到十分重要的作用。

二、坚持党的领导,因地制宜推动企事业单位贯彻落实《上海市职代会条例》,巩固深化厂务公开民主管理

3. 上级党组织要切实发挥组织领导整体推进作用。各地区、系统(产业)党委以及企事业单位的上级党组织要切实加强组织领导,把贯彻落实《上海市职代会条例》、推行和深化厂务公开民主管理,列为对企事业单位党政组织和领导干部业绩评价和考核的重要内容,整体规划,合力推进;要采取长期有效的举措,推动基层企事业单位党政组织和领导干部把贯彻落实《上海市职代会条例》提高到巩固党的阶级基础和执政地位,维护改革、发展、稳定的大局来认识和把握;要重视和发挥各级工会在推进职代会制度中的作用,保障工会切实有效地通过职代会制度协调利益矛盾,维护职工合法权益和合理诉求,并为工会运行职代会制度提供必要的条件。

4. 国有企事业单位党组织要切实发挥政治核心作用。国有企事业单位的党组织要会同行政领导班子与工会,共同研究制定本单位深化职代会制度的实施办法和措施;要督促企事业单位行政领导班子,自觉地把职代会制度建设摆到重要工作位置,纳入企事业单位内控制度,进入管理流程;要按照《上海市职代会条例》的规定,结合中央、国务院和市委、市政府有关深入推进厂务公开民主管理的要求,督促行政领导班子和工会,规范运作职代会制度,确保职代会在促进企事业单位科学民主决策、维护职工权益、形成监督制约机制、构建和谐稳定劳动关系等方面的积极作用;要会同本单位纪委、监察、组织、工会和有关职能部门,共同对《上海市职代会条例》的贯彻落实情况进行检查,发现问题及时整改,不断提高职代会的运行质量,推动本单位厂务公开民主管理工作的持续深化。

5. 非公有制企业党组织要切实发挥组织保障作用。非公有制企业党组织要坚持推进《上海市职代会条例》贯彻实施的正确方向,在党建工作全覆盖的过程中,积极推动企业工会的组建和职代会制度的实施;要加强与业主、经营管理者的宣传沟通,激发业主和经营管理者实行职代会制度的内在动力,推进职代会制度的有效落实;要充分依靠工会,积极支持工会规范运作职代会;要充分发挥企业党员在推进职代会制度中的骨干和表率作用,使《上海市职代会条例》的贯彻落实有领导、有组织,稳步健康地进行。

6. 乡镇街道党组织要切实发挥统筹协调作用。全市各乡镇街道党组织要结合各自实际,充分运用"两新组织"党建网络与工会组织网络的优势,大力推动所属区域、行业建立职代会制度;要有效协调乡镇政府、街道办事处积极为区域性、行业性职代会的正常运行提供必要的人力、财力和组织保障;要把贯彻《上海市职代会条例》,推进职代会制度与建立工会,建立区域性、行业性集体协商的"两个普遍"有机结合,并作为加强区域性大党建,全面推进"两新组织"党的建设的系统工程,做大做实做强;要

通过区域性、行业性职代会等制度建设，有效协调区域、行业内企业劳资矛盾，及时化解劳资纠纷，帮助和指导“两新组织”业主、经营管理者和职工，通过民主协商的方式，妥善处理劳动关系问题，促进企业和区域、行业平安建设。

三、推进全面建制，强化规范运作，不断夯实厂务公开民主管理的制度基础

7. 国有企事业单位应当实现职代会的全面建制。国有、集体及国有控股企业、事业单位应当实现全面建制，并积极推进下属分公司（厂）、分院（校）建立职代会制度，行使与行政管理权限相对应的职工民主管理权利。集团公司作为《上海市职代会条例》要求的建制单位，应当加强集团公司职代会建制工作，形成集团、子（分）公司、分厂等多级民主管理格局，保证职工在不同层面发挥厂务公开民主管理的作用。要重视企事业单位改制过程中职代会制度的建立、健全，不因体制变化而削弱厂务公开民主管理。

8. 非公有制企业要加快职代会的建制步伐。民营企业、外商投资企业、港澳台资企业、民办非企业单位，以及依法成立的会计师事务所、律师事务所等合伙组织和基金会等单位要加快建立职代会制度的步伐。尚未建立工会的企业，应当在上级工会的指导、帮助下组建工会组织，并同步建立职代会制度。要坚持职代会制度为职工民主管理的基本形式，坚持参与民主管理和维护职工权益为职代会的基本任务，坚持实现企业与职工“双赢”为职代会的基本目标，有序运行职代会制度。

9. 加大推进区域性、行业性职代会的建制力度。乡镇街道及工业园区、经济园区、商务楼宇等中小型企业集聚地，要积极推进区域性、行业性职代会的建制。要通过建立和完善区域性、行业性职代会制度，组织职工民主管理，共同解决中小企业劳动关系共性问题，及时化解区域、行业内企业的各类劳资矛盾，促进中小企业的健康发展和所在区域、行业经济社会的持续发展。

10. 规范运作职代会制度。企事业单位要按照《上海市职代会条例》要求，结合各单位实际，制定本单位职代会实施办法；要以职工参与的广泛性、运作过程的民主性、实施程序的规范性为原则，推动《上海市职代会条例》在本单位的贯彻实施；要注重职代会与职工董监事、集体协商和劳动争议调解等制度的有效衔接，充分发挥制度的整合效应，维护职工合法权益，促进企事业单位劳动关系的稳定和谐；要强化职代会的工作制度建设，通过职代会议事规则、提案、巡视检查、质量评估等各项工作制度，以及职代会民主管理专门小组（委员会）的作用发挥，不断提高职代会的运行质量。

四、强化职权建设，突出重点，分类指导，充分发挥职代会制度在深化厂务公开民主管理工作中的积极作用

11. 把好职代会知情审议和审查监督关。企事业单位，尤其是非公有制企业要着力丰富职代会报告审议的内容，不断扩大厂务公开民主管理的内涵。要在坚持将企事业单位发展规划、年度经营管理情况和重要决策事项向职代会报告的基础上，将涉及职工切身利益的劳动规章制度，以及行政与工会就职工工资调整、经济性裁员、群体性劳动纠纷和重大事故隐患或职业危害等事项进行集体协商的情况重点向职代会报告，接受职工代表的审议，使这类既敏感又易引发群体性劳动关系问题的事项能够通过职代会制度平台有序解决。同时，企事业单位还应定期向职代会公开为职工缴纳养老、失业、医疗等社会保险金情况，公开执行国家和政府规定的劳动安全卫生保护情况，公开劳动合同、集体合同及各类专项集体协议的签订、修订、续订、履行情况，公开职工教育培训经费提取使用情况，以及公开企业依据劳动规章制度辞退和处分职工等情况，并接受职代会的审查监督，以规范企事业单位的劳动用工行为，维护职工合法权益。

12. 把好职代会对领导人员廉政勤政情况的民主监督和民主评议关。要结合党的十七届四中、五中全会和2010年全国厂务公开民主管理工作会议精神，结合九届市委十四次会议精神，以及《国有企业领导人员廉洁从业若干规定》，规范国有企事业单位领导人员廉洁自律情况向职代会报告的相关程序，切实发挥职代会在促进党风廉政建设和干部队伍建设方面的独特作用；要按照中央纪委、中央组织部、国务院国资党委、监察部、全国总工会和全国工商联合会共同下发的《关于进一步做好职工代表大会民主评议国有企业领导人员工作的意见》（总工发〔2011〕7号）以及市厂务公开工作领导小组主要成员单位共同下发的《关于进一步加强本市国有企事业单位职工（代表）大会民主评议领导人员的指导意见》（沪委组〔2008〕发字42号）的规定，加强职代会民主评议工作，将职代会民主评议与上级党组织考核有机结合，切实发挥厂务公开民主管理在密切党群关系和干群关系中的积极作用，推动党管干部的群众路线在基层企事业单位得到更好地贯彻落实。

13. 把好职代会对收入分配、福利待遇等涉及职工切身利益事项的审议通过关。要切实发挥职代会在促进企事业单位薪酬分配制度中科学民主、公正合理的积极作用。要结合贯彻落实《中共上海市委办公厅、上海市政府办公厅转发〈市人力资源社会保障局、市总工会、市企业联合会（企业家协会）关于本市全面推进集体协商机制建设的意见〉的通知》精神，积极将包括工资标准和结构、劳动定额标准和计件单价标准、工资支付办法、职工基本福利项目以及企业年金等在内的企事业单位分配制度或方案草案，以及集体合同（工资专项协议）草案提交职代会审议，以无记名表决方式通过。要继续严格按照“有人管、有方案、有程序、有挂钩、有考核、有监督”的“六有”原则，规范经营管理者的收入分配，通过上级组织的监管和企事业单位职代会的民主参与和民主监督，促进企事业单位经营管理者与普通职工收入的同步增长；要以职代会为载体，把审议薪酬分配制度方案的过程，作为发扬民主、理性表达诉求、兼顾各种利益的过程，使企事业单位的薪酬分配制度体现激励与制约的结合，协调与平衡的统一，推动厂务公开民主管理在热点、难点问题上有新突破、新进展，促进企事业单位和职工在共建共享中实现共同发展。

14. 把好职代会对企事业单位改制过程中的民主程序关。要结合全国人大常委会审议通过的《企业国有资产法》和国务院相关规定对企业转改制的界定及要求，严格把好国有企事业单位改制过程中的民主程序。要强化工会组织源头参与的工作力度，切实发挥工会组织在平稳推进企事业单位改革，维护职工合法权益过程中的积极作用；要继续强化国有企事业单位改制过程中的“三个必须”，即企事业单位改制政策、改制方案、资产评估、债权债务和涉及职工切身利益的其他重大事项，必须及时向职工公开，接受职工监督；必须依法规范、全面落实职代会对企事业单位改制方案的审议权、资产的监督权；凡企事业单位改制方案中涉及职工切身利益的重大事项必须提交职代会审议，并以无记名表决方式通过；要指导和督促改制后的企业建立健全集体协商和职代会等劳动关系协调制度建设，推动改制企业通过厂务公开民主管理构建和谐稳定的劳动关系。

五、整体规划，多措并举，合力推动《上海市职代会条例》和厂务公开民主管理工作更好地为上海经济社会发展服务

15. 实施三年培训规划，不断提高各方对贯彻《上海市职代会条例》的思想认识。市和地区、系统（产业）各级厂务公开领导小组要积极依托各级党校、行政培训基地以及工会管理干部学院等机构，全面实施对各级党政工领导干部和全市50万名职工代表的培训计划。各地区、系统（产业）和各企事业单位要首先加强对党政领导干部的教育培训，努力提高领导干部对贯彻《上海市职代会条例》，推行和深化厂务公开民主管理的思想认识；市、区县局（产业）、乡镇街道工会要强化对工会干部和职工代表的教育培训，指导和帮助工会干部和职工代表，全面正确地掌握职代会制度的相关知识，正确运用职代会制度平台，推动企事业单位和职工在民主和谐的环境下实现共同发展。

16. 多措并举，推动《上海市职代会条例》的贯彻实施。各级厂务公开领导小组要加大对贯彻《上海市职代会条例》的宣传引导，通过各种行之有效的宣讲、报告等方式，广泛宣传《上海市职代会条例》的宗旨、规定和要求，以营造良好的社会氛围；要大力培育典型，以点带面，推动越来越多的企事业单位通过职代会制度实行厂务公开民主管理；要将贯彻《上海市职代会条例》的实施作为每年厂务公开调研检查的重要内容，督促基层企事业单位更好地贯彻《上海市职代会条例》。各级工会组织要充分运用劳动法律法规赋予的监督检查权，规范企事业单位执行《上海市职代会条例》。各级国有资产、教育、卫生等主管部门和人力资源社会保障等行政管理部门要重视工会劳动法律监督处理的建议，合力推进基层企事业单位更好地贯彻执行《上海市职代会条例》。

17. 加大《上海市职代会条例》贯彻实施中新情况、新问题的研究，继续推动职代会制度的创新发展。要对《上海市职代会条例》的贯彻实施情况进行跟踪调查，通过各种类型的现场观摩、案例分析、专题研讨等举措，不断破解《上海市职代会条例》贯彻实施过程中出现的新情况、新问题。要重点研究和探索推进劳务派遣工参加职代会行使民主管理权利的实现途径和方法，切实保障他们通过厂务公开民主管理有序维护自身权益。要会同社会各有关方面，加大对职代会制度与现代企业制度、薪酬分配制度、和谐劳动关系创建、社区共同治理等理论和实践方面的探索研究，以开拓进取的精神，推动本市基层企事业单位厂务公开民主管理工作得到更好地创新发展。

中共上海市纪律检查委员会
中共上海市委组织部
中共上海市委宣传部
上海市总工会
中共上海市国有资产监督管理委员会委员会
中共上海市经济和信息化工作委员会
中共上海市城乡建设和交通工作委员会
中共上海市金融工作委员会
中共上海市教育卫生工作委员会
中共上海市科学技术工作委员会
中共上海市社会工作委员会

2011年3月11日

关于实施《上海市职工代表大会条例》若干问题的意见

各区县局（产业）工会，各区县人力资源和社会保障局、企业联合会/企业家协会、工商业联合会，各市企业（集团）公司：

为更好地贯彻实施《上海市职工代表大会条例》（以下简称《条例》），进一步推进本市职工代表大会制度建设，构建和谐稳定的劳动关系，现就《条例》实施过程中的若干问题，提出如下具体意见：

一、关于《条例》的适用范围

《条例》第二条规定的应当建立和实施职工代表大会制度的企业、事业单位以及民办非企业单位等组织（以下统称“企事业单位”）包括国有、集体及其控股企业，事业单位，民营企业，港澳台及外商投资企业，民办非企业单位等本市行政区域内的所有企事业单位。

二、关于职工大会

职工代表大会和职工大会是企事业单位实行民主管理的基本形式。职工大会由全体职工参加，依照职工代表大会的职权、相关组织制度和议事规则等执行。

职工人数不足一百人的企事业单位一般召开职工大会。但因工作地点分散、实行特殊工时制等难以召开职工大会的，可以召开职工代表大会。

三、关于企事业单位在建立和实施职工代表大会制度中的职责

企事业单位应当建立职工代表大会制度，并为职工代表大会制度的建立和规范运作提供必要的支持和保障。企事业单位管理方与工会方应协商制定职工代表大会实施办法，将建立健全职工代表大会制度纳入企事业单位的管理制度。按照《条例》的规定向职工代表大会作相关工作报告，与工会协商制定提交职工代表大会审议或审议通过事项的方案（草案），尊重职工代表大会的意见和建议，责成有关职能部门落实职工代表大会审议通过的事项和决议，为职工代表大会的运作和实施提供人员、经费和物质等保证。

四、关于企事业单位工会在建立和实施职工代表大会制度中的职责

企事业单位工会承担职工代表大会工作机构的职责，并按照《条例》第六章的规定履行职责，组织职工代表开展日常民主管理活动，不断提升职工代表大会的运行质量。

企事业单位工会应组织开展提案活动，督促企事业单位及其有关部门对提案的办理；组织职工代表对职工代表大会审议通过的重要事项和决议的贯彻落实情况进行巡视检查，将检查情况和整改建议向企事业单位及其有关部门书面反馈，并督促整改；组织职工代表围绕职工代表大会制度运行情况开展质量评估，并与企事业单位共同研究制定整改措施；在职工代表大会闭会期间组织职工代表通过多种形式和渠道，反映职工群众的意见和建议，参与企事业单位的民主管理。

五、关于劳动关系三方在推进职工代表大会制度建设中职责

市和区、县人力资源社会保障行政管理部门、同级工会和企业联合会（企业家协会）、工商业联合会等相关企事业单位代表，应当通过劳动关系三方协商机制，共同推进企事业单位建立健全职工代表大会制度。

劳动关系三方协商机制应当定期讨论确定职工代表大会制度实施的推进计划；开展专项调查研究，掌握基础信息；分析并协商处理职工代表大会制度实施过程中的突出问题；为企事业单位提供与职工代表大会制度有关的政策咨询和业务培训。

六、关于劳务派遣人员参加职工代表大会

劳务派遣人员可以参加劳务派遣单位的职工代表大会，也可以参加用工单位的职工代表大会。

用工单位吸纳劳务派遣人员参加职工代表大会的具体办法，由用工单位工会与用工单位协商后确定；用工单位尚未吸纳劳务派遣人员为职工代表的，职工代表大会应当有劳务派遣人员列席代表参加。

七、关于职工代表的构成

职工代表的构成应当以一线职工为主体，且不低于百分之五十。企事业单位中直接从事生产服务、专业技术等基础性工作的职工视作一线职工。

职工代表的构成中，中、高层管理人员不超过百分之二十。跨地区、跨行业的大型集团型企业的比例可以适当提高，但不得超过百分之四十。

八、关于职工代表的撤免

《条例》第十八条第二款规定的职工代表因无故不履行或者无法履行代表职责需要被撤免的情形包括：职工代表退休、辞职、内退、协保等原因离开本单位或工作岗位的；职工代表因病假、待岗等原因难以履行代表职责的；职工代表严重失职失去选区内职工信任的；职工代表严重违反本单位规章制度的或因违法犯罪受到刑事处罚的；本人提出辞去职工代表的；职工代表因工作变动调离原选区的。

九、关于区域性、行业性职工代表大会

区域、行业工会应综合考虑区域、行业特点、企业和职工队伍状况等因素，以体现共性特点、便于组织开展工作为原则，组织一定范围的企业联合建立区域性、行业性职工代表大会。

区域、行业工会会同有关组织和部门与区域、行业内企业协商确定职工代表人数和构成时，应充分考虑到企业的覆盖面和职工的代表性。区域性、行业性职工代表大会的职工代表可以由区域、行业内企业的职工、经营管理者，区域、行业工会负责人，区域、行业企业组织代表等方面负责人构成。

区域、行业工会和区域、行业企业组织代表在推动区域性、行业性职工代表大会建制的同时，应当帮助和指导参加区域性、行业性职工代表大会的企业逐步建立健全本单位的职工代表大会制度。

十、关于对职工代表大会制度实行情况的监督检查

上级工会在日常工作中发现企事业单位违反《条例》的行为应当提出纠正的意见，会同企事业单位及其工会共同研究改正的措施和期限。对拒不配合、不予纠正的，可以向市和区、县总工会报告，建议发出工会劳动法律监督整改意见书。市和区、县总工会发出的工会劳动法律监督整改意见书应当明确需要整改的具体事项和期限要求。

企事业单位接到市和区、县总工会发出的工会劳动法律监督整改意见书，在规定的期限内未予整改的，市和区、县总工会可以向国有资产、教育、卫生等相关主管部门，以及人力资源和社会保障行政管理部门提出处理建议书。国有资产、教育、卫生、人力资源和社会保障等行政管理部门应当依法调查处理。

市和区、县人力资源社会保障行政管理部门在依法行政的过程中发现企事业单位违反《条例》、侵害职工劳动权益的，应当依法及时处理。

上海市总工会
上海市人力资源和社会保障局
上海市企业联合会
上海市企业家协会
上海市工商业联合会

二〇一一年四月十二日

上海市总工会关于贯彻落实《上海市职工代表大会条例》的通知

各区县局(产业)工会:

《上海市职工代表大会条例》(以下简称《条例》)已于2010年12月23日经上海市第十三届人大常委会第二十三次会议表决通过,将于2011年5月1日起正式施行。为认真学习宣传《条例》,推动《条例》在本市全面贯彻落实,现就有关事项通知如下。

一、充分认识《条例》施行的重要意义,提高贯彻落实《条例》的自觉性

《条例》是本市第一部全面规范基层企事业单位职工代表大会制度的地方性法规,具有很强的普适性、规范性和指导性。《条例》明确了本市行政区域的所有企事业单位都应当建立职代会制度;职工通过职代会制度享有对企事业单位重大发展规划和重要事项的审议建议权、对涉及自身切身利益事项的审议通过权、对法律法规规定企事业单位必须遵守执行事项和企事业单位与工会协商确定事项的审查监督权、对职工董监事等人员的民主选举权、对国有企事业单位领导人员的民主评议权;对职工代表、职代会的组织制度和议事规则等也作出了明确规定;对推进区域性、行业性职代会制度提出了新要求;对各级工会推进职代会制度赋予了不同的职责;并明确规定了对实施职代会制度的监督检查和法律责任。

2011年是本市"十二五"规划的开局之年,是上海深化改革开放、实现创新驱动、转型发展的关键之年。《条例》的颁布实施,必将对全面贯彻落实科学发展观,推进本市基层企事业单位民主政治建设,切实保障职工民主权利,加快推进"四个率先"、加快建设"四个中心"和社会主义现代化国际大都市起到十分重要的作用;在协调劳动关系,维护职工合法权益,推进建立企事业单位的利益协调机制、诉求表达机制、矛盾调处机制和权益保障机制等方面发挥积极作用;在建立健全现代企业制度、完善法人治理结构、提高企事业单位科学民主决策和经营管理水平,以及加强党风廉政建设和干部队伍建设、密切党群和干群关系等方面发挥重要作用。各级工会要充分认识贯彻《条例》的重要意义,切实提高贯彻落实《条例》的自觉性,求真务实,开拓创新,奋发有为,使《条例》各项规定在企事业单位得到真正落实。

二、认真抓好学习宣传培训,努力营造贯彻落实《条例》的良好社会氛围

市总工会将在总体规划的基础上,积极依托市厂务公开工作领导小组、市劳动关系三方等单位和组织,加大对《条例》的学习宣传和培训工作,提升社会各方对《条例》的关注度和认知度,努力营造贯彻落实《条例》的良好社会氛围。一是开展《条例》的宣传引导工作。通过报刊、电视、网络等各种手段和形式,广泛宣传《条例》的现实意义、主要内容及相关规定等。在《条例》正式施行前,市总工会将会同有关单位举行新闻发布会。各级工会也要集中一周左右的时间,开展送《条例》到基层、进企业等各种形式的宣传活动。二是开展《条例》的学习培训工作。各级工会要充分利用各种社会培训资源,发挥各级各类培训基地的作用,开设职代会民主管理教学培训内容,加大学习培训工作的力度,增强各级工会干部和职工代表民主管理意识,推进民主政治建设。2011年,市总工会将组织开展500名《条例》师资力量和工会干部的培训,同时启动全市50万名职工代表三年培训计划。其中,2011年全市要完成15万名职工代表的培训。通过培训让广大职工代表系统地了解掌握《条例》规定和相关的民主管理知识,为更好地履职奠定良好的基础。通过培训让广大工会干部更好地运用职代会制度和开展相应的工会工作,促进企事业单位和职工的共同发展。三是开展《条例》的知识竞赛。市总工会在《条例》实施的前后,通过报刊、网络等媒体,开展全市性的《条例》知识竞赛,使更多的基层企事业单位和职工群众能熟知和掌握《条例》的相关规定。四是市总工会联手相关单位适时举办以外商投资企业为重点对象的《条例》宣传咨询会,针对《条例》关于非公有制企业推行职代会制度作出的规定进行讲解,为非公有制企业资产所有者、经营管理者及人力资源等相关人员提供咨询服务,推动更多的非公有制企业建立职代会制度和提高企业民主管理水平。

三、加大分类指导和典型引导力度,不断推动《条例》的贯彻落实

《条例》要求所有企事业单位应当建立职代会制度,并对不同所有制企事业单位的职代会在职权内容上作出了相应的规定,这是针对公有制企事业单位与非公有制企业职代会的不同实践基础提出的客观要求。各级工会组织要根据《条例》的规定,结合本地区、本系统和本单位的实际,强化对不同所有制企事业单位分类指导的力度。对公有制企事业单位和已经实行职代会制度的非公有制企业,要根据《条例》的规定着重在职代会的各项工作制度上下功夫,推进职代会制度不断巩固深化;对尚未建立职代会或职代会制度刚刚起步的非公有制企业,着重在指导其建立职代会制度、逐步规范职代会制度的有效运作方面下功夫。各级工会要根据实际,选树不同的典型,加大培育和推广力度,以点带面,推动更多的企事业单位通过职代会制度调动经营管理者和职工群众的积极性,发展和谐劳动关系,实现企事业单位和职工的共同发展。市总工会将会同有关方面制定《上海市职工代表大会条例实施细则》,撰写《上海市职工代表大会条例释义》。组织开展不同所有制企事业单位实践职代会制度、通过职代会化解劳动关系突出矛盾和问题以及《条例》贯彻落实过程中难点热点问题的研究探讨,并对面上工作制定出相关的指导意见。

四、加强组织领导,不断把《条例》贯彻落实工作引向深入

《条例》贯彻落实是一项长期而艰巨的任务。各区县局(产业)工会要把《条例》贯彻落实放在重要工作日程,形成与市总工会联合互动的工作格局。要切实加强学习宣传、贯彻落实《条例》工作的组织领导,主动争取党政组织的重视和支持。要借助各级厂务公开工作领导小组成员单位的力量,专题研究和合力推进《条例》的贯彻落实。要指导基层企事业单位将学习宣传、贯彻落实《条例》与推进"两个普遍"有机结合,深刻领会贯彻《条例》对依法推动企业普遍建立工会组织、普遍开展工资集体协商工作的深远意义,努力做到建立工会组织、推进集体协商、健全完善职代会制度"三同步",推动职代会制度更好地为提高集体协商运行质量,维护职工合法权益,不断提高工会组织在职工群众中的凝聚力与影响力服务。要将贯彻《条例》与创建劳动关系和谐企业有机结合,指导基层通过职代会制度进行有效的劳资沟通,使职代会制度更好地为发展和谐劳动关系,促进企事业单位与职工和谐共处、共谋发展服务。要切实采用多种形式提高职代会的建制率,注重掌握和积极推进非公有制企业,尤其是在沪世界500强的外资企业和百强民营企业建立职代会制度。要加大推进区域性、行业性职代会制度建设,重视研究不同所有制企事业单位在贯彻《条例》过程中出现的新情况、新问题,主动加强与市总工会的联系沟通,共同寻求破解之道,依法维护《条例》的权威性和职工群众的民主权利,不断将《条例》贯彻落实工作引向深入。

二〇一一年一月十八日

关于进一步加强女职工周末学校建设的意见

各区县局(产业)工会、女职工委员会:

上海市女职工周末学校成立15年来,广泛开展各类教育培训工作,已成为提升女职工素质、促进女职工成才的一项有效载体。为贯彻十七届六中全会精神,落实全国总工会《关于充分发挥工会"大学校"作用,提高职工队伍整体素质的决议》,以及《上海职工素质工程"十二五"发展规划》,进一步推进女职工周末学校工作,加大对女职工培训力度,促进女职工成才发展,现就进一步加强女职工周末学校建设提出以下意见。

一、指导思想

按照《上海职工素质工程"十二五"发展规划》目标要求,深入实施女职工素质提升工程,进一步发挥女职工周末学校作用,充分激发女职工的创造潜能和创造活力,培养和造就一支"学习型、知识型、技能型、创新型"的女职工队伍,适应上海"十二五"规划发展要求,为推动上海经济社会发展作出女职工的积极贡献。

二、工作目标

围绕上海"十二五"期间创新驱动、转型发展对女职工队伍素质的要求,大力推进女职工周末学校建设。"十二五"期间,参与女职工周末学校等教育培训的女职工达到80%以上,不断提高女职工综合素质,使更多的女职工成为具有崇高的职业道德、无私的奉献精神、卓越的创新意识、精湛的服务技能、文明的礼仪风采的时代职业女性;规范女职工周末学校开办和运作,进一步提高办学质量和水平,选树100个"上海市女职工周末学校示范学校",争创10所"全国工会女职工培训示范学校",发挥示范学校的引领作用,为女职工发展成才创造条件。

三、工作任务

(一) 大力推进女职工周末学校建设

区县局(产业)工会、公司、街道乡镇、经济园区、楼宇、基层单位均可建立女职工周末学校,可通过挂牌、发文、仪式等形式成立,有相对固定的培训场地或教室,要为女职工培训提供必要的资金保障。由工会领导或女职工委员会主任担任学校领导,并由专人负责日常工作,做到职责任务明确,有健全的管理制度。要根据上海"十二五"发展规划,针对不同层面女职工需求开展培训,制定切实可行的培训计划,培训课程实行菜单选择,使周末学校成为女职工素质提升的重要载体。

区县局(产业)女职工周末学校应发挥示范带头作用,除定期组织培训外,要推进具有一定规模的基层单位女职工周末学校的建立,并对基层女职工周末学校有要求、有计划、有指导,有条件的单位可组建周末学校讲师团,为基层提供教师资源。街道乡镇、经济园区、楼宇等女职工周末学校要积极组织本区域内基层单位女职工参与周末学校的学习和培训,为不具备独立培训能力的基层单位提供服务。基层女职工周末学校要针对本单位女职工需求,有计划、有重点开展培训,促进女职工素质提高。

(二) 积极拓展女职工周末学校办学形式

女职工周末学校要结合实际,体现行业特色、女职工特点。不断创新周末学校的办学形式,结合办学单位实际,从有利于女职工需要和提高办学效果出发,可命名为"女职工周末学校"、"女职工周末学校教学点"、"女职工周末学校流动课堂"等。不断拓展周末学校的培训渠道和载体，充分利用讲座、论坛、沙龙、竞赛、咨询、参观等形式，通过课堂教育、网络学习、操作实践等方式，开展教育培训和活动。积极借助培训中心、电视大学、业余大学、社区学院(校)、工人文化宫、职工之家等行政和工会教育资源，联手开展女职工教育培训。探索工作特色，鼓励女职工周末学校品牌创建。

（三）努力提高女职工周末学校培训成效

增强办学的针对性、有效性，提高周末学校办学成效。坚持社会主义先进文化前进方向，以建设社会主义核心价值体系为根本任务，以满足女职工精神文化需求为出发点和落脚点，广泛开展思想政治、科学文化、职业技能、文明礼仪、法律法规、职业道德、心理疏导、女性保健、兴趣爱好等方面的教育、传播和普及。建立周末学校培训与岗位成才联动机制，将培训学习与技能比赛、技能鉴定、职业晋级有机结合。深化培训内容，提高师资质量，使培训内容向专业化、系统化、项目化方向发展。联合有资质的各类培训机构，针对企业发展所需、女职工所求，共同开发、实施工学结合的教育培训课程，使培训成果得到社会认可，提高培训工作的含金量。积极探索周末学校学习成果的认证与转换，与终身教育“学分银行”机制相衔接，积极争取地方教育附加费中企业职工培训经费的支持，使女职工周末学校成为女职工终身教育的重要载体。

四、工作要求

（一）领导重视，推进女职工周末学校的建设

建立健全女职工周末学校是女职工提升素质建功立业工程的一项重要内容，是充分发挥工会“大学校”作用、维护女职工精神文化权益、促进女职工全面发展的一项长期的战略任务，是建设学习型社会和终身教育体系的一个重要载体。各级工会组织和女职工组织要切实加强组织领导，把办好女职工周末学校作为围绕中心、服务大局、服务女职工的重要工作来抓。争取党政支持，整合各方资源，借势借力，精心组织，统筹安排，将女职工周末学校各项任务落到实处。

（二）重点突出，加强工作的针对性

结合工作实际，针对新时期女职工队伍的新特点和实际需求，找准工作定位，突出培训重点，拾遗补缺、提高成效。积极发挥周末学校作用，重点开展女职工迫切需要学习、掌握的新知识、新技能、新理念的培训，以及适合女性特点、提升综合素养的各类知识培训。

（三）示范创建，完善工作运行机制

加强经验总结和宣传，积极推动示范学校的创建工作，切实发挥示范学校的引领、示范和辐射作用。各级工会要切实加强女职工周末学校的建设，通过女职工权益保护专项集体合同等制度，确保周末学校教育培训经费等保障措施的落实。不断完善运行机制，将女职工周末学校建设纳入本系统、本单位工会女职工工作任务和目标之中。

二〇一一年十月三十一日

劳动报 2011 年工会新闻要目

日期	篇目	作者	版面
1月1日	寄语2011年，倾诉职业梦想		第四版
1月3日	跨年加班的人们	王枫 李貌 王业斐 范国忠	第五版
1月5日	塑料制品行业建立集体协商机制	王枫	第七版
1月6日	“扬招门”考问的哥职业道德	王枫	第六版
1月8日	到2012年，已建会企业基本实现集体合同全覆盖	张路	第六版
1月9日	员工提金点子可获丰厚积分	范国忠	第六版
1月11日	这100元是不是小费该不该收?	王枫	第七版
1月12日	上海工会明开展送温暖大行动	张路	第七版
1月13日	建议发布“菜篮子价格指数”	张路	第六版
1月14日	心系职工情，隆冬申城暖风吹	王枫 王业斐 范国忠 李貌	第七版
1月15日	关爱农民工，我们的兄弟	何文庆 王枫 李貌 赵竺安 范国忠	第三版
1月19日	家乐福的面包还是12年前的那个价吗?	何文庆	第四、五版

续　表

日　期	篇　　目	作　者	版　面
1月19日	家乐福员工工资12年“原地踏步”	王业斐	头版、十二、十三版
1月21日	冰雪寒风中工会加快送温暖步伐	张　路	第十二版
1月23日	十五万职工参与立功竞赛活动	范国忠	第六版
1月24日	昔日受资助　今朝帮别人	王　枫	第六版
1月24日	市总:3年培训50万职工代表	张　路	第六版
1月25日	为上海新一轮发展不懈奋斗	张　路	第二版
1月26日	“大哥和我们一起吃年夜饭”	赵竺安	第七版
1月27日	“帮困名单上少了5户人家”	李　貌	第七版
1月28日	一个月内与工会签工资集体合同	王业斐	第七版
1月29日	哪怕风雪再大,回家的路走得热乎乎	王　枫	第六版
1月30日	快过年了,晒晒职工心里那点事	王业斐	第六版
1月31日	工资集体协商覆盖近22万名职工		第七版
2月1日	工会组建从“遭冷脸”到受青睐	何文庆	第七版
2月9日	“团拜会比家乡的喜筵更热闹”	何文庆	第七版
2月10日	节后第一天,工会主席给出精彩“开场白”		第三版
2月11日	凝智聚力装点璀璨灯会	范国忠	第七版
2月12日	这些企业用工为啥不“慌”	王　枫	第六版
2月13日	来沪农民工找工作“笃悠悠”	王　枫　范国忠	第六版
2月14日	市总:农民工工作锁定五大内容	张　路	第六版
2月15日	发挥行业工会优势推进集体协商	王业斐	第七版
2月16日	劳务工登上明星榜	赵竺安	第七版
2月16日	量化数字“下达”工会维权任务书	张　路	第七版
2月17日	原计划增资3%,实际涨薪达18%	范国忠	第三版
2月18日	创新实践基层工会运作机制	张　路	第七版
2月18日	“企业对我们好,我们愿意回来”	王业斐	第七版
2月19日	12年扫地修路中,创新无数	唐海华	第六版
2月20日	一堂课一本书,皆能沁人心脾	赵竺安　王业斐　何文庆	第六版
2月21日	企业经营管理者成普法重点群	张　路	第七版
2月22日	职工代表走进企业巡视“用工荒”	王业斐	第七版
2月23日	体面劳动快乐工作增添幸福感	王　枫　李　貌	第四版
2月24日	企业互相“补台”应对用工荒	张　匀　何文庆	第四版
2月24日	宣传贯彻《条例》,上海工会厉兵秣马	张　路	第四版
2月25日	“给力”治理恶意欠薪这个顽症	范国忠　王　枫	第四版
2月26日	每一天,都想让古镇更美丽	范国忠	第六版

续 表

日 期	篇 目	作 者	版 面
2月26日	第四届上海市"五一文化奖"揭晓	王 枫	第六版
2月27日	职工书屋里,什么书最热门	何文庆	第六版
2月28日	劳务工收入要比合同工低16%	王业斐	头版、七版
3月1日	"复制"更多李斌塑造领军人物	张 路	第五版
3月1日	科技创新是技术工人不懈的追求	张 路	第五版
3月1日	市总发起向李斌同志学习活动	张 路	第五版
3月2日	全总建议尽快规范劳务派遣用工	龚 慧	第七版
3月3日	537份要约函回应率达93%	王业斐	第七版
3月4日	不要小看我,我也挺能吃苦的	张 路	第九版
3月5日	专项集体合同覆盖5000万女职工	龚 慧	第七版
3月6日	发挥"世博后续效应"动员职工建功"十二五"	王 枫	第七版
3月7日	请为女职工送一份关爱的礼物	张 路	第十版
3月8日	企业建会与否直接影响筛查率	张 路	第十版
3月8日	她们,书写知性之美	何文庆	第九版
3月9日	上海女职工活动好戏连台	王 枫 何文庆 范国忠 王业斐 李 貌	第十一版
3月10日	千余员工网上"参加"职代会	范国忠	第十版
3月11日	91件拍品凝聚颗颗爱心	赵竺安 张 怡	第八版
3月12日	17年做好事11540件	李 貌	第五版
3月12日	锁定职工"兴奋点"发挥职代会作用	何文庆	第五版
3月13日	参与民主管理职工感受"职业幸福"	范国忠 王业斐	第五版
3月14日	杨浦千名女职工获免费体检	王业斐	第十一版
3月15日	50岁的女职工"退"还是"不退"	王 枫	第七版
3月16日	打工生涯中圆了大学梦	程友谨 王 枫	第七版
3月16日	上海工会保障工作聚焦四大方面	张 路	第七版
3月17日	上海工会女职工组织两大硬指标	张 路	第七版
3月20日	阵地共建 资源共享 互利共赢	李 貌	第六版
3月23日	上千调解员基层解纠纷	何文庆	第七版
3月23日	车间里饭桌旁,处处是学习的课堂	何文庆	第七版
3月24日	家乐福建立集体协商机制	张 路	第四版
3月25日	引领职工为"十二五"建功立业	李 貌	第十二版
3月28日	一线维修工逐鹿亚太区创新大赛	王 枫	第七版
3月28日	《维权建议书》明确表达工会主张	王 枫	第七版

续　表

日　期	篇　　目	作　者	版　面
3月29日	一年为企业解决烦恼事500件	范国忠	第七版
3月30日	9年:“技术工人”蜕变成“技术人才”	张　路	第七版
3月31日	2011年上海市厂务公开民主管理工作要点公布	张　路	第六版
4月1日	1280元:本市今起调整最低工资线	王　枫	第六版
4月2日	让劳模拥有一个“温馨的家”	王业斐	第六版
4月3日	建“GPS跟踪机制”了解企业信息	王　枫	第六版
4月4日	依法科学创建,树立工作新模式	王业斐　邬欣芸 和丽伟	第六版
4月5日	近六成白领处于“过劳”状态	王　枫　范国忠	第六版
4月6日	2300名职工没有一个劳务派遣工	王业斐	第七版
4月7日	建立常态化集体协商要约制度	张　路	第七版
4月8日	坚定跟党走信念锐意进取创佳绩	张　路	第七版
4月9日	基层工会建起来也“转”起来	范国忠	第六版
4月11日	600块工会铜牌“上墙”	王业斐	第二、三版
4月17日	夫妻双双育人才	王业斐	第六版
4月18日	以“自愿”的名义,交出我的权利	何文庆	第八、九版
4月20日	切实提高工会审计监督工作质量	张　路	第六版
4月21日	浦东绘就职工素质五年蓝图	何文庆　邬欣芸	第六版
4月22日	好环境吸引年轻一代回家就业	何文庆	第七版
4月25日	上海,持续关注环卫一线职工收入	张　路	第四版
4月26日	居民乐称他“社区达人”	李　貌	第九版
5月6日	力争年内集体协商建制率超80%	何文庆　邬欣芸	第七版
5月10日	“深蓝”,宝钢创新舞台的主角	张　路　徐　晗	第七版
5月11日	建会半年,员工入会率达98%	何文庆	第六版
5月12日	立足岗位创新　推动转型发展	张　路	头版、A5版
5月13日	上海市十大工人发明家十大职工科技创新英才评选揭晓	张　路	第七版
5月13日	武汉餐饮行业45万人集体涨薪	李　明	第九版
5月14日	想新鲜创意,做“创新达人”	何文庆	第三版
5月15日	上海公交驾驶员年平均收入5.2万	王　枫	第六版
5月15日	文化活动场所跟着工地走	范国忠	第六版
5月16日	立足岗位,蓝领也有创新沃土	张　路　徐　晗	第四版
5月17日	“辉煌九十年,祝福献给党”职工祝福短信选登		第七版
5月17日	女职工组织同步组建率要达97%	张　路	第七版
5月18日	“在他们身边复制一个柏万青”	王　枫	第七版
5月19日	走进退休劳模的幸福生活	何文庆　王　枫	第A5版

续　表

日　期	篇　　目	作　者	版　面
5 月 20 日	5 年集团立项重点攻关竞赛 84 项	王业斐　徐　晗	第七版
5 月 21 日	争当主力军建功新上药	王业斐　徐　晗	第八版
5 月 23 日	的哥圆了心中的舞台梦	王业斐　徐　晗	第六版
5 月 24 日	退休劳模的冷暖时时有人牵挂	王　枫	第六版
5 月 25 日	成就人生事业，从哪里开始？	张　路　徐　晗	第十版
5 月 26 日	个税改革，该听哪种声音	何文庆	第 A5 版
5 月 27 日	上海市优秀发明选拔赛昨启动	张　路	第七版
5 月 28 日	多途径感知职工冷暖	王　枫	第六版
5 月 28 日	想工作有人推荐 再就业可领补贴	何文庆	第六版
5 月 30 日	“停车、熄火、拔钥匙”你能做到吗	赵竺安　王　枫	第七版
5 月 31 日	知识型职工成企业“活性剂”	李　阳	第七版
5 月 31 日	互助保障计划社区参保明天启动	张　路	第七版
6 月 1 日	弘扬劳模精神书写行业新篇	李　貌　张　静	第十二版
6 月 2 日	学先进经验　谋创新发展	张　路	第七版
6 月 3 日	“老字号”服务创新增活力	李　阳	第七版
6 月 3 日	周卫琴医疗生活将获托底帮助	赵竺安	第七版
6 月 4 日	“提升素质”是每一个人的需要	张　路	第四版
6 月 4 日	张洁华：特教岗位上的耕耘者	李　貌	第四版
6 月 6 日	助企业铸造职工创新“聚宝盆”	何文庆	第六版
6 月 7 日	劳动竞赛也要有个性创精品	赵竺安	第四版
6 月 8 日	静安嘉里中心建立楼宇工会	王　枫	第十二版
6 月 9 日	站在职工的角度想问题做事情	宋长星	第 A5 版
6 月 10 日	八年走出一条前所未有创新路	王　枫	第七版
6 月 11 日	48 名上海汉子书写“打捞传奇”	王业斐　徐　晗 奚永康	第六版
6 月 12 日	人人都有职称晋升的“绿色通道”	王业斐	第六版
6 月 14 日	综保区量身打造“新概念”工会	何文庆	第七版
6 月 15 日	我参与 我健康 我快乐		第七版
6 月 16 日	企业内设“调委会”如何中看又中用	宋长星	第 A5 版
6 月 17 日	重温红色经典　激扬爱国情怀	张　路	第七版
6 月 19 日	“晴雨表”随时体察员工心情	王　枫	第六版
6 月 19 日	爱岗敬业为党旗增辉	吴慧芳	第六版
6 月 20 日	上海职工科技节吸引 122 万人	张　路	第七版
6 月 21 日	沪上首个非公企业党校建立	李　阳	第七版
6 月 21 日	好提案获表彰 好代表受嘉奖	郑　虹	第七版

续表

日期	篇目	作者	版面
6月22日	全市创建"安全生产1000班组"	张 路	第十版
6月22日	虹梅社区数万员工共创文明城区	王业斐	第十版
6月23日	解读独生子女费发放的四大误区	何永强	第A5版
6月24日	年内须开展2个以上重点行业协商	张 路	第七版
6月25日	红色旋律中，职工变得更美丽	何文庆	第六版
6月27日	打造负责任央企形象　发挥工会独特作用	赵竺安	第七版
6月28日	本市集体食堂全面"安检"	张 路	第六版
6月29日	职工关心事桩桩列入议事日程	王 枫　陆 烨	第七版
6月29日	朱建明：勇于进取谋发展	李 貌	第七版
6月30日	工资加多少，先听证再协商	赵竺安	头版、十二版
7月2日	家属来探亲，企业提供路费	李 貌	第六版
7月3日	谁首先接待，谁就负责到底	何文庆	第六版
7月4日	高温费发放纳入集体合同	王 枫　陆 烨	第四版
7月4日	劳模与"先锋号"结对	王业斐	第四版
7月5日	发扬主人翁精神，争当时代先锋	张 路　王业斐 王 枫　张真琦	头版、六版
7月6日	企业管理层面对面倾听员工心声	王 枫	第七版
7月7日	培育社会化专业化工会工作者	张 路	第七版
7月8日	区委分管书记"挂帅"推进集体协商	何文庆	第十一版
7月9日	京沪高铁安全运行有"亲情密码"	王 枫	第六版
7月9日	高危行业要签职业卫生集体合同	王 枫　陆 烨	第六版
7月10日	沐浴关爱"在阳光下成长"	张 路　徐 晗	第六版
7月10日	企业创新工作为劳务用工撑起一片天空		第六版
7月11日	教职工代表公开质询行政工作	郑 虹	第七版
7月11日	送清凉做到一个不漏	李 貌　张志发	第七版
7月12日	南海本田工会"变身"记	黄应来	第七版
7月12日	超额利润按比例用于职工再分配	李 貌	第六版
7月13日	环卫职工收入今夏可破2000元	王 枫　郑 虹	第六版
7月14日	助一线员工快速实现技能登高	何文庆	第五版
7月14日	"综保"转"城保"有"三大纪律"	周 斌	第A5版
7月15日	沪上商务楼宇首现哺乳室	张 路	第九版
7月16日	不断开创上海工会工作新局面	张 路	第六版
7月16日	市驾校举行教练员职业技能大比武	郑 虹	第六版
7月17日	承包工资与加班费不再是"糊涂账"	李 貌	第六版
7月17日	让每一名职工体面劳动	王业斐	第六版

续 表

日 期	篇 目	作 者	版 面
7月18日	把清凉送到最热岗位上	王业斐	第十一版
7月19日	“一把手”上门“攻克”建会难企业	何文庆	第六版
7月19日	工伤认定“48小时之限”，合理？不合理？	律少华	第六版
7月20日	沃尔沃汽车集团中国区工会成立	王业斐	第七版
7月20日	龙头接到屋顶定时喷水降温	李 貌 吴惠娜	第七版
7月21日	“电力天路”上的极限挑战	王 健 陶文进 宋长星	第A5版
7月22日	不是不想做，因为不知道不了解	张 路	第七版
7月22日	奋发有为，推动工会工作创新发展		第六、七版
7月23日	上海职工祝福短信创作大赛颁奖	张 路	第六版
7月24日	贴心贴肺把职工当亲人	张 路 徐 晗	第六版
7月25日	发现空白点责任人立即上门	赵竺安	第七版
7月26日	无论岗位在哪，这里永远是“娘家”	王业斐	第七版
7月27日	引领职工发挥主力军作用	何文庆	第七版
7月27日	成本虽增加用工荒可缓解	何文庆	第七版
7月28日	为环卫职工增资，美方老总说“Yes”	王业斐 徐 晗	头版、十二版
7月29日	《上海工会志》编纂工作启动	张 路	第七版
7月30日	全市职工法制培训率要达90%	张 路	头版、六版
7月31日	让更多职工在和谐企业中工作	王业斐	第六版
8月1日	五汽驾驶员杨俊获“公交节油王”	赵竺安	第七版
8月1日	近8000从业人员入会率逾90%	何文庆	第七版
8月2日	三天三夜，感受	赵竺安	第十二、十三版
8月3日	追寻中国人千年的飞天梦想	王 枫	第八版
8月4日	杨树浦发电厂谢幕背后的故事	宋长星	第A5版
8月5日	每扇窗口都有我们的笑容	王业斐	第八、九版
8月6日	“老大难”企业建会要有实质进展	张 路	第六版
8月6日	建会打“组合拳”推进有新模式	张 路	第六版
8月7日	上海华明电力夺下“中国第一”	张 路 徐 晗	第六版
8月7日	架起企业员工“连心桥”	李 锋 莫 芜	第六版
8月8日	20亿张“小卡片”里藏着创新大智慧	何文庆	第八、九版
8月9日	警徽的承诺：早安，晚安，	包璐影	第十二、十三版
8月10日	每一颗小小药	宋长星	第十二、十三版
8月11日	职业道德要自律，也要“他律”	王 枫 王业斐 陆 烨 徐 晗	第A5版

续 表

日 期	篇 目	作 者	版 面
8月12日	劳动纠纷调解成功率逾九成	郑 虹	第二十三版
8月12日	一年两次增加工资月收入不低于2000元	王业斐	第二十三版
8月13日	各级工会深入一线送清凉送关爱	张 路	第六版
8月13日	激励职工携手共绘美好蓝图	赵竺安 王业斐 王 枫 李 貌 徐 晗 陆 烨	第六版
8月14日	职工盼望自己假期能自己做主	徐 晗 陆 烨 王 枫	第六版
8月15日	打造一支现代化铁军队伍	赵竺安	第六版
8月16日	走访250家企业，落实每笔高温费	王业斐	第七版
8月17日	源头保障职工合法权益	赵竺安	第五版
8月17日	促进职工全面发展实现体面劳动	张 路	第五版
8月18日	虹口区“新上海人艺术团”成立	李 貌 余 涌	第七版
8月19日	建设“五好”班组为企业管理助力	宋长星	第六版
8月19日	24小时，他们守护着孩子健康	王 枫	第六版
8月20日	24名职工处处体现“黄山松精神”	包璐影	第六版
8月21日	保障房建设工地吹响先锋号	宋长星	第六版
8月22日	百度重奖员工切莫“一时兴起”	王 枫 徐 晗 陆 烨	第七版
8月22日	凝聚职工为上海之美再添神韵	何文庆	第六版
8月23日	“高朋”裁员风波演变成维权风暴	陆 烨	第七版
8月24日	“临时工”不应成为企业出错的挡箭牌	王 枫	第七版
8月25日	服务企业发展助推职工成长	王 枫	第七版
8月26日	打造更多“孔利明式”创新人才	王 枫	第七版
8月26日	“甜”蜜背后有艰“苦”付出	王业斐	第七版
8月26日	三胞胎开学前分获千元助学款	陆 烨	第七版
8月27日	老总对协商有疑虑，律师来引导	小 荷	第六版
8月27日	把一个个隐患消除在未然时	宋长星	第六版
8月28日	上汽节能减排“先锋号行动”进行时	张 路 徐 晗	第六版
8月29日	工会、劳模“织围脖”职工反映很靠谱	徐 晗	第七版
8月29日	最低工资高于本市基准25%	李 貌	第六版
8月30日	让派遣员工成为有家的“上汽人”	张 路 徐 晗	第七版
8月31日	开学前送上一笔笔助学款	王业斐 郑 虹 王 枫	第六版
8月31日	“老大难”管了就不难	张 路	第六版

续 表

日 期	篇 目	作 者	版 面
9月1日	像服务客户一样服务好雇员	李 阳	第七版
9月2日	提升公务员素质 促进创新管理	宋长星	第六版
9月3日	他们的做法是一种引领和示范	张 路 王 枫 李 阳 李 貌 徐 晗 陆 烨	第六版
9月4日	上半年职工入会完成全年指标266.1%	李 貌	第六版
9月5日	“双重覆盖让派遣员工心有所属”	王 枫	第六版
9月5日	职工文艺巡演拉开帷幕	贡俊祺	第六版
9月6日	职工医疗住房样样上心	李 貌 王澍洁	第七版
9月6日	“签了集体合同,更能赢得信任”	小 荷	第七版
9月7日	走进“新上海人”的上海“新家”	王 枫	第六版
9月8日	以创新促转型,夯实企业发展基础	宋长星	第四版
9月9日	市总要求发挥工会组织独特作用	张 路	第六版
9月12日	让上海的援疆工作走在全国前列	徐 晗	第六版
9月13日	三条最低工资标准线是怎样产生的	王 枫	第七版
9月14日	3万员工争享“荣誉津贴”	小 荷	第七版
9月15日	一份大合同催生十四份小合同	王业斐	第七版
9月16日	低收入职工家庭对物价更为敏感	张 路	第七版
9月17日	承诺,把你们带向光明的未来	张 路	第六版
9月18日	合力营建职工的“学校和乐园”	宋长星	第六版
9月19日	“周末平价菜”就这样送到家门口	陆 烨	第六版
9月20日	用“国际化语言”说动外企建会	小 荷	第七版
9月21日	五项机制破劳模培育“瓶颈”	宋长星	第七版
9月22日	用心用情化解患者的疾苦	李 貌	第七版
9月23日	万名环卫职工健康行昨启程	张 路	第六版
9月24日	上海职工篮球赛精彩开幕	徐 晗	第六版
9月25日	在平凡岗位上传递人间温暖	小 荷	第六版
9月25日	满足职工多样化文化需求	郑 虹	第六版
9月26日	385人竞聘17个工会指导员岗位	王业斐	第六版
9月27日	为一线职工创造休养身心机会	张 路 王 枫	第七版
9月28日	4300份要约函回应率达八成	徐 晗	第六版
9月29日	逾97%职工参与岗位培训	李 貌	第七版
9月30日	第十三届上海读书节圆满落幕	张 路	第六版
9月30日	浓墨重彩展现主人翁风采	陆 烨	第六版
10月1日	诸多激励措施打造高技能人才	王 枫	第三版
10月1日	为物业人才建设出谋划策	李轶捷	第三版

续　表

日　期	篇　目	作　者	版　面
10 月 3 日	“今年 10·1 我当班”	朱长胜　李　川 宋长星　徐　晗 王业斐　阙军伟	第三版
10 月 5 日	这个国庆长假我的加班工资有多少	郑　虹	第三版
10 月 7 日	政府创造条件企业有所作为	郑　虹	第七版
10 月 8 日	共同拥有一个温馨的“家”	阙军伟	第六版
10 月 9 日	区域企业与职工贴得更近了	徐　晗	第六版
10 月 9 日	提供无偿服务 5000 余人次	陆　烨	第六版
10 月 11 日	货物差错率仅 0.001%	王业斐	第七版
10 月 11 日	295 家企业实现工会组建全覆盖	李　貌	第七版
10 月 12 日	“走出去”的工作总要有人干	李　貌	第六版
10 月 13 日	无记名投票通过工资改革方案	王业斐	第七版
10 月 14 日	EBA 让普通职工与 MBA 亲密接触	张　路	第六版
10 月 14 日	喀什地区工会干部培训班在沪开班	张　路	第六版
10 月 15 日	创建六型班组提升六大素质	张　路	第六版
10 月 16 日	农民工成为传授汽修技艺“头牌”	赵竺安	第六版
10 月 17 日	女职工经期带薪休假并不遥远	王　枫　陆　烨 裴龙翔	第七版
10 月 18 日	节能减排一年实现经济效益 26 亿	王业斐	第七版
10 月 19 日	小“细胞”凝聚出大力量	陆　烨	第六版
10 月 19 日	医护职工维权“自治”新模式试水	李　蓓　罗　云	第六版
10 月 20 日	绝不能给“工人先锋号”抹黑	张　路	第七版
10 月 21 日	填埋场里弹出安全“四重奏”	张　路	第六版
10 月 22 日	本市首次发布《上海职工发展报告》	张　路	第三版
10 月 23 日	台资达丰(上海)电脑公司工会成立	阙军伟	第六版
10 月 24 日	点燃职工运动激情	徐　晗	第七版
10 月 24 日	让新村民找到了新家	王业斐	第七版
10 月 25 日	有纠纷,我们第一时间到	王业斐	第十三版
10 月 26 日	这里的企业都知道“37 条”	李　貌	第六版
10 月 27 日	为了工资多增长一个百分点	王　枫	第十四版
10 月 28 日	兄弟远方来此处是你家	徐　晗	第六版
10 月 30 日	看完报道很感动很受益	张　路　王　枫 宋长星　徐　晗 陆　烨　裴龙翔	第六版
10 月 31 日	闸北发电厂百年华诞	宋长星	第七版

续 表

日　期	篇　　目	作　者	版　面
11 月 1 日	让“家”充满活力凝聚职工心	张　路	第七版
11 月 2 日	回归职工群众的“学校和乐园”	宋长星	第七版
11 月 3 日	劳动合同法实施尚存四大问题	白　龙　张　洋	第七版
11 月 4 日	纺织工会工代会召开	王慎微　王　枫	第六版
11 月 5 日	力争商圈、园区、楼宇建会全覆盖	张　路	第六版
11 月 5 日	演得精彩看得尽兴	陆　烨	第六版
11 月 6 日	职工岗位创新成为企业发展推手	张　路	第六版
11 月 6 日	我运动我健康我快乐	宋长星	第六版
11 月 7 日	白糖画“猴王”南瓜变“猛龙”	王　枫	第六版
11 月 8 日	从细节深挖节能潜力	陆　烨	第七版
11 月 11 日	民生焦点就是劳动竞赛的“赛点”	宋长星	第六版
11 月 12 日	期待更多企业成为“和谐样本”	张　路　王　枫 宋长星　陆　烨 徐　晗	第六版
11 月 13 日	职工观念变新，技术进步节奏变快	张　路	第六版
11 月 13 日	每个周末有一场体育聚会	李　貌　张雯倩	第六版
11 月 14 日	提升职工素质，唱响“锦江”品牌	王　枫	第七版
11 月 16 日	全总召开职工思想政治工作会议	张　路	头版、六版
11 月 16 日	重大工程的服务尖兵	秦恩广　李　貌	第六版
11 月 17 日	以文化凝聚职工心	张　路　阚军伟	第七版
11 月 17 日	培养工会服务职工的特色品牌	张　路	第七版
11 月 18 日	知情度高了，争议声就低了	小　荷	第六版
11 月 19 日	让构建和谐看得见、摸得着	张　路	第六版
11 月 20 日	根据教职工需求推出实事项目	郑　虹	第六版
11 月 21 日	男职工也渴望被关怀	王　枫　陆　烨 裴龙翔	第七版
11 月 22 日	探索成就事业甘苦创造希望	张　路	第十二版
11 月 23 日	一年内拿下 3 个“国家金奖”	顾　莹　宋长星	第六版
11 月 24 日	职工与企业共同发展成焦点	王业斐　裴龙翔	第十一版
11 月 24 日	长春食品商店以劳动竞赛激励员工	宋长星	第十一版
11 月 25 日	把学习贯彻六中全会精神落到实处	张　路	第六版
11 月 27 日	“回炉”培训提升营运服务技能	赵竺安	第六版
11 月 28 日	产假欲延长 8 天赢来掌声一片	陆　烨　裴龙翔	第六版
11 月 29 日	“白衣达人”登上林肯艺术中心舞台	王　枫	第七版
11 月 29 日	增强小企业工会影响力	宋长星	第七版

续 表

日 期	篇 目	作 者	版 面
11 月 30 日	“四颗心”让职工感受家的温暖	裴龙翔 王业斐	第七版
11 月 30 日	工会要努力让劳动者体面劳动	张 路	第七版
12 月 3 日	工会互助保障已覆盖 900 万职工	张 路	第六版
12 月 4 日	职工工资与企业效益同向增长	徐 晗	第六版
12 月 4 日	提升职业素养改善医患关系	李 貌	第六版
12 月 5 日	青年专才多创意人才缺	张 路	第十版
12 月 12 日	“延峰杯”五人制足球赛闭幕	陆 烨	第七版
12 月 12 日	5 年内职工法制宣教培训率达 90％	李 貌	第七版
12 月 13 日	兄弟俩挺身救起八旬落水老太	徐 晗	第七版
12 月 14 日	发挥职工主体作用推动节能减排	徐 晗	第六版
12 月 15 日	SOHO 中山广场 40 多名销售员集体讨薪	陆 烨	第七版
12 月 17 日	保证每位环卫职工都能享受疗休养	张 路	第六版
12 月 17 日	把好空防之门擦亮服务之窗	李 貌	第六版
12 月 18 日	鼓励职工说真话，需“法治”也盼保护机制	王 枫 陆 烨 徐 晗	第六版
12 月 20 日	上海市“五一文化奖”昨隆重颁奖	张 路	第七版
12 月 22 日	职代会是外企创建和谐“必要条件”	王 枫	第七版
12 月 23 日	还“黑白手”一个清白	马前卒	第七版
12 月 23 日	为何他做不了职业病鉴定	陆 烨	第七版
12 月 25 日	工会进社区给居民送方便	徐 晗	第六版
12 月 26 日	让病人舒心放心就是我们的工作	李 阳 刘江江	第十版
12 月 27 日	本市各级工会已筹集送温暖资金 1.58 亿元	张 路	第七版
12 月 28 日	为困难职工搭建帮扶长效机制	张 路	第十一版
12 月 29 日	本市工会组建工作重点难点获突破	张 路	第七版
12 月 29 日	“三抓”职工队伍建设出成效	阙军伟	第七版
12 月 30 日	平凡岗位创出国际标准	张 路	第六版

《工会理论研究》2011 年要目

栏 目	期号	页数	题 目	作 者
特稿	2	1	企事业单位民主管理的法律保障——《上海市职工代表大会条例》的理解与适用	茆荣华
专家论坛	1	1	认识和改革中国工会值得借鉴的一种方法	冯同庆
	1	3	市场经济发达国家在解决劳资关系问题上的经验	李瑜青 祝宁波
	2	5	发挥工会在城市安全运行中的重要作用	王菊芬

续 表

栏 目	期号	页数	题 目	作 者
	3	1	国际劳工组织对劳动力派遣的法律规制	李凌云
	4	1	发挥工会作用 防止违法裁员	王大奔
	5	1	关于最低工资标准转型的思考	石 云
	6	1	社会管理创新需从"还权于民"起步	陆 震
	6	3	朱学范与全国工人运动的统一	高爱娣
热点透视	1	7	把握有利社会环境 依法争取职工权益	陶 冶
	1	10	转变发展方式 工会大有作为——学习党中央"十二五"《建议》的一点体会	童爱农
	1	13	在"十二五"建设中积极发挥工会组织的作用	普陀区总工会
	1	15	"十二五"期间加强技术工人队伍建设的思考	上海建工(集团)总公司工会
	2	9	被派遣劳动者面临的问题及其权益维护	刘素华
	2	13	浅论劳务派遣用工的扩大化及相关问题	黄 琦
	2	16	规范"派遣"操作 保护员工利益	中智公司
	2	18	最大的财富是员工	上海澳星照明电器制造有限公司
	3	5	社会管理创新中的工会组织	章友德
	3	9	网聚民意 联动维权——工会组织建立社会管理新机制的探索	马红南
	3	11	工会组织参与社会管理创新的思考	镇江市总工会
	4	4	党的执政与工会社会整合	王向民
	4	7	新时期党工共建与实践探索	上海市总工会
	4	11	党工共建的实践创新与发展	石门二路街道总工会
	4	13	从企业和谐发展的角度加强党工共建工作的思考	朱慧娟
	5	5	论《社会保险法》的保险原则——兼论我国社会保险立法的完善	方乐华
	5	9	《社会保险法》与和谐社会建设	刘 诚
	5	12	贯彻实施《社会保险法》的四大困惑	周开畅
	5	15	试论补缴社会保险费争议的可诉性	赵永桥
	6	7	论民主参与法与职工代表大会制度建设	刘元文
	6	10	对企业职代会作用机制的认识与思考	王珍宝
	6	14	《上海市职工代表大会条例》贯彻实施中的阻力分析	陈 超
	6	16	区域职代会制度实践中的难点及对策	张秀娟 谭同政
	6	18	关于教代会常任制的调查与思考	薛志良 姜继平 高 芳
工运广角	1	17	我国企业收入分配制度的改革与反思	高爱娣
	1	21	社会转型期工会工作面临的挑战及对策——以劳动关系为视角	高守雷
	1	24	试论中国工会职能弱化的原因及对策	张有富

续 表

栏 目	期号	页数	题 目	作 者
	1	27	我国船员权益维护若干问题探究	张念宏
	1	30	以工会职能转型缓和工人制度外抗争	韩烺宇 郭 豫
	2	20	行业工会的实践创新与可持续发展	王水官
	2	23	加强劳动争议调处机制建设 推进完善基层大调解工作格局	许金森 渠 敏
	2	27	关于开展“党工共建创先争优”活动的思考	董福昌
	2	29	构建企业和谐家园 实现企业与员工同发展	贺群连
	3	13	企业工会主席胜任力研究	陈万思 董 馨 尤满蛟
	3	17	职业化工会干部管理研究——以辽宁省为例	李晓南
	3	20	论工会在促进新生代农民工发展中的作用	郑少东
	3	22	从南海本田事件看企业工会发展进路之选择	姚仰生
	3	25	在帮扶工作中彰显工会作用浅议	林碧娅
	3	27	关于国企改制过程中强化工会功能的问题与思考	茅允昌
	3	30	高校后勤农民工工会可持续发展的调查研究——以上海海洋大学申海工会为例	任和平
	4	15	关于黄浦区企业一线职工工资增长机制和协商机制的调研	黄浦区总工会调研课题组
	4	18	关于增强工会对青年职工凝聚力的新思考	许路佳
	4	20	劳动关系群体性事件中工会的应对	陈 超
	4	22	论中小企业员工培训的问题与对策	刘小红
	5	18	日本《劳务派遣法》及其作用	李 庆
	5	22	企业工会主席的胜任特征研究——以上海市闵行区为例	庄 琛 陶慧卿
	5	25	浅谈企业思想政治工作中的人文关怀	吴义和
	5	27	新时期加强保险企业工会工作的思考	诸笑宇
	5	29	创建学习型班组 推进职工素质工程	张卓琼
	5	31	构建退休职工三重医疗保障体系的实践与思考	周 虹
	6	21	关于劳务派遣用工情况的调研报告	范 融
	6	25	对职工思想动态响应机制建设的探索与思考	盛晓敏
	6	27	让班组安全预分析成为 QHSE 管理体系的有益补充	潘志刚
	6	29	浅谈非公企业工会的职工科技创新工作	王奇峰
社会管理	5	33	关于工会参与社会管理及其创新的思考	丁胜如
	5	35	工会参与社会管理创新中的独特作用探析	镇江市总工会
	6	31	浅析工会参与创新社会管理的优势和途径	陈仁富
	6	34	社会管理视野中的社会工作机构研究综述	吴永红 李玉敏
民主管理	2	32	发挥行业工会作用 积极推进集体协商	杨浦区总工会
	2	34	关于企业民主管理思想的认识和思考	方仕雄
集体协商	3	33	集体协商和集体劳动合同制度建设探析	苏映红

续 表

栏 目	期号	页数	题 目	作 者
	3	36	试论工资集体协商制度的责任主体	袁伯清
企业文化	3	38	浅谈工会在重组企业文化整合中的作用	江 涛
	3	41	关于创建学习型团队的实践与思考	吴建萍
探索与争鸣	4	25	当前职工舆情及应对——基于历次全国职工状况调查的分析	苏林森
	4	28	培育社工导向的专业服务组织——灾区社区重建的有效路径	郭志巧
队伍建设	4	31	关于加强一流职工队伍建设的思考	吴国平
	4	33	完善体制机制 加强人才队伍建设	王培芳
	4	36	创新工作载体 打造"好公民"团队	上海强生制药有限公司工会
法律法规	1	32	完善劳动合同中的经济补偿金制度	王旭丹
	1	36	《上海市集体合同条例》学研感悟	徐鹤峰
转型与发展	5	37	试论社会转型期工会工作的转型发展	陈 维
	5	40	运用网络技术 推进信息公开	吴 强
体面劳动	6	36	从体面劳动的视角看同工不同酬现象	李 梅
	6	38	工会与职工的体面劳动	高文海
社科论苑	1	38	社区治理模式中的民间组织现状分析	吕 纳
	2	39	激励机制在人力资源管理中的作用	张 伟
	2	41	要重视"典型后"的再培育	孙进春
	4	38	以家庭为对象的社会保障服务机制探析	蒋 莱
	4	41	关于加强高职高专学生思想政治教育实践性的思考	陈丽丽
	6	41	企业文化对企业发展的作用探析	张 致
院校工会	1	40	新形势新任务与高校工会工作的创新	倪 浩 张 杰
	2	37	以竞赛活动为载体 探索师德建设新途径	严治俊
港澳台工运	1	42	香港工会联合会:现状与挑战	黄安余
国际工运	2	43	埃及及其工会工作掠闻	张国峰
	3	43	日本工会维护劳务派遣工权益的探索	李 庆
	4	43	加拿大工会:历史与现状	张国峰
	5	42	新加坡工会工作借鉴	刘 瑛
	6	43	摩洛哥工会工作掠闻	张国峰

上海市职工保障互助会各区县服务处、服务点一览表

单位	电话(办公)	地址	邮编
浦东新区总工会服务处	68639966-7019	丁香路716号C楼	200135
浦兴社区工会服务点	50263779	凌河路69号	200129

续　表

单位	电话(办公)	地址	邮编
金杨社区工会服务点	68501658-141	博山东路 699 号	200136
洋泾社区工会服务点	58603276	博山路 51 弄 60 号	200135
潍坊社区工会服务点	51029075-8015	潍坊路 131 弄 1 号	200122
塘桥社区工会服务点	58737200	峨山路 488 号	200127
南码头社区工会服务点	50905272	南码头路 400 号	200125
上钢社区工会服务点	51923200-6105	昌里路 335 号	200126
周家渡社区工会服务点	50788875	南码头路 1136 弄 35 号乙	200126
东明社区工会服务点	50842255	上南路 4206 弄 1 号	200124
陆家嘴街道工会服务点	68767121-193	福山路 55 号	200120
沪东社区工会服务点	58505256	蓝城路 247 号	200129
花木社区工会服务点	50452710-8124	梅花路 289 号	201204
川沙社区工会服务点	68397955-8011	新川路 645 号	201200
高桥镇工会服务点	50412042	欧高路 15 号	200137
北蔡镇工会服务点	68926111-1009	沪南路 1105 号	201204
三林镇工会服务点	68525010	杨新路 60-1 号	200126
张江镇工会服务点	58956721	张江江东路 27 号 101 室	201203
曹路镇工会服务点	50683818	龚丰路 85 号	201209
唐镇镇工会服务点	58965096-757	唐镇唐兴路 495 号	201203
合庆镇工会服务点	58973677	合庆镇前哨路 112 号	201201
金桥镇工会服务点	58545450	佳林路 585 号 1 号楼 213 室	201206
高东镇工会服务点	58486217-1061	光明路 718 号	200137
高行镇工会服务点	68975015	东靖路 1831 号	201208
惠南镇工会服务点	68090376	人民西路 555 号	201300
周浦镇工会服务点	20922226	祝家港路 190 号	201318
六灶镇工会服务点	68162060	崇溪路 76 号	201322
宣桥镇工会服务点	58186401	六奉公路 128 号	201314
康桥镇工会服务点	68046559	沪南公路 2532 号	201315
航头镇工会服务点		航头路 188 号	201316
新场镇工会服务点	68093138	仁义路 233 号	201314
祝桥镇工会服务点	58109616	川南奉公路 5058 号	201323
老港镇工会服务点	68291563	鑫盛路 6 号	201302
大团镇工会服务点	68082756	永春中路 56 号	201311
万祥镇工会服务点	58046773	万和路 188 号	201313
芦潮港镇工会服务点	20943150	芦硕路 298 号	201308

续 表

单位	电话(办公)	地址	邮编
书院镇工会服务点	58190037	新卫路8号	201304
泥城镇工会服务点	58072950	新城路1号	201306
申港社区	68283656	临港新城环湖西一路99号主楼	201306
徐汇区总工会服务处	54189734	桂林路46号103室	200233
湖南路街道工会服务点	64377570	淮海中路1788号	200031
天平街道工会服务点	54658110	衡山路17弄1号	200031
斜土街道工会服务点	64045999-2206	茶陵路38号	200032
田林街道工会服务点	64839361	宜山路655弄3号	200033
康健街道工会服务点	54210576-8013	桂林西街23号	200233
凌云街道工会服务点	64552736-8018	老沪闵路1039弄48号	200237
长桥街道工会服务点	64771771-137	罗秀路616号	200231
龙华街道工会服务点	54121093	天钥桥南路399号	200232
华泾街道工会服务点	54821212-103	华泾路505号	200231
徐家汇街道工会服务点	64417384	斜土路2431号	200030
枫林街道工会服务点	64416109	中山南二路857号	200032
虹梅街道工会服务点	64062444	虹梅路2017号	201103
漕河泾街道工会服务点	34140991	冠生园路211号	200235
长宁区总工会服务处	62106198	长宁路690弄3号304室	200042
天山街道工会服务点	62598183	天山二村64号乙大厅	200051
北新泾街道工会服务点	52163723	新泾一村144号	200335
华阳街道工会服务点	32201205	长宁路396弄79号	200050
新华路街道工会服务点	62941011-1117	法华镇路521号	200052
江苏街道工会服务点	62256600-126	江苏路563弄8号	200050
周家桥街道工会服务点	52061155-118	云雾山路551弄48号	200051
仙霞街道工会服务点	62959244	虹古路206号	200336
虹桥街道工会服务点	32231508	中山西路1030弄51号	200051
程家桥街道工会服务点	62626600-212	虹桥路2282号	200336
新泾镇工会服务点	52186596	泉口路65号	200335
普陀区总工会服务处	32250855	武宁路205号	200063
曹杨新村街道工会服务点	62431412	棠浦路52号	200062
甘泉新村街道工会服务点	66770313	志丹路125号201室	200065
长寿街道工会服务点	62277887-1153	胶州路1087号	200060
真如镇工会服务点	52791214	兰溪路280弄72号	200333
长风街道工会服务点	62430029	枣阳路251弄10号	200062

续 表

单位	电话(办公)	地址	邮编
宜川新村街道工会服务点	56080226	华阴路 298 号底楼	200065
石泉新村街道工会服务点	32060081	管弄路 268 号 303 室	200061
桃浦镇工会服务点	66278058	武威路 1168 号	200331
长征镇工会服务点	62063779	清峪路 127 号(社保中心二楼)	200333
闸北区总工会服务处	56309576	西藏北路 770 号	200070
彭浦新村街道工会服务点	56477367	安泽路 78 号	200435
大宁街道工会服务点	56033336	彭江路 188 号	200072
宝山街道工会服务点	56301203-8025	宝昌路 519 号	200071
芷江西街道工会服务点	66583382-123	中山北路 898 号	200070
彭浦镇街道工会服务点	66313084-815	灵石路 725 号丙	200072
临汾街道工会服务点	56796194-8108	临汾路 335 号	200435
共和新街道工会服务点	56332621	平型关路 487 号	200072
北站街道工会服务点	63173396	南星路 40 号	200070
天目西街道工会服务点	63179145	大统路 511 号	200070
虹口区总工会服务处	65030973	飞虹路 380 号 703 室	200086
凉城街道工会服务点	65287439	凉城路 465 弄 41 号甲	200434
曲阳街道工会服务点	55881931-1204	伊敏河路 88 号	200437
欧阳街道工会服务点	65754922	曲阳路 483 弄 1 号	200081
四川北路街道工会服务点	65873014	溧阳路 1208 弄 18 号	200081
四川北路街道乍浦路工会服务点	63646123	北海宁路 58 弄 20 号	200080
嘉兴街道工会服务点	65794535	三河路 388 号	200082
广中街道工会服务点	51812224	水电路 120 号	200083
提兰桥东余杭路工作点	65352872	东余杭路 1332 号	200082
提兰桥东汉阴路工作点	65888622	东汉阳路 455 号	
江湾镇工会服务点	65812083	奎照路 280 号	200434
杨浦区总工会服务处	65374180	通北路 538 号	200082
四平地区总工会服务点	65139206	鞍山路 158 号	200092
江浦地区总工会服务点	65853002	许昌路 1180 号	200082
长白地区总工会服务点	55832029	延吉东路 107 号	200093
延吉地区总工会服务点	65341133-123	延吉中路 77 号	200093
定海地区总工会服务点	65670011-1024	长阳路 3066 号	200090
平凉地区总工会服务点	65850951-8006	吉林路 18 号	200082
五角场地区总工会服务点	55225989	政通路 100 弄 11 号	200433
控江地区总工会服务点	55809221	靖宇南路 99 弄 16-1	200093

续 表

单位	电话(办公)	地址	邮编
大桥地区总工会服务点	65191987	平凉路1730号	200090
殷行地区总工会服务点	65881593	国和路1049号	200438
殷行地区总工会服务点	65881593	国和路1049号	200438
五角场镇总工会服务点	65582183	国和路425号	200433
新江湾城地区总工会服务点	55078982	政立路501号	200438
黄浦区总工会服务处(普育东路)	63080297(带传真)	普育东路227号	200011
黄浦区总工会服务处(淡水路)	53832096	淡水路464号103室	200025
豫园街道工会服务点	63365936	梧桐路50号	200010
南东街道工会服务点	33110284	江阴路101号	200003
小东门街道工会服务点	63325694	白渡路252号	200010
老西门街道工会服务点	63770943	蓬莱路285弄4号	200010
外滩街道工会服务点	63295370	河南中路568号	200002
半淞园路街道工会服务点	63120055-1097	西藏南路1360号	200011
五里桥街道工会服务点	53023712	瞿溪路768号	200023
淮海街道工会服务点	53831172	马当路349号	200021
瑞金二路街道工会服务点	53822091	皋兰路6号地下一层	200020
打浦街道工会服务点	63041102-8116	南塘浜路103号	200023
静安区总工会服务处	62672387	胶州路699号101室	200040
南京西路街道工会服务点	62896228	延安中路955弄67号	200040
江宁街道工会服务点	52527445	常德路818号	200040
石门二路街道工会服务点	62562905	武定路139号	200041
静安寺街道工会服务点	54036167	常熟路115号	200040
曹家渡街道工会服务点	62112892	万航渡路676弄46号底楼	200042
宝山区总工会服务处	36071834	友谊路50号	201900
张庙工会服务点	56766139	泗塘二村108号	200431
吴淞镇街道工会服务点	56572073	淞青路151号	200940
大场镇工会服务点	61671008	沪太路2518号	200442
月浦镇工会服务点	36303757	德都路111号	200941
淞南镇工会服务点	66186370	长江南路583号	200441
友谊街道工会服务点	56122053	永清路899号	201900
顾村镇服务点	56042969	电台南路11号409室	201907
庙行镇街道工会服务点	56476890	长江西路2700号	200431
闵行区总工会服务处	64133704	闵行区莘建东路210号	201100
江川路社区(街道)工会服务点	64632352	鹤庆路398号	200240

续 表

单位	电话(办公)	地址	邮编
浦江镇工会服务点	34302496	浦瑞路 326 号	201112
梅陇镇工会服务点	54289346	上中西路 762 号	200237
华漕镇工会服务点	33509908-3111	平乐路 25 号 31 号	201107
古美街道工会服务点	54163600-623	古龙路 1139 号	201102
七宝镇工会服务点	54869562	沪松公路 62 弄 42 号	201101
吴泾镇工会服务点	64520590	龙吴路 5530 弄 40 号 1005 室	200241
虹桥镇街道工会服务点	64658822-107	莲花路 2251 号	201103
新虹街道工会服务点	64215151-120	航东路 355 号	201105
莘庄街道工会服务点	51519930	莘浜路 18 号	201100
颛桥镇工会服务点	51870877-108	联农路 297 号	201108
马桥镇工会服务点	64090718-116	马桥西街 21 号	201111
嘉定区总工会服务处	59523738	福宁路 41 号	201800
嘉定镇工会服务点	59928107-8005	塔城路 360 弄 8 号	201800
新城路街道工会服务点	39980262	新城路 155 号	201822
真新街道工会服务点	59197619	清峪路 985 号	201824
菊园新村街道工会服务点	59927637	平城路 811 号	201800
安亭镇工会服务点	69578879	民丰路 988 号	201805
南翔镇工会服务点	39120108	古猗园路 358 号	201802
奉贤区总工会服务处	57106326	南桥镇南桥路 188 号 7 楼	201400
奉城镇工会服务点	57522114	奉城镇兰博路 2009 号	201414
松江区总工会服务处	57727982	人民北路 73 弄 1 号	201600
永丰街道工会服务点	57817206	松汇西路 1188 号永丰街道	201600
中山街道工会服务点	57786288-168	茸梅路 8 号 305 室	201613
泖港镇工会服务点	57863365	中南路 35 号	201607
小昆山镇工会服务点	57760068	秦安街 55 号	201616
方松街道工会服务点	37733427	江学路 201 弄 8 号	201620
九亭镇工会服务点	57634303	九新公路 219 号	201615
泗泾镇工会服务点	37610068	赵非村 401 号	201601
金山区总工会服务处	57320225	朱泾镇健康路工业大楼 14—15 号	201500
石化街道工会服务点	57951843	石化临潮新村 18 号	200540
朱泾镇工会服务点	57320225	朱泾镇健康路工业大楼 14—15 号	201500
张堰镇工会服务点	57213266	张漕公路 8 号	201514
青浦区总工会服务处	59732688	青浦区青松公路 35 号	201700
盈浦街道服务点	69223619	胜利路 119 号	201700

续 表

单位	电话(办公)	地址	邮编
崇明县总工会服务处	39622067	城桥镇新城南路77号	202150
堡镇工会服务点	59426492	堡镇灵山路88号	202157
庙镇工会服务点	59361150	庙镇大街199号	202153

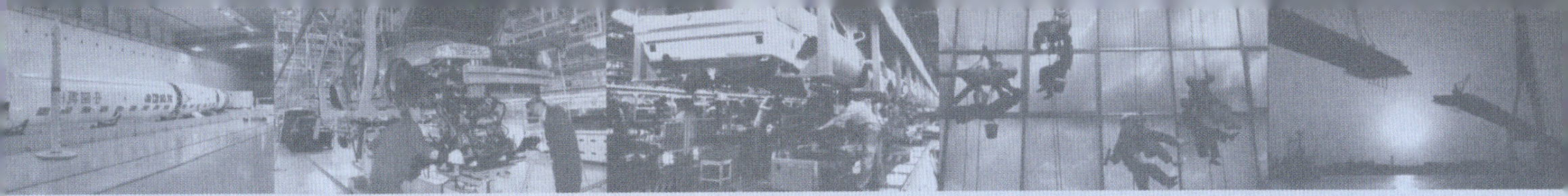

Index

索引

上海工会年鉴

2012

B

C

D

F

G

H

J

Q

R

S

T

W

X

Y

Z

上海燃气浦东销售有限公司

上海燃气浦东销售有限公司是上海唯一纯天然气销售的国有全资企业，隶属于上海燃气（集团）有限公司。公司主要承担浦东新区、闵行区浦江镇、南汇康桥部分地区用户的天然气业务受理、销售服务、输配管理以及施工安装等相关业务。

公司现有在册职工664名，劳务工323人，设14个管理部门和5个基层单位。公司坚持“以人为本、科学发展、降差增效、安全服务、管理规范”的指导方针，先后荣获上海市五一劳动奖状、上海世博工作优秀集体、上海市文明单位、上海市模范职工之家、上海市职工最满意企业、上海市厂务公开民主管理先进单位等荣誉称号，并七次获得上海市重大工程立功竞赛优秀公司的荣誉称号。2005年在同行业中率先实现扭亏为盈目标。

申能集团党委书记、董事长杨祥海一行赴“世游赛”燃气保障中心慰问职工

公司召开物资采购暨党风廉政建设签约会

公司工会召开三届六次职代会

公司举行第三届“长期服务燃气行业”职工座谈会

左一:召开“服务细节从微笑开始”2011年第三季度恳谈会
左二:公司领导参加燃气集团“在灿烂阳光下”红歌赛
左三:召开纪念中国共产党成立90周年文艺汇演
左四:开展2011年“康健杯”职工冬锻运动会

上海现代建筑设计（集团）有限公司工会

上海现代建筑设计（集团）有限公司是一家以建筑设计为主的现代科技型企业，集团旗下拥有华东建筑设计研究院和上海建筑设计研究院等20余家专业公司和机构。在2008年中国工程设计企业60强排名中跻身于前6名;2001年至2011年连续十年被美国《工程新闻记录》（ENR）列入“国际工程设计公司200强”和“全球工程设计公司150强”，2011年位列全球第75位。

集团工会围绕中心工作，大力开展岗位建功活动；贯彻上海市职代会条例，推进企业民主管理进程；丰富职工文化活动，成功举办集团第六届职工文化艺术节；开展“一日捐”活动，努力为职工排扰解难，办好职工体检、职工疗休养、互助保障等实事项目；召开女职工工作推进会，研究和交流“5+X”女工工作；加强工会自身建设，大力推进建家活动，有序开展工会主席直选工作，评选表彰集团工会积极分子。华东院工会荣获全国模范职工之家称号。

集团党政工领导上门慰问困难职工

组织职工代表学习《上海市职工代表大会条例》

举办“现代设计杯”上海职工首届桥牌团体赛

赴京参加中国勘察设计行业职工文艺演出

举办“给力现代”职工演讲比赛

举办“活力现代”职工文艺会演

上海市公路管理处信息管理科

上海市公路管理处信息管理科是针对行业信息化发展、科技创新需求专门设置的职能部门，共有成员66名，平均年龄28岁，党员比例占15%，是一支年轻、有活力、积极向上的队伍。

上海市公路服务热线“12122”

信息管理科积极致力于上海公路网动态运行管

上海市公路路网管理中心全景

上海市公路路网管理中心监控室内景

理，实现路网交通实时监控，交通状态、事件信息及时通过外场情报板对外发布；做到应急指挥快速有效，使信息报送、物资调度、事件处置、处置后评估形成全过程管理；建设数据集成分析平台，开展针对性的分析研判工作；做到公众信息服务一体化，公路热线“12122”统一提供公路咨询、救援、投诉及建议，使用网站、微博、服务区信息查询终端等多种媒介发布路网动态信息。

信息管理科在2011年度开展首届“‘我行，我秀’岗位评优、风采展示”系列活动，有效促进班组成员间的团队协作能力，增强凝聚力。2011年荣获上海市五一劳动奖状。

“我行我秀”才艺展示的辩论赛现场

“我行我秀”才艺展示中的舞蹈

ETC（电子不停车收费）车道外景

上海汽车制动系统有限公司工会

上海汽车制动系统有限公司成立于1995年7月，是由上汽集团与德国大陆公司共同投资的合资企业。主要生产乘用车总泵助力器、制动钳、制动软管和EBS电子制动系统，是国内汽车零部件制造业中最早生产制动钳和EBS电子制动控制系统的中外合资企业。

公司工会以“创先争优”为主题，以“着力服务大局、着力保障民生、着力自身建设”为工作主线，倡导“快乐工作”，构建和谐机制；围绕企业经济目标，广泛动员广大员工“创先锋号、争先锋岗”，积极为员工提供岗位成材平台；引导员工践行企业“责任至上”文化理念，在维系“成功源于对责任的庄严承诺”企业价值观上，发挥了工会组织的积极作用。

企业先后获得上海市文明单位、上海市模范职工之家、上海市高新技术先进企业、“安康杯”竞赛上海赛区优胜单位等荣誉称号。

右一：落实集体合同条款，组织员工代表开展专题巡视活动

右二：围绕服务经济，动员广大员工开展改善活动，持续深入推进企业改善工作

右三：以人为本、关注民生，积极为员工排忧解难，开展各类群众性文体活动

左一：认真贯彻落实《上海市职代会实施条例》，民主选举产生新一届工会委员会，直接选举工会主席、副主席

左二：结合企业经济工作目标，深入开展“创先锋号、争先锋岗”、“建家立功”等活动，表彰奖励先进

左三：认真贯彻厂务公开要求，定期举行行政工作通报和经济形势通报会

上海国盛(集团)有限公司工会

集团党委书记、董事长施德容在2012年春晚致辞

上海国盛（集团）有限公司工会辖直属工会6家，基层工会54家，现有工会会员11751人。

一是加强企业民主管理，坚持职工代表大会制度，制定并通过《职代会工作规范》、《职工监事制度》、《集体协商制度》及《集团女职工专项集体合同》；召开规范劳务派遣用工工作推进会，制定措施，形成劳资双主协商求同、利益共享的理念和工作机制。

二是围绕中心工作，组织“安康杯”竞赛，开展安全生产“金点子”活动，做到从源头监管、落实责任主题、及时发现事故隐患提出有效防范措施。

三是加强劳模、先进的管理，做好服务工作，同时，积极开展帮困“送温暖”活动。

召开公司工会一届一次全委（扩大）会议

举行公司工会一届二次职工代表大会

召开“新国企、新梦想”新闻发布会

召开庆五一座谈会

职工在春晚上表演节目

集团领导和工会干部慰问、走访困难职工19家，赴新疆喀什慰问18位援疆职工。参与员工工资调整方案的协商，维护职工合法权益。

四是开展文体工作，承办庆祝建党90周年文艺汇演活动，组织举办国盛集团春节晚会，开展“国盛建设者风采”摄影作品征集与评选活动。

五是做好女工工作，纪念“三八”妇女节，举办“魅力巾帼，添彩国盛”活动，表彰全国巾帼建功标兵、五一巾帼集体世博团队、市“三八”红旗手和“三八”红旗集体。

为纪念建党90周年职工表演大合唱、歌舞节目

上海市城乡建设和交通工会工作委员会

上海建设交通系统举办庆祝建党90周年劳模先进事迹报告会

市建设交通工会荣获“十一五”时期全国社会主义劳动竞赛先进组织单位称号

上海市城乡建设和交通工会工作委员会围绕市委市政府提出的“创新驱动、转型发展”的工作要求，围绕全国总工会“两个普遍”指导方针，主动适应转型要求，以“党建指导工建、工建服务党建”为工作主线，坚持以职工为本的理念，不断提高服务职工的能力和水平；坚持实事求是的工作作风，围绕中心、服务大局，推动工会工作更好地服务科学发展、服务职工群众。积极探索和把握新形势下党的群众工作的特点和规律，始终坚持党的群众路线，不断创新群众工作方法，努力提高群众工作能力，尽最大努力做好组织职工、联系职工、宣传职工、服务职工、团结职工的各项工作，为上海“十二五”经济社会发展凝心聚力。2011年荣获“十一五”时期全国社会主义劳动竞赛先进组织单位称号。

市建设交通工作党委、市建设交通工会为上海援疆建设一线员工送清凉

张庆雄劳模创新工作室成立揭牌

市建设交通工会举办庆祝建党90周年龙舟赛

上海市房地产交易中心工会

上海市房地产交易中心是上海市住房保障和房屋管理局所属的事业单位，主要承担全市房地产登记管理、监测和交易合同网上备案的工作任务，充分发挥“信息、交易、管理、服务”功能，形成从房地产在建项目监测、上市销售监管到登记办证全覆盖的综合业务平台，建立完备的房地产市场管理体系。

2011年，上海市房地产交易中心工会在党政关心支持和全体职工的积极参与下，围绕交易中心的重点工作，以创先争优和职工之家创建工作为载体，加强组织建设，维护职工权益；开展练兵比武，提高职工技能；丰富学习形式，强化职工素质；完善制度建设，关心职工生活，为创建和谐劳动关系，确保中心各项工作顺利开展，发挥好桥梁和纽带作用。

组织创建文明行业研修班学员赴革命老区考察

开展行业职业技能知识竞赛

组织员工开展爱心义卖活动

职工表演文艺节目

举行员工拔河赛

上海柴油机股份有限公司工会

加强工会自身建设，做好换届改选工作

深化职工代表大会制度，签订新一轮《集体合同》

上海柴油机股份有限公司工会以“推动科学发展、促进企业和谐、帮助共建共享、激发组织活力”为重点，做实三个“着力”，实现两个“维护”。通过发出倡议，统一全会思想；开展评比宣传“每季一星”活动，激励员工比学赶超；开展合理化建议、立功竞赛等活动，激发职工创新热情；深化“先锋号在行动”工作，夯实企业根基，着力服务经济，在促进企业改革发展中创先争优。通过推进以“劳动关系协调预警、维稳工作格局、360度帮扶”为主要内容的“三个一”建设，深化“尊、体、快”工作，做好职工贴心人，着力保障民生，在维护职工合法权益中创先争优。通过开展创建学习型工会组织，评比表彰工会“三优”积极分子，夯实工会基础管理，着力加强自身建设，在提升两个“维护”能力中创先争优。

深化“先锋号在行动”，激发职工主力军作用

为农民工发放新春大礼包

为职工写春联

开展文艺“季演”活动，营造欢乐氛围

中国电信上海市工会

2011年，中国电信上海市工会通过健全制度、创新形式，不断扩大工会组织影响力。（1）贯彻《上海市职工代表大会条例》，进一步规范职代会闭会期间联席会议的出席范围和审议表决程序，表决通过“员工租房”、“员工薪酬调整”等事项。三届一次职代会首次建立外协员工列席职代会制度，提案处理满意率达98%。（2）修订《公司帮困救助工作实施细则》，扩大定补人数、提高定补标准。对255名员工进行节日、助学、大病、定补和临时救助。（3）出台《群众性创新管理办法》、《班组建设的实施意见》、《劳动竞赛实施细则》。制定《工会“首席示范岗”评选管理办法》，在营业、话务、终端服务中开展评选工作。（4）探索技能型竞赛新形式，以体验活动，赢大奖形式组织“天翼”系列竞赛活动，增强吸引力。协助行政建立城市光网FTTH装维技能培训基地，完成3000名业务外包员工的技能培训并取得资格证书。公司3次荣获全国模范劳动关系和谐企业称号。

上海电信总经理张维华为劳动竞赛先进颁奖
电信工会主席陈鸿生为首批入住电信公寓职工发钥匙

工会首次评选表彰业务外包从业人员“首席示范岗”

召开职代会联席会议

全国劳模徐珺（坐者）为城市光网装维技能竞赛出招

组成文艺小分队到一线慰问战高温职工

上海铁路局工会

路局工会召开七届三次全委（扩大）会议

上海铁路局工会在路局党委领导下，全面贯彻党的十七届五中、六中全会精神，深入贯彻落实科学发展观，坚持融入中心，服务大局，在纪念中国共产党诞生90周年之际，全面推进党工共建创先争优活动。同时，在路局行政的大力支持下，组织职工建功立业，提升职工队伍素质；维护职工合法权益，抓好职工文化建设；促进劳动关系和谐，推动企业加快发展，全面发挥工会组织的独特优势和作用，为建设现代化和谐铁路作出新的贡献。

路局领导与职工代表举行民主恳谈会

上海铁路局举行庆祝建党90周年文艺演出

路局工会在南京举办年度工会工作调研座谈会

荣获2011年“浩沙杯”第十届全国万人健美操大赛总决赛第一名

上海东鑫电力工程安装有限公司工会

李汉卿董事长作为杨浦区第十五届人民代表正式候选人与选民代表见面

左：公司荣获全国“安康杯”八连冠
右：董事长李汉卿荣获上海市优秀党建之友

上海东鑫电力工程安装有限公司成立于1998年，职工300余人。

公司于2000年成立工会，2005年成立党支部，不久成立团支部，是为数不多的“党、工、团”组织齐全的民营企业之一。十多年来，公司坚持厂务公开民主管理，签订集体合同，开展工资集体协商，坚持以人为本，构建和谐劳动关系，共同营造企业爱员工，员工爱企业的良好氛围，全心依托广大员工为企业发展壮大作奉献。公司先后荣获全国模范职工之家、全国工人先锋号、全国安康杯竞赛优胜企业八连冠、全国守合同重信用单位、上海市五一劳动奖状、上海市文明单位、上海市模范职工之家、上海市工人先锋号、上海市“两新”组织五好党组织、上海市拥军优属模范单位、上海市双爱双评活动先进企业等荣誉称号。董事长李汉卿被评为上海市优秀中国特色社会主义建设者和上海市优秀党建之友，是杨浦区第十三、十四、十五届人民代表。

开展2011年工资集体协商活动

开展与上海理工大学共建活动

获得的荣誉奖状及称号

国药控股股份有限公司工会

坚持开展党政领导与职工对话会活动

获上海市文明单位称号

国药控股股份有限公司是中国医药集团总公司所属核心企业，成立于2003年1月，2009年9月23日在香港证券交易所上市。作为中国最大的药品、医疗保健产品分销商及领先的供应链服务提供商，国药控股拥有国内最大的药品分销及配送网络、零售连锁、药品制造、化学试剂、医疗器械、医疗健康产业等相关业态，连续名列中国医药商业企业销售额排名第一位，2011年成为国内首家医药商业流通业务超千亿元企业。

工会紧紧围绕公司“健康运行、领先发展”主题，团结动员广大职工为实现公司发展规划和各项经营目标建新功；加强基层工会组织建设，做到工会组织全覆盖；不断健全和完善职代会制度，深入开展企务公开、民主管理活动，构建和谐劳动关系，维护企业稳定和谐；深化企业文化建设，开展形式多样的和谐家园创建活动，不断增强工会的凝聚力、创新力、影响力；开展职工教育培训和劳动竞赛活动，不断提升员工素质；加强工会自身建设，努力提升各级工会组织的领导能力和工会干部履职能力。

推进和完善集体合同和工资集体协商制度建设

开展主题为“雄关漫道长征路，壮志宏图国药人”的文化系列活动

举办第五届职工运动会

东方国际（集团）有限公司工会

东方国际(集团)有限公司成立于1994年11月18日，为国有资产授权经营单位，是国家重点企业和中国最大的进出口商之一。集团业务涉及对外贸易、对外经济技术合作、物流、商业、房地产、旅游、广告展览和金融、实业投资等多种领域，经营进出口商品5000多个品种，在美洲、欧洲、澳洲及日本、香港等设有境外机构20余家，与世界120多个国家和地区有着广泛的贸易往来。

东方国际（集团）有限公司召开二届七次职工代表大会

东方国际集团工会现有会员4335名。2011年，集团工会深入学习贯彻胡锦涛总书记在庆祝中国共产党成立90周年大会上的重要讲话精神，按照市总工会的工作部署，广泛开展“当好科学发展主力军、打好创新转型攻坚战”主题竞赛活动，动员广大干部职工团结奋斗，克服困难，努力拼搏，多作贡献，在推进集团改革发展和维护企业稳定中发挥积极作用。

举办庆祝中国共产党成立
90周年红歌演唱会

集团工会组织员工赴洋山港考察

组织外销员开展沙龙团队活动

上海海博股份有限公司

上海海博股份有限公司，是在上海证券交易所挂牌的上市公司，旗下有“海博出租”、“海博物流”两大主业，员工1万余人。上海海博出租汽车有限公司现拥有运营车辆1万多辆，在上海，南宁、钦州，南京、常州，青岛等地设有营运分公司。拥有汽车销售、汽车修理、汽车配件、汽车检测、驾驶员培训等相关产业，是上海出租汽车行业的骨干企业。

团结、和谐、奋进的海博党政班子

海博货运运输车

海博在洋山港保税区的仓储

上海海博物流(集团)有限公司是一家集物流网络运营、供应链管理、物流园区战略投资等多元化经营的现代化综合型企业，以冷链物流、城市配送、保税仓储国际物流为核心业态，在相关细分行业有良好口碑和影响力。

多年来，海博股份始终坚持人本管理理念，切实维护员工合法权益，调动广大员工的工作热情，培育一支爱岗敬业、文明素养高的员工队伍。企业发展中，做强做大以出租车客运和现代物流并举的都市服务业。公司被评为全国交通运输系统先进集体，荣获上海市五一劳动奖状、上海市名牌、上海市模范职工之家、员工连续三届被评为全国见义勇为好司机等荣誉，2010年公司成为上海市首批企业文化建设示范基地。

海博出租车驾驶员坚持十余年
学雷锋义务送病人出院

海博出租车驾驶员参加达人秀活动

海博员工疗休养基地——海博山庄

举办海博职工迎国庆文艺晚会

上海市精神卫生中心

医院党政领导班子在纪念建党
90周年大会上表演诗朗诵

召开七届九次职代会

举办第二届职工科技节开幕式

举办职工代表培训班

职工合唱团歌颂建党90周年

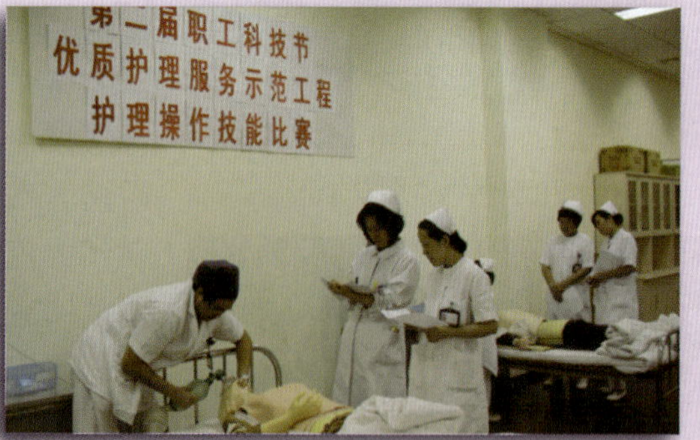

组织全院护士开展技能比武大赛

2009-2010年度

上海市厂务公开民主管理工作

先进单位

上海市厂务公开工作领导小组

二〇一一年三月

上海市厂务公开先进单位奖状

上海市精神卫生中心始建于1935年，是一家担负着全市精神卫生医疗、教学、科研、预防、康复、心理咨询和对外学术交流等任务的三级甲等精神卫生专科医院，现有职工1300余人。中心以严谨的医疗作风、优质的全面服务和精湛的专业技术赢得国内外人士的一致好评，连续十届获得“上海市文明单位”称号。

中心工会在市医务工会和院党政领导班子的领导下，认真践行科学发展观，增强工会工作的使命感和责任感，以“创争”为抓手，扎实开展职工之家创建工作，加强民主管理，深入推进院务公开制度建设，创造性地开展“职工代表对职能科室绩效考核”和“职工代表参与大型仪器设备招投标”工作；从源头坚持维权维稳相结合，切实维护职工的合法权益；开展世博运行保障、文明服务立功竞赛和医院文化艺术节，充分展示职工的良好精神风貌和艺术修养；举办职工科技节，促进成果转化，推进科技创新，为优秀人才脱颖而出搭建舞台；举行帮困送温暖活动，竭诚为职工排忧解难，促进劳动关系和谐稳定发展。工会先后评为上海市模范职工之家和上海市厂务公开先进单位。

第九城市计算机技术咨询(上海)有限公司

召开2011年度工会工作总结大会

公司工会主席王勇

公司于1999年在上海成立，2004年在美国纳斯达克上市。主要业务集中于为网络游戏市场提供高品质网络游戏的开发及运营，并着力进行自主研发各类游戏及致力于无线互联网应用与平台相关的业务。至今公司拥有员工1000多人，员工呈现“高学历、高技能，年轻化”的态势。工会于2003年8月成立后秉承“创新、知识、和谐”的宗旨，因地制宜，因企制宜，紧紧围绕公司战略，开展一系列强化工会组织、提高企业凝聚力、丰富员工生活的主题活动，营造和谐的环境和气氛。在多个平台多个领域为员工们搭建舞台，让所有九城人成为舞台的主角！

组织员工参加义务献血

右一：举办首届员工跳绳、踢毽子、拔河比赛
右二：举办第七届足球锦标赛
右三：举办第六届乒乓球比赛

举办第四届员工卡拉OK大赛

上海金山石化物流有限公司工会

公司组织安全大检查活动

公司安全督察员在现场检查

公司篮球队参加厂际比赛时合影

公司党委、工会联合举办纪念建党90周年红色诗文朗诵比赛

上海金山石化物流有限公司是一家以提供第三方物流服务为主的4A级综合性化工物流的改制企业。工会在上级工会以及公司党委的领导下，积极推进振兴中华读书活动，开展各种形式的文体活动以及岗位练兵、技能比武、劳动竞赛和职工合理化建议活动，引领广大职工争做“创新能手”，争创“创新型班组”和“工人先锋号”。通过各类职工文化活动，充分展示丰富多彩的企业文化和职工群众精神风貌。改制五年来，工会在开展各项工作中，荣获金山区工会工作考核优胜单位、先进职代会、活力工会示范点等称号，荣获2008年度全国“安康杯”竞赛（上海赛区）优胜单位、2008年度上海市总工会推进女职工权益保护专项集体合同工作先进单位、2009年度上海市模范职工之家、2009年度全国“安康杯”竞赛“优胜单位”、2011年度全国职工职业安全卫生知识竞赛优秀组织单位等称号。

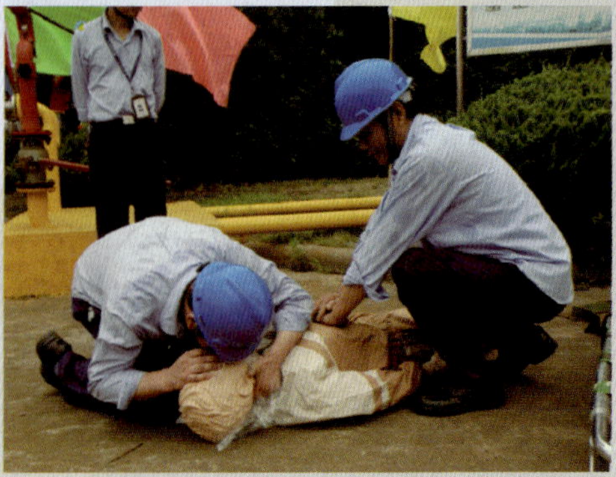

在油品码头组织包括油品泄漏、船舶火灾、水源污染、人员中毒等综合演习

德国北德意志州银行上海分行工会

德国北德意志州银行上海分行成立至今已三年有余。截至2011年，共有正式会员24人。银行多年来注重发挥工会作用，加强民主管理，推进银行凝聚力工程。工会紧紧围绕银行工作，认真履行基本职责，坚持行务公开，从实际出发提高工会成员素质、维护成员权益，使之制度化、长效化。同时，工会坚持以人为本，积极融入职工群众，推动构建和谐劳动关系建设。

作为上海金融系统的银行之一，德国北德意志州银行上海分行工会荣获2010年度陆家嘴金融贸易区工会联合会先进工会称号。

工会重视保障女职工权益，关心女职工身心健康，上门探望生病住院职工，及时发放公司各类经济补贴，共享公司发展成果。

举办消防培训讲座

开展银行年会活动

获得各项荣誉

开展深秋短途郊游活动

中国建材国际工程集团有限公司

彭寿董事长当选为国际玻璃协会下届候选主席

中国建材国际工程集团有限公司是全国综合性甲级科研设计单位和国际化工程公司，上海市高新技术企业，是在香港上市的中国建材股份有限公司的核心业务板块。公司拥有建筑材料、轻纺、建筑工程、环境污染治理等甲级工程设计资质，拥有工程总承包、工程咨询、工程监理等甲级资质及对外经营权，经营业务涵盖建材行业主要业务门类及相关联产业，设有联合国开发组织和中国政府合建的中国玻璃发展中心等7个行业性机构。

公司连续多年跻身全国勘察设计企业、工程项目管理企业和工程总承包企业50强，入围美国权威杂志ENR 200强，先后获得全国五一劳动奖状、中央企业先进集体、全国先进基层党组织、全国国有企业创建“四好”领导班子先进集体、国家科技进步二等奖、全国模范职工之家、上海市学习型企事业先进单位、上海市职工最满意企（事）业单位等诸多荣誉。

获得全国先进基层党组织称号

世界单体规模最大的太阳能光伏玻璃生产线开工点火

召开2011年总结表彰大会

公司举办纪念建党90周年文艺演出

开展井冈山红色之旅活动

上海汽轮机厂工会

组织评选劳动竞赛“十大明星”

上海汽轮机厂工会聚焦企业“再次创业、转型发展，建设世界级工厂”的战略目标，坚持“服务大局、服务职工”的正确方向，充分发挥工会组织的群众优势和资源优势；不断拓展工会工作的新空间，努力做到：围绕中心抓发动，为推进企业“再次创业”聚力；增强素质抓培育，为促进职工成长进步助力；履行职能抓机制，为畅通民主管理渠道给力；服务职工抓落实，为提升职工满意指数尽力；自身建设抓作风，为优化工会工作水平接力。团结动员广大职工群众，奋发有为，追求卓越，为实现企业和职工的共同发展而奋斗！

企业行政方与工会方签订工资集体协商协议书

举办“职工科技创新月”活动

开展“职工健康宣传周”活动

举办职工运动会

上海市快乐(集团)有限公司工会

集团公司党委书记、董事长徐同祥慰问困难职工

上海市快乐(集团)有限公司是普陀区国资委下属的国有商业企业，注册资金人民币1.058亿元，主营业务为烟酒粮油、食品批发零售业、商铺租赁、外贸等。

近年来，集团公司工会积极围绕党委提出的“一前提、四推动”(抓好党的自身建设为前提，推动项目启动开发，推动业态改进改良，推动思想政治工作，推动企业规范运作)工作要求，以创建“工人先锋号”为抓手，积极开展“快乐杯”劳动竞赛和文体娱乐活动，加强民主管理，开展厂务公开、工资集体协商、职代会和“三重一大”制度建设，按照《公司法》和《上海市快乐（集团）有限公司职工董、监事工作制度》，加大对职工董、监事培训，不断提高职工董、监事的参与公司决策的能力。职工董、监事广泛听取职工意见，并把职工中带有倾向性、普遍性的意见愿望和诉求及时反映到董事会，既维护好职工合法权益，又维护好企业健康、和谐发展。

2011年集团公司实现销售8.93亿元，利润3812万元，税收7560万元。

上一：快乐集团公司召开四届二次职工代表大会，审议、签订工资集体协议
上二：公司召开四届三次职工代表大会，由职工董、监事进行述职
上三：公司领导为“快乐杯”劳动竞赛获奖者颁奖

上海悦来芳食品公司张泽亮荣获“上海市农民工先进个人”称号

公司举行职工投篮比赛

上海医疗器械（集团）有限公司手术器械厂工会

召开职工代表大会

上海医疗器械(集团)有限公司手术器械厂是国内规模最大的手术器械专业制造厂，产品品种规格7000多个，从业人员1100多名。2011年企业实现销售3.2亿元、利润3400万元，同比增长25%和13%，企业连续12次被评为上海市文明单位，“金钟”手术器械连续多年被评为“上海市装备制造业与高新技术产业自主创新品牌”。2011年，工会以“创先争优”活动为抓手，紧紧围绕企业“十二五”规划，团结带领全体员工，为实现企业从“发展中调整”到“调整中提升”战略发展，加快企业生产结构和产业调整步伐，发挥主力军作用；切实增强使命感和责任感，全面履行各项职能，积极构建和谐劳动关系，促进了企业的经济和文化发展。

积极开展工人先锋号创建活动

开展职工技术比武活动

举办迎国庆职工体育系列比赛

举办职工足球比赛活动

上海上实(集团)有限公司工会

上海上实(集团)有限公司和注册在香港的上海市政府窗口企业上海实业(集团)有限公司实行“两块牌子、一套班子”管理模式，负责经营管理境内资产。现设两级工会组织6个，三级工会组织17个，职工5115人，工会组建率和职工入会率均达100%。2011年，上实集团工会紧紧围绕集团发展核心产业中心任务，着力强化六大工作。一是积极推进“彩虹计划”，使“两个普遍”得到有效落实和深化。二是充分发扬民主，顺利完成各级工会组建及集团工会换届选举工作。三是积极开展形势与任务教育，团结动员广大员工为集团发展建功立业。四是深入开展庆祝建党90周年歌唱比赛、“安康杯”安全生产宣传教育、创先争优等主题活动，凸显工会作为。五是采取多种措施关心和服务职工，营造健康祥和的发展氛围。六是不断加强工会自身建设，提升工会组织的影响力和凝聚力。

上实集团工会召开第三届会员代表大会完成换届选举

公司领导慰问老劳模

上实集团工会举办年度“安康杯”系列活动

上实集团工会举办工会干部培训班

上实集团工会举办庆祝建党90周年歌唱比赛

上实集团工会举办
第四届职工运动会

上海张江企业孵化器经营管理有限公司

张江孵化器团队和园区的创业企业欢度春节

上海张江企业孵化器经营管理有限公司（简称“张江孵化器”）成立于2008年8月29日。公司以建立企业孵化器为切入点，整合张江园区现有的孵化资源，推广全新的孵化经营模式。新型孵化器运作模式的核心是解决目前园区中小企业面临的共性和个性问题。成立当年，张江孵化器推动成立“张江孵化公共服务平台”，2009年2月推动张江VIC平台成立，10月成功举办“张江杯ICT技术创新大赛”，12月荣获“2009年中国最热园区”称号，年底获ISO9001/14001质量/管理体系认证。2010年1月预孵化器正式投入运营，3月荣获“2010最受尊敬的创业天使”，5月成功举办世博“法国—张江”创新周，8月完成“全程孵化模式”打造，首批孵化企业毕业，同月成立“张江—北美”创新中心；2011年3月成立张江硅谷代表处，同时荣获“上海市五一劳动奖状”，9月第二批孵化企业毕业。

张江孵化器帮助创业企业成长

张江孵化器团队携部分优秀创业者赴杭旅游

坚持每年植树节倡导孵化企业植树

张江孵化器组队参加“张江杯”龙舟赛

开创“张江孵化创新论坛”累计培训超过2000人次

上海吴泾海事处

服务电煤运输船舶，全面履约电煤运输船舶八项服务承诺

上海吴泾海事处是上海海事局分支机构，负责黄浦江上游水域准水源保护区的水上交通安全管理和船舶防污染管理。吴泾海事处工会在处党政领导和上级工会指导下，坚持科学发展观，以“为全面履职而行动”为纲领，以“服务职工、服务发展”为目标，秉承“志在上游，服务上游”的吴泾海事精神和“我在吴泾快乐工作”的理念，通过文明执法示范窗口创建、海事文化展示厅、党员网络直通车、职工频道、职工发展课堂和“我们身边的榜样”评选等品牌创建，全面推进特色海事文化建设，用文化推动发展，用文化凝聚队伍，用文化拓展服务，用文化塑造形象，用文化促进和谐，提升职工素质。2011年，先后获得上海市文明单位、上海市五一劳动奖状、全国海事系统执法示范窗口标兵、直属海事系统先进集体等荣誉称号。

开展“三定三集中”现场活动

工会获得的荣誉奖牌

组织履约论文演讲，深入推进率先达标素质工程

上海海事局展示厅

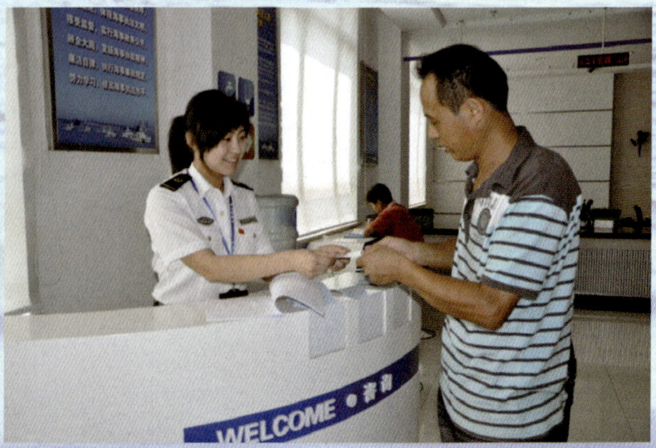

导办员热情服务，实行履约“首接引导制”

上海港城滴水湖建设管理有限公司工会

公司领导春节前夕慰问公司困难员工

上海港城滴水湖建设管理有限公司工会以维护职工的合法权益为己任，以创建和谐劳动关系为重点，注重发挥工会组织的引导作用，激发职工的工作积极性。为全面提升职工队伍整体素质，公司开展学习型团队建设，不断提高员工的管理水平、敬业精神，形成具有核心竞争力的团队精神、协作精神。加强工会自身建设，争创先进工会组织，确保公司2011年各项目标任务的实现。2011年，公司荣获上海市平安单位、浦东新区文明单位、优秀职工之家等荣誉称号。公司1名员工获得上海市五一劳动奖章荣誉称号。

举办党风廉政教育展览

召开全体员工大会

公司车友会在滴水湖1号码头设立活动基地

五一劳动奖章获得者王勤利（左三）与游船班组集体

上海锅炉厂有限公司工会

上锅公司职代会

上海锅炉厂有限公司工会坚持紧贴经济、参与发展、服务职工、依法维权的原则，充分发挥工会桥梁纽带作用，通过推进立功竞赛、开展合理化建议、职工技能培训、安全监察工作，使工会成为企业发展的“助推器”；通过召开职代会、企情沟通会、民主评议和职工满意度调查，使工会成为劳动关系的“协调器”。

依托“三大”基金会、“一日捐”和“五个一”工程，解决职工“三最”问题，使工会成为稳定队伍的“稳压器”；围绕宣教文体、紧抓班组建设，使工会成为职工素质工程的“提升器”。近年来，公司先后荣获“全国模范职工之家”、“全国模范劳动关系和谐企业”、“全国机冶建材系统工会工作先进集体”、“上海市职工最满意企业”、“上海市模范职工之家”等称号。

公司树立“十大标兵”

工会主席何士林为第六届公司职工篮球赛开球

参加上海电气“李斌杯”职工技能大赛

组织职工参加元旦健身跑

举办第九届上锅职工运动会广播操比赛

上海锦江国际饭店有限公司

饭店领导上门慰问老劳模浦玉莲

表彰2011年职工读书活动先进个人

饭店领导与总厨检查厨房卫生工作

职代会开展干部述职考评活动

上海锦江国际饭店有限公司是锦江（集团）旗下的四星级旅游涉外饭店，1950年被确定为上海市大地原点坐标。2006年被列为“全国重点文物保护单位”。开业至今77年，因设施高档、菜肴经典和服务优质赢得了中外宾客和社会各界的赞誉，北京烤鸭、佛跳墙、蝴蝶酥、银丝卷等菜点长盛不衰。1999年被授予四星级饭店。1991年至2011年获得创建上海市文明单位十连冠荣誉。2011年，饭店的京帮点心被列为“上海市非物质文化遗产”，并获得“中华老字号企业”和“上海市著名商标”称号。

团员青年在国际饭店2012年
春节联欢会上表演节目

国际饭店历经77年而雄风犹在，得益于职工素质的提高。工会每年组织职工开展读书活动，2010年推荐职工阅读了《中国震撼》，2011年推荐职工阅读了《中国大趋势》和《这样做事离成功更近》等书籍。工会每年组织“职工读书心得交流”和“献计献策”活动，在鼓励职工提高自身素质的同时促进饭店经营发展。

国际饭店的招牌菜点

上海市徐汇区大华医院是一家二级综合性医院。医院创办于1926年，2001年被批准为首批非营利性医疗机构。医院现有业务科室29个，年门急诊量近90万人次，年住院病人近9000人次，为周边40万居民服务。现拥有职工590名。2011年医院被命名为全国综合医院中医药工作示范单位，拥有中医科和内分泌科两个区重点学科，儿科、耳鼻咽喉科两个特色专科。

医院具有优秀的文化理念，是上海市卫生系统职业道德教育基地和上海市创建学习型企事业达标单位，医院党总支荣获2011年度上海市创先争优世博先锋“五好”基层党组织，医院连续3届荣获上海市文明单位，并荣获2008—2009年度“上海市职工最满意企事业单位”称号。

召开党政领导班子工作会

宣飞燕与全国劳模徐培成结对互帮

大华医院

区重点学科——中医肝科主任带教青年医师

全国中医肛肠专家俞宝典为病人诊治病情

区重点学科——内分泌科主任医师在认真查房

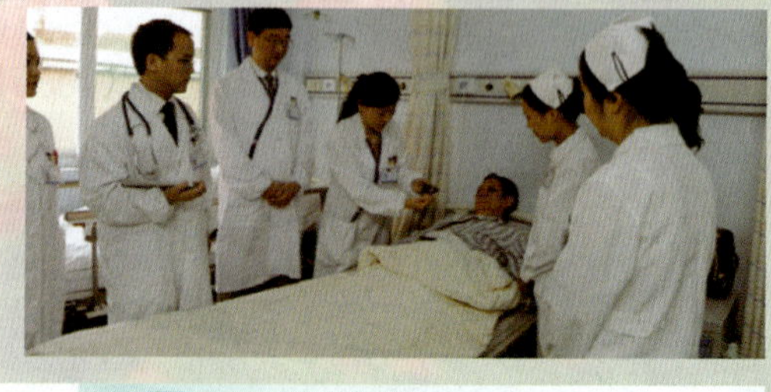

举办新春联欢会

参加职工运动会

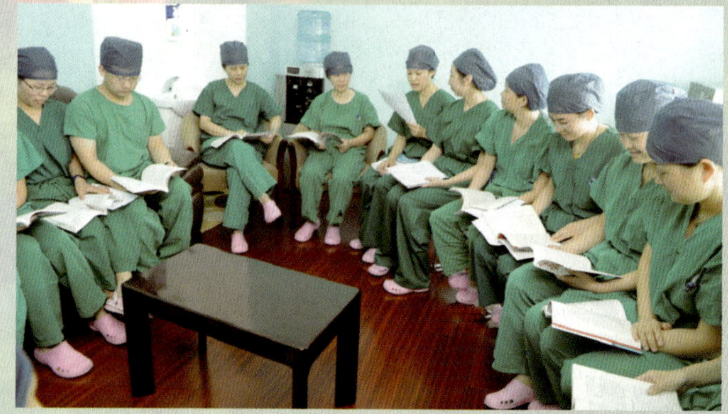

举办科室读书交流会

新大洲本田摩托有限公司工会

召开一届一次职工代表大会

公司员工参加义务献血活动

秉承公司“尊重个性，三种喜悦”的企业理念，工会紧紧围绕“发扬民主、和谐共建、体面劳动、创新发展”的方针，开展有特色的工作。

1.推出企业文化艺术节。已成功举办十届。其宗旨为“内强素质、外塑形象、关注社会”，从而成为广大员工最期待的节日，公司员工全员参与。

2.兴办“1+1”运动会。工会每年举办盛大的春季运动会。现累计参加员工1万多人次。增强了员工的凝聚力，积极维护了职工精神文化权益，推进企业和谐劳动关系建设。

3.举办集体婚礼。新大洲本田从2001年组织第一届员工集体婚礼以来，到2011年已累计举办十届，先后有86对新人牵手参加集体婚礼。

开展劳动技能大赛

4.开展技能大赛。以本田技能大赛为抓手，推动全公司各工种的技能比武大练兵活动，提升员工业务素质。

工会倾力打造以“家园文化”为主体的全新企业文化，并试图通过不同的文化活动，诠释同一个家园的理念，让员工和企业共同成长。

中国人民解放军四八〇五厂工会

厂长李凡与厂工会主席丁文博签订《四八〇五工厂集体合同》

四八〇五厂是一家海军装备保障性企业。在厂党委的领导下，工会借助于职代会这个平台，积极推进厂务公开，集体协商、签订集体合同工作，切实落实企业的民主管理，努力推进企业的和谐发展。在全力保障职工生命安全过程中，工会牢固树立以人为本的理念，以保障职工安全健康为工作的着重点，通过深入推进“安康杯”竞赛等活动，有效地维护了工厂生产经营的稳定运行和广大职工的身心健康。在全厂职工共同努力下，工厂自2006年以来连续五次荣获“安康杯”竞赛全国优胜企业称号，2011年，先后荣获上海市五一劳动奖状和上海市模范职工之家称号。

获2011年度上海市五一劳动奖状和上海市模范职工之家称号

厂党委书记赵涤带队送清凉到生产现场

组织职工代表开展培训

厂领导上门慰问老劳模

开展职工文艺活动

上海交通大学医学院附属新华医院

新华医院“激情新华、感动你我”年度先进评选颁奖典礼

上海市“五一劳动奖章”获得者、新华医院普外科主任刘颖斌为患者耐心诊治

上海交通大学医学院附属新华医院创建于1958年，是新中国诞生后在上海新建的首家综合性教学医院。五十余年来，新华人以治病救人、诚信服务、树立良好公众形象为突破口，以改善服务、规范医疗行为为工作重心，通过全体员工的励精图治，医院管理不断优化，医疗水平不断提高，医疗业务不断攀升，服务意识不断增强，教学科研不断进步，医院环境不断美化，已成为一所学科门类齐全，具有专业特色，集医、教、研于一体的现代化三级甲等综合性医院。新华人与时俱进，全力打造具有持久生命力的医院文化，其中“激情新华，感动你我”年度先进评选活动、新华春晚、新华TV、新华大讲堂四大文化品牌，正是新华人探索出的具有示范意义的文化实践，医院先后八次被评为市文明单位，四次荣获全国先进集体称号，两次荣获全国医院文化建设先进单位和上海市学习型单位先进称号。

上海市劳动模范、新华医院眼科主任赵培泉(左一)挑战超声乳化白内障复明手术的年龄极限，107岁超高龄老人重见光明

新华医院领导慰问高温下露天工作的安保人员
左一：院长徐卫国，左三：院党委书记孙锟，左二：院党委副书记、工会主席顾琦静

上海煤气第二管线工程有限公司工会

公司领导班子成员

上海煤气第二管线工程有限公司是专业从事燃气排管工程的施工单位。组建25年来，为浦东燃气发展作出卓越成绩，为上海乃至全国燃气建设作出贡献。2012年公司荣获全国五一劳动奖状，十余次被命名为上海市重点实事立功竞赛先进集体和优秀公司，连续被评为上海市文明单位。公司工会紧紧围绕企业中心工作，以“打造有影响力的企业，塑造有责任感的团队”为理念，开展“认清形势转观念，推动发展作奉献”主题教育活动，凝聚职工为企业发展作贡献，是上海市职工职业道德建设先进单位；以“挚炬者”为品牌开展立功竞赛活动，公司所属联创公司荣获燃气行业第一家上海市“金杯集体”；深入推进民主管理工作，保护好、调动好、发挥好职工的积极性，公司获上海市厂务公开民主管理先进单位的荣誉称号；作为上海市学习型企事业优秀单位全面实施职工素质工程，“项目经理学校”助推职工岗位成才，“挚炬者”舞蹈队、篮球队丰富职工业余生活；工会不断加强自身建设，提高服务大局、服务职工的能力和水平，被授予上海市模范职工之家称号。

上海市“金杯集体”联创公司胜利竣工江西项目

公司捐建云南基诺民族中心小学，并设立第一届“挚炬者”奖励基金

公司获得全国“五一劳动奖状”，董事长凌昌代表公司领奖

公司举行庆祝建党90周年文艺汇演

上海市机械施工有限公司工会

上海市机械施工有限公司工会是上海建工集团股份有限公司的核心企业之一。半个世纪来，公司致力于建筑施工的机械化和现代化，积极承揽超高层钢结构、特殊公用建筑、大型工业厂房；开拓城市地铁、磁浮快线、大型深基坑、高架立交、特大桥梁等高难施工项目，并承担3项国家863计划。在共和国建设的各个历史时期留下了众多杰作，成为中国现代建筑业的精锐之师。

公司工会围绕企业发展中心，不断推进厂务公开民主管理，加强企业文化建设，广泛开展建功立业活动，加强职工素质工程建设，积极构建和谐劳动关系，引领职工共谋企业发展、共享企业发展成果，实现企业与职工共同进步、全面发展、和谐双赢的良好局面。公司20次被评为上海市重点工程立功竞赛优秀公司、2次被评为上海市立功竞赛金杯公司，先后荣获上海市职工最满意企业、上海市厂务公开民主管理工作先进单位、全国五一劳动奖状、全国模范劳动关系和谐企业等荣誉称号。

公司领导高温慰问重点工程工地职工

举行公司能工巧匠俱乐部成立十周年纪念会

公司工会与行政签订集体合同

推进公司重大工程立功竞赛活动

公司定期开展平等协商活动

举办建党90周年文艺汇演

上海电力股份有限公司工会

上海电力股份有限公司工会成立于1998年。公司是一家上市国有控股的大型发电企业。截至2011年底，公司拥有全资、控股和关联企业18个，权益装机容量728.43万千瓦，在职员工7361人。

公司工会成立以来，认真贯彻落实党的全心全意依靠工人阶级的指导方针，把加强民主管理工作作为加强企业管理、依靠职工办企业的内在要求，加强宣传教育，转变职工观念，维护职工合法权益，妥善分流安置“压小”电厂职工；广泛开展群众性立功竞赛活动；注重职工思想政治工作和职工文化建设；强化工会自身建设，推动企业和谐发展，促进公司“抓发展、增盈利、促和谐”，有力推进了公司的改革、发展和稳定。

2011年，公司荣获“上海市五一劳动奖状”，漕泾电厂百万机组荣获国家优质工程金质奖和“国优30年经典工程”两个奖项；吴泾电厂运行部集控一班荣获“全国工人先锋号”称号。

①

②

③

④

⑤

组织开展火灾防范演习

举行建党90周年大合唱活动

开展群众性体育活动

①荣获上海市五一劳动奖状
②签定集体劳动合同
③迎峰度夏期间领导慰问一线职工
④看望离休干部
⑤慰问困难职工

家乐福上海联家超市有限公司工会

家乐福上海联家超市有限公司成立于1995年，是由联华超市股份有限公司和法国家乐福集团共同出资组建的企业。公司从1996年开出首家曲阳店以来，16年共开出22家大卖场。共有员工6555人，其中外地来沪人员2123人，占职工人数32.39%，工会会员6511人，入会率达99.33%。公司由外方控股，是劳动密集型的大型连锁零售企业，工会组织通过坚持和谐发展、互利共赢的维权理念，坚持统筹兼顾、突出重点的维权方法，于2011年3月就“工资福利、休息休假”等内容与公司方进行协商谈判，最终以召开职工代表大会的形式，经无记名投票审议通过了公司首份《集体合同》，迈开了企业民主化进程的步伐，受到广大员工的拥护。

马裕冬主席与贝多拉经理在集体合同上签字

马裕冬主席在集体合同签字仪式上讲话

参加体育健身节所获的奖牌

工会高温慰问一线员工

工会为困难员工送温暖

举办2010家乐福七宝店“收银”技能比赛

为家乐福宝山店员工庆祝生日

闵行区教育工会

四届四次工代会

闵行区教育系统现有基层工会组织242家，会员17643人。工会组建率达100%，工会入会率达98%。其中民办学校（幼儿园）全部组建工会，公办学校制度外用工入会率近100%，100%实行工会主席公推直选。近年来，在局党委和区总工会、市教育工会的领导下，区教育工会认真贯彻落实科学发展观，把维护教职工合法权益作为工会工作的第一要务，紧紧围绕教育中心工作，发挥桥梁和纽带作用，协调各方关系，为党政分忧，为职工解难；积极发挥工会组织优势，开展丰富多彩的活动，陶冶高尚情操，全面提高教职工素质，在推动和谐校园建设、促进闵行教育改革发展中发挥了积极作用。

近年来，先后荣获上海市厂务公开民主管理工作先进单位、第三届上海市“五一文化奖”十佳职工文化特色活动奖、上海市模范职工之家、上海市教育工会2007—2009年度保障工作先进单位、2010年度工会网站信息工作优秀单位、全国模范职工之家、第五届上海市“五一文化奖”提名奖等殊荣。

举办2012年教育系统工会主席新春联欢会

获得全国模范职工之家奖状

组织教工摄影沙龙成员参加沪苏浙三区三市职工摄影作品展

获得上海市五一文化奖提名奖

举办教工羽毛球比赛

上海船舶工业公司工会

公司纪委书记、工会主席吴金韵慰问百岁退休职工

上海船舶工业公司工会围绕中国船舶工业集团公司改革发展目标，深入学习贯彻党的十七届五中、六中全会精神，提高认识、转变观念，切实增强在工会工作中创先争优的使命感和责任感。广泛发动职工，凝聚智慧力量，引导广大职工为企业发展建功立业，多作贡献。充分发挥工会“大学校”作用，努力推进职工素质工程建设，进一步提高职工思想道德、劳动技能和科学文化水平。切实加强民主管理，努力发展和谐劳动关系，维护职工合法权益，推动企业稳定和谐发展。坚持群众路线，改进工作作风，努力推进工会民主化建设，不断提高服务科学发展、服务职工群众的能力和水平。2011年荣获“上海市模范职工之家”称号。

左上:2011年工会干部参加《社会保险法》培训
左中:举办2011年公司劳模招待会
左下:公司2011年度起重工技术比赛现场

举办建党90周年红歌会

公司举办“腾飞杯”乒乓球比赛

中国联通上海市分公司工会

中国联合网络通信有限公司上海市分公司(简称：上海联通)工会是上海联通各级工会组织的管理机关。

2011年，在上海联通公司党委的领导和行政支持下，深入贯彻市总工会和集团公司工会有关要求，紧紧围绕公司发展要求和企业文化建设的总体思路，围绕企业年度目标和任务，从引导员工支撑企业经营发展、加强民主管理提高维权意识、启动班组建设夯实企业基础、宣传先进事迹营造向上氛围、重视员工感受增强企业凝聚力、加强工会自身建设提高工作质量、落实离退休人员管理和服务工作等七个方面入手开展工作，贴近员工，贴近一线，以具体行动将公司的关爱传递给广大员工，引起了广大员工的共鸣，进一步增强了企业凝聚力和工会组织在员工中的影响力。

上海联通党委书记、总经理蔡全根高温慰问一线员工

召开上海联通2010年劳动竞赛表彰暨2011年劳动竞赛动员大会

举办上海联通2011年迎春联欢会暨职工艺术节汇报演出

举行上海联通退休职工之家启动仪式

上海联通10010班组与上海航天局唐建平班组举行共建结对签约仪式

复旦大学附属中山医院工会

复旦大学附属中山医院是卫生部部属综合性教学医院。医院开业于1937年，是当时中国人管理的第一所大型综合性医院。现有职工3600多人，有中国科学院院士1人，中国工程院院士2人，高级职称370多人，医师1200多人，护士1300多人，医技人员500多人，荣获上海市职工最满意的企事业单位。

中山医院工会是“全国模范职工之家”，在上级工会和医院党委领导下，坚持以邓小平理论、“三个代表”重要思想为指导，深入贯彻落实科学发展观，切实履行工会“维权、建设、参与、教育”各项职能，团结、引领和凝聚全院职工为医院建设贡献力量。中山医院工会是上海市卫生系统学习型示范单位、职工文化艺术基地。2011年荣获“全国五一劳动奖状”，成为上海市卫生系统唯一获奖单位。

获得全国五一劳动奖状

召开中山医院职工代表大会

开办中山医院工会职工书屋

举办中山医院杜鹃花节

中山医院合唱队参加上海市卫生系统庆祝建党90周年主题歌会

举办职工子女寒暑托班

中福会少年宫工会

中福会少年宫是由宋庆龄女士创办的全国第一个少年宫。作为未成年人校外教育场所以及思想道德建设基地，每年，少年宫开展各类主题教育活动300余场次，活动覆盖面近40万人次；开设各类兴趣小组活动约70项，为3万余人次少儿提供校外教育服务。

2011年，中福会少年宫荣获全国文明单位和上海市五一劳动奖状等荣誉称号，并连续15次荣获上海市文明单位。

在事业发展的进程中，中福会少年宫积极发挥工会在组织文化建设和团队凝聚建设等方面的优势和作用，通过开展形式多样的教师职工学习活动、文明创建活动、文体活动等，实现“建一流队伍、创一流业绩”的目标。

举行教职工代表大会

组织教职工开展外出参访教育活动

每季度举行教职工集体庆生会

举行军警民共建运动会

开展教师节联欢及宣誓活动

上海市对外服务有限公司工会

表彰先进集体和先进个人

上海市对外服务有限公司是一家为在华各类企业提供领先的全国一站式专业化人力资源服务的国有企业，1984年成立，隶属东浩集团。曾获全国文明单位、全国五一劳动奖状等多项荣誉。公司工会积极围绕企业“产业化、信息化、品牌化”的要求和“外服中国”战略目标，充分发挥工会组织的优势和特点，坚持民主管理制度，深化劳动竞赛活动，举办各类文体活动，团结凝聚职工，努力践行“专业、严谨、创新、和谐”的企业精神和“以人为本，全心为你”的品牌理念。根据经营服务特点，突破难点创新工作，促进和推动外企工会组建和派遣员工入会工作，开创上海外服雇员工会的全新管理模式。公司工会多次荣获上海市模范职工之家称号。

坚持和完善职代会制度

举办职工体育运动会

开展外企工会干部培训

举办职工文艺会演活动

上海应用技术学院工会

学校党政班子全体成员

上海应用技术学院是一所全日制本科高校，现有工会会员1760名，院系部门工会23个。在校党委的领导和校行政的支持下，校院两级教代会组织和两级工会组织机构与制度健全；校务信息公开；民主管理机制完善；重要职能部门就专题内容向代表汇报工作并进行现场质询；校内中心工作向教代会报告等工作都步入常规。部门工会主席全部参加所在院系的行政例会，二级学院的民主管理制度完善。工会参与所有涉及教工利益问题的源头工作，常年开展优秀提案与金点子评选活动以及专题调研活动，听取、收集和传递教职工意见和建议。

工会全委扩大会议通过各项决议

市教育工会奖励学校电动车

工会以两千平米独幢工会楼作为“教工之家”基地，常年结合形势和学校中心工作开展宣传、文化、体育活动，举办岗位创新竞赛和妇女专题讲座等各项活动，校内20多个群众社团活动内容丰富多彩。校工会全力维护和落实教职工的保险、体检、休养、慰问、救助等福利待遇。

2009年《劳动报》五次专版和专题报道了我校工会的特色工作，2010年以来连续两年，校内考核名列前茅，近年来两次评为市教育系统优秀工会组织， 2011年获“上海市模范职工之家”称号。

2012年如期顺利召开“双代会”

坚持学校重要工作向代表报告和质询交流会的制度

2000平米独幢工会楼成为“教工之家”的活动场所

红歌会上的参赛表演唱——“我把党来比母亲”

中国电信号百公司工会

上海市劳动模范肖栋明向上海市总工会副主席汪兰洁介绍号百业务

党政领导春节慰问企业困难员工

号百信息服务有限公司成立于2007年8月，总部设于上海，是中国电信股份有限公司直属子公司，负责全国各省号百分公司的业务指导、集约管理和综合平台建设。总部员工600名，年均业务收入复合增长率超过30%。

号百员工以“知百事，通天下”为品牌核心内涵，积极践行“号码百事通，为民服务行”的承诺。工会通过文化体育协会平台，以文娱兴趣小组为载体开展全员健身日等活动，打造健康向上、奋发有为、多才多艺、具有团队意识和责任意识的员工队伍，凝聚和提炼“客户为先、责任为重、协同为要、创新为魂 ”的企业文化理念。

公司参与抗震救灾、奥运会、世博会、亚运会等重大活动，并提供便捷丰富的综合信息服务。曾获上海市高新技术企业证书、中国电子信息应用十佳企业、中国十大户外媒体供应商、中国五强户外大屏媒体供应商等荣誉，先后获得“全国亿万职工健身活动月”先进单位、上海市模范职工之家、全国五一劳动奖状等称号。

举行“捐一日工资，献一份爱心”活动

组织女员工前往福利院做义工

召开公司第一届职工代表大会第二次会议

开展“全员健身日”活动

青年员工在团拜会上表演小品

青年员工朗诵红色诗歌“跟党走百事通”

上海三菱电梯有限公司

上海三菱电梯有限公司是由中方控股和管理的中日合资大型电梯企业。公司坚持实践“创造更和谐的生活空间”，弘扬以“超越自我、从零开始、‘以顾客为中心’”的企业价值观，竭诚为用户提供“上上下下的享受”。25年的创业与发展，已成为中国最大的电梯制造和销售企业；连续七年成为世界上单个工厂电梯年产销量最大的企业；是中国电梯行业第一家累计销售电梯超过30万台、主营业务收入超过100亿、电梯年产量超过4万台的企业。

公司两次荣获全国质量奖；连续三届获全国文明单位；连续十届获上海市文明单位；荣获全国五一劳动奖状、全国双爱双评先进企业、全国厂务公开先进单位、全国构建和谐劳动关系先进企业、上海市员工最满意十佳企业等称号。被评为“改革开放30年全国企业文化优秀单位”和“新中国六十年企业精神六十佳”、上海市企业文化示范基地称号。

公司食堂班组获“全国工人先锋号”称号

职代会上表彰“十佳”职工班组

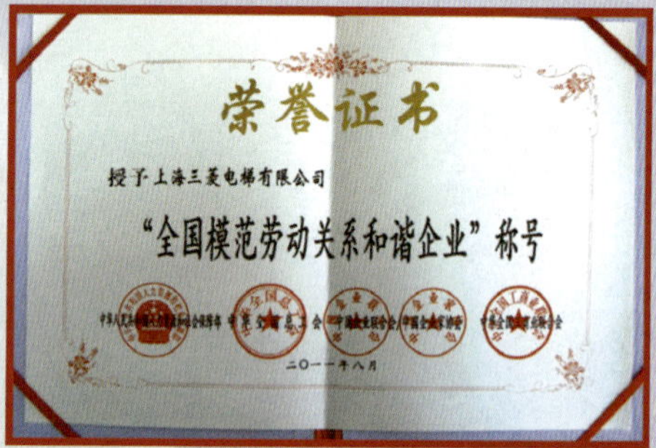

获得“全国构建和谐劳动关系先进企业”称号

十一届职工文化艺术节

范秉勋董事长(中)参加第十一届全国质量奖颁奖仪式

举行庆祝上海三菱成立25周年联欢会

上海电气人力资源有限公司工会

公司领导班子集体参加迎春联欢会

公司领导在职工代表大会上作工作报告

公司领导陪同国资委、集团领导慰问离岗职工

公司领导慰问退休老干部

上海电气人力资源有限公司是上海电气集团在国企国资改革中为分流、安置离岗职工而组建的功能性公司。经上海市劳动和社会保障局首批核准，工商注册，专业从事就业拓展、教育培训、托养托管、职业中介、外劳力派遣、劳动人事代理等人力资源开发与管理的现代城市服务业。公司工会以建设“党密切联系群众的实践基地”、建设“集团稳定的后方基地”为目标，立足新起点，拓展新思路，谋求新突破，在公司强化专业功能，提升管理水平上，充分发挥工会的积极作用。

公司先后荣获“全国五一劳动奖状”、“上海市职工最满意企业”，并连续三届获得“上海市文明单位”荣誉称号。

企业得奖成果

公司合唱队参加上海电气歌咏比赛决赛

公司舞蹈队在运动会闭幕式上表演

上海航天局第八〇五研究所工会

召开四届四次职代会暨2012年工作会议

上海航天局第八〇五研究所是上海航天运载火箭总体部门，也是上海航天载人工程和探月工程的抓总研制单位，同时承担空间飞行器结构与机构产品的研制任务。近年来，八〇五所工会以创建学习型企业为契机，以打造高素质职工队伍为抓手，紧密围绕企业技术进步和专业结构调整，开展职工之家创建、班组工程建设、职工读书活动、劳动竞赛、QC活动、科技成果交流等一系列活动，提升企业的核心竞争力。同时，着眼职工全面发展及精神文化需求，所工会积极组织各项文体活动，鼓励参与社会公益活动，建立职工关爱机制，让职工共享企业发展成果，并努力实现“十二五”规划各项目标，为建设国内一流、国际有影响的综合宇航系统工程研究所而努力奋斗。

开展职工科技创新活动获得丰硕成果

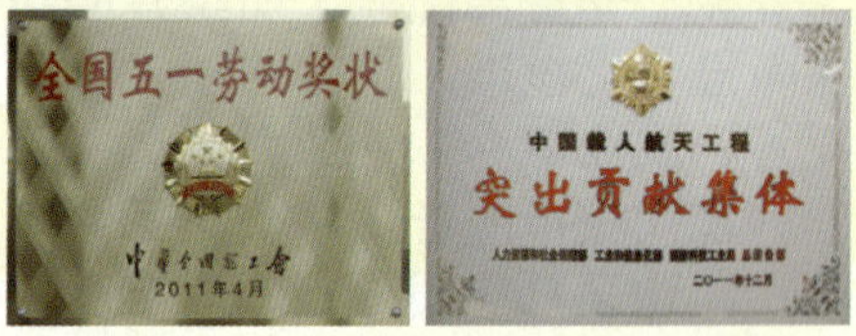

获全国五一劳动奖状及突出贡献集体

庆祝“神舟八号”与“天宫一号”首次交会对接成功

举行“六五”普法宣传周赠书活动

举办新年联欢活动

组织职工运动会

上海市物业管理事务中心工会

局工会领导慰问中心全体员工

上海市物业管理事务中心工会是上海市住房保障和房屋管理局所属事业单位，从事物业行政事务、公房资产监管、维修资金管理、“962121”物业服务热线及房屋维修监督等工作。中心工会在党支部和上级工会的领导下，把建设“职工之家”、“职工小家”和争创“工人先锋号”作为基层工会和班组建设的基本目标，创造性地开展具有工作特色的活动，努力形成“一个班组一个品牌”的特色工作，并培育班组创新工作室。房屋维修监督科工会小组以“962121”物业服务热线为窗口，树立服务热线品牌，切实做到“物业维修帮您忙，咨询投诉解您忧”的服务承诺。近年来，先后荣获上海市模范集体、全国工人先锋号、上海市五一劳动奖状、上海市团队创先特色班组、上海市模范职工小家、上海市用户满意服务明星班组等称号。

维修资金管理科荣获中心“2012年迎春联欢会文艺汇演”最佳创意奖

市物业管理事务中心开展“双结对”活动

办公室荣获中心“2012年迎春联欢会文艺汇演”提名人气奖

“962121”物业服务热线呼叫平台

物业中心代表参加2011年元宵节晚会

上海城建置业发展有限公司工会

上海城建置业发展有限公司是上海城建集团从事房地产开发、经营、管理的全资子公司，拥有房地产开发一级资质。公司连续三届被评为“上海市房地产开发50强企业”，并跻身上海房地产开发企业前20强，列16位。公司还荣获“2012年中国房地产百强企业——百强之星”称号。

公司工会紧紧围绕公司中心工作，扎实推进党工共建创先争优活动，通过完善工作机制、创新工作方法，进一步发挥工会的组织、引导作用，充分调动广大职工的积极性、主动性和创造性，形成团结和谐的良好氛围，为促进职工队伍素质全面提升、实现企业又好又快地发展贡献力量。公司先后荣获全国工人先锋号，全国保障性安居工程建设劳动竞赛优秀组织单位、优秀工程项目，上海市重大工程立功竞赛优秀集体（金杯集体）、优秀公司等称号，涌现出上海市五一劳动奖章、优秀建设者、建设功臣等一大批先进个人。

组织党员参观中国极地研究中心——极地展览馆

中国海员建设工会领导参观预制装配式建筑研发中心

召开一届三次职代会

开展暑期亲子联欢活动

开展“三八”妇女节庆祝活动

开展寻先辈足迹、学红旗精神——庆“五四”活动

参加城建集团体育健身节展示

参加迎春联欢会活动

华东理工大学工会

华东理工大学工会围绕中心、服务大局，充分发挥组织优势，不断拓宽工作思路，强化基础管理、完善长效机制，切实履行教代会各项职权和工会各项职能，实现好、维护好、发展好教职工的根本利益及合法权益。工会以完善教代会制度建设为抓手，以创新工作为载体，加强提案工作办理，有力推进校院两级民主管理工作；以加强师德建设为内涵，彰显师德师风师，助推青年教师成长，有效促进教职工的综合素质；以促进社会和谐、服务教职工为宗旨，开展“月月赛”教工文体活动，传承校园文化、展示教工风貌；以争先创优为抓手，加强工会组织建设，增强组织能力，切实提升工会建设工作科学化水平。增强工会凝聚力、战斗力，有效激发广大教职工参与学校建设与发展的热情，在促进和谐校园建设和实现学校“十二五”规划的良好开局中发挥出积极作用。

举办校园新星表彰会

教代会代表与校领导进行沟通

表彰提案工作先进集体和先进个人

举办主题诗文朗诵比赛

参加上海市建党90周年大型歌会

举行“校庆杯”教工龙舟赛

上海电机学院

上海电机学院是一所以工学为主，经济学、管理学、文学等学科协调发展的全日制普通本科院校。学校前身是创建于1953年的上海电机制造学校，1985年在全国首批试点举办五年制技术专科教育，2002年被列为国家重点建设高职高专院校。2004年9月，经上海市人民政府批准，升格为全日制普通本科高校。

学校拥有临港、闵行两大主校区。设有本科专业24个，建有国家级特色专业建设点2个（机械设计制造及其自动化、国际经济与贸易），上海市特色专业建设点6个，上海市实验教学示范中心1个。

学校连续14年被授予上海市文明单位，并荣获全国职业教育先进单位、全国五一劳动奖状、上海市促进就业先进集体、上海市世博工作先进集体、上海市安全文明校园等荣誉称号。学校始终秉承“明德至善、博学笃行”的校训和“自强不息、追求卓越”的学校精神，面向先进制造业及现代服务业，构建开放的高等技术教育体系，努力成为具有中国特色的高等技术教育院校的开路先锋！

开展教职工工间操比赛

参加“闵教杯”足球赛

为学院颁发“上海市五一劳动奖状”

召开学校六届七次教代会

开展2011年敬老节活动

举行教师节纪念大会

2011年校教工合唱队参加“迎七一、庆五一”上海电气职工歌咏比赛

南京东路社区（街道）总工会

黄浦区南京东路社区（街道）地处上海市中心区域。南京东路社区（街道）总工会成立于2007年5月，设有组织宣教部、法律工作部、生活保障部、办公室等三部一室和职工文化活动中心、职工援助服务分中心。

社区（街道）总工会以围绕工作大局、服务企业职工为主线，在创新发展、破解难题中凸现工会的新优势、新作为。不断深化“两个普遍”工作，率先建立起“点、线、面”的工会组建架构，现辖工会组织1837家，覆盖商务楼宇60余幢，职工会员达到30148名，凝聚职工夯实基础。推出党工共建区域性工会组织、集体协商“一岗一价”和民主管理“5Z”化的模式，进一步激活运作，构建和谐劳动关系。立功竞赛

展示风采，源头维权法律援助，服务帮扶人文关怀，职工文化“一会一品”，竞相彰显工会新气象。

南京东路社区（街道）总工会先后荣获“全国百家示范乡镇（街道）工会”、“全国职工书屋示范达标单位”，荣膺2011年度全国“模范职工之家”称号，实现了新的跨越。

党工委领导与工会共商工作

劳模建言“金点子”发布

电子行业工资集体协商

职工文化活动和工会工作集锦

立功竞赛表彰授奖

荣获全国“模范职工之家”称号

社区工会团队工作人员

复旦大学附属金山医院工会

开展金山医院等级复审迎评知识竞赛

召开职代会主席团联席会议

举办第四届职工文化艺术节

复旦大学附属金山医院工会，自1979年8月成立以来，已走过30多年的历程，工会工作与时俱进，不断发展。在“十二五”规划开局之年，迎来上海市重大工程“5+3+1”中的“1”即新医院的整体搬迁，以及三级医院等级复审的新机遇及新挑战，医院工会团结引领全体职工紧紧围绕医院中心工作，站在历史的新起点上，开创工会工作的新局面。

组织员工为支援灾区献爱心

建立金山医院职工书屋

上海皮尔博格有色零部件有限公司

集体合同签约

表彰先进员工

参与社会公益活动

开展公司军民共建活动

举办“三八节”表彰联谊活动

举行员工生日晚会

丰富员工文娱活动

公司组队参加上汽集团职工健身运动会——龙舟大赛

上汽集团董事长胡茂元在公司调研

加强民主管理，切实维护员工合法权益

上海皮尔博格有色零部件有限公司是由华域汽车系统股份有限公司和德国KSATAG GmbH公司共同投资建立的合资企业，主要生产铝合金缸体、缸盖、歧管、轮毂、泵类总成等有色铸件产品。合资十年来，公司销售业绩从2001年的2.4亿元增长到2011年的20亿元，快速成长为知名的汽车铝合金零部件企业，位居世界同类企业第三，国内同类企业第一。

近年来，公司在上汽集团的指导下，围绕“打造精品拓市场、科学发展促和谐”工作思路，坚持以持续发展为主题，科技创新为依托，立足提升核心技术能级，注重抓好产品结构调整、自主品牌开发、提高产品质量、节能减排降耗和人才队伍建设等工作，强化执行力，提升科技含量，赢得市场商机。经过全体员工的共同努力，公司在构筑和谐企业、提升企业发展、深化企业文化建设等方面均取得了新的收获和历史性进展。

公司先后荣获上海市文明单位，上海市高新技术企业、上海市模范职工之家、上海市职工最满意企(事)业单位、上海市五一劳动奖章等荣誉称号。

上海冠东国际集装箱码头有限公司工会

召开公司职代会和党代会

举办公司科技协会成果汇报会

上海冠东国际集装箱码头有限公司（简称上海冠东）是上海国际港务（集团）股份有限公司旗下的专业集装箱码头公司，位于洋山深水港。上海冠东作为一家拥有现代化的集装箱码头设施设备和一支具备专业素养的管理及操作团队的新兴港口企业，能全天候接纳各类大型集装箱船舶并提供全方位码头服务。2007年成立以来，公司集装箱吞吐量以每年30%以上的增长速度实现跨越式发展，创造令人瞩目的“冠东速度”。公司工会紧紧围绕集团和企业的改革发展大局,以“扩大覆盖面，增强凝聚力”为动力，以“构建和谐发展企业，创造活力高效工会，培养高素质员工”为工作目标，开展“三比”劳动竞赛、“庆祝建党90周年唱红歌”、“和谐洋山、书香冠东”读书节等活动，团结引领全体职工，上下一心，迎挑战，创佳绩，促进企业稳定、健康、持续发展。先后被评为中国港口前十强集装箱码头、全国“安康杯”竞赛优胜企业、上海市文明单位等荣誉称号。

冠东公司职工参加读书节活动

组织员工参加工间操活动

举行欢乐六一洋山行活动

举办庆祝建党90周年红歌会

开展拔河冠亚军赛

进行“迎春杯”足球赛决赛

上海公路投资建设发展有限公司工会

全国劳模、公司副总经理黄国斌

世博先进个人（国家级）、公司总工程师阮华夫

上海公路投资建设发展有限公司于2008年初成立。公司现有工会会员266名，其中女会员148名。公司工会紧紧围绕“推动标准化管理出精品，推行特色化服务创品牌”的中心工作，以实现“工程优质、队伍优秀”为目标，以“激励员工凝聚队伍、服务企业促进发展”为出发点，以“维权、维稳，培训、培养，关心、关爱”为重点，积极探索重大工程建设中的工会工作新模式，形成“教育建文化、双优带队伍、关爱凝企业、民主强管理、维权保平安、竞赛促工程”的良性互动局面。公司连续三年被评为市“优秀公司”，被市国资委评为“先进基层党建单位”和被城投总公司评为“文明单位”。涌现出以全国劳模黄国斌、世博先进个人（国家级）阮华夫为代表的一大批先进人物。

右上：公路投资公司成立S6公路工地工会
右下：举行《农民工安全家书》发放仪式
左下：开展送戏到工地活动

微创医疗器械(上海)有限公司工会

微创医疗器械(上海)有限公司于1998年5月成立，为中国领先的医疗器械开发商、制造商及营销商，主要专注于治疗血管疾病及病变的微创介入产品。集团于2010年9月在香港联合交易所上市。

2004年，微创工会成立，2011年3月2日，微创工代会选举产生第三届工会委员会。公司现有职工1400余人，职工入会率达100%。

工会成立“员工科技创新基地”，组织开展劳动竞赛，发挥广大职工聪明才智；

工会与公司签订《微创医疗器械(上海)有限公司工资集体协议》和《女职工特殊权益保护专项协议》，维护职工合法权益，共享企业成果；

获得的荣誉证书和奖牌

建立微创“爱心基金”，帮扶困难职工。

为满足员工的精神文化需求，丰富员工的业余生活，工会专门成立微创女工健身俱乐部，并开展系列文体活动，“微创歌唱比赛”、“微创运动会”、“微创达人秀”、“企业文化演讲赛”等为全体员工提供施展个人才艺的舞台。

召开工会换届选举大会

进行职工篮球赛

体育联盟宣传部合影

举办职工足球友谊赛

参加沙家浜“长三角”龙舟赛

开展象棋友谊赛

组织职工参加“张江杯”龙舟赛

进行健康长跑活动

上海市糖业烟酒(集团)有限公司工会

上海市糖业烟酒(集团)有限公司具有60年历史，是以食品流通为主业的大型国有企业集团，是光明食品(集团)有限公司的全资子公司。2008年荣获中国商业服务业改革开放30周年“功勋企业”。烟糖集团已经形成了糖业产业、黄酒产业、品牌代理、零售连锁等四大核心主业，2011年实现销售规模519亿元，利润总额12亿元。

烟糖工会遵循“倾听你的心声，找到家的感觉”的理念，在集团党委和上级工会的领导下，充分发挥桥梁纽带作用，在维护职工权益上有新的进展，在关注民生上有新的力度，在发挥主力军作用上有新的起色。集团工会和第一食品无糖柜分别获得中华全国总工会模范职工之家和工人先锋号光荣称号。

①2011年糖酒集团建立200万元帮困基金

②召开糖酒集团成立60周年庆祝大会

③采纳职工合理化建议，开发黄酒自动灌装机

④代表队参加光明食品集团体操比赛获第一名

⑤集团职代会代表参观光明·崇明丰收节

后藤电子(上海)有限公司工会

后藤电子(上海)有限公司工会自组建以来，坚持以“以人为本”，充分发挥工会“组织、引导、服务、维护”的桥梁纽带作用，参与民主管理，团结职工，支持企业发展，充分履行工会的基本职能。同时，积极开展形式多样的文体活动，如：忘年会、恳谈会、跳绳踢毽子比赛、拔河比赛、长跑比赛、十字绣比赛、卡拉OK比赛等寓教于乐活动；举办各项技能比赛，如：“创建做”评比、劳动竞赛等，提升职工素质，为构建和谐稳定的劳动关系发挥作用。

2011年，公司工会被授予上海市模范职工之家称号。在金桥出口加工区创建和谐园区活动中荣获“和谐促进奖”。

广洋敬老院志愿者活动留影

连续7年被评为浦东新区“文明单位”

职工参加疗养活动

“创建做”工作评比颁奖

为十字绣获奖作品颁奖

职工拔河比赛场景

上海奉贤燃气有限公司天然气供应部检修组

获得2011年度全国总工会颁发的全国工人先锋号荣誉称号

上海奉贤燃气有限公司天然气供应部检修组是公司重要的对外服务窗口，担负着全区管道天然气用户日常检修和应急抢修的重任。检修组共有8名成员，其中中共党员3名，共青团员1名，是一支朝气蓬勃、团结奋进、技术精湛、作风优良的团队。

多年来，在各级领导的关心下，团队成员敬业爱岗，心系用户，真情奉献社会，向社会昭示了燃气行业可贵的服务品牌。检修组获得上海市劳模集体，“上海市用户满意服务明星班组”三连冠；获得奉贤区新长征突击队、奉贤区青年文明岗、奉贤区先进集体、奉贤区工人先锋号等10多项区级以上荣誉称号；2011年获得全国工人先锋号荣誉称号。

开展以岗位练兵、提高检修技能水平为目的的技能比武竞赛

开展检修技术大研讨

为了用户安全，从不放过任何一个安全隐患

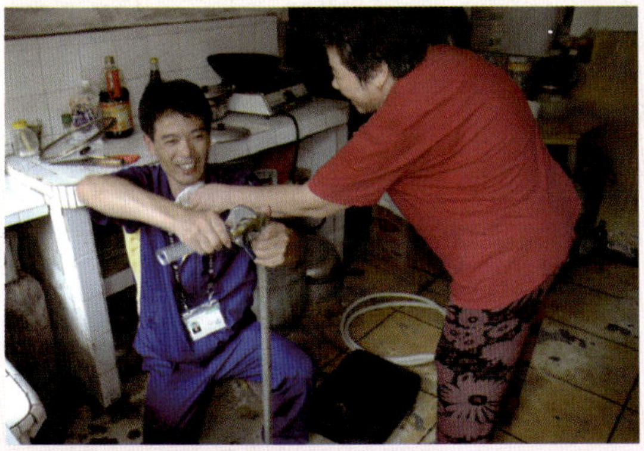

定期上门为特殊用户免费保养维护燃气具

开展创建学习型班组学习活动

上海中建楷昕投资发展有限公司工会

上海中建楷昕投资发展有限公司是世界500强企业中国建筑核心业务板块“中建地产”骨干企业，是中国建筑第八工程局有限公司专业负责房地产投资开发和物业服务的全资子公司。

自企业组建以来，公司工会以全面落实参与、维护、建设、教育四项职能为总体要求，强化企业民主管理，落实职代会制度；加强学习教育平台软、硬件建设，设立“职工书屋”，打造“学习型企业”；设立专项基金，积极扶贫助困；塑造团队意识，提升员工责任感；每年坚持“办实事”、“解难题”，切实关爱职工。2011年，公司主动承担保障房建设任务，勇担社会责任，得到社会各界的高度认可，被授予上海市五一劳动奖状、上海市建设交通系统文明单位等荣誉称号。

公司首届一次职代会

企业与学校开展文化共建活动

组织项目劳动竞赛

为扶贫帮困基金踊跃捐款

建设“职工书屋”

开展职工运动会

组织公司先进个人及家属游览上海世博会

开展项目准军事化管理

组织“地产杯”职工篮球赛

飞利浦灯具(上海)有限公司

飞利浦灯具(上海)有限公司是荷兰飞利浦公司在上海的独资企业，创建于1996年。现有员工360余人，各类专业技术人员占员工总数的50%以上，主要生产制造和销售飞利浦品牌各类灯具及电器配件。

企业荣获上海市“二星级”诚信创建企业

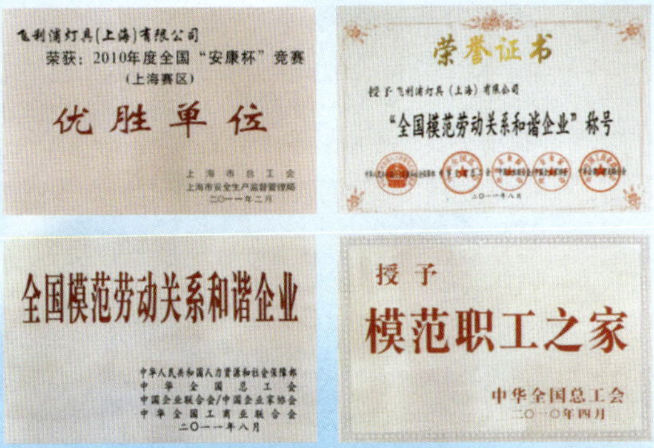

公司获得的荣誉奖牌

在嘉定区和马陆镇党委、政府及上级工会的关怀和指导下，公司党支部、工会和行政相互支持、密切合作，团结引领全体员工认真开展劳动关系和谐企业创建活动，将企业经济发展和企业文化建设有机地结合起来，企业和员工在创建活动中获得了“双赢”。

自2007年开展创建劳动关系和谐企业活动以来，公司先后获得全国模范劳动关系和谐企业、全国模范职工之家、上海市文明单位、上海市模范集体、上海市“两新”组织“五好”党组织、上海市和谐劳动关系创建活动示范单位、上海市职工最满意的企(事)业单位、全国“安康杯”竞赛活动上海赛区优胜单位、嘉定区先进制造业金奖、银奖企业等荣誉称号。

员工在厂区内合影

举办员工家庭日活动

员工在迎春联欢会上表演节目

上海怡德物业经营管理有限公司

公司领导召开员工恳谈会倾听员工心声

上海怡德物业经营管理有限公司系上海市申江两岸开发建设投资（集团）有限公司（简称：申江集团）控股的六大子公司之一。

公司成立于2006年，承担着申江集团地处黄浦江两岸约8公里码头岸线和200万平方米土地的管理工作，主营业务涉及地块安全管理、物业经营管理、商业物业管理、项目工程管理、会展事物管理等。怡德公司工会成立于2008年5月，在公司五年跨越式发展中，公司工会在党委的领导下，用科学发展观和工人阶级的历史使命感教育引导职工为“十二五”建功立业；工会领导带头第一时间走访员工家庭帮扶慰问（累计看望和慰问员工及家属共39人次）；寓教于乐开展职工文体活动，怡德工会多次获得申江集团篮球比赛冠军、足球比赛冠军等名次。

员工参加跳长绳比赛

组织员工参加合唱红歌文艺表演

怡德公司办公楼前台及荣誉墙

2011年怡德公司获得文明单位及上海市五一劳动奖状荣誉称号

上海建工集团股份有限公司南方分公司工会

开展“面对面、心贴心、实打实”活动，深入项目一线了解职工生活等情况，为职工排忧解难。

下工地慰问一线职工

上海建工集团股份有限公司南方分公司是上海建工集团专注于沪外建筑市场的管理机构，成立于2005年。现有在职职工人数454人。公司主要的经营格局以“沿江、沿海”为战略重点，工程项目分布于全国9省2市共19个经济快速发展城市。公司先后承建广州电视塔、青岛大剧院等城市标志性和重大工程，作为上海建工集团“走出去”战略的先行者，实践“和谐为本，追求卓越”的企业理念，形成优良的市场品牌和社会形象。

南方公司工会围绕公司生产经营活动，积极开展各类劳动竞赛活动，协助党政强化员工业务培训，促进员工队伍整体素质的提高。工会关心一线员工，帮扶困难职工，做到“三必访”，积极为职工办实事、做好事、解难事，不断丰富职工业余文化生活。宣传文化理念，树立先进典型，为促进企业凝聚力作出重要贡献。公司被授予全国工人先锋号、上海市五一劳动奖状等荣誉称号。

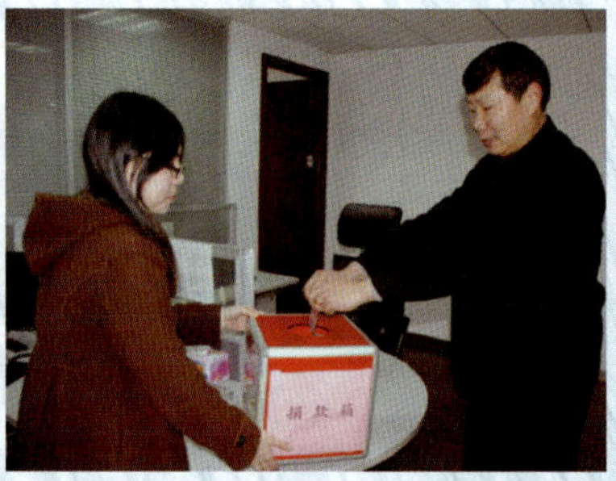

上左：举办“炊事员大比武”活动
上中：在雪狼国际拓展基地进行职工扩展活动
上右：踊跃参加一日捐活动
下左：举行篮球比赛
下右：组织年会联欢活动

中石化上海工程有限公司工会

中石化上海工程有限公司创建于1953年，是国内最早从事石油化工、化工医药、工程设计和总承包的大型综合性工程公司之一。60年来，已完成国内外各类工程项目6000多项，其中包括一大批代表我国化工、石化、医药等领域先进水平的重点工程项目。

公司在职1200名员工中86%以上是从事工程设计和服务的工程技术人员，其中，有国家级和石油、化工行业勘察设计大师7名，高中级职称人员有850人，各类执业资格人员300多人。

在公司党委的领导下，公司工会坚持全心全意依靠职工的方针，不断提高员工队伍的整体素质，积极发挥工会组织“参与、维护、建设、教育”的职能，把突出“维护职能、凝聚员工、营造氛围”摆在日常工作的重要位置。坚持以“一家人、一条心、一股劲、一个目标”的企业追求，突出工会组织的桥梁纽带作用。通过签订公司集体合同和女职工专项合同，不断完善职代会制度、企务公开、民主评议干部制度和实施“送温暖”工程。举办文化艺术节、体育节、职工论坛，丰富职工的文化生活，营造企业和谐的氛围。公司工会建立较为完善的职工补充医疗保障体系和帮困基金，为困难职工解决后顾之忧，提高职工生产和工作积极性。

公司工会荣获上海市模范职工之家，并连续三次荣获上海市职工最满意企（事）业单位称号。

公司董事长、总经理多次获得上海市“职工信赖的经营（管理）者”荣誉

公司签订集体合同和女职工专项合同

公司领导慰问困难职工和劳动模范代表

公司EPC现场开展“比学赶帮超”劳动竞赛

开展EPC工地现场安全检查活动

公司坚持职工代表大会制度

中石化上海工程有限公司外景

中建二局（沪）工会

陈建光董事长给职工送清凉

工会主席游志德作职代会工作报告

中国建筑第二工程局有限公司组建于1952年，是具有国家房屋建筑施工总承包特级以及市政、钢结构、路基工程施工总承包一级资质的大型建筑施工企业。1999年初组建中建二局(沪)，同年9月召开会员代表大会，选举产生第一届工会委员会。中建二局(沪)工会成立以来，认真落实全总“组织起来，切实维权”的工作方针，自觉融入企业生产经营中心，不断探索在公司快速发展中，工会组织在构建和谐劳动关系、职工队伍建设、企业文化建设、模范人物的培育选材、帮扶困难职工等方面的新的工作，以更好的发挥工会在组织、引导、服务和维护职工权益等方面的作用，扩大工会组织的影响力、吸引力和感召力，努力把工会组织建设成为工作活跃、作用明显、党政重视、群众信赖的职工之家，为实现企业又好又快发展和双文明建设发挥推动作用。

上海市合作交流系统工会主席曹整国一行到公司项目工地为农民工兄弟送清凉

工会主席游志德代表公司党政领导慰问走访困难职工家庭

近年来，公司先后荣获全国文明单位，全国工人先锋号，连续四年荣获全国“安康杯”竞赛优胜单位，上海市五一劳动奖状，上海市“十一五”时期社会主义劳动竞赛先进集体，上海市模范职工之家等荣誉称号。

举行“全国文明单位”授牌仪式

开展安全生产月暨“安康杯”竞赛启动仪式

举行“上海市五一劳动奖状”授牌仪式

工会组织员工为困难职工捐款

举行“上海市巾帼文明岗”授牌仪式

举行中建二局(沪)职工新春联欢晚会

上海索广电子有限公司工会

上海索广电子有限公司（简称：SSGE）是由上海仪电电子（集团）有限公司与日本索尼公司共同投资建立的合资企业，成立于1993年9月17日，是日本索尼公司在华的第一家合资企业。公司主要生产SONY摄录一体机、监视摄像机和高清彩色摄像机以及与此配套的零部件等系列产品。2011年公司实现销售额52.6亿元，利润1.37亿元；公司生产的摄录一体机产品出口到全球233个国家和地区。

公司工会以“维护企业和员工的共同利益，构建和谐稳定的劳资关系”为宗旨，贯彻“维权、发展、关爱、治会”的八字方针，紧紧围绕企业经营目标，以关心、关爱、服务员工为抓手，努力创建具有合资企业特色、充满活力、企业支持、员工拥护的工会组织。

公司2008年被全国总工会授予模范职工之家称号，被上海市总工会授予上海市“双爱双评”十佳优秀企业，2009年被授予“上海市企业技术中心”，2010年被授予“上海市创新型企业”，被上海市总工会授予上海市“五一巾帼奖”，2011年被授予全国电子信息行业“最具影响力公司”，公司连续十六年被评为上海市文明单位称号。

召开公司第一届职工代表大会

工会与行政签订第五期集体合同

上：举办索广“电子杯”足球邀请赛

中：举办公司第四届职工艺术节

下：举办索广电子“奋进杯”羽毛球友谊赛

上海鼎隆置业有限公司

上海鼎隆置业有限公司主要从事投资开发房地产、经营房产经纪、造价咨询、建材制造及贸易、装饰装潢、物业服务和酒店管理等相关业务，本着“发展企业、奉献社会、共建和谐”的宗旨，倡导“诚信、合作、进取、图强”的企业精神，遵循"打造老百姓买得起的好房子"的经营理念，积极参与城市旧区改造，先后参与虹口区“望隆苑”，杨浦区“中轩丽苑”、“海上硕和城”和“鼎隆公寓”，徐汇区“锦梅苑”等住宅建设，工程质量获得上海市“白玉兰奖”、“浦江杯”等荣誉奖项。近几年，通过广大职工拓展和参与浙江南浔、江苏镇江、湖南长沙等城市住宅商品房建设，为二三线城市旧区改造作贡献。公司连续七年荣获上海市经委系统住宅建设实事立功竞赛先进集体、2006—2007年度上海市职工最满意企(事)业单位、第12—15届上海市文明单位、2011年上海市模范职工之家。公司旧改项目组获得2007—2009年上海市模范集体、2011年全国工人先锋号、2011年上海市团队创先特色班组荣誉称号。

上级领导视察浙江南浔“嘉业名邸”项目

公司领导班子集体讨论“十二五”发展规划

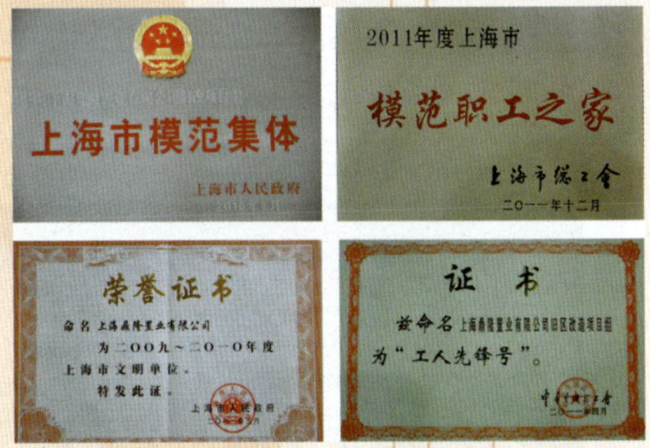

企业获得荣誉证书

公司旧改项目组在现场考察

开展为民服务社会公益活动

举办职工乒乓球比赛

中国银联工会

举办“专业、职业、敬业”青年论坛活动

中国银联是经国务院同意，中国人民银行批准设立的中国银行卡联合组织，成立于2002年3月，总部设于上海。作为中国的银行卡联合组织，中国银联处于中国银行卡产业的核心和枢纽地位，对中国银行卡产业发展发挥着基础性作用，各银行通过银联跨行交易清算系统，实现了系统间的互联互通，进而使银行卡得以跨银行、跨地区和跨境使用。

中国银联工会成立于2002年8月。10年来，工会紧密围绕中心工作，结合银联工作实际和银联人特点，创造性开展工会工作，履行好工会职能。近年来，共有1人获得全国五一劳动奖章，4人获得全国金融五一劳动奖章，2家单位荣获全国三八红旗集体，4家单位荣获全国巾帼文明岗，多家单位和个人获得省部级以上荣誉称号。

组织先进员工参加疗休养活动

召开中国银联十周年庆祝晚会

举行系统羽毛球比赛

召开员工趣味运动会

上海日立电器有限公司工会

上海日立电器有限公司创建于1993年1月，是国内最大的空调压缩机制造商，公司实现主业空调压缩机累计生产过亿台，年销量超1800万台，已成为世界第二的空调压缩机供应商。

作为由中方控股、管理的特大型合资企业，上海日立工会在上级工会和公司党委的领导下，围绕海立集团发展，结合企业的经营发展目标和上海电气(8+1)创建世界级工厂的目标，在积极探索合资企业工会组织践行两个服务作用上，按照上海电气“再次创业”要求，积极落实市总工会“面对面、心贴心、实打实”的工作理念，不断强化工会自身建设、创新工作方法，积极引领广大员工发挥聪明才智，共筑和谐氛围，在直面市场挑战中，凸显企业工会组织的作用。

上海日立党委书记、董事长沈建芳欢送农民工返乡过年

公司党政领导为员工艺术节剪彩

公司行政与公司工会进行工资集体协商谈判

上海日立党委书记、董事长沈建芳为海立龙点睛

上海日立捐助希望小学

迎接挑战争上游，上海日立员工龙舟赛

左上：被全总授予模范职工之家
左下：获得全国五一劳动奖状
右上：获得全国“安康杯”竞赛优胜奖

上海交通大学医学院附属第九人民医院

上海交通大学医学院附属第九人民医院是一所以口腔、整复外科和骨科为特色的内、外、妇、儿各科齐全的三级甲等综合性教学医院。近年来，以“精修医术、诚炼医德、广纳贤才、齐铸九院”的企业精神，以“科教兴院、人才强院”的发展战略，在医、教、研、管理等方面取得可喜成绩，连续十届评为上海市文明单位，并获全国城市医院文化建设先进集体荣誉称号。

医院注重精神文明和政风行风建设。医院先后获得全国城市医院“思想政治工作先进集体”、全国城市医院“抗震救灾先进集体”。口腔颌面外科荣获全国总工会授予的全国五一劳动奖状、全国首届工人先锋号、上海市工人先锋号等荣誉称号；手麻科荣获2011年度上海市模范职工小家称号；2011年荣获首届上海市劳动关系和谐职工满意企事业单位光荣称号。全院职工深入学习实践科学发展观，着力推进公益性办院发展方向，进一步提高医院服务内涵和服务管理水平，办好“群众放心、人民满意、具有鲜明特色”的现代化医院。

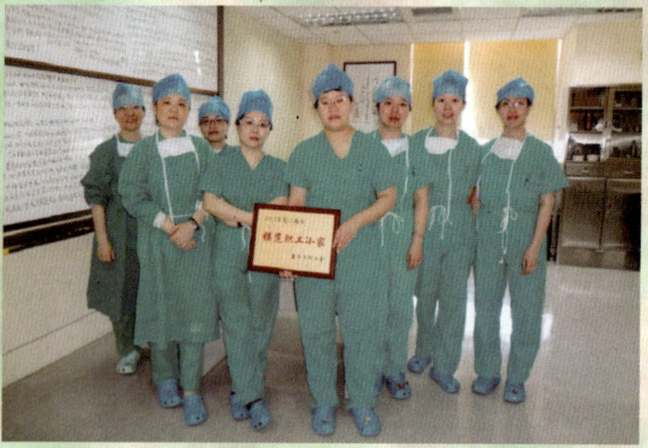

九院手麻科获得2011年度上海市模范职工小家称号

孙白交获第七届市巾帼创新奖提名奖

急诊预检班组获得上海市巾帼文明岗称号

口腔病理科获得上海市教育系统巾帼文明岗称号

获得2011年上海市卫生系统住院医师岗位技能竞赛一等奖

职工参加足球友谊赛

上海康复达机械制造有限公司

上海康复达机械制造有限公司成立于1994年，通过2006年的改制，从中外合作企业转制为外方独资企业，在桃浦工业区已连续投资发展18年。公司占地面积5000平方米，现有在职职工120名，从2004年至今连续每年纳税超过100万元。

公司主要生产双金属机筒、螺杆、高温等静压整体合金套以及高产量、高寿命的塑料挤出机，为成千上万的业内用户延长机器的使用寿命，产品享誉国内，远销非洲、欧美地区和亚洲。

公司于1999年成立工会，多年来公司党、政、工紧密合作，与时俱进，以人为本，不断推进公司各项工作取得新成绩。公司从2003年起连续获得区文明单位、区劳动关系和谐企业称号，以及桃浦镇纳税大户、三星级诚信企业称号。

总经理向优秀员工颁发奖状

公司工会与公司行政举行劳动关系集体协商会

开展安全、技术培训课

公司双金属产品

公司与空军某部开展军民共建活动，篮球比赛后颁奖合影

公司合唱队参加桃浦镇“建党90周年”歌咏比赛

上海宝钢工业技术服务有限公司

公司领导班子成员合影

上海宝钢工业技术服务有限公司是原宝钢工业检测公司和宝钢设备检修公司合并重组成立的技术服务性公司。2011年销售收入27亿元，净资产收益率10.65%。公司的主要业务是为工业企业安全稳定持续生产提供一流的检测、维护、维修技术服务、产品和相关技术解决方案。公司以齐全的专业门类和资质、先进的装备和实验室设施、专业化的人才优势在国内同行业中处于领先地位。2011年，公司先后获得第九届全国设备管理先进单位、全国质量信誉有保障优势服务单位、上海市科技进步奖等荣誉。公司工会以落实“八个人”工作机制为载体，以服务公司、服务职工发展为主线，准确把握满足职工需求和提升职工能力两个立足点，积极推进自主型职工队伍建设，规范履行职代会民主程序，落实创建安全“100”班组举措，深入开展成本改善劳动竞赛，全面落实工会监督服务职能，为实现公司和职工的共同发展作出了积极的贡献。

公司注重现场调研，弘扬三创文化

党政领导关心慰问一线职工

召开厂务公开民主管理会议

全员参与企业管理，定期展示优秀成果

举行第六届班组才艺文化比赛

组织职工参加发明展览，展示技术创新成果

上海东浩会展经营有限公司

上海东浩会展经营有限公司隶属上海东浩国际服务贸易(集团)有限公司，负责对上海世博展览馆、上海汽车会展中心和民防工程实行“三馆联动”经营管理的展馆管理公司。

表彰先进职工

世博会期间，由公司运营管理的上海世博展览馆作为世博会主题馆接待约3000万名中外观众。公司获得了上海市工人先锋号、上海市五一劳动奖状等荣誉称号。世博会后，公司在世博园区内率先对上海世博展览馆进行市场化运作。如今，上海世博展览馆已转型成为一座专业的国际性展览场馆。自2011年8月15日全馆正式对外运营以来，已有近90个蜚声国内外的大型国际展览项目先后在此拉开帷幕。

员工们参观航海博物馆

组织员工进行销售业务技巧方面的培训

员工们演唱《走进新时代》

举办职工运动会

上海伟星工业园工会

上海伟星工业园工会始终加强班子自身建设，努力提升工会干部自身工作能力，把深化职工素质工程，构建企业和谐劳动关系，团结职工共谋企业发展作为中心工作做实做好。近年来荣获全国模范职工之家、上海市模范职工之家、上海市“双爱双评”先进单位，南桥镇“五星级工会”等荣誉称号。

工会主席李建国发布上海伟星工会活动成果

公司召开第二届第一次职工代表大会

开展职业道德辩论赛

组织生产一线员工开展知识竞赛

工会发动职工向灾区群众捐款

上海新世纪房产服务有限公司

工会定期召开“两会” 保障职工权益

开展岗位练兵，提高服务技能

上海新世纪房产服务有限公司是具有国家一级资质的专业物业管理企业，共有员工2600多名。公司以高端物业为管理服务主体，管理项目涉及行政办公楼、商务办公楼和高档居住物业近60个。

公司工会紧密结合企业的特点开展工作，积极引导职工为企业的发展贡献聪明才智，收到明显效果。企业业务结构更趋合理、经营规模稳步扩大、营业收入逐年增长、企业利润和员工收入不断提高，企业工会工作得到职工的认可。

2010年，公司管理的上海世博会红十字馆项目荣获“上海市工人先锋号”称号，公司荣获上海国际集团2009-2010年度文明单位、上海市中小企业“品牌服务”称号；2011年，公司被评为“上海市物业管理行业诚信承诺AAA企业”，公司工会被授予上海市模范职工之家荣誉称号。

工会组织旅游活动，凝聚职工队伍

组织爱心募捐，关心困难群体

员工在“职工之家”开展各项活动

上海电力学院工会

市教育工会主席夏玲英出席电力学院十五届一次工会代表大会

上海电力学院领导班子全体成员

上海电力学院创建于1951年，目前已发展成为一所以工为主,兼有理、文、管、经等学科，主干学科电力特色明显的高等学校。现有教职员工1035人，全日制在校本科生和研究生1万余人，成人教育学生1万余人。

校工会在校党委领导下，以科学发展观为指导，围绕以办好让人民满意的大学为目标，立足学校实际，坚持以人为本，充分发挥工会的桥梁和纽带作用，充分运用教代会和校务公开民主管理、民主监督的重要渠道，全面实施教师素质工程和生活保障工程，以构建和谐劳动关系为抓手，以学校事业凝聚人心，以学校发展鼓舞人心，着力提升广大教职员工的满意度，在构建和谐劳动关系与和谐校园、促进学校事业发展中作出贡献。学校先后荣获上海市文明单位、上海市模范职工之家、上海市职工最满意的企（事）业单位、“十一五”时期上海市社会主义劳动竞赛先进集体、全国厂务公开民主管理先进单位等殊荣。

2011年被中华全国总工会授予全国模范职工之家荣誉称号。

举办工会专题培训活动

组织新会员参观校史馆

举办《红色传情》教工文艺汇演

开展丰富多彩的职工文体活动

举行“校庆六十华诞”教工蛋糕DIY创意比赛

永达集团工会

公司领导向一线员工送防暑物品

企业积极参加社会慈善活动

公司领导参加重阳敬老联谊会

永达集团工会成立于1995年7月，有基层工会38家。近年来，在市社会系统工会领导下，集团工会认真贯彻《工会法》，切实履行工会“维护、建设、参与、教育”四项职能。

一是注重工会干部学习培训，提高工会干部业务能力。

分期、分批派送集团工会干部和基层工会主席13人参加上海市工会管理干部学院举办的工会主席岗位培训班，并获得岗位证书；

集团工会举办两级工会干部培训班和工会组长培训班，丰富相关业务知识。

二是加强企业民主管理，配合贯彻实施《劳动合同法》。

集团工会于2011年10月29日成功召开集团第一届一次职工代表大会，并与集团行政签订了《集体劳动合同》；

认真贯彻上海市《工资集体协商试行办法》等文件精神，积极推进工资集体协商。集团工会与集团行政签订了《工资集体协商协议》；

配合集团人力资源中心，加强完善员工劳动合同管理，规范用工制度，贯彻《职工年休假管理制度》，落实职工卫生与职业病防治工作。

三是弘扬永达关爱文化，增强企业凝聚力。

“企业关爱员工、员工关爱企业”是企业关爱文化的内涵，集团工会积极配合集团落实员工实事工程，践行永达关爱文化，开展春节、“三八”妇女节、中秋节、重阳节慰问和高温慰问活动，落实干部员工体检，做好“爱心基金会”、“安全行车基金会”的日常管理工作。

2009年12月，集团被评为上海市和谐劳动关系创建活动示范单位。

集团召开一届一次职工代表大会

举办工会干部培训班

图书在版编目(CIP)数据

上海工会年鉴. 2012 / 上海市总工会编. —上海：上海社会科学院出版社，2012
ISBN 978-7-5520-0147-1

Ⅰ. ①上... Ⅱ. ①上... Ⅲ. ①地方工会—工会工作—上海市—2012—年鉴. Ⅳ. ①D412.851-54

中国版本图书馆 CIP 数据核字(2012)第 208047 号

上海工会年鉴(2012)

编　　者：《上海工会年鉴》编纂委员会
责任编辑：赵玉琴　徐祝浩
封面设计：华　伟
版式设计：念杭工作室
出版发行：上海社会科学院出版社
上海淮海中路 622 弄 7 号　电话 63875741　邮编 200020
http://www.sassp.com　E-mail:sassp@sass.org.cn
经　　销：新华书店
印　　刷：浙江新华印刷技术有限公司
开　　本：890×1240 毫米　1/16
印　　张：37.5
插　　页：90
字　　数：1250 千字
版　　次：2012 年 10 月第 1 版　2012 年 10 月第 1 次印刷

ISBN 978-7-5520-0147-1/D·230　　定价：260.00 元